VIDAS DE JESÚS / EDIBESA • 7
Colección dirigida por José A. Martínez Puche, O.P.

CARLOS M.ª DE HEREDIA, S. J.

MEMORIAS DE UN REPORTERO DE LOS TIEMPOS DE CRISTO

SEGUNDA EDICIÓN

EDIBESA. Madre de Dios, 35 bis.
Tel.: 91 345 19 92 - Fax: 91 350 50 99
E-mail: edibesa@planalfa.es
http://www.edibesa.com
28016 MADRID

Gracias a:
**Candy Martínez de Quílez,
Juan Antonio Espinosa y
Santos Martín**
por su valiosa colaboración

> Con el máximo respeto al texto original, se ha sometido a una revisión y actualización de palabras, giros y citas bíblicas, en orden a una mayor corrección y mejor comprensión.
>
> **José A. Martínez Puche**

Primera edición: junio 2000
Segunda edición: enero 2006

© EDIBESA
Madre de Dios, 35 bis. 28016 Madrid
Tel.: 91 345 19 22
Fax: 91 350 50 99
E-mail: edibesa@planalfa.es
http://www.edibesa.com

ISBN: 84-8407-122-7
Depósito legal: M. 3.788-2006

Fotocomposición e impresión:
Impresos y Revistas, S. A. (IMPRESA)

IMPRESO EN ESPAÑA - PRINTED IN SPAIN

INTRODUCCIÓN

Hay libros que piden presentación del autor cuando éste es menos conocido, o ha querido, por modestia o deferencia, subrayar su nombre con el prestigio de un amigo. No es tal el motivo de estas líneas, ni es mi pluma la que debe señalarte quién es el *Padre Carlos M.ª de Heredia,* jesuita mejicano, rebosante de sangre y gracia españolas, como pregonan sus varias obras llegadas a nuestras manos a través del Atlántico. Si eres persona piadosa, conocerás, sin duda, *Una fuente de energía,* uno de los pocos libros ascéticos que se leen una vez empezados con el interés de una novela. Y si te atraen los «misterios» de leyendas de velador, seguramente habrás oído asombrado las experiencias extrañas de este jesuita, reflejadas en varios de sus libros sobre *Los fraudes espiritistas.*

El libro que tienes en tus manos, si no me engaño, necesita unas palabras de presentación para evitar cierta extrañeza, si eres católico instruido, y aun quizá algo de escándalo, si perteneces al grupo de lectores piadosos.

El autor deja entrever su intención al escribir este libro, cuando dice, por labios del supuesto empresario yanqui, Mr. Connor, que desea una descripción de lo que pasó en los años de Cristo, como lo hubiera podido escribir un reportero de nuestro tiempo si hubiera vivido entonces.

La original inventiva del autor realiza esta ocurrencia, presentándonos al escritor del *Boston Graphic,* Mr. Myles, que, bien provisto de dólares, se traslada a Tierra Santa para mejor ambientarse, y, de camino, tiene la suerte de alojarse en el célebre monasterio de Santa Catalina, al pie del monte Sinaí, donde encuentra, arrumbados, nada menos que los manuscritos de unas «auténticas» *Memorias* del tiempo de Cristo, que le dan el trabajo hecho, con el atractivo de excitar la curiosidad americana al reclamo de un descubrimiento arqueológico inesperado. Con agudeza periodística nos describe, en supuesta correspondencia, las peripecias de su intento, acentuando las dificultades de la lectura y traducción para excitar más el interés de los lectores.

Por fin, empieza la transcripción acomodada de los artículos que iba enviando, y aparecían en el número dominical del *Boston Graphic,* con interrupciones intercaladas y aun lagunas inevitables, por el mal estado del manuscrito, que mantienen vivo el interés de los lectores de estas *Memorias.*

No deja de afectar al lector español la ocurrencia del Padre Heredia, que presenta compatriota nuestro al autor de las *Memorias,* Rafael Ben Hered, quien, después de trasladarse a Palestina, por encargo de su padre moribundo, tiene la suerte de presenciar el desarrollo del drama de Jesús, referido auténticamente en los santos Evangelios. El ambiente, los personajes, todo el relato, presenta el colorido realista de algo vivido, con la trama imaginaria, pero probable, de una novela histórica de los tiempos de Jesucristo. Las citas textuales de los libros sagrados garantizan al lector el fundamento histórico del relato. Ni faltan las alusiones oportunas a las absurdas teorías racionalistas contra el Evangelio, representadas en personajes fingidos de la época, que dejan entrever graciosamente (a través de sus nombres algo deformados) las mismas invectivas de un Strauss o de un Renán. El proceso psicológico de la conversión del mismo autor de estas *Memorias* no puede por menos de afectar a más de un lector moderno. Más aún, los últimos capítulos de la obra, con la presencia inesperada en Roma de Mr. Connor y su familia, la audiencia concedida por Pío XII, que culmina meses más tarde en la conversión de este rico judío al catolicismo, adquieren un interés insospechado, mezcla de historia y ficción literaria, al presentarse el mismo Padre Heredia como autor verdadero de las MEMORIAS DE UN REPORTERO DE LOS TIEMPOS DE CRISTO.

La originalidad del autor en su relato hace llegar a todos los lectores, aun los menos dispuestos a estudios serios de apologética, las pruebas razonables que preparan o defienden la fe católica en la divinidad de Jesucristo y de su obra. Amenamente entreverada con notas y alusiones del supuesto manuscrito de Ben Hered, se divide la obra en tres partes bien diversas.

La primera parte, *El que ha de venir,* nos hace asistir a la vida pública de Jesús, cuya predicación y milagros coinciden con las esperanzas mesiánicas del pueblo escogido en aquellos mismos años. En la segunda parte, *Yo soy,* encierra la afirmación irrebatible de la tesis mesiánica de Jesucristo, cuya vida, muerte y resurrección se refiere como a través de los mismos espectadores, y sobre el fondo histórico resalta, luminosa, la divinidad del mismo Cristo. La tercera parte, *¿Y ahora, qué?,* narra los comienzos de la Iglesia como obra de Cristo, atrayendo hacia sí las miradas del judío antiguo y del intelectual moderno, como realización innegable de la obra mesiánica, anunciada siglos antes por los profetas. Es natural que, al contacto de la gracia divina, brote en aquellos ánimos el destello de la fe cristiana, como vemos luego en el propio Mr. Connor, en las últimas páginas de la obra, que recuerdan la conversión de tantos otros al contacto del Evangelio.

El lector que haya seguido hasta el final toda la obra, no tendrá más remedio que agradecer al autor el haberle acercado a Jesucristo, haciéndole crecer en su conocimiento y amor, al mismo tiempo que goza con el encanto de su inventiva literaria. Con razón repetirá las frases que pone el autor en labios del Santo Padre en aquella audiencia de Mr. Myles: «Tu obra será leída por muchos, y hará un gran bien».

Y hecha la presentación de la obra, me despido de ti, lector amable, para no retardarte más la fruición de la lectura de estas *Memorias,* que, impacientemente, estás esperando.

José Caballero, S. J.

LIBRO PRIMERO

EL QUE HA DE VENIR

1
EN LAS OFICINAS DEL «BOSTON GRAPHIC»

Bill Connor tocó un botón, sonó un «zumbador», y Myles, que estaba tranquilamente leyendo en su escritorio, se levantó al oírlo.

—¿Qué deseaba usted? —preguntó.
—¿Sabes hebreo? —inquirió Bill.
—Desde chico lo aprendí con el rabí Wise. Vivíamos en el barrio judío; hice amistad con su hijo Neftalí, y aquél me tomó cariño, y se propuso enseñarme su idioma. Tres años después ya podía traducir corrientemente a Isaías.
—¡Magnífico! —dijo Bill—. Y ¿sabes árabe?
—También lo aprendí en mi barrio, y puedo leer el Corán.
—No se necesita más; creo que tú eres el hombre que buscaba. Y ¿has leído la *Vida de Cristo,* por Tissot?
—Ni aun sabía que existiera semejante autor.
—Pues aquí la tienes —y diciendo esto, mostraba a Myles tres grandes y gruesos volúmenes que tenía sobre el escritorio—. Llévalos, y dales una ojeada; luego vendrás a contarme la impresión que te ha causado, pues tengo un plan que tal vez podamos llevar a cabo.

Myles tomó bajo el brazo los volúmenes, y, balanceándose de un lado a otro, según su modo de andar, se dirigió a su pupitre, encendió la pipa y se puso a hojear el tomo primero. Apenas había llegado a la página diez, cuando el joven «repórter» se dio una palmada en la frente y dijo: «¡Acabáramos! Ésta es la famosa estampa del *Magnificat* que tanto critica el canónigo Shean en *Mi nuevo coadjutor...* Cierto que quita la ilusión que nos dejan las imágenes de la Virgen pintadas por los grandes artistas: pero, si he de decir verdad, esta imagen me parece mucho más conforme con la realidad que aquéllas. Así debió ir vestida la Virgen en su visita a Isabel, y no como nos la pintan Rubens o *el Ticiano.* Éste es un vestido legítimamente oriental, como es oriental todo el paisaje que le sirve de fondo...»

La escena que acabamos de referir pasaba en la sala editorial del *Boston Graphic.* Mr. Connor, llamado familiarmente Bi, era el editor en jefe, y Myles, uno de los principales reporteros.

Dos largas horas pasaron antes de que Myles terminara de examinar los volúmenes; al fin, llevándolos otra vez bajo el brazo, se dirigió de nuevo al escritorio de Mr. Connor. Éste, con su eterna visera verde sobre la frente y los pies en alto, sobre el pupitre, leía un periódico, doblado en largas tiras, según era su costumbre.

—¡Bill! –dijo Myles, dejando caer bruscamente los libros sobre el escritorio del editor.
—¿Qué hay? –preguntó éste, soltando el periódico.
—Ya los examiné, y me parecen muy interesantes.
—Me alegro mucho –respondió Mr. Connor.
—Las otras vidas de Cristo que he leído son todas poco más o menos lo mismo –añadió Myles.
—Eso me parece a mí también; en cambio, Tissot, con el lápiz, nos ha dado a conocer la indumentaria, las costumbres y los paisajes de Palestina como debieron ser en tiempo de Cristo. ¿No es verdad?
—Yo pienso lo mismo. Tissot ha hecho algo nuevo, y a mí me han impresionado sus dibujos. Propiamente no ha escrito una vida de Cristo, sino que ha ilustrado diversos pasajes de los Evangelios.
—Yo –opinó el editor– no creo en nada; pero, a pesar de todo, la figura de Cristo me es sumamente simpática, y su doctrina, aunque no la sigo, me parece admirable. Las vidas de Cristo que he leído no me llaman la atención, unas por eruditas y otras por falta de erudición. En cambio, siempre que leo los Evangelios me siento sumamente impresionado. Estas láminas de Tissot me han hablado al corazón mucho más que La *vida de Jesús,* por Renán o por Strauss. Yo no sé si alguno ha intentado escribir una vida de Cristo desde el mismo punto de vista que Tissot tomó para sus ilustraciones; eso me gustaría.
—Ya entiendo –añadió Myles–. Usted quisiera un Cristo como lo entendieron los que en su tiempo vivían, y no visto a una distancia de dos mil años.
—Me has comprendido muy bien, Myles; eso es lo que deseo. Yo quisiera una descripción de lo que pasó en aquella época memorable como la habría escrito un «repórter» de nuestro tiempo si hubiera vivido entonces.
—Lo que usted quiere es algo así como *Las memorias de un repórtero de los tiempos de Cristo.*
—¡Magnífico, magnífico! –exclamó el editor, entusiasmado–. Y, desde luego, ya tenemos el título, que será sumamente llamativo: *Las memorias de un repórtero de los tiempos de Cristo.* Y ¿te consideras capaz para escribir con este tema una serie de artículos para nuestro periódico?
Myles se rascó la cabeza, y respondió:
—Me parece cosa difícil, aunque el argumento es enteramente de mi gusto. Para escribir esas *Memorias,* sin embargo, creo indispensable hacer un viaje a Tierra Santa, y vivir allí una temporada.
—Muy bien, Myles; voy a proponer la idea al «Board of Directors» de nuestro periódico; creo que autorizará los gastos, como si se tratara de enviar un «repórter» a la guerra entre China y el Japón. Vuelve a verme mañana, y, mientras tanto, ve pensando tu plan.
Myles se retiró frotándose las manos. El argumento le *llenaba,* y, teniendo «carta blanca» para su viaje a Palestina, creía poder escribir algo

muy interesante en estilo moderno. Con su fogosa imaginación, ya se veía entrevistando a Pilato; navegando en el lago de Genezaret con Andrés y Pedro; conversando con la suegra de éste; asistiendo al baile del natalicio de Herodes y siguiendo a Cristo por todas partes, presenciando sus acciones y escuchando sus palabras. Lo primero que hizo fue ir a casa y hablar con su excelente madre, a quien comunicó sus planes. La buena anciana, de extracción irlandesa, se entusiasmó pensando en lo que su hijo podía escribir acerca de Nuestro Señor, y animó a Myles a llevar a cabo la empresa.

–Bueno, madre –dijo, conmovido, el joven–; ahora te toca pedir mucho a Nuestro Señor para que yo escriba algo digno de Él –y no queriendo mostrar su emoción, se marchó directamente a la «Boston Library», donde pidió vidas de Cristo. Sin exageración, le trajeron más de doscientas escritas en ocho lenguas diversas.

–Cuando concluya con éstas –dijo el bibliotecario, sonriendo–, le traeremos, por partes, más de dos mil; pero si usted quiere libros relacionados con la obra de Cristo», será cosa de vaciar media biblioteca.

* * *

Ocho días después, Myles, bien provisto de buen número de cartas de recomendación para las autoridades de Egipto, Arabia y Palestina, y de sus «Travaler's Cheques», se embarcaba en Nueva York rumbo al Oriente. Al abrir la maleta, ya en el vapor, Myles se encontró con un extraño envoltorio, en el cual, prendida con un alfiler, vio una tarjeta que decía: «Para un reportero» de los tiempos de Cristo. Agnes». Tomó Myles el bulto con curiosidad, no sabiendo qué podría contener aquel regalo de su novia; lo abrió, y con sorpresa encontró una túnica y una gran toga romana. Ésa era, en efecto, la indumentaria que correspondía a un periodista de hace dos mil años. Myles se quitó el abrigo, se puso la túnica, se envolvió en la toga como capa de torero, se caló su sombrerito *quesadilla*, sacó la pipa, sentóse en la confortable butaca de su camarote, subió los pies en una silla, y fumando empezó a pensar en la primera carta que debía escribir al editor del *Boston Graphic*. Estando en esa postura, entró al camarote un americano, compañero suyo, y, al ver aquel cuadro, díjole, sorprendido:

–¿Qué es eso, Myles? ¿Te has vuelto loco?
–No, mi querido amigo, no estoy loco estoy en traje de carácter.
–¿Carácter de qué? –preguntó el amigo.
–Es el traje propio de un *reportero de los tiempos de Cristo*.

«Monasterio de Santa Catalina o de la Transfiguración. Monte Sinaí. Arabia.

Mr. William Connor. *Boston Graphic*. Boston, Mass (U. S. A.).

Aunque todavía no llego a Tierra Santa, pues estoy en Arabia, península del Sinaí, tengo excelentes noticias que comunicarle. No escribiré sobre mi viaje hasta aquí, pues nada de importancia ha sucedido. Este antiquísimo monasterio de monjes cismáticos griegos, está situado al pie del histórico monte Sinaí, donde Moisés recibió de Yahvé las Tablas de la Ley. La sagrada montaña es imponente; parece de fuego por su color rojizo, es abrupta y pelada y termina en un pico que besan las nubes, cuando las hay en esta tierra sedienta, en medio del desierto. Al pie, sin embargo, dentro del recinto de este edificio, hay una fuente de la que beben los numerosos habitantes del monasterio. Éste, más que monasterio, parece una fortaleza. Edificado a varios metros de altura sobre el nivel del desierto, está circundado por una gran muralla. Para llegar a él hay que subir atado a una cuerda, con que lo levantan a uno hasta la muralla, como cualquier fardo. Temen los monjes las incursiones de los beduinos, y por eso toman sus precauciones. Yo pude ser admitido gracias a las cartas y credenciales que me dio el patriarca cismático de Alejandría; de otra suerte, hubiera hecho mi viaje en balde. Mucho podría decirse de este pueblo-monasterio; pero lo que me interesa es llegar a la biblioteca. Ésta es un gran salón abovedado, donde se encuentran «amontonados», no clasificados, innumerables rollos de pergamino de valor histórico incontestable, pero desconocido para estos monjes ignorantísimos. Aquí fue donde Tischendorf, en la primavera de 1844, encontró arrumbados los rollos del *Codex Sinaiticus,* que contiene escritos en hermosísimos caracteres griegos los Evangelios y varios libros del Antiguo Testamento. Su antigüedad se remonta, según los críticos, al siglo IV de nuestra Era. Tuve yo conocimiento de este hecho en Alejandría, y, en mi deseo de encontrar documentos que pudieran ayudarme para escribir mis *Memorias,* vine decidido a buscarlos aquí. Mucho trabajo me costó conseguir la confianza de estos cismáticos; pero algunos dólares distribuidos prudentemente me dieron al fin paso franco a la biblioteca. Más de un mes he pasado revisando antiquísimos papiros y pergaminos igualmente venerables. Al fin, la casualidad puso en mis manos un verdadero tesoro. En un canasto arrumbado y cubierto, sin exageración, por «el polvo de los siglos», encontré muchos rollos escritos en claros caracteres griegos. Mis estudios de esta lengua, hechos en el «Boston College», me facilitaron la lectura y quedé sorprendido al encontrar que eran lo que podríamos llamar las *Memorias* de un judío hispano de la época de Cristo. Empecé a leerlos, y cada vez me iban interesando más y más. Son un verdadero tesoro; con ellos no necesito ya más que dedicarme a interpretarlos para tener las *Memorias* que trato de escribir. Tuve que emplear mucha sagacidad y no poco dinero para persuadir a estos cismáticos de que me los vendieran. Como, gracias a usted, tengo «carta blanca» en cuestión de dinero, no dudé un momento en adquirir para el *Boston Graphic* tan admirable *manuscrito.* Hoy salgo con mis cien rollos cuidadosamente empaquetados, para Jerusalén, donde, ayudado de unos intérpretes griegos, espero poner manos a la traducción, interpretación y acomodación de tan interesante documento. Ya no escribo más, pues quiero

mandar ésta con una caravana que se dirige a Alejandría. Yo seguiré con otra caravana hacia Palestina por el camino del desierto.
De usted como siempre,

MYLES.»

* * *

«Jerusalén. Palestina.
Querido Bill: Después de tragar arena, finísima y pasar por unos calores caniculares, llegamos a esta Ciudad Santa. Con las cartas que traía de Estados Unidos para los buenos frailes franciscanos, tengo ya mi alojamiento en esta hospedería. He conseguido dos rabís y dos intérpretes griegos, y mañana, sin falta, empezaremos el trabajo de traducción y adaptación del manuscrito. Los buenos frailes están admirados desde que vieron estos valiosísimos pergaminos. El documento está escrito con una sencillez admirable, y el modo de juzgar del autor es semejante al mío, que, al escuchar la lectura de algunos pasajes, ya traducidos, me parece estar oyendo lo que yo mismo hubiera escrito. Creo que no se van a necesitar comentarios. En algunos lugares, los pergaminos están algo roídos por los ratones; pero me parece que no han comido esos animalejos nada de importancia.

Con mi próxima carta irá el primer capítulo de las *Memorias*. He dicho capítulo por costumbre; pero son más bien trozos separados los que forman este interesantísimo documento. Y hasta luego. Suyo como siempre,

MYLES.»

* * *

«Jerusalén.
Mi querido Bill: Creo que la publicación de estas *Memorias* va a hacer época. Están escritas con tanto donaire y, por otra parte, con tanta exactitud, que mis amigos los buenos frailes franciscanos de Tierra Santa no caben en sí de gozo. Hoy le remito las primeras cuartillas. Léalas, y creo que merecerán su aprobación. Dejo a voluntad de usted los títulos de los capítulos, como si fueran encabezados de periódico. Espero, ansioso, su opinión.
Suyo,

MYLES.»

* * *

Cuando llegaron a manos de Mr. Connor las primeras hojas de este manuscrito, las leyó con avidez, y después, triunfante, las llevó a presentar al «Board of Directors» de su periódico. Éstos dispusieron que se empezaran a publicar el próximo domingo; y así, apareció en la edición dominical del *Boston Graphic* el siguiente encabezado:

«Descubrimiento inaudito. Un documento de los tiempos de Cristo, encontrado por nuestro reportero en el monte Sinaí.»

Y luego, en el preámbulo, decían los editores que la publicación se haría cada domingo. Su título era éste: MEMORIAS DE UN REPORTERO EN LOS TIEMPOS DE CRISTO.

2
PRINCIPIO DEL MANUSCRITO

Me llamo Rafael Ben Hered, de la tribu de Benjamín. Mis antepasados, después de la cautividad de Babilonia, emigraron a Palestina, y fueron a establecerse a Lucentum, en la costa de la Hispania Cartaginense. Yo nací en Calagurris Nassica, de donde era mi madre. A los pocos años fui llevado a Barcino, donde mi padre tenía un gran almacén de mercaderías de Oriente, siendo considerado como uno de los comerciantes más ricos de la Tarraconense. Desde muy niño quiso mi padre que le acompañara yo en sus viajes por el Mediterráneo, no sólo de Hispania, sino de Galia e Italia. Queriendo darme una educación esmerada, a la muerte de mi madre me dejó en Roma, en casa de unos parientes israelitas, para que asistiera yo a las clases de los principales maestros de la época. Allí aprendí a la perfección el latín, el griego y la Filosofía, haciéndome desde entonces a las costumbres romanas. Me tocaron los años más florecientes del reinado de Augusto.

Terminada mi educación literario-filosófica, lleno de ardor y ambición, me dediqué, financiado por mi anciano padre, al comercio de telas finísimas, joyas, perfumes y objetos de arte. La suerte me favoreció mucho más de lo que yo hubiera imaginado, y antes de los treinta años era ya uno de los joyeros más ricos y respetados de Italia y Grecia. Cierto día recibí un mensaje de mi octogenario padre; me pedía fuera a Hispania para cerrarle los ojos, pues presentía su próximo fin. Cumplí con toda devoción y cariño mis deberes filiales. Cuando murió mi padre y abrí su testamento, me encontré que comenzaba de esta manera: «Hijo mío queridísimo: Quedas poseedor de una gran fortuna, pues a lo que tú has ganado se añadirán los bienes que te dejo como único heredero. Muero tranquilo, en la religión de mis padres, esperando que tus ojos vean lo que no fue concedido a los míos: la redención de Israel. A pesar de lo mucho que has viajado, nunca has extendido tus correrías a la tierra santa de tus mayores. Te ruego, si me tienes cariño, que cumplas esta última voluntad de tu padre: Cuando estés cansado de los negocios, ve a visitar el templo santo de Jerusalén, y en él ofrece víctimas propiciatorias por el alma de tu padre y

I. EL QUE HA DE VENIR-2. PRINCIPIO DEL MANUSCRITO 15

de tu madre. Acuérdate de lo que hizo Judas Macabeo, que envió doce mil dracmas de plata al templo de Jerusalén para que se ofreciesen sacrificios por los pecados de los difuntos; presintiendo recta y religiosamente la resurrección, consideraba que a los que habían muerto después de una piadosa vida les estaba reservada una gracia grande. Es muy santo y saludable el pensamiento de rogar por los difuntos para que sean libres de sus pecados. Quiero aún recomendarte otra cosa. Yo, a pesar del tiempo que he dedicado a los negocios, no me he olvidado nunca de seguir estudiando las Escrituras. Por esta lectura me he llegado a convencer que "está ya muy cerca la redención de Israel", y tengo el presentimiento de que ésta llegará durante tus días. Riquezas te sobran, de talento no careces, instrucción profana la tienes en demasía; pero, según lo que he visto, poco sabes de la religión de tus padres. Ve a Palestina, y dedica tu ingenio al estudio de esa religión bendita; escudriña las Escrituras, estudia los usos y costumbres de los tuyos en aquella tierra, que, con esto, mucho aprovecharás. Levanta diariamente tu corazón a Yahvé, y pídele te haga digno de ver lo que mis ojos no vieron, lo que desearon ver los santos profetas y no alcanzaron. Estoy seguro, hijo mío, que tú serás de los escogidos; la salvación de Israel se acerca».

Después de esto daba sus instrucciones testamentarias, encargándome continuadamente la limosna, como otro Tobías. Al fin me daba la bendición con toda la efusión de su alma.

Muchos años han pasado desde entonces, y cada vez que recuerdo sus palabras, las lágrimas ruedan por mis ya enjutas mejillas.

Varios años tardé en cumplir con la postrera voluntad de mi padre. Era yo aún joven, en comparación de lo que soy ahora. Al fin, un día, estando en Brundicio, supe que iba a zarpar una trirreme llevando a Palestina al nuevo procurador romano Poncio Pilato. Me decidí a marchar, tanto más que la nave tocaba Alejandría, donde tenía yo que arreglar varios asuntos.

Durante el viaje, en circunstancias bastante vulgares, hice conocimiento con Pilato. Él se había mareado mucho, y yo padecía del mismo mal. Los dos nos encontramos pagando al mar nuestro tributo en la baranda de la nave. Yo iba vestido de romano; tenía a ello derecho por ser ciudadano y mis riquezas me abrían las puertas de los más encumbrados magnates del Imperio. Trabamos amistad, y cuando, sintiéndonos mejor los dos, proseguimos nuestras conversaciones; sabedor de que yo llevaba conmigo ricas gemas, quiso que se las enseñara a su esposa, Claudia Procla. Así comenzó esa amistad, que debía reanudarse más tarde. Yo me quedé en Alejandría, mientras ellos siguieron a Palestina. Nos despedimos, no sin rogarme ambos que, a mi llegada a Judea, fuera a visitarlos, lo que les prometí.

Contra lo que yo esperaba, mi permanencia en Alejandría se alargó dos años más. Al fin, decidido a cumplir religiosamente la última voluntad de mi padre, emprendí mi camino al país de mis mayores, como ellos lo habían hecho, a través del desierto. Entonces, lleno de salud, vida e ilusiones, pisé por vez primera las vertientes del monte santo del Sinaí, donde muchos años más tarde había de establecer mi última morada.

Después de la destrucción de la ciudad y del templo, huyendo del mundo, construí aquí una gran fortaleza, acompañado de varios amigos que quisieron seguirme. Una fuente hermosísima nos proporciona sus abundantes aguas para beber. Mis grandes riquezas me facilitaron la edificación de este retiro, donde pienso acabar mis días después de haber puesto en orden mis *Memorias*. Éstas no las he escrito ahora, sino muchos años atrás, cuando viajaba por Palestina y aún se levantaba, soberbio, el templo de Yahvé, ahora destruido.

No quiero retocarlas; quiero que vayan como las escribí entonces; testigo presencial de los acontecimientos más grandes que jamás ha registrado la Historia. Sólo he querido que mis escribas las pasen en limpio, y para esto he hecho venir los mejores pergaminos de Alejandría. Quiero que si alguna vez son leídas estas *Memorias,* el lector reciba las mismas impresiones que yo recibí, esperando que mis relaciones, sencillas e ingenuas, produzcan en su alma el mismo efecto que aquellos hechos, que yo presencié con mis ojos, produjeron en la mía. Repito que van como fueron escritas hace muchos años, cuando yo estaba en el vigor de la vida, y, pena me da el confesarlo, en el apogeo de mi incredulidad filosófica. Quiero advertir, sin embargo, que, aunque hinchado con la ciencia profana que había aprendido en Roma, nunca traté de cerrar mis ojos a la luz. Buscaba la verdad, y la verdad me salió al encuentro sin yo pretenderlo. Ojalá que esta disposición mía sea también la que anime a los lectores de estas *Memorias,* pues estoy seguro de que si van sinceramente en busca de la verdad, ésta les saldrá, como a mí, al encuentro, y «los hará libres».

Sirvan, pues, estas líneas como prólogo[1].

* * *

«Yo, Josefo, hijo del historiador, escribo estas líneas para dar a los lectores de estas *Memorias* una idea de la fisonomía y carácter del autor, a quien traté íntimamente durante los últimos veinte años de su vida.

Era Rafael Ben Hered nativo de Hispania, pero perteneciente a una de las más renombradas familias de la tribu de Benjamín, citada expresamente en el capítulo 26 del *Libro de los Números,* verso 40. Cuando le conocí, aunque nonagenario, estaba aún en la plenitud de sus facultades mentales. Tenía una memoria felicísima, un entendimiento claro y una bri-

---

[1] Aquí termina el prólogo escrito por Rafael Ben Hered a la edad de ciento diez años. Juntamente con este prólogo encontré un pergamino separado y escrito por distinta mano. Su autor Josefo, hijo del famoso historiador, que fue, como él cuenta, uno de los compañeros del autor en sus últimos días. *(Nota del traductor).*

llante imaginación. Era extraordinariamente erudito en las literaturas y ciencias profanas, como educado en la mejor escuela de Roma de tiempos de Augusto. Según él me contaba, sus conocimientos en la lengua hebrea eran escasos cuando vino a Palestina; pero se dedicó con tanto ardor al estudio de las Escrituras, bajo la dirección de Samuel Ben Abia, que llegó a dominar la lengua hebrea como cualquiera de los más renombrados doctores de Israel. Cuando llegó a Alejandría, apenas hablaba la lengua aramea, corriente entonces en Judea; pero tomó maestros, y cuando arribó, después de dos años, a Palestina, hablaba aquella lengua con soltura y la escribía con elegancia. En su aspecto físico recordaba a los patriarcas. Su estatura era mediana; su nariz aguileña; sus cejas, juntas y pobladas, y su barba blanca como la nieve le llegaba más abajo de la mitad del pecho. Tenía gran cuidado de ella y presentaba la textura de la seda. Sus ojos, negros y sumamente vivos, eran un tanto picarescos. Sus labios, rojos, delgados y finos. Su dentadura, completa como la de Moisés, era blanca. Sus manos, suaves, tenían dedos largos y delicados. Todo su porte era majestuoso, como el de un patriarca, y era exquisitamente limpio en su persona e indumentaria. Se mostraba en todo su refinada educación, siendo su hablar tranquilo y cadencioso. Por lo que toca a su carácter moral, aunque su juventud había sido bastante borrascosa y disipada, como él confesaba ingenuamente, era de lo más equilibrado. Iracundo, había logrado dominar admirablemente este defecto, mostrándose siempre humilde y manso, a pesar de lo relevante de sus prendas y de su posición, no sólo desahogada, sino opulenta. Aunque acostumbrado a mandar y ser obedecido, era suave su trato, en especial con los inferiores, a quienes amaba y de quienes, por esto recibía muestras de cariño. Era enemigo acérrimo de la mentira, del dolo y de la falsedad. La astucia y la desconfianza, propias de su carrera de comerciante, le habían servido de mucho para no dejarse engañar; pero estaban templadas con la simplicidad de su trato casi de niño. Esto no quita que estuviera siempre prevenido contra el fraude: era muy difícil embaucarle. De carácter positivo en sus investigaciones, hizo muy buenas migas, como él mismo cuenta, con Tomás, llamado *el Gemelo,* poco inclinado a admitir cosas sin prueba convincente. A pesar de .sus muchas riquezas, era generoso y sumamente caritativo, casi manirroto, con los menesterosos, aunque opuesto a toda ostentación. Nadie sabía las limosnas que hacía, y solía retirar su protección de aquellos que, indiscretamente, publicaban su generosidad.

En su trato familiar, era alegre y jovial, inclinado a la broma de buena calidad; pero era muy medido con personas puntillosas y sensibles. Nunca hablaba mal del prójimo, y prefería callar si no había materia que pudiera alabar en la conducta de los demás»[2].

---

[2] Después de esta descripción del carácter del rabí Rafael Ben Hered, nos hace Josefo hijo la descripción de los últimos días y muerte de nuestro cronista; pero, tenien-

* * *

Seguí con todo cuidado la ruta de nuestros Padres en el desierto, por lo cual, a pesar de que llevaba provisiones en abundancia, fue el viaje tan penoso, que no volveré a intentarlo. Por supuesto, que no duró cuarenta años, sino cuarenta días, pero fue suficiente.

Siguiendo por el desierto de Pharan, atravesamos Edón, y llegamos, finalmente, al mar Asfáltite o Muerto, precisamente en el punto donde debieron estar las Ciudades Malditas. La impresión que me causó ese mar fue de verdadera desolación. Da una idea de muerte mucho más pronunciada que el desierto. En éste nadie espera encontrar sino aridez por doquiera; pero cuando uno se encuentra frente al agua, lo que espera es vegetación, frescura y alegría, y, sin embargo, alrededor de aquella llanura de agua caliente, quieta y en extremo salobre, la naturaleza parece muerta. En las aguas de este mar no hay vida, como la hay en el océano. Allí no hay peces que resistan lo salobre de las aguas. Por otra parte, lejos de sentir algún fresco delante de aquella sabana líquida, el calor es intolerable. ¡Cuánto hubiera deseado poderme bañar para lavarme del polvo del camino y refrescarme algún tanto en aquella agua que aparece cristalina y tranquila! Quise probarla, y tuve que arrojarla luego; tenía un sabor detestable a sulfato de magnesio mezclado con petróleo, sabor que me quedó durante buen rato en la boca. En la ribera encontré, en lugar de vegetación, una sustancia negra y resinosa, el asfalto, el betún, que denuncian la existencia subterránea del petróleo. Cuando quise lavarme las manos, las saqué impregnadas de sales, como me había sucedido en ciertas fuentes termales de la Panonia, donde, si se mete un ramo de frescas flores, sale, en pocos minutos, convertido en un manojo de flores impregnadas de sales y contextura de piedra. Esto me trajo a la memoria la historia de la mujer de Lot, convertida en esos mismos parajes en estatua de sal. Sin duda, un chorro hirviente de aquellas aguas salinas la mató instantáneamente, en castigo de su desobediencia, e impregnada de aquellas sales, quedó allí convertida, para escarmiento de los venideros, en verdadera estatua de sal.

Dejé presuroso aquel paraje, y me dirigí hacia el Norte, llegando felizmente a Engadí, el centro de los escenios, en donde se cultiva la vid que produce el famoso vino. Son como anacoretas que viven en las cavernas rocosas del lado Oeste del mar Muerto. Me recibieron afablemente, dándome hospitalidad por aquella noche.

Al día siguiente, muy temprano, empezamos la subida de las montañas del desierto de Judá, árido y triste. Al caer la tarde divisé una pintoresca población con sus casas blancas como grandes dados de cal, en

---

do éstas rasgos especiales, preferimos dejarlo para cuando, terminadas las Memorias, volvamos a tratar del autor. Ahora continuamos con la narración de nuestro cronista o «reportero», como se le llamaría en nuestros días. *(Nota del traductor).*

medio de higueras y sicomoros: era Hebrón, una de las ciudades más antiguas del mundo, cerca de la cual nuestro padre Abrahán, peregrino en aquella tierra, fijó su tienda, edificó un altar y ofreció al Señor agradable sacrificio.

Había yo enviado un mensajero a Samuel Ben Abia, que habitaba en la población, anunciándole mi llegada. Así, pues, cuando nuestros camellos, reconociendo el lugar de descanso, dieron a los aires su relincho particular, vi venir hacia mí a un venerable anciano. Era Samuel, quien, con la tradicional hospitalidad de los patriarcas, me llevó a su casa, me lavó los pies, me dio el beso de paz y me proporcionó al punto abundante alimento: un magnífico cabrito asado, panes cocidos al rescoldo, higos, dátiles y un magnífico vaso de cuerno lleno de vino de Engadí.

3
TREINTA AÑOS ATRÁS

Desde que pisé tierra de Judea, pude notar una cosa muy curiosa. Así como entre nosotros, los judíos de la Dispersión, no se habla de ordinario de otra cosa que de negocios, entre estos buenos israelitas de Palestina el tema obligado de las conversaciones es la cuestión religiosopatriótica del advenimiento del Mesías. Los pobres y los ricos, la gente de los poblados y la del campo, los que pertenecen al partido o secta de los fariseos, lo mismo que los escenios, los escribas y los herodianos, y hasta los saduceos, todos hablan de lo que llaman «la Esperanza de Israel». En consecuencia, tan pronto como quedé hospedado en la preciosa quinta de Samuel Ben Abia, de raza sacerdotal; después que, cumpliendo las obligaciones de la hospitalidad, me dio abundantemente de comer, lo primero que me preguntó el piadoso israelita fue:

—¿Qué piensan nuestros hermanos de la Dispersión de la llegada del Mesías?

Yo, con toda sencillez, respondí:

—No saben aún que haya llegado.

Ni yo lo sabía tampoco.

Samuel sonrió tristemente al ver mi ignorancia, y añadió:

—No, no ha venido aún, o por lo menos no lo sabemos, hijo mío; mal podían saber nuestros hermanos de la Dispersión lo que nosotros ignoramos. No, no te pregunto eso. Lo que te pregunto es si vosotros, como nosotros, pensáis y habláis del Mesías esperado, ya que el tiempo señalado por la profecía de Daniel está terminando.

—Mi padre —respondí— era uno de los que no se olvidaban de esto, y en su testamento me recomendó que viniera a Palestina, ya que el tiempo del cumplimiento de las profecías, como tú dices, había llegado. Esperaba que viera yo con mis ojos lo que a él no le fue dado ver: la Salud de Israel.

–Tu padre, Esteban, a quien quise mucho, era ciertamente de los que esperaban con ansia la salvación de nuestro pueblo. ¡Cuántas veces hablamos de ello en este propio lugar, bajo esta frondosa higuera! Pero lo que yo te pregunto es si como tu padre hay otros muchos; si todos los dispersos piensan en esto con frecuencia.

La pregunta era tan directa, que ya no pude seguir divagando, y le dije con franqueza:

–Querido Samuel, en lo que pensamos los de la Dispersión es en negocios y más negocios. Creo yo que la esperanza en la redención de Israel existe, sin embargo, en todo corazón israelita; pero más bien bajo la forma política que la religiosa. Como Roma lo domina todo, es cordialmente odiada de todos, y, naturalmente, esperan que alguno venga a sacudir este yugo. Y como nuestras profecías, por otra parte, hablan de ese libertador, sí, piensan en Él, pero desde el punto de vista político más bien que del religioso.

Samuel suspiró tristemente, y comentó:

–No merecemos que venga; aquí también casi todos piensan de esa manera.

* * *

Había yo llegado muy estropeado de mi viaje a través del desierto, y necesitaba un largo reposo. Por otra parte, el tiempo no urgía y la quinta de Samuel era de lo más a propósito para pasar unos días descansando. Hebrón, como he dicho, es una de las ciudades más antiguas del mundo. Está llena de recuerdos, y, con tan buen cicerone como Samuel, pasé allí varios días visitando la comarca, instruyéndome un poco en la historia de Israel y estudiando las profecías, que yo apenas conocía de nombre.

Una tarde, habiendo salido a dar un paseo por el valle de Mambre, donde se encuentran las tumbas de Abrahán, nuestro padre, y de Sara, su mujer, me acerqué a un grupo de pastores que habían ordeñado una cabra y bebían en vasos de cuerno la espumosa leche, mientras comían higos y dátiles secos. Al verme llegar, el más anciano, que era uno de los pastores de Samuel, con toda llaneza me invitó a acompañarlos en su merienda, aceptando yo gustoso el ofrecimiento.

–Rabí –me dijo David, que así se llamaba el anciano pastor–, llegas en los momentos en que contaba a estos muchachos una historia de hace treinta años.

–Pues prosíguela, querido David –añadí con benevolencia–, que a mí me encantan las historias de los ancianos ; siempre tiene uno que aprender de los mayores, aunque cuenten cuentos.

–Dispensa, rabí –repuso el pastor–; lo que yo narraba es una historia verdadera que presencié en casa de Zacarías, el hermano mayor de mi amo Samuel.

—Tanto mejor, tanto mejor —exclamé, sonriendo—; cuenta esa verdadera historia, y si es interesante, como lo presumo, la escribiré en mis *Memorias*.

—Yo tenía entonces cuarenta años —continuó el pastor—, ya que ahora tengo setenta, y vivía en la casa de Zacarías, el cual, aunque mudo, estaba en Jerusalén ministrando en el templo, pues era un sacerdote. Una mañana me llamó Isabel, la esposa de mi amo, y me dijo: «David, tú eres hombre de confianza y quiero hacerte un encargo: mi prima María, la esposa de José de Nazaret, está en Jerusalén y quiere venir a verme. Toma el mejor asno, ve a la casa de Phanuel, mi primo, y allí la encontrarás; dile que vas de mi parte y tráela con mucho cuidado, haciendo que descanse en Belén».

Aunque yo no sabía dónde iba a parar la historia del viejo pastor, escuchaba atentamente, presintiendo que me iba a narrar algo interesante.

—Hice lo que me mandaba mi ama —continuó— y no tuve por qué arrepentirme. Era María una jovencita como yo no he visto otra jamás. Y no era porque fuera hermosa, que lo era, y mucho, sino por su modo de ser: era una niña llena de gracias, toda bondad, con unos ojos tan dulces, con una voz tan armoniosa, y, sobre todo, era tan buena, que me cautivó desde el primer momento que me habló. Emprendimos el viaje; yo la cuidaba con todo esmero y ella me hacía preguntas sobre los lugares por donde pasábamos y en los que había vivido, cuando era pastor, el santo rey David.

—¿Era David de Hebrón? —le pregunté. El viejo me miró casi espantado de mi ignorancia, y respondió:

—No, rabí; era de Belén, ¿no lo recuerdas? —y sin esperar mi respuesta, continuó—: el cual venía a estos montes cuando niño a apacentar sus rebaños. Otra vez me preguntó aquella jovencita por mi mujer y mis hijos, y me encargó que se los llevara para conocerlos cuando llegáramos a la casa de su prima. Al fin llegamos; mi ama, que era ya anciana, la aguardaba impaciente al pie del emparrado; le dio el ósculo de paz, y no bien la tuvo en sus brazos, cuando mi ama empezó a cantar llamándola bienaventurada, postrándose después en su presencia.

—Y ¿qué hizo la jovencita?

—Le respondió igualmente cantando y diciendo cosas muy elevadas que yo no entendí. Sólo me pareció que daba muchas gracias a Yahvé por los favores que le había hecho y porque ya se cumplía lo que había prometido a nuestro padre Abrahán.

—¿Y eso fue todo? —pregunté algo decepcionado con la historia del viejo.

—Poco tiempo después —prosiguió el pastor—, mi ama Isabel, con todo y tener más de setenta años de edad, dio a luz un hijo y mi amo Zacarías recobró instantáneamente la palabra.

—¿Y no pasó algún prodigio más? —pregunté yo, sonriendo incrédulamente.

—Por entonces, eso fue todo —repuso David—; pero unos meses después fue lo mejor. Era una noche muy fría, al fin de diciembre: habíamos llevado nuestro rebaño, buscando pasturas, hasta cerca de las piscinas de Salomón, y nos recogíamos los pastores, por la noche, en una cueva que hay en Etam. Sería la tercera vigilia, esto es, como las tres de la madrugada, cuando la cueva se llenó de una luz deslumbrante y apareció un ángel. Nos llenamos de terror, y eso que no somos asustadizos...

Tuve en la punta de la lengua estas palabras: «Pero estarían borrachos», pues no quería dar crédito a la sencilla narración del pastor; pero le vi tan serio, miré tan respetuosos a los otros pastores que lo escuchaban, que preferí guardarme mi observación.

—Entonces —continuó David— el ángel nos dijo: *«No temáis; pues he aquí que os doy la buena nueva de un, gran gozo, que será para todo el pueblo; que os ha nacido hoy un Salvador, que es el Cristo Señor, en la ciudad de David. Y ésta seré para vosotros la señal: hallaréis al Niño envuelto en pañales y puesto en el pesebre»* [3].

—¿Y encontraron a ese Salvador en pañales? —pregunté, tratando de no reírme de la candidez de aquella gente.

—Nos levantamos luego —continuó el pastor— y fuimos a Belén guiados por una gran luz, y cuál no sería nuestra sorpresa al encontrar, en una gruta destinada a establo, al Niño que nos había dicho el ángel reclinado en un pesebre.

—¿Y eso te llama la atención? —pregunté yo, irónicamente.

—¡Por supuesto! —respondió el pastor—. A todos nos llamó la atención encontrar a esa hora, en aquel lugar lleno de una luz celestial, a un Niño recién nacido envuelto en pañales y recostado en un pesebre, donde comen las bestias, y no en una cuna para niños. Pero lo que a mí me sorprendió, sobre todo, fue que la Madre del Niño era nada menos que la jovencita que yo había llevado pocos meses antes a casa de mis amos. María, la esposa de José de Nazaret, la criatura más perfecta que jamás he visto en mi vida, y estaba en aquella cuadra resplandeciente de felicidad.

Dijo David estas últimas palabras con tal convicción, que la risa burlona se heló en mis labios. Aquel hombre no engañaba: hablaba con entera buena fe. ¿Por qué no había yo de creer su testimonio? Y reservando hacer mis investigaciones para más tarde, le pregunté:

—¿Y qué pasó después?

—Que al cabo de algún tiempo vinieron unos Magos de Oriente preguntando por *«el que había nacido Rey de los judíos»*. Habían visto en su lejana tierra la estrella que nos alumbró a nosotros aquella noche en que se nos apareció el ángel, y decían que habían venido adorarlo.

---

[3] Todas las palabras que van *con esta letra cursiva* son tomadas de la Sagrada Escritura, mientras que lo restante del texto no tiene más autoridad que la de Ben Hered, el autor de estas *Memorias*. *(Nota del traductor).*

I. EL QUE HA DE VENIR-3. TREINTA AÑOS ATRÁS

—¿De manera —pregunté— que el Niño no sólo era el Salvador del pueblo, sino también Rey?

—Así lo decían los Magos, y fueron a informarse por Herodes dónde había nacido el nuevo Rey.

Conociendo lo ambicioso y sanguinario de Herodes, estuve por no creer al pastor. ¿Cómo iba a dejar el idumeo que le saliera un rey en su camino sin hacer el bárbaro una de las suyas?

—Y *«Herodes se turbó* —continuó el viejo—, *y todo Jerusalén con él, y mandó convocar a los príncipes de los sacerdotes y de los escribas y les preguntó dónde había de nacer el Cristo».*

—¿Y qué le respondieron? —interrogué, con una sonrisa.

—Todos dijeron sin vacilar que *«en Belén de Judá, como lo había profetizado Miqueas; de allí había de salir el caudillo que había de guiar al pueblo de Israel»* —añadió el pastor.

—¿Herodes quedó contento con eso? —insistí.

—Por supuesto que no —respondió el viejo—. Recomendó a los Magos que vieran al nuevo Rey y le avisaran para ir a adorarlo él mismo.

—¿Y Herodes iba a adorar ese Rey? —pregunté, riendo.

—Tienes razón para reírte, rabí —repuso David—; lo que quería el infame Herodes no era adorar al Rey, sino matarlo.

—¿Y lo mató? —pregunté, intrigado.

—Lo más probable es que lo haya matado, pues mandó Herodes a sus soldados, y esos brutos dieron muerte a muchos niños de Belén y sus cercanías...

Mi desilusión fue grande al pensar que ese Rey recién nacido había terminado de modo tan trágico, cuando yo empezaba a esperar en Él, teniéndolo por posible caudillo de Israel, y así me quedé sin decir palabra. Todos estábamos en silencio, cuando otro pastor, también ya viejo, exclamó:

—Si me dispensas, rabí, yo te diré lo que realmente pasó.

—Con gusto —respondí—; di lo que sepas.

—Soy de Belén —añadió Dan, que así se llamaba el pastor—, vivía junto a la casa habitada por José de Nazaret y su esposa, María, y yo presencié la visita de los Magos de que ha hablado David. Tenía yo entonces veinte años y servía a María en todo lo que se le ofrecía, pues, como ha dicho muy bien David, era ella una criatura angelical. Una mañana, muy temprano, serían las dos, oí ruido en la casa vecina, que era la de José. Me levanté y fui a ver lo que pasaba. José había ensillado su borrica, y María, cargada con el Niño, estaba sentada sobre el animal, Me acerqué a ellos, y José me rogó no hiciera el menor ruido y me fuera a acostar. Había luna, y María me miró como diciendo que obedeciera a su esposo. Esta mirada fue un mandato para mí. Salieron sin ser notados. Al mediodía llegaron los herodianos, tocando las trompetas y mandando a todas las madres que llevaran a sus hijos menores de dos años a una casa que tenía un gran patio.

Allí se encerraron aquellos bandidos y mataron unos treinta chiquillos... Pero María, con su Hijo Jesús, guiados por José, habían escapado. ¿Quién les avisó? No lo sé; pero que escapó el Niño de la muerte no me cabe duda...

—¿Y no se ha vuelto a saber nada de ese Niño? –pregunté a Dan.

—Nunca más he oído hablar de Él –respondió.

Días después, acompañado de Samuel y habiendo caminado toda la noche, llegaba yo al despuntar la aurora a la cumbre del monte de los Olivos. A un kilómetro y medio de distancia se amontonaba sobre colinas la ciudad de la visión de paz: Jerusalén. La impresión que me causó aquel paisaje jamás lo olvidaré. El sol, saliendo a mis espaldas, empezaba a iluminar los dorados techos del Santuario, que se elevaba al cielo como una mole de blanquísimo mármol. Lo restante de la ciudad no me mereció ni una mirada. Todo mi espíritu, concentrado en mis ojos, estaba fijo en el templo del Señor, símbolo de mi religión y de mi raza. No soy ni devoto ni patriotero; pero, sin poder remediarlo, se doblaron mis rodillas y mis ojos se llenaron de lágrimas cuando escuché el sonido de las trompetas de los sacerdotes y vi el blanco incienso del sacrificio matutino subir, lentamente, por el espacio.

Entonces, como nunca, me sentí hondamente religioso y profundamente judío. La majestad de Yahvé me anonadaba, mientras mi orgullo de raza me hacía exclamar: «No hay Dios como el Dios de Israel».

4
EN EL MERCADO

Jerusalén es una población relativamente pequeña, ya que su mayor longitud mide menos de mil metros y su total superficie no llega a cuatro kilómetros cuadrados; esto es, tiene menor superficie que la de los montes Celio y Vaticano en Roma. Está construida sobre tres colinas, pues ninguna de ellas se eleva más de cien metros de altura sobre el nivel de los valles Hinnon y Cedrón, que la rodean por el Este, el Sur y el Oeste. Sobre el monte Moria está edificado el templo. Este monte colinda al Oeste con el Acra, en donde está la parte baja de la ciudad. Las dos colinas quedan separadas de la parte alta de la ciudad por el valle Tyropeón o de los queseros. Esta parte, que es la mayor y la más antigua, está construida sobre el monte Sión. Aquí es donde vive la gente rica y se levantan el antiguo palacio de los Asmoneos, el Xisto, los pacios de Anás y Caifás, y dominando la población, en el extremo Noroeste, el magnífico palacio de Herodes. Estas tres colinas, muy escabrosas y desiguales, están rodeadas por una muralla altísima erizada de torres, entre las que descuellan las llamadas de Híppico, Phasael y Mariamné. Al Noroeste del templo, colindando con el Acra, está la fortaleza Antonia.

Como tanto la ciudad alta como la baja han sido edificadas en distintas épocas y sin plano alguno, las estrechas calles suben y bajan siguiendo las sinuosidades del terreno. Solamente las más importantes están pavimentadas con grandes losas, pues las restantes tienen por suelo la caliza roca de las colinas. En la parte alta hay varias casas construidas con piedra, siguiendo el estilo griego esto es, un paralelogramo con ventanas al exterior; en el interior, un patio rodeado por columnas. Las demás casas, que se amontonan unas sobre otras y tienen la forma cúbica, terminadas por copulitas, están hechas de ladrillo o de adobes. Para comunicar la ciudad alta con el templo hay puentes, y para reunir una casa con otra, infinidad de arcos, que sirven tanto de paso a los peatones como de soporte a los edificios; muchas calles son tan empinadas, que tienen escaleras de piedra.

Según lo que he podido averiguar, la población de Jerusalén no llega a los 70.000 habitantes en tiempos normales; pero cuando vienen las grandes festividades del templo, los peregrinos son cientos de miles. En estas épocas, unos se hacinan en las casas de la población, y otros, la mayoría, viven en tiendas que levantan, principalmente en el barrio de Betsaida, fuera de los muros y en la colina de Ofel. En el ángulo que forman el Acra y el monte Sión, fuera de las murallas, hay una eminencia que no llega a diez metros de altura, llamada Gólgota o colina de la Calavera; éste es el lugar donde suelen ajusticiar a los reos sentenciados a muerte de cruz.

La casa de Samuel, con quien vivo, es una de las mansiones privadas más amplias de la vecindad, y está situada en la parte alta de la ciudad, no lejos de la de Caifás, el sumo sacerdote. Tiene un huerto con frondosas higueras y hermosos rosales en la parte posterior del recinto. En el centro hay un gran patio rectangular con su peristilo o corredores alrededor, en los cuales están las habitaciones. Entre este patio y el huerto hay una sala, y sobre ésta queda la habitación de los huéspedes, que yo ocupo. Es sumamente amplia y sirve cada año de cenáculo en donde celebran la Pascua. Aquí, sobre una gran mesa, tengo muchos rollos de pergamino para ir escribiendo mis *Memorias,* y en un gran armario de madera preciosa guarda Samuel los volúmenes que contienen la ley.

Fuera de los edificios públicos, no hay cosa digna de verse en Jerusalén; salí, sin embargo, a dar una vuelta esta mañana, para corresponder a la invitación de Nicodemo Ben Gorion, fariseo de los más principales y ricos. Tiene a su cargo los innumerables aguadores y fontaneros que distribuyen el agua a los peregrinos. No me extrañó, pues, que a los pocos pasos me empezara a hablar de las dificultades con que tropezaba por la cuestión del agua.

–Y ¿cómo se provee Jerusalén de agua? –le pregunté, viendo su inclinación hablar sobre este punto.

–Aquí aún no tenemos acueductos como nos dicen hay en la maldecida Roma, si bien Pilato se ha empeñado en construir uno larguísimo, desde las piscinas de Salomón, que están más allá de Belén. Hay que aprovechar las lluvias que caen primero en octubre, algunas en diciembre y las más abundantes en marzo y abril, y para esto usamos de las cisternas o aljibes.

—Ya he visto —repuse— la gran cisterna que tiene Samuel en su jardín.

—Pues como ésta —añadió Nicodemo— hay otras en todas las casas principales, y bajo los cimientos del templo hay treinta y siete: una sola de ellas, llamadas el «mar grande», porque de ella se saca el agua con que se llena el «mar de bronce», cerca del altar, tiene una capacidad de más de dos millones de litros.

—Entonces —repliqué— al templo no le falta agua.

—No, el templo está bien provisto, pero lo importante y difícil es el proveer de agua a los peregrinos, pues éstos la necesitan no sólo para beber, sino para las abluciones rituales. Cuando vienen las grandes peregrinaciones durante las fiestas, tengo que poner en movimiento a mis aguadores, que acarrean el agua, en pellejos curtidos, desde los estanques de Siloé, de Gihon, de las fuentes Gemelas, de la de Amigdalón, de la de Ezequías y hasta desde las piscinas de Salomón.

—Eso —dije— requiere un verdadero ejército de aguadores.

—De ordinario pasan de cinco mil —me respondió—, y apenas si dan abasto.

Habíamos, entre tanto, atravesado las calles, relativamente mejores, de la ciudad alta o de David, y bajamos por el valle de los queseros o Tyropéon. No tuve que preguntar el nombre, pues el fuerte olor a queso lo estaba publicando. Aquí las calles se hacen más empinadas y estrechas, hay escalones y, por consiguiente, el tránsito es más difícil. Multitud de vendedores ambulantes brotan por todos lados, obstruyendo el paso y pregonando sus diversas mercancías con gritos guturales ininteligibles.

—¿Y quiénes son esos que tocan el gong?

—Son los barberos —respondió mi compañero, sonriendo—, y lo que tienen en la mano son sus bacías de latón, que hacen sonar con las cachas de sus navajas.

—¿Y estos que blanden sus babuchas dando tacón con tacón?

—Son zapateros —me respondió— que anuncian su mercancía.

En aquel momento desembocó un grupo de soldados romanos, quienes, sin consideración alguna, pasaron por encima de unos puestos de frutas que impedían el tránsito, haciendo tortilla los huevos, que en grandes bandejas tenía una pobre mujer. Por supuesto que la vendedora les dijo en arameo lo que en Hispalis suelen decir las placeras en nuestro idioma; y si los fruteros no acompañaron sus injurias con naranjazos fue por el respeto que les merecían los arreos militares de los conculcadores.

—Tú mismo has visto, Rafael —me dijo Nicodemo, pálido de indignación—, cómo se conducen esos hombres —y tomando entre los dedos unas tiras de pergamino que llevaba atadas al brazo izquierdo, las empezó a pasar, diciendo al propio tiempo algunos versículos de la Escritura.

—¿Y qué traes allí escrito en esas tiras?

I. EL QUE HA DE VENIR-4. EN EL MERCADO

Me miró sorprendido, y luego añadió:
—Sé que vienes de tierra de paganos. Estas tiras sagradas se llaman filacterias, y en ellas llevamos los fariseos escritos versículos de la ley y los profetas, para librarnos de las impurezas legales que podemos contraer. La vista de esos incircuncisos nos contamina, cuanto más sus palabras y acciones. Estas filacterias —continuó— las llevo yo expresamente para encuentros como el que acabamos de sufrir. Aquí está copiado el salmo 108, y yo deseo a esos malvados todo lo que el rey David deseaba a sus enemigos.

Era ya la hora del mediodía; el sol calentaba como fuego líquido, y no había nada que ver en la sucísima población, llena por todas partes de gentes infectas, con cuyo roce temía yo verdaderamente contaminarme, no legalmente como mi compañero, sino con alguna enfermedad. El aire de aquellas callejas es acre, compuesto de mil fetideces de melones y sandías en corrupción y de podredumbres de todo género echadas en medio del arroyo, entre charcos de agua fétida. Relente nauseabundo, de inmundicias y estiércol, mezclado con el humo del incienso que algunos piadosos queman para probar si es de la calidad requerida para los sacrificios. Hediondez viscosa que se condensa en una nube asfixiante, casi tangible, que fluctúa en el aire inmóvil y caldeado de las callejuelas llenas de infinitas moscas.

—Esto sí que contamina —dije a mi compañero, llevándome la mano a las narices y espantando las moscas—. ¿No sería mejor volver a casa?

Mi compañero, que no parecía tener un olfato tan fino como el mío y seguía repasando sus filacterias para no contaminarse con la vista de los romanos, me dijo:

—Como gustes; pero yo desearía antes llevarte a la tienda de Eliezer, pues encontraremos allí reunidas a varias personas que tal vez nos darán algunas noticias. Allí nos solemos reunir diariamente para cambiar impresiones.

La idea de conseguir alguna noticia me pareció merecer el sacrificio de repasar otra vez aquellas calles inmundas. Volvimos hacia la ciudad alta, y mi compañero me llevó a una larga y algo menos estrecha calle, que formaba la parte más selecta del mercado. Era un bazar continuado, cubierto por la lona de los puestos, lo que nos defendía algo del sol. Las mercancías que allí se vendían eran «inodoras», y, por consiguiente, el aire menos irrespirable. Al fin llegamos a la tienda de Eliezer, un verdadero oasis respiratorio en aquella ciudad infecta. Entramos en una casa espaciosa, cuyo patio, circundado por un amplio peristilo, estaba convertido en tienda de alfombras, telas y objetos de arte. Me volví a sentir en mi elemento, aunque luego noté la inferioridad de aquellos artefactos comparados con los que yo guardaba en mis almacenes. Pero no había venido a ver telas, sino a recoger noticias; yo no era en estos momentos mercader, sino reportero ansioso de encontrar algo digno de escribir en mis *Memorias*.

Dejé a Nicodemo que se juntara a un grupo de fariseos que estaban hablando del gravísimo escándalo dado por Herodes Antipas, tetrarca de Galilea, el cual estaba amancebado con la mujer de su hermano Felipe. Acerquéme a unos soldados romanos, quienes hablaban de las aventuras amorosas del emperador Tiberio en su isla de Caprea y de las intrigas de Seyano para tener al monarca alejado de Roma, por medio de los embustes del astrólogo Trayslo. Pasé a otro grupo de mercaderes del Líbano; hablaban del tetrarca Lisania y de los nuevos impuestos que había decretado en Abilene. Me llegué a un grupo de herodianos, los cuales reprobaban la actitud del procurador romano Poncio Pilato, quien, por congraciarse con el César, había mandado que llevaran al templo las águilas romanas y las efigies de Tiberio. Esto había causado una verdadera insurrección entre los devotos judíos, y aunque finalmente había quitado esas insignias, el odio a Roma había aumentado. Todo lo cual me interesó algún tanto, porque se relacionaba con Pilato y me daba a conocer el carácter indomable de mis hermanos de Palestina en lo que se relacionaba con la religión y el templo.

Desesperado de adquirir alguna noticia de importancia, me fui a sentar cerca de unos viejos venerables por sus crecidas barbas. Discutían sobre un asunto que, al principio, no me llamó la atención; pero poco a poco me fue interesando. El grupo era de escribas y doctores de la ley. Hablaban de un tal Juan, llamado el Bautista, que se había lanzado a bautizar a lo largo del Jordán. Según las noticias recibidas, predicaba la penitencia y exhortaba al pueblo a que preparara los caminos del Redentor de Israel.

Esto fue lo que me hizo interesar en aquella conversación, y, sin estar debidamente presentado con aquellos personajes, me atreví a dirigirme a uno que me pareció el más respetable.

—Yo —dije— soy hebreo de la Dispersión, y he venido por primera vez a visitar el templo santo.

—Ya te vi hace poco —me dijo un viejo antipático y barrigón—. Ya vi que mandaste ofrecer varios cientos de víctimas por las almas de tus padres. Pregunté quién eras, y me dijeron que venías de Hispania. Qué, ¿los judíos de la Dispersión creen todavía en la inmortalidad del alma y en la resurrección de los cuerpos?

El sujeto me había disgustado, y supe después que era saduceo, de la familia sacerdotal de los Boeto, traficante en ganado para las victimas del templo. Le miré con desdén, y añadí:

—Nosotros creemos lo que siempre han creído nuestros padres —y, volviéndome al anciano a quien me había dirigido, proseguí:

—Te ruego, maestro, que me expliques eso que he oído de Juan el Bautista. ¿Es algún nuevo profeta?

Me miró bondadosamente el anciano, y respondió:

—De eso tratamos precisamente: de saber quién es ese hombre y autorizado por quién predica. Si su obra es de Dios, por más que nos opongamos a ella los hombres, perdurará, y si no es de Dios, caerá por sí misma.

—¿Y podré saber, maestro, cómo te llamas?
—Me llamo Gamaliel —respondió con sencillez.
—Pues bien, rabí, ¿crees tú que es digno de estudiarse un hombre como Juan?
—Creo que sí, hijo mío. No hace milagro alguno; pero su palabra es tan eficaz, que mueve a sus oyentes a penitencia, lo cual siempre es bueno.
—Pero no dice nada de las ceremonias legales —interrumpió uno que me pareció fariseo.
—Ni las ataca, que yo sepa —respondió el anciano—. Muy bien puede ser éste un nuevo profeta enviado por Yahvé.
—¿Crees tú que sea un profeta, maestro? —añadí.
—No digo que lo sea, pero muy bien puede serlo. Estamos en tiempos de gran expectación, y puede venir un profeta verdadero o saltar uno falso, como ya lo hemos visto, desgraciadamente.

Nicodemo se acercó a mí diciéndome que era tiempo de volver a la casa de Samuel. Yo iba muy contento. Había oído de Gamaliel, cuya fama atravesaba los mares, que «estábamos en tiempos de gran expectación». Esto convenía con los presentimientos de mi querido padre, y excitaba en mí gran curiosidad. Tal vez aquel Juan era «el que había de venir a salvar a Israel». ¿No sería éste aquel niño extraordinario del que me habían hablado los pastores? Cuando llegué a casa, pregunté a Samuel si él sabía algo de Juan.

—Muy bien sé quién es —respondió—: es el hijo de Isabel y de Zacarías, mi hermano. Yo no le he vuelto a ver desde hace tiempo; pero te sé decir que es un hombre extraordinario.

—¿Y podríamos ir a verle? —añadí, entusiasmado.

—Cuando gustes —me respondió Samuel—. Predica a orillas del Jordán, no lejos de Jericó.

Aquella noche no pude conciliar el sueño pensando que pronto iríamos a ver al Bautista, de quien otros me hablaron con grandes elogios. Iba yo al fin a ver, por lo menos, un profeta, y la idea de entrevistar a un *enviado* del mismo *Yahvé* me llenaba de entusiasmo. ¿Cómo sería aquel profeta? ¿Como Isaías, elocuente y sublime, o como Elías, arrebatado y haciendo bajar fuego del cielo?

5
A LA ORILLA DEL JORDÁN

En mi camino hacia Jericó, acompañado del escriba Santiago Ben Tissot, que me servía de cicerone, y de Samuel Ben Abia, mi anfitrión, pude ver, en las azoteas de algunas casas, a los labradores aventando el trigo. Después de trillado en las eras, lo subían en mantas a las azoteas, donde la brisa soplaba con más intensidad, y, bieldo en mano, lo arrojaban al aire, llevándose éste la ligera paja, mientras el pesado grano caía en el suelo. Unos muchachos iban recogiendo el trigo ya limpio y lo ponían en sacos para llevarlos al granero, en tanto que otros juntaban la paja, y, formando gavillas, las entregaban a las mujeres, quienes, gozosas, se las llevaban para alimentar el fuego de sus hornillas.

Dejando atrás a Jericó, empezamos a descender hacia la cuenca del Jordán por veredas abiertas en medio de las erizadas breñas que brotan entre las calizas rocas.

De pronto se presentó a mi vista una cinta brillante que, serpenteando constantemente entre los contrafuertes de estrecho valle, se precipitaba veloz hacia el mar Muerto, tranquilo como inmenso espejo. A pocas millas de ese mar, salobre como ninguno, y cuyas tibias aguas están en constante evaporación, no se distingue en las orillas del río vegetación alguna. En cambio, hacia el Norte, en dirección del lago de Genesaret, se ven las márgenes de esta corriente llenas de árboles. Las montañas de aquel estrecho cañón son de un color amarillo rojizo, y están formadas por rocas salitrosas y calizas, entre las que hay innumerables cuevas.

Al llegar a una bastante capaz, Samuel dijo:

—La noche se acerca, y si la hemos de pasar en el desierto, esta cueva nos prestará seguro abrigo.

Estábamos en la ribera occidental del Jordán.

Seguimos su consejo, y, descendiendo de los fuertes asnos que nos servían de cabalgaduras, establecimos nuestro campamento en los momentos en que el sol descendía enrojecido tras las montañas de Judea.

Un fenómeno curioso llamó mi atención. Algunos pastores que habían traído sus rebaños para abrevarlos en el Jordán, al subir la cuesta de las montañas de Judea en dirección a los apriscos, empezaron a sonar sus cuernos. En un principio creí que los pastores de Moab respondían desde sus montañas a sus compañeros de Judea sonando también los suyos. Santiago me sacó de este error, diciéndome:

—Es el eco, maravilloso en esta cañada —y poniendo sus manos en la boca en forma de bocina, gritó—: ¡Santiago! —«Ago» —respondió la opuesta montaña—. En algunas partes —añadió—vuelve el eco tres sílabas con toda claridad.

Cuando terminamos el arreglo de nuestro campamento era ya de noche, y la temperatura abrumadora del día, sin dejar de ser calurosa, había bajado algún tanto, permitiéndonos dormir al aire libre. Teníamos la cueva como último refugio en caso de que la temperatura descendiera notablemente, lo que Samuel aseguró que no sucedería. Por mi parte, así lo deseaba, entusiasmado con la idea de pasar la noche en aquella región salvaje, teniendo por techo el cielo tachonado de estrellas. Nuestros criados, después de abrevar los animales y darles el pienso de paja que habían recogido en las eras, se echaron en el suelo, y pronto empezaron a dor-

I. EL QUE HA DE VENIR-5. A LA ORILLA DEL JORDÁN

mir. Para ellos, una noche en el desierto no tenía atractivo alguno. Quedamos solos Samuel, Santiago y yo, contemplando aquel magnífico cielo lleno de palpitantes luceros. Samuel contemplaba las estrellas; acercándose a mí, en la oscuridad, me dijo, conmovido:

–Así debió ser la noche en que Yahvé, no muy lejos de este sitio, sacando a nuestro Padre Abrahán de su tienda, le dijo: *«Mira al cielo, y cuenta las estrellas, si puedes. Pues así será tu descendencia»*. Y Yahvé ha cumplido su promesa... en parte.

–¿En parte? –le dije.

–Sí –respondió–, todavía falta lo principal: aún no ha aparecido la estrella de Jacob. El prometido Mesías aún no ha venido –y un profundo suspiro desagarró el pecho del piadoso israelita. Sospeché, en la oscuridad, que las lágrimas surcaban las arrugadas mejillas del anciano.

Yo me sentí hondamente conmovido, y, deseoso de continuar la conversación, le dije:

–Parece, sin embargo, que el tiempo de las profecías se ha cumplido; el cetro ha salido desde hace tiempo de las manos de Judá; reina en Galilea, sujeto a los romanos, un descendiente del idumeo, y Roma señorea en Judea, principal asiento de la nación escogida.

–Así es –repuso Samuel–. Y eso es lo triste, pues ahora deberíamos estar preparados mejor para recibirlo, Israel se aleja más y más de Yahvé.

–La verdad, no entiendo esto –repuse–, pues ahora Israel no sólo no adora ídolo alguno, sino que el culto del verdadero Dios es más espléndido que nunca. Allí está el templo, magnífico cual ninguno; allí están los innumerables sacrificios ofrecidos con toda regularidad por los sacerdotes...

–Los sacerdotes que ofrecen los sacrificios, el sumo sacerdote, que es nuestra cabeza, son saduceos.

–¿Y qué con eso?

–Los saduceos no creen en la inmortalidad del alma, no creen en la vida futura..., no creen en Yahvé... Le invocan con los labios, mas no con el corazón...

–Pero ¿y el pueblo?

–Las multitudes son como las ovejas: siguen al que las guía. No hemos visto en nuestros días ningún verdadero profeta. Todos han sido unos impostores. Se necesita alguno que nos guíe.

En aquellos momentos nuestra conversación fue interrumpida por un grito pavoroso que parecía venir de lejos. Yo sentí que un frío corría por todo mi cuerpo, y otro tanto debió pasar a mis compañeros, pues quedamos sin articular palabra.

De nuevo el misterioso grito resonó, y los tres nos juntamos en la oscuridad para hacernos compañía.

Poco tiempo después, la voz volvió a resonar más cercana, y algunas palabras se distinguían, aunque no claramente.

—¿Qué será? –dijimos los tres a un tiempo, encaminándonos hacia la cueva. De pronto llegaron a nuestros oídos, con toda claridad, estas palabras:
—*«Soy la voz que clama en el desierto»*.
Y él respondió:
—«Cierto»...
Poco después:
—*«Preparad los caminos del Señor»*... «Señor» ...
Y luego:
—*«Haced sus caminos derechos»*, «Hechos»...
Y más tarde:
—*«Haced penitencia si queréis escapar de la futura ira»*... «Ira»...
La voz se iba acercando cada vez más. La luna empezaba a salir, y mirando nosotros a lo profundo de la barranca, descubrimos una especie de sombra que caminaba al lado de la corriente.
—Es, sin duda, Juan –dijo Samuel, más tranquilo.
—¿El Bautista? –preguntamos Santiago y yo.
—Sí, es Juan el Bautista, mi sobrino, a quien buscamos –respondió el anciano israelita–: No hay nada que temer. Mañana lo veremos.
Mientras tanto, la voz continuaba gritando solemne y el eco respondiéndole: «Cierto, cierto»...
La idea de entrevistar a un hombre de quien tanto se hablaba y que había hecho su aparición de una manera tan romántica, hizo que no bien dorara el alba las cumbres de los montes de Moab, cuando yo me puse en pie, listo para ir en busca del Bautista.
En vano busqué a Samuel en el campamento y alrededores; había desaparecido. Uno de los esclavos, sin embargo, me dijo que el anciano se había levantado antes del día y había descendido hacia el Jordán, sin duda para hacer las acostumbradas abluciones. En efecto, pocos minutos después le descubrí postrado sobre una roca al borde de la corriente, con el rostro vuelto a Jerusalén, donde en aquellos momentos debía ofrecerse en el templo el sacrificio matutino. Cuando hubo terminado su oración, subió al campamento, y, después de saludarnos ceremoniosamente, nos indicó que ya era tiempo de levantar el campo y marchar en busca del Bautista. Emprendimos, pues, la caminata, siguiendo la orilla de la corriente, hacia el Norte.
Pronto llegamos a un remanso del río, rodeado de árboles y arbustos, entre los cuales nacían flores silvestres y cantaban los pájaros en las enramadas. Algunos peregrinos que allí encontramos en espera de Juan, nos indicaron que éste debería estar con sus discípulos todavía en la altura, pues solía bajar al río cuando el sol llegaba al cenit. Nos apeamos, y, dejando las cabalgaduras al cuidado de nuestros siervos, emprendimos a pie el ascenso de la montaña.
Muy pronto descubrimos un grupo de hombres que trabajaban con ardor en el arreglo de una vereda que bajaba desde la cúspide. Samuel,

I. EL QUE HA DE VENIR-5. A LA ORILLA DEL JORDÁN 33

señalando a un hombre corpulento que se destacaba del grupo, nos dijo:
—Ése es Juan.

Llegamos a donde estaban los trabajadores, y al vernos el Bautista, con voz imperiosa, dijo:
—Venid a trabajar, a preparar el camino del Señor.

Samuel obedeció al punto; mas Santiago y yo permanecimos inspeccionando los trabajos, para nosotros bien extraños. Encaramándonos por las rocas, llegamos a la cresta de la colina, y observamos que se unía la vereda a un camino que venía del Norte.

—Ese camino —me dijo Santiago— es, sin duda, el que viene de Seythópolis, donde se divide en dos ramas: una que sigue al Norte hasta Tiberíades, y otra que voltea al Occidente, siguiendo el valle de Jesrael, sube a Nazaret, y de allí a Kaiffa, a través de la planicie de Esdrelón, al pie del monte Carmelo.

La vereda construida por el Bautista era enteramente recta y con suave declive, a pesar de lo abrupto del lugar. Para llevar a cabo esta obra, había Juan practicado al comienzo un tajo enorme, y las grandes piedras que para eso había desgajado habían rodado hasta cerca del lecho del río. Para allanar los diversos barrancos que se oponían al paso de la vereda, el Bautista los había cubierto con cascajo. Aquello era una verdadera obra de romanos.

La vereda era capaz para dar cómodamente paso a un hombre. Toda estaba pavimentada con tierra pulverizada y apisonada, haciéndola sumamente cómoda. Juan en persona, usando de un enorme tronco de árbol, la apisonaba.

Mi curiosidad me llevó muy cerca de este extraño camino, e iba a dar un paso para probar por mí mismo, la vereda, cuando una voz estentórea, que resonó por todo el valle, gritó:
—¡Atrás, incircuncisos; no profanéis con vuestras inmundas plantas el camino del Señor!

Naturalmente, Santiago y yo nos retiramos apresuradamente, mientras el Bautista, de quien era la voz, nos miraba con ojos airados.

Bajamos. Grandes piedras seguían rodando, y, como he dicho, se iban amontonado no lejos del lugar donde Juan bautizaba.

Toda aquella mañana siguió el trabajo con el mismo ardor, La parte más dificultosa ya estaba hecha. Sin embargo, casi al fin de la vereda, y cortándole el paso, había un árbol deshojado, de nudoso tronco. El Bautista llegó hasta aquel árbol, y, tomando un hacha, empezó a desgajarlo, hiriéndolo cerca de la raíz.

El sol se acercaba al cenit. Juan, dejando el hacha hincada en el árbol, bajó a empezar los bautismos. Ya se había reunido gran multitud de hombres, deseosos, unos, de recibir el bautismo de penitencia de manos de Juan, y otros, que, curiosos, trataban de investigar la conducta del Bautista, tenido como profeta por las multitudes.

Asentados sobre las grandes piedras que habían sido rodadas para allanar el camino, se encontraban varios soldados romanos, cuyos cascos brillaban bajo el sol. Formando un semicírculo estaban los peregrinos, y a uno de los extremos, separados de la multitud, había dos grupos de curiosos que llamaron mi atención, pues, desde luego, se veía que no eran gente vulgar.

—Esos que veis allí —me dijo Santiago, adivinando mi pensamiento—, unos son fariseos y otros saduceos; desde lejos se les puede distinguir por su porte y vestiduras.

—¿Fariseos y saduceos aquí? —preguntéle, intrigado.

Me iba a responder Santiago cuando la multitud, que hasta entonces había estado hablando, calló súbitamente; Juan se acercaba al río. Entonces tuve oportunidad de contemplar a mi gusto a aquel hombre extraordinario. Era de estatura muy elevada y de complexión atlética. Su rostro, demacrado por la penitencia, le hacía parecer de mayor edad de la que realmente tenía. Samuel, su tío, me había asegurado que frisaba en los treinta, y representaba Juan más de cuarenta. Vestía una corta túnica sin mangas, de color castaño oscuro, con franjas longitudinales del mismo color, aunque mucho más claras, todo de tela muy burda tejida con pelos de camello. Un cinturón de cuero ceñía su túnica alrededor de las caderas. Sus brazos y piernas, así como el velludo pecho que se le descubría por la abertura superior de la corta túnica, daba muestras inequívocas de la vida a la intemperie que llevaba aquel atleta, todo curtido por el sol. Su paso era rápido y seguro, como de hombre que no quiere perder tiempo y conoce el camino que pisa. Aunque los movimientos de su cuerpo todo manifestaban la nerviosidad de su temperamento, el conjunto de su porte daba la impresión de una majestad, por decirlo así, salvaje. Era un hombre que imponía desde luego; se presentía que estaba hecho para organizar y mandar; era, en fin, el tipo de un verdadero líder. Su rostro enjuto, como llevo dicho, estaba encuadrado en un marco de pelo indómito que, brotando abundante de la cabeza, le caía en largas guedejas sobre las espaldas, mientras la ensortijada y larga barba negra le cubría el pecho. Se veía claramente que la tijera jamás había tocado aquel áspero pelaje. Era nazareno, según me había dicho Samuel. Su nariz era aguileña, como el pico de un ave de presa; sus labios, delgados y rojos, dejaban ver una dentadura blanquísima y pareja, y su cuadrada mandíbula inferior demostraba la energía de su carácter. Si aquel hombre, en vez de vivir como anacoreta en el desierto, hubiera crecido en medio de la civilización, hubiera sido un tipo verdaderamente hermoso. No había en él nada repugnante; todo lo contrario, su porte, como he dicho, era majestuoso e imponía. Lo más interesante en aquella figura eran sus manos y sus ojos. Aquéllas, aunque tostadas por el sol y encallecidas por el trabajo manual, eran las manos de un asceta con dedos largos y delicados. Sus pupilas, de un negro de acero cuando tronaba contra el pecado, tomaban un tinte azulado bellísimo, como el del cielo de Judea, y parecían perderse sus miradas en el infinito cuando hablaba, lleno de entusiasmo, *del que había de venir en pos de él;* en esos momentos su actitud era la de un inspirado profeta. Cuando imprecaba, con su voz de trueno, parecía otro Elías; mas cuando hablaba *del que había de venir,* su voz se suavizaba, convirtiéndose en armoniosa, y sus ojos se llenaban de una luz sublime, recordando la figura del profeta Isaías.

6
LA ENTREVISTA

La cátedra desde donde Juan predicaba era una gran roca que sobresalía de la corriente, y a la cual se llegaba por varias piedras que venían de la orilla. La concurrencia que le escuchaba se colocó en la ribera; allí terminaba la vereda construida por el Bautista, que descendía en línea recta desde la cima de las lomas vecinas, como hemos indicado. El río forma un remanso, cerrado a la diestra de Juan por un cañaveral que se adelanta hacia el Jordán. En este lugar se desnudaban los que debían ser bautizados. Tenía, pues, el Bautista delante de sí, cuando subió a la piedra desde donde predicaba y bautizaba, una multitud abigarrada que le escuchaba silenciosa y devota. A la izquierda se veían los grupos de fariseos y saduceos que hemos mencionado, separados del populacho por un montón de piedras derribadas del cerro, sobre las cuales se habían ido a sentar una docena de soldados romanos. Seguían después, formando el centro, un nutrido grupo de discípulos de Juan, al que se había reunido nuestro amigo Samuel. Luego se agrupaban numerosos peregrinos que por vez primera venían a aquel paraje, y, finalmente, junto al cañaveral, se veían a los nuevos iniciados, quienes, bajo la dirección de algunos discípulos del Bautista, se disponían a ser por éste bautizados. Santiago y yo nos habíamos colocado a la sombra de una higuera en una pequeña altura vecina, desde donde dominábamos perfectamente el anfiteatro, teniendo a Juan al frente. Con mi cuaderno y lápiz en la mano, estaba yo dispuesto a anotar las palabras del predicador, mientras Santiago sacaba un croquis de aquella escena, en cuyo primer término tenía la concurrencia, en segundo el Jordán y al Bautista, y, por último, las rojizas montañas de Moab, todo iluminado por un sol abrasador.

Abrió Juan su boca, y con voz llena de profunda convicción, dijo a las turbas: *Haced penitencia, porque está cerca el reino de los cielos, tal como está escrito en el libro de las palabras del profeta Isaías:* «*Se oirá la voz de uno que clama en el desierto. Preparad el camino del Señor, enderezad sus sendas, todo el valle sea terraplenado; y así, los caminos torcidos serán enderezados, y los escabrosos igualados, y verán todos los hombres al Salvador enviado de Dios*».

Estas sencillas y lacónicas palabras produjeron un efecto prodigioso en la multitud, que apenas las entendía, porque fueron pronunciadas con un espíritu de convicción tan grande, con una unción tan sublime, que yo mismo me sentí hondamente conmovido; el lápiz temblaba entre mis dedos, y me sentí inclinado a seguir el ejemplo de la multitud, que clamaba: «Penitencia, penitencia; queremos recibir el bautismo», y los austeros fariseos y los burlones e incrédulos saduceos quedaron por algunos minutos como anonadados.

A los gritos de «¡Bautismo! ¡Bautismo!», varios de los discípulos de Juan, y a una señal de éste, hicieron bajar al agua el primer grupo de catecúmenos, en número de siete. Fueron entrando ordenadamente en el remanso, pronunciando al propio tiempo estas palabras que se leen en el libro I de los Reyes: «*Hemos pecado, hemos procedido inicuamente, hemos hecho cosas impías, pero nos arrepentimos de todo corazón y con toda el alma y hacemos oración a Ti, ¡oh Señor!, mirando hacia la tierra que diste a nuestros padres, hacia la ciudad que Tú elegiste y hacia el templo santo que hemos edificado en tu nombre*». Al terminar estas palabras que les había ido sugiriendo uno de los discípulos de Juan llamado Simón Bar Jona, todos los bautizados volvían sus rostros hacia el Occidente, en dirección de la ciudad y el templo de Jerusalén. Entonces Juan, tomando en un caparazón agua del Jordán y salpicándolos, les decía: «*Yo, en verdad, os bautizo con agua, a fin de excitaros a la penitencia; pero está por venir otro más poderoso que yo, al cual no soy digno de desatar la correa de su calzado; Él os bautizará con el Espíritu Santo y con el fuego de la caridad. Y tomará en su mano el bieldo, y limpiará su era, metiendo después el trigo en el granero, y quemando la paja con fuego inextinguible. Id en paz.*

Se repetía la misma ceremonia varias veces, recitando los catecúmenos la anterior oración, o bien otras tomadas de Judit, Esdras, Jeremías y, sobre todo, de los Salmos, en las que confesaban sus pecados y prometían hacer penitencia. Cansados los fariseos y saduceos del espectáculo, se habían ido a sentar bajo unos árboles y hablaban y discutían con toda libertad, sin cuidarse de la predicación del Bautista. Éste, entonces, indignado por la irreverencia y mal ejemplo que daban, brincando sobre varias piedras para acercarse a la parte donde estaban aquéllos, les dijo con voz de trueno: «*¡Oh raza de víboras! ¿Quién os ha enseñado que así podéis huir de la ira de Dios que os amenaza? Haced también vosotros frutos dignos de penitencia, y no andéis diciendo ufanos: "Tenemos a Abrahán por padre". Porque yo os digo* (y señalaba las piedras donde estaban sentados los soldados romanos) *que de estas piedras puede hacer Dios hijos de Abrahán. Y recordad que la segur ya está puesta a la raíz del árbol; porque todo árbol que no dé buen fruto será cortado y arrojado al fuego*». Y sin decir más, se dirigió hacia el árbol donde había dejado hincada la segur, y prosiguió dando hachazos hasta derribarlo. Después, cortándolo en pedazos, hizo con ellos una gran luminaria.

Tras de esta manifestación tan elocuente como simbólica de la ira de Dios, los fariseos y saduceos, humillados y cabizbajos, montaron en sus cabalgaduras y volvieron presurosos a Jerusalén para dar cuenta a sus correligionarios de la actitud de Juan.

La multitud se fue dispersando en distintas direcciones, volviendo todos la cara para observar la caravana de fariseos y saduceos, de los que se reían, celebrando que el Bautista les hubiera dado tan merecida lección, que todos comprendieron perfectamente. Sólo quedó Juan con algunos de sus discípulos, entre los que se hallaban Andrés y Simón, hijos de Jonás, trabajando incansables en la terminación del camino del Señor.

Nosotros nos retiramos a una cueva cercana para librarnos de los rayos del sol y tomar algún alimento.

—Ya he rogado a Juan —dijo Samuel, llegando— que venga a vernos antes de retirarse. Supongo que pasaremos de nuevo la noche al aire libre.

Santiago y yo asentimos, pues aunque habíamos visto al Bautista lo suficiente para formarse una idea general de su carácter, todavía deseábamos tener con él una entrevista; verle de cerca, oírle hablar en la intimidad. Por otra parte, una noche más en el desierto nos fascinaba. Después de haber oído y visto a aquel hombre extraordinario, la quietud del lugar invitaba a la meditación y al análisis de lo ocurrido en el día.

Nuestra colación fue sencilla, pero abundante: pan, queso de cabra, pasas, almendras y nueces, acompañado todo con un vaso de vino de Engadí.

Nuestros siervos habían encendido una hoguera para asar unos pececillos que habían pescado en el Jordán.

Estábamos tan impresionados Santiago y yo con todo lo ocurrido, que no hablamos palabra durante la cena. Al terminar ésta, Samuel nos dijo:

—Como sabéis, Juan es mi sobrino, hijo de Zacarías, mi hermano, y de Isabel. Hace como treinta años yo vivía en Hebrón, no lejos de la morada de Zacarías. Un día, el mismo en que mi hermano debía ofrecer por primera y última vez el sacrificio matutino, recibí un recado urgente de Isabel, que me llamaba. Fui al momento, y me dijo, afligida, que Zacarías estaba mudo.

—¿Y le habías dejado sano? —pregunté.

—La víspera estaba perfectamente sano; por eso quedé sorprendido al saber que Zacarías sólo podía explicarse usando de las tablillas enceradas y del estilo con que escribía. «La mano del Señor —escribió— me ha tocado». Isabel me explicó lo que había sucedido. Habiendo entrado su esposo a ofrecer el incienso en el altar de oro colocado en el santuario, como tardara en salir, pensaron los otros sacerdotes que algo le había sucedido. En efecto, mientras ofrecía Zacarías el incienso, un ángel se le apareció, y le dijo: *«No temas, tu oración ha sido escuchada, y tu mujer, Isabel, te dará un hijo, a quien pondrás por nombre Juan, el cual será para ti objeto de gozo y muchos se regocijarán en su nacimiento, pues será grande ante el Señor. No beberá vino ni cosa que pueda embriagar, y será lleno del Espíritu Santo desde el seno de su madre».* Zacarías, incrédulo, preguntó entonces: *«¿Por dónde podré yo certificarme de eso? Porque yo soy ya viejo, y mi mujer es estéril y de edad muy avanzada».* El ángel le respondió: *«Yo soy Gabriel, que asisto ante el trono de Dios, quien me ha enviado para darte esta feliz noticia. Y desde ahora quedarás mudo hasta el día que sucedan estas cosas, por cuanto no has creído a mis palabras, las cuales se cumplirán a su tiempo».* Nueve meses después Isabel daba a luz un niño, a quien en el día de su circuncisión le pusieron por nombre Juan. Éste es el Bautista, a quien vosotros habéis oído –terminó, conmovido, Samuel.

La historia era tan peregrina, que, a no haberla narrado un testigo presencial tan honrado como Samuel, no le hubiera yo dado oídos. Por otra parte, Juan era un hombre tan excepcional, que en mi corazón me incliné a dar crédito a las palabras del anciano. Iba yo, sin embargo, a hacerle algunas observaciones, cuando llegaron dos hombres a nuestro campamento suplicándonos les diéramos algo de comer. Eran discípulos del Bautista: Andrés y su hermano Simón, hijos de Jonás. Gustosos les dimos de nuestras provisiones, y ellos comieron con avidez; nos dijeron que no habían probado bocado desde el amanecer, ocupados en ayudar al Bautista a terminar el camino del Señor. Cuando concluyeron, se despidieron, y Simón Bar Jona nos ofreció su casa de Cafarnaún, donde eran pescadores. Les prometimos que pronto iríamos a visitarlos, dejándome Simón la agradable impresión de ser un sujeto simpático, comunicativo y franco.

Se hacía de noche, y ya desesperaba yo de recibir la visita de Juan, cuando éste se presentó de improviso. Iluminado por la luz de la fogata, su figura se hacía más imponente por los efectos del claroscuro.

–La paz sea con vosotros –dijo, y, sin ceremonia alguna, sentándose sobre un peñasco, sacó de una mochila que llevaba al cinto un envoltorio formado con hojas de palmera. Apareció entonces una masa negra de la que empezó a comer sin decir palabra.

Son langostas –me dijo Samuel por lo bajo– asadas; las prensan como si fueran sardinas.

Terminado este poco apetecible manjar, sacó Juan un calabacín, del que bebió, poco a poco, un líquido pastoso. Era, según me dijo Samuel, miel silvestre. Después, tomando otro calabacín mayor, bebió el agua que contenía, aprovechando la que quedaba para lavarse las manos, según las abluciones rituales.

Mientras Juan hacía su frugal colación, la luna llena había aparecido detrás de las montañas de Moab. Santiago estaba atareadísimo trazando un diseño de aquella extraordinaria figura. Samuel miraba a Juan con paternal admiración y cariño. Nuestros siervos, llenos de reverente temor, se habían alejado a respetable distancia, mientras yo contemplaba extasiado a aquel hombre maravilloso, cuya figura se hacía aún más maravillosa a los plateados rayos de la luna.

Cuando el Bautista hubo terminado sus abluciones y hecho en silencio corta oración, volvióse a mí y, fijando sus ojos en mi persona, permaneció en silencio por algunos instantes, que me parecieron siglos. Su mirada no era, sin embargo, centelleante, como cuando se había dirigido a los fariseos; era más bien amable y acariciadora, pero de una superioridad tan tremenda, a pesar de lo benigna, que yo me sentía en aquellos momentos insignificante en su presencia, tanto que sin querer bajé los ojos humildemente.

–¿Queréis saber quién soy? –prorrumpió al fin con una voz llena de armonía.

Por toda respuesta, no sintiéndome capaz de articular palabra, me doblé ante su presencia en profunda zalema. Entonces, tomándome suavemente de un brazo, me levantó, e hizo sentarme, mientras él permanecía en pie, de espaldas a la ascendiente luna.

–Estando en el desierto –empezó–, oí la voz del Señor, que me decía: *Clama. Y yo respondí: ¿Qué es lo que he de clamar, Señor? Lo que ha profetizado Isaías* –me respondió la voz. Entonces yo empecé: «*Yo soy la voz que clama en el desierto: Aparejad el camino del Señor, enderezando en la soledad la senda de vuestro Dios, alzando los valles y abatiendo los cerros y los montes y haciendo que el camino, torcido y áspero, sea recto y llano*» –y señalaba con su mano el camino, ya terminado, que bajaba de la montaña.

Luego continuó: «*Pronto se manifestará la gloria del Señor, y entonces verán a una todos los hombres que la boca del Señor Dios es la que ha hablado por los profetas. Subí a los altos montes para anunciar la buena nueva a Sión, alzando esforzadamente mi voz para evangelizar Jerusalén. He dicho a las ciudades de Judá: no temáis, he aquí a vuestro Dios. He aquí que viene el Señor Dios vuestro con infinito poder y dominará con toda la fuerza de su palabra y de su brazo, porque ante Él toda carne es heno y toda la gloria del mundo, como la flor del prado, que el heno se seca y la flor cae, tan pronto como se dirige en su contra el soplo del Señor. El heno se seca y la flor se cae; pero la palabra del Señor permanece para siempre*».

En aquellos momentos se oyó el balar de los corderos en un aprisco cercano. Juan los escuchó atentamente, y como si despertaran en su mente algún recuerdo profético, exclamó:

«*El que viene en pos de mí, el elegido del Señor, apacentará como un pastor su rebaño, recogerá en sus brazos los corderillos, los tomará en su seno y Él mismo llevará sobre sus hombros las ovejas descarriadas*», como lo profetizó Isaías.

Luego, tomando un tono sublime, continuó, inspirado: «*¿Quién es aquel que ha medido las aguas del océano en el hueco de la palma de su* *mano, y, extendiendo ésta, ha pesado los cielos? ¿Quién es el que con sólo tres dedos ha sostenido la gran mole del mundo y pesado los valles y montes como una balanza? ¿Quién ayudó al Espíritu del Señor, o quién fue su consejero comunicándole alguna idea? He aquí que las naciones todas son delante de Él como una gota de agua y las mayores islas como un granito de polvo. ¿Acaso no sabéis lo que es Dios? No os ha llegado a vuestra noticia que Él hizo los fundamentos de la tierra? ¿A qué cosas habéis asemejado a vuestro Dios? ¿A qué cosa habéis igualado al Santo por esencia?* Alzad hacia lo alto vuestros ojos –y Juan elevaba sus manos al cielo, tachonado de estrellas– y *considerad quién creó esos cuerpos celestes; quién hace marchar ordenadamente aquel ejército de estrellas y llama a cada una de ellas por su nombre, sin que ninguna se quede atrás: tal es la grandeza de su poder, de su fortaleza y de su virtud. Pues ¿por qué dudas, ¡oh Israel!, y murmuras diciendo que el Señor tu Dios no conoce la triste situación en que te hallas y no cuida de hacerte justicia? ¿Por ventura, ignoras tú, no has oído, que Dios es el Señor Eterno que creó la extensión, de la tierra sin cansancio ni fatiga? ¿Que Él robustece al débil y le da mucha fuerza y vigor? Desfallecerá de cansancio la edad lozana y se caerá de flaqueza la juventud: mas los que tienen puesta en Dios su confianza adquirirán nuevas fuerzas, tomarán alas como de águila, correrán y no se fatigarán, andarán y no desfallecerán».*

–Yo he venido, ¡oh Israel!, a recordarte estas grandiosas promesas; yo he venido a preparar los caminos del Señor. Yo soy esa voz que clama en el desierto, y te dice que el reino de los cielos está cerca. Yo no soy el Cristo, sino su enviado. Él ha de venir en pos de mí; pero es inmensamente mayor que yo, y ni siquiera soy digno de desatar la correa de su calzado. Él es el grande, yo nada soy en su presencia; conviene, pues, que Él crezca y que yo disminuya.

Y al decir el Bautista estas últimas palabras, bajó humildemente la cabeza, mientras dirigía sus miradas al camino del Señor, iluminado por la luna, como si viera bajar por él al que ha de venir, y, postrándose por fin en tierra aquella figura colosal, *le adoró en espíritu.*

7
EL LAGO

Accediendo a la invitación de los hermanos Jona, acompañado de Samuel Ben Abia, me dirigí hacia Genesaret. Cuando llegamos al monte Hattin, en el camino de Jerusalén a Magdala, serían las once de la mañana. La vista que se presentó a mis ojos es muy difícil que la olvide. Desde aquella altura, mirando hacia Oriente, se extiende una llanura líquida, poblada de innumerables velas blancas, como gaviotas, que la cruzan en distintas direcciones.

Samuel, resguardándose de los rayos del sol los ojos con la mano izquierda, a modo de visera, me mostraba con la derecha el panorama, diciendo:

—El mar de Genereth.

—Yo creía —exclamé— que era el mar de Tiberíades.

—Así le llaman ahora; pero su verdadero nombre es El Harpa, que eso significa Genereth, debido a su forma. Aquí, a nuestros pies está Magdala. A la derecha puedes ver la ciudad pagana que emponzoña las aguas azules: se llama Tiberíades, en honor del emperador romano, quien, desgraciadamente, tiraniza una parte del pueblo escogido. A la izquierda, entre la cordillera y el mar, se extiende la feracísima llanura de Genesaret, por lo cual muchos le dan al lago ese nombre. Un poco más al Norte, ¿ves un pueblecito de casas blancas?

—Lo veo —respondí.

—Pues se llama Betsaida de Galilea, para distinguirle de aquel otro que se ve mucho más al Norte, a la desembocadura del Jordán, y que se llama Betsaida Julia. Betsaida quiere decir «casa de los pescados» o pescadería; uno está de este lado del lago y el otro más allá del río. Entre nuestro Betsaida y el Betsaida gentil, puedes ver esa otra población, a orilla del lago. Ése es nuestro destino: se llama Cafarnaún, o «la ciudad de la consolación».

—¿Y aquel poblado que ocultan los árboles entre Cafarnaún y Betsaida Julia? —pregunté.

—Es Corozaín, esto es, «el país de Zin». Del otro lado del lago, limitado por las montañas de Basan, está el país de los gerasenos. Casi enfrente de nosotros se descubre Gerasa; más al Sur está Gamala, y en la salida del Jordán, Hippos.

Conforme íbamos descendiendo, el calor se acentuaba notablemente; parecía que llegábamos a una región tropical. En efecto, este hermosísimo lago, principalmente formado por las aguas del Jordán, está en una profunda cuenca a setecientos pies bajo el nivel del Mediterráneo.

—En sus riberas, siempre llenas de vegetación, no se conoce el invierno —me decía Samuel—, y sus aguas, aunque no poco salobres, están pobladas de gran variedad de peces. La pesca es la principal industria de los ribereños.

Cuando llegamos a las orillas del lago, Samuel me hizo volver el rostro; a nuestras espaldas se levantaba un gran contrafuerte de montañas, con picos aserrados que semejaban grandes chimeneas.

—De esos picos —dijo Samuel— bajan los vientos que agitan este lago, ahora tan pacífico, produciendo violentas tempestades.

Pasamos Magdala, atravesamos Betsaida, y, al fin, llegamos a Cafarnaún a buena hora para almorzar. La población, de unos quince mil habitantes, parte se extiende por la ribera y parte se encarama sobre las vertientes de la montaña. La casa de Simón Bar Jona está, situada en una pequeña altura, a cuyo pie se abre una rada, donde permanecen ancladas las embarcaciones mayores, mientras las pequeñas lanchas pescadoras se encuentran encalladas en la arena de la playa vecina. No lejos de esta casa, y separada por un bosquecillo de higueras, está la de Andrés, el hermano mayor y jefe de la familia. Como ya nos esperaban, fuimos recibidos por éste a la entrada de la población, agasajándonos Simón cuando llegamos a su agradable residencia. Tanto la de éste como la de Andrés parecían de las mejorcitas de Cafarnaún, pues sus familias son acomodadas, cuanto pueden serlo las de los pescadores. Simón Jona, con su carácter franco, nos hizo sentir *at home,* como en nuestra propia casa, desde un principio.

—Somos pobres, rabí —dijo Simón, dirigiéndose a mí—; pero lo que tenemos te lo ofrecemos de buena voluntad. Los ricos, que viven en las grandes ciudades, encontrarán que nos faltan muchas cosas.

—Tu franqueza, Simón —le respondí— y tu cordialidad son para mí mucho más apreciables que las comodidades de las casas suntuosas, donde imperan el cumplimiento y la ficción.

—Así me gusta —dijo Simón—; con gente llana todo se arregla fácilmente; soy enemigo de la etiqueta. Pasa, rabí, y pasa tú también, Samuel, a descansar bajo la sombra de estas higueras, en tanto que mi mujer y su madre nos preparan algún refrigerio.

Bajo la densa sombra de las higueras, y sobre la mullida grama, nos recostamos mi compañero y yo, en espera del almuerzo, que no tardó en llegar. Dos muchachos, a quienes Simón dirigía, pusieron sobre la hierba, frente a nosotros, unas esteras de palma que debían servir de manteles. Trajeron luego, sobre una limpia tabla, un cabrito asado; en rústica fuente, buen número de pececillos igualmente asados, una gran taza con salsa, otra con frescas hojas de lechuga rociadas con aceite de oliva, a guisa de ensalada; queso de cabra, aceitunas, nueces, higos secos, dátiles, hermosos racimos de uvas de Caná, otra taza con miel virgen y buena cantidad de panecillos redondos acabados de salir del rescoldo. Simón me rogó que bendijera aquellos manjares; pero yo delegué a Samuel en mi lugar. El piadoso israelita rezó un salmo, e imponiendo sus manos bendijo la comida, la cual empezó, sin ceremonia alguna, cuando Samuel hizo la fracción del pan. Por supuesto que allí no había más tenedores que nuestros dedos, y la salsa se tomaba introduciendo cada uno su propio pan en la taza común. Simón, a ruegos nuestros, se sentó también a comer, acompañándonos Andrés, cuando volvió de abrevar y echar el pienso a nuestras cabalgaduras. En unos vasos de cuerno nos sirvió Simón vino de Engadí, cuidando de no dejarlos vacíos ni por un momento. Poco hablamos durante la comida; pero cuando Samuel hubo dado gracias, la conversación empezó, como era natural, esto es, preguntando yo por lo que se relacionaba con el lago y la pesca, que era el oficio de aquellos honrados trabajadores.

—¿Cuál es la extensión del lago? —pregunté a Simón.

I. EL QUE HA DE VENIR-7. EL LAGO

—Con viento regular —respondió—, saliendo de Betsaida Julia, he llegado a Hippos, que es la mayor longitud del lago, en una hora y media.

—Y de Magdala a Gerasa —añadió Andrés— no tardamos tres cuartos de hora. De esto deduje yo que la mayor longitud del lago no pasaría de veintiún kilómetros y de nueve su mayor anchura.

—¿Conoces, pues, el lago palmo a palmo?

—Calcula, rabí —respondió Andrés—; yo nací en Betsaida, y comencé a gatear en las lanchas, ¡y tengo cuarenta y cinco años! Simón, aunque sólo tiene treinta y cuatro, pues es el menor de la familia, creo que ha recorrido el lago más veces que yo. Es sumamente activo e impetuoso.

—No hay un solo rincón del lago —añadió Simón con orgullo profesional— que no lo conozca. Soy buen nadador y hago de buzo con frecuencia en lo más profundo. Lo he recorrido a nado todo infinidad de veces, y conozco perfectamente los lugares donde la pesca es más abundante.

—Y ¿hay mucho pescado? —pregunté.

—Eso depende —respondió Andrés —de la época. Hay temporadas en que la pesca es muy abundante, y otras en que no se pesca nada, por más que se recorra todo el lago.

—Y ¿cuál es la mayor cantidad de pesca que han podido sacar en una noche? —inquirí.

—En las grandes barcas vamos, de ordinario, seis hombres, y cuando la pesca es sumamente abundante, cada uno llenamos un canasto como éste —y Simón me enseñaba una espuerta de mediana capacidad—.

—La pesca más abundante que yo recuerdo y que recuerden los pescadores más viejos, no pasó de doce canastos en la barca más grande —añadió Andrés—. En cambio, como dije, hay noches que no pescamos nada, por más vueltas que le damos al lago. Cuando no hay pesca, no hay pesca, y así pasan varios días, hasta que vuelve de nuevo, muy poco a poco.

Nuestra conversación fue interrumpida por la llegada de tres visitantes. Simón me los presentó: eran un joven como de veintidós años llamado Juan Zebedeo, su hermano mayor, Santiago, y Felipe de Betsaida. Pude notar que Simón y Juan eran muy buenos amigos, cuando aquél me dijo:

—Rabí, Juanito dice que te pregunte sobre los judíos de la Dispersión. Ha oído decir que tú vienes de muy lejos, y quisiera saber algo de aquellos nuestros hermanos que viven en medio de un mundo pagano.

—Con mucho gusto les diré lo poco bueno que de ellos sé —respondí—. Como decías, Simón, los que vivimos fuera de Palestina estamos en un mundo distinto. Negocios, negocios, esto es lo único que nos preocupa.

—Pero —preguntó Juan—, ¿no conservan nuestros hermanos dispersos los usos y costumbres de nuestros padres? ¿Se han olvidado de las promesas hechas a Israel por Yahvé? ¿No se acuerdan de la ley del templo santo?

—Si he de decir la verdad, Juan, la inmensa mayoría sólo piensa en el lucro. Sin embargo, la idea de que «ha de venir un Salvador a redimir a Israel de la opresión en que se encuentra», no muere jamás en el corazón de un israelita. La ley la guardarán o no, podrán olvidarse del templo; pero en su corazón vive siempre la esperanza de que ha de venir otro Judas Macabeo que acaudillará las huestes de Israel y lo salvará de la opresión de Roma. Pero esta esperanza vive sólo en el corazón, pues jamás exteriorizan palabra que puedan interpretar los incircuncisos en contra de Roma.

–Esto es lo mismo que hacen aquí el sumo sacerdote y su comparsa; componendas con Roma, concesiones y más concesiones a los invasores, a trueque de poder seguir en sus cargos, explotando al pueblo –dijo Simón, exaltándose extraordinariamente–. Nosotros, en especial los galileos, no sólo esperamos a un Rey poderosísimo que ha de venir a salvar a su pueblo, con la espada desenvainada, sino que nos preparamos. Yo ya tengo guardadas un par de espadas, para usarlas cuando sea oportuno. Si cada uno de nosotros se consiguiera su espada, pronto se formaría un batallón, luego dos, luego cien, y los romanos tendrían mucho que hacer para permanecer en nuestra tierra. Ya Juan el Bautista, que es un gran profeta, ha dicho «que el reino de los cielos está cercano», es decir, que ya está entre nosotros el Rey que ha de acaudillar a Israel.

No podía yo menos de simpatizar con aquel impulsivo pescador, aunque interiormente me riera de sus preparativos habiendo visto de cerca el poder de Roma. Buen trabajo le daba yo en mi mente al Rey que, con un puñado de galileos, con dos espadas, se enfrentara contra las legiones del César, No dije nada, sin embargo.

–Yo creo –añadió Juan– que ese Rey está cerca; pero no creo que necesite de nuestras espadas para triunfar. El poder de Roma es inmenso, sus legiones poderosísimas; pero el Rey que ha de venir triunfará de ese poder pidiendo a Yahvé le envíe varias legiones de ángeles para destruir a los romanos en un momento, como destruyó el ejército de Senaquerib. El poder del Rey que ha de venir será inmensamente mayor que el de Roma; será el poder de Yahvé, el Dios de los ejércitos.

Vi tan enardecido a Juan con su teoría, que, aunque yo no creía en esos poderes, no pude menos de admirar el ardor del joven, y pensé que si muchos se exaltaran como él, con esos ardores apocalípticos, bien podía suceder que ese Rey molestara bastante a sus enemigos, pues, llegada la hora, aunque no vinieran los ejércitos angélicos, bien podían hombres como Juan comunicar su entusiasmo a otros que no dudarían en lanzarse a la pelea enardecidos por los prodigios que seguramente esperaban.

–Pues yo creo –dijo Felipe– que lo que necesita ese Rey para triunfar de los romanos, o de quien fuere, es tener grandísimas riquezas. El dinero lo puede todo, y sin él no se hace nada. Que venga un Rey con las riquezas de Salomón, y tendremos la paz como él la tuvo. Que el rey David, por valiente que fue, por buenos soldados que tuvo, como siempre se encontró falto de dinero, siempre estuvo en guerra. El que realmente reinó, con todo esplendor y tranquilidad, sobre Judá, fue Salomón, el inmensamente rico.

No dejaron de caerme en gracia las reflexiones de aquel hombre que se iba a lo positivo. Yo, por mi parte, como venía de entre los israelitas de la Dispersión, que no pensábamos sino en el negocio y el dinero, me pareció que Felipe era el más atinado. Un rey con muchísimo dinero puede más que un rey con grandes ejércitos si carece de numerario, y, por lo que toca a las legiones angélicas, yo me inclinaba a creer que más pueden cien mil talentos que diez millones de espíritus alados.

Andrés callaba, pues no era ni impetuoso como su hermano, ni soñador como Juan, ni positivo como Felipe. Él, buenamente, creía en la próxima salvación de Israel, del modo cómo la predicaba su maestro el Bautista. Estaba dispuesto a ayudar de cualquier manera que fuera: si se necesitaba su brazo como soldado, obedecería tomando las armas; si se necesitaba dinero, estaba dispuesto a vender todo lo que poseía y entregarlo para la buena causa, y si el Rey venturoso traía sus legiones angélicas, tanto mejor, el triunfo sería seguro. Por su parte, estaba dispuesto a servir como le mandaran. Él tenía fe ciega en Juan el Bautista y estaba dispuesto a hacer lo que éste le ordenara. Le había mandado ayudarle a preparar el camino que debía servir al Rey futuro, y no sólo él mismo había trabajado, sino que había llevado a su hermano Simón para que ayudara. El día que el Rey futuro le mandara otra cosa, dispuesto estaba a obedecerle. Así me lo dijo él mismo privadamente aquella tarde, cuando Juan y sus compañeros habían marchado a preparar las redes y las embarcaciones.

Se proponían que los acompañara a pescar aquella noche, con gran contento mío. Simón vino por mí a la caída de la tarde, pero antes quiso presentarme a su mujer, Petronila, y a su suegra, Perpetua, que deseaban mucho conocerme. Aquélla era una jovencita de veinte años, muy hacendosa y bastante guapa. Perpetua, que fue la que más habló durante nuestra corta entrevista, era una mujer muy gorda y enfermiza que sufría de calenturas malignas. Era bondadosa y trabajadora, pero de una pachorra extremada, lo que molestaba a su yerno, Simón, que era todo lo contrario. Éste, sin embargo, respetaba a aquélla; pero echaba rayos y centellas cada vez que Perpetua le salía con: «Simón, el que va despacio va sano, y el que va sano va lejos», o bien cuando le decía: «No por mucho madrugar amanece más temprano»», o «Vísteme despacio, que tengo prisa». Simón era la pólvora, y su suegra, la pachorra misma.

Al fin levamos anclas y, viento en popa, nos dirigimos al centro del hermoso lago cuando ya el sol había desaparecido y las estrellas, tachonando el firmamento, se retrataban en las movedizas aguas del mar de Galilea.

8
CAFARNAÚN

Estoy desvelado y con las consecuencias del mareo. Cuando salimos a pescar había ya caído el sol, la temperatura era tibia y corría un suave viento de tierra que nos llevó en poco tiempo al centro del lago, donde éste alcanza una profundidad de más de cien metros.

En las orillas, donde hay poco fondo, me contaba Andrés, se hace la pesca de los peces pequeños. Yo había visto por la tarde a varios hombres con unas mallas atadas a la cintura para guardar la pesca, tirando sus redes en la ribera, donde el agua apenas les llega a la rodilla. Nuestra flotilla, compuesta de seis barcos de vela, los más grandes de Cafarnaún, iba guiada por la *Perpetua,* que era de Simón, en la cual iba yo. Andrés guiaba otra, Santiago y su hermano Juan iban en la tercera, y las otras tres nos seguían gobernadas por pilotos para mí desconocidos, pero asalariados de los Jona y los Zebedeo.

Cuando llegamos al medio del lago, las seis barcas se formaron en círculo, y echaron sus redes, cercando así a los peces, que no tardaron mucho en ir cayendo. A un grito de Simón, todos recogían las redes, descargando la pesca, que unos muchachos iban metiendo en canastos.

Terminada esta faena, volvían de nuevo a echarlas, hasta que, disminuyendo la cantidad de prisioneros, se dio por terminada la tarea. Entusiasmados con la faena, los pilotos no repararon en que el viento iba poniéndose fresco y la tempestad se nos venía encima con rapidez vertiginosa.

Yo he viajado mucho por el Mediterráneo, y nunca he visto una tempestad más violenta. Llegó a tal punto la agitación de las olas, que nuestra barca se llenó de agua, y, por más que la echábamos fuera con unos botes, estábamos zozobrando. Simón, que hasta entonces se había mostrado de lo más valiente y animoso, empezó a intimidarse, y, perdiendo el ánimo por momentos, gritaba pidiendo auxilio a las otras lanchas, que no estaban en mejores condiciones que la nuestra. Dos de ellas se habían perdido en las tinieblas, y las otras no se nos podían acercar sin peligro de abordaje. Era inútil pensar en las velas, pues la mayor la había arrancado el huracán, haciendo pedazos el palo de trinquete. Simón había perdido completamente la moral, y su miedo contagioso hizo que yo, a pesar de lo mareado, creyera que allí terminaba mi visita a la tierra de mis padres.

Afortunadamente, cerca de la aurora el viento fue cediendo poco a poco, y, remolcados por la barca de Juan, llegamos felizmente a Cafarnaún. Las pobres mujeres estaban afligidísimas pensando que habíamos naufragado. Al llegar, Petronila se arrojó al cuello de Simón, llorando de alegría.

–Por poco nos anegamos –le dijo éste–. Voy a quitarle a la barca el nombre *Perpetua,* pues es de mal agüero.

–¿Y qué nombre la vas a poner? –le preguntó su esposa.

–Pues *Petronila* –le respondió sonriendo. Después de esto tuve oportunidad de sorprender una conversación que me hizo formar clara idea del carácter de Simón. Sin que supiera que yo le escuchaba, oí que decía a Juan y Santiago:

I. EL QUE HA DE VENIR-8. CAFARNAÚN

–Tuve que usar de toda mi serenidad para que la gente no se desmoralizara –decía Simón–, pues la barca parecía hundirse irremisiblemente; por eso pedí auxilio para mis compañeros, principalmente por el rabí (esto es por mí), pues no me constaba que supiera nadar.

Juan, a pesar de estas bravatas de su compañero y amigo, conocía su condición, y le dijo:

–Mi querido Simón, aunque a oscuras y sin poder verte, noté que tu voz temblaba –y queriendo disminuir el reproche, añadió: Por mi parte, yo sí tuve miedo, y doy gracias a Yahvé, que nos sacó bien del peligro.

Simón era uno de esos caracteres impulsivos y «echadores», que son valientes cuando el peligro está lejos, pero que huyen cuando les amenaza de cerca. Juan me pareció, precisamente por su confesión sencilla, de valor más sólido que su gran amigo. Llegado el momento, juzgué que el joven arrostraría las dificultades con más decisión que su compañero.

* * *

Después de dormir unas horas y de tomar un refrigerio, vino Andrés a invitarme a dar una vuelta por la población. Como en todos los pueblos de Palestina, las casas pobres en Cafarnaún se amontonan unas sobre otras y las calles son sumamente estrechas. El edificio más conspicuo es la sinagoga. Construida de cal y canto, de proporciones mucho mayores que las casas que la circundan, sobresale por encima de ellas; desde el lago se la divisa dominando todo el poblado. Consiste en una gran sala rectangular capaz de albergar a más de quinientas personas. A un lado hay una galería alta cubierta con celosías, donde asisten las mujeres. Al fondo se levanta un templete, que es el lugar dedicado a los escribas y doctores de la ley, o a los personajes más prominentes de la comunidad. Al pie de este templete hay una plataforma con barandilla, que sirve de tribuna a los que leen o explican la ley. El *hazzan,* o sacristán que nos la enseñaba, nos mostró un gran cofre chapeteado, donde se guardan las Santas Escrituras. La ley está escrita en pergaminos unidos de unos treinta centímetros de ancho por dos metros de largo. Esta tira se enrolla en dos cilindros, adaptados a un atril especial colocado en la tribuna. El lector da vueltas a uno de los cilindros conforme va leyendo, de derecha a izquierda. El decorado es sencillo, sin figura alguna, pero lleno de grecas y flores. Del techo y del templete cuelgan infinidad de lámparas que se encienden lunes, jueves y sábados, días en que se reúnen los fieles a orar y a escuchar la lectura y explicación de la ley.

–Como tú bien sabes, rabí –me dijo Samuel, que me acompañaba–, el ejercicio del culto a Yahvé sólo es permitido en el templo de Jerusalén. Únicamente en el templo pueden ofrecerse los sacrificios; la sinagoga es tan sólo un lugar de reunión. Los días señalados se juntan aquí los vecinos. Uno de ellos, llamado «el jefe de la sinagoga», entona algunos salmos, a los que responde el pueblo, pues todos los saben de memoria.

Después, uno de los escribas o de los doctores lee el *Pentateuco,* y lo explica. Los presentes tienen derecho para hacer las preguntas que les parezcan oportunas. Después de esto se entonan otros salmos, con lo que termina el ejercicio.

–¿Pero no tienen aquí ningún sacerdote? –pregunté.

–No, los sacerdotes sólo ofician en Jerusalén. Si alguno por casualidad se encuentra de paso, si quiere y sabe leer la ley, puede explicarla como cualquiera otro de los vecinos. El sacerdocio sólo fue instituido por Moisés para el servicio del templo –me respondió.

En aquellos momentos penetraban en la sinagoga un buen número de chiquillos.

–¿Y qué vienen a hacer aquí estos muchachos? –pregunté a Samuel.

–La sinagoga es, a la vez, escuela adonde vienen a instruirse los niños en la ley. Uno de los escribas les hace repetir los diversos versículos hasta que los aprenden de memoria, y a los más aplicados también se les enseña a leer las Sagradas Escrituras. Hoy vienen a recibir su clase estos chiquitines –repuso Samuel–; son ellos la esperanza de Israel.

Se acercó a mí uno de los escribas que enseñaban a los niños, y después de hacerme varias zalemas, dijo:

–¿No quisieras, rabí, leer esta tarde la ley y explicarla a estos pequeños?

Aunque de chico había aprendido yo a leer hebreo, estaba muy empolvado; por otra parte, mi vida de comerciante me había apartado de toda práctica, y sintiéndome sumamente embarazado por esta muestra de deferencia, no supe qué contestar. Samuel vino en mi ayuda diciendo que mi tiempo era muy limitado y que por eso no podía aceptar la invitación; pero que él, Samuel, lo haría con gusto. Me despedí más que de prisa de mi invitante, y, acompañado de Andrés, salí de la sinagoga, dejando a Samuel darse gusto con los muchachos.

–Me ha encargado mucho Leví –dijo Andrés cuando nos encontramos de nuevo en la calle– que vayas a verlo a su telonio, pues quiere conocerte.

–¿Y quién es Leví? –interrogué yo.

–Leví –respondió Andrés– es el principal «alcabalero» de Cafarnaún. Tiene su telonio, o banco, a la puerta de la población, en el camino que viene de Damasco.

–¿Es Leví un recaudador de rentas o publicano?

–Sí, rabí, es publicano; pero es persona muy buena, a pesar de su oficio. ¿Tienes tú dificultad en tratar con los publicanos?

–De ningún modo –respondí, conociendo la prevención que contra ese gremio había en Palestina–. Tengo algunas monedas romanas que deseo cambiar por monedas hebreas...

–Él te las cambiará sin dificultad, al tipo corriente –repuso Andrés.

–Y ¿a cómo está el cambio?

–La verdad, no lo sé –repuso el sencillo pescador–; pero Leví te lo dirá, y puedes fiarte de su palabra.

Llegamos a una calle estrecha y larga que daba salida a la población por el Norte. Estaba obstruida por camellos, mulos y borricos, cargados con fardos de mercancías. Al lado derecho, y bajo un arco, había un cuarto de madera con una gran ventana. Era el telonio, o banco, donde se recogía el dinero de las «alcabalas». Ninguna mercancía podía entrar en Galilea por ese lado sin pagar el correspondiente impuesto, que recaudaba un hombre de larga barba negra y sedosa, cubierto con un gorro blanco; era Leví, hijo de Alfeo.

–Bien venido seas, rabí –dijo, apenas me vio–. Doy gracias a Andrés que te ha traído y a ti por haber aceptado mi invitación. Toma asiento por poco tiempo, pues ya vamos a terminar. Después iremos a mi casa, que es la tuya. Espero no desaires la cordial invitación de un israelita, aunque sea publicano.

–Con gusto acepto tu hospitalidad, Leví, y no tienes por qué apresurar tu trabajo, que yo he venido de Hispania a visitar la tierra de mis mayores, y muchísimo me agrada observar las costumbres de mis hermanos de Palestina –respondí, tomando asiento.

Aunque Leví era recaudador de rentas, no cobraba las alcabalas por cuenta de los romanos, sino a nombre de Herodes, tetrarca de Galilea, según me explicó Andrés. Al entrar en Judea, aquellas mismas mercancías pagaban otra contribución, colectada por los recaudadores romanos. Una buena cantidad de soldados del tetrarca custodiaban los fardos, mientras los dependientes de Leví iban inspeccionando las diversas cargas. Pude observar que lo que cobraba Leví era el dos y medio por ciento del precio de las mercancías; no me pareció exorbitante, acostumbrado como estaba yo a las contribuciones de los romanos. Cuando cada mercader había ya pagado su impuesto, los soldados le daban paso libre para la población, y los dependientes de Leví les entregaban un documento en que constaba que habían satisfecho la contribución requerida.

–Leví –me dijo Andrés– es de los pocos que no negocian injustamente con las contribuciones. Otros hay que cargan el cinco y el diez por ciento, embolsándose grandes cantidades.

Más de una hora, tuvimos que esperar hasta que Leví dijo que la aduana quedaba cerrada por aquel día. Dio orden a un jefe militar de que custodiara mercancías y mercaderes, y llevando delante dos mozos cargados con grandes talegas, custodiados por otro militar y sus soldados, nos dirigimos a la casa del hijo de Alfeo, el publicano. Esta casa era una verdadera quinta, colocada en un lugar elevado de la planicie bellísima de Genesaret. La casa estaba rodeada de una gran huerta llena de árboles frutales. Había multitud de flores esparcidas en camellones, y el comedor, a donde fuimos introducidos desde luego, estaba situado en un gran pórtico que daba al jardín. Adelantóse Leví para darme aguamanos, en tanto que uno de sus siervos me quitaba las sandalias y lavaba los pies. Luego, sacando un vaso que contenía una esencia me ungió la cabeza. Andrés se excusó diciendo que tenía que volver a su trabajo aquella noche; pero llegó, en cambio, mi querido compañero Samuel, después de haberse dado gusto explicando la ley a los muchachos.

–He sabido, rabí –dijo Leví, después que se había cambiado la túnica y hecho las abluciones rituales–; he sabido que estuviste escuchando la predicación del Bautista, y quiero saber tu opinión acerca de ese hombre, que unos dicen ser Elías, otros Jeremías o algún nuevo profeta.

–La opinión que tengo formada de ese hombre extraordinario –respondí– no creo que la pudiera mejorar si hubiera oído la predicación de los profetas que dices. Juan es un hombre singular: la fuerza de su palabra es tal, que yo, con todo y no ser piadoso, me he sentido conmovido a admitir su bautismo.

–Me alegra mucho de oír tu opinión, rabí, pues estoy seguro de que ese hombre es aquel de quien habló Isaías diciendo: «*Preparad los caminos del Señor, haciendo rectas sus vías*». He oído decir que anuncia a otro que ha de venir en pos de él, como lo anunciaron los profetas.

Y en seguida empezó Leví a citar textos y textos de la ley y los profetas, en tanta abundancia, que me quedé yo pasmado de oír a un publicano hablar con la erudición bíblica de un doctor de la ley.

–No te extrañe, rabí –exclamó, dándose cuenta de mi sorpresa–; no te extrañe oírme hablar así, pues, aunque publicano y pecador, espero la redención de Israel y he procurado instruirme en los libros sagrados. Me gusta también escribir, y podría mostrarte varios apuntes que he tomado relatando los hechos principales que han ocurrido en Israel en los años que llevo de vida –y me señalaba un estante lleno de rollos de pergamino que contenían sus escritos.

No hablo aquí de la cena, que fue digna de un prócer romano, por no alargar mi relato. Asistieron a la mesa (o más bien al diván, pues comimos recostados) varios soldados herodianos amigos de nuestro anfitrión, y que se mostraban, como él, sumamente ansiosos por la venida del Redentor de Israel. Sabiendo que yo deseaba pasar de nuevo por el Jordán, donde Juan bautizaba, se acordó que me acompañarían no sólo Leví, sino media docena de aquellos valientes militares, los cuales no se avergonzaban de mostrarse tan religiosos o más que cualquier fariseo, sin ser, como ellos, formalistas y poco francos, por no decir hipócritas. Eran soldados rudos y sinceros, profundamente religiosos, aunque con los defectos y vicios de los militares. Quedó, pues, pactado que saldríamos juntos de Cafarnaún.

9
EL BAUTISMO

El espíritu con que Juan hablaba se infiltraba de tal modo en el alma de sus oyentes, que cada uno se convertía en propagador de la doctrina

I. EL QUE HA DE VENIR-9. EL BAUTISMO

predicada por el Bautista. Las noticias, pues, referentes a la proximidad del reino de los cielos se habían difundido no sólo por Judea, sino que, atravesando la Samaría, habían llegado hasta los últimos confines de Galilea. No me extrañé, por consiguiente, al observar que, conforme íbamos pasando poblaciones, se incorporaban a nuestra caravana gran número de personas, en especial de la clase acomodada, dirigiéndose al Jordán. Se habían juntado a Leví más de una docena de publicanos, entre los cuales me llamó la atención, por su apostura y nobleza de carácter, un joven centurión llamado Cayo Oppio, que mandaba la centuria de soldados romanos estacionada en Cafarnaún.

–Este centurión tan simpático que ha llamado tu atención –me dijo Leví– es hijo de otro centurión que reside en Cesarea y se llama Cayo Cornelio. Ambos son muy afectos a nuestra religión, tanto, que Cayo Oppio ha sido quien más ha contribuido para la edificación y decorado de la sinagoga principal de Cafarnaún, que ayer visitaste.

Trabé conversación con Cayo Oppio, y vine a saber con grato gusto mío que, aunque romano de origen, era nacido en Pompaleo, en la Hispania Tarraconense, no muy distante del pueblo de mi madre, que era calagurritana. Tuvimos una larga conversación durante el camino, y me quedé admirado de lo instruido que estaba en las profecías referentes a la venida del Mesías, a quien esperaba ansioso. Me hizo, además, algunas confidencias que demostraban su honradez.

–Rabí –me dijo–, Roma nos ha mandado servir a Herodes; pero nuestro oficio aquí, más que de soldados, es de policías. Esto me disgusta en extremo, pues se presta a muchos abusos por parte de los soldados. Se dejan cohechar muy fácilmente, y cuando no quedan satisfechos por no conseguir el dinero que piden, hacen delaciones injustas y extorsionan al pueblo, y, la verdad, no sé qué hacer, pues los mismos publicanos son los primeros en patrocinar estas injusticias. Debo advertirte –continuó– que Leví es una excepción. La paga de mis soldados es más que suficiente para el poco trabajo que tienen. En lugar de batirse contra el enemigo, como los soldados de nuestras legiones de las Galias o la Germania, éstos no hacen sino pasar agradablemente el día, vigilando las mercancías y extorsionando a sus dueños. Si no jugaran a los dados lo que ganan, su salario les sería más que suficiente.

En esta y otras pláticas llegamos al lugar donde Juan estaba predicando, y que ya conocen los lectores. Después de anunciar la proximidad del reino de los cielos y de exhortar al pueblo a la penitencia, el Bautista empezó a predicar con vehemencia extraordinaria contra las injusticias, aconsejando la caridad. Quedaron los oyentes tan conmovidos que se le acercaron unos mercaderes ricos y le preguntaron:

Maestro, ¿qué haremos para ser admitidos en ese reino de que hablas y dices está tan cerca?

El Bautista, viéndolos ricamente vestidos, y fijándose en las acémilas cargadas de comestibles que les pertenecían, les dijo:
—La caridad os abrirá las puertas de ese reino. *«El que tiene, pues, dos vestidos, dé uno al que no tiene ninguno».* «*Y ya que tenéis provisiones abundantes, dad de comer al hambriento».*

Mi amigo Leví se adelantó entonces, sin respeto humano, y en voz alta exclamó:
—Maestro, soy publicano y pecador; pero espero la redención de Israel. ¿Qué debo hacer para preparar los caminos del Señor, según nos has predicado, y fue predicho por los profetas? Juan miró con cariño a aquel publicano, y le dijo:
—¿Tienes una tarifa para el cobro de las alcabalas?
—La tengo —respondió Leví.
—Pues entonces —repuso el Bautista— ajústate a esa tarifa, y *«no exijas más de lo que en ella está ordenado».*

Cayo Oppio, acompañado de varios de sus subalternos, se acercó, a su vez, a Juan, y le preguntó:
—Rabí, yo soy centurión, y tengo soldados a mi cargo. Yo también espero el advenimiento de ese Mesías que tú anuncias. ¿Qué debo hacer yo, qué deben hacer mis soldados para hacernos dignos de ser tus discípulos?

Juan quedó verdaderamente sorprendido al oír hablar así a un soldado pagano, y mirando a un grupo de fariseos que, no menos admirados, habían escuchado la pregunta del centurión, les dijo:
—¿No os había anunciado que Dios podía hacer de esas piedras hijos de Abrahán?

¿Y luego, volviéndose al centurión y a los suyos, suavizando su mirada, respondió:
—*¿No extorsionéis a ninguno, no calumniéis a nadie, y contentaos con vuestro salario».*

Si la humildad de Leví y la sincera fe del centurión me dejaron profundamente conmovido, no quedé menos sorprendido de las respuestas del Bautista. Después de oír cómo había tronado contra el pecado, me imaginaba que, al responder a los ricos, los increparía reprobando su lujo y el amontonamiento de riquezas. Sin embargo, no les habló de esto ni palabra; los exhortó solamente a la práctica de la caridad. Pensaba yo en esto, cuando Leví se acercó, y me dijo:
—¿No te has fijado, rabí, en la manera cómo ha respondido a mi pregunta este hombre extraordinario?
—En eso pensaba precisamente.
—Al preguntarle yo— prosiguió Leví— lo que debía hacer, me esperaba primero un terrible regaño y luego que me mandara dejar el telonio. Yo estaba dispuesto a esto y mucho más; a dejarlo todo si así me lo hubiera mandado este profeta. ¿Cuál no sería mi sorpresa al ver que, en lugar de

mirarme airado, como a los fariseos, y llamarme como a ellos, raza de víboras, su mirada se enternecía y su voz se suavizaba. Al mirarme debió penetrar hasta lo íntimo de mi corazón; yo así lo sentí. Y ¿a qué se redujo la represión que yo esperaba? ¿A qué la prohibición que presentía? A decirme que me atuviera a lo que estaba dispuesto. Yo estaba decidido a dejarlo todo, a devolver triplicado lo que hubiera defraudado; estaba y estoy dispuesto a seguir su mandato. Cuánto más habiendo sido su consejo tan prudente.

Y con resolución descendió Leví hasta el río, y pidió humildemente a Juan el bautismo de penitencia, ejemplo que siguieron otros publicanos que allí se encontraban.

Cayo Oppio, el noble hispano, se acercó también a mí, y me dijo:
—¿Has oído lo que me ha dicho el Bautista?
—Perfectamente —respondí.
—Pues mis compañeros, esos dos centuriones que han venido con nosotros, así como nuestros soldados, están admirados de las palabras indulgentes del Bautista. ¿Quién hubiera esperado de un hombre tan austero una norma de vida tan sencilla? Nos aconsejó solamente que cumpliéramos con nuestro deber. Uno de mis soldados, mi ayudante, me estaba diciendo: «Yo esperaba, mi jefe, que nos dijera: no sean borrachos, ni jugadores, ni mujeriegos, ni pendencieros; pero de esto no dijo nada. En cambio, nos mandó lo que no pensábamos: que no extorsionemos a ninguno, lo que es muy justo; ni calumniemos a nadie, lo que es más justo aún, y que nos contentáramos con nuestro salario, lo que, ciertamente, no esperábamos ninguno. De todo creíamos que nos hablaría, menos del salario mínimo».

Samuel, que había estado oyendo nuestras conversaciones sin haber hasta entonces intervenido, me dijo:
—Raro me parece que te extrañes de la conducta de Juan. Que Leví el publicano se asombre, no me sorprende, pues debe haber olvidado desde hace tiempo los mandamientos de la ley de Dios; que el centurión, pagano, que no conoce la ley, se extrañe de la conducta de Juan, no me sorprende tampoco; pero sí me llama la atención que tú te maravilles.
—¿Has olvidado ya los mandamientos de la ley de Dios?
—Tanto como eso, no —le respondí, sonriendo.
—Pues entonces, ¿de qué te admiras? Juan no ha hecho sino recordar a cada uno los mandamientos que necesitaba. A los primeros les aconsejó practicar el mandamiento positivo que nos manda amar a nuestro prójimo, y, por consiguiente, socorrerlo. A los otros, más necesitados de que les recordaran los mandamientos «negativos», les mandó: a «los publicanos», que «no roben», pecado al que, por su oficio, están más expuestos, y a los soldados policías les recordó el mandamiento de «no calumniar» ni cometer otras injusticias. Pues debes fijarte que los pecados que nos prohíben cometer los mandamientos *negativos* de la ley de Dios son todos contra la

justicia. Juan predica contra la injusticia en todas sus formas, pues sabe que «el que ha de venir» quiere que en este mundo cumplamos toda justicia.

* * *

Algunos de nuestros compañeros, después de recibir el bautismo de Juan, habían vuelto a Cafarnaún, mientras los soldados y sus centuriones se dirigían a Jerusalén, donde debían pasar una temporada. Quedamos solamente Samuel y yo, pues pensábamos pasar aquella noche en Jericó, que está a muy corta distancia del lugar donde bautizaba Juan.

Era la caída de la tarde. El cielo estaba nublado, y la multitud que había asistido a la predicación y bautismos se había ido retirando poco a poco. Samuel y yo estábamos en nuestro puesto de observación, a una distancia de trescientos pasos del Bautista. Éste se había postrado sobre la gran piedra que le servía de púlpito entre las aguas del Jordán, y volvía su rostro, no hacia el templo de Jerusalén, sino hacia el camino que había abierto desde la cima de la montaña. De pronto, como si algo presintiera, se levantó, y fijó su vista en el camino. Volví mis ojos hacia el mismo punto, pero no vi nada.

Juan seguía, sin embargo, con la mirada fija en lo más alto de la vereda. De pronto, levantó sus brazos, e iba a gritar en señal de protesta, pues se veía una figura blanca que descendía en línea recta por el camino. Se contuvo, sin embargo, y esperó. El corazón me palpitaba con fuerza, y lo mismo pasaba a Samuel. Nuestros ojos estaban fijos en aquel que venía. «¿Quién podrá ser? –me pregunté–. ¿Quién será ese atrevido que baja por la vereda abierta por Juan para «el que había de venir»?» Samuel y yo éramos los únicos testigos de aquella escena. El que venía y Juan estaban solos. Al fin, llegó. Al verlo, Juan saltó sobre las piedras para salirle al encuentro. Hay entre los dos un diálogo acalorado, pero estamos demasiado lejos para percibir las palabras. Por lo que veo, deduzco que el recién llegado pide a Juan que lo bautice, y éste, con grandísimas señales de respeto, rehúsa hacerlo. Aquél insiste, y éste se niega. Al fin, Juan, el hombre extraordinario, se arrodilla y desata las correas de las sandalias del neófito. Entra éste en el río, y aquél, levantando el caparazón, lo bautiza. Bautizado y bautizante parecen sumergidos en oración.

El cielo, hasta entonces cubierto de nubes, se abre de repente, y un rayo de sol viene a bañar la figura del recién bautizado, en tanto que una paloma blanca se posa sobre su hombro. Se oye un rumor extraño que parece salir de una nube. El desconocido se pone sus vestidos, y Juan de nuevo le ata las correas de las sandalias. Se dan ambos el beso de paz. El recién bautizado vuelve a tomar el camino rumbo a la montaña, mientras Juan permanece contemplándolo con los brazos en alto, como en éxtasis.

La silueta blanca continúa ascendiendo la montaña, mientras una nube negra, casi tenebrosa, parece seguirla..., y, al fin, lo cubre cuando el desconocido ha llegado a la cumbre.

Juan se postra de nuevo en tierra, y parece orar. Mientras tanto, nosotros, conmovidos hasta la médula de los huesos, y sintiendo que la noche se nos echaba encima, sin decir palabra, emprendimos nuestro camino hacia Jericó.

10
CUMPLEAÑOS DE ANÁS

Anoche estuve en la gran recepción que dieron los hijos y el yerno de Anás para celebrar el octogésimo aniversario de su nacimiento.

Fue una recepción de «ancha base», a la que asistieron como invitados los personajes más conspicuos de los partidos religiosos y políticos a la sazón radicados en Jerusalén, así como otras personas de importancia, entre las cuales nos contamos Samuel y yo. El grupo principal estaba formado, naturalmente, por saduceos, a los que pertenecen los hombres de las grandes familias sacerdotales, los ex pontífices o sumos sacerdotes. Todos éstos, que forman la aristocracia de Israel, iban vestidos con riquísimos trajes de ceremonia. Los fariseos, aunque entre sí confabulaban y criticaban cuanto veían con su doblez acostumbrada, no dejaban de exhibirse ellos mismos, luciendo sus mejores vestiduras de seda bordadas de oro. Los escribas y doctores de la ley también habían aceptado aquella invitación, y hasta los sencillos escenios habían venido a felicitar a Anás, quien, sin ser ya pontífice, todavía era el verdadero director de la política israelita. Era él quien, sin responsabilidad aparente, manejaba todos los negocios religiosos, económicos y sociales en Jerusalén. Por esta causa, habían acudido a felicitarle los herodianos, y el mismo procurador, Poncio Pilato, había nombrado una comisión de militares romanos de alta graduación que, en su nombre, presentara sus respetos al poderoso y rico octogenario. Podía, pues, decirse que en el grandioso peristilo de la casa de Anás se encontraba aquella noche «todo Jerusalén». Las esbeltas columnas salomónicas que lo rodeaban estaban adornadas con guirnaldas de flores, y de los arcos y techos pendían innumerables lámparas que esparcían suave luz en el recinto. En el fondo del cuadrilátero se encontraba el trono de marfil donde estaba sentado el venerable anciano, y a uno y otro lados, en grandes candeleros de siete brazos, chisporroteaban gruesos cirios de cera perfumada. El conjunto no podía ser más pintoresco. Se mezclaban las blancas túnicas de lino finísimo de los sacerdotes con las multicolores de los fariseos, las brillantes armaduras de los romanos, los sencillos trajes de los escenios y los abigarrados y pretenciosos de los herodianos. Una música de arpas, cítaras y salterios tocaban suavemente, sin impedir las conversaciones de los numerosos grupos que se habían formado.

Sentado Anás en su trono, infundía respeto. Salomón, «el rey hermoso», no lo hubiera superado en apostura y majestad. Cuando se levantó de su asiento para reunirse con los invitados, quedé admirado de su gallardía. Era de estatura muy elevada, que no habían podido encorvar los ochenta inviernos que llevaba encima. Vestía túnica riquísima de color jacinto, ceñida por una ancha faja de seda de varios colores. Sobre su cabeza brillaba una tiara formada de dos medias lunas, toda bordada de oro. Su rostro era venerable; su poblada barba blanca y sedosa, perfectamente bien cuidada, le llegaba a la mitad del pecho. Sus cejas, blancas también, se encontraban sobre la aguileña nariz, y sus ojos, de un negro de acero, mostraban lo enérgico de su carácter. Todo su porte daba a entender que estaba acostumbrado a mandar y ser obedecido. Su voz era profunda; su paso, seguro y cruel. Aunque sonreía afablemente, yo no lo hubiera querido encontrar en mi camino. Se me figuraba que, sonriendo, sonriendo, era capaz de perpetrar los mayores crímenes. Se le veía decidido a arrollar al que se opusiese a su paso.

Junto a él estaba un hombrecillo chaparroso y gordinflón, de ojillos pequeños y móviles, de barba rala, negra y desigual. Su abdomen era exagerado; sus manos, gordinflonas y sudorosas, andaban continuamente por la boca para roerse las uñas, y cuando sonreía, enseñaba una dentadura desigual y amarillenta. Constantemente estaba moviendo la boca, como si comiera algo. Sudaba a mares, despidiendo de sí un olor desagradabilísimo; se veía que no había sido discípulo del Bautista. Vestía una túnica de material muy rico, sobre la que llevaba otra más corta a manera de enaguas, bordeada con cascabeles y granaditas de oro, que hacían constantemente ruido cuando estaba en movimiento. Ceñía una tiara muy rica y parecida a la de su suegro, pues este tipo tan repugnante era José Caifás o Cefas, sumo sacerdote aquel año, según me informó Samuel. Su andar era inseguro, pues tenía los pies llenos de callos y juanetes, y su porte y maneras, las del hombre servil, acostumbrado a doblegarse ante los superiores, mientras era tirano y cruel con los inferiores, apreciación que más tarde confirmó mi compañero, quien de antaño le conocía.

Estaba yo haciendo estas observaciones, cuando se me acercó Samuel.

—¿Ves —me dijo— ese grupo de hombres tan ricamente vestidos?
—¿Quiénes son? —pregunté.
—Son los principales sujetos de las cuatro familias sacerdotales: los Boetho, los Kantharo, los Hanan y los Phabi, cordialmente odiados por el pueblo. Son los que dominan todo; los grandes ganaderos que tienen acaparado el comercio de los animales que sirven de víctimas en el templo. Por las calles de Jerusalén oirás cantar a la gente este estribillo: «¡Qué calamidad la familia de los Boetho! ¡Malditas sean sus lanzas! ¡Qué calamidad la familia de los Kantharo! ¡Malditas sean sus plumas difamatorias! ¡Qué calamidad la familia de los Hanan! ¡Malditos sean sus silbidos de víboras! ¡Qué calamidad la familia de los Phabi! ¡Maldita sea su porra!»
—¿Conque aquí también hay porra? —pregunté, riendo.

—Y muy pesada. Cuando se levantan protestas por lo excesivo del precio del vino o del aceite, por ejemplo, estos Phabi, que son los que tienen el monopolio de uno y otro, mandan su «porra», y los desdichados comerciantes que se han atrevido a protestar son apaleados sin piedad en la oscuridad de la noche.
—Y los Hanan, ¿en qué trafican? —pregunté.
—Acércate a ese grupo, y los oirás; no hablan de otra cosa que de sus negocios —me dijo Samuel.

Acerquéme, y, en efecto, estaban hablando del ganado: de borregos y chivos, de la lana y leche de esos animales y el queso que producían. Era el único tema de la conversación de aquellos hombres, que, en la opinión del pueblo, debían estar dedicados al culto de Yahvé en el sagrado templo. Eran ganaderos, y de sacerdotes sólo tenían el nombre y la oportunidad de poder traficar con la venta de las víctimas. Quedé completamente desilusionado. Nosotros, los israelitas de la Dispersión, creíamos que los de Palestina serían mejores, y de los sacerdotes teníamos un altísimo concepto.

—No te extrañe esto —añadió Samuel, suspirando—, lo peor está en lo que no ves.
—Y ¿qué es lo que no veo?
—La manera de pensar de esos hombres; son saduceos y no creen en nada, ya te lo indiqué otra vez. Siguiendo las teorías del viejo Sodok, de quien derivan su nombre, no creen en la inmortalidad del alma, ni en la Providencia, ni en nada, si no es en la vida presente; son de aquellos que dicen y practican: «Comamos y bebamos, que mañana moriremos».

Y como si los hechos quisieran confirmar las palabras de mi piadoso amigo, salieron en aquel momento numerosos esclavos llevando fuentes llenas de pasteles, dulces, frutas secas, apetitosos panecillos rellenos de queso riquísimo y delicadas confituras. Tras de éstos venían otros con grandes bandejas llenas de copas, en las que unos esclavos escanciaban, al gusto del consumidor, magníficos vinos del país o de Falerno.
—Esto parece más bien una fiesta romana —dije, casi escandalizado.
—Romana, o griega, o egipcia, o lo que se quiera, menos judía —respondió Samuel—, e indigna en cualquier familia israelita, cuanto más en las familias sacerdotales. Pero esto es lo que está de moda entre ellos: Roma, Roma y sus costumbres. Y todavía fuera menos malo que estos renegados hijos de Abrahán nos trajeran solamente las costumbres romanas...
—Pues ¿qué otra cosa han traído?
—La sumisión absoluta a Roma —respondió, indignado, el israelita—. Sin la influencia de estos hombres, Roma no tendría el poder que tiene; sin el apoyo incondicional del sumo sacerdote y su camarilla, los romanos se verían constantemente acosados por los israelitas de buena voluntad, sobre todo los galileos. Éstos, armados en su gran mayoría, se insurreccionarían en cualquier momento en contra del extranjero y lo acosarían constante-

mente; pero ese Anás, que es el centro, el cerebro de todo ese movimiento en favor de Roma, no cesa de aconsejar la sumisión y la prudencia. Esta prédica le vale a él y a los suyos conservar el poder, al que han llegado por medio del soborno, comprando con el oro del templo, que ellos administran, el cargo de sumo sacerdote –y la voz del buen anciano temblaba por la justa indignación que el recuerdo de esas infamias le producía–. Solamente por ti –me dijo– he venido a esta fiesta, que, de otra suerte, jamás hubiera pisado los umbrales de esta casa maldita.

Una voz chillona vino a distraerme en nuestra conversación. Como los demás invitados, tenía yo en la mano la copa que un esclavo acaba de llenarme con vino de Caná, pues en cada país prefiero siempre lo que su suelo produce. Samuel no había querido tomar nada, presintiendo lo que iba a suceder. Aquella voz estridente era la del regordete de ojos de ratón con enaguas llenas de campanillas. Copa en mano, «ofrecía a Anás aquel banquete» a nombre suyo y de sus amigos, invitando a todos a brindar por el anciano. Samuel, al oír aquello, volvió la espalda sin disimulo alguno, mientras yo, confieso paladinamente mi debilidad, pareciéndome descortesía no responder a la propuesta del anfitrión, levanté mi copa, y brindé también por Anás. Samuel se quedó mirándome tristemente, y a no ser por la voz profunda del octogenario, que se hiciera oír en aquel punto, creo que no me hubiera librado de un merecido reproche por cobarde. Yo me excusaba conmigo mismo, apelando a la educación.

Después de las frases comunes de gracias al sumo sacerdote y a los suyos, se dirigió con toda desfachatez al grupo de romanos, que ni siquiera se habían dignado ponerse en pie. Y cambiando el idioma arameo, en que había comenzado, por el griego, hizo un gran panegírico de Roma, de su pueblo y del emperador, y terminó diciendo: «Tengo la honra de pertenecer al círculo de los «amigos del César» *(amici Caesaris)*. A lo cual respondieron todos: «amén». Yo, sin embargo, no llegué a tanto, y procuré beberme cuanto antes mi copa de vino de Caná, que, con ser excelente, me supo amargo, debido, sin duda, a mi oculta vergüenza.

–Este que viene aquí a saludarme –me dijo Samuel por lo bajo– es Schammai, uno de los escribas más famosos, perpetuo émulo de Hillel, que es aquel viejecito que está hablando con Anás. Schammai es muy inteligente, pero sumamente acre en su crítica.

–Buenas noches, Samuel –exclamó, saludando a mi compañero.

–Buenas las tengas, Schammai –respondió el aludido–. Te presento a mi amigo Rafael Ben Hered –añadió, señalándome.

–¿De la tribu de Benjamín, por supuesto? –dijo el recién venido.

–De familia Hereditarum –le respondí.

–Tu familia desapareció de Palestina después del cautiverio –prosiguió el letrado.

–En efecto, rabí –dije–; se ve que estás muy versado en las genealogías. Mi familia marchó a Occidente, y se estableció en Hispania.

I. EL QUE HA DE VENIR-10. CUMPLEAÑOS DE ANÁS 59

—¿De suerte que tú vienes de la Dispersión?
—Así es, rabí. He venido a conocer la tierra de mis mayores; a visitar el templo santo.
—Y ¿no te ha dado por escribir *La historia del pueblo escogido,* como a ese barrigón gotoso, que nos ha caído de la Galia, con ínfulas de erudito? —y al decir esto, señalaba a un hombre grueso de gran melena y narices como zanahoria, que ya había llamado mi atención desde un principio.
—Hasta ahora no he escrito nada para el público —respondí humildemente.
—Pues si quieres escribir, que es muy noble tarea, no hagas como ese gotoso, que, sin saber hebreo, se las echa de erudito. ¿Lo ves allí hablando con media docena de sacerdotes ignorantes, que lo tienen por una lumbrera? En verdad te digo que cualquiera de los chiquitines de mi sinagoga sabe mucho mejor que él el hebreo.
—Y ¿cómo se llama? —pregunté, intrigado.
—Ernestus Ben Renanus, un galo que ha venido a vivir en el poblacho de Biblos, y está ahí con su hermana. Es un patarto, y se dice orientalista entre los suyos. Es natural, en la tierra de los galos, el tuerto es rey; pero entre nosotros, es un ignorante.
—¿Y ese otro que está a su espalda? —pregunté.
—¿Ese grandote de orejas largas? Es otro tal. Se llama David Ben Strauss; es germano, sumamente pesado, por lo que se cree profundo. Ese es el tuerto entre los germanos. También le ha dado por escribir de las cosas de Palestina; a mi juicio, es muy bruto. Los dos son saduceos en el fondo, aunque les ha dado por decir que pertenecen a la escuela *escatológica,* y yo digo que pertenecen a la *scatalogía* —y, sin despedirse, se marchó riendo de su chiste[4].

Yo me propuse no enseñarle lo que escribiera, y, además, decidí no vanagloriarme ni de exegeta ni de orientalista, sino escribir como simple relator de lo que iba viendo, y sacar las consecuencias que, según mi propio criterio, me parecieran dignas de tenerse en cuenta.

Samuel me urgía para que nos marcháramos, como ya habían hecho otros, quedando solamente para el festín, que debía seguir a la recepción, los muy íntimos del pontífice y su suegro, entre los que no nos podíamos contar nosotros.

Al salir, la noche estaba muy oscura, y aunque nuestra casa distaba poco, las calles, mal empedradas, requerían alguna luz para no tropezar, y no había ni asomos de alumbrado público. No habíamos llevado esclavos que nos alumbraran, como los otros invitados de categoría; pero el cielo nos deparó un buen compañero. A la misma puerta vi a un joven, con su farolito, que me decía:

---

[4] Escatalogía: tratado de los novísimos, o destino final del hombre. Scatalogía (Medicina), tratado de las deyecciones.

—Rabí, yo los acompañaré para que no tropiecen.
¡Cuál no sería mi sorpresa al reconocer en aquel muchacho a Juan, el hijo del Zebedeo!

—¿Tú por aquí, Juanito? —le dije.

—Sí, rabí —respondió—, tenemos una casita en Jerusalén, donde vendemos pescado traído del Tiberíades. Yo soy el que surto al sumo sacerdote de pescado, y por eso pude entrar esta noche en la casa, pues me conocen muy bien los criados. Tenía muchos deseos de ver lo que era una gran reunión de tantos personajes. Cuando los vi, pensando que no tendrían quién los alumbrara en el camino, los esperé para conducirlos a su casa.

11
ALGO DE POLÍTICA

Desde mi llegada a Palestina deseaba ardientemente tratar a Gamaliel, el gran escriba y doctor de la ley, que pertenecía, como yo, a la tribu de Benjamín. Mi padre me había hablado de su sabiduría y bondad; así, tan pronto como supe que había vuelto de un viaje a Damasco, me apresuré a visitarle.

—Ya supe que Samuel y tú estuvisteis la otra tarde a felicitar a Anás por su cumpleaños —me dijo Gamaliel, sonriendo, cuando entramos en conversación.

—Como yo he venido, a estudiar las costumbres de mis hermanos en Palestina —respondí—, me pareció muy oportuno asistir a esa reunión, donde encontraría congregado a lo principal y más grande de Israel.

—Y encontraste a lo más principal, ciertamente; pero también a lo más podrido de Israel. ¿No es verdad?

—Que allí había mucho podrido, no puedo negarlo; pero que fuera de lo más podrido, no sabría decirlo —contesté—. Tuve oportunidad de ver a los principales saduceos y...

—Aún te queda por tratar a los principales fariseos —me interrumpió, sonriendo, el anciano—, y por eso has venido a verme, ¿verdad?

—Si he venido a verte, rabí —contesté respetuosa y sinceramente—, no fue por considerarte fariseo, sino el primero y más instruido de los escribas, de los doctores de la ley. Tu fama ha traspasado los mares.

—Me alegro que no me hayas confundido con esos fariseos que viste en casa de Anás, pues, ciertamente, no soy como ellos —replicó el anciano—. Tú eres aún joven, si te comparas conmigo, y aunque hayas visto mucho en el mundo pagano, aún te queda no poco que ver en el israelita.

—Maestro —respondí—, vengo a ti para instruirme, para poder formar imparcialmente mi criterio. Tengo en la cabeza un enredo de saduceos, fariseos, herodianos, escribas, escenios y no sé cuántas sectas o grupos más en que se encuentran divididos los judíos de Palestina, y de los que no tenemos sino remota noticia los que vivimos en la Dispersión. Oigo hablar continuamente aquí de esos partidos, y cada día me embrollo más con la política de los jerosolimitanos.

–Te explicaré brevemente lo que deseas; pero no pienses que con mi explicación, vas a poder comprender esta política de intriga, pues es, como toda política, enredada y tenebrosa. Ante todo, te hago saber que yo soy escriba y doctor de la ley primero que nada. Los escribas y doctores formamos una clase de «profesionales», mientras que el saduceísmo y el fariseísmo son dos partidos politicorreligiosos. En ambos partidos hay escribas y doctores, como en Roma había hombres de letras y simples ciudadanos pertenecientes unos al partido de César y otros al de Pompeyo.

–Esta primera explicación aclara mucho mis ideas.

–El origen de los escribas es muy antiguo, y es profesión muy honorable. Han sido éstos, desde tiempo inmemorial, los copistas que transcriben con sumo cuidado los sagrados libros. Muchos de estos copistas son sencillamente «escribientes asalariados»; pero otros no copian sólo para lucrar, sino también para aprender. Se dedican a estudiar la *Thorá*.

–Y ¿qué cosa es la *Thorá*? –pregunté ingenuamente.

–La ley –respondió con unción el anciano–, los cinco libros de Moisés, que los israelitas grecorromanos llaman el *Pentateuco* –y, volviéndose hacia un armario primorosamente tallado, lo abrió.

–Mira –dijo con sumo respeto–, esos pergaminos aquí encerrados son un ejemplar vetustísimo de la *Thorá*.

–Vi, en efecto, una serie de estuches cilíndricos de madera de sándalo, antiquísimos, que contenían pergaminos, los cuales, porque se leían dándoles vueltas, se llamaban «volúmenes».

–Esos libros sagrados contienen la sabiduría de Israel –añadió.

–¿Y los *Profetas?* –pregunté, dándomelas de erudito.

–Los *Profetas* y los demás libros santos están en aquel otro armario. Pero la *Thorá*, la ley, es para nosotros el libro por excelencia; los demás son su complemento. La ley encierra, como he dicho, la sabiduría de Israel; esos cinco libros tratan de materias diversas; contienen lo más principal de nuestra historia, desde el principio. Los escribas, que se dedican a estudiar esta parte y a continuarla, son los cronologistas; los que tratan de escudriñar el sentido místico de esos libros son los exegetas. Unos estudian los preceptos morales, y son los casuistas; otros comentan la parte jurídica...

–¿Como los abogados?

–Solamente que entre nosotros están juntas la parte civil y la religiosa; nuestros abogados son jurisconsultos y también canonistas, juzgan en los casos que llamaríamos eclesiásticos. Finalmente, otros se dedican a estudiar y comentar la parte litúrgica. Todos éstos, cuando después de estudiar se les permite enseñar, son graduados como doctores.

–¿Y a esto es lo que llaman la cátedra de Moisés? –pregunté.

–Precisamente, como si entre los griegos alguno explicara las odas de Píndaro, se le llamaría catedrático de Píndaro –respondió el anciano, sonriendo, por haber mostrado su erudición griega.
 –Y el estudio de las Escrituras y su enseñanza –pregunté–, ¿está limitado a alguna clase social en particular?
 –A ninguna. Tanto puede aprender y enseñar la ley el pobre como el rico, el comerciante como el menestral, el sacerdote como el que no lo es. Prácticamente, los sacerdotes y levitas, entre nosotros, suelen ser los más ignorantes. Están versados en la liturgia, en lo que se relaciona con el culto; pero de lo demás saben muy poco. Los miembros de la grandes familias sacerdotales suelen estudiar algo más las sagradas letras, no porque crean en ellas, ni para conformar su vida con la moral de la ley, pues no creen en nada, y obran en consecuencia; pero sí para poder discutir con menor ignorancia con sus contrarios los fariseos, de los cuales se burlan, a veces, no sin razón.
 –¿De manera –pregunté– que los saduceos y fariseos son dos partidos opuestos?
 –Entre nosotros no se puede separar la religión de la política, y por eso, esos dos partidos son propiamente politicorreligiosos, o más bien religiosopolíticos. Los saduceos no creen en nada, aunque aparentan ser creyentes. Los fariseos, en cambio, sí creen, y practican la religión a su modo. Políticamente, los saduceos son los amigos de Roma y sus fautores, mientras que los fariseos son los «nacionalistas», opuestos tenazmente a todo lo que huele a extranjero. Los saduceos son los hombres del gobierno, enriquecidos con el monopolio de todo lo que se relaciona con el servicio del templo. Los fariseos son los que dominan en el pueblo. Algunos de éstos, por razón de sus patrimonios, son bastante ricos, si bien la mayoría son pobres, como suele pasar a los políticos caídos que no mangonean en los gobiernos. Una gran parte de los escribas y doctores pertenecemos al partido fariseo. El partido saduceo está formado por la casta sacerdotal casi exclusivamente, y en él hay también escribas y doctores. Esto no quiere decir que todos los sacerdotes sean saduceos. Hay entre ellos dignísimas excepciones, como es nuestro amigo Samuel quien, perteneciendo a una de las antiguas familias sacerdotales, no es saduceo.
 –¿Es entonces fariseo? –interrogué con curiosidad.
 –No, que yo sepa; no pertenece a ningún partido; es del grupo que podríamos llamar «independiente», que no se mezcla en política. Son verdaderos israelitas, que esperan ansiosos la redención de su pueblo y practican la religión sin las meticulosidades de los fariseos.
 –Pero tú, rabí, ¿no eres fariseo?
 –Lo soy en cuanto estoy en contra de la dominación extranjera; si bien en la parte religiosa no voy de acuerdo con las exageraciones y ridiculeces de la mayoría de los fariseos. Sigo la ley, según su espíritu, mientras que los otros se apegan a la letra, que mata. Ni siquiera siguen la ley misma,

sino a los comentadores. Son casi todos unos farsantes e hipócritas; ¿no los has visto orando?
 —Fue una de las cosas que más llamó mi atención cuando llegué a Jerusalén. Un día vi a un hombre que andaba encorvado ponerse en medio de dos calles que se cruzaban, e irguiéndose y levantando sus manos al cielo, se puso a recitar una serie de salmos. Pregunté qué era aquello, y me dijeron que era un fariseo que estaba orando. Cuando hubo terminado sus oraciones, viendo pasar un mendigo, lo llamó, y, con gran publicidad, le dio una limosna.
 —Así son los más —repuso Gamaliel—, y como un gran número de ellos son doctores, predican a la gente la práctica de una religión formalista, que no es la de Moisés. El pueblo los tolera, porque son «nacionalistas», y hacen de ello alarde; y como los pobres odian a los romanos, ven con buenos ojos a los fariseos, y escuchan de buena gana sus imprecaciones contra los dominadores. Pero otros los consideran hipócritas, y, por desgracia, lo son. ¿No viste tú mismo cómo se portaron los más principales de entre ellos en la reunión en la casa de Anás?
 —En efecto —respondí—; los fariseos que allí estaban, en lugar de protestar contra la bajeza de Anás elogiando a Roma y a los romanos, dijeron todos «Amén».
 —Salgamos, hijo mío —me dijo paternalmente Gamaliel—, salgamos al jardín, y allí encontraremos un buen grupo de mis correligionarios. Fíjate en lo que hablan, en lo que discuten, y te formarás idea de lo que a estos hombres les preocupa.
 Salimos, en efecto, a un jardín lleno de frondosas higueras que daban espesa sombra. En unos bancos de piedra, alrededor de una fuente, había tres diferentes grupos de fariseos, a varios de los cuales identifiqué con los que había visto en la casa de Anás. Acerquéme a un grupo donde estaban discutiendo acaloradamente. Pensé que se trataría de algún asunto político, quizá en contra de los romanos o cosa parecida; sin embargo, me engañaba. El más viejo y venerable, llamado Efraín, era el que había propuesto este interesantísimo caso, de importancia vital para ellos.
 —El pasado sábado —dijo— tuve que resolver esto: Una gallina del corral de Zabulón, mi vecino, puso un huevo el sábado; y vino Zabulón a preguntarme si era lícito comer aquel huevo o no.
 —Caso sumamente importante e imprevisto —repuso Hesron—; yo no sé cómo resolverlo.
 —Yo hubiera dicho que, fuera del mismo sábado, sí podría comerlo —resolvió Iezer—; pero de ningún modo el sábado mismo.
 —Pues yo resolví que ni en aquél ni en otro día alguno podía comerlo, pues había sido el huevo puesto en sábado —dijo Efraín—; aquel huevo no se podía comer.
 —La solución me parece concluyente —opinó Zare—; y ¿qué había que hacer con ese huevo?

—Eso fue lo que Zabulón me preguntó —respondió Efraín—. Entonces me pareció que no debía ponerse aquel huevo a que gallina alguna lo empollara, y, para evitar cualquier mala inteligencia, lo estrellé contra el suelo.
—¿En sábado? —exclamaron, escandalizados, sus oyentes.
—Fue un movimiento primo —respondió el anciano, contristado— y tuve que hacer varias abluciones, pues había yo quedado impuro con el contacto de aquel huevo puesto en sábado.
No quise ya seguir oyendo a esos doctores que se asentaban en la cátedra de Moisés, y me fui con el grupo de Gamaliel, quien no pudo menos de sonreír al ver mi cara de decepcionado.
—¿Has oído tú hablar de Juan el Bautista? —me preguntó Gamaliel.
—No sólo he oído hablar de él —respondí—, sino que le he oído predicar.
—Pues te hago saber que el Sanedrín me manda recado para que nombre yo una Comisión que, con su autoridad, vaya a interrogar a ese hombre para que dé cuenta de quién es y diga con autoridad de quién predica.
Le dije que yo pensaba ir a Jericó al día siguiente, y con gusto presenciaría el interrogatorio, seguro de que aquel hombre extraordinario respondería sin empacho alguno.

* * *

Grande fue mi sorpresa al llegar al lugar donde había visto a Juan bautizando y no encontrarle. En cambio, me fijé que alrededor de la roca donde solía predicar habían amontonado gran número de piedras formando un círculo. No faltó, sin embargo, quien me informara de que, desde hacía días, Juan bautizaba al otro lado del Jordán, en Bethabara o «lugar del vado». Me quedé pensando por qué habría cambiado de lugar, y vine a deducir que era, sin duda, porque no quería volver a bautizar a nadie en aquel lugar después de haber bautizado allí al desconocido que había bajado por el camino del Señor.
Bethabara no está lejos; y así llegué bien pronto acompañado de la Comisión enviada por el Sanedrín, compuesta de fariseos y encabezada por José de Arimatea. Éste, con tono reverente, hizo a Juan las siguientes preguntas, después de haberle dicho quiénes los enviaban:
—¿Quién eres tú? —preguntóle José—. ¿Eres el Cristo?
Casi escandalizado de aquella pregunta, no pudiendo comprender cómo le hubieran podido confundir a él con el Cristo, exclamó Juan:
—¿Yo el Cristo, cuando no soy digno de desatar la correa de su calzado? ¿Quién os ha podido descaminar de ese modo? No, *yo no soy el Cristo.*
—Pues entonces, ¿quién eres? —continuó José—. ¿Eres Elías?
Satisfecho aquel hombre admirable de ver que ya había quitado de la cabeza a los que le interrogaban que él fuera el Cristo, oyendo ahora que le confundían con Elías, respondió sinceramente:

–*No soy*. José siguió bajando en la escala de sus preguntas, y preguntó:
–*¿Eres entonces algún, profeta?*
Juan volvió a su negativa. Su respuesta fue un *no* seco.
José y los que le acompañaban estaban admirados ante aquel hombre extraordinario, que con sus nos rotundos iba deshaciendo todas las hipótesis que se le presentaban. Por otra parte, el número de espectadores había aumentado considerablemente; muchos deseaban saber lo que Juan respondería a la Comisión oficial del Sanedrín.
–*Pues entonces* –replicó José en tono suplicante, más que autoritario–, *¿quién eres? Hemos sido enviados para interrogarte, y necesitamos responder a los que nos han enviado. ¿Qué dices de ti mismo?*
–¿Tanta confianza tenéis en mí para quedar tranquilos con mi propio testimonio?
–Estamos conformes –respondieron los comisionados.
–*«Yo soy la voz que clama en el desierto; he venido a enderezar el camino del Señor»,* como dijo Isaías.
Los ojos de Juan no se dirigían en estos momentos a sus interlocutores, sino a la vecina montaña. Yo dirigí mi vista siguiendo la del Bautista, y quedé sorprendido al contemplar al hombre de la vestidura blanca, que tiempo atrás había yo visto bajar por el camino del Señor para ser bautizado. Sus ojos me fascinaban. Me pareció que Juan iba a hablar; pero noté que el hombre de la vestidura blanca se ponía un dedo en la boca.
–*Pues entonces* –insistió José–, *¿cómo bautizas, si tú no eres el Cristo, ni Elías, ni profeta?*
Juan respondió:
–*«Yo os bautizo en agua; pero en medio de vosotros está el que vosotros no conocéis. Él es el que ha de venir después de mí, el que fue formado antes que yo, de quien no soy digno de soltar la correa de su calzado».*
Y con esta enigmática respuesta, se marcharon José y los suyos, mientras el hombre de la vestidura blanca se perdía de nuevo en la montaña.

12
ARIMATEA

En casa de Gamaliel había encontrado varias veces a José de Arimatea; pero le cobré alguna más intimidad desde el día en que le acompañé con la Comisión del Sanedrín que fue a interrogar a Juan el Bautista. Un día Samuel me dio la noticia de que aquel fariseo quería saludarme. Deseoso de tratar con toda la gente conspicua de Jerusalén, le recibí al punto, tanto más que Samuel me había hablado con mucho elogio del visitante.

Era un hombre como de cuarenta y cinco años, de apostura noble y atractiva, y uno de los sanedritas más ricos, perteneciente a la antiquísima familia de Phares, de la tribu de Judá. Entró acompañado de otro individuo, cuya catadura llamó, desde luego, mi atención. Era éste de mediana estatura, de barba entrecana, larga melena, sobre la cual lucía un turbante ladeado; ojos soñadores y de lo más descuidado en su persona. Tan pronto como empezó a hablar, confirmé el juicio que de él me había formado: «un poeta oriental»». Su lenguaje era florido, lleno de imágenes, abundante en palabras, pero escaso en ideas. Llamábase Apócrifo Legendario, o, por lo menos, así me fue presentado; creo, sin embargo, que más bien era éste su «nombre de pluma». Me aseguró José que su acompañante era un publicista de mucha nota, y que había hecho sudar las plumas de los copistas con numerosos escritos.

Me alegré con esta nueva amistad, pues supuse, y más tarde lo confirmé, que aquel individuo tendría la mar de historias y leyendas que contarme. Era, en efecto, lo que llamaríamos un ratón de biblioteca, de esos que conocen la vida y milagros de los personajes antiguos y modernos, que han revuelto la mar de pergaminos y están llenos de anécdotas, interesantes unas y triviales las más, pero que yo podría aprovechar en no pocas ocasiones para ilustrar o amenizar mis *Memorias*

–He venido –me dijo el de Arimatea– a invitarte a pasar unos días en la granja que tengo cerca de Lyda, en el camino de Joppe. Si es tu voluntad acompañarme, mañana temprano estaré aquí por ti. El viaje no es muy largo, y tendrás a tu disposición una buena cabalgadura.

–Mucho te agradezco la invitación –le respondí–, y prometo pasar a tu lado unos días muy agradables. Estaré dispuesto mañana a la hora que te presentes.

José se despidió hasta el día siguiente. Me quedé, entre tanto, con Legendario, y tuve con él una larga y amena conversación, de la que no doy ahora noticia, por venir a cuento más adelante en estas *Memorias*.

* * *

La quinta de José de Arimatea, a corta distancia de Lyda, es un verdadero oasis en la vertiente occidental de las montañas de Judea, en la tribu de Dan. Colocada en una fértil planicie regada con ricos manantiales, crecía aquí en abundancia la grama, nutrido pasto para numerosos rebaños de ovejas, cabras y vacas, de cuya mantecosa leche se hacían los afamados quesos llamados de Arimatea. Está la granja rodeada de añosos olivos, higueras, algarrobos y terebintos, que, a más de dar sus preciados frutos y perfumada savia, proporcionan tupida y fresca sombra. Tiene José, a más de la granja, poco distante del camino de Joppe, otra preciosa quinta encaramada en la vecina montaña, desde donde se divisa el mar, que por la tarde viene a refrescarla con sus brisas.

I. EL QUE HA DE VENIR-12. ARIMATEA

—Te he invitado —me dijo el de Arimatea, una vez que estuvimos sentados bajo el tupido emparrado que sombreaba el pórtico de la quinta— para presentarte a un personaje conocido mío, a quien deseo obsequiar y a quien tú tendrás el gusto en conocer.
—Y ¿se puede saber quién es ese personaje misterioso?
—«Cultiva la amistad del poderoso, como cultivas el cinamomo, para que a su tiempo te cobije con su sombra», dice el proverbio idumeo —me respondió, acariciándose la barba—. No quisiera, hermano, que me fueras a tomar —continuó— por un hombre que se propone servir a dos señores. Lejos de mí tal conducta; pero no creo que incurra en falta si, como riego el cinamomo para que a su tiempo me cobije con su sombra, así cultive la amistad de un poderoso que, sin buscarlo, ha venido a brindarme la suya. ¿Me condenarías tú por esto?
—De ningún modo —le respondí—. Yo, en Hispania, en Grecia y en Roma siempre he seguido la misma conducta. Tengo amigos poderosos, aunque paganos, y cultivo su amistad.
—Me alegro de oírte hablar de esa suerte; creí que tal sería tu modo de pensar, y no me he equivocado. Sólo que, para evitar dificultades, no recibo a esa clase de amigos en mi residencia de Jerusalén, donde todos se enterarían, sino en este nido, donde los testigos son mudos.
—¿Y podría saber, al fin, a quién esperas?
—Al procurador de Judea, Poncio Pilato, y a su esposa, Claudia —respondió—. Siempre que vienen de Cesarea por mar, desembarcan en Joppe, y como Arimatea está en el camino de Jerusalén, suelen detenerse a visitarme. Claudia, al pasar por aquí varias veces, se fijó en la verdura de este huerto, y un día me encontré con que el procurador romano llamaba a mi puerta. No le pude negar la hospitalidad, y desde entonces conservamos relaciones amistosas. He sabido que van a llegar por este camino, y sin que yo los haya invitado, espero su visita. Supe que tú hablabas con soltura la lengua del Lacio, y creía que te gustaría tratar con este personaje. Por esto te he invitado.
—Te lo agradezco —respondí—, y te hago saber que conozco al procurador y a su esposa.
—Y ¿dónde los conociste? ¿Fue acaso en Roma?
—En el mar —respondí—. Me embarqué en la misma galera que hace cerca de tres años los condujo a Palestina, sólo que yo me quedé entonces en Alejandría. La primera vez que, igualados los dos por el mareo... Después de esta vulgar escena, nos hicimos muy amigos, sobre todo cuando él supo que éramos compatriotas.
—¿Compatriotas? —preguntó, sorprendido.
—Sí, los dos nacimos en la península ibérica: él, en Híspalis, en la Bética, y yo en la Tarraconense; soy calagurritano.
—Según me ha contado Legendario —añadió José—, cuando Pilato era joven cometió en Roma no sé qué crimen, por el cual fue desterrado al

Ponto Euxinio; y como allí usaba un gorrito colorado, le pusieron el mote de «el del gorrito"», esto es, *Pileatus,* que, unido al nombre del lugar de su destierro, dio *Poncio Pilato.*
No pude menos de reír al escuchar esta curiosa etimología fraguada por Legendario.

—Lo que yo sé —añadí— es que viene de la antigua familia samnita de los Poncio, y que a uno de sus mayores, por su pericia en el uso de la lanza arrojadiza, le apodaron «el de la lanza», que eso viene a decir *Pilatus* en latín. Esto es lo que él mismo me ha contado.

Estábamos charlando, cuando oí una voz de mujer que cantaba acompañada del salterio. José notó mi sorpresa, y dijo:

—Esa voz tan suave que escuchas es la de mi sobrina Verónica, acompañada por su hermana Berenice, que toca admirablemente el salterio. Su madre era hermana mía. Muerta hace algunos años en Paneas —que ahora llaman Cesarea de Filipo—, me dejó a mi por tutor de estas niñas, cuyo padre había muerto años atrás. Yo les administro su hacienda, que consiste en ricos viñedos en Caná y Engadí, y en extensos olivares entre Betania y Jerusalén. Verónica, la más joven, lleva años muy enferma de un flujo de sangre, y ha gastado un dineral consultando médicos. Berenice la cuida y mima como si fuera su hija. Están preparando algunas canciones para cuando venga Claudia, la esposa de Pilato; se han hecho muy buenas amigas. Claudia es muy amable y simpática.

—También la traté bastante durante nuestro viaje —repuse—, y tengo positivo gusto en volver a verla. Es una mujer muy interesante, desde el punto de vista psíquico.

Un hombre se acercó a nosotros, y, dirigiéndose a José, dijo:

—Rabí, mandóme el procurador de Judea que me adelantara para avisarte de su próxima llegada.

—Bien está, Judas —respondió José—. Estoy preparado para recibirle.

—Y ¿quién es ese sujeto? —dije cuando se hubo retirado

—¿Te ha chocado su catadura? —me preguntó José, sonriendo.

—La verdad, sí, sobre todo porque no mira de frente; parece esquivar las miradas de los que tiene delante.

—Tiene una historia bastante enredada; pregúntasela a Legendario cuando le vuelvas a ver; él te dará datos muy curiosos. Y ahora, antes de que llegue Pilato, voy a presentarte a mis sobrinas.

Eran éstas dos jóvenes de unos veinticinco y veintitrés años, respectivamente. La mayor, Berenice, era fresca y rozagante, y más que bonita se le podía llamar «una buena moza». Verónica era de facciones sumamente finas, y, a no ser por su palidez extremada, hubiérase dicho que era bella. Estaba enferma de flujo de sangre, lo que explicaba su color casi transparente. Había consultado a todos los principales médicos de Jerusalén, gastando en esto sumas considerables, sin obtener mejoría. Tenía una voz dulce de soprano, y su hermana era quien acompañaba sus canciones en el salterio. Las dos me simpatizaron mucho; pero, por lo poco que pude ver, descubrí en Verónica un carácter firme y decidido, capaz de atreverse a empresas arriesgadas cuando la ocasión lo requiriera.

Al fin, llegaron a la puerta de la quinta varios soldados romanos escoltando una riquísima litera, conducida por fuertes esclavos, en la que venía Claudia. Tras de ella, en un magnífico caballo blanco, y seguido de numerosa escolta, venía el procurador, Poncio Pilato.

* * *

–No sabes cuánto gusto tengo en volverte a ver, caro compatriota –me dijo Poncio Pilato cuando nos dejó solos José–. Ha sido para mí una grata sorpresa encontrarte en este oasis. Y ya que nos ha dejado solos nuestro huésped, podré departir contigo en nuestra amada lengua latina.

–También ha sido para mí, noble Poncio, causa de gran regocijo este encuentro hábilmente tramado por José, quien, presumiendo que pasarías por su quinta a descansar unas horas con tu esposa, me invitó para que pudiera darte conversación en tu lengua, sin sospechar que antes nos habíamos conocido.

Empezamos a pasear bajo el emparrado, mientras Berenice y Verónica entretenían a Claudia. Al fin llegamos a una magnífica fuente que brotaba abundante al pie de la colina.

–¿Qué te parece Jerusalén? –me preguntó de pronto Pilato.

–Una ciudad completamente oriental, donde lo es todo el soberbio templo que la domina.

–Pues a mí me parece una ciudad sedienta, recalentada por los rayos de un sol abrasador. Es una ciudad apretada, grietosa, desollándose de reseca; árida, blanda, de un blancor que ciega las pupilas. Jerusalén tiene sed. Y a poca distancia, sobre la cuesta del valle de Etham, se encuentran ociosas las aguas de los estanques de Salomón. Más allá se encuentra otra fuente bellísima de aguas cristalinas y frescas...

–Es, sin duda –interrumpí–, la fuente sellada del *Cantar de los Cantares,* que regaba el vergel plantado de viñas y de toda clase de árboles del *hortus conclusus,* donde desfallecía de amores la esposa...

Pilato sonrió sarcásticamente, y dijo:

–Debió ser así como dicen tus poetas; pero al presente todo aquello es una sierra arenosa y descarnada. Yo quisiera alegrar la ciudad conduciendo esas aguas por un grandioso acueducto que llevaría el nombre de Claudio, en recuerdo de mi esposa; regaría la población con aguas corrientes y frescas; con esa ayuda se refrescarían los hoy marchitos y requemados solares, convirtiéndose en amenos jardines. Jerusalén cambiaría de aspecto, se remozaría.

–Tienes razón, ¡oh noble Poncio!; tu idea es digna de un romano; pero permíteme que te pregunte: ¿de dónde sacarías el dinero para llevar a término obra tan gigantesca?

–El dinero está allí, amontonado, inactivo, en los sótanos del templo– respondió el romano.

–Pero ¿no sabes –repuse casi escandalizado– que ese tesoro es sagrado? ¿No comprendes que el pueblo se insurreccionaría si llegara a saber que alguien ha tocado ese oro perteneciente a Yahvé?

–Ya he pensado en esas insensateces de tus paisanos –respondió, airado–. Se escandalizarían porque el procurador romano usara de ese oro para beneficiarlos, para embellecer su ciudad y no se alarman ni escandalizan porque los Hanna o los Boetho saquen ese mismo oro para derramarlo abundantísimo en las manos de este procurador para que el nombramiento de sumo sacerdote recaiga en tal o cual individuo de su degenerada familia.

Yo no sabía qué responder, sintiéndome humillado ante aquel argumento que demostraba la perversidad y rapiña de las familias sacerdotales. Afortunadamente, José llegó con esa oportunidad para invitarnos a tomar un refrigerio. Durante éste y lo restante del tiempo que permaneció en la quinta, Poncio siguió explayándose conmigo. Estaba furioso contra el pueblo, pues había sabido que corrían de boca en boca historias infamantes en su contra. José, más de una vez tuvo que intervenir, cambiando hábilmente la conversación para distraer la furia del romano. En la primera oportunidad que tuve le dejé con nuestro huésped, y fui a presentar mis respetos a la hermosa y simpática Claudia. Su conversación era tranquila, adoraba a su esposo; todo su temor era que fuera a fracasar en su oficio; conocía el carácter impulsivo de Pilato, y se había dado cuenta del carácter tenaz del pueblo judío en cuanto se refería a su religión y su templo. Ella había visto, me dijo casi aterrorizada, a innumerables israelitas venidos de Jerusalén a Cesarea a protestar contra la profanación del templo por haberse colocado en sus muros las águilas romanas y la efigie del César; ella había visto a aquella multitud arrojarse por tierra y presentar sus desnudos cuellos a los soldados romanos, decididos a morir antes que permitir la profanación del templo.

–Éste es un pueblo extraordinario. He procurado informarme de su religión –me decía Claudia–, y he venido a saber que esperan un Redentor que sacuda el yugo de Roma...

Verónica, que estaba presente a esta conversación, la interrumpió diciendo:

–Noble Claudia, es cierto que hay muchos que esperan a ese Rey conquistador; pero nuestro tío José nos ha explicado que «el que ha de venir» no vendrá a destruir a Roma, sino a levantar un reino espiritual, al que han de pertenecer todas las naciones. Que así lo han pronosticado nuestros profetas...

La voz de Pilato se dejó oír llamando a su esposa: iban a proseguir su camino, para llegar aquella noche a Jerusalén.

Cuando habían desaparecido las últimas columnas de polvo levantadas por los férreos cascos de los caballos romanos, José, sonriendo, dijo:
—¿Has quedado contento con la entrevista?
—Me ha dado materia para reflexionar cuando hablé con Pilato —respondí—, y creo que también he podido estudiar el carácter de Claudia. Ya te hablaré más largamente de este asunto.

13
CANÁ

Ayer fue sábado, y asistí con José en la sinagoga de Arimatea a la lectura y explicación de la ley. Fuimos conducidos por el hassan o sacristán a la tribuna de los escribas y doctores. El ejercicio no tuvo nada de particular. Canto de los salmos, coreados por el numeroso pueblo que asistía. Las mujeres, inclusive Berenice y su hermana, estaban en su tribuna detrás de las celosías. El doctor que explicó la ley tomó por argumento las palabras del capítulo 25 del *Éxodo,* que trata de las abluciones voluntarias: «Di a los hijos de Israel que separen para mí las primicias...» Todo se le fue al buen doctor en exhortar al pueblo a dar dinero para la sinagoga o para remitirlo al templo de Jerusalén. El discurso fue aburrido y duró largo tiempo, lo que hizo que yo cabeceara repetidas veces. Al fin terminó el orgulloso orador —que era de la secta de los fariseos— con estas textuales palabras: «Os doy gracias, Señor y Dios mío, porque mi suerte está entre los que visitan la mansión de la ciencia y no entre los que trabajan en el campo o en las encrucijadas de las calles. Porque yo me levanto temprano y ellos, también. Desde la aurora me dedico a las palabras de la ley; pero ellos a cosas vanas y manuales. Yo trabajo y ellos también trabajan. Yo trabajo en las cosas altas y recibo la recompensa de la ciencia; ellos trabajan y reciben un vil jornal. Yo corro y ellos corren. Yo corro a la vida eterna, mientras que ellos corren al abismo». Y por este estilo, siguió ensartando elogios en su favor y dicterios contra el pueblo mismo que lo escuchaba. Salí disgustado, y así se lo di a entender a mi huésped, quien también salió igualmente desazonado y avergonzado de que yo hubiera oído aquella prédica de uno de los que se consideraban como más prominentes entre los fariseos.

* * *

Hoy conocí al administrador de los viñedos que Berenice y su hermana tienen en Caná de Galilea; se llama Simón Cananita. Es un mocetón alto y fornido, con el cutis tostado por el sol, y las manos de un labriego. Parece hombre decidido, y aunque llano en su trato, es bastante simpático. Vino a dar cuenta a José de los productos de los viñedos y también a invitarle para su próximo casamiento con Salomé de Nazaret. Quiere que sea su padrino, o, como dicen aquí, «el amigo del esposo». Es un hombre muy entendido en el cultivo de la viña y la fabricación del vino. Además de atender a los viñedos de las dos hermanas, tiene él su propia viña y el lagar más grande de Caná y alrededores; goza, pues, de una posición desahogada. Le dan por sobrenombre «Zelotes», por ser uno de los más entusiastas de ese partido y jefe de los zelotes de aquella parte de Galilea.

–¿Y quiénes son esos zelotes? –pregunté.

–Como los fariseos se distinguen de los saduceos políticamente en que éstos buscan la amistad con Roma, que aquéllos rechazan, así los zelotes. Todo quieren llevarlo a sangre y fuego. Hace algún tiempo que están algo tranquilos; pero el día menos pensado volverán a sus actividades bélicas. Ahora solamente hablan en sus conciliábulos de atacar a Roma; al presente, son más bien una facción de los fariseos. Simón es uno de los más exaltados oradores, y por eso le llaman Simón «Zelotes».

–Creo que con el matrimonio asentará la cabeza –contesté, sonriendo.

–Puede que así suceda –respondió José–; pero te digo que Simón es un convencido. Odia a Roma de corazón y es un nacionalista de los más exaltados.

–¿Y quién es su novia? –pregunté.

–Esto –respondió José– bien te lo podrá decir Legendario.

Éste llegaba a la quinta en aquellos momentos. Le hice, pues, la pregunta, y él, después de echar un trago de vino y limpiarse los labios con el dorso de la mano, dijo:

–Los pueblos de Caná y Nazaret apenas si distan cuatro kilómetros el uno del otro, lo que hace que sean naturalmente dos pueblos rivales. Nazaret es más grande, si bien sus habitantes son gente más pobre y menos educada que los de la población esencialmente vinícola de Caná. De esta última era nativo el rico y erudito joven Natanael, hijo de Tolomeo, mientras que Simón era de familia oriunda de Nazaret; le llamaban, sin embargo, «Cananita» porque hacía tiempo que allí trabajaba como viñador.

–¿Te refieres a Simón «Zelotes»? –pregunté.

–Al mismo, pues lleva esos dos apodos; su nombre de familia no lo recuerdo. Aunque Simón y Natanael son de la misma edad y de condición pecuniaria, física y mental diversa, eran los mejores amigos del mundo hasta que vino a interponerse entre los dos una hija de Eva.

–¡Siempre la antigua historia! –interrumpí–. ¿Y cómo se llamaba la chica?

–Se llamaba Salomé y era oriunda de Nazaret. Natanael tenía una muy hermosa quinta a la salida de Caná, a medio camino de Nazaret. Nacía allí una abundosa fuente, a la que iban por agua las mozas de ambos pueblos, aunque a distintas horas. Un día, Natanael vio a la jovencita nazarena con el cántaro al hombro camino del pozo, y se enamoró perdidamente de ella.

–¿Y Simón la quería también?

–Simón y Salomé se habían querido desde la niñez. Cuando Natanael empezó los primeros avances, seguro del triunfo, quedó un poco desconcertado al notar a la joven esquiva y huraña. No podía imaginarse cómo siendo él el mejor partido de Caná, por su juventud, su talento, su instrucción y su riqueza, podía hacerse sorda a sus atenciones una jovenzuela de Nazaret, hija de un pobre menestral.

–¿Por hacerse interesante?

–Ésa fue la única explicación que pudo admitir el orgulloso doctor en ciernes, y así continuó sus atenciones, seguro de vencer aquella pequeña fortaleza. Un día, sin embargo, la chica le habló con toda claridad y le dijo que eran inútiles sus avances, ya que ella estaba de tiempo atrás prometida a Simón «Zelotes».

–Lo que vino a enfriar la amistad de los dos jóvenes –repuse.

–Y a encender la rivalidad entre ellos. Natanael tomó el asunto no sólo por cariño, sino por amor propio, y fue directamente a entenderse con los padres de la chica. Mas, contra todo lo que esperaba de este procedimiento, recibió una cortés pero firme negativa. Los dos jóvenes estaban prometidos desde su tierna edad, y el matrimonio debería efectuarse tan pronto como Simón tuviera dinero suficiente para las bodas.

–¿Y qué hizo Natanael?

–Se fue por el camino más corto. Había prestado a su ex amigo Simón una buena cantidad de dinero para trabajar y mejorar su propia viña, y fue, desde luego, a cobrárselo.

–¿Simón no se lo pudo pagar?

–Todo lo contrario: se lo pagó en el acto, pues en esos días le había nombrado José de Arimatea administrador de los viñedos de sus sobrinas, y tenía dinero en abundancia. Este desengaño fue aún más fuerte que los anteriores. Simón trató, sin embargo, de contentar a su antiguo amigo y le contó el origen de sus amores con Salomé.

–Me interesa mucho esta historia –dije, tomando algunas notas.

–Siendo parientes las familias de Simón y Salomé –prosiguió Legendario–, solían visitarse con frecuencia. Una tarde, hace ya varios años, siendo Simón de catorce y Salomé de ocho, estaba ésta de visita en la casa de aquél, y llegó Simón llorando y con toda la cara hinchada, llena de picaduras de avispas.

–Alguna diablura de muchachos –dije.

–En efecto; Simón y otros compañeros de su misma edad habían echado abajo a pedradas un panal. Los otros chicos corrieron; pero Simón, echándoselas de valiente, quiso apoderarse del panal, con tan mala suerte, que lo que sacó fue...

–La cara llena de picaduras.

–Tenía los ojos deformes, la nariz como una zanahoria, las orejas como dos tomates. Al verlo llegar, Salomé se puso a llorar, mientras la madre de Simón le ponía unos defensivos de vinagre caliente; pero la inflamación no cedía y el muchacho, aunque tratando de hacerse el fuerte, no podía menos de quejarse. Su cara estaba monstruosa, y Salomé seguía llorando inconsolable, pues quería mucho a su pariente. Naturalmente, corrió la noticia por el pueblo, y varias comadres fueron a ver lo que pasaba. Una de aquellas mujeres, que quería mucho a Salomé, al verla llorar, le dijo: «No llores, hija mía; ven conmigo y verás que en un dos por tres sana Simón».

–¿Habría algún curandero en la población? –pregunté.

–No la llevó a ningún curandero, sino a la casa de María, la esposa de José el carpintero, que está casi a la salida del pueblo. María era, o más bien es, una mujer excepcional, el consuelo de todos los afligidos del pueblo, la madre de los pobres; en fin, un primor.

–¿Y ella conocía, sin duda, algunas hierbas para curar? –pregunté.

–No te adelantes –respondió Legendario, sonriendo–; no era curandera, sino la Madre de un joven igualmente excepcional,. llamado Jesús de Nazaret.

¿Y éste entendía de Medicina? –insistí.

–Te he dicho que no te me adelantes; no era médico, sino un joven singular. María los recibió con su bondad acostumbrada, y al oír el caso de boca de la buena mujer, le dijo: «No te aflijas, hijita mía, Salomé; voy a decirle a mi hijo que venga con nosotros, y Él, sin duda, te remediará». Salieron, y María se encaminó a la carpintería de su esposo, que estaba algún tanto más abajo.

«Esto es muy interesante», pensé, sin querer interrumpir a Legendario.

–Era José, pues murió hace algunos meses, un viejecito sumamente simpático y benévolo, que vivía de su trabajo como carpintero. Tenía en su taller a tres mocetones, bastante flojos y petulantes, hijos de un hermano suyo, a quienes había recogido desde chicos por causa de la muerte de su padre. Pasaban, pues, por hijos suyos y por hermanos de Jesús, el hijo de María, su esposa. Cuando ésta llegó, acompañada de Salomé, fuese directamente a Jesús, quien trabajaba en construir un yugo para un arado en el rincón más retirado de la carpintería. «Hijo mío –dijo María–, te traigo a Salomé, que está muy afligida». «¿Qué tienes, Salomé?», preguntó Jesús. «Simón está con toda la cara hinchada –respondió la niña, llorando– y no puede ni ver por las picaduras que le hicieron unas avispas ¿Vienes a verlo?» Jesús dejó su trabajo y siguió a la niña a la casa del muchacho, a quien encontró quejándose, con la cara más hinchada que antes, y tuvo compasión de él...[5] «Hijo mío, has hecho mal en atacar a esos pobrecitos animales, que se han defendido contra los ladronzuelos con el aguijón que Dios les dio para su defensa. ¿Me prometes ser bueno en adelante y no

---

[5] Desgraciadamente, el antiquísimo manuscrito está roído en ese lugar por los ratones y no se puede seguir el contexto. *(Nota del traductor).*

desobedecer a tu madre, que te había prohibido que hicieras eso?» Simón le prometió ser bueno y obediente. Entonces Jesús terminó diciéndole: «Espero que este castigo lo recordarás toda tu vida». Y volviéndose a Salomé, dijo: «Un día vendrá en que tú y él seréis grandes y os casaréis y yo te prometo asistir a tus bodas..» Y ésta era la razón más poderosa que movía a Salomé a casarse con Simón, dejando a Natanael, aunque éste fuera mejor partido.

–¿Y qué dijo Natanael? –pregunté.

–No le convenció la historia, y se propuso seguir asediando a Salomé, pero sin resultado. Ahora he sabido que Simón se casa y mucho me temo que pase algún incidente desgraciado en esas bodas –terminó Legendario.

Por supuesto que al oír aquello, tomé gran interés en asistir a ese casamiento, que era, por otra parte, el primero que iba yo a ver en la tierra de mis padres.

–¿Oíste el cuento? –pregunté a José.

–Lo sabía ya de antaño –respondió el de Arimatea.

–Y ¿quién es ese Jesús? –añadí.

–No le conozco –dijo–; pero Samuel te lo podrá decir, pues entiendo que la familia de María de Nazaret es algo parienta suya.

–Y ¿cuándo serán esas bodas?

–No lo sé a punto fijo; pero, como yo debo apadrinar a Simón, oportunamente te lo avisaré.

–Y me uniré a tu comitiva –añadí–; yo no pierdo esas nupcias por nada del mundo.

–Con gusto te llevaré conmigo –respondió José–. También irán Berenice y Verónica. Ésta tiene que volver a Cesarea de Filipo a ver a un médico que nos dicen ha llegado del Oeste y tiene fama de ser notabilísimo.

* * *

Y así terminó mi visita a José de Arimatea, de quien tenía yo formada excelente opinión. Era un hombre muy caritativo, de un carácter benigno. Podía decirse de él que es manso y de corazón humilde. Como otro Tobías, tiene especial devoción por enterrar a los muertos. No hay en Arimatea ninguno que fallezca, que este buen israelita no ayude en su sepultura y entierro. He sabido que en las afueras de Jerusalén tiene, como otro Abrahán, un pedazo de tierra, más bien diré de roca, donde va a cavar un sepulcro para sí y otro para los de su familia.

14
HERODES

–¿Sabes la noticia que me trajo Chuza? –me preguntó Samuel.
–No tengo la menor idea, ni sé quién es Chuza –respondí.

—Pues Chuza es el marido de Juana, la tía de Salomé.
—¿La novia de Simón?
—Precisamente. Este Chuza es de los herodianos, y ocupa en la casa del tetrarca el puesto de mayordomo en su palacio de Tiberíades. Es nativo de Cafarnaún, donde reside de ordinario con su esposa, Juana, y su hijo Rubén.
—¿Y qué noticias ha traído?
—Que están para romper relaciones Herodes y Pilato. Éste mandó poner presos a varios galileos, y Herodes protestó diciendo que estaban bajo su jurisdicción. Pilato respondió que mientras estuvieran los culpables en territorio de Judea o Samaría, él era quien debía juzgarlos y sentenciarlos, fueran galileos, sirios, fenicios o lo que fueran.
—Y me parece que Pilato tiene razón –repuse.
—Hasta cierto punto, pues la costumbre ha sido, en cuestiones religiosas o religiosopolíticas, que el tribunal legítimo para todo israelita sea el Sanedrín local, o el de Jerusalén, en caso de apelación. Y otro tanto ha pasado hasta ahora en cuestiones del orden civil y criminal con los galileos, pues dondequiera que se encuentren, en Palestina son considerados como súbditos de Herodes.
—Y ¿qué ha resultado finalmente?
—Que ni uno ni otro quieren cejar, y como la mayor fuerza está del lado del procurador romano, Herodes tendrá que dejar el asunto como está; pero quiere romper sus relaciones con Pilato. Creo que dentro de poco saldrá el tetrarca y toda su corte para el castillo de Maqueronte, en la Perea, del otro lado del mar Muerto.
—Por lo que conozco a Pilato –dije–, no me cabe duda que Herodes lleva las de perder.
—Y ni te he preguntado: ¿qué impresión te hizo el procurador? –dijo Samuel.
—Ya lo conocía anteriormente, y para reducir mi juicio a pocas palabras, te diré que es el prototipo del ibero, con todas sus cualidades y sus defectos. Físicamente, Pilato es alto y vigoroso; su cabeza es redonda, su frente abultada, de cabellos negros, apretados y cortos. De ojos metálicos, menudos e inquietos. Labios carnales y rasurados como lo restante de su cara; nariz gruesa y barba cuadrada. Piernas y brazos robustos, adornados éstos con brazalete y pulseras de oro, y ceñidas aquéllas con las correas del elegante coturno. Las manos son muelles, luciendo en la izquierda el ancho anillo de caballero. Es de carácter terco y testarudo mientras no vislumbra el peligro; no el físico, al que no teme, sino el moral, porque entonces flaquea. De entendimiento claro, de memoria feliz y muy dado a la filosofía. Ha escalado el poder por medio de las influencias de su esposa, Claudia, y nada teme tanto como caer en desgracia del emperador, a cuyo círculo de amigos pertenece: «Amici Caesaris».
—¿Y Claudia?

I. EL QUE HA DE VENIR-14. HERODES

–Claudia Procla, que no debe pasar de los veinticinco abriles, está en la plenitud de su femenil hermosura. Las facciones de su rostro son más bien del tipo griego que del romano. Su cabello, largo, sedoso y perfectamente bien cuidado, es de color castaño. Sus ojos soñadores y su rostro muestran la bondad de su alma, pues Claudia, dentro de su educación pagana, es modesta e inclinada a la virtud. Es sumamente afecta a la interpretación de los sueños, ya que sueña con frecuencia cosas extraordinarias. Ella misma me lo contó durante la travesía, una vez que recayó sobre este tópico la conversación. Y cuando le narré la historia de los sueños de Faraón, y cómo José los había interpretado, no sólo estuvo atentísima, sino que hizo propósito de instruirse en la historia del pueblo hebreo para informarse cómo interpretan los sueños.

En aquel punto llegó mi amigo Leví, el publicano, acompañado de un individuo vestido de modo tan distinto del ordinario, que no pudo menos de llamar mi atención; era Chuza, el mayordomo de Herodes. Iba vestido al estilo de la corte del tetrarca, quien, como hijo de Herodes el Grande, había conservado el estilo de aquél, idumeo más bien que judío, griego o romano, aunque había tomado de los tres buena parte de sus usos, mas poco de su indumentaria.

–¿Cómo va el asunto? –le preguntó Samuel, después de hechas las presentaciones.

–Creo que no habrá más remedio que salga la corte de Judea, como te dije ayer –contestó Chuza–. Pilato no cede, y Herodes tampoco, azuzado por Herodías. Ésta ha escrito a Roma acusando al procurador, y tiene esperanzas de ser oída; pero hay que dar tiempo para que venga la respuesta; y para manifestar que no teme a Pilato, le ha persuadido de que esta noche dé una gran recepción en el antiguo palacio de los Asmoneos.

–¿Y ¿por qué no el de Herodes? –preguntó Samuel.

–Porque quiere el tetrarca dar a entender al pueblo que él es el legítimo rey, y que solamente reconoce por fuerza el poder de Roma. Ese palacio fue el de los Macabeos...

–Pues tan Asmoneo es Pilato como Herodes –respondió Samuel, indignado–. Ambos son usurpadores.

–No lo digas muy alto –respondió Chuza, bajando la voz–, que Herodes pudiera...

–Yo no soy galileo –respondió el anciano–; soy israelita de la tribu de Leví, nacido en Hebrón, y nada tengo que ver con ese adúltero. ¿No se reconoce en mi habla que no soy galileo? Yo digo *hamar* (vino),. y no *hámor* (asno), como pronunciáis vosotros...

–Cálmate, Samuel, cálmate, que no porque Herodes Antipas nos haya caído en suerte a los galileos dejamos de ser verdaderos israelitas que esperamos la salvación de nuestro pueblo tanto como vosotros los que estáis directamente sometidos a Roma.

–Tienes razón, Chuza –dijo el anciano–, dispénsame; pero cuando se trata de los conculcadores de la libertad de Israel, sean romanos o idumeos, siento que me hierve la sangre. ¿En qué puedo servirte?
–Venía a invitarte –replicó turbado Chuza.
–Mil gracias por tu invitación. Ya tuve la debilidad de haber acompañado a Rafael a la casa de Anás, y no quiero añadir otro borrón en mi conducta... Pero mi amigo, que ha venido desde el Lejano Occidente a estudiar nuestras costumbres, sin duda que aceptará tu invitación.
–La verdad –dije–, ya que se me presenta esta oportunidad de ver a Herodes rodeado de su corte, no creo que deba desperdiciarla. Voy como reportero y no como afiliado a ninguna de las sectas o partidos políticos de Jerusalén.

* * *

Para no mortificar más a mi honrado huésped, Samuel, salí de su casa y me dirigí con Leví a la que éste habita en Jerusalén. Allí me encontré con un personaje curioso, con el que estuve conversando hasta que llegó la hora de ir al palacio de los Asmoneos. Era un judío viejo, que al hablar gesticulaba con las manos, la cabeza y todo el cuerpo. Era también publicano o alcabalero, sólo que recaudaba los impuestos para Roma, mientras Leví hacía otro tanto en beneficio de Herodes. Su ciudad natal, donde ejercía su desacreditado oficio, era la bellísima población de Jericó, famosa por sus esbeltas palmeras y sus rosas pequeñas y perfumadas. Su nombre era Zaqueo. Tenía una conversación amenísima, pues era muy instruido, y su lenguaje en extremo florido, como su patria. Por lo que pude deducir, hacía su negocio en gran escala, ya que era el alcabalero mayor de Jericó; como si dijéramos el banquero más rico, que tenía a sueldo a los otros publicanos de su ciudad y distrito. A pesar de lo pequeño de su estatura, era de carácter enérgico y decidido y sumamente formal. Hombre esclavo de su palabra, lo que prometía lo cumplía con toda exactitud. Era el tipo –si cabe la paradoja– de un prestamista honrado. Me habló largamente de su negocio, presuponiendo, y tenía razón, que como yo venía de la Dispesión, donde se adora en toda su plenitud al Becerro de Oro, no me había de escandalizar por lo que me contara. Tenía especial deseo de ir a las Galias, de las que me preguntó muchos pormenores. Sólo esperaba juntar una determinada cantidad de «talentos de oro», decía, para ir a pasar sus últimos días a aquella tierra de sus ilusiones. El talento, más que una moneda corriente, es un lingote o barra equivalente a tres mil siclos, y que corresponde al peso de 48 kilogramos, sean de plata o de oro. Zaqueo me contó que él había empezado su negocio con sólo medio talento de plata –esto es, unos quinientos dólares–, y que en la actualidad tenía en el sótano de su casa, en Jericó, más de cien talentos de plata –como cien mil dólares– y cinco de oro; pero que, temiendo la fluctuación de la moneda, pensaba convertir los de plata en oro. Yo le aseguré que si iba a la Galia llevara oro y sería bien recibido. Me contó que había venido a Jerusalén con motivo de la llegada de Poncio Pilato, a quien tenía que rendir cuentas. Por esta causa, no queriendo indisponerse con el procurador romano, declinó la invitación que le hizo Chuza para asistir a la fiesta dada por Herodes. Leví, en cambio, como súbdito de éste, no tuvo reparo en ir. Al caer la tarde, salimos los dos juntos, rumbo al antiguo palacio de los Asmoneos.

Este palacio, como todos los orientales, consiste principalmente en un gran patio interior de forma rectangular, con tres peristilos de columnas de forma egipcia, adornadas éstas con guirnaldas de flores, y, pendientes de los arcos y del techo, una infinidad de lámparas alimentadas con aceite oloroso. En el fondo estaba el magnífico trono de oro y marfil, en el que asentaban Herodes y su amante Herodías. Por todas partes se veían grupos de invitados luciendo riquísimos trajes. Los herodianos eran, sin duda, los más vistosos, tanto por lo abigarrado de sus tejidos como por lo rico de las joyas que lucían en sus orejas, cuellos, brazos, piernas y pies, y en las túnicas mismas, cuajadas de pedrería. Aquello era una corte bárbaramente oriental, donde se estimaba más el número de adornos que el buen gusto. La parsimonia elegante estaba excluida, imperando solamente la riqueza fastuosa. Una sola excepción se notaba en esta concurrencia: Herodías, sentada en el trono junto a su deforme esposo, vestía una tan rica como sencilla túnica de color violeta, ceñido el alto talle por un cinto de brillantes esmeraldas. Sus bien torneados y rosados brazos estaban adornados con pulseras que se enroscaban en forma de serpientes. Su cabello entrecano, de un gris de acero soberbio, estaba peinado al estilo de las matronas griegas. De su cuello pendía un collar de perlas y de sus orejas dos grandes arracadas de exquisito gusto. En su mano izquierda lucía un diamante de berilo de gran tamaño.

Herodes, por el contrario, con su corta túnica de material riquísimo cuajada de piedras preciosas ostentaba al público un par de rollizas y aguadas pantorrillas, que remataban en dos colosales rodillas por la parte superior, y en dos enormes pies, calzados con riquísimas sandalias. Sus cabellos de una lana sudada y descolorida, estaban entretejidos con sartas de perlas. Su barba era rala y desigual, aunque bien cuidada, Sus brazos, regordetes y fláccidos, como su voluminoso vientre, estaban cubiertos con brazaletes, y sus chaparros y rechonchos dedos, atestados de anillos.

Delante del trono había una plataforma baja, donde empezaron los bailes al son de numerosas arpas. Aquéllos se entremezclaban con números que se pudieran llamar de prestidigitación, a la que el tetrarca era muy aficionado. Se presentaron primero sacerdotes egipcios, con serpientes domesticadas, que hacían aparecer y desaparecer a voluntad, multiplicándolas en número extraordinario. Vino después un tal Simón Mago, que dejó asombrados al rey y a la corte con sus escamoteos, atreviéndose a sacar chorros de monedas de las narices del tetrarca, que reía descompasadamente y quería apoderarse de ellas. Al fin, presentaron un baile verdaderamente *sicalíptico* de faunos y ninfas.

La cosa iba ya tan mal, que el bueno de Chuza se nos eclipsó apenado, sin duda, por habernos convidado a aquella fiesta. Leví, con todo y ser publicano de cepa, estaba abochornado, y me tiraba de la toca para que nos fuéramos. Yo, sin embargo, quise seguir observando.

Desde nuestra llegada descubrí a un herodiano ricamente vestido, cuyo rostro me era conocido. Andaba de grupo en grupo hablando y gesticulando, y parecía querer excitar a sus compañeros a llevar a cabo lo que les aconsejaba. Me acerqué a uno de estos grupos, y pude oír al tipo aquel que decía:

–Basta ya de bailes y sandeces; nosotros hemos venido a protestar contra ese infame Pilato, que así conculca los derechos del tetrarca. Debíamos salir de aquí todos, en lugar de seguir danzando, rodear la torre Antonia, donde vive el procurador, y exigir que ponga en libertad a los presos.

–Sin duda que tú tienes algún pariente entre ellos –le dijo, babeando, un herodiano medio borracho.

–No tengo ninguno –respondió, indignado, el aludido–; yo no soy galileo como ellos y tú. Sin duda, Bar-Abas, el jefe de la sedición, debe ser tu padre, pues te pareces mucho a él.

–Pues si no eres galileo –replicó el borracho–, ¿qué andas haciendo entre nosotros? ¿De dónde eres tú?

Se puso pálido el aludido; pero el borracho, que era un hombrachón muy fornido, le agarró por el cuello de la túnica y le dijo:

–O dices de dónde eres y a lo que has venido a hacer aquí, o te parto la nuca.

–Quita de aquí, borracho –respondió el desconocido, tratando de soltarse de las manos de su agresor.

–O dices de dónde eres y cómo te llamas, o aquí acaba tu triste vida –prosiguió el ebrio, forcejeando. Afortunadamente para el agredido, en uno de los tirones, el borracho rasgó la vestidura de su contrario, y se quedó con el pedazo en la mano, riendo a carcajadas y mostrando al auditorio los expolios de su lucha. Esto sirvió para que el desconocido se escabullera entre la multitud. Yo le vi desaparecer hacia la puerta. Sin duda huía. ¿Sería algún espía?

Esto había pasado en uno de los ángulos del peristilo, mientras en la plataforma seguían los bailes cada vez más impúdicos, según se iba subiendo el vino a las cabezas de los invitados.

–Vámonos –me dijo decididamente Leví–, mira ese cuadro –y señalaba el baile que entonces se desarrollaba ante el tetrarca–, mira ese cuadro y dime: ¿No merecen éstos que les llueva fuego del cielo, como a las ciudades malditas?

Me pareció que mi compañero tenía razón de sobra, y salimos. En un baile de negros no hubiéramos presenciado cuadros como los que allí se exhibían.

Al llegar a casa, me di una palmada en la frente; ya sabía yo quién era aquel individuo disfrazado de herodiano. Era el criado de Pilato, y se llamaba Judas.

15
HERODÍAS

La casa de Samuel, donde yo vivo, está situada en la ciudad alta, no lejos de la casa de Anás. Allí fue a visitarme Zaqueo para hacerme una invitación completamente de mi agrado; me propuso ir a la tienda de Biblos, pues había sabido que el conocido librero acababa de recibir un buen número de «volúmenes» en griego y latín. No me hice repetir la propuesta, y a los pocos minutos estábamos en la tienda revolviendo papiros y pergaminos. Desde luego me fijé en un escrito de Estrabón, el geógrafo, que trataba de Palestina. ¡Lo que yo había deseado! Un mapa de esa región, con la descripción minuciosa de las principales poblaciones, montes, lagos y ríos de este territorio. No dudé un momento, pagué en siclos de plata la fuerte suma que me pidió el librero, y, contentísimo con mis cinco «volúmenes», marché, dejando a Zaqueo en la librería, regateando el precio de otro, igualmente de Estrabón, sobre las Galias. Tan pronto como llegué a casa, puse mi mapa sobre una mesa, y llamé a Samuel.

–Soy feliz –le dije, enseñándole mi adquisición–; pero necesito un guía que me explique esto.

Sonrió el buen viejo, y me dijo:

–Haré lo que pueda; pero no esperes que mi explicación sea completa.

–Ante todo –proseguí–, yo necesito saber dónde manda Herodes y dónde Pilato.

–¿Ves esta línea curva –dijo, señalando el mapa– que, empezando al Oeste, sube hacia el Norte y es interrumpida por un piquito un poco más arriba del centro?

–La veo y conjeturo que representa la costa de Palestina sobre el Mediterráneo.

–Exactamente. Ese piquito es la punta llamada del Carmelo, junto a la cual, en esta raya, queda Haiffa. Subiendo la costa, más arriba, están las antiquísimas ciudades fenicias de Tiro y Sidón. Éstas ya no pertenecen a Palestina propiamente, sino a la Legación romana de Siria. ¿Ves esa línea sinuosa que está hacia el Oriente y baja de Norte a Sur formando tres lagos?

–Supongo que será el Jordán –respondí.

–Es, en efecto, el Jordán, esto es, «el que desciende», pues baja constantemente desde sus fuentes, que brotan en las faldas del Líbano o monte Blanco. Nace un poco más arriba de la ciudad de Paneas, que ahora llaman Cesarea de Filipo, a una altura de más de mil metros sobre el nivel del Mediterráneo. Desde allí desciende hasta el mar Muerto, que está casi a cuatrocientos metros por debajo del nivel de ese mismo mar.

–¿Qué longitud tiene este río? –pregunté.

–Directamente, en línea recta, desde sus fuentes hasta su desembocadura en el mar Muerto –respondió Samuel–, no llega a ciento setenta kilómetros; pero como serpentea mucho, su verdadera longitud es tres veces mayor por lo menos. En su camino forma tres lagos: el Merón, que apenas llega a seis kilómetros en su mayor longitud; el de Genesaret o mar de Tiberíades...

–Ya lo conozco –interrumpí–, tiene veinticuatro kilómetros de largo por nueve en su mayor anchura.

–Exacto –contestó Samuel, sonriendo–. Finalmente, desemboca en el mar de Alfalto o mar Muerto. Este río, que corre entre dos cordilleras de montañas, forma el límite oriental de Palestina propiamente dicha, o la de este lado del Jordán. Ahora, siguiendo el mapa, bajemos por la costa de la Galilea baja, la cual se extiende, por este lado, hasta el promontorio del Carmelo, donde empieza Samaría inferior, cuyo principal puerto es Cesarea del Mar.

–¿Donde reside Pilato? –pregunté.

–Sí, es la sede legal del procurador romano de Judea. Pocos kilómetros antes de llegar a Joppe –continuó– empieza Judea, cuyo límite meridional es el puerto de Ascalón, por el lado del mar; pero baja mucho más al Sur, tierra adentro hasta la Idumea, quedando limitada al Oriente por el mar Muerto y por el Jordán hasta Archelais, en que empieza Samaría. Ésta llega, a su vez, hasta Seytópolis, después de la cual sigue Galilea superior, que termina en los montes de Neftalí.

–Tenemos, pues –dije–, del lado de la costa mediterránea, Judea, desde Ascalón a Joppe; Samaría hasta el Carmelo y Galilea hasta cerca de Tiro.

–Perfectamente –continuó Samuel–. Del otro lado del Jordán hay dos provincias más, que son Perea, que baja por el Sur hasta Maqueronte, a orillas del mar Muerto, y sube por el Norte, un poco más allá de Pella. Iturea sube por el lado este del Jordán hasta Cesarea de Filipo, que es la sede del tetrarca de este nombre.

–¿Y Herodes? –pregunté.

–Herodes es también tetrarca, y tiene bajo su dominio, de este lado del Jordán, Galilea, cuya capital es Tiberíades, y del otro lado Perea, con Maqueronte por principal fortaleza.

–De modo que, si he comprendido bien, Herodes manda como tetrarca en Galilea y Perea, aquélla de éste y ésta del otro lado del Jordán; mientras que su hermano Filipo solamente manda en Iturea, del otro lado del río.

—Así es; queda, pues, el procurador de Judea —concluyó Samuel— bajo el dominio directo de los romanos representados por Pilato, que controla Judea propiamente dicha y Samaría, en cuyo puerto de Cesarea del Mar tiene su sede principal.

—¿Y el Sanedrín —pregunté— tiene jurisdicción especial?

—Antes la tenía, y grandísima, en toda Palestina —respondió, suspirando, Samuel—; pero ahora tiene tanto poder cuanto le place a Roma concederle. El día que quiera quitarle la autoridad, lo hará.

Y ¿qué enredos se trae el tal Antipas con Herodías? —pregunté, deseando cambiar la conversación que tanto afectaba al buen israelita.

—Ése es otro usurpador protegido por Roma y un infame villano. Toda la sangre plebeya de su padre Herodes descendió a las venas de su hijo Antipas. Herodes *el Grande* casó por lo menos con cuatro mujeres: Mariamme, hija de Juan Hyrcano; de esta mujer, a quien mató, tuvo a Aristóbulo, el padre de Herodías. Volvió a casar Herodes con la hija de Simón, sumo sacerdote, la cual se llamaba también Mariamme, que fue la segunda de este nombre, y de ella tuvo a Felipe Herodes I, el cual casó con Herodías, y de ella tuvo a la famosa bailarina Salomé...

—¿De modo que Herodías, hija de Aristóbulo, era sobrina de Felipe Herodes?

—Precisamente. Se casó de nuevo Herodes *el Grande* con una samaritana por nombre Malthace, y de ella nació Herodes Antipas, el cual era medio hermano de Felipe Herodes I, marido de Herodías, sobrina de los dos. Herodes Antipas —continuó Samuel— recibió por concesión de Roma el tetrarcado de Galilea y Perea, y, para afirmarse más en su puesto, se casó con la hija de Aretas, rey de los nabateos, cuyo territorio queda al Sur de Perea.

—De este modo tenía defendido su tetrarcado contra las incursiones de los árabes —hice notar, mirando el mapa.

—Ésa fue la idea primitiva; pero sus pasiones vinieron a destruir este apoyo. Con el objeto de arreglar sus asuntos con Tiberio, marchó Antipas a Roma, donde fue cariñosamente recibido por su hermano Felipe Herodes I, casado hacía tiempo con Herodías, de la cual ya tenía a Salomé.

—¿Y este Felipe Herodes —pregunté es tetrarca de Iturea?

—Favor de no enredar el cuento —dijo Samuel—; el tetrarca Felipe Herodes es el segundo de este nombre, y fue hijo de Herodes *el Grande* y Cleopatra de Jerusalén; éste no casó con Herodías, sino con la hija de ésta, Salomé.

—¿De suerte que hay dos Felipes Herodes? —pregunté, sonriendo.

—Hay dos, uno el tetrarca de Iturea, casado con Salomé, y el otro el que vivía en Roma, y el cual no fue tetrarca ni cosa parecida, sino un simple ciudadano.

–Y Herodías, al conocer a Herodes Antipas, dejó al pobre Felipe Herodes por seguir al tetrarca, ¿no es así?

–El cual, a su vez, se enamoró perdidamente de su cuñada, tanto que mandó a su primera mujer, la hija de Aretas, a visitar a su padre por una temporadita. Lo que le valdrá, sin duda, a Antipas, más tarde o más temprano, una guerra con su desairado suegro –añadió Samuel.

–¿O sea, que este Antipas es un adúltero? –pregunté.

–Por dos lados, lo mismo que ella. Y lo peor es que el caso es público y notorio.

–Pero ¿no está allí la ley? –pregunté yo, indignado.

–La ley manda apedrear a los adúlteros; pero ¿quién va a arrojar la primera piedra? ¿Quién va siquiera a reconvenir al tetrarca? –concluyó Samuel–. Ya no hay en Israel profetas como Natán, que echen en cara a los reyes sus abominaciones.

* * *

Leví nos trajo la noticia de que Herodes y su corte marchaban decididamente a Maqueronte, en Perea. Bajarían a Jericó, y por Bethabara atravesarían el Jordán para seguir después por la ribera oriental del mar Muerto.

–Zaqueo nos invita a hospedarnos en su casa de Jericó –me dijo Leví–. Desde allí podremos, si nos place, presenciar el desfile de la corte –añadió.

–Conmigo no cuenten –respondió Samuel–; pero Rafael no debe perder la ocasión de volver a ver a ese «zorro» y a su amante.

Salimos, pues, aquel mismo día, y llegamos a muy buena hora a Jericó.

Al día siguiente bajamos Leví y yo a ver de nuevo al Bautista. Ese hombre me fascinaba, y no me cansaba de verle ni de oírle, a pesar de que siempre repetía lo mismo. Como he dicho, ya no bautizaba del lado de Judea, sino del otro lado del río, en territorio de Perea, bajo la jurisdicción de Herodes. El pueblecito se llama Betania, y el vado por el cual se atraviesa el Jordán en esa parte le dicen Bethabara. Llegamos Leví y yo en el momento que, habiendo acabado de bautizar, Juan hablaba familiarmente con sus discípulos.

El río es bastante angosto en este lugar; apenas si llega a veinte metros de ancho, de suerte que se ven perfectamente las personas que van por el lado opuesto. Los discípulos de Juan hacían a éste diversas preguntas a las que gustoso respondía el Bautista con su precisión y claridad acostumbradas. De pronto, se detuvo en sus pláticas, y su vista se dirigió del otro lado del río. Volví los ojos hacia aquel lugar, y vi de nuevo la figura blanca que ya me había llamado la atención otras veces. Al verla Juan marchar paralelamente al río, camino de Jericó, dijo a los que le rodeábamos, señalándonos al hombre del blanco albornoz:

–*He aquí el Cordero de Dios, he aquí al que quita el pecado del mundo. Este es aquel de quien dije: Después de mí viene un varón que fue formado antes que yo, porque existía primero que yo. Y yo no le conocía; pero yo vine bautizando con agua para que Él fuese manifestado a Israel.* Yo he visto –continuó lleno de fervor humilde–, *yo he visto al Espíritu que, a manera de paloma, descendía del cielo y reposó sobre Él. Y yo no le conocía; pero el que me envió a bautizar con agua me dijo: Sobre quien vieres descender al Espíritu Santo y reposar sobre Él, Él es quien bautiza con Espíritu Santo* –y con la voz vibrando por la emoción, terminó con energía increíble–: *Y yo le vi, y doy testimonio de que Éste es el Hijo de Dios.*

En vano buscamos al que nos había señalado el Bautista; había ya desaparecido. Pero las palabras de Juan penetraron de tal modo en mi cerebro, movieron de tal suerte mi corazón, que me propuse ir en busca del hombre del blanco albornoz, ya que el Bautista, con ser tan grande a mis ojos, se consideraba indigno de atarle la correa del calzado. Por otra parte, sus últimas palabras me habían dejado perplejo: *«Y yo doy testimonio de que Éste es el Hijo de Dios».* «¿Qué podrían significar esas palabras en boca de un hombre como el Bautista? ¿Hijo de Dios? ¿Hijo de Dios? –me repetía–. ¿Qué significará?» Meditaba yo eso cuando me distrajo un ruido inusitado. Por el camino que baja de Jericó se veían soldados montados en corceles de color uniforme.

–Son, sin duda, los herodianos –me dijo Leví–; es fácil que vengan de avanzada abriendo camino a la corte de Herodes. ¿Quieres que vayamos al otro lado del río para contemplar mejor la comitiva?

Yo tuve un presentimiento, y le respondí:

–No, Leví, por ninguna cosa del mundo me alejo en estos momentos del Bautista; quiero saber si aún, hay profetas en Israel–. Y diciendo esto, nos acercamos más a donde estaba aquel hombre singular.

Las primeras avanzadas de la caballería empezaron a cruzar el vado, chapoteando y revolviendo las transparentes aguas. Juan, al notar eso, quiso increparlos; pero se contuvo.

Se había colocado el Bautista en un lugar perfectamente visible, sobre una gran roca, en el camino que debía seguir la comitiva hacia Maqueronte. Conforme iban pasando los herodianos, todos se fijaban en aquella figura extraña que parecía una estatua sobre su pedestal; y a la chacota y algazara que traían, seguía un silencio respetuoso y humilde ante la muda figura del Bautista.

Al fin apareció junto a la orilla del río un magnífico camello blanco, cuyo giboso lomo sostenía una pequeña tienda colgada con telas riquísimas, tras de la cual se ocultaban dos mujeres. Iban éstas con los rostros velados, mostrando solamente sus ojos, que brillaban como los de los felinos. Tras de éste venía otro dromedario, en el que lucía sus fláccidos miembros relucientes de joyas y grasas Herodes Antipas. Juan los miraba con una mirada tan superior, que ni siquiera podría calificarse de despectiva. Los ojos de las mujeres demostraban curiosidad y lascivia, y los de Herodes, estupor miedoso, al contemplar a aquel gigante que en silencio parecía retarlos. Dejó el Bautista que atravesaran el río, y cuando Herodes y su amante se encontraron ya en el territorio de Perea, es decir, en su propio tetrarcado, Juan se encaró con Antipas, y le dijo:

–Las pezuñas de tus caballos han revuelto las puras aguas del río que purifican los cuerpos y los preparan, por la penitencia, a recibir al que ha de venir en pos de mí. Y ahora vienes tú a infestar con tu presencia este lugar santificado por aquel sobre el cual he visto descender el Espíritu. ¿Quién es esa mujer, ¡oh Herodes!, que paseas con tantos honores frente a las doce tribus de Israel? Responde si te atreves. Ésa –y señalaba a la del primer camello–, ésa es la mujer de tu hermano; adúltero tú y adúltera ella, y dos veces adúlteros cada uno. Óyelo bien, Herodes Antipas: *«No te es lícito vivir con la mujer de tu hermano»*.

Yo sudaba frío, y supongo que a todos los de la comitiva pasaría otro tanto. Esperábamos que Herodes, ya en su propio territorio, señor de vidas y haciendas, hiciera prender y ajusticiar allí mismo al Bautista, que le miraba con desprecio desde su roca.

No pasó esto, sin embargo. La comitiva siguió su paso por la pedregosa vereda. Herodes se escondió tras de las cortinas de su tienda, y mandó aguijonear a su bestia. Las mujeres del primer camello no se habían escondido, antes una de ellas, la de mayor edad, había descorrido las cortinillas para poder ser vista y oída. Al llegar cerca del lugar donde estaba el Bautista, sacó la cabeza, se quitó el velo y exclamó:

–Juan Bautista, conoce a la esposa del tetrarca Herodes y acuérdate de sus facciones; pronto nos volveremos a ver.

16
BETANIA

Entre las diversas ramas de mi comercio, se cuenta la de perfumes. Un día que había recibido de Alejandría un gran cargamento de telas finísimas y variadas esencias, junto con un cofrecito lleno de las gemas más exquisitas, enseñándoselas a Samuel, me dijo:

–Al fin creo que voy a caer en la tentación.

Pensando yo que quería comprar alguna de las joyas que le mostraba, repuse:

–Mi querido Samuel, si te enseño estas alhajas, no es para vendértelas, que tendré muchísimo gusto en obsequiarte lo que quieras. Entre mis vicios no está la avaricia. Escoge la que gustes, y será tuya, no importa el valor que tenga.

—Yo ya soy viejo –respondió sonriendo–, y aunque siempre he sido muy afecto a las telas finas, las alhajas y los perfumes, no es ésta la tentación a que me refiero. Me encantan tus joyas, tus telas y tus perfumes, aunque nada quiero para mí.
—Pues para quien tú quieras escoge lo que te parezca.
—Te repito que no es ésa la tentación a que estoy cediendo.
—Acaba de consentir –dije riendo– y dímela, que me has picado la curiosidad.
—La tentación en que ya he consentido, pues te reconozco como hombre morigerado, es que deseo presentarte a unos parientes míos, a quienes quiero mucho...
—No veo en qué esté la tentación –repuse, asombrado de aquella salida.
—Cuando te explique qué clase de parientes son éstos, verás que tengo razón. No quiero que por mi culpa te vayas a enredar en las redes amorosas de una sobrinita mía, que, aunque bellísima y de lo más simpática y atractiva, es un diablillo de lo más peligroso. Es amante de los trapos, como toda mujer; le encantan las joyas, pero tiene especial predilección por los perfumes; por eso pensé en ella.
Aunque la época de mis calaveradas había pasado, siempre he sido un *Don Juan,* en cuestión de enaguas. Las palabras de mi amigo, lejos de intimidarme, me enardecieron, y exclamé:
—Voy a mandar empaquetar todo el cargamento, y cuando vayamos a visitar a tu parienta pondré mi equipaje a los pies de ese diablillo, ya que desde ahora me simpatiza.
—Es que tengo dos sobrinas –añadió, festivo, Samuel.
—Pues si este cargamento te parece pequeño, mandaré que traigan lo más escogido de mis tiendas de Alejandría, de Atenas y Roma y lo pondré a los pies de ellas.
—Ya está sucediendo lo que yo me temía. Sólo te he hablado del diablillo y ya empiezas a perder la cabeza. A mí me quiere muchísimo, yo la quiero entrañablemente; es físicamente el retrato de su madre, que era mi hermana, aunque moralmente sea el reverso de la medalla.
—¿Y cuándo vamos a visitarlas? –le pregunté.
—Antes tengo que enterarte de todo, para que tú decidas si vamos o no.
—Puedes estar seguro de mi afirmativa, y, si lo dispones, iremos mañana.
—Oye primero la historia de mis sobrinas –repuso Samuel, ya serio.
—Soy todo oídos.
—Tuve yo –continuó el anciano– una hermana mayor, a quien quise muchísimo, que se llamaba Raquel. Llegada a la edad núbil, la casaron mis padres, que eran muy ricos, con un hombre excelente e igualmente rico, por nombre Baltazar. De este matrimonio, que fue muy feliz, nacieron tres hijos un varón, Lázaro y dos niñas, la mayor de las cuales se llama Marta. Entre ésta y la siguiente, que se llama María...

—¿El diablillo?
—La misma. Entre las dos hermanas, digo, hay una gran diferencia de edades. Cuando María tenía sólo siete años, murió Raquel. Marta tenía entonces dieciséis, y su padre la casó con un hombre llamado Simón.
—Y el diablillo, ¿no se ha casado?
—No, desgraciadamente; ni creo que se casará.
—¿Por qué? –pregunté intrigado.
—Espera y lo sabrás. Poco tiempo después del matrimonio de Marta murió Baltazar y ordenó en su testamento que María fuera enviada a Magdala con su abuela, la madre de mi cuñado.
—¿Dónde está Magdala?
—En la orilla del lago de Tiberíades y a una jornada sabática de esa población pagana.
—¿Qué es eso de una *jornada* sabática? –pregunté.
—No me extraña tu ignorancia, pues vienes de la Dispersión. La ley, o más bien la interpretación que los fariseos le han dado, manda que en el día del sábado nadie puede caminar más de mil metros. Y así, cuando se quiere indicar que dos poblaciones están cercanas, decimos que están «a una jornada sabática».
—Entendido –dije, ruborizándome por mi ignorancia.
—«Yahvé te libre de un mal vecino», dice el antiguo proverbio, pues los malos vecinos fácilmente nos pegan la roña. Esto fue lo que le pasó a la población de Magdala, que tiene por vecina a la pagana ciudad de Tiberíades: se llenó de roña. Magdala quiere decir «torre exaltada y magnífica» en arameo; y aquella población adquirió su nombre de un castillo edificado en lo alto y que domina el lago. Ese castillo era la habitación de la abuela de María, y es famoso en la comarca porque en él se crían las mejores palomas y tórtolas que se traen al mercado del templo para las purificaciones, Pero si Magdala es famosa por esto, por sus telas de lana y por sus tinturas, es aún más famosa, más bien infame, por las mujeres que la habitan. En idioma sirio llaman *magdalenas* a ciertas mujeres que se pintan y llevan el cabello peinado en ondas y rizos. «Compta crinibus», dirían los latinos. Por eso a las mujeres de aquella población que se peinan así las llaman Magdalenas, y de aquí que mi queridísima sobrina sea conocida, desgraciadamente, con el mote de María Magdalena –dijo, tristemente, el anciano.
Al oír aquello me turbé; la desilusión fue mayúscula, pero no dije nada.
—Si «el hijo de viuda –continuó– saca canas a su madre», como dice el proverbio, ¿qué sucederá con la huérfana de padre y madre educada en una población como Magdala? Esto fue lo que pasó a María, una de las jóvenes más hermosas e inteligentes de Israel.
—¿Y sigue todavía en Magdala?

I. EL QUE HA DE VENIR-16. BETANIA 89

—No, gracias a Yahvé. Su hermano Lázaro, que la idolatra, ha conseguido que venga a vivir una temporada con él y con Marta a Betania, donde tiene una magnífica villa.

—Pero ¿Marta no es casada?

—Casada sí es; pero su marido, Simón, está leproso, y la ley no le permite cohabitar con él; han estado siempre separados, y Marta vive también con Lázaro en Betania. Ahora que conoces la verdad, ¿quieres que te lleve a ver a mis sobrinas? —preguntó avergonzado Samuel.

—¿Y tú no vas a visitarlas?

—Ciertamente, no dejo de verlas y aconsejar a esa criatura, que, a pesar de sus defectos, tiene un corazón bellísimo, un entendimiento privilegiado, y me quiere mucho..., ¡pobrecita!

—Pues si tú vas, no veo por qué no he de ir yo también.

—Entonces... iremos mañana —dijo Samuel—, y yo descargo mi conciencia.

* * *

Betania es lo que llamaríamos un *resort,* un lugar de veraneo para los ricos de Jerusalén, a tres kilómetros de ésta y en la falda del monte de los Olivos. Es una población de lo más pintoresca, en la cual han edificado sus villas la gente pudiente de la ciudad.

Samuel y yo, seguidos de Quarto, que llevaba los presentes para las sobrinas de mi huésped, salimos de la ciudad por el camino que conduce a Jericó. Lo que más llamó mi atención al divisar Betania fueron las innumerables palmeras que la rodean.

—¡Qué palmeras tan hermosas! —exclamé.

—De su fruto deriva Betania su nombre, que quiere decir «el pueblo de dátiles» —respondió Samuel—. Una gran parte de esos árboles pertenecen a Lázaro, el cual comercia en dátiles e higos secos, y éstos se dan en esa población que ves allí llamada Bethfague, o «el pueblo de los higos». Las laderas del monte Olivete, del lado de Bethfague están sembradas de higueras, y del de Betania, de palmeras de dátil. Por el frente, donde corre el Cedrón, están plantadas de olivos, que son los que dan su nombre a la montaña. Lázaro tiene igualmente allí un huerto llamado Getsemaní, que significa «la prensa del aceite».

Pronto llegamos a una bellísima villa llena de palmeras y cercada por un vallado de rosas de Jericó. A la puerta nos salió a recibir Lázaro, que había sido previamente avisado de nuestra visita. Era éste un hombre de treinta y cinco años, barba negra y ojos tristes del mismo color. Su voz era profunda y sus modales dignos. Me dio la impresión de ser bueno y honrado, pero triste, debido, sin duda, a los pesares de familia. Después de presentarme a él, Samuel entró en la casa, y encargó a su sobrino me enseñara sus propiedades. Desde luego, le pregunté a Lázaro por la cosecha de dátiles e higos.

—Este año —me dijo— ha sido bastante buena. Me llevó a ver el lugar donde, tendidos en grandes bastidores de madera, se estaban secando los dátiles al sol, e impregnaban el ambiente de un suave olor. Después me mostró otro campo, en donde se secaban los higos, y, al fin, me llevó a un corral donde había gran número de asnos.

—Como sabrás —me explicó—, el asno es el animal de carga más usado en Palestina y la caballería más cómoda y segura. Tenemos aquí una raza muy estimada, que, sin dificultad, compite con el caballo y el camello.

Eran, en efecto, aquellos asnos de gran tamaño. Me llamó la atención una borriquita perfectamente bien cuidada. Lo notó Lázaro, y me dijo:

—Esta borrica la tiene apartada para sí mi hermana María; sólo tiene seis meses, y está tiernecita; pero dentro de tres años será una excelente caballería; es de la mejor raza árabe.

—Y ¿para qué usan la leche de burra? —pregunté, al ver que estaban ordeñando una borrica.

Lázaro se sonrojó, y dijo:

—Son cosas de mi hermana María; ha oído decir que el cutis se conserva fresco usando la leche de burras para lavarse. Todos los días le llevan un gran bote.

Después de esto volvimos a la casa, donde nos esperaba Samuel.

—¿Qué te parece la finca? —me preguntó el anciano.

—Muy bien cuidada y muy productiva —respondí.

Lázaro se despidió por tener que atender a unos comerciantes en aceite, y quedamos solos Samuel y yo. Aprovechando esta oportunidad, dije al anciano:

—Yo quisiera lavarme y ponerme un vestido nuevo para saludar a tus sobrinas; además, deseo yo mismo poner en orden los regalos que ha traído Quarto para que les hagan mejor impresión; el arte de presentar las telas no es de todos conocido.

—Pero ¿piensas de veras hacerles algún regalo?

—Todos los objetos que he traído son para ellas, si se dignan aceptarlos; yo no tengo más que una palabra.

—Pasa, pues, a mi departamento —me dijo, indicándome el camino—. Las chicas siempre lo tienen muy bien cuidado, son muy cariñosas, y aquí suelo pasar unos días cuando María viene a visitar a sus hermanos.

Cuando terminé mi *toilette* y arreglé los presentes con el mayor arte posible, salí a reunirme con Samuel, quien me esperaba sentado bajo un bellísimo emparrado de jazmines y rosas. A sus pies, sobre un rico tapete de Persia, había grandes cojines, destinados a las mujeres. Me mostró una silla de estilo griego, en la que tomé asiento.

—¡Vaya, vaya! —dijo el viejo, sonriendo al verme tan ataviado—: te has puesto un traje riquísimo.

—Uno de los muchos que tengo, y no, ciertamente, de los mejores —respondí con fingida modestia.

—¡Marta! ¡Marta! Dile a Judá que me traiga a *Claudia*.
Aquellas palabras fueron pronunciadas por una voz argentina de lo más armoniosa.
—Es ella —dijo Samuel—, que manda por su borriquita, a la que ha puesto *Claudia,* por burla a la mujer de Pilato.
—Y ¿dónde está ella? —pregunté, pareciéndome que la voz no había salido de las habitaciones.
—Tiene su chalé por separado. Lázaro, que es un hombre muy serio, prefiere que su hermana viva independiente, y la ha construido esa graciosa casita que ves, toda cubierta de enredaderas. Ya vendrá a verme.
—¡Aquí está, tío! —repuso otra voz de mujer, que salía de la habitación que estaba a nuestras espaldas.
—Ésa es Marta —me explicó el anciano—, que está seguramente en la cocina. Es de lo más hacendosa. Le encanta preparar la comida por sí misma, en especial cuando vengo, a pesar de tener numerosas esclavas que podrían hacerlo —y volviendo el rostro, dijo en voz alta—: Marta, ven tú, que te estamos esperando; aquí está el hijo de mi antiguo amigo Esteban, que tanto te quería.
—Ya voy, ya voy —respondió la voz—; te estoy preparando el pastel de cabrito que tanto te gusta, y si dejo sola a Lía, es muy capaz de quemarlo. Ya voy.
Al fin salió Marta. Era una mujer de treinta y cuatro años, de estatura regular y con tendencia a engordar. Aunque sus rasgos fisonómicos no tenían nada de extraordinario, en sus mocedades debió de ser lo que se llama una buena moza. Tenía todo el tipo de la mujer casera y hacendosa que prefiere agradar a los suyos, dándoles una buena comida más bien que adornando su persona. Iba vestida a la usanza de las mujeres hebreas de calidad, con una túnica de franjas de colores, de anchas mangas y ceñida con una banda multicolor. Llevaba la cabeza tocada con un velo oscuro. Su rostro, más bien redondo que ovalado, demostraba bondad, siendo placentera su sonrisa. Saludó a su tío dándole el beso de paz, y a mí haciéndome una profunda zalema, después de lo cual se sentó en uno de los cojines a los pies del anciano.
—Aquí —dijo Samuel, sonriendo—, pues ése es el lugar preferido por María, y si viene vamos a tener pleito.
Marta, obediente, se sentó en otro más distante.
—¿Te acuerdas de mi amigo Esteban? —le preguntó el anciano—. Pues éste es su hijo.
—Debe ser muy rico —dijo Marta con toda sencillez, fijándose en mi indumentaria, y hablando con su tío, añadió—: Te estaba preparando el pastel de cabrito que tanto te gusta. ¿Le gustará también al rabí?
—Seguramente, hija mía; eres muy buena cocinera, y todo lo preparas perfectamente.

—Otro día que traigas visitas –continuó Marta–, hazme el favor de avisar con anticipación, pues así, de repente, no puede una tener todo lo que se necesita para una comida presentable. Espero que el rabí me dispensará.

La conversación languidecía, y yo empecé a alabar el hermoso tiempo que hacía, por decir algo.

—¿A qué hora vendrá esa niña? –dijo Samuel, notando mi embarazo.

—¡María! ¡María! –gritó Marta–. Ven, que está tío con una visita.

—Si quiere la gloria verme, que venga la gloria acá –respondió la voz argentina.

—Pues no habrá más remedio que ir a verla –dijo el anciano–; es un diablillo, y cuando dice una cosa, no hay quien la haga retroceder.

—Id vosotros –repuso Marta, levantándose–. Yo, mientras tanto, les prepararé el almuerzo.

Nos levantamos, y, siguiendo una hermosísima calzada de palmeras, nos dirigimos al chalé de María.

Pensando yo que me iba a encontrar con una *magdalena*, me la había figurado vestida como sus congéneres de Alejandría, con un vestido a franjas chillonas en las que domina el rojo, tocada con un velo del mismo color; los brazos y tobillos llenos de pulseras y anillos; escandalosos zarcillos en las orejas, el desnudo cuello lleno de sartas de cuentas y el vestido todo recargado de joyas y dijes. Sabiendo, por otra parte, que a aquel diablillo le gustaban mucho las joyas, me había yo ataviado cursimente, con espléndidas alhajas, deseando deslumbrarla.

—¿Adónde andas, María? –dijo Samuel en alta voz al llegar a la graciosa casita.

—En el jardín, en la piscina –respondió la simpática voz.

Al oír esta respuesta, las mejillas del anciano se cubrieron de carmín, y rogándome que le esperara un momento, me dijo:

—Voy a ver lo que hace ese diablillo –y esto diciendo, dio la vuelta hacia la parte posterior de la casita, donde estaba el jardín. Cuando se hubo cerciorado que todo estaba en orden–: Ven –me dijo, sonriendo–, y verás un cuadro como no te has imaginado.

El graciosísimo jardín, cercado por un seto de enredaderas cuajadas de flores, tenía una entrada lateral circundada de menudas rosas. Allí me esperaba el anciano, el cual, al llegar yo, me dijo:

—Mira.

En el centro había una rica piscina de mármol blanco, a la cual surtía de agua una fuente que bajaba en forma de cascada. Del otro lado, una glorieta sombreada por pequeñas palmas. Allí, sobre el verde césped, sentada en un banco de piedra, estaba María dando de comer fresca hierba a la borriquilla que viera yo poco tiempo antes en el establo. No parecía darse cuenta de nuestra presencia, y, levantándose, empezó a juguetear con el animalito, que la seguía por todas partes.

—Pasa, tío, pasa, y no tengas miedo —dijo la joven, sin dejar de jugar—, que no estoy con esas malas compañías contra las que tanto me predicas.
Entramos. Samuel se adelantó hasta donde estaba su sobrina. Ésta, dejando la borriquita, le salió al encuentro, le echó los brazos al cuello y le llenó de besos.
—¿Cómo está mi viejecito? —decía con una voz acariciadora—. Hace tiempo que no le veo...
—Deja, hija, deja —contestaba, embelesado, el anciano tratando de desenlazarse de aquellos torneados brazos—; déjame, y saluda al hijo de Esteban, que tanto te quiso; salúdale.
—Primero te sientas —e impulsando suavemente al anciano, le hizo sentarse en el banco que ella había ocupado.
—Ya estoy —dijo Samuel—. Ahora, saluda.
—Mi viejecito casamentero —exclamó, soltando una armoniosa carcajada llena de malicia—. Tú siempre tratando de casar a tu hijita y trayéndole lo que crees buenos partidos.
—Si yo no he dicho nada, hija.
—Pero conozco tus intenciones, que mucho estimo y agradezco.
—Saluda, hijita —volvió a repetir el anciano en tono suplicante.
Entonces María, dejando a su tío y poniéndose delante de mí, me hizo una zalema de lo más agraciada, después de lo cual se irguió esperando mi respuesta. Yo le hice una profunda reverencia y le dije con todo respeto:
—Mujer, yo te saludo.
—¿Mujer? ¿Tú me llamas a mí con título de tanta estima sin saber quién soy? —repuso casi cortada—. Ese tratamiento —continuó— no se da en nuestra tierra a mujeres como yo.
—Viene de Hispania —explicó Samuel—, donde los hombres son muy corteses según fama.
—Te perdono la equivocación. Yo no soy la mujer que tú presumes; yo soy María la *magdalena,* y nada más.
Mientras decía esto, yo me había atrevido a mirarla. ¡Qué mujer! Fuese *magdalena* o no lo fuese, su rostro era el de un ángel, y mostraba la grandeza de su alma. Era de estatura elevada y cuerpo escultural. Contra todo lo que yo me había imaginado, en lugar de vestir con el traje rojo y recargado de las *magdalenas* orientales, iba vestida a la griega, con una túnica riquísima de color gris perla, velado los hermosos hombros con un peplo del mismo color, sin ostentar joya alguna. Su rostro era un óvalo perfecto; su cutis, de color del trigo, era aterciopelado y sonrosado en las mejillas; sus labios, sin el menor retoque, de un rojo encendido, publicaban su perfecta salud; sus dientes, blanquísimos, eran un encanto cuando sonreía; su frente, alta y despejada, daba indicio de su claro entendimiento; sus orejas eran pequeñitas; su pelo, de un color castaño con reflejos de fuego, ligeramente atado a la nuca por sencillo lazo, ondulaba naturalmente y le caía sedoso hasta los pies. Pero lo que más llamaba la atención

eran sus ojos. ¡Qué ojos! Yo nunca había visto ojos tan grandes, tan negros, ni tan expresivos; de larguísimas pestañas y sombreados por unas cejas perfectamente dibujadas. Aquellos ojos debían ser irresistibles iluminados por el amor, y terribles encendidos por la cólera. A mí, sin embargo, me miraban en aquellos momentos con un sello de tan profundo desdén, por no decir desprecio, que hizo bajar los míos.

–Es un «híbrido» –dijo de mí a su tío–, uno de esos israelitas que, a fuerza de querer no parecer judíos, no han llegado a ser romanos.

–Pero, hija –repuso Samuel, contrariado.

–Los conozco –prosiguió la joven–. He tratado con toda clase de hombres para ver si alguno valía. El primero que se acercó a mí cuando aún estaba yo en toda la esplendidez de mi hermosura, fue un saduceo...

Debí hacer algún gesto cuando dijo «en toda la esplendidez de mi hermosura», pareciéndome que aquello era una paradoja. Ella lo entendió.

–Te admiras porque he dicho esas palabras «cuando estaba en toda la esplendidez, de mi hermosura»; pero es lo cierto. Cuando tenía yo dieciocho años era, muchísimo más bella, inmensamente más bella, porque a mi belleza corporal se unía la belleza de mi alma; era yo entonces pura, inocente, buena –dijo en tono de profundísima tristeza–. Pero topé con un saduceo que me engañó, y desde entonces perdí para siempre la belleza de mi alma.

Levanté mis ojos, y vi los de ella tan tristes, que parecía otra mujer, pero más bella aún. Y, cambiando súbitamente, añadió con un tono de supremo desdén:

–Desde entonces odio a los hombres, o, más bien, los desprecio.

–¡Hijita mía! –dijo Samuel, consternado.

–Esto no va con mi viejito –añadió, haciendo una caricia al anciano–. Tú no eres como los demás; ojalá fueran muchos como tú.

–Yo fui educada en la religión de mis padres –prosiguió María–, y era profundamente piadosa; creía con toda mi alma en la redención de Israel. Pero cuando vi que ese grupo de saduceos, formado por las familias sacerdotales destinadas a aplacar a Yahvé ofreciéndole sacrificios, era una pandilla de incrédulos y viciosos, en extremo corrompidos y amigos de Roma, tuve mi primera y perdurable desilusión. Traté con los fariseos, y encontré que, aunque se decían creyentes y enemigos de Roma, eran una colección de hipócritas que ponían toda su religión en fórmulas ridículas.

Samuel veía a su sobrina pasmado; nunca la había oído hablar así, como más tarde me lo confesó.

–Traté también con los herodianos. Son una piara de cerdos. No me quedaba sino conocer a los odiados conquistadores, los romanos. ¿Qué podía esperarse de esa banda de incircuncisos? Los desprecié también, aunque menos que a los míos. Pero he tenido el gusto, el inmenso placer, de humillarlos; he visto a los conquistadores arrastrarse a mis pies como gusanos.

Aunque mujer, me parecía entonces un gigante.
—Quiero y espero aún la redención de Israel —prosiguió—; pero ¿de dónde ha de salir ese hombre? ¿De los saduceos, de los fariseos, de los herodianos, de los incircuncisos? Mucho más esperaría de las de mi sexo; mujeres fueron Judit, Débora, Ester...; y yo, en mi locura, he soñado ser como la primera; pero no soy sino una despreciable *magdalena*. ¡Ah! —continuó—. Si yo conociera a ese hombre, aunque soy lo que soy, yo le serviría de rodillas y besaría la tierra que pisan sus pies... Pero ese hombre, o no ha nacido aún, o nadie sabe dónde está.
—¡María, tío! Vengan que se enfría la comida —gritó Marta.
Samuel se levantó silencioso, y, apoyándose en el brazo de su sobrina, se dirigió, callado y pensativo, a la casa; yo los seguí igualmente pensativo.
Nos sentamos bajo el emparrado, y María, tomando su lugar preferido, se puso a los pies de su tío.
—No esté triste mi viejito —exclamó— por lo que ha dicho esta loca llena de diablillos. Vamos a comer un magnífico pastel, ¿verdad?
—Sí, hijita —respondió el anciano, tratando de sonreír.
—Y ¿me vas a dar un buen pedazo de tu pastel?
—Sí, hijita, sí; pero que no lo vea Marta, porque se enoja.
—¡María! —gritó Marta—. ¿Has de venir a ayudarme o no?
—No, no, no, ya lo sabes, que yo también soy invitada.
Marta salió con un gran pastel, lo partió, y, dándonos a cada uno un plato, volvió a entrar en la cocina.
—Ése no es el tuyo —dijo María, guiñando el ojo a su tío.
Marta volvió con un pastelito especial, que entregó a Samuel, diciéndole:
—Éste es para ti solo.
Samuel esperó a que Marta volviera a entrar, y entonces, como chiquito que hace una travesura, le puso a María en su plato un gran pedazo de pastel. Yo, a insinuación del anciano, tomé una parte del pastel grande, y empezamos a comer.
—¿Por qué no vienes a comer con nosotros? —gritó Samuel—. Ven, Marta, que con esto basta; es muy suficiente y está riquísimo.
Salió Marta, se sentó en otro cojín, y, notando que sólo faltaba del pastel grande la porción que yo había tomado, miró a María, y dijo muy impaciente:
—Tío, ese pastel era sólo para ti, y no para ésta, que ni ayuda ni hace nada; y tú, en vez de regañarla, la consientes.
—Hijita —dijo Samuel a Marta—, conoces a tu hermana, ha tomado la mejor parte, y nadie se la quitará.
Terminada la comida, Samuel propuso que pasaran a ver los regalos que yo había traído. Las fiestas y los gritos de gozo y sorpresa que daban

las dos hermanas al ver tanto «trapo» regocijaban al anciano. Todo lo encontraron primoroso. Entonces yo, dirigiéndome a María, le dije:
—Toma lo que gustes.
—¿Cómo así? —dijo ella, dirigiéndose a Samuel—. Yo creía, mi viejito, que tú eras quien nos había traído estos regalos.
—No, no fui yo, hijita; es el bueno de Rafael quien ha querido obsequiaros; toma lo que quieras —repuso el anciano.
María cambió por completo, y lo que momentos antes le había encantado, empezó a criticarlo diciendo que para nada servía. Al fin, mohína, salió, y, viendo entrar a Lázaro, dijo:
—No me importan los regalos de ese «híbrido», que no es ni romano ni judío; lo que yo quiero es mi borriquita —y diciendo esto, marchó a buscar el animalito, con el cual regresó bien pronto.
—Mira, Lázaro —dijo María—, no quiero que nadie me toque a *Claudia*, y quiero que me la cuiden muy bien cuando me vaya a Magdala.
—No tengas cuidado —respondió el bondadoso hermano—, nadie la tocará.
—Y cuidado con que ninguno la vaya a montar, ¿entiendes?
—¿Quién piensa en montar esa borriquita? Se volvería panzuda.
—Pues quiero que me prometas que cuando crezca nadie la montará.
—Prometido —dijo Lázaro.
—Y, ahora que me acuerdo, cuando te mande yo palomas y tórtolas para el templo, ten cuidado de marcar las jaulas con este letrero «De Magdala», para que todos las distingan.
—Se hará como lo ordenas —repuso Lázaro, sonriendo.
—María —dijo Samuel, saliendo—, ¿no vienes a escoger algún regalo? El pobre Rafael está muy mortificado por tu desprecio. ¿No has visto los perfumes que ha traído?
—¿Perfumes? —dijo la joven—. Y ¿dónde están?
—Pues entra, y los verás.
—¿Dónde están los perfumes? —dijo la joven, entrando.
—Los he puesto aquí, en esta mesa —respondí con todo comedimiento.
—¿De qué es éste? —preguntó.
—Esencia finísima de rosas de la Galia.
—No me gustan. ¿Y éste?
—Esencia de violetas.
—Todas usan ya violetas. ¿Éste?
—Es jazmín.
—Muy corriente. ¿Y este gran vaso?
—Este vaso es de alabastro, y está tallado en Hispania.
—Y ¿qué esencia es? Debe contener más de una libra —dijo la joven—, pesa mucho.
—Contiene un ungüento finísimo hecho con la espiga del nardo.
—¿Podré olerlo? —preguntó dulcemente Magdalena—. No lo conozco.

—No solamente olerlo –repuse yo muy satisfecho de ver que le gustaba–, sino quedarte con él.

Con mucho cuidado destornillé el magnífico tapón de oro, y en el acto el cuarto se llenó de agradabilísimo perfume. María lo tomó en sus delicadas manos, diciendo:

—¿Me podré quedar con él?

—Por supuesto –insistí–, para ti lo he traído.

No sé el efecto que aquel ungüento perfumado produjo en María la *magdalena;* pero desde aquel momento se quedó pensativa.

—¿Te gusta, hijita? –preguntó, solícito, Samuel.

María no respondió; sus hermosísimos ojos habían tomado una expresión indescriptible; parecían mirar al infinito.

—¿Te sientes mal? –inquirió Samuel, angustiado–. Ven, y sal a respirar el aire libre; tal vez te hayas mareado, pues el olor es fuerte y se ha esparcido por toda la casa.

María no respondía; pero, inconscientemente, se dejó conducir bajo el emparrado, donde Samuel se sentó, y ella a sus pies, llevando siempre el vaso abrazado contra su palpitante pecho.

—¿Te sientes mejor? –volvió a preguntarle Samuel.

Por toda respuesta, María hundió su hermosísimo rostro en el regazo del anciano, y, dando de besos al frasco del ungüento de nardo, se soltó a llorar.

17
SAMARÍA

—Sigue mi consejo, Rafael; y ya que eres muy amigo de Pilato, pídele que te dé escolta mientras atraviesas Samaría.

—¿Tan bandidos crees tú a los samaritanos? Como buen judío que eres, estás mal prevenido en contra de ellos, mi querido Samuel –repliqué.

—No soy judío, pero sí israelita de la tribu de Leví; recuerda, sin embargo, que quien no sigue el consejo del anciano, arrepiéntase tarde o temprano.

Llamé a Quarto, mi viejo sirviente, y le dije:

—José de Arimatea va a las bodas de Simón Zelotes, y me ha avisado que él irá por mar a Tiro y de allí a Caná; no quiere exponer a sus sobrinas a las dificultades de un viaje a través de Samaría como lo voy a hacer yo; por otra parte, Samuel me avisa que lleve escolta. No quiero, sin embargo, pedirla, no crea Pilato que soy cobarde.

—No te preocupes por eso, dómine –respondió Quarto–, soy muy amigo del jefe de la guarnición de Antonia, y le preguntaré si van algunos soldados a Samaría próximamente.

—Me parece muy bien, y arregla tú el asunto –respondí.

Quarto era un criado fidelísimo que me servía desde que yo era niño cuando fui a Roma, de donde él era nativo. Me había seguido por todas partes, y hablaba corrientemente el arameo, habiéndolo aprendido en su frecuente trato con los judíos de Roma. Era un hombre práctico, de mucho sentido común, en quien yo tenía entera confianza, y le trataba no como sirviente, sino como compañero. Volvió al poco tiempo, diciendo había averiguado que al día siguiente salía un centurión amigo suyo para Israel, en los confines de Samaría, donde iban a cambiar la guarnición de aquella plaza.

–Nosotros –dijo Quarto– podemos salir poco antes que ellos, y nos cuidarán la retaguardia.

–Me parece muy bien. Entonces saldremos mañana temprano, y arregla tú todo lo necesario.

Nuestra primera jornada fue a Gálgala; pasando por Betel, llegamos a Siquén, al otro día, donde, teniendo que detenerse la centuria, nos detuvimos también nosotros. Los montes de Efraín se dividen allí, dejando un amplio paso al camino que sigue para la Galilea y el mar. Del lado Norte, al pie del monte Ebal, está Siquén; mientras que Sicar queda de lado Sur el pie del famoso monte Garizín. Este monte, rival del Moria, en Jerusalén, tiene una altura de ochocientos metros. En él está edificado, por Herodes *el Grande,* el templo de los samaritanos. Aunque la vista de la montaña es en todos tiempos imponente, el día en que llegamos era, además, pintoresca: estaba literalmente cubierta de tiendas. La oficiosidad de Quarto y algunas monedas de oro distribuidas a tiempo, me proporcionaron la oportunidad de encontrarme con Neftalí, uno de los viejos samaritanos de Sebaste, ciudad edificada por Herodes en honor de Augusto, y que dista unos cinco kilómetros de Siquén. Era Neftalí samaritano de cepa, rico y, por consiguiente, amigo de los romanos como sus congéneres los saduceos de Jerusalén. Conocía perfectamente la historia de su pueblo y sus costumbres, por lo cual me proporcionó las noticias que yo ansiaba sobre aquella región peculiar, engastada entre Judea y Galilea y enemiga mortal de las dos.

–Samaría –me dijo cuando entramos en conversación– tiene la gloria de ser la verdadera cuna del pueblo de Israel.

–¡Cómo así! ¿No es Jerusalén?

–No nombres esa ciudad maldita, que si algún samaritano te oye, pudiera no respetar ni a los romanos, y...

–Yo vengo de Hispania; soy hebreo de los de la Dispersión.

–Eso te excusa y te salva –respondió Neftalí–, nuestro odio contra los judíos y los galileos no se extiende a vosotros, quienes, sin duda, salisteis de Palestina después de la cautividad, y antes que naciera el terrible antagonismo entre esos espurios hijos de Abrahán y nosotros.

–Y ¿de dónde nació ese antagonismo? –pregunté.

—Escucha —dijo el anciano con orgullo—. Como lo dice claramente el *Deuteronomio*[6], en el principio del capítulo 27, Moisés convocó a los ancianos de Israel, y les dijo: «Pasado que hubieseis el Jordán y entrando en la tierra que os dará el Señor, tierra que mana leche y miel, erigiréis unas grandes piedras alisándolas con una capa de cal en el monte Garizín...» Éste es el monte, dijo, y no el Moria.
—De suerte que...
—No me interrumpas —exclamó con autoridad—. Aquí levantó Josué el altar que había mandado el Señor con piedras que no había tocado el hierro, y ofreció encima de ellas los holocaustos y sacrificó hostias pacíficas y comió también aquí todo el pueblo celebrando un banquete en la presencia del Señor. Y escribió Josué en esas piedras que ves —y señalaba la montaña— todas las palabras de la ley con distinción y claridad.
—Y ¿por qué hay ahora tantas tiendas en el monte? —pregunté.
—Te he dicho que calles. Sobre esa montaña sagrada, Abrahán preparó el sacrificio de su hijo Isaac —prosiguió el anciano—. Aquí fue donde Melquisedec bendijo a nuestro padre; en la ladera de este monte, Jacob tuvo en sueños la visión de los ángeles que subían y bajaban por la escala. Aquí luchó con el ángel, que le cambió su nombre en Israel, y donde, después de esto, edificó un altar y ofreció sacrificios al Señor. ¿No es este bendito lugar la cuna de Israel?
—Debe ser como dices, aunque yo he oído otra versión —me atreví a responder.
—Siquén —prosiguió— es la ciudad más antigua de Palestina. Aquí fue donde Jacob compró un pedazo de tierra a los hijos de Hamor, y en ella cavó un pozo de cuya agua bebió él y su familia y dio de beber a sus ganados. Mira el pozo, allí está —y esto diciendo, señalaba a lo lejos el lugar donde una multitud se amontonaba tratando de beber de aquellas aguas—. ¿Has estado en Jerusalén? —me preguntó.
—De allá vengo.
—¿Y te parece que aquellos áridos peñascos merecen el título de tierra que mana leche y miel?
—No lo parece —respondí con sinceridad.
—Claro que no; en cambio, mira, mira esos campos recién sembrados de trigo, que prometen dorada cosecha; mira esos prados abundantes en jugosa grama donde pacen numerosos rebaños de vacas y corderos, que dan espumosa leche; oye el zumbar de las abejas que vienen a libar en las infinitas flores que tienes a la vista. ¿No es ésta, en verdad, tierra que mana leche y miel?
—Ciertamente lo es —dije, encantado con el paisaje que se desarrollaba ante mi vista, y más aún con el lenguaje poético del samaritano—. ¿Me permites preguntarte el porqué de la desunión? —añadí.

---

[6] Según el texto samaritano. *(Nota del traductor).*

—Volvían nuestros padres alegres a su tierra después de la cautividad de Babilonia. Los infelices judíos volvían también con la ilusión de reedificar su templo en Jerusalén. Nuestros padres, generosos, les ofrecieron ayudarles, y aquéllos, orgullosos y fatuos, los rechazaron. Semejante injuria no se la perdonaremos jamás.

—Ahora entiendo —dije— el origen de la querella.

—Creían ser superiores a nosotros porque pensaban que el Arca de la Alianza estaba en su poder. Mentira, el Arca ha desaparecido; en cambio, nosotros conservábamos las piedras de esa montaña donde aún está escrita la ley por mano de Josué y por mandato de Yahvé.

—¿De suerte —pregunté, asombrado— que el Arca no está ya en el templo de Jerusalén? ¿Qué hay, pues, en el Santo de los Santos?

—Nada, absolutamente nada —respondió Neftalí.

—Pero el pueblo cree que allí está el Arca —repuse.

—Lo cree engañado por los príncipes de los sacerdotes, a quienes no les conviene que el secreto de la desaparición se descubra.

—Pues entonces, ¿dónde está el Arca? —dije.

—No lo sé ni me interesa; lo único que te digo es que en ese templo no está el Arca desde la época de Jeremías. Los judíos, engañados por los pontífices, se ríen de nosotros; y nosotros, poseedores de la verdad de los hechos, los despreciamos. Ellos nos odian, y nosotros los aborrecemos.

—¿Entonces no vendrá el redentor de Israel?

—Una cosa no tiene que ver con la otra. Vendrá; cierto que el Mesías vendrá de Samaría —dijo Neftalí con profunda convicción—, y vendrá s libertarnos de la mala vecindad de los judíos.

Neftalí se despidió diciendo iba a Sicar, donde tenía una tienda.

«Siempre la misma idea del Mesías venidero —dije para mí—: aun estos cismáticos samaritanos la tienen en el corazón».

Quarto y yo nos dirigimos hacia el monte Garizín con el objeto de visitarlo.

La montaña, como dije, estaba cubierta por todas partes con tiendas de lona. Parecía el campamento de una numerosísima tribu de beduinos.

«¿Por qué sería aquella feria?» —pensaba yo.

En esto vino Lucio, el centurión, y me dijo:

—Salve, Rafael, iba en tu busca.

—¿Qué se te ofrece? —respondí.

—Traigo órdenes de Pilato para detenerme en Sebaste con la mayor parte de mi centuria si veo que hay probabilidad de algún alboroto entre estos samaritanos. Acabo de saber que un bandido llamado Bar-Abás anda por las cercanías haciendo depredaciones y trata de venir a Siquén al pie del monte Ebal, donde tiene muchos parciales, para fomentar una insurrección ahora que celebran la Pascua estos samaritanos.

—¿De suerte —dije— que toda esa gente está aquí para celebrar la Pascua? Me parece muy temprano.

—Los samaritanos celebran esta fiesta con bastante anticipación; los judíos la celebran más tarde —respondió Lucio—. Yo, pues, tengo que quedarme aquí con nueve decurias, y sólo irá a la frontera un decurión con su gente; con ellos puedes ir tú.

—Te agradezco el aviso, noble Lucio, y seguiré tu consejo.

—Te daré otro más —añadió el centurión—: que no te acerques demasiado a la montaña sagrada, pues hay muchos miles de peregrinos samaritanos que verían muy mal tu visita y podrían desmandarse. Todo lo que hay que ver, lo puedes ver desde aquí.

—Vuelvo a darte las gracias, y seguiré tu indicación —respondí, despidiéndome del soldado.

Según pude averiguar, el llamado templo, en la cumbre del Garizín, es un inmenso paralelogramo, en cuyo centro se levanta el altar. Este gran cercado tiene en el interior un peristilo de columnas babilónicas, semejante a los llamados pórticos en el de Jerusalén. Los samaritanos ofrecen sacrificios solamente en determinadas épocas del año, cuando las grandes fiestas. Nos dirigimos, pues, al pozo de Jacob. Por el camino vi muchos hombres abriendo agujeros.

—¿Qué hará esa gente? —pregunté a Quarto.

Mi compañero se dirigió a un grupo, y, habiendo repartido algunas monedas de plata, trabó con ellos conversación, después de la cual volvió sonriendo.

—¿A que no aciertas, dómine —dijo—, para qué son los agujeros?

—¿Lo has averiguado?

—Son para asar el cordero pascual; aquí lo preparan en barbacoa...

Seguimos hacia el pozo de Jacob. Está cavado en una gruta, y es muy profundo. No teníamos con qué sacar agua; pero Quarto, dando una moneda a una mujer que llevaba su cántaro atado a larga soga, y, sin decirle palabra, le enseñó de que queríamos beber. La mujer no se hizo de rogar, sin articular palabra, echó el cántaro, sacó el agua y, empinándolo directamente sobre mi boca, me dio de beber, y lo mismo hizo con Quarto. Tenía yo extraordinaria sed, y bebí con ansia, chorreándome toda la túnica; lo curioso fue que, después que bebí y bebí, me quedé con sed, y lo mismo le pasó a mi compañero. El agua es algo salobre y no quita la sed.

Teníamos mucha hambre, y volvimos a Sicar, que dista un kilómetro de mal camino. Este poblado está formado por una hilera de casas de adobe de forma cúbica a lo largo de la carretera. A las puertas de las casas había vendedores de diversos productos del país. En una de las mejores se balanceaba, colgado a la puerta, un viejo cuero de vino, indicando una taberna; entramos. Cuál no sería nuestra sorpresa al encontrar allí a Neftalí en amigable conversación con una buena moza de vestido a franjas rojas y recargadas de abalorios. Cuando nos vio entrar, se levantó la joven para servirnos; pero notando que no éramos del país, retrocedió.

–Puedes hablarles, Dina –dijo Neftalí–, son amigos míos, y no son judíos, sino israelitas de la Dispersión.

Quarto hizo un gesto de protesta; él no era judío de ninguna clase. Neftalí, después de esto, y, a mi modo de ver, contrariado, se levantó diciendo que tenía que ir a otra tienda suya de Siquén. Dina era, como he dicho, una buena moza y bastante inteligente; nos ofreció vino de Samaría, higos, pasas, miel y panecillos, que comimos ávidamente. Quarto entró luego en conversación y ella no se mostró esquiva; estaba acostumbraba al trato con hombres. Pero su plática, en lugar de tomar una dirección equívoca, versó sobre el Mesías futuro. Quarto, como buen pagano, se encontraba fuera de su terreno, y tuve que salir en su auxilio. Quería Dina saber si el Mesías había de venir de Samaría o de Judea.

–¿No has oído decir –repuse– que no hay profeta en su tierra?

–Lo he oído varias veces –respondió la joven.

–Pues entonces, si ha de triunfar en Samaría, no puede salir de aquí, donde no le recibirían sus paisanos, sino de otra parte.

–Creo que tienes razón –dijo–. Y ¿dónde se debe adorar a Yahvé –prosiguió–, en Jerusalén o en el monte Garizín?

–La verdad, esa cuestión es demasiado oscura para mí –respondí con ingenuidad–; no sé qué responderte.

* * *

«¡Qué curioso es este pueblo! –me dije–. Hasta en las tabernas de Samaría se preocupan por la venida del futuro Mesías».

Y volviéndome a Quarto, le dije:

–¿Qué juicio has formado de Jerusalén?

Mi compañero me miró extrañado por la pregunta, y con su sinceridad acostumbrada, respondió:

–Que es un suburbio grande.

–Hombre –exclamé desorientado por la respuesta–, no todo Jerusalén es inmundo. ¿Qué piensas del templo?

–Que es una carnicería en grande.

–Y ¿de dónde sacas eso? –le dije, más sorprendido aún.

–Porque lo he visto desde la Antonia que domina el templo por completo. Todo es descuartizar borregos y terneras, luego asarlas en una enorme hornilla y hacer oler a carne asada toda la población. El suelo de esa carnicería está lleno de sangre, y no les basta a los carniceros andar con la sangre a los tobillos, sino que, además, salpican de sangre con unos hisopos todo el recinto.

No pude menos de sonreír al oír aquella gráfica descripción de los sacrificios y de los sacerdotes, y le pregunté:

–¿Qué te parecen mis paisanos de Palestina?

Quarto me miró como pidiendo permiso para manifestar francamente su opinión, y, viéndome sonreír, dijo:

—Los tales saduceos son una pandilla de holgazanes que se enriquecen con la venta de víctimas a costillas de los pobres. Los fariseos son una camada de desocupados hipócritas, que todo se les va en exhibirse haciendo oraciones en público y mezquinas caridades; los herodianos son una recua de políticos aduladores de un marrano...

—¿Y el pueblo? —pregunté.

—El pueblo, como en todas partes, es el que paga el pato, sólo que aquí no es pato lo que paga, sino corderos y becerros; todos piensan y hablan de su Mesías, quien esperan arrojará de Palestina a los romanos. Pero ¿qué le pasaría a este pueblo infeliz si saliéramos de aquí los romanos? Caerían en poder de otro pueblo cualquiera, como ya les pasó otras veces, según me han contado, con los asirios y babilonios. Estos judíos no saben apreciar los favores de Roma; que comparen el trato que les damos con el que les dieron los otros cuando se los llevaron cautivos, como esclavos, fuera de su tierra. Nosotros los dejamos libres con su templo, y, si bien les exigimos tributos, lo mismo hacen los príncipes de los sacerdotes, y lo hace todo Gobierno, sea el que sea.

—Y ¿qué te parece que debían hacer mis paisanos?

—Dedicarse a trabajar de veras, dejándose de discutir si es permitido a una gallina poner o no un huevo en sábado.

—Oíste mal la historia; no se trataba de la gallina —dije—, sino de si se podía comer o no un huevo puesto en sábado.

—Lo mismo me da una cosa que otra —respondió Quarto—. Yo les aconsejaría a esos príncipes de los sacerdotes que dicen que gobiernan al pueblo, que, en lugar de andar con política y enredos, mandaran barrer las calles de Jerusalén, trajeran agua potable y quitaran las moscas. Les aconsejaría lo que oí una vez al famoso general Cayo Porfirio, refiriéndose a un gobernador del Peloponeso, que todo se le iba en politiquear: «Lo que el Peloponeso necesita es menos política y más administración».

18
ENDOR

Bien decía Samuel: «El que no oye el consejo del anciano, se arrepiente tarde o temprano». Afortunadamente, yo había oído el consejo. Un incidente de que fuimos testigos pasada la frontera de Samaría, vino a dar a Samuel toda la razón. Al llegar a una venta para comer, nos encontramos tendido en una estera y lleno de heridas a un hombre que, según nos dijo el ventero, era doctor de la ley y se llamaba Zabulón.

—¿Qué le ha pasado a este hombre? —pregunté.

—¿No lo sabes, rabí? —respondió el ventero—, que por estos contornos merodea la banda de Bar-Abás?

–Sólo sabía que había peligro de ladrones. Y ¿quién es ese Bar-Abás? –pregunté.
–Uno de los bandidos samaritanos más famosos que infestan estas regiones; roban a cuanto judío o galileo pasa al alcance de sus manos.
–Con razón tienen tan mala fama los samaritanos –dije.
–No todos son así, rabí –dijo el ventero–. Yo soy galileo, y conozco muchos samaritanos caritativos, y la prueba la tienes en el rabí Zabulón.
–¿Cómo es así? –pregunté, interesado.
–Que te lo cuente él mismo; ya está mucho mejor.
Nos acercamos al herido, el cual, después que le preguntamos por su salud, nos dijo:
–Yo soy doctor de la ley, y venía a Tiberíades desde Jericó, donde resido. Tomé el camino de Scytópolis, tratando de escapar de los ladrones, pues había oído decir que por Samaría merodeaba el infame Bar-Abás. Creía que ya estaba a salvo pasada la frontera, cuando fui asaltado por la partida de ese bandido. Traté de defenderme, y lo que saqué fue no sólo que me robaran cuanto llevaba, sino que me maltrataron, me hirieron y me dejaron por muerto. Pasaron por donde yo estaba tendido varios judíos y galileos sin hacerme el menor caso; entre otros, recuerdo a un levita y un sacerdote. Me daba ya por perdido, cuando se acercó a mí un hombre, cuyo lenguaje y vestido demostraban su origen; era un samaritano. No esperaba de él mejor tratamiento del que me habían dado sus paisanos, y creí confirmar mis sospechas cuando sentí que me desnudaba. Pensé que se iba a llevar lo poco que me quedaba de vestidos; pero me engañaba. Me habló, y viendo que aún estaba vivo, me dijo que nada temiera. Sacó de las alforjas de su borrico vino y aceite, y curó mis heridas. Luego me cargó, me puso sobre su asno y me trajo a esta posada.
–Y no paró allí todo –añadió el ventero–, a mí me dio dos denarios a cuenta de los gastos que hiciera este rabí mientras estuviera en la posada, y me prometió que, al volver de Nazaret, adonde iba, me pagaría lo que faltara.
–¿Y ese hombre era un samaritano? –pregunté.
–Sí, es samaritano, y se llama Manasés, le conozco mucho, pues pasa por aquí con frecuencia –respondió el ventero.
–Unos son los de la fama y otros los que cardan la lana, y cría fama y échate a dormir –dijo Quarto, que era muy afecto a proverbios.
Los judíos odian a los samaritanos, y los llaman endemoniados, y ellos no son para acudir a un paisano suyo en la desgracia.
–Tienes razón, Quarto –dije–. Mucho debe haber de falso en la idea que los judíos tienen de los samaritanos; aunque, sin duda, tiene algún fundamento; allí está Bar-Abás, samaritano.
–En todas partes se cuecen habas –respondió mi compañero.
Hacía poco que habíamos salido de la venta, cuando oímos pisadas de caballos que se acercaban, y pensé que serían los bandidos; por fortuna, era todo lo contrario.

—Salve, Rafael —me dijo el decurión que nos había acompañado hasta Jesrael—. ¿no te ha pasado nada?
—Afortunadamente, no —respondí.
—Acaba de saber mi centurión —dijo— que la banda de Bar-Abás andaba por aquí, y me mandó viniera a ver si algo te había pasado.
—Te agradezco mucho tu cuidado y se lo agradezco a tu centurión —respondí—. Creo que nada nos pasará, pues estamos ya en Galilea.
—Y, como dice el refrán —añadió Quarto—, no hay camino más seguro que el que acaban de robar.
—¿Cómo así? —dijo el decurión.
Le conté brevemente lo que le había pasado a Zabulón.
—Agradezco mucho tus informes —repuso—, sólo que desearía saber dónde se encuentran ahora esos bandidos,
—Mi decurión —dijo uno de los soldados que le acompañaban—, yo he estado de guarnición en la frontera bastante tiempo, y he oído hablar de una mujer que descubre secretos.
—¿Una bruja? —pregunté.
—Aquí la llaman pitonisa —respondió el soldado.
—Y ¿dónde está? —interrogué, muy interesado.
—Allí —dijo, apuntando una población cercana—, en Endor.
Volvimos la vista hacia donde señalaba el soldado, y yo pensé que realmente nos encontrábamos en un lugar histórico, recordando la fantástica historia de Saúl y la pitonisa.
—Cerca está, y yo, por mi parte —dije—, iré a verla.
—Vamos —repuso el decurión—, nada se pierde en consultarla, ya que nuestros arúspices no son acertados en esta tierra.
Bajamos al pueblo.
—¿Dónde vive Justa, la siriofenicia? —preguntó el soldado a un viejo que encontramos.
—¿La cananea?
—La misma —repuso el soldado.
—En esa casita, a la salida del pueblo —respondió el viejo.
Estaba la pitonisa Justa con una joven de aspecto enfermizo sentada a la puerta de una casucha. La joven estaba comiendo pan y arrojando las migajas que le sobraban a un perrito. La pitonisa iba vestida como las gitanas, con un traje muy llamativo y un pañuelo atado a la cabeza. Se levantó al vernos, nos hizo una zalema y dijo en arameo:
—¿A qué debe Justa, la pitonisa sirio fenicia, el honor de esta visita? ¿En qué puedo serviros?
—Queremos —respondí en la misma lengua —hacerte una consulta.
Nos miró a cada uno con todo detenimiento, y preguntó:
—¿No teméis entrar en el antro de la sibila?
—No —respondí, sonriendo—; antes será para todos un placer.

—Berni —dijo a la joven—, espérame aquí, y llama si algo necesitas —y volviéndose a nosotros, añadió con autoridad—: Seguidme.

A un lado había una cueva natural que se abría en la roca y tenía la entrada defendida por tosca puerta; la abrió, diciendo:

—Ésta fue la morada de la famosísima pitonisa de Endor, honrada con la visita del rey Saúl, disfrazado. Aquí le profetizó ella su derrota y su muerte, evocando a Samuel. Quieran vuestros manes seros propicios.

Entramos en la oscura cueva, y a la luz de un candil, vimos colgados del techo tres cocodrilos disecados y dos lechuzas vivas encerradas en una jaula. Por todas partes había calaveras y fémures de aspecto macabro. Se sentó en un trípode, encendió un manojo de virutas resinosas, que esparcieron refulgente luz, y dijo:

—¿Qué es lo que queréis consultar?

El decurión y su compañero, bastante supersticiosos, estaban inquietos. Yo, contentísimo, y Quarto, con incrédula sonrisa en los labios.

—Pregunta lo que gustes —dijo al decurión en latín.

—Desea saber —respondió, traduciéndole yo— dónde se encuentra a estas horas Bar-Abás y su cuadrilla.

La bruja echó unos polvos —supongo eran de brea— sobre los leños encendidos. Se produjo una gran llamarada. Hizo varios signos cabalísticos, y una voz que parecía salir de la jaula de las lechuzas dijo:

—Nada tienes que temer, bravo decurión, de Bar-Abás; no está en estas regiones: se encuentra ahora, con los suyos, cerca de Siquén.

—Bien informada está la bruja —musitó Quarto en latín.

—¿Otra pregunta más?

—Yo me quedo satisfecho —respondió el decurión— sabiendo que no están Aquí; no necesito preguntar otra cosa; marcho al punto para informar a mi centurión. Y, diciendo esto, salieron él y su ayudante, después de haber arrojado al suelo unas monedas de plata.

—Y tú, rabí —me dijo la pitonisa—, ¿quieres hacer alguna pregunta?

Yo no iba preparado, y quedé en silencio, pensativo.

—Dame tu mano —añadió la bruja—, que soy quiromántica.

La extendí mi mano izquierda, y ella, acercándola a la luz de leña encendida, después de observar las diversas líneas, dijo:

—Tú no eres de aquí como tampoco tu criado; venís de lejos.

Hice un movimiento afirmativo de cabeza, y ella prosiguió:

—Te preocupa la suerte de tu pueblo.

—Es verdad contesté, y ocurriéndoseme entonces una pregunta que hacerle, añadí—: ¿Cuándo vendrá el que ha de venir?

—Sigue a Juan el Bautista, y él te lo dirá —respondió la bruja.

—Bien informada está —repitió Quarto en latín.

—Las sibilas —añadió ella también en latín— lo tienen profetizado desde hace siglos, y el tiempo por ellas señalado para grandes eventos se ha cumplido. ¿Quieres conocer sus profecías? —me preguntó.

—No deseo otra cosa —respondí.
—Vas a conocer parte de sus secretos —prosiguió la pitonisa, y yendo hacia el fondo de la caverna, descorrió una cortina, detrás de la cual había un armario cuyas puertas abrió. Encendió dos candelabros de siete luces que había a uno y otro lado, y pude ver varios rollos de pergamino encerrados en preciosos estuches.
—¿Eres hebrea? —le pregunté, creyendo fueran las Santas Escrituras las contenidas en aquellos volúmenes.
—Soy pagana —contestó—, y lo que ven tus ojos no es la ley, sino los libros de las sibilas, que son nuestras profetisas. El original de estos escritos se quemó en el Capitolio, durante la dictadura de Sila, hace ya cien años; pero mi abuela, que tenía la misma profesión que yo, había mandado sacar copia de aquellos libros.
Tomando uno de ellos, y después de llevarlo a la cabeza con sumo respeto, lo desenvolvió, diciendo:
—La sibila Cumea.
—¿De la que habla Virgilio? —pregunté, curioso.
—La misma —respondió—. ¿Recuerdas aquellos versos del gran poeta: «Ultima Cumoei venit jam caminis aetas?»
—Los aprendí cuando estudiaba en Roma la égloga IV, y los recuerdo aún:
«Magnus at integro saeculorum nascitur ordo: jam redit et virgo, redeunt saturnia regna, jam nova progenies de caelo demititur alto, tu modo nascenti puero, quo ferrea primun desinet, ac toto surget gens aurea mundo, casta, fave, Lucina: tuus jam regnat Apollo»[7].

---

[7] Damos a continuación la traducción parafrástica de estos versos de Virgilio, hecha por don Tirso Sáenz:
Ya realizada está la profecía
que tu verso canto, virgen Cumea;
y desde el cielo a do emigrado había
retorna al mundo la piadosa Astrea;
nueva serie de siglos este día
el reino anuncia de Saturno y Rea,
y una nueva progenie, hijo del cielo,
viene a habitar en el mezquino cielo.
Un tierno niño de nacer acaba.
Favorécelo tú, casta Lucina;
y el orbe que con ansias le esperaba,
¡regocíjese ya!, por fin termina
la férrea edad que al mundo esclavizaba,
y hoy, que la áurea centuria se avecina,
respire el mundo, pues, de polo a polo,
impera ya tu afortunado Apolo.

¿Y crees tú –proseguí –que esto es una profecía?
–Que se refiere a la época presente –respondió con firmeza la pitonisa–, no me cabe la menor duda. Oye si no lo que profetizó hace más de dos mil años la sibila Pérsica:
«Tunc quoque vox quaedam venient per deserta locorum nuncia mortales miseros quae clament ad omnes ut rectos faciant calles animosque; repurgent a vitiis et aquis lustrentur corpora mundis...».
Fue tal la sorpresa que recibí al oír aquellas palabras, que quise convencerme por mí mismo que se hallaban escritas en el vetusto pergamino y no eran invención de aquella mujer.
–¿Me permites leerlo? –dije.
–Convéncete por tus propios ojos, y confirma el dicho de tu esclavo que estoy bien informada; sólo que mis informes son proféticos y datan de hace más de dos mil años. ¿No conviene eso exactamente a Juan, el que anda bautizando en la ribera del Jordán?
–Eso es lo que ha llamado mi atención. «Entonces –proseguí, traduciendo– vendrá una voz por el desierto que clamará anunciando a los míseros mortales que hagan rectos los caminos y purifiquen sus almas, regenerándose de los vicios por medio de la lustración de los cuerpos con aguas «cristalinas». Éstas son –exclamé– las mismas palabras de Juan el Bautista; éstas son sus obras.
–¿Entiendes ahora por qué te dije que si querías saber si ya ha venido «el que ha de venir a reformar el mundo, la progenie venida de lo alto, fueras a ver a Juan, cuya fama y obras han llegado a mis oídos?
–Y ¿hay más profecías? –interrogué ansioso.
–Muchas –respondió la mujer–; pero oye ésta, y la compara con las palabras del Bautista –y abriendo otro volumen de la sibila de Delfos, leyó: «Ipsus tuum cognosce Dominum qui vere Dei Filius est...»
–«Y yo testifico, ha dicho Juan –prorrumpí, turbado–, yo testifico que Éste es el Hijo de Dios». Esto es admirable, ¿qué significa?
–Oye lo que sobre el «que ha de venir» añade la sibila Europa: «Vendrá Él atravesando montes y collados; pasará por las fuentes de las selvas y reinará, en la pobreza; dominará en silencio y nacerá del vientre de una virgen».
–Aquí hay algo misterioso, no lo dudo, y que no comprendo –repuse.
–Pues hay otras profecías más misteriosas aún y que yo misma no las comprendo –prosiguió la pitonisa; pero, a su tiempo, resaltarán con toda claridad –y diciendo esto, envolvió los pergaminos y con respeto los puso en los estuches.
Alargándole una moneda de oro, le dije:
–¿Podré volver a consultar tus libros?
–Guarda tu oro, que no lo busco. Me basta haberte convencido de la verdad de las profecías sibilinas. Ven cuando gustes.
–¿Me permites que te haga aún otra pregunta?

—Las que quieras.
—¿Y tú misma crees que alguno ha de venir? ¿Tú lo esperas, aunque pagana?
—Lo espero y conservo en mi corazón la ilusión que lo he de ver, y que Él sanará a mi hija...
En aquellos momentos se oyeron unos gritos. La pitonisa salió desolada, diciendo:
—¡Mi hija, mi pobrecita hija! El *malo* la atormenta.
Salimos tras de ella, y pude ver tendida a la puerta y revolviéndose en el suelo a la pobre joven Berni echando espumarajos por la boca y gritando:
—¡El *malo* me atormenta!
Corrimos en su auxilio, tratando de sujetarla, pues era presa de terribles convulsiones; mas a un movimiento de la endeble chica, Quarto cayó por un lado y yo por otro. Nos levantamos, y, amostazados de vernos vencidos por una débil jovencita, tratamos de sujetarla de nuevo; pero fue peor el resultado. Despedido como por una catapulta, por poco me rompo la cabeza contra una piedra, y Quarto, al caer, se torció una mano.
—Dejadla en paz —nos dijo la afligida madre—, no podéis con ella, pues un espíritu inmundo la atormenta. Yo confío —añadió— que «el que ha de venir», aunque seamos gentiles, la curará.

* * *

—¿Qué te parece la bruja? —me preguntó Quarto.
—Inteligente —respondí.
—Me refiero a sus libros de profecías. ¿Crees que son auténticos?
—Los libros sibilinos son, ciertamente, muy antiguos, si bien esas profecías que nos leyó la pitonisa pueden ser interpretadas falsamente.
—Yo creo que es así. Sin duda, esa parte está tomada o de las Sagradas Escrituras, o bien de las noticias últimas que corren de boca en boca por toda Palestina —sugirió Quarto.
—Hay muchos escritores antiguos —dije— que las tienen por auténticas; pero es muy fácil que sea como dices. A mí, sin embargo, me bastan las Sagradas Escrituras —terminé.

19
EL GEMELO

Llegábamos cerca de la ciudad de Naím, cuando nos encontramos dos caminantes con los cuales trabó conversación Quarto, pues yo iba demasiado pensativo revolviendo en mi mente lo que había sucedido en la cueva de la pitonisa. Pronto congeniaron y se hicieron buenos amigos.

Uno de ellos, llamado Natanael, joven, rico, instruido y con ínfulas de doctor de la ley, iba a Caná, su pueblo; el otro, que se llamaba Dídimo y era de Séforis, iba a Nazaret, y de allí a Caná, para asistir a las bodas de Simón Zelotes, a las que yo había sido convidado también por José de Arimatea.

Al acercarme a la pequeña población de Naím, oí tales gritos y tan tristes lamentos, que me sacaron de mis meditaciones, y pregunté:
–¿Qué es aquello?
–Es un entierro, rabí –respondió Dídimo.

En efecto, haciéndonos a un lado del camino, pudimos presenciar la fúnebre procesión. Venían primero una docena de viejas encorvadas que derramaban en silencio lágrimas tan abundantes, que dije:
–Se ve que estas pobres deben haber perdido en el difunto a alguna persona que mucho amaban.
–Son lágrimas fingidas –repuso Dídimo por lo bajo–; el muerto les importa un comino; lo que les interesa es el denario que les dan por esta comedia.
–Pero las lágrimas no son fingidas –repliqué–, son verdaderas.
–Provocadas con cebollas. Si te acercas a ellas lo podrás comprobar fácilmente por el olfato. Yo así lo he hecho varias veces para cerciorarme del origen de tan abundante lloro.

Me cayó en gracia aquella salida de Dídimo, y luego conjeturé que mi interlocutor era persona práctica y que no se dejaba engañar fácilmente, por lo que me fue, desde luego, muy simpático.

Seguía un grupo de hombres y mujeres que se daban golpes de pecho y producían un ruido especial.
–Se meten bajo la ropa –explicó mi compañero– unas cajitas de madera y se pegan con unas tablillas, por eso suenan a palo. Yo mismo quise hacer una vez ese papel, y me dieron una cajita.
–¿Pagado también? –pregunté.
–Por supuesto. Aquí traen al muerto –añadió–, y será bueno que te tapes las narices, pues debe ya oler mal.
–¿De dónde sacas eso? –pregunté, intrigado.
–Porque los que vienen detrás ya han hecho lo mismo.

Me fijé, y, en efecto, varios de los que venían detrás traían los dedos en las narices. El muerto venía en unas angarillas formadas por unas tablas de madera y dos largos palos, a modo de andas, sostenidos los extremos por cuatro fornidos mocetones. El difunto iba envuelto en un sudario sujeto por anchas tiras que lo fajaban como a las momias egipcias. Inmediatamente detrás venía un nutrido grupo de músicos que tocaban flautas, plañideros y plañideras, que eran los que daban los gritos y exhalaban los lamentos que habíamos escuchado desde lejos.
–En medio del grupo de plañideras –continuó Dídimo– vienen los verdaderos dolientes a los cuales aturden con sus gritos esos hombres y mujeres, que lo tienen por oficio.

Pasó el lúgubre cortejo, muy numeroso para pueblo tan pequeño. Se ve que en estas ocasiones acompañaban al difunto la mayoría de los vecinos.

–Lo llevan a enterrar a una de esas cuevas que ves allí, en las afueras de la población –prosiguió mi compañero–. Lo colocan sobre un banco tallado en la roca que hay dentro, y luego mueven una gran piedra con que cierran la entrada.

–Y ¿cuánto tiempo dura el luto? –pregunté.

–Siete días rigurosos –respondió Dídimo–, y durante ese tiempo tienen los dolientes que observar un ayuno severo, y hacer limosnas a los pobres. Los amigos vienen a visitar a la familia para consolarla y obligarla a comer, pues los infelices sólo toman agua y pan contaminado.

–Y ¿por qué ha de estar contaminado? –pregunté, intrigado.

–Contaminado legalmente, pues, según los fariseos, durante siete días después de la muerte, todo lo de la casa del finado queda legalmente contaminado –respondió.

Habíamos entrado en la población, y al ir a atravesar por una calle, Natanael nos dijo que diéramos la vuelta y pasáramos por otra.

–¿Por qué es esto? –pregunté a Dídimo.

–Porque en esta calle debe estar la casa del difunto; mira –añadió– cómo están quemando los vestidos del muerto; y esa cosa blanca que ves en la mitad del arroyo es la levadura de las casas vecinas a, la del difunto, pues dicen –y recalcó mucho esta palabra– que el ángel de la muerte limpia su espada en la levadura.

–¿Y tú crees eso? –pregunté sonriendo.

–Por eso he dicho que dicen, pues yo no creo en esas consejas –respondió Dídimo.

–Tomás –dijo Natanael–, ¿vas a seguir a Caná, o te detienes en Nazaret?

–Pienso quedarme en Nazaret –respondió Dídimo.

–Yo tengo que ver a Phanuel. Y ¿por qué no vienes mejor a mi casa, a Caná?

–Porque voy a ser uno de los «amigos del esposo», así se lo he prometido a Simón; ya me contarás lo que te diga Phanuel.

–Pues entonces me despido –repuso Natanael, y, sin más decir, metió espuelas a su asno, y, bajando hacia el Tabor, se dirigió a Caná, mientras nosotros continuamos por el camino alto hacia Nazaret.

–Te ha llamado Tomás, ¿es que no te llamas Dídimo? –le pregunté.

–Soy de Séforis, pueblo donde se habla mucho el griego, y allí me llaman Dídimo, que quiere decir «gemelo», y lo soy de una hermana que vive en esa población. Natanael no ha hecho sino traducir mi nombre al arameo, y Tomás, en nuestra lengua, quiere decir «gemelo».

Recordando lo que Legendario me había contado del disgusto entre Simón y Natanael, dije a Tomás:

–Supongo que Natanael no irá a la boda de Simón.
–Y ¿de dónde conoces tú a Simón? –me preguntó sorprendido.
–A su boda voy invitado por José de Arimatea –respondí–. A Simón le conocí en la casa de aquél.
–Entonces, ¿ya sabes lo del disgusto entre ellos por causa de la novia?
–Lo sé, y por eso te decía que no esperaba fuera Natanael a las bodas.
–Pues te equivocas, porque sí va, lo mismo que yo.
–¿Han arreglado su asunto amigablemente?
–El asunto se ha arreglado de modo extraño, por la intervención de Jesús de Nazaret, sin que les haya dicho palabra.
–Me llenas de curiosidad. ¿No seré indiscreto si te pregunto lo que ha pasado?
–Natanael, que es antiguo amigo mío –replicó Dídimo–, me lo ha contado sin imponerme secreto; creo, pues, que podré contártelo.
–Te lo agradeceré sinceramente; este joven me interesa.
–Natanael –prosiguió Tomás– es uno de los mozos más ricos, más instruidos y más nobles de Caná, de donde es oriundo. Su familia posee muchos viñedos, por eso le conozco, pues yo soy vinatero. Tiene un defecto: es algo puntilloso, que orgulloso no lo es. Los desdenes de Salomé, a quien quería de veras, los hubiera sobrellevado con nobleza y resignación si los chismes y enredos de la gente de Nazaret no le hubieran exasperado, hiriendo su amor propio.
–¿Son muy chismosos los de Nazaret? –pregunté.
–Lo son mucho, y aún más son envidiosos; por eso tiene ese pueblo tan mala fama. Herido, pues, en su amor propio, Natanael se propuso desbaratar el matrimonio, ya que no había podido conseguir que Salomé le hiciera caso. Como es inteligente, había formado un buen plan para conseguir su objeto, y se regocijaba interiormente con el placer de la venganza, al considerar frustrado el matrimonio de la muchacha nazarena. Esperó pacientemente a que todo estuviera arreglado, y, para no precipitar sus planes, marchó a Jerusalén, y de allí al Jordán, a escuchar a Juan el Bautista.
–¡Qué hombre tan admirable! –exclamé.
–Admirable –repuso Dídimo–, tanto más, que, sin hacer milagros, mueve los corazones a penitencia. Le oyó Natanael, y empezó al momento en su alma una lucha terrible. Siguiendo los consejos de Juan, a quien expuso el caso, quería dejar en paz a Salomé y a Simón; pero su amor propio herido le aconsejaba lo contrario. El tiempo del matrimonio se acercaba y la lucha interior seguía más fuerte, sin decidirse mi amigo a ceder. En este estado de ánimo emprendió el regreso, deteniéndose en Betel para descansar.
–¿Es esa población donde Jacob tuvo el sueño en que veía a los ángeles subir y bajar del cielo por una escala? –pregunté.
–Precisamente, y por eso el patriarca le puso Betel, que significa «casa de Dios». No lejos del camino hay una gran higuera, y bajo ella se

sentó Natanael con el ánimo más turbado que nunca. Pensaba en la lucha que había tenido allí nuestro padre Jacob con el ángel, y le parecía que la lucha que sostenía él en aquellos momentos era mucho más terrible. Fatigado, y decidido a llevar a cabo su proyecto, se acostó en el suelo para descansar; pero en vano. Estaba en lo más fuerte de la lucha, cuando vio que venía por el camino un hombre...
—¿Con un albornoz blanco? —pregunté.
—Sí, llevaba cubierta la cabeza con un paño blanco. Se detuvo un instante delante de Natanael, como si fuera a hacerle una pregunta; pero no le dijo palabra, le miró tranquilamente y prosiguió su camino hacia Samaría.
Yo estaba muy interesado, pues llegué a sospechar que aquel hombre del blanco albornoz era el mismo que había señalado el Bautista, y no me engañaron mis presentimientos.
—Lo que pasó por mí en aquel momento, me decía Natanael —prosiguió Dídimo—, es imposible de explicar. La lucha cesó de pronto, y a la agitación interior siguió una paz tranquila y profunda. No había la menor duda; el asunto estaba resuelto, pero ahora a favor de los novios; los dejaría yo en paz. Con el ánimo ya quieto, recosté mi cabeza sobre una piedra, me dormí y empecé a soñar en las bodas de mi amigo, viendo la casa donde se verificaba llena de angeles que subían y bajaban del cielo.
—Veo perfectamente el doble germen del sueño —dije yo, dándomelas de psiquiatra.
—No supo cuánto tiempo permaneció dormido. Despertó súbitamente, porque alguien le hablaba, y al abrir los ojos, vio a Felipe de Betsaida, su gran amigo, que le decía:
«En tiempo de nuestro padre Jacob no había nadie por estos rumbos; pero ahora no es lo mismo, fácilmente puede robarte alguno si te encuentra dormido. Te traigo una buena noticia —prosiguió Felipe—: *Hemos hallado a aquel de quien escribieron Moisés en la ley y los profetas:* a *Jesús de Nazaret, hijo de José».* La noticia hizo poca gracia a Natanael, quien, por todo lo dicho, puede juzgarse la baja opinión que tenía de los nazarenos.
—Y con sobrada razón personal —dije yo.
—Por toda respuesta —continuó Tomás— respondióle Natanael con el tono más despectivo que pudo: «*¿De Nazaret puede salir algo bueno?»* Felipe es hombre práctico, y viendo la incredulidad de su amigo, le dijo lacónicamente: «*Pues ven y lo verás».* Emprendieron los dos el camino, y, al llegar a Gálgala, se encontraron a Jesús de Nazaret hablando con algunos que le habían seguido. No bien vio Jesús a Natanael, dijo a los que con Él estaban: «*He aquí un verdadero israelita en quien no hay engaño».* La sorpresa de Natanael fue muy grande al escuchar aquellas palabras de un hombre desconocido; y así, le preguntó: «*¿De dónde me conoces?»* A lo cual respondió Jesús: «*Antes que te llamara Felipe, cuando estabas debajo de la higuera, te vi».* La emoción que sintió Natanael al oír aquellas palabras debió ser profundísima, pues cuando el otro día me contaba a mí

lo que le había ocurrido, le temblaban las rodillas −continuó Tomás−. Figúrate, me decía, cuál debió ser mi sorpresa al comprender que aquel hombre, del todo desconocido para mí, había penetrado hasta lo más íntimo de mis pensamientos. No necesitó decirme lo que me había pasado cuando me miró; yo tenía certeza de que, mejor que yo, lo sabía Él. Y al mirarme de nuevo cuando me hablaba, volví a experimentar la misma sensación de tranquilidad suma que había experimentado cuando me miró bajo la higuera.
 −Y ¿qué hizo Natanael? −pregunté, interesadísimo.
 Los ojos de Tomás, el incrédulo, brillaban de modo extraño cuando respondió a mi pregunta:
 −*«Maestro*, dijo Natanael, regocijado en extremo, me contaba él mismo, *Tú eres el Hijo de Dios»*. Sentí que mis rodillas se doblaban, prosiguió Natanael; y entonces, en un momento sublime de religioso patriotismo, exclamé triunfante: *«Tú eres el Rey de Israel»* −dijo Tomás.
 −Y ¿qué respondió Jesús? −pregunté−. ¿Admitió que Él era el Hijo de Dios, como le había llamado Juan? ¿Qué hizo aquel hombre al verse proclamado por Rey de Israel?
 −La misma pregunta le hice yo a Natanael −respondió Tomás−. Aquí viene aún lo más extraño, me respondió Natanael; en lugar de admitir el título de Rey, en vez de confirmar que Él era el Hijo de Dios, me dijo, mirándome de una manera indecible: *«Porque te dije que te vi debajo de la higuera, crees; pues mayores cosas verás»*.
 −Luego admitió Jesús −repliqué yo−, que era Él Hijo de Dios, cuando dijo a Natanael que había creído.
 −La misma observación le hice yo a mi amigo −repuso Tomás−. Espera, continuó Natanael, que aún no he terminado. ¿Recuerdas que te dije que estaba yo en Betel, donde nuestro padre Jacob tuvo la visión de los ángeles que subían y bajaban, y que en esto había yo estado pensando? Pues bien: Jesús, penetrando de nuevo lo más íntimo de mis pensamientos, añadió: *«En verdad te digo que verás el cielo abierto y las ángeles subir y bajar»*.
 −La misma visión de Jacob −interrumpí.
 −No, no −repuso Tomás−, no dijo eso Jesús a Natanael, sino: *«Veréis a los ángeles subir y bajar sobre el Hijo del hombre»*. Y Natanael, que es muy versado en las Sagradas Escrituras, añadió, explicándome ese título: Así llama Daniel *al que ha de venir*.
 −¿Es este Jesús, entonces, *el que ha de venir?* −pregunté, entusiasmado.
 −Así lo ha dicho Juan −repuso Tomás−, y aunque para mí el testimonio del Bautista es de mucho peso, yo aún no lo creo; tengo que convencerme con mis propios ojos. Por eso voy a Caná, pues Jesús estará allí, en las bodas de Simón; voy a observar, voy a ver lo que hace el Hijo de José, el carpintero.

—¿De suerte que ese Jesús es nativo de Nazaret? —repliqué—. Y ¿no dicen los profetas que el Redentor de Israel había de nacer en Belén?

—Esa misma es la objeción que hice yo a Natanael —respondió Tomás—; e intrigado con esta dificultad, ha ido mi amigo a consultar con un tío suyo muy viejo, Phanuel, quien conoce a todo el mundo en estos contornos.

—¿Dices que este Jesús es Hijo de María, la esposa de José el carpintero? —pregunté, evocando el recuerdo de lo que me habían contado los pastores.

—El mismo —respondió Tomás, sorprendido.

—Pues, mi querido amigo —le dije—, no te quepa la menor duda: ese Jesús a quien te refieres no nació en Nazaret.

—Entonces, ¿dónde nació? —interrogóme Tomás, ansioso.

—En Belén de Judá —le respondí triunfante—, como lo había profetizado Miqueas.

20
LAS BODAS

Tendida en forma de anfiteatro al pie de altas colinas, con sus casas como grandes dados blancos, sus huertos sembrados por olivos e higueras y sus cercados de nopales con flores rojas y amarillas, se presentó a mis ojos la pintoresca población de Nazaret, que significa «retoño» o «brote florido»; esto es, un renuevo de cuyo tronco nace una flor. En lo alto de la colina brota abundante fuente, cuyas aguas recoge un tazón cavado naturalmente en la roca. A esta fuente vienen por agua las mujeres del pueblo cuando el sol asoma tras las montañas de Moab o se va a ocultar tras el Carmelo. Nosotros llegamos a la caída de la tarde, y pudimos disfrutar de la pintoresca vista que ofrecen las jóvenes de trajes policromos y que, cántaro al hombro, se dirigen en grupos a la fuente. Nos detuvimos a corta distancia. Las chicas hablaban de las bodas de Salomé, criticando a los fastuosos habitantes de Caná por el derroche de lujo con que se decía iba a celebrarse el gran banquete, sólo para apocar a los nazarenos, según juzgaban ellas.

Tomás, como nacido en Séforis, conocía a algunas, y las saludaba, dándome sobre ellas y sus familias datos *chismográficos* que no me interesaban. Íbamos ya a marchar, cuando mi amigo me detuvo, diciendo:

—¿Quisieras conocer a la Madre de Jesús?

—¡Cómo no! —exclamé.

—¡Pues aquí viene por agua.

En efecto, se acercaba en aquellos momentos una matrona, como de cuarenta y seis años, la cual, en medio de su sencillez y modestia, tenía un

porte majestuoso. Tomás la saludó con todo respeto, y Ella, con una voz de lo más simpática y armoniosa, respondió al saludo añadiendo:
—Supongo, Tomás, que habrás venido a las bodas de tu amigo Simón.
—Así es, Señora —respondió el aludido—, y mi amigo Rafael también ha venido con ese objeto, invitado por José de Arimatea.
Hice yo una profunda reverencia por saludo, y Ella, después de corresponder a mi cumplido con una inclinación de cabeza, dijo:
—Pero deberéis tener sed, lo mismo que vuestras cabalgaduras —y sacando agua de la fuente, nos ofreció de beber, y luego, sacando más, la vertió en un abrevadero que está cercano. Acudieron sedientas nuestras cabalgaduras, y Ella, con todo desembarazo, empezó a quitarles los bozales, adelantándose a Quarto, quien, a la vista de aquella mujer, se había quedado con los brazos cruzados.
—Voy —dijo María— a atender a Salomé y ayudarla a vestir el traje nupcial, y necesitamos agua abundante para las abluciones.
—Si quieres, Señora —repuso Tomás—, yo vendré por más agua para que tú no te molestes.
—Estoy a esto acostumbrada —dijo ella—; pero si tú fueras tan bueno y venir por más, te lo agradecería, pues, como te he dicho, tengo que ayudar a Salomé; es una excelente muchacha.
Me ofrecí yo también a hacer lo mismo, poniendo a su disposición a Quarto, quien oyó esto encantado.
—Ya que sois tan buenos, acepto vuestra ayuda; pero será para llevar un canasto de panecillos que estoy preparando para el banquete de mañana; soy pobre, y ése será mi regalo de boda.
—Señora —repuse yo—, nos tenéis enteramente a vuestras órdenes.
—Mil gracias —dijo María, echándose el cántaro al hombro—, tengo que irme ya, pues Salomé espera. Y tú, Tomás, ¿serás tan bueno de ayudarme mañana en el banquete?
—Lo que dispongas, Señora —respondió Tomás—; te serviré en cuanto pueda.
—Pues entonces —dijo Ella graciosamente—, te espero en Caná, y a vosotros también os espero aquí mañana para llevar el canasto.
—Para eso y para lo que gustéis mandar —dijimos al propio tiempo Quarto y yo.
El sol declinaba tras las montañas del Carmelo, e iluminaba a María reflejando sus rayos en los cabellos castaños surcados por hilos de plata que a la espalda llevaba sueltos la nazarena.
—¡Qué ojos tan hermosos los de esa mujer! —exclamé cuando María se había alejado—, y tienen una mirada tan dulce, tan pura, tan inocente, que ha penetrado hasta el fondo del alma y me ha dado una sensación indefinible de paz.
—No me extraña que te haya causado María esa impresión; a todos nos pasa lo mismo, y es tal su bondad, que la derrama por sus pupilas. Aun las

mismas nazarenas, sus paisanas, a pesar de lo chismosas que son, la respetan y, lo que es más, la aman. Todos en este pueblo y los vecinos se deshacen en elogios de Ella –dijo Tomás.

–Pues por lo que a mí toca –repuso Quarto, que la había ido siguiendo con la vista hasta que se ocultó en una calle del pueblo–, doy por bien empleada mi visita al chismoso pueblo de Nazaret; y te digo, Tomás, que gustoso me quedaría yo a servir a esta Señora por toda mi vida. No sabes, dómine, cuánto te agradezco que me hayas puesto a sus órdenes –y el buen hombre me decía estas palabras profundamente conmovido.

* * *

Eran ya las diez de la noche, y el novio no llegaba. Varias jovencitas esperaban impacientes la llegada de Simón, pues las lámparas de aceite que traían para alumbrar al novio a su entrada en la población se les habían apagado. Unas, más previsoras, llevaban alcuzas con reserva de aceite; pero otras no llevaban nada, y así tuvieron éstas que ir por aceite; mientras tanto, llegó el novio con sus amigos. Entramos todos los presentes, y se cerraron las puertas de la casa de Salomé; iba a verificarse la ceremonia, y nadie debía entrar durante ella. En vano, pues, llamaron a la puerta las jovencitas imprevisoras que habían ido a comprar aceite para sus lámparas; la puerta permaneció cerrada.

Seríamos unas treinta las personas que presenciamos la ceremonia, pues la casa de la novia es pequeña. Subimos al piso superior, y en una sala bastante capaz adornada con lamparitas colgadas del techo y festones de flores en las paredes, estaba el magnífico dosel o pabellón nupcial –prestado por José de Arimatea–, bajo el cual estaban dos elegantes sillones para los novios. José, que hacía de «amigo del esposo», vestido con una túnica riquísima, al lado de la novia, esperaba, algo impaciente, la llegada de Simón, que se había retrasado más de lo acostumbrado. Cuando éste llegó, escoltado por sus amigos, «los hijos del esposo», entre los cuales iban Tomás y Natanael, José hizo entrega formal de Salomé. Desde luego me llamó la atención el traje de la novia, pues iba tocada con un velo tan espeso, que impedía distinguir sus facciones y aun el riquísimo vestido; el velo cubría enteramente su figura, y sólo se veía en la cabeza la corona de desposada. Un viejecito llamado David, que estaba a mi lado, me dio algunas explicaciones en voz baja:

–La novia –me dijo–, según el ritual, ha tomado un baño, después del cual ha sido ungida con los más ricos perfumes, regalo de Verónica y Berenice, las sobrinas de José.

–Con razón –dije yo– huele toda la estancia a esencia de violetas.

–Por eso, Salomón compara a la novia –prosiguió David– a una nube de incienso flotante sobre la tierra. Lleva una vestidura blanca bordada de oro, adornada con riquísimas joyas y ceñida con el cíngulo de doncella, que sólo su esposo puede desatar. Su largo cabello, ungido con aceite oloroso, le cae libre a las espaldas; pero todo lo cubre el velo en que va envuelta.

La ceremonia comenzaba, y mi compañero tuvo que callar. Simón, vestido con magnífica túnica de boda y un turbante rodeado de rica corona, tomó a Salomé de la mano, y la llevó bajo el dosel. El escriba leyó el acta de los esponsales contraídos meses antes, y al terminar todos, de conformidad, dijeron «Amén».

Un viejecito, llamado Judá, abuelo de Salomé, pues su padre había muerto, tomó entre las suyas las manos de los contrayentes, y, elevando sus ojos al cielo, pidió a Yahvé para ellos toda clase de bendiciones. Luego tomó de manos del novio un anillo, le impuso su mano, y, devolviéndolo al joven, éste lo colocó en el dedo de la desposada. Se sentaron los novios, que hasta entonces habían estado en pie, y José, tomando una copa de vino generoso, después de elevarla al cielo, pidiendo otras nuevas bendiciones para los novios, se la dio a Simón, el cual, después de beber en ella, levantando el velo de Salomé, hizo que bebiera. El novio bebió otra vez lo que quedaba, después de lo cual arrojó la copa al suelo, haciéndola pedazos.

–¿Qué significa eso de la copa rota? –pregunté por lo bajo a David.

–Que no puede haber cumplido gozo en ninguna familia israelita mientras la ciudad santa de Jerusalén permanezca en manos de los infieles –respondió el anciano.

Volvió Judá a orar pidiendo más y más bendiciones para los esposos, y, terminando las peticiones, que son en número de siete, se dio por concluida la ceremonia. Entonces, el escriba leyó el acta matrimonial, al fin de lo cual dijeron: «Amén». Después trajeron copas con vino generoso, y todos bebimos en honor de los desposados.

–Vamos ya –dijo con voz solemne José de Arimatea–. Ábranse las puertas.

Y, encabezando la procesión nupcial, salió José seguido inmediatamente de los recién casados; tras éstos, las jóvenes con sus lámparas; en seguida, «los hijos del esposo», y luego lo restante de la concurrencia.

Al salir vi con pena a las pobres muchachas que habían llegado tarde. Se unieron, sin embargo, a la comitiva, que fue engrosada por una gran multitud de hombres y mujeres con linternas y hachones en las manos.

Tan pronto como aparecieron los novios en el umbral de la casa, empezó a caer sobre ellos una lluvia de trigo, mientras varias mujeres repartían entre los concurrentes unos paquetitos que contenían zahína tostada.

–Y esto, ¿qué significa? –pregunté a David.

–El trigo –respondió– significa la fecundidad, y la zahína tostada que la novia es doncella. En los matrimonios de las viudas se suprimen estos agasajos.

I. EL QUE HA DE VENIR-20. LAS BODAS

* * *

La procesión nupcial no podía ser más pintoresca. La noche era tibia, y las estrellas, titilando como diamantes, esparcían una misteriosa luz que mitigaba las tinieblas. El camino de Nazaret a Caná estaba sembrado de infinidad de ambulantes antorchas, pues mientras la gente del primer pueblo acompañaba a la novia que marchaba, otra multitud igualmente luminosa salía de Caná a recibir a los novios que venían. José de Arimatea, en magnífica cabalgadura, iba abriendo plaza, y las joyas que sobre sí llevaba brillaban como otras tantas estrellas a la luz de las antorchas. Seguían los recién casados en sendas caballerías con ricas gualdrapas, y tras de ellos iba la multitud, que los aclamaba. Al llegar a la mitad del camino, encontró la comitiva a los músicos, que tocaban flautas, arpas y cítaras, entonando el himno nupcial de la Esposa de los Cantares.

Al fin llegamos a Caná. La población estaba adornada con faroles, y el suelo tapizado de hojas y flores. Se dirigió la comitiva a casa de Simón –que no era otra que la antigua morada de Verónica–, uno de los mejores edificios de la población.

–Ya vienen los novios –gritaba la gente–, salid a recibirlos.

Y en medio de estas aclamaciones penetramos en la casa. Era ésta un espacioso edificio con un gran patio rodeado de su peristilo y colgado por todas partes con lamparitas y festones de flores. En dicho patio se habían dispuesto los divanes, bajo los corredores, para el banquete del siguiente día.

A uno y otro lado de la entrada principal del patio había seis hidrias o grandes vasijas de piedra de ancha boca, llenas de agua para las indispensables abluciones y purificaciones rituales. Estas vasijas eran tres de cada lado: las menores tenían la capacidad de ochenta litros, y las más grandes, ciento veinte, lo que daba un total de seiscientos litros entre todas.

Entramos en el patio solamente los invitados de uno y otro pueblo, pues la multitud se quedó fuera. Felipe de Betsaida, a quien encontré allí, me dijo que él había contado a los invitados, y pasábamos de setenta. Después de haber bebido un vaso de vino en honor de los nuevos esposos, José de Arimatea nos dijo que los recién casados se iban a retirar, y él los acompañó hasta la puerta de la cámara nupcial, que estaba en el piso superior. Los invitados seguimos haciendo copiosas libaciones en honor de los novios hasta bien entrada la noche.

* * *

–¿Quieres, dómine, venir conmigo a Nazaret, o voy yo solo?
Con estas palabras me despertó Quarto bien de mañana.
–¿Para qué? –pregunté, desperezándome.
–¿Cómo para qué?

–¡Ah!, sí, tienes razón –respondí, acordándome de nuestro compromiso–. Mejor será que vayas tú llevando mi cabalgadura para que en ella venga la Señora, y tú traerás cargando en la suya el canasto con los panecillos.

Así lo hizo, en efecto, y una hora más tarde llegó el buen viejo a pie, tirando del cabestro mi magnífico asno, en el cual venía María de Nazaret; sobre el de Quarto venía el canasto con los panecillos.

Tan pronto como María llegó, se fue a inspeccionar la sala, o más bien el patio del convite, y, acompañada de Verónica, Berenice, Juana, la esposa de Chuza, y otras varias mujeres, empezaron a disponer todo lo necesario para el banquete. Tomás, según lo había prometido, se presentó también, y María le rogó que se encargara del vino.

Aunque el banquete debía empezar a las dos de la tarde, los invitados comenzaron a llegar desde temprano para escoger sus asientos; temían que, habiendo tanto convidado, no les fuera a tocar buen lugar. Todos venían de etiqueta, esto es, con el vestido propio para las ceremonias nupciales, después de haberse bañado. Por consejo de David, yo había hecho lo mismo, pues me indicó que en esto eran tan quisquillosos, que fácilmente no me admitirían o quizá hasta me echarían fuera si no iba yo debidamente vestido.

A las diez de la mañana el patio estaba lleno de convidados. Al llegar, cada uno se sentaba en bancos arreglados para este efecto; unos sirvientes les quitaban las sandalias, y las guardaban ordenadamente como nosotros hacemos con los sombreros. Otros lavaban los pies de los invitados, sacando agua de las hidrias. Después de esto, descalzos, pisando por pasadizos alfombrados, iban los huéspedes a recostarse sobre largos canapés o divanes guarnecidos con almohadones, que forman al propio tiempo los asientos y la mesa del convite. Aunque yo había llegado de los primeros, escogí uno de los últimos lugares, cerca de la entrada, con objeto de observarlo todo. En cambio, la mayoría de los invitados noté que se daban prisa para escoger los mejores asientos. Me fijé especialmente en un fariseo flaco y desmedrado, llamado Isacar, oriundo de Nazaret, que se fue a sentar junto al lugar que debía ocupar el novio. Se habían formado diversos grupos, y como hacía calor y todos hablaban sin cesar, empezaron a pedir vino para remojar la palabra.

–No te extrañe –me dijo David, que estaba junto a mí– que aquí se beba tanto; estamos en tierra de vinateros.

–En Hispania –dije– he visto a la gente beber vino todo el día en vez de agua; así es que esto no me llama la atención.

Tomás, como hemos dicho, era el encargado del vino, y mandaba constantemente a los criados que llenaran las copas de los invitados. Éstos, según la antigua costumbre, desde los tiempos de Sansón, empleaban el intervalo antes del banquete en decir chistes, proponer enigmas y hacer apuestas, mientras libaban los mejores vinos del esposo. La conversación se había hecho general, por grupos, en los que, como he dicho, se propo-

nían enigmas más o menos complicados. De pronto, el vejete fariseo, que se había sentado en el primer lugar, gritó:
—Apuesto seis ovejas a que ninguno me descifra un enigma.
De todas partes se oyeron gritos que decían: Que hable Isacar; que proponga su enigma; yo apuesto una docena de chivos; pues yo le apuesto una ternera contra sus seis ovejas; que hable, que hable.
Se levantó Isacar, y con voz aguardentosa, dijo:
—¿Cuál es el animal que cuando es chiquito anda a cuatro pies, cuando se ha desarrollado anda con dos y cuando está muy viejo anda con tres?
Al oír yo aquel antiquísimo acertijo de la esfinge, me eché a reír, y se me ocurrió contestarlo al punto; pero tuve por mejor callar y observar lo que pasaba; yo no lo hubiera creído; todos aquellos buenos israelitas no daban en el clavo, y, uno tras otro, iban perdiendo, uno sus chivos, otro su ternera, éste una docena de palomas, aquél varios litros de aceite, en tanto que el vejete se frotaba las manos de contento.
Pasamos en esto una hora, y al fin, viendo que nadie acertaba, y no queriendo que Isacar, que me era antipático, fuera a triunfar, grité:
—Esta bolsa con monedas de oro contra todas las apuestas; yo resuelvo el enigma.
Todos los ojos se volvieron hacia mí.
—Que lo resuelva el forastero —gritó uno.
—Que el israelita de la Dispersión suelte el enigma —gritó otro.
Entonces, poniéndome en pie, dije:
—El hombre.
Todos soltaron una carcajada, creyendo que había yo errado; sólo el vejete se puso amarillo de cólera.
—¿Tengo o no razón? —exclamé, molesto.
—No, no —gritaron algunos.
—Que lo explique —dijeron otros.
—La cosa es muy sencilla —repuse, imponiéndome a todos—. El hombre, cuando niño, gatea, esto es, anda a cuatro pies...
—Bien, bien —dijeron algunos.
—Cuando se desarrolla anda con dos —añadí.
—Pero ¿cómo anda en tres? —preguntó otro.
—Cuando viejo —concluí— anda apoyado con su bastón..., con tres.
Aquello fue una verdadera ovación en mi favor, y sólo Isacar, royéndose las uñas de despecho, dijo:
—Ahora tú, que eres tan sabihondo, propón algún enigma, que yo te lo resolveré, y apuesto otros seis borregos.
—Pues yo vuelvo a apostar esta bolsa con monedas de oro, y se la daré al que resuelva el enigma que voy a proponer.
—Que hable, que lo proponga.
—El enigma es bien sencillo —dije—: ¿Qué cosa tiene el molino que para nada lo necesita, y, sin embargo, sin él no se puede mover?

–Si no puede moverse sin él –dijo Isacar– es porque lo necesita; eso es una paradoja.

–Resuélvelo tú, Isacar, si puedes –dijo uno de Caná, pues el vejete era de Nazaret–; resuélvelo, y es tuya la bolsa.

Por no hacer el cuento largo, estuvimos con el enigma hasta la hora de comer, sin que nadie pudiera resolverlo. Viendo yo que el tiempo apremiaba, dije:

–¿Se dan todos por vencidos?

Cuando convinieron, añadí:

–El ruido. Siempre lo tiene el molino, de nada le sirve y sin él no se puede mover.

–Es verdad, es verdad –gritaron todos.

–¡Qué ingenioso y qué sencillo! –dijeron otros.

–El israelita de la Dispersión ha triunfado –gritó David, mi compañero, y la segunda ovación que me hicieron fue mucho más ruidosa que la primera.

Llevábamos ya tres horas de estar bebiendo vino en abundancia, cuando entró el arquitriclinio, que no era otro que Chuza, el mayordomo de Herodes, casado con Juana, tía de Salomé. Tras él venía José de Arimatea acompañando a Simón, el novio. El banquete iba a empezar. Todos nos pusimos en pie aclamando al recién venido.

–¿Y la novia? –pregunté a David.

–Las mujeres comen aparte, y ellas celebran solas a la desposada –respondió.

Nos sentamos, o más bien nos reclinamos en los divanes, después que el arquitriclinio hubo dicho el salmo acostumbrado antes de comer.

Entonces Chuza pronunció las siguientes palabras, glosa de las del *Eclesiástico* en el capítulo 32: «*Me han hecho director del convite, pero no debo engreírme. Cuidaré bien de todos, y, después que haya cumplido con mi oficio, me sentaré a la mesa, recibiendo como premio la corona de flores del esposo. A mí, como arquitriclinio, me toca hablar el primero; hablaré prudentemente, no estorbaré con largo discurso la armonía de los instrumentos músicos que nos alegran. No quiero vana ostentación de saber, teniendo presente que donde no hay quien escuche voluntariamente, no se deben echar las palabras al viento. Alegraos con la música y con el vino, pues éste regocija el corazón, y un concierto de música en un espléndido convite es como un rubí engastado en oro. Y la melodía de los cantares, junto con el beber alegre y moderado, es como una esmeralda engastada en rico anillo*».

Terminó Chuza su breve discurso, y todos dijeron: «Amén».

Empezó el banquete.

El arquitriclinio se ocupaba principalmente en trinchar los manjares que debía comer el novio, y, después de haberlos probado, se los pasaba a

Simón. En seguida iba Chuza de grupo en grupo, viendo que nada faltara a los convidados.
Todo marchaba perfectamente, y una sana alegría reinaba entre los concurrentes. Tomás, sin embargo, estaba sumamente inquieto: el vino se acababa.
Estando en esto, llegaron media docena de invitados cuyos lugares vacíos estaban junto al mío. Se sentaron, procurando no llamar la atención. Mucho gusto me dio volver a ver a Simón y a Andrés, los hijos de Jona, de Cafarnaún, que tomaron asiento a mi vera.
—¿Ves aquel que está al fin de la mesa? —me dijo David.
Como estábamos en la misma fila, no me fue posible verle enteramente.
—¿Quién es? —pregunté.
—Jesús de Nazaret —respondió el anciano.
El corazón me dio un vuelco, y traté de verle mejor; pero no lo pude conseguir. Juan y Jacobo, los hijos del Zebedeo, estaban junto a Él, y no me dejaban examinarle como hubiera deseado.
—¡Vino! ¡Vino! ¡Vino! —empezaron a gritar por diversas partes.
Tomás se acercó a mí, y me dijo:
—No sé qué hacer, ya no hay vino.
Me decía esto cuando observé que miraba hacia la puerta; allí estaba María, la Madre de Jesús, que le hacía señas llamándole. Tomás acudió a la puerta; luego volvió, y, dirigiéndose a Jesús, le dijo que su Madre quería hablarle. Se levantó Jesús, y le seguí con la vista. Como estaba yo muy cerca de la puerta, pude oír que María le decía:
—*No tienen vino.*
—Como tú —le respondió Jesús—, ya lo he notado, Señora; pero qué vamos a hacer; aún no ha llegado mi hora.
María miró a su Hijo de una manera tan expresiva, que me conmovió. Yo no podía ver el rostro de Jesús, pues me daba la espalda; pero oía a María, que decía a Tomás:
—*Haced todo lo que Él os diga.*
Entonces Jesús dijo:
—*Llenad de agua las hidrias.*
Tomás se quedó perplejo, y María volvió a repetirle:
—Haced lo que os ha dicho.
Tomás se encogió de hombros, y salió. La fuente no estaba lejos, y María tomó la primera su cántaro, y fue a sacar agua, ejemplo que siguieron todas las mujeres que la acompañaban y varios de los sirvientes. En pocos minutos las grandes tinajas de piedra quedaron llenas hasta rebosar.
Jesús estaba viendo esta maniobra, y cuando terminaron dijo:
—*Tomad de allí, y llevadlo al arquitriclinio.*
Tomás, al oír esto, se sonrió, pensando que aquello era una broma de mala calidad. María, que lo había notado, le repitió:

—Haced lo que Él os ha dicho.

Mientras esto pasaba a la entrada del salón, Chuza estaba ocupado en un asunto desagradable. Como hemos visto, Isacar se había asentado junto al novio en el lugar reservado para Jesús. Mientras Éste no había llegado, Simón no dijo nada; pero al ver de lejos a Jesús sentarse en el último lugar, llamó a Chuza, y le rogó que viera lo que hacía para que Jesús, el invitado de honor, se fuera a sentar en el lugar que le correspondía. El buen arquitriclinio juzgó que lo más prudente era rogar a Isacar que se hiciera a un lado para hacer lugar al que acababa de llegar. El fariseo, de malísima gana, se arrimó algún tanto, y lo propio tuvieron que hacer los que seguían. Cuando el sitio estuvo preparado, Chuza se dirigió a Jesús, quien ya había vuelto a recostarse en el último asiento, y le dijo:

—Sube, amigo, al lugar que te corresponde; el novio te lo suplica.

Entonces Jesús, siguiendo a Chuza, se dirigió a la cabecera de la mesa por la parte de atrás de los divanes. Yo le vi pasar; iba vestido con la túnica nupcial reglamentaria. Su hermoso rostro, perfectamente sereno, estaba lleno de majestad, y no daba ni la menor señal de orgullo por la distinción que se le hacía. Reclinóse en el lugar que Chuza le señaló, y se puso a conversar con el esposo. Al reconocer Isacar al Hijo del carpintero y ver que le daban la preferencia, se volvió en su asiento, amarillo de envidia, y con la mayor grosería le dio la espalda.

—¡Vino! ¡Vino! ¡Vino! —gritaban por todas partes.

Tomás, a pesar de la segunda insinuación de María, persuadido de que aquello era una broma que daba al arquitriclinio, llevándole agua en vez de vino, se había quedado sin saber qué hacer. Entonces María dijo a uno de los criados:

—*Haced lo que mi Hijo os ha dicho.*

El sirviente metió una copa de cristal en una de las hidrias donde acababa de echar agua, y... por poco tira la copa por la sorpresa, la sacó llena de vino. Yo que todo esto estaba presenciando, no me quedé menos sorprendido; pero el que quedó más admirado que ninguno fue el mismo Tomás. Se abalanzó a la copa que el criado tenía en la mano, y, como buen catador, miró el color de oro del líquido, luego lo olió para percibir la fragancia, y, finalmente, lo cató varias veces. No queriendo creer lo que veía y gustaba, fue catando el vino contenido en las seis hidrias. Todo era de la misma excelente calidad y de lo más añejo. Simón, Juan y sus hermanos que junto a mí estaban y habían visto, como yo, lo acaecido, se levantaron de sus asientos, y fueron a meter sus copas en las tinajas. No volvían en sí de la sorpresa; aquello era vino, y de la mejor calidad. Simón, entusiasmado, me llevó una copa para que lo probara, y mi sorpresa no fue menor que la de ellos. Era un vino como yo no había probado mejor ni en Hispania, ni en Italia, ni en Grecia. La copa me temblaba en la mano por la emoción.

Tomás, cuando se hubo persuadido que aquella agua que él mismo había puesto en las tinajas se había convertido en vino, miró a Jesús, quien tranquilamente hablaba con el esposo. En el acto se dirigió, copa en mano, a la cabecera de la mesa donde estaba el arquitriclinio, en medio de los gritos, cada vez más insistentes de: «¡Vino! ¡Vino!», que salían de todas partes. Sin decir palabra, se la dio a Chuza, y éste la probó, quedándose admirado. Acercóse al esposo, y, haciendo que probara el vino, le dijo:

–*¿Qué es esto? ¿Por qué no has mandado poner antes este vino? En todas partes se ponen los mejores vinos al principio, y cuando ya están los convidados en estado de no saber distinguir lo que beben, se les pone cualquier vino, pues lo que quieren es beber, sea lo que fuere. Y tú has dejado este excelentísimo vino para el fin, cuando ya muchos están medio ebrios.* Ni en casa de Herodes he probado yo un vino semejante.

Mientras tanto, Tomás no hacía otra cosa que mirar a Jesús, quien, comiendo tranquilamente, parecía no haber tenido parte en lo que había ocurrido. Yo miraba a María de Nazaret, la cual desde la puerta observaba todo esto sonriendo con una sonrisa angelical.

–¡Vino! ¡Vinooo! –seguían gritando por doquier.

–Llevadles ese vino –dijo María a los sirvientes.

Estos empezaron a llenar sus ánforas en las hidrias y a repartir aquel vino, el cual pareció a todos excelente, a pesar de que muchos ya no estaban en estado de discernir lo que tomaban. El que más elogió el vino fue Isacar, el desmedrado y envidioso fariseo de Nazaret, el cual, volviéndose a Jesús, le dijo con ironía:

–¿Has tomado, mi querido carpintero, un vino semejante a éste en tu pobre vida?

Jesús, por toda respuesta, tomó la copa que uno de los sirvientes acababa de llenarle, y bebió.

Lo que pasó después, cuando los comensales se dieron cuenta de lo ocurrido, más es para imaginado que para descrito. Varios de los grandes productores de vino de Caná y Nazaret, que estaban presentes, se levantaron de sus asientos, y fueron a inspeccionar las hidrias para convencerse que estaban llenas de aquel vino maravilloso.

–Esto es extraordinario –decía Estrón, uno de los grandes vinateros de Caná, a Ezequías, su compañero–; son unos seiscientos litros de vino lo que contienen estas tinajas.

–Que, ciertamente, no están destinadas para vino, sino para agua –respondió éste.

–Y ¿estás seguro que pusiste aquí el agua? –preguntó Roboán, otro vinatero, a une de los criados.

–No me cabe la menor duda –respondió el sirviente–. ¿A quién se le había de ocurrir echar vino en estas tinajas, destinadas para las purificaciones?

–Y ¿dices –preguntó Josafat a Felipe de Betsaida– que ya no había vino?

–Puedes ir a ver los pellejos vacíos, y todos juntos no llegan a contener la mitad del vino que hay aquí –respondió el aludido.

–Pero ¿cómo fue esto? –interrogó Obed a otro sirviente.
–De un modo muy sencillo –respondió el interrogado–. Jesús de Nazaret nos mandó que pusiéramos agua en estas hidrias, que ya no tenían ni una gota. Hicimos lo que nos mandó, pensando que los convidados necesitarían hacer sus abluciones después del banquete. Las llenamos, y no bien habíamos concluido, cuando nos mandó que lleváramos una copa al arquitriclinio; sacamos una copa, y ya no era agua, sino vino, y vino excelente, el que había en las hidrias.
–Y ¿de dónde trajiste el agua? –preguntó Jorán a otro muchacho.
–Pues de donde la debíamos de traer, de la fuente.
–Y ¿dónde está esa fuente? –interrogó Nasón, que ya estaba muy borracho –. Pues yo voy a mandar traer muchos pellejos para que me los llenen.
–Y te volverás pez –repuso su amigo Salatiel–, pues no se te convertirá en vino, borracho empedernido.

* * *

Terminado el banquete, tuve una muy larga conversación con Tomás. Éste, siempre inclinado a no creer sino lo que veía, me dijo:
–Mi querido Rafael, tú lo has visto con tus propios ojos. Aquí no ha habido el menor engaño. Este milagro, pues lo estimo como tal, ha sido obrado por Jesús en tierra de vino, entre conocedores y peritos en la materia. Que pusieron en las hidrias agua de la fuente, no cabe duda, y que al momento fue convertido en vino, y en vino de primera, no tiene vueltas. Éste es un milagro patente, y me basta para creer en Jesús, el Hijo del carpintero.
–Y ¿quién crees tú que es Jesús? –le pregunté, intrigado.
Tomás, mirándome con fijeza, me dijo:
–Ya lo había dicho Juan Bautista, *Éste es «el que había de venir en pos de él, y cuyas sandalias no se consideraba digno de desatar».*
–¿Crees, pues, tú que este Jesús, el Hijo del carpintero, es el anunciado en la ley y los profetas?
–No tengo ya la menor duda: *Éste es el que ha de venir.*

21
EL TEMPLO

Era la víspera de la Pascua. La luna, casi llena, había recorrido las dos terceras partes de su camino cuando Samuel y yo llegamos por el puente sobre Tyropeón, a la puerta Sureste del templo que da entrada directamente al pórtico Real. La impresión que recibí al contemplar el enorme edificio, a la luz de la luna, fue de lo más misteriosa. Vagaban por el espacioso recinto varios centenares de figuras blancas.

—Son los levitas —me dijo Samuel— que hacen a esta hora la limpieza del templo.

El pórtico Real, de unos doscientos treinta metros de longitud por treinta y cinco de ancho, está formado por tres series de columnas de mármol a distancia de diez metros cada serie, y techado con grandes vigas de cedro.

—Como puedes ver —prosiguió Samuel—, la última parte de este inmenso pórtico está por terminar. Está también a medio concluir esta torre que se llama el Pináculo del templo. Ese montón de piedras que ves allí y que han desechado los constructores por pequeñas en la edificación de los muros, están destinadas a terminar la parte superior de esta gran torre situada en el ángulo sureste del edificio.

—Y ¿cuándo se comenzó la reedificación del templo? —pregunté.

—Hace unos cuarenta y seis años la empezó Herodes *el Grande*, y creo que, para considerarlo completamente terminado, no pasarán menos de otros treinta años. Cuando bajes a ver lo que el vulgo llama los establos de Salomón te quedarás maravillado. El templo primitivo construido por Salomón, y el segundo por Zorobabel, eran muchísimo más reducidos. Esta gran explanada por donde vamos, y que se llama el patio de los Gentiles, está construida sobre innumerables arcos superpuestos unos a otros. El valle del Tyropeón pasa bajo nuestros pies a una profundidad de más de cien metros; ¡calcula el trabajo que habrá costado hacer obra semejante!

—¿Y este otro pórtico que tenemos enfrente y que está aún por concluir? —pregunté.

—Este pórtico, aunque más angosto, pues sólo tiene dos hileras de columnas, es enormemente largo y rodea toda la explanada, si se exceptúa el ángulo Noroeste; ocupado por la fortaleza Antonia. Solamente de este lado que mira al Este, cuando esté concluido tendrá más de cuatrocientos metros, es decir, toda la longitud del recinto del templo.

—Y ¿por qué se llama este patio de los Gentiles?

—Porque aquí puede entrar todo el mundo; no es lugar sagrado. Aquí llegan los rebaños de ovejas y demás animales para los sacrificios. Bajo estos pórticos se estacionan los cambistas con sus mesas como pupitres, sobre las cuales, dentro de poco, verás relucir los montoncitos de monedas de oro y plata.

—Y ¿por qué hay que cambiar la moneda?

—Pues porque las que traen los que como tú vienen de la Dispersión tienen la efigie del César u otras figuras, y la ley prohíbe que entre en el tesoro del templo moneda alguna que tenga cualquier imagen.

—Recuerdo que mi padre —repuse— mandaba cada año una cantidad de dinero para la construcción del templo.

–Me lo enviaba a mí y yo lo cambiaba en moneda sagrada, esto es, en siclos, que valen setenta centavos. Lo que tiene que dar cada israelita, anualmente, es sólo medio siclo; pero hay algunos que, más piadosos o más fastuosos, no se conforman con dar esa moneda de plata y hacen su presente a Yahvé en oro.

Me llamó la atención que varias de las figuras blancas de los levitas que andaban barriendo desaparecieron como por encanto, y así pregunté:

–¿Por dónde se han ido esos hombres? Parece que se los ha tragado la tierra.

–Pues han bajado por las escaleras que dan a las puertas de las Comadrejas –respondió Samuel, sonriendo–; ven por acá.

Nos acercamos a dos grandes aberturas rectangulares que había casi a la mitad de la parte Sur del patio de los Gentiles, en donde nos encontrábamos.

–Estas escaleras –dijo Samuel– descienden a varios metros bajo el nivel de la explanada y salen a la colina de Ofel, debajo del pórtico Real, por una puerta doble de un lado y por una triple del otro. Se llaman de las Comadrejas porque van por subterráneos como la morada de esos animalejos.

Volvimos hacia el Norte, y a unos ciento treinta metros de distancia del pórtico Real nos encontramos con una cerca de metro y medio de alto, en donde pude leer a la luz de la luna esta inscripción, escrita en griego y latín, a cada lado de las puertas, en el muro: «A ningún gentil le es permitido pasar de esta balaustrada que circunda el templo. A cualquiera que se le encuentre faltando a este mandato, que no culpe a nadie, sino a sí mismo, y tendrá que atenerse a la consecuencia: la pena de muerte».

–Me alegro de ser israelita –dije al terminar la lectura de aquel aviso–. Yo sí podré traspasar los límites de esta balaustrada sin peligro.

Pasamos, en efecto, y nos encontramos -en un cercado de cuarenta metros de fondo por cerca de doscientos de ancho.

–Estamos en el patio del pueblo o chel –dijo Samuel–. Aquí solamente pueden entrar los hijos de Israel, sean hombres o mujeres. Ese patio se reduce a sólo quince metros de fondo, al frente del templo, cuya fachada da al Este, y se vuelve a ensanchar al Norte, formando otro patio como éste.

Al fin hemos llegado a las gradas del templo; pero bueno será dirigirnos al Este, donde podremos contemplar, aunque sea a la pálida luz de la luna, la grandeza de la casa del Señor.

Dimos la vuelta y nos encontramos enfrente de la puerta Hermosa o Corintia, llamada así por su belleza y su estilo. Subimos las gradas del Santuario y atravesamos aquella puerta, que es más bien un bellísimo pórtico de quince metros de profundidad.

–Estamos ya en el patio de las Mujeres –dijo Samuel–; en efecto, un buen número de ellas andaban barriendo el recinto. –Delante tienes la famosísima puerta de Nicanor, cuya riqueza podrás apreciar más tarde. A ella se llega por los quince escalones sumamente bajos y muy anchos que ves, y en los cuales se detienen los que suben cantando salmos en algunas fiestas especiales.

—¿Y estos grandes cuartos que vemos alrededor del patio?
—Los que tienes al frente están destinados a guardar los instrumentos musicales que usan los sacerdotes en grandes festividades. En este primero, a la izquierda, se guarda la leña para los sacrificios. Los sacerdotes que por algún defecto físico no pueden oficiar en el altar, se encargan de la leña, desechando cualquier pedazo que esté horadado por la polilla. En el que tienes a tu espalda, del mismo lado, se guarda el aceite para las lámparas, en especial para las del candelabro de siete brazos que verás junto al altar del incienso. Ese que queda a tu derecha está dedicado a los nazarenos que vienen a ofrecer sus cabelleras; y las queman abajo del altar. Y, finalmente, este que está también a tu derecha, pero al frente, es para los leprosos.

—¿Y las mujeres? –pregunté.
—¿Ves esas celosías que circundan toda la parte superior del patio? Pues allí se colocan ellas. Desde allí pueden ver muy bien no sólo lo que pasa en este patio, sino que a través de los grandes intercolumnios, que separan este patio del de Israel, pueden ver a los sacerdotes ofreciendo los sacrificios. También tienen allí arriba sus habitaciones las mujeres que se consagran al servicio del templo y las doncellitas que con ellas se educan.

—¿Y esos cuernos de la abundancia que veo en distintas partes?
—Son los cepos o alcancías donde los fieles depositan sus limosnas.
—¿El gazofilacio? –pregunté.
—Sí, ése es el nombre griego, que en hebreo lo llamamos corbán, esto es, donativo. Mira –añadió, hablándome por lo bajo–, fíjate en esa mujer; yo la conozco, se llama Ana y es pobrísima; es viuda con siete hijos pequeños, y viene a ayudar a fregar los mármoles de este piso para poder llevar algo de comer a sus hijos.

Me fijé, en efecto, en ella, y vi, con vergüenza mía, que aquella infeliz echaba su limosna en el gazofilacio...

La aurora se acercaba y subimos al patio de Israel. Impropiamente se le llama patio; es más bien un corredor de cinco metros de fondo por setenta de ancho, separado por una balaustrada baja del patio de los Sacerdotes, en cuyo centro está el altar de los holocaustos. Un rumor que iba creciendo por momentos llamó mi atención, y pregunté la causa.

—Es la víspera de Pascua, y acaban de abrir las puertas –me dijo Samuel–; la multitud se precipita por todas partes para conseguir buen lugar. Tú ponte en éste, que desde aquí podrás ver no sólo el interior del Santo, sino hasta el patio de los Gentiles, a través de los intercolumnios del patio de las Mujeres.

Me subí sobre el ancho basamento de una columna; ya era tiempo; una verdadera avalancha humana se precipitó primero en el extenso patio de las Mujeres, que tiene setenta metros por lado, y luego, cuantos cupieron, en el patio de Israel. Según mi cálculo, había apretujados en el estrecho y largo recinto más de dos mil hombres.

Desde mi puesto de observación pude ver los preparativos que hacían los sacerdotes en su patio para ofrecer el holocausto, y los que, ante la cortina del Santo, se aprestaban a ofrecer el incienso y cambiar los panes de la Proposición. Según me pude cerciorar más tarde, no sólo el patio de las Mujeres estaba atestado de gente, sino que ésta rebosaba en el chel o patio del Pueblo, y se derramaba en el de los Gentiles. Por el zumbido colosal que percibía, y por la parte de la multitud que veía, creo que el número de fieles que nos encontrábamos en aquellos momentos en el templo no bajaban de cien mil. Sin embargo de esto, fui testigo de algo muy emocionante que sucedió tan pronto como, al iluminar el primer rayo de sol los dorados remates del altísimo pórtico del Santo, empezaron los sacerdotes a tocar trompetas de plata. Aquel inmenso zumbido cesó de pronto, y todos los presentes que no pudieron postrarse en el pavimento por no permitirlo la falta de lugar, levantaron devotamente sus manos al cielo, al tiempo que del altar de los perfumes se elevaba sin ondular aromática columna de humo.

—Verdaderamente —exclamé—, aquí se ha cumplido lo que dijo Isaías: *«Mi casa será llamada casa de oración para todos los pueblos».*

* * *

Gracias a que Samuel era muy conocido de los principales sacerdotes, a cuyo gremio pertenecía, pudimos salir del patio de Israel por las habitaciones de aquéllos, pasado ya el mediodía. Durante seis horas estuve presenciando los sacrificios de todas clases ofrecidos por innumerables sacerdotes que se turnaban en la tarea, unos matando las víctimas, colgándolas de argollas que para esto hay alrededor del patio, otras abriéndolas en canal para sacarles las vísceras, que se quemaban en el enorme altar de los holocaustos; unos las despellejaban, otros entregaban la carne ya sacrificada a sus respectivos dueños, mientras otros recibían mis víctimas de manos de nuevos devotos. La sangre corría a raudales e inundaba el patio, hasta el punto de llegarles al tobillo a los sacrificadores, cuyas túnicas blancas, al entrar en función, se ponían rojas a los pocos instantes. Todo el recinto y la misma cortina babilónica que separa el patio de los Sacerdotes del Santo está llena de sangre por las innumerables aspersiones rituales. Aquello es una verdadera carnicería, pero en grande. Durante el tiempo que estuve presenciando los sacrificios, pude calcular en más de diez mil las victimas ofrecidas.

El altar es una enorme hornilla cuadrada, de dieciséis metros por lado y siete de alto, a la cual se llega por una rampa que se extiende alrededor de la hornilla. Mientras unos sacerdotes ceban constantemente el fuego por la parte de abajo, setenta sacerdotes, colocados alrededor del altar-hornilla, reciben de otros las víctimas o la parte de ellas que debe ser consumida por el fuego.

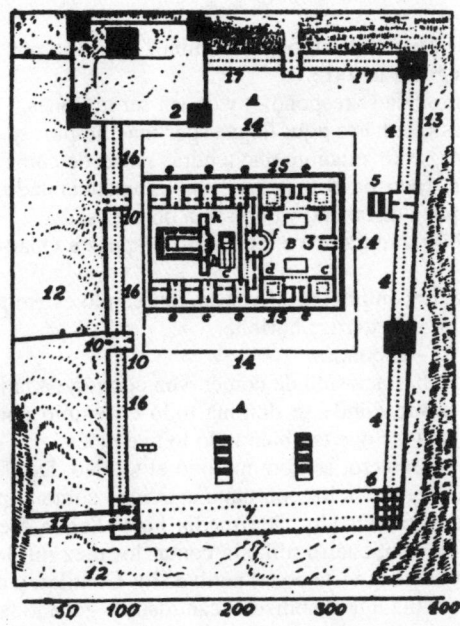

1   Santuario.
2   Fortaleza Antonia.
3   Puerta Corintia.
4   Pórtico de Salomón.
5   Puerta Áurea.
6   Pináculo del templo (el ángulo exterior).
7   Pórtico Real.
8   Puertas dichas de las Comadrejas.
9   Pasadizo subterráneo que conducía a la ciudad baja.
10 Puerta del Arrabal.
11 Puente que conducía a la ciudad alta.
12 Valle del Tyropeón
13 Valle del Cedrón.
14 Balaustrada de piedra con inscripciones.
15 Escalinata

16 Galería occidental
17 Galería del Norte.
A   Patio de los Gentiles.
B   Patio de las Mujeres.
C   Patio de los Israelitas.
a   Leprosería.
b   Depósito de leña.
c   Sala de nazarenos.
d   Depósito de las ofrendas en vino y aceite.
e   Las nueve puertas exteriores del templo.
f   Escalinata de quince peldaños que conducía a la puerta Grande o de Nicanor.
g   Sala del consejo (Gasith).
h   Escalinata de doce peldaños que conducía al atrio del Santuario.

Es una cadena interminable, y están ya tan adiestrados cada uno en su oficio, que parece aquello una verdadera *empacadora,* como me había dicho Quarto. Éste me esperaba ansioso en la fortaleza Antonia.

* * *

—¿Qué tal te fue con las moscas, dómine? —me dijo por primer saludo cuando al fin llegué a la torre.
—Son una atrocidad —respondí—, y deben ser millones.
—Lo malo es que hasta aquí llegan, por más limpios que se procuren tener los establos. Pero supongo que tendrás ganas de comer, dómine.
—Y más que todo de beber; hace un calor endiablado, y con aquel altar-hornilla a poca distancia, ya no sabía dónde estaba.
Comí y bebí tranquilamente, contando después a Quarto algo de mis impresiones.
—¿Dices que te conmoviste al ver que el templo es verdadera casa de oración? —me dijo con sonrisa burlona.
—Claro que sí —respondí.
—Pues ya que has acabado de comer, ven conmigo a la parte más alta de esta torre y desde donde se domina todo el templo por completo, y como está tan cerca, se oye también todo lo que dicen.
Subimos, y, en efecto, se domina todo el templo. Desde luego, pude ver que seguían los sacrificios con tanta actividad como al principio. Los sacerdotes se iban renovando cada media hora. Según me había dicho Samuel, son unos veinticuatro mil, sin contar los diez mil levitas que les ayudan. Extendí luego la vista por el patio de los Gentiles, y noté que, además de la gente, había una grandísima cantidad de ganado lanar y vacuno agrupado en distintos puntos del recinto. A lo largo del pórtico Real y de Salomón, vi los telonios de los cambistas de moneda, cuyos gritos llegaban hasta mí en terrible confusión. Había, además, puestos de aceite, vino, zahína, palomas, tórtolas y cuanto se usa en los sacrificios y libaciones. Por supuesto, que esas gentes no se estaban calladas, sino que cada cual pregonaba su mercancía con estridentes gritos y muecas de toda clase. Era un verdadero mercado.
Mientras esto pasaba en el atrio de los Gentiles, donde todo el mundo tiene derecho a entrar y que no es lugar sagrado, no tuve nada que decir. Pero Quarto me hizo notar que, dentro de la cerca que prohíbe la entrada a los gentiles, bajo pena de muerte, en el chel, había una infinidad de cambiadores de monedas, varios rebaños de ovejas, vendedores de aceite y vino y un magnífico puesto de palomas y tórtolas de Magdala.
Lo más repugnante de todo este tráfico, dentro del lugar sagrado, eran los cambistas.
—Sólo el diez por ciento de descuento —gritaba uno.
—Cambio monedas de oro del Santuario por monedas de plata de Grecia y Roma —gritaba otro.

—Nunca encontrará quien le haga mejor precio —decía el de más allá.

Y, en fin, los gritos de éstos, los balidos de las ovejas, los alaridos de los vendedores de ganado e infinidad de otros desagradables ruidos, formaban un pandemónium tanto más repugnante, por tener lugar en el chel, dentro de la casa del Señor. Me acordé entonces de lo que había dicho Jeremías, pues en su tiempo debió pasar otro tanto: *«Este templo mío en que se invoca mi nombre ha venido a ser para vosotros una guarida de ladrones».*

Disgustado, me iba a retirar, cuando oí tocar las trompetas, anunciando el sacrificio vespertino; eran las tres de la tarde. Esperaba que, como en la mañana, el pueblo fiel al oír el anuncio del sacrificio guardaría silencio mientras éste se ofrecía. Pero me llevé un chasco vergonzoso. Los vendedores parecía que gritaban más que antes; los fieles, sin cuidarse del sacrificio que se ofrecía, se dedicaban a comprar lo que necesitaban, y los que estaban en el Santuario mismo sólo se preocupaban de que los sacerdotes les entregaran la parte de las víctimas que les correspondía. Yo lo percibía todo con suma claridad. Terminó el sacrificio, y de pronto el silencio que no había reinado antes reinaba ahora.

—¿Qué pasa, dómine? —me preguntó Quarto.

No lo sé; mas oye, oye esa voz de trueno que grita: *«Sacad eso de ahí, y no convirtáis la casa de mi Padre en casa de negociación».* ¿Qué será? La gente corre, parece que alguno los persigue; mira, Quarto, mira cómo sale la gente despavorida del chel al atrio de los Gentiles. Todo pasa en el interior de la balaustrada, donde estaban los comerciantes.

—*«La casa de mi Padre es casa de oración, y vosotros la habéis convertido en cueva de ladrones»* —decía la voz, mientras la gente corría y se apelotonaba en las salidas del recinto sagrado.

—¿Quién será el que tan a tiempo cita a Jeremías? —me preguntaba yo—. Mira, Quarto, mira cómo corren; ¿quiénes los vendrán persiguiendo? Debe ser un buen número, pues mira cómo todos huyen... Los carneros se escapan por las puertas, y los pastores no cuidan de detenerlos, sino que también huyen.

—*«Vosotros los de las palomas, sacadlas de aquí»* —dijo una voz.

—¿Oyes, dómine, el ruido de monedas que ruedan por el suelo?

«Parece que tiran los telonios. ¿Y los dueños no se defienden? Eso no puede ser, sino a causa de los agresores, que deben ser muchos» —pensaba.

Cuál sería mi estupefacción cuando, látigo en mano, vi al único causante de aquel tumulto. Ante Él todos corrían, e iban dejando sus ganados, sus dineros, sus palomas, sin cuidarse de nada. La corte interna o chel iba quedando desierta, con las mesas de los cambistas vueltas y las monedas dispersas por el suelo. No podía yo creer a mis ojos; ¿sólo un hombre contra más de tres mil? Eso me parecía imposible; pero así era. Y el del látigo seguía increpándolos y arrojándolos del lugar sagrado.

—¿Te has fijado quién es el que los fustiga? —me preguntó Quarto.
—Su figura me parece familiar; creo conocerle...
—Por supuesto que le conoces, dómine; es Jesús, el que convirtió al agua en vino —dijo Quarto.
Estaba yo sorprendido en extremo. Un hombre solo contra tantísima gente y haber dado cuenta de todos en media hora, parecía increíble.
—«Y ahora, ¿qué sucede? Vienen varios de los viejos cambistas con el oficial de la guardia del templo. Lo va a pasar mal Jesús» —dije para mí.
Pero Él, con el látigo aún en la mano, los espera tranquilo.
—«¿*Quién te he dado autoridad para hacer estas cosas?* —dijo el oficial—. *¿Qué señal das de tu autoridad?* —insistió.
—¡Qué bruto! —dije yo—. ¿Qué más señal quieres de su autoridad que el de haber Él solo limpiado el chel? ¿Le pides una señal de su autoridad? ¿Quieres que te enseñe su placa de policía? Animal, mira lo que ha hecho, mira cómo tú mismo tiemblas de miedo. ¿Qué mejor prueba quieres de su autoridad? —esto decía yo cuando sonó la voz de Jesús, y, la verdad, fue saliendo con una respuesta inesperada y rara:
—«*Destruid este templo* —dijo Jesús—, *y en tres días lo volveré a levantar.*»
Yo esperaba que los hubiera vapuleado de nuevo; pero ¡salir con aquello de que destruyeran el templo, y Él lo volvería a levantar en tres días! Me parecía arrogancia. Pues primero para destruir el templo ya tendrían trabajo de años, y, aunque lo destruyeran, era imposible que Jesús pudiera reconstruirlo, no ya en tres, pero ni en treinta años. Y así lo pensaron los que le habían interrogado, pues dijeron:
—«*Cuarenta y seis años lleva este templo edificándose, y aún no está concluido, ¿y Tú lo vas a levantar en tres días?*»
Y con esta pregunta terminó el asunto, que yo esperaba terminara en la cárcel. Todo esto me ha dado muchísimo en qué pensar; pero no quiero aún hacer mis deducciones. El hecho fue que Jesús solo, con su látigo, purificó la casa de su Padre. ¿Pues de quién será Hijo?

22
EN LA CAMA

Llevo ya tres meses de estar recluido en mis habitaciones, y la culpa ha sido exclusivamente mía. Pasadas las fiestas de la Pascua me empeñé en visitar la construcción del templo, y Samuel, siempre bueno y consecuente conmigo, me presentó con uno de los principales criados del sumo sacerdote llamado Malco. Era éste un hombre antipático, mal encarado y con unas orejas enormes, lo que le había valido el apodo de *el Asno*.
—Malco —me dijo Samuel—es el hombre de confianza del sumo sacerdote Caifás, y él puede proporcionarte, no sólo el permiso de visitar los

fundamentos del templo, sino darte un guía que te conduzca por aquel laberinto.

Mi primer movimiento fue sacar una moneda de oro y ponerla en la mano de aquel individuo; y el efecto que produjo mi oro fue instantáneo. La cara de Malco cambió inmediatamente, y de hosca se convirtió en amable.

—Haré lo que mandes, rabí —me dijo—. Mañana mismo tendrás el permiso y el guía que necesitas. Me pareció aquel tipo uno de esos hombres bajos que son déspotas con los inferiores y que se arrastran delante de los poderosos. Me alegré mucho cuando al día siguiente me presentó al guía, y él desapareció de la escena, no sin haber tomado una segunda moneda que le alargué. Mi guía era un hombre fornidísimo, un gigante de casi dos metros de altura. Se llamaba Simón, y era nativo de Cyrene, en la costa de Libia, y de origen grecojudío. Desde luego me simpatizó, y él, sin que yo le hubiera adelantado su paga, se ofreció a llevarnos a Quarto y a mí por los andurriales de los cimientos.

—Lo mejor que podemos hacer —me dijo— es llegar a los subterráneos por la entrada de la Antonia y salir por el Pináculo; conozco bien a los soldados de la guarnición romana, y no nos pondrán dificultad alguna.

—Pero ¿no nos bastará con ese permiso por escrito de Caifás que me ha entregado Malco? —pregunté.

—Ese pobre diablo de sumo sacerdote —respondió— no tiene la menor autoridad con los romanos. Un soldado cualquiera rompería ese pergamino como si se tratara de un trapo sucio; y creo que es mejor que no lo presentes.

Esta observación de Simón me puso de manifiesto lo que ya me habían dicho: «En tanto puede algo Caifás, en cuanto que lo compra a los romanos con el dinero del templo».

Llegamos a la Antonia, donde Quarto fue muy bien recibido, lo mismo que Simón y yo. El decurión de guardia nos dio permiso sin dificultad, añadiendo:

—Me alegro de que lleven a Simón por guía, pues no sólo conoce admirablemente los establos de Salomón (así llaman a los cimientos), sino que, en caso de necesidad, si se cansan, puede cargar a los dos como una mujer cargaría a su par de gemelos.

Simón venía ya provisto de varias antorchas de cuerda embreada, y, prendiendo una, empezó a bajar como quien baja a una mina. La primera tirada fue de doscientos setenta y seis escalones.

—Hemos llegado —dijo— al nivel del valle de Tyropeón; ahora levantad la vista —añadió.

Quedé sorprendido. A la escasa luz de nuestras tres antorchas, pude ver una serie de arcos, más bien una serie de arquerías, que, construidas unas sobre otras, llegaban hasta el nivel de la explanada del templo. Mucho había oído decir «esto es obra de romanos» cuando se quería ponderar la enormidad de una construcción; pero lo que veía entonces, hecho por los judíos, era mucho más extraordinario que todo lo que había visto yo. La arquería del acueducto romano no podía compararse con aquella serie de arcos superpuestos. Continuamos andando al nivel del valle por debajo de innumerables arcos. Al cabo de diez minutos empezamos a subir de nuevo. Iba yo contando las arquerías superpuestas, y, al llegar a la parte superior, había numerado catorce.

–Ahora estamos inmediatamente debajo del patio de los Sacerdotes –dijo nuestro guía.

Nos encontrábamos en una especie de sala de forma circular, rematada por inmensa bóveda, cuyo diámetro es de cincuenta metros, aunque su altura no llega a veinte. En el centro hay una claraboya por la que entra luz y aire, y de la cual cuelgan gruesas cuerdas a las que están atadas grandes vasijas de cobre que suben y bajan sin interrupción.

–El sistema hidráulico del templo –dijo Simón–. Nosotros estamos sobre la mayor cisterna del mundo; contiene varios millones de litros de agua que se recogen en tiempo de lluvias. Acercaos al brocal –añadió.

Lo hicimos. A plomo, bajo la claraboya, esta la boca de la cisterna, por la cual entran los cubos hasta llegar al agua.

–Esta cisterna central, que llaman el mar Grande –dijo Simón–, está alimentada por treinta y siete cisternas menores repartidas en todo el perímetro del templo, y colocadas a mayor altura; por eso esta cisterna no queda al nivel del Santuario, sino mucho más abajo; las otras están a ras del suelo.

–Y ¿para qué quieren tanta agua? –preguntó inocentemente Quarto.

–¡Friolera! –respondió Simón–. Para el servicio del templo. Sólo el famoso mar de Bronce, que es el receptáculo que sirve a los sacerdotes para abluciones, tiene una capacidad de cinco mil litros, y hay que estarlo llenando constantemente. Después de los sacrificios viene la limpieza del patio de los Sacerdotes, lleno con la sangre de las víctimas. Los levitas se ocupan todas las noches de lavarlo, y para esto se necesita una enorme cantidad de agua.

–Y ¿adónde va toda esa agua? –pregunté.

–Ya os lo enseñaré; seguidme –dijo el guía.

Continuamos subiendo y bajando por las desigualdades del terreno; al fin encontramos un ancho canal, que fuimos siguiendo hasta llegar a un arco por el que penetraba la luz.

–Asomaos –dijo Simón–, y veréis el gran recipiente adonde van a parar estas aguas.

Me asomé y vi una cascada de agua sanguinolenta que caía en un enorme estanque.

–¿Y para qué recogen esta agua sucia? –dije.

–Con esta agua, mezclada con sangre, se hace el mortero o mezcla con que se unen las piedras pequeñas y las de los arcos; pues los sillares, como

I. EL QUE HA DE VENIR-22. EN LA CAMA 137

luego veremos, son tan grandes, que su solo peso basta para mantenerlos unidos sin que sea necesario usar cemento.

Quedé maravillado al oír aquella explicación; el mortero que se formaba con la albúmina de la sangre debía ser, cuando seco, de una consistencia de hierro. Con esta idea le pregunté al guía:

—¿Y el mortero se endurece?

Por toda respuesta, sacó Simón un enorme cuchillo que llevaba al cinto, y me dijo:

—Toma, rabí, y trata de arañar el cemento que une estas piedras —y me mostraba una cinta rojiza que circundaba los cantos que formaban el muro.

Traté de desportillar el mortero; pero se dobló la punta del cuchillo sin que yo consiguiera mi objeto.

—¡Esto es indestructible! —exclamé, maravillado.

—Esto no lo destruye nadie —dijo Simón. Y en aquellos momentos me parecieron más irrisorias que nunca las palabras que, días antes, había oído pronunciar a Jesús de Nazaret: *«Destruid este templo, y Yo lo reedificaré en tres días»*.

Seguimos por un largo túnel, que nos condujo a la escalinata de piedra. Subimos, y nos encontramos en el interior de una enorme torre cuadrangular de veinticinco metros por lado.

—Estamos en el interior de la torre llamada el Pináculo del templo. ¿Queréis subir? Os aviso que es muy alta.

—Por supuesto —respondí.

Empezamos la ascensión por una escalera de piedra empotrada en el muro. Conté trescientos cincuenta y cuatro escalones.

—¿Qué altura tiene esta torre? —pregunté.

—Sobre el nivel de la explanada tiene ochenta metros; pero sobre el nivel del valle del Cedrón pasa de ciento cincuenta —respondió el guía—. Es la parte más elevada del templo y por eso la llaman el Pináculo.

Llegamos a una gran terraza. Desde luego noté que la torre no estaba terminada. Aún faltaba el ángulo del Sur, y recordé que Samuel me había dicho días antes que las piedras que habían desechado los constructores como inservibles para la muralla las reservaban para concluir aquel ángulo de la torre.

A pesar de que Simón me dijo que no fuera yo a subir sobre el pretil, pues las piedras no estaban aún unidas con mezcla, yo quise disfrutar de la vista, y subí hasta lo más alto. El panorama que desde allí se disfruta es hermosísimo. No sólo se ve todo el templo, sino la ciudad entera y los lejanos montes de Judea. Miré hacia abajo, y se me fue la cabeza; aquélla era una altura como nunca había yo visto. Perdí el equilibrio, y, poniendo el pie en falso, rodé, ¡gracias al cielo!, para el interior de la torre, que si caigo para afuera, no hubiera podido continuar mis *Memorias*. Caí y no sólo me rompí la pierna izquierda, sino que me descoyunté el calcañar. Acudieron Quarto y Simón a levantarme. Estaba terriblemente dolorido.

–Y ¿ahora cómo bajo?
—Eso es lo de menos, rabí –dijo Simón de Cyrene–; yo te cargo –y tomándome en sus nervudos brazos como quien lleva a un niño, me bajó con todo cuidado, y luego desde el templo me llevó hasta la casa de Samuel.
Por eso decía al principio que llevaba ya tres meses de estar recluido en mis habitaciones, y que la culpa era mía. Ya estoy algo mejor después de haber sufrido las terribles curas de los quebrantahuesos judíos y romanos. Quarto, no satisfecho con el tratamiento que me daban los médicos israelitas, quiso que me viera el mejor médico de la guarnición romana de la Antonia; pero unos y otros son unos bárbaros. Gracias a lo sano de mi naturaleza y a los meses que he pasado con mi pierna entablillada, ya debieron soldar los huesos rotos; pero el tobillo dislocado está aún mal, no puede soportar todavía el peso del cuerpo, teniendo que usar una muleta.
En esta reclusión, sin embargo, he recibido muchas visitas; y, merced a la bondad de Samuel, quien busca noticias para mí, como nunca lo ha hecho para él en su vida, estoy al tanto de lo que pasa en Jerusalén, y, sobre todo, me tiene al corriente de lo que hace Jesús de Nazaret y lo que de Él se cuenta.

* * *

–Sucedió, rabí, lo que tenía que suceder –me dijo Andrés–. Herodías, quien domina por completo a Herodes Antipas, consiguió que diera orden de prisión para Juan. Éste, después que le echó en cara públicamente en Betabara su adulterio, se quedó bautizando en Perea, donde manda Herodes, en vez de seguir el consejo de sus discípulos y marchar o a Judea, jurisdicción de Pilato, o a Iturea, tetrarcado de Felipe.
—Creo –dije– que, dado el valor viril de Juan sería difícil convencerle.
—Nos costó mucho –prosiguió Andrés–; pero al fin logramos inducirle a que fuera a continuar su ministerio a Ennón, en Samaría, donde hay una fuente abundantísima y está en el camino de Scytópolis, que es muy concurrido. Allí estaba seguro, pues Samaría no está bajo la jurisdicción de Herodes. Pero sucedió que Antipas y Herodías, habiéndose aburrido en Maqueronte, quisieron volver a Tiberíades, la capital del tetrarcado, y pasaron, en su camino, por donde Juan bautizaba.
—Y ¿les volvió a increpar el Bautista? –pregunté entusiasmado.
—Les habló muy duro; pues, además del adulterio, le echó en cara a Herodes muchas maldades que había cometido por consejo de Herodías. Si hubiera estado Juan en territorio de Galilea, allí le hubieran aprehendido, pues Herodías estaba furiosa.
—¿Y dices que al fin le pusieron preso?
—Era inevitable. Juan, como verdadero profeta de Jahvé, no podía tolerar el escándalo, y sin que nadie lo pudiera evitar, siguió a la comitiva

del tetrarca, increpando a éste de trecho en trecho. Herodes tenía miedo; pero Herodías estaba cada vez más furiosa, y aquél no se decidía a poner preso al Bautista, temiendo al pueblo, que le seguía.

Al fin llegó Herodes a las puertas de Tiberíades, y allí se armó el gran escándalo. Juan increpaba a Herodes, mientras Herodías, llorando, le pedía la prisión del Bautista.

–¿Y triunfó la mujer? –interrogué.

–Por supuesto. Herodes, o más bien Herodías, ordenó saliera una centuria de herodianos y aprehendieran a Juan. Los soldados obedecieron, y atropellando a la multitud, se apoderaron del Bautista, le amordazaron, le subieron en un caballo, y, atado, se lo llevaron a Maqueronte, en Perea, del otro lado del mar Muerto.

–Y ¿han ido algunos a visitarle? ¿Permiten verle?

–Muchos de sus discípulos hemos estado a visitarle. Le han puesto grillos en los pies; pero dejan que hable con quien quiera. Los mismos soldados le respetan.

–Y ¿qué dice?

–Lo de siempre. Que él no es el Cristo, sino que ha sido enviado delante de Él. Que está muy contento (como el amigo del esposo cuando al fin llega éste) de que haya venido el que tenía que venir. Ya da por terminada su misión, y dice que para que su alegría sea completa, espera que vaya creciendo el Cristo, mientras él, Juan, desaparezca.

–¡Qué hombre más admirable! –dije, entusiasmado–. ¡Cuánto siento no poder ir a verlo!

–Y mucho me temo –añadió Andrés– que si vuelve Herodías por Maqueronte, Juan no se detenga, y siga increpando al tetrarca.

–¿Y en ese caso?...

–Se cumplirá, la profecía del Bautista: Jesús de Nazaret irá creciendo y Juan desaparecerá.

–¿Sospechas tú que el Hijo del carpintero es el Mesías? –No lo sospecho –respondió Andrés con desusada entereza–, *creo firmemente que Jesús de Nazaret es el Prometido, el Esperado, el que había de venir, y ya ha llegado.*

23
CHUZA

Los días de mi larga convalecencia se me hubieran hecho interminables si Samuel no hubiera estado conmigo explicándome la ley y los profetas: pues a más de ser profundamente piadoso, es muy inteligente y sumamente versado en las Escrituras. A esto añade un carácter bondadoso y un sentido común extraordinario, como lo demostró en las muchas discusiones que tuvimos. Con frecuencia, a las dificultades que le ponía y que me parecían insuperables, me respondía con un argumento de sentido común que me dejaba callado, sin saber qué responder; pero de esto hablaré más adelante. Quiero ahora contar la visita que me hizo Chuza, el mayordomo de Herodes, a quien yo había conocido en las bodas de Caná.

–Vengo a hacerte esta visita –empezó Chuza– de parte de Tomás Dídimo, quien me encargó te informara de varias cosas muy importantes que hemos presenciado juntos, y que él juzga te deben interesar.

–No sabes cuánto te agradezco a ti y a Tomás esta muestra de deferencia –respondí–, y estoy seguro de que tus noticias serán de suma importancia, pues supongo que se referirán a Jesús de Nazaret.

–Al mismo –dijo Chuza–. Me perdonarás que tome el agua desde su fuente, es decir, que te explique el asunto desde el principio. ¿Sabes lo que es un clan?

–¿Un clan? –repuse, sorprendido–. He oído a los remotos habitantes de Britania, a los caledonios, hablar de su clan, esto es, algo así como su tribu.

–Entre nosotros es un grupo de parientes que tienen un jefe a quien obedecen en asuntos políticos. Desde la aparición de los Zelotes (enemigos declarados de Roma) esos grupos se han consolidado en Galilea. Cada pueblo tiene su clan, y, naturalmente, reclutan a todos los hombres que les pueden servir para su propósito de levantarse contra Roma cuando aparezca «el que ha de venir». Entre sí se llaman todos hermanos; tienen sus secretos y sus ritos especiales de iniciación.

–¿Algo así como la *maffia* de los sículos?

–Cada pueblo –continuó Chuza– tiene su clan, y aunque están todos unánimes en su finalidad contra Roma, entre sí tienen rivalidades, sobre todo en pueblos vecinos, donde todos son parientes. Pues bien: Caná tiene su clan, del que es jefe Simón Zelotes, y Nazaret tiene el suyo, con Isacar a la cabeza. Las rivalidades suelen suscitarse cuando hay algún hombre de importancia que tiene parientes en ambos pueblos.

–Y ¿es éste el caso de Jesús de Nazaret? –pregunté.

–Eres inteligente –respondió Chuza, sonriendo–; éste es el caso actual. El milagro de la conversión del agua en vino, que presenciamos, descubrió a los de Caná el poder que podría adquirir Jesús, y se propusieron hacerle miembro de su clan. Le hicieron muchas proposiciones; pero Jesús no se dio por entendido.

–¿Y en Nazaret hizo lo mismo Isacar?

–Allí está la dificultad. No sé si sabrás lo que hizo Jesús en el templo echando a los vendedores.

–Estuve presente; lo vi todo, y quedé admirado del valor de ese hombre.

–Cuando volvieron los peregrinos galileos, que también lo presenciaron, se entusiasmaron con la idea de que Jesús formara parte de su clan, y para esto fueron a ver a María, su Madre, para que influyera

—¿Y María se prestó a eso?
—No dijo ni que sí ni que no: es muy reservada; todo lo guarda en su corazón. No sabiendo lo que Jesús diría, les indicó que lo mejor que podían hacer era esperar a que volviera, y preguntarle directamente.
—¿Y estuvo conforme con esto Isacar?
—¡Qué había de estar conforme! ¿Recuerdas lo que pasó cuando tuve que decirle que se arrimara para que Jesús ocupara el lugar que le correspondía?
—Le vi voltearse y darle la espalda.
—El resultado fue que el clan de Nazaret se dividió en dos partidos, uno en favor y otro en contra de Jesús, exaltándose terriblemente los ánimos, pues los partidarios de Éste temían que si no obraban pronto, el clan de Caná, donde también Jesús tiene parientes, se lo llevaría.
—¿Y qué pasó? —pregunté intrigadísimo.
—Voy a contarte ahora mi historia, y verás el resultado. Estando las cosas en este estado, llegué yo a Cafarnaún, de donde me había ausentado por tres semanas. ¿Recuerdas a Rubén, mi hijito? —dijo Chuza.
—¿Era el niño que llevaba Juana, tu esposa, el día de las bodas?
—El mismo. Y ¿qué impresión te dio?
Me llamó la atención por lo rollizo y bien criado. Aún no empezaba a andar, apenas gateaba; pero se le escapaba a su madre cuando menos lo pensaba.
—Así lo había dejado yo, lleno de vida y rebosante de salud. En cambio, cuando llegué me lo encontré hecho un esqueleto; una fiebre constante le consumía. Su pobre madre le tenía en el regazo, y el niño no daba más señales de vida que la calentura que le abrazaba: «Chuza —me dijo Juana, enseñándome el pequeño—, nuestro hijo se muere». «Pero ¿no le han aplicado algún remedio?» —pregunté—. «Cuantos remedios me han dicho se lo hemos aplicado. Sólo me queda una esperanza». «¿Cuál?» «Jesús de Nazaret, el que a nuestros ojos convirtió el agua en vino, está en Caná; corre a verle antes que tu hijo muera, y ruégale que venga a curarle».
—¿Y le curó? —pregunté, impaciente.
—Monté en mi mejor cabalgadura, y me dirigí a Caná. Encontré a Jesús acompañado de los principales miembros del clan de Nazaret, que se empeñaban a llevarle a su pueblo. Me arrodillé ante Él, y le dije lleno de aflicción: *«Ven, Rabí, ven conmigo a Cafarnaún, que mi hijito se muere; ven a curarle»*. Jesús me miró con dureza, y dijo: *«Si no viereis señales y milagros, no creeréis»*. Yo le instaba, diciendo: *«Apresúrate, Señor; desciende a Cafarnaún antes que mi hijo muera»*.
Entonces el rostro de Jesús sufrió una transformación; me pareció que se llenaba de luz. Por unos instantes levantó sus admirables ojos al cielo, como si orara, y en seguida dijo: *«Ve, tu hijo vive»*.
—¿Y sanó? —interrumpí impaciente.

—Yo sentí algo extraordinario en mí; era que la fe en aquel hombre iluminaba mi alma. Me levanté, y salí dispuesto a marchar. «¿Adónde vas?» —me dijo una voz conocida; era Tomás. «A Cafarnaún —le respondí—, a ver a mi hijo» «¿No te ha dicho Jesús que vive? ¿No crees en su palabra?» «Creo, creo» le respondí con firmeza—. «Y ¿piensas abandonarle ahora que está en peligro?» «Pero ¿qué peligro le amenaza?», pregunté. «El maestro va a Nazaret, y allí está Isacar. ¿Entiendes el peligro?» «Le acompañaré seguramente» —respondí. «Pues entonces —dijo Tomás—, vamos con Él y muramos por Él si es necesario» «¡Qué simpático carácter el de Tomás!», dije yo. Ya Jesús había salido con la misión que había venido a invitarle —continuó Chuza—. Monté en mi cabalgadura, y Tomás en ancas. Pronto le alcanzamos. Le ofrecí a Jesús que montara; pero Él rehusó, siguiendo a pie con los suyos. Era la una de la tarde. Los de la comitiva le hablaban; pero Jesús solamente respondía: «No *hay profeta sin honor sino en su patria»*.

—Y ¿qué pasó en Nazaret?

—Al llegar al pueblo con la fama que ya tiene Jesús, sacaban a los enfermos; *«mas Él no obró signo alguno»*. Llegamos a la sinagoga, que estaba llena de gente de los dos partidos. Unos le recibieron con gritos de alegría. Le habían visto en Caná y en Jerusalén. Otros decían: *«¿No es Éste el Hijo de José?»* Jesús, según su costumbre, entró. Acababa el príncipe de la sinagoga de explicar la ley. El hatsán le dio entonces la profecía de Isaías.

—El gran profeta, el inspirado poeta —dije yo por decir algo.

—Tomó Jesús el volumen, lo desenrolló y leyó estas palabras: *«El Espíritu del Señor está sobre Mí, porque Él me ungió para dar la buena nueva a los pobres* (y recalcó Jesús esta palabra). *Me ha enviado a pregonar la libertad de los cautivos, a los ciegos una luz clara, a dejar libres a los oprimidos»*. Cerró el volumen y añadió: *«A proclamar el año de gracia del Señor»*.

—¿En qué capítulo dice eso Isaías? —interrumpí tomando mi pergamino para buscar el texto.

—En el capítulo 61 —respondió Chuza, y prosiguió—: Jesús quedó unos momentos sin hablar, dominando a los oyentes con una mirada de autoridad nunca vista entre los doctores de la ley. Enrolló con todo respeto el pergamino, y lo entregó al hatsán—. *«¿Quién es Este?»* —preguntaban unos—. *«Es Jesús, el Hijo de José el carpintero* —les respondió Isacar, sonriendo sarcásticamente—. *Veremos qué nos cuenta»*.

—Y ¿qué dijo Jesús?

—Con una voz como jamás he oído, fluyeron de su boca estas palabras: *«Este vaticinio que acabáis de oír, hoy se ha cumplido»*. Todos quedamos sorprendidos oyendo aquellas palabras. Jesús calló. En cambio, Isacar levantó su voz, y dijo: «Déjate de historias, y haz aquí, entre los tuyos, alguna de las maravillas que nos cuentan has hecho en otras partes».

—Y Jesús, ¿hizo algún milagro? —pregunté.

—«Conviértenos aquí el agua en vino» —dijo otro, riendo—. «Haz alguno de los milagros que dicen hiciste en Cafarnaún; veremos si es cierto. Médico, cúrate a ti mismo» —gritó otro.
—Y Jesús, ¿no les respondía? —pregunté, impaciente.
—Jesús callaba. A los gritos de los parciales de Jesús, que decían: «Dejadle que hable», cesaron las cuchufletas. Entonces, el Maestro abrió sus labios, y dijo: *«Sin duda me habéis dicho el proverbio: Médico, cúrate a ti mismo, para que haga en mi tierra las cosas que habéis oído que hice en otras partes, en especial en Cafarnaún. Pues en verdad os digo que ningún profeta es bien recibido en su tierra. En verdad os digo que había muchas viudas en Israel en los días de Elías, cuando el cielo estuvo cerrado por tres años y seis meses y hubo una grande hambre en toda la tierra; pero a ninguna fue enviado Elías, sino a Sarepta de Sidón, a una mujer viuda. Y eran muchos los leprosos que había en Israel en tiempo del profeta Eliseo; mas ninguno de ellos quedó limpio, sino Naamán el sirio».*
—En buena se metió —dije, entendiendo toda la acritud de aquellas palabras—. Ese hombre no teme a nadie; bien lo vi en el templo. Y ¿qué pasó?
—¡Qué había de pasar! —dijo Chuza—. Que se armó una tremolina terrible en su contra. Hasta sus mismos partidarios estaban contristados. «Nos compara a los sirios incircuncisos» —dijo uno—. «Para Él son mucho mejores los leprosos que nosotros» —gritó Isacar—. «¿Y a Éste queréis por jefe de nuestro clan?» —añadió un tercero—. «Que salga de aquí, que no profane la sinagoga» —gritó el archisinagogo—. «Que salga y le precipitaremos del monte abajo» —gritó Isacar—. «¡Que salga, que salga!» —gritaban furiosos los más.
—Y ¿qué pasó?
—Salimos todos, y Jesús a la cabeza, como si nada pasara, y se dirigió Él mismo, seguido del pueblo vociferante, a la parte más alta de Nazaret, donde hay un gran precipicio.
—¿ Y le precipitaron?
—Tomás y yo le seguíamos inmediatamente para defenderle; pero Jesús, al llegar a la cima, se volvió tranquilamente a la turba, que gritaba: «¡Precipítenle, precipítenle!» Nadie, sin embargo, se atrevió a tocarle. Así permaneció un buen rato, y, viendo que todos seguían gritando sin cumplir sus amenazas, volvió a bajar sin decir palabra, y pasó *por en medio de la multitud,* que le abría paso atemorizada.
—Es muy valiente, yo le vi en el templo. Lástima que no hubiera tomado, como entonces, su látigo, pues todos hubieran huido.
—Siguiéndole Tomás y yo, llegó Jesús, impávido, al pueblo. Atravesó tranquilamente las calles, y, del modo más natural, siguió para Caná, siempre acompañado de nosotros, que estábamos estupefactos.
—Y ¿dijo algo Jesús?
—No salieron de sus labios sino aquellas palabras que repetía constantemente: *«No hay profeta sin honor sino en su patria».* Pasé la noche en

Caná –dijo Chuza–, y al día siguiente muy temprano, bajé a Cafarnaún. Juana, mi mujer, me había estado esperando la tarde anterior, y, al ver que no llegaba, muy de mañana me envió unos criados para informarse de lo que me había pasado y darme la noticia de la curación de Rubén, mi hijito. Les pregunté qué había sucedido, y me dijeron que, cuando su madre ya le daba por muerto, y sólo sabía que estaba vivo por la terrible fiebre que acababa al niño, de repente éste se empezó a mover, abrió los ojitos, y sin que su madre lo pudiera evitar, saltó al suelo y empezó a andar.

–¿Será posible? –exclamé–. ¿Una curación a distancia?

–*Pregunté a qué horas le había dejado la fiebre, y me dijeron que a la una; la misma hora en que Jesús me había dicho: «Ve, tu hijo vive».*

–¡Qué cosa más admirable! –dije.

–Llegué a casa, quien primero me salió a recibir fue mi hijito, enteramente sano. El chico estaba más rozagante que nunca; los colores le habían vuelto. Conté a mi mujer lo que había pasado, y al saber ella que Jesús había estado en peligro de que le precipitaran sus compatriotas, no juzgándolo seguro en Caná, me rogó fuéramos con el niño a ver a Jesús para ofrecerle nuestra casa. Salimos en el acto.

–Y Jesús, ¿qué dijo?

–Sonrió benévolamente y bendijo a nuestro hijito. Mi mujer se arrodilló ante Él, y yo también, y con todo el entusiasmo del agradecimiento, dijo: «Creo, Señor, Tú eres el enviado de Dios». Yo entonces supliqué a Jesús que bajara con nosotros a Cafarnaún, ofreciéndole mi casa.

–¿Y aceptó?

–Aquel día no bajó; pero al siguiente le vimos entrar por el umbral de nuestra morada. Todos nos arrodillamos ante Él, y, siguiendo el ejemplo de mi mujer, le aclamamos por enviado de Dios. Desde entonces mi esposa se ha dedicado a servirle, y yo veo esto con sumo gusto.

–¿De suerte –pregunté– que tú crees en Él?

–No sólo yo creo, sino toda mi familia –respondió Chuza.

–Y ¿quién crees que sea Jesús de Nazaret?

–Yo creo firmemente que es el prometido en la ley y los profetas; aquel que Juan anunciaba *«el que había de venir»*.

24
CEFAS

No me cansaré de hacer constar mi agradecimiento para con Samuel. Me había sacado a dar varios paseos a caballo; pero cuando yo desmontaba, no podía aún dar un paso sin tener que usar muletas. Esto me obligaba a permanecer en casa contra mi voluntad; pero no había otro remedio. Samuel, que esto veía, me procuraba visitas para que me distrajeran.

Vino a verme Gamaliel, y tuve con él varias conversaciones, siempre sobre el tema que me preocupaba: «el que ha de venir», instruyéndome más y más en la ley y los profetas.

Una noche me vino a visitar Nicodemo Ben Gorion, y me contó algo muy interesante. Encargado de la repartición del agua entre los peregrinos, estuvo presente el día en que Jesús de Nazaret arrojó del templo a los vendedores, y quedó admirado de que un solo hombre hubiera sido capaz de emprenderla contra tantos miles, y que de ellos triunfara. Chuza le había contado lo de las bodas de Caná y cómo había curado, a distancia, a su hijito Rubén. Otros le habían hablado de varias curaciones que Jesús había obrado; pero lo que más le llamaba la atención a Nicodemo era la manera de enseñar de Jesús y lo admirable de su doctrina.

—No enseña como nosotros —me decía Nicodemo—, enseña como quien tiene autoridad. Los profetas siempre decían: *Hoec dicit Dominus Deus* (esto dice el Señor Dios). Esta fórmula es invariable en sus escritos. El mismo Moisés decía al pueblo lo que Yahvé le había mandado. Pero este hombre, Jesús, se deja de esas fórmulas, y dice: *«En verdad, en verdad Yo os digo».* No habla como los profetas, sino en su propio nombre y por autoridad propia.

—Y ¿has hablado tú con Él? —le pregunté.

Nicodemo volvió la vista para observar si alguno le escuchaba.

—A ti te lo digo en reserva —díjome en voz baja—, toda una noche estuve hablando con Él en la casa de Juan Zebedeo, y salí de allí cuando empezaba a despuntar la aurora.

—Y ¿qué te dijo? —pregunté, ansioso.

—Tuvimos una larguísima conversación, y me habló como yo no he oído hablar a nadie. Gamaliel es un gran erudito, tiene toda la ley y los profetas en la memoria, y los cita a cada paso. Jesús no habla así. Yo sé que es Hijo de un humilde carpintero de Nazaret, pueblo pequeño y de reputación poco envidiable. Los maestros que allí han enseñado durante los últimos treinta años son de ínfima clase. Yo ya tengo sesenta años, y conozco a los doctores principales de Israel, y he visto que cuando sale de entre nosotros algún *destripado,* se va a Nazaret a enseñar.

—Pues entonces, ¿dónde ha aprendido Jesús? —repuse.

—Ésa es la misma pregunta que yo me he hecho, pues me he informado que Jesús solamente ha salido de su pueblo para venir a las fiestas, a Jerusalén.

—¿No habrá aprendido entre los doctores de aquí?

—Todo lo contrario. Tenía yo treinta años, cuando en una Pascua vino entre los peregrinos galileos un chiquillo como de doce. Estábamos, según costumbre, los más renombrados doctores de la ley sentados en el templo discutiendo. El muchacho se nos acercó, y viéndole tan interesado en lo que hablábamos, le dejamos escuchar; pero a los pocos minutos el niño empezó a hacernos preguntas. Al principio le respondimos como se puede

responder a un muchacho; pero empezó a hacernos preguntas más profundas acerca de la Ley y los profetas, que quedamos todos maravillados. Le rodeamos. Y entonces pasó algo que jamás he visto ni espero volver a ver; en lugar de que Él nos interrogara, nosotros empezamos a preguntarle a Él.
 —¿Al chiquillo? —dije, sorprendido.
 —Sí; los viejos que habían encanecido estudiando la Ley; los hombres ya hechos que pensábamos ser los maestros de Israel, sin poderlo remediar, nos hicimos discípulos de aquel niño de doce años.
 —Y de qué hablaba?
 —Nos expuso de manera magistral la profecía de Isaías. No nos cansábamos de escucharle, y quedamos con Él hasta que se ocultó el sol. Yo, encantado con el niño, le rogué que fuera a mi casa; pero Él prefirió quedarse en el templo, como hacían muchos peregrinos. Al día siguiente fui a buscarle, y como yo fueron no sólo los que le habían escuchado la víspera, sino otros, entre ellos Gamaliel y Heliel.
 —¿Y Gamaliel qué dijo?
 —Le empezó a hacer preguntas sobre los lugares más oscuros de los profetas, y el niño, después de responderle a toda satisfacción, le empezó a hacer preguntas.
 —¿A Gamaliel?
 —A Gamaliel y a Heliel y a todos nosotros, y más de una vez tuvimos que cambiar el tema, por no saber qué responderle. Al fin tuvimos que optar por dejarle hablar.
 —Y el niño ¿qué hizo?
 —Nos expuso la profecía de Daniel, demostrándonos que el tiempo profetizado por éste había llegado. Al día siguiente volvimos muchos a escuchar a aquel prodigio. Nos expuso entonces los capítulos 11 y 12 del *Génesis,* el vaticinio de Natán, el capítulo 5 de Miqueas, el 17 del *Deuteronomio,* el 2 de Ageo y el 3 de Malaquías.
 —¡Qué prodigio de niño! —exclamé, entusiasmado.
 —Todos estábamos pasmados oyéndole, cuando se presentaron su padre y su madre, que le andaban buscando. Entonces me informé que aquel niño era de Nazaret, e Hijo de María, esposa de José el carpintero.
 —¿De suerte que aquel niño era Jesús de Nazaret?
 —El mismo. Le perdí de vista por muchos años; pero cuando fui a ver al hombre extraordinario que había arrojado a los vendedores del templo, le reconocí al punto. Sus ojos no me podían engañar. En aquellos momentos no me atreví a hablarle; pero me informé que cuando venía a Jerusalén paraba en la casa que tiene aquí Juan Zebedeo padre, mi proveedor de pescado, y le encargué que cuando viniera me avisara. Así lo hizo, y, ya entrada la noche, fui a visitarle.
 —Y ¿qué te dijo?
 —Me habló del renacimiento por el espíritu para poder entrar en el reino de los cielos. Aquella noche llovía y soplaba el viento, que gemía al atravesar los resquicios de las ventanas.

—¿Oyes el viento —dijo Jesús—, *«cómo sopla donde quiere, mas ignoras de dónde viene y a dónde va? Pues así es el Espíritu».* Le pregunté yo cómo podía ser eso, y, sonriendo, me respondió: *«Eres tú une de los doctores de Israel, ¿e ignoras esto?»* Y entonces con una sublimidad increíble y lleno de autoridad, levantando su mano, dijo: *«En verdad, en verdad te digo que nosotros hablamos de lo que sabemos, y atestiguamos lo que hemos visto* —y añadió con tristeza—: *No queréis recibir nuestro testimonio. Pues si habiéndoos hablado de cosas terrenas no habéis creído, ¿cómo creeríais si os hablara de las cosas celestiales?»* Después, sin embargo, me habló de éstas, pues yo estaba dispuesto a creer.
—¿Y tú qué hiciste?
—Llegaba la aurora, y su suave luz empezaba a penetrar por la puerta; entonces añadió Jesús con tristeza: *«La luz vino al mundo; pero los hombres amaron más las tinieblas que la luz».* Yo entonces me postré ante Él, y le dije: «Creo, Señor; Tú eres la luz del mundo».
La conversación con Nicodemo me dejó profundamente conmovido, pensando que este doctor de Israel también reconocía a Jesús por el que había de venir a iluminar al mundo.

* * *

Otra visita no menos interesante fue la de mis conocidos de Cafarnaún, Simón, Andrés, Juan y Santiago.
—Buenos días, Simón —dije, saludando a mi amigo—; no sabes cuánto te agradezco tu visita.
—Yo no soy Simón —respondió muy serio.
—¿Qué no es Simón? Pues ¿entonces quién es? —pregunté a su hermano.
—¿Recuerdas, rabí —dijo Andrés—, que el Bautista un día nos dijo, señalando al hombre de blanco albornoz: *«He allí al Cordero de Dios»?*
—Seguramente —respondí—, y mucho sentí no haberle podido seguir entonces.
—Pues al día siguiente, pasando Él cerca de nosotros, volvió a repetir el Bautista: *«He ahí el Cordero de Dios, que quita los pecados del mundo».* Juan y yo fuimos tras Él por buen espacio. Entonces, notando Jesús que le seguíamos, se volvió y nos preguntó: *«¿Qué buscáis?»* Le respondimos: *«Queremos saber, Maestro, dónde vives».* Jesús nos dijo entonces: *«Venid y ved».* Le seguimos hasta Betabara, en Perea, y allí le encontramos en casa de un pariente suyo muy cercano llamado Judas Tadeo, que era carpintero.
—¿Está Betabara cerca del monte Nebo? —pregunté.
—A unos diez kilómetros —respondió Andrés—. En ese monte murió Moisés, y, como nos contó Tadeo, allí fue donde el diablo tuvo una gran disputa con Miguel acerca del cuerpo de Moisés...

–Cuando encontramos a Jesús –interrumpió Juan– *eran las cuatro de la tarde, y permanecimos con Él hasta el día siguiente.*
–Y ¿qué impresión os causó? –pregunté,
–Ya el Bautista nos había dicho quién era –repuso Juan–, y a mí me bastó su testimonio para creer que Jesús era el Mesías, el Ungido, el Cristo; pero cuando el Maestro nos habló y comenzó a exponernos las Escrituras, empezando desde Moisés, nuestros corazones ardían, y de tal modo nos convenció, que creíamos no ya por el testimonio del Bautista, sino por las palabras de Jesús.

–Al día siguiente –prosiguió Andrés–, subiendo yo a Jericó, me encontré con mi hermano Simón, y le dije: *«Hemos hallado al Mesías»*, y le llevé conmigo a la casa de Tadeo, donde aún se encontraba Jesús. Y al ver el Maestro a mi hermano, le dijo: *«Hasta ahora te has llamado Simón, hijo de Jona; pero de hoy en adelante te llamarás Cefas».*

–Y Cefas –interrumpió Simón, que hasta entonces había permanecido callado– significa «piedra», por lo cual mi nombre es Pedro, ya que ésta es la voluntad del Maestro.

* * *

–Y ¿tienen alguna otra cosa que contarme de Jesús? –les pregunté.
–Tantas maravillas ha obrado ya –respondió Juan–, que si se escribieran una por una, me parece que llenarían muchos volúmenes.
–Es verdad –interrumpió Pedro–; pero voy a contarte dos casos muy interesantes que hemos presenciado nosotros. ¿Recuerdas a mi suegra Perpetua?
–¡Ya lo creo! Una mujer gorda y muy espaciosa que se quejaba de no sé qué calenturas –respondí.

Pedro sonrió al oír la descripción que había yo hecho de su suegra.
–Pues bien –dijo–: la pobre mujer se nos puso tan enferma, que enflaqueció de modo increíble; una fiebre maligna la iba consumiendo. Mi mujer, habiendo oído hablar de las curaciones que hacía el Maestro, un día que Éste llegó a mi casa, después de haber predicado a las multitudes desde mi barca, le rogó que viera a su pobre madre y la sanara.
–¿Y la sanó Jesús? –pregunté.
–No bien entró el Maestro al cuarto donde yacía Perpetua, *«se inclinó hacia ella y mandó a la fiebre que la dejara. Después la tomó la mano, la levantó y al momento la abandonó la fiebre».*
–Y ¿ha quedado sana desde entonces?
–Más sana que nunca –dijo Pedro–, y ha adquirido una actividad de que antes carecía. Tan pronto como la curó el Maestro, fue a la cocina, y, llena de gratitud, le preparó un excelente almuerzo, que ella misma le sirvió, costumbre que antes no tenía.

No pude menos de sonreír al oír la historia de la suegra; pero dándole poca importancia, pregunté:

I. EL QUE HA DE VENIR-24. CEFAS

—Y el otro caso que me ibas a contar, ¿es más interesante?
—Lo juzgarás por ti mismo –repuso Pedro–. Te consta que tanto mi hermano Andrés, como Juan, Santiago y yo somos pescadores de abolengo, criados a orillas del lago Tiberíades; conocemos aquellas aguas como ninguno.
—Me consta –repuse–, y siendo el lago bastante pequeño, estimo que para vosotros no tiene secreto alguno.
—Me alegro de oírte hablar de esa suerte, es la pura verdad. Pues bien: sucedió que una mañana llegábamos a Cafarnaún después de haber trabajado toda la noche habiendo recorrido el lago en todas direcciones sin haber podido pescar nada absolutamente. Nos íbamos a dormir resignados con nuestra mala suerte, cuando vimos al Maestro que nos hablaba desde la orilla. Nos acercamos. «*Pedro* –me dijo el Maestro–, *avanza con tu nave mar adentro, y echa las redes para pescar*» «*Maestro* –le respondí–, *hemos estado trabajando toda la noche, y nada hemos recogido*». «*Echad las redes*» –respondió Jesús, y pronunció estas palabras con tal imperio, que le respondí: «*Está bien, Maestro; ya que Tú lo quieres, echaré las redes en tu nombre*».
—Tan seguros estábamos –interrumpió Juan– que iban a pescar en balde, que mi hermano Santiago y yo anclamos nuestra nave en la rada. Nuestro oficio desde que nacimos ha sido el de pescadores, y conocemos el lago y todos sus secretos. Cuando no hay pesca de noche, en vano se echan las redes ya salido el sol. Caso de haber alguna pesca, ésta desaparece con la luz; sólo cerca de la playa se pescan uno que otro pececillo; la pesca grande se oculta mientras más elevado está el sol.
—Yo pensé lo mismo –añadió Pedro–; pero el mandato del Maestro había sido tan terminante, que Andrés y yo no dudamos en obedecer. No había viento, y empezamos a remar, tardando buen rato en llegar a lo interior del lago. El sol estaba ya alto. Echamos las redes. ¡Cuán no sería nuestra sorpresa cuando sentimos que las redes se llenaban de pesca! Empezamos a tirar para retirarlas; pero era tal la cantidad de pescados, que las redes, a pesar de lo fuertes que son, se nos empezaban a romper. Hicimos señas y gritamos a Juan y Santiago para que vinieran a ayudarnos.
—Acudimos a ayudarlos –dijo Santiago– llevando redes de repuesto. Nunca en mi vida he visto pesca semejante. ¿Recuerdas, rabí, que nuestras barcas son las mayores del lago? Pues echamos las redes no sé cuántas veces, hasta que las dos naves estuvieron tan repletas, que empezaban a zozobrar.
—¿Es eso cierto? –pregunté yo a Andrés.
—Rabí, tú sabes que soy hombre verídico. Lo que Pedro y Santiago dicen es la verdad. Jamás se había visto cosa semejante. El pueblo entero salió a recibirnos, quedando pasmados los más viejos pescadores. Estábamos todos llenos de estupor...
—Por eso, cuando salté a tierra el primero –dijo Pedro–, me arrojé a los pies del Maestro, y le dije: «*Apártate de mí; Tú eres un hombre de Dios, y yo soy un pecador*».

Todos estábamos igualmente llenos de estupor –dijo Santiago–. Aquella pesca era visiblemente un milagro hecho a pescadores en un lago que conocemos palmo a palmo, que acabábamos de recorrer toda la noche sin haber obtenido el menor resultado, y que había tenido lugar en pleno sol, cuando ya no cae pesca alguna. No hay, pues, que maravillarse que estuviéramos todos estupefactos.

–El milagro que había hecho Jesús en Caná delante de vinateros fue para nosotros menos sorprendente que esta pesca extraordinaria hecha delante de pescadores. Jesús quería convencernos de su poder –dijo Pedro–, y lo consiguió.

–¿Cómo así? –pregunté.

–Viéndome estupefacto, me dijo Jesús: *«Pedro, no temas, que de ahora en adelante serás pescador de hombres»*

–Y habiendo conducido nuestras naves a tierra –añadió Santiago–, lo dejamos todo, y desde entonces hemos empezado a seguirle, pues no hay duda que Jesús de Nazaret es «el que ha de venir».

25
LA VENDEDORA DE HIGOS

–¿Quieres, dómine, higos y dátiles de Samaría? –me preguntó Quarto.

–Me gustaría probarlos –respondí.

–Pues aquí está una mujer que los vende. Sería bueno que tú mismo los escogieras. ¿Quieres que pase?

Notando que Quarto tenía interés en que recibiera a la vendedora, le dije que la introdujera al jardín, donde, bajo un frondoso sicomoro, con mi pierna extendida, pasaba yo leyendo la ley los días enteros. Pocos momentos después entraba una mujer con su canasto al hombro, seguida de una chiquita de siete años, que igualmente cargaba un canastito. No hice más que verla y reconocerla: era Dina, la samaritana que había visto yo en Sicar.

–Buenos días, Dina –le dije–. ¿Qué andas haciendo por estos rumbos?

–Vendiendo higos y dátiles –respondió la mujer, bajando los ojos y ruborizándose. Para ocultar su turbación más bien que por hacer negocio, destapó su canasto, y, partiendo un higo, me dijo–: Prueba, rabí, estos higos son tan dulces como la miel.

–Excelentes –dije–, nunca había yo probado higos tan dulces.

–Son de Samaría –repuso con cierto orgullo nacional–. Como éstos no se dan ni en Judea ni en Galilea.

Desde que la vi, había observado que su traje ya no era rojo como el que llevaba meses atrás; era sencillo y de color oscuro. No estaba ataviada con abalorios, sino tocada modestamente. Presentí que algún cambio

importante se había efectuado en la vida de aquella mujer. En aquellos momentos llegó Samuel.
–Éstas son brevas, también sumamente dulces –dijo Dina, ofreciendo una al anciano.
–¿Son de Samaría? –preguntó.
–De allá son –respondió la mujer.
–Ya se conoce –dijo Samuel, después de haberla probado –; las de Samaría tienen fama de ser las mejores brevas.
–Eso me estaba diciendo Dina –repuse.
–¿La conoces? –preguntó Samuel.
–La encontré en Samaría hace unos meses.
La pobre mujer volvió a bajar los ojos, ruborizándose de nuevo.
–¿Quieres probar los dátiles? –añadió, y luego, dirigiéndose a la chiquilla, que estaba platicando con Quarto, dijo–: Ven, Rebeca, y dale al rabí de tus dátiles.
La chiquilla, con soltura llena de inocencia, se acercó a nosotros, y nos ofreció dátiles, que igualmente estaban excelentes.
–¿Es tu hijita? –preguntó Samuel.
–Sí, rabí, la única que tengo.
Entonces yo, por preguntar algo, le dije:
–¿Y Neftalí?
–No tengo ya nada que hacer con ese viejo –respondió Dina enérgicamente. Después bajó los ojos, y dos gruesas lágrimas corrieron por sus atezadas mejillas.
Samuel, a quien anteriormente había contado mis aventuras por Samaría, entendiendo lo que pasaba, y pensando tal vez en María, añadió en tono paternal:
–Es mejor así, hija mía; el ganarse la vida trabajando es siempre honroso.
Dina estaba por reventar llorando; las lágrimas se agolpaban a sus grandes y negros ojos de gitana. Al fin no pudo más, y exclamó:
–Desde que estuvo en Sicar, no le he vuelto a ver, y le ando buscando.
–¿A Neftalí? –pregunté yo, sorprendido.
Una mirada de desprecio brilló en sus ojos, y dijo:
–Ése es un infame. ¿Recuerdas los bellísimos campos sembrados de trigo de Siquén? No son suyos, son de varios infelices que los cultivan; pero ese viejo, que les presta dinero para sembrarlos, cuando ve que ya la mies está madura, los extorsiona y recoge lo que no sembró. Luego, en vez de darles trabajo a los legítimos dueños, llama unos cuantos segadores de otros pueblos, y los hace trabajar terriblemente, pues siendo la mies abundantísima, los obreros son muy pocos y mal pagados.
–¿Y a ti te trató mal? –le pregunté.
–Me dejé engañar por él, que me prometía dinero...; pero no quiero ni recordarlo.

–Pues entonces, ¿a quién buscas? ¿A tu marido? –preguntó Samuel.
–Cinco tuve antes que Neftalí –y ése no era el mío; así me lo dijo Él sin conocerme y la pobre mujer se arrojó al suelo, y se soltó llorando.
El anciano se conmovió, pensando, sin duda, en su sobrina.
–Si en algo te podemos servir –dijo–, no tienes sino indicarlo.
Dina entonces levantó la cabeza, y añadió:
–Mucho tengo que avergonzarme de mi pasado, que es bien conocido en Sicar; pero desde que le vi, desde que Él me habló, he cambiado de vida.
–Y ¿quién es Él? –preguntó bondadosamente Samuel.
–Era un día muy caluroso –prosiguió Dina–; era el mediodía, y yo había ido por agua al pozo de Jacob. En mi camino me encontré varios hombres que venían al pueblo. Empecé a coquetear con ellos; pero se apartaron de mí, excepto el que venía el último. Éste, que llevaba una talega con dineros, sonándola, me dirigió la palabra preguntándome dónde habría alguna tienda para comprar algo de comer. A pesar de lo que yo era entonces, no me digné contestarle, y seguí mi camino.
–Y ¿quién era ese hombre? –pregunté.
–Oí que sus compañeros le llamaban Judas.
«¿Judas?» –pensé yo, recordando al espía que había visto en el palacio de los Asmoneos–. ¿Será posible?»
–Seguí mi camino al pozo –continuó Dina –, y llegué cantando como de costumbre. Eché el cántaro, y lo estaba sacando, cuando a mis espaldas una voz que me sobrecogió dijo: *«Dame de beber»*. Me volví, y le vi. Estaba sentado y demostraba en su rostro gran cansancio. Saqué el cántaro, y le di de beber. Mientras esto hacía, reconocí que Él era judío, y, sin atreverme a mirarle, dije: «*¿Cómo Tú, siendo judío, me pides de beber a mí, que soy samaritana? Porque no suelen tratarse los judíos y los samaritanos»*.
–Y ¿quién era Él? –pregunté, impaciente.
Pero ella continuó:
–Entonces Él me dijo: «*Si conocieses el don de Dios y quién es el que te dice dame de beber, tal vez tú le pidieses a Él de beber, y Él te daría agua viva»*.
–Aquella agua –interrumpí– es algo salobre, y no quita bien la sed.
–Eso pensé yo –repuso Dina–, creyendo que Él conocería otro pozo de mejor agua. Entonces, llena de respeto, pues me lo había infundido desde un principio, dije: «*Señor, no tienes con qué sacar agua y el pozo es profundo. ¿De dónde tienes agua viva? ¿Eres acaso mayor que nuestro padre Jacob, que nos legó este pozo, del que bebieron él mismo y sus hijos y sus ganados?»* Entonces Él me respondió: «*Todo el que bebiere de esta agua volverá a tener sed...»*
–Eso me pasó a mi –volví a interrumpirla.
Pero ella continuó:

—«Mas el que bebiere del agua que Yo le dé, no tendrá sed nunca jamás, sino que el agua que Yo le daré se convertirá en él en una fuente que brotará hasta la vida eterna».
—Y ¿qué querría decir con esto? No lo entiendo.
—Ni yo lo entendí entonces, y le dije: «*Dame de esa agua para que no tenga sed, ni venga aquí por más agua*». Él debió conocer que yo no lo había comprendido; entonces me miró con una mirada que no olvidaré jamás; ¡qué ojos los suyos más admirables!; parecían bendecirme; y añadió: «*Ve, llama a tu marido y vuelve aquí*». El corazón me dio un vuelco; pasó por mi memoria mi vida entera, y, llena de rubor, le respondí con toda franqueza: «*No tengo marido*».
—¿Y Neftalí? –dije.
—Calla, por Dios, rabí, y no le vuelvas a nombrar. Entonces Él dijo: «*Bien has dicho que marido no tienes; has tenido cinco, y el que ahora tienes no es el tuyo; has dicho la verdad*».
—¿Te conocía? –le pregunté.
—Eso pensé yo en el primer momento; pero no recordaba haberle visto en mi vida. Sin embargo, no fue su respuesta la que me llenó de admiración: fue su mirada. Estaba yo segura que en aquellos momentos leía hasta el fondo de mi alma; conocí que mi vida entera le era patente, y caí de rodillas, llena de vergüenza. Al cabo de un rato volví en mí, y le dije: «*Veo que eres profeta*».
—¿Y quién es Él? –pregunté sumamente impaciente.
Pero Samuel me hizo un gesto, indicándome que la dejara continuar.
—Entonces vino a mi mente la pregunta que te hice, rabí, y que no supiste responderme: «*Nuestros padres*, le dije, *adoran en el monte Garizín, y vosotros decís que es Jerusalén el sitio en que se debe adorar*».
—Y ¿qué te respondió?
—«*Mujer* –me dijo–, *créeme que llegará la hora en que ni en este monte ni en Jerusalén adoraréis al Padre. Vosotros adoráis lo que no conocéis; nosotros* –y se señalaba a Él mismo– *adoramos lo que conocemos; la primacía es la de la descendencia de Judá. Mas hora vendrá, y ésta es la presente, en que los verdaderos adoradores adorarán al Padre en espíritu y en verdad. Tales son los adoradores que busca el Padre. Dios es espíritu, y los que le adoran conviene que le adoren en espíritu y en verdad*».
—Pero ¿me dirás por fin quién es Él?
—No lo sabía, pero lo sospechaba –respondió Dina–; y así, le pregunté: «*Yo sé que el Mesías*, el Cristo, el Ungido, *va a venir, y cuando venga, Él nos enseñará todas las cosas*». Y Él, con majestad, y elevando sus hermosísimos ojos al cielo, dijo: «*Ése soy Yo, que te estoy hablando*».
—Y ¿no te dijo su nombre?
—No me lo dijo, ni yo pude preguntárselo, pues en aquel momento llegaron los hombres que había yo visto ir a Sicar.

—¿No llevaba un blanco albornoz?
—Cubría su cabeza un velo blanco.
—Entonces es Él, no me cabe duda —dije, entusiasmado—. Tu caso me recuerda otro muy parecido.
—¿Cuál? —preguntóme Samuel.
—El de Natanael. Es su misma manera de proceder, es su escrutadora mirada, que penetra los corazones, y que, sin hablar, lo da a entender todo. Pero, prosigue Dina, prosigue. ¿Qué hiciste después?
—Estaba yo conmovidísima para acordarme de mi cántaro, lo dejé y corrí al pueblo. Mi corazón palpitaba como nunca; sentía una paz y una alegría como no había experimentado desde que era yo buena e inocente. Al entrar al pueblo me encontré con otro grupo de hombres en una de las primeras casas, y les dije: «*He encontrado a un hombre extraordinario que me ha dicho todo cuanto he hecho en mi vida; es un profeta. ¿No será acaso el Taheb?*
—¿Qué es eso de Taheb?
—Los samaritanos llaman Taheb, o «el que restablece», al que nosotros llamamos el Mesías —dijo Samuel.
—Debí yo decir esto con tanta convicción —prosiguió Dina—, que me tomaron en serio esos mismos hombres que me conocían y con los cuales había yo tantas veces coqueteado. «¿Dónde está?» —me preguntaron—. «En el pozo de Jacob —respondí—; marchad luego si queréis verle, pues puede proseguir su camino».
—¿Y fueron aquellos hombres? —pregunté.
—Se levantaron al momento, y apresuraron el paso para ver aquella maravilla. Pero no sólo fueron ellos, sino otros muchos que encontré en mi camino marcharon al pozo cuando les di la buena nueva; en especial Manasés...
—¿Es un buen samaritano que hace viajes a Galilea? —pregunté.
—El mismo; es sumamente caritativo. Cuando le di la noticia, se puso a correr, temiendo se marchara el Taheb; quería verle a todo trance. El único que no quiso ir fue el infame Neftalí. Me detuvo, y trató de besarme como solía; yo le rechacé indignada, y como me abrazara por la fuerza, le mordisqueé en el brazo hasta que me dejó. «¿De manera —dijo el infame— que ya no me quieres y me dejas por otro?» Yo no le respondí, y seguí anunciando la buena nueva. Todo el pueblo se conmovió, y marchó al pozo.

Dina se había puesto en pie, y hablaba con tanta vehemencia, que parecía transformada.

—Entonces, cuando llegué al fin de la población —prosiguió Dina—, volví a desandar lo andado para ver lo que había pasado. Al regresar me encontré de nuevo con Neftalí, el cual, iracundo, me dijo: «Ya me informaré de quién es mi sucesor, y te juro por el monte Garizín que me vengaré de él». Yo no le hice caso, y proseguí mi camino. Había yo corrido

más de una hora, y el sol calentaba como nunca; pero yo no tenía sed; las palabras del Taheb comenzaban a cumplirse en mí.
-Y ¿qué impresión causó Jesús de Nazaret a tus paisanos?
Dina quedó suspensa cuando nombré a Jesús de Nazaret, y dijo casi llorando:
-¿Le conoces, rabí? Dime, dime dónde está, que le vengo buscando.
-No te aflijas -intervino Samuel-; le encontrarás, de mi cuenta corre; pero continúa tu relato.
-Aquello fue un verdadero triunfo. Todo Sicar venía acompañando al Taheb. Manasés le había rogado en nombre de la población que permaneciera entre nosotros, y el Taheb había aceptado. Todos se disputaban el honor de llevarle a su casa; pero Él quiso ir primero a la sinagoga. Aunque ésta es muy grande, aquel día era pequeña para la multitud que deseaba escucharle. Estuvo explicando el *Pentateuco*, y todos quedaron tan admirados, que al salir me decían: «*Ya no creemos por tu palabra, porque nosotros mismos le hemos oído, y sabemos que éste es el Salvador del mundo*».
-¡Bien por los samaritanos! -exclamé entusiasmado-. Por supuesto -añadí -, que hizo muchos milagros, curó muchos enfermos...
-Absolutamente ninguno -respondió Dina.
-Pues entonces, ¿cómo creyeron en Él?
-Para creer en Él no es necesario que cure enfermos o resucite muertos; basta con oírle hablar: Así me lo repetían mis paisanos: «*Le hemos oído, y sabemos que Éste es verdaderamente el Salvador del mundo*».

26
QUARTO

Aunque mi principal objeto al venir a Palestina fue cumplir con la última voluntad de mi padre, no por eso he descuidado mis negocios. Regularmente recibo cargamentos de telas, perfumes y alhajas, y, por medio de Quarto, muy entendido en este ramo, los distribuyo entre los corresponsales que tengo en las principales ciudades de Judea, Samaría, Galilea y Siria. Esto ha hecho que mi viejo servidor haya estado viajando por Palestina con frecuencia.

Quarto, como he dicho ya, es pagano, o, por lo menos, sus padres lo eran; pero aunque él jura por Júpiter, Eros y todos los dioses del Olimpo, a más de los infernales, no se preocupa por ellos en lo más mínimo. Como, por otra parte, ha pasado en mi servicio tantos años, ha tratado de continuo con israelitas y habla el arameo con soltura. Es un pagano de sentido común notable, morigerado en sus costumbres, y que, desde nuestra llegada a este país, ha tomado gran interés, siguiendo mi ejemplo, en todo lo que se relaciona con «el que ha de venir».

Este interés se intensificó notablemente desde que estuvimos en Caná, donde, a su vista, Jesús de Nazaret convirtió el agua en vino. No me extrañó, pues, que un día Samuel me contara que Quarto le había manifestado el deseo de entrar en el número de los «prosélitos», esto es, quería abrazar el judaísmo.

–Yo opino –respondí– que mejor es que se espere, pues por lo que estoy viendo, Jesús de Nazaret es un gran reformador, y quizá termine fundando una nueva secta.

–Yo le aconsejé otro tanto –repuso Samuel–, y creo que seguirá nuestro parecer. Está sumamente impresionado con la doctrina y hechos del Nazareno.

Un día, acabando de llegar Quarto de un viaje por Galilea, me dijo:
–Dómine, tengo grandes noticias que contarte.
–¿De Jesús de Nazaret?
–Del mismo. Tú, que has estado en diversas sinagogas, ¿no te has fijado cómo enseñan los grandes doctores de la ley, los más renombrados escribas?

–Sí, me he fijado; pero no he visto nada de particular. Leen el texto, lo traducen al lenguaje vulgar, y luego van indicando cómo lo han interpretado los diversos comentadores. Muchas veces dicen grandísimas necedades, fundándose en que, antes que ellos, las han dicho otros renombrados escribas.

–Así es; yo he ido muchas veces a las sinagogas a escuchar a los más afamados doctores. A ninguno he oído decir: «Yo interpreto este pasaje de tal o cual modo», sino rabí Matatías dice; Sadoc comenta; el gran doctor Eleazar lo interpreta de este modo. Pues bien: yo he escuchado a Jesús de Nazaret muchas veces, y me ha llamado la atención su manera de hablar: *«Yo os digo»*, o con un juramento: *«En verdad, en verdad os digo»*, y expone su opinión como quien tiene verdadera autoridad; jamás cita a Matatías, ni a Sadoc, ni a Eleazar, ni a nadie. *«Yo os digo»* es su frase favorita.

–Ya lo han notado muchos, entre ellos Nicodemo –repuse–, y lo que más ha llamado la atención a este gran doctor es que, mientras los mismos profetas empiezan: *Haec dicit Domine Deus* (esto dice el Señor Dios), Jesús empieza como tú has indicado: *«En verdad Yo os digo»*, y dice muchas cosas nunca oídas ni predicadas antes por los profetas mismos.

–Me han contado algunos escandalizados –dijo Quarto– que le han oído decir: *«Moisés os dijo; pero Yo os digo»*. No contradice al gran legislador, pero lo completa, lo adiciona, y esto les llama a todos la atención, sin que, por otra parte, los fariseos o los doctores se atrevan o puedan contradecirlo.

Pues así fue en Cafarnaún –prosiguió Quarto–, si bien la cosa pasó adelante. Estaba hablando Jesús, cuando se oyeron grandes voces, que decían: *«Déjanos, ¿qué tenemos contigo, Jesús Nazareno? ¿Has venido a destruirnos? Bien sabemos quién eres: el Santo de Dios»*. Se reunió la gente alrededor del que así gritaba, pero a cierta distancia, pues decían que estaba endemoniado.

Al oír el diagnóstico de endemoniado (ya me habían hablado de los endemoniados), pregunté:

—¿Echaba espumarajos por la boca? ¿Sufría contorsiones? ¿Tenía los ojos en blanco? ¿Estaba trabado?

—Algo de eso tenía, aunque no estaba trabado, pues hablaba —respondió Quarto.

—Ése no era endemoniado —resolví dogmáticamente—, sino un epiléptico.

—¿Un epi... qué? —preguntó Quarto.

—Epiléptico —dije, deletreando la palabra.

—Tú, dómine, lo llamas así, pero toda la gente y sus mismos parientes decían que estaba poseído por un demonio inmundo.

—Bien, ¿y qué? —repuse.

—Pues epi..., o lo que fuera, le dijo Jesús: *«Enmudece, y sal de ese hombre».*

—Y ¿qué pasó?

—*«Que el hombre fue sacudido con extrema violencia por el espíritu inmundo, le arrojó en medio, y, dando una gran voz, salió de él, y no le hizo daño alguno.»*

—¿Y se curó de la epilepsia?

—Quedó el infeliz bueno y sano, tanto, que yo le pagué para que viniera conmigo y podértelo enseñar.

—Y ¿dónde está?

Quarto salió, y a los pocos momentos volvió con un mocetón que tenía cara de todo menos de epiléptico. Yo le hice varias preguntas y me quise persuadir de que lo que debió haber tenido eran ataques epilépticos, si bien en la actualidad parecía perfectamente curado. Cuando quedamos solos, Quarto me dijo:

—¿Qué te parece, dómine?

Yo, orgullosamente, permanecía en mi diagnóstico:

—Epilepsia —respondí.

—Pues será esa cosa o lo que quieras; pero te digo que ni yo, ni tú, ni médicos romanos, ni los médicos judíos, ni Hipócrates en persona, ni el mismísimo Esculapio, aunque le ofrezcan un par de gallos blancos, hubieran hecho juntos lo que Jesús hizo con sólo su palabra. No le puso cataplasmas, ni le dio la hierba roja del mar Muerto, ni le aplicó medicina alguna. Sólo le dijo: *«Enmudece, y sal de ese hombre»,* y el diablo, o la «pilesis», o lo que fuera, se calló y salió del hombre, por lo que quedamos todos admiradísimos. *Otros se sobrecogieron de pavor, y decían: «¿Qué es esto? ¿Qué nueva doctrina es ésta? Porque impera con potestad y fuerza a los espíritus inmundos, y le obedecen y salen».*

* * *

Samuel entró en aquellos momentos acompañado de Gamaniel.
—Vengo a traerte lo que me pediste—dijo Gamaliel después de saludarle—. En este rollo prosiguió están recopiladas las principales profecías que se relacionan con el Mesías, en cuanto nos es dado conjeturar al presente, pues muchas otras hay en los libros santos que se nos escapan ahora, pero que aparecerán a su debido tiempo.
—No sabes, Gamaliel, cuánto te agradezco este trabajo, pues sólo tú eres capaz de llevarlo a cabo, pues para ello se necesita el profundísimo conocimiento de las Escrituras que tú tienes.
—Así lo pensaba yo hasta hace poco. Con escasa modestia me tenía por el más ilustrado de los doctores; pero Yahvé me ha dado una lección por donde menos lo esperaba. Te confieso sinceramente que este trabajo no es obra exclusiva mía. A más de los códices que sobre esto hay ya recopilados, he tenido una ayuda inesperada.
—Pues ¿quién te ha ayudado a ti? —pregunté, admirado.
—Aquí tienes los caminos del Señor; el que me ha ayudado y me ha enseñado —y dijo esto con profunda humildad— fue un publicano.
—¿Un publicano? —exclamamos, admirados, Samuel y yo.
—Aunque tú no lo creas, así es; el publicano se llama Leví.
—¿El hijo de Alfeo, que tiene su telonio a las puertas de Cafarnaún? —El mismo.
—Entonces lo comprendo —dije—; yo estuve a comer en su casa; me enseñó muchos pergaminos que había escrito, y me espantó su profundo conocimiento de las Escrituras.
—Voy a contarte lo que pasó —repuso el anciano—. Estaba yo engolfado en la lectura de los profetas, cuando me anunciaron la visita de Leví. Poseo algunos viñedos en Galilea, y mi mayordomo había tenido dificultades en los alcabaleros; pensé que Leví me iba a hablar de este enojoso asunto; había por fuerza que tratarlo, y, aunque contrariado, mandé que pasara. ¡Cuál no sería mi sorpresa, cuando en lugar de hablarme de contribuciones, me empezó a hablar, primero, de Juan Bautista y luego de Jesús de Nazaret!
—No me extraña que te hablara del Bautista; los dos estuvimos juntos escuchándole, y Leví fue después a recibir el bautismo; pero no sabía que ya conociera al Hijo del carpintero.
—Le conoce, y, lo que es más, se siente inclinado a seguirle; a la hora de éstas quizá es ya uno de sus discípulos. Pero seguiré mi narración. Viendo que tenía yo el volumen de Isaías abierto en el capítulo 9, me dijo: «¿Te has fijado en estas palabras del profeta: *"El país de Zabulón y el país de Neftalí por donde se va al mar, a la otra parte del Jordán, la Galilea de los gentiles, este pueblo que yacía en las tinieblas, ha visto la luz grande, luz que ha venido a iluminar a los que habitan en la región de las sombras*

de la muerte?"» «Las he leído –respondí–; pero ¿qué pueden significar?» «¿No has oído hablar –me dijo– de Jesús de Nazaret? «Algunos rumores contradictorios he oído, ¿y qué?» «¿Cómo que qué? Lee el capítulo 9» –y tomando el pergamino, leyó–: *«Voz del que clama en el desierto; aparejad el camino del Señor; enderezad en la soledad las sendas de nuestro Dios; todo el valle ha de ser alzado, y todo monte y cerro abatido; y los caminos torcidos se harán rectos, y los ásperos, llanos. Entonces se manifestará la gloria del Señor, y verán a una todos los hombres que la boca del Señor Dios es la que ha hablado por los profetas...»*

–Ese pasaje se refiere, sin duda, a Juan el Bautista –exclamé, admirado.

–Y el anterior a Jesús de Nazaret, que evangeliza a los pobres en los confines de Zabulón y Neftalí –me respondió, triunfante, Leví.

–Es verdaderamente admirable –dije yo–. La profecía se ha cumplido.

–Si tú has quedado admirado –repuso Gamaliel–, más admirado quedé yo, que, habiendo leído y releído cien veces aquellos pasajes, no había entendido su sentido profético, hasta que un publicano me lo explicó.

–Es que las profecías son de suyo oscuras –observó Samuel.

–Son naturalmente oscuras –repuso Gamaliel–, ante todo por nuestra ignorancia. No conocemos muchas de las cosas que eran familiares o contemporáneas de los profetas, y, por consiguiente, lo que era claro para ellos resulta incomprensible para nosotros. ¡Cuántos lugares de los que nos habla, por ejemplo, Isaías en su profecía contra Moab, ahora no existen ni podemos localizarlos!

–También son a veces poco inteligibles –añadió Samuel–, porque las profecías son *oscuras en sí mismas*. Depende de su naturaleza el no ser completamente claras y precisas, porque predicen acontecimientos que no han ocurrido aún. Nos los dan a conocer de una manera general, sin indicar gran número de circunstancias accesorias; nos hacen un croquis del porvenir, no un cuadro acabado. Son siempre vagas sus formas y sus contornos son indecisos y como envueltos en una especie de niebla.

–Otra causa de la oscuridad de las profecías es la falta de precisión del tiempo –añadió Gamaliel–, son cuadros sin perspectiva.

–Pues entonces –interrumpí yo–, esas profecías que nos cuentan ¿dónde, cómo y cuándo se han de verificar los sucesos, señalando el mes y el año en que se han de cumplir, dando hasta los nombres de las personas que en ellas han de intervenir?

Los dos ancianos prorrumpieron en una carcajada, y Gamaliel exclamó:

–Sé a lo que te refieres; ésas son ideas del rabí Joaquín y de los de su escuela, pobres inocentes, ciegos que conducen a ciegos, y todos tienen que caer en el agujero. Las verdaderas profecías no son así, tenlo por cierto. Repasa las Escrituras, y verás que todas las profecías mesiánicas son oscuras, como he dicho. Esas otras profecías a que te refieres fueron escritas *después de pasados los acontecimientos,* por algunos que trafican con la credulidad del vulgo, confirmadas por la impericia de los que se tienen por letrados, a quienes engañan miserablemente.

–Las verdaderas profecías –repuso Samuel– son el anuncio de sucesos futuros e importantes, que no pueden ser conocidos sino sólo por Dios; son una verdadera revelación divina, y es irreverencia pensar que Jahvé haga predicciones de niñerías tan estultas como les atribuyen a su vidente el rabí Joaquín y los de su escuela.

Cambiando de conversación, leyendo el pergamino, pregunté a Gamaliel:

–Veo que aquí hay tres grandes grupos de profecías.

–Se refieren a tres épocas distintas: las primeras se encuentran en el *Pentateuco,* y abrazan tres períodos: el primero es el de Adán; el segundo se relaciona con la época patriarcal, comenzando con la profecía de Noé, y terminando con la que hizo Jacob al morir, y el tercero es el período mosaico.

–Por lo que veo –repuse–, la segunda época empieza con los libros de los reyes, prosigue con los salmos de David y termina con el libro de Job.

–Y la tercera época –concluyó Gamaliel– es la más abundante; comprende el período profético propiamente dicho, empezando con Joel y terminando por Malaquías. Hay, sin embargo, muchas profecías mesiánicas cuyos originales se han perdido, y sólo se conservan por tradición, y otras que, debido a nuestra ignorancia, no reconocemos aún por tales. Como ejemplo está lo que os he contado de mi propia ignorancia; si no hubiera sido por Leví, aún ahora estuviera a oscuras.

* * *

Cuando marcharon mis dos amigos, Quarto, que había estado escuchando nuestra conversación, se acercó y me dijo:

–¿No te parece, dómine, que señalemos con marcas rojas las profecías según se van cumpliendo en Jesús de Nazaret?

–Seguramente –respondí–, tú serás mi secretario en este asunto.

–Son cincuenta y cuatro las profecías que están aquí numeradas –dijo Quarto, leyendo el pergamino–, y creo que desde luego podemos destacar ésta de Miqueas, relativa a la patria del Mesías.

Me la señaló, yo leí: «*Y tú, ¡oh Belén!, llamada Efratá, tú eres una ciudad pequeña respecto de las principales de Judá; pero de ti me vendrá el que ha de ser dominador de Israel, el cual fue engendrado desde el principio, desde la eternidad...*»

–La verdad, no entiendo –repuse, dejando el pergamino– cómo puede referirse esta profecía a Jesús de Nazaret.

–¿No recuerdas, dómine, que los pastores, sin ser doctores de la ley ni cosa por el estilo, nos dijeron que Jesús había nacido en Belén?

—Bien está eso de que haya nacido en Belén –dije, sonriendo–; pero eso de que haya sido engendrado desde *«los días de la eternidad»*, me parece un absurdo.

—Yo no sabré resolver tu dificultad –respondió Quarto–; pero ¿no recuerdas lo que dijo rabí Gamaliel de la oscuridad de las profecías?

—Lo recuerdo, ¿y qué?

—Que hay que aguardar; seguramente el tiempo aclarará este asunto.

—Creo que tienes razón –respondí–. ¿No dijo también el Bautista que Jesús es el Hijo de Dios? Esperemos, el tiempo dirá.

27
DE VIAJE

Entre las diversas joyas que había recibido, tenía una magnífica perla negra. Todos los que la veían quedaban encantados, pero ninguno como Antígono, un romano loco por las alhajas. Vino a ver la perla, y preguntóme el precio.

—No pienso venderla –le dije.

—Te doy medio talento de plata –repuso él.

—La verdad, no quiero venderla –repliqué.

Me volvió a ver no sé cuántas veces, y cada vez con más instancia; quería comprarla subiendo la oferta; al fin me dijo:

—Estoy enamorado de la perla, y acabo de vender todo lo que tengo; aquí está –y esto diciendo, desenvolvió un lingote de plata del peso de un talento; alrededor de mil doscientos dólares.

Me suplicó con tanta insistencia, que, al fin, se la cedí por aquel precio, que significaba toda su fortuna. Nunca había yo visto persona que estimase más las perlas, que allí llaman margaritas.

Cuando se marchó, me contó Samuel esta anécdota:

—Hace algún tiempo supo Antígono que en una casa no lejos de Jericó había muerto un famoso usurero. Todo el mundo se preguntaba dónde y a quién habría dejado sus tesoros, pues era muy rico. Antígono se sospechó que el viejo usurero debía haber muerto cerca del tesoro que tanto amaba y en el cual tenía puesto su corazón.

—¿Y compró la casa del usurero? –pregunté.

—Así lo hizo, a pesar de que la gente decía que el alma del agiotista se aparecía allí por la noche. Durante su vida había sido muy avariento, y no quería hacer limosna a los pobres ni aun darle de las sobras de su mesa a un pobre baldado llamado Lázaro, que todos los días iba a pedirle limosna.

—¿Y encontró el tesoro?

—Espera un poco –repuso Samuel–, no seas impaciente. Sucedió una cosa singular; Lázaro murió el mismo día que el avariento; los dos fueron enterrados, éste en un sepulcro tallado en la piedra, y Lázaro, por caridad de José de Arimatea, en otro sepulcro muy pobre.

–Ya sabía que el de Arimatea tenía especial devoción, como Tobías, en dar sepultura a los cuerpos de los difuntos, cumpliendo así una gran obra de caridad.

–Que Yahvé no dejará sin especial premio –añadió Samuel–. Pues bien: Antígono compró, como he dicho, la casa del difunto avaro, y se puso a buscar el tesoro que presumía estaba allí enterrado.

–¿Y encontró algo?

–Espera, ya te he dicho que esperes. Buscó el tesoro en la casa, y no encontró nada. Escarbó todo el jardín, y nada hallaba. Al fin llegó a buscarlo en el cuarto mismo donde había muerto el avaro, para lo cual tuvo que quitar las tarimas que formaban el piso. ¡Cuál no sería su sorpresa al encontrar un gran hueco y varios fardos allí enterrados, junto con una gran caja chapeteada de hierro!

Quise yo hacer otra pregunta, pero la mirada de Samuel me lo impidió.

–Abrió el gran cofre, y lo encontró vacío; deshizo los fardos, que eran de telas riquísimas, y las encontró todas roídas por la polilla.

Los ladrones disfrazados de espantos habían robado el tesoro y dejado lo que ya no servía.

–¡Pobre Antígono –dije–. ¡El chasco que se llevó!

–Y el infeliz había vendido lo que tenía –repuso Samuel– para comprar la vieja casa.

–Esta vez –repuse– el negocio sí le salió, pues por la perla que le vendí, engastada debidamente, no faltará quien le ofrezca hasta dos talentos. Podrá rehacerse de la jugada que le hicieron los espíritus cimarrones, ¡ja, ja, ja!

* * *

Varias veces me había invitado Chuza, el mayordomo de Herodes, a pasar unos días con él en Cafarnaún, donde tenía una hermosa casa con espaicioso jardín. Salimos juntos de Jerusalén, acompañados de Quarto y escoltados por varios soldados mandados por mi antiguo amigo el centurión Cayo Oppio, quien volvía a Cafarnaún, donde estaba de guarnición. Era mi primer viaje después de mi larguísima permanencia obligada en la Ciudad Santa. Durante ese tiempo había yo estudiado bastante, aprendido no poco y meditado mucho. Siempre me ha gustado observarlo todo con el fin de aprender sin desperdiciar ni siquiera los detalles más pequeños. Al salir de casa, lo primero que llamó mi atención en una plazoleta a la entrada de la sinagoga más principal de la ciudad, fue ver dos grupos de niños jugando.

–Están jugando –me dijo Chuza– un juego tradicional que todos hemos aprendido cuando pequeños, y se llama «bodas y entierro».

—Y ¿qué es lo que cantan?
—Unos versos antiquísimos. Estos que tienen una cinta roja al brazo dicen:

¿Quién a la boda viene
donde la flauta suena?
Vengan a divertirse,
que la boda está buena.

Los que tienen una cinta negra al brazo dicen en tono plañidero:
Vengan a ver al muerto
vengan al funeral;
todos estamos tristes
con ganas de llorar.

Cada grupo procura atraer a esos chiquillos que no tienen cinta al brazo, y les dicen unos:
Os tocamos la flauta,
no habéis danzado.

Y los otros:
Y por más que plañemos,
no habéis llorado.

Los chiquillos sueltos procuran romper una y otra cadena, y si no lo consiguen, gritan a los primeros:
Yo no voy con borrachos
ni gente mala.

Y a los segundos:
Ni con tristes llorones,
porque me enfadan.

El chiste está en ir quitando muchachos de uno y otro grupo, perdiendo el que más pronto quede reducido a dos.

—¿Y esos otros que están allí pegándoles a esos pobres camellos? —pregunté.

—Juegan a lo que llaman «el ojo de la aguja». Cuando hay alguna cosa muy dificultosa, se suele decir: «que es más fácil que un camello pase por el ojo de una aguja, que suceda tal o cual cosa». Estas dos torrecillas que ves juntas las llaman «las agujas», y esas puertas tan bajas y estrechas les dicen «los ojos de las agujas».

—¿Y el juego está en hacer pasar por esos agujeros a los pobres camellos?

—Exactamente, y el grupo que pasa primero su camello es el que gana.

—Y ésos, ¿a qué juegan? –pregunté, viendo a seis hombres formando cadena unos tras otros, poniendo una mano sobre el hombro del anterior, mientras en la otra llevaban un garrote.

—Ésos no juegan –dijo Chuza, riendo–; son ciegos que marchan en grupos guiados por un ciego más experto.

—Pero ¿si el primero tropieza? –dije.

No tuvo que responderme mi compañero, pues en aquel momento el primero resbaló y cayó en un gran caño que por enfrente de ellos corría, y toda la cadena cayó en el charco unos tras otros.

—De aquí viene el proverbio antiguo: «Si un ciego guía a otro ciego, los dos caen en la fosa» –dijo Chuza.

Mientras tanto, el bueno de Quarto y Cayo Oppio se disponían a levantar a aquellos infelices.

Salimos fuera de la ciudad, y bajando por Jericó, pude contemplar un hermosísimo campo sembrado de legumbres, de donde se surtían los mejores puestos del mercado. Me llamaron la atención varios arbolillos de tronco sumamente delgado, pero de unos tres metros de alto, en los cuales algunos pájaros habían empezado a hacer sus nidos.

—Esos arbolillos –me dijo Chuza –no son nativos de esta tierra, sino traídos de Persia, donde los llaman *khardal;* nosotros *lo llamamos aquí mostaza* –y acercando su cabalgadura, arrancó de uno de ellos una frutita ya seca, de la que sacó una porción de semillas muy pequeñas.

—¿Y de estas semillitas tan pequeñas nacen estos árboles tan esbeltos?

—Así es. La mostaza da una semilla más pequeña que la de la lechuga, y, sin embargo, mientras ésta no crece más que de pie, aquélla se levanta airosa en forma de arbolito –dijo Chuza.

Seguíamos caminando por la carretera que conduce de Jericó a Scytópolis, por encima de la cuenca del Jordán, y viendo yo unas torres, pregunté a mi compañero qué era aquello.

—¿Ves esos viñedos cercados con bardas de piedras? Pues cada uno de ellos tiene una torre donde se coloca el vigía para impedir, con las piedras de su honda, que los ladrones vayan a vendimiar indebidamente.

—Veo –dije– algunas que están destruidas.

—Fíjate en la clase de terreno sobre que estaban edificadas, y entenderás la causa de su ruina. Me fijé que habían edificado una sobre la arena de un ancho torrente, y al llegar las avenidas debió ser destruida.

—En cambio, esas otras –dijo Chuza– están construidas sobre terreno sólido y tienen la roca por fundamento. Sólo un terremoto podrá destruirlas.

En esto vi un gran número de buitres, que volando a gran altura iban descendiendo formando círculos que se estrechaban poco a poco.

—Son águilas de Palestina –dijo mi compañero–. Sin duda deben haber olido algún animal muerto y van bajando para devorarlo. De esto que estás mirando han salido el proverbio: «A dondequiera que esté el cadáver, allí se congregarán las águilas».

El sol se había ocultado y era necesario buscar un refugio para pasar la noche, tanto más que la tempestad se nos venía encima.

–En esta tierra –dijo Chuza cuando hubimos encontrado una cueva conveniente, entre las muchas que por allí había– se forman las tempestades con gran rapidez y son sumamente violentas, sobre todo en el lago de Tiberíades.

–Dímelo a mí, que ya pasé una y por poco no lo cuento.

La tempestad se había desatado, y los truenos y relámpagos se sucedían casi sin interrupción, iluminando con su luz fúlgida la oscuridad de la noche, desde Oriente hasta el Occidente.

Al día siguiente, la atmósfera estaba clarísima y el sol picaba mucho. A pesar de la lluvia del día anterior, la temperatura era sofocante. Cerca del mediodía nos detuvimos en un pequeño poblado de pastores. Entré en una choza donde tuve oportunidad de ver cómo fabrican el pan por estos contornos. Pero antes quiero narrar algo que me conmovió. Estas casas son unos dados de piedra y lodo, sin más luz ni ventilación que la que reciben por la estrecha puerta.

Penetré en la casucha y vi a una mujer que, con una antorcha encendida, andaba buscando algo en los rincones y bajo los escasos y pobres muebles. La mujer, sin cuidarse de mí, siguió buscando lo que se le había perdido. Al fin, se levantó gozosísima con una moneda en la mano, diciendo: «Ya la encontré, ya apareció». Pregúntele qué había encontrado, y dijo: «Mi dracma». Y la infeliz me enseñaba una moneda de plata de veinte centavos.

Viendo mi sorpresa por su alegría, me dijo:

–Rabí, tú tienes, sin duda, mucho dinero; pero yo soy una pobre viuda que gano con dificultad el sustento para mis hijitos. Mi capital, ganado en varios meses, se reduce a diez monedas como ésta, que es la décima parte de mi tesoro. Desde muy temprano la he estado buscando; barrí toda la casa; registré todos los rincones, y, al fin, la he hallado. ¿Cómo quieres que no me regocije?

Conmovido, metí la mano en la bolsa y le alargué un puñado de aquellas monedas que ella estimaba tanto, con lo que quedó agradecidísima, y cobrando confianza, me dijo:

–Tú has sido hoy mi Providencia y la de mis hijos; el cielo te lo pagará. Hemos estado de malas. Mi hijito mayor, David, que sólo tiene catorce años, es pastor y cuida el rebaño de uno de nuestros vecinos. Pues bien; anoche, con la tempestad, se le extravió una de las ovejas, y desde que Dios echó su luz, dejando las otras al cuidado de nuestro mastín *Fiel,* ha ido a buscarla, y no ha vuelto. ¡Ojalá que no la haya devorado el lobo!

Estaba aún hablando, cuando llegó David, cargando un corderito sobre sus hombros.

–¡Albricias, madre! –dijo–. He encontrado el corderito que se había extraviado; ya está el rebaño completo.

Yo me empeñé en comprar el corderito, y David, después de consultar con el dueño, me lo vendió. Le di el precio que pedía el dueño, y al muchacho le regalé buen número de monedas. Quarto quedó encargado de cuidar el corderito, y le pusimos por nombre *el Hallado*.

–Voy a prepararte, rabí –dijo la mujer, agradecida– unos panecillos al rescoldo, para que puedas comer.

–Me gustaría ver cómo lo haces –repuse.

–Pues mira, rabí; en esta ollita guardo la levadura que es suficiente para tres saquitos de harina. La mezclo muy bien, y en lugar calentito, cubierta con un paño, la dejo fermentar toda la noche. Esta que aquí tienes –añadió, enseñándome una artesa– está ya lista para hacer el pan.

Con habilidad notable, empezó la mujer a hacer con la masa unas bolitas, que luego extendía en forma de panecillos redondos y los iba metiendo bajo la ceniza caliente.

–¿Y es éste el único modo que tienen aquí para hacer el pan? –pregunté.

–así lo hacemos los pobres –respondió–. Es el método más económico y más que suficiente para las necesidades de las familias. Pero si quieres ver cómo lo preparan en casa del amo de David, llegas a tiempo.

Y llamando a su hijo, le mandó me llevara a casa de su patrón y le dijera a Ester, la cocinera, que me enseñara cómo preparaban el pan.

–Mira, rabí –me dijo Ester–; hay que preparar desde la víspera la masa con la levadura, pues necesita varias horas para que suba.

–De suerte –pregunté– que si yo quiero pan para cien personas, ¿no lo puedes hacer si no has puesto la masa desde la víspera?

–Es imposible hacer el pan fermentado sin esa preparación –respondió la mujer.

–Y si te pidiera pan sin levadura, ¿lo podrías preparar pronto?

–Tendría que hacer la masa primero, y si no tengo la harina, tendría que empezar por moler el trigo.

–¿Y cómo lo muelen?

Y esto diciendo, me enseñó dos mujeres que estaban fuera moliendo el trigo. Usaban para esto dos grandes piedras o muelas: una fija y la otra movible alrededor de un eje de palo. A la muela o piedra superior, muy pesada, le daban vueltas con una manija de madera incrustada cerca del borde, pasando varias horas para triturar un poco de trigo.

–¿Y aquí no se usan hornos? –pregunté.

–Esto es lo mejor que tenemos –respondió Ester, y me enseñaba una gran vasija de barro grueso–. Aquí echamos primero leña para calentar la vasija; tarda bastante en calentarse, y cuando está a punto, ponemos los panecillos ya preparados, como éstos, en el interior de la vasija. Los primeros salen en media hora; pero para los siguientes hay que volver de nuevo a calentar el horno.

«Con estos sistemas –pensé– se necesitarían en nuestras poblaciones pequeñas de cuatro o cinco mil habitantes más de cien de estos hornos-ollas, y unas tres horas para cocer, de diez en diez, y media hora en media hora, unos cinco mil panes, caso de tener ya molida la harina suficiente con anticipación y preparada desde la víspera la masa con levadura. Sistema verdaderamente rudimentario y sumamente lento.»

Al fin llegamos a Cafarnaún y fuimos a parar con Chuza, cuya casa, como he dicho, es una de las mejores del pueblo: tiene dos pisos y varias habitaciones. La huerta o jardín está cerrada por una alta barda erizadas de espinosos cactos. A este jardín da una gran baranda o cobertizo techado con tejas. Una parte de éstas se pueden levantar fácilmente para poner una escalera con el objeto de subir a la próxima azotea, a la cual no hay acceso por la escalera ordinaria.

–Voy a darte una buena noticia –me dijo Chuza–: mi mujer me acaba de mandar un mensajero diciendo que mañana llegará Jesús de Nazaret y se hospedará en esta casa.

–Me alegro mucho de poder ver en la intimidad a este hombre extraordinario –respondí.

28
EMPIEZA LA LUCHA

Estaba en la casa de Chuza, jugando con su hijito Rubén, curado por Jesús, cuando llegó Quarto acompañado de un hombre cubierto de harapos.

–Pero Quarto –le dije–, ¿no sabes que a los leprosos no les es permitido entrar en las casas? ¿Cómo traer aquí a ese hombre?

–Juana, la mamá de este niño y dueña de esta casa, me ha mandado que te lo traiga –respondió.

–¿Y bien? –repuse, levantando los hombros.

–Que Nobonazar te cuente personalmente su historia. Cuéntasela al rabí.

–Hace ya diez años, rabí –dijo el aludido–, contraje la terrible plaga de la lepra. Al principio lo pude ocultar, pero cuando las manchas blancas aparecieron en mis manos y rostro, cuando el pelo comenzó a caérseme, tuve que huir y ocultarme en una de las cuevas de las montañas de Judea, viviendo en compañía de otros infelices leprosos como yo.

–¿Y no tomabas alguna medicina? –le pregunté, tratando de retirarme del enfermo.

–He tomado cuanta medicina recomiendan para esta plaga, sin resultado alguno. Seguí empeorando, y hace unos meses se me cayeron los dedos de la mano izquierda. Oí hablar del Bautista y fui a escucharlo, esperando que me curaría; pero Juan no hacía milagro alguno. Un día, no

lejos de mi cueva, vi una gran multitud de gente. Por curiosidad me acerqué cuanto me permite la ley, y vi a un hombre que predicaba.
—¿Iba tocado con un blanco albornoz? —pregunté.
—Sí —respondió el leproso—. Lo oí, y no sabes, rabí, el efecto que me produjeron sus palabras. Decía que había venido a predicar la buena nueva a los necesitados, a los enfermos, a los pobres...
«Siempre la misma idea —dije para mí—: ¡siempre los pobres!»
—A mi vista —continuó Nabonazar— curó una multitud de enfermos, quienes agradecidos lo proclamaban «Hijo de David». Aquella noche no pude conciliar el sueño, pensando que si el «Hijo de David» quería podía sanarme. ¿Cómo me acercaría yo a Él? Fui en su busca, de un lugar a otro; pero supe que había marchado lejos. Hoy, por fin, volvió a pasar cerca de mi morada. Entonces me envolví en esa raída capa y lo seguí hasta la ciudad. Lleno de esperanza y exponiéndome a todo, me acerqué lo más que pude y grité con toda la fuerza de mis pulmones: *«Señor, si quieres, puedes limpiarme»*. Todos se apartaron, temiendo contaminarse... Él sólo, sin temor alguno, se acercó a donde yo estaba, y extendiendo su mano, me tocó diciendo: *«¿Quiero; queda limpio»*...
—¿Y sanaste? —le pregunté, acercándome.
—Tú lo puedes ver por ti mismo.
Y diciendo esto, tiró la capa y se arrancó los inmundos harapos que lo cubrían, quedando al descubierto sus miembros enteramente limpios.
—Tú te acabas de bañar; tu carne está limpia —dije, sonriendo.
—Hace pocos minutos que a su contacto desapareció el mal y quedé limpio como ves; aún no he tenido tiempo para hacer las abluciones que prescribe la ley, y que Él me ha mandado cumplir; hace años que no me baño.
—Pero ¿estabas realmente leproso? —repuse incrédulo.
—Mira mi mano —y me enseñaba la mutilada—; aquí la marca indeleble de la terrible enfermedad. Yo apenas podía creer lo que mis ojos veían. Pero no cabía duda: aquella mano sin dedos proclamaba a gritos el prodigio.
—Voy ahora a presentarme al príncipe de los sacerdotes, según Él me lo ha ordenado.
Y esto diciendo, el ex leproso recogió sus harapos y salió pregonando que Jesús de Nazaret lo había curado.
—¿Y bien, dómine? —repuso Quarto, sonriendo—. Cero y van dos.

* * *

El caso anterior me dejó sumamente pensativo. Marché a mi habitación, que estaba en el piso superior, y abriendo una ventana quedé sorprendido con la escena que se presentó a mis ojos. A lo largo del camino se veían multitud de enfermos, unos tendidos en camillas y otros vendados sentados en el suelo, o en pie, que esperaban la llegada de Jesús de Naza-

I. EL QUE HA DE VENIR-28. EMPIEZA LA LUCHA 169

ret. Éste venía acompañado de Chuza y seguido de un grupo de hombres, entre los que reconocí a Simón Pedro, a su hermano Andrés y a Juan y Jaime Zebedeo. Tras de éstos venía otro grupo de fariseos y doctores de la ley, y cerrando la comitiva, Tomás Dídimo, acompañado de un hombre de venerable presencia.

Conforme Jesús caminaba, iba tocando a los enfermos de uno y otro lado. Éstos, inmediatamente, dejaban sus camillas, se ponían en pie o levantaban los brazos, proclamándose sanos. Los fariseos hablaban con los recién curados, interrogándolos acerca de sus enfermedades, ya desaparecidas. Tomás y su compañero lo observaban todo y discutían entre sí acaloradamente.

Al fin llegó Jesús a la casa de Chuza, y, a pesar de la oposición de una turba de enfermos; abriéndole éste paso, penetró en la casa. A no haber sido por un piquete de soldados que llegó muy a tiempo, todos los enfermos hubieran entrado. Les cerraron el paso, y por mandato de Chuza sólo dejaron pasar a los discípulos de Jesús, al grupo de fariseos y doctores de la ley y a Tomás con su compañero.

Me fui a la otra ventana de mi cuarto, que daba al jardín, y presencié cómo la multitud cercaba la casa, tratando varios, sin conseguirlo, de escalar las tapias defendidas por punzantes cactos. Iba yo a volver a bajar para curiosear lo que pasaba en el cobertizo donde estaba Jesús. cuando vi a cuatro fornidos mozos que traían un enfermo en angarillas.

Después de examinar las bardas, viendo que no les era posible escalarlas, noté que un viejo –padre del enfermo, como supe después– ponía una escalera apoyándola en el tejado del corredor donde estaba el Maestro. Al punto comprendí su idea; el viejo debía conocer la casa de Chuza y saber que quitando las tejas del cobertizo podrían por allí bajar al enfermo. Bajé luego y encontré a Jesús, sentado bajo el cobertizo, rodeado de sus discípulos y de los fariseos, quienes unas veces lo escuchaban y otras le hacían preguntas.

–Te presento a rabí Josephus Ben Messa –me dijo Tomás–. Es un médico notabilísimo de Antioquía, quien oyendo las curaciones que hace Jesús ha venido a presenciarlas y estudiarlas científicamente.

Iba yo a trabar conversación con él, cuando noté que empezaban a quitar las tejas del cobertizo.

–Vengan conmigo –dije a Tomás y a su compañero–, que están tratando de meter a un enfermo por ese agujero.

En efecto: quitadas las tejas, vimos que introducían una escalera, por la cual descendió un viejo.

–¿Cómo? –exclamó Ben Messa, reconociéndolo–. ¿Isaac por aquí? De seguro ha traído a su hijo Datán, que está paralítico.

–¿Lo conoces? –preguntéle.

–Isaac vive en Damasco y tiene dos hijos –me respondió–; el mayor, Jafet, es un excelente muchacho que siempre está con su padre; pero

Datán, el menor, es un perdulario, un pródigo. Hace tres años tuvo el atrevimiento de pedir a su padre la parte de la herencia que le tocaba. Se la dio el buen viejo (quien le ha consentido muchísimo), y Datán marchó a Antioquía, donde dilapidó su caudal viviendo lujuriosamente; allí contrajo una grave enfermedad. Enfermo y arruinado, volvió a Damasco en busca de su padre.

—¿Y lo recibió? —pregunté.

—Sí, y con grandísimo cariño, pues pensaba que lo había perdido para siempre. No sólo lo recibió, sino que cubrió la desnudez, del muchacho con túnica riquísima y mandó preparar un gran convite para celebrar la vuelta del pródigo. Poco duró la alegría, pues Datán quedó paralítico de medio lado.

—Esa clase de parálisis he oído decir que es incurable —dije.

—Me mandó llamar Isaac para que curara a su hijo. Estuve a su lado algún tiempo; pero cuando vi que los remedios más enérgicos no lo mejoraban, lo declaré incurable y me volví a Antioquía. La parálisis proviene de una vida disoluta, como tú lo has dicho; no la cura nadie —terminó Ben Messa.

Mientras esto hablábamos, los cuatro mozos habían bajado a Datán, colocándolo en sus angarillas delante de Jesús. Isaac se había arrodillado ante el Maestro sin decir palabra. *«Viendo Jesús la fe de ellos, dijo el paralítico: Hijo, tus pecados te son perdonados».*

Al oír estas palabras, noté que los escribas y fariseos presentes fruncieron el entrecejo: *«Inmediatamente, conociendo Jesús en, su espíritu lo que aquellos hombres pensaban dentro de sí, les dijo: ¿Cómo pensáis en vuestros corazones esas cosas malas? ¿Qué cosa es más fácil decir al paralítico: Perdonados te son tus pecados, o decir: Levántate, toma tu camilla y anda?»*

Ben Messa me dijo al oído:

—No lo cura; creo que es más fácil decir: «Perdonados te son tus pecados».

Yo pensaba lo mismo. Tomás dudaba.

Entonces siguió Jesús: *«Pues para que sepáis que el Hijo del hombre tiene potestad en la tierra para perdonar los pecados, digo al paralítico: Yo te digo, Levántate, toma tu lecho y vete a tu casa...»*

Habíamos contenido el resuello en expectación de lo que podía ocurrir. Con admiración y pasmo de los presentes, vimos al paralítico que *«al punto se levantó en presencia de todos, y tomando la camilla en que yacía, se fue a su casa, glorificando a Dios...»*

—¿Qué te parece? —preguntó Tomás a Ben Messa, después que nos quedamos solos.

El rabí médico, lleno de estupor, dijo solamente:

—*«Hoy hemos visto maravillas...»*

* * *

I. EL QUE HA DE VENIR-28. EMPIEZA LA LUCHA   171

Durante mi permanencia en Cafarnaún, tuve un día la visita de mi amigo Leví, el publicano.

–Vengo –me dijo– a invitarte a un gran convite que voy a dar. Ya otra vez honraste mi mesa, y como sé que tú no tienes dificultad en tratar a mis compañeros de telonio, espero que aceptarás mi invitación, pues te hago saber honradamente que a la comida asistirán numerosos publicanos.

–Con muchísimo gusto asistiré –le respondí–. ¿Y se podría saber a honras de qué vas a dar ese banquete?

Te lo iba a decir. ¿Recuerdas que fuimos juntos a oír al Bautista?

–¡Cómo no le he de recordar!

–Pues bien: ese hombre extraordinario, en quien se ha cumplido la profecía de Isaías: «Voz que clama en el desierto...», nos señaló a Jesús como el Mesías.

–Dispensa, Leví –dijo Quarto, interrumpiéndolo–; ¿me podrías decir qué profecía es ésa?

Y eso diciendo, desenrollaba el volumen que Gamaliel me había dado y que Quarto siempre llevaba consigo.

–Conozco ese pergamino –respondió Leví–; lo escribimos entre Gamaliel y yo.

Y tomándolo en sus manos, le señaló a Quarto el lugar del profeta donde se encontraba dicha profecía.

–Mil gracias –dijo Quarto, poniendo una marca roja en el lugar indicado–. Ya llevo marcadas varias profecías que se han ido cumpliendo en Jesús de Nazaret.

–En su honor voy a dar un banquete –repuso Leví–, pues estando seguro por el testimonio del Bautista que Éste es «el que ha de venir», me había determinado a, seguirle.

–¿De suerte –pregunté– que eres uno de sus discípulos? ¿Has dejado el telonio?

–No ha mucho –prosiguió Leví–, estando yo en mi telonio, pero siempre pensando en la redención de Israel, pasó Jesús por allí, y viéndome con una mirada inenarrable, me dijo: «*Sígueme*».

–¿Y le has seguido?

–Sí, en el acto: «*dejadas todas las cosas, levantándome le seguí*». Pero he querido contar a los compañeros mi resolución, y por eso doy este convite, al que asistirán muchos de mi antigua profesión. Te advierto, además –terminó–, que he cambiado mi nombre.

–¿Cómo te llamas ahora? –le pregunté, sorprendido.

–Desde hoy en adelante no me llamaré Leví, sino Mateo, que quiere decir «el que se ha entregado».

* * *

El día señalado me puse una riquísima túnica para asistir al banquete, y me dirigí a la casa de Mateo. Ya había llegado un gran número de publicanos. Mateo me señaló mi lugar, y me recliné en el diván. Después de un largo rato llegó Jesús, seguido de sus discípulos, y fue recibido por Mateo con todos los honores debidos. Empezó el banquete en el mismo triclinio que la vez pasada, y que estaba abierto en la parte que da al jardín. Los que pasaban por la calle podían, sin dificultad, inspeccionarlo todo. Como mi asiento era uno de los últimos, pude ver a un grupo de escribas y fariseos que se habían detenido a la puerta, negándose a entrar al ver tanto publicano. Oí, pues, que uno de éstos decía a Tomás, quien había llegado tarde y entraba en aquel momento: «*¿Por qué vuestro Maestro come y bebe con los publicanos y pecadores?*» Tomás entró, y le transmitió a Jesús la pregunta. Entonces el Maestro, dirigiéndose a los fariseos con una voz que vibraba finísima ironía, les dijo:

—«*No necesitan médico los sanos* —señalaba a los fariseos—, *sino los enfermos* —y dirigía su mirada a los publicanos—. *No he venido a llamar a los justos* —y veía a los fariseos—. Luego, con una voz llena de autoridad, exclamó, increpando a los fariseos—: *Id y aprended lo que significa aquello de Oseas: «Más estimo la misericordia que el sacrificio»*.

Los aludidos se mordieron los labios de rabia al verse tratados como discípulos que aún tenían que aprender, ellos que eran los maestros de Israel. Pero aún les esperaba otro chubasco, pues Jesús prosiguió:

—«*Nadie echa vino nuevo* —y veía a sus discípulos— *en cueros viejos* —y miraba a los fariseos—; *de otra suerte el vino nuevo rompe los cueros, se derrama el vino y los cueros se pierden»*.

«Los ha llamado cueros viejos», dije para mí, viendo la cara de vinagre de los aludidos.

La voz de Jesús volvió a vibrar diciendo:

—«*Nadie pone remiendo de paño nuevo* —y volvía a ver a sus discípulos— *en un vestido viejo* —dirigiéndose a los fariseos—. *De lo contrario, aun lo nuevo se rompe, y al viejo no conviene remiendo nuevo. Y nadie echa remiendo de paño recio en vestido viejo; de lo contrario, el mismo remiendo nuevo tira del viejo y la rotura se hace peor»*.

¡Había que ver las caras de los fariseos, que habían entendido admirablemente la ironía! En cambio, los comensales parecían no entender las palabras del Maestro. Yo no podía contener la risa, viendo que Jesús había llamado a los fariseos con tanta finura pellejos viejos y calzones remendados.

—«*Y ninguno que haya bebido del vino viejo* —continuó Jesús sin inmutarse— *quiere del nuevo, pues siempre dice que el añejo es el mejor»*.

....

Marcharon furiosos los justos y sanos fariseos, amenazando con palabras y gestos a Jesús; pero Éste, impasible como si nada hubiera pasado, continuó su comida con los pecadores publicanos.

Aquello fue un rompimiento de hostilidades. La lucha entre Jesús de Nazaret y los fariseos había empezado. ¿Por qué la habrá provocado Jesús?, me pregunto yo, pues Él ha sido quien les arrojó el guante, que los otros recogieron. ¿Quién triunfaría finalmente?

29
EPILÉPTICOS

Desde la fiesta en casa de Anás no había vuelto a saber nada de Ben Renanus y Ben Straus, así que me sorprendió verlos de nuevo en Cafarnaún. Iba yo con Josephus Ben Messa, el famosísimo médico de Antioquía, cuando los encontramos haciendo estudios –por lo menos así lo decían ellos– en los enfermos curados por Jesús de Nazaret.

–¿Quiénes son estos tipos? –me preguntó Ben Messa.
–Son un galo y un germano, que se dedican a la Escatología.
–¿A la qué? –me preguntó, sorprendido.
–A la Escatalogía –repuse con toda ingenuidad–; por lo menos eso me dijo rabí Schammai, según recuerdo.

La carcajada que soltó Ben Messa fue verdaderamente estrepitosa, y estuvo riendo por un buen rato, hasta que al fin dijo:

–Cosas de Schammai, que es muy cáustico; pero tal vez tenga razón. Desearía hablarles y sondearles un poco. Preséntame a ellos, pero no les digas quién soy.

Cumplí los deseos de mi amigo del mejor modo que pude, y seguimos nuestro camino a la orilla del lago en conversación amigable. Me pareció, sin embargo, que Ben Messa se hacía el simple oyendo a aquellos dos hombres como si fueran dos lumbreras, dándoles con todo respeto el título de rabí. Igualmente noté que con gran maña iba dirigiendo la conversación hacia las curaciones obradas por Jesús.

–Eso de los endemoniados –dijo Ben Straus– es una verdadera vulgaridad.
–Una vulgaridad –dijo Ben Renanus, haciéndose eco de su compañero.
–¿De veras? –preguntó inocentemente Ben Messa.
–Una preocupación de esas gentes ignorantes –repuso Straus.
–Preocupación de gente ignorante –repitió Renanus.
–Pues si no son endemoniados, ¿qué son? –preguntó Messa.
–Epilépticos –respondió Straus en tono dogmático.
–Epilépticos –repitió fielmente Renanus.

Quarto me miró de soslayo, y yo me hice el disimulado, pues aunque delante de mi criado me había yo atrevido a diagnosticar la epilepsia a aquellos desgraciados, no pasaba lo mismo estando delante de médico tan renombrado como Josephus Ben Messa.

—¿Y por qué, rabí, te inclinas a creer que son epilépticos? –preguntó Messa.
—Los síntomas son clarísimos –respondió Ben Straus.
—Clarísimos –repitió Renanus.
—Y ¿podrías decirme cuáles son esos síntomas? –inquirió Messa.
—Echan espuma por la boca –dijo Straus.
—La espuma por la boca es señal infalible –repitió Renanus.
—Algo parecido –respondió el primero.
—¿Como si comiera jabón? –repitió Messa.
—Algo muy parecido –repitió el segundo.
—Y ¿qué otros síntomas denotan la epilepsia? –preguntó Messa.
—Las contorsiones –dijo uno.
—Las contorsiones –añadió el otro.
—¿Y eso es todo? –inquirió mi amigo.
—¿Qué más quieres? Ésas son señales infalibles y segurísimas de epilepsia –dijo Straus.
—Son las señales más seguras, ¿qué más deseas? –repuso el compañero.
—Pues yo entendía –dijo Ben Messa– que la *única señal infalible* que distingue los ataques epilépticos de otros ataques nerviosos es únicamente que, durante el ataque, *el paciente pierde el uso de los sentidos,* no habla, y, al recobrar éstos, discurre de modo incoherente.
—¿Y qué? –dijo uno.
—¿Y qué con eso? –añadió el otro.
—Pues que los que el pueblo llama endemoniados y vosotros llamáis epilépticos, durante el ataque no pierden el uso de los sentidos, sino que claman en voz muy clara: ¿Qué tienes Tú que ver con nosotros, Hijo del Altísimo?, cuando Jesús les manda salir del cuerpo del poseído. Si hablan durante el ataque, no son epilépticos. Serán, si queréis, enfermos de diarrea, pero epilépticos no son.

Ben Straus y su eco quedaron corridos con aquella salida, y, dirigiéndose a mí, me preguntó el primero:
—¿Quién es éste?
Miré a mi amigo, y él me hizo una seña afirmativa. Entonces respondí:
—Rabí Ben Messa, el famosísimo médico de Antioquía y especialista en enfermedades nerviosas.
Al oír el nombre del renombrado médico, Straus palideció, y su compañero Renanus, por concomitancia. Éste, como más avisado, cambió inmediatamente de conversación, y dijo:
—Nosotros vamos a atravesar el lago.
—Y también nosotros –repuse–. Si les parece, vengan a nuestra barca.
Tuvieron que admitir, y subimos todos en una de las mayores barcas que cruzan el lago; pero aunque hablamos de muchas cosas, no volvieron nuestros huéspedes a mencionar la epilepsia.

I. EL QUE HA DE VENIR-29. EPILÉPTICOS 175

Después de un agradabilísimo paseo, en que Renanus se mostró poeta y Ben Straus de lo más prosaico, llegamos a la tierra de los gerasenos. Desde luego, notamos a un buen grupo de personas que rodeaban al hombre del blanco albornoz.

—Allí está Jesús —dije por lo bajo a Ben Messa.

Desembarcamos, y nos dirigimos hacia donde estaba la gente.

—Creo que llegamos en un momento oportuno —me dijo mi amigo.

En efecto, oímos unos grandes gritos, y vimos a un hombre desnudo que se acercaba a donde estaba el Maestro. Toda la gente se alejaba de aquel desdichado, diciendo:

—¡Está endemoniado! ¡Ése es el que habita en los sepulcros!

Resonaron nuevos gritos, y vimos otro hombre igualmente desnudo, que venía dando brincos a causa de los grillos de hierro que ataban sus pies.

—Nadie le puede domar —decían unos.

—Rompe las cadenas con que le atan —decían otros.

En efecto, en acercándose, vimos que, haciendo contorsiones y echando espuma, no sólo rompió los grillos, sino que hizo pedazos también las cadenas que ataban sus manos, quedando libre. Corrió entonces, y, al llegar a Jesús, se postró y dijo:

—*«¿Qué tienes que ver conmigo, Jesús, Hijo del Dios Altísimo?»*

Por su parte, el otro endemoniado decía:

—*«¿Has venido antes de tiempo a atormentarnos?»*

—*«Te conjuro que no me atormentes»* —exclamaba el primero.

—¡Endemoniados! ¡Endemoniados! —decía espantada la gente.

—¡Epilépticos! —oí una voz socarrona que decía a mi espalda—. ¡Epilépticos!

Me volví y vi a Quarto, quien, a pesar de lo serio de las circunstancias, no podía contener la risa. Estuve por reñirle; pero en aquellos momentos oí la voz de Jesús, que decía:

—*«Sal de ese hombre, espíritu inmundo».*

Y luego, volviéndose al otro, le preguntó el Maestro:

—*«¿Qué nombre tienes?»*

—*«Mi nombre es Legión, porque somos muchos»* —respondió el aludido.

—Los epilépticos no hablan —dijo Ben Messa, dirigiéndose a Straus y su compañero.

—*«No nos arrojes de esta región»* —clamaban los endemoniados.

—*«No nos mandes al abismo»* —añadían.

Todo esto pasaba junto a un monte donde pastaba una gran piara de cerdos.

—Pasan de dos mil —oí una voz que decía.

Me volví, y me encontré con Felipe de Betsaida, quien, según su costumbre, había hecho un cálculo aproximado sobre el número de los puercos.

—«*Si nos arrojas de aquí, permítenos entrar en los puercos*» –gritaron los demonios.
Al instante, Jesús se lo concedió, y dijo:
—«*Id.*»
La voz de Jesús resonó con un tono de autoridad indiscutible. Y entonces pasó algo extraordinario. «*Los espíritus inmundos, saliendo del hombre, entraron en los puercos, y con gran ímpetu se precipitó toda la piara en el mar y los dos mil cerdos se ahogaron*».
Ben Messa, sonriente, se acercó a Ben Straus y Ben Renanus y, dándoles palmaditas en los hombros, les dijo:
—¿Dónde están los dos mil puercos *epilépticos?*
Quarto me miró socarronamente, y yo tuve que morderme los labios. Desde entonces propuse no usar más la palabrita consagrada llamando epilépticos a los endemoniados.
«*Cuando esto vieron los que guardaban los puercos, huyeron, y fueron, a la ciudad y a las aldeas y los campos, y todo lo contaron, y lo que había sucedido a los que habían estado poseídos de los demonios.*»
Pocos minutos después, muchos hombres y mujeres «*vinieron a ver lo ocurrido, y se llegaron a Jesús, y encontraron a sus pies sentado y en su sano juicio al hombre de que habían salido tantos demonios, y se llenaron de temor*».
Ben Straus y Ben Renanus, silenciosos y corridos, tomaron una barca, y a toda prisa se alejaron. Mientras tanto, «*la gente de la ciudad empezó a llegar donde estaba Jesús, y empezaron a rogarle saliera de sus confines, porque estaban poseídos de gran temor*».
«*Jesús entonces subió a le nave. Iba ésta a zarpar, cuando el hombre de quien había echado los demonios le rogaba le admitiese en su compañía. Jesús no lo consintió, y le despidió diciendo*»:
—«*Ve a tu casa y a los tuyos, y anúnciales y cuéntales qué beneficio ha hecho contigo el Señor y cómo se ha compadecido de ti.*»
Ben Messa, Quarto y yo tomamos nuestra barca y volvimos a Cafarnaún.
Jamás se me ha ocurrido desde entonces volver a llamar epilépticos a los endemoniados.

30
EL DIABLO

Una mañana entró en mi habitación Samuel seguido de Quarto, que traía un gran bulto sobre sus espaldas.
—Déjalo allí –dijo Samuel– y puedes marcharte.
Con no poca extrañeza observé que aquel bulto era mi maleta de viaje. No dije nada, y esperé a que Samuel hablara.

—¿Crees en la existencia de Dios? —me preguntó.
—Hombre, sí —respondíle, sorprendido.
—¿Crees que Dios es el Creador del mundo invisible?
—Seguramente.
—Pues bien, si crees que Dios, con su poder infinito, creó este mundo que habitamos, ¿crees también que hizo al hombre a su imagen y semejanza?
—Ciertamente.
—¿Y admites que el hombre, a más del cuerpo, tiene un alma racional y espiritual?
—Nunca lo he puesto en duda.
—¿Y crees que esta alma espiritual sobrevive al cuerpo después de la muerte?
—¿Me tomas por saduceo? —dije, sonriendo—. Como israelita que soy y como discípulo de Cicerón, siempre he creído y creo en la inmortalidad del alma.
—Pues bien —prosiguió Samuel—, si crees en la espiritualidad del alma humana, y que Dios ha creado el mundo visible, ¿tienes inconveniente en admitir que ese mismo Dios pudo muy bien crear un mundo invisible poblado de espíritus?
—Me parece racional —respondí— que Dios, siendo espíritu, haya creado un mundo de espíritus distinto del mundo visible.
—Entonces —repuso Samuel, sonriendo—, si admites como muy racional la existencia de los espíritus, ¿no te parece que en este mundo haya espíritus buenos y malos, como hay en el nuestro hombres malos y buenos?
—No tengo el menor inconveniente, tanto más que mis maestros paganos, siguiendo a los grandes filósofos griegos, han admitido la existencia de esas dos clases de espíritus que luchan unos contra otros, y que, influyendo en los hombres mismos, explican la existencia del bien y del mal en este mundo.
—Mucho me complazco en oírte raciocinar de esa suerte —dijo Samuel —y que te fundes en los filósofos griegos. Nuestros grandes filósofos, que son los profetas, siempre han pensado otro tanto, y por eso verás que nuestros libros santos presuponen como admitida la existencia de Satanás.
—A quien los griegos han llamado *diábolos,* esto es, el diablo —y añadí—: La misma religión de los helenos admite la fábula de Prometeo, el orgulloso titán que, deseando hacerse igual a los dioses, robó el fuego del cielo, y los romanos creen en la existencia de Plutón, dios de los infiernos, aunque todo sea un mito.
—Voy a contarte ahora —prosiguió el anciano— algo que te interesará. Hace más de treinta años llegaron a la casa de mis padres, en Hebrón, tres hombres ricos y sabios, tres Magos: uno de Egipto, otro de Persia y el tercero de la India, que habían venido a Palestina en busca «del que había nacido Rey de los judíos».

—Recuerdo que de ellos hablaron unos pastores —observé.
—Pidieron hospitalidad a mi padre, pues huían de Herodes. Habiendo encontrado al que buscaban, tuvieron un sueño, en el cual fueron avisados de que no volvieran a Herodes, como habían convenido, pues aquel infame había determinado perder al niño recién nacido.
—Eso también lo sabía.
—Regresaron por otro camino los Magos, y dejaron burlado a Herodes. La noche que pasaron con nosotros en Hebrón tuvieron aquellos sabios una muy larga conversación con mi padre.
—Y ¿qué le contaron?
—Muchas cosas interesantes; pero yo sólo te contaré ahora lo que hace a mi propósito. En el fondo, los tres convenían en lo mismo, si bien diferían en los detalles.
—¿En qué convenían?
—En dos cosas principalísimas. Según sus tradiciones, en un principio el mundo era un paraíso; pero debido a la influencia del espíritu del mal, enemigo jurado del hombre, éste se apartó de Dios, y se puso del lado del tentador.
—¿No es esto mismo lo que se encuentra relatado en el *Génesis?* —pregunté.
—Nosotros hemos conservado la verdadera historia, falseada entre los gentiles. El *Génesis* nos la cuenta como has dicho. A la pérdida de la felicidad primitiva, contaban aquellos Magos que se había seguido la edad de las desgracias; pero sus antepasados se consolaban con la esperanza de uno que había de venir a restaurar la Humanidad.
—El Mesías —dije, triunfante—. ¿No es verdad?
—Así lo llamamos nosotros, que conservamos la tradición verdadera. El persa nos contaba que al principio del bien lo llaman ellos Ormuz, y al principio del mal, Arimán. Al principio de la destrucción, nos decía el hindú, le llaman Siva en la India, y en Egipto, según nos aseguró el tercero, este principio malo lo representan por la serpiente Tifón.
—No me cabe la menor duda —dije— que todos los pueblos creen en la existencia de un principio malo, que fue la causa de la perdición del hombre.
—Pues bien, esos tres Magos nos aseguraban que, junto con esta creencia, todos conservan una esperanza: todos esperan uno que, andando el tiempo, vendrá a salvarnos.
—El Mesías —repetí—; la tradición es universal, no hay duda.
—Por eso ellos, los Magos, habiendo visto aparecer en el cielo una estrella, la consideraron como anuncio del nacimiento de ese restaurador, al que no podían concebir sino como Rey, y por esta causa, sin conocerse uno a otro, habían venido de sus respectivos pueblos en busca del nuevo Rey.
A esto añadía el hindú, que sabía de un gran filósofo del Katay (China) que muchos siglos antes había escrito: «Yo, Confucio, he oído

decir que en las regiones occidentales surgirá un santo hombre que producirá un océano de acciones meritorias. Será enviado del cielo y será omnipotente en la tierra».

—Esto me recuerda —añadí— lo que dice Platón: «Alcibíades, no pidas nada a los dioses; esperamos que un enviado del cielo venga a enseñarnos nuestros deberes..., y esperamos de la bondad divina que no estará lejos ese día».

—Ves —dijo triunfante Samuel— que la tradición de los pueblos paganos repercute como eco la verdadera tradición de Israel. ¿Crees, pues, en el Mesías, el Ungido, el Cristo? —me preguntó.

—Desde que nací aprendí de mis padres a esperar la redención de Israel. Mi padre me mandó que viniese a Palestina presintiendo que el tiempo de la aparición del Cristo estaba cerca. Y yo, leyendo y meditando las Escrituras, me he convencido de que ese tiempo ha llegado; por eso sigo con tanto empeño a Jesús de Nazaret.

—¿De suerte —exclamó, gozoso, Samuel— que tú crees en el Cristo?

—Seguramente que creo —respondí sin vacilar.

El anciano se me quedó mirando, y luego me preguntó:

—¿Crees en el diablo?

—¿En el diablo? —pregunté, sonriendo.

—Sí —repuso con energía—, ¿crees o no crees en el diablo?

—¿Quieres que te hable con toda franqueza?

—No deseo otra cosa.

—Pues entonces te diré, querido Samuel, que yo no creo en el diablo.

—Me lo temía —dijo tristemente el anciano, y levantándose, se fue donde estaba mi maleta y añadió—: Buen viaje, Rafael; aquí tienes tu maleta dispuesta, y marcha de Palestina al momento.

Aquella inesperada salida me dejó perplejo. Al principio creí que Samuel hablaba en broma; pero me bastó ver su rostro, serio como nunca, para comprender que me equivocaba. Entonces le pregunté:

—¿Por qué dices eso? ¿Estás cansado de mi presencia?

—De ningún modo —respondió el anciano—. Bien sabes lo que te quiero; pero tu respuesta me indica claramente que estás perdiendo tu tiempo.

—¿Perdiendo mi tiempo? No comprendo.

—La cosa es bien clara: ¿crees en el Cristo?

—Ya te he dicho con toda verdad que creo en Él y tú sabes que he venido a buscarle.

—Y ¿no crees en el diablo?

—Ya te dije con igual sinceridad que no creo.

—Infeliz —repuso el anciano—, lo que afirmas y lo que niegas son cosas incompatibles.

—¿Por qué?

—Óyelo bien, y medítalo, medítalo mucho. Porque *Sine diabolo non est Christus* (sin el diablo no hay Cristo).

Y diciendo eso, salió Samuel, dejándome en un estado de confusión, de turbación, de terrible aflicción como nunca había experimentado en mi vida. Quedé solo y, como fiera enjaulada, empecé a dar vueltas por mi aposento repitiendo:
—Sin el diablo no hay Cristo, sin el diablo no hay Cristo.
Aquella noche me fue imposible conciliar el sueño. Las palabras de Samuel zumbaban constantemente en mis oídos: sin el diablo no hay Cristo.

* * *

Al día siguiente muy temprano me levanté y llamé a Quarto.
—Marchamos —le dije.
La cara de aflicción que puso mi amigo me hizo reflexionar que pensaba nos íbamos de Palestina.
—Y ¿adónde vamos? —preguntó casi llorando.
—A buscarle.
—¿A quién?
—A Jesús de Nazaret —respondí.
El rostro de Quarto se iluminó, y me dijo:
—Haces muy bien, dómine, pues como oí una vez decir a Pedro: *«¿Adónde vamos a ir, si sólo Jesús tiene palabras de vida eterna?»*
La respuesta de Quarto me conmovió profundamente, y no le respondí. Me había dicho lo mismo que había yo pensado. Sólo Jesús de Nazaret podría responder a mis dudas. Para ocultar mi emoción, tomé el volumen de las profecías transcritas por Gamaliel, y sin querer leí: *«Los ciegos ven, los sordos oyen, los cojos andan y los pobres son evangelizados».*
Aquellas palabras fueron para mí un rayo de luz, y exclamé:
—No perdamos un momento, vamos a Cafarnaún; allí estará, sin duda.
Pocos minutos después estábamos en nuestras cabalgaduras camino del lago de Tiberíades.

31
BIENAVENTURADOS

Al llegar a la altura del monte Hattin se descorrió de nuevo ante mis ojos el hermosísimo panorama que viera la vez primera que fui a Cafarnaún. Pero el estado de mi alma era tan distinto ahora, que apenas me detuve a contemplarlo, y hubiera pasado adelante a no ser por haber descubierto sobre una de las rocas llamadas los cuernos de Hattin al hombre del blanco albornoz, a Jesús de Nazaret, en cuya busca íbamos. Estaba allí con sus discípulos, quienes formaban a su alrededor un semicírculo. Inmediatamente abajo, delante de Él, se veía un grupo de jovencitas, quienes, en vez de ir a la vecina fuente por agua, se habían detenido a los pies del Maestro para escucharle. Con ellas iban también buen número de niños que formaban la primera fila del auditorio.

En el llano que allí comenzaba se veían reunidas infinidad de personas, menesterosas en su mayoría, que le habían venido siguiendo.

—Pobre gente, dómine —dijo Quarto—, mira cómo por oír al Maestro traen su mezquina provisión de pan para no tener que volver a comer a sus hogares.

En efecto, vi a muchos infelices que, sentados sobre la grama, roían sus mendrugos, en espera de que Jesús hablara. Junto a ellos descubrí a Manasés, el piadoso samaritano a quien había conocido meses atrás.

—Mira quién viene allí, dómine —dijo Quarto, señalando a un hombre y una mujer que venían del próximo castillo de Magdala.

—¿Samuel también aquí? —repuse, reconociendo al anciano—. ¿Pero quién podrá ser esa mujer a quien acompaña?

—El rostro no se le puede ver, porque lo trae velado —respondió Quarto—; pero ya que vienen de Magdala, donde habitualmente reside su sobrina María *la Magdalena,* no es difícil conjeturar que sea ella en persona.

—Así debe ser —repuse—, y ya que se colocan entre los oyentes de Jesús, es de presumir que el tío haya inducido a la sobrina a venir a oír al Maestro.

Por el camino que conduce a Tiberíades venía en aquel momento un grupo de jinetes, quienes por lo estrafalario y pomposo de sus vestiduras demostraban ser herodianos. Desmontaron, y se fueron al lado izquierdo, donde se habían agrupado numerosos fariseos y una docena de saduceos, tan obesos éstos, que parecía los habían escogido entre los más barrigones. Quarto y yo, dejando a buen recaudo nuestras cabalgaduras, nos fuimos a reunir con Samuel.

—Mira, dómine, quién está aquí junto a María —dijo Quarto, señalando a una mujer acompañada de una niña.

—¡Dina!, la vendedora de higos; ¡la samaritana! —exclamé—. Al fin ella también le ha encontrado.

Mientras esto pasaba, no cesaban de llegar de todas partes multitud de gentes deseosas de oír a Jesús. Parece que presentían algo extraordinario. Desde el pie de la roca donde estábamos se extendía la concurrencia por el llano hasta la orilla del lago. En sus azules aguas se mecían plácidamente numerosas embarcaciones llenas también de gente que había venido desde Cafarnaún.

Por algunos momentos, el deseo de observar aquella abigarrada concurrencia me había distraído de mis meditaciones; pero cuando hube satisfecho mi curiosidad, mis ojos se fijaron definitivamente en Jesús, en cuya busca había yo venido. Era la vez primera que le iba yo a oír hablar, y el corazón me saltaba en el pecho de emoción.

–¿Qué diría? ¿Exhortaría a la multitud a la penitencia, como Juan? ¿Serían su voz y sus palabras como las de Elías? Me convencerían sus argumentos como a los samaritanos?

Jesús, mientras tanto, permanecía sentado en espera de que acabaran de llegar los que debían de escucharle.

La multitud hablaba en voz baja, cual convenía a la reverencia que les infundía el Nazareno; a pesar de esto se percibía un zumbido como de gigante colmena. Los únicos que desentonaban eran los grupos de la izquierda, pues herodianos, saduceos y fariseos hablaban en voz alta y reían, no importándoles un ardite la presencia del Maestro.

Al fin, Éste se puso en pie. Las miradas estaban puestas en Él, y súbitamente todos callaron. Jesús miró a sus discípulos, y, volviéndose a la multitud, levantó su diestra, la bajó luego y, señalando a los pobres que delante de sí tenía, dijo:

–«*Bienaventurados los pobres, porque es vuestro el reino de Dios.*»

Aquellas sencillísimas palabras pronunciadas por una voz de lo más agradable y llena de autoridad produjeron en la multitud el efecto de una ráfaga de viento sobre las tranquilas aguas. La emoción fue tan fuerte que, sorprendidos como si fueran movidos por un resorte, hicieron todos un movimiento retrógrado, alzando al propio tiempo las manos; parecía que una ola inmensa pasando sobre las cabezas de la multitud iba caminando hasta la orilla del lago. ¿Quién se había de imaginar que aquel hombre, tenido como profeta, iba a dedicar sus primeras palabras a los pobres llamándolos bienaventurados, y declarando que de ellos –no de los ricos ni de los poderosos– era el por tantos esperado reino de Dios? Por lo que a mí toca, puedo decir que todo, absolutamente todo, había esperado oír de la boca de Jesús, menos esas palabras. Pero reflexionando, vine a concluir que no podían ser otras, pues como Isaías lo había profetizado, la evangelización de los pobres era un signo característico, la marca distintiva del «que había de venir».

Aquella ola inmensa tuvo, sin embargo, su reflujo, pues, si bien los grupos de la izquierda quedaron al principio mudos de sorpresa, no tardaron en reaccionar y lanzar, aunque disimuladamente, algunos gritos de protesta.

Volvió Jesús a levantar su diestra, y el más profundo silencio reinó de nuevo. ¿De qué hablaría el Maestro? ¿No dirigiría algunas palabras conciliadoras a los grupos de la izquierda?

Jesús, volviendo a señalar a los menesterosos, exclamó:

–«*Bienaventurados los que ahora tenéis hambre, porque seréis saciados.*»

Nueva sorpresa general, con efectos contrarios, pues mientras los miserables se llenaban de esperanzas, los de la izquierda se mordían los labios de rabia. ¿Quién iba a saciar a aquella turba hambrienta? Ellos, por su parte, los ricos, los potentados, no serían los que tal hicieran.

Jesús, entonces, señalando al grupo de jovencitas y niños que ante Él estaban contemplándole con los admirados ojos de la inocencia, exclamó:
—*«Bienaventurados los que tienen su corazón puro, porque ellos verán a Dios.»*
Y aquellas almas puras a quienes se había dirigido el Maestro sonreían llenas de esperanza. Sí, ellas esperaban ver el reino de Dios, y Jesús les prometía que lo verían.
En aquellos momentos se oyó un sollozo desgarrador. María *la Magdalena* se había arrojado por el suelo llorando. Ella no era de aquellas almas puras; esperaba, sin embargo, ver el reino de Dios; ¿no le sería dado contemplarlo, por lo menos de lejos? Y a mi mente vinieron las encendidas palabras que aquella mujer pecadora había pronunciado delante de mí en el jardín de Betania.
Jesús, conmovido, se volvió, y añadió:
—*«Bienaventurados los que lloran, porque ellos serán consolados.»*
María, la pecadora, irguióse al oír aquellas palabras de consuelo, echóse atrás el velo sin temor de ser reconocida, y miró al Maestro con una mirada de inmenso agradecimiento. Yo pensé para mí que ella también había encontrado al que con tantas ansias esperaba.
Volvió Jesús sus ojos hacia donde estaba Manasés, el buen samaritano, y casi sonriendo, dijo:
—*«Bienaventurados los misericordiosos, porque ellos alcanzarán misericordia.»*
Vi que Manasés palidecía y se le doblaban las rodillas, cayendo postrado ante Jesús.
«También —me dije —éste ha encontrado al Taheb que buscaba.»
Jesús recorrió con su mirada la multitud como buscando a alguno. De pronto sus ojos se fijaron en mí. No puedo explicar lo que sentí, pero comencé a temblar, la conciencia me remordía por mi incredulidad. Las palabras de Samuel me atormentaban: «Sin el diablo no hay Cristo; ¿y tú quieres creer en el Cristo?» También debió mirar a Samuel, pues oí que éste decía con voz llena de emoción:
—Cielos, enviad rocío de lo alto y las nubes lluevan al Justo; que se abra la tierra, y germine al Salvador.
Jesús, al fin, se fijó en la mujer que estaba junto a nosotros, la vendedora de higos que había ido en su busca, la samaritana con quién Él había hablado cuando tenía sed, y dijo:
—*«Bienaventurados los que tienen hambre y sed de justicia, porque ellos serán saciados.»*
Y oí que Dina musitaba:
—*«Dame, Señor, de esa agua para que no vuelva a tener sed.»*
Y Jesús volvió a mirarme. Yo también tenía un deseo inmenso de ver cumplidas las profecías, y me pareció que me miraba con ojos de misericordia.

«Creo, Señor –repetía yo dentro de mí, mientras mis rodillas se doblaban–; creo, creo, creo.»

Jesús siguió hablando; pero mi conmoción era tal, que, aunque percibía sus palabras, no podía entenderlas. Me había mirado, y esto me bastaba. Aquella mirada había iluminado mi incredulidad.

De pronto oí su voz, pero enteramente cambiada, parecía de trueno. Ya no era aquella voz que decía: bienaventurados, sino que clamaba, dirigiéndose a los fastuosos herodianos:

–*«Mas ¡ay de vosotros, los ricos, porque habéis recibido vuestro galardón en este mundo!»*

Fueron dichas estas palabras con tal acritud, pero también con tal autoridad, que vi palidecer a los interpelados.

Después, señalando Jesús a los obesos saduceos, quienes sin reparo alguno estaban tomando su almuerzo, exclamó:

– *«¡Ay de vosotros los que andáis hartos, porque sufriréis hambre!»*

La impresión que esta conminación causó a los saduceos no fue menor que las anteriores palabras habían causado a los herodianos.

Una carcajada burlona que salía de los fariseos se dejó oír con claridad. Pedro se indignó de aquel insulto, y quiso precipitarse sobre los insolentes; pero Juan le detuvo. Entonces, volviéndose Jesús a los fariseos, les conminó diciendo:

–*«¡Ay de vosotros los que ahora reís, porque vendrá día en que os lamentaréis, y lloraréis!»*

Los fariseos enmudecieron, tanto más que habían notado el movimiento de Pedro en contra de ellos, y temieron las turbas. Entonces, Jesús, volviéndose a sus discípulos, pronunció estas palabras con tono sublime:

–*«Ahora bien: a vosotros que me escucháis os digo: amad a vuestros enemigos, haced bien a los que os aborrecen* –y señalando a los de la izquierda, continuó–: *Bendecid a los que os maldicen y orad por los que os persiguen y calumnian.»*

32
SU MIRADA

Siempre he sido sumamente sano, y, fuera de los meses que estuve recluido en mis habitaciones por la rotura de mi pierna –eso fue un accidente, no una enfermedad–, no recuerdo en mi vida haber guardado cama ni un solo día; pero ahora he estado dos días postrado con calentura. Alarmado Samuel, hizo venir a rabí Ben Messa, el cual, enterado de todo, declaró que lo que me aquejaba era una calentura pasajera, producida por un fuerte derrame biliar. Me recetó una poción emética, que me hizo arrojar gran cantidad de bilis, después de lo cual bajó la temperatura; dormí tranquilo, y hoy me encuentro restablecido físicamente y cambiado en la

I. EL QUE HA DE VENIR-32. SU MIRADA

parte moral. Me examino, analizo mis ideas, estudio detenidamente mis sentimientos, y me encuentro, como dije, enteramente cambiado: soy otro. Al llegar a Palestina, deseoso de cumplir la última voluntad de mi padre, iba yo lleno de prejuicios e inflado con la ciencia filosófica que había aprendido en Roma. Cuando cursaba en aquellas aulas, era tenido no sólo por mis compañeros, sino por mis maestros, como un joven de extraordinario talento, y puedo decir, sin faltar a la verdad, que mi memoria era notabilísima y mi entendimiento sumamente claro y agudo. Llegué a dominar la filosofía grecorromana de tal modo, que, animado por los hombres más notables de Roma que me conocían, había determinado abrir escuela, seguro de llegar a ser el más renombrado maestro de la época. Tuve, sin embargo, que dedicarme al comercio, acatando la voluntad de mi padre. Mi no común éxito en los negocios me confirmó en la idea que tenía de mi habilidad extraordinaria para todo lo que emprendía. De la religión de mis padres tenía un conocimiento somero, y aunque estando con los míos pretendía pasar por uno de ellos, en mi corazón los menospreciaba. Como me lo había dicho una vez María *la Magdalena,* era yo un híbrido que no había conseguido dejar de ser hebreo ni había logrado ser romano.

Era yo, realmente, escéptico, presuntuoso y fatuo. Una cosa solamente guardaba en el fondo de mi corazón, la había mamado y no podía ni pretendía desarraigarla: la esperanza de la redención de Israel. Era un recuerdo de mi madre, y la profunda convicción de mi inteligentísimo padre, por quien siempre tuve la más profunda veneración y respeto.

Vine a la tierra de mis mayores, no sólo por obediencia, sino por curiosidad, con el deseo de observarlo todo y con la esperanza, fundada en la de mi padre, de ver cosas extraordinarias y ser testigo de la aparición del «que había de venir», teniendo la oportunidad que mi padre no había tenido de conocer y tratar «al Deseado de Israel».

La primera humillación que sufrió mi pedantería fue en el encuentro con el Bautista. Una cosa siempre he tenido: ser ávido de la verdad, pues tenía siempre presente esta máxima que había aprendido de mi padre: «La verdad os hará libres». Cuando vi a Juan, cuando le oí hablar, no pude menos de convencerme en el acto de que era un coloso, ante el cual yo me sentí pigmeo. En los primeros momentos llegué a creer que Juan era «el que había de venir»; pero él mismo, con toda nobleza, me sacó de mi error: *«¿Eres el Cristo?»,* le habían preguntado, y él respondió: *«No».* Sus palabras me conmovieron tan hondamente que estuve a punto de recibir el bautismo de penitencia; pero mi pedantería me lo impidió. No quería pasar por adocenado.

La primera vez que vi «al hombre del blanco albornoz» me dio un vuelco el corazón; y al oír al Bautista que Aquél era *«el que había de venir en pos de él»;* al escuchar su humilde confesión de *«no ser digno de desatar la correa de su calzado»,* hice firmes propósitos de averiguar quién podía ser aquel hombre tan extraordinario, ante el cual el coloso del Jordán, Juan Bautista, se consideraba insignificante.

Tuve una gran desilusión al saber que Jesús vivía en el desacreditado poblacho de Nazaret, hijo de un carpintero y hombre sin letras.

La primera vez que vi de cerca a Jesús, en Caná, me causó, sin embargo, una impresión profunda; pero al verle convertir el agua en vino sufrí una gran turbación, ya que yo –espíritu fuerte y patarato– no quería, como el vulgo, creer en milagros, a pesar de no haber podido encontrar, con toda mi ciencia, explicación alguna a ese fenómeno que se verificó delante de mis ojos. Lo que y quería era oírle hablar, estudiar sus artificios retóricos y analizar sus conceptos filosóficos.

Desgraciadamente, el accidente de mi pierna me privó de cumplir mis deseos por largo tiempo.

Las noticias que por varias partes me venían de sus milagros me hacían sonreír, a pesar de no poder negar la inconcusa sinceridad y competencia de los testigos que los habían presenciado. Mucho más que aquellas relaciones extraordinarias me movieron las sencillas palabras de la vendedora de higos. Dina, la samaritana, cuando me contaba que sus compatriotas *«habían creído que Jesús era el Salvador del mun*do*»*, no porque hubiese obrado entre ellos milagro alguno, sino *«porque le habían escuchado»*. Eso era lo que yo quería: oírle personalmente.

Yo había leído muchos libros referentes a los diversos prodigios, y se me había quedado grabada en el magín la frasecita de que «los endemoniados eran *epilépticos»*. sin saber, como tampoco lo saben los que tal frase publican, cuáles eran los verdaderos caracteres de la epilepsia. Lo había leído, y eso me bastaba; los endemoniados no eran para mí sino epilépticos.

Por eso, cuando Quarto, con toda ingenuidad, me contó la historia del «endemoniado», solté la palabrita con toda la autoridad de un especialista en enfermedades nerviosas, y lo diagnostiqué epiléptico.

La intervención del eminente rabí Ben Messa declarando que el único síntoma característico de los ataques epilépticos, y que los distinguen de otra clase cualesquiera de ataques nerviosos, era que los epilépticos durante el ataque *pierden el uso de los sentidos,* fue un terrible golpe a mis presunciones médicas. Y la sorna con que confundió a los pataratos Ben Straus y Ben Renanus, cuando les dijo: «Estos individuos serán o no endemoniados, *pero epilépticos* no son, puesto que hablan y conservan el uso de sus sentidos durante el ataque; si queréis, éstos tendrán diarrea, pero epilepsia no tienen», me causó una gran humillación y me persuadió tanto de mi supina ignorancia como de la de aquellos individuos y de todos los que sostienen esa barbaridad.

Esto no quitaba mi dificultad de no admitir los endemoniados, por la sencilla razón de que yo no creía en el diablo. Por eso, cuando Samuel me vino a hacer aquella extraña serie de preguntas sobre mis creencias, con entera franqueza le confesé que no creía en el diablo. Creía yo firmemente en que «alguno había de venir»; creía que ése había de ser el Mesías prometido, por otro nombre el Cristo, fuera éste Juan Bautista, Jesús de Nazaret o el que fuera; y al escuchar al venerable anciano diciéndome aquellas palabras: «Infeliz, lo que afirmas y lo que niegas son cosas incompatibles. Óyelo bien y medítalo mucho: sin el diablo no hay Cristos, quedé aplanado.

No entendí en un principio la trascendencia de aquellas palabras; pero siguiendo el consejo de mi amigo, me puse a meditarlas toda la noche. «¿Qué es el Cristo? –me preguntaba–. Un redentor que debe venir a restaurar a Israel o al mundo a su estado primitivo. Y ¿quién hizo que nuestros antepasados perdieran su primitivo estado? Alguien que, sin pertenecer a nuestra especie, logró quitarles su felicidad primera. ¿Y quién fue éste? –me decía a mí mismo–. Me senté fatigado. Sobre mi mesa estaban varios volúmenes de las Escrituras. Distraído, tomé uno que estaba más a mano; era el libro de la Sabiduría, y empecé a leer:

«Tales cosas idearon los impíos y desatinaron cegados de su propia malicia. Porque Dios creó inmortal al hombre, y lo formó a su imagen y semejanza; mas por la envidia del diablo, entró la muerte al mundo.»

Aquellas palabras respondían a mi pregunta, y empecé a rumiarlas. Yo he admitido que Dios creó, a más del hombre, un orden de espíritus separados en el que hay buenos y malos. ¿No pudo ser uno de éstos el que tentó a nuestros primeros padres bajo la forma de serpiente?

«No veo en esto dificultad ninguna –me respondía–. Y como he leído en el *Génesis* –proseguí– después que nuestros padres pecaron, Dios les prometió «al que había de venir a restaurarlos», de donde toma origen la creencia universal en un Redentor. Bien dice Samuel –dije, triunfante– si nuestros primeros padres no hubieran delinquido por las asechanzas del diablo, no habría necesidad del Redentor, del Cristo; luego «sin el diablo no hay Cristo», y yo creo firmemente en el Cristo; luego si obro lógicamente, debo creer en el diablo».

Seguí meditando, y de pronto se presentó ante mis ojos la historia toda del pueblo escogido. Yo siempre he creído y venerado la Providencia divina. ¿Para qué, pues, ella ha conservado mi pueblo, que segregó de los otros, sino para que de nuestra raza naciera el Cristo? Por qué imperios tan poderosos como los de los asirios y babilonios han desaparecido y el pequeño pueblo de Israel ha sobrevivido a pesar de tantas calamidades? No hay duda que la Providencia lo conservaba para algo. Y en aquellos momentos vino a mi memoria un fenómeno curioso que observé en la desembocadura del Nilo. Sale éste impetuoso y se precipita en el mar; pero sus turbias y dulces aguas, por millas y millas se conservan sin mezclarse con las saladas. Así ha pasado con el pueblo escogido, para que, llegado el tiempo, salga de él el Cristo.

Y si en el Paraíso empezó la lucha del espíritu del mal en contra del futuro Mesías que había de venir a subyugarlo, ¿no es lógico que cuando Éste haya aparecido le haga aquél la guerra de un modo particular por medio del hombre mismo? ¿Qué dificultad hay, pues, en que yo admita ahora, cuando las señales son de que «el que había de venir» ya ha llegado, que el demonio, por medio del cuerpo del hombre, le haga la guerra? Con razón gritaban los endemoniados: *«¿Qué tienes que ver con nosotros, Jesús? Has venido aquí antes de tiempo a atormentarnos».*

Estas y otras muchas razones me asaltaron sin llegarme a convencer, mientras sonaban en mis oídos las palabras de Samuel: «Sin el diablo no hay Cristo» Y yo creía en Cristo y rehusaba a creer en el diablo de modo ilógico.

«Iré –me dije– a Jesús de Nazaret, y Él responderá a mis preguntas y soltará mis dudas. Ya le propondré mis razones, y Él tratará de resolverlas. Yo le volveré a argüir y Él me contestará».

Tal era mi estado de ánimo cuando salí de Jerusalén en busca del Nazareno. Quería oírle y ver qué impresión causarían en mí sus palabras. Deseaba discutir con Él, como lo había hecho yo con los más renombrados filósofos de Grecia y Roma.

Y llegué por fin al lugar donde Jesús iba a predicar desde la montaña.

Ya desde que le vi me pareció tan estúpida mi pretensión de discutir con Él, que secretamente me avergoncé de mis pensamientos. Una voz interior parecía decirme: «Fatuo, no te atreviste a levantar los ojos delante del Bautista, ¿y vas a discutir con Éste, ante el cual el Bautista no se atreve a arrodillarse para desatarle el calzado?» Procuré distraerme observando la concurrencia, hasta que, atraído como por un imán, me volví a fijar en el Nazareno.

En mi alma se había desatado una tempestad que en aquellos momentos llegaba a su mayor intensidad; pero no bien empezó a hablar Jesús, cuando sus palabras, y aun el timbre de su voz, me produjeron un efecto maravilloso; la tempestad se calmó como se calman las agitadas aguas cuando se arroja sobre ellas aceite, y vinieron a mi memoria las palabras del Esposo de los Cantares: *«Tu nombre es como aceite, como bálsamo derramado».* A esta primera impresión de tranquilidad se siguió la de sorpresa, cuando le oí bendecir a los pobres.

Y al propio tiempo yo me decía: «No sin razón los samaritanos creyeron en Él cuando le oyeron hablar. Su palabra no sólo convence, sino que arrastra». Pero esto fue nada en comparación con lo que había de experimentar poco después.

Entonces no lo comprendí, y solamente ahora, después de dos días, puedo hacer el análisis de mis sentimientos. Recordando lo que Natanael me contaba de lo que él había experimentado cuando Jesús le había mirado al pasar, y cómo se había calmado súbitamente la tempestad de su alma, cambiándolo de rencoroso en caritativo, tenía yo un punto de partida para explicar lo que en mi alma se había verificado al mirarme el Nazareno.

Cuando Jesús me miró, lo primero que recuerdo es que me pareció hundirme en mi propia vergüenza. Era una sensación moral dolorosísima, pero al propio tiempo tan consoladora, que sólo se me ocurre compararla, trasladando al campo espiritual, la sensación física que debe sentir el enfermo de un tumor cuando queda abierto por la lanceta del médico y sale fuera toda la podredumbre. Quedé inmensamente dolorido, pero infinitamente consolado. La tempestad originada por mi orgullo y mis fatuidades filosóficas cesó al punto; veía mi necedad como puede ver su pus el enfermo, alegrándose de haber sido curado. Su mirada había iluminado mi entendimiento, doblegando, sin coacción alguna, mi tenaz voluntad.

Pero esta serie de impresiones de tal suerte obraron sobre mi naturaleza, que, a pesar de lo sano de mi constitución, sentí que las piernas me flaqueaban, y una nube oscureció mi vista.

Cuando volví en mí, me encontré en este aposento del castillo de Magdala, adonde supe que me había traído el buen Manasés. Quarto me acompañaba, y asustado me miraba pensando que iba a morirme. Poco después llegó Samuel sonriente, pues comprendía mejor que nadie la causa de mi desmayo. Sin embargo, la impresión física de aquella mirada debía tardar en disiparse, y fue necesaria la intervención de Ben Messa para que yo me recobrara completamente.

–Buen susto nos diste, dómine –me dijo Quarto esta mañana cuando me desperté–. Yo creía que te morías. Nunca te había visto tan pálido. Y luego las palabras que repetías cuando estabas con la fiebre, me atemorizaron.

–Pues ¿qué decía yo? –pregunté, curioso.

–Llamabas al diablo y a Cristo; luego soltabas unas carcajadas extrañas y decías: «Híbrido, híbrido..., es verdad. ¡Ja, ja, ja, ja!»

No pude menos de sonreírme al oír aquello, y luego le pregunté: Y Samuel, ¿qué decía?

–El pobre anciano estaba muy afligido, pues a su sobrina María le pasó lo mismo que a ti.

–¿También cayó allí desmayada? –pregunté.

–¡Ca!, no; es una mujer valentísima. Tiene unas agallas que ya quisiera yo. Estaba pálida como el alabastro, y por más que su tío le rogaba, no quiso apartarse hasta que Jesús concluyera, y tardó bastante. Entonces se levantó tambaleándose. Samuel quería que montara en una cabalgadura; pero ella le rehusó y siguió a pie al Maestro hasta la ribera.

Cuando Jesús se embarcó, no pudiendo seguirle, se volvió hecha un guiñapo, hasta este castillo, del brazo de su tío. Y cuando se arrojó en el lecho perdió el conocimiento, como tú. Estuvo bien enferma y fue también necesaria la intervención de Ben Messa, quien le recetó lo mismo que a ti.

–¿Y ya está mejor? –pregunté, interesado.

–Hoy se levantó desde muy temprano. Dice que ya está bien; pero tiene unas ojeras que... la hacen mucho más interesante. A pesar de que no ha querido vestirse con su elegancia acostumbrada y tiene el cabello suelto, a mí me parece más hermosa que nunca... Me preguntó por ti, y cuando le dije que estabas aún durmiendo se sonrió.

–¿Y dónde está ahora?
–En la ventana; no deja de mirar constantemente al lago, diciendo: «Allí debe estar Él...»
–¡Qué mujer tan notable! –dije–. Desearía hablarle. ¿Y Samuel?
–Está más alegre que una sonaja... ¿Y no me preguntas por mí?
–Dispénsame, Quarto, que no te haya preguntado; pero, ¿te pasó a ti algo?
–Cuando vi que Jesús empezaba a mirar por todos lados, me sorprendió un gran temor reverente. Me parecía yo tan insignificante, que temía que se fuera a fijar en mí, y me postré por tierra. Debió, sin duda, mirar, pues sentí un consuelo tan grande como jamás lo había sentido en mi vida. Debió mirarme como a un pecador, y yo me consolaba pensando en las palabras que le oí en casa de Mateo: «*No he venido a buscar a los justos, sino a los pecadores*», y como soy un gran pecador, pensaba y me consolaba que era yo uno de los que Él había venido a buscar.

Al oír aquellas sencillas palabras de Quarto, no pude menos de mirarlo con gran respeto. Debió notarlo, y, cambiando de conversación, añadió:
–Hoy has tenido una visita.
–¿De quién? –pregunté, sorprendido.
–De un antiguo amigo Leví, que ahora se llama Mateo.
–¿Y qué quería?
–Venía a preguntar por ti, de parte del Maestro.
–¿De parte del Maestro? –dije, sentándome en la cama–. ¿Y por qué no le hiciste entrar?
–Porque estabas durmiendo, y cuando se lo dije, sonrió y dijo: «Si duerme, estará sano». También preguntó a Samuel por María...
– ¿Por Magdalena?
–Por ella también, y de parte del Maestro –respondió Quarto conmovido.

Yo no pude menos de conmoverme casi hasta las lágrimas, y tratando de ocultar mi emoción, le pregunté:
–¿Y no hizo más?
–¡Cómo que no! Me contó cómo «*estando un día en su telonio, había pasado Jesús y le había dicho: Sígueme; y él, dejándolo todo, le había seguido*». Después me contó que había vendido todo lo que tenía y lo había dado a los pobres.
–¿Y vendió también sus pergaminos de las Santas Escrituras?
–Yo le hice la misma pregunta y me dijo que ésos los había reservado para el Maestro y los tenía depositados en casa de Chuza, en Cafarnaún.

Entonces le rogué que revisara el nuestro de las Profecías y lo hizo como experto, con gran gusto, y me señaló más de doce que dice ya se han cumplido.

Y esto diciendo, desenrolló Quarto el volumen y me enseñó las nuevas marcas rojas que señalaban otras tantas profecías cumplidas. En aquel momento entró Samuel sonriente y me saludó, alegre como nunca.
—¿Te sientes ya mejor? —me preguntó.
—Enteramente bien —respondí.
—Cuánto me alegro, pues María se ha empeñado en ir a vivir a Cafarnaún, donde tenemos una magnífica quinta. Piensa que el Maestro no volverá a Magdala, y quiere irse a Cafarnaún, adonde Él reside de ordinario.
—¿Y me permitirás que os acompañe?
—De mil amores. La casa es muy grande, y tendrás tu departamento aparte.

Brinqué de la cama, decidido a marchar en seguida.
—No tienes por qué apresurarte; no iremos sino después de la comida. Cafarnaún está a sólo una hora de aquí, por tierra —luego, sonriente, me dijo—: Quarto me vino a ver muy afligido cuando tenías calentura, pues se le figuró que estabas llamando al diablo.
—¿Y qué era lo que decía? ¿Me oíste tú?
—Repetías mis palabras: «Sin el diablo no hay Cristo». Y luego: «Soy un híbrido, un infeliz híbrido».
—Y así lo siento ya; tu sobrina María tenía razón.
—Y ahora por fin, ¿crees en el diablo? —inquirió Samuel, sonriente.
—*Después que Él me miró* —respondí con energía—, *no sólo creo en el diablo, sino en todo el infierno.*

33
LA CUESTIÓN DEL SÁBADO

Aceptando la invitación de Samuel, había venido yo a su casa de Cafarnaún, donde tenía un departamento a mi disposición, y estaba conversando con tres de los fariseos que habían encontrado tiempo atrás en casa de Gamaliel. Me estaban informando de la malísima impresión que ellos y los suyos tenían de las obras y palabras de Jesús, cuando entró Quarto con la mano en un carrillo que tenía muy hinchado.
—Dómine —me dijo—, tengo un terrible dolor de muelas, y te ruego me cures.

Con la mayor naturalidad del mundo, me levanté, y, dirigiéndome al botiquín que había dejado en mi cuarto Ben Messa, tomé una botellita con este membrete: «Para el dolor de muelas». Mojando un palillo enalgodonado, me disponía a dar un toque a mi buen criado, cuando uno de los fariseos, llamado Efraín extendió la mano para impedir la curación diciendo:

—Eso no se puede hacer hoy.
—Y ¿por qué no? —replicó extrañado.
—Porque hoy es sábado.
—¿Y qué con eso? —repliqué más extrañado.
—Porque está estrictamente prohibido curar en sábado.

El gesto de Quarto al oír aquella barbaridad me hizo reír; pero al punto Efraín me reprendió diciendo:

—Esto no es cosa de risa es asunto sumamente serio; nuestras sagradas tradiciones de las que no deben tener noticia los hebreos de la Dispersión, nos prohíben curar un dolor de muelas en sábado.

—Pues entonces, ¿qué se puede hacer? —preguntó Quarto.

—Que te aguantes hasta la caída del sol, cuando haya terminado el sábado.

Mi criado estuvo por responderle una atrocidad; pero lo impedí a tiempo, diciéndole:

—Ve a tu habitación y espérame allí.

El incidente me hizo recordar la absurda discusión que Efraín, Zare y Hesrón habían tenido sobre si era lícito comer un huevo puesto en sábado.

—Ese perturbador llamado Jesús, el Hijo de un carpintero —añadió Efraín—, anda enseñando por todas partes la profanación del sábado.

—Pues yo no he oído semejante acusación contra Él —respondí.

—Nosotros, hace poco, hemos presenciado una tremenda violación del día del Señor —repuso Zare.

—Y, lo que es peor, ha proferido con este motivo una terrible blasfemia —añadió Hesrón.

—Pues, ¿qué ha pasado? —pregunté, alarmado.

—No hace mucho —dijo Efraín—, estando nosotros en una quinta cantando canciones propias del sábado y guardando con todo rigor las tradiciones de nuestros padres, vimos que por el vecino campo de trigo venía ese perturbador, seguido de sus discípulos, quebrantando así el día del Señor.

—¿Y por qué lo había de quebrantar? —pregunté.

—Pues porque habían caminado más de una «jornada sabática»; venían de lejos.

Como yo ya sabía lo que era una jornada sabática, no hice pregunta alguna. Entonces Zare prosiguió:

—Pero lo peor no fue eso, sino que sus discípulos empezaron a *cosechar* las espigas maduras, a *desgranarlas* y a comerlas.

—Tendrían hambre los pobres —me atreví a decir—. ¿Está también prohibido comer en sábado?

—No está prohibido *comer* —dijo Efraín, recalcando la palabra—; pero sí está prohibido *cosechar y desgranar* las espigas.

—¿Pero se pusieron a cosechar? —insistí.

—Para cosechar se cortan las espigas —repuso Hesrón—, y como esos hombres las iban arrancando, las iban cosechando y luego desgranando para comérselas.

—¡Oh! —dije por toda respuesta, sorprendido de la lógica de aquellos individuos—. ¿Y qué pasó después? —pregunté.

—Indignado con tan pública violación del sábado, yo les pregunté: «¿*Por qué hacéis lo que no es lícito en los sábados*» —dijo Efraín.

—¿Y qué respondieron? —insistí.

—Ese predicadorzuelo, comparándose nada menos que con el santo rey David, me respondió: «*¿Ni aun habéis leído lo que hizo David cuando tuvo hambre él y los que con él estaban ¿Cómo entró en la casa de Dios, siendo Abiatar príncipe de los sacerdotes, y tomó los panes de le proposición y comió y dio a los que con él estaban, aunque no podían comer de ellos, ni él ni los que le acompañaban, sino sólo los sacerdotes?*» ¿Qué tenía eso que ver con el sábado? —terminó Efraín.

—Con el sábado, no —respondí—; pero con el hambre, sí, ciertamente.

—Pues oye lo que dijo sobre el sábado, comparándose con los sacerdotes —añadió Zare—: «*¿No habéis leído en la Ley que los sábados los sacerdotes en el templo violan el sábado, y esto sin culpa? Pues os digo que aquí está uno mayor que el templo...*» ¿No te parece una blasfemia?

No respondí ni sí ni no, pues si esta pregunta me hubiera sido hecha «antes de que Él me mirara», habría respondido que era una blasfemia; pero como la hiciera «después que Él me había mirado», sólo pude decirme: «Sin duda que sus razones tendrá vara hablar así».

—Con gran pedantería —continuó Zare—, el Hijo del carpintero prosiguió diciendo, como si no lo supiéramos: «*El sábado ha sido establecido para los hombres, y no el hombre para el sábado*».

—Eso me parece muy bien dicho —repuse.

—Pues escucha cómo concluyó el Nazareno —dijo Efraín—: «*Así que el Hijo del hombre es Señor también del sábado*», y Él se da el título del Hijo del hombre. ¿No es esto otra blasfemia contra el sábado?

Permanecí de nuevo callado, pues mi reflexión fue la misma: sus razones tendrá Jesús para decir eso. Pensé, sin embargo, que aquellas palabras no podían menos de indignar a los fariseos y exacerbar su ira contra Jesús. ¿Por qué los andaría provocando? Sin duda tendrá sus razones, me volví a responder. Ahora no las veo, pero espero llegar a penetrarlas algún día.

* * *

Cuando entré a ver a Quarto, lo encontré echando chispas, no tanto por el dolor de muelas, sino contra los fariseos que prohibían curar un dolor en sábado. A pesar de la prohibición farisaica, curé a mi buen criado, pero encargándole que no escupiera.

—¿Y por qué no he de escupir? ¿Está eso también prohibido en sábado?

Samuel, que acababa de entrar y oyó la pregunta de Quarto, respondióle sonriendo:

—Dicen los fariseos que si uno tiene dolor de muelas en sábado se puede hacer al diente dañado una aplicación de vinagre aromático; pero con la condición de tragarse el líquido, pues eso sería beber, lo que sí está permitido, pero no escupirlo, pues eso sería curar, y como los curanderos han sido por muchos siglos los «siervos o esclavos»», el curar es una acción «servil», un trabajo, y el trabajo, cualquiera que sea, está prohibido en sábado.

Quarto no pudo menos que soltar una carcajada, y yo hice otro tanto, pues aquello nos parecía en extremo ridículo.

—Tienes razón, Quarto, de reírte de estas exageraciones farisaicas; pero no quiero que por eso menosprecies tú, que aún eres gentil, la santidad del sábado. Voy, pues a explicarte «la cuestión del sábado», que es en extremo importante entre nosotros, aunque desgraciadamente los fariseos, en muchas cosas, la hayan hecho ridícula con sus interpretaciones.

—No sabes cuánto te agradezco tu explicación —le dije—, pues yo mismo, como educado en la Dispersión, no estoy muy enterado de vuestras costumbres.

—Ante todo —empezó Samuel—, *sabbath* quiere decir «desistir, cesar». En este sentido vemos la palabra empleada en el *Génesis* (2, 2): «*Y completó Dios el séptimo día la obra que había hecho; y en el día séptimo, sabbath* —esto es, cesó, desistió —*de todas las cosas que habían acabado, y bendijo el día séptimo y lo santificó*». No puede tener, pues, el sábado origen más sublime. Aquí que nuestros padres consagraban el séptimo día o *sabbath* a desistir, cesar de trabajar, santificándolo al propio tiempo. Pero el *sabbath* fue oficialmente establecido cuando Moisés promulgó la ley que Yahvé le había dado en el Sinaí. Fue el tercer mandamiento, y dice así...

—Me permitirás —dije— que yo lo recite; lo aprendí, como los restantes, de los labios de mi madre, y creo no haberlo olvidado.

Entonces yo, cerrando los ojos para no distraerme, dije:

—«*Acuérdate de santificar el día de sabbath. Los seis días trabajarás y harás todas tus labores; mas el día séptimo es el sabbath o día del Señor Dios tuyo. Ningún trabajo harás en él, ni tú, ni tu hijo, ni tu hija, ni tu criado, ni tus bestias de carga, ni el extranjero que habita dentro de tus puertas. Por cuanto el Señor en seis días hizo el cielo, la tierra y el mar, y todas las cosas que hay en ellos, y sabbath, cesó, en, el día séptimo; por eso bendijo el Señor el día del sábado y lo santificó.*»

—Lo has repetido muy bien —repuso Samuel, sonriendo—. Noten ahora que éste es el tercero de los mandamientos de la ley, lo que nos indica su extraordinaria importancia. Por eso, Moisés insiste de nuevo en su observancia en el *Levítico* (19, 3, 30). Y en el *Éxodo* (31, 18) se nos dice: *«Mirad que guardéis mi sábado, porque él es un monumento establecido entre mí y vosotros y vuestros descendientes, a fin de que reconozcáis que Yo soy el Señor que os santificó. Guardad el sábado, porque es sacrosanto para vosotros. El que lo violare será castigado de muerte».*

–No pensé –dijo Quarto– que éste fuera un negocio tan serio.

–Sumamente serio –repuso Samuel–. Tres son las señales exteriores que distinguen al pueblo escogido de todos los demás: el adorar a Yahvé, un solo Dios, *«no haciendo imagen, de escultura ni figura alguna de las cosas que hay arriba en el cielo, ni abajo en la tierra, ni de las que hay en las aguas debajo de la tierra, a las cuales no adoraréis ni rendiréis culto»* (Ex 20, 4-5).

–Por eso hubo la sublevación contra Pilato, cuando trajo las águilas romanas a Jerusalén –añadí.

–Precisamente –prosiguió Samuel–. La segunda señal es la circuncisión, ordenada por Yahvé a nuestro padre Abrahán, diciendo: *«Circuncidaréis vuestra carne en señal de la alianza contraída entre Mí y vosotros..., y cualquiera de sexo masculino cuya carne no hubiere sido circuncidada, será su alma borrada de su pueblo, porque contravino a mi pacto»* (Gn 17, 11-14).

–Estas dos señales las tenemos también los israelitas de la Dispersión –advertí.

–Pues bien: oigan lo que dice Ezequiel (20, 12): *«Les instituí mi sabbath para que fuese una señal entre Mí y ellos, y conociesen que Yo soy el Señor que los santifica».* Y he aquí la tercera y más pública señal característica de nuestro pueblo –dijo Samuel.

–Igualmente, aunque no con las exigencias de los fariseos, lo guardamos los de la Dispersión –repuse–. Y nunca me olvidaré de la tremenda represión que me dio mi padre cuando, a la vuelta de Roma, una vez me puse a trabajar en sábado, diciéndome que yo ya no era israelita, sino gentil.

–Mucho me alegro de oír esto –prosiguió el anciano–. La guarda del sábado es la señal exterior y pública de nuestra alianza con Yahvé. Por eso siempre se ha celado tanto entre nosotros la observancia del día del Señor. A tal punto llegó esta observancia, que en nuestras guerras con los infieles, los soldados de Israel no peleaban en sábado.

–¿De suerte –preguntó Quarto, admirado– que no peleaban en sábado? Pues ¿qué hacían si los contrarios los atacaban?

–Dejarse matar –respondió Samuel–; así lo leemos en el primer libro de los Macabeos (2, 32-39): *«Tan lejos, dice el libro santo, estuvieron los judíos de resistir a las tropas de Antíoco, que ni siquiera les tiraron una piedra, sino que dijeron: muramos en nuestra inocencia y el cielo y la tierra nos serán testigos de que injustamente nos quitáis la vida. En efecto, los enemigos los acometieron en día de sábado, y perecieron tanto ellos*

como sus mujeres, hijos y ganados, llegando a mil las personas que perdieron la vida».
 – Qué barbaridad! –exclamó Quarto.
 –¡Qué heroísmo! –replicó Samuel–. Eso, sin embargo, fue remediado, pues sabido el caso por Matatías, le pareció que si todos hacían lo mismo, quedarían pronto derrotados, y así, tomando consejo, se decidió a resistir al enemigo si atacaba en sábado; mas no atacándolos ellos en el día del Señor.
 –Esto me hace comprender claramente –dije– hasta dónde llega la veneración por la guarda del sábado en nuestro pueblo.
 –Pero ¿no se podría saber –preguntó Quarto– qué cosas están prohibidas en sábado?
 –Viendo esta necesidad, los doctores de la ley han hecho un catálogo de trabajos que están prohibidos en el día del Señor, y numeran treinta y nueve principales. Desgraciadamente, los fariseos, por su propia cuenta, han seguido añadiendo cosas y más cosas declarando prohibido, por ejemplo...
 –Curar una muela en sábado –dijo Quarto.
 –Se ve que respiras por la herida –repuso Samuel–; pero eso es lo de menos...
 –Para el que no tiene dolor de muelas –insistió Quarto.
 –Prohíben, por ejemplo –prosiguió Samuel–, que los ciegos usen de su bordón en sábado.
 –Para que se descalabren –añadí, riendo.
 Caía la tarde, y buen número de mosquitos habían entrado en nuestra habitación, picándonos a más y mejor. Quarto empezó a dar palmadas, tratando de matar a los agresores; pero Samuel le dijo, sonriendo:
 –Tate, tate, eso también está prohibido por los fariseos: no se puede matar insecto alguno en sábado.
 –Pues yo me atengo a Matatías –repuso Quarto–: la guerra ofensiva estará prohibida, pero la defensiva no.
 No pudimos menos de reírnos de su salida, y Samuel continuó:
 –Por más calor que haga, las mujeres no pueden usar de un abanico en sábado, ni echarles a las gallinas más grano del que pueden consumir en el día...
 –Y ¿por qué? –le pregunté.
 –Pues porque el grano que sobra puede germinar, y eso sería sembrar en sábado, lo que está prohibido. Te aviso –dijo Samuel, dirigiéndose a mí– que en sábado no escribas, pues eso también está prohibido, aunque sean dos letras...
 –Pues yo he oído a esos mismos fariseos cantar en sábado –dijo Quarto.
 –Eso sí puede ser, y aun tocar algún instrumento –respondió Samuel–; pero si se rompe una cuerda, no te es permitido reponerla. También está

prohibido hacer nudos –añadió, viendo que me estaba atando las correas de mi calzado...
—Ya entiendo ahora –dije, riendo– por qué se escandalizaron esos fariseos cuando vieron a los discípulos del Nazareno arrancando espigas.
—Claro –dijo Samuel–, según ellos, arrancar es cosechar, y estrujar las espigas para sacar el grano es desgranar, y como cosechar y desgranar está prohibido, los discípulos de Jesús estaban quebrantando el sábado.
—Y Jesús, ¿la ha emprendido contra el sábado? –preguntó Quarto.
—De ningún modo –respondió Samuel–; no va contra el sábado ni contra su observancia racional, pues sabe muy bien la antigua norma: «El sábado ha sido puesto en vuestras manos, y no vosotros en las del sábado». Por eso, sabiendo que está prohibido curar en sábado, y la gente así lo estima, con frecuencia cura a los enfermos que le traen «después de la puesta del sol», esto es, cuando ya el sábado ha terminado; no quiere escandalizar al pueblo.
—Pues yo me he fijado de poco tiempo a esta parte que Jesús la ha emprendido contra las observaciones del sábado –noté.
—Repito que no va contra la legítima guarda del sábado, sino contra las ridículas interpretaciones de los fariseos...
—¡Bien por Él! –dijo Quarto–. No faltaba más que no se pudiera curar a un enfermo en sábado.
—Pero esto, sea como fuere, le está atrayendo la animosidad de los fariseos –repuse.
—Pues yo te digo –terminó Samuel– que Él les anda buscando pleito, no sé por qué; sus razones debe tener, pero no ha podido encontrar Jesús nada que excite más la rabia de esos sectarios como emprenderla contra sus ridículas observancias sabatinas. Les ha arrojado el guante, y ya lo han recogido, en compañía de los herodianos y de sus mayores enemigos, los saduceos. Todos se han conjurado en contra del Nazareno.

34
LA TEMPESTAD

La quinta donde habita María la Magdalena en Cafarnaún está situada en una eminencia que domina el lago, a poca distancia de la de su tío Samuel, donde yo vivo. Varias veces le he preguntado a éste por su sobrina, y siempre me responde con una sonrisa placentera, dándome a entender que su sobrina no recibe, con lo cual yo he desistido de visitarla.
—Ha cambiado mucho –me decía Samuel–, aunque ella no ha querido dar de ello muestra. Vive muy quieta en esa misma casita donde anteriormente tenía sus reuniones cuando venía de Magdala. Uno de sus antiguos amigos es un rico fariseo llamado Simón, el cual, según entiendo, está muy

celoso. Ha venido repetidas veces a visitarla, y ella se ha negado a recibirle, lo mismo que a otros antiguos conocidos.
—Y ¿qué hace tu sobrina, ahora?
—Pensar en Él, hablar de Él con Juana, la mujer de Chuza, que la visita frecuentemente, y observando desde la ventana siempre que habla a las multitudes desde la nave de Pedro. Como tanta gente le sigue y le oprime por donde quiera que va, suele subir en una nave, que manda retirar de la orilla, y desde allí dirige al pueblo la palabra. Como el lago forma aquí una pequeña rada, puede escucharle mucha gente que no cabría en la sinagoga. Estas pláticas las hace de ordinario a la caída de la tarde, después que ha curado innumerables enfermos. Entonces, cansado, suele dormirse, teniendo un calabrote por almohada, mientras los tripulantes se dedican a la pesca.

El sol se iba poniendo tras las montañas de Galilea, y Samuel, llevándome a la ventana, me dijo:
—Mira, allí viene Jesús.
En efecto, vi «al hombre del blanco albornoz» bajando desde la población a la orilla del lago, en medio de doble fila de enfermos y gente pobre; a los unos los curaba imponiéndoles las manos y a los otros hablaba con cariño, bendiciendo especialmente a los chicuelos. Éstos le seguían constantemente a pesar de que sus discípulos trataban de retirarlos para que no le estorbaran el paso.
—Siempre con los pobres y los enfermos —dije—. Siempre haciendo el bien y consolando a los afligidos, Samuel.
Buen rato tardó el Maestro en llegar a la orilla, y cuando subió a la nave de Pedro, éste, dirigiéndose a la multitud, dijo:
—El Maestro está cansado, y la noche se nos viene encima; así que podéis retiraros —y, diciendo esto, dio orden a los remeros de zarpar, mientras Jesús, elevadas las manos al cielo, bendecía a la multitud.
Cerró la noche, apareciendo gigantesca la luna tras las montañas de Basán, mientras la nave de Pedro se dirigía al interior del lago.
—Dómine, te traigo aquí una visita —dijo Quarto, entrando.
Grande fue mi sorpresa al reconocer a Leví, el publicano, ahora llamado Mateo.
—Figúrate, dómine, que me encontré a mi buen amigo Mateo, y, preguntándole adónde iba, me respondió que al klan público, para pasar la noche.
—¿Tú al clan público? —dije a Mateo—. Acaso no tienes tu propia casa en Cafarnaún?
—La tenía —me respondió, sonriente—, pero ahora ya no es mía.
—Pues ¿qué ha pasado? ¿Has perdido tu fortuna?
—Ha vendido la que tenía —me respondió Quarto—, y ha dado todo a los pobres para seguir al Maestro.
—En efecto —repuse—, lo había olvidado.

–Yo le dije –continuó Quarto– que mientras tú y Samuel estuvieran aquí tenía posada segura, y me lo traje.
–Has hecho muy bien, Quarto; por supuesto, que tiene posada segura.
–Y mucho se lo agradezco –dijo Mateo–, tanto más que podemos hablar del Maestro.
–Y anotar otras profecías que se hayan cumplido –añadió Quarto.

Mateo sonrió, y, tomando asiento, empezamos a hablar de Él. Habiendo sido avisado Samuel de la llegada del nuevo huésped, vino presuroso a cumplir con él todos los preceptos de hospitalidad, después de lo cual nos anunció que la cena nos aguardaba.

Una gran lámpara de aceite de oliva de tres mecheros, pendiente del techo, iluminaba el comedor, que aquella noche se me hizo particularmente sombrío, sin duda por el giro que tomó nuestra conversación mientras cenábamos.

–¿No te has fijado –dijo Mateo– el gran número de endemoniados que salen al encuentro del Maestro?
–He estado pensando en eso –respondí–, y he notado que le llaman *«Hijo de Dios, Hijo del Altísimo»*, lo cual parece desagradar a Jesús, pues *«los riñe y no los deja hablar»*.
–Voy a contarte –dijo Mateo– algo que tal vez no sabes. Después que el Maestro fue bautizado por Juan. *«El Espíritu le guió al desierto para que fuese tentado por el demonio. Y estuvo en el desierto cuarenta días y cuarenta noches, sin comer nada en aquellos días, y tuvo hambre».*
–Recuerdo muy bien –interrumpí– que cuando vi a Jesús, después de bautizado, dirigirse al monte, noté una niebla tenebrosa que le envolvía.
–Había cerca de la cueva donde estaba el Maestro unas piedras redondas que se asemejan mucho por su forma al pan. Entonces –prosiguió Mateo– *«se le acercó el tentador»* y le dijo: *«Si eres el Hijo de Dios, di que estas piedras se conviertan en panes».*
–Esa pregunta pone de manifiesto que el demonio no sabía si Jesús era o no el Hijo de Dios, puesto que le pedía un prodigio para confirmarlo –observé–. Y ¿qué le respondió? ¿Convirtió las piedras en panes como lo hizo con el agua transformándola en vino?
–Nada de eso –repuso Mateo–, antes le dio un revolcón citándole las palabras del *Deuteronomio* (8, 8): *«El hombre no vive sólo de pan, sino de toda palabra que sale de la boca de Dios».*
–¿En dónde están las palabras? –preguntó Quarto, trayendo su pergamino –; no las encuentro.
–No son necesarias –respondió Mateo, sonriendo–. *«Después* –continuó– *le transportó el diablo a la ciudad santa de Jerusalén, y le puso sobre el Pináculo del templo, diciéndole: Si eres el Hijo de Dios, échate de aquí abajo, pues está escrito que te ha recomendado a sus ángeles los cuales te tomarán en sus manos para que tu pie no tropiece contra alguna piedra».*

Lo primero que pensé al oír aquello fue en mi caída y la fractura de mi pierna en el Pináculo, y reflexioné que si el demonio quería deshacerse del Nazareno, apenas si había lugar mejor para que se estrellara cayendo de semejante altura. Me vino una dificultad, sin embargo, y le pregunté:

—Pero qué, ¿puede el demonio transportar a uno con tanta facilidad de un lugar a otro?

—El demonio —respondió Mateo— es un ángel caído, y los ángeles tienen poder para eso, y más. Recuerda lo que está escrito en Daniel (14, 35): *«Entonces el ángel del Señor tomó a Habacuc por la coronilla de la cabeza, y le llevó con la velocidad de su espíritu desde Judea a Babilonia».* Ezequiel refiere en capítulo 8 que *«vio la figura de una mano extendida que le tomó de una guedeja de su cabeza y, levantándole en espíritu entre el cielo y la tierra, le llevó a Jerusalén».*

—Verdaderamente maravilloso —dije—. Y ¿qué le respondió Jesús?

—*Le derrotó citándole otro texto del salmo* 90 (11, 12): *«También está escrito: no tentarás al Señor tu Dios».*

—Y ¿en qué terminó esa lucha con textos de la Escritura? —le pregunté.

—En la derrota de Satanás —respondió Mateo—, pues tomando a Jesús, *«le subió en un monte muy encumbrado, y, mostrándole todos los reinos del mundo y la gloria de ellos, le dijo: Todas estas cosas te daré si, postrado delante de mí, me adoras».*

Samuel terció entonces en la conversación, y dijo:

—Sin duda, Satanás pensó que Jesús no era el Hijo de Dios; de otra suerte, no le hubiera hecho semejante propuesta.

—Pues, entonces, ¿quién pensaría que era? —pregunté.

—Algún profeta —respondió Samuel—; y tratando de frustrar su misión, quiso atraerle a su bando ofreciéndole todo aquello que, como usurpador, le pertenecía; por eso se llama a Satanás el príncipe de este mundo.

—Y ¿qué le respondió el Maestro? —pregunté a Mateo.

—Le respondió entonces Jesús: *«Apártate de Mí, Satanás, porque está escrito: Adorarás al Señor Dios tuyo, y a Él solo servirás».* Con lo cual le dejó el diablo.

—¿Ves —me dijo Samuel— cómo esto viene confirmando lo que te he dicho otras veces, que si Jesús es el Mesías tiene Satanás que luchar en su contra?

—Veo que tienes razón, y desde ahora voy a procurar analizar esta lucha —dije—. Voy a ponerme en lugar de Satanás para poder ir interpretando su conducta con relación al Nazareno, en el supuesto que esta lucha entre ambos tiene que existir...

En aquel momento una terrible racha de viento, abriendo puertas y ventanas, penetró en el cuarto, y apagó la lámpara, dejándonos a oscuras. Siguieron una serie de truenos y relámpagos, dejándose oír en los intervalos los mugidos del huracán y el romperse de las enfurecidas olas del lago. Recordé la tempestad que había pasado ya anteriormente, pero me pareció ésta muchísimo más violenta.

—El Señor está en el lago —dijo Mateo.

—Y de seguro el *malo* —añadió Samuel— quiere anegarle para librarse de su presencia.

Los truenos y los relámpagos, así como el furioso huracán, siguieron por buen espacio de tiempo. De pronto, cesó la tempestad como por encanto. Y la cosa más extraña: se disiparon en un instante las nubes, y la luna volvió a brillar sobre las tranquilas aguas del lago.

* * *

Al día siguiente me levanté muy temprano; pero ya Mateo se me había adelantado, y había ido en busca de noticias acompañado de Quarto. Cuando el sol empezaba a colorear el horizonte, vi que una barca se adelantaba tranquila a la orilla; la reconocí al punto: era la barca de Pedro. Y desde mi ventana vi a Jesús descender, siendo recibido por Quarto, Mateo y otros discípulo acompañados de varias mujeres, que, ansiosos, inquirían lo que había ocurrido. Poco tiempo después llegó Quarto.

—Buenos días, dómine —dijo— he hablado con Pedro, y me ha contado lo ocurrido. «Una vez que despedimos a la gente ayer, el Maestro dijo: *«Pasemos a la otra orilla del lago»*, y, recostándose, se quedó dormido. Seguimos navegando tranquilamente a fuerza de remos, pues no había ni una racha de viento. Cuando llegamos al medio, empezamos a pescar, como de costumbre; pero de pronto se formó una tempestad de viento, y cayó sobre el lago, y *«se levantó gran oleaje en el mar, de suerte que las olas cubrían la nave,* y estábamos en peligro. *Jesús entretanto dormía en la popa sobre un cabezal»*. Nos acercamos a Él, y le despertamos diciendo: «*Maestro, ¿no te importa que perezcamos? Señor, sálvanos, que perecemos»*. Entonces el Señor nos dijo: *«¿Qué teméis, hombres de poca fe?» Levantándose entonces, increpó al viento y a la tempestad, y dijo al mar: calla, enmudece. Y cesó el viento y sobrevino la gran calma»*: «*¿Adónde está vuestra fe?* —nos dijo—. *¿Aún no tenéis fe?»*

—Esto es admirable —exclamé.

—¡Y si vieras cómo hablaban todos los que esto presenciaron! —siguió Quarto—. Estos hombres, avezados al mar, maravillados y llenos de temor, decían: *«¿Quién piensas que es Éste que manda a los vientos y al mar y le obedecen?»* Entonces, reflexionando en lo que había pasado a Natanael, en lo que me había pasado a mí mismo, respondí:

—No me extraña en lo más mínimo que Jesús calme con su palabra los vientos del mar; ¿no ha calmado la terrible tempestad de mi alma, sólo con su mirada?

35
CURACIONES

El clan de Nazaret no ha desesperado de atraer a Jesús a sus filas, a pesar de la constante oposición de los enemigos.

«Estaba Jesús hablando al pueblo, cuando llegaron su Madre y sus hermanos con deseo de hablarle». Éstos eran los hermanos del clan, que habían rogado a María, la Madre de Jesús, que les acompañara para dar más fuerza a su petición, y, teniendo ya por seguro el éxito, lo contaban entre los *hermanos*. Veían la autoridad que cada día iba cobrando su paisano ante las turbas, y volvieron a la carga para atraerle. *«Por causa del gentío, no pudieron acercarse a Él, sino que, acercándose a la puerta, enviaron a uno que le llamara».* Hubieran podido entrar varios, aunque no todos, pues eran muchos; pero prefirieron permanecer afuera para mostrar su número y, consiguientemente, su influencia, ya que habían traído con ellos a María. Enviaron, pues, a uno de los del clan, que le dijo: *«Mira que tu Madre y tus hermanos están afuera, y desean verte».* Jesús, según su costumbre, estaba rodeado de sus numerosos discípulos, y, dirigiéndose al mensajero, respondió: *«¿Quién es mi Madre y quienes son mis hermanos? Y mirando en torno a sus discípulos, que estaban sentados a su lado, y extendiendo a ellos sus manos, dijo: He aquí mi Madre y mis hermanos».* Y para darles a entender cuál era su espíritu, a los del clan de Nazaret, añadió: *«Porque todo aquel que hiciese la voluntad de mi Padre, que está en los cielos, ése es mi hermano, y mi hermana, y mi Madre».*

Estas últimas palabras me dieron a entender claramente que Jesús trata de fundar algo, sea clan o lo que sea, que tiene un fin muy distinto de los otros clanes, y al cual podrán pertenecer, no sólo los hombres, sino también las mujeres. Esto, unido a las palabras que no se caen de sus labios: «el reino de los cielos», me hizo sospechar que ése era el título de su nuevo clan, y me propuse seguir estudiando los planes ocultos de Jesús sobre este punto interesantísimo.

* * *

Otra comisión ha venido a verle. Hacía tiempo que yo no había vuelto a oír hablar de Juan, el cual seguía preso en Maqueronte. Como pasa siempre en la desgracia, la mayor parte de sus discípulos le habían abandonado, unos por seguir a Jesús y otros por cobardía. Sólo un pequeño grupo había quedado fiel al Precursor. Éste, presintiendo que su fin estaba cercano, queriendo que los discípulos que le quedaban se persuadieran de que ya su misión había acabado y que al que debían seguir era a Jesús, encargó a dos de sus discípulos fueran a verle y preguntarle: *«¿Eres Tú el que ha de venir, o debemos esperar a otro?»*

Para el Bautista no había duda, ya que lo había dicho repetidas veces, señalando al Nazareno: *«He aquí al Cordero de Dios, que quita los peca-*

dos del mundo. Éste es aquel de quien dije: Después de mí viene un Varón que fue formado antes que yo. Y yo vi y di testimonio de que Éste es el Hijo de Dios» Tan alta idea tenía de Él, que al enviarle a sus discípulos no les dijo: id, y observad lo que hace o qué doctrina predica, sino que quiso le preguntaran personalmente a Jesús si «era *Él el que había de venir o esperaban a otro*». Porque así como Juan, habiendo sido interrogado si él era el Cristo, había respondido con toda humildad y franqueza que no lo era, del mismo modo estaba seguro que Jesús respondería la verdad. Su testimonio le bastaba. Si decía sí, no había ya que dudarlo.

Llegaron, pues, esos dos fieles discípulos del Bautista, y siguieron a Jesús. Desde ese momento observé que el Nazareno multiplicaba sus prodigios, consistentes en extraordinarias curaciones; pero, sobre todo, con mayor insistencia predicaba a los pobres.

* * *

He tenido el gusto de que Mateo repita sus visitas. Siempre que viene a verme me trae noticias fidedignas del Maestro. Vino, pues, Mateo acompañado de Tomás y Ben Messa, los cuales habían sido testigos de lo que voy a contar.

«*Entrando un sábado en la sinagoga* –dijo Mateo–, *se puso el Maestro a enseñar, según su costumbre.*»

–Yo noté –interrumpió Ben Messa– que había allí varios fariseos que constantemente le acechaban, anotando sus palabras y escudriñando sus acciones.

–¿Era un sábado? –pregunté.

–Un sábado –repuso Tomás.

–Pues ya me figuro que el Maestro les habrá dado otra lección a esos señores, que quedaron muy lastimados cuando lo de las espigas –dije.

–Fue una lección magnífica –repuso Ben Messa–. Me habían visto a mí para que examinara a un hombre que tenía una mano paralizada, o seca, como dice la gente. Era un caso clarísimo de los resultados de la parálisis infantil. Aquel hombre, cuando niño, había sufrido esa terrible enfermedad, y, habiendo crecido, sus otros miembros se habían desarrollado normalmente, mientras la mano había quedado atrofiada y del mismo tamaño que cuando, años atrás, le había atacado la parálisis. Por supuesto que le declaré incurable. Oyeron mi opinión algunos fariseos, y, seguros del fracaso del Maestro, llevaron a aquel hombre a la sinagoga. Era sábado, y al presentárselo a Jesús pensaban que trataría de curarle sin conseguirlo, quebrantando, según ellos, el sábado. Si lo dejaba en tal estado, comprendiendo que no le podía curar, redundaría en contra del Maestro, pues el pueblo se persuadiría de que el poder de Jesús no era el que se pretendía.

–Y ¿qué pasó? –pregunté, intrigado.

–Que te lo cuente Mateo –dijo Tomás.

—«¿*Había en la sinagoga un hombre* —repuso Mateo— *que tenía la mano derecha seca. Le acechaban los escribas y fariseos para ver si le curaba en sábado, encontrando así algo de qué acusarle. Y le preguntaban, diciendo: ¿Es lícito curar en sábado?*»
—¿Y le curó? —insistí.
—El caso fue verdaderamente espectacular, y yo estaba más interesado que ninguno, pues había yo declarado el caso: incurable —dijo Ben Messa.
—«*Pero el Maestro* —prosiguió Mateo— *penetraba los pensamientos de sus enemigos, y dijo al hombre de la mano seca: Levántate, y ponte en medio.*»
—Todos formamos un gran círculo alrededor del enfermo —dijo Tomás.
—Estando ya el hombre en pie delante de todos —continuó Mateo—, encarándose Jesús con sus adversarios, les preguntó: «¿*Es lícito en sábado hacer bien o mal? ¿Salvar la vida o quitarla?*»
—¡Bien por el Maestro! —exclamó Quarto, entusiasmado, pensando en su dolor de muelas.
—Y los contrarios, ¿qué dijeron? —interrogué.
—Callaban —dijo Mateo—. Entonces el Señor continuó: «¿*Qué hombre habrá de vosotros que tenga una oveja y que si cayese en sábado en una hoya, no eche la mano y la levante?*»
—Muy bien respondido —exclamé.
—«*Entonces Jesús* —añadió Mateo— *dijo: Pues ¡cuánto más vale un hombre que una oveja! Así que es lícito hacer bien en sábado.*»
—¿Qué te parece la respuesta? —me dijo Ben Messa—. Pues espera el desenlace.
—«*Entonces el Maestro* —terminó Mateo —, *mirando a sus contrarios con indignación y triste por la ceguedad de sus corazones, dijo al hombre: Extiende la mano, y él la extendió, y le fue restituida sana como la otra*»
—¿De modo que le curó? —pregunté a Ben Messa.
—No cabe la menor duda —me respondió—. Y te hago notar que todo fue cuestión de un instante. No le aplicó remedio alguno, ni siquiera le tocó. Su palabra fue lo suficientemente poderosa para que la parálisis de muchos años desapareciera en el acto. Eso no lo hace medicina alguna.
—Y ¿qué hicieron los fariseos? —inquirí.
—«*Llenos de rabia* —dijo Mateo— *se marcharon, y consultaron al punto con los herodianos, para buscar manera de acabar con Él.*»

* * *

—Pues si este caso te llama la atención, como a mí, te contaré otro no menos notable que me acaba de referir un médico llamado Lukas —dijo Ben Messa.
—¿De qué se trata ahora? ¿De otro paralítico? ¿De algún leproso? ¿De algún endemoniado? —le pregunté.

—¿Epiléptico? —dijo Quarto a mis espaldas.

Ben Messa no pudo menos de soltar la carcajada, y yo tuve que hacer otro tanto.

—No —dijo el médico rabí—, el caso es completamente desusado. Se trata de la resurrección de un muerto.

—¿De muerte? —dije, entre admirado e incrédulo.

—Tengo el caso apuntado en mi libro de notas —repuso Ben Messa—, y voy a citarte las palabras de Lucas, el médico. Dice así: «*Iba Jesús camino de la ciudad de Naím, acompañado de sus discípulos y numeroso gentío, cuando cerca de la puerta de la ciudad se encontró con el entierro del hijo único de una viuda, la cual iba acompañada de muchas personas de la ciudad*».

—Recuerdo haber visto un entierro en aquella misma población —dije.

—«*Así que el Señor vio a la viuda* —continuó—, *movido a compasión, le dijo: No llores. Se detuvieron los que llevaban al muerto, y, acercándose Jesús, tocó el féretro y dijo: Joven, Yo te lo mando, levántate. Al punto se incorporó el muerto, y comenzó a hablar. Y Jesús se lo entregó a su madre*». ¿Qué te parece? —me preguntó Ben Messa.

—¿Qué te parece a ti? —repliqué.

—Solamente te diré lo que decían los que tal prodigio presenciaron —me respondió—, «*penetrados de temor, glorificaban a Dios diciendo: Un gran profeta ha aparecido entre nosotros, y Dios ha visitado su pueblo*».

—El hecho —repuse— no pudo menos de llamar la atención de todos, ya que las dos resurrecciones de muertos obradas por los grandes profetas Elías y Eliseo, su discípulo, fueron mucho menos notables. El primero tomó al muerto, que era el hijo de la viuda que sustentaba al profeta, «*lo llevó a su lecho, y, tendiéndose, se midió tres veces sobre el muchacho, y, clamando al Señor, le dijo: Señor, Dios mío, vuelve, te ruego, el alma de este niño a sus entrañas. Oyó el Señor la voz de Elías, y volvió el alma del niño a entrar en él, y revivió*». Eliseo, después que Giezi, su criado, no había podido resucitar al hijo de la sunamitis, tuvo que «*subir a la cama donde yacía el difunto, y, echándose sobre el muerto, puso su boca sobre la boca del chico y sus ojos sobre los del niño y se encorvó sobre él, y sólo entonces volvió el muchacho a la vida*».

—Pues Jesús no hizo nada de eso. Habló en *nombre propio,* y mandó levantarse al muerto. El mandato del Maestro fue suficiente para hacer al muerto volver a la vida —dijo Ben Messa.

—Su voz, su voz —exclamé— es omnipotente. Pero por más maravillas que sean las obras del Nazareno, lo que a mí más me impresiona de Él es su admirable doctrina, pues habla como nadie ha hablado, y su mirada penetra hasta el fondo de los corazones.

—Los dos discípulos de Juan que esto vieron —prosiguió Ben Messa— estaban espantados. Entonces, acercándose al Maestro, le hicieron la pre-

gunta que les había encomendado el Bautista: *«¿Eres Tú el que ha de venir, o esperamos a otro?»*
—Y ¿qué les respondió? –pregunté, conteniendo el aliento.
—Su respuesta fue sublime –repuso Ben Messa, conmovido–. Siguió Jesús curando, a la vista de todos, innumerables enfermos, ciegos, cojos, tullidos, y, volviéndose a los que esperaban su respuesta, les dijo: *«Id a contar a Juan las cosas que habéis visto y oído: los cojos andan, los leprosos quedan limpios, los sordos oyen, los muertos resucitan y a los pobres se les anuncia el Evangelio».*
—Esto, esto –exclamé con el mayor entusiasmo–, los pobres son evangelizados. Ésta es para mí la señal inequívoca de que Jesús es *el que ha de venir;* y gracias al cielo que ha venido y mis ojos le han visto...

36
MAQUERONTE

Sucedió, al fin, lo que tenía que suceder. Yo, sin ser profeta, lo predije cuando escuché la amenaza de Herodías al Bautista: «Juan –le había dicho– conoce a la esposa del rey Herodes, y acuérdate de sus facciones; pronto nos veremos». No fue tan pronto, sin embargo, pues pasó un año; pero la venganza llegó al fin, y fue venganza de mujer admirablemente bien planeada. Dejo a Chuza, el mayordomo de Herodes, que fue quien me lo relató, describir todos los detalles del terrible y sublime drama de la muerte del Bautista.
—Sin duda recordarás –me dijo Chuza– las circunstancias de la prisión del Bautista.
—Recuerdo que fue a la entrada de Tiberíades, a petición de Herodías, y que se lo llevaron a Maqueronte.
—Esto último fue obra mía, pues pensé que, apartándole de Tiberíades, Herodías no se volvería a acordar de él.
—Eso no es posible –repuse–: acuérdate del proverbio: «No excites la venganza de una mujer, pues ella jamás olvida».
—En efecto, me equivoqué –confesó llanamente Chuza–. Herodías no se olvidó; tan sólo esperó la oportunidad, teniendo muy presente, sin duda, aquel otro proverbio: «Más puede la mujer con una cuchara que el hombre con una pala».
—Y ¿cuál fue la oportunidad?
—Ya te la diré a su tiempo. Ahora escucha cómo fue preparando todo esa pérfida mujer. Al día siguiente de la prisión de Juan me llamó Herodías y me dio orden de acomodar un gran salón que hay en uno de los ángulos del palacio de Tiberíades. Cumplí con el encargo, y cuando estuvo terminado todo le entregué las llaves. Cosa de dos meses después llegó una

comparsa de mujeres que venían de Egipto, luego otra de Grecia, y, finalmente, otra de Roma.
–Tu relación me intriga –interrumpí–, y no sé adónde vas a dar.
–Esas mujeres se encerraban diariamente, por varias horas, en el salón junto con Herodías y su hija Salomé. Al escuchar que tañían el arpa, el salterio y la cítara, supuse que todo era para distraer a Herodías y su hija en sus larguísimas horas de ociosidad; pero me engañaba.
–Pues ¿qué hacían?
–Espera, y no seas impaciente –me respondió Chuza, sonriendo–. Yo no me volví a acordar del Bautista. Cierto día me llamó Herodías y me dio una lista de vinos, mandándome los hiciera venir de Italia. Cumplí con el encargo, como era mi obligación. Hará como un mes que Herodes, habiendo recibido noticias alarmantes de la frontera, por incursiones de los árabes nabateos, marchó precipitadamente a Maqueronte, llevando lo más granado de su ejército y buen número de soldados romanos que tiene a sueldo.
–Los nabateos –pregunté–, ¿están al sur del mar Muerto?
–Precisamente, y su rey es Aretas.
–¿El padre de la legítima esposa de Herodes?
–Exactamente. Ella, viendo que Herodes, al volver de Roma, traía consigo a Herodías, no lo pudo sufrir, y marchó al lado de su padre, a quien contó su infamia. Pasaron los meses sin que esto diera resultado visible. Pero últimamente, como te dije, le llegaron a Herodes noticias alarmantes de las incursiones de los nabateos, lo que le hizo suponer justamente que Aretas trataba de vengarse, y por eso marchó precipitadamente.
–¿Y Herodías le siguió? –interrogué.
–No, y, al parecer, se quedó tranquila. Tenía sus espías y sabía bien a qué atenerse. Al fin, hace dos semanas, dio Herodías orden de marchar, y emprendió el camino de Maqueronte con sus músicos y bailarinas, sin olvidarse de llevar los vinos que me había encargado.
–¿ Y Herodes? –pregunté.
–No lo creerás; pero, entretanto, el tetrarca tenía pláticas con su prisionero.
–¿Con el Bautista?
–Sí, con el mismo. Herodes es sumamente supersticioso y miedoso en extremo. Sabía perfectamente la gran influencia de Juan con el pueblo, y temía hacerle daño por miedo a las turbas; y, por otra parte, el Bautista le infundía un respeto supersticioso. Temía que siendo Juan un gran profeta, podía, como Elías, hacer bajar el fuego del cielo y destruirle a él y los suyos en un momento; por eso hablaba con él para tenerle benévolo.
–¿Y lo sabía Herodías?
–Cuando lo supo, se puso inmediatamente en marcha.
–¿Y me dirás que las atenciones de Herodes doblegaron a Juan?

–Nada de eso. Cuando llegó Herodías con su corte desmontó de su dromedario en el patio donde estaba preso Juan, éste, arrastrando sus cadenas, tras de las rejas de su calabozo, le gritó: «No te es lícito vivir con tu cuñado, adúltera dos veces».
–Y ¿qué hizo Herodías?
–Sonrió dulcemente, y con la mano le tiró un beso al prisionero.
–¿Y el Bautista?
–Con toda dignidad le volvió la espalda. Pero siempre que la veía pasar, imperturbable, le gritaba lo mismo. «Dos veces adúltera, no te es lícito vivir con tu cuñado».
–¿Y ella se lo contó a Herodes?
–No le dijo ni palabra, pero se puso a preparar con todo empeño la gran fiesta para celebrar el natalicio del tetrarca. Yo, la verdad, no me podía explicar la conducta de aquella mujer, y llegué a pensar que también ella tenía miedo al Bautista; pero me engañaba.
–Pues ¿qué hizo?
–Al fin llegó el día de la fiesta. Yo estaba tan ocupado, que no tuve tiempo de pensar ni en Herodes ni en Juan. Por mandato de aquélla había dispuesto yo el banquete en un salón que está en el piso superior y lejos del patio principal. En el centro de la herradura que forman los divanes pusimos una tarima alta cubierta con riquísima alfombra de Persia, sobre la cual debían verificarse los bailes. Comenzó el banquete, y, por mandato expreso de Herodías, el copero real empezó a escanciar los mejores vinos en la copa del tetrarca, que era de oro y de proporciones colosales.
–¿Le quería emborrachar?
–Herodías sabe muy bien que Herodes tiene una cabeza muy fuerte y difícilmente se embriaga, por lo cual estaba muy atenta en ir mezclando toda clase de vinos para el tetrarca. Estando ya los comensales un poco alegres, empezó el baile, que fue una sorpresa. Una joven embozada subió al tablado, tiró la capa y apareció Salomé. Iba vestida al estilo herodiano, con unos pantalones bombachos de seda finísima y un velo lleno de bordados de oro que le cubrían los brazos y llegaba hasta el cuello. Nadie se esperaba que la hija de la reina fuera a presentarse en escena, y más que ninguno se sorprendió Herodes, pues no tenía noticia de que Salomé bailara. Todos recibieron a la bellísima joven con nutridos aplausos, y el baile empezó. Consistía éste en una serie de pasos muy elegantes bailados al ritmo de las arpas y los laúdes, tocados por las esclavas. Para terminar, hizo Salomé algunas graciosas piruetas, bailando sobre sus manos con los pies en alto. Todos quedaron sumamente complacidos y aplaudieron con entusiasmo.
–Y ¿qué hacía Herodías?
–Decir al copero que siguiera escanciando vino a Herodes y recomendándole diera también a beber a los lictores que hacían guardia a espaldas del tetrarca, sin olvidarse ella misma de beber, aunque modera-

damente. Los concurrentes, entre los cuales había varios puestos para el caso por Herodías, pidieron que bailara de nuevo Salomé. Entonces la joven, que a más de ser guapa tiene la belleza del diablo...
—¿Qué belleza es ésa? —pregunté.
—La de los dieciocho años —repuso Chuza, sonriente—. Empezó, pues, un baile egipcio, llevando Salomé menos ropa que en el primero. El éxito fue naturalmente mayor. Herodes estaba entusiasmado, seguía bebiendo y pedía que Salomé continuara bailando. Entonces apareció ésta con la escasísima indumentaria que requieren los bailes de las ninfas griegas, siendo delirante la ovación que todos le hicieron, empezando por el tetrarca, que ya babeaba, gritando: «¡Otro! ¡Otro!», como cualquier borracho. Entonces Salomé trajo una enorme bandeja de plata, alrededor de la cual ejecutó su último y más aplaudido baile.
—Y ¿qué pasó entonces?
—Lo que esperaba Herodías. La *claque* de éste clamaba: «¡Un premio! ¡Hay que darle un premio!» El tetrarca entonces gritó: «Has bailado maravillosamente, *pídeme lo que quieras, y te lo daré* —añadió con juramento—: *Cualquier cosa que me pidieras, te la daré, aunque sea la mitad de mi reino*
—Juramento de borracho —dije—. Bueno está el reino de ese bruto, que pende de un hilo que puede romper Roma en el momento menos pensado.
—Es una manera de decir —añadió Chuza—, es la frase consagrada para dar a entender que daría un gran premio. «*Salió y dijo a su madre: ¿Qué pediré? Y ella le dijo: La cabeza de Juan el Bautista*».
—¿Y la pidió?
—«*Al punto. Entró Salomé apresurada donde estaba el rey, y le dijo: Quiero que al momento me des aquí, en esta bandeja, la cabeza de Juan el Bautista.*»
—Y ¿qué hizo Herodes?
—Le cayó la petición como rayo, y, a pesar de lo borracho que estaba, empezó a temblar. En todo había pensado menos en eso. Los de la *claque* de Herodías empezaron a gritar: «¡Dásela, dásela! ¡Lo merece! ¡Ese hombre ha insultado a su madre, te ha insultado a ti, nos ha insultado a todos», y, levantando las manos, volvían el dedo pulgar hacia abajo, como se hace en los juegos cuando se pide la muerte de algún gladiador.
—Y ¿qué sucedió?
—«*Herodes se entristeció; pero por su juramento y por los que con él estaban a la mesa, no quiso disgustarla*». Volvió también él el pulgar hacia abajo, y, «*llamando a uno de los lictores, le mandó traer en un plato la cabeza de Juan*».
—Y ¿qué hizo Herodías?
—Ante todo se echó un buen trago para animarse, y, precediendo al verdugo, bajó con paso incierto hasta la cárcel de Juan.
—¿Y asistió a la ejecución?

–No tuvo valor para tanto. Cuando el verdugo descorrió los cerrojos de la puerta del calabozo donde estaba el Bautista durmiendo sobre un montón de pajas, éste abrió los ojos y se incorporó. Herodías estaba afuera, y apenas vio brillar los ojos de Juan al fulgor de la resinosa tea que llevaba el verdugo, y que éste había empotrado en una grieta del muro, se llenó de terror, y, sin poderlo remediar, subió corriendo las escaleras, y fue a caer en los brazos de sus esclavas, a quienes pidió más vino de beber.

–¿Y el verdugo?

–Estuvo también para fallar. La mirada de Juan le anonadaba, a pesar de no mostrar ira en su rostro.

–Te aseguro –dije– que si hubiera mirado Juan al verdugo como cuando hablaba contra el pecado, estoy seguro de que el hacha se le hubiera caído de las manos.

–Lo creo; pero según me contó el mismo verdugo –continuó Chuza–, no le miraba a él airado, antes le dijo: «Tú eres ministro de la justicia, aunque ésta esté en manos infames». Y como si su voz fuera el eco de palabras lejanas, añadió: «*Conviene ahora que así cumplamos toda justicia;* pero quítame estos grillos –continuó Juan–, no parezca que voy forzado a la muerte». El verdugo obedeció.

–¡Qué hombre tan admirable!

–Salió Juan del calabozo; yo le pude ver al fulgor de las luminarias encendidas en el patio. Era un gigante; con el cabello en desorden y la barba hirsuta, su pobrísima túnica de pelo de camello cayéndosele a pedazos, y sus facciones más demacradas que nunca, era una figura sublime que inspiraba respeto, entonces pasó una escena que jamás olvidaré. Las estrellas brillaban, y Juan las contempló como si quisiera orientarse...

–¿Hacia el templo? –pregunté.

–Eso pensé; pero no fue así. En lugar de volver su rostro hacia el Poniente, lo volvió hacia el Norte...

–¿A Galilea?

–Precisamente; allí estaba Él. Levantó entonces Juan la voz, y dijo:

–«*Fue ofrecido porque Él mismo lo qui*so, *y no abrió su boca; conducido será a la muerte como va la oveja al matadero, y guardará silencio como el corderito que está mudo delante del que lo esquila.*»

–¿No son ésas las palabras de Isaías en el capítulo 52? –preguntó, conmovido, Quarto.

–Las mismas –repuso Chuza–. Entonces, levantando sus ojos al cielo, añadió: «*Ahora, Señor, despide a tu siervo en paz según tu palabra; porque vieron, mis ojos la salvación tuya, que preparaste a la faz de todos los pueblos, luz para la iluminación de las gentes y gloria de tu pueblo, Israel*». Y mientras a lo lejos se oían los acordes de la música y los gritos de «¡Vino! ¡Más vino!», Juan tornaba a su calabozo, diciendo al verdugo: «Estoy dispuesto». Al bajar la cabeza para que cayera el hacha sobre su cuello, exclamó: «*Conviene que Él crezca y que yo disminuya*». Pocos segundos después rodaba por el suelo la cabeza de Juan, y el verdugo la presentaba a Salomé, quien, horrorizada, la entregaba a su madre.

37
UNA GIRA

Acabo de llegar de una gira por Judea y Galilea para informarme personalmente del efecto que ha causado en el pueblo y la gente alta la predicación del Nazareno. De una manera general puedo afirmar sin temor de equivocarme que todos, amigos y enemigos, tienen a Jesús por *«el que ha de venir»* y que trata de establecer un reino. Los efectos causados por esta persuasión son, sin embargo, muy distintos. Mientras el pueblo, cada vez más entusiasmado, está dispuesto a proclamarle Rey, los saduceos, fariseos y herodianos están que no les llega la camisa al cuerpo con esta extraordinaria popularidad. Si Jesús hubiera tomado partido por uno de aquellos tres grupos, a la hora de ésta, creo que, a pesar de sus distintas tendencias, estarían de acuerdo, por lo menos, en reconocer al Nazareno como profeta. Pero Jesús se ha puesto abiertamente del lado del pueblo, y esto tiene a los políticos, no solamente irritados, sino justísimamente alarmados. Por no dejar los de Nazaret, viéndose rechazados por Jesús, tratan de desacreditarle diciendo que *«ha perdido el juicio»*.

Los fariseos y los escribas han echado por otro camino, y tratan de desacreditarle también, diciendo que Jesús *«tiene pacto con Belzebub, y que lanza los demonios por Belzebub, príncipe de los demonios»*. A los que así opinan dejó callados el Nazareno con un simple argumento de sentido común: *«¿Cómo puede Satanás —les dijo— lanzar a Satanás? Ya que todo reino dividido contra sí mismo es imposible que subsista, y toda ciudad o casa dividida contra sí no puede quedar en pie. Si, pues, Satanás echa fuera a Satanás y se levanta contra sí mismo, está dividido contra sí; por tanto, ¿cómo podrá permanecer su reino? No podrá permanecer, sino que está cerca su fin»*.

El silogismo concluía, y no tuvieron los adversarios qué responder. Pero fue Jesús más adelante. Había enviado a sus discípulos a predicar al pueblo la buena nueva, y también ellos arrojaban los demonios. De este hecho, pues, tomó un argumento contra sus enemigos, y les dijo: *«Y si Yo lanzo los demonios per Belzebub, vuestros hijos, ¿por quién los lanzarán? Por eso ellos —la gente del pueblo que despreciáis— serán vuestros jueces»*. Eso de que hombres del pueblo fueran jueces de los jueces de Israel fue una terrible bofetada, y muy merecida, para los orgullosos fariseos. Jesús, pues, viéndoles que callaban, prosiguió: *«Mas si Yo lanzo los demonios por el Espíritu de Dios, cierto que ha llegado a vosotros el reino de Dios»*.

Reflexionando sobre este caso, me confirmé en lo que había pensado ya cuando quedé convencido que sin el diablo no hay Cristo. Dos poderes luchan constantemente desde el principio: el reino de Dios y el poder de las tinieblas. Satanás sólo puede ser abatido por el Espíritu de Dios. Si Jesús echa, pues, a tantos demonios, y aun sus mismos discípulos hacen otro tanto, es porque Dios obra por Jesús. Esto indica que Dios tiene más poderío que Satanás, y que la lucha ha comenzado. El reino de Dios ha llegado. Satanás ha empezado a ser vencido, ya que Jesús le arroja de los hombres por el poder que Aquél posee de un modo especial. El Nazareno arrebata a Satanás sus conquistas, y, lo que es aún más vergonzoso, los discípulos que obran en nombre de Jesús arrojan también los demonios. Satanás comienza a ser vencido; sólo falta perseguirle en su derrota.

El gran enemigo es, pues, Satanás, ya que los fariseos sólo son sus hijos: *«Vosotros* —les dijo Jesús— *tenéis por padre al diablo»*. Había que empezar la lucha contra el enemigo principal, y Jesús les pone un ejemplo: *«¿Cómo puede un ladrón entrar en la casa de un valiente y saquear sus alhajas, si antes no ha apresado al valiente? Sólo entonces podrá saquear la casa»*. *«A Satanás* —dijo otra vez— *le he visto cayendo del cielo como un rayo»*. La lucha va en progreso; y así, hay que decidirse por uno u otro partido. El Nazareno tiene tanta seguridad del triunfo final, que les dice a los fariseos: *«El que no está conmigo, está contra Mí, y el que no recoge conmigo, malgasta su tiempo»*.

No terminó aquí la discusión iniciada, en mala hora para los enemigos, pues Jesús, encarándose con ellos, les dijo algo muy duro: *«Raza de víboras, ¿cómo es posible que habléis cosas buenas siendo malos como sois? Si el árbol, es bueno, su fruto lo será; pero si el árbol es malo, también lo serán sus frutos»*. Y ya que, como dice el proverbio, de la abundancia del corazón habla la boca, *«el hombre de bien saca de su fondo cosas buenas, mientras el hombre malo saca de su fondo cosas malas»*.

Esto me ha demostrado palpablemente que mi deducción es exacta. Jesús está del lado del pueblo, de los pobres, de los necesitados, a quienes predica la buena nueva y sana de sus enfermedades; en cambio, los tres grandes partidos formados por hijos del diablo, están en contra de Él. Y aunque éstos no confesarán jamás que es *«el que ha de venir»*, interiormente le tienen por tal y le temen. Se han conjurado, pues, contra Él y han determinado su perdición.

Pero una cosa es la persuasión general de que Jesús de Nazaret es *«el que ha de venir»* y otra que estén de acuerdo en la naturaleza del reino que trata de establecer. En esto he notado una diversidad de pareceres verdaderamente desconcertantes, aun entre los mismos discípulos del Maestro.

Si Jesús se hubiera puesto del lado de los saduceos, éstos hubieran tratado de hacerlo rey —ya que odian a Herodes—; pero un rey amigo de Roma, a la cual temen. Si se hubiera puesto al lado de los herodianos, éstos habrían procurado que, unido a su rey, hubiera formado con él un dunvirato formidable, y todo el pueblo lo seguiría.

Si, finalmente, se hubiera puesto del lado de los fariseos, éstos también lo hubieran aceptado por rey, en contra de Roma, añadiendo las fuerzas de los zelotes. Pero habiéndose puesto Jesús del lado del pueblo, lo único que ven venir irremisiblemente los tres partidos es su próxima ruina si no detienen al innovador.

Por lo que hace al pueblo, todos le quieren por rey; pero cada uno tiene su propia idea de lo que debe ser este nuevo reino. A propósito de esto, como dejo dicho, he oído las opiniones más disparatadas, comenzando por los mismos discípulos de Jesús. Éste, sin embargo, sigue adelante su obra, yendo derecho a su fin. ¿Cuál será este fin? Francamente, respondo que, al presente, yo también me encuentro a oscuras, aunque lleno de esperanzas de descubrirlo bien pronto, pues mis observaciones van por un camino muy distinto del que llevan los amigos y enemigos del Maestro. Su manera de obrar me deja con la impresión de que es diferente al modo como obraría otro hombre cualquiera. La superioridad indiscutible de Jesús me hace pensar que su fin es mucho más elevado al que pudiera inventar cualquier otro hombre. Y para que se vea la razón que me obliga a pensar así, voy a describir dos curaciones casi simultáneas en las que la manera de obrar de Jesús parece contradictoria y, sin embargo, estoy seguro de que no hay contradicción alguna.

«Estaba Jesús cerca del mar de Tiberíades cuando llegó a Él un varón llamado Jairo, que era el príncipe de la sinagoga, y, viéndole, se arrojó a sus pies diciendo: Señor, mi hija está acabando pero ven, pon tu mano sobre ella para que sane y viva. Levantóse Jesús y marchó con, él, y también sus discípulos, siguiéndole multitud de gentes que lo oprimían.

En esto, una mujer que padecía un flujo de sangre hacía doce años y que había sufrido mucho a manos de los médicos, y en ellos había consumido gran parte de su hacienda sin aprovechar nada, antes yendo de mal en peor, se acercó por detrás y le tocó el ruedo de la vestidura.»

Cuál no sería mi sorpresa al reconocer en aquella mujer a Verónica, la sobrina de José de Arimatea. Bien sabía yo la enfermedad que padecía y lo mucho que había gastado en médicos y medicinas. Recuerdo la impresión profunda que le causó la conversión del agua en vino, en Caná, y recuerdo también que, desde entonces, había hecho propósito de acercarse a Jesús y pedirle la curara. Se avergonzaba, sin embargo, y por esto procedió con todo sigilo. Sin decir nada a nadie, y valiéndose de la situación en que se encontraba el Maestro, rodeado por todas partes de gente que casi le oprimía, tocó su vestidura, confiando encontrar el remedio apetecido, y lo consiguió.

Su sorpresa y vergüenza fueron grandes al verse descubierta, pues *«Jesús, conociendo en sí mismo que había salido virtud de Sí, se volvió y dijo: ¿Quién ha tocado mi vestido?»* Entonces, Pedro y sus compañeros dijéronle:

—*«Maestro, las gentes te oprimen y te aprietan, y dices: ¿quién me ha tocado?»* A lo cual respondió Jesús:

—«*Alguien me ha tocado, porque Yo he conocido que ha salido virtud de Mí. Y vuelto miraba alrededor para ver a la que le había tocado. Viendo, pues, la mujer, que estaba descubierta, vino temblorosa y arrojándose a sus pies en presencia de todos dijo por qué causa le había tocado y cómo al punto había quedado sana. Entonces, Jesús le dijo: Confía, hija tu fe te ha sanado; vete en paz y queda libre de tu enfermedad.*»

Se levantó al punto Verónica, y desde entonces quedó perfectamente sana y en extremo agradecida al Maestro, lo mismo que Berenice, su hermana, y su tío José.

Aún estaba hablando el Maestro, cuando vino un criado de Jairo y dijo a éste: «*Tu hija ha muerto. ¿Para qué molestas al Maestro?* Jesús, oyendo esto, dijo al padre de la niña:

—«*No temas, ten fe y será sana*». *Y no permitió que lo acompañase nadie, sino Pedro, Santiago y Juan. Como llegase Jesús a la casa de Jairo y viese a los tañedores de flautas y a la multitud de gente que alborotaba y a los que plañían, entró y dijo:*

—«*¿Para qué lloráis y alborotáis? Apartaos, porque no está muerta la niña, sino que duerme*» *Pero ellos, sabiendo que estaba bien muerta, se burlaban del Maestro. Jesús los echó fuera, y llevando consigo al padre, la madre y los tres discípulos, entró donde yacía le niña, y tomando la mano de ésta, dijo:*

—«*"Muchacha, Yo te digo, Levántate". Y volvió el espíritu de la niña y se levantó y echó a andar. Y mandó Jesús le diesen de comer. Y los padres de la chica quedaron llenos de estupor, y Jesús les encargó con mucho encarecimiento que a nadie contaran lo que había hecho.*»

Por supuesto que, a pesar del encargo, la fama de este suceso se divulgó por toda la región.

Yo he reflexionado mucho sobre estos hechos y los he discutido con amigos y enemigos del Maestro. Según su costumbre hasta ahora, Jesús, al hacer las curaciones sólo con su palabra y sin usar remedio alguno, recomienda insistentemente que no las publiquen; y ahora, en el caso de Verónica, cuando nadie, sino ella, tenía conocimiento de lo que había pasado, parece que Jesús se empeñaba en descubrir el prodigio y hacer que todos se fijen en él. ¿Por qué?

Mi opinión es la siguiente: desde el principio de su predicación, Jesús ha anunciado la fundación de un reino que Él viene a establecer. Naturalmente, sus adeptos se alegraban pensando que este reino vendría a destruir la odiosa dominación romana, Jesús, sin embargo, no parece que trata de semejante cosa. Para el establecimiento de este reino, Jesús no solamente predica, sino que obra multitud de prodigios que deben acreditar su misión. Quiere, pues, que todos y cada uno de esos prodigios sean conocidos, siendo parte de las credenciales que lo acreditan como enviado de Dios. Pero como el reino que trata de establecer no es un reino como los otros, quiere evitar que las masas, entusiasmadas con los prodigios, traten, contra su voluntad y proyectos, de proclamarle Rey, y por esta causa, recomendándoles el secreto, evita no la publicidad, pero sí el entusiasmo, que puede ser perjudicial a sus planes.

Si conforme va obrando curaciones admirables, dejara que su fama de taumaturgo creciera hasta el punto de excitar a las masas, se seguiría que éstas le proclamarían su caudillo. Esto no podría menos de atraer un gravísimo conflicto, tanto con los partidarios de Herodes como con los romanos, quienes le acusarían de sedicioso y alborotador del pueblo.

¿Qué clase de reino trata Jesús de establecer? Aún no lo entiendo; pero estoy seguro de que no es un reino temporal, a pesar de que todos, amigos y enemigos, piensan lo contrario. Si Jesús tuviera este intento, en lugar de buscar sus secuaces entre los civiles y gente trabajadora, los buscaría entre los militares y los ricos y estoy seguro de que éstos le seguirían sin vacilar. ¿Por qué, pues, escoge sus principales discípulos entre pescadores? A mi ver, la razón es clara; Jesús quiere establecer un reino, pero no como los demás. De aquí que, aunque quiera que todos sus prodigios sean conocidos, *evita el desbordamiento del entusiasmo,* mandando a los que sana de toda clase de enfermedades guardar un secreto imposible de guardar; pero ese mandato al propio tiempo *reprime el entusiasmo indiscreto de sus admiradores.* Por eso, según mi opinión, hace pública la curación secreta de Verónica y prohíbe insistentemente que la resurrección de la hijita de Jairo sea relatada al público, el cual, sin este contrapeso, se desbordaría publicando el prodigio, en perjuicio de los planes ulteriores del Nazareno.

38
EL NÚMERO TRECE

He dicho anteriormente que si Jesús tratara de establecer un reino temporal, lo obvio sería elegir sus familiares más íntimos entre los hombres de influencia y prestigio como Chuza, el mayordomo de Herodes; Jairo, el príncipe de la sinagoga de Cafarnaún (los cuales le deben favores y gustosos le seguirían) o a los militares del temple de Cayo Oppio, uno de los centuriones más conspicuos de Palestina, con el cual pasó el hecho que voy a referir.

Conocí a este militar en un banquete en casa de Leví, el publicano, ahora apellidado Mateo. Es Cayo Oppio hijo del centurión Cayo Cornelio, de Cesarea, quien siempre se ha mostrado muy favorable a las enseñanzas del Nazareno.

Cayo Oppio es muy querido y estimado en Cafarnaún, pues no sólo ama a los israelitas, sino que, pasando de las palabras a las obras, les ha edificado en esta población la magnífica sinagoga que describí anteriormente.

Sucedió, pues, que habiendo yo ido a visitarle, encontré que uno de sus criados, a quien Oppio quería entrañablemente, y se llamaba Pancracio, estaba enfermo. Según el diagnóstico de rabí Ben Messa, lo que tenía era un reumatismo articular que le hacía sufrir terribles dolores, teniéndole postrado, casi sin movimiento. Con este motivo, tuve con el centurión la conversación siguiente:

—Desde que Juan —dijo Cayo— anunció que él no era *el que había de venir,* y señaló a Jesús de Nazaret como el prometido en la ley y en los profetas, me puse a observar a este hombre extraordinario, ya que Juan, el coloso, se consideraba indigno de desatar la correa de su calzado.

—Yo también he hecho otro tanto, guiado por las mismas palabras del Bautista —dije.

—Pues bien —continuó Cayo—, cuando oí que Jesús trataba de establecer un reino, me llené de entusiasmo. ¡Qué Rey! Qué magnífico Rey sería Jesús —y al decir esto le brillaban los ojos al valiente militar—. Mira —prosiguió—, Tiberio está cansado de Herodes, en quien no confía. Todos los centuriones romanos que tenemos que ver con el flamante tetrarca estamos en su contra, y la gran mayoría de sus propios soldados le detestan. ¡Qué ocasión más propicia para echar abajo a este hombre!

—Y el primero que ayudaría a la empresa sería su suegro Aretas, el rey de los nabateos, quien le odia cordialmente por lo que hizo a su hija —añadí.

—También eso hay que tomar en cuenta —repuso Cayo—. Por otra parte, hay muchos ricos israelitas que se pondrían de su lado.

—Ya lo creo —respondí—. Yo he hablado de esto últimamente con Nicodemo, y, entusiasmado, me dijo que él pondría en pie de guerra a sus cinco mil aguadores...

Cayo no pudo menos de sonreír, y añadió:

—Todo ayuda; no hay enemigo pequeño. Por otra parte, Pilato odia a Herodes, y estaría con nosotros.

—Eso me decía el otro día su gran amigo José de Arimatea, el cual está más que nunca agradecido a Jesús por la curación de su sobrina Verónica. Es rico, y está a nuestra disposición incondicionalmente.

—¡Qué Rey, qué magnífico Rey haría Jesús! —exclamó el centurión—. Ese hombre nació para Rey.

—¡Ya lo creo que nació para Rey! —exclamé, entusiasmado—. ¿No sabes que cuando nació vinieron unos Magos de Oriente buscándole como el recién nacido *Rey de los judíos,* y como tal le adoraron?

—¿Es posible? Pues esos Magos también nos ayudarían a proclamarle y a mantenerle en el trono. Sin la menor oposición de Roma, podría Jesús ser proclamado Rey en lugar de Herodes.

—Y yo —añadí— pondría a su disposición diez mil talentos de plata, por lo menos.

Desgraciadamente, los lamentos del enfermo interrumpieron nuestra conversación.

I. EL QUE HA DE VENIR-38. EL NÚMERO TRECE 217

–¡Pobre Pancracio! –me dijo Cayo–. Sufre horriblemente.
–Pues ¿por qué no ruegas a Jesús que venga a curarle? –sugerí.
–¿No ves que no soy judío sino romano? –repuso–. ¿No has oído decir a Jesús que Él ha venido a salvar *«las oveja*s *que perecieron de la casa de Israel?»* No, yo no soy digno de que Él entre en mi morada –y al decir estas palabras mostraba su rostro una humildad profunda, incomprensible, dada la altivez de los soldados romanos.

En aquel momento anunciaron la visita de varios ancianos judíos de los más principales en Cafarnaún. Pasaron, y, después de los saludos de costumbre, el más venerable de entre ellos, llamado Matusalén, dijo a Cayo:

–Hemos venido, ¡oh generoso centurión!, a decirte que Jesús no está lejos, y que si mandas a que le supliquen que venga a tu casa a curar a tu siervo, seguramente no se negará.

–De eso mismo trataba en estos momentos con mi amigo Rafael; pero yo le decía que no me considero digno de que el Maestro entre en mi casa.

–Pues si quieres, nosotros se lo iremos a suplicar –repuso Matusalén.

–Ya que tan generosamente os ofrecéis a llevar esta embajada, decidle que *«no soy digno de que entre en mi casa, pero que si se digna decir una palabra, mi criado seré sano».*

–Así lo haremos –dijeron todos, y salieron luego en busca del Maestro.

La comisión de ancianos encontró al Nazareno, y *«le suplicaban solícitos, diciéndole: Es digno de que se lo concedas, porque ama a nuestra nación, y él mismo nos edifi*có *la sinagoga».* Jesús les respondió:

–*«Yo iré y le curaré»* –y les siguió rumbo a la casa de Cayo Oppio.

Algunos de los de la comisión se adelantaron para dar al centurión la buena nueva; pero cuando le dijeron éstos a Cayo que ya el Señor estaba cerca, el centurión les dijo:

–Os ruego que salgáis a su encuentro, y le digáis de mi parte: *«Señor, no te molestes, porque no soy digno de que entres bajo mi techo; por lo cual ni a mí mismo me juzgué digno de venir a Ti; basta que me digas una palabra, y mi criado será sano».*

Aún estaba hablando, cuando llegaron otros a decirle que Jesús iba llegando a la puerta. Entonces el noble centurión romano salió precipitadamente, y, después de hacerle el militar saludo, en actitud humilde dijo:

–*«Señor, yo no soy digno de que Tú entres en mi casa, pero mándalo con tu palabra, y quedará curado mi criado. Pues aun yo, que no soy más que un hombre sujeto a otros, como tengo soldados a mi mando, digo a uno: marcha, y él marcha; y al otro: ven, y viene; y a mi criado: haz esto, y lo hace.»*

«Al oír esto Jesús, lleno de admiración, dijo a los que le seguían: En verdad os digo que no he encontrado tanta fe en todo Israel. Y volviéndose al centurión, añadió: Vete y que te suceda conforme has creído, y en aquel mismo momento quedó sano el criado.»

Estaba yo profundamente conmovido y humillado al ver la sincera humildad del altivo pagano, quien, después de saludar militarmente al Señor y haciéndole una profunda zalema, volvió a entrar en su casa para caer en brazos de Pancracio, quien, perfectamente curado, se había levantado del lecho a recibir a su amo.

Quarto, que todo lo había visto, me dijo, lleno de noble orgullo.

–¿Qué te parece de mi compatriota, dómine? El Maestro lo ha dicho: no ha encontrado en todo Israel tanta fe como la de este romano. Si Jesús quisiera ir a Roma –continuó–, mi pueblo le colocaría en el trono de los Césares.

No pudiendo contener mi emoción, salí, dirigiéndome a la orilla del lago. Allí, sentado sobre una roca, permanecí largas horas meditando. El sol había desaparecido por el rumbo de Roma; la noche estaba profundamente tranquila, y me parecía que aquellas palabras de Cayo Oppio: *«Señor, yo no soy digno de que entres en mi morada»*, se propagaban hacia el Oeste por mares y montes, valles y ciudades, como un eco que daba la vuelta al mundo, repercutiéndolas los siglos.

* * *

–Ven, dómine, y asómate a la ventana –me dijo Quarto a la mañana siguiente.

Me asomé y vi a dos hombres que con unos bultos en la cabeza, venían nadando hacia la ribera.

–Son Cayo Oppio y su criado Pancracio –prosiguió Quarto, que tenía una vista excelente–. De seguro que vienen a visitarnos.

–Y serán muy bien venidos –repuse–. Pero el otro, ¿es Pancracio? ¿Estás seguro? ¿Cómo se expone ese hombre a las frías aguas del lago después de su reumatismo?

–Porque la palabra del Maestro cura infaliblemente –respondió Quarto.

Me calló la boca su respuesta llena de fe. Los paganos nos estaban dando lecciones, y, para disimular mi confusión, dije:

–Pues vamos a la ribera a recibirles.

Llegamos cuando ya habían salido y se estaban secando. Entonces pude admirar a mi sabor la atlética constitución del centurión, cuyo pecho se veía surcado por varias heridas recibidas en defensa de Roma; era el tipo de virilidad, y la nobleza se reflejaba en su hermoso y alegre rostro.

–He venido a verte, rabí –me dijo–, pues quiero platicar contigo largamente de una visita que tuve ayer después de la curación de Pancracio.

–Si tú, noble Cayo, no me hubieras venido a ver, yo hubiera ido a tu casa, pues quedé interesadísimo con tu conversación y deseaba continuarla. Y ¿se podría saber quién fue a visitarte? –añadí cuando ya se había puesto sus vestidos y nos dirigíamos a mi casa a tomar el desayuno.

–Judas de Kariot –respondió–, uno de los más íntimos discípulos de Jesús.
–¿Judas de Kariot o Iscariote? –pregunté, asombrado–. Y ¿qué fue a hacer?
–Ante todo, a pedirme dinero. Él es el encargado de la bolsa en la compañía del Maestro, y es muy natural que, como buen procurador, consiga limosnas para sufragar los gastos de los que forman el grupo que sigue constantemente a Jesús.
–¿Pero está Judas con Jesús? ¿Desde cuándo?
–Desde que eligió doce entre sus discípulos y los llamó apóstoles o portadores de la buena nueva. ¿Conoces acaso a Judas? ¿O por qué te extraña lo que te he dicho
–Sí, le conozco –respondí, recordando las dos veces que le había visto: una en Arimatea, al servicio de Pilato, y luego en casa de Herodes–. Y me he extrañado que esté con el Maestro, porque Legendario me contó de él cosas muy poco favorables.
–Cosas de Legendario –repuso Cayo–, y no hay que tomarlas en cuenta, pues es muy exagerado. «Tiene Judas un defecto que le hace poco simpático: nunca mira de frente. En cambio, tiene muchas y muy buenas cualidades; es un hombre útil para todo, y tiene grandes habilidades. Es el encargado de la parte material del grupo apostólico, y todos están muy satisfechos de su conducta». Así me lo ha contado el bueno de Andrés Zebedeo.
–Sí –dije–, Andrés es demasiado bondadoso; pero Pedro, ¿qué piensa?
–Al principio no le cayó bien la elección de Judas; él hubiera preferido a Matías o a José Barsabás: pero Jesús escogió al Iscariote, y Pedro no tuvo nada que objetar, pues, en realidad, Judas, como dije, es sumamente útil, y poco a poco se ha ido ganando a todos. Es muy chistoso y les cuenta historias en los ratos de descanso del sábado, haciéndoles reír. Toca el salterio y canta pasablemente los salmos y otras canciones piadosas; pero, sobre todo, y esto es lo que le ha granjeado la amistad de los otros, tiene grandísimo cuidado de todo lo que se refiere al Maestro, al cual sirve al pensamiento.
–Así será –repuse–. ¿Y no hizo más que pedirte dinero?
–Tuve, además, con él una larga conversación sobre el futuro reino que trata Jesús de fundar.
–Y ¿cuáles son sus planes?
–Es muy inteligente, y se ha dado perfecta cuenta de la situación de Herodes, al cual piensan ellos derrocar.
–¿Cómo ellos? ¿Acaso Jesús les ha comunicado sus planes?
–De ningún modo. Todo lo hacen a espaldas del Maestro. Pero está, según Judas, muy entusiasmado con la idea. Juan y Santiago andan pensando qué lugar les tocará en el futuro reino, y los demás no dejan de tener

sus ambiciones. Judas, al hablar de esto, se sonríe y suena su bolsa como diciendo: mi puesto es el principal, pues tengo el dinero. Después que le di una buena limosna, llamándome aparte, me preguntó si yo estaría dispuesto a proclamar Rey a Jesús.

–Y tú, ¿qué le dijiste? Pues me temo que sean esas trapisondas del ambicioso.

–No lo creas; Judas ha tomado la cosa muy en serio, y está íntimamente persuadido del éxito; tiene sus cálculos muy bien echados.

–Pero ¿cuenta con la voluntad del Maestro?

–Esto fue lo que yo le dije; si el Maestro quiere mi ayuda, estoy dispuesto a todo; pero mientras Él no lo diga, no hay que adelantarse a sus deseos, pues pueden ser otros sus planes.

–Y ¿qué dijo?

–Se fue muy disgustado, pues, según él, hay que prepararlo todo sin que Jesús sepa nada. Hay que dar un golpe de mano para que cuando Jesús menos lo piense, ya las turbas le hayan proclamado Rey. Pero para esto hay que contar con otros factores, sobre todo con la voluntad de Roma.

–Me asegura que Pilato vería con muy buenos ojos la caída de Herodes.

–De eso no hay duda –dije–; pero una cosa es que Pilato no quiera a Herodes, y otra que quiera a Jesús. Yo creo que todo eso son ambiciones de Judas.

–De Judas y de los otros, si bien el Iscariote es el más atrevido y ambicioso.

–Y tú, ¿qué piensas? –pregunté.

–Mira, rabí, yo creo que ninguno de los apóstoles, si se exceptúa Juan, son hombres de valor. Pedro es un gran hablador; pero llegado el momento de peligro, correrá, y lo mismo harán los demás. Ninguno de ellos sirven para sostenedor de un reino temporal.

–¿Crees entonces que Jesús no trata de establecer un reino temporal?

–Estoy de ello persuadido. Su reino debe ser de otra naturaleza, ya que a los que coloca en primer lugar son los pobres...

–Lo escuché, y he pensado mucho en su modo de proceder y en sus palabras que sus mismos discípulos no entienden. Él tiene otros planes.

Y entonces, ¿para qué le puede servir un hombre como Judas?

–No lo sé; pero ya que Él le eligió, como a los otros, sin duda ha querido atraerle, transformarle, hasta que sus ambiciones cambien de rumbo.

–Y ¿crees tú que Judas, dada su condición, cambiaría?

El noble centurión me miró con una mirada tan sublime, que me hizo recordar las palabras del Maestro: «Nunca he encontrado tanta fe en Israel». Y tomándome de la mano, dijo: me miras a mí, pagano, pues he cambiado sólo con ver de lejos a Jesús, ¿crees que Judas, o el que fuere, no cambiará estando a su lado? Él ha venido a cambiar al mundo.

39
LA MUJER

Grande fue mi sorpresa al ver entrar a Quarto sangrando, con una herida en la cabeza.

—¿Qué te ha sucedido? —le pregunté, mientras trataba de restañar la sangre.

—Son unos infames cobardes esos fariseos —respondió Quarto con voz aún vibrante por la indignación—. Trataban de matar a una mujer, excitando al populacho a que la apedreara.

—Pues ¿qué crimen había cometido?

—Yo los conozco, y sé lo disolutos que son, a pesar de ser casados y con familia —dijo Quarto—, y los muy tales acusaban de adúltera a la infeliz.

—Es que la ley —dije— los autoriza.

—La ley —me respondió con energía— condena a los dos, y no sólo a la mujer; ya me lo había dicho Gamaliel. El *Deuteronomio* lo dice claro (en el capítulo 22, 2): «*Si un hombre pecare con la mujer de otro, ambos dos morirán, el adúltero y la adúltera, para quitar el escándalo de Israel*». Y qué más escándalo que el de Herodes, casado, viviendo con la mujer de su hermano Filipo? Y los dejan en paz esos fariseos.

—Y tú, ¿qué hiciste?

—Cuando yo vi a dos de esos fariseos, a quienes conozco, excitando al pueblo en contra de la indefensa, aunque culpable mujer, corrí a cubrirla con mi cuerpo; por eso me descalabraron. Pero no bien la puse a salvo, me fui encima de ellos: a garrotazos los hice correr, y tuve el gusto de propinar tremendos palos a los fariseos.

—Y ¿adónde ocultaste a la mujer? ¿Quién se atrevió a ampararla?

—María la Magdalena le abrió las puertas de su casa, mientras, señalando a los dos fariseos, gritaba: «Apedread a ésos, que son adúlteros ambos, y yo los acuso; apedreadlos, que son unos infames».

—¡Qué mujer tan admirable! —exclamé.

Estaba yo terminando de vendar la cabeza de Quarto, cuando se abrió la puerta, y se presentó María Magdalena, seguida de su tío Samuel.

—Espero que no sea nada de cuidado —dijo María, dirigiéndose a mí.

—Es una herida que pronto cicatrizará —le respondí.

Entonces, aquella extraordinaria mujer, acercándose a Quarto, y tocando con suma delicadeza el vendaje del herido, dijo:

—Quarto, eres todo un caballero. ¿Te duele mucho?

—No, dómina, es un pequeño rasguño, y nada más. ¿Y ella?

—Pobrecilla, la dejé al cuidado de mis esclavas; no tiene más que unas contusiones sin importancia. Si no hubiera sido por ti, la hubieran acabado guiados por Isacar y Simón, Conozco a esos hipócritas.

—¿Es Isacar el fariseo de Nazaret? —le pregunté.

–Sí, el enemigo jurado del Maestro, y Simón es otro fariseo de los más hipócritas. Mañana ha invitado al Maestro a comer en su casa –me respondió–. Como ve lo popular que es Jesús, quiere estar bien con Él, por lo que pudiera suceder –y con la autoridad de una reina, añadió, dirigiéndose a mí–: Sígueme.

La seguí hasta la terraza que mira al lago. Se sentó en un banco, mientras, mostrándome otro, me decía:

–Siéntate.

Me senté. Permanecimos en silencio algunos segundos.

–Te debo una satisfacción –me dijo al fin, suavizando su voz.

–¿A mí? No sé por qué.

–¿Recuerdas que en Betania te llamé *híbrido;* recuerdas nuestra conversación?

–Nunca me he olvidado de tu justísimo reproche; en verdad, era yo un híbrido.

–Ya no lo eres, lo sé; ya no lo eres desde que Él te miró en la montaña. Yo también era una *magdalena,* pero desde que Él se dignó mirarme, he cambiado también. ¡Al fin mi alma encontró al que buscaba!

–Recuerdo también –añadí– lo que en Betania dijiste...

–Sí –repuso–, a pesar de mi vida pecadora, yo siempre he esperado la salvación de Israel, aunque no veía por dónde podía venir. Pero cuando, a ruegos de mi tío, le fui a escuchar en la montaña, cuando oí que, dirigiéndose al grupo de doncellitas y de niños que estaban a sus pies, decía: *«Bienaventurados los que tienen un corazón puro, porque ellos verán a Dios»,* me sentía tan infortunada, acordándome de cuando yo era también pura; pareciéndome que yo, pecadora, no podría verle, no pude más, y me solté llorando. Entonces Él, mirándome y penetrando hasta el fondo de mi alma, dijo: *«Bienaventurados los que lloran, porque serán consolados».* Aquellas palabras eran, sin duda, también para mí.

–Lo recuerdo –dije–, y yo te vi llorar, y, por lo que en mí pasó, pude conjeturar lo que estaba pasando en tu alma.

–Le seguí de lejos –continuó ella– hasta que subió a la barca. Entonces no pude más. Al volver en mí, encontré a mi lado una mujer desconocida: era Dina.

–¿La vendedora de higos? ¿La samaritana?

–La misma. Con la intuición propia de la mujer, ella había comprendido mi situación, y no quiso abandonarme. Entonces me contó su historia.

–También a mí me contó la conversación que tuvo con Él junto al pozo.

–¡Qué admirable y delicada manera de proceder! –dijo María–. *«Ve, le dijo, y llama a tu marido».* Había leído hasta el fondo de su corazón, y cuando Dina con toda verdad le confesó su estado, Él no insistió más, sino que le habló del Mesías. Y desde entonces ella le buscaba.

—Y al fin le encontró.
—Y le ha seguido, reuniéndose a las otras mujeres que, mejor que sus mismos discípulos, le entienden, le acompañan y le sirven.
—¿Y tú?
—Yo no soy digna de andar en su compañía; he pecado mucho. Sin embargo, desde lejos le he seguido con frecuencia. He visto muchas cosas y oído sus palabras. Voy a contarte algo que llenó de consuelo mi corazón. ¿Te has fijado en esa multitud de chiquillos desharrapados y sucios que pululan en nuestros pueblos? ¿Has visto cómo, excepto sus pobres madres, nadie hace caso de ellos?
—Me he fijado en esto, y me han dado muchísima lástima.
—Un día en que Jesús, cansado, después de curar enfermos y derramar beneficios, se había sentado bajo un árbol, gran número de mujeres cargando a sus hijitos y seguidas de los mayorcitos, se acercaron a Él. No pretendían que les curara, pues, aunque sucios y desharrapados, estaban sanos; sólo deseaban que les bendijera. Los discípulos del Maestro, unos con el deseo de que le dejaran descansar, y otro, un tal Judas, llevado de sus malas entrañas, amenazaban a las que le ofrecían sus niños y las reñían. *«Mas como viese Jesús esto, lo llevó a mal, y, llamando a los niños, les dijo: Dejad a los niños venir a Mí, y no se lo impidáis; porque de tales es el reino de los cielos. En verdad os digo que cualquiera que no recibiera el reino de Dios como un niño, no entrará en él. Y abrazándolos y poniendo las manos sobre ellos, los bendecía».* ¡Qué corazón tan grande el de Jesús! —exclamó María.

Yo, conmovido al escuchar aquella narración de los labios de la pecadora, dije:
—¡Qué escena más sublime!
—Pues oye algo más —continuó Magdalena—, y comprenderás mejor el corazón del Maestro. Estaba yo en Jerusalén, cuando un día me vinieron a decir que Abigaíl, amiga mía y más loca que yo, había sido encontrada en adulterio. La llevaban delante de Jesús, al templo, para que Él dijera si había que apedrearla o dejarla libre, tratando de hacer caer al Maestro en un lazo. Corrí al templo. Allí estaba el infame Isacar con el viejo Abiezer y otros tan perversos como ellos, acusando a mi amiga.
—Y ¿qué pasó?
—Uno de los escribas más corrompidos, acompañado de Isacar, colocaron en medio de la multitud a la infeliz, y dijeron: *«Maestro, esta mujer ha sido sorprendida en adulterio ahora mismo, y Moisés en la ley manda que sea apedreada: Tú, pues, ¿qué dices?»*
—Falso, falsísimo —interrumpió Quarto, que con un pergamino en la mano acababa de llegar a la terraza—. No es eso lo que dice Moisés: aquí está el *Levítico* (20, 10): *«Si alguno cometiere adulterio o pecare con la mujer de otro, mueran sin remisión así la adúltera como el adúltero».*
María volvió la cara, y mirando asombrada a Quarto, dijo:

—Yo pensaba que eras pagano; pero veo que conoces la ley.
—Gamaliel y Mateo me la están enseñando —replicó Quarto.
—Jesús —continuó María— conoce perfectamente tanto este lugar del *Levítico* como el del *Deuteronomio*, y se los habría podido echar en cara. Conoció, sin embargo, la perversa intención de aquellos malvados, que decían aquello *«tentándole para poderle acusar»* y no les contestó.
—Pues ¿qué hizo?
—Quería aquel nobilísimo corazón librar a la infeliz, y si hubiera citado la ley, lo más que habría conseguido era que adúltera y adúltero fueran apedreados.
—Entonces, ¿qué respuesta dio? —insistí, intrigado.
—Se condujo de una manera admirable —repuso la Magdalena, entusiasmada—. *«Jesús inclinado profundamente, escribió en la tierra con el dedo».*
—Y ¿qué escribió?
—Eso mismo me pregunté; y, acercándome, pude ver escrito en la tierra este nombre: Aser.
—¿Aser? ¿Qué es eso?
—Es el nombre del cómplice adúltero de Abigaíl.
—O los dos o ninguno —exclamó Quarto—. ¡Bravo por el Maestro!
—Y ¿quién es Aser? —pregunté.
—El fariseo más rico, más corrompido y más hipócrita de Jerusalén; le conozco yo demasiado —dijo María, ruborizándose.
—Y esos arrastrados —gritó Quarto— jamás se hubieran atrevido a ponerse a mal con un rico. Por eso también, a pesar de su ley, dejan que Herodes y Herodías vayan paseando su doble adulterio por todo Israel.
—Se necesita que fueran del temple del Bautista —exclamó— para que la hubieran emprendido contra Aser.
—Así fue, en efecto —repuso María—. Y cuando volvieron aquellos infames a interrogar a Jesús, Éste, levantándose, lleno de indignación, les dijo: *«El que de vosotros esté sin pecado, que arroje contra ella la primera piedra».*
—¡Qué admirable respuesta! —exclamé.
—Jesús quería salvar a la pecadora, no quería su muerte, sino que se convirtiera —dijo María con los ojos arrasados en lágrimas.
—Y ¿qué hicieron los acusadores? —interrogué.
—Ya para entonces muchos, como yo, se habían enterado de lo que Jesús había escrito en el polvo, y el nombre de Aser corría de boca en boca, quedando los infames sin saber qué hacer. El cómplice estaba descubierto. *«Entonces Jesús, inclinándose de nuevo, escribía en el suelo»*
—¿Y qué escribió?
—Friolera —respondió María—: Abiezer-Sara...
—¿Qué significan esos nombres?
—Eran los del fariseo más viejo, acusador de Abigaíl, y de su amante.

—Y ¿siguió escribiendo? —preguntó Quarto?
—La lista fue larga, y en ella estaban mencionados honoríficamente Isacar y sus compañeros con los nombres de sus cómplices adúlteros —dijo María con sonrisa irónica.
—Y ¿qué pasó entonces? —inquirí.
—Lo que Jesús había previsto. Todos se amontonaban para ver lo que Él había escrito, y al enterarse, aterrados, *«se marcharon uno tras otro, comenzando por los más viejos».*
—¡Qué magnífico triunfo! —exclamé.
—¡Qué corazón tan grande el de Jesús! —dijo Magdalena—. El triunfo sobre sus enemigos no le importaba; pero había ganado a la pecadora, había encontrado la oveja perdida.
—¿Qué hizo entonces Jesús?
—*«Se Levantó, y, dirigiéndose a la adúltera, le dijo: Mujer, ¿dónde están los que te acusaban? ¿Ninguno te ha condenado? Y ella respondió: Ninguno, Señor. Y Jesús le dijo: Ni Yo te condeno, vete, y en adelante no quieras pecar más».* Entonces yo —concluyó la Magdalena— me acerqué a Abigaíl, y echándole un manto sobre sus desnudos hombros, la llevé a mi casa.

40
EFERVESCENCIA POLÍTICA

Hoy me vino a ver Judas Kariot para pedirme dinero, hablarme de política y sondear mi actitud respecto al Maestro. Como esta entrevista es muy interesante, voy a transcribirla íntegra. Andrés, el buen Andrés, fue quien me lo trajo, recomendándome que le oyera.
—He venido a verte —dijo Judas, sin mirarme directamente— porque he sabido que eres muy generoso y caritativo con los pobres. El Maestro es tan pobre, que, como Él mismo ha dicho: *«Las raposas tienen madrigueras, las aves del cielo nidos; mas el Hijo del hombre no tiene sobre qué reclinar su cabeza».* Estamos pobrísimos, pues los doce que con Él vivimos continuamente todo lo hemos dejado por seguirle. Andrés y su hermano Pedro, así como Juan y Santiago, dejaron sus barcas y sus redes; Bartolomé, sus viñedos; Mateo, su telonio, y yo, la herencia de mi padre...
Y, al decir esto último, pude notar en su cara que mentía.
—¿Y bien? —le dije.
—Tú, rabí, eres sumamente rico y generoso, así me lo dijo José de Arimatea; pero aún hay más: tú eres inmensamente inteligente, tu fama ha corrido por toda Palestina. No sabes cuántos elogios he oído de tu vastísima erudición profana y sagrada; los doctores de la ley respetan tu opinión, y esto lo ha dicho el mismo Gamaliel.

Lo que puede la adulación; aquel hombre a quien pocos momentos antes le había conceptuado mentiroso, me pareció inteligente, simpático y, sobre todo, verídico. Ya he dicho en otro lugar que yo tenía un concepto muy elevado de mi talento y cualidades, y todo lo que aquel hombre decía me parecía cierto. Me ablandó, y le dije:
–¿En qué puedo servirte?
–A mí no, yo no soy nadie; pero al Maestro sí, y sé que tú tienes una gran opinión de Él. Está pobre, pobrísimo.
Me levanté y, tomando una bolsa de monedas de plata, dije:
–Toma esa friolera, y siempre que el Maestro necesite algo no dejes de venir a decírmelo.
–Voy a hablarte con franqueza –prosiguió Judas, sopesando la bolsa–. Esta talega, aunque contenga unos doscientos siclos de plata, son nada para el Maestro.
Yo, que esperaba alguna muestra de agradecimiento, quedé sorprendido de aquella salida; pero Judas tenía bien pensado lo que decía.
–No te extrañe, rabí, lo que te he dicho, pues no conoces lo manirroto que es el Maestro: todo lo da a los pobres. El otro día, sin ir muy lejos, el centurión Cayo Oppio me dio quinientos siclos de limosna, y a los dos días no quedaban veinte dracmas.
–Sí –dijo Andrés–, el Señor es sumamente generoso con los pobres.
Aunque no dudaba yo que Jesús fuera tan dadivoso, no sé por qué me pareció que de los quinientos siclos del centurión, una buena parte debió tomar la dirección de la bolsa privada de Judas, en lugar de ir a los pobres, y pensé que a mis doscientos siclos les pasaría otro tanto; pero ¿qué importaba? Era una pequeñez.
–Ahora –prosiguió Judas– voy a hablarte de otro asunto interesantísimo. El Maestro trata de fundar un reino; esto no es un secreto, Él lo repite constantemente.
–Eso he oído –dije–; pero la cuestión está en saber qué clase de reino trata de fundar.
–Siendo Él, como todos creen, el Mesías, el Ungido, el Cristo, su reino tiene necesariamente que ser como el del rey de paz, Salomón; así lo han anunciado los profetas. Ésta es la opinión no sólo del pueblo, que le sigue y le admira, sino de sus mismos enemigos, los escribas y fariseos, que le temen.
–Y ¿cómo sabes eso? –le pregunté.
–Hay un elemento preciosísimo con nosotros: las mujeres, y entre éstas tengo yo mis espías.
–Me interesa lo que dices: prosigue.
–Entre las mujeres que sirven y siguen al Maestro he descubierto una sumamente activa y ambiciosa: Salomé, la madre de Juan y Santiago. Ocupa en Cafarnaún una posición desahogada, pues su marido es uno de los pescadores más ricos, ¿no es verdad, Andrés?

—Así es —respondió el viejo, sonriendo—, y está emparentado con varias familias de Jerusalén.

—Ahora bien —prosiguió el Iscariote—: por medio de estas familias, ella está informada de lo que hablan y piensan los principales saduceos y fariseos de la ciudad. Tiene su red muy bien extendida, pues muchas de las criadas de las grandes casas le cuentan todo lo que oyen, ya que sus amos no se recatan de hablar delante de ellas lo que piensan, teniéndolas por inofensivas.

—Eres muy astuto, Judas —le dije, sonriendo.

—Una de ellas, que está al servicio del sumo sacerdote, Caifás, le contó a Salomé que el otro día decía el viejo saduceo a sus amigos: «*¿Qué haremos? Este hombre hace muchos milagros. Si le dejamos andar así, todos creerán en Él, y vendrán los romanos y destruirán nuestra ciudad y nuestra nación*».

—¿De modo —pregunté— que los saduceos creen en los milagros de Jesús?

—¡Ya lo creo que creen, pero en modo alguno lo confiesan! —respondió Judas—. Convéncete, rabí, no hay la menor duda; todos creen que Jesús es el Mesías, el Ungido, el Cristo. Las turbas lo confiesan paladinamente, los doctores de la ley lo confirman y los saduceos y fariseos también le conocen, y por eso le temen. Algunos, como Simón, el fariseo, estando de ello persuadidos, le quieren tener de su parte, por lo que pudiera suceder, y por eso, hoy le ha convidado a su casa, dándole un gran banquete. Por las criadas de este hombre hemos sabido lo que piensan él y los suyos.

—¿Y Herodes? —inquirí.

—«*El tetrarca ha oído la fama de Jesús, pues su nombre se ha hecho notorio, y dijo a sus criados: Éste es Juan Bautista, resucitado de entre los muertos, y por esto obra en Él el poder de hacer milagros.* Está perplejo, porque mientras unos le decían: *Juan ha resucitado de entre los muertos, algunos decían que es Elías y otros: es uno de los antiguos profetas resucitados. Por lo cual, Herodes les decía: Yo degollé a Juan, ¿quién será Éste de quien tales cosas oigo?, y anda buscando la manera de verle*». Esto lo supe por los criados de Antipas.

—Tu policía —repuse— no puede ser mejor.

—Todos los enemigos de Jesús le temen —continuó Judas, entusiasmado—, de esto no hay duda.

—Y los ricos, ¿qué dicen de Él?

Al oír mi pregunta, Judas, con toda naturalidad, se volvió a su compañero Andrés, y dijo:

—Andrés, vete luego, y dile a Pedro que los vestidos para el banquete de Simón los encontrarán en casa de Chuza, tal vez los anden buscando, yo no tardo.

Con toda sencillez, y sin sospechar nada, el buenísimo de Andrés se levantó al momento a cumplir el encargo de su compañero. Una vez que estuvimos solos, Judas, mirando a todos lados, continuó:

–El Maestro tiene el prurito de atacar a los ricos, pero todo es política, pues sabe muy bien que sin ellos no puede triunfar su reino. Delante de las turbas a quienes quiere halagar, dice: *«En verdad os digo cuán dificultosamente entrarán en el reino de Dios los que tienen riquezas. Por lo cual sus mismos discípulos, oyendo estas cosas, nos espantábamos; mas Él decía: Hijitos, ¡cuán difícil es que entren en el reino de Dios los que confían en sus riquezas! Vuelvo a repetíroslo: es cosa más fácil que entre un camello por el ojo de la aguja que no un rico en el reino de los cielos».* Después de lo cual añadió: *«Para los hombres esto es imposible, mas para Dios no, porque para Dios todas las cosas son posibles».*

–Pero estas palabras tienden a enemistarse con los ricos –repuse.

–Así parece –dijo el Iscariote, guiñándome un ojo–. Todo es política; así son siempre los que quieren congraciarse con el pueblo: palo contra los ricos mientras suben; pero cuando han escalado el poder abrazan a los ricos, y a los pobres les dan un puntapié y con razón. Los pobres no sirven sino de escalón; yo los odio, y no sabes lo que me cuesta estar dándoles limosnas todos los días, pudiendo guardarlas para mejores tiempos.

El cinismo de aquel hombre me revolvió la bilis, y de buen grado le hubiera dado un puntapié; pero deseando penetrar sus planes, me hice el desentendido, y le pregunté:

–Y tus compañeros, los otros apóstoles, ¿qué dicen?

–Son una recua de ambiciosos. Pedro no puede oír que el Maestro, en sus misticismos, diga que tiene que ir a Jerusalén a padecer, y ha tratado de disuadirle; él quiere un rey con su gran ejército, y anda juntando espadas. Se le figura que, llegado el tiempo, él será su ministro de Guerra. De Juan y Santiago, nada digo, pues abiertamente hablan de ocupar los primeros lugares en el futuro reino, como lo aconseja su madre, Salomé.

–¿Y Tomás? –pregunté.

–Ése duda de todo; pero llegado el día no dejará de buscarse un lugarcito.

–¿Y los demás?

–Son unos infelices; pero, según la condición de cada uno, no dejan de tener sus ambiciones, que ya iremos aprovechando al tiempo. Yo soy el único práctico –dijo Iscariote, sonando la bolsa.

–¿Y Pilato?

–Tengo varios amigos entre sus criados, y me han dicho que su esposa, Claudia, está al lado del Nazareno, a quien admira. Por otra parte, el procurador odia a Herodes, y no sólo desea su ruina, sino que ya ha mandado a Roma informes en contra de él. La candidatura de Jesús, el Cristo, es ya un hecho, y las mujeres nos ayudan activamente en la propaganda. Jesús, el Cristo, será Rey de los judíos, y dominará en Galilea y Perea en lugar de Herodes, a pesar de los escribas y fariseos, con el favor de Roma.

–¿Lo crees así?

—Estoy seguro del éxito, si hombres como tú, que tanto estiman al Maestro, se proponen ayudarnos. Ya el centurión Cayo Oppio me ha prometido su apoyo y el de su padre, Cayo Cornelio. Claudia nos ayudará con Pilato, y con la cooperación de vosotros los ricos y de Roma, con la adhesión incondicional de las turbas, Jesús, el Mesías, el Cristo, será Rey. ¿Qué dices a esto?

—Vete, Judas —dije—, y ten la seguridad de que a una sola palabra del Maestro, tendrás a tu disposición diez mil talentos de plata, por lo menos.

No bien se había marchado Judas, cuando Quarto entró con el rostro encendido, diciendo:

—Ese hombre es un infame, dómine; todo lo he oído y observado. No sabes la cara que puso al sentir el contacto de la bolsa con los doscientos siclos; bajo sus párpados puede ver cómo brillaban los ojos por la avaricia.

—Es sumamente astuto y ambicioso; no creo que tenga el menor amor por el Maestro; ¿oíste cómo le comparó con los políticos agitadores del pueblo?

—No sé, dómine, cómo tuviste paciencia para aguantarle; yo estaba dispuesto a salir y estrangularle.

—Le dejé que continuara —repuse— para medir la profundidad de su malicia y conocer sus planes para ayudar al Maestro; no me extrañaría que, si éstos fracasan, sea Judas quien entregue a Jesús en manos de sus enemigos. Es capaz de todo.

Nuestra conversación fue interrumpida por la entrada de María Magdalena.

—Vengo —dijo la joven— a pedirte un favor.

—Dispuesto estoy a complacerte en lo que pueda —respondí.

—¿Te acuerdas de aquel vaso de alabastro lleno de ungüento de espiga de nardo que me diste en Betania?

—¿Quieres más? Aquí tengo a la mano otro frasco, también de alabastro, sólo que tiene bálsamo.

—¿Me lo podrías vender? El otro lo dejé en Betania.

Me dirigí a un armario, y, sacando el frasco, se lo entregué, diciendo:

—Aquí lo tienes, y te ruego lo aceptes como un regalo.

Sus grandes ojos brillaron, y, llena de agradecimiento, dijo:

—No sabes cuánto estimo tu regalo —y, cambiando súbitamente de conversación, añadió—: ¿Irás al convite de Simón?

—He sido invitado —respondí—, y por ver a Jesús, estoy dispuesto a asistir.

—Me alegro que vayas —dijo—; pero, ¿sabes quién es Simón?

—Un gran hipócrita, según informes —respondí.

—Sí —dijo ella, bajando los ojos—, es un fariseo, y de los más peligrosos; le conozco demasiado, desgraciadamente.

Y sin decir más, salió, llevándose el frasco.

Poco rato después entraba Samuel trayéndome el vestido de gala para el banquete.

41
UN BANQUETE

El sol estaba cerca del ocaso, y el sábado iba a comenzar, cuando Samuel y yo, con nuestras elegantes túnicas, salimos rumbo a la casa de Simón, el fariseo.

–¡Que se diviertan mucho! –dijo una voz argentina que salía de la terraza.

Volvimos los ojos, y vimos a María Magdalena.

–Por Dios, hija, ¿qué has hecho? –dijo Samuel en tono afligido.

–No se apure mi viejito –repuso María, sonriendo–, me he puesto este vestido para acordarme de mis buenos tiempos. Vete sin cuidado, tío. No tuve que discurrir mucho para entender la causa de la aflicción de Samuel. María estaba vestida, no como la vi por vez primera en Betania ni con la sencillez de ordinario, sino con un traje de *magdalena* muy llamativo. Iba vestida con una túnica de seda de franjas rojas y amarillas. Ceñía su delicado talle una banda roja con flecos multicolores; una faja de filigrana de oro cuajada de esmeraldas y rubíes, con grandes rosetones, circundaba su pecho. De su cuello colgaba una triple sarta de perlas finísimas de Oriente, y de sus orejas, zarcillos tan grandes como ligeros. Sus rosados brazos estaban ataviados con numerosos y riquísimos brazaletes, sin que sus delgados dedos lucieran anillo alguno, cosa que me extrañó. Llevaba suelto su larguísimo cabello, recogido en las sienes por una franja roja, recamada de brillantes. Calzaban sus delicados pies sandalias atadas con cordones de seda roja. En fin, al brazo llevaba un velo ligero de seda también roja con que debía cubrirse.

Al ver mi sorpresa, soltó una armoniosísima carcajada llena de inocente malicia, pues a pesar de estar María radiante de hermosura, no parecía en nada provocativa. Sus grandes y negras pupilas brillaban con luz especial, y por mi mente pasó la idea de que de aquel modo debieron lucir cuando María tenía dieciocho años en la plenitud de su inocente belleza. Por otra parte, grandes ojeras naturales daban a su rostro un tinte de tristeza interesantísimo en contraposición con el color de sus vestiduras.

–Vete tranquilo, viejito mío –repitió María–, que no haré nada que pueda entristecerte. ¡Que se diviertan mucho! –y, diciendo esto, con paso de reina, se dirigió a sus habitaciones.

–Voy tranquilo –me dijo Samuel–, pues aunque algo trama este diablillo, estoy seguro que cumplirá su palabra, y no hará nada que me pueda entristecer. Entre sus defectos, nunca he notado la falsedad ni la mentira.

* * *

I. EL QUE HA DE VENIR-41. UN BANQUETE

Llegamos a casa de Simón los primeros, y como Samuel era de confianza, nos dejó solos en el gran pórtico, rodeado de jardines, donde debía verificarse el banquete. Eso era lo que yo deseaba para poder observarlo todo a mis anchas.

Aunque la casa de Simón es una de las más grandes y hermosas de Cafarnaún, aquella tarde estaba adornada como nunca. Parecía un espacioso y bellísimo escenario engalanado para la representación de algún drama extraordinario. Los divanes donde debían recostarse los invitados para comer estaban arreglados en grupos de seis en seis bajo los corredores del peristilo, colgados éstos con guirnaldas de rosas, mientras del techo pendían infinidad de lámparas que en aquellos momentos empezaban a encender numerosos criados. Siguiendo el peristilo, los divanes estaban arreglados en forma de dos semicírculos abiertos por ambos extremos. En el centro, y bajo una vela color violeta, estaba la mesa de honor, formada por seis divanes. Esta disposición, a más de ser artística, daba grandes facilidades para la circulación de los sirvientes. Al fondo, y fuera del peristilo, se veía el jardín y una bellísima fuente convenientemente iluminada, a cuyos lados se colocaron los músicos que debían amenizar la fiesta.

—Y estos rigoristas fariseos —dije por lo bajo a Samuel—, ¿no tienen escrúpulos en dar suntuosos banquetes en sábado?

—Tienen escrúpulos para lo que les conviene —respondió mi amigo, sonriendo tristemente—. Dicen que siguen las tradiciones de los mayores y la hermosísima tradición de los ágapes sabatinos hebreos, que viene desde los tiempos de Tobías, la han olvidado; pero, eso sí, los manjares están preparados antes que comience el sábado; fíjate en las mesas.

Como aún estábamos solos, me puse a recorrer las mesas, en las que ya estaban colocadas las viandas. Había, en efecto, infinidad de platos y fuentes llenos de frutas secas, como higos, dátiles, almendras, nueces y aceitunas. Otros contenían granadas, manzanas, higos chumbos, uvas, melones y sandías, cortados en gajos. En grandes fuentes estaba la imprescindible ensalada de pepinos, la no menos popular de cebolla y la de lechuga. La carne de cabrito asado estaba ya rebanada, y junto se veían tazas con una salsa roja, donde sopeaban dos a dos los invitados. Cada uno de éstos tenía en su lugar un plato conteniendo queso, maíz tostado y sal, y otro con un pedazo de panel de abejas.

—Como ves —dijo Samuel—, lo único que hay que servir es el vino.

—¿Y el pan? —pregunté.

—Eso es lo más principal, lo indispensable, que nunca debe faltar, pues lo que nosotros comemos es *pan;* todos los otros manjares son accesorios. Allí tienes el pan en la cabecera de cada mesa. Esas grandes hogazas están ya marcadas, desde antes de entrar al horno, con líneas que las dividen en determinado número de partes; éstas tienen seis, que es el número de comensales en cada mesa. El que preside, como lo verás, parte de por sí mismo el pan y lo da a los asistentes.

—Ya entiendo –dije–; por eso me invitaron «a partir el pan con Simón».

—Esa es la frase consagrada cuando invitamos a alguno a comer en nuestra compañía –repuso Samuel–, y cada uno tiene su modo peculiar de partirlo.

—¿Y qué costumbre es esa que dijiste viene desde los tiempos de Tobías?

—Una muy hermosa y que los verdaderos israelitas aún practicamos, como tal vez recordarás lo hago yo en mi casa patriarcal de Hebrón.

—Recuerdo que un sábado invitaste a comer a muchos pobres.

—El sábado es no sólo un día de descanso, sino que está consagrado al Señor y a la práctica de las buenas obras, tanto como a la oración. ¿Y qué mejor obra de caridad que dar de comer al hambriento? En el capítulo segundo del libro de Tobías se leen estas palabras: *«Un día festivo del Señor* (es decir, un sábado), *en que estaba dispuesta una buena comida en casa de Tobías, dijo éste a su hijo: Anda y trae acá algunos pobres temerosos de Dios, de nuestra tribu, para que coman, con nosotros».*

—Recuerdo –dije– que mi padre tenía esa costumbre los sábados más principales del año, y me mandaba (sin duda pensando en Tobías) que trajera a nuestra casa a comer a los más pobres de la vecindad, sobre todo a los lisiados, cojos y ciegos.

—Tu padre era un verdadero israelita, bien lo recuerdo. Pues bien: estos fariseos, en lugar de llamar a los pobres a su mesa en el día del sábado, hacen grandes banquetes, a los que convidan a sus amigos y parientes ricos, con la esperanza de que los honren correspondiéndoles de la misma manera –dijo Samuel.

En aquellos momentos se oyeron las trompetas de la sinagoga anunciando el principio del sábado, pues aquí los días se computan desde la puesta del sol de la víspera, terminando el día a la puesta del sol del siguiente. Nos pusimos en oración, y al poco rato empezaron a llegar los invitados. Eran éstos, como Samuel lo había dicho, saduceos ricos, fariseos influyentes, herodianos destacados, doctores y escribas ilustres y, finalmente, Jesús, el invitado de honor, y sus doce discípulos.

Simón, de costumbres bastante libres ocultamente, es un gran político –musitó Samuel–, y quiere dar a entender, sin duda, a sus amigos y rivales, que goza de gran influencia con Jesús, cuya fama ha corrido por todo Israel. Por eso le ha convidado, y le honra con un banquete tan suntuoso.

—Ya me lo había dicho Judas –repuse–. Ésa es la intención de Simón, y no le mueve a hacer todo esto su amor a Jesús, a quien debe amar muy poco, si es que le ama.

Simón recibió al Maestro, y noté que, por no verse obligado a hacer otro tanto con los discípulos, ni le dio agua con que lavarse los pies, según costumbre, ni le ungió la cabeza, ni le dio el ósculo de paz, como había hecho ya con los convidados más principales que habían llegado anteriormente. Dando a entender que ya debía empezar el banquete, dejando a los apóstoles en los últimos lugares, llevó a Jesús con grandes señales de deferencia a ocupar el lugar de honor en la mesa central, y sentó al Nazareno a su derecha.

Las mesas, como he dicho, estaban dispuestas de seis en seis, de suerte que si uno de los comensales se reclinaba sobre el codo izquierdo y su compañero sobre el derecho, podían cómodamente conversar de dos en dos.

—¿Ves esos saduceos que ocupan la primera mesa de la derecha? Son los más ricos de Jerusalén; pertenecen a las grandes familias sacerdotales —me dijo Samuel.

—Reconozco a algunos. ¿No son esos dos gordinflones uno de la familia de los Boethos y otro de los Phabi?

—Precisamente —respondió Samuel—, y ese que está junto a Jesús en la mesa de honor es de la familia de Anás.

En aquellos momentos, todos nos pusimos en pie. Simón con voz clara empezó a recitar los salmos rituales, a los que respondió la concurrencia. Luego, tomando la hogaza de pan que tenía delante —y los que estaban en las cabeceras de las mesas hicieron otro tanto— lo bendijo, lo partió y entregó un pedazo a cada uno de los de su mesa, haciendo lo mismo los otros. En mi mesa tocó a Samuel partir el pan. Acto continuo comenzó el banquete, tomando cada uno de los platos que ante sí tenía, lo que mejor le pareció. Yo me dediqué al cabrito y a la salsa, mientras Judas y sus compañeros, que estaban en la mesa próxima, se hartaron con ensalada de cebollas y pepinos. En cambio, Jesús mojaba quietamente su pan en la salsa y tomaba unas uvas, mientras departía con Simón. Los músicos empezaron a tañer sus instrumentos, y los criados a escanciar el vino, lo que hizo que las conversaciones se fueran animando poco a poco.

De pronto, los músicos callaron, y todos dirigimos nuestras miradas hacia el jardín.

—¡Sea por amor de Dios! —dijo Samuel, apuradísimo—. ¿Qué viene a hacer esta niña aquí?

En efecto, en el lugar más conspicuo, bajo la claridad de la mayor de las lámparas, estaba María, ataviada con su inconfundible traje de *magdalena,* llevando el frasco de alabastro con bálsamo que yo le había regalado.

—Recuerdo —dije a mi afligido compañero— que te prometió no hacer nada que te disgustara; tranquilízate.

Un cuchicheo general siguió al primitivo silencio.

—La Magdalena, la cortesana, la famosa pecadora —decían por lo bajo los convidados.

—¡Qué guapa está! —añadían otros.

—¿Pues no decían que se había arrepentido? —dijo Judas en voz tan alta que lo pude oír claramente—. La muy sinvergüenza —continuó— tiene el

desplante de venir a meterse aquí ataviada con su traje característico.
—Y ahora ¿qué hace? —preguntó Pedro, levantándose de su asiento para ver mejor lo que pasaba.
—Se ha arrojado a los pies del Maestro —respondió Juan.
En efecto. *«Cuando supo la pecadora que Jesús estaba en la mesa en casa del fariseo, tomó un vaso de alabastro lleno de bálsamo y, acercándose por detrás a sus pies, comenzó a bañárselos con sus lágrimas, y los limpiaba con los cabellos de su cabeza y los besaba, y derramaba sobre ellos el perfume.*

Al ver esto el fariseo que le había convidado, decíase en su interior: Si este hombre fuese profeta, bien conocería quién y qué tal es la mujer que le está tocando, y que es una mujer de mala vida.

Entonces le dijo Jesús:
—Simón, una cosa tengo que decirte.
—Maestro, di —respondió el fariseo.
—Cierto acreedor —prosiguió el Maestro— tenía dos deudores, uno le debía quinientos denarios y el otro cincuenta. No teniendo ellos con qué pagar, les perdonó la deuda a ambos. A tu parecer, ¿cuál de ellos le amará más?
—Me parece que aquel a quien perdonó más —respondió Simón.
—Bien, has juzgado —repuso Jesús. Y volviéndose hacia la mujer, dijo a Simón—: ¿Ves esta mujer? Yo entré en tu casa y no me has dado agua con que lavar mis pies, y ésta ha bañado mis pies con sus lágrimas y los ha enjugado con sus cabellos. No me has dado el ósculo de paz, y ésta desde que entró no ha cesado de besar mis pies. Tú no has ungido mi cabeza, y ésta ha derramado sus perfumes sobre mis pies. Por lo cual te digo que le son perdonados muchos pecados, porque ha amado mucho, pues menos ama aquel a quien se le perdona menos —y volviéndose a la mujer, le dijo—: Perdonados te son tus pecados.
«*¿Quién, es Éste, que hasta los pecados perdona?*» —empezaron a decir interiormente los convidados.
—«*Tu fe te ha salvado —dijo Jesús a la mujer—; vete en paz*».

* * *

A la mañana siguiente estaba yo pensando en lo ocurrido la noche anterior, cuando entró Quarto diciéndome que María quería hablarme.
—He venido a verte —dijo María, poniendo sobre la mesa un cofre— para pedirte un favor.
—Manda lo que quieras —respondí, admirando a María, que, con un vestido oscuro y sencillísimo, me parecía más hermosa que nunca.
—Aquí están mis joyas —prosiguió, abriendo el cofre y sacando las alhajas—, los trofeos de mis triunfos como mujer mundana. Y al decir esto, las lágrimas brotaban tranquilamente de sus hermosos ojos—. Quiero que las vendas.

—Pero ¿pretendes desprenderte de joyas tan valiosas? —repuse, por decir algo.

—Lo seguía yo un día, pero sin atreverme a acercarme a Él, cuando, mirándome, exclamó: *«Venid a Mí todos los que andáis agobiados con trabajos y cargas, que Yo os aliviaré».* Yo tenía sobre mí la carga inmensa de mis pecados, y Él prometía aliviarme; entonces me decidí a buscarlo. Sabiendo que iba a cenar en casa de Simón, mi antiguo cómplice, escogí esta oportunidad para pedir a Jesús me ayudara. Quise que mi confesión fuera pública y notoria, ya que mis culpas lo habían sido; por eso me puse expresamente ese vestido de *magdalena,* me adorné con mis mejores joyas, y llevando el vaso de ungüento que me diste, pensé en arrojarme a sus pies, delante de todos...

—Mucho valor se necesita para hacer lo que hiciste —dije, admirado.

—No sabes lo que tuve que luchar conmigo misma, temiendo la risa burlona de aquellos hombres que me conocían demasiado... Pero sus palabras seguían zumbando en mis oídos: *«Venid a Mí y Yo os aliviaré...»* Al fin me decidí, y, junto con mi soberbia y altivez, quise poner a sus pies lo que más he querido en mi vida: mis joyas. Ayer se las entregué en mi corazón, y hoy te las doy para que las vendas y des su precio a los pobres, a quienes Él ama tanto... Estas joyas, aunque riquísimas —y señalaba unas que había puesto aparte—, las detesto ahora, pues son el precio del pecado; pero éstas —y oprimía contra su pecho el collar de perlas y otras alhajas— fueron de mi madre, y siento que se me arranca un pedazo del corazón al desprenderme de ellas...

Y de pronto, tomando una resolución, las besó con infinito cariño, bañándolas con sus lágrimas; cuando las colocó con gran cuidado en sus estuches una a una, y, como si temiera arrepentirse, echó a correr...

Mi corazón palpitaba queriendo saltar del pecho, y con los ojos arrasados en lágrimas dije al verla desaparecer:

Verdaderamente, esa mujer ha amado mucho.

42
ENTUSIASMO

—¿Quieres, dómine, ir a dar un paseo en barca por el lago? —dijo Quarto.

—La verdad, sí —respondí—, pues hace mucho calor; sólo que no quiero en modo alguno que nos internemos, pues este lago es muy traicionero y en un momento se nos viene encima una tempestad, como ya me pasó otra vez.

Bajamos a la ribera, donde nos esperaba una barca pequeña con cuatro fornidos remeros. Íbamos a zarpar, cuando se nos acercó un muchacho rogándonos lo admitiéramos en nuestra compañía.

—¿Adónde quieres ir? —le pregunté.
—A Betsaida Julia —respondió—. ¿No vas allí, rabí? —me dijo algo extrañado.
—No había pensado en eso —repuse—; sólo quería dar un paseo por el lago.

El rapaz, que llevaba una canastita y se llamaba José, me había caído en gracia, pues lo había visto varias veces siguiendo a Jesús.

—Sube y te llevaremos. ¿Vives en Betsaida? —le pregunté cuando estuvo con nosotros.
—No, rabí; vivo en Cafarnaún.
—Entonces, ¿qué vas a hacer en Betsaida?
—¿Cómo qué? —repuso más extrañado aún—. A seguir al Maestro.
—¿Pero va el Maestro a Betsaida? ¿Cómo lo has averiguado?
—Petronila se lo contó a mi madre. Pedro le dijo a su mujer que el Maestro estaba muy cansado, y que lo iba a llevar a un lugar desierto cerca de Betsaida, para que allí descansara; y que no lo esperara esta noche. ¿Ves esa barca grande? Pues es la de Pedro, y allí va el Maestro.
—¿Y tú quieres mucho al Maestro?
—¡Cómo no lo he de querer, si Él curó a mi madre! —respondió el chico.

Me conmovió la sinceridad de José, y le pregunté:
—¿Y tú para qué le sigues, si va a descansar?
—Mi madre me dijo: «Es fácil que Felipe, que es mi pariente, no haya llevado nada para que cene el Maestro, pues cuando no están las mujeres que se ocupan de esto, los discípulos se olvidan. Ve tú y llévale estos cinco panes de cebada y estos dos peces asados. ¡Ojalá tuviera más, pero soy muy pobre!

Quarto por poco le da un abrazo al chico, pero se contuvo.
—Yo hubiera podido ir por tierra —continuó—, pues ya había salido la barca de Pedro; pero cuando vi que tú ibas también, como sé lo mucho que quieres al Maestro, pensé pedirte que me llevaras.
—Con todo gusto —dije—. ¿Qué distancia hay hasta Betsaida?
—A lo sumo, dos horas de camino por tierra; pero yo lo hubiera hecho en una hora, pues soy buen andador —respondió el muchacho.
—¿Y por el lago?
—En esta barca tuya haremos hora y media, pues hay que ir río arriba y el Jordán es muy rápido; la barca de Pedro, que es mucho más pesada, no llegará en dos y media.

Era muy cierto lo que José decía, pues pronto dimos alcance a la barca de Pedro, y poco después la dejamos atrás. Cuando pasamos cerca de la barca, me dijo José:
—Allí va el Maestro. Sin duda se habrá reclinado sobre el cabezal y se habrá dormido. ¡Pobrecito, ha estado sanando enfermos y predicando todo el día!... Debe estar muy cansado.

Quarto estaba encantado con el chico, que no llegaba a quince años y era muy vivaracho.
Como íbamos muy cerca de la ribera, pude distinguir una gran multitud de gente que caminaba hacia el Noroeste.
—Y esa gente, ¿adónde va? —preguntó Quarto al niño.
—Indiscreciones de las mujeres —respondió José con toda seriedad—. A Petronila se le ocurrió decir que el Maestro iba a Betsaida, y esos peregrinos que van a Jerusalén por la Pascua, han pensado ir también a Betsaida, siguiéndole para verle y oírle.
—¡Ojalá que lleguen después, para que el Maestro se oculte y pueda descansar! —dije.
—Llegarán antes —repuso José—; son buenos andadores. Míralos qué deprisa van, a pesar de llevar muchos a sus enfermos. Yo los vi cuando empezaron a llegar a Cafarnaún en busca del Maestro.
—¿Y desde dónde vienen?
—De toda Galilea, y hasta de Tiro y Sidón. Los peregrinos escogen este camino cuando van a Jerusalén para la Pascua, por no pasar por Samaría, donde los samaritanos los asaltan con frecuencia —respondió el chico—. Ahora han venido más, atraídos por la fama del Maestro, pues todos dicen que «Él es el verdadero Profeta que ha de venir al mundo», y quieren conocerlo.
Habíamos llegado al lugar en que el Jordán desemboca en el lago, y los remeros empezaron a sudar para hacer subir nuestra barca río arriba, como lo había dicho José. Por otra parte, aunque la distancia de allí a Betsaida Julia no pasa, en línea recta, de cinco kilómetros, hace el río tantas curvas, que casi se duplica la distancia. No me maravillé, pues, de ver al llegar al lugar donde íbamos que muchísimos peregrinos se nos habían adelantado. Desembarcamos.
—¿Ves a ese gran sicomoro —dijo José— que está en la cima de estas colinas? Pues allí suele venir el Maestro a descansar. En esta época del año es un lugar tan desierto como primoroso. Está alejado de todo poblado, y desde allí se descubre una vista hermosísima.
Subimos por un camino sinuoso; varias terrazas escalonadas forman las gradas de aquel anfiteatro, hasta llegar a la cumbre. Desde allí dominamos un magnífico panorama. Al Norte, cubierto de nieve, se divisaba el Líbano, o monte Blanco; como nido de palomas, enclavado en las distantes montañas de Neftalí, se veía a Jafed. Muy lejos, al Oeste, detrás de las montañas de Zabulón, brillaba a los rayos del sol, como inmenso espejo, el Mediterráneo. En la misma dirección, en más cercano término, se veía Corozaín, rodeado de árboles, mientras al Sur se extendía tranquilo el lago de Genezaret, en cuya ribera occidental se distinguían Tiberíades, Magdala y Cafarnaún.
Yo, que había visto en otra época este desierto formado de colinas amarillo rojizas sedientas de agua, apenas podía creer que estuviera en el

mismo lugar, transformado por las recientes lluvias en un prado tapizado de verde musgo tachonado con flores silvestres, las más variadas y hermosas. El lirio del valle dominaba por su blancura, la que más resaltaba por las manchas rojas y amarillas era la amapola. Aquí y allí se veían camellones de anémonas, gladíolos y tulipanes silvestres, mientras a lo lejos revoloteaban en los aires bandadas de palomas blancas, tórtolas grises y negrísimos cuervos.

Venían a aumentar la riqueza policroma de esta inmensa paleta los vestidos multicolores de los innumerables peregrinos que constantemente desembocaban de Galilea por el estrecho puente que cruza el sinuoso Jordán, que corre a los pies de los contrafuertes.

–Allí está ya la barca de Pedro –me dijo José–, y el Maestro ha desembarcado.

En efecto, pude distinguir claramente la blanca figura de Jesús, a cuyo paso se amontonaban los peregrinos, muchos de los cuales le presentaban a sus enfermos que habían traído en diversas cabalgaduras.

–¡Bonito descanso para el Maestro! –exclamó Quarto, disgustado.

Jesús, seguido de sus apóstoles, iba subiendo lentamente por el sinuoso y florido camino que conduce a la cumbre, sin dejar de curar a los enfermos y bendecir a las turbas. Al fin llegó, cansado, a la, cima.

–Y ahora, ¿qué van a hacer todos esos millares de infelices? –me dijo Quarto –. Pues ya el sol declina.

–Una noche al raso –respondí–, estando la temperatura tan agradable, no creo que les sea molesta a esta gente, acostumbrada a acampar en el desierto.

–Si no lo digo por la cama –repuso Quarto–, sino por la cena, ¿qué van a comer?

–Y como lo había supuesto mi madre –añadió José–, se les olvidó traer algo de comer para el Maestro. Ya le dije a Andrés, mi tío, que aquí le traigo estos cinco panes y dos peces asados, y se alegró mucho.

Volví mis ojos a todos lados de aquel desierto, y me persuadí de lo oportuno de la observación de Quarto. Estábamos en la Galaunítide, donde no hay poblaciones sino a varios kilómetros de distancia. Del otro lado del Jordán, en Galilea, están las montañas de Neftalí, donde no hay poblados de importancia. El más cercano es Corozaín, a unos diez kilómetros; por lo demás, sólo se veían algunos pueblos miserables y aldeas sin importancia.

Jesús seguía curando enfermos. Al fin, *«subió Jesús, y se sentó, y como levantase sus ojos y viese la gran multitud que a Él venía, compadeciéndose de ella, porque estaban como ovejas sin pastor, los acogió a todos y les hablaba del reino de Dios.*

Avanzada ya la tarde, se le acercaron sus discípulos diciendo: el sitio es despoblado, y ya ha avanzado la hora; despide a las turbas para que vayan a sus aldeas y pueblos vecinos a comprar de comer.

Dijo Jesús a Felipe: ¿Dónde compraremos panes para que éstos coman?
Felipe le respondió: Doscientos denarios de pan no les bastarán para que tome un bocado cada uno.
Entonces les dijo Jesús: No tienen necesidad de marcharse dadles vosotros de comer. ¿Cuántos panes tenéis? Id a verlo. Cuando se enteraron, le dijo Andrés: Aquí hay un muchacho que tiene cinco panes de cebada y dos peces; pero ¿qué es esto para tantos?
Jesús les dije: Traédmelos aquí, y haced que la gente se recueste en grupos sobre el pasto.
Así lo ejecutaron, haciendo que se sentasen por partes, en grupos de cien y de cincuenta.
Tomando entonces Jesús los cinco panes y los dos peces, miró al cielo y dio gracias, los bendijo, y, partiendo los panes, los distribuyó a sus discípulos, y éstos a la multitud. Del mismo modo partió los peces, y los hizo distribuir, de modo que dieran a cada uno cuanto quisiera.
Y comieron todos, y quedaron hartos. El número de comensales fue de cinco mil varones, sin contar mujeres y niños. Y cuando se hubieron satisfecho, dijo a sus discípulos: Recoged los pedazos que han sobrado para que no se pierdan. Recogieron, pues, las sobras de los cinco panes y de los peces y se llenaron con ellas doce canastos».

Yo había presenciado en Caná la conversión del agua en vino; sin embargo, este nuevo prodigio me dejó estupefacto. Delante de los ojos de sus discípulos y de la multitud se había verificado esta multiplicación estupenda.

—¿Qué te parece, dómine? —me decía Quarto, entusiasmado—. ¿Cuánto dinero hubiera necesitado para comprar tanto pan y tanto pescado? Aunque hubiera tenido dinero, ¿dónde hubiera podido ir a buscar el pan? Y aunque hubieran ido, ¿cuánto hubieran tardado? Y aunque hubieran podido hacer esto, ¿en qué poblado de éstos hubieran encontrado tal cantidad de pan? Esto es incomprensible, un verdadero prodigio, obrado delante de todos.

—Tienes sobrada razón —repuse—; dada la manera primitiva cómo se fabrica aquí el pan, no habría «ollas» suficientes para cocerlo, y ¿de dónde habrían podido sacar tanta masa preparada, cuando sólo tienen molinos de mano para moler muy despacio la harina que se necesita para tantísimos panes?

—¿Y los peces? —añadió Quarto—. ¿De dónde habrían podido sacar tantos pescados en tan poco tiempo? Cinco mil pescados no es cosa de juguete.

* * *

Desde que vi la multitud que seguía al Maestro a este despoblado, pensé en la inmensa influencia que ejercía sobre las turbas, y me vino a la mente la conversación que tuve días antes con Judas. «Si el Maestro pretende proclamarse Rey temporal –me dije–, ésta es una buena oportunidad» Pero cuando vi con mis propios ojos el efecto que causaba en la multitud el milagro de la multitud de los panes y los peces, me persuadí que la gran oportunidad había llegado.

Comenzaron algunos a decir cuchicheando que, siendo Jesús «el Profeta que había de venir al mundo», como sus obras lo acreditaban, la obligación de ellos era proclamarle Rey. No había que temer a Herodes, pues estaba en territorio de su hermano Filipo, quien le odiaba y vería con gusto la caída de su hermano. ¿Por qué, pues, no proclamarle Rey? De este golpe de mano, Jesús se vería obligado, aun en contra de su voluntad, a seguir adelante.

Esta misma idea debió surgir en la mente de los discípulos, ansiosos como estaban de que llegara el momento de poder ellos ocupar los primeros puestos en el naciente reino. Los vi hablar entre sí acaloradamente, en especial a Pedro, Juan, Santiago y Simón; Tomás observaba, y los otros, aunque se mostraban indecisos de tomar la iniciativa, me parecieron dispuestos a secundar el movimiento si otro se atrevía a lanzar el primer grito.

Esto estuvo a punto de suceder, debido a la actividad de Judas, quien, yendo de grupo en grupo, excitaba a la multitud a proclamar Rey a Jesús, el Cristo. Sólo faltaba que alguno se decidiera a empezar, pues encendido el fuego, se propagaría con rapidez vertiginosa entre la multitud que había comido el pan del Maestro.

Éste, sin embargo, *«conociendo que habían de querer llevarle por la fuerza para proclamarle Rey»*, tomó el camino más expedito quitando de en medio a los indiscretos apóstoles, quienes, en un momento de entusiasmo, podían desencadenar las fuerzas latentes en aquellos cinco mil hombres y en las numerosísimas mujeres que les acompañaban. Así, pues, *«urgió a sus discípulos para que, navegando, se le juntasen del otro lado del lago, mientras Él despedía a las turbas»*.

Jesús tuvo que *«urgirles a sus discípulos»*, porque éstos no se querían ir, dejando aquella excelente oportunidad de proclamarle Rey. Pero tuvieron que someterse, y el primero que obedeció fue el buenísimo de Andrés. Pero se resistía, lo mismo que Juan, Santiago y Simón, pretextando no querer dejar solo al Maestro; pero, al fin, forzados, obedecieron. Y cuando Judas se vio solo, pues ya sus compañeros habían marchado, tuvo que emprender de malísima gana el regreso, que le pareció vergonzosísima huida.

–¡Todo está tan bien preparado!... –me dijo Judas al pasar junto a mí–. Basta un solo grito, y el golpe está dado. Estos cinco mil hombres llevarían la noticia de la proclamación del nuevo Rey por toda Galilea, y ésta se levantaría como un solo hombre. Simón Cananeo me ha asegurado que él se encarga de levantar en masa a los Zelotes, los cuales no sólo están ya dispuestos, sino también armados.

Y mirando a Jesús con rabia, se marchó, rechinando los dientes contra Él.

No sé si sería mi imaginación; pero me pareció que le oía decir: «Si esto lo llega a frustrar, yo sabré cómo vengarme...»

–Y creo que este hombre es muy capaz de vengarse –dijo Quarto– si sus ambiciosos planes llegan a fracasar.

43
SAMUEL

–¿Y bien?... –me dijo Samuel.

–La escena de la multiplicación de los panes que he presenciado con mis propios ojos, como lo vieron los cinco mil hombres que comieron el pan del Maestro, me ha dejado perplejo –respondí.

–No veo por qué.

–Pues porque me convencí, por un lado, de que Jesús es unánimemente tenido por todos por «el que ha de venir»; y por otro no veo claro qué es lo que Jesús se propone llevar a cabo. Habla sin cesar de un reino, y cuando se le presenta oportunidad como ésta, Él es el primero en despachar a sus discípulos para que no sobreexciten a las turbas, ya decididas a tomarle por fuerza y proclamarle Rey. ¿Qué clase de reino pretende fundar? No lo comprendo.

–¿Y tú estás también persuadido de que Jesús es el que ha de venir? –me preguntó Samuel.

–Sus obras lo están proclamando, y es necesario proponerse cerrar los ojos para no ver la verdad. Sí, no me cabe duda: Él es el prometido en la ley y los profetas –respondí con entera sinceridad–. Él es el que ha de venir. Pero, lo repito, ni me puedo aún formar idea de quién es Él, ni de qué clase de reino trata de fundar.

–Tú siempre queriendo adelantarte; tienes un carácter muy impulsivo. ¿Cómo quieres formarte cabal idea de quién es Él, y menos de qué clase de reino trata de fundar, *cuando su obra está aún lejos de terminarse?* Esto me recuerda lo que me pasó, siendo yo joven, con un pintor griego. Fui a visitarle a su estudio, y vi que tenía delante una gran tela toda emborronada de diversos colores. «Pero amigo –le dije–, ¿qué clase de paisaje es ése tan raro?» El pintor se echó a reír, y me dijo: «Si eso no es ningún paisaje; de esos borrones que confundes con árboles y montes verás surgir la corte de Augusto cuando el cuadro esté terminado» Eso te está pasando a ti con Jesús y su obra. Espera a que la concluya, y entonces podrás juzgar quién es Él y qué clase de reino trata de fundar.

–Pero ¿tú crees que Él es el que ha de venir? –pregunté.

–Por supuesto, la primera parte del gran cuadro está ya perfectamente delineada. Jesús de Nazaret es el pronosticado en la ley y los profetas, sin duda alguna. Queda aún por averiguar, como tú lo has dicho muy bien, quién es y qué clase de empresa trata de llevar a cabo. Esa otra parte del gran cuadro está sólo emborronada y aún no es tiempo de discutirla. En cambio, sí podemos hablar ya de la primera parte con fundamento bastante para poder acertar.

–No sabes, mi querido Samuel –dije–, cuánto gusto me da oírte hablar de este asunto, pues siempre te he notado reticente, si se exceptúa la vez en que dijiste aquello de «sin el diablo no hay Cristo», que tanto me dio en qué pensar.

–Es que te vengo observando a ti, como he venido estudiando a mi pueblo. Cuando una persona empieza a aprender una lengua, es tiempo perdido tratar de tener con ella una larga conversación; no entendería. Hay que esperar que sepa bien la lengua para no perder el tiempo teniendo con ella largos coloquios. He esperado que tú seas capaz de entender la lengua de Dios, hablada por los profetas, para hablarte de modo que comprendieras la obra de Jesús, el Mesías, el Ungido, el Cristo.

Me hablaba aquel hombre con tanta autoridad y al propio tiempo tan sinceramente, que, lejos de herir mi orgullo sus palabras, me dieron más confianza, y le escuché como un discípulo a un sesudo maestro.

–¿Te has formado idea exacta de nuestra nación? –me preguntó.

–Exacta, tal vez no –respondí–, pero sí aproximada.

–Has hablado como un libro; tienes conocimientos *aproximados,* los cuales sólo te dan una *observación* incompleta. Toda observación incompleta es defectuosa, y es sumamente peligroso el querer sacar de ella conclusiones ciertas y definitivas.

–Tienes mucha razón –dije–, la observación incompleta lleva a conclusiones incompletas, pues como dicen en lógica, la conclusión en un silogismo no puede ser universal, siendo ambas premisas particulares.

–Has hablado como aprovechado discípulo de Aristóteles; la conclusión no puede tener mayor extensión que las premisas. Desgraciadamente, no todos tienen esto presente. Allí están David Ben Straus y Ernestus Ben Renanus, *cuyas observaciones son claramente incompletas,* y, sin embargo, *de ellas pretenden sacar conclusiones ciertas y definitivas.*

–Yo no sabía que fueses también filósofo –repuso, sonriendo.

–He procurado instruirme no sólo en las letras sagradas, sino también en las ciencias profanas; pero, sobre todo, procuro usar mi sentido común, que vale tanto como una buena lógica, más bien dicho, es la lógica natural, Esto supuesto, volvamos a nuestro asunto –dijo Samuel, y tomando un gran rollo de pergamino, prosiguió diciendo–: Aquí tienes coleccionados por el Sanedrín, la autoridad suprema en Israel, cuatrocientos cincuenta y seis pasajes relacionados con la venida del Mesías. Setenta y cinco están sacados del *Pentateuco,* doscientos cuarenta y tres de los libros de los profetas y ciento treinta y ocho de los otros libros sagrados.

—¿Cuatrocientos cincuenta y seis pasajes? —exclamé, asombrado—. Quarto no tiene en su lista más que cincuenta y cuatro.

—Son, ciertamente, los más principales —repuso Samuel—, pero no todos. Más aún: los textos copiados en este volumen son solamente los que están contenidos en los libros *escritos,* pues hay muchísimos más que conserva la tradición. De todos modos, esto demuestra el interés inmenso que tienen los escribas y doctores de la ley en asunto tan capital como la venida del Mesías. De esta lista hay copia auténtica en todas las sinagogas, y cada vez que algún doctor descubre algún nuevo pasaje que cree se relaciona con el Cristo, pues Mesías, Ungido y Cristo quieren decir lo mismo, como sabes, da parte a las sinagogas, donde se discute, y, finalmente, si se considera que atañe al Mesías, es remitido al Sanedrín, el cual si lo aprueba es transcrito entre los textos auténticos referentes «al que ha de venir».

—Es un trabajo colosal —dije, examinando el volumen.

—En que se han empleado los mayores doctores de Israel durante siglos, ya que la existencia de nuestro pueblo está íntimamente relacionada con este suceso que «desearon ver los mismos profetas y no lo vieron».

—Con una documentación tan formidable —dije— ningún embaucador habrá podido hacerse pasar por Cristo.

—No pocos lo han pretendido; pero aunque han engañado a los incautos, han sido finalmente desenmascarados.

—Esto me explica la conducta del Sanedrín con el Bautista —insinué.

—Aquel coloso —prosiguió Samuel— causó tan gran conmoción con su sola palabra, pues no obró milagro alguno, que puso en movimiento a todos los doctores de Israel, ya que, según las profecías, era evidente que el tiempo para que apareciera el Cristo había llegado. Y era tal la autoridad del Bautista, que su solo testimonio, en su propio favor, hubiera bastado para que, aun los más meticulosos, lo hubieran reconocido por «el que había de venir».

—Y aquel hombre extraordinario dio testimonio de que él no era el Mesías.

—En cambio, dio clarísimo testimonio de que Jesús de Nazaret era el Deseado de las naciones; pero los fariseos no han querido admitirlo.

—¿Será que aún dudan? —pregunté.

—¡Qué van a dudar! Están de ello perfectamente convencidos, pero no quieren admitirlo —repuso Samuel—. Nada desean tanto como que Jesús se pusiera de su lado; pero al ver que está de parte del pueblo y en contra de ellos, han determinado acabar con Él; pero no prevalecerán. Así se lo dijo Gamaliel: «Si Éste no es el Cristo, su obra se desvanecerá; pero si Él viene de Dios, no podréis destruirlo, y os expondréis a ir en contra de Dios».

—Y ellos, ¿qué dijeron?

—Han cerrado los ojos, y han determinado acabarle.

—Pero ¿no ven las obras de Jesús, no escuchan sus palabras? —dije.

–Sin pretenderlo ni darse de ello cuenta, los saduceos y los fariseos, desgraciadamente, están cumpliendo la profecía de Ezequiel (12, 2): *«Hijo del hombre, Tú habitas en medio de un pueblo rebelde, que tiene ojos para ver, y no mira, y oídos para oír, y no escucha, porque ella es una gente contumaz. Tú, pues, ¡oh Hijo del Hombre!, vete preparando los avíos para mudar de país, y los sacarás fuera de día, a la vista de ellos, y saldrás del lugar en que habitas, viéndolo ellos por si tal vez paran en ello su atención, porque ésa es una familia contumaz».*

–Y ¿qué pueden significar estas palabras? –pregunté.

–Son claramente la condenación de nuestro pueblo; *si rechaza al Mesías* –respondió lacónicamente Samuel–, la buena nueva anunciada por el Cristo será difundida en otros países si Israel no la admite. Entonces el reino de los cielos se extenderá fuera de Israel, pues deben cumplirse las profecías.

–Pero los saduceos, los fariseos, los doctores no son el pueblo de Israel –objeté.

–Ellos son, sin embargo, la cabeza, los guías, los directores; son ciegos que conducen a ciegos, y tendrán que caer juntos en el precipicio.

–Pero el pueblo sí cree que Jesús es el Cristo. ¿No ves que han querido hacerle Rey?

–El mismo pueblo cambiará si le siguen engañando sus maestros, y unos y otros serán instrumentos libres de Yahvé para que se cumplan a la letra las profecías –respondió Samuel con toda seguridad–; el cielo y la tierra pasarán, pero la palabra de Dios se cumplirá para siempre. Quiera Yahvé que esos hombres desistan de perseguir al Ungido!

–¿Pero los que esperamos sinceramente el reino de Dios... –pregunté.

–Somos un puñado insignificante; sin embargo, la palabra del Señor será cumplida y *«los limpios de corazón verán a Dios».*

–Pero ¿cómo es posible que esos hombres no vean la luz?

–No es que no la vean, sino que no quieren verla. ¿Nunca has visto tú el gran faro de Alejandría? –me preguntó.

–Sí –respondí, extrañado de la pregunta–, le vi varias noches lucir desde alta mar.

–Y ¿no te has fijado que mientras ese faro alumbra y guía a los barcos en las tinieblas del mar, los que viven dentro de la misma torre no perciben su luz?

–No había pensado en esto.

–El Mesías es la luz verdadera que ilumina al mundo. El Bautista vino a dar testimonio de esta luz; pero los suyos no lo han conocido. La luz alumbra a los que están en las tinieblas; pero los mismos sobre los cuales brilla no han querido verla. *«Yo vine a este mundo —ha dicho Jesús— a ejercer un justo juicio, para que los que no ven, vean, y los que ven, queden ciegos. Oyendo esto algunos fariseos, le dijeron: Pues qué, ¿nosotros somos ciegos? Y Él les respondió: Si fuerais ciegos, no tendríais pecado;*

pero por lo mismo que decís: Nosotros vemos, por eso vuestro pecado persevera en vosotros».

Estas palabras me dieron mucho en qué pensar, pues mi conciencia me remordía por mi incredulidad, y le dije:
—¿Y tú crees que yo soy de esos ciegos?

Sin responder a mi pregunta, Samuel tomó el volumen que había traído, y empezó a leer el capítulo 53 de Isaías:
—*«¿Fue ofrecido en sacrificio porque Él mismo quiso, y no abrió la boca para quejarse; conducido será a la muerte como la oveja que va al matadero, y guardará silencio sin abrir siquiera su boca, como el corderito que está mudo delante del que lo trasquila. Después de la opresión y condena fue levantado en alto.»*

—¿En una cruz? —dije, disgustado—. ¿Es ésa la muerte que le espera al Mesías? Eso es un disparate.

—¿Tú crees que Jesús de Nazaret es el Mesías, el Cristo?
—Lo creo —respondí con firmeza.
—Y ¿por qué lo crees así?
—Por muchísimas razones —respondí—; pero una de las que más fuerza me han dado ha sido la respuesta de Jesús a los emisarios del Bautista: «Los ciegos ven, los cojos andan y *los pobres son evangelizados».*

—Pues el mismo Isaías, que profetizó la curación de los ciegos, y de los mudos, y de los tullidos, es el que profetiza que el Mesías será levantado en alto, esto es, crucificado —repuso Samuel—. ¿Crees tú esto?

—La verdad, no. No sé cómo compaginar esto con el establecimiento de un reino en el que el Rey muera como un malhechor —respondí sinceramente.

—¿No has oído —dijo Samuel— cómo volvió Jesús la vista al ciego de Betsaida?

—No lo recuerdo.

—*«Le tomó de la mano, y, echándole saliva en los ojos, puestas sobre él las manos, le preguntó si veía algo. Él ciego, abriendo los ojos, dijo: Veo andar* a los *hombres, que me parecen como árboles. Le puso Jesús de nuevo las manos sobre los ojos, y empezó a ver mejor, y, finalmente, recobró la vista, de suerte que veía claramente todos los objetos».* Éste es tu caso —concluyó Samuel.

—No entiendo —le respondí.

—El Señor te empezó a abrir los ojos cuando te miró en la montaña; pero ahora ves a medias solamente, pues si bien crees que Él es el Cristo, no quieres creer que el Cristo ha de ser elevado en alto según está profetizado. Es necesario que Él te cure enteramente.

—Y ¿qué debo hacer para esto?

—Oye la historia de otro ciego —continuó Samuel—: *«Al acercarse Jesús a Jericó, estaba un ciego sentado a la orilla del camino pidiendo limosna. Y sintiendo el tropel de gente que pasaba, preguntó qué novedad* era aquélla. Le dijeron que Jesús Nazareno pasaba por allí de camino. Entonces se puso o gritar: Jesús, Hijo de David, ten piedad de mí. Los que iban delante le reprendían para que callase; pero él levantaba mucho más su grito: Hijo de David, ten piedad de mí. Se paró entonces Jesús, y mandó traerle a su presencia, y cuando estuvo ya cerca, le preguntó, diciendo: ¿Qué quieres que te haga? Señor, respondió él, que yo tenga vista. Le dijo Jesús: Tenla; tu fe te ha salvado. Y al instante vio, y le seguía, celebrando las grandezas de Dios». Eso debes hacer tú –dijo Samuel–; pídele a Dios la vista; eso es lo que le pido yo todos los días con la mayor humildad posible, diciendo: ¡Señor, que yo vea!

–Sí, yo creo –le dije– que Jesús es *el que ha de venir;* de esto no tengo la menor duda ya. Lo que no veo es *quién es Éste que ha venido, ni qué cosa trata de hacer.*

–Pues por lo mismo que *no ves,* debes pedirle a Dios *que veas.*

Y esto diciendo, salió mi amigo, dejándome sumido en mis meditaciones.

* * *

No pude dormir en toda la noche, paseándome constantemente por mi habitación pensando en lo que Samuel me había dicho.

«Veo –me decía yo a mí mismo– que Jesús es el anunciado en la ley y por los profetas. Eso lo ven todos, amigos y enemigos suyos, sea que lo confiesen o que lo nieguen; lo que no veo, lo que no puedo ver es *quién es Éste que ha venido,* ni entiendo *lo que trata de hacer.*

Samuel no debió dormir tampoco, pues cerca de la aurora volvió a entrar en mi aposento, y me dijo:

–Sígueme.

Salimos a la terraza. A la confusa claridad del crepúsculo se veía a nuestros pies el lago, y lejos las poblaciones de Corozaín y Betsaida, blanqueando en medio de los árboles de la montaña; Cafarnaún yacía aún dormida a nuestros pies.

–¿Sabes –me dijo Samuel– lo que un día dijo Jesús al contemplar esas poblaciones que ahora vemos?

–No lo recuerdo –respondí.

–Pues dijo estas palabras: «*¡Ay de ti, Corozaín! ¡Ay de ti, Betsaida! Que si en Tiro y Sidón se hubieran hecho los milagros que se han obrado en vosotras, tiempo ha que habrían hecho penitencia, cubiertas de ceniza y cilicio. Por tanto, os digo que Tiro y Sidón serán menos rigurosamente tratadas en el día del juicio que vosotras. Y tú, Cafarnaún, ¿piensas acaso levantarte hasta el cielo? Serás, sí, abatida hasta el infierno, porque si en Sodoma se hubiesen hecho los milagros que en, ti, Sodoma quizá subsistiera aún hoy día. Pero te digo que el país de Sodoma en el día del juicio será castigado con menos rigor que tú».*

La alusión a mí era tan directa, que me sublevó, y le dije:
—Y bien, ¿qué quieres decir con eso?
—Ven conmigo —continuó Samuel sin inmutarse.
Le seguí. Llegamos al extremo opuesto de la terraza, y mi amigo, señalando a un hombre que en la terraza inferior se divisaba, me dijo:
—¿Le conoces?
—¿Es Quarto? —pregunté, sorprendido.
—Es tu siervo el *romano,* que está orando según yo le he enseñado.
En efecto, Quarto, en pie y con los brazos en alto, parecía sumido en oración. ¿Qué diría?
—Escucha —dijo Samuel.
Me acerqué, y un escalofrío corrió por todo mi cuerpo cuando entendí su oración: *Domine, fac ut videam* (Señor, haz que yo vea) —decía mi siervo en latín.
Y yo, judío, después de haber visto cuanto he visto, ¿no me humillo a orar como un pagano ignorante lo hace? Bien dijo Jesús: «¡Ay de ti, Corozaín! ¡Ay de ti, Betsaida! Que si en Tiro y Sidón...» Yo era Corozaín, y Quarto, Tiro. Mi orgullo me dominaba. Quería yo ver sin que Dios me abriera los ojos.
Samuel se había retirado unos cuantos pasos, y se había puesto también a orar. Sin duda, repetía la misma oración que había enseñado a mi siervo pagano.
Una tremenda lucha se verificaba de nuevo en mi alma. Mi orgullo no me dejaba bajar la cabeza y humillarme a pedir luz.
De pronto me vino a la memoria María, la Magdalena. La vi hermosísima, ataviada con sus mejores joyas, postrada a los pies del Maestro, ungiéndolos con mi perfume y bañándolos con sus lágrimas, mientras sus amigos de antaño se reían de ella. Luego recordé cómo me había dado a vender para los pobres lo que más amaba en este mundo: las joyas de su madre, y, al fin, resonaban en mis oídos las palabras del Maestro: «*Sus pecados le son perdonados, porque ha amado mucho*». Entonces me dije:
«Si Él absolvió a Magdalena, todavía tengo esperanza de que a mí Dios me ilumine —y, postrándome en el suelo, clamé con todas las fuerzas de mi alma—: *Domine, fac ut videam»* (Señor, haz que yo vea).
......
En aquellos momentos, disipando las tinieblas, se levantaba el sol tras las montañas de Moab.

44
CARTAS Y RECORTES

«Jerusalén.
Al editor del *Boston Graphic.*

Boston, Mass. (U. S. A).

Mi querido Bill: No me culpe por no haberle mandado material para su publicación. Pues un inesperado contratiempo me lo ha impedido. Si usted y los lectores del *Boston Graphic* están ansiosos porque se continúe la publicación de estas famosísimas *Memorias,* no estoy yo mismo menos ansioso de continuar trabajando.

Cuando terminé la traducción y adaptación del capítulo titulado «Samuel», me encontré que entre éste y los volúmenes que quedaban en mi poder había una laguna muy considerable. Sin duda, los volúmenes que faltan se han debido quedar arrumbados en la biblioteca del monasterio de la Transfiguración, en el Sinaí. Me dispongo a ir en su busca, y quiera Dios que no se hayan extraviado para siempre, pues, de ser así, la obra quedaría truncada.

Por mi buena fortuna, la primera parte, salvo alguna que otra pequeña laguna, estaba completa. En ella, rabí Ben Hered dice claramente que queda persuadido de que Jesús de Nazaret es *el que ha de venir,* esto es, el *Mesías.* Por eso me he alegrado que usted haya tenido la buena idea de publicar ese primer tomo, cuyo argumento está completo.

Como lo habrá podido notar, no trataba el gran rabí hispano de narrar la vida de Jesús; tan sólo pretendía escribir sus propias *Memorias,* que jamás pensó se habían de traducir y adaptar por la publicación diecinueve siglos después. Por consiguiente, la crítica que hacen algunos de que no están relatadas «cronológicamente» todas las palabras y hechos del Nazareno es perfectamente injusta, pues, o Ben Hered no tuvo de ellas noticias, o no le parecieron venir a su propósito, que no era otro sino escribir sus *Memorias, y* nada más, sin otro fin ulterior. De suerte que si en ellas prueba con toda viveza la mesianidad de Jesús, no es porque él así lo haya pretendido desde un principio, sino porque el curso de los sucesos le llevó invariablemente a la conclusión de que Jesús era el Mesías.

Como usted lo recordará, cuando Ben Hered llegó a Palestina, llevado de la recomendación de su padre y de su propia curiosidad, el rabí era un incrédulo. Mal podía tratar de demostrar la mesianidad de Jesús (a quien ni siquiera conocía), y mucho menos de escribir la vida de un hombre cuya existencia ignoraba.

Ben Hered, con toda ingenuidad, nos va haciendo ya relación de sus propias impresiones, que oculta hasta muy adelante en sus *Memorias;* y más bien relata la de sus contemporáneos, los cuales, según lo demuestra (después de año y medio de escuchar la predicación de Jesús y presenciar sus obras extraordinarias), quedaron también perfectamente convencidos de que el Nazareno era el *que había de venir.* A esto se reduce el argumento de la primera parte de estas *Memorias.*

En la segunda parte, por lo que he podido ver en los pocos volúmenes que ahora tengo, Ben Hered sigue esta misma táctica, tratando de averiguar *quién es Éste que ha venido, y qué cosa trata de fundar.* Desgraciadamente, como le dije, esta parte está incompleta; pero confío en mi buena suerte que, en el monasterio del Sinaí, encontraré los volúmenes que faltan; pero esto me tiene que llevar bastante tiempo, si es que, al fin, no se han perdido.

A lo que me dice de algunos lectores no entienden esta distinción entre *el que ha venido y la obra que trata de fundar, junto con el estudio de su misma persona,* le diré que el caso es parecido al de un embajador que llega a una nación y presenta sus credenciales. Esto basta para acreditar a aquel individuo –sea quien sea– como verdadero embajador de la potencia que le envía. Otra cosa es saber quién es la persona que lleva aquella embajada. ¿Es un general? ¿Es un noble? ¿Es el hijo del rey que le manda? Sigue a esto investigar cuáles son los ulteriores planes que tiene y tratará de desarrollar. De estas dos cuestiones trata Ben Hered en las siguientes partes de sus *Memorias.*

Me hace usted notar, igualmente, que a muchos ha extrañado el lenguaje *moderno* que usamos. «¿Cómo puede un judío del tiempo de Cristo –dicen– hablar de metros y de kilómetros?» A esta objeción infantil respondo que lo que he presentado al público no es *una traducción literal,* sino una *adaptación;* por eso me he tomado el trabajo de encontrar la correspondencia de las diversas medidas de entonces con las nuestras actuales; y lo que digo de las medidas debe entenderse de todo lo demás. Repito que he procurado *adaptar* y no traducir literalmente.

A la otra observación que me dice le han hecho sobre los textos de los Evangelios que pongo, no habiendo estado entonces escritos éstos, le diré que esto es debido también a la *adaptación.* Habiendo notado que en muchos pasajes usa Ben Hered frases semejantes a las contenidas en la Sagrada Escritura, me pareció mejor tomar el texto sagrado y ponerlo con letra enteramente diversa, como lo habrá notado. De esta suerte, los creyentes podrán distinguir claramente entre las apreciaciones y palabras del rabí hispano y los textos evangélicos. Éstos son ciertos e indiscutibles, y lo restante de la narración es solamente un comentario o apreciación del que escribe las *Memorias.* A aquéllos se les debe dar todo el crédito que les corresponde, mientras el lector puede juzgar lo que le parezca oportuno de todo lo que es *puramente de la pluma del «memorialista»».* Por eso los textos de la Sagrada Escritura, repito, van con letra enteramente distinta.

Y con esto creo haber satisfecho las observaciones de los que o no han comprendido la naturaleza de este escrito o no la han querido comprender.

Por lo que toca al estilo, siendo el mío, no he podido ni querido reformarlo. Y si a alguno no le gusta, puede dejar de leer el libro.

Me alegro muchísimo que la impresión que estas *Memorias* ha causado haya sido tan buena; me lo esperaba. Y por lo que me dice de usted mismo, *y* de cómo al terminar la lectura de este documento haya cambiado su modo de pensar, quedando también íntimamente persuadido de que

Jesús de Nazaret fue realmente el *prometido en la ley y los Profetas,* no puedo menos de congratularme. ¡Ojalá que la segunda parte le produzca efecto semejante!

Espero ansioso las cartas congratulatorias que piensa enviarme, así como un resumen de las diversas opiniones de la Prensa de ambos continentes.

Le ruego no lleve a mal haga nuevos gastos para posesionarme de los volúmenes del manuscrito, que espero encontrar en el Sinaí, para donde saldré próximamente.

Suyo como siempre.

MYLES.»

«Boston, Mass (U. S. A).

Mi muy querido Myles: Desde luego le digo que sigue teniendo «carta blanca» para hacer todos los gastos que le parezcan oportunos. Ojalá encuentre los volúmenes que le faltan y pronto pueda empezar a mandarme la segunda parte, que promete ser tanto o más interesante que la primera.

No puede usted formarse idea cabal del éxito que han tenido las MEMORIAS DE UN REPORTERO DE LOS TIEMPOS DE CRISTO. De todas partes recibo infinidad de cartas congratulatorias; son ya varios miles, y sería imposible transcribírselas todas, tanto más cuanto que muchas dicen lo mismo: «Le felicito de veras por la publicación de esta obra, única en su género». «Nunca había entendido la vida de Cristo como me ha pasado desde que leí las *Memorias».* «Quedo íntimamente persuadido de que Jesús de Nazaret fue verdaderamente el anunciado por los profetas...»

Muchas de las cartas se fijan principalmente en las diversas figuras consignadas en las *Memorias:* «La figura del Bautista es soberbia, y la descripción de la heroica muerte del precursor me ha hecho derramar lágrimas». «La venganza de Herodías está descrita de modo magistral». «El tipo de Herodes es colosal, y la descripción del baile de Salomé no puede ser más interesante ni más discreta».

Otros hablan de la Magdalena y la Samaritana: «El relato de la Magdalena abrazada al vaso de alabastro y llorando en el regazo de Samuel, es de lo más conmovedor». «Cuando leí la lucha que tuvo que sostener consigo misma la Magdalena para presentarse delante de los convidados de Simón y arrojarse a los pies de Jesús, me hizo formar una gran idea de aquella pecadora; pero cuando la vi entregando a Ben Hered las joyas que había heredado de su madre, para que Aquél las vendiera y entregara el precio a los pobres, me conmoví hasta las lágrimas». «La ternísima descripción de Dina, la Samaritana, convertida en vendedora de higos, para ir en busca de Jesús, es de lo más delicada».

Entre todos los cuadros contenidos en las *Memorias,* pocos han causado a los lectores mayor impresión que el de «Las Bienaventuranzas». Se cuentan por centenares los lectores que hacen referencia a este pasaje «admirablemente bien interpretado», dicen.

No menos impresión han causado en los lectores la relación de los milagros de Caná y la multiplicación de los panes.

La figura de Judas, su desmedida ambición, su dureza para con los pobres y sus tramas políticas, han sido motivo de repetidos encomios.

Me alargaría indefinidamente si quisiera citar, sólo en compendio, los juicios favorables en favor de este libro, y así, paso a transcribir algunas apreciaciones de personajes eminentes, cuyas cartas conservo para entregárselas a su vuelta.

El famosísimo escriturario Paul Hastmigas, reconocida autoridad mundial entre los modernos exegetas, escribe:

«He leído con toda atención las MEMORIAS DE UN REPORTERO DE LOS TIEMPOS DE CRISTO, y, después de hacer un estudio minucioso, puedo asegurar a usted que he quedado admirado de la exactitud que hay *aun en los menores detalles*. Se ve que el autor conoce a fondo las costumbres de los hebreos del tiempo de Cristo y que ha hecho un estudio de lo más cuidadoso del estado político, religioso y civil de aquella época, única en la historia del mundo. Es un trabajo colosal y, al propio tiempo, tan bien aprovechado y presentado de una manera tan amena, que se lee todo el libro con interés cada vez más creciente. Lo felicito de todo corazón, pues en mi larguísima experiencia, y en lo muchísimo que he leído, no recuerdo libro alguno sobre Jesús de Nazaret que me haya causado impresión más profunda ni haya al propio tiempo cautivado mi atención de manera más agradable.»

He recibido también propuestas «cuantiosísimas» de las corporaciones más respetables de Europa y América para que les vendamos «el original» de tan interesantes *Memorias*. Una de las más ricas instituciones norteamericanas nos ofrecen por el manuscrito medio millón de dólares al contado. Por supuesto que hemos declinado todas las ofertas que se nos han hecho en ese sentido.

Habiendo enviado un ejemplar del libro a una gran institución dinamarquesa que concede un premio al libro más notable publicado durante el año, recibí la nota siguiente:

«Después de haber leído y hecho leer por la Comisión especial para juzgar de este asunto la primera parte de las MEMORIAS DE UN REPORTERO DE LOS TIEMPOS DE CRISTO, que tuvo a bien remitirme, le participo que el juicio unánime de los censores es que «dicho libro merece se le adjudique nuestro primer premio». Esperamos, pues, se sirva enviarnos la segunda parte, la cual, como espero, si va por el camino de la primera, sin la menor duda será igualmente apreciada, y la obra completa no sólo será premiada, sino que nos proponemos sea traducida a los principales idiomas europeos y publicada a nuestra costa.

¿Qué le parece esto, mi buen amigo Myles? Creo que estará contento del éxito de sus trabajos.

Esperando que encuentre los volúmenes que faltan, y que con el acierto que ha tenido en el primero los *adapte* a nuestros tiempos, deseándole toda clase de felicidades, queda como siempre su antiguo y buen amigo,

BILL.»

HASTA LUEGO

«Animado con la entusiasta acogida que ha recibido el primer libro de las MEMORIAS DE UN REPORTERO DE LOS TIEMPOS DE CRISTO, me pongo luego en camino para el monasterio de la Transfiguración, en el monte Sinaí, esperando encontrar los volúmenes que faltan. Prometo hacer todo lo que esté en mi mano para que la *adaptación* de la segunda parte sea tan bien recibida como la primera. Quiero, sin embargo, dar a ustedes mi opinión sobre lo que va publicado. Yo creo firmemente que

ESTE LIBRO DEBE ESTAR PROHIBIDO

para todos aquellos que pertenecen, según la expresión de la Escritura, al *número de los necios, que es infinito*.

La razón es sencilla. Los necios –como se decía antiguamente– son como los animales venenosos, que convierten en ponzoña todo lo que tocan; mientras las abejas, que representan a los hombres cuerdos, sacan de lo mismo la aromática miel.

Como deseo que el presente libro haga bien y que no sea causa de daño, me parece que lo único que puedo hacer es declarar, como lo hago, que este libro no ha sido escrito para necio alguno, de cualquier clase o denominación que sea. No faltarán necios que lo lean y, naturalmente, lo critiquen, dado lo menguado de su condición. No les haré el menor caso.

En cambio, lector sensato, espero que la lectura de estas *Memorias* te haga algún provecho. Y como aún me queda mucho por adaptar, no me despido de ti definitivamente, sino que te digo solamente: Hasta luego.

Tuyo,

MYLES.»

LIBRO SEGUNDO

YO SOY

1
UNA HIERBA MARAVILLOSA

«Monasterio de la Transfiguración. Monte Sinaí.
Al editor del *Boston Graphic*.
Boston, Mass. (U. S. A).
Mi querido Bill: No sabe usted el mal que ha hecho a nuestro asunto el haber publicado que había yo encontrado el manuscrito de las MEMORIAS DE UN REPORTERO DE LOS TIEMPOS DE CRISTO en el monasterio del Sinaí.

Hace unos meses me empecé a dar cuenta de esto, pues no pasaba semana sin que se me presentara en Jerusalén algún anticuario norteamericano, quien, con maña, tratara de averiguar los menores detalles de mi prodigioso hallazgo. Al principio no tenía reparo en decir lo que había pasado; pero bien pronto entendí que lo que buscaban eran pergaminos antiguos de los arrumbados en el Sinaí, adonde marchaban después de hablar conmigo. Sin embargo, sólo me di exacta cuenta de lo grave del caso cuando llegué a este monasterio.

Desde luego tropecé con muchas dificultades para ser de nuevo admitido, y, cuando, por razones que más adelante diré, pude entrar, me encontré con una atmósfera de desconfianza y hostilidad; y la verdad es que no puedo culpar a estos buenos monjes.

¿Sabe usted lo que es un anticuario cuando ha husmeado una mina de la que puede extraer a poco precio objetos que tiene la seguridad de vender a cientos de miles de dólares? ¿De qué es capaz uno de estos hombres para lograr su objeto? Pues imagínense a más de treinta de estos sujetos, cayéndoles encima a los indefensos monjes para vaciarles su antiquísima biblioteca, llena de verdaderas preciosidades.

Los primeros venían con la deliberada intención de encontrar la segunda parte de las interesantísimas *Memorias* de Ben Hered, para ganarme la mano y publicarlas por su cuenta y después lucrarse con la venta del original. Así me lo contó más tarde el abad Pafnucio.

Afortunadamente, no encontraron nada de lo que buscaban, pues yo me había llevado todos los pergaminos que sobre este asunto había en la biblioteca. Los que siguieron, conocedores del fracaso, se dedicaron a comprar, o más bien a tratar de comprar, otros pergaminos mucho más recientes, pero de indiscutible valor. Uno o dos lograron en parte su objeto, merced a cartas de recomendación, fingidas, del rey de Inglaterra. Uno de ellos llegó a pagar una partida de beduinos para que asaltasen el monasterio; pero debido a lo bien fortificado que está y a la tenaz defensa de los monjes, tuvieron que levantar el campo a los siete días de asedio.

Otros vinieron disfrazados de peregrinos, pidiendo hospitalidad, y como los monjes son caritativos, los dejaron entrar; pero habiéndolos encontrado una noche en la biblioteca, tratando de robar algunos manuscritos, los monjes, enfurecidos con razón, los arrojaron al desierto desde arriba de las murallas.

Otro tuvo más acierto, pues se presentó con cartas fingidas del patriarca de Alejandría pidiendo ser admitido en la comunidad; quería hacerse monje, y permaneció aquí por más de dos meses, sujetándose a todas las conveniencias, ayunos y penitencias de la vida monástica. Afortunadamente para los monjes, el anticuario disfrazado le había echado el ojo al documento más precioso para los habitantes de este monasterio. Era nada menos que un autógrafo de Mahoma, firmado con las huellas digitales del profeta.

Tenían los monjes este «salvoconducto del padre de los creyentes» en un gran marco, colocado en el locutorio, para que lo leyeran todos los mahometanos que entraran y respetaran a los habitantes de esta casa, ya que así lo mandaba el profeta. En más de una ocasión, en tiempos pasados, según cuentan, los monjes se vieron libres de los beduinos que habían escalado los muros cuando los sectarios de Mahoma se enteraron de aquel extraordinario documento.

Lo voy a transcribir más adelante, no sólo por ser una verdadera curiosidad, sino para que se entienda el «criterio de Mahoma» por lo que respecta a la libertad religiosa de los cristianos que habitan en sus dominios o en los de sus adeptos.

Sucedió, pues, que este novicio-anticuario pidió licencia para copiar aquel documento en un pergamino que había traído. No tuvo dificultad el abad en dar este pergamino, y el anticuario, que era muy experto calígrafo, empezó su trabajo delante de los monjes, que no acababan de admirar la habilidad del supuesto novicio.

Después de varios días terminó la obra, no habiendo diferencia alguna sensible entre la copia y el original. Quiso, sin embargo, el anticuario que le permitieran sacar el pergamino de su marco para copiar algunas palabras que detrás tenía. Esto llamó la atención de algunos monjes, y si bien el abad dio el permiso, el bibliotecario Mauro pensó que era mejor dormir en la biblioteca, donde habían llevado el documento.

Como lo había sospechado sucedió. Muy entrada la noche, Mauro sintió que alguien entraba por una ventana. Se estuvo quedo, y cuando a la luz de la linterna sorda vio que el fingido novicio, con todo cuidado, sustituía en el marco la copia por el original, con paso felino se acercó al ladrón y le dio tal palo en la nuca, que lo dejó sin sentido. Llamado el abad y la comunidad entera, dio Mauro cuenta de lo ocurrido, y, sin piedad ninguna, tomaron al ladrón, todavía desmayado, y lo arrojaron por las murallas del desierto.

Pocos días después llegué yo. Ya se calculará cómo fui recibido.

Me preguntará, querido Bill, qué hice para que no quedara frustrada mi misión a pesar de estas dificultades. Para eso tengo que tomar el agua de más arriba.

Durante mi primera estancia entre estos monjes me hice amigo de un lego viejísimo llamado Atanasio. Éste había sido mercader en su juventud y hecho muy buen dinero en Alejandría. Decepcionado de la vida, se hizo monje lego, escogiendo este monasterio para su retiro. Fue muy bien acogido, no sólo porque trajo consigo no despreciables ahorros, sino por muy inteligente y letrado, cosa rara entre estos monjes cismáticos. Debido a esto, Atanasio fue elegido ayudante del prefecto de la biblioteca.

Hablaba bastante bien varias lenguas modernas y leía sin dificultad el árabe, el griego y el hebreo. Con éste fue con quien me entendí principalmente, por hablar corrientemente el inglés. Él fue quien me mostró el preciosísimo manuscrito de Ben Hered y quien más influyó para que me lo vendieran, pues me decía:

—Mi querido amigo, estoy seguro de que tú sacarás de él muchísimo más provecho que mis venerables hermanos; y en vez de que la humedad, los ratones y la polilla lo acaben de destruir aquí, es preferible que tú lo des a conocer al mundo.

Hubo otro motivo que despertó en él una profunda gratitud hacia mí. El pobre viejo padecía diabetes y se iba acabando poco a poco. Desde luego, su dieta alimenticia era tan severa, que como él decía: «Si no me mata la diabetes, me consumirá seguramente la dieta; no me permite el médico comer nada, y a pesar de mis años, tengo aún, como Moisés, mi dentadura completa y bastante buen apetito».

Cuando supe la enfermedad que padecía, le dije:

—Mi querido Atanasio: si tú quieres, yo te voy a curar. Conozco en Méjico una persona que curó de esta misma enfermedad a un amigo mío, dándole una hierba maravillosa que se produce en Orizaba. Si quieres, yo le escribiré para que me la mande; te aseguro que remediarás tu mal sin tener que sujetarte a dieta ninguna.

La idea de no tener que sujetarse a una dieta fue mucho más poderosa razón que otra cualquiera, y así aceptó gustoso mi propuesta. Escribir desde aquí, en el Sinaí, donde los correos son muy irregulares, me pareció inútil, ya que pocos días después debía yo marchar a Jerusalén. Desde allí escribí a mi amigo el doctor Dreign, de Orizaba, en Méjico, para que me mandara la hierba, cuyo nombre indio yo no recordaba por ser algo enrevesado.

Pasaron los meses; la hierba no llegaba y, la verdad, yo mismo me había olvidado de ella. Cierto día me avisaron que un peregrino venido de

Méjico deseaba hablarme. ¿Cuál no sería mi sorpresa al reconocer al doctor Dreign? Había venido a Tierra Santa a ganar el jubileo que se celebraba este año. El buen doctor me traía un cargamento de la hierba maravillosa y a más otro de hierba del zopilote, buena para el estreñimiento. Desde luego, mandé un paquete de la primera al hermano Atanasio con una carta explicándole la causa del retraso y dándole las debidas instrucciones para tomar esa medicina. No tenía que guardar dieta, podía comer de todo, hasta dulce. Hecho esto, me olvidé por completo del asunto, entregado como estaba a la *adaptación* de la primera parte de las *Memorias*.

Al volver ahora al Sinaí traje conmigo lo restante del cargamento de la hierba maravillosa, y no me he arrepentido. Cuando me presenté a los pies de la muralla que circunda este monasterio, pidiendo ser recibido, tuve que esperar más de una hora bajo los rayos de un sol abrasador. Al fin se presentó el hermano Atanasio y mandó me subieran en un canasto elevador del que hablé ya en otro lugar. Entonces me contó el buen lego las dificultades que habían surgido para mi admisión, dadas las trapisondas de los anticuarios, y cómo había tenido él que usar su influjo con el abad para que que me admitieran, saliendo por mí fiador.

—¿Y cómo va la salud? —le pregunté.

—Muy mejorado —respondió—; la diabetes va desapareciendo y puedo comer de todo; esa hierba es maravillosa.

Sin duda, mi querido Bill, estará usted en ascuas por saber si he encontrado los deseados pergaminos. Desgraciadamente, hasta ahora (y llevo aquí tres días) no he podido encontrar ni rastros. Mucho me temo que la obra quede incompleta.

Y como esta carta va ya larga y hay oportunidad para que un correo la lleve a Alejandría, doy aquí fin y quedo, como siempre, suyo,

MYLES.»

«*Boston Graphic*.
Boston, Mass. (U. S. A).
Mister Myles Connelly.
Monasterio de la Transfiguración. Monte Sinaí. Arabia.

Su interesantísima carta nos ha dejado a todos de lo más desconsolados. ¿Será posible que se hayan perdido esos pergaminos? No lo puedo creer. Y si los encuentra, ¿se los dejarán sacar? Caso que no pueda, no repare en gastos; trasládese con sus traductores y amanuenses a ese monasterio y cópielos. No es posible que esas *Memorias* queden incompletas; sería una verdadera pérdida para la Humanidad.

Usted habla de los anticuarios yanquis; pues le digo que más me ha dado que hacer un editor de Buenos Aires, el cual ha pretendido hacer no sólo una edición fraudulenta de la primera parte de las *Memorias,* sino que, como otro Avellaneda, ha anunciado que publicará la segunda parte de ellas. Afortunadamente, lo he sabido a tiempo, y como la obra y el título están registrados en todo el mundo, ya he dado parte a nuestro embajador en Argentina, y a nuestro cónsul en Buenos Aires que estén alerta, le caigan cuando menos lo espere y lo reduzcan al orden.

Pero todo esto no importa; lo indispensable es que usted encuentre el «verdadero manuscrito» para publicarlo. Aun suponiendo que salga alguna imitación, habrá entre ella y el original más diferencia que entre el insulso *Quijote* de Avellaneda y el original de Cervantes.

No tengo más sino suplicarle me dé el nombre de esa hierba maravillosa para la diabetes, pues el presidente de nuestro «Board of Directors» sufre mucho de la misma enfermedad y me ruega le indique usted cómo puede conseguirla.

Buen éxito y no desanimarse. Suyo,

BILL.»

«Monasterio de la Transfiguración. Monte Sinaí.

Mi querido Bill:

Verdaderamente esta hierba es maravillosa. El hermano Atanasio ya está casi bueno. Lo mejor del caso es que merced a la hierba he podido permanecer aquí siguiendo mis pesquisas.

Ha de saber usted que el buen abad del monasterio, Pafnucio, es víctima también de la diabetes. Ha ido repetidas veces a Alejandría a consultar con los mejores especialistas, y, en lugar de curarlo, lo están acabando a pesar de las inyecciones de insulina, y, lo que es peor, con la dieta. El buen viejo tiene una «polifagia» terrible, a la que se añade una «poliuria» no menos inconveniente, y se está quedando ciego; todo por el malvado azúcar. Cuando me contó sus achaques y los remedios que le han dado, le dije con toda seriedad: «Recuerde este aforismo de Hipócrates: "Si te quieres morir de los riñones, deja que te pongan inyecciones"». El viejo se llevó un susto fenomenal y me rogó que le curara como al hermano Atanasio. Objeté que había que mandar traer la hierba de Jerusalén, y así tenía yo que permanecer en el monasterio hasta que aquélla llegara. Claro, no tuvo dificultad en que me quedara, tratándome con toda clase de consideraciones y dejándome en entera libertad de ir a donde me pareciera. Escribí a un amigo mío en Jerusalén, diciéndole me remitiera con el portador un gran paquete de la otra hierba que había yo dejado allí, llamada «hierba del zopilote», buena para el estreñimiento.

No tengo que decirle que he llegado a ser el hombre más notable de este monasterio, pues a los pocos días de tomar la hierba maravillosa, el abad Pafnucio empezó a mejorar notablemente, y, lo que fue más consolador para él, pudo comer de todo.

Cuando volvió de Jerusalén el mensajero, guardé con cuidado la hierba del zopilote para que no se descubriera el engaño.

Mientras tanto, ayudado por el hermano Atanasio, empecé a hacer un registro minucioso, no sólo de la biblioteca, sino de todo el monasterio. Un día vino triunfante mi compañero; había encontrado en los sótanos de la iglesia varios canastos con pergaminos. Volé a verlos, y en cuanto tomé uno de ellos, cuando reconocí en la letra que eran los que buscaba. Desgraciadamente, muchos de ellos están arruinados por la humedad y completamente ilegibles. Algunos, pasables; pero la mayoría no se pueden leer, a no ser que, por algún procedimiento químico, se renueve el *atramentum* (tinta).

Una vez obtenido este triunfo, me quedaba aún por vencer otra dificultad mayor: que me los vendieran. Ya he dicho que estos monjes cismáticos son muy ignorantes y al mismo tiempo muy desconfiados.

Cuando el abad supo lo del descubrimiento, se encerró en no venderlos por precio alguno. Yo no quise insistir, sino que, oída su decisión, le anuncié que partiría llevándome mi hierba y dejándole a media curación. No pareció darle a mi partida la importancia que yo esperaba, y comencé a conjeturar la causa. Al fin se me ocurrió una argucia que surtió efecto. Con toda malicia escondí la verdadera hierba, dejando en su lugar, a la vista, la del zopilote. Como me lo esperaba, uno de los legos, cuando yo estaba fuera de mi cuarto, fue a robar hierba. Yo me hice el desentendido; pero al día siguiente, el pobre abad, por haber tomado de la hierba robada gran cantidad, estaba que se moría de diarrea. Hacía yo mis preparativos de marcha, cuando uno de los monjes principales me vino a dar la noticia del trabajo del abad.

–Y a mí ¿qué me importa? –le respondí–. Yo me voy, y ustedes arréglense.

Se me arrodilló el pobre viejo, y me rogó fuera a ver al abad, el cual, llorando, me confesó su falta, y me suplicó le curara.

Exageré yo entonces el peligro, diciéndole que la hierba robada que había tomado era muy venenosa; que yo me marchaba, y que él se las arreglara como pudiera. Entonces Atanasio intervino, y persuadió al abad que me vendiera los pergaminos, a trueque de que le curara. Después de hacerme yo mucho de rogar, consentí, y fijé el precio en cien dólares por los manuscritos.

Por supuesto, que luego mejoró el abad con sólo dejar de tomar la hierba del zopilote; y cuando, muy agradecido, fue a ver los pergaminos, no comprendiendo su valor, viéndolos tan destrozados por la humedad, con toda generosidad me los regaló Yo, en cambio, le di un gran paquete de la hierba maravillosa.

Más que de prisa dejé el Sinaí, temiendo se fuera a arrepentir el viejo. Ya le volveré a escribir desde Jerusalén.
Como siempre suyo,

Myles.»

P. D.–El nombre de la hierba maravillosa es *mosoquelite*».

**2
MANUSCRITO DIVINO**

«Jerusalén.
Al editor del *Boston Graphic*.
Boston, Mass. (U. S. A).
Querido Bill: Al fin estoy a salvo en esta ciudad con mi cargamento. Desgraciadamente he tropezado con una dificultad que parece insuperable. La gran mayoría de los pergaminos están inservibles, pues el tiempo y el descuido los han puesto en estado que no se pueden leer. La humedad, por su parte, ha convertido otros en pedazos; son verdaderos jirones. Cuando, con sumo cuidado, tratamos de desenrollarlos, no pocos caían hechos polvo por la polilla. No sé qué hacer; estoy desanimado, pues todos los procedimientos que he seguido, ayudado de estos buenos frailes franciscanos, con quienes vivo, no han dado resultado.

Creo que el último intento será hacer venir un experto en la reconstrucción de antiguos manuscritos, que haga lo posible para ver si la tinta se puede esclarecer lo suficiente para que sean legibles los que no están aún destruidos por completo.

Ésta se la envío por correo aéreo, esperando me conteste por cable. Ya registré mi firma en la oficina de esta ciudad. Diríjase así: *Myles. Jerusalén*.

Quedo esperando ansioso su respuesta.

Myles.»

* * *

«Myles. Jerusalén.
Recibida carta. No se desanime. Telegrafío experto del Museo Británico para que vaya a ésa.

Bill.»

* * *

Pocos días más tarde llegó este otro cable:

«Myles. Jerusalén.
Experto británico rehusa ir. No desanimarse. Telegrafiaré.

BILL.»

* * *

Una semana más tarde llegó este otro:

«Myles. Jerusalén.
Mr. Junneman, experto alemán, sale para ésa. Ánimo.

BILL.»

* * *

«Jerusalén.
Al editor del *Boston Graphic*.
Boston, Mass. (U. S. A).

Querido Bill: Al fin llegó Mr. Junneman, con un compañero y veinte cajas de cargamento. Tuve gran dificultad en que pasaran por la Aduana, pues todavía tienen miedo aquí a los alemanes. Se imaginaron que tantas cajas de sustancias químicas y aparatos de rayos X y violeta, con otros que no sé para qué son, eran para preparar la guerra futura. Por suerte, el cónsul americano, que está muy interesado en mis trabajos, salió como fiador con las autoridades jerosolimitanas. Al fin dejaron pasar las cajas, después de revisarlas escrupulosamente y mediante el pago de doscientas libras esterlinas. Menos mal.

Mr. Junn –que así le llamo– empezó a hacer sus experiencias con sustancias químicas, sin obtener resultado apreciable. En vista de esto, se tuvo que hacer una instalación tan delicada como costosa. En esto se emplearon varios días. Empezaron por fin los experimentos, a los que no pude asistir, pues son secretos. Mr. Junn y su compañero trabajan solos. Como ninguno de los dos habla inglés y yo no hablo alemán, me he tenido que entender con ellos por medio de un fraile sajón que gustosamente se ofreció a servir de intérprete.

Usted calculará lo que he sufrido, devorado por la impaciencia, pues estos alemanes son en extremo cachazudos y toman su tiempo sin inmutarse. Figúrese lo que sentiría yo, al tercer día de los experimentos, cuando vi a los dos cerrar el laboratorio e ir a conocer Jerusalén, como si nada tuvieran que hacer. El fraile intérprete me consoló diciendo que habían dejado los aparatos funcionando, y que durante este tiempo, no pudiendo hacer nada, habían querido dar un paseo por la ciudad. Así pasó una semana. El día octavo, muy de mañana, estaba yo aún dormido, oí que daban grandes golpes en la puerta de mi cuarto, y brinqué de la cama asustado.

II. YO SOY-2. MANUSCRITO DIVINO

Abrí la puerta, y me encontré con el ayudante, que me decía: *Geschenk für den Ueberbringer einer guten Nachricht.* «Muy buenos días» –le respondí, sin entender una palabra de lo que me decía, lo cual notando el germano, y con sonrisa benévola, dijo: *Halleluya, halleluya.* «Sí, sí, aleluya, aleluya; pero ¿qué desea?»

Viendo que era inútil hablar, me tomó del brazo sin ceremonia, y, a pesar de que yo estaba en pijama y descalzo, me arrastró al laboratorio. El espectáculo que se presentó a mis aún somnolientos ojos no lo olvidaré. Mr. Junn, con su mandil de cuero y grandes anteojos oscuros, estaba a la puerta con una tira de papel negro en la mano, y, con sonrisa de triunfo repitiendo al propio tiempo *Deutschland über alles,* me lo entregó.

No lo podía creer: era la copia negativa de una de las hojas del manuscrito, perfectamente legible.

Llamé inmediatamente al intérprete, y éste me explicó que aquélla era la primer fotografía obtenida por un procedimiento nuevo y secreto por medio de la química y con ayuda de los rayos X y violeta. Al propio tiempo me mostró la hoja de pergamino, en la cual la escritura era completamente ilegible, pues parecía del todo horrada.

Ya calculará usted mi alegría. Entonces, tratando de dar muestras de agradecimiento a Mr. Junn y su compañero, les estreché la mano, diciendo *Halleluya... Über alles!* Pues hasta allí alcanza mi alemán.

Quiero que la noticia le llegue cuanto antes, y así termino. *Goodbye.*

MYLES.»

* * *

«*Boston, Graphic.* Boston, Mass. (U. S. A).
Mr. Myles Connell. Jerusalén.

Querido Myles: No se imagina la alegría que nos dio su última, pues habiendo consultado a varios químicos de ésta, nos aseguraron que era cosa menos que imposible el revivir una tinta de hace veinte siglos.

Ni puede conjeturar la pena de nuestros lectores al saber que, muy probablemente, no se publicaría la segunda parte de las ya famosísimas *Memorias* de Ben Hered. Hemos recibido innumerables cartas y telegramas en que, o se lamentan por ello, o nos ofrecen ayudar pecuniariamente si es necesario para que no se omita gasto alguno con tal de que se publique la segunda parte.

En vista de esto, nos pareció conveniente publicar un *extra* cuando recibimos su carta, y antes de tres horas se habían agotado lo doscientos mil ejemplares en que anunciamos el suceso.

He aquí el encabezado del *extra:* «Triunfo inaudito de nuestro gran reportero míster Connelly. Prodigio de la química moderna y los rayos violeta. La segunda parte de las *Memorias* de Ben Hered se publicará próximamente».

Todas las agencias cablegráficas publicaron la noticia, y hemos recibido telegramas congratulatorios desde Australia y Suráfrica, por no decir nada de las cartas y telegramas de todas partes de los Estados Unidos. Las grandes estaciones radiodifusoras del continente dieron parte del suceso.

Esto le demostrará el interés que ha despertado la publicación de un documento tan importante escrito hace veinte siglos.

Y aquí termino felicitándole y rogándole me mande cuanto antes las primeras cuartillas de la segunda parte.

Hágame el favor de decirme, desde luego, cuál debe ser el título del segundo tomo de las MEMORIAS DE UN REPORTERO DE LOS TIEMPOS DE CRISTO, pues hemos ya recibido muchas cartas en que nos lo preguntan.

Hasta luego,

BILL.»

* * *

«Jerusalén.
Al editor del *Boston Graphic*.
Boston, Mass. (U. S. A).

Querido Bill: También los periódicos jerosolimitano publicaron la noticia que las agencias cablegráficas enviaron a todo el mundo. Esto nos ha causado algunas molestias, pues como el presente año han venido a Tierra Santa muchos peregrinos, la mayoría han querido ver con sus propios ojos el original de las *Memorias* de Ben Hered, y nos han estado importunando con sus visitas.

Igualmente le comunico que en mi radio de onda corta tuve el gusto de oír el anuncio hecho por las grandes difusoras de los Estados Unidos.

Pasando a nuestro asunto, le hago saber que, mientras no tengamos fotografiados todos los pergaminos, nos es imposible empezar a mandarle los capítulos que desea. Los diversos volúmenes no están numerados, y es parte de la adaptación el arreglarlos de una manera lógica, ya que no cronológica, pues ni Ben Hered lo hizo. Nuestro reportero de antaño no se propuso seguir un orden definido, sino que escribió sus impresiones del modo que mejor le pareció. Y quede esto sentado desde ahora por si a alguno se le ocurre poner esta objeción infantil.

Para que tenga algo que publicar, le remito copia del original árabe y la traducción del famosísimo documento de Mahoma. Dice así:

«En el nombre del Dios Clemente y Misericordioso.
»Mahoma-Ebn-Abdallah ha dado este edicto para todo el mundo en general.

»Declaro ser el confidente de Dios y el encargado del depósito de la criatura que Él le ha confiado. Para que nadie pueda alegar ignorancia, he escrito este edicto en forma de ordenanza para los de mi nación y para todos los cristianos de Levante y de Poniente, de cerca o de lejos; para cuantos sean elocuentes y no elocuentes, conocidos y desconocidos. El que no siga su contenido y no ejecute cuanto yo mando, obrará contra la voluntad de Dios, y merecerá ser maldito sea quien fuere, ya sea sultán o cualquier otro musulmán.

»Si un sacerdote cristiano o ermitaño se retira a una montaña, cueva, llanura, desierto, ciudad, villa o iglesia, estaré detrás de él como su protector contra cualquier enemigo, estaré yo mismo en persona y con mis fuerzas y vasallos, porque estos sacerdotes son mis "rayas", y haré que no se les haga mal. No es lícito cambiar a un obispo de obispado, ni a un sacerdote de su religión, ni a un ermitaño de su ermita. En la construcción de las mezquitas no debe entrar cosa alguna perteneciente a sus iglesias ni a las habitaciones de los musulmanes. El que no se conforme con lo establecido, contradirá la ley de Dios y de su profeta.

»Se prohíbe poner contribuciones a los sacerdotes, obispos y devotos. Conservaré sus prerrogativas dondequiera que estén, en la tierra o en el mar, al Levante o al Poniente, al Sur o al Norte; gozarán de mis privilegios y salvaguardia contra todo acontecimiento desagradable. Los que sembraren y plantaren en las montañas y sitios desviados, no pagarán ni diezmos ni contribuciones, aunque sean voluntarias, cuando lo necesiten para alimentarse. Si faltase el trigo, se les ayudará con una medida por casa, y no estarán obligados a ir a la guerra ni a pagar impuestos.

»Los propietarios de inmuebles o de géneros comerciales no deben pagar por año sobre la cantidad de doce dracmas de plata. Nadie debe ser molestado; no debe entrarse en discusiones con los que sigan los preceptos del Evangelio, sino emplear con ellos medios de dulzura, dejando aparte cuanto pueda ser desagradable y conservando el ala de su misericordia. Cuando una mujer cristiana vaya a la casa de los musulmanes, deberá tratársela bien y autorizarla para ir a una iglesia a hacer sus devociones sin ponerla obstáculo a su religión. El que hiciere lo contrario, será tenido por rebelde a Dios y a su Profeta.

»A los cristianos se les ayudará a conservar sus iglesias y casas, y así se contribuirá a guardar su religión. Estarán exentos de tomar las armas, y los musulmanes lo harán por ellos y no desobedecerán esta ordenanza hasta el fin del mundo. Los testigos que certifican de la verdad de este edicto, que ha dado complemento de cuanto se les ha ordenado, son: Ali-ebn-Taleb, Abubekr-ebn-Aby-Hohafey.

»Este edicto lo ha escrito de su puño y letra Aby-Taleb el 3 de mohanan, segundo año de la hégira y de Jesucristo 1 de agosto de 622. Lo firmó el mismo Profeta. Feliz de aquel que hará según su contenido, y desgraciado el que obrare en lo contrario.»

Como el abad Pafnucio quedó tan contento conmigo por haberle curado, a insinuación de mi buen amigo el lego Atanasio, me regaló la copia que de documento tan interesante hiciera el pobre anticuario novicio que pretendió robar el original.

Repito que es copia, pues la carta auténtica del profeta queda en poder de los buenos monjes cismáticos del Sinaí.

La actual traducción la hizo un turco muy erudito, y va tal cual me la dio, llena de galicismos, por los cuáles no salgo responsable.

Y, a propósito de esto, le contaré un curioso incidente.

El turco, que se llama Manchin, es un devoto mahometano. Cuando vio que el documento era una copia auténtica del profeta y se hizo cargo del contenido, se puso el pergamino sobre la cabeza, y dijo: «Yo, como fiel mahometano, acato la voluntad del profeta; jamás perseguiré a los cristianos que viven entre nosotros, y siento en el alma que haya turcos renegados que violan la voluntad del padre de los creyentes».

Tan pronto como pueda le mandaré los primeros capítulos de la segunda parte de estas famosísimas *Memorias*. Desde luego le participo que es imposible publicarlos todos, pues, desgraciadamente, varios pergaminos son sólo jirones y otros están hechos polvo por la polilla. Gracias a Dios, lo principal creo que ha quedado en claro merced a la industria admirable de Mr. Junneman.

Hasta muy pronto.

MYLES.»

* * *

«Jerusalén.
Al editor del *Boston Graphic*.
Boston, Mass. (U. S. A).

Querido Bill: Al fin van las primeras cuartillas del segundo libro de las MEMORIAS DE UN REPORTERO DE LOS TIEMPOS DE CRISTO, escritas hace veinte siglos por el judío hispano Rafael Ben Hered.

Siguiendo el espíritu de esas *Memorias*, le he puesto a la segunda parte el título de YO SOY.

La razón que me ha movido a ello es la siguiente: En el primer libro, Ben Hered trató de averiguar si Jesús de Nazaret era el prometido en la ley y los profetas, y quedó persuadido de que era el que había de venir. Es decir, era el Embajador prometido: el Mesías.

En este segundo libro se discute quién es ese Embajador, ese Mesías, esto es, si es un Profeta, o un Ángel, o el Hijo de Dios. Y a esta última pregunta, Jesús respondió: *«Yo soy»* Va poniendo Ben Hered todas las opiniones de sus contemporáneos y al fin la suya. Repito que no es una vida de Jesús de Nazaret ni cosa que se le parezca; es una investigación que, sin plan preconcebido, va haciendo el rabí español. Por eso, no hay que esperar orden alguno cronológico. Son unas *Memorias* sin orden especial, y nada más.

Como lo hice notar la vez pasada, yo no traduzco literalmente, sino que adapto la narración de hace veinte siglos a la manera de hablar y pensar de nuestros días. No hay, pues, que tomar como anacronismo lo que es solamente consecuencia de la adaptación.

Igualmente pongo con letra especial aquellos pasajes de Ben Hered que tienen un sabor evangélio. Todo lo que va con esa letra lo he tomado de los Evangelios en mi adaptación, no teniendo lo restante de la narración más autoridad que la del autor hispanojudío de estas *Memorias*.

Suyo,

MYLES.»

P. D.–Las *Memorias* empiezan así:

3
LOS RECABITAS

Herodes *el Grande* había procurado helenizar a los judíos. Con este objeto, construyó en la misma ciudad de Jerusalén no sólo un anfiteatro, sino un hipódromo, donde con gran disgusto de los fariseos y con disimulado placer de los saduceos, se verificaban toda clase de juegos, con asistencia de la corte y de los judíos helenizados de su tiempo.

Siendo demasiado pequeño el hipódromo de Jerusalén, Herodes construyó uno muy hermoso y capaz cerca de Jericó, población en donde vivía Zaqueo.

Desde la muerte de Herodes, los romanos mandan en Judea, y, para no excitar demasiado las susceptibilidades israelitas, los presidentes romanos procuran que los grandes juegos, en especial las carreras de caballos, se verifiquen fuera de los muros de la Ciudad Santa, en el estadio de Jericó.

Un día se me presentó el simpático y menudito publicano Zaqueo para invitarnos a unas magníficas carreras que debían verificarse en Jericó en honor del cumpleaños del emperador Tiberio.

Sin decir nada a mi amigo Samuel, por no escandalizarle, y pretextando un viaje de negocios, Quarto y yo salimos de Jerusalén en compañía de nuestro amigo.

No es mi intento hacer una descripción de lo que son las carreras de caballos de Jericó, por no diferenciarse en nada de las que se efectúan en Roma, si se exceptúa que aquí hay quizá mejores caballos, pues en su mayoría son de raza árabe, los mejores corredores del mundo.

Entre los caballos que corrieron en aquella ocasión había tres –que ganaron las carreras– y que, entusiasmado, decidí comprar a cualquier precio.

–Yo conozco al dueño de estos caballos –me dijo Zaqueo–, y con gusto te lo presentaré, aunque me temo que no quiera venderlos
–Estoy dispuesto a dar el precio que pida –respondí–; así, pues, acepto tu insinuación, y veremos si su dueño puede resistir mis ofertas.

Al día siguiente se presentó en la casa de Zaqueo, donde habitaba yo, un hombre altísimo, de barba blanca, larga y muy bien cuidada, vestido con el traje de los beduinos del desierto.

–Te presento –dijo el publicano– a mi gran amigo Jonadab, el patriarca de la tribu de los recabitas, que habitan actualmente en la península del monte Sinaí, aunque antes vivían a orillas del mar Muerto.

La impresión que me causó aquel gigante, de constitución atlética y rostro tan hermoso como venerable, después que hube conversado con él por algún tiempo, sólo puedo describirla diciendo que me pareció estar delante de nuestro padre Abrahán. Es el tipo neto del israelita de la época patriarcal. Sus modales son los del hombre noble del desierto, sencillos y al propio tiempo sumamente dignos y majestuosos. Su voz profunda tiene un timbre tan agradable como solemne, y su conversación es de lo más pintoresca e instructiva. Me hizo, desde luego, la impresión de que su espléndida memoria es uno de los más completos archivos de las tradiciones de Israel. Sus costumbres, verdaderamente patriarcales por lo puras, se manifiestan en lo limpio de sus conceptos. Su alma transparente brilla en lo tranquilo de su mirada. Es sin exageración un niño con experiencia secular, pues según supe su edad pasa de ciento diez años.

–Yo no vendo mis caballos, rabí –me dijo, acariciándose la barba–. Son mis hijos, de los cuales estoy orgulloso, y no puedo separarme de ellos. Pero, ya que tanto te gustan, te hago la proposición de que vengas conmigo a mi aduar, al pie del Sinaí, y allí te mostraré otros caballos, aún jovencitos, hijos de estos que tanto admiras, y que prometen asemejarse a sus padres. Ésos quizá te los cederé, no a cambio de monedas, sino de algunas gemas que posees y que me ha mostrado tu amigo Quarto.

– ¿Te gustan las gemas? –pregunté, entusiasmado.
–¿No te gustan las estrellas? –me respondió.
–Sí –repuse fríamente.
–Se ve que no las has contemplado brillando en el cielo del desierto. Pues debes saber que las gemas no son otra cosa sino piedras maravillosas que conservan en sus entrañas la luz de las estrellas; por eso me gustan tanto.

Quedó, pues, concertado el viaje, y una noche salí, en compañía de Jonadab y sus hombres, rumbo al Sinaí montando una hermosísima yegua llamada *Berecine*. Sólo caminábamos de noche, guiados por las estrellas, descansando durante el día bajo tiendas de pieles que me recordaban las de Salomón.

–Y ¿por qué viajas solamente de noche? –le pregunté.
–El sol del desierto ha tostado mi rostro –respondió–, no temo sus rayos; pero ¿crees que puedo permitir que mis hijos –y señalaba sus caba-

llos favoritos– sufran juntamente el cansancio del camino y los calores del sol?

Nunca olvidaré la temporada que pasé al lado de Jonadab, el patriarca de la tribu de los recabitas, en su aduar al pie de la magnífica y sagrada montaña del Sinaí. La vida feliz, tranquila y laboriosa de aquella tribu nómada, de sentimientos religiosos profundamente arraigados, fue una nueva revelación para mí. Pero el mayor fruto que saqué de mi visita se debió a las conversaciones del venerable Jonadab. Sus ideas religiosas, tan antiguas casi como el mundo, me parecieron del todo nuevas, y abrieron ante mis ojos horizontes desconocidos.

–No sé –me dijo Jonadab estando una noche sentados a la puerta de su tienda– si tú has oído hablar del pueblo de los kenitas, al que pertenecía Jetro, el suegro de Moisés.

–Los conocía con el nombre de cineos –respondí.

–En efecto, así los llaman algunos; pero su verdadero nombre es kenitas, que significa «los herradores», pues se dedicaban, a más del pastoreo, a forjar herraduras para caballos, por los cuales siempre han tenido las tribus del desierto un cariño particular. Con una hija de este pueblo, llamada Séfora, se casó Moisés, y tuvo de ella un hijo llamado Gerson.

–Conozco la historia de Moisés –dije–. La he leído en el *Éxodo*.

–De Hammat, kenita, abuelo de Jonadab (el primero de este nombre) venimos los recabitas, pues Recab, hijo de Jonadab, fue el fundador de nuestra tribu, y de él derivamos nuestro nombre –dijo el anciano.

–Recuerdo haber leído en el Libro II de los Reyes de un Jonadab recabita, que fue amigo de Jehú, celoso rey de Israel –repuse.

–Quizá entonces –prosiguió el patriarca– habrás también leído en el capítulo 35 de Jeremías algo muy importante sobre nuestra familia.

–No lo recuerdo –dije.

Jonadab se levantó, y, entrando en su tienda, volvió con un candil de aceite encendido y un rollo. Entregándome aquél para que le alumbrara, con gran devoción desenrolló el pergamino, y dijo:

–Voy a leerte el pasaje de Jeremías a que me refiero –y con gran pausa leyó lo siguiente–: «*Palabras que el Señor dirigió a Jeremías: Anda ve a la familia de los recabitas y habla con ellos, y condúcelos a la casa del Señor a uno de los aposento y preséntales vino para que beban. Llevé, pues, conmigo a Jezonías, y sus hermanos y sus hijos, y a la familia de los recabitas, y presenté a éstos tazas y copas llenas de vino, y les dijo: Bebed vino. Mas ellos respondieron: No lo beberemos porque nuestro padre Jonadab nos dejó este precepto: Nunca jamás beberéis vino, ni vosotros ni vuestros hijos; no edificaréis casa, ni sembraréis granos, ni plantaréis viñas ni los poseeréis, sino que habitaréis en tiendas todos los días de vuestra vida, a fin de que viváis mucho tiempo sobre la tierra, en la cual sois vosotros peregrinos. Hemos, pues, obedecido a la voz de nuestro padre Jonadab, y por eso no bebemos vino, ni fabricamos casas, ni tene-*

mos viñas ni sementera, sino que habitamos en tiendas de campaña» –y enrollando devotamente el pergamino y apagando el candil, añadió–: ¿Qué te parece?

–La verdad, no sé qué pretendes que te responda –dije.

–Que nosotros, los recabitas, somos los que realmente hemos entendido la mente de Yahvé. Vivimos una vida errante, como conviene a pastores, pues somos peregrinos en este mundo, siendo nuestra patria el cielo, trono de Yahvé, nuestro supremo Pastor.

La idea me pareció tan nueva y al propio tiempo tan pintoresca y sublime, que no supe qué responder.

–El resto de Israel no ha querido comprender a Yahvé –continuó Jonadab–. La vida errante del pastor que cambia de sitio en busca de pastos para alimentar sus rebaños, es la que conviene a los que somos peregrinos sobre la tierra. Ya desde el principio, el Señor manifestó su preferencia por Abel, pastor, más bien que por Caín, agricultor. La agricultura hace que el hombre se encariñe con la tierra donde vive, y se olvide de que es peregrino. De allí nacieron las ciudades, focos del vicio y de la injusticia. Caín fue el primero que edificó una ciudad, que llamó Henoc, en recuerdo de su hijo primogénito. Yahvé castigó a los descendientes de Noé, no tanto porque edificaron una torre, sino porque construyeron una ciudad.

Aquel anciano centenario hablaba con tal persuasión, que no me atreví a contradecirle.

–Yahvé había prometido enviar su Mesías, y por eso, queriendo formar un pueblo digno, justo, puro y desarraigado de este mundo, mandó a nuestro padre Abrahán que saliera de la ciudad de Haran, y le hizo pastor peregrino y no le permitió que construyera ciudad alguna. Su hijo Isaac y su nieto Jacob fueron igualmente pastores y peregrinos, hasta que sus descendientes se establecieron en las infames ciudades del Egipto, donde se pervirtieron y enseñaron a adorar las obras de sus manos.

No sabía a donde iba todo aquello, pero me parecía tan nuevo y tan conforme con la verdad histórica, que no tenía nada que objetar.

–Yahvé quería tener un pueblo de costumbres tales cuales requería la estirpe de la que había de nacer el tantas veces prometido. Entonces mandó a Moisés que sacara a Israel de Egipto, e hizo que anduviera errante cuarenta años por el desierto, para que desapareciera la generación vieja, mal acostumbrada a las ollas de Egipto, y la nueva cobrara cariño a la vida errante de los pastores.

–Pero ¿no le dio al fin a Israel –dije– una tierra para que habitara definitivamente?

–Le dio una tierra que manaba leche y miel –respondió el anciano–, esto es, una tierra montañosa impropia para la agricultura y la fabricación de ciudades y sumamente propia para el pastoreo, donde el ganado tendría

las ubres henchidas de leche, donde tendría abundante miel que le darían las abejas que habitan en los huecos de los peñascos. Y ¿sabes lo que trajeron los exploradores israelitas como muestra de la fecundidad del suelo?
—No lo recuerdo.
—Pues trajeron unos enormes racimos de uvas de los habitantes de las planicies, la perdición de nuestro padre Noé y de todos sus descendientes. Y ¿qué hacen los israelitas? En vez de dedicarse al pastoreo, se mezclan con los cananeos, habitantes de las ciudades y adoradores de una turba de Baales; se casan con las cananeas, y aprenden de ellos el cultivo de la tierra, a la que se apegan como el musgo a las rocas. Forman, como los cananeos, ciudades, centros de injusticia y corrupción, e imitándolos, se dan a la adoración de los Baales, a quienes atribuyen la fecundidad de la tierra, olvidándose de Yahvé, que permanece solo en su tienda, tu Tabernáculo, pues su ingrato pueblo vive ya, como los cananeos, en casas semejantes a las que construyeron los que edificaron Babel.
—Pero ¿te parece una falta el vivir en las ciudades? —pregunté.
—Otros pueblos pueden hacer lo que les parezca; pero el pueblo escogido debió permanecer puro, sin casarse con gentiles, y para esto no había otro remedio sino la vida nómada del pastor peregrino sobre la tierra. Pero no fue esto sólo —prosiguió Jonadab—, quisieron imitar a los otros pueblos, y pidieron a Yahvé un rey. Cansado Yahvé con la dureza de Israel, les dio un rey: Saúl.
—Pero luego vino David —argüí.
—Y tras de él vino Salomón, que acabó adorando a los Baales de sus concubinas, y luego una serie de reyes, en su mayoría malísimos, que hicieron idolatrar a Israel casi constantemente. Por eso vino como castigo el cautiverio. Si Judá, por lo menos, hubiera permanecido puro —continuó el anciano—, quizá la idea del futuro Mesías no estuviera, como está ahora, enteramente corrompida.
Aquella salida me llenó de curiosidad, vislumbrando la idea del patriarca, y esperé su explicación.
—Mira mi tribu —continuó enardecido—, es libre como el viento. ¿Qué nos importa a nosotros Roma, cuyo nombre sólo oímos cuando vamos a la Ciudad Santa? Por eso, ellos quieren un rey que los libre del yugo de la dueña del mundo; por eso esperan un rey temporal.
—Pues tú, ¿no esperas al Mesías —interrogué.
Los ojos del anciano brillaron en la oscuridad, se puso en pie y, levantando sus manos al cielo, dijo:
—Espero, y los míos todos esperan al Mesías; pero no un Mesías Rey temporal, sino a un Mesías Pastor, y Pastor no de los cuerpos, sino de las almas, que debe venir a redimirnos del cautiverio del Malo, que descarrió a nuestros padres en el Paraíso, donde Yahvé hizo su primitiva promesa.

4
SINAÍ

Aquella madrugada desperté de un modo extraño. Un canto monótona me hizo desperezarme, y al abrir los ojos no me di al punto cuenta de dónde estaba. El canto proseguía; al fin recordé que estaba en una tienda del aduar recabita. Como me había dormido vestido, en seguida me levanté del lecho, formado por una gran piel extendida. Aún era de noche, y las estrellas brillaban como sólo brillan en el cielo purísimo del desierto. Poco a poco me fui acostumbrando a la semipenumbra, y pude distinguir un grupo de hombres alineados de seis en fondo. Formaban una larga fila a modo de regimiento disciplinado; estos hombres eran los que cantaban algo que no pude comprender. De pronto se oyó el toque de un cuerno, y el regimiento se desparramó en grupos que se dirigieron a determinadas tiendas, iluminadas por candilejas de aceite. Me acerqué a la principal, que era la de Sara, la venerable esposa de Jonadab. Estaba ella personalmente repartiendo a los hombres unos canastos de mimbres, en los cuales, como después me enteré, iba preparando el almuerzo de aquellos pastores que debían pasar el día en los montes y cañadas cercanas cuidando de los rebaños. Terminada esta distribución, vi que entraban varias mujeres, las cuales salían igualmente cargadas de canastos con carne, trigo, legumbres y otros comestibles que debían servirles para preparar aquel día en sus tiendas la cena de sus esposos e hijos.

—¿No has leído el capítulo 31 de los *Proverbios* de Salomón? —me dijo por todo saludo una voz conocida.

—Mi querido Jonadab —respondí, saludando a mi amigo, que era quien me hablaba—, la verdad, no recuerdo a qué se refiere ese capítulo, que, sin duda, he de haber leído.

—Pues en el versículo 15, hablando de la mujer fuerte, es decir, de la mujer hacendosa, industriosa y económica, se dice que se levanta antes de que salga el sol, cuando aún es de noche, para repartir a sus criados el almuerzo, formado muchas veces de los productos de la caza del día anterior.

—Y a sus criadas —repuse— les da también las vituallas necesarias para la comida, o, como si dijéramos, el gasto del día, ¿no es verdad?

—Así es, mi querido rabí —respondió el anciano—, y ahora lo has visto actualmente practicado por mi esposa, y lo mismo hacen las principales mujeres de la tribu, que son las que habitan en todas esas tiendas donde luce constantemente una lámpara...

—Cuya luz no se extingue en toda la noche —completé.

—Ya verás durante el día a mi esposa y a las otras mujeres de la tribu dándole por igual vueltas a la rueda del torno o haciendo girar entre sus dedos el huso, pues son habilísimas de manos, y ellas tejen el lino y la lana de que fabrican nuestras vestimentas. Nosotros no tememos los rigores de

las frías noches, pues ellas nos zurcen nuestras camisas y nuestras túnicas.
—Y ¿hacen también sábanas de lino y cíngulos policromos de lana? —pregunté.
—Sí, también los hacen; pero los cambiamos por aceite a los cananeos, pues nosotros no usamos ni sábanas ni cíngulos —respondió el patriarca.
—¿Y ese vestido tan vistoso de lino finísimo y púrpura que lleva tu esposa, se lo trajiste de Egipto? —interrogué.
—Ella lo tejió también —replicó, orgulloso, el anciano—, como me ha tejido la túnica riquísima que uso cuando me siento a la entrada de nuestro campamento para administrar justicia, acompañado de los otros ancianos de la tribu.
—Con razón —dije— compara Salomón a la mujer industriosa y económica, a la nave de un comerciante que trae consigo todo lo necesario.
—La amo con todo mi corazón —prosiguió Jonadab—, y en ella tengo puesta toda mi confianza. Semejantes a ella son las otras mujeres de la tribu, económicas e industriosas; por eso no tenemos como otras tribus nómadas la necesidad de vivir del robo, despojando a las ricas caravanas que atraviesan el desierto.
—En verdad —añadí— que para encontrar mujeres como éstas, hay que venir al desierto, desde los confines del mundo.
—Pues ves todo esto —concluyó el anciano—, lo mejor que tiene mi esposa, lo mejor de todas las mujeres de esta tribu, es que temen al Señor, y por eso son justamente celebradas, mucho más que por su donaire y hermosura.
En aquellos momentos empezaba a salir el sol, lo que me proporcionó una vista admirable. Acariciado por los primeros rayos solares, el grupo del Sinaí, con sus rocas, su granito, sus pórfidos y sus areniscas, de una aridez y desnudez formidable, se perfilaba sobre el cielo azul con la precisión de un burilado en cobre.
—La belleza del Sinaí —exclamé, entusiasmado— es la belleza de la roca misma: roja, rosada, gris, blanca, verde, que contrasta con el azul del firmamento.
—Los que hemos nacido al pie de esta montaña —dijo Jonadab, sacándome de mi arrobamiento— la amamos con pasión, y cuando pasan algunos meses sin contemplarla, nos llenamos de tristeza.
—Si alguna vez —dije—, desengañado del mundo, quisiera venir a habitar esta maravillosa región, ¿me admitirías?
—Ya te lo he dicho antes: mi tribu y yo nos consideramos peregrinos sobre la tierra, y ésta nos pertenece a nosotros tanto como te pertenece a ti. El día que quieras venir puedes hacerlo sin permiso nuestro. Nosotros no habitamos, por otra parte, estas laderas sino de dos a tres meses cada año, cuando hay abundantes pastos para el ganado. Terminada la estación

de las lluvias, cuando la arena del desierto absorbe sedienta el agua que ha bajado de la montaña, levantamos el campo, y vamos a vivir a otros lugares, donde encontramos las pastos apropiados para nuestros rebaños.

Estaba a la puerta de la gran tienda del patriarca, desde donde se dominaba todo el campamento. Tenía éste la forma de un gran cuadro formado por las tiendas: cincuenta de cada lado. Tras de éstas estaban, bordeados por cercas de piedra, los corrales y los apriscos. En aquéllos se veían echados multitud de camellos y asnos; en otros, la vacada, y en éstos, las ovejas y las cabras, las cuales durante el día van a pacer a las cañadas y montes vecinos.

En el interior de este enorme cercado estaban unas grandes tiendas: los graneros de la tribu, y en el centro de todo una tienda mayor que las demás: la sinagoga o lugar de oración.

—¿Ves esas tiendas más grandes ante las cuáles hay enclavada un asta con banderola –dijo Jonadab–. Son las de los ancianos de la tribu. Yo sigo el consejo que dio Jetró a su yerno Moisés. Esos ancianos tiene cada uno jurisdicción sobre determinado número de familias. Ante ellos llevan nuestros hombres sus quejas, y los ancianos son los jueces que dirimen sus disputas. Solamente cuando hay quejas entre dos de estas secciones, vienen a mí para que decida, y mi sentencia es inapelable.

—¿Y los caballos? –pregunté.

—Éstos habitan con nosotros en nuestras tiendas –respondió, sonriendo, el anciano–; son parte de nuestra familia, ya te los enseñaré.

En aquellos momentos empezaban a salir de los apriscos los corderos y los cabritos.

—Los apriscos –prosiguió el patriarca– están muy bien cercados para evitar que los ladrones entren a robar los corderos. Sólo tienen una puerta por donde entran y salen los pastores, pues los ladrones se suben por las bardas, y por eso verás por las noches los guardas que vigilan constantemente. Cada pastor conoce una a una sus ovejas, y las llama por sus nombres; y cuando están pastando si oyen el silbido de su propio pastor, todas acuden presurosas para volver al redil. A veces los ladrones silban tratando de imitar a los pastores para atraer a los corderos; pero las ovejas conocen admirablemente el silbido y la voz de su pastor, y, lejos de dispersarse cuando algún silbido extraño, corren a reunirse con el resto del rebaño llevando a sus hijos.

—Y ¿qué haces con tantísimos corderos –pregunté.

—Nosotros criamos especialmente los corderos para el templo. Fíjate, y verás qué bien cuidados están. Mira la blancura sin manchas de su vellón. Cuando se acercan las fiestas, marchamos algunos a Jerusalén para vender allí nuestros animales para los sacrificios.

—¿De suerte que tú vas regularmente a Jerusalén? –dije

—Siempre voy yo personalmente para las grandes festividades de la Pascua –repuso Jonadab.

Deseando continuar la interrumpida conversación que sobre el Mesías había tenido con el patriarca, tomé esta oportunidad para decirle:
—Y ¿has oído hablar de Jesús, el Nazareno?
—Le conozco personalmente —respondió—, y esta vez sentí mucho no encontrarle en Jerusalén, pues me dijeron que no había venido a celebrar la Pascua.
—Y ¿qué opinión te has formado de Él? —inquirí, curioso.
—Tengo la misma que de Él tenía Juan Bautista —respondió.
—¿Conociste a Juan?
—Le oí predicar, y recibí de sus manos el bautismo de penitencia. Veo que te interesa mucho el asunto del Mesías, y como estás bien dispuesto, voy a decirte lo que pienso. Pero ven a mi tienda, que el calor empieza a arreciar.

Entramos, o más bien nos sentamos a la puerta.
—Un día que predicaba Juan, de pronto volvió su vista hacia el camino que baja de la montaña. Por allí venía un hombre cubierto con blanco albornoz. Al verle, exclamó el Bautista: *«He ahí el Cordero de Dios, que quita los pecados del mundo»*.
—Yo estaba allí también —dije.
—Esas palabras bastaron para que procurara yo averiguar quién era aquel hombre, y desde entonces no le he perdido de vista, y he asistido a su predicación siempre que he podido. Supe por unos pastores viejos de Belén que Jesús había nacido allí en una noche de invierno, y que un ángel se les había aparecido mientras guardaban las vigilias de la noche custodiando sus rebaños, y les había dicho: *«No temáis, pues vengo a daros una nueva de grandísimo gozo para todo el pueblo: y es que hoy ha nacido en la ciudad de David el Salvador, que es el Cristo, el Señor; y los pastores fueron a Belén a toda prisa, y hallaron a María, su Madre, y a José y al Niño reclinado en un pesebre»*.
—También yo oí esa misma historia —dije.
—Pero se me figura que tú no sacaste la misma conclusión que yo saqué al oír la historia del nacimiento de Jesús.
—Pues ¿qué conclusión sacaste?
—Que aquel Niño era, sin duda, el Pastor prometido, ya que primero que a ningún otro se había dado a conocer a los pastores por medio de un ángel.
—¿De modo que tú esperas un Mesías Pastor? —pregunté—. ¿No un Rey?
—Mi creencia no es mía —replicó—; es la creencia de mis padres, de mis abuelos, que han llevado vida de pastores, y de todos aquellos israelitas que se han procurado conservar puros, limpios de corazón. Si la pregunta que me has hecho a mí la haces a cualquiera de los de nuestra tribu, aun a los niños, todos responderán que el Mesías prometido tiene que ser Pastor, y no Rey como lo esperan los que viven en las ciudades.

—Y ¿en qué fundas esa creencia?
—Yo no la fundo, la fundó el mismo Yahvé —dijo Jonadab solemnemente—. Mira, rabí, y escucha las palabras de un anciano que repite lo que oyó a sus padres, que lo oyeron de sus antepasados.
—Escucho.
—Todos los rabís sin excepción admiten que cuando Yahvé arrojó a Adán y Eva del Paraíso por haberle desobedecido, dijo a la serpiente: «*Yo pondré enemistades entre ti y la mujer y entre tu raza y la descendencia suya; ella quebrantará tu cabeza, y tú andarás acechando su calcañar*». Todos admiten, digo, que aquella serpiente era el demonio, y que al decir que «pondría enemistades entre la descendencia de una y otra», prometía Yahvé al Mesías.
—Así he oído yo también explicar ese texto a los más eruditos escribas y doctores de Israel —dije.
—Pues bien, rabí, si crees tú como cree la inmensa mayoría que ese Mesías ha de venir para salvar a su pueblo de los romanos, te pregunto: ¿dónde estaban los romanos entonces?
—Claro que no existían —repuse, sonriendo,
—El enemigo del cual había de librarnos era el Malo, el demonio, que había hecho pecar a nuestros primeros padres.
—Perfectamente lógico —respondí, pareciéndome clarísimo el argumento.
—Y cuando Yahvé separó a nuestro padre Abrahán, le hizo pastor y le prometió que vendría el Salvador, dónde estaban los romanos?
—No existían —volví a repetir.
—Pero sí existía el Malo, el demonio, ¿verdad?
—No hay duda.
—¿Cuándo, pues, empezaron los israelitas a pensar en un Mesías Rey que debía venir a salvarlos de otros reyes, sino cuando ellos, dejando la vida de pastores, se les metió en la cabeza pedir a Samuel un rey? Entonces fue cuando, cambiando la idea primitiva de un Mesías que había de venir a librarlos del demonio, se les ocurrió que había de ser un rey temporal el que había de venir.
—Me parece muy cuerda tu teoría.
—Que ha de ser Rey el Mesías, nada tiene de particular, si se entiende por rey «el que rige, el que gobierna». ¿No era rey en este sentido nuestro padre Abrahán? ¿No soy yo también rey? Luego ese rey de ningún modo podía ser un rey temporal como los otros reyes, sino uno que *rigiera y gobernara* las almas, puesto que la lucha era contra Satanás, el enemigo jurado de ellas desde el principio, el príncipe de este mundo. Éste es el enemigo.
—Voy viendo que tienes razón —dije, mientras rumiaba en mi interior aquello de Samuel: «Sin el diablo no hay Cristo».

—Nosotros, los que con nuestra vida nómada y libre no nos preocupamos ni por Roma, ni por Grecia, ni por Egipto, conservamos tradicionalmente la idea de que el Mesías vendrá a regir nuestras almas para librarnos del cautiverio del *Malo*.

—Estoy de acuerdo que el Mesías no sea Rey temporal, sino de las almas —dije—; pero ¿de dónde sacas que ha de ser Pastor?

—Pastor es el que apacienta —respondió Jonadab—, y así como nosotros apacentamos nuestras ovejas, así el Mesías apacentará nuestras almas. Y esto no lo digo yo, que así lo ha dicho Yahvé por Ezequiel en el capítulo 34: «*A vosotros, empero, ¡oh rebaños míos!, esto os dice el Señor Dios: Yo salvaré mi grey, y no quedará más expuesta a la presa, discerniré entre ganado y ganado. Y estableceré sobre mis ovejas un solo Pastor que las apaciente; esto es, el Hijo de David; Él mismo las apacentará y será su Pastor. Yo, el Señor, seré su Dios, y el Hijo de David será el Príncipe en medio de ellas; Yo, el Señor, lo he dicho*». ¿Lo quieres más claro. Y ¿quién es el Hijo de David, ese siervo mío, sino el Mesías?

—Tu argumento me convence, y me hace abrir los ojos —respondí, conmovido.

—Los que vivís en las ciudades y no conserváis puros vuestros corazones, tenéis ojos y no veis; y si no, dime: ¿qué ves allí en la cumbre de la montaña?

Traté de distinguir lo que había en el punto indicado, y dije:

—Me parecen unas breñas...

—Los que vivís en las ciudades no tenéis la vista de los que habitamos en el desierto. Lo que ves, rabí, no son breñas, es un rebaño de cabras con su pastor. Pues lo mismo os pasa cuando se trata de las cosas de Dios; vuestra vista no alcanza lo que alcanza la de los que vivimos como pastores errantes por este mundo, que dirigimos constantemente nuestras miradas al cielo, tratando de llevar una vida pura.

Aquellas palabras me trajeron a la memoria las que había pronunciado Jesús en la montaña, y, conmovido, exclamé:

—«*Bienaventurados los limpios de corazón, porque ellos verán a Dios*».

5
PURIM

Después de haber vivido en Roma, Atenas, Alejandría y Jerusalén, la existencia nómada de los recabitas tenía para mí no sólo el encanto de lo nuevo, sino el de la comparación entre la vida agitada y corrompida de las grandes ciudades y la tranquila, laboriosa y pura de una tribu del desierto que había conservado las costumbres patriarcales de la época de Abrahán, nuestro padre.

La abstención absoluta de toda bebida embriagante, observada con la mayor religiosidad desde tiempo inmemorial por los recabitas, es, sin duda, la causa principal de que entre ellos las riñas sean casi del todo desconocidas. Por otra parte, la rectitud de una justicia inapelable, ejercida por los ancianos de la tribu, presididos por Jonadab, es causa de que cualquiera disensión sea al punto dirimida de modo equitativo. A esto se añade que cada uno tiene su ocupación perfectamente determinada, y así los hombres como las mujeres no están ociosos. A más de esto, hay que añadir que el sentimiento religioso está profundamente arraigado merced a la frecuente lectura de *La Torah*, tal como fue escrita, sin los absurdos o nimios comentarios de los fariseos.

Como lo indiqué ya, en el centro del campamento se levanta una gran tienda que sirve de sinagoga. En ella todos los sábados y las fiestas recibe el pueblo instrucción religiosa, y los niños, diariamente, concurren a hora determinada para aprender de memoria la ley y los profetas.

Aquí, además, se celebran con puntualidad todas las fiestas religiosas del Mazzoth o Pascua, la de Pentecostés, los Tabernáculos, la de las Luces y la muy curiosa de Purim o de las suertes, que tuve oportunidad de presenciar durante mi permanencia entre los recabitas.

–Sin duda te es familiar, como a todo israelita, la historia de Esther –me dijo el anciano patriarca.

–La aprendí en el regazo de mi madre –respondí, conmovido.

–Pues ahora verás cómo celebramos el recuerdo de ese gran favor que dispensó Yahvé a su pueblo en tiempo de Jerjes I, o Asuero, como se le llama comúnmente.

–¿Te refieres a la fiesta de Purim? –dije.

–Purim –respondió Jonadab– significa suerte, y lleva tal nombre esta fiesta porque Yahvé cambió la suerte de su pueblo, pues en lugar de ser exterminado, como había dispuesto Amán, se convirtió en exterminador de sus enemigos por la súplica que Esther hizo al rey Asuero.

–Tengo muy presente la historia –dije–. Amán, el principal ministro del rey, furioso porque Mardoqueo no se humillaba ante él quitándose la gorra para saludarle a su paso, obtuvo de Asuero un decreto para exterminar en un día determinado a todos nuestros hermanos.

–El infeliz Amán no había caído en la cuenta de que Esther, la esposa favorita del rey, era judía, y estando aquél invitado al banquete a que asistía la reina, creyéndose por esto muy favorecido, quedó aterrorizado cuando Asuero preguntó a su esposa: «*¿Qué deseas, Esther. Aun cuando me pidas la mitad de mi reino, te lo daré*». Ésta respondió: «*Si he hallado gracia en tus ojos, oh rey, concédeme la vida; ésta es mi petición, pues mi pueblo, y yo con él, estamos a punto de perecer degollados*». Entonces Asuero, muy indignado, preguntó: «*¿Quién, es y dónde está el que pretende hacer eso?*» «*Nuestro opresor y enemigo Amán, que está aquí presente*», dijo Esther.

—Verdaderamente se cambió la suerte –añadí–, pues Amán fue ahorcado en el gigantesco cadalso que tenía preparado para Mardoqueo.

—Y mientras aquél y sus hijos eran ajusticiados, Mardoqueo fue sublimado por Asuero a la primera dignidad del reino –terminó Jonadab.

En aquellos momentos sonó un cuerno y, como por encanto, los recabitas que estaban en sus tiendas fueron saliendo procesionalmente, dirigiéndose a la tienda central o sinagoga.

—Ven conmigo –dijo el patriarca, y nos dirigimos también a la gran tienda.

En una plataforma elevada en uno de los extremos nos colocamos, rodeados de los ancianos de la tribu. Uno de éstos, entonces, tomando un rollo de pergamino que contenía la historia de Esther, empezó a leerla pausadamente. No bien nombró a Amán cuando toda la tribu se puso a gritar: «Que perezca Amán, que su nombre sea borrado para siempre». Y lo mismo se repetía cada vez que se mencionaba el nombre odiado. En cambio, cuando el lector pronunciaba el nombre de Mardoqueo, el pueblo prorrumpía en atronadores vivas.

Una vez terminada la lectura, salimos todos, y entonces empezó una especie de pantomima representando el histórico suceso. En un caballo ricamente enjaezado iba montado un hombre vestido regiamente, representando a Mardoqueo, el cual empezó a caminar dando vueltas por todo el campamento, en medio de los vivas de la multitud, que lo aclamaba.

Terminado este paseo triunfal, aparecieron varios hombres llevando a la rastra a un monigote que representaba a Amán, y lo colgaron en la horca, entre gritos de execración de la tribu. Una vez terminada la ejecución, salieron dos grupos de niños, uno representando a los judíos y otro a sus enemigos. Aquéllos acometieron a éstos en medio de gritos, y cuando tuvieron a sus contrarios arrojados por el suelo, figurando que estaban muertos, el pueblo prorrumpió en un gran grito de triunfo.

La representación había concluido.

—Si tú has presenciado alguna vez esta misma ceremonia –dijo Jonadab–, habrás notado que, desgraciadamente, entre nuestros hermanos de las ciudades la celebración no termina aquí, sino que sigue a esto una terrible borrachera en señal de regocijo. Nosotros jamás bebemos vino, como lo prescribió nuestro padre, y por eso no hay escándalos. Mañana verás cómo celebramos el segundo día de esta fiesta.

La primera parte terminó cuando se extinguían los últimos resplandores del crepúsculo y la luna, velada por las nubes, empezaba a levantarse sobre el horizonte.

—No te asustes, mi buen rabí –dijo el patriarca–, si te despierta la tempestad, pues estas nubes, tan raras en el desierto, son precursoras de la tormenta. Vámonos a descansar.

Debí haber dormido profundamente algunas horas cuando me desperté un terrible trueno. Brinqué, asustado, del lecho y me dirigí a la puerta de mi tienda. El espectáculo que se presentó ante mis ojos me llenó de sorpresa: del extremo de todas las tiendas parecían escaparse haces de llamas fuliginosas, dando al campamento un aspecto inusitado. Pensé que las tiendas estaban ardiendo.

–Nada temas –me dijo la conocida, voz del patriarca–. Es un fenómeno prodigioso e inexplicable, pero frecuente durante las terribles tempestades del desierto.

Una serie de no interrumpidos relámpagos vivísimos ofuscaban mi vista, mientras el trueno continuo, multiplicado por el eco de las montañas, ensordecía mis oídos.

–Ven conmigo y nada temas –repitió el anciano–. Yahvé manifiesta su poder, pero está con nosotros, como estuvo en este mismo lugar con nuestros padres.

Le seguí unos pasos, y entonces contemplé algo como jamás he visto. A los confusos rayos de la luna, e iluminada por los relámpagos, vi la inmensa mole de la montaña sagrada: el Sinaí. Rodeada por negrísimas y tempestuosas nubes, la montaña parecía arder; tantos eran los relámpagos y los rayos que caían sin interrupción por todos lados, mientras la tierra retemblaba,

Así debió presentarse Yahvé a nuestros padres cuando Moisés estaba en la montaña recibiendo las tablas de la ley –dijo Jonadab–. Esto es una muestra del poder y del amor de Yahvé. Mañana verás los áridos campos frescos y renovados por la abundante lluvia.

En efecto: poco después empezó la lluvia: un aguacero tropical que parecía un diluvio. Las luces que brillaban poco antes sobre los extremos de las tiendas habían desaparecido.

–Retírate a tu tienda y descansa sin temor –me dijo el anciano–, y está listo, pues antes de despuntar la aurora nuestros hermanos estarán dispuestos para los juegos, que merced al amor de Yahvé serán más hermosos que nunca.

Me retiré a mi tienda en medio de la espantosa lluvia, que, azotada por el viento, no me permitía permanecer más tiempo a la intemperie. Muy poco debí dormir, pues ruidos extraños me despertaron. Cuando volví a salir de mi tienda rayaba la aurora y todo el campamento estaba en movimiento. La salida del sol fue espléndida y, como me había dicho Jonadab, el campo presenciaba una vista admirable. Por todas partes de la montaña descendían riachuelos como hilos de plata, que venían a saturar la tierra humedecida por la nocturna lluvia. Jonadab me esperaba.

–Hoy tendremos carreras, el juego favorito de nuestra tribu –me dijo el anciano por saludo–. Me alegro que el calor haya disminuido para que nuestros caballos no se fatiguen demasiado–. Salimos del campamento, y en una gran explanada cubierta de hierba, fresca por la lluvia, empezaron los juegos, que tuvieron principio por la entrada de los jinetes, montados todos a pelo sobre sus mejores corceles.

Al sonido de un cuerno, y habiéndose colocado el pueblo en una eminencia, se alinearon de seis en fondo los corredores, quienes partieron rapidísimos cuando oyeron la señal convenida, dando vuelta a la explanada que les servía de hipódromo. Yo estaba loco de entusiasmo al ver correr, casi en estado salvaje, los mejores caballos del mundo.

A una carrera de caballos se seguía otra de a pie, en la que mostraban su ligereza y resistencia los robustos jóvenes de la tribu, siendo recibidos por las jóvenes doncellas, quienes coronaban de flores a los triunfadores.

Al terminar una de las carreras, tanto de a pie como de a caballo, el vencedor era colocado en un lugar de distinción, en espera de la carrera final, que debía ser formada por los doce triunfadores, pues fueron seis las carreras de cada especie.

La carrera final de caballos fue, naturalmente, la mejor y para mí la más interesante, pues debo advertir que entre los seis vencedores estaba *Diamante*, el magnífico árabe que yo había cambiado a Jonadab por un enorme brillante... ¡Y *Diamante* triunfó!

La ovación que la tribu hizo a mi caballo fue colosal, y lo más hermoso y conmovedor fue que no se pudo notar ni un solo rostro que diera la menor señal de disgusto o envidia porque el caballo de un extranjero hubiera triunfado, pues aunque sentían que ya no les perteneciera, tenían el orgullo de decir que aquel caballo había salido de los establos de la tribu.

Cuando creí que todo había terminado, tuve una agradabilísima sorpresa: aparecieron los doce ancianos principales de la tribu llevando de la brida sus caballos favoritos, que debían correr en mi honor. Los jinetes eran niños de unos doce años, vestidos cada uno con los colores propios de sus respectivos dueños. Se habían colocado todos en una sola fila, distando tres cuerpos unos de otros, dejando en el centro un gran espacio libre.

Mientras aquellas magníficas bestias aguardaban tascando el freno, escarbando la tierra con sus pezuñas y relinchando por la impaciencia –como Job los había descrito–, apareció el venerable Jonadab llevando de la brida a *Ascua de Plata,* la mejor yegua de su establo, a excepción de los triunfadores de Jericó.

Tomó Jonadab su puesto en el centro, en medio de las aclamaciones de la multitud.

Al primer sonido del cuerno, los trece niños jinetes se montaron de un salto en sus respectivas caballerías. Al segundo toque, todos se pusieron en guardia y al tercero partieron veloces como el viento.

Era la carrera más larga y casi los llegamos a perder de vista. De pronto salió un grito unánime; los caballos habían dado la vuelta y regresaban volando, en busca de los honores del triunfo. Aquello era admirable; todos corrían con igual velocidad, sin parecer que ninguno llevaba la ventaja. De repente, *Ascua de Plata* se destacó entre todos, y al llegar a la meta los había aventajado por medio cuerpo.

La ovación fue colosal, y aunque no pude menos de tomar parte, me sentía triste por no haber podido conseguir, por más que había ofrecido y rogado a Jonadab, que me vendiera aquel animal maravilloso. Jonadab sonreía al mirarme, entendiendo lo que por mí pasaba, pero sin darse por vencido.

Después de esto se organizó la procesión triunfal en dirección al campamento. Iban primero los jóvenes triunfadores en las carreras de a pie, coronados de flores. Seguían los caballos vencedores en las diversas carreras, igualmente enflorados y llevados de la brida por sus respectivos dueños. Luego venía yo trayendo a *Diamante*, y, finalmente, el venerable patriarca conduciendo a *Ascua de Plata*. A la entrada del campamento los gritos de júbilo de las mujeres y niños que nos esperaban llegaron a su máximo, derramando sobre nosotros y nuestros caballos una verdadera lluvia de ramos de flores.

Sonó de nuevo el cuerno y todos nos detuvimos delante de la tienda central. Dejamos nuestros caballos en manos de jóvenes para esto destinados, y entramos, devotos, en la sinagoga.

Entonces sucedió algo inesperado para mí. Jonadab entonó con voz solemne el salmo 146: «*Alabad al Señor, porque justa cosa es cantarle himnos...*», y el pueblo, encabezado por los ancianos, respondía alternando cada versículo.

Al fin se oyó la voz del patriarca, que cantaba: «*No hace el Señor caso del brío del caballo, ni se complace en el hombre que tenga veloces pies*». A lo que el pueblo contestó: «*Se complace, sí, en aquellos que le temen y adoran, y en los que confían en su misericordia...*» Amén, amén, amén, dijeron todos los concurrentes, con lo cual terminó aquella significativa y sencilla ceremonia.

Yo estaba extraordinariamente conmovido, y el viejo Jonadab, sonriendo al verme, dijo:

—Esta costumbre de dar gracias a Yahvé después de las alegrías de los juegos con el significativo salmo 146 viene desde nuestros remotos antepasados. Ahora vamos a gozar de la «grosura de la tierra» comiendo un cabrito asado, como lo harán todas las familias de la tribu.

En efecto: al salir de la sinagoga pude notar que, en la puerta de cada tienda, las mujeres estaban asando cabritos, mientras los hombres y los niños iban a echar su merecido pienso a los caballos.

Por la noche, aún me esperaba otra sorpresa. No bien se puso el sol y empezaron a brillar las estrellas, cuando todo el campamento se iluminó con innumerables luminarias, sobre las cuales brincaban, encantados, los niños y jóvenes de la tribu.

Al fin sonó el cuerno. Las luminarias se fueron extinguiendo y todo quedó en silencio. De pronto empezó un extraño canto. En el campamento se oyeron voces varoniles, junto con otras femeninas, entonando el salmo 70, que empieza: «*En Ti, Señor, tengo puesta mi esperanza...*» Cada vez que terminaba un versículo, desde lo alto del monte y como si fuera un eco, otras voces varoniles cantaban en respuesta el versículo siguiente.

–Este salmo –me dijo Jonadab– es el himno de nuestra tribu. Así lo testifica su título: «De los hijos de Jonadab», y lo cantamos siempre al final de nuestras fiestas.

–Lo que me extraña –dije– es el modo de cantarlo, respondiéndolo a modo de eco desde la montaña.

–Esta es nuestra antiquísima costumbre. Por eso en el capítulo 2 del libro I de los *Paralipómenos (Crónicas),* donde se da cuenta de las genealogías, se dice: *«Hay también familias de doctores de la ley que habitan en tiendas y tienen cantores y resonadores. Éstos son los cineos, que descienden de Hamat, padre del linaje de los recabitas».* Los que entonan el salmo en el campamento son los *cantores,* y los que responden desde el monte son los *resonadores,* que hacen eco, como has dicho. También estamos muy bien instruidos en *La Thorá,* pues entre nosotros siempre ha habido «familias de doctores de la ley» que con todo cuidado y empeño nos la explican.

Y con esto terminó la fiesta Purim, que duró dos días.

Me iba a retirar a mi tienda, cuando Jonadab me dijo:

–Ven conmigo a despedirte de mis caballos –y levantando una, cortina en el interior de su tienda, se acercaron a él las magníficas bestias, entre las que estaba *Ascua de Plata,* de blancura perfecta, si se exceptúa una hermosa mancha negra que tenía en la frente. El anciano fue despidiéndose de cada uno de sus caballos, y, al llegar a la yegua vencedora, la acarició de un modo particular, y con cierta tristeza me dijo–: ¿Te gusta *Ascua de Plata?*

–Bien sabes lo que daría por hacerla mía –respondí.

–Pues tuya es –añadió–, pero con una condición.

–Mis mejores gemas están a tu disposición –respondí.

–No, yo no vendo a mis hijos –repuso–; te la doy, pero repito, con una condición.

–¿Cuál?

–Ya te la diré más tarde –respondió Jonadab.

6
DESPEDIDA

–Voy a mostrarte algunos de los trabajos que hacemos en la tribu –me dijo Jonadab al siguiente día–. Sara, mi esposa, quiere enseñarte las telas de lana y lino que tejen aquí.

Entramos en una tienda de bastante magnitud, donde varias mujeres trabajaban, unas con la rueca y el huso y otras en los telares.

–A ti, que eres entendido en cuestión de telas, te ruego me digas tu parecer –y me mostraba una de hilo tan fino como las que llaman en Egipto «aire hilado».
–Pero ¿fabrican aquí esta clase de telas? –dije, sorprendido–. Ni en Damasco se encuentran mejores.
Mi sincero elogio hizo ruborizar las arrugadas mejillas de Sara, la anciana esposa del patriarca, que me las mostraba.
–Todo, absolutamente todo lo que mi esposa te mostrará ha sido hecho por las habilísimas mujeres de nuestra tribu –repuso, orgulloso, el anciano.
La venerable matrona me fue entonces enseñando gran variedad de telas de lino y lana admirablemente tejidas.
–Y ¿para qué usáis estas telas? –dije.
–Las telas ordinarias las fabrican nuestras mujeres para sus esposos e hijos, y las finas las llevamos a Jerusalén para los sacerdotes, que las estiman en lo que valen. Esta que aquí ves teñida con la púrpura de Tiro es para las vestiduras del sumo sacerdote. Aunque vivimos en el desierto, siempre tenemos nuestra mente y corazón en el templo, en el Tabernáculo de Yahvé. Cada año llevamos como presente muchas piezas de estas telas que has admirado.
–Igualmente admiro vuestra piedad, y estoy seguro que Yahvé no la dejará sin premio –añadí–. ¿Y éstas de piel de cabra? –pregunté.
–Son para nuestras tiendas, todas construidas con el mismo material, no inferiores a la de Salomón. Y ahora ven a otra tienda, donde las mujeres dan la última mano a los pergaminos, que también llevamos a Jerusalén, para que en ellos sea copiada la ley y los profetas.
No menos admirado quedé con los pergaminos que con las telas, pues eran de la mejor calidad.
–Nuestros hombres –continuó Jonadab– curten las pieles. Unas nos sirven de lechos, otras de tapetes y las más finas las traen aquí para que de ellas se saquen los pergaminos. Esas otras mujeres que ves trabajando en aquella tienda y que tienen las manos manchadas son las que fabrican el *atramentum* (tinta) que usan los escribas en la copia de los libros santos.
–Y los «volúmenes» que usáis en la sinagoga, ¿los habéis traído de Jerusalén? –pregunté.
–Ven y verás la obra de nuestros escribas –dijo, sonriendo, el anciano.
En efecto, en otra tienda estaban los copistas, cuyo trabajo, en pergaminos escogidos, era perfecto. Estaba yo no sólo admirado, sino entusiasmado, lo que tenía satisfecho a Jonadab, quien me dijo:
–¿Qué te parece este lote de pergaminos?
–Admirablemente bien preparados; nunca he visto mejores.
–Pues son para ti –repuso–; sé que escribes, y he querido hacerte este regalo. Y siempre que necesites más no dejes de enviarme uno de tus siervos pidiéndome lo que deseas.

Mucho había yo oído hablar de la hospitalidad y generosidad de algunas tribus nómadas; pero nunca me figuré que llegara a tanto, y menos que su cultura fuera tan superior.

–Como ya te indiqué otra vez –prosiguió Jonadab–, nosotros criamos con todo cuidado corderitos que deben servir para los sacrificios, así como toros y becerros destinados al mismo fin. Pero queriendo contribuir aún más al culto, aquí criamos también palomas y tórtolas de la magnífica raza de Magdala –y me mostraba innumerables palomas blancas que revoloteaban por el campamento–. Todos los trabajos de nuestra tribu –concluyó el anciano– están constantemente vivificados con el pensamiento de Yahvé, a quien desde el desierto adoramos en espíritu, mirando hacia su Tabernáculo. Él, como lo ordenó a nuestros padres, ha querido habitar en su tienda, y aunque se la haya construido de mármol, quiere que se llame siempre el Tabernáculo de Yahvé.

Estaba yo conmovido al ver la fe de aquel patriarca, que no perdía oportunidad de infundirla a sus hermanos. Lo restante del día lo pasamos visitando todos los rincones del campamento. Allí vi a los herreros que forjaban las herraduras de los caballos, las puntas de las lanzas y de las flechas que usaban para defenderse de los animales y de las tribus que los agredían inesperadamente. Vi también a los niños y jovencitos ejercitándose en el tiro de la honda, arma que manejaban de modo admirable.

Una escena me vino a entristecer ya al caer la tarde. Varios pastores se acercaron a nosotros, y, mostrando al patriarca una túnica ensangrentada y hecha pedazos, junto con un zurrón, le dijeron:

–Mira, hemos encontrado lo que buscábamos hace días.

Tomó el anciano el zurrón en sus manos, y después de reconocerlo, dijo:

–Éste es, en efecto, el zurrón de Joel, que había desaparecido y a quien buscábamos. Una mala fiera lo ha devorado mientras cuidaba su rebaño. Triste es que haya desaparecido; pero su muerte ha sido gloriosa a los ojos del Señor y a los nuestros; ha muerto en el cumplimiento de su obligación –luego, exhalando un profundo suspiro, y como si este accidente le recordara alguna cosa lejana, dijo–: Así debe ser: «*El buen pastor da la vida por sus ovejas*».

Con esta triste impresión, nos dirigimos a tomar nuestra cena frugal; ya el sol había desaparecido tras las montañas.

Me iba a retirar a descansar, cuando el patriarca apareció en la puerta de mi tienda, y me dijo:

–¿Quieres venir conmigo un rato a contemplar el firmamento?

–Con mucho gusto –respondí.

Salimos del campamento, y nos dirigimos hacia la montaña. Subimos a una eminencia desde donde se dominaba admirablemente el cielo, y, con gran sorpresa, vi a un grupo de hombres que, sentados en círculo, dándose unos a otros la espalda, permanecían silenciosos con la vista clavada en las estrellas.

—¿Qué hacen éstos aquí? —pregunté.

—Contemplar el firmamento —respondió Jonadab— y tomar nota de todos los fenómenos que ocurren en la parte del espacio que tienen que observar. Desde tiempo inmemorial, y siguiendo la costumbre de nuestro padre Abrahán —que la aprendió de los caldeos—, grupos selectos de nuestros hermanos vienen por turno todas las noches a observar las estrellas. Tenemos ya muchos volúmenes en los que consta la historia de los cielos por varios siglos.

Nunca pensé encontrar en una tribu errante aquel grupo de sabios estudiando el movimiento de los astros.

—No los interrumpamos —prosiguió el anciano—, vamos adelante, pues tengo que hablarte.

Subimos, y cuando al fin llegamos al término, dije a mi compañero:

—¿No temes que en esta soledad alguna fiera nos ataque?

—No temo ni por ti ni por mí —respondió—; temo por Él.

—¿Por Él? Y ¿quién es Él?

—El Supremo Pastor, que, sin duda, ya ha venido, y debe dar la vida por sus ovejas.

Creí que mi amigo desvariaba.

—No, no desvarío —prosiguió como si leyera mi pensamiento—. Hace más de treinta años, estando mi padre en este mismo lugar, presenció un fenómeno celeste tan grandioso como inexplicable. Súbitamente en la dirección del Tabernáculo de Yahvé —y señalaba el anciano hacia Jerusalén— apareció un meteoro brillantísimo rodeado de un arco iris. Iba poco a poco descendiendo, y al fin desapareció.

—¿No sería una de esas estrellas que llaman errantes? —dije.

—La misma observación hice yo a mi padre cuando me contó lo sucedido. Volvimos a la noche siguiente, y entonces pudimos observar de nuevo el prodigio. No, no era aquello ni una estrella errante, ni un cometa; era algo distinto. Revolvimos todos nuestros anales para ver si se había registrado antes algo semejante; pero en vano.

—Y ¿cuánto duró el prodigio?

—Muchos días, y cada vez aparecía el astro más brillante. Todo quedó anotado en nuestras observaciones, y mi padre se llegó a persuadir que aquélla era la «Estrella de Jacob», según lo había profetizado Balam, diciendo: *«Yo le veré, mas no ahora; le contemplaré, mas no de cerca: de Jacob nacerá una Estrella...»* (*Números,* 34, 17). Algunos días más tarde vinieron a pedir hospitalidad a nuestra tribu tres hombres respetabilísimos, llamados Magos entre los suyos, y que, como nosotros, eran también dados al estudio de las estrellas.

—¿Y ellos la habían visto?

—No sólo la habían visto, sino que los había guiado hasta Belén, donde encontraron al que buscaban.
—A Jesús, el Hijo de María —dije—. Así me lo contaron a mí también unos pastores.
—Lo mismo nos contó el más anciano de los Magos, llamado Melchor. Mi padre murió con la pena de no haber encontrado a ese Niño, por más que le buscó, pues los belemitas le dijeron que había desaparecido. Yo le he seguido buscando desde entonces, y al fin le encontré. Al oír a Juan decir que el hombre del blanco albornoz era *«el Cordero de Dios»*, como antes te dije, le seguí, y constantemente he procurado tener informes de Él.
—Y ¿le has oído hablar alguna vez?
—Le escuché un día que predicaba en la montaña. Cerca de allí había un aprisco, y los pastores estaban recogiendo su rebaño. Viendo esto Jesús, dijo: *«En verdad os digo que quien, no entra por la puerta del aprisco, sino que sube por otra parte, el tal es un ladrón...»*
Dadas las ideas que yo había oído exponer a mi amigo, pude adivinar el efecto que debieron producirle aquellas palabras.
—*«Mas el que entra por la puerta, pastor es de las ovejas. A éste el portero le abre, y las ovejas escuchan su voz, y él llama por su nombre a las ovejas propias, y las saca fuera. Y cuando ha hecho salir sus propias ovejas, va delante de ellas, y las ovejas le siguen, porque conocen su voz. Mas a un extraño no le siguen, sino que huyen de él»*. ¿Puedes imaginarte, rabí, la impresión que me causaron estas palabras?
—En eso pensaba —respondí
—Pues atiende. Viendo que no le entendían los que le escuchaban, Jesús dijo: *«Yo soy el Buen Pastor. El buen pastor sacrifica su vida por sus ovejas»*. Y volvió a repetir: *«Yo soy el Buen Pastor, y conozco a mi ovejas, y las ovejas me conocen, a Mí*; así, *Yo conozco al Padre, y doy mi vida por mis ovejas»*. Por eso, rabí, al ver que uno de mis pastores había dado la vida por sus ovejas, me acordé de Jesús, y, puesto que Él dice que el Buen Pastor, tiene que dar su vida por sus ovejas, así ha de suceder. Por otra parte, ¿no le llamó el Bautista *«el Cordero de Dios, que quita los pecados del mundo?»* Lo que quiere decir que será ofrecido en sacrificio como un cordero por los pecados de todos.
—¿De dónde has sacado doctrina tan extraña? —le pregunté, asombrado.
—De Isaías —respondió el anciano—. Lee el capítulo 53, y entonces te sorprenderás más, si no es que te escandalizas. *«Fue ofrecido* —dice Isaías— *porque Él mismo quiso, y no abrió la boca, para quejarse; conducido será a la muerte como la oveja al matadero, y guardará silencio sin abrir siquiera su boca como el corderito que está mudo delante del que le trasquila»*.
Esta actitud de Jonadab me trajo a la memoria la de Samuel; los dos pensaban de la misma manera: el Mesías debía morir, algo para mí ininteligible.

—Pero aún no estás en actitud —prosiguió Jonadab— para comprender esa admirable profecía, como, por desgracia, no lo están la inmensa mayoría de los judíos, quienes, desgraciadamente, en lugar de escudriñar las Escrituras, se entretienen en discutir...
—Si se puede comer un huevo puesto en sábado por una gallina —dije, y, cambiando de conversación, añadí—, sea lo que fuere del fin del Mesías, ¿quieres darme tu opinión? ¿Quién crees tú que deba ser el Cristo?
—El Ungido, el Mesías, el Cristo —respondió el patriarca con todo énfasis —será nada menos que el mismo Hijo de Dios.
—Pero ¿eres tú politeísta? —pregunté—. ¿Crees en varios dioses?
—Soy tan politeísta como el Bautista —replicó el anciano, sonriendo.
—¿Politeísta Juan? —repuse, admirado.
—Yo oí sus palabras, y no sólo las conservo en mi memoria, sino que ya están escritas en nuestros anales —dijo Jonadab.
—Y ¿cuáles son esas palabras? —interrogué.
—*«He aquí el Cordero de Dios, que quita los pecados del mundo. Éste es aquel de quien dije: Después de mí, viene un varón que fue formado antes que yo, porque existía primero que yo. Yo no le conocía; pero el que me envió a bautizar con agua me dijo: Sobre quien vieres decender el Espíritu Santo y reposar sobre Él, Él es quien bautiza con el Espíritu Santo. Y yo vi y di testimonio de que Éste es el Hijo de Dios»*. Luego, según tú, Juan era también politeísta —dijo el anciano irónicamente.
—Todo esto debe contener un misterio que no acierto a comprender —exclamé.
—Pues óyelo bien —añadió Jonadab—; esta doctrina de que el Mesías debe ser el Hijo de Dios en el sentido estricto de la palabra, no es una doctrina nueva, ya la dejó claramente consignada el Salmista en el salmo 2: *«A mí me dijo el Señor: Tu eres mi Hijo; yo te engendré hoy»*. Y ¿sabes a quién se refiere este pasaje, según nuestros rabinos y doctores?
—Al Mesías —respondí.
—Y ¿Sabes cómo interpretan eso hoy?
—¿Desde la eternidad?— pregunté.
—Así es como la interpretan todos. Oye ahora algo admirablemente claro; oye a Miqueas, el cual, al anunciar que el Mesías, según la carne, nacería en Belén, anunció al propio tiempo que ese mismo era el Hijo de Dios, *«engendrado desde el principio, desde los días de la eternidad»*. El Bautista además, aseguró que aunque Jesús, según la carne, había nacido después que él. *«Fue formado —dijo— antes que yo, porque existía antes que yo»*.
—Tu interpretación de las Escrituras me parece admirable.
—¿Has leído el capítulo primero del *Génesis*? —me preguntó.
—Varias veces —respondí.
—Pues dime con quién hablaba Yahvé cuando al ir a formar al primer hombre dijo: *«Hagamos al hombre a nuestra imagen y semejanza»*.

—La verdad, no sé qué responderte.
—Pues era Dios que hablaba con su *Hijo,* engendrado desde los días de la eternidad y por quien todas las cosas fueron hechas —repuso, triunfante, Jonadab—. Así lo han interpretado también todos nuestros doctores.
—¿De modo —añadí— que los doctores e intérpretes admiten que Dios tiene un Hijo?
—Que es Dios como Él —respondió el patriarca.
—¿Y tú crees que Jesús de Nazaret es verdaderamente el *Hijo* de Dios? ¿En qué te fundas?
—Entre otras muchas cosas, en el testimonio del diablo. ¿No ves que los endemoniados así se lo están echando en cara constantemente?
—La verdad, no había yo reparado en eso. Recuerdo haber oído contar a Mateo que cuando Jesús estuvo ayunando en la montaña se le apareció Satanás y le dijo: «*Si eres Hijo de Dios, di que estas piedras se conviertan, en panes*».
—Esto prueba —dijo él—: Primero, que Satanás cree que Dios tiene un Hijo igual a Él, y después, que Satanás tenía entonces sus dudas sobre si Jesús era *ese* Hijo o no. Pero ahora que ha visto las obras de Jesús, parece que empieza a cambiar de opinión, como lo manifiesta por medio de los posesos. Y esta misma lucha de Satanás contra Jesús te demuestra que Éste es el *verdadero Mesías prometido en el Paraíso.* La lucha del Mesías no es contra Roma, sino contra Satanás. Éste le arrebató en el Paraíso las *almas,* que son las ovejas perdidas que ha venido a redimir el Salvador.
—En efecto —dije—, nunca he oído que Jesús hable contra Roma.
—No sólo no habla *contra* Roma, sino que jamás habla de *Roma,* cosa muy digna de tenerse en cuenta, y que prueba que Jesús viene a establecer un reino de las almas. Fíjate bien: ¿quién en toda Judea no habla de Roma, la señora del mundo?
—Ciertamente —respondí—; los romanos hablan de Roma constantemente, y los judíos, también constantemente, hablan en contra de Roma. Todos hablan de Roma.
—Menos Jesús de Nazaret —repuso Jonadab—. En cambio, está hablando constantemente del *alma*. «*De qué le sirve al hombre ganar todo el mundo* (y ni siquiera en esta ocasión ha nombrado a Roma, señora del mundo) *si pierde su alma?*», le oí decir una vez. Y según los informes que tengo, no hace sino hablar constantemente del valor de esas almas que Él ha venido a salvar de la esclavitud del demonio. Él es el prometido en el Paraíso.
«Sin el diablo no hay Cristo», me volví a repetir; creo que Jonadab, como Samuel, tiene razón.
—¿De modo —pregunté— que tú estás convencido de que Jesús de Nazaret es el Mesías *Hijo de Dios?*
—Tanto como convencido absolutamente, no —respondió el patriarca.
—¿Y por qué no?

—Porque aún no se acaban de cumplir en Él las profecías.

—O sea, que cuando tú estimes que ya se han cumplido las profecías, ¿creerás en que Él es el *Hijo de Dios?*

—Aún me faltará el propio testimonio de Él afirmando ser el *Hijo de Dios.*

—Entiendo, según me ha contado Juan Zebedeo, que varias veces ya ha dicho Jesús claramente que Él es el *Hijo de Dios.*

—Lo sé; pero ésas son declaraciones, por decirlo así, extraoficiales. ¿Recuerdas lo que hizo el Sanedrín con Juan Bautista?

—Le mandó una comisión para que le preguntara quién era, y yo estuve presente en aquella ocasión —respondí.

—Pues bien, eso es lo que yo espero. La existencia misma de nuestro pueblo, toda nuestra historia, demanda que en caso como el presente, siendo tantas las señales que manifiestan que este Jesús es el Mesías *Hijo de Dios,* no ya una comisión, sino el Sanedrín en pleno, en sesión especialísima y representado por el sumo sacerdote, le haga éste a Jesús una pregunta semejante a la que hicieron a Juan. Le debe preguntar sin ambages si es o no el Hijo de Dios, y esto bajo juramento. Si entonces Jesús responde que Él lo es, yo seré el primero en arrodillarme y decirle: *«Señor mío y Dios mío...»*

—Pues te aseguro que yo haré lo mismo —dije profundamente emocionado.

—Ve, pues, mi buen rabí; vuelve a Palestina y observa muy de cerca a Jesús.

Toma nota de sus acciones, de su modo de proceder, de sus palabras, y no dejes de darme cuenta. Ésta es la única condición que te pongo para entregarte a *Ascua de Plata.* Ya están preparados pergaminos especiales y magnífico «atremantum» para que escribas. Yo volveré a Jerusalén para las fiestas y entonces nos veremos; pero, si por desgracia, no puedo llegar a tiempo, quiero hacerte un encargo para Jesús.

—Haré lo que mandes.

—Mira, hace dos años me acerqué a Jesús algunos días antes de Pascua y le ofrecí un corderito, el mejor de los mejores, para que Él celebrara la Pascua con sus discípulos. Jesús me miró con sumo cariño y me dio las gracias, mandándome entregara el corderito a uno de sus apóstoles llamado Judas.

—¿Y qué hizo Jesús? —pregunté, inquieto.

—¿Le conoces?

—Lo bastante. ¿Qué hizo?

—Yo no le vi, y me alegro —respondió Jonadab—; pero algunos de mi tribu me contaron que lo vendió, porque le dieron muy buen precio...

—Nada me extraña esa conducta.

—Pues bien, para que no vuelva a pasar lo mismo, yo espero mandarte a ti el mejor corderito de mis rebaños para que tú se lo entregues a Juan, a quien creo conoces. Que él lo cuide, pues deseo muchísimo que Jesús celebre la próxima Pascua con el corderito que yo le envíe.

—Cumpliré con tu encargo, y no te preocupes, que esta vez Judas nada tendrá que ver con el cordero pascual.

—Confío en tu promesa —dijo el patriarca—, y ya que has dispuesto partir mañana, llévate en buena hora a *Ascua de Plata* como testimonio de la generosidad de mi tribu y del cariño de este anciano.

7
UNA SORPRESA

Había yo notado de tiempo atrás que Quarto y Zaqueo, el famoso alcabalero de Jericó de quien hablé en otro lugar, se veían con frecuencia. Nada me había sorprendido esto, pues estando Quarto encargado de vender mercancías (telas, perfumes y joyas), que constantemente recibía yo de mis corresponsales, y siendo Zaqueo muy rico y afecto a las alhajas, me parecía lo más natural que anduvieran en tratos comerciales.

Quarto suele ir con frecuencia a Jericó, donde Zaqueo tiene una muy hermosa quinta, a la cual he sido invitado repetidas veces. Un día se presentó mi compañero seguido de Zaqueo, el cual traía bajo el brazo un rollo, que juzgué serían documentos pertenecientes a su oficio de alcabalero.

—Mi querido rabí —dijo Zaqueo, después de saludarme—, traigo una sorpresa que te será, sin duda, muy agradable.

—Mi querido Zaqueo —respondí—, mucho me gustan las sorpresas si son agradables, como indicas.

—Ante todo —prosiguió el alcabalero—, te hago saber que si bien por mi padre soy de origen galo-romano, soy netamente judío por el lado de mi madre, y aunque publicano y pecador, soy hijo de Abrahán y espero la salvación de Israel...

—¿No era también publicano Mateo, antes llamado Leví? —interrogué.

—En efecto —respondió—; era de mi mismo oficio, aunque servía a Herodes.

—Lo cual no impidió —continué— que también él esperara la salvación de Israel y que, dejando cuanto poseía, haya seguido a Jesús de Nazaret..., amigo de publicanos y pecadores, según se dice.

—Pues precisamente esta acción de Leví, tanto como la fama del Nazareno, me han hecho dedicarme de una manera muy seria el estudio de las Escrituras —añadió Zaqueo.

—Y siendo Quarto —repuse— también aficionado a ese estudio, se han hecho ambos muy buenos amigos.

—Lo has adivinado —dijo Quarto, riendo—, y esos pergaminos que trae mi amigo te mostrarán la seriedad con que ha tomado, según su costumbre, el averiguar *quién* es Jesús de Nazaret, del cual tanto se habla.

—Si ésa es la sorpresa a que te refieres —dije—, te aseguro, mi buen Zaqueo, que es para mí de lo más agradable. Y ojalá que esclarezcas algún tanto mis ideas en este punto que me trae preocupado hace ya cerca de tres años.

—El roce constante con números —dijo Zaqueo, sonriendo— ha hecho de mí un hombre práctico, minucioso y exacto en todos mis asuntos. Desde que apareció Juan bautizando y anunciando que el «reino de los Cielos» estaba cerca, he podido observar en todo el país una excitación religiosa extraordinaria...

—Lo mismo he notado yo —añadí—, pues hasta en las tabernas de Samaría he encontrado gentes que se interese y discuta sobre el Taheb o Mesías.

—Yo no he podido ni querido sustraerme a esta influencia religiosa, pues, como te he indicado, siendo hijo de una mujer hebrea muy piadosa, siempre me he interesado por lo que llaman «la salvación de Israel».

—Ni yo siendo pagano —repuso Quarto— he podido eludir la influencia del medio, y me he dedicado también a averiguar lo que hay acerca de este hombre extraordinario venido de Nazaret.

—En lo primero que reflexioné —continuó Zaqueo— fue en esto: ¿por qué ahora hay en todo Israel tan gran expectación? Hace cincuenta años no la había, según el testimonio de varios ancianos a quienes he consultado sobre este asunto.

—Es que se están cumpliendo las profecías —respondí—; mi padre, viviendo en la Dispersión, estaba persuadido de que así era.

—¡Magnífico! —dijo Zaqueo—. Eso demuestra que no fue el Bautista el que produjo esta gran expectación, pues tu padre ni noticia tenía de la existencia de Juan, y, sin embargo, creía, como dices, que el tiempo del cumplimiento de las profecías había llegado.

—Juan vino a dar cuerpo a esa expectación —añadí—; pero aun antes de que él apareciera (mi padre murió hace varios años) la expectación iba creciendo.

—Me puse, pues, a estudiar las Escrituras —prosiguió mi amigo—, y lo primero que encontré, relativo al tiempo de la llegada del Mesías, fue la profecía de Jacob...

—Aquí la tengo —dijo Quarto, desenrollando su famoso pergamino—. Está en el capítulo 49 del *Génesis*, versículo 10, y dice así: «*El cetro no será quitado de Judá hasta que venga el que ha de ser enviado, y éste será la esperanza de las naciones*».

—Y este lugar —continuó Zaqueo— está admitido por todas las sinagogas de Israel como mesiánico y que indica el tiempo en que ha de aparecer el Deseado Caudillo.

—Pero, desde hace años, Judea ha caído bajo la dominación romana —dijo Quarto—, siendo quitado definitivamente el cetro de las manos de Judá...

II. YO SOY-7. UNA SORPRESA

–Luego es tiempo ya de que haya aparecido el enviado que será la esperanza de las naciones... –concluí yo.

–Con este fundamento –prosiguió Zaqueo– fui a consultar a Gamaliel por consejo de Quarto, y aquél, desenrollando el libro de Daniel, en el capítulo 9, verso 25, leyó: *«Sábete, pues, y nota atentamente: desde que saldrá el edicto para que sea reedificada Jerusalén hasta el Cristo Príncipe, pasarán siete semanas y sesenta y dos semanas».* Según la explicación que me dio Gamaliel –terminó Zaqueo–, siete semanas de años, más sesenta y dos, suman sesenta y nueve semanas, o, lo que es lo mismo, cuatrocientos ochenta y tres años. Ahora bien: estamos en el año 781 de la fundación de Roma, y hace, por lo menos, cuatrocientos ochenta años que Artajerjes Longimano dio el decreto de reedificación; luego ya debe de haber nacido el Cristo hace tiempo; tiene que ser ya un hombre.

–Esto explica claramente –dije– el porqué de la expectación entre el pueblo, aleccionado por los escribas de todas las sinagogas.

–Una vez con estos datos –prosiguió Zaqueo–, hice esta otra pregunta a Gamaliel: ¿De qué raza o familia debe nacer el Mesías? A la cual me respondió sin vacilar: «De la descendencia de Abrahán, por Isaac y Jacob, de la tribu de Judá y de la familia de David».

–Aquí tengo todos los lugares del *Génesis,* los *Reyes* y los *Paralipómenos,* donde consta esta profecía –dijo Quarto.

–Es tan claro para todos que el Mesías ha de descender de David, que no necesitamos más explicaciones –añadí.

–Entonces –continuó Zaqueo– hice esta otra pregunta al gran rabí: ¿En dónde ha de nacer el Mesías? «La misma pregunta hizo Herodes *el Grande* a mi padre y a todos los escribas hace más de treinta años, con motivo de unos Magos que habían venido del Oriente preguntando dónde había nacido el Rey de los judíos –me dijo Gamaliel–. Yo te daré, pues, la misma respuesta que ellos dieron unánimes: *«En Belén de Judá, según lo ha profetizado Miqueas».*

–En el capítulo 5, versículo 2 –dijo Quarto, mostrando su pergamino.

–Tenía ya, pues, e! siguiente dato –prosiguió el inteligente publicano–. El Mesías debió nacer hará unos treinta y tantos años en Belén de Judá. Me fui, pues, a Belén a estudiar los libros de las genealogías de los descendientes de David allí nacidos desde hace treinta y cinco años.

–Y ¿dónde se conservan los registros de las genealogías? –preguntó, intrigado, Quarto.

–Los guardan con muchísimo cuidado los escribas, y se conservan en las sinagogas de los diversos pueblos, y las de los sacerdotes, en el templo de Jerusalén –respondió Zaqueo.

–Y ¿encontraste alguna cosa interesante? –pregunté a Zaqueo.

–Encontré una cosa curiosa. Veinticinco niños poco más o menos nacidos en Belén y sus cercanías, hará unos treinta y dos años, fueron asesinados de modo horrendo por mandato de Herodes, a consecuencia de la pregunta que le hicieron los Magos: *«¿Dónde está el que ha nacido Rey de los judíos?»* Quiso acabar Herodes con todos los niños nacidos en aquellos días para hacer desaparecer al llamado Rey.

–Pero Jesús, el Hijo de María, escapó de la matanza–dije–, así me lo aseguró uno de los que presenciaron la huida de José con María y el Niño a Egipto.

¿A Egipto? Me das un dato que no tenía –dijo Zaqueo–. Los padres y madres de los niños asesinados tuvieron cuidado de que este terrible atentado quedara consignado en los registros, dando cuenta de la sangrienta muerte de sus hijitos. En los registros, sin embargo, no se menciona que Jesús, el Hijo de María, hubiera sido muerto en aquella ocasión, de lo que deduje que, de un modo u otro, había escapado a la matanza. Esto me lo confirmaron algunos de los escribas viejos de Belén a quienes consulté el caso.

–¿De modo que, según tu investigaciones, el único que no murió en aquella matanza fue Jesús, el Hijo de María? –pregunté.

–Precisamente –respondió Zaqueo–, y, merced a los buenos oficios de mi amigo Leví hoy llamado Mateo, pude obtener una copia de la genealogía de este Niño, y aquí la traigo –esto diciendo, desenvolvió un rollo de pergamino que empezaba así: *«Abrahán engendró a Isaac, Isaac engendró a Jacob, Jacob engendró a Judas y sus hermanos...»*–siguen muchos otros nombres, entre los que están los de David y Salomón, y termina así: *«... Jacob engendró a José, esposo de María, de la que nació Jesús».* ¿Que os parece? –termino Zaqueo.

–Verdaderamente providencial –respondí–. Por este documento, y merced a tus investigaciones, nos consta lo que ya sabíamos por otros conductos, esto es, que Jesús, el Hijo de María, nació en Belén de Judá, de la familia de David, y no pereció en la matanza de los inocentes.

–Y que se fue a Egipto –añadió Zaqueo–, de donde volvió a Galilea, según lo había profetizado Oseas...

–En el capítulo 40, versículo 1 –añadió Quarto, leyendo–: *«... y Yo llamaré de Egipto a mi Hijo...»*

–Y también averigüé que el Niño recién nacido fue adorado por los Magos –continuó Zaqueo.

–Según se dice en el salmo 71: *«Los reyes de Tarsis y de las islas le ofrecerán regalos, y le traerán presentes los reyes de Arabia y de Sabá»* –completó Quarto.

–Con estos datos –prosiguió el publicano– he adquirido la plena seguridad de que el Deseado habita ya entre nosotros. ¿Sería Jesús de Nazaret?

–Por otro camino diverso –dije–, yo también había llegado a la misma conclusión de suerte que estamos de acuerdo. Ahora queda por averiguar quién es ese Deseado y los planes que trata de desarrollar.

—Sin dar el menor indicio de mis deducciones sobre Jesús de Nazaret –prosiguió Zaqueo–, instituí una investigación, por decirlo así, impersonal, sobre lo que las Escrituras decían acerca del futuro Mesías y su obra. Por esto he consultado a todos los grandes maestros de Israel, sin excluir a los rabís de Damasco, Antioquía y Alejandría.

—Y ¿qué resultado has obtenido? –pregunté, intrigado.

—Por ahora –dijo Zaqueo–, voy solamente a contarte lo que me dijo Teóforo de Antioquía, uno de los doctores de la ley más ilustrados y piadosos que he conocido.

—¿El íntimo amigo de Samuel? –pregunté.

—El mismo. Oye, pues, su teoría. Parte del principio de que Dios es infinitamente providente, según aquello de la *Sabiduría* (11, 21): «*Todo lo que has dispuesto en número, peso y medida, y así como aunque el corazón del hombre forme sus designios, es el Señor quien dirige sus pasos, así sucede en las naciones y en la historia del mundo*», pues, «*el mismo Dios que hizo salir a Israel de la tierra de Egipto, fue quien transportó de Capadocia a los palestinos y de Cirene a los sirios*» (Amós, 9, 7). Él fue quien escogió a Abrahán, diciéndole: «*Sal de tu tierra y de tu parentela y de la casa de tu padre, y ven a la tierra que Yo te mostraré (Génesis,* 12, 1). ¿Para qué?

Quarto, leyendo en su pergamino, respondió:

—«*Y Yo te haré cabeza de una nación grande, y bendecirte he y ensalzaré tu nombre, y en ti serán benditas todas las naciones de la tierra*». En el cual texto dicen Mateo y Gamaliel que se encierra la promesa del Mesías.

—Así es –repuso Zaqueo–, Yahvé forma un pueblo con el objeto que de él salga el Ungido. Cuida de modo especial, por varios siglos, a esta nación escogida, la cual, aunque muy pequeña, sobrevive a los grandes imperios que la esclavizan. De esta suerte, Teóforo fue recorriendo paso a paso toda la historia del pueblo de Israel. «Con ninguna nación del mundo –me dijo– hizo Yahvé cosa semejante: *Non, fecit taliter omni nationi*» (No ha hecho otro tanto con nación alguna). (Salmo 167, 20). ¿Por qué?

—Porque de ella debía de salir el Mesías –me adelanté a responder.

—Y ¿crees tú –me interrogó Zaqueo– que esa obra única de Yahvé ha sido llevada a cabo para que al fin saliera un reyezuelo criminal como el tal Herodes *el Grande?* ¿O un conquistador como Alejandro, o un emperador del mundo por el estilo de Augusto?

—La verdad, no –respondí, sorprendido de ese argumento.

—Claro que no –prosiguió Zaqueo–. Y esto fue lo que me dijo Teóforo cuando yo le di la misma respuesta que tú has dado. Luego si Yahvé –continuó– ha hecho esta obra única, es para algo único, para aquel de quien dijo el profeta: «*Filius meus es tu; ego hodie genui te (Tú eres mi Hijo; Yo te he engendrado hoy). Postula a me et dabo tibi gentes haereditatem tuam*

(Pídemelo, y te daré las naciones en herencia tuya). Et possesionem tuam terminos terrae (Y extenderé tus dominios hasta los extremos de la tierra) (salmo 2, 7-8). Todo esto lo hizo Yahvé para Aquel que debe nacer en Belén de Judá, según la carne, *«que ha de ser el dominador de Israel, el cual fue engendrado desde el principio (a diebus aeternitatis), desde los días de la eternidad» (Miqueas,* 5, 2). Todo esto lo hizo Yahvé –terminó, conmovidísimo, Teóforo– para el Mesías, su Hijo unigénito. Ésta es mi teoría.

–¿Luego tú crees –pregunté a Zaqueo– que el Mesías ha de ser Hijo de Dios?

–Así lo creo –me respondió el alcabalero con firmeza–, y sólo me falta averiguar ya si Jesús, el Hijo de María, nacido en Belén, de la familia de David, en el tiempo señalado por las profecías, obra de una manera tal cual corresponde al Hijo del Altísimo.

8
DISCUSIONES

Si es cierto que desde un principio de la predicación del Nazareno empezaron las discusiones acerca de su misión entre los escribas y fariseos, en estos últimos tiempos se han ido haciendo más numerosas y acaloradas. Y, la verdad, que no les falta razón. Jesús, desde aquella vez en que, en casa de Mateo, a los primeros llamó «pellejos vivos» y «vestidos remendados», la ha emprendido despiadadamente contra ellos; y los escribas, que tienen sus costumbres tradicionales contenidas en la *Mishna* y la *Ghemara,* por más importantes y respetables que la ley misma, no pueden sufrir que constantemente les esté echando en cara este ridículo abandono de la escritura santa.

Con el objeto de estar al tanto de todo lo que pasa, he abierto las puertas de mi residencia, de acuerdo con Samuel, a los representantes de todos los partidos, dejándoles que se desahoguen con entera libertad.

Esto explicará la escena que paso a describir.

Aquella noche nos hallábamos reunidos: Nicodemo, José de Arimatea, Teóforo de Antioquía –padre del niño Ignacio–, Águila del Ponto, Silas de Jerusalén, Ananías, Nebedeco de Damasco y el famoso Gamaniel, quienes formaban, por decirlo así, la derecha, mientras Anano Ben Caifás, Isacar de Nazaret, Eleazar Boetho y los judíos de la Dispersión Ben Renanus –galo– y Ben Straus –germano–, a quienes ya conocemos, formaban la izquierda.

Además de éstos, estábamos allí: Samuel, mi huésped; Quarto, mi compañero; Zaqueo, el famoso alcabalero de Jericó; Cayo Oppio, el centurión de Cafarnaún, y yo.

—Ahora sí —empezó Isacar— que el carpinterucho va a tener que cesar su propaganda sediciosa, ya que el Sanedrín de Jerusalén, secundado por todas las sinagogas de Judea y Galilea, ha decretado la excomunión de Jesús, el Hijo de José, el carpintero, desgraciadamente oriundo de Nazaret.

—¿Y se podrá saber la causa de semejante excomunión? —preguntó Samuel.

—¡Friolera! —dijo Eleazar—. ¿No habéis oído que anda excitando al pueblo para que le proclame Rey?

—Lo que yo he sabido —respondió Teóforo— es que, cuando cerca de Betsaida Julia, la multitud que le seguía trató de proclamarle Rey, Jesús los disuadió y se les fue de entre las manos, dejándolos burlados.

—Porque sabía el muy taimado —repuso Isacar— que llevaba la de perder. No es lerdo el carpinterucho.

—Lo que yo sé —dijo Anano— es que le ha entrado tal miedo, que esta vez no ha venido a Jerusalén para la Pascua, sino que anda por Tiro y Sidón, donde sabe que no le puede alcanzar la mano del Sanedrín. Que venga, y ya veremos.

—Pero ¿se podría saber cuál es la acusación que le ha valido la excomunión? —volvió a preguntar Samuel.

—Que se hace pasar por el Mesías —respondió Anano—, y es sólo un impostor como Judas Galaonita.

—Y ¿qué pruebas hay de que es un impostor? —insistió Samuel.

—Ante todo —repuso Anano—, nunca ha salido ningún profeta de Galilea, y menos de Nazaret, de donde no puede salir nada bueno.

—Chúpate esa —dijo Quarto por lo bajo, dirigiendo una mirada a Isacar.

—Pero Jesús, aunque se llame Nazareno, porque allí ha vivido muchos años, no nació en Nazaret —dijo Nicodemo.

—Pues ¿en dónde nació? —interrumpió Ben Straus, a quien hacía coro Ben Renanus.

—En Belén de Judá —respondieron a un tiempo Nicodemo, Silas, Teóforo, Ananías y Quarto.

—Y ¿cómo lo sabéis? —preguntó Ben Straus.

—Yo os lo diré —repuso Gamaliel, que hasta entonces había permanecido callado—. Mi padre, Gamaliel, el primero de este nombre, hace treinta y tres años era *Ab-Beth-din* del Sanedrín.

—Dispensa que te interrumpa —dijo Quarto—, ignoro lo que esa palabra significa. ¿Tendrías la bondad de explicarla?

Gamaliel miró cariñosamente a Quarto, y respondió:

—El Sanedrín, copiado del Senado mosaico, compuesto de setenta y un miembros escogidos entre lo más granado y erudito de Israel, es el Consejo Supremo, el Tribunal inapelable de nuestra nación. Este Tribunal está presidido por el nasi o príncipe, que suele ser el sumo sacerdote. A éste le sigue en dignidad y autoridad el *Ab-Beth-din,* o padre del tribunal.

Éste es el consejero nato al cual se proponen todos los casos difíciles tocantes a la interpretación de la ley.

–No sabes cuánto te agradezco –dije– esta explicación, pues como vengo de la Dispersión, todos estos términos me son también a mí desconocidos.

–Mi padre –prosiguió Gamaliel– era entonces este gran consejero. Un día fue llamado urgentemente a la presencia de Herodes. Habían llegado inopinadamente del Oriente tres hombres ilustres llamados Magos, guiados por una estrella, y le habían preguntado: «*¿Dónde está el nacido Rey de los judíos? Porque vimos su estrella en el Oriente, y hemos venido con el fin de adorarle. Oyendo esto Herodes, se turbó, y todo Jerusalén con él*».

–Recuerdo muy bien el hecho a que te refieres –interrumpió Nicodemo.

–«Ve, dijo Herodes a mi padre –prosiguió Gamaliel–, y convoca a todos los príncipes de los sacerdotes y escribas del pueblo, y, una vez reunidos, pregúntales: "*¿Dónde ha de nacer el Cristo?*" Se reunieron en Consejo, y, sin vacilar, todos convinieron en la respuesta que se debía dar, y mi padre se la llevó a Herodes: «*En Belén de Judá; que así está escrito en el profeta: Y tu, Belén, tierra de Judá, no eres, ciertamente, menor entre las principales ciudades de Judá; porque de ti es de donde ha de salir el Caudillo que rija mi pueblo Israel...*»

–Y por eso –interrumpió Isacar– andan diciendo María, la Madre de Jesús, y otros amigos, que Éste nació en Belén.

–Lo cierto es –exclamó, triunfante, Quarto– que tal es la tradición que aún se conserva viva entre los pastores y otros habitantes viejos de Belén.

–Y ¿quién eres tú, que tal afirmas? –dijo Anano, indignado.

–Un romano, un ciudadano romano que ha estudiado las Escrituras bajo la dirección del rabí Samuel –respondió orgullosamente el aludido.

Al oír esta valiente respuesta Anano y Eleazar –grandes parciales de Roma–, le saludaron con una sonrisa como si dijeran: «No tienes por qué enfadarte; somos tus amigos».

–Pues yo –repuso Ananías– he tenido oportunidad de revisar las actas del empadronamiento hecho en tiempo de Quirino, y que están en Damasco actualmente. En ellas podréis ver que José, el carpintero de Nazaret, vino desde esta población a Belén con su esposa María para empadronarse, y allí dio Ella a luz un Hijo, a quien pusieron Jesús.

–Yo no creo eso –interrumpió Ben Straus.

–Ni yo tampoco –añadió Ben Renanus, su eco.

–Ni falta hace que lo creáis –dijo Quarto, riendo–. Tenemos el testimonio de los que lo vieron, y eso basta. Vosotros, nacidos y criados en los bosques incultos de Germania o en las selvas de Bretaña, nada habéis podido ver, y vuestra negación es nula en vista del testimonio de los que presenciaron el nacimiento de Jesús en Belén. Ya sabéis que más vale un asno negando que el gran Gamaliel probando.

Gamaliel no pudo menos de sonreír, y, para evitar complicaciones, continuó:
—Por otra parte, es un error afirmar que no han salido profetas de Galilea. ¿Sabéis dónde está Thisbe, la patria de Tobías?
—En Galilea —respondió Teóforo.
—Y ¿sabéis quién vino de allí? —preguntó Gamaliel.
—Elías —replicó Silas—, el más grande de los profetas.
—Y ¿sabéis dónde está Sephet y quién nació allí? —dijo Gamaliel.
—Está en la Galilea superior —respondió prontamente Ananías—, al norte del lago de Tiberíades, y fue la patria de Elíseo, el gran profeta discípulo de Elías.
—Veis, pues —prosiguió Gamaliel—, que sí han salido profetas de Galilea, y puede enorgullecerse de ellos nuestro amigo Isacar.
A pesar de la visible derrota, no pudo menos de pavonearse el aludido. Sin embargo, llevado de su odio al Nazareno, añadió:
—Bien está; pero ¿cómo aplicáis a Jesús eso de que el Mesías no tendrá Padre ni Madre ni genealogía, cuando todos conocemos a María, su Madre?
—Eso lo explica el profeta David en el salmo 2: *«Dominus dixit ad me: Filius meus es tu; ego hodie genui te (A mí me dijo el Señor: Tú eres mi Hijo; Yo te he engendrado hoy).»* —respondió Samuel, lleno de entusiasmo.
—¿Y eso qué significa? —preguntó Anano.
—Que el Mesías será el Hijo de Dios, engendrado por Él desde la eternidad —repuso Samuel.
—¿Y tú aplicas ese texto al carpinterucho? —dijo, furioso, Isacar.
—Lo aplico —respondió Samuel— al que da testimonio de su misión con su vida inmaculada, su doctrina y sus milagros, y en quien vemos que se van cumpliendo una a una todas las profecías.
—Yo no creo ni en milagros ni en profecías —dijo Ben Straus.
—Ni yo tampoco —repercutió Ben Renanus.
—Eso, no —dijeron a una todos los concurrentes—; nosotros sí creemos en milagros y profecías.
—El negar los milagros y las profecías sería deshacer de una vez la obra gigantesca de Yahvé durante siglos —dijo Eleazar.
—Eso sería negar la existencia del pueblo escogido —añadió Anano.
—¿Qué diablos nos importa que este germano y su eco no crean? Su negativa nos tiene sin el menor cuidado —añadió Quarto.
—Entonces —dijo Ben Straus, dirigiéndose a Anano—, ¿vosotros admitís los milagros de Jesús?
—Eso es otra cosa —respondió el aludido—; que el Nazareno hace milagros no lo podemos negar. Así lo ha dicho claramente el sumo pontífice, Caifás: «¿Qué hacemos? Este hombre hace muchos milagros».
—Entonces —replicó Samuel—, ¿cuál es vuestra respuesta?
—Que los milagros que hace los hace por virtud de Belcebub —gritó Isacar.

–Y si Él los hace en virtud de Belcebú –dijo Samuel–, sus discípulos, que obran en nombre del Nazareno, ¿en virtud de quién hacen milagros?
–Es un pecador, un samaritano, un endemoniado, un seductor –dijo Eleazar.
–Pues entonces –repuso Samuel–, «¿*cómo un hombre pecador puede hacer tales milagros?*» Vosotros habéis dicho, por supuesto sin probarlo, que ese hombre es pecador, y, por otra parte, vosotros mismos admitís que «*Dios no oye a los pecadores, sino a aquel que honra a Dios y hace su voluntad, ése es quien. Dios oye*». ¿En qué quedamos?
–Que no hace milagros –dijo Ben Straus.
–Que no hace milagros –repitió Ben Renanus.
–En cambio –interrumpió Quarto–, éstos, que los han visto, a pesar de ser sus enemigos, confiesan que los hace. Y vosotros, que venís de las selvas de la Germania o de la Galia y no habéis visto nada, ¿tenéis el tupé de negarlos? Repito que más vale un asno negando...
–Pero ¿qué decís –repuso Anano, cambiando el tema– de su predicación, en la que se atreve a ir contra el sábado, de su conducta y de la de sus discípulos, que quebrantan la ley?
–Ni va en contra del sábado ni quebranta la ley –repuso José de Arimatea, hasta entonces callado–; lo que reprueba son las ridículas prácticas que nada tienen que ver con la ley.
–Reprueba vuestra estupidez –saltó Quarto–, que habéis establecido que no se puede curar un dolor de muelas en sábado. ¡Ja, ja, ja! Y andáis disputando si se puede comer un huevo puesto en sábado por una pobre gallina. ¿Queréis mayor ridiculez?
–Es verdad –añadió Samuel–, esas ridiculeces son las que reprueba Jesús de palabra y de obra; por eso ha hecho, y creo que seguirá haciendo, muchas curaciones en sábado.
–Pero ¿qué decís –añadió Eleazar– de su empeño en afirmar que el reino de los cielos pasará del pueblo escogido a los gentiles?
Una nube de tristeza cubrió el rostro de Samuel, quien respondió:
–«*Entre los suyos vino y los suyos no han querido recibirle...*» Muy errados andáis por no escudriñar las Escrituras; y veréis lo que dice sobre esto el profeta Ezequiel en el capítulo 2: «*Hijo del hombre, tú habitas en medio de un pueblo rebelde: que tiene ojos para ver, y no mira, y oídos para oír, y no escucha; porque ella es una gente contumaz. Tú, pues, ¡oh Hijo del hombre!, ve preparando los avíos para, mudar de país, y partirás del lugar que habitas a otro viéndolo ellos, por si tal vez paren en ello su atención, porque ésa es una familia contumaz*» ¿Lo queréis más claro? Pues oíd lo que hace más de treinta años dijo el anciano Simeón, cuando, entrando al templo, encontró a María con su Niño Jesús en los brazos para presentarle según la ley: «*Ahora, Señor, saca en paz de este mundo a tu siervo: según tu promesa. Porque ya mis ojos han visto al Salvador que nos has dado, al cual tienes destinado para que, expuesto a la vista de*

todos los pueblos, sea luz que ilumine a los gentiles y sea una gloria de tu pueblo Israel», si tenemos la ventura de recibirle, a lo que vosotros, ciegos, os estáis oponiendo.

9
GALLOS Y CABALLOS

—Durante tu ausencia, dómine —me dijo Quarto un día— he hecho algunas amistades de importancia.

—Sí —respondí—, me supongo que será con algunos jugadores de gallos, ya he oído que, a pesar de la ley que prohíbe que se críen o guarden gallos dentro de los muros de Jerusalén, tú te has atrevido a traerlos a esta misma casa.

—¿Te lo ha dicho Samuel? —me preguntó Quarto.

—Me lo han dicho mis oídos, pues tus malditos gallos no me han dejado dormir en toda la noche, canta que canta.

—Desgraciadamente, dómine, el gallo es un ave aprotopeica, y por eso a veces molesta.

No pude menos de reírme al oír lo de los gallos aprotopeicos, y le pregunté:

—Y ¿por qué ha de ser el gallo un ave agorera?

—Porque es sumamente sensible a los cambios atmosféricos, y agora el mal tiempo con varias horas de anticipación. Veo que está lloviendo ahora.

—¿Y los gallos lo agoraron anoche?

—Así es, en efecto, dómine, y tengo en mi favor la valiosa opinión del *Talmud* de Jerusalén, que estima a los gallos como los grandes anunciadores del tiempo.

—Y ¿de dónde has aprendido eso del *Talmud*?

—De mi trato frecuente con el sumo sacerdote, José Cefas o Caifás.

—¿Querrás decirme que Caifás es gallero?

—Y de los entendidos en la materia. Tiene una verdadera pasión por los gallos.

—¿Tanto como tú?

—Un poco más que yo.

—Pues eso es decir algo.

—De tan experto maestro he aprendido —continuó Quarto— que la ley no prohíbe que los gallos habiten dentro de los muros de Jerusalén. Esto está prohibido en la parte del *Talmud* llamada «Tekanoth», que quiere decir «ordenanzas», y como el *Talmud* es «la doctrina de la tradición», resulta que los gallos no están excluidos de Jerusalén por la ley, sino por un reglamento de policía.

–¿ Y tú quieres que Samuel, como dueño de esta casa, pague la multa por esta infracción?
–No hay cuidado, dómine. Si a algún fariseo de esos que no comen huevos puestos en sábado se le ocurriera denunciarnos, con pasar mis gallos al gallinero de la casa de Caifás, que está bien cerca, la multa le caería a él. Pero como él es la autoridad, no hay cuidado de que le impongan multas, pues lo que es por parte de los romanos, no hay inconveniente en que tengamos gallos, que los hay muy numerosos en la fortaleza Antonia.
–¿De modo que Caifás tiene gallos en su casa?
–Los hay muy buenos, tanto en la casa de Caifás como en la de Anás, su suegro, también muy aficionado a las peleas.
–Y ¿cuáles son esas amistades tan importantes que te has echado durante mi ausencia?
–¿Te parece poco la del sumo sacerdote y su suegro? Yo entro ya en los palacios de esos viejos como perro por su casa, y, lo que es mejor, no se recatan delante de mí de hablar de todo lo que piensan de Jesús de Nazaret, a quien odian cordialmente.

Aquella salida de Quarto me desarmó por completo. Quería él estar íntimamente enterado de lo que se decía y tramaba contra Jesús, y, valiéndose de los gallos, había conseguido hacerse familiar con los enemigos del Nazareno sin despertar sospechas.

–Te agradezco y apruebo tu inteligente proceder –dije–. Y ahora más que nunca es conveniente no perder de vista a esos dos hombres, a quienes sigue todo Israel.
–También he hecho otras amistades –prosiguió Quarto– con otros individuos, si bien menos encumbrados, no por eso menos corrompidos.
–¿Quienes pueden ser?
–¿Has oído hablar de una famosa banda de ladrones capitaneada por Mathan y Jocan?
–Oí de una cuyos capitanes eran Dimas y Gestas.
–Pues son los mismos, y merodean entre Jerusalén y Jericó, teniendo sus guaridas en cuevas del otro lado del Jordán. Roban de este lado, y se van a disfrutar de sus rapiñas al otro, donde nadie les molesta. Herodes, bajo cuya jurisdicción está Perea, ni tiene guarniciones que vigilen el desierto, ni se ocuparía de custodiarlo aunque tuviera suficientes tropas.
–Y ¿cómo te has hecho amigo de esos bandidos?
–También por cuestiones de gallos. Son los proveedores del sumo sacerdote.
–Y éste, sabiendo quienes son tales hombres, ¿se entiende con ellos?
–¿De qué te admiras, dómine? Se ve que no conoces a Caifás; pero para guardar las formas, de ordinario él no trata directamente con los bandidos, sino por intermedio de Malc.
–¿El de las orejas de burro?

—Su siervo de confianza para todos los negocios sucios que necesita. Este Malco fue quien denunció a los bandidos delante de los romanos, dándoles noticia de dónde andaban.
—Con lo cual hizo un gran servicio al público.
—Está bien; pero el motivo que tuvo Caifás para denunciarlos, por medio de Malco, no fue por los robos y las muertes que habían perpetrado, sino porque le robaron uno de sus mejores gallos, y lo curioso es que los acusa de blasfemos. Gestas podrá serlo, pues es un criminal en toda forma; pero Dimas, a pesar de ser ladrón, es profundamente religioso.
—Y ¿por qué los acusa de blasfemos y no de asesinos o ladrones?
—Porque sólo puede el Sanedrín juzgar en asuntos religiosos, y como el blasfemo, según el *Levítico* (24, 15), debe morir, quiere Caifás condenarlos y luego entregarlos a Pilato para que los crucifique, pues ya el Sanedrín no tiene, como antes, derecho para condenar a muerte a ninguno.
—¿Y dices que ese Dimas es blasfemo?
—Cierto que no, fue el que robó el gallo a Caifás. ¿Te parece poco? Ese viejo Caifás es sumamente avaro y en extremo vengativo, y desdichado de aquel en quien pone la puntería. Es capaz de inventar las mayores calumnias para perderle.
—¿Dices que uno de esos bandidos se llama Dimas y es ladrón de caminos?
—Sí, es ladrón sin título, pues como él mismo dice, y muy bien, hay ladrones titulados como son muchos de los publicanos, y otros sin títulos a los que llaman bandidos. Él me ha asegurado que sólo roba a los ladrones titulados y no mata ni ha matado a ninguno.
—Creo que de éste me ha hablado Legendario, contando no sé qué historia que le pasó cuando Jesús era niño; pero mi amigo rabí Ben Cardona, que es un gran ratón de biblioteca, dice que son puros cuentos.
—Yo no sé lo que dirá Ben Cardona; lo que yo te digo, dómine, es que Dimas tiene un fondo muy piadoso. Durante tu ausencia estuve unos días en el campamento de estos bandidos del otro lado del Jordán, y no lo creerás; mientras Gestas y los otros ladrones sólo hablaban de gallos, de robos y otras infamias, el bueno de Dimas departía conmigo tranquilamente sobre el Mesías.
—¿De veras? Y ¿qué piensa de Jesús de Nazaret? —dije, intrigado.
—Pues que no sólo le tiene por el Mesías, sino por el Hijo de Dios.
—¿Por el Hijo de Dios? Y ¿de qué lo deduce?
—Oye lo que me contó. Estaba un día escuchando a Jesús, cuando *«he aquí que le presentan un paralítico postrado en su lecho y al ver Jesús su fe, dijo al tullido: Ten confianza, hijo mío, que perdonados te son tus pecados. Unos escribas que esto oyeron dijeron para sí: Éste blasfema. Mas Jesús, viendo sus pensamientos, dijo: ¿Por qué pensáis mal en vuestros corazones? ¿Qué cosa es más fácil decir: "se te perdonen tus pecados", o decir "levántate y anda"?...»*

–Lo mismo recuerdo haberle oído decir en otra ocasión –interrumpí.
–*«Pues para que sepáis que el Hijo del hombre tiene en la tierra potestad para perdonar los pecados, levántate, toma tu lecho y vete a tu casa. Y se levantó, y fuese u su casa».* «Yo –me decía Dimas–, como todos los que presenciamos el milagro, *«quedamos poseídos de estupor, y dábamos gloria a Dios por haber dado tal potestad a los hombres».*
–¿Y creyó Dimas?
–No sólo creyó, sino que, conmovido, me decía: «No sabes, amigo, el efecto que me causaron esas palabras. Me vi lleno de infinidad de pecados, lo que me causaba profundísima pena; pero al mismo tiempo sentía en mi corazón una esperanza profundísima de que a mí me había de perdonar los míos. Y estoy decidido a dejar esta vida malvada, e ir a Jesús a pedirle que me perdone. Trata de fundar un reino, que Él llama de los cielos, y yo espero que Él me admita, ya perdonado, en su reino».
–¿Y llegó a cumplir su propósito?
–Desgraciadamente, no, pues poco después le aprehendieron con los otros bandidos, y hoy está en la cárcel esperando la sentencia de muerte.

Esta relación de Quarto me dio muchísimo en qué pensar, pues veía ya cómo, poco a poco, aun en medio de los forajidos, Jesús iba extendiendo su reino, un reino espiritual de almas, como me lo había dicho Jonadab.

En aquellos momentos entró Samuel, diciéndome que un decurión romano me traía un mensaje. Pasó el decurión y, saludándome militarmente, dijo:

–El noble procurador Poncio Pilato te saluda y te envía este mensaje –y puso en mis manos un pergamino que luego abrí:

«Poncio Pilato a Rafael Ben Hered. Salud.

Desde que llegué a Jerusalén, mucho he deseado verte; pero me informaron que estabas ausente de la ciudad. Quisiera departir contigo de varios asuntos. Mi esposa, la noble Claudia Procla, también desea saludarte, y te ruega traigas contigo tus mejores gemas, telas y perfumes. Vale.»

–Di al noble procurador –dije al decurión– que me honra mucho con su carta e invitación para visitarle. Mañana pasaré por el palacio.

–Te advierto –repuso el decurión– que el noble procurador habita, no en el palacio de Herodes, como suele hacerlo de ordinario, sino en la fortaleza Antonia.

–Mañana estaré en la Torre Antonia –dije.

En efecto, al día siguiente, acompañado de Quarto, quien llevaba un cargamento de regalos, me presenté en la fortaleza, siendo al punto recibido por el procurador. Nuestra conversación duró más de una hora. Me habló, entre otras cosas, de su proyecto de construir el acueducto, como ya me lo había dicho en otra ocasión. Al final me habló de Jesús de Nazaret, diciéndome que él le consideraba como un gran filósofo y reformador religioso.

—Pero ¿no has oído –dije– que piensa establecer un nuevo reino?
—Si trata de echar abajo a Herodes, mucho me alegraría; pero ese hombre no trata de fundar ningún reino. ¡Mira sus capitanes y sus soldados! Unos pobres pescadores y una turba indisciplinada. Me han venido con el chisme de que prohíbe pagar el tributo a César. Mi mujer, Claudia, que le admira extraordinariamente, me contó que no sólo paga religiosamente, sino que hasta hace milagros con ese objeto.
—¿Milagros? ¿Cómo es eso? –dije.
—Cosas de mujeres –respondió despectivamente–. Me contó Claudia que una vez que se acercaron a Pedro, que es su general en jefe, unos recaudadores del tributo, le dijeron: «*¿No paga el Maestro las dos dracmas? Sí, por cierto, respondió, y habiendo entrado Pedro en la casa, se le adelantó Jesús, diciendo: ¿Qué te parece, Simón? Los reyes de la tierra, ¿de quién cobran tributo, de sus hijos o de los extraños? De los extraños, respondió Pedro. Le replicó Jesús: Luego los hijos están exentos. Con todo eso, para no escandalizarlos, ve al mar y tira el anzuelo, y toma el primer pez que saliere, y abriéndole le boca, hallarás una pieza de plata de cuatro dracmas; tómala y dásela, por ti y por mí*».
—Y ¿encontró Pedro la moneda? –pregunté.
—Mi mujer asegura que sí –respondió, riéndose–. Con tal de que pague, no importa que sea hijo o extraño, ni que saque el dinero de su bolsillo o de la boca de un pez. Que pague, y eso basta. Una cosa te digo, y es que trae locos a los escribas, fariseos y saduceos, quienes le odian cordialmente.
—¿De modo que tú estás al tanto de lo que pasa?
—Tengo buena policía, que lo averigua todo, como debe ser. Sin ir más lejos, me acaban de traer la noticia de una magnífica respuesta que les dio el Nazareno a propósito del tributo a César: «*Unos fariseos y herodianos le preguntaron: Maestro, ¿nos es lícito a nosotros el pagar el tributo a César, o podemos no pagarlo?*...
—Y ¿qué les respondió? –pregunté, intrigado.
—Les dio una respuesta de lo más ingeniosa, que los dejó callados: «*¿Para qué venís a tentarme?, les dijo. Dadme un denario. Se lo presentaron, y les dijo: ¿De quién es esa imagen, y esta inscripción? De César, respondieron. Pues entonces, dijo el Nazareno, dad al César lo que es del César, y a Dios lo que es de Dios*».
—Quedarían muy corridos –dije.
—Ya puedes imaginarte cuánto se rieron de ellos el pueblo y varios soldados romanos que lo supieron y me lo vinieron a contar. Esto te prueba que César no tiene nada que temer al nuevo Rey.
—Pues entonces, ¿tú qué crees que pretende el Nazareno? –inquirí.
—Yo le tengo por un filósofo.
—He oído decir que afirma que Él ha venido a dar testimonio de la verdad.

—Y ¿qué es la verdad? —repuso Pilato, riéndose cínicamente.
En aquel momento se presentó Claudia Procla.
—Te dejo con mi mujer —terminó el procurador—. Sólo te ruego que cuando puedas me traigas y muestres tus nuevos caballos, pues he oído decir que has comprado dos magníficos árabes del desierto.
Y diciendo esto, salió el procurador.
Después de mostrar a Claudia las telas, perfumes y joyas que había traído y de regalarle lo que más le había gustado, me dijo:
—He sabido que tienes una finísima yegua llamada *Ascua de Plata*.
Debí poner una cara tal al oír aquellas palabras, que ella, comprendiendo mi situación y sonriendo, me dijo:
—No temas que quiera comprarte la yegua; pero sí te pido dos cosas: que el primer potrillo que tenga me lo vendas. Respiré tranquilo, y respondí:
—El primer vástago de *Ascua de Plata* tuyo será, noble Claudia.
—Lo segundo que quiero rogarte es que vengas con ella y con *Diamante* para que salga yo contigo a caballo de paseo alguna vez. Tengo mucho de qué hablarte a solas... sobre el Nazareno.
—Tus deseos serán cumplidos, y mañana estaré a tus órdenes, sólo que tú montaras *Ascua de Plata* y yo en *Diamante*.

10
SUS MANOS

Apenas el sol apareció tras las montañas de Moab, cuando, vestido a la romana y cabalgando en *Diamante*, me presenté en la fortaleza Antonia. Claudia me esperaba.
—Aquí tienes a *Ascua de Plata* —le dije—, que, ansiosa, te espera.
—¡Qué magnífico arnés! —dijo ella, mientras acariciaba a la espléndida yegua—. Ni la misma Livia Augusta, madre de nuestro emperador, creo que usó uno más espléndido ni que en sus establos tuvo mejor cabalgadura.
—Me felicito que sean una y otro de tu agrado, dómina —dije, sonriente, al ver lo complacida que había quedado Claudia—. Y celebro que la primera mujer que monte *Ascua de Plata* seas tú, la más bella y arrogante de nuestras amazonas.
En efecto, el magnífico animal estaba ensillado con una montura femenil recubierta con riquísimo paño y gualdrapas de la misma tela bordada de oro. Después de acariciar y hablarle cariñosamente a la bestia, Claudia le dio de comer en su misma mano, y ya amigos, la montó con gran soltura y gracia. Monté yo a *Diamante*, y, seguidos de varios oficiales que nos escoltaban, salimos de la fortaleza en medio de los entusiastas y sinceros aplausos de aquellos bravos militares apasionados por los caba-

llos y los buenos jinetes. Dimos vuelta a la ciudad siguiendo el valle de Hinnón primero, luego el del Cedrón, tomando, después de un gran rodeo, el rumbo de Betania. Por descontado, durante el camino no pudimos entablar conversación alguna. Claudia estaba entusiasmada con la espléndida yegua; la gobernaba a maravilla, haciéndola trotar, galopar y correr según lo permitía el terreno. Yo la seguía de cerca, no tanto por protegerla cuanto para admirarla. Montaba admirablemente, y *Ascua de Plata* obedecía sus menores insinuaciones como si no tratara de otra cosa que de complacer a la dama.

Cuando, después de dos horas, llegamos a Betania, nos encaminamos a la quinta de Lázaro, donde éste, acompañado de Samuel, su tío, nos esperaba.

—El sol empieza a calentar demasiado —me dijo Claudia—, y no quisiera que *Ascua de Plata* se fatigara. Creo que es mejor descendamos y la dejemos descansar en esta preciosísima quinta.

—Has adivinado mis pensamientos, dómina —dije—, no porque *Ascua de Plata* esté cansada en lo más mínimo. Los animales de su raza son incansables cuando los gobiernan manos como las tuyas. Lo decía porque viven aquí unos amigos míos a quienes desearía presentarte.

Desmontamos, y después que Claudia acarició a la yegua, la entregó a Quarto para que la paseara, y lo mismo hice yo con *Diamante*.

—Quisiera hablar contigo —dijo la dama.

—No deseo yo otra cosa —respondí—. Mis amigos son de confianza, y nos dejarán en libertad a la menor insinuación que les haga.

—Os hemos preparado un pequeño refrigerio —dijo Marta, que había salido a nuestro encuentro, y nos presentaba sendos vasos de una bebida hecha con el jugo de dátiles e higos. Claudia, cortésmente, bebió y luego me hizo indicación de que la siguiera.

Nos dirigimos a una hermosísima calzada sombreada por palmeras, y ella, recogiendo graciosamente su falda, empezó a pasearse, caminando yo a su lado.

—Aunque soy romana —empezó diciendo Claudia—, tuve un ama de cría: llamada Anna, de origen israelita. Ésta, desde mi infancia, me hablaba de su pueblo, contándome cosas admirables. Me aseguraba que Yahvé le había escogido, obrando prodigios por mano de un gran caudillo llamado Moisés, quien, a pesar de la oposición de Faraón, le sacó de Egipto.

—Esa historia nos es familiar a todos nosotros —dije.

—Me hablaba luego de los profetas, y cómo los israelitas esperaban ansiosamente un hombre extraordinario llamado el Mesías.

—Que en griego se traduce por el Cristo, el Ungido.

—Cuando supo Anna que Poncio había sido nombrado gobernador de Judea, se llenó de entusiasmo, pensando que yo la traería conmigo, a pesar de estar muy enferma.

—¿Qué enfermedad tenía?

–Desde hace unos dieciocho años le empezó una enfermedad que le fue encorvando poco a poco, de suerte que de ninguna manera podía mirar hacia arriba. ¡Pobrecita! Por supuesto que la traje conmigo.
–Es muy natural que quisiera volver a ver la tierra donde había nacido.
–Claro que sí; pero lo que más la entusiasmaba era que, según las profecías, ya había llegado el tiempo en que aparezca el Mesías.
–Así es, en efecto, y todo el pueblo lo espera ansiosamente.
–Llegamos, y con gran desconsuelo suyo, después de haberse informado de sus paisanos, me dijo que no había aparecido profeta alguno. Así pasaron cerca de dos años, cuando un día me contó que había tenido una gran noticia.
–¿Cuál?
–Que a lo largo del Jordán había aparecido un hombre maravilloso, quien aseguraba que ya estaba cerca «el reino de los cielos».
–¿Te refieres a Juan Bautista? –pregunté.
–Así me dijo Anna que se llamaba. Por algún tiempo predicó; pero ese infame Herodes, por consejo de Herodías, le mandó decapitar.
–También tengo noticias de ese crimen. Juan era un hombre colosal.
–Y, sin embargo, según me contaba Anna, decía que no era digno de desatar la correa del calzado de...
–Jesús de Nazaret, al cual aclamaba como el Mesías.
–¡Como el Hijo de Dios! –exclamó Claudia con entusiasmo.
–¿Y Anna, siendo judía, creía que Dios tenía un Hijo?
–¿Por qué no? ¿No tuvo Saturno a Júpiter y otros hijos más?
–Para vosotros, los romanos, no hay dificultad en eso; pero para los judíos, la hay, y muy grande.
–¿Por qué?
–Porque Yahvé es Uno.
–Pero ¿no lo había dicho así el Bautista, quien era también judío?
–Tienes razón –dije, bajando la cabeza.
–De todos modos, Jesús es un profeta que hace muchos milagros y todo el pueblo le aclama.
–Yo mismo he presenciado varias curaciones obradas por Él –dije.
–Como tú sabes, a Poncio no le gusta Jerusalén, y sólo viene de Cesarea cuando las grandes fiestas, con el objeto de reprimir cualquier sublevación. Tuve, pues, que marchar con él a Cesarea; pero Anna me rogó que la dejara; quería ella ver al Mesías. La dejé, sintiéndolo mucho.
–¿Y la curó Jesús?
–No sabes la sorpresa que tuve cuando Anna llegó a Cesarea perfectamente curada.
–¿Posible?
–Un «sábado, me contaba Anna, supe que Jesús estaba en la sinagoga, y fui a verle. No hizo más que verme, y me llamó: *"Mujer, me dijo, ya*

quedas libre de tu enfermedad". Luego me impuso las manos, y al momento me enderecé glorificando a Dios. Pero el pontífice de la sinagoga, indignado porque Jesús me había curado en sábado, dijo a las turbas: "Seis días hay en los que es lícito trabajar; venid, pues y curaos en esos días, pero no en sábado". A lo cual respondió el Señor: "Hipócritas. Acaso cada uno de vosotros en sábado no saca del pesebre a su buey y su asno y los lleva a abrevar? ¿Y no podía Yo a una hija de Abrahán librarla en, sábado de ese lazo con que la tenía Satanás atada hace dieciocho años?" Y mientras así decía, todos sus adversarios se llenaban de vergüenza, y todo el pueblo se alegraba por todas las maravillas hechas por Él».

—Verdaderamente, esos fariseos —dije— son unos hipócritas.
—Tú puedes figurarte los deseos que tuve desde entonces de conocer a Jesús.
—Y tu marido, ¿qué dijo?
—Se quedó igualmente maravillado al principio; pero después alzó los hombros y se rió.
—¿Y pudo explicar el hecho?
—Cuando Poncio no puede explicar una cosa, se ríe. Nunca quiere dar su brazo a torcer.
—Así lo hacen Ben Straus y su eco —dije para mí.
—Venimos a Jerusalén, pues le habían dicho que los galileos trataban de armar una sedición. Poncio se pone irritadísimo cuando sabe que quieren rebelarse los judíos. Y un día en que muchos galileos habían venido a ofrecer sus sacrificios, mandó salir de la Antonia dos centurias con instrucciones de no dejar vivo a ningún galileo.
—Ya oí contar esa matanza.
—Yo lo sentí mucho, pues temía que entre ellos estuviera Jesús, que es galileo; pero, afortunadamente, Él no había venido al templo ese día.
—¿Y has visto a Jesús alguna vez? —añadí, tratando de cambiar de conversación.
—Lo he visto muchas veces de lejos, desde la Torre Antonia, cuando viene al templo a enseñar. Por eso he rogado a Poncio que, en vez de alojarnos en el palacio de Herodes, vengamos siempre a la Antonia...

En aquel momento se acercó Samuel a decirnos que el almuerzo estaba preparado, y accediendo a su invitación marchamos hacia la casa. Marta, como siempre, había preparado uno suculento, compuesto de varios platos, mientras su hermana Magdalena estaba sentada cerca del lugar donde suele sentarse Jesús cuando viene a visitarlas. No permanecía, sin embargo, inactiva, pues la vi que estaba bordando, según me dijo Samuel, gualdrapas para su borrica, la cual había tenido un pollino graciosísimo. Como Samuel me dijo después, ya no se llamaba *Claudia*, sino *Herodías*, y el pollino *Herodes*. Cuando me vio vestido a la romana, en lugar de mirarme con desprecio como a un «híbrido», sonrió, pareciendo leer mis pensamientos, ya cambiados por completo. Aunque vestida con un traje sencillísimo y en actitud humilde, me pareció más hermosa que nunca; pensé que así debió ser a los dieciocho años...

Terminado el almuerzo, íbamos a montar de nuevo cuando Lázaro anunció a Claudia que dos mujeres la buscaban y deseaban saludarla.

Pasaron. Desde luego yo reconocí a la de mayor edad: era Justa *la Pitonisa,* a quien había yo visitado en Endor. La joven que la acompañaba debía ser Beni, su hija; pero estaba sumamente cambiada, pues no tenía ya la cara pálida y amarillenta con que la había conocido. Antes bien, estaba fresca y rozagante.

—¡Ah! ¿Eres tú, Justa? —dijo Claudia—. ¡Cuánto gusto en volver a verte! ¿Qué noticias me traes?

—Muy buenas, dómina —dijo *la Pitonisa—.* Desde luego, puedes verlas en la cara de Berni.

—¡Cómo! ¿Esta jovencita rebosante de salud es tu hija?

—Él la sanó —respondió Justa—, y vengo a contarte mi historia.

Magdalena, que había estado algún tanto taciturna, al oír que Él había curado a la joven, miró a las dos con cariño y se puso a escuchar atenta la relación de la madre.

—Me encargaste, dómina —dijo Justa—, que siempre que tuviera alguna noticia de Él te la trajera. A eso he venido.

—Justa —dijo Claudia— ha interpretado mis sueños muchas veces y me ha dicho la buena fortuna leyéndola en las líneas de la mano. Es muy versada en los libros sibilinos...

—La conozco —respondí—, y una vez la consulté en Endor.

—Cuenta, hija, cuenta tu historia —repuso la dama.

—Como bien sabes, dómina —dijo la aludida—, nuestros libros sibilinos hablan de «el que había de venir», y desde el momento en que Juan el Bautista anunció que «ya había venido», traté muchas veces de ver a Jesús y suplicarle sanara a mi hija. Mientras estuvo en Galilea, nunca me atreví a acercarme a Él; pero sabiendo que andaba por los confines de Tiro y Sidón, tomé la resolución de buscarlo y asediarlo hasta que escuchara mi petición.

—¿Está Jesús por esas regiones? —pregunté.

—Estuvo —respondió ella—. *«No quería que nadie supiese que por allí andaba; mas no pudo esconderse. Lo supe yo y lo fui siguiendo y gritando: Señor, Hijo de David, ten compasión de mí; mi hija es malamente atormentada por el demonio. Mas Él no respondía palabra. Y llegándose sus discípulos, le rogaron, diciendo: Despáchala, porque da voces tras de nosotros. Pero Él, respondiendo, dijo: No soy enviado sino a las ovejas que han perecido, de la casa de Israel; y entró en una casa. Yo lo seguí al punto, y echándome a sus pies, lo adoraba diciendo: Señor, socórreme. Y, respondiéndome, dijo: Deja primero hartarse a los hijos, porque no es bien tomar el pan de los hijos y echárselo a los perros. Y yo le respondí:*

Sí, Señor; pero aun los perrillos comen debajo de la mesa las migajas de los hijos que caen de la mesa de sus señores. Entonces, Jesús me dijo: ¡Oh mujer!, grande es tu fe; hágase contigo como quieres. Vete, el demonio ha salido de tu hija. Y me fui a mi casa y hallé a. mi hija tendida en el lecho y que el demonio había salido, y quedó mi hija sana desde aquella hora..» Mírala.

—Esto es maravilloso —dijo Claudia.

Mientras tanto, yo me acordaba del centurión, también pagano, y me reprendía a mí mismo por mi poca fe.

—Tú sabes, dómina —prosiguió Justa—, que me he dedicado a la quiromancia y he penetrado sus secretos. Cuando estuve en Roma estudié las manos de César y vi en ellas los destellos del valor. Hice otro tanto con las de Augusto, y vi en ellas el sello de la ambición y el poder. Las manos de Horacio y Virgilio mostraban la inspiración del vate, como en las de Cicerón se veía la elocuencia. Pues la mano es el instrumento del alma, y por medio de ella domina la materia; con ella nuestra voluntad da existencia a las creaciones más grandiosas o perpetra las más odiosas acciones. En la mano se ve el imperio y el genio. Cuando yo vi a Jesús desde lejos, me pareció que de su cuerpo salía una luz que lo iluminaba todo, y vi escaparse como efluvios que tornaban en hermosos a los seres más deformes. Al acercarme contemplé sus manos, ¡Manos como nunca he visto! Tienen algo que no puedo explicar...

Magdalena había escuchado todo el relato extasiada, y al oír que las manos de Jesús tenían algo de inexplicable, exclamó:

—Son las manos del Cordero de Dios, que perdonan los pecados del mundo...

11
UNA CARTA

«A Jonadab, recabita, Rafael Ben Hered, salud:

Aunque desde mi llegada a Jerusalén han pasado sucesos importantes, es tanto lo que me ha hecho reflexionar la conducta extraordinaria de Jesús de Nazaret, que no me había atrevido hasta ahora a escribirte, según lo prometido.

Enumerar los hechos no hubiera sido tan difícil; pero encadenarlos para sacar conclusión determinada sobre la personalidad y los propósitos de este hombre maravilloso, me ha costado muchas noches de insomnio, y, al fin y al cabo, no creo haber adelantado mucho.

Ahora más que nunca, amigo querido, necesitaría de tu ayuda, pues estoy persuadido de que para ver con alguna claridad en este asunto se necesita un alma pura y una mente libre de prejuicios como la tuya.

Antes de venir a discutir la personalidad del Maestro, quiero analizar, más que su misma doctrina, su *modo de proceder,* tan distinto del modo de obrar de los demás hombres.

El pueblo que lo sigue, así como sus enemigos, están íntimamente persuadidos de que *obra milagros.* Que hace cosas de lo más incomprensibles para todos no hay la menor duda; en otras palabras, nadie puede negar que *Jesús de Nazaret tiene fama de que obra milagros.* Ni se trata aquí únicamente de curaciones inexplicables, donde no intervienen medicinas de ninguna especie, producidas de modo instantáneo con ciegos, cojos, paralíticos o endemoniados, sino de otras obras que nada tienen que ver con la salud corporal, como la *conversión del agua en vino,* que yo mismo presencié en Caná, o la *multiplicación de los panes y peces,* de que fui también testigo en el desierto.

No quiero ahora discutir la cuestión de los milagros en sí mismos; lo que más me intriga al presente es *la conducta de Jesús cuando obra esos prodigios.*

De una manera constante, cada vez que hace algún milagro, que no puede menos que llamar la atención de todos, dándoles materia para hablar, y mucho, Jesús insiste en recomendarles *que no lo digan a nadie,* sabiendo que es moralmente imposible que no lo cuenten.

¿Por qué procede así? ¿Qué fin pretende en imponerles ese secreto impracticable?

Sin dar respuesta a esta pregunta, paso a otra que no me intriga menos. Es de todos sabido que Jesús habla en parábolas, las cuales no son comprendidas de ordinario ni por sus mismos discípulos. ¿Por qué procede de ese modo...?

Esto es lo que llevaba escrito cuando tuve una agradabilísima sorpresa. Quarto me anunció que mi amigo Jonadab acababa de llegar.

—Mis agentes —dijo Jonadab, después de los obligados saludos— me informaron de tales sucesos relativos a Jesús de Nazaret, que me pareció debía anticipar mi venida, ya que, por otra parte, no había recibido ninguna carta tuya...

Por toda respuesta, alargué al anciano el pergamino en que había empezado a escribirle. Lo leyó detenidamente y, sonriendo, me dijo:

—Nada me extraña que estés tan perplejo acerca de la conducta y modo de obrar del Maestro; también yo he meditado mucho sobre lo mismo, y si he de responder a tus preguntas según mi manera de discurrir, te diré que si Jesús, hasta hace poco, imponía silencio a los que beneficiaba con sus milagros, es porque entonces le convenía *reprimir todo entusiasmo que pudiera perjudicar sus planes...*

Admirado de la claridad de ideas de aquel hombre venerable, dije:

—Otro tanto había yo pensado desde hace tiempo; pero me costó mucho trabajo venir a esta conclusión, que ahora, con tu opinión, me parece la verdadera. ¿Y qué respondes de lo de las parábolas?

Sonrió benévolo el patriarca, y respondió:
—Jesús, hasta hace poco, ha querido crear una gran expectación, y hablando del reino de Dios en parábolas consiguió admirablemente esta expectación que pretendía. Por otra parte, ha querido, como Él mismo lo dijo una vez, que «los *que veían no vieran y los que oían no entendieran...*»
—¿Y por qué querría que no le entendieran? —pregunté, admirado.
—Porque tiene un plan y no quiere que se lo estorben; y si sus amigos lo hubieran entendido, quizá tratarían de estorbarlo, y otro tanto, aunque por otros motivos, habrían hecho sus enemigos.
—¿Y se podría saber —pregunté yo— por qué dices *hasta ahora?* ¿Es que Jesús ha cambiado acaso de conducta de poco tiempo a esta parte?
Pareciendo no querer contestar a mi pregunta, Jonadab continuó:
—Ansioso de saber lo que ocurría, tan pronto como llegué a Palestina me dirigí a donde estaba Jesús. En cuanto se dio cuenta de mi presencia, Judas vino a hablar conmigo.
—¿Y qué te dijo ese... hombre? —le preguntó, irritado, Quarto.
—¿Te pidió dinero? —sugerí.
—¡Por supuesto! —repuso el anciano, sonriendo—. ¿Conoces a Judas?
—Demasiado —respondió mi compañero.
—Yo también me he fijado en ese hombre —continuó el patriarca— desde que vendió el corderito que yo le había dado para el Maestro. Igualmente me he fijado en la conducta especialísima de Jesús para con él. ¿No habéis reparado que a él le dio el Nazareno la bolsa de los dineros?
—¿Se la dio Jesús, o más bien Judas procuró que se la diera? —dijo Quarto.
—No, no fue astucia de Judas, sino amor acendrado del Maestro.
—La verdad, querido amigo, no entiendo esto que dices —repliqué.
—No sé si habréis notado algo anormal en el trato de Judas —dijo el anciano.
—Una afición desmedida por el dinero —respondí.
—Así es —dijo Jonadab—; pero, además, es sumamente ambicioso, un politicastro de mala ley, y, sobre todo, tiene el corazón endurecido para con los pobres, a quienes tanto ama el Maestro. Que es ambicioso e intrigante, no sería tan malo, ya que sus compañeros lo son también, aunque no tanto. Lo verdaderamente triste es su dureza de corazón para con los pobres, defecto que no tiene ninguno de sus compañeros. Pues bien, Jesús, que de modo admirable lee hasta el fondo de los corazones, viendo este gravísimo defecto de Judas, quiso corregirle.
—¿Y para eso le dio la bolsa con los dineros? —preguntó Quarto.
—Precisamente para eso —respondió Jonadab—, pues de esta suerte le puso el Maestro en contacto inmediato con los pobres, ya que de esa bolsa salen constantemente limosnas para los menesterosos.
—Verdaderamente admirable —exclamé.

—Acción admirable y llena de amor por parte de Jesús, quien desde entonces manda frecuentemente a Judas que reparta limosnas y más limosnas a los infelices que se les acercan.

—Tienes razón —dije—; recuerdo que una vez Judas se quejó conmigo de las liberalidades del Maestro, y lo mismo hizo con Cayo Oppio, el centurión.

—Pues bien —prosiguió Jonadab—: en lugar de ablandarse Judas, parece que se ha endurecido más y más, a pesar del cariño entrañable que le dispensa Jesús.

—Y ¿qué quería, Judas? —pregunté—. A más de pedirte dinero, ¿te habló de sus planes del reino?

—Ese hombre es un traidor —respondió tristemente el patriarca—; me hizo una confidencia, que, ciertamente, no debiera hacerme, ya que, como he sabido después, el Maestro había mandado a sus apóstoles que no hablaran del suceso.

—Y ¿se puede saber lo que te dijo? —preguntó Quarto.

—Creo que os lo puedo decir sin indiscreción, pues es algo de suma importancia para entender los planes de Jesús, a quien con tanto respeto como cariño tratamos de estudiar para conocerle y seguirle. He aquí lo que me contó: «*Viniendo Jesús al territorio de Cesarea de Filipo, nos preguntó a sus discípulos: ¿Quién dicen los hombres que es el Hijo del hombre? Unos dicen, respondimos, que eres el Bautista, otros que Elías, otros que Jeremías o alguno de los profetas. Entonces Jesús dijo: Y vosotros, ¿quién decís que soy? Simón, entonces, tomando la palabra, dijo: Tú eres el Cristo, al Hijo de Dios vivo. Entonces repuso Jesús: Bienaventurado eres, Simón, hijo de Jonás, porque eso no te lo ha revelado la carne y la sangre, sino mi Padre, que está en los cielos*».

—Y tú, ¿qué dices a eso? —pregunté a Judas.

Éste se encogió de hombros, y, sin responder directamente, añadió:

—El Maestro está perdiendo su tiempo y desaprovechando las ocasiones que se le presentan, como pasó en el desierto cuando dio de comer a la multitud que quería aclamarle por Rey. En lugar de eso, se le ha metido en la cabeza edificar una Iglesia.

—¿Cómo así? —le dije.

—Figúrate —prosiguió Judas— que, dirigiéndose a Simón o Pedro, como ha dado en llamarle, dijo: «Yo *te digo que tú eres Pedro, y que sobre esta piedra edificaré mi Iglesia, y las puertas del infierno no prevalecerán en contra de ella. Y a ti te daré las llaves del reino de los cielos; y todo lo que atares sobre la tierra, será también atado en los cielos; y todo lo que desatares sobre la tierra, será también desatado en los cielos*». ¿Ves cómo en lugar de seguir mi consejo de buscar dinero y amigos entre los ricos para derrocar a Herodes, ahora sale con que quiere fundar una Iglesia, y lo peor del caso es que ha escogido a ese tonto de Simón como su lugarteniente?...

—Tú quisieras que te hubiera elegido a ti —le dije.

—La verdad —me respondió el Iscariote—, estoy desanimado, pues no sólo Jesús dijo eso, sino que continuó manifestándonos que «*convenía que Él fuese a Jerusalén, y allí padeciese mucho de parte de los ancianos y de los escribas, y de los príncipes de los sacerdotes, y que fuese muerto, y que resucitará al día tercero*». Claro que eso es un disparate tan evidente, que el mismo tonto de Pedro trató de disuadirle diciéndole: «*¡Ah, Señor!, de ningún modo; no, no ha de ocurrirte eso a Ti*». Y lo mismo le dijimos todos.

—¿Y Jesús qué respondió?

—Corrigió duramente a Pedro, diciéndole:

—*Apártate de delante, Satanás, que me escandalizas; porque no tienes ni gusto de las cosas que son de Dios, sino de los hombres*», lo que hizo que todos nos calláramos. Yo ya te digo, pues no sólo quiere Él morir en la cruz, sino que quiere que a todos nos crucifiquen.

—¡Cómo es eso! ¿Quiere que los crucifiquen?

—Así lo dijo clarito —prosiguió el Iscariote—, pues añadió el Maestro: «Si *alguno quiere venir en pos de Mí, niéguese a sí mismo, y tome su cruz y sígame*». Que le sigan otros, que yo no le he de seguir por ese camino. En lugar de establecer un reino, como ha dicho al principio, ahora sale con que a Él y a los que le seguimos nos han de crucificar. Te lo repito: si no ha de establecer el reino prometido, yo no le he de seguir» Y con estas palabras terminó la conversación que tuve con Judas, el cual, a pesar de sus protestas, se fue a reunir con los otros apóstoles. Y ¿qué dices a todo esto? —me preguntó Jonadab.

—La verdad —le respondí— que, por ahora, no puedo decir nada. Estoy desorientado.

—Pues yo —repuso el anciano patriarca, sonriendo—, yo, después de esta conversación, estoy más orientado que nunca.

—¿Cómo así? —interrogué.

—Porque he escudriñado las Escrituras. Escudríñalas tú, y verás cómo se hace la luz en tu entendimiento —y tomando un rollo de Isaías que a mano estaba, buscó el capítulo 53, y, señalándolo, terminó—: Toma y lee, medita y compara...

12
CONFESIÓN

Quienquiera que, andando el tiempo, leyere estas desaliñadas *Memorias,* no quiero que forme de mí una falsa opinión. Creo haber dado muestras de mi escepticismo repetidas veces, ya que me eduqué en escuelas filosóficas grecorromanas. Gracias al cielo, he ido cambiando poco a poco, influenciado por la doctrina admirable de Jesús de Nazaret.

Pero no sólo he sido incrédulo, sino, desgraciadamente, también un mal hombre, corrompido e injusto. Voy, pues, a hacer una confesión, que, aunque me cuesta, espero repare de algún modo una de las más grandes faltas de mi vida.

Hará diez años, estando en Roma, contraje matrimonio con una jovencita hebrea llamada Raquel, de la tribu de Benjamín. Viví con ella tres años, y de nuestra unión nacieron dos hijos. Al mayorcito le pusimos Rafael, como yo, y a la segunda, Raquel, como su madre. Desgraciadamente, se interpuso en mi camino una tan bella cuanto corrompida mujer egipcia, por nombre Isis.

Me cegó hasta tal punto la pasión por esta mujer, que aun estando en Roma, fui abandonando paulatinamente mi hogar. Esta infidelidad mía trajo las naturales reyertas familiares, hasta el punto de que llegué a odiar a mi legítima esposa y olvidarme de mis hijos. No pudiendo sobrellevar esta vida infernal, y subyugado por la egipcia, después de cuatro años, muerto mi padre, determiné venir a Palestina, abandonando definitivamente a mi familia. Isis, por supuesto, me acompañaba, y llegamos a Alejandría. Pretextando diversos negocios, permanecí con ella otros dos años más.

Al fin, un día sucedió lo que tenía que suceder. Convencido de que la egipcia me traicionaba, la dejé en su país, y, sin decirle nada, emprendí el camino de Palestina.

Debido a las amonestaciones de Quarto, y atormentado por mi conciencia, hace dos años envié a Roma a mi compañero con instrucciones de buscar a mi esposa y mis hijos y traérmelos a Palestina, resuelto ya a mudar de conducta.

Desgraciadamente, volvió Quarto diciéndome que por más que había hecho, no había logrado encontrar a mi esposa, la cual, según me informó, había también desaparecido de Roma poco tiempo después de mi partida.

Un día que escuchaba yo a Jesús, «*se acercaron a Él sus discípulos, y le hicieron esta pregunta: ¿Quién será, el mayor en el reino de los cielos? Jesús, llamando entonces a un niño, le colocó en medio, y dijo: En verdad os digo que si no os volvéis y hacéis semejantes a los niños, no entraréis en el reino de los cielos. Cualquiera que se humillare como este niño, ése será el mayor en el reino de los cielos. Y el que acogiere a un niño en nombre mío, a Mí me acoge; mas quien escandalizare a uno de estos pequeñuelos que creen en Mí, mejor le sería que le colgasen al cuello una de esas piedras de molino que mueve un asno, y así fuese sumergido en lo profundo del mar*».

Yo no oí más, no podía; mi corazón rebosaba de ternura inmensa, mientras los remordimientos me atormentaban. ¿Dónde estarían mis hijitos? ¡Quizá alguno, por mi abandono, los habría escandalizado, y yo el culpable! Cuando los abandoné eran inocentes, y podrían entrar en el reino de los cielos; pero ¿lo serían aún? ¿No era yo mismo quien los había escandalizado? ¿Qué pensarían cuando, preguntando a su madre por mí, ésta les diera cuenta de mi abandono? ¿Qué mayor escándalo, qué decepción más tremenda habrían sufrido aquellos inocentes?...

Estos y otros innumerables pensamientos me atormentaban, cuando mi buen amigo Quarto, para distraerme, dijo:

—¿No te fijaste, dómine, quién era el niño a quien bendijo Jesús, imponiéndole las manos?

—No me he podido fijar en nada —respondí.

—Pues era Ignacio de Antioquía, el hijito del rabí Teóforo.

Al oír el nombre de Antioquía, surgió en mi mente una idea consoladora. Recordé entonces que mi esposa tenía una hermana casada en aquella ciudad, y pensé que quizá allí la podría encontrar, por lo cual dije a Quarto:

—Mañana mismo salimos para Antioquía; tal vez allí encontremos a mi mujer y a mis hijos.

En efecto, fuimos a Antioquía; pero lo único que pude saber, después de prolongadas investigaciones, fue que mi mujer había ido a aquella ciudad, en donde había muerto años atrás. Traté de investigar dónde vivía la hermana, y supe que había muerto también.

Estaba yo desesperado de encontrar a mis hijos, cuando una buena mujer le dijo a Quarto que quien, sin duda, podría darnos noticias de ellos era Teóforo, el cual había sido amigo de la familia. Teóforo ya no estaba allí, y volvimos a Jerusalén a buscarle. Tampoco se encontraba en la Ciudad Santa, pues había hecho un viaje a Alejandría.

Quarto, con su nobleza acostumbrada, se ofreció ir a Alejandría, y yo acepté su oferta temiendo encontrarme otra vez con Isis.

Al fin volvió trayendo una carta del rabí Teóforo, diciéndome que me dirigiera a su esposa, que estaba en Jerusalén, pues tal vez sabría el paradero de los niños.

Volé a casa de la esposa del rabí, y le pregunté por mis hijos. Ella, sonriendo, me respondió:

—Ahora no te puedo decir nada; mi hijo Ignacio tal vez te podrá decir lo que deseas.

—¿Dónde está tu hijito Ignacio? —pregunté, ansioso.

—Está en Betania con el Maestro —respondió—, y no regresa sino hasta la tarde.

—Iré a Betania —propuse.

—Nada te dirá mi hijo si no se lo mando. Vuelve a esta casa cuando haya salido la estrella de la tarde, y entonces tendrás las noticias que deseas.

No tuve más remedio que esperar.

No bien había aparecido Espero en el horizonte, cuando Quarto y yo llamábamos a la puerta de Noemí, la esposa del rabí. Ésta, poniéndose el dedo en los labios, nos impuso silencio, y añadió:

–No los interrumpas ni por un solo momento, sino espera a que terminen sus oraciones de la noche, pues ya se van a acostar.
–¿De suerte que...?
–Calla y obedece –dijo Noemí con imperio. La seguimos. Mi corazón parecía querérseme salir del pecho; ¿habría encontrado a mis hijos?

Noemí nos llevó a la puerta de un cuarto con ventana, desde el cual, en medio de la oscuridad de la noche, se divisaba la enorme mole del templo del Señor. La estancia estaba iluminada por la tenue luz de una lámpara que colgaba del techo. Allí había dos niños y una niña, quienes, en pie y con los bracitos extendidos en alto, estaban orando:

–«*Alabad, ¡oh niños!, al Señor, dad gloria al nombre del Señor* –decía el mayorcito, en quien luego reconocí a Ignacio.

Y los otros dos, cuyas caritas no podía ver por darme de espaldas, respondían:

«*Sea bendito el nombre del Señor, desde ahora mismo hasta el fin de los siglos.*»

Añadió Ignacio:
–«*Desde el Oriente hasta el Ocaso es digno de ser bendecido el nombre del Señor.*»

Respondiendo los otros dos:
–«*Excelso es el Señor sobre todas las gentes, y su gloria sobrepuja los cielos.*»

Y alternando, continuaron:
–«*¿Quién, como el Señor nuestro Dios? Él tiene su morada en las alturas, y está cuidando de las criaturas humildes en el cielo y en la tierra.*»

–«*¿Levanta del polvo de le tierra al desvalido, y alza de la basura al pobre para colocarlo entre los príncipes de su pueblo.*»

–«*Él, a la mujer antes estéril, la hace vivir en su casa alegre al verse rodeada de sus hijos.*»

Estuve para lanzarme sobre los míos. Jamás me pareció tan hermoso el salmo 112. Noemí, sin embargo, me impuso silencio.

Los niños continuaron recitando, alternativamente, el salmo 116:
–«*Alabad al Señor, naciones todas de la tierra; pueblos todos, cantad sus alabanzas.*»
–«*Porque su misericordia se ha confirmado sobre nosotros, y la verdad del Señor permanece eternamente...*»

–Así es, así es –dije por lo bajo, mientras Noemí me mandaba de nuevo callar. Entonces resonó la voz de Ignacio, que empezaba el salmo 123:

–«*Ea, pues, bendecid al Señor ahora vosotros todos, ¡oh siervos del Señor!; vosotros, los que asistís en la casa del Señor, en los atrios del templo de nuestro Dios. Levantad por las noches vuestras manos hacia el santuario, y alabad al Señor.*»

Y los chiquitos terminaron:
—«*Bendíganos desde Sión el Señor que crió el cielo y la tierra.*»
Creí que con todo esto habría terminado todo; pero Noemí, conmovida, me hizo seña de que esperara. Los tres niños se arrodillaron a un tiempo y, juntando sus manecitas sobre el pecho, de sus labios salió esta oración, enteramente desconocida para mí:
—«*Padre nuestro, que estás en el cielo. Santificado sea tu nombre; venga a nosotros tu reino. Hágase tu voluntad en la tierra como en el cielo. Danos hoy nuestro pan de cada día, perdona nuestras ofensas como también nosotros perdonamos a los que nos ofenden, no nos dejes caer en la tentación y mas líbranos del mal. Amén...*»

Estaba yo tan asombrado y emocionado al oír aquellas palabras, que nunca había yo leído ni en David ni en ninguna otra parte de la Sagrada Escritura, que apenas me di cuenta de que los niños habían terminado. Sin embargo, al punto me rehíce, y arrojándome sobre mis dos hijitos, los tomé en mis brazos.

Asustados los chiquillos con mi exabrupto, trataban de deshacerse de mí; pero Noemí, con ternura inmensa, mientras ella abrazaba a su hijo, les decía a los míos:
—Abrazadlo, que es vuestro padre. ¡Tanto habéis pedido al cielo para encontrarle...!

* * *

—¿Quién enseñó a tus hijos esa sublime oración? —me preguntó Jonadab cuando más tarde conté la escena anterior.
—Jesús mismo se la enseñó —respondí—. Habiendo oído Ignacio y mis hijitos que el Maestro había enseñado a orar a sus discípulos, le rogaron que a ellos también los enseñara; y Jesús, que tanto ama a los niños, se dignó enseñarles personalmente esta oración...
—Que debe llamarse —interrumpió Jonadab— la oración por excelencia, la oración *del Padrenuestro*... Yo tuve la dicha inmensa de estar presente cuando Pedro, «*uno de sus discípulos, le dijo: Señor, enséñanos a orar como enseñó también Juan Bautista a sus discípulos*». Vi que el rostro de Jesús se llenó de luz, levantó sus hermosísimos ojos al cielo y después, abriendo su boca, «*como quien tiene potestad*», dijo: «*Cuando os pongáis a orar, habéis de decir: Padre nuestro, que estás en el cielo...*» Y cuando hubo terminado la oración que ya conoces, concluyó diciendo: «*Ved, pues, cómo habéis de orar*» Aquello no era un consejo, era un mandato.
—Te aseguro —repuse— que cuando oí a mis hijos decir: *Padre nuestro, que estás en el cielo*», dirigiéndose a Yahvé, me quedé espantado de tanta audacia, que atribuí a inconsciencia infantil.
—Tienes razón en haberte asombrado —dijo el patriarca—. Ciento diez años llevo sobre mis espaldas y jamás hubiera osado llamar a Yahvé mi

Padre, cuando ni en nuestros Sagrados Libros, ni en los archivos de nuestras tradiciones, se hace memoria de semejante atrevimiento. Yo siempre he orado, como oraron mis antepasados, como oraron los profetas, como oró David, como oró el mismo Moisés, como oró nuestro padre Abrahán. Yahvé ha sido siempre para Israel *el Señor Dios, el Señor de los Ejércitos.* *«Háblanos tú y oíremos»,* decían aterrados nuestros padres a Moisés. *«No nos hable el Señor, no sea que muramos».* En el *Deuteronomio* (32, 6) y en *Isaías* (63, 16) se habla alguna vez de Yahvé como Padre del pueblo; pero jamás individuo alguno, si se exceptúa al autor del *Eclesiástico* (23, 1-4), y esto lleno de temor, pues llama a Dios *«Señor, Padre y Dueño de mi vida»,* nadie, *como individuo,* se ha atrevido a llamar a Yahvé *Padre.*
–Esto mismo pensé yo –dije–, pues nunca había oído cosa semejante. ¿Y qué impresión causaron las palabras de Jesús en sus oyentes?
–Cosa admirable –respondió el anciano–. Habla Jesús con tanta autoridad, que las turbas, al oír aquel mandato, por otra parte tan consolador; al escuchar aquella oración en que se pedía *«danos nuestro pan de cada día»,* no sólo no lo llevaron a mal, sino que empezaron a repetirla, con notorio escándalo de los fariseos que allí se encontraban. Yo mismo aquella noche, con toda humildad, pero también con toda confianza, la recité. Desde entonces no me canso de repetirla y la he enseñado a todos los de mi tribu.
–¿Y has considerado lo que esa oración encierra? –pregunté.
–¡Vaya si lo he considerado y rumiado! Las peticiones que hace no son nuevas, que ya las vemos esparcidas en nuestros Libros Santos, y en algunas oraciones que conservamos por tradición. Lo nuevo en ella es que invoca a Dios como *nuestro Padre.* Como te he dicho, no se encuentra precepto alguno dado al pueblo de Israel en que se mande llamar así a Yahvé. Él siempre ha sido para nosotros *el Señor,* a quien siempre nos hemos dirigido como se dirige un siervo a su amo. En cambio, a más de lo invocación primera, toda la oración está impregnada de confianza, de la confianza que debe tener un hijo para con su padre.
–¡Qué idea tan sublime! –dije.
–Para que no haya confusión, dice que ese Padre es el que está en el cielo, el trono de su poder. Pide que este nuevo nombre de Padre sea por todos alabado, glorificado, santificado. Que el reino que Él, como Padre, preside en los cielos, venga a nosotros, y que su voluntad soberana de Rey-Padre se haga aquí en la tierra como se hace en el cielo.
–Ya veo la idea –dije–. Por eso quiere que como un hijo pide el pan cotidiano a su padre, así también se lo pidamos a Él. Que, como Padre amoroso, perdone nuesrtas deudas y pecados, procurando nosotros hacer lo mismo con nuestros hermanos.
–Que, como Padre –prosiguió Jonadab–,no nos deje caer en la tentación y nos libre de todo mal.
–¡Qué oración más sublime! –repetí, entusiasmado.

—Oración —añadió el anciano— que sólo pudo salir de los labios de Aquel que habiendo, según la carne, «*nacido en Belén, fue engendrado desde los días de la eternidad*».

Aquellas palabras fueron para mí una nueva confirmación de las ideas del patriarca, el cual terminó diciendo:

—Amonestado con este precepto saludable e informado por la enseñanza de Jesús, bien podemos *atrevernos* a decir: «*Padre nuestro, que estás en el cielo...*»

13
NUEVOS ESCRIBAS

—Mañana hará buen tiempo, aunque el calor arreciará —me dijo Samuel.

—¿Lo deduces del canto de los gallos, como Quarto?

—Lo deduzco de que al ponerse el sol el cielo estaba rojo de sangre.

—Pues más me fío de tu experiencia que de los gallos; la otra mañana que me dijiste que iba a llover, así sucedió.

—Cuando por la mañana el cielo está cubierto y el horizonte arrebolado, lo más probable es que llueva. Entre los escribas hay algunos que se dedican de un modo especial a la predicción del tiempo, y de ellos lo aprendí hace ya muchos años.

En efecto; al día siguiente el cielo estaba sin una nube y el sol quemaba como pocas veces, lo que me hizo aplazar para otra vez mi paseo a caballo. Y no me arrepentí, pues tuve la visita de Nicodemo, quien me contó cosas muy interesantes.

—He venido a verte —me dijo Nicodemo— para que asistas a una ceremonia que sin duda te agradará.

—¿Hay hoy alguna fiesta especial?

—No hay ninguna fiesta religiosa, pero sí una reunión escolar con motivo de la graduación de nuevos escribas.

—Me agradaría mucho presenciarla; ya he oído a Gamaliel hacer mención de esa ceremonia. ¿Y dónde se verificará?

—No temas el calor, pues el lugar es fresco: el pórtico de Salomón, frente a la puerta Corintia.

—Ya he notado que allí suelen reunirse los doctores le la ley para discutir sus asuntos. ¿A qué hora es la reunión? —pregunté.

—Tenemos tiempo. Con tal que salgamos dentro de poco, llegaremos antes de que comience. Yo soy uno de los miembros del jurado que examinará a los candidatos, y hay entre ellos uno muy instruido.

En espera de la hora, Nicodemo y yo quedamos departiendo sobre la cuestión palpitante: el Mesías.

—Tengo que darte una gran noticia —empezó Nicodemo—. Los fariseos y los saduceos se han unido.
—Más fácilmente hubiera yo creído que se mezclaban el agua y el aceite —dije.
—Pues no te quepa la menor duda. Hace poco salió una comisión formada de representantes de los dos partidos para poner a prueba la doctrina de Jesús de Nazaret.
—Recuerdo que en otra ocasión también se reunieron para preguntar al Bautista sobre su misión.
—Pues ahora la emprendieron hasta Galilea, donde predica el Maestro. Como tanto se habla de los milagros hechos por Jesús curando enfermos, *«se pusieron a disputar con Él pidiéndole les hiciera ver algún prodigio del cielo».*
—Sin duda querrán —dije— que parara el sol como Josué.
—Lo curioso es que los saduceos no creen en milagros, a pesar de lo cual piden uno y grande... Parece que se ha cumplido lo que dice el *Salmista* (salmo 2, 2): *«Se han confederado y hecho uno los príncipes contra el Señor y su Cristo».*
—Pues yo le he visto calmar una grandísima tempestad sólo con su palabra...
—Se ve que lo que pretendían era desacreditarlo delante del pueblo porque no hacía bajar fuego del cielo como Elías, ya que Jesús había dicho: *«Yo he venido a poner fuego en la tierra, y ¿qué he de querer sino que arda?»*
—Estúpidos —repliqué—; el fuego a que Él se refiere es el mismo del que habló el Bautista diciendo: *«El que ha de venir después de mí, es más poderoso que yo... Él es quien ha de bautizar en el Espíritu Santo y en el fuego».* Por eso una vez que sus discípulos favoritos Santiago y Juan, viendo que los samaritanos no habían querido recibirle, como lo habían hecho la vez anterior, cuando Dina, la samaritana, se los anunció, le dijeron: *«¿Quieres que mandemos que llueva fuego del cielo y los devore?»* Jesús les respondió: *«No sabéis a qué espíritu pertenecéis; el Hijo del hombre no ha venido a perder a los hombres, sino a salvarlos».*
—Y ¿qué hizo el Nazareno?
—No les hizo el menor caso a los fariseos, y añadió: *«Al anochecer decís: habrá buen tiempo, pues el cielo está arrebolado; y por la mañana: hoy habrá tempestad, pues está cargado y encendido el cielo. Y ¿no podéis conocer las señales de los tiempos? Y dando un suspiro, añadió: En verdad os digo que no se dará a esta gente otro prodigio sino el del profeta Jonás.* Con lo cual los dejó, y se embarcó otra vez y pasó a la orilla opuesta».
—Y ¿qué quiso decir con eso de Jonás? —pregunté, intrigado.
—Ya se lo había explicado Jesús en otra ocasión diciendo: *«Pues así como Jonás estuvo en el vientre de un gran pez tres días y tres noches,*

así el Hijo del hombre estará tres días y tres noches en el seno de la tierra».

—La verdad —repuse—, yo no lo entiendo.

—Recuerda, dómine —dijo Quarto, interviniendo—, lo que nos ha dicho Gamaliel.

—¿Qué dijo? —preguntó Nicodemo.

—Pues que las profecías son muy oscuras, y solamente se comprenden del todo cuando llega la época de su cumplimiento.

Nicodemo y yo nos miramos, y, dando la razón al romano, dijo aquél:

—Tiene razón, Quarto; hay que esperar, pues estas palabras, como otras muchas del Maestro, deben tener un significado que por ahora no comprendemos.

Llegada la hora, nos dirigimos al templo. En el camino me dijo Nicodemo:

—Como debes saber, las principales atribuciones de los escribas son tres: 1.ª Estudiar e interpretar la ley y los profetas. 2.ª Enseñar ésta a sus discípulos y al pueblo. 3.ª Actuar como jueces en el Gran Sanedrín y en las cortes locales y sanedrines provinciales, dirimiendo las contiendas y dando sentencias. Por eso se les llama, cuando están graduados, doctores de la ley.

—Pero ¿no puede interpretar la ley cualquiera que se considere apto? —pregunté a mi amigo.

—Así es, en efecto; pero los únicos que pueden explicarlo con verdadera autoridad son los graduados, por lo cual se les da el título de rabí o maestro.

Cuando llegamos al pórtico de Salomón, me quedé sorprendido al contemplar en semicírculo a los doctores de la ley que debían fungir como sinodales en el examen de los nuevos escribas, que eran tres. Y digo que quedé sorprendido por lo autorizado y venerable de los examinadores; estaban allí veintitrés de los renombrados maestros de Israel, todos ellos ya de edad avanzada, cuyas largas y blancas barbas los hacían en extremo respetables. Pero lo que más me sorprendió fue ver que el que presidía era Samuel, mi gran amigo, el cual, al notar mi sorpresa, se sonrió y me hizo indicación de que me sentara en uno de los primeros asientos reservados para el público. Nicodemo se sentó entre los sinodales.

Después de una invocación a Yahvé y el rezo de algunos salmos, empezó el examen. El primero de los futuros doctores era Ben Sodi, de quien había yo oído hablar como de fariseo muy versado en todas las triquiñuelas de los de su secta. En efecto, las preguntas que le hicieron sus sinodales versaban sobre las prescripciones de la *Mishna,* o colección de preceptos farisaicos recopilados hasta entonces, y de los cuales hacían los fariseos mucho más caso que del *Pentateuco.*

Como esto es de muy poca importancia para el lector, no pondré aquí las preguntas que le hicieron. Sólo diré que fue aprobado por unanimidad en la votación secreta, que se hizo al terminar el examen por medio de bolitas que en una bolsa recogía el secretario del Tribunal.

Siguió el examen de Ben Portha, otro fariseo, al cual le preguntaron innumerables pequeñeces de la *Ghemara,* que es el comentario de la *Mishna.* Salió igualmente aprobado por unanimidad.

El tercer escriba era Baruc, un joven como de veinticinco años, de rostro inteligentísimo, y al cual examinó personalmente Samuel, como presidente del Tribunal.

–Entre todas las cuestiones –comenzó Samuel– tocantes al pueblo de Israel, ¿me podrías decir cuál es la más importante?

El rostro de Baruc se iluminó, y con gran seguridad respondió:

–La venida del Mesías, el Cristo, el Ungido, el Hijo de Dios.

Se oyó un murmullo de aprobación entre los concurrentes, y todos se pusieron a escuchar con grandísima atención.

–Has hablado sabiamente –dijo el anciano–. Y ¿podrías decirme por qué es la cuestión del Mesías la más importante para todo Israel?

–Porque la selección de nuestro pueblo, la existencia misma de Israel, no tiene otra razón de ser, sino porque de nuestra raza ha de nacer el Deseado de las naciones –respondió Baruc.

Un aplauso general de aprobación resonó bajo los pórticos del templo. Samuel, sonriendo, continuó:

–¿Existen en la ley o en los profetas algunas señales por las cuales el pueblo escogido puede estar seguro del tiempo en que debe aparecer entre nosotros el Mesías?

–Estos signos, que se denominan *«las señales de los tiempos»,* existen, y son principalmente dos: uno indica el *principio* de este tiempo, y está claramente contenido en la profecía de Jacob, en el capítulo 49 del *Génesis: «El cetro no será quitado de Judá hasta que venga el que ha de ser enviado. Y Éste será la esperanza de las naciones».*

–Ya ha salido desde hace años el cetro de Judá –dijo Samuel–; luego dices muy bien: el período de expectación ha llegado; por eso Israel espera ansioso «al que ha de venir».

–El segundo signo –prosiguió Baruc– indica el *término* de este tiempo, y este término está claramente profetizado por Daniel; estamos cerca del fin y de las setenta semanas; el Mesías debe ya estar entre nosotros–. Y tomando el volumen que contenía Daniel, hizo una brillante exposición de la profecía, siendo unánimemente aplaudido al terminarla. Cuando concluyó la manifestación, Baruc habló de nuevo, diciendo–: Permitidme que añada otra profecía más. ¿Contempláis ese magnífico templo, incomparablemente superior al primero? ¿Veis el santuario revestido de oro, en el que se ofrecen diariamente a Yahvé millares de víctimas inmaculadas? ¿Veis a los sacerdotes cumpliendo religiosamente su cometido? Pues este templo fue el que vio en visión Ageo cuando dijo: *«Aún falta un poco, y Yo pondré en movimiento el cielo y la tierra, y el mar y todo el Universo.*

Y pondré en movimiento las gentes todas, porque vendrá el Deseado de todas las naciones, y henchiré de gloria este templo, dice el Señor de los ejércitos. La gloria de este último templo será grande, será mayor que la del primero, y en este lugar daré Yo la paz». Grandísima será la honra de este templo, pues será honrado con la presencia del Mesías –dijo Baruc.

Un atronador aplauso resonó en el recinto; el pueblo que escuchaba a Baruc estaba entusiasmado. Todos convenían en que el tiempo anunciado por los profetas había llegado.

No faltó, sin embargo, quien a media voz dijera:

–Y ese infame embaucador dice que va a destruir el templo, y que es capaz de reedificarle en tres días. Es un blasfemo, y debe morir.

–Baruc –repuso Samuel–, has hablado sabia y elocuentemente. ¿Podrías ahora decirnos si en la ley y en los profetas se encuentran señales características para que en estos tiempos podamos reconocer al Mesías sin temor a equivocarnos?

Barue tomó el rollo de Isaías, y leyó:

–*«Los sordos oyen, los ciegos ven, los cojos andan, los muertos resucitan y los pobres son evangelizados».* Éstas son algunas de las señales por las que Israel puede reconocer al Mesías. Hay, además, en todas las sinagogas catálogos compilados desde hace siglos, en los cuales se encuentran más de cuatrocientos lugares referentes al Mesías. Si se cumplen en alguno todas estas profecías no hay duda de que ése es el Mesías.

Aunque la mayoría de los jueces estaban de acuerdo, algunos, temiendo que el pueblo que escuchaba fuera a aplicarle a Jesús de Nazaret aquellas señales y reconocerle por el Mesías, protestaron diciendo que las palabras de Baruc eran escandalosas.

–No se trata ahora –repuso Baruc– de saber quién es el Mesías; eso le toca al Gran Sanedrín averiguarlo. Solamente he referido algo de lo que los profetas han profetizado sobre «el que ha de venir».

–Tienes razón, Baruc –dijo Samuel–; no se trata ahora de la persona, sino de las señales que distinguirán al Mesías; y has dicho muy bien: la investigación del caso concreto no es de nuestra incumbencia, sino del Sanedrín.

Con lo cual se calmaron los descontentos, diciendo:

–Y el Gran Sanedrín cumple su obligación investigando ya los hechos y las palabras del Nazareno, como hizo con el Bautista.

–Nos has explicado las profecías principales –repuso Samuel– sobre alguno de los caracteres del Mesías; ¿podrías ahora decirnos quién ha de ser el Mesías? ¿Será uno de tantos profetas, aunque mayor que todos? ¿O será un ángel?

–No será profeta alguno como los anteriores –respondió Baruc–; será mayor que todos ellos, mayor que Moisés y mayor que nuestro Padre Abrahán, pues todos ellos desearon ver al Mesías, sin que se les concediera, en sus días, el contemplarle.

—¿Será entonces un ángel? —objetó de nuevo el anciano.

—No será un ángel, sino muy superior a ellos —contestó Baruc—. ¿A cuál de los ángeles dijo jamás Yahvé: *«Hijo mío eres Tú, Yo te he engendrado hoy? Y otra vez, al introducir a su primogénito en el mundo, dice: Adórenle todos los ángeles de Dios. A los ángeles los hace sus ministros, mientras que al Hijo le dice: El trono tuyo, ¡oh Dios!, por los siglos de los siglos. Por eso, ¡oh Dios!, el Dios y Padre tuyo te ungió con el óleo del júbilo. En fin, ¿a qué ángel ha dicho jamás: siéntate a mi diestra, mientras que pongo a tus enemigos como escabel a tus pies?»*

—Has demostrado con las Sagradas Escrituras que el Mesías no será un ángel —replicó Samuel—; pues entonces, ¿quién crees tú que será?

—Yo creo que necesariamente será el Hijo de Dios, como lo han dicho los profetas —respondió solemnemente Baruc.

—Y ¿dónde lo dijeron? —objetó el anciano.

—Ya lo había indicado Yahvé en el libro de la *Sabiduría: «Siendo como el resplandor de la luz eterna, y un espejo sin mancilla de la majestad de Dios y una imagen de bondad»;* pero el que más claramente de los profetas asegura que el Mesías será el Hijo unigénito de Dios es Miqueas.

—Miqueas lo que predice —repuso Samuel— es el lugar donde nacerá el Mesías.

—¿Admites que Miqueas en el capítulo 5 habla clara y terminantemente del Mesías? —preguntó Baruc.

—Ciertamente —respondieron todos los sinodales—; no hay duda de que Miqueas en ese lugar se refiere únicamente al Mesías.

—Pues siendo así —contestó Baruc—, oíd el texto completo: *«Y tú, Belén, llamada Efratá, tú eres pequeña respecto de las principales de Judá; pero de ti vendrá el que ha de ser dominador de Israel, el cual fue engendrado desde el principio, desde los días de la eternidad».* Si, pues, fue engendrado por Dios desde la eternidad, es su Hijo, y es Dios como Él. Nacerá, según la carne, en Belén, habiendo sido engendrado por su Padre, Dios, desde la eternidad. El Mesías será el Emmanuel de Isaías —Dios con nosotros —; será la sabiduría encarnada de que nos hablan los *Proverbios: «Desde la eternidad tengo Yo el principio de todas las cosas, desde antes de los siglos, primero que fuera hecha la tierra. Todavía no existían los abismos y Yo ya estaba concebido».* El Mesías —terminó Baruc— será necesariamente el Hijo unigénito de Dios.

—Pero ¿no es una blasfemia decir que un hombre es igual a Dios? —objetaron algunos de los presentes.

—De ningún modo —respondió Baruc—. Éste es el misterio admirable anunciado durante tantos siglos en la ley y los profetas: el advenimiento a este mundo del Hijo de Dios, igual a su Padre, que le engendró desde la eternidad. Misterio incomprensible para nosotros, pero posible al que con sólo su palabra creó cuanto existe.

—Pero no es una blasfemia decir que un hombre es Dios —exclamó, irritado, uno de los sinodales.

—Esa expresión —continuó Baruc— mal entendida, podrá ser blasfema; pero su sentido no es que haya hombre que sea igual a Dios, sino que si Dios se hace hombre, este Dios hecho hombre sí es igual a Dios. Dios se abaja y se hace hombre, y este Dios-hombre es Dios como su Padre.

—Será, ciertamente, blasfemo —añadió Samuel— aquel que, sin serlo, se haga Hijo de Dios; pero el Mesías prometido jamás será blasfemo si asegura que Él es Hijo de Dios, porque sí lo es...

—Pero el Mesías —gritó uno de los concurrentes— no puede venir de Nazaret...

—Ya hemos dicho —respondió Samuel— que aquí no tratamos de averiguar si éste o aquél es el Mesías, Hijo de Dios, sino que consideramos únicamente la naturaleza de aquel que sea verdaderamente el Mesías.

Y con esto terminó el examen, quedando Baruc aprobado sólo por veinte votos, pues tres de los sinodales le dieron voto negativo.

Después de esto siguió la ceremonia de conferir el grado a los nuevos escribas.

14
GRADUACIÓN

La ceremonia que se siguió al examen anterior fue muy significativa. No bien Samuel dio la señal de que el acto había terminado, cuando de uno y otro lado de los edificios que rodean al Santuario salieron ordenadas procesiones de niños de catorce a diecisiete años. Iban vestidos con túnicas policromas, predominando el color de la clase a que pertenecían. Sobre estas túnicas llevaban todos unas dalmáticas blancas orladas de negro y traían cubiertas las cabezas con unos gorritos de gajos de diferentes colores, ribeteadas de blanco, y los pies calzados con sandalias.

—Los más jovencitos —me dijo Nicodemo— llevan túnicas en las que predomina el verde, el color de esperanza. Éstos son los que todavía no han cumplido dos años de asistir a las escuelas del templo, y están, por decirlo así, en probación o noviciado. A los de túnicas amarillas les llaman *sofodoros,* esto es, los que han recibido el don de la sabiduría; son los que ya pasaron su noviciado y se les considera con inteligencia, y, sobre todo, con memoria suficiente para proseguir sus estudios bíblicos. Los de túnicas moradas son los llamados *juniores* o estudiantes jóvenes, y los de las rojas son los que ya van a salir de la escuela, y se les llama *seniores* o más antiguos.

—¿De modo —dije— que el curso es de cinco años?

—Así es —respondió el fariseo—. Los que, después de estos estudios, quieren seguir la profesión de escribas, son dedicados a copiar las Sagra-

das Escrituras, lo que hace que las vanyan conociendo más a fondo. Pero si no pasan adelante, son solamente copistas, pues para llegar a escribas tienen que asistir a la clase de algún doctor, bajo cuya dirección se dedican a la interpretación de la Escritura.
 —¿Y para graduarse de doctores? —pregunté.
 —Para eso se necesita mucho más —respondió con orgullo el antiguo doctor—. No basta que sepan el *Torah;* es necesario que conozcan muy bien la *Halacha.*
 —¿Y eso qué es? —pregunté.
 —¿No sabes? —me respondió, admirado—. Se ve que vienes de la Dispersión. Pues la *Halacha* es la ley de la costumbre, la ley no escrita, en cuanto se diferencia del *Torah* o *Pentateuco,* que es la ley escrita. Tienen que conocer, además, la glosa o comentario de la ley de la costumbre, y este comentario se llama *Mishna.*
 —Se debe necesitar para todo esto una memoria colosal —dije.
 —Ya lo creo. Y sólo muy pocos hemos llegado a dominar la materia. Tenemos también que estudiar la *Haggdah,* que encierra la parte histórica y didáctica de nuestros sagrados libros. Por eso, los que quieren llegar un día a obtener el título oficial de rabí, tienen que empezar, desde muy pequeños, a ejercitar la memoria, aprendiendo de coro toda la ley. Los verdaderos rabís titulados somos muy pocos, y se nos respeta en sumo grado.
 —Pero yo he oído que a muchos les llaman rabí.
 —Sí —respondió con desprecio Nicodemo—, son escribas, simples escribas, que se sientan en la cátedra de Moisés, *«que dicen a los otros lo que deben hacer, y no lo hacen, y aman tener los primeros asientos en los banquetes»;* de esa clase es Isacar graduado, ¡ja, ja, ja!, de la sinagoga de Nazaret; éste es de los *«que quieren ser saludados en la plaza y que los hombres les den el título de rabí».*
 —¿De suerte que los verdaderos graduados son pocos?
 —Los rabís graduados en el santo templo no pasamos de setenta. Somos los únicos verdaderos doctores de Israel; si bien hay muchos doctorcillos de las sinagogas de los poblachos de Judea y Galilea. Por eso, el día de hoy en que se gradúan de doctores estos tres escribas, hay verdadero regocijo en el templo del Señor.
 —Y Jesús de Nazaret —pregunté—, ¿es Rabí graduado?
 —Graduado no lo es; pero Éste sí que es verdadero Rabí, tanto, que yo mismo —y miraba por uno y otro lado, temiendo le oyeran—, yo mismo le he ido a consultar varias veces.
 En aquellos momentos empezaban la ceremonia, y Nicodemo calló.
 Samuel, levantando la voz, dijo:
 —Ben Sodi, Ben Portha, Ben Baruc, acercaos —lo hicieron, y Samuel continuó—: Son tres las principales obligaciones y prerrogativas de los doctores de Israel. ¿Cuál es la primera, Ben Sodi?
 —Estudiar e interpretar el *Torah* —respondió el aludido.

El secretario del Tribunal entregó a cada uno un volumen de la ley.

Después de poner sobre sus cabezas con gran respeto los volúmenes, los abrieron, y en silencio empezaron a leer, dando a entender que estudiaban.

Después de unos momentos prosiguió Samuel:

—Ben Portha, ¿Cuál es la segunda obligación?

—Enseñar la ley —respondió el candidato.

—Pues hacedlo —ordenó el anciano.

De entre los niños estudiantes se destacaron tres grupos, que rodearon a los tres graduados, los cuales, escogiendo cada cual un texto, se pusieron a explicarlo. Hecho esto, Samuel dijo:

—Ben Baruc, ¿cuál es la tercera obligación y gran prerrogativa del rabí?

—Sentarse en la silla de Moisés y juzgar al pueblo de Israel —respondió Baruc.

—Mas para esto necesitáis no sólo del conocimiento de la ley, sino de la investidura de vuestro cargo. Entonces —dijo Samuel— yo os la daré. Id y abrid esas puertas —y les mostraba unas que cerca se hallaban cerradas con cuerdas.

Uno tras otro fueron desatando las cuerdas y abriendo las puertas. Hecho lo cual, Samuel respondió:

—Ahora cerradlas de nuevo.

Y los tres, cerrando las puertas, las volvieron a atar con las cuerdas.

—Pues yo os digo —repuso Samuel con gran autoridad— que todo lo que desatareis, desatado quedará, y todo lo que atareis, será atado.

En este momento, el jefe de los guardias del templo, trayendo en sus manos una llave enorme toda dorada, se presentó seguido de varios soldados y precedido de otros que tocaban trompetas. Al llegar delante de Samuel, haciendo una gran reverencia, dijo:

—Rabí Samuel, autorizado por el sumo pontífice, y solamente para la presente ceremonia, pongo en tus manos la llave del templo del Señor, que es el símbolo de la autoridad y poder supremos.

Y haciendo una nueva reverencia, la puso en manos del anciano, quien con dificultad la sostenía. Entonces éste, llamando uno por uno a los candidatos, les fue poniendo la llave sobre los hombros, mientras repetía las palabras de Isaías (22, 22):

—«*Pongo sobre tus hombros le llave de le casa de David; y abrirá, y no habrá quien puede cerrar; y cerrará, y no habrá quien pueda abrir*».

Terminado lo cual, devolvió Samuel la llave al jefe de la guardia, quien regresó al templo con la solemnidad que había venido.

Entonces Samuel, dirigiéndose a los candidatos, exclamó:

—Doctores de la gran sinagoga del templo, tened presentes estas tres reglas: sed muy cuidadosos y justos al pronunciar una sentencia, formad muchos discípulos y trabajad constantemente en levantar una cerca en torno de la ley.

En aquellos momentos llegó un grupo de levitas tañendo diversos instrumentos músicos y otro que entonaban el salmo 117, que empieza: *«Alabad al Señor porque es tan bueno, porque hace brillar eternamente sus misericordias...»*, siendo coreados por los circunstantes. Al llegar al verso 26, todos, levantando la voz, exclamaron:

–*«Benditos sean los que vienen en nombre del Señor. Os hemos echado mil bendiciones desde la casa del Señor»*.

Terminado el salmo, Samuel, haciendo una gran reverencia a los graduados, exclamó:

–Rabí Ben Sodi, rabí Ben Portha, rabí Baruc, el anciano rabí Samuel os saluda. Los sinodales añadieron:

–Yahvé conceda largos años de vida al rabí Soli, al rabí Portha y al rabí Baruc. A lo cual los circunstantes añadieron:

–Amén, amén, amén.

* * *

Terminada la ceremonia, me dijo Samuel:

–¿Quieres venir conmigo? Voy a visitar a mi hermana Débora, la cual desde su viudez, hace ya más de cincuenta años, vive consagrada al cuidado del templo en el departamento de las mujeres.

–De mil amores –respondí–; siempre he tenido curiosidad de saber la parte que toma la mujer en el culto de Yahvé.

–Tendremos que dejar a Quarto –repuso el anciano–, pues, como bien sabes, ninguno que no sea israelita puede traspasar los límites del Chel sin exponerse a sufrir la pena de muerte.

–Él ya lo sabe –respondí–, y no se opondrá a retirarse.

Hablé con mi buen amigo, y, viendo la razón que nos asistía, se marchó, mientras Samuel y yo nos dirigíamos hacia el patio de las Mujeres.

–Alrededor de ese patio, y en los pisos superiores a donde vamos –prosiguió Samuel–, están las habitaciones de las jovencitas núbiles, que, a devoción propia o de sus padres, se han consagrado al servicio del templo. De aquí salen para casarse, pues en estos oficios no se admiten mujeres casadas.

–¿Y las viudas? –pregunté.

–Algunas son admitidas, y ellas son las que cuidan y dirigen a las doncellitas en los diversos oficios que desempeñan. Aquí está, como te dije, mi hermana Débora, que es la principal entre ellas.

–¿Y en qué se ocupan estas mujeres?

–Ante todo en la oración y en la lectura del *Torah,* a lo cual añaden trabajos femeniles, como coser y bordar las túnicas de los sacerdotes; lavar y planchar los lienzos usados en los sacrificios y las túnicas de los oficiantes, que quedan diariamente manchadas con la sangre de las víctimas.

Subimos. Samuel llamó a una puerta; abrióse un postigo, del cual, cuando la portera hubo reconocido a mi compañero, salió una voz que decía:

—Rabí Samuel, seas bien venido. Ten la bondad de esperar un poco mientras pido licencia para abrirte. Pero ¿quién viene contigo?

—Rabí Ben Hered, de la tribu de Benjamín —respondió el anciano—. Las reglas son muy estrictas en este departamento —me dijo.

—Y con sobrada razón —repuse.

Pocos minutos después nos abrió la puerta una anciana que iba vestida de blanco y tocada con velo del mismo color. Entramos a un vestíbulo con muchas puertas, que comunicaban con los diversos departamentos.

—La paz sea con vosotros —dijo la anciana.

—Y contigo también, Lía —respondió Samuel—. Quisiera saludar a mi hermana.

—Ya la avisaré, y no tardará.

En efecto, al poco rato se abrió una de las puertas, y apareció una mujer alta, un poco encorvada por los años. Iba vestida con una túnica inmaculada y tocada como su compañera. Aunque la edad había dejado en el rostro de aquella mujer sus inconfundibles señales —pasaba de los ochenta—, tenía una complexión que hubiera envidiado cualquier joven. Tenía el cabello enteramente blanco, lo mismo que las cejas. Sus facciones eran sumamente regulares y su expresión la de una mujer acostumbrada a gobernar. Saludó cariñosamente a su hermano, y a mí me hizo una profunda reverencia, llena de dignidad y elegancia.

—Rabí Ben Hered —dijo Samuel por presentación.

—Hijo de rabí Esteban, tu amigo, sin duda. Sus facciones lo denuncian.

—Es el retrato de su padre —repuso mi compañero.

—Seáis los dos bien venidos al santuario de las vírgenes del Señor, y la paz sea con vosotros —añadió ella, y luego continuó—: No sabes cuánto deseaba verte, ¡hace tanto tiempo que no vienes!

Después que Samuel explicó a su hermana cómo había yo venido a Palestina por encargo de mi padre y con la esperanza de ver la redención de Israel, ella continuó:

—De eso precisamente quería hablarte. No sabes cuántos rumores y cuán diversos llegan hasta aquí sobre Jesús, el Hijo de María de Nazaret. Al interés general que despierta en todo corazón israelita lo que se dice de ese hombre admirable, se añade en mí el cariño que siempre he tenido por María, su Madre.

—¿La conoces? —me atreví a preguntar.

—¡Ya lo creo! —dijo con entusiasmo la anciana—. Yo fui nada menos quien la recibí en este mismo lugar cuando sus padres, Joaquín y Ana, la presentaron en el templo y la dejaron con las vírgenes del Señor. Tenía sólo tres años, y yo fui encargada, por fortuna, de cuidarla. Yo vi crecer a esa niña admirable en este lugar sagrado, hasta que salió, según la costumbre, para casarse con José. No sabes cuánto lo sentí; pero me consolaba pensando que José era un varón justo, y sería feliz con él, como lo fue.

Yo estaba encantado de oír aquello, y, pensando agradar a la anciana hablándole de María, repuse:

–Yo también la conozco, y es una mujer admirable.

–No sabes el gusto inmenso que tuve, hace ya unos treinta y tres años, cuando, *«cumplidos los días de la purificación, vino a presentar al Señor a su Hijo Jesús»* Tuve noticia de este suceso por *«Ana, la hija de Phanuel, la cual, siendo viuda de unos ochenta y tres años, no salía del templo, sirviendo a Dios de noche y de día en ayunos y oraciones».* Ella había conocido también a María, y quedó admirada al oír al anciano Simeón, *«quien, movido por el Espíritu Santo, tomando en sus brazos al Niño, bendijo a Dios y dijo: Ahora, Señor, puedes dejar a tu siervo en paz según tu palabra; porque vieron mis ojos la salvación tuya que preparaste a la faz de todos los pueblos para la iluminación de las gentes y gloria de tu pueblo Israel».*

–¿Y viste tú al Niño? –pregunté.

–¡Ya lo creo! María me lo trajo, y yo también le tuve en mis brazos. Sólo que me entristeció María con lo que me dijo.

–Pues ¿qué te dijo?

–Con las lágrimas en los ojos me contó que Simeón había añadido, dirigiéndose a Ella: *«Mira que este Niño está puesto para la ruina y resurrección de muchos en Israel y para señal de contradicción. Y a ti misma, una espada traspasará el alma, de suerte que sean revelados los pensamientos de muchos corazones».* «Yo no entiendo –me dijo María–estas palabras; pero las *guardo en mi corazón».* Por eso, ahora –prosiguió Débora– que oigo tantas cosas contradictorias con relación a Jesús, entiendo que la profecía del anciano Simeón empieza a cumplirse, y compadezco a mi hijita, pues como tal he tenido y tendré siempre a María.

Viendo Samuel muy conmovida a su hermana, la interrumpió, diciendo:

–¿No quisieras enseñarle a Rafael los talleres donde trabajan las vírgenes del Señor?

–Con todo gusto –respondió ella, y abriendo una puerta, nos condujo a un gran salón donde más de cincuenta doncellitas, todas vestidas de blanco, se ocupaban en coser las túnicas de los levitas.

Pasamos a otro salón análogo, donde las virgencitas estaban bordando las diferentes túnicas para los sacerdotes. Débora me enseñó algunos de los trabajos, verdaderamente notables.

–Pocas veces –dije–, y eso que soy perito en la materia, he visto bordados más acabados.

La anciana nos hizo salir del salón, y entonces nos dijo:

—Todo lo que acabáis de ver y todo lo que yo he visto en más de cincuenta años que aquí llevo, no tiene comparación con los trabajos hechos por María.
—¿Bordaba también? —pregunté.
—De modo admirable; es habilísima, y tiene unas manos como nunca espero volver a ver. Ya desde pequeñita, viendo sus disposiciones, la dedicamos al trabajo más delicado y rico de todos: a bordar los vestidos del sumo pontífice. Nosotras afortunadamente tenemos ahora esos vestidos para repasarlos y arreglarlos; cada año hacemos lo mismo —y diciendo esto nos llevó a una habitación pequeña—. Todo lo que os voy a enseñar fue bordado por María; son las vestiduras más ricas y más artísticas que existen en el vestuario del templo, y solamente las usa el sumo sacerdote una vez al año en las grandes solemnidades de la Pascua. En otras festividades usa diferentes vestiduras que, aunque muy ricas, son muy inferiores a éstas.

Yo estaba en mi elemento, y quedé admirado con aquellas prendas, las más ricas y más artísticas que he visto en mi vida, y he visto mucho.

—Esta vestidura azul es el *meil,* de cuya orla penden campanillas y granaditas de oro, según está prescrito en la ley —dijo la anciana.

Examiné detenidamente aquella prenda, y aunque los bordados eran maravillosos, lo que me llamó la atención fue la textura de la tela, y pregunté:

—¿La tela es de Damasco?
—Nada de eso —respondió Débora, sonriendo—; es toda tejida a mano por María; ¿No es verdaderamente admirable? Se ve que eres entendido, y ya te mostraré algo que te dejará aún más sorprendido. Pero primero ve el *efod,* o humeral de cuatro colores que cae por delante y por detrás en dos partes unidas sobre los hombros con dos broches de oro y piedras de ónix.

—También esta vestidura es primorosa —dije después de examinarla.
—Pues ahora examina esta otra prenda —añadió la anciana, mostrándome una túnica talar blanca como la nieve y de una textura como nunca había yo visto.

La examiné con toda atención tratando de encontrar la costura, pero sin poder conseguirlo.

—En vano te empeñas —repuso Débora, sonriendo—, no tiene costura alguna; es inconsútil. Ésta es la obra maestra de María. La hizo con una habilidad no superada hasta ahora y con la mayor devoción, pues siendo para el sumo sacerdote exclusivamente, quiso que se diferenciara de las otras no sólo en lo finísimo del lino, sino en la textura.

Sin exageración te digo —respondí— que no he visto ni espero ver una túnica que se le parezca.

—Pues hay otra igual —dijo Débora.
—¿Adónde está? ¿Quién la tiene? ¿La podría comprar?
—No la podrás comprar; también fue tejida por María, y es la que usa constantemente su Hijo Jesús.

—Y ¿no podrías conseguir, no pudieras hacer tú que María tejiera otra? —De ningún modo lo consentiría María por el oro del mundo. Las jóvenes que aquí educamos siempre han tenido un respeto grandísimo por los sacerdotes y una estima y reverencia máxima por el sumo sacerdote; pero nunca he visto ni devoción, ni estima, ni reverencia mayor para ellos que la de María. Bordaba de rodillas, mientras en su mente adoraba a Yahvé. Un día le pregunté: «¿En qué piensas, María, mientras trabajas?» «Pienso en Yahvé, cuyo representante en la tierra es el sumo sacerdote. No sabes, madre, cuán grande es la reverencia y respeto que me inspira el representante de Dios. Para mí no hay hombre más digno de respeto y veneración sobre la tierra. Él es el único a quien es permitido entrar en el Santo de los Santos y consultar con Él para conocer su voluntad suprema. Por eso tengo para mí que todo lo que el sumo sacerdote manda, es para nosotros la voluntad del Señor. No te extrañe, pues, que yo borde o teja de rodillas cuando se trata de las vestiduras del sumo sacerdote con las cuales se ha de presentar delante de Yahvé para conocer y ejecutar su voluntad santísima. Y tengo como un favor supremo el haber sido elegida para esta obra. Cuando esté terminada y vea al sumo sacerdote revestido con la obra de mis manos, no me cansaré de dar gracias a Dios y decirle: Recibe esta obra de tu esclava, e ilumina con abundancia de tus luces a tu representante en la tierra» Y cada año sé que viene María a Jerusalén, y al ver pasar al sumo sacerdote revestido con las vestiduras bordadas por Ella, se postra en tierra y besa el polvo que ha pisado el representante de Yahvé.

15
ESTÁN VERDES

Cuando nos despedimos de Débora, pensando en Raquel, dije:
—Tengo una hijita de ocho años ¿quisieras permitirme que la enviara a visitarte?
—No sólo a visitarme —respondió la inteligente anciana, entendiendo mi propósito—, sino a que la enseñemos a coser, bordar y, sobre todo, a temer a Dios.
—¿Pero sería indispensable que se quedara a vivir aquí? —dije tristemente.
—No tiene por qué apenarte —repuso Débora, sonriendo—; tengo facultades para hacer excepciones, y así lo haré con tu hijita.
Agradecido en extremo, me despedí de la anciana, prometiéndola traer a Raquel lo más pronto posible.
Al salir al patio de los Gentiles tuve una agradable sorpresa. Me encontré con mi querido amigo el médico Ben Messa. Después de las salutaciones ordinarias, Ben Messa dijo:

—He estado examinando por largo rato a Sinodio; es un caso característico de anaftalmía doble.
—Y ¿qué enfermedad es ésa?
—Consiste en la atrofia congénita del globo del ojo —dijo Messa.
—Y ¿quién es Sinodio? —pregunté.
—Ese ciego que ves ahí, que pasa su vida desde hace muchos años en los pórticos del templo pidiendo limosna.
—¿Ese de los ojos hundidos? ¿No se llama Chamos? —pregunté.
—Así le dicen por sobrenombre y por la habilidad extraordinaria que posee de decir quién es quién por el tacto. Chamos es el nombre de un horroroso ídolo de las moabitas, y que quiere decir el que palpa. ¿Le has hablado alguna vez al ciego?
—Varias le he dado limosna, compadecido de su ceguera, y recuerdo que, después de preguntarme mi nombre, me palpó la cara como si quisiera, por el tacto, recordar mis facciones.
—Pues ya verás cómo te reconoce. Tú no hables —y marchando hacia el ciego, que estaba rodeado de gente, le dijo—: Chamos, aquí está un amigo mío a quien tú conoces, ¿podrás decirme quién es?
El ciego se acercó a mí, y empezó a palpar la cara. Después de terminada esta operación, se acercó aún más para olerme, y sin vacilar dijo:
—Rabí Ben Hered, el famoso israelita de Hispania.
Quedé admirado de la habilidad táctil y olfatoria de aquel desventurado, y, sacando una moneda de oro, le dije:
—¿Qué clase de moneda es ésta que te doy?
La palpó y sopesó brevemente, después de lo cual añadió:
—Es una moneda de oro con la efigie de Augusto.
—Pues tuya es, ya que tan hábilmente has adivinado su valor.
Separándonos del grupo, pregunté a Ben Messa:
—Y ¿desde cuándo está ciego ese pobre?
—Ciego nació —me respondió el médico—. He hablado con sus padres, quienes así me lo han asegurado. Por mi parte, puedo decirte que desde hace muchos años le he visto aquí, siempre que vengo al templo, y todo Jerusalén le conoce. Es muy popular, pues, a pesar de su ceguera, es muy inteligente, no teme a nadie y es muy sarcástico.
—Y ¿crees tú que se podría curar de algún modo? Yo con gusto pagaría los gastos; me da mucha lástima.
—Pues puedes guardar tu dinero; su ceguera es incurable, y nunca se ha oído que un ciego de nacimiento, que tiene esta enfermedad, haya sido curado; es imposible.

* * *

Al llegar a la casa, subí directamente con Samuel a mis habitaciones.
—Ven a ver un cuadro que te gustará —me dijo—; asómate a la ventana.

Quarto y mis hijitos, desde que se conocieron, fueron los mejores amigos; los cuidaba con cariño paternal y jugaba con ellos como si fuera de su edad. No me extrañó, pues, el cuadro que me mostraba Samuel. Quarto, que es un hombrachón de casi dos metros de altura, tenía en la mano una manzana, y, levantándola en alto, incitaba a mis hijos a que la atraparan. Por más que brincaban los chicos, no podían conseguirlo. Cansado Rafaelito, exclamó:

–Tu manzana no sirve; mejor tomo esta otra –y diciendo esto, tomaba otra de un canasto que allí estaba.

–¿Conque mi manzana no está buena? –repuso Quarto, riendo–. Eso dices porque no la pudiste alcanzar. Vengan acá los dos –y, sentándose en un banco, les habló de esta suerte–: Conocí en Roma un poeta famoso llamado Fedro, el cual hace hablar a los animales...

–Eso no puede ser –dijo Raquel–; los animales no hablan.

Rió de buena gana Quarto por aquella salida de mi hija, y añadió:

–He dicho que era poeta, y los poetas hacen muchas cosas que no podemos hacer los hombres.

–Entonces los poetas son magos –repuso Rafaelito–; sólo los magos hacen cosas maravillosas.

–Los poetas –explicó Quarto– fingen muchas cosas, y entre ellas este poeta Fedro, siguiendo el ejemplo de otro famoso poeta griego llamado Esopo, ha escrito versos en que finge que los animales hablan.

–Y ¿para qué fingen eso? –preguntó Raquel.

–Porque así pueden hacerles decir a los animales muchas cosas, que de otra suerte serían llevadas a mal por algunos. Pues bien: en uno de estos versos, que se llaman apólogos o fábulas, esto es, cuentos, hace figurar Fedro a una zorra, que, como sabéis, es un animal muy astuto.

–¿La que se come los pollitos? –preguntó Raquel.

–La misma. Pues cuenta que una vez una zorra estaba muy hambrienta, y viendo un magnífico racimo de uvas, se las quiso comer...

–Pero ¿las zorras comen uvas? Yo he oído que comen gallinas –observó, justamente, mi hija.

–Es que Fedro es poeta, y dice cosas que otros no pueden decir –añadió filosóficamente Rafaelito.

Volvió a reír Quarto, y prosiguió:

–Se quiso comer las uvas, y empezó a dar muchos brincos; pero las uvas estaban muy altas, y no las pudo alcanzar

–Como Rafael la manzana –dijo Raquel.

–Exactamente –prosiguió Quarto–, y viendo que no las podía alcanzar, dijo: «Están verdes», y con esto se marchó.

–Lo mismo que hizo mi hermano.

–Por eso, hijitos míos, cuando uno quiere conseguir una cosa y no pudiendo la deja diciendo que no sirve o la critica, se dice: *están verdes,* en señal de que no pudo conseguir lo que quería, que era bueno; pero que el que sale burlado lo califica de malo.

En aquellos momentos llegó José de Arimatea, y salimos Samuel y yo a recibirle.

* * *

—La tempestad se cierne sobre Jesús —dijo José—. El Sanedrín ya ha fulminado contra Él, no sólo la *nidui* y la *cherem,* sino que pronto fulminarán la *schammata.*

—¿Quisieras explicarte? —le dije—. Pues no entiendo esos términos.

—La *nidui* o separación es lo que podría llamarse una excomunión menor; es el primer grado de separación de la sinagoga. El que incurre en esta censura puede entrar en el templo, pero no llegar más allá del patio de Mujeres, y en vida privada no puede tomar baño alguno, ni afeitarse ni sentarse a comer con los demás. Sus familiares no se pueden acercar a él en un radio de dos metros. Se le considera como apestado.

—¿Y esta censura dices que se la aplicaron a Jesús?

—No sólo una, sino hasta tres veces; pues dura esta pena treinta días. Por eso, no sé si lo habrás notado, cuando el Maestro viene al templo, de ordinario se detiene en el pórtico de Salomón, junto a la puerta Oriental.

—En efecto, ahora caigo en la cuenta de este hecho.

—Como, según los jueces, Jesús no se ha enmendado, recayó sobre Él la segunda excomunión o *cherem,* que quiere decir *abandono.* Esta sentencia fue dictada por un Tribunal compuesto de más de diez miembros. No es ya sólo la separación, sino que incluye una verdadera maldición, tomada del libro de los Jueces (5, 23): «*Maldecid a la tierra de Meroz; maldecid a sus habitantes, pues no quisieron venir «al socorro del Señor».* El que incurre en esta censura no se puede comprar nada, fuera de lo necesario para la vida, ni enseñar en público, ni asistir a la predicación en la sinagoga. Por eso Jesús ya no predica en las sinagogas, a no ser lejos de la Ciudad Santa y en las regiones de Fenicia, por donde ha andado últimamente.

—¿Y dices que le van a aplicar aún la tercera excomunión?

—La *schammata,* que significa *ahí está la muerte,* pues viene primero la prisión y después el juicio, que terminará con la fatal sentencia. Es el anatema contenido en el libro de Josué (7, 13): «*Dice el Señor Dios: Oye, Israel: el anatema está en medio de ti; no podrás contrarrestar a tus enemigos hasta que sea exterminado de en medio de ti el que se ha contaminado».* Es la execración, el ser rechazado de la comunidad de los fieles en el tiempo y en la eternidad.

—¿Y van a publicar contra Jesús esta terrible sentencia? —dije.

—Debería hacerse con gran aparato fúnebre a la puerta de todas las sinagogas, ante la asamblea convocada a son de trompetas; pero el caso de Jesús es difícil; temen al pueblo que le sigue y aclama. Por eso no creo la hagan por ahora con toda solemnidad; pero la harán seguramente el día en que lleguen a prenderle. Por lo pronto, creo que privadamente se hará saber que ha recaído en Jesús el anatema, dando facultad a todos para que le aprehendan, si pueden, y amenazando a todos los que le siguen con expulsarlos de la sinagoga.

—¿Y quisieras decirme de qué crímenes tan graves le acusan sus enemigos? —pregunté.

—Ante todo, menospreciar y quebrantar el sábado —respondió José.

—Eso es una mentira —exclamó Quarto, que acababa de entrar—. Lo que reprueba, y con justísima razón, son las ridiculeces establecidas por los fariseos, que prohíben que se haga en sábado un buche de vinagre para quitar un dolor de muelas o que se coma un huevo puesto en día de sábado por una gallina.

José se quedó sorprendido al oír hablar así a un romano, y, por vía de explicación, respondió:

—Es que, según las tradiciones farisaicas, se considera más importante la *Glosa* que la misma ley escrita según aquello de: «Las palabras de los doctores aventajan a las de la ley y los profetas. Quien se ocupe de la Escritura, hace una cosa indiferente; quien medita la *Mishna* es digno de recompensa; pero quien se da al estudio de la *Ghemara* practica la acción más meritoria».

Samuel, que hasta entonces había permanecido callado, exclamó:

—Y Jesús tiene sobrada razón. Recuerdo en una ocasión que *«ciertos escribas y fariseos le dijeron: ¿Por qué motivo tus discípulos traspasan la tradición de los antiguos, no lavándose las manos cuando comen? Él les respondió: ¿Y por qué vosotros mismos traspasáis el mandamiento de Dios por seguir vuestra tradición? Pues que Dios ha dicho: Honra a tu padre y a tu madre, y quien maldijere al padre o a la madre sea condenado a muerte. Y vosotros decís: Cualquiera que dijere al padre o a la madre: la ofrenda que yo ofreciere redundará el bien tuyo, ya no tiene obligación de honrar a su padre o a su madre, con lo que habéis echado por tierra el mandamiento de Dios por vuestra tradición. ¡Hipócritas! Con razón profetizó de vosotros Isaías, diciendo: Este pueblo me honra con los labios, pero no con el corazón».*

—¡Bien dicho, bien dicho! —exclamó Quarto—. Son unos hipócritas, y se lo echa en cara; por eso le odian.

—Por otra parte —repuso José—, le acusan de querer destruir el templo.

—¡Mentira! —dije—. Yo mismo oí lo que Él dijo cuando echó del recinto sagrado a los vendedores: *«Destruid este templo, y Yo lo reedificaré en tres días».* No sólo no dijo que Él destruiría el templo, sino que si alguno lo destruía, Él lo reedificaría de nuevo, si bien —añadí— eso de que lo reedificase en tres días me pareció muy problemático.

—Le acusan de que trata con publicanos y pecadores, que rehabilita mujeres perdidas y que es indulgente con las adúlteras —añadió José.

—Indulgente con las adúlteras, indulgente con las adúlteras. ¡Ja, ja, ja! —exclamó Quarto—. Y ¿por qué esos rigidísimos señores fariseos no le dicen una palabrita a Herodías y a su honorable esposo?
—Le acusan de hacerse Hijo de Dios —terminó el de Arimatea.
—Entendámonos —dije—. ¿Niegan los doctores que Dios tiene un Hijo unigénito, o acusan a Jesús de que usurpa el título?
—Decir que Dios tiene un Hijo de su propia naturaleza y que Ése ha de ser el Mesías, no es ninguna blasfemia —respondió José—. Lo que dicen es que este Jesús no es ese Hijo unigénito de Dios, y, sin embargo, así lo afirma Él, lo cual es una blasfemia.
—Pero ¿no veis —interrumpió Samuel con entusiasmo— cómo se van cumpliendo en Él una a una las profecías ahora precisamente cuando estamos en el gran período de expectación mesiánica, que empieza con la salida del cetro de las manos de Judá y termina cuando se hayan cumplido las semanas de Daniel, que ya están concluyendo? Si no es Jesús el Mesías prometido, el Hijo de Dios, ¿quién es?
—Yo soy de la misma opinión —repuso el de Arimatea, afligido—; yo le he ido observando también, y voy viendo cómo se van cumpliendo en Él las profecías. Solamente he respondido a la pregunta que me habéis hecho de qué le acusan. He explicado la razón del odio que le tienen la mayoría de los escribas y fariseos. Y últimamente, viendo que nada pueden en su contra y que todo el pueblo le sigue, han procurado desacreditarle diciendo que está endemoniado y loco.
—¿Endemoniado Jesús? —dijo Samuel.
—Así lo han dicho varias veces: «¿*No decimos bien nosotros que Tú eres un samaritano y que estás endemoniado*?»
—¿Samaritano Jesús? —dijo Quarto, riendo—. Pues ¿no es judío de la casa de David y nacido en Belén? ¿Acaso Belén está en Samaría? La geografía de esos pobres anda muy trastornada.
—Es —explicó Samuel— que quieren insultarle y por eso le llaman samaritano endemoniado, como Él, correspondiéndole en la misma moneda, los ha llamado *«hijos del diablo»*. Decir a uno samaritano endemoniado, entre nosotros, es de los mayores insultos; pues, de otro modo, decir que todo samaritano es un endemoniado sería una solemne estupidez. No es que le crean endemoniado realmente, sino que le quieren insultar.
—¿Pero has dicho —pregunté a José— que también le acusan de loco?
—El caso pasó de esta manera —respondió José—: Querían los del clan de Nazaret atraer a Jesús a su partido, viendo que tantos le seguían y obraba tantos prodigios. Los miembros de los clanes, entre sí, se llaman «hermanos». Pues bien, estos hermanos, quienes son entre sí parientes, viendo que Jesús estaba en una casa llena le gente, tanto que ni tiempo le dejaban para comer, con el objeto de llevárselo, si no por las buenas, por la fuerza, llegaron diciendo que *«venían a recogerlo porque había perdido el juicio».*

—¿Y lo sacaron? –preguntó Quarto.
—Habiendo llegado los hermanos del clan, que eran muchos, los cuales, para dar más color a sus pretensiones, habían traído a la Madre de Jesús: «*Quedáronse fuera, enviaron a llamarle... y le dijeron: Mira que tu madre y tus hermanos allí fuera te buscan*».
—Y recuerdo que no salió –añadí.
—No sólo no salió, sino que dijo: «*¿Quién es mi madre y mis hermanos? Y echando una mirada a los que estaban sentados alrededor de Él, dijo: Veis aquí a mi madre y mis hermanos; porque cualquiera que hiciera la voluntad de Dios, ése es mi hermano, y mi hermana, y mi madre*».
—Lo recuerdo, lo recuerdo –dije–, y se llevaron un chasco solemnísimo los del clan de Nazaret.
—Por eso –prosiguió José–, no habiendo podido conseguir los hermanos del clan de Nazaret lo que querían, andan propalando que el *Maestro estaba loco*.
Mi hijita Raquel, asustada y con sus ojitos llenos de lágrimas, exclamó:
—¿Que está loco el Maestro...?
—No seas tonta –repuso Rafaelito–, ni llores; los hermanos del clan andan diciendo que el Maestro está loco, *porque están verdes*...

16
INTERESES HERIDOS

El dicho que asegura que «dos extremos se tocan» nunca lo encontré mejor confirmado que viendo la amistad que habían hecho mis hijitos con el centenario patriarca Jonadab. A tal punto había llegado ésta, que, a pesar de la repugnancia que las ciudades inspiran al patriarca, con tal de instruir a mis niños ha aceptado venir a pasar algunas noches en nuestra casa, dejando a los suyos en las tiendas de pieles levantadas al Norte de la ciudad.

Entre mi hijo mayor y Jonadab media nada menos que un siglo, a pesar de lo cual es de ver el empeño del venerable anciano en transmitir y el de mis hijitos en «absorber» los tesoros de su doctrina muchas veces secular.

—Lo que me ves hacer con tus hijos –me dijo Jonadab– es lo que los ancianos de la tribu hacemos con nuestros niños. A los viejos nos encanta transmitir nuestros conocimientos, y no hay tierra mejor preparada para esto que la memoria fresca, ávida y virgen de la niñez. Los viejos sembramos en la mente de los niños «la semilla de la tradición». Lo que ahora, tus hijos aprenden de mis labios es idéntico a lo que yo aprendí de mi abuelo, quien a su vez lo había escuchado de sus mayores. No hay pergaminos mejor preparados ni más fieles para conservar en toda su pureza los hechos pasados, como las almas puras de los inocentes.

Era una noche tibia y despejada; en la azotea de nuestra casa, el patriarca había hecho levantar su tienda. A la puerta de ésta, sentado sobre una magnífica piel de oso, estaba el anciano, mientras mis hijitos, echados sobre la misma piel y reclinando sus cabecitas sobre las rodillas de Jonadab, escuchaban embelesados las palabras que salían de su boca. Quarto, en pie, estaba apoyado en uno de los postes de la tienda, mientras yo, sentado en el pretil de la azotea, contemplaba embelesado aquel magnífico cuadro iluminado por los rayos de la naciente luna.

–¿Y quién era Elías? –preguntó mi hijo.

–El mayor de los profetas después de Moisés, el más valiente de todos, el defensor por excelencia del culto de Yahvé. El mismo nombre lo indica, pues Elija o Elías quiere decir: «Yahvé es mi Dios, el Dios fuerte, el Dios invencible, el Dios destructor de los otros dioses» –respondió el anciano–. Tenéis que saber, hijos míos, que en tiempos de Elías el pueblo de Israel, mal aconsejado por el rey Ocozías, se había dado al culto de Belzebub, el dios mosca, que adoraban los accaronitas.

–¿El dios mosca? –preguntó Raquel–. ¡Qué cosa tan horrible!

–Sí hijita mía. Era un ídolo espantoso al que fingían daban de comer, dejándolo untado de manteca, y por eso siempre estaba lleno de moscas.

–¿Y a ese dios adoraba nuestro pueblo? –preguntó Rafaelito.

–A tanto llega la aberración del hombre cuando se aparta del culto de Yahvé. Pero no sólo el pueblo, el mismo rey, aconsejado por su mujer Jezabel, lo consultaba. Sucedió, pues, que un día *«Ocozías cayó desde una ventana, y enfermó de la caída. Entonces mandó unos mensajeros, que fueron a consultar a Belzebub si podría convalecer de su enfermedad».*

–¿Por qué no consultó a Yahvé? –observó Rafaelito.

–Eso fue precisamente lo que Elías, encontrando a los mensajeros, les dijo: *«¿Acaso no hay Dios en Israel y vais a consultar a Belzebub? Por tanto, id y decid a Ocozías que de la cama en que se ha acostado no se levantará y morirá infaliblemente».*

–¿Y se murió? –dijo Raquel.

–Sí, pero antes de morir tuvo el atrevimiento de mandar a *«un capitán con cincuenta soldados»* para que trajeran preso al profeta. Llegó el capitán a donde estaba Elías y *«lo encontró sentado en la cima de un monte»,* al cual era muy difícil subir; desde abajo le dijo: *«Varón de Dios, el rey ha mandado que bajes de ahí. Elías en respuesta, dijo al capitán: Si yo soy varón de Dios, que baje fuego del cielo y te devore a ti y a tus cincuenta soldados».*

–¿Y bajó fuego del cielo? –volvió a preguntar Raquel.

–Cayó un rayo, *«descendió fuego del cielo y devoró al capitán y a sus soldados»,* y como se lo fueran a contar a Ocozías, volvió a mandar a otro capitán con otros cincuenta soldados y de nuevo les pasó otro tanto: cayó fuego del cielo y los volvió a devorar.

–¡Qué miedo, qué miedo! –dijo mi hijo, temblando.

Comprendiendo Jonadab que era mejor cambiar de conversación para no asustar más a la niña, les contó otro milagro de Elías cuando multiplicó la harina y el aceite de la pobre viuda de Sarepta, que lo había recibido en su casa. Esto no obstante, la pobre niña seguía temblando de miedo, por lo cual el patriarca concluyó:

–Ya he terminado por hoy; se hace tarde y es mejor que se vayan a dormir.

Rafaelito protestó que él no tenía miedo, pero tuvo que obedecer a mi mandato, y Quarto se llevó a los niños. Antes de acostarse, como de costumbre, rezaron sus oraciones. Yo estaba a su lado. Raquel, sin embargo, seguía temblando al recordar el fuego del cielo con que Yahvé había castigado a los soldados. Notando esto Rafaelito, dijo:

–No seas tonta, no tengas miedo; vamos a rezar la oración que nos enseñó el Maestro, «para que nos libre del mal». Entonces, los dos dijeron: *«Padre nuestro, que estés en el cielo...»* Y lo repitieron por tres veces. ¡Cosa admirable! Mi hijita, al llamar a Dios Padre, se calmó por completo, y al poco tiempo ella y su hermanito estaban durmiendo con la sonrisa en los labios.

Yo estaba espantado, aturdido. «¡Qué audacia –me decía– llamar a Yahvé, al terrible Yahvé, Padre!» Y, sin embargo, veía palpablemente los efectos de ese nombre admirable cuando era usado con confianza, con la sencillez de la inocencia. Con razón –me dije– Jesús lo ha repetido: *«Si no os hacéis como niños, no entraréis en el reino de los cielos»*.

* * *

Cuando volví a reunirme con Jonadab, me encontré que habían llegado Samuel, José de Arimatea y Nicodemo.

–Entre los discípulos de Jesús –empezó José– hay una gran efervescencia. Desde que el Maestro nombró a Simón Pedro como su lugarteniente, los otros no quieren quedarse atrás. Quieren que desde ahora les dé los lugares que ellos estiman como principales del reino que trata de fundar. Por otra parte, Jesús insiste de un modo especial en que *«el Hijo del hombre* –como Él mismo se llama– *ha de ser entregado a los príncipes de los sacerdotes y a los escribas, y lo condenarán a muerte, y lo entregarán a los gentiles para que sea escarnecido, azotado y crucificado...»*

–Ya me lo había dicho Mateo –repuso Jonadab–; pero lo notable es que a esta predicción añade Jesús: *«mas resucitará al tercer día»*.

–¿Y por qué dices que hay efervescencia entre sus discípulos? –pregunté a José.

–Desde luego, Pedro, el otro día, *«tomando la palabra, le dijo: Bien ves que nosotros hemos abandonado todas las cosas y te hemos seguido. ¿Cuál será, pues, nuestra recompensa? A lo cual Jesús respondió: En verdad os digo que vosotros que me habéis seguido, en el día de la resurrec-*

ción, *cuando el Hijo del hombre se siente en el solio de su majestad, vosotros también os sentaréis sobre doce sillas, y juzgaréis las doce tribus de Israel».*

—¿Y sus propios apóstoles interpretan estas palabras como si Jesús tratara de fundar un reino temporal? —preguntó Jonadab, sonriendo.

—¡Ya lo creo! —repuso José—. Y la prueba la tienes que después de esto, la mujer de Zebedeo y madre de Santiago y Juan *«se acercó con sus dos hijos y lo adoró como quien pide alguna gracia. Entonces Jesús le dijo: ¿Qué quieres? A lo cual ella respondió: Dispón, que estos dos hijos míos tengan su asiento en tu reino, uno a la derecha y otro a la izquierda».*

—¿Y qué le respondió el Maestro? —interrogué.

—*«No sabéis lo que pedís* —les dijo—. *¿Podréis beber el cáliz que Yo tengo que beber?»* A lo cual respondieron los dos interesados: *«Bien podemos».*

—¿A qué cáliz se referirá el Maestro? —preguntó Nicodemo a Jonadab.

—Ciertamente —repuso el anciano—, al cáliz de su Pasión, como lo ha profetizado Isaías.

Si he de decir verdad, esta salida me hizo muy poca gracia. Yo no podía comprender eso de un «reino fundado por un muerto crucificado». ¿Tener que morir para establecer dicho reino? Jonadab lo comprendió y me dijo:

—Más adelante procuraré explicarte esta aparente paradoja. Dejemos que José continúe en su interesante relato.

—Esta pretensión de los hijos de Zebedeo causó malísima impresión en sus compañeros, los cuáles *«se indignaron contra los dos hermanos».*

—¿Y Judas? —preguntó Quarto.

Al oír esta pregunta, se volvió sorprendido José, y preguntó a Quarto:

—¿Le conoces? ¿Por qué me haces esa pregunta?

—Porque le conocemos demasiado —dije—. Es un politicastro de mala ley, un hombre en extremo ambicioso, sumamente falso, que todo lo dirige a su fin particular, sin dársele un ardite el bien del Maestro, de quien quiere usar como escalón para subir. Judas quiere que Jesús sea Rey para ser él quien gobierne, ya que teniendo él los dineros nada podrá hacerse sin su consentimiento. Según sus planes, quiere Judas que Jesús lleve el título de Rey para ser él ministro dictador.

—Muy bien lo conoces —repuso José—. Y ahora les voy a contar cómo anda «politiqueando»; es muy hábil...

—Pero también en extremo vengativo —añadió Quarto—. Me parece de raza de traidores...

—Estábamos un día —prosiguió José— reunidos varios fariseos de los principales con notables saduceos y un grupo de herodianos, escuchando a Jesús, cuando se nos acercó Judas acompañado de Andrés.

—El buenísimo de Andrés —exclamé.

—Como quien no quiere la cosa —continuó el de Arimatea—, Judas hizo recaer la conversación sobre los milagros del Maestro, y por testigo trajo a Andrés, a quien todos conocemos como hombre honrado, bondadoso y verídico. Andrés, pues, nos contó el milagro obrado por Jesús en Tiberíades, cuando calmó la tempestad, con ocasión de lo cual aquellos avezados marineros exclamaron: «*¿Quién es Éste a quien los vientos y el mar obedecen?*» Después, pretextando no sé qué asunto, hizo que se marchara su compañero. Entonces Judas acercándose con gran secreto, nos dijo:

—El Maestro tiene sobre los elementos poderes extraordinarios, en esto no hay la menor duda; yo se lo aviso para que estén prevenidos.

—¡Qué hombre más astuto y más perverso! —dije—. Es verdad que Santiago y Juan pidieron que los dejara bajar fuego del cielo; pero Jesús les dijo que no era ése su espíritu.

—Pues Judas —añadió José— remachó el clavo diciendo que el Maestro repetía continuamente: «*Fuego he venido a poner en la tierra. ¿Y qué he de querer sino que arda?*».

—¿Y qué sucedió? —pregunté, intrigado.

—Pues que mis compañeros, dudando de estos poderes, decidieron enviarle una comisión para que de modo disimulado, con pretexto de disputar con Él, le pidieran «*les hiciera ver algún prodigio del cielo*». No quedó aquí el asunto, pues a los saduceos presentes les contó Judas que había oído al Maestro pronunciar estas textuales palabras: «*¡Jerusalén, Jerusalén!, que matas a lo profetas y apedreas a los que a ti son enviados. ¡Cuántas veces quise recoger a tus hijos como la gallina recoge sus pollitos bajo las alas, y tú no lo has querido! He aquí que vuestra casa —la ciudad y el templo— va a quedar desierta, arruinada*».

—¿Dijo eso Jesús? —pregunté, alarmado.

—Sí lo dijo —repuso José—, pues yo me he informado con Mateo de si era cierto, y me dijo que sí. Lo mismo son ciertas otras palabras del Maestro que nos espetó Judas: «*Y saliendo Jesús del templo, iba andando cuando nos acercamos a Él sus discípulos a fin de que se fijara en la construcción del templo. Pero Él nos contestó: ¿Veis toda esa gran edificación? Pues yo os digo de cierto que no quedará de ella piedra sobre piedra*».

—¿Dijo eso Jesús? —insistí—. ¿No serán trapisondas de Judas?

—Nada de eso —repitió José, sumamente serio—; ésas son sus textuales palabras.

—Y ¿qué fin se propone Judas con todo eso? —pregunté.

—Pues uno muy sencillo —dijo Nicodemo, que hasta entonces había permanecido callado—; precipitar los acontecimientos. Excitando a los enemigos de Jesús, éstos tendrán que tomar una resolución pronta, y entonces el Maestro, o se declara Rey, según lo pretende el Iscariote, o el sueño del reino cae por tierra.

—Y entonces Judas no dudará en pasarse al lado contrario, y traicionará a su Maestro —exclamó solemnemente Quarto.

Nicodemo, mirando a uno y otro lado, temeroso de que alguien le escuchara, añadió:

—Al Sur de la ciudad, bordeando el valle de Hinnón, hay un monte que domina Jerusalén. En la cumbre de este monte tiene Caifás una hermosa casa de campo. Pues bien: en esa quinta no hace mucho tuvo el pontífice una reunión de saduceos, fariseos y herodianos. Yo no asistí; pero uno de mis compañeros me contó lo que allí había ocurrido.

—¿En contra de Jesús? —pregunté.

—Precisamente —repuso Nicodemo—. Allí se decidió dar muerte al Maestro.

—Pero ¿por qué? —dijo Quarto, indignado.

—Porque, según Caifás, ése es el único medio de salvar los intereses de todos. Los fariseos se quejaron amargamente, no sólo que quebrantaba abiertamente el sábado, sino que día a día Jesús los iba desacreditando más y más delante del pueblo, llamándolos, entre otras cosas, *«raza de víboras y sepulcros blanqueados»*. Los saduceos trajeron a colación el hecho de que había arrojado a los vendedores del templo y anunciaba que éste iba a ser destruido sin que quedara piedra sobre piedra. Finalmente, los herodianos acusaban a Jesús de llamar «zorra» a Herodes y de que, por los ardides de Claudia Procla, la mujer de Pilato, éste había acusado al tetrarca a Roma para que le destituyeran.

—En efecto —dijo Quarto—, es de interés común de todos esos bandidos que Jesús desaparezca.

—Los intereses de todos —prosiguió Nicodemo— están profundamente heridos; y así, terminando la discusión, exclamó Caifás: *«Vosotros no entendéis nada, ni reflexionáis, que os conviene el que muera un solo hombre por el bien del pueblo, y no perezca toda la nación»*.

17
TABERNÁCULOS

Quien no ha presenciado alguna vez la fiesta de los Tabernáculos en Jerusalén no sabe lo que es alegría desbordante, no conoce lo que es una festividad verdaderamente popular y democrática.

La ciudad de Jerusalén, de ordinario tranquila, donde se vive una vida monótona, se empieza a alegrar varios días antes de la fiesta con la llegada de los peregrinos. De setenta mil habitantes que regularmente abraza dentro de sus muros, se ve congestionada con cientos de miles que se desbordan fuera de las murallas, por las colinas de Bezetha al Norte, por la de Ofen al Sur del templo, y del otro lado del Cedrón hasta las alturas del Olivete. Todas estas vertientes se cubren materialmente de cientos de miles de cabañas hechas con ramas de árboles, y dentro de la población en las terrazas, azoteas, plazas y aun sobre los mismos muros que circundan la Ciudad Santa, se levantan igualmente moradas silvestres. Entre las cabañas de enramadas no faltan viviendas de lona y alguna más ostentosa de pieles, como la de Salomón; son las de los soldados y los ricos.

–Tu amigo Pilato –me decía ayer José de Arimatea– está alarmadísimo por la multitud de peregrinos que ha venido este año. Teme una sublevación: ha hecho venir la legión de Cesarea, y ha mandado emisarios al procónsul de Siria para que le mande un refuerzo. Esas tiendas de campaña que habrás visto sobre las murallas son de soldados romanos. La Antonia está atestada también de militares, y tanto en el Olivete como al este de la ciudad hay otros campamentos. Han ocupado los lugares estratégicos y están dispuestos a obrar a la menor señal.

–Y ¿por qué habrán venido tantos peregrinos? –le pregunté.

–El fervor religioso se ha hecho notar últimamente de modo notabilísimo, y aunque no lo quieran admitir los príncipes de los sacerdotes, este movimiento extraordinario es debido a la predicación de Jesús de Nazaret. Su fama ha pasado Palestina, y todos quieren conocer a este hombre maravilloso.

–Y ¿cómo se van a alimentar estas multitudes? –inquirí.

–La cuestión de la comida no es la más difícil –repuso José–, pues son tantísimas las víctimas que se sacrifican en el templo, que todos tienen carne para comer. De Esdrelón han hecho venir los Boetho millones de sacos de harina para el pan. Los Phabi han provisto de aceite; pero lo que más apura a nuestro amigo Nicodemo es la cuestión del agua.

–Me dijo una vez que tenía unos cinco mil aguadores –dije.

–Pues ahora tiene más de diez mil, y no le bastan, aunque dispone de más de cuatro mil asnos que constantemente están acarreando agua desde las piscinas de Salomón, más allá de Belén.

–Con razón Pilato quiere hacer un gran acueducto –añadí–; esto serviría para aliviar la situación en ocasiones semejantes.

–No cabe duda; pero sería contra los intereses de tres hombres riquísimos de Israel, los cuáles se dedican, como Nicodemo, al negocio del agua, y por eso se oponen tenazmente al proyecto.

–¿Y quienes son esos egoístas?

–Doroteo Ben Nathanael, Thyphon Ben Thudion y Cornelio Ben Cerón, los cuales ocupan un lugar muy prominente entre los miembros del Sanedrín.

* * *

De ese entusiasmo general no se podía eximir la familia y casa de Samuel, donde vivo. Las azoteas y terrazas de esta mansión, aunque muy extensas, están cubiertas de cabañas, entre las que ocupa lugar preferente la de mi hijo. Él mismo la construyó bajo la dirección de Quarto.

Como indiqué, esta fiesta es no sólo popular, sino democrática. Todos los sirvientes de Samuel han construido sus cabañas en las azoteas, rodeando sus tiendas la del dueño de la casa y la mía. Ésta es la magnífica de pieles de Jonadab, la cual comparto gustoso con Quarto. El patriarca se ha ido a su campamento, situado al Noroeste de la ciudad, que colinda con los terrenos de la granja de Simón de Cirene y sus dos hijos, Alejandro y Rufo. A más de la crianza de aves de corral y de innumerables palomas y torcaces, tiene Simón vastísimos corrales que alquila a los beduinos que traen del desierto sus rebaños de ganado lanar y vacuno para los sacrificios. Como es gran amigo de Jonadab, en las principales festividades le presta sus corrales, que resultan pequeños para las innumerables cabezas de ganado que pastorean los recabitas. Por eso, el patriarca ha fijado su tienda en este lugar. Lo hace, sobre todo, para conservar a los suyos lejos de la ciudad, donde sólo entran por necesidad para llevar sus rebaños o asistir al templo.

De ordinario vende sus ganados a precio muy moderado a los ex grandes sacerdotes Eleazar, Joar, Josué, Ben Sie, Ismael, Ben Phabi, Simón Ben Camite y a los hijos de Anás: Jonatás, Teófilo, Matías y Ananías, todos ellos miembros del Gran Sanedrín. Son éstos los más ricos ganaderos de Jerusalén, y revenden al menudo los animales, haciendo un negocio fabuloso con este tráfico. Todo esto supe de boca del noble patriarca, al cual no le gusta traficar con el pueblo.

—Aunque yo pretendiera vender las reses por mí mismo —me decía Jonadab—, lo que nunca he querido, no lo podría hacer, pues estos hombres tienen formado un «trust» ganadero, y no dejan a nadie que venda en el templo. Yo no busco sino una moderada y justa ganancia, mientras que ellos se lucran mucho más que los publicanos, a quienes desprecian.

La víspera de que comenzara la solemnidad quiso Samuel instruir a mis hijitos sobre el significado de fiesta tan solemne, para que la celebraran con el debido espíritu.

—Ante todo, hijos míos —les dijo Samuel—, la fiesta de los Tabernáculos, que vamos a celebrar llenos de gozo, es una fiesta mesiánica.

—¿Qué es eso de una fiesta mesiánica? —preguntó Rafaelito.

—La existencia de nuestro pueblo —respondió con solemnidad Samuel— no tiene otra razón de ser que la venida del Mesías Salvador, el Hijo de Dios, como lo dijo Isaías (45, 15): *«Verdaderamente, Tú eres el Dios escondido»* bajo el disfraz de la naturaleza humana, *«el Dios Salvador de Israel»*.

—El que, como lo profetizó Miqueas —añadió Quarto, leyendo su pergamino —, ha de nacer, según la carne, *«en Belén»*, habiendo sido engendrado por su Padre Dios *«desde los días de la eternidad»*.

Samuel miró complacido al romano, y prosiguió:

—Tienes mucha razón; ese texto de Miqueas lo declara plenamente; y ahora añade este otro clarísimo del mismo Isaías (35, 4-10): *«Decid a los pusilánimes: Ea, buen ánimo, y no temáis. Dios mismo en persona vendrá y os salvará.»*

Quarto, con los ojos radiantes, anotó la cita.

–Todos los beneficios que Yahvé ha hecho a Israel, los cuidados paternales que con él ha tenido, los mismos castigos que justamente nos ha mandado, no han tenido otro objeto que conservar nuestra nación para que de ella salga algún día el Salvador. Por eso, no sólo los profetas lo han anunciado repetidas veces, sino que, según los intérpretes, el Mesías Salvador ha sido prefigurado por muchos de los grandes personajes de Israel...

–Así me lo ha enseñado madre Débora en el templo –interrumpió mi hija Raquel–; dice que José en Egipto prefigura al Mesías.

–Bien por Raquel –exclamó Quarto, sonriendo–; pronto esta niña me tendrá que dar lecciones.

–Has dicho muy bien, hija mía –prosiguió el anciano–. José fue una figura notabilísima del futuro Mesías, Salvador. Pues como José, hay en nuestra sagrada historia muchos otros que prefiguran al «que ha de venir». Y como ha habido hombres que le prefiguran, también encontramos algunos hechos que son tomados como figuras del Cristo.

Rafaelito, no queriendo ser menos que su hermana, dijo:

–La nube que protegía a nuestros padres cuando iban por el desierto, ¿fue también figura del Mesías?

–Perfectamente, hijo mío –repuso Samuel–; esa nube, blanca durante el día y luminosa por la noche, es una de las figuras del Salvador de Israel. Pues bien: la fiesta que vamos a celebrar, en la cual se encienden grandes candelabros por la noche en el templo, representan esa nube, y el agua que llevan los sacerdotes al altar en Ánforas de oro desde la piscina de Siloé...

–¿Representan el agua que manó de la piedra al mandato de Moisés? –volvió a preguntar mi hijo.

–Precisamente –respondió el anciano–, y esa agua milagrosa que brotó en el desierto es, a su vez, figura del Mesías, según lo predijo Isaías...

–¿Dónde? –preguntó Quarto, aprestando su pergamino para anotarlo.

–En el capítulo 12, versos del 3 al 6, y dice Isaías: «*Sacaréis agua con gozo de las fuentes del Salvador, y diréis en aquel día: Dad gracias al Señor, e invocad su nombre; tributadle alabanzas, porque ha hecho grandes cosas. Salta de gozo y entona himnos en su alabanza, ¡oh casa de Sión!, pues que en medio de ti se muestra grande el Santo de Israel*». Y como durante la fiesta de los Tabernáculos se recuerdan estos hechos y se efectúan ceremonias conmemorativas de estas figuras mesiánicas...

–Por eso nos dijiste –interrumpió Rafaelito– que ésta es una fiesta mesiánica.

–Has acertado, hijo mío; ésa fue la razón que tuve. Ahora –prosiguió Samuel– esta fiesta fue primitivamente de acción de gracias, como lo dice el *Levítico* (23, 48): «*Para que aprendan vuestros descendientes cómo hice Yo habitar en las tiendas de campaña a los hijos de Israel al sacarlos de la tierra de Egipto. Yo, el Señor Dios vuestro*». Cuando las tribus se establecieron definitivamente en Palestina, antes de que empezaran nuestros padres a sembrar y levantar cosechas, ya habían madurado los frutos de los árboles que en ella había y los árboles de sombra estaban en el esplendor de su follaje. Entonces mandó el Señor (*Lv* 23, 40) que *«en el primer día (de la fiesta) recogiéramos ramas con sus frutos de los árboles más bellos y gajos de palmas y de árboles frondosos y del sauce de los torrentes y nos regocijáramos delante del Señor Dios nuestro».*

—Y ¿qué es eso de *loulab* y el *etherog,* de que he oído hablar? —preguntó Quarto.

Samuel respondió:

—Cada israelita para ir a la procesión debe portar un manojo compuesto de palmas y de varios renuevos de sauce y mirto; este ramo se llama *loulab,* y se lleva en la derecha, mientras que en la izquierda se debe llegar el *etherog,* que consiste en ramos de toronjas, citrones u otras frutas. Los ramos hay que agitarlos hacia los cuatro puntos cardinales cuando se canta el *hallel,* o aleluya; esto es, el salmo 117, que empieza: *«Alabad al Señor, porque es bueno, porque hace brillar eternamente sus misericordias»,* y el que le sigue, aún más solemne, que comienza: *«Bienaventurados los que proceden sin mancilla, los que caminan según la ley del Señor».*

—¿Y nosotros vamos a llevar nuestros ramos? —preguntó Raquel.

—Tú no, hijita mía —respondió el anciano—; pero nosotros sí.

—¿Y por qué no ha de llevar Raquel su ramo también? —interrogó su hermanito, resentido.

—Pues porque en esta fiesta, es decir, en las procesiones, sólo pueden tomar parte los hombres, los cuáles estamos obligados a asistir a esta solemnidad. En cambio, la misma ley dice (*Dt* 16, 14): *«En esta festividad celebrarás banquetes, tú, tu hijo e hija, tu esclavo y esclava, como también el levita y el extranjero, el huérfano y la viuda que viven dentro de las ciudades».* Por eso a su tiempo todos nos reuniremos en casa a celebrar la fiesta, sin diferencia de condiciones.

—Es una fiesta democrática —observé.

—Así lo es —repuso Samuel—; toda mi familia, todos mis siervos, estaremos reunidos comiendo en la misma mesa, con el mismo Quarto, el cual, como extranjero, también nos puede honrar con su presencia.

—Muchas gracias por la invitación —respondió Quarto, sonriendo—; la acepto y la agradezco.

—Solamente Raquel no estará con nosotros durante las fiestas.

—¿Por qué? —preguntaron a un tiempo Rafael y Quarto.

—Pues porque, con licencia de su padre, me la voy a llevar al templo estos días, con mi hermana Débora. Desde las galerías del patio de las Mujeres se goza de la fiesta como desde ninguna parte. Desde allí lo ven todo mientras que los que tenemos que ir en la procesión no podemos gozar sino de una vista, muy restringida.

–¿Y Quarto? –preguntaron mis hijos.
–Quarto y yo –respondí– veremos las solemnidades desde la torre Antonia, que no sólo domina el templo, sino todo Jerusalén.
–Es verdad –dijo Rafaelito–. Quarto, como extranjero, no puede pasar el patio de los Gentiles.

Al día siguiente, con gran gozo de mi hijita Raquel, aunque con tristeza de parte nuestra, marchó aquélla a reunirse con las vírgenes del Señor, con quienes debía estar los días de la fiesta.

* * *

Dos horas antes de que saliera el sol, Quarto y yo, vestidos a la romana, salíamos de casa. Nos fue preciso rodear por fuera los muros para llegar con menos dificultad a la fortaleza Antonia. Las calles de la población, aun a esa hora, estaban intransitables por el número de peregrinos.

Fuimos recibidos muy cordialmente por el centurión Marcio, el cual había sido informado que, durante las fiestas, Quarto y yo éramos invitados de honor de Claudia Procla, la esposa de Pilato.

Toda la fortaleza estaba henchida de soldados con armas ofensivas. Erizaban las azoteas y se asomaban en actitud no muy pacífica por todas las ventanas de la torre que daban al templo. Tenían órdenes terminantes de disparar a una señal convenida, caso de que los israelitas peregrinos tomaran actitud hostil. Pilato estaba decidido a suprimir con mano de hierro cualquier conato de sublevación. Y tenía razón de temor, pues el número de peregrinos varones era tan numeroso como las arenas del desierto. Los soldados tenían la consigna de observar muy especialmente a los levantiscos galileos. Nada desagradable sucedió, sin embargo, durante las fiestas, ya que el pueblo solamente se ocupaba de celebrar con la mayor devoción y regocijo aquella solemnidad religiosa.

No quiero divagar contando mis conversaciones con Pilato y su esposa, pues ahora deseo solamente tratar de la fiesta. Pilato no se asomó ni por un momento, temeroso de ser reconocido, mientras que Claudia y su nodriza Anna, judía, estuvieron observando las ceremonias desde un balcón contiguo al que ocupamos Quarto y yo.

Repitiéndose durante los siete días las mismas escenas, sólo contaré mis impresiones del primero, dejando que mi hijita nos cuente más adelante las suyas.

Después de terminado el sacrificio matutino, empezaron los sacerdotes, por turno, a inmolar las innumerables víctimas de que debían dar cuenta. Ya dije en otra ocasión cómo se verifican estos sacrificios en el altar de los holocaustos, convirtiéndose el inmenso patio de los Sacerdotes en una gigantesca carnicería. Ahora me referiré a las ceremonias especiales de la fiesta de los Tabernáculos.

Al salir el sol fue abierta la puerta Suroeste del templo, que, por medio de un puente, comunica a la ciudad con el pórtico Real. Con orden notable, y llevando sus *loulabs* y *etherogs* en las manos, encabezados por una banda de levitas músicos, formados de veinte en fondo, empezaron a entrar los peregrinos. El templo estaba desierto, pues solamente a esos escuadrones formados les era permitida la entrada por entonces. Ni podía ser de otra suerte, dada la inmensa multitud de varones que debían *«presentarse ante el Señor»* para cumplir la ley.

Iban todos, guiados por los músicos, cantando el aleluya y moviendo incesantemente sus ramos. La procesión atravesó el patio de los Gentiles y entró en el Santuario por la puerta Corintia. De allí pasaron, por el patio de las Mujeres, al de Israel, que más que patio es un inmenso corredor relativamente angosto. Al llegar a este punto, y cuando el patio estaba lleno, los millares de hombres que formaban la vanguardia dieron un cuarto de vuelta, quedando todos de frente al Santuario. Al toque de las trompetas, blandieron sus ramos y entregaron a los sacerdotes las toronjas y otras frutas que llevaban; se habían presentado delante del Señor. Hecho esto seguían marchando con sólo sus *loulabs* en las manos, saliendo por una de las puertas al Oeste del templo. La procesión parecía interminable. Entre Quarto y yo calculamos más de cien mil hombres que desfilaron en el espacio de cinco horas.

18
CEREMONIAS

Siendo ya la tercera vez que asistía a la fiesta anual de los Tabernáculos desde mi llegada a Palestina, me encontraba lo suficientemente instruido en todas las ceremonias que durante esta época se verifican en el templo. Así, pues, sin dificultad pude responder a las preguntas referentes a ellas que me hacía mi buen compañero Quarto.

Inmediatamente después del sacrificio matutino, al salir el sol, empieza la inmolación de las víctimas que debían sacrificarse en estas fiestas, según lo dispuesto por Moisés en el capítulo 29 del libro de los Números.

—¿Qué significan esos trece becerros con los cuernos dorados que traen ahora para sacrificar? —me preguntó Quarto.

—Según los conocimientos geográficos actuales —respondí—, son setenta las diferentes naciones que existen en el mundo. Pues bien: cada uno de estos becerros representa una nación.

—Pero si sólo son trece —objetó Quarto.

—Son trece hoy —repuse—, mañana serán doce, pasado mañana once, y así, en los siete días que dura la fiesta, deberán inmolarse los setenta. A esos siguen dos grandes carneros y catorce corderitos lechales sin tacha.

—Deben ser de los corrales de Jonadab —observó mi compañero.

—Así debe ser, sin duda. Y esos sacerdotes que ves con una especie de panes en las manos, son los que llevan las tres décimas de harina flor amasada con aceite que debe quemarse en el altar por cada uno de los trece becerros.

—¿Y ese macho cabrío todo emperifollado con cintas rojas?

—Ése nunca falta a los sacrificios. Es la víctima expiatoria que se ofrece por el pecado. Pues aunque los sacerdotes siempre estén obligados a presentarse del todo purificados de las impurezas legales, como ningún hombre es enteramente puro delante de Yahvé, hay necesidad de inmolar ese macho cabrío en satisfacción de los pecados que, sin saberlo, pudieran tener los sacerdotes. El sumo Sacerdote hace otro tanto. Y esas cintas encarnadas con que va adornado el animal representan los pecados, pues el color rojo tiene esa significación. Estuvimos atentos a la manera especial con que iban sacrificando cada víctima según el ritual, que, a pesar de ser muy complicado, lo ejecutaban los sacerdotes con una maestría y regularidad admirables.

Después se ofreció por un sacerdote, expresamente designado para esto, el holocausto perpetuo, acompañado de su ofrenda y de la libación de aceite y vino correspondiente.

En seguida comenzaron las inmolaciones ordinarias de animales presentados por los peregrinos en cumplimiento de algún voto o por devoción especial.

Entonces fue cuando quedamos verdaderamente sorprendidos de lo admirablemente organizados que están los sacerdotes y lo prácticos que son cada uno en su respectivo oficio.

—¿Qué significan esas etiquetas que amarran a las patas de los animales? —preguntó mi compañero.

Como estábamos en la parte más alta de la Torre Antonia, podíamos dominar por completo todo lo que pasaba en el templo y fuera de él, según lo dicho.

—Ante todo —repuse—, fíjate en las puertas del muro del templo. La principal de todas mira al Oriente, es muy ancha y queda casi al frente de la puerta Corintia. Al Norte ves esa otra también amplia y doble. Al poniente hay tres, dos de las cuales comunican con la ciudad por medio de puentes, y la que está más cerca de la Torre Antonia sale al ras de la colina. En la parte Sur no hay puerta alguna que interrumpa el pórtico Real; pero, en cambio, hay dos subterráneos que salen a la colina de Ofel. Por ser subterráneas estas puertas, se denominan de las Comadrejas. A más de las indicadas, que son las principales, hay otras, también subterráneas, aunque más pequeñas, una del lado Oeste y otras dos que comunican la Antonia con el templo.

—Quedo enterado —respondió Quarto.

—Tan pronto como la procesión de los ramos y los frutos terminó, habrás notado que se abrieron la puerta del Norte y las del Oeste más cercanas a nosotros, pues ésas están dedicadas únicamente a dar entrada y salida a los que traen víctimas que ofrecer.

—Lo veo —dijo Quarto—; por la del Norte entran y por las dos del poniente salen.

—Esas etiquetas que amarran a las patas de los animales —añadí— llevan el nombre del que hace la ofrenda, pues en el sacrificio pacífico, que es el que ahora ofrecen los fieles, parte de la víctima es devuelta al dueño después de inmolada. Con esta carne celebran un banquete religioso regado con abundante vino; ésta es la fiesta más alegre del año.

—Y ¿por qué ponen las manos sobre la cabeza de los animales?

—Es una de las partes principales de la ceremonia. Significa que el que ofrece la víctima lo hace en acción de gracias por cumplir un voto o sencillamente por un acto de piedad, dedicándola a Yahvé.

—Y ¿qué es lo que queman en esa enorme hornilla?

—Esa gran hornilla es el altar. Allí se quema por completo la víctima cuando se ofrece en holocausto, o la grasa, como en el caso del sacrificio pacífico.

—Y ¿para qué mueven en el aire esos pedazos de carne?

—Una vez que la víctima es sacrificada, como puedes verlo, la dividen los sacerdotes en dos partes, una para ellos y otra para el que ofrece la víctima. Entonces el sacerdote, tomando la parte que le corresponde, la eleva y ofrece, y es lo que llaman *teruma;* después de lo cual la ondea moviéndola de un lado a otro, y es la *tenupha*. Terminado el sacrificio, los fieles marchan con su parte a casa. La carne dedicada a los sacerdotes es llevada a ese cuarto que ves a la izquierda, donde la depositan para irla repartiendo entre los ministros del altar.

La rapidez con que operan los sacerdotes, cada uno en su oficio, es verdaderamente vertiginosa. Ni una máquina lo hace con más precisión y prontitud. Estábamos sorprendidos, pues en sólo diez minutos fueron sacrificadas más de quinientas víctimas. Ni puede hacerse de otro modo, dada la inmensa multitud de ofrendas.

—¿Y cuántos son los sacerdotes? —volvió a preguntarme mi amigo.

—Son la friolera de veinticuatro mil, sin contar los diez mil levitas que los ayudan en las funciones secundarias. Y en día de fiesta todos están ocupados, pues se van relevando en sus distintos oficios cada media hora.

—¿Y esos que andan salpicando de sangre todo el recinto?

—Cumplen con otra ceremonia del sacrificio, pues la sangre también se ofrece a Yahvé.

—¡Caramba! —exclamó Quarto—. Esos pobres andan en un verdadero charco de sangre que les llega arriba de los tobillos.

—Y eso —repuse— que la sangre está corriendo constantemente por varios canales que la llevan fuera. ¿No te acuerdas lo que nos enseñó Simón de Cirene cuando visitamos los cimientos del templo?

—Me acuerdo que vimos caer chorros sobre el estanque de agua con que amasan el mortero para la fabricación de los muros. Todas las túnicas las tienen esos hombres llenas de sangre.

–Y una vez que terminan, se mudan de limpio después de tomar un baño, y esas túnicas van a dar quehacer a las mujeres que cuidan, bajo la dirección de Débora, de la limpieza de los vestidos.

–Deben tener un trabajo enorme en lavar tanta túnica.

–Según me dijo Débora –repuse–, en estas fiestas tienen que lavar más de cincuenta mil piezas en un solo día; cada sacerdote tiene cuatro túnicas para mudarse.

–Y la gran cantidad de agua que para eso se necesitará. Con razón el amigo Nicodemo anda en tantos apuros –dijo Quarto.

–Mira –le dije, señalando al sur del templo–, mira esa doble hilera de animales cargados con pellejos, que se pierde en el horizonte. Unos van por agua a las piscinas de Salomón y otros vienen cargados. Es una procesión interminable.

–Razón sobrada tiene Pilato en querer construir ese acueducto –añadió Quarto.

–Pero quedarían millares de hombres sin trabajo –repliqué.

–La dificultad no es esa –dijo mi amigo–, sino los siclos de plata que perderían los que trafican con esa industria. Ésa es la verdadera dificultad.

No tuve que responder, y como habíamos visto ya las ceremonias hasta cansarnos, nos retiramos a tomar algún refrigerio, y sobre todo a beber, pues el sol picaba de modo escandaloso. Esto me hizo reflexionar en el calor que pasarían los sacerdotes que estaban junto a la enorme hornilla del altar. Con razón, me dije, los que asisten al altar tienen sobrado derecho a vivir del altar; es un trabajo ímprobo este de los sacrificios. Y mientras nosotros comíamos y bebíamos tranquilamente, pensé en que los pobres sacerdotes seguían y seguían inmolando más y más víctimas.

* * *

Por la noche, cuando nos reunimos en casa, empezamos a relatar nuestras diversas impresiones. Mi hijo Rafael, aunque muy cansado, estaba alegrísimo; por vez primera, acompañado de Jaime, el criado de confianza de Samuel, *«se había presentado delante del Señor»,* habiendo entregado a los sacerdotes su *etherog,* formado por un hermosísimo ramo de limones. Por lo que hace a su *loulab,* lo había traído a su casa, colocando el ramo de palma y olivo sobre su lecho, como cosa bendita.

–¿Y cuándo vas a ir, papá, en la procesión? –me dijo con la mayor naturalidad.

Esta pregunta, tan propia en la boca del niño como inspirada por mi parte, me trastornó por completo; pero, reponiéndome, le respondí:

–Tú bien sabes, hijo mío, lo mucho que tengo que escribir –y al decir esto estrujaba nerviosamente unos pergaminos que encontré a mano–; pero ya he dado orden de que sean sacrificados en holocausto media docena de becerros y buen número de corderitos blanquísimos como hostias pacíficas...

—Pero la ley manda —repuso el niño— *«que todos los varones nos presentemos en esta fiesta delante del Señor»;* sólo las mujeres están dispensadas, como Raquel...

Aquella nueva y legítima observación de mi hijo fue para mí como una puntilla. Me senté fingiendo un acceso de tos; después de lo cual, tomando un cálamo, empecé a simular que escribía... Quarto, que todo lo había notado, entendiendo perfectamente mi posición, vino en mi ayuda diciendo a Rafaelito:

—¿Ya viste la iluminación del templo? Desde la terraza se goza de una vista admirable —y, diciendo esto, sacó fuera a mi hijo, mientras dejaba sobre la mesa un pedazo de pergamino en el que rápidamente había escrito unas palabras.

Mi situación era tan ridícula como humillante. Dos años atrás había asistido a la procesión en aquella misma fiesta; pero quedé tan cansado y asoleado, que hice propósito de no volver a practicar más esta ceremonia. Por otra parte, el mal ejemplo de los fariseos y doctores jerosolimitanos más conspicuos me sirvió para acallar mis escrúpulos. Ellos no asistían tampoco; en cambio, sus compañeros humildes de los pueblos y los menos acreditados de la ciudad, iban para cumplir con la ley a *«presentarse delante del Señor».*

El año anterior, estando solo, ni había pensado en aquella omisión; pero esta vez estaba allí mi hijito, que me recordaba, inocentemente, mi obligación. Por otra parte, con esta lección inesperada empecé a pensar lo que respondería a mi hijita Raquel cuando me preguntara si había yo cumplido con la ley. Ella estaba excluida por ser mujer, como justamente había observado Rafaelito; pero era lo más probable que la niña, tras las celosías del patio de las Mujeres, estaría observando si yo pasaba. Habría visto sin duda a su hermano; no echaría de menos a Quarto, por ser pagano; pero su padre, ¿por qué no pasaba? Y yo, ciertamente, no le iba a contar una mentira.

Engolfado en estos pensamientos, y de modo automático, extendí la mano para recoger el papel que había dejado Quarto; lo tomé, y en cuanto lo leí cuando una nube de vergüenza ofuscó mi vista. Mi compañero, «el pagano», había escrito estas palabras de Jesús: *«Si no os hacéis como los niños, no entraréis en el reino de los cielos».*

Cerré los ojos, humillado. Cuando los volví a abrir, Quarto estaba delante. Había entendido mi situación y venía a ayudarme.

—Pasado mañana —me dijo— va Jonadab con sus cuatrocientos recabitas a *«presentarse delante del Señor».*

—Y yo iré con ellos —respondí—. Avisa al patriarca y también a mi hija.

—Ahora, dómine —repuso Quarto, sonriendo—, sal a la terraza a contemplar la iluminación.

Era una vista admirable. Para representar «la columna de fuego que por las noches iluminaba a nuestros padres en el desierto», se levantaban en el patio de las Mujeres cuatro enormes candelabros de más de treinta metros de alto, que sostenían cada uno mil lámparas de aceite, cuyas torcidas estaban hechas con tiras de las túnicas viejas de lino de los sacerdotes. Por otra parte, en todas las terrazas, los peregrinos habían encendido luminarias. La ciudad estaba iluminada a *giorno*, y el templo presentaba un aspecto soberbio. Samuel, gozoso, se acercó y me dijo:

–La Ciudad Santa iluminando al mundo..., figura del Mesías, como dijo Isaías (58-10): *«Cuando abrieres tus entrañas para consolar al hambriento y consolares el alma angustiada, entonces nacerá para ti la luz en las tinieblas y tus tinieblas se convertirán en claridad del medio día.* Y en otro lugar (*Is* 42, 6): *«Yo, el Señor, te he puesto para hacer el reconciliador del pueblo y la luz de las naciones».*

* * *

Dos días después me presentaba «delante del Señor» en compañía de Jonadab. Al principio estaba cortado, corrido, humillado. Lo cual notándolo Jonadab, me dijo:

–¿Eres tú acaso mayor que el rey David? Pues él no tuvo a humillación bailar vestido de levita ante el arca Santa.

Era tan grande la devoción del patriarca y los suyos, que me la comunicaron, y pisoteando mi soberbia y vanidad seguí fielmente la ceremonia, agitando como los demás mi *loulab* y depositando devoto «ante el Señor» mi *etherog,* consistente en un hermoso ramo de melocotones.

Al volver por la noche, mi hijo me besó entusiasmado y yo repetí, ya tranquilo, para mis adentros: *«Si no os hacéis como niños, no entraréis en el reino de los cielos...»*

19
FIN DE FIESTA

Aquella fue, sin duda, la noche más alegre para la casa y familia de Samuel, pues tuvo lugar la gran cena, a la cual asistieron todos: amos y siervos, hombres y mujeres, amigos y forasteros, según lo manda la ley.

Para mí fue especialmente feliz, pues mi hijita ya estaba con nosotros. Debo añadir que concurrió también, a pesar de ser samaritana, Dina, la vendedora de higos. Ésta había estado en el templo durante los días de la fiesta, ayudando a lavar las túnicas de los sacerdotes, y allí conoció a mi hija, la cual la invitó a nuestra casa, donde fue muy bien recibida.

La cena se verificó en la gran terraza, a la luz de las antorchas que brillaban en todas partes de la ciudad y alrededores. Siendo el séptimo día de la fiesta de los Tabernáculos, las ramas de las innumerables cabañas, levantadas provisionalmente, fueron quemadas, durmiendo los peregrinos al aire libre. La noche estaba tibia, y las estrellas brillaban de modo admirable.

El manjar principal fue condimentado con la carne de los cabritos ofrecidos en el templo como hostias pacíficas. Este plato llevó como acompañamiento una espléndida ensalada de lechugas, cebollas y pepinos y salsa de mostaza picante, sumamente sabrosa. El pan, que nunca falta, estaba hecho de harina de flor; pero lo más abundante y característico de esta fiesta fueron las sazonadas frutas de la estación: limones, toronjas, melocotones y grandes racimos de uvas. El vino que se bebió acababa de salir de los lagares, y aunque sin gran cuerpo, por ser reciente, era delicioso y se podía beber en abundancia.

La vista del templo y la ciudad era, a causa de tantas luminarias, más grandiosa que en noches anteriores. Algunos de los comensales que sabían tañer el arpa, el salterio y la cítara, amenizaron con sus acordes el convite, reinando una alegría sana y comunicativa.

Terminado el banquete, me dijo Samuel:

–Los muchachos –refiriéndose a sus criados– han de querer divertirse y es justo que los dejemos en libertad, pues nuestra presencia los cohíbe. ¿Quieres que nos vayamos a la terraza superior?

–De mil amores –le respondí–, tanto más que Raquel nos tiene que contar sus impresiones.

Subimos Samuel, Quarto, quien naturalmente nos había acompañado; Dina, con mi hja; Rafaelito y yo, dejando –como me dijo Quarto al oído– que los muchachos con entera libertad pudieran beber cuanto quisieran, a condición de irse luego a la cama.

–Dime, Raquel, ¿qué fue lo que más te gustó de la fiesta? –preguntó Samuel.

–Lo que me gustó –respondió la interpelada– fue ver a mi hermano en la procesión del *loulab,* ir a presentarse por vez primera «delante del Señor». No sabes cuánta envidia le he tenido; yo quisiera ser hombre. Pero lo que más me gustó fue unos días después ver a mi papá en la misma procesión; creía que no iba a ir.

Y diciendo eso, aquel ángel me echó sus bracitos al cuello y me llenó de besos. Yo estaba sumamente conmovido, y una vez más me alegré de haber cumplido con la ley a pesar del calor, de los malos olores y las innumerables moscas que me acosaron.

–Está muy bien –añadió Samuel, sonriendo–, está muy bien que esa acción de tu padre y tu hermanito te hayan encantado; pero yo me refiero a las ceremonias. ¿Cuál te gustó más?

–La más bonita de todas fue la «procesión del agua», que recuerda, según me dijo madre Débora, las dos veces que Moisés sacó agua de la roca mientras nuestros padres estuvieron en el desierto.

—Yo no la pude ver bien —interrumpió Rafaelito—, pues todas las mañanas, cuando bajaban los sacerdotes, por más que hicimos Jaime y yo, no nos pudimos acercar, por la multitud de gente.

—Nada importa —dije—; tu hermanita nos contará en qué consiste esa ceremonia, que ella pudo ver bien desde las celosías del patio de Mujeres.

—Todas las mañanas —prosiguió la niña— salen los sacerdotes del santuario, llevando cada uno una anforita de oro. Van delante los levitas, tocando sus arpas y cantando himnos. La gente les forma calle, entre la cual bajan a la piscina de Siloé.

—¿Y los viste tú —interrumpió Rafaelito— ir hasta la piscina?

—Hasta la piscina no —respondió su hermana—, pues queda fuera de los muros del templo. Pero me dijo madre Débora que allí iban por ser el único lugar cerca del templo donde mana el agua. Llenan sus anforitas, y vuelven, en medio de la música de los levitas y de los gritos del pueblo, hasta el altar, donde vierten el agua en unas regaderas de plata, y con esta agua rocían el fuego, que se hace más vivo. También echan vino que tienen en otro vaso de oro.

—Esto es lo que se llama una libación —apuntó Samuel.

—Cuando hacen esto —continuó mi hija— suenan las trompetas, luego los sacerdotes entonan el *Hallel,* la gente agita sus ramos y dan muchos gritos de alegría. El primer día hasta me asusté; pero después yo gritaba también.

—Por eso, se suele decir —añadió Samuel— que quien no ha presenciado esta ceremonia, no sabe lo que es verdadera alegría.

—Madre Débora me dijo —prosiguió la niña— que esa alegría representa la que debieron tener nuestros padres en el desierto al ver brotar el agua de la roca.

—Y figura —interrumpió Dina— la que han de tener los que alcancen los días del Mesías, cuando Éste nos dé *«el agua que alta salta hasta la vida eterna».*

Esta inesperada interpretación de Dina me causó tan profunda impresión, que sentí como si algo me ahogara. Lo mismo debió pasar a Samuel, pues, con voz conmovida, exclamó: *«Bienaventurados los que han sed de justicia, pues que ellos serán saciados».*

Entendiendo Quarto nuestra situación, dijo a la niña:

—Y ¿qué otra cosa te gustó, a más de esto?

—La procesión y el baile de las antorchas —respondió mi hija.

—Yo no la pude ver —interrumpió Rafaelito.

—Es que la hacen por la noche —repuso Raquel—. Mira —prosiguió, dirigiéndose a su hermanito— ¿has visto los grandes candelabros en el patio de las Mujeres?

—Desde aquí se pueden ver —respondió su hermano.

—Tienen más de mil luces cada uno, y las torcidas están hechas con los retazos de las túnicas viejas de lino usadas por los sacerdotes. Yo hice tres de ellas –continuó la niña–, madre Débora me lo permitió; la más grande para que ardiera para ti, papá, y las dos chicas, una por ti –dijo a su hermano– y otra por mí.

–¿Y por mí no hiciste ninguna? –preguntó, riendo, Samuel.

–No, porque madre Débora la había hecho por ti; así me lo dijo ella –respondió vivamente mi hijita–. Y no hice una por Quarto porque madre Débora me dijo que era pagano.

–Cuando yo vea a esa señora... –exclamó Quarto, apretando los puños.

–Cuéntanos lo del baile –interrumpió Rafaelito oportunamente.

–Figúrate qué bonito –continuó la niña–. Suenan las trompetas, y poco a poco de los cuatro lados del patio de las Mujeres salen muchos sacerdotes con antorchas en las manos, moviéndolas de un lado a otro y cantando el *Hallel*. Forman cuatro grupos; uno al Oriente, otro al Poniente, otro al Norte y otro al Sur.

–Ésa es la forma de la cruz –musitó a mi oído Samuel.

–Cada grupo, por turno, hace unos bailes muy bonitos, moviéndose de atrás para adelante y de un lado para otro. Luego los cuatro hacen lo mismo a un tiempo. Y al fin se vuelven todos, cada uno a su sitio, moviendo las antorchas, y diciendo este verso del profeta Isaías: *«Yo, el Señor, te he puesto para ser el reconciliador del pueblo y la luz de las naciones»*. Y luego apagan las antorchas, mientras el pueblo grita: *«Bendito el que viene en nombre del Señor»*.

–Esta ceremonia representa –dijo Rafaelito– la columna de fuego que iluminó a nuestros padres en el desierto.

–Y dice madre Débora –terminó mi hija– que representa al Mesías, que ha de ser la ley del mundo.

Aquellas palabras de mi hija me trajeron a la memoria las que Jesús una vez le había dicho a Nicodemo, cuando éste fue a visitarle: *«La luz vino al mundo; pero los hombres amaron más las tinieblas que la luz»*. Y recordé que terminó diciéndole, postrado ante Él: «¡Creo, Señor; Tú eres la luz del mundo!»

* * *

Cuando mis hijos se fueron a acostar, acompañados de Dina, Quarto nos dijo:

–Aunque yo soy un pobre pagano, les traigo ahora varias noticias acerca de Jesús de Nazaret.

–¿Ha venido por fin a la fiesta? –le preguntó Samuel.

–No debe de tardar Mateo, a quien encontré hoy en el templo, y él os referirá algunas cosas muy importantes –respondió Quarto–. Os contaré mientras tanto lo que yo he oído, pues con mi carácter de romano me meto en todas partes, excepto más allá del Chel, y oigo muchas cosas, ya que hablan creyendo que no los entiendo.

–Cuenta, cuenta –le dije–; muchos quisiéramos tener tu fe, que no dudo en comparar a la del centurión Cayo Oppio.

Quarto se ruborizó con mi elogio, y añadió:

–No sé por qué motivos, Jesús no vino con los peregrinos galileos. Esto llamó la atención, no sólo a los jerosolimitanos, sino a la inmensa mayoría de los romeros venidos de todas partes, con la intención de asistir a la fiesta y para conocer y oír al nuevo Profeta. Generalmente le llaman así, porque hay persuasión de que Jesús de Nazaret es «el que ha de venir».

–Yo también he oído muchos comentarios entre los sacerdotes –añadió Samuel–. Dicen que Jesús no viene porque ha sabido que piensan aprehenderle y han dado órdenes para ello, si bien temen al pueblo.

–En efecto –continuó mi compañero–, los judíos de la ciudad *«le buscaban, y decían: ¿Dónde esté Aquél? Y había gran murmullo acerca de Él entre la turba»*. La mayoría de los peregrinos decían: *«Bueno es»*, y los otros, al contrario, por lo bajo añadían: *«No, sino que seduce al pueblo»*. Todos temen a los príncipes de los sacerdotes. Así pasaron varios días, y ya los peregrinos, por su parte y los jerosolimitanos por la suya, creían que no vendría.

–¿Y llegó al fin? –pregunté, impaciente.

–Ya lo creo que llegó –respondió Quarto–, pero ya *«mediado el tiempo de la fies*ta». Yo estaba en el patio de los gentiles, y cuál sería mi sorpresa y la de todos cuando se presentó Jesús seguido de sus discípulos. Como si nada pasara, se sentó en el pórtico de Salomón y empezó a enseñar.

–Es muy valiente –exclamé–; ésa es una de las cualidades que en Él admiro.

–Pues más admirados estaban los peregrinos y aun los mismos que le buscaban con malas intenciones. Oyendo su doctrina admirable, decían: *«¿Cómo sabe letras este hombre sin haber estudiado?»* La gente se iba aglomerando a su alrededor, estando todos pendientes de sus labios. De pronto se volvió el Maestro hacia un grupo de fariseos y escribas, y, sin el menor temor, se les encaró. y dijo: *«¿No os dio Moisés la ley, y ninguno de vosotros guarda la ley?»*

–Y tenía sobradísima razón –interrumpió Samuel–. La ley, entre otras cosas, manda que en esta fiesta todos los varones se presenten delante del Señor; pero muchos de ellos no lo hacen.

«Gracias al cielo, que eso no va conmigo», dije para mí, bajando los ojos, pues temí encontrarme con los burlones de Quarto.

–*«¡Ay de vosotros, escribas y fariseos hipócritas!,* continuó Jesús, encarándose con sus adversarios –prosiguió Quarto–. *Pagáis el diezmo de la hierbabuena, del eneldo y del comino, y habéis abandonado las más esenciales de la ley».* Cuando dijo esto el Maestro, un viejo, creo que es carpintero, dijo lo que Samuel: «Es verdad, no han subido a presentarse delante del Señor, yo me he estado fijando en ellos; temen al calor y a las moscas».

Volví a bajar los ojos, y Quarto continuó contando lo que había dicho Jesús:

—«¡*Oh guías de ciegos!, que coláis el mosquito y os tragáis el camello. ¡Ay de vosotros, escribas y fariseos hipócritas! que limpiáis por fuera la copa y el plato, y por dentro estáis llenos de rapiña e inmundicia*», y al decir estas palabras, se dirigía a varios de los viejos que habían acusado a la mujer adúltera a quien Él había salvado. Y luego, enfrentándose con Isacar, el menguado fariseo de Nazaret, exclamó: «*Fariseo ciego, limpia primero por dentro la copa y el plato, si quieres que lo de fuera esté limpio*».

—¿Y qué hizo Isacar? —pregunté, ansioso, conociendo lo perverso que es aquel individuo.

—Estaba amarillo de rabia —respondió Quarto—; se volvió como víbora, y empezó a hablar en secreto con unos seis hombrachones, so!dados de la guardia del templo, pero disfrazados de peregrinos. Entonces Jesús, sin reparo alguno, prosiguió: «*Serpientes, raza de víboras, ¿cómo será posible que evitéis el ser condenados al fuego del infierno?*» La gente aplaudía al ver el valor de aquel hombre enfrentándose con los más encumbrados príncipes de Israel. En aquel momento los seis hicieron un movimiento de avance, y, notándolo Jesús, les dijo: «*¿Por qué me queréis matar?*» Esta salida del Maestro los dejó desconcertados, y, temiendo a las turbas, Jonatás Ben Uziel, Samuel Hakhaton y rabí Sadok, los tres miembros del Sanedrín, más prudentes que Isacar, exclamaron: «*Demonio tienes: ¿quién intenta matarte?*», a lo que hicieron coro varios de los judíos de Jerusalén,

—¿Y qué pasó? —pregunté.

—Le tuvieron miedo —respondió Quarto, riendo—; son unos cobardes. Pero la gente buena del pueblo de Jerusalén a cuya noticia había llegado lo de la excomunión, dijeron sin reparo: «*¿No es Éste al que buscaban para matarle?*» Y como los seis gandules nada hicieran y los escribas y fariseos tuvieran por mejor marcharse, la gente empezó a decir: «*¿Habrán conocido los príncipes de los sacerdotes que Éste es el Cristo?*» La verdad, decían otros del pueblo: «*Cuando venga el Cristo, ¿hará acaso más milagros que los que hace Éste?* Y se fueron yendo sin que nadie tocara al Maestro.

En aquellos momentos entró Mateo acompañado de Juan Zebedeo.

20
LUZ

Fue no pequeña la sorpresa que recibimos al ver entrar a Mateo acompañado de Juan. Esperábamos al primero, pues Quarto lo había anunciado;

pero la visita del segundo era inesperada, sin que por eso fuera menos agradable. Siempre he simpatizado con el joven Zebedeo. Es ardoroso, sin ser precipitado, como su gran amigo Pedro, y al mismo tiempo es sumamente fiel, lo que hace que ame apasionadamente al Maestro y deteste a los que no le aman, no le siguen o le hacen alguna ofensa. Su carácter ardiente le inclina a querer estar siempre al lado del Maestro, y esto le da visos de ambicioso. Aunque nacido de una familia de pescadores relativamente acomodada, no tiene estudios algunos. Mateo es mucho más instruido en la ley y en los profetas. Juanito, como le llaman sus compañeros, por ser el más joven, al notar nuestra sorpresa, dijo:

–El Maestro ha ido a Betania, y teniendo que quedarme en mi casa de Jerusalén para entregar mañana muy temprano el pescado que debe llegar de Tiberíades a la madrugada, invité a Mateo a que pasara la noche conmigo. Me encanta oírle hablar le la ley y los profetas. Como rehusara mi invitación por haber aceptado ya la de Quarto, me tomé la libertad de acompañarle. Sé que vosotros amáis al Maestro, y estaba seguro de que hablaríais de Él –y al decir estas palabras le brillaban los ojos por el entusiasmo.

–Siempre has sido y serás bien recibido en mi casa –repuso Samuel–, no sólo porque conozco de antiguo a tus padres, sino porque te quiero, como bien sabes.

–¿Y qué noticias nos traes del Maestro? –pregunté a Mateo.

–Juanito –respondió el ex alcabalero– se las puede dar frescas, pues ha venido con Él. Yo me adelanté, por su mandato, viniendo con los peregrinos galileos.

–Cuéntanos, pues, lo que sepas –dijo Samuel, dirigiéndose al joven.

–En vista de la excomunión que los príncipes de los sacerdotes han lanzado contra el Maestro, cuando se empezaron a formar en Galilea grupos de peregrinos que debían venir a la fiesta de los Tabernáculos, viendo que el Señor no daba trazas de venir, algunos hermanos del clan de Nazaret le dijeron: *«Sal de este país, y vete a Judea, para que los discípulos que allí tienes vean las obras maravillosas que haces»*.

–¿De modo que Isacar y los suyos ya creen en los milagros de Jesús? –le pregunté.

–No pueden menos de admitirlos, pero no creen en Él –respondió Juan–: eso se lo decían de buena fe los que aman al Maestro. Isacar y los suyos lo que deseaban era que viniera el Maestro para que cayera en manos de sus enemigos, y por eso, con hipocresía, le rogaban, diciéndole: *«Nadie hace las cosas en secreto si quiere ser conocido; y ya que Tú haces tales cosas, date a conocer al mundo»*.

–Y ¿qué les respondió Jesús? –interrogué.

–El Maestro conoce admirablemente sus intenciones –prosiguió Zebedeo–, y les dijo que, puesto que ya era tiempo para emprender el viaje, se fueran ellos. Él iría cuando le pareciere conveniente. Se quedó, pues, con algunos de nosotros, mandando a los restantes que subieran a Jerusalén con los peregrinos.

—Pero al fin vino Él —apuntó Samuel.

—Tomó diverso camino —dijo Mateo—. Nosotros venimos por el otro lado del Jordán para no atravesar Samaría. Los samaritanos no se oponen al paso de los viajeros que, por razón de sus intereses, vienen a Jerusalén; pero son de lo más molestos para los que vienen en peregrinación al templo. Toman esto como una ofensa, ya que ellos creen que en el Garizín es donde debe adorarse a Yahvé, y no en el Moria.

—Y ¿cómo pueden distinguir a los peregrinos de los simples viajeros? —preguntó Quarto.

A lo que Samuel, tomando la palabra, respondió:

—Por todo su continente y manera de obrar se los distingue. Primeramente, los peregrinos se separan en grupos de hombres y mujeres, lo que no hacen los viajeros ordinarios. Procuran después no saludar a nadie por el camino; vienen rezando y cantando salmos, mirando siempre en dirección al templo. Por esto se dice de ellos *«que tienen un semblante decidido para ir a Jerusalén»*.

—¿Y Jesús tomó el camino de Samaría? —pregunté.

—Tomó ese camino —repuso Juan—. *«Una vez que partieron sus parientes, Jesús, mostrando un semblante decidido, salió de Galilea y pasó por Samaría, encaminándose a Jerusalén».* Éramos sólo un grupo pequeño; no quería el Maestro llamar la atención, pues *«no hacía abiertamente este viaje, sino como en secreto»*.

—¿Y no le hicieron nada los samaritanos? —dijo Quarto.

—*«Despachó a algunos de los discípulos delante para que dispusieran el hospedaje en una ciudad de Samaría»* —continuó el joven—. Desgraciadamente, estaba allí Neftalí...

—¿El antiguo amigo de Dina? —pregunté.

—El mismo —repuso Juan—, que había decidido molestar al Maestro. *«Y como Éste daba a conocer en su continente que iba a Jerusalén»*, resolvió contra Él a sus paisanos, y *«no le quisieron recibir»*.

—¿Y tú dejaste que así ofendieran al Maestro? —arguyó Quarto.

—Si hubiera estado en mi mano —respondió, encendido, Juan—, lo hubieran pasado muy mal esos desgraciados. Santiago y yo dijimos al Señor: *«¿Quieres que mandemos llover fuego del cielo para que los devore?»*

—¡Bien por Juanito! —exclamó Quarto—. Fuego con ellos.

—El Maestro, sin embargo, fue de otra opinión, y nos reprendió, diciendo: *«No sabéis a qué espíritu pertenecéis. El Hijo del hombre no ha venido a perder a los hombres, sino a salvarlos. Y con esto nos fuimos a otra población».* Y no terminó aquí el incidente, sino que desde entonces nos llama el maestro a Santiago y a mí *«boanerjes»*.

—Y ¿qué quiere decir eso? —preguntó mi compañero.

—*«Hijos del trueno»* —terminó Juan, rascándose la cabeza.

–He sabido –le dije– que son muchos los enemigos que tiene el Maestro.

–Es verdad; pero son muchísimos más los que le aman –repuso el joven–. Lo malo es que sus enemigos son los poderosos judíos jerosolimitanos, quienes por su posición tienen gran influencia. Pero es tanta la fuerza de la palabra del Rabí, que, a pesar de la mala voluntad de los de arriba, *«mucha gente, habiendo oído sus discursos, decía: Éste es verdaderamente el Profeta. Mientras otros decían: Éste es el Cristo»*. Naturalmente, sus enemigos no estaban conformes y tratando de desacreditarlo replicaban: *«¿Acaso el Cristo ha de venir de Galilea? ¿No dice claro la Escritura que el Cristo debe venir del linaje de David, y del lugar de Belén, donde David moraba? Lo que ocasionó diferentes disputas entre la gente del pueblo acerca de su persona»*.

–Si la mayor del silogismo –interrumpí–, esto es, que el Mesías, Hijo de Dios, debe nacer en Belén de la familia de David, la tienen por evidente, lo que debían probar es la menor, a saber: que Jesús ni nació en Belén ni es de la familia de David.

–Pero eso jamás lo probarán, pues la verdad es que sí nació en Belén, y que es de la familia de David –repuso enérgicamente Mateo–. Yo he consultado y copiado la genealogía de Jesús, y consta plenariamente que es de la familia del rey profeta. En esto no hay duda.

–Ni hay la menor duda que nació en Belén –añadió Quarto–; ¿no es verdad, dómine?

–A mí me consta que nació en Belén –respondí– por el testimonio de los pastores que le vieron recién nacido en un establo; así se lo oí contar a ellos. Me consta, además, porque en Belén le fueron a adorar, como Rey, los Magos. Y Herodes no le mandó buscar a Nazaret, sino a Belén, para matarle. Y los niños nacidos en Belén, no en Nazaret, fueron los ajusticiados, pues el rey estaba seguro de que allí había nacido el Cristo.

–Y el mismo diablo da testimonio de que Jesús es Hijo de David, y Satanás debe estar bien informado –dijo Quarto.

No pudimos menos de reír con aquella salida de mi compañero, el cual continuó:

–¿No le llaman los endemoniados *«Hijo de David»*? Yo me atengo al testimonio del diablo, diga lo que quiera ese Ben Renanus.

–Por otra parte, la voz del pueblo lo confirma –añadió Samuel–; todos lo proclaman Hijo de David, aunque le llamen Jesús de Nazaret.

–Yo –dijo Quarto– nací en Brunducio, y todos me llaman romano, porque desde chiquito me llevaron mis padres a Roma, y allí crecí y me eduqué. Otro tanto ha pasado con Jesús; nació en Belén, pero creció y trabajó en Nazaret, y por eso le llaman Nazareno.

–Pues precisamente por eso disputaba la gente –repuso Juan–, que si fuera evidente que no había nacido en Belén y que no era de la familia de David, no disputarían. Y tan fuertes eran estas razones y tan admirable la

doctrina del Rabí, que los alguaciles enviados por los pontífices y los fariseos para aprehenderle creyeron en Él. Y cuando sus amos los interrogaron por qué no le habían traído preso, respondieron sin temor: «Jamás hombre alguno habló *como este hombre».*
—¿Y eso respondieron los esbirros? —dijo Quarto, riendo.
—Y lo dijeron con tanto aplomo —respondió el joven—, que, furiosos, *«instaron los fariseos, diciendo: ¿Es que vosotros habéis sido también, embaucados? ¿No veis que ninguno de los príncipes ni de los fariseos han creído en Él?»*
—Mentira podrida —repuso Quarto, indignado—; allí están José de Arimatea y Nicodemo, que son fariseos, y sí han creído en Él. Es cierto, sin embargo, que el último es un poco miedoso, y sólo visita de noche al Maestro.
—No tan miedoso —dijo Juan, sonriendo—, pues allí mismo se les encaró.
—¿De veras? —prorrumpimos a un tiempo Samuel y yo.
—Así fue —respondió el aludido—; yo mismo oí que les decía: «*¿Por ventura nuestra ley condena a persona alguna sin haberla oído primero y examinado su conducta?»*
—¡Bien por el jefe de los aguadores! —exclamó Quarto—. ¿Y qué respondieron?
—Pues le replicaron: «*¿Eres tú galileo como Él? Examina las Escrituras, y verás que ningún profeta ha nacido en Galilea; sólo ese populacho cree, porque no entiende la ley; es una turba de malditos».*
—¿Y qué les respondió Nicodemo? —pregunté.
—Nicodemo —respondió Juan— se irguió, y con noble orgullo les dijo: «Yo soy doctor de la ley y maestro de los más antiguos. Yo he escudriñado las Escrituras, y en verdad os digo que Elías, el profeta más grande de Israel, y Eliseo, que heredó doblado el espíritu de aquél, nacieron ambos en Galilea. Escudriñad bien las Escrituras», y soltando una carcajada, se alejó dejándolos cortados.
—Eso es hablar —dijo Quarto—, mañana voy a ver a Nicodemo para darle un abrazo.

* * *

La gran iluminación iba decayendo; poco a poco se fueron apagando las luminarias, y las torcidas de los grandes candelabros del templo empezaban a humear. Viendo esto Juanito, lleno de exaltación, nos habló de esta manera:
—Esta tarde, cuando los sacerdotes por última vez llevaban sus ánforas llenas con agua de la piscina de Siloé, *«se puso en pie Jesús, y en alta voz dijo: Si alguno tiene sed, venga a Mí, y beba. Del seno de quien crea en Mí manarán, como dice la Escritura, ríos de agua viva».*

Entonces Mateo, que había hablado poco, dijo:
—Ya lo habían profetizado así Isaías y Ezequiel. El primero había dicho (12, 3): *«Sacaréis agua con gozo de las fuentes del Salvador»;* y más adelante (55, 1): *«Sedientos, venid todos a las aguas»;* y el segundo (30, 25): *«Y derramaré sobre vosotros agua pura»,* que son las palabras que repiten los sacerdotes durante esta ceremonia conmemorativa del agua que Moisés sacara de la roca, y que prefiguraba al Mesías, Salvador.

Yo de nuevo me volví a acordar de Dina, la samaritana, y la eché de menos.

—Anoche —continuó Juan— veíamos la grandiosa iluminación del templo y de la ciudad desde el monte Olivete. Había una gran multitud que circundaba al Maestro, y alguno exclamó: «Ved qué magnifica es la luz que ilumina el templo». Y al escuchar esto Jesús, dijo: *«Yo soy la luz del mundo; caminad mientras haya luz; el que me sigue no anda en tinieblas, sino que tendrá la luz de la vida».*

—Y dirigiéndose a nosotros —añadió Mateo—, recordándonos lo que en otras ocasiones nos había dicho: *«Vosotros sois la luz del mundo. No se puede encubrir una ciudad edificada sobre un monte, ni se enciende la luz para ponerla debajo de un celemín, sino sobre un candelabro para que alumbre a todos».*

Juan se había quedado pensativo, y de pronto, levantando la cabeza, exclamó, inspirado:

—*«Hubo un hombre enviado de Dios que se llamaba Juan. Éste vino como testigo para dar testimonio de la luz, a fin de que, por medio de él, todos creyeran. Juan no era la luz, sino enviado para dar testimonio de la luz. El Maestro es la verdadera luz que alumbra a todo hombre que viene a este mundo...»*

Y en aquel punto, apagándose de una vez las luces del templo, quedamos sumergidos en las tinieblas.

Juan, muy pensativo, se despidió, y Mateo, al notar la preocupación de su compañero, quiso mejor acompañarle, rehusando cortésmente la hospitalidad de Samuel.

Cuando quedamos solos, dije a mi huésped:

—Nuestra conversación de esta noche me tiene perplejo. Esas palabras de Jesús que *«Él es la luz del mundo»* me dan idea de la superioridad inmensa de ese hombre extraordinario; pero decir que estos pobres pescadores que le siguen son igualmente la luz del mundo, me parece ridículo. ¿Qué luz pueden dar estos ignorantes?

Entonces Samuel, tomando mi mano en la oscuridad, dijo:

—¿No has oído que, a pesar de ser éstos unos ignorantes, cuando obran en nombre del Maestro, también curan enfermedades y arrojan los demonios?

—Así lo he oído —respondí—. ¿Y qué con eso?

—Pues si Jesús es la luz del mundo, ¿no puede también comunicarles esta luz a sus discípulos? Mira ese astro, Espero, que brilla más que las

otras estrellas, y da una luz que no titila; pues no tiene luz propia como las otras, sino que la recibe del sol, de cuya abundancia participa.
—Tienes razón —dije.
Y en aquel momento, como para confirmar el aserto de Samuel, salía radiante por el horizonte la luna.

21
SIDONIO

—No es sino un caso de conjuntivitis —me dijo Ben Montanus—; si le ponen, tres veces al día, el colirio que les dejé preparado, antes de una semana la niña estará buena.
—Pero ¿le podrán hacer esa curación siendo hoy sábado? —le preguntó Quarto, sonriendo.
Ben Montanus quedó sorprendido, no ya por la pregunta, sino porque se la hacía un romano, y mirando a mi amigo de arriba abajo, dijo:
—¿Eres tú, por ventura, fariseo?
—Mejor que me pisotee una recua de asnos —respondió mi compañero—. Si digo esto, es porque estando malo de dolor de muelas, esos hipócritas fariseos se oponían a que me curara en sábado, y pensé que tú podrías ser de la misma opinión.
—Eso no está prohibido por la ley —repuso Montanus—, sino por los comentaristas, quienes se creen con más facultades para legislar que el mismo Moisés. Ése es uno de los puntos que más ataca Jesús de Nazaret, y que tiene enfurecidos a los fariseos, los cuales pierden autoridad ante el pueblo. Con el sentido práctico de la gente sencilla, más creen al que los cura, aunque sea sábado, que a los que impiden que los curen por ser sábado.
Dina, la samaritana, como dije en otra ocasión, tiene una hijita a la cual cambió el nombre, y le puso Elkanab, que quiere decir «aquel que Dios poseyó», en recuerdo de la conversación que tuvo con Jesús junto al pozo de Jacob. A esta niña, sin duda por el extraordinario polvo que en estos días ventosos invade Jerusalén (debido a los miles de bestias que traen los peregrinos, y al ganado que viene para los sacrificios por caminos polvorientos) se le irritaron los ojitos hasta el punto de tenerlos encendidos como dos amapolas. Mi hijita Raquel, que la quiere muchísimo, me lo vino a contar, y habiéndoselo comunicado a Samuel, mandó llamar a Ben Montanus, especialista en esta clase de enfermedades. Es un verdadero oculista, con más de cincuenta años de práctica.
Después que examinó y recetó a la niña, nos pusimos a platicar, y, como es natural, la conversación recayó en seguida sobre el tópico del día: Jesús de Nazaret. Y, como es también muy natural, me empezó a hablar de las curaciones de ciegos hechas por el Maestro y estudiadas por él.

—Has de saber —me dijo— que no hay enfermedad más común en estos contornos como la de los ojos. La oftalmía es debida, parte al reflejo de los rayos solares en las llanuras arenosas o en las rocas calcáreas de nuestras montañas, y parte a la falta de limpieza y las moscas. ¿No has visto a esas pobrecitas criaturas dormidas en las calles al lado de sus madres, con las caritas todas cubiertas de moscas?

—Ya lo creo —interrumpió Quarto—; esas moscas son una atrocidad, y ya lo he dicho: mejor sería que los saduceos y fariseos se ocuparan de la limpieza de la ciudad que en andar politiqueando o discutiendo si se puede comer un huevo puesto en sábado por una gallina.

Ben Montanus sonrió, y, mirando con cariño a mi compañero, dijo:

—Tienes razón; la ciudad está pidiendo a gritos una limpieza general. Pues, como iba diciendo, las moscas y la suciedad son causa de que haya muchos enfermos de la vista; contraen la oftalmía desde los primeros años. Cuando supe que había aparecido un Profeta que curaba, le seguí, y he estudiado su terapéutica, la cual nada tiene que ver con la nuestra; es esencialmente distinta, entre otras razones, porque cura sin usar remedios.

—Yo he oído decir, sin embargo, que a veces les pone a los ciegos lodo en los ojos —dije.

—Y ¿tú crees que ése es un remedio? ¿Acaso eres homeópata?

—¡Homeópata yo! Ni por pienso. ¿Por qué dices eso?

—Porque curar una enfermedad producida por la suciedad con la suciedad del lodo, sería curar *similia similibus;* una cosa con su semejante.

—Pues, entonces, ¿por qué crees que Jesús hace eso?

—No se lo he preguntado; pero creo que cuando hace eso en sábado, es para dar una lección a los fariseos, enseñándoles que la ley no sólo no prohíbe curar en sábado, sino que tampoco es falta preparar en sábado la medicina con que se ha de curar al enfermo. La gente vulgar, por otra parte, cree que las enfermedades de los ojos se curan con saliva.

—Me gusta la explicación —dijo Quarto, riendo—. ¿Por qué no se ha de preparar una medicina en sábado?

—Por lo general, Jesús no hace eso —prosiguió Montanus—. En ocasiones les toca los ojos, porque así se lo pide el enfermo; pero en la mayoría de los casos, ni los toca; únicamente los bendice, y esto basta, no sólo para que mejoren, sino para que curen. Es cosa admirable, y que yo no puedo explicar sino porque sale de Él cierta virtud que cura. Así se lo oí decir a Él mismo, con ocasión de una mujer que sanó de flujo de sangre tocando el ruedo de su vestidura.

Como Ben Montanus, a más de ser perito en su arte es observador, piadoso e instruido en las Escrituras, tomando ocasión de la ceguera corporal, me dijo:

—Así como hay ceguera del cuerpo, hay ceguera del alma. Repetidas veces se lo he oído decir al Maestro. Y yo he meditado mucho sobre esto. La vista corporal se puede ofuscar, por ejemplo, cuando viene hacia nosotros una nube de polvo producida por los que delante de nosotros caminan. Así hay también una ofuscación de la vista del alma cuando los que nos guían nos engañan; pero eso se puede remediar.

—Tienes mucha razón —repuse, reflexionando en el símil.

—Cuando los ojos enferman, la situación es más grave. Las cataratas, por ejemplo, van ofuscando la vista poco a poco, hasta que se llega a perder; pero aún hay remedio si el enfermo se las deja curar. Mas cuando se pierde el órgano mismo, cuando no hay ojo, no hay remedio.

—Y ¿cómo crees tú que se llegue a perder la vista del alma? —interrogué, inquieto.

—Mira, como todo lo que se relaciona con la vista me interesa en extremo, mucho me he fijado en las palabras del Maestro. En una ocasión, predicando desde la montaña, le oí decir: *«Bienaventurados los limpios de corazón, porque ellos verán a Dios»*.

—De modo que... —interrumpí, atrapando la idea.

—El ojo del alma para ver a Dios es «el corazón limpio». Esta limpieza puede ofuscarse por las pasiones, y entonces el ciego espiritual tiene cataratas, que se pueden curar limpiando el alma. Pero cuando no hay corazón, o cuando está empedernido por la injusticia, aunque exteriormente aparezcan obras legales, la ceguera no tiene remedio, no hay órgano, a no ser que, por un milagro, se recobre.

—Y éste es el caso de los fariseos —dije—. La injusticia, amparada por la hipocresía, les ha empedernido el corazón.

—Tanto más, y es lo peor —añadió Montanus—, que ellos se creen sin pecado porque practican exteriormente, con toda fidelidad, sus tradiciones. Por eso, los exhorta el Maestro a que limpien primero el vaso por dentro, que purifiquen el corazón, si quieren ver a Dios, Jesús, *«la luz del mundo»* sólo puede atraer a aquellos que tienen la facultad de ver espiritualmente. Aunque la luz sea fortísima, si no existe el órgano o está dañado, no se puede percibir la luz. El ciego no puede ver la luz del sol.

—Con razón —añadí— el otro día decía Juan: *«La luz resplandece en medio de las tinieblas, y no la han recibido»*, porque no la pueden ver; y si no la pueden ver, ¿cómo la van a recibir?

Quarto había estado sumamente atento a nuestra conversación, y cuando me oyó pronunciar las palabras de Juan, noté que su noble rostro tomaba una expresión de humildad profunda; luego le vi levantar al cielo sus grandes y azules ojos, mientras musitaba algo que no pude oír, pero que adiviné. Me acordé de su oración aquella mañana en la terraza de la casa de Samuel en Tiberíades, y estoy seguro que la repetía: *«Domine, fac ut videam»* (Señor, haz que yo vea).

* * *

—Papá —me dijo Raquel—, ¿nos permites que vayamos a casa de Noemí, para ir después al templo? Hoy es sábado. Yo iré con Noemí y

Rafael con Ignacio, pues ellos ya pueden entrar hasta el patio de Israel con los hombres.

–De mil amores, hija. Yo también iré más tarde, y volveremos juntos.

–¿Y me das unos *skekels* (céntimos) de cobre?

–¿Vas a comprar algo?

–Son para dárselos al pobrecito ciego Chamos, que pide limosna a la puerta del templo; me da mucha lástima; no tiene ojos, no puede ver.

–Entonces te los daré de plata –repuse, conmovido, dándole un puñado.

–Yo también voy al templo –dijo Ben Montanus–: hoy es sábado.

Salimos juntos, acompañados de Quarto.

Al llegar a la puerta del templo, nos encontramos con el ciego, que, tocando la cítara, entonaba algunos salmos, y estaba rodeado de gente. Así que terminó, se quitó el turbante y empezó a pedir limosna. Cuando llegó a nosotros, Montanus se acercó al ciego, el cual empezó a palparle, según costumbre.

–¡Mi médico! –exclamó el infeliz–. ¿Cómo no he de conocer a mi protector?

–¿No ves qué bien conoce, sólo por el tacto? –me dijo Montanus–. Por eso le han puesto Chamos, aunque su verdadero nombre es Sidonio –y haciendo que yo me acercara, después que el ciego me reconoció del mismo modo, me dijo Montanus–: Tócale los ojos.

Lo hice, y quedé horrorizado: los tenía huecos.

–Yo le vi nacer –prosiguió el médico –. Tiene lo que se llama anoftalmía doble, que es una atrofia congénita del globo del ojo. A ver –continuó, dirigiéndose al ciego–: abre los ojos.

–Si no tengo –repuso, sonriendo tristemente–; tú bien lo sabes.

–Bueno, lo que quise decir es que separaras los párpados.

–Tampoco lo puedo hacer; los tengo soldados desde que nací –y por más esfuerzos que hizo por complacer al médico, no los pudo separar.

Yo estaba horrorizado.

En aquellos momentos se oyó el ruido de un grupo que hablaba. Era Jesús que salía con sus discípulos. Pedro, dirigiendo la palabra al Maestro, le preguntaba:

–«*¿Qué pecados cometieron éste o sus padres para que naciera ciego?*»

–«*No es por culpa suya ni de sus padres* –respondió Jesús–; *es para que en él se manifiesten las obras de Dios. Mientras dure el día, conviene que Yo haga las obras de Aquel que me ha enviado. Yo soy la luz del mundo.*»

Pronunció el Maestro aquellas palabras con una voz llena de autoridad. Sentí un escalofrío que me corría por todo el cuerpo.

–«*Yo he venido a este mundo* –dijo Jesús– *para ejercer el siguiente juicio: que los que no ven, vean, y los que ven, queden ciegos.*»

Seguían de cerca al Maestro varios escribas y fariseos de los más notables, y al ver que Jesús se detenía, se detuvieron también para observar lo que pasaba.

«Entonces, el Maestro mojó tierra con su saliva, hizo un poco de lodo y lo aplicó a los ojos del ciego.»

—Fíjate, dómine —me dijo Quarto por lo bajo—, que hoy es sábado.

Y Jesús, mientras tanto, le decía:

—*«Anda y lávate en la piscina de Siloé.»*

No bien había hecho Jesús esto, cuando el grupo de fariseos, como si alguien los aguijoneara, dieron vuelta, sin esperar los resultados, y se dirigieron al interior del templo.

—Ya van con el chisme —dijo Quarto—. Apuesto doble contra sencillo que van a acusar al Maestro por haber violado el sábado haciendo lodo con saliva; ¡qué majaderos!

Jesús, mientras tanto, prosiguió su camino sin dársele un ardite la actitud de sus contrarios. Sidonio, obedeciendo la orden del Maestro, empuñando su bordón, se dirigió a la piscina, que está fuera del templo.

—También éste quebranta el sábado —añadió Quarto, sonriendo—, pues a los ciegos les prohíben estos brutos que usen su bordón en sábado, sin duda para que se rompan la cabeza.

Como era natural, todos los que habíamos visto el hecho y oído las palabras del Maestro, sabiendo que Éste obraba prodigios, llenos de curiosidad, acompañamos al ciego. En el camino se nos reunieron varios soldados romanos. Junto a Sidonio iba Quarto, y en los ojos de éste brillaba una luz extraña; del otro lado caminaba Ben Montanus, procurando cuidarle para que no tropezara. En aquellos momentos se me juntaron mis hijos, que venían al templo. Al fin, cuando llegamos a la piscina, la multitud de curiosos había aumentado considerablemente.

Quarto, escogiendo un lugar apropiado, dijo al ciego:

—Aquí puedes lavarte.

Sidonio, todo tembloroso, se arrodilló, y tomando en sus manos agua del estanque, empezó a lavarse. Reinaba profundo silencio, pues un estupor sagrado nos sobrecogía a todos.

De pronto, el ciego dio un grito desgarrador. Montanus estaba a su lado preguntándole qué tenía. Sentía en sus ojos un dolor súbito sumamente intenso, y todo el cuerpo de Sidonio temblaba presa de un terrible escalofrío. Se sentía morir, palideció intensamente y su rostro tomó un aspecto cadavérico.

—Se muere, se muere —gritaron algunos de los que estaban más inmediatos.

De repente se calmó, sentía una sensación de sosiego y bienestar. Abrió los ojos, y, deslumbrado por la luz, los volvió a cerrar. Se los restregó con las manos y los volvió a abrir. Miró asombrado por todas partes.

Comenzó a palpar a Montanus y a Quarto, y súbitamente, levantándose, exclamó:
—¡Veo, veo, veo!
Quarto estaba triunfante. Montanus le palpaba los ojos, y Sidonio seguía gritando:
—¡Veo, veo, veo!
Quarto entonces gritó con toda la fuerza de sus pulmones:
—¡Milagro, milagro! ¡Jesús de Nazaret le ha devuelto la vista!
Los que junto a él estaban hicieron eco, y gritaron:
—¡Milagro, milagro!
Todos se arremolinaban para contemplar el prodigio, y, al ver que Sidonio tenía los ojos abiertos y normales, gritaban:
—¡Milagro, milagro!
—¿Qué pasa, papá? —me preguntó Raquel, asustada.
Me acerqué junto a Sidonio, y, pasmado, noté que los antiguos huecos de sus órbitas estaban llenos y los párpados separados.
—¿Qué pasa, papá? —seguía preguntándome mi hija, mientras la multitud continuaba clamando: «¡¡Milagro!!»
—¿Qué pasa, papá? —volvió a preguntarme mi hija por tercera vez.
—No te asustes, hija mía —le dije—, no es nada.
Quarto gritaba hasta enronquecerse:
—¡Sidonio ya ve; Jesús le ha curado! ¡Milagro estupendo! ¡Milagro, milagro!
—¿Es un milagro? —volvió a preguntarme mi hija.
Mi orgullo filosófico me impedía hablar. Raquel me volvió a preguntar. Las sílabas de la palabra pugnaban por salir, y aunque arrastrándose, se escaparon al fin de mi garganta, y exclamé:
—¡Mi... la... gro, milagro! ¡Éste es un verdadero milagro!

22
INVESTIGACIONES

De la piscina de Siloé se dirigió Sidonio, seguido de una gran multitud, a la casa de sus padres. La sorpresa de éstos fue tan grande, que la madre por poco se desmaya. Al ver a su hijo, quien pocas horas antes no tenía ojos, con éstos en estado perfecto, no podía volver de su estupefacción. Aunque las otras facciones eran las mismas, a más de la voz, le entró la duda; para convencerse, le arrancó la sucia camisa, y le buscó en la espalda tres grandes lunares con que había nacido. Hasta que reconoció a su satisfacción estas señas, y su esposo le aseguró que aquél era su hijo, no quedó convencida de la identidad de Sidonio. Entonces le preguntó cómo y quién le había curado.

No fue necesario que él respondiera, pues Ben Montanus dio exacta cuenta del suceso, siendo escuchado religiosamente por las comadres de la vecindad, que llenaban la pobre habitación, y entre las cuales había varias beatas. Todo había ido bien; pero cuando éstas oyeron que le había curado Jesús de Nazaret, pusieron el grito en el cielo, y, levantando las manos, salieron al punto de la casa, diciendo:

—Está excomulgado, se ha dejado tocar por Jesús, que está fuera de la sinagoga.

Una de estas beatas llamada Casiona (que significa cucurbitácea» exclamó:

—Yo voy ahora mismo a avisar a los fariseos; lo que es a mí no me echan fuera de la sinagoga.

—Y yo —añadió otra— me voy directamente a los sacerdotes a contarles todo.

—¿Cómo se llama ésa? —preguntó Quarto a uno de los concurrentes.

—La llaman Becbecia —le respondieron.

—¿Y qué significa ese nombre? —volvió a preguntar el romano.

—En griego puede traducirse por Copronina —dijo Ben Montanus, riendo.

Por supuesto, que cuando los circunstantes oyeron aquellas amenazas se marcharon a sus casas más que de prisa, y el pobre Sidonio quedó solo en medio del arroyo. Su mismo padre, más temeroso que ninguno, le cerró la puerta de su pocilga, a pesar de las protestas de la madre.

Viendo esto Quarto, dijo al recién curado:

—Vente conmigo, yo no temo a la excomunión: soy romano.

* * *

La noticia de la curación del ciego de nacimiento cundió por todo Jerusalén como fuego en pajar, pues todos conocían a Sidonio. La mayoría no lo creían, les parecía imposible.

—«Desde que el mundo es mundo —decían— *no se ha oído jamás que alguno haya abierto los ojos de un ciego de nacimiento.*»

Pero, a pesar de esto, llenos de curiosidad, hicieron propósito de ir al templo al siguiente día para cerciorarse de lo acaecido. Los fariseos, los escribas y los sacerdotes estaban furiosos; Jesús, estando excomulgado, había tenido la audacia de curar a un hombre en sábado, haciendo lodo con saliva. Lo había ejecutado en el mismo templo, delante de infinidad de fieles. Era un escándalo imperdonable, y no se podía tolerar aquella transgresión.

Estaban discutiendo, cuando llegaron Casiona y Becbecia con el chisme.

—¿Pero está curado? —dijo Ben Prata, uno de los escribas más notables del Sanedrín.

—Lo que es eso, sí —respondió Casiona—. Sidonio ve perfectamente.
—Y tiene ojos azules muy hermosos —añadió Becbecia.
—Eso no es posible —repuso rabí Albalar—; son chismes de viejas.
—¡Qué chismes ni qué chismes! —exclamó furiosa Casiona—; yo le tenté los ojos cuando los tenía vacíos; ahora los tiene llenos, y ve mejor que tú.
—Eso no puede ser —dijo el ex gran sacerdote Joazar—. *«Desde que el mundo es mundo, no se ha oído jamás que alguno haya abierto los ojos de un ciego de nacimiento».*
—Pues ya pudo ser —gritó Becbecia—; Sidonio era ciego de nacimiento, y ahora ve, aunque mo les guste.
—Calla, vieja habladora, ¿qué sabes tú? Eso es un chisme —dijo Jonatás, uno de los hijos de Anás.
—No me callo, que he de decir la verdad, aunque les pese. Jesús de Nazaret sanó a Sidonio —replicó la vieja, y, sacándoles la lengua, furiosa, se marchó con su compañera

A pesar de lo increíble de la noticia, no dejó de hacerles mella, y decidieron los escribas y fariseos volver al otro día al templo, llamar a Sidonio y averiguar la verdad.

A la mañana siguiente había un verdadero tumulto en el patio de los Gentiles: *«Los que le habían visto pedir limosna decían: ¿No es éste aquel ciego que, sentado ahí, pedía limosna? Sí que es, respondían algunos. En cambio, otros afirmaban: No es él, sino uno que se le parece».*

—¡Qué ha de ser él! —decía cándidamente un vendedor de palomas—. Aquél no tenía ojos, y éste sí tiene.
—No seas borrico —respondió un pastor—; en eso está el milagro: que ahora tenga ojos y vea el que ayer no tenía ojos ni podía ver.
—Pero eso es imposible —gritó otro—; éste no es Chamos, sino otro que se le parece.
—Lo mejor —dijo un viejo carpintero— es preguntarle a él mismo.

La proposición era obvia, y fue aprobada por todos. Así, pues, se le acercaron en gruyo, y el carpintero preguntó:
—¿Eres tú el ciego que pedía limosna allí? ¿Te llamas Sidonio?
—Ya lo creo —respondió el aludido—. *«Sí que soy yo».* Yo soy Sidonio, por sobrenombre Chamos.
—Pues *¿cómo se te han abierto los ojos?* —interrogó el viejo.

A lo cual respondió el ex ciego:
—*«Aquel hombre que se llama Jesús hizo un poco de lodo, lo aplicó a mis ojos y me dijo: Ve a la piscina de Siloé y lávate ahí. Y fui y me lavé, y veo».*
—*«¿Y dónde está Ése?»* —preguntaron unos forasteros.
—*«No lo sé»* —respondió Sidonio—. Y mucho desearía verle y darle las gracias; por eso he venido hoy al templo.

Esta afirmación categórica del interesado, junto con la explicación, hizo que muchos dijeran:
—¿Veis cómo es el mismo? Sí, Jesús hace estupendos milagros.
—Pero esto es una cosa increíble —replicaban—, no debe ser así.
—¿Y qué interés podía tener ese hombre en contar un cuento de esa naturaleza? —decían otros—. ¿No veis que se expone a que le castiguen los príncipes de los sacerdotes, echándole fuera de la sinagoga por tratar con un excomulgado? Debe decir la verdad, aunque nos parezca increíble.

Toda esta escena la había yo presenciado, pues, desde temprano, arrastrado por mis hijos, había venido al templo. Quarto había ido con Sidonio.

—Pronto vamos a saber la verdad —dijo el carpintero—. Aquí vienen los miembros más destacados del Sanedrín; ellos son los jueces de Israel a quienes les toca, de derecho, averiguar estos casos.

En efecto, bajaban del patio de las Mujeres un muy buen número de escribas y fariseos acompañados de varios sacerdotes, los cuales se fueron a sentar bajo el pórtico de Salomón, precisamente en el mismo lugar en que, un mes antes, se había reunido el Jurado que examinó a los nuevos doctores. Era un Tribunal imponente.

—Que llamen al ciego —dijo el presidente, un rabí de luenga blanca barba llamado Sceva.

Era éste uno de los más conspicuos entre los príncipes de los sacerdotes, muy ejercitado en la magia, y cuyos siete hijos se dedicaban a los sortilegios. Sin duda, por esto había sido elegido juez en el caso portentoso del ciego.

Se preguntó Sidonio sin temor alguno, y, una vez en medio, le interrogó Sceva:
—«*¿Cómo has cobrado la vista?*»
Sin inmutarse lo más mínimo el aludido, respondió:
—«*Puso lodo sobre mis ojos, me lavé y veo.*»
—¿No sabes —repuso el presidente— que está prohibido curar en sábado? Y ayer era sábado. «*No es enviado de Dios este hombre, pues no guarda el sábado*».

Tan pronto como el pueblo oyó esto, se levantó un murmullo de protesta, y el carpintero, tomando la palabra, dijo en voz alta:
—«*¿Cómo un pecador puede hacer tales milagros?*»
Esta salida desconcertó a tal punto a los jueces, que empezaron a disputar, «*habiendo disensión entre ellos*».
Después de un buen rato, Sceva, tratando de cortar la disputa, dijo:
—Oigamos al ciego —y, dirigiéndose a él, le preguntó—: «*¿Y tú qué dices del que te ha abierto los ojos?*»

Todos quedamos en silencio para escuchar la respuesta.
—«*Que es un Profeta*» —respondió con aplomo Sidonio.

De nuevo hubo murmullo de aprobación entre los oyentes, capitaneados por el carpintero y Quarto.

Entonces, tomando la palabra Simón Ben Camite, ex gran sacerdote, dijo:

—Estamos bordando en el éter. Lo primero que tenemos que hacer es cerciorarnos de si este hombre es o no el ciego de nacimiento a quien todos hemos visto pedir limosna. Propongo que se llame a sus padres, y que éstos, bajo juramento por el templo, respondan si éste es su hijo, el que nació ciego.

Gran murmullo de aprobación entre el público. No fue difícil encontrarlos, pues Casiona y Becbecia, que estaban presentes, se dirigieron a un ángulo del patio, donde, escondidos y llenos de terror, estaban los pobres viejos observando lo que pasaba con su hijo. No querían presentarse, aunque las dos mujeres les aseguraban que los llamaba el Tribunal. Fue, pues, necesario enviar unos guardas del templo para que los trajeran. Cuando, todos temblorosos, se presentaron, Sceva dijo:

—«*¿Es éste vuestro hijo, de quien decís que nació ciego?*»

A lo cual respondieron los dos viejos:

—«*Sabemos que éste es nuestro hijo, y que nació ciego*».

—«*Pues ¿cómo ve ahora?*» —interrogó el presidente.

Respondió la madre:

—«*Cómo ahora ve, no lo sabemos.*»

—«*Ni sabemos tampoco* —añadió el padre— *quién le había abierto los ojos; preguntáselo a él: edad tiene, él dará razón de sí.*»

Estaban los pobres viejos asustadísimos, y «*esto dijeron por temor de los príncipes de los sacerdotes; porque ya éstos habían decretado echar de la sinagoga a cualquiera que reconociese a Jesús por el Cristo*».

No había, pues, la menor duda. Sus mismos padres habían atestiguado que Sidonio hacía nacido ciego, y a todos era patente que veía. Cuando Sidonio oyó lo que sus padres decían, con gran valor viril exclamó:

—¡Vaya si voy a dar cuenta de mí!...

«*Lo llamaron, pues, otra vez*», y Sceva le interrogó, diciendo:

—No te intimides, «*da gloria a Dios; nosotros sabemos que ese hombre es un pecador*».

—¡Jesús pecador! —dijo Quarto, indignado—. «*¿Quién le argüirá de pecado?*»

—¿Intimidarme yo? —dijo Sidonio—; sólo, eso faltaba —y encarándose con los jueces, prosiguió en tono casi burlón: «*Si es pecador, yo no lo sé; sólo sé que yo antes era ciego y ahora veo*».

El valor viril siempre es simpático, y estas valientes palabras de Sidonio fueron recibidas con un gran murmullo de aprobación. Quarto hubiera aplaudido si yo no le hubiera llamado al orden.

Atolondrado Sceva con esta respuesta, no sabiendo qué decir, le volvió a preguntar:

—«¿*Qué hizo contigo? ¿Cómo te abrió los ojos?*»

Sidonio, seguro de la simpatía de los oyentes, le respondió:

—«*Os lo he dicho ya y lo habéis oído. ¿A qué fin queréis oírlo de nuevo?*» —y luego, con finísima ironía, añadió—: «*Si será que también, vosotros queréis haceros discípulos suyos...*».

—Buena banderilla les ha puesto —dijo Quarto.

La multitud aprobaba y se reía, con lo cual, furiosos todos los miembros del Tribunal, «*le llenaron de maldiciones*». «*Tú serás su discípulo, que nosotros somos discípulos de Moisés. Nosotros sabemos que a Moisés le habló Dios; mas Éste no sabemos de dónde es*».

Envalentonado Sidonio, y ya al tú por tú con sus jueces maldicientes:

—«*Aquí está, la maravilla* —dijo—, *que vosotros no sabéis de dónde es Éste; con todo, me ha abierto los ojos*». ¡Ja, ja, ja!

La sarcástica risa de Sidonio tuvo eco en los oyentes, y Quarto soltó una sonorosísima carcajada. Perdiendo terreno Sceva, gritó:

—«*Lo que sabemos es que Dios no oye a los pecadores, sino que oye a aquel que le honra y hace su voluntad. Desde que el mundo es mundo, no se ha oído jamás que alguno haya abierto los ojos de un ciego de nacimiento*».

—Alguna vez había de ser la primera —gritó Quarto, sin poder contenerse.

Sidonio le dio las gracias con una sonrisa, y añadió:

—Vosotros mismos lo declaráis, pues «*si este hombre no fuera enviado de Dios, no podría hacer lo que hace*».

Murmullos de aprobación en la concurrencia. Con lo cual, perdiendo ya los estribos todos los jueces, gritaron:

—«*¿Saliste del vientre de tu madre envuelto en pecados, y nos quieres dar lecciones?*»

—¡Qué viejos tan mal hablados! —dijo Quarto—. ¿Qué culpa tiene la pobre autora de sus días?

—«*Fuera, fuera*» —gritaron los jueces—. Fuera él y todos los que le siguen.

—Poco a poco —dijo Quarto en voz alta—; estamos en el patio de los gentiles, y de aquí nadie nos echa. Yo no salgo.

—Ni yo, ni yo, ni yo —empezaron a gritar por todas partes.

Mientras los jueces volvían al interior del templo la turba se arremolinó alrededor de Sidonio. El tumulto hubiera seguido a no ser porque uno gritó:

—¡Aquí viene Jesús de Nazaret!

Todos volvieron el rostro, y Jesús, como si nada supiera, se dirigió, según costumbre, a su lugar favorito bajo el pórtico de Salomón. Al verle Sidonio, fue hacia Él; mas antes de que hablara, le dijo Jesús:
—«¿*Crees tú en el Hijo de Dios?*»
Un silencio profundo recibió estas palabras del Maestro, a las cuales respondió Sidonio:
—«¿*Quién es, Señor, para que yo crea en Él?*»
Yo contuve el aliento. Jesús dijo entonces:
—«*Le viste ya, al fin, y es Él mismo que está hablando contigo.*»
Sidonio abrió lo más que pudo sus recientes ojos, y después de contemplarle, con humildad profundísima exclamó:
—«Creo, Señor» –y, postrándose, le adoró.

* * *

Al día siguiente, estando presente Jonadab, Ben Straus y Ben Renanus, hablábamos, como era natural, del estupendo milagro de la curación del ciego.
—Yo no creo en milagros –dijo Ben Straus.
—Ni yo –repitió Ben Renanus.
Jonadab los miró con curiosidad, y, sonriéndose irónicamente, habló de esta manera:
—En una de las tribus del desierto había dos hombres, los cuales por su hablar atrevido y lleno de bravatas eran tenidos por valientes. Sucedió que, en la oscuridad de la noche, se empezaron a oír terribles rugidos que llenaron de pavor y consternación a todos: aquél era el rugido del león. Al día siguiente dos reses de los corrales habían desaparecido, lo que confirmó a todos en que los rugidos eran del león. Como noche a noche se siguieran oyendo los rugidos y día a día desaparecían reses y más reses, el patriarca dijo a los dos que blasonaban de valientes: «Id vosotros, que alardeáis de valor, en busca del león, y librad a la tribu de este peligro». A lo cual los valientes respondieron: «Esos ruidos que escucháis no son rugidos de león ni de animal alguno, sino imaginaciones de mujeres temerosas». Sonrió el patriarca, y dijo: «¿Pero las reses que desaparecen?...» «Ésas son robadas por los ladrones», respondieron. «Pues atrapad a los ladrones», repuso el anciano. Pero los valientes, dando toda clase de explicaciones y diciendo que todo era imaginación, se rehusaron a exponer el pellejo en aquella empresa; eran un par de cobardes, y desde entonces fueron tenidos por tales por los de la tribu. Así pasa con vosotros –prosiguió Jonadab, dirigiéndose a Straus y Renanus–. Sois unos cobardes.
—¿Cobardes? –dijeron éstos–. ¿Por qué?
—Porque tenéis miedo al milagro, que tratáis de explicar sin conseguirlo. El milagro prueba la verdad, que vosotros en vuestro corazón habéis determinado no creer.

23
ZAQUEO

—Por aquí no —dijo Zaqueo—; pasad por este otro lado.

Habíamos ido a visitar al simpático y menudo alcabalero a su magnífica quinta de Jericó, Samuel, Quarto, mis hijitos y yo, teniendo la fortuna de encontrarnos allí con Jonadab.

—¿Y por qué no por aquí? —le preguntó Quarto.

—Porque esta pieza, que es la mejor de la casa, la considero una reliquia desde que vino a visitarme el Maestro.

—¿Vino a verte? —pregunté, sorprendido.

—Él mismo se invitó, y estuvo conmigo toda una noche. Tengo mucho que contarte. Vamos a sentarnos a la sombra de esa parra para charlar a gusto, y los niños pueden jugar en el jardín con mis hijitos.

El lugar era precioso, pues desde allí se divisa la hermosísima vega de Jericó, atravesada por el camino que viene de Jerusalén. Jericó quiere decir la ciudad de las palmeras o de los perfumes, según se haga derivar este nombre de una de dos raíces parecidas. De todos modos, le conviene uno y otro nombre, pues aquí abundan las palmeras y los rosales que, cuando están en flor, perfuman la vega con su aroma. Bajo el emparrado nos encontramos con el venerable patriarca de los recabitas.

—¿Te acuerdas de nuestra última conversación? —me preguntó Zaqueo.

—Muy presente la tengo —respondí—, y muchas veces he pensado hasta dónde habrías de llegar en tus investigaciones.

—Para mí es evidente que el Mesías anunciado en la ley y los profetas tiene necesariamente que ser el Hijo de Dios —repuso Zaqueo.

—Estamos conformes —dijo Jonadab—, y digo estamos porque creo que Ben Hered habrá llegado a adquirir la misma convicción, y Samuel la tiene desde antiguo.

—Pues ahora añado —prosiguió el publicano— algo con lo cual no sé si estaréis conformes conmigo: Jesús de Nazaret es el Mesías.

—Y, por consiguiente —interrumpió Quarto—, el Hijo de Dios.

—Eso implica una cosa dura de admitir —dije—, un hombre que es Dios al mismo tiempo.

—¿Qué culpa tengo yo de eso? —observó Zaqueo—. Ése fue desde el principio el plan divino: un Dios hombre, y allá que Yahvé se las avenga. Él es omnipotente, y puede obrar ese misterio; ¿no creó Él cuanto existe? Para Él todas las cosas son posibles.

—Por más que procuro entenderlo, no lo puedo conseguir —dije.

—Por eso es misterio —interrumpió Samuel.

Jonadab, que tenia en la mano un racimo de dátiles, terció, diciendo:

—Mi querido Ben Hered, ¿ves este racimo que tengo en la mano?

—Seguramente —repuse.

—¿Y tú entiendes —continuó— cómo se ha formado?

—Sé que brotó en la palmera, y ésta a su vez nació de una semilla; pero, si he de decir verdad, no llego hasta las causas últimas que obran este prodigio, ni creo que haya hombre en el mundo que pueda conocerlas y entenderlas.

—Has hablado sabiamente —prosiguió el anciano—. ¿Quién podrá penetrar los innumerables secretos de la Naturaleza que nos rodea? ¿Y crees que habrá quien pueda penetrar y comprender los infinitos misterios de Dios?

—No lo creo.

—Pues así como admites la realidad de los misterios naturales sin comprenderlos, ¿no te parece justo bajar la cabeza ante los misterios sobrenaturales sin entenderlos?

—Tu lógica me aplasta.

—Pero no te convence; porque no tienes voluntad de creer. El incrédulo pide pruebas, y tiene razón, porque son necesarias para convencer al espíritu. Pero las pruebas no bastan, porque ninguna prueba moverá nuestra voluntad, si no estamos dispuestos a recibirla.

—¿No has observado cómo algunas muchachas se empeñan en casarse con hombres que no les convienen? Se les dice que son borrachos, mujeriegos, jugadores, criminales; ellas lo ven todo, y, sin embargo, se casan. Las pruebas son evidentes; pero ellas no están dispuestas a recibirlas.

—Por eso dice el refrán —observó Quarto— que «no hay peor sordo que el que no quiere oír».

—Tienes razón, Quarto —dijo el patriarca—: «no hay peor incrédulo que el que no quiere creer».

—Si yo quiero creer —repuse, humillado.

Entonces Samuel, señalando a los niños que jugaban, dijo:

—Bien lo ha dicho Jesús: «*A no ser que os hagáis como uno de esos pequeñuelos, no entraréis en el reino de Dios*».

—Ésa es la verdad —dijo Zaqueo—; hasta que me hice como niño, hasta que limpié mi corazón, no pude ver lo que creía invisible, y que ahora me parece evidente. Si estás dispuesto a creer, mi querido rabí, yo te daré las pruebas que me han convencido, y quizá tú también te convencerás.

—Estoy dispuesto —respondí malhumorado—. Di.

—Dejando a un lado el silogismo que propuse, cuyas premisas admites, y de las cuales sacó Quarto lógicamente la conclusión, voy a tratar el asunto desde otro punto de vista. No te hablaré de las profecías, ni aun siquiera de los milagros de Jesús de Nazaret.

—Eso ya es otra cosa —respondí, dispuesto a defender mi incredulidad en el nuevo terreno—. Te escucho impaciente.

Comenzó a llover, y como a los hijitos de Zaqueo se los llevaron sus nodrizas, Quarto llamó a los míos, que no querían otra cosa sino estar conmigo. Vinieron, pues, y se sentaron a mis pies.

—¿No te has fijado en la admirable personalidad del Maestro? —continuó Zaqueo—. Mira qué humano es, cómo se deleita en la contemplación de la Naturaleza, cuánto le gustan los pájaros, las flores, los campos, de los cuales saca símbolos en sus parábolas. En todas sus acciones se descubre la plenitud de su fuerza vital, es admirable en Él la perfecta armonía y proporción de su naturaleza. Es un ser de lo más equilibrado; habita en Él la plenitud de la bondad y de la justicia. Tiene todas las cualidades del hombre perfecto, sin ninguno de los defectos propios de lo humano. Su vida es pura, inmensamente pura. *«¿Quién le podrá argüir de pecado?»*

—Y, sin embargo, esos infames fariseos le llamaron pecador el otro día —dijo Quarto.

—Le llaman pecador —prosiguió Zaqueo, conmovido— porque come con los publicanos, porque viene a la casa del príncipe de ellos y pasa con él la noche, porque anda tras de las ovejas descarriadas, pues ha venido a salvar a los pecadores. Sus facultades mentales son nunca vistas; sus pensamientos son siempre concretos, de una brillantez y claridad luminosa; su intelectualidad no es argumentativa, sino intuitiva; sus opiniones excluyen lo negativo, son siempre positivas. Rara vez usa del condicional «sí, pero», pues sus razones son sencillas, claras y llenas de firmeza, aun en las cuestiones más complejas. Siendo un Maestro admirable, nunca da definiciones ni anda con teorías ni discusiones abstractas. Y, cosa rara, tratando de fundar un reino, no habla de la manera de organizarlo.

—No había yo caído en la cuenta de esto último —dije—; pero es la verdad.

—Odia lo negativo; no puede ver la injusticia y la hipocresía, que son las grandes negaciones de la justicia y de la verdad. Y aun los preceptos negativos de la antigua ley los ha resumido en este precepto positivo: *«Sed perfectos como vuestro Padre celestial es perfecto»*. Su mente es demasiado creadora para sujetarse a las reglas de una crítica que a otras mentes menos brillantes enaltecería; llega a la verdad por intuición o, si se quiere, espontáneamente.

—Me tienes encantado —exclamé, sorprendido de las facultades analíticas del alcabalero.

—Jesús tiene todas las cualidades de los más grandes poetas, pero en grado superlativo —continuó Zaqueo—, y su lenguaje es tan sencillo, tan armonioso, tan pintoresco, que hace que sus oyentes estén continuamente pendientes de sus labios. Es un orador profundísimo, arrebatador, pero al propio tiempo, sublimemente claro cuando quiere ser comprendido. Y su voz... ¡Ah! Su voz es algo que no tiene igual. Por más que se escriban sus palabras, siempre éstas no serán sino una traducción, y una traducción imperfectísima del original, y aunque fueran idénticas, siempre les faltaría la vida que les da su voz llena de armonía y de una convicción que llega hasta lo profundo del alma...

Quarto, Samuel y, sobre todo, Jonadab estaban embelesados con los conceptos de Zaqueo, el cual prosiguió:

—Pero ¡qué diré del corazón de ese hombre admirable! En él anidan la mansedumbre, la humildad, la misericordia y el amor. ¿Habéis oído sus parábolas en que muestra las entrañas infinitamente misericordiosas de su Padre celestial? ¿No conocéis la del hijo pródigo? ¿La del buen samaritano?...

—Yo le he oído repetidas veces —repuso Jonadab, conmovido— la de la oveja perdida y la del buen pastor.

—¿No habéis notado la profunda reverencia con que habla de su Padre? ¿No os ha contado Pedro lo que una vez le respondió cuando aquél le preguntó cuántas veces había de perdonar? *«No sólo siete,* respondió Jesús, *sino setenta veces siete».* ¿No le habéis visto acariciando y bendiciendo a los niños, a quienes ama tiernamente, y cuya inocencia tanto respeta y protege? Pero, sobre todo, ¿no os habéis fijado cómo recibe a los pecadores y los perdona? —y al decir estas palabras, tenía Zaqueo los ojos arrasados en lágrimas.

Yo también estaba profundamente conmovido, pero deseando disimularlo.

—Todo lo que llevas dicho, amigo mío —dije a Zaqueo—, este maravilloso análisis que has hecho de la personalidad del Maestro ganaría mucho, en mi concepto, si estuviera ordenado de una manera lógica.

—Pero perdería su espontaneidad —replicó Zaqueo—. Por otra parte, has de tener presente que no soy yo filósofo ni jamás he estudiado lógica: soy un pobre alcabalero. Estoy acostumbrado a llevar cuentas, y anoto las diversas partidas conforme se van presentando. ¿Qué importa que ponga una antes que otra, si lo que yo necesito es la suma total?

—Tiene razón Zaqueo —exclamó Quarto—; la suma, el total, es lo importante. Y ¿qué hombre en el mundo reunirá todo ese cúmulo de cualidades, de perfecciones? ¿Quién ni a mil leguas podrá asemejarse al Maestro?

—Os he dicho —continuó Zaqueo— sólo alguna de las partidas que he anotado en el haber de la cuenta de Jesús de Nazaret, y por más que he buscado otras para el debe del Maestro, no las he podido encontrar. ¿Tienes tú alguna? —me preguntó.

—Yo propiamente no tengo ninguna —respondí, algo turbado—; pero sus hermanos del clan de Nazaret dicen que el Maestro está loco.

Mis dos hijitos se pusieron en pie indignados; Rafaelito dijo:

—Papá, eso dicen porque «están verdes», como las uvas de la zorra. Quieren que Jesús se vaya con ellos, y Él no quiere; por eso dicen que está loco.

—Y realmente lo estaría —interrumpió Quarto— si se fuera con ellos. Basta reflexionar que los capitanea Isacar, el desmedrado fariseo de Nazaret, quien tiene el rostro amarillo de pura envidia.

Jonadab y Zaqueo rieron de buena gana la salida de mis hijos, y, para que mejor entendieran, les conté cómo Quarto les había explicado la fábula de la zorra y las uvas, y cómo espontáneamente la habían aplicado al caso del Maestro y sus hermanos del clan.

–¿Tienes algo más? –me interrogó el publicano.
–Ya te dije que no; pero he oído a Ben Straus y Ben Renanus decir que Jesús es un iluso, porque se cree Hijo de Dios.
–Pues a esto –intervino Samuel– ya les respondió el Maestro a sus adversarios: *«Si no me creéis a Mí, creed a mis obras; ellas dan testimonio de Mí».* Por eso tus amigos no quieren creer en los milagros, que dan testimonio de la verdad.
–Así se lo dije yo –añadió Jonadab–; no tienen voluntad de creer; son de los que, teniendo vista, no ven.
Con gran sorpresa para todos, mi hijita Raquel tomó cartas en el asunto, y dijo:
–Madre Débora me ha dicho que Jesús es hombre justo.
–Y eso también lo admiten no sólo los amigos, sino aun los enemigos del Maestro, aunque no lo confiesen, y, si he de ser imparcial, tanto Ben Straus como Ben Renanus, que admiran a Jesús, admiten que es un hombre justo –dije.
–Pues tú, papá, nos has dicho repetidas veces que el hombre justo no miente.
–Así es la verdad –repuse–. ¿Y qué con eso?
–Que Jesús –me respondió Raquel–, después de abrir los ojos al ciego de nacimiento, le dijo: *«¿Crees en el Hijo de Dios?»* Y Sidonio respondió: *¿Quién es, Señor, para que yo crea en Él?»* Y tú y yo oímos que el Maestro le respondió: *«Le viste al fin, y es Él mismo que está hablando contigo».* Y Sidonio, adorándole, dijo: *«Creo, Señor...»* Y el hombre justo no miente.
Samuel, lleno de gozo, levantó las manos al cielo y dijo:
–Así lo ha profetizado el Salmista (8, 3): *«De la boca de los niños; hiciste salir la perfecta alabanza para destruir a tus enemigos».*

24
LA VISITA

Ya entrada la noche, y después de haber tomado una refacción de pan, leche recién ordeñada y abundancia de frutas secas, Zaqueo nos invitó a subir a la terraza para disfrutar, a la claridad de la luna, del ambiente tibio y perfumado de la vega de Jericó.
Profundamente impresionado por nuestra conversación de la tarde, me recosté, pensativo, sobre unos grandes almohadones, haciendo otro tanto mis compañeros. Permanecimos silenciosos por largo rato, y, al fin, nuestro anfitrión habló de esta manera:
–Aunque me queda mucho por decir sobre la personalidad de Jesús, está la noche tan plácida, tan tibia, tan hermosa, que, en lugar de seguir nuestra conversación de esta tarde, la cual en otra ocasión espero conti-

nuaremos, me propongo, si os place, hablaros de mí y cómo tuve la inmensa dicha de ponerme en íntima comunicación con el Maestro.

—Creo que no podrías escoger tema más interesante y agradable en estos momentos —dije.

—La noche está tan hermosa —repuso Jonadab— que se parece a las del desierto. Es una noche apropiada para las confidencias, y ya que todos amamos al Maestro, mejor que discutirlo, preferimos escucharte.

—Tengo el corazón tan lleno de Él, mi casa ha quedado de tal manera impregnada del perfume de sus virtudes, le estoy tan agradecido, que, aunque quisiera, creo que no me sería fácil hablar de otra cosa sino de la visita con que me favoreció, y en la cual dio vista a mi alma, me perdonó y me miró de un modo tan agradable, que me cambió de manera definitiva.

Al decir esto, la voz de Zaqueo, aunque áspera de ordinario, tomó un tono tan simpático y armonioso, que me dio a entender lo profundamente emocionado que estaba. Prosiguió, pues, así:

—Aunque la profesión de alcabalero romano que ejercito me hace doblemente despreciable a los ojos del pueblo, y con razón, todavía tuve una madre de lo más piadosa, quien desde niño me enseñó a esperar en la redención de Israel. Tengo muchos defectos; pero si hay en mí alguna virtud, ésta la debo a mi madre. Gracias a Yahvé, yo fui un buen hijo, y la amé entrañablemente.

Esta reminiscencia de Zaqueo me hizo pensar en mi madre, a la cual yo quise con delirio. El príncipe de los publicanos continuó:

—Yo creo que la felicidad inmensa, el favor inmerecido de la visita de Jesús, la debo a mi madre, que me protege y custodia desde el seno de Abrahán. Ya había ella muerto cuando oí por primera vez hablar del Maestro, y, desde luego, sentí hacia Él una atracción que no supe explicar, pero que me llevó a seguirle desde lejos y a informarme de sus acciones y palabras.

El viejo patriarca acariciaba nerviosamente su luenga barba, lo que me hizo pensar que estaba emocionado, Zaqueo prosiguió:

—Aunque no estudié como tú —me dijo— en escuelas filosóficas grecorromanas, no por eso dejé de tener una educación esmerada. Mi padre, publicano como yo, era muy rico, me puso los mejores maestros y, sobre todo, me hizo viajar.

—Los viajes enseñan mucho —dije—; lo sé por experiencia.

—Como tengo buena memoria y regular entendimiento, soy observador, y, sobre todo, según es fama, tengo bastante sentido común; los viajes me sirvieron en gran manera.

—El sentido común es un verdadero don del cielo —dijo Quarto.

—Por otra parte, mi oficio me hizo sumamente desconfiado, y tengo la pretensión de que no me engañan fácilmente.

—Por lo menos de esto tienes fama —observó Samuel, sonriendo.

—Cuando tuve noticia de que Juan Bautista predicaba no lejos de aquí, le fui a escuchar. Quedé admirado de ese hombre; ¡qué portento!
—Era un verdadero coloso —dije.
—Sin embargo, mi orgullo me impidió recibir el bautismo de penitencia.
—Lo mismo me pasó a mí.
—Le oí decir que *«era indigno de desatar la correa del calzado de Jesús»*, y esto me inspiró la idea de observar al Maestro, ya que hombre tan admirable como el Bautista tenía de Él opinión tan elevada.
—Parece que estás repitiendo mi historia.
—Me desconcertó saber que Jesús era galileo, y a más de Nazaret; que era un hombre sin letras y rodeado de gente ignorante. Por eso no le seguí, desde luego, si bien no dejé de informarme de su conducta. Lo que me atrajo, ¿lo creerás?, fue su amor a los pobres.
—¿Que a ti, alcabalero, te atrajo Jesús por su amor a los pobres? Eso es una paradoja —dijo Quarto, soltando una carcajada.
—Tienes motivos para reírte; pero te hago saber que, a pesar de ser alcabalero, una de las poquísimas virtudes que en mí reconozco, y que debo a mi madre, es que soy caritativo con los pobres. Yo, desgraciadamente, he cometido injusticias con los ricos; pero jamás he extorsionado a los pobres, y nunca marcha vacío el infeliz que a mi puerta pide limosna. Así me lo enseñó mi madre, y así lo he practicado siempre.
Jonadab entonces exclamó:
—Eso te ha salvado; así decía el viejo Tobías (4, 2): *«La limosna no dejará caer el alma en las tinieblas, sino que será motivo de gran confianza delante del Soberano Dios a todos los que la hicieren»*.
—Esto es lo que me ha pasado a la letra, como os diré más adelante. Supe que Jesús andaba por Galilea, y quise oírle. Felizmente, le encontré en la montaña, y escuché su sermón.
—¿Estuviste —exclamé— cuando enseñó las bienaventuranzas? Yo estuve también allí.
—Ése fue el principio de mi dicha. *«Bienaventurados* —dijo Jesús— *los pobres, porque de ellos es el reino de los cielos»*. Me quedé aplanado. Yo entonces pensaba que el Mesías establecería un reino temporal, como casi todos piensan, y quedé desilusionado, tanto más, que después nos empezó a echar despiadadamente a los ricos. Yo era caritativo con los pobres, lo que me parecía justo; pero nunca me imaginé que éstos y no los ricos eran los que habían de fundar el reino. ¿De dónde iban a sacar recursos esos infelices? ¿Cómo iba Jesús a establecer un reino sin nuestro concurso, sin dinero?
—Por desgracia —dijo Jonadab—, ésa es la idea que hasta el presente tienen los príncipes de los sacerdotes; creen que el Mesías ha de venir a establecer un reino temporal; como ellos, piensa el pueblo, y, lo que es más triste, sus mismos discípulos.

—Seguí, sin embargo, escuchando al Maestro. Por fortuna, guardé sus palabras en mi corazón, aunque sin entenderlas, hasta que Él vino a mi casa, me abrió los ojos, me miró, se sonrió, y entonces las comprendí con claridad.

—¿Y podrías decirnos lo que entendiste? —dijo Quarto—. Estoy ansioso por escucharte.

—Voy a explicarte ese sermón admirable. ¿Has visto alguna vez el mar?

—Le he atravesado varias veces —respondió mi compañero.

—Conoces, ciertamente, la superficie; le conoces en dos dimensiones. Pero ¿has descendido alguna vez a sus profundidades? ¿Has visto los tesoros que encierra en sus abismos?

—No, nunca me he dedicado al buceo.

—Pues para conocerle cómo es se necesita también haberle sondeado, tener noticia de su tercera dimensión.

—Podrías explicarnos este símil —dijo, entusiasmado, Jonadab.

—A eso voy. Aunque la ley fue dada por Yahvé, nuestros maestros, les doctores, los escribas y, especialmente, los fariseos no han profundizado en la vida del alma, se han quedado en la superficie. Por eso estiman en tanto los formalismos exteriores, en los cuales ponen lo principal de la religión. Limpian por fuera el plato y por dentro son como sepulcros llenos de corrupción. Jesús ha venido a mostrarnos las profundidades del mar de la vida, la práctica de las verdaderas virtudes internas. Ha venido a fundar un reino espiritual donde los próceres son, no los que están apegados a los bienes que roe la polilla o los roban los ladrones ni los que hipócritamente ejercitan la parte exterior de las virtudes, sino los que, sin apariencia ni vanidades, son verdaderamente misericordiosos, son mansos y humildes, tienen hambre y sed, son pacíficos, lloran, padecen, y, sobre todo, tienen un corazón limpio. Y ¿quiénes son éstos?

—Los pobres, los pobres —exclamé yo, entusiasmado y conmovido,

—Por eso dice Jesús que de éstos, y no de aquéllos, es el reino de los cielos. Pero divago —dijo Zaqueo.

—¡Qué has de divagar! —repuso Jonadab—. Continúa.

—Os he dicho que sólo hasta hace pocos días, cuando Él me honró viniendo a hospedarse en mi casa, comprendí esto y otras mil cosas, pues anteriormente yo no veía. Los bienes de este mundo y, sobre todo, las injusticias, me tenían ciego; pero Él me dio la vista del alma.

—Lo que decía Ben Montanus: cuando el ojo está enfermo o no existe, es imposible ver la luz, por brillante que sea —dije.

—Un día que le escuchaba de lejos le oí decir: *«Venid a Mí todos los que estáis cansados y agobiados, que Yo os aliviaré»*. Estas palabras penetraron hasta el fondo de mi alma; yo estaba agobiado por las injusticias, y me parecían una carga intolerable. Desde aquel, momento acechaba yo la oportunidad de verle y hablarle.

—Lo mismo que pasó a Magdalena —dijo Samuel, conmovido—, sólo que la carga de ella era diferente.

—Pero la atracción del oro —prosiguió Zaqueo— es irresistible. Yo no creo ser avaro; gasto el dinero con prodigalidad. Sin embargo, el placer que recibía yo al contemplar en mi arca los montones de monedas de oro era de lo más agradable, tanto, que extendía la mano para acariciarlos. Y temiendo que me los pudieran robar, volviendo la vista a todos lados, temeroso de que alguno los viera, cerraba apresuradamente el arca.

Quarto me miró de soslayo, pues algo semejante me pasaba a mí.

—Con este prenotando —continuó el publicano—, ya podéis figuraros lo que sentiría cuando me anunciaban que mis empleados eran robados por dos cuadrillas de bandoleros que infestaban el camino de Jericó. Estaba furioso porque Pilato no ponía pronto remedio a estos atentados, y fui a verle. Exigí que pusiera patrullas que custodiaran el camino para que cuanto antes Dimas y Gestas, los jefes de los bandidos, fueran aprehendidos y ajusticiados para ejemplo.

—¡Pobre Dimas! —dijo Quarto—. Después de todo, es un buen chico.

—Lástima —continuó Zaqueo— que no hubiera tenido de él entonces la opinión que tú manifiestas ahora. Desgraciadamente, Pilato juró por Júpiter Olímpico y por los dioses infernales crucificar a los jefes si caían en su poder.

—¿Por qué dices eso de Dimas? —inquirí, curioso.

—Pronto lo sabrás. Estaba yo un día recontando mis monedas, cuando me anunciaron que una mujer quería hablarme. Cerré al punto el arca, y salí a recibirla. ¡Cuál no sería mi sorpresa cuando me dijo que era la madre de Dimas, y me venía a entregar algo que su hijo me mandaba! Y puso en mis manos seis bolsitas de monedas de oro que traía ocultas bajo el chal. «Te manda esto Dimas, pues quiere restituir lo que te ha robado», dijo la mujer. Y entonces me contó cómo había sido preso su hijo en una celda que le pusiera Caifás, el sumo sacerdote, por haberle robado un gallo de pelea. El dolor de la madre y la acción del hijo me conmovieron profundamente.

—Yo estuve presente en aquella famosa pelea de gallos que se verificó en el palacio de Caifás, y en la que fueron presos Dimas y Gestas —repuso Quarto—. Fue alevosía, y Caifás acusó a Dimas, no de ladrón, sino de blasfemo.

—No pude dormir aquella noche, y al día siguiente fui a la fortaleza Antonia, y obtuve permiso para hablar con Dimas —continuó Zaqueo—. Yo, como veis, soy muy bajo de estatura y Dimas es un hombrachón. Le encontré echado sobre la paja que le sirve de colchón en su mazmorra. «Te esperaba —me dijo por saludo—, tenía por seguro que vendrías, y me alegro, pues quiero decirte que si no te devuelvo todo lo que te robé, es porque ya no lo tengo, y quería suplicarte me perdonaras». Sentí un nudo en la garganta, y no pude contestarle. «¿Me perdonas? —repitió el antiguo bandido–. Y yo, con lágrimas en los ojos, le di por respuesta un abrazo; no podía hablar. «Si pues me perdonas –continuó–, quiero pedirte un favor» «Lo que gustes» –le respondí–. «Pues te ruego que pidas a Pilato que me deje salir de esta cárcel». Grande fue mi desilusión, y, reponiéndome, le respondí fríamente: «haré lo posible». Dimas comprendió lo que por mí pasaba, y añadió: «No quiero mi libertad; sé que soy culpable, y estoy dispuesto a recibir el justo castigo. Si deseo salir por poco tiempo, es para verle y hablarle; luego volveré a mi prisión; no temas que me escape». Quedé aún más desconcertado, y le pregunté: ¿A quién quieres ver? ¿A tu esposa? ¿A tu madre?... «Ellas vienen a verme aquí –respondió–. Quiero ver a Jesús 'de Nazaret para pedirle que me perdone y me acepte, aunque indigno, como el primer súbdito de su reino» Estas palabras del bandido me turbaron más aún, y no respondí. Entonces Dimas, poniéndose en pie, me tomó en sus fornidos brazos, y me levantó hasta la altura de una enrejada ventana que daba luz al calabozo. «¿Qué ves?» –me preguntó–. «El templo, el pórtico de Salomón» –respondí–. Entonces, bajándome con cuidado, prosiguió: «Desde aquí le vi y le oí hablar cuando exponía a sus discípulos la parábola del hijo pródigo. No tienes idea la impresión que me hicieron sus palabras, y yo, que nunca he llorado, me puse a gemir como un niño. Después, reponiéndome, le grité: «Yo soy ese hijo pródigo. *Padre, pequé contra el cielo y delante de ti*». Volvió Jesús sus ojos hacia mí y me miró. «¿Y qué te dijo?» –le pregunté–. «Su mirada misericordiosa me lo dijo todo, y luego, sin duda para mí, expuso la parábola de la oveja perdida; ¿qué mejor respuesta me podía dar? Después de esto se marchó, no sin volver a mirarme. Aquella noche decidí restituirte lo que te había robado». Yo ya no podía más, y temiendo llorar, me despedí de Dimas, dándole la mano y prometiendo hacer lo que me pedía. Cuando volví a mi casa –continuó Zaqueo–, al mirar el arca donde guardo mis tesoros, me dio horror. Allí estaban las monedas devueltas por el ladrón de caminos, el cual había expuesto su vida para conseguirlas, mezcladas con muchas del ladrón aristocrático, robadas sin peligro alguno de su vida y que clamaban a su dueño...

Cuando terminó Zaqueo, Samuel lloraba a lágrima viva; sin duda pensaba en su sobrina Magdalena; Jonadab, conmovido, acariciaba su luenga barba; yo había cubierto mi rostro con las manos para no dejar ver mi emoción; Quarto, entusiasmado, tomó en sus hercúleos brazos al viejo y lo estrechó con efusión.

–Calculad –prosiguió Zaqueo– cuál sería mi alegría cuando al día siguiente uno de mis criados me avisó que Jesús de Nazaret venía por ese camino que veis, hacia Jericó. «*Salí corriendo*», y temeroso de no poder verlo, pues soy muy bajo de estatura, «*me subí a un, sicomoro para verle, porque Jesús debía pasar por allí. Llegado Jesús a aquel lugar, alzó los ojos, y, mirándome, dijo: Zaqueo, baja de prisa, porque conviene que hoy me hospede Yo en tu casa. Bajé a toda prisa, y lleno de gozo lo recibí en*

mi casa». Cuando lo acompañaba no se me escapó que *«todo el mundo murmuraba al ver esto, diciendo que había ido a hospedarse en casa de un hombre de mala vida».*
  —Lo mismo decían de Magdalena —interrumpió Samuel.
  —Lo hice entrar y lo llevé a la mejor pieza de la casa, donde tenía yo mi arca de caudales, la cual, por la prisa con que salí, por vez primera en mi vida, ¡había dejado abierta! Lo recibí con todas las prácticas acostumbradas; yo mismo le quité las sandalias, le lavé los pies y le ungí la cabeza con el más rico de mis perfumes. Después le rogué que comiera, pues venía desde lejos y debía tener hambre. Él aceptó todas mis atenciones, y cuando se hubo sentado me empezó a hablar del reino de Dios.
  —¿Y te dijo algo a propósito del arca abierta? —le pregunté.
  —Ni una sola palabra —respondió Zaqueo—; hablaba únicamente del reino de los cielos, y yo, *«puesto en su presencia, lo escuchaba»* bebiendo sus *«palabras de vida eterna»*. Se hacía tarde, y Él no se cansaba de hablarme ni yo de escucharle. Iba ya muy adelantada la noche cuando, no pudiendo contenerme, me levanté, y mostrándole mis tesoros, le dije: *«Señor, yo doy la mitad de mis bienes a los pobres»*.
  —¿Y qué te dijo? —preguntó Quarto.
  —Miró con sumo desprecio los montes de oro. Yo quedé cortado, pues pensé que me diría alguna palabra de aliento. Inquieto con esto, me vino a la memoria la acción de Dimas. Allí estaban las monedas que me había restituido el ladrón. Entonces tuve una idea, y le dije: *«Señor, a quien en algo haya yo defraudado, le restituyo cuatro veces más...»* Jesús se puso en pie, su rostro se iluminó, una sonrisa divina apareció en sus labios, y dijo: *«En verdad te digo que en el cielo había más gozo por la conversión de un pecador que por noventa y nueve justos que no necesitan penitencia...»* Yo caí a sus pies sollozando, pues sentía que me había perdonado, no porque daba la mitad de mis bienes a los pobres, sino por haber cumplido con la justicia restituyendo lo ajeno. Jesús me puso la mano sobre la cabeza y me bendijo, añadiendo: *«Ciertamente que el día de hoy ha sido de salvación para esta casa, pues también tú eres hijo de Abrahán; porque el Hijo del hombre ha venido a buscar y salvar lo que había perecido»*. Me siguió hablando. Yo entonces le dije: *«¿Qué haré?»* Y Él me respondió con las palabras del Bautista: *«El que tiene dos túnicas dé al que no tiene, y el que tiene alimentos haga lo mismo»*. Queriendo dejar mi oficio de alcabalero, le volví a preguntar lo que debía hacer, volviéndome a responder como Juan: *«No hagas más de lo que se te ha mandado hacer»*. Pero ¿no has dicho, Señor, que el reino de los cielos es de los pobres? De los pobres de *espíritu*, me respondió, y entonces me explicó cómo la verdadera pobreza está, no en la carencia de los bienes terrenos, sino en *«no estar apegado a ellos»*.
  Yo exhalé un suspiro de consuelo al oír aquella explicación, pues me encontraba en condiciones parecidas a las de Zaqueo. Éste continuó:

–La aurora se acercaba. Jesús se levantó para marchar, y al mirar los primeros arreboles, dijo: *«Yo soy la luz del mundo; ¡el que me sigue no anda en tinieblas!»* Me sonrió por última vez, y me bendijo. Al ver su esbelta figura rodeada por el nimbo de la aurora alejarse poco a poco, cayendo de rodillas, exclamé: Me ha dado la vista. Él es la luz del mundo, lo entiendo. Él es manso y de corazón humilde. ¿Quién le podrá argüir de pecado? En Él no hay dolor. Él es la Verdad y la Vida; detesta infinitamente la injusticia; sus entrañas son de misericordia; tiene delirio por el perdón; ama apasionadamente el arrepentimiento... *¡Él es el Hijo de Dios!*...

25
TRAMAS POLÍTICAS

–¿Sabes quién está aquí? –me preguntó Zaqueo.

–He visto entrar un grupo de hombres, pero no pude distinguir quiénes eran.

–Pues son varios discípulos de Jesús, capitaneados por Judas de Kariot.

–Mal negocio –repuse, riendo–. Si Judas está aquí es porque ha olido dinero. Por supuesto que te lo pedirá hipócritamente en nombre del Maestro.

–Se ve que lo conoces. Es la tercera vez que me pide. Ahora, sin embargo, dice que me quiere hablar de un negocio muy importante, y como sé que tú, Jonadab, Samuel y Quarto estáis ansiosos por tener noticias de Jesús de Nazaret, he pensado invitaros para asistir a la conferencia.

–Sería mejor que Quarto no asistiera. Le tiene mala voluntad a Judas, y si éste dice algo que no le parezca, es muy probable que el asunto no termine pacíficamente. Por fortuna puedo mandarlo con mis hijitos para que den un paseo.

Después de haber cumplido mi propósito, me reuní con mis compañeros, y al poco rato fue admitido Judas y los suyos a nuestra presencia. Al entrar nos miró de soslayo, y, en lugar de desconcertarse, parece quedó complacido. Sin duda pensó que de un tiro iba a matar cuatro pájaros bien gordos, pues todos somos ricos y... amigos de Jesús.

Después de los saludos acostumbrados, Judas se expresó así:

–Ante todo, os digo que hoy no vengo a pediros dinero, sino a daros muy buenas noticias.

Los cuatro nos sonreímos, incrédulamente, y el de Kariot continuó:

–Creo que ya está muy cerca la fundación del reino; hay dos señales que lo indican: la gran animosidad de los enemigos del Maestro y la conducta de Éste.

–¿Ha cambiado de modo de pensar? –pregunté, sorprendido.

—Os voy a exponer los hechos y vosotros juzgaréis. Los enemigos del Maestro están reconcentrados, principalmente en Jerusalén, y son los príncipes de los sacerdotes, los saduceos y los fariseos. Todos, de común acuerdo, lo han excomulgado, y si no le aplican el rigor de la pena es porque no pueden; varias veces han tratado de detenerlo y han enviado gente para que lo traiga preso. El resultado ha sido contraproducente, pues los mismos esbirros, no sólo no le han echado mano, sino que han vuelto creyendo en Jesús.
—Así es la verdad —interrumpió Samuel—. Yo he sabido lo mismo.
—No hace el Maestro más que hablar y los desarma —prosiguió Judas—. La excomunión está lanzada; pero no la han publicado con el aparato que es costumbre, porque temen al pueblo. Esto no obstante, han hecho saber que todo el que crea en Él será expulsado de la sinagoga.
Ésta fue precisamente la razón por la cual los padres de Sidonio, el ciego de nacimiento, no quisieron responder.
—Tienes razón —dije.
—Ya lo creo que la tengo —continuó el apóstol—. Los herodianos, por su parte, están también en su contra. Herodes quiere matarlo; unos fariseos, hipócritamente, se lo fueron a decir: *«Sal de aquí y retírate a otra parte, porque Herodes quiere matarte».*
—¿Y por qué lo quiere matar Herodes? —preguntó Jonadab.
—¡Friolera, porque teme que lo destrone! Herodías ha recibido cartas de Roma diciendo que Pilato es el único que tiene intervención en los negocios de aquí, y Pilato es enemigo mortal de Herodes. Y yo sé de buena tinta que Pilato vería con mucho gusto una sublevación, no en Jerusalén, pero sí en Galilea, contra el tetrarca. Así me lo dijo una de las criadas de Claudia Procla, que está de nuestro lado.
No pude menos de sonreír, y dije:
—Tienes buena policía.
—Por supuesto —repuso Judas—; hay que estar informado de todo. Tenemos, pues, a los enemigos del Maestro decididos a suprimirlo en la primera oportunidad. La guerra está declarada de manera definitiva, y Jesús tendrá al fin o que huir o que defenderse si quiere quedar con vida y fundar su reino.
—¿Y qué es lo que te hace sospechar que el Maestro se les opondrá? —preguntó Zaqueo.
—Que ya empieza a formar los oficiales de su futuro ejército —respondió Judas.
—¿Cómo así? —preguntamos asombrados los cuatro a un tiempo.
—Hasta hace poco sólo éramos doce, y ahora pasamos de ochenta; ha elegido otros setenta y dos, a los que pertenecen éstos mis compañeros.
—¿Y para qué son los nuevos discípulos? —pregunté.
—Es una medida muy diplomática —dijo Judas— para soliviantar al pueblo. *«Eligió el Señor otros setenta y dos discípulos, a los cuáles envió*

delante de Él, de dos en dos, por todas las ciudades y lugares adonde Él había de ir, y les dijo: La mies es mucha y los operarios pocos. Rogad, pues, al dueño de la mies que envíe obreros a ella». ¿No veis en estas palabras que quiere reclutar más gente para que le ayude en la fundación del reino?

Yo no supe qué responder, y Judas prosiguió:

—Nos avisó que encontraríamos enemigos: *«Id vosotros: he aquí que Yo os envío a predicar como corderos entre lobos».* Y como lo que Él quiere es atraer, por ahora, la gente del pueblo, nos ha mandado presentarnos pobremente: *«No llevéis* —dijo— *bolsa, ni alforja, ni zapatos».* Nos ordenó que comiésemos de limosna; pero, eso sí, que en todas partes dijéramos: *«El reino de Dios está, cerca».*

—Si os manda en son de propaganda entre enemigos —objetó Zaqueo—, debe daros armas para defenderos.

—¿Qué mejores armas que la potestad que nos dio de curar enfermos, echar a los demonios y hacer bajar fuego del cielo? —respondió—; esto atrae miles de adeptos.

—¿Pero has hecho tú milagros? —pregunté, incrédulo.

—La mar de ellos —me respondió—, y no sólo eso: también he echado a los demonios.

—¿ Tú echar los demonios? —dijo, riendo, Zaqueo.

—Pregúntaselo a mis compañeros, que han hecho lo mismo. ¿Verdad, muchachos?

—Cuando volvimos, llenos de gozo —repuso uno llamado Azarías—, le dijimos: *«Señor, hasta los mismos demonios se nos someten en virtud de tu nombre».*

—Eso ya es otra cosa —dije—; la virtud os viene de Él. Pero lo del fuego del cielo, no lo creo.

—Mira, rabí —respondió el de Kariot—, oye lo que nos dijo el Maestro: *«Si en alguna ciudad donde hubiereis entrado no quisieran recibiros, decid, saliendo a la plaza: hasta el polvo que se nos ha pegado de vuestra ciudad sacudimos contra vosotros; sin embargo, sabed que el reino de Dios está cerca. Y os aseguro que en el gran día, Sodoma será tratada con menos rigor que aquella ciudad».* Lo que yo interpreto así: ya que no nos queréis recibir, ateneos a las consecuencias; cuando esté establecido el reino, si a Sodoma le cayó fuego del cielo, a vosotros os irá mucho peor.

—¡Qué pillo es ese hombre! —me dijo por lo bajo Jonadab—. Cómo lleva el agua a su molino, dando una falsa interpretación a las palabras del Señor; pero así son los políticos: embusteros y engañadores.

—Una cosa os aseguro —prosiguió Judas—: mis compañeros en el apostolado están de acuerdo en que hay que trabajar para persuadir al Maestro que dé al fin el paso decisivo en la fundación del reino. Pedro, quien desde hace unos meses se da humos de capitán, está juntando espadas; Santiago y Juan no ven ya la hora de poder ocupar cada cual una silla al lado del

Maestro; Simón Zelotes cuenta con sus correligionarios de Galilea, y los otros compañeros murmuran contra los Zebedeos por su ambición política; pero todos aspiran a los mejores lugares en el reino que se va a fundar.
—¿Y tú? —le pregunté.
—Yo no sólo junto dinero, sino que, debido a mi actividad, las cuarenta parejas que salieron a predicar la proximidad del reino han esparcido la idea de que todo está preparado, y que muy pronto verá Israel cumplidos sus votos de emancipación y grandeza, por tantos siglos retardados.
—Cuando volvimos —repuso Tobías, uno de los compañeros de Judas—, el Maestro se alegró sobre manera, y nos dijo: *«Veo a Satanás caer del cielo como el rayo. He aquí que os he dado potestad de hollar serpientes y escorpiones, de suerte que nada podrá haceros daño».*
—¿Y quiénes son esas serpientes —añadió Judas—, sino los escribas y fariseos, nuestros enemigos? ¿No los ha llamado repetidas veces el Maestro raza de víboras e hijos del diablo?
—Pero nuestro mayor gozo, nuestra gran gloria —prosiguió Tobías— debe consistir en que pertenecemos al reino de los cielos, con lo cual nos da a entender el Maestro el reino que trata de fundar.
—En efecto, así es —dijo Azarías—, pues añadió el Señor: *«Con todo esto, no tanto debéis gozaros porque se os rindan los demonios, cuanto porque vuestros nombres están escritos en el cielo».*
—Y ahora tú, Gabelo —continuó Judas—, cuenta, cuenta cómo terminó el Maestro.
Gabelo, joven sencillo y entusiasta, habló así:
—*«En aquel mismo punto, Jesús manifestó un extraordinario gozo, exclamando: ¡Oh Padre, Señor del cielo y de la tierra! Yo te glorifico, porque has encubierto estas cosas a los sabios y a los prudentes y las has descubierto a los pequeñuelos. Así es, ¡oh Padre!, porque así te plugo. Todas las cosas ha puesto el Padre en mis manos; y nadie conoce quién es el Hijo, sino el Padre, ni quién es el Padre, sino el Hijo, y a quien el Hijo quisiera revelarlo. Bienaventurados los ojos que ven lo que vosotros veis. Os aseguro que muchos profetas y reyes desearon ver lo que vosotros veis, y no lo vieron, y oír lo que vosotros oís, y no lo oyeron».*
Y Judas entonces, con aire de triunfo, exclamó:
—Y ¿qué fue lo que los profetas y reyes desearon ver, sino el triunfo de Israel? Ahora Israel está oprimido por la mano de hierro del romano y pisoteado por el idumeo. El Mesías no puede ser otro sino aquel que nos haga triunfar de ambos. Somos el primer pueblo del mundo, y, capitaneados por el Mesías, todas las naciones de la tierra tendrán que someterse a nuestro dominio. *«Hasta que ponga a tus enemigos como escabel, a tus pies»,* ha dicho David.
—Así, así —dijeron a coro los compañeros del de Kariot—. El Mesías no puede ser sino el que libre y engrandezca a Israel sobre todas las naciones del mundo. Esto es lo que los profetas y reyes quisieron ver, y no vieron.

Judas, sin mirarnos cara a cara, según su costumbre, exclamó:

–Ahí tenéis la opinión de todo Israel, la opinión de los mismos discípulos del Maestro –y, dirigiéndose a sus compañeros, añadió–: Id vosotros a esperarme en la casa Lamec, que yo tengo que comunicar a nuestros protectores (refiriéndose a nosotros) algo muy importante y confidencial.

Cuando quedamos solos, Judas, después de cerrar la puerta, dijo:

–He querido que oigáis vosotros mismos lo que opinan los discípulos del Señor, y lo habéis escuchado. Así piensan todos. Ahora tengo que comunicaros mis temores y pediros ayuda. Tú –continuó, dirigiéndose a Zaqueo– estás en una posición envidiable; el Maestro tiene de ti una opinión magnífica. Le he oído hablar muy bien de ti. Por eso he venido a buscarte. Creí encontrarte solo; pero me felicité al ver que estaban contigo el gran patriarca de los recabitas, Samuel, el hombre más piadoso y bueno de Israel, y el rabí Ben Hered, cuya fama de sabio surca los mares.

–¡Oh poder de la adulación! Las bien pensadas alabanzas de Judas nos hicieron escucharle atentamente, por lo menos. Continuó así:

–Los dos primeros años de la campaña de Jesús, para el establecimiento de lo que llama el reino de los cielos, marcharon admirablemente. Con su sagacísimo modo de obrar, llegó a crear una expectación extraordinaria a favor del futuro reino. Hablaba constantemente en parábolas, que nadie entendía, pero que todos veían relacionadas con el establecimiento de un reino. Dispensaba por todas partes favores y hacía milagros que le iban acreditando más y más; pero al propio tiempo imponía a los que sanaba el precepto de que no lo dijeran. Claro que no se quedaban callados; pero su mandato producía el efecto de restringir el entusiasmo que pudiera orillar al pueblo a proclamarle Rey antes del tiempo que Él estimara conveniente.

–Tienes razón –dije–; esa misma observación hice yo varias veces.

–Su popularidad llegó a la cumbre cuando hizo el milagro estupendo de alimentar a cinco mil hombres, sin contar las mujeres y los niños, con sólo cinco panes y dos peces.

–Yo estuve presente –dije–, y lo vi todo.

–Me alegro de tener un testigo –prosiguió Judas– de tanta autoridad como tú. Entonces, la gente no sólo estaba dispuesta a proclamarle Rey, sino a hacerle Rey por la fuerza. Todo estaba admirablemente dispuesto, y mis compañeros y yo, al repartir los panes, le hacíamos la propaganda. Él, sin embargo, obligándonos a dejarle solo, sabe Dios lo que les dijo, y, al fin, no hubo nada.

–Lo recuerdo muy bien –confirmé.

–Después se fue por Tiro y Sidón, y, por fin, a los alrededores de Cesarea de Filipo. Allí nos preguntó qué se decía de Él. Pedro le respondió que nosotros le teníamos por el Mesías, Hijo de Dios. Pero no bien había pasado esto, el Maestro empezó a decir que tenía que padecer y morir en una cruz; lo cual a Pedro y a todos nosotros nos pareció una barbaridad, lo que le valió a aquél una reprimenda. Desde entonces, el Maestro ha variado de conducta. Sus parábolas son claras e insiste en que Él y los que le siguen han de padecer y hasta morir en la cruz. ¿A quién se le ocurre fundar un reino dejándose crucificar?

—Pero ¿no dice que resucitará al tercer día, y pone el ejemplo de Jonás? —interrumpió Jonadab.

—Ya lo creo que lo dice y lo repite —repuso Judas—; pero ¿quién va a creer en semejante disparate? ¿Dónde se ha visto ni oído que uno funde un reino después de muerto?

—Pero querrá que vosotros, sus discípulos, lo fundéis —objetó Samuel.

Judas soltó una carcajada, y añadió:

—Bien se ve que no conocéis a mis compañeros. El día en que maten al Maestro, se desbandan todos y corren como liebres.

—¿Y tú? —le pregunté.

—Yo no soy tonto. El día que eso suceda me paso al lado contrario. Pero no es ése el caso por ahora. No cabe duda que Jesús es justo; que es un gran profeta poderoso en obras y palabras, el mayor que ha tenido Israel, sin duda alguna. Que todo está dispuesto para la emancipación de Israel, y que Él es el único que puede llevarla a cabo. Pero le ha dado por hablar de la mansedumbre, de la humildad; que quiere que pongamos la otra mejilla cuando nos abofetean. Y en lugar del «diente por diente» de nuestros padres, dice que perdonemos a nuestros enemigos; un judío jamás perdona. Luego quiere quitar el divorcio, con lo cual se echa en contra a todos los hombres. Dice que su reino es para los pobres. ¡Al diablo con los pobres! La gente más repugnante que conozco. Añade que son bienaventurados los mansos, los llorones, los que padecen, los limpios de corazón. Esto excluye a la mayoría de la gente granada de Israel. ¡Limpios de corazón, limpios de corazón! ¡Buena está su limpieza!

Yo pensaba que Zaqueo iba a protestar; pero no sólo no lo hizo, sino que le vi sonreír.

—¿A quién se le ocurre con todas estas ideas fundar un reino y salvar a Israel? Lo que necesitamos es un genuino Hijo de David, aunque tenga todos los vicios de su padre, con tal que haya heredado su valor. Necesitamos un rey con las riquezas de Salomón, aunque tenga mil concubinas. Así están Jenaquerib, Alejandro, Ciro, César, Augusto, los grandes conquistadores, que no se andaban con remilgos; por eso fueron lo que fueron. Ése es el Mesías que espera Israel: un verdadero caudillo, con cientos y miles de talentos de oro, grandes ejércitos y sin muchos escrúpulos; no un rey paciente, humilde y, lo que es peor, pobre y crucificado.

—Pero ¿tú crees que Jesús es el Hijo de Dios? —inquirió, escandalizado, Samuel.

Judas alzó los hombros, y añadió:

—Así lo dijo Pedro; pero el mismo Pedro se puso a argüirle al Maestro cuando Éste dijo que le habían de crucificar, como os conté. No, ni Pedro, ni Juan, ni todo Israel quiere un rey semejante; lo quiere como lo quisieron Moisés y los profetas. Un caudillo que nos libre de los romanos y haga de Israel el mayor pueblo del mundo.

—Y ¿dónde andaban los romanos en tiempos de Moisés? —preguntó sarcásticamente Jonadab.

—Yo no lo sé, ni me importa. Lo que sí sé es que todo Israel tiene las mismas ideas que yo, y «la voz del pueblo es la voz de Dios».

—Así lo aseguran, por lo menos, los odiados romanos —observé—, y también dicen: *Fere libenter homines id quod volunt credunt.*

—No entiendo de latines —refunfuñó Judas.

—Pues quiere decir que los hombres creen de buena gana lo que les conviene —traduje.

Zaqueo, terciando, preguntó:

—Bueno, Judas, y ¿en qué podemos ayudarte?

—Pues en influir con el Maestro a que cambie de conducta. Tú lo puedes hacer muy bien; te estima mucho. Por otra parte, hay que juntar dinero, mucho dinero, muchísimo dinero...

—¡Ya apareció aquello! —dijo una voz conocida a mis espaldas. Era Quarto, que había entrado sin ser sentido.

—¿Quiénes fueron los romanos en un principio? —prosiguió Judas—. Una pequeña banda de ladrones. Se unieron, y empezaron a imponerse a sus vecinos, robándoles lo que tenían. Así fueron creciendo poco a poco. Israel puede comenzar más holgadamente. Allí están Nicodemo y José de Arimatea, más ricos que los mismos phabi; aquí está el patriarca de los recabitas; aquí está Samuel, igualmente rico; aquí estás tú, que quieres dar la mitad de tu fortuna a los pobres; dala para la causa del Mesías, de Jesús, a quien tanto amas. Y aquí está rabí Ben Hered, que me ha ofrecido veinte talentos. Si nos juntamos, podremos formar un ejército, y luego, si necesitamos oro, allí está guardado en los sótanos del templo. En lugar de que lo robe Pilato para su acueducto, lo podríamos usar para la causa de Israel. Ese oro es del pueblo, dado por el pueblo, y bien puede usarse para la redención del pueblo.

Samuel estaba indignado, y, con el objeto de no tener complicaciones, Zaqueo, tomando una bolsa de monedas de plata, dijo a Judas:

—Puedes estar seguro que si el Maestro pide nuestra ayuda, todos le daremos hasta el último *shekel,* y así se lo puedes asegurar de nuestra parte. Por de pronto, toma este dinero —y le arrojó la bolsa con desprecio—. Judas la atrapó en el aire y, con sonrisa forzada, después de hacernos a todos profunda reverencia, marchó.

Y cuando Judas salió era ya de noche.

26
UNA HIPÓTESIS

Cuando nos quedamos solos, Jonadab dijo:
—Judas es la encarnación de los vicios del pueblo judío. Es duro de cerviz, como lo había dicho Yahvé del pueblo, y al propio tiempo es servil y cobarde ante el poderoso. «*No sea que me viese obligado a destruirte en el camino, siendo como eres un pueblo de dura cerviz. Oyendo el pueblo estas tremendas palabras, prorrumpió en llanto, y ninguno se vistió con su acostumbrado adorno*» *(Éxodo* 33, 35).

—Así es, así es —prorrumpió, tristemente, Samuel—. Este pueblo llora con los ojos, mas no con el corazón.

—Es un genuino adorador del becerro de oro, de los que creen que *«en el oro consiste el poder, y dicen al oro más acendrado: en ti pongo mi confianza» (Job* 31, 24) —continuó el patriarca—. Esta sed de oro es la que ha perdido a nuestro pueblo, y es la que está perdiendo a este hombre.

—Tienes razón sobrada —dijo Samuel—. Judas piensa, además, como piensa Israel: que es el mayor pueblo del mundo, a cuyas plantas han de caer arrodilladas las más grandes naciones. Israel es de una ambición sin límites, de un orgullo indomable, y confunde su propia grandeza con la que ha de tener un día debido al Salvador.

—No entiende la misericordia ni el perdón generoso —añadió Zaqueo—; tiene la regla de «ojo por ojo y diente por diente»; y, como lo afirmó Judas, «un judío jamás perdona».

—Y por eso —interrumpió Quarto— no será perdonado, pues Jesús lo ha dicho: «*Perdona nuestras ofensas como también nosotros perdonamos a los que nos ofenden».*

—Tienes razón —volvió a decir Samuel—; y ya manifestó su idea el Maestro en la parábola del criado que debía al rey diez mil talentos, y fue perdonado porque se lo rogó, y, en cambio, no quiso aquél perdonar a su compañero, que le debía cien denarios.

—Judas es un hipócrita —dije yo—. ¿No oíste cómo se le escapó que se pasaría al partido contrario si Jesús no triunfaba? Y, sin embargo, le sigue, como si estuviera dispuesto a estar siempre con Él, aunque la fortuna le sea adversa.

—Y la hipocresía, desgraciadamente, es uno de los vicios más abominables de los fariseos, los directores de Israel —añadió Jonadab.

—Ese hombre odia a los pobres y tiene el corazón endurecido —repuso Quarto.

—En eso sí que no se parece a nuestro pueblo. Hay que ser justo —interrumpió Samuel—. El pueblo hebreo es caritativo, por lo menos con los suyos, si bien los ricos saduceos son duros con el menesteroso; los fariseos, aunque sólo sea por ostentación, hacen limosnas a los pobres.

–Desgraciadamente –dijo Jonadab–, Israel es un pueblo que reza, mas no un pueblo que ora. Imita a los fariseos, sus maestros, que se ponen a rezar gritando en las encrucijadas de las calles. Hace como el fariseo de la parábola del Maestro, que alega en voz alta que cumple con todo lo prescrito por sus tradiciones, sin que en su corazón pida perdón a Dios por sus culpas, como el publicano. Quizá me engañe, pero me parece que Judas es de aquéllos y no de éstos. Honra a Dios con los labios, mas no con el corazón.

–Yo no soy profeta ni hijo de profeta –concluyó Quarto–; pero sospecho que ese Judas tendrá un mal fin; yo creo que es, además de todo, un traidor.

–Y, sin embargo –dijo Zaqueo–, Judas esta tarde ha profetizado.

–¿De suerte que ya no es solamente taumaturgo, sino también profeta? –dije, riendo.

–Os lo voy a demostrar –repuso Zaqueo.

–Lo que yo sé decir –interrumpió Jonadab– es que ese hombre no es ningún tonto, y nos ha hecho un admirable resumen de las ideas mesiánicas que tiene el pueblo de Israel en la actualidad, ideas de que está el mismo Judas íntimamente convencido. El pueblo judío no quiere un reformador religioso, sino un caudillo que le libre de los romanos y le engrandezca sobre todas las naciones del mundo. Nuestro pueblo ha sido siempre, desgraciadamente, un pueblo carnal muy apegado a sus intereses materiales y tardo, muy tardo, en el conocimiento y estimación de los bienes del espíritu. Se ha creído siempre el primer pueblo del mundo, a pesar de su insignificancia, y está íntimamente persuadido de que, a la venida del Mesías, todas las naciones de la tierra se someterán a su dominio. Las palabras proféticas en que se pinta al Mesías como un Rey glorioso, lleno de poder, obrador de prodigios y conquistador de los gentiles, entendidas de un modo material, son las únicas que tienen cabida en el cerebro israelita con muy pocas excepciones. Las ideas puras y espirituales son patrimonio de unos cuantos. Los maestros de Israel contemplan el mar sólo en dos de sus dimensiones; se han quedado en la superficie, como admirablemente ha dicho nuestro amigo Zaqueo, a pesar de que las profecías penetran hasta lo más profundo. El Mesías verdadero, Hijo de Dios, tiene que ser «varón de dolores», tiene que padecer y morir para así entrar en su gloria; así lo testifican las Escrituras...

En aquellos momentos entró cojeando mi hijo Rafael; se había dislocado un pie.

Cariñosamente le llamó Jonadab, le examinó y dijo:

–Es cosa fácil de arreglar; yo entiendo bastante de estos achaques y tomando el pie del niño, con habilidad extraordinaria le curó.

Mientras le hacía los movimientos necesarios para volver los huesos a su posición normal, Rafaelito, pálido y apretando los puños, se mantuvo valientemente, sin exhalar un solo quejido. Yo sufrí lo indecible durante la operación, calculando lo que mi hijo padecía, pero al propio tiempo me felicitaba de tener un hijito tan valiente; era ya un hombrecito. Le llené de caricias, y rogué a Quarto le llevara a su lecho.

—No es necesario que me cargues —le dijo—; yo puedo andar; pero quisiera quedarme aquí sentado.

Accedí, por supuesto. Entonces Jonadab me dijo:

—Cuando afirmaba que, según las Escrituras, el Cristo debe padecer y morir para así entrar en su gloria, me pareció que tú no estabas conforme.

—Seré franco —respondí—. Estoy de acuerdo que el Mesías sea fundador, no de un reino temporal, sino de un reino espiritual; pero no puedo comprender cómo es necesario que sufra para conseguir su objeto, y menos que muera en una cruz. ¿Por qué ha dispuesto Dios eso?

—Porque Dios es nuestro Padre —respondió solemnemente el anciano.

—Tu respuesta me deja perplejo —repuse—; yo no puedo concebir un Dios, y un Dios Padre, que se goce en el sufrimiento de su Hijo; eso es una monstruosidad.

—Pero ¿tú crees que Dios se goza en nuestros sufrimientos? ¿Crees que Dios puede vernos sufrir sin tener una grandísima compasión de nosotros?

—Pues entonces, ¿por qué nos deja sufrir?

—¿Estabas tú contento viendo sufrir a tu hijo mientras le ajustaba yo el pie para curarle?

—Ciertamente que no.

—Y, en cambio, ¿te alegrabas al ver cómo tu hijo sabía sobrellevar el dolor?

—Seguramente.

—Pues así es Dios; no se alegra con nuestros sufrimientos, pero se regocija al ver cómo sabemos sobrellevarlos.

—Y ¿por qué?

—Hubo un hombre muy rico que, por sus malos negocios, había venido a la indigencia. Su mujer y sus hijos padecían hambre, y el pobre padre no encontraba trabajo. Un día, sin embargo, llegó a su casa fatigadísimo y cansado; había trabajado duramente y andado mucho; pero volvía alegre. Traía a sus hijos el pan que había ganado con el sudor de su frente. Nada le importaban los trabajos; la recompensa contenida subsanaba sus sufrimientos. Todo trabajo, toda pena sufrida debidamente, tiene su recompensa. Por eso Dios se regocija, no en nuestros sufrimientos, sino viendo el mérito que acumulamos por ellos.

—Voy entendiendo.

—Dios nos ha dado un cuerpo organizado, viviente y sensible, semejante al de los animales; y así como éstos están sujetos al dolor físico, así lo estamos nosotros por razón de este cuerpo. No debemos, pues, extrañarnos que así como un perrito atropellado por una mula sufre, también

sufra un niño de pocos meses maltratado por una caída. El dolor físico es inherente a la organización de nuestro cuerpo.
—Estoy de acuerdo.
—Pero Dios no sólo nos dotó de un cuerpo, sino que nos dio un alma inteligente y libre. Habiendo el hombre abusado de su libertad, por sugestión del demonio, el pecado entró en el mundo, tras de él la muerte y consiguientes miserias. El hombre, pues, está sujeto al dolor físico en el cuerpo y al moral en el alma por el abuso de su libertad. Pero Dios es Padre, y, no queriendo que nuestros sufrimientos fueran sin mérito, como los de los animales, determinó premiar el dolor físico y moral debidamente sobrellevado.
—Creo haber entendido tu idea; pero continúa.
—El Salvador prometido en el Paraíso tiene que venir a librarnos del demonio, causante de nuestras desgracias y a redimirnos del pecado, origen de nuestros dolores, sobrellevando el dolor. Él debía ser el prototipo que tenemos que imitar para que nuestras penas no sean estériles, alcanzando el premio merecido, que nos guarda en el reino de los cielos. Por eso, según lo han consignado las Escrituras, *«el Mesías tiene que padecer y morir para entrar triunfante en su reino»*.
—Y ese Mesías Salvador tiene que ser necesariamente el único que pueda triunfar del demonio: el Hijo de Dios —exclamó triunfante Zaqueo.
—Estoy de acuerdo —dije—. Pero ¿ese Mesías Salvador es Jesús de Nazaret?
—Eso es precisamente lo que Judas, sin quererlo, nos ha demostrado hoy; por eso he dicho que había profetizado —repuso Zaqueo.
—Tu proposición me intriga —dije.
—Voy a proponerte el caso de una manera hipotética —continuó Zaqueo—. Por ahora no pienses en Jesús de Nazaret; pero ten ante los ojos que, según la firmísima creencia de Israel, en algún tiempo, sea el presente u otro, ha de venir el Mesías quien, a más de ser verdadero hombre, será Hijo de Dios, igual a su Padre. En otras palabras: el Mesías será Dios y hombre verdadero. ¿Admites esto?
—No puedo dejar de admitirlo, ya que, como has dicho, ésta es la creencia de Israel y la razón única de su existencia como pueblo. Sin un Mesías Hijo de Dios, Israel no tiene razón de ser.
—Has hablado sabiamente —interrumpió Jonadab.
—Y ¿admites que siendo Dios y hombre ese Mesías tiene que obrar, no como los demás hombres, sino de una manera singular, ya que como Dios es omnipotente y tiene conocimiento del porvenir? —dijo Zaqueo.
—No hay la menor duda —respondí— que un hombre-Dios tiene que obrar, no como un hombre cualquiera, por excelente que sea, sino también como Dios.
—Y, como no estamos acostumbrados a tratar con hombres que obren al propio tiempo como Dios, es lo más natural que muchas de sus accio-

nes y palabras nos parezcan sumamente extrañas, incomprensibles y quizá verdaderas locuras.

Quarto estaba interesadísimo, y con su claro entendimiento y sentido común, interrumpió a Zaqueo, diciendo:

—Yo he oído contar que, en los tiempos de Julio César, muchos de sus contemporáneos le tacharon de loco porque hacía cosas que ellos, en aquel tiempo, no se podían explicar. No penetraban las razones que le movían a obrar de tal o cual modo, y César obraba así porque tenía noticias de las que carecían los que le criticaban. No es, pues, de extrañar que un hombre que sea Dios obre de modo incomprensible para nosotros, ya que, como Dios, conoce lo que nosotros ignoramos.

Jonadab, Samuel y Zaqueo sonrieron ante este argumento irrebatible, y el último prosiguió de esta manera:

—Pues figúrate que en el *tiempo señalado por los profetas* sale de Israel un hombre, quien, sin haber estudiado, asombra a todos por sus conocimientos, que habla como quien tiene autoridad y a quien los demás eminentes doctores no pueden replicarle; que obra cosas maravillosas; que tiene una conducta intachable y nadie le puede argüir de pecado. Que Éste afirma que va a fundar un clan, reino o iglesia, al cual han de pertenecer las naciones todas del mundo, y lo compara al grano de mostaza que, sembrado en la tierra, crece hasta hacerse un arbusto. Que asegura que le crucificarán, y que, cuando le *levanten en alto, ha de atraer a todos los pueblos*. Que este reino ha de progresar después de su muerte, porque Él ha de resucitar al tercer día. Que crea un grupo de enemigos entre los poderosos, los cuales le crucificarán. Que escoge, para la fundación de esa iglesia, hombres rudos y sin letras, ya que, de un modo u otro, Él, ya resucitado, los ayudará para que establezcan esa iglesia en toda la tierra. Que asegura que no sólo el templo, sino Jerusalén, será destruido y esparcido por el mundo Israel, el cual dejará de ser pueblo, por no haber conocido el día de su visitación. ¿Te parece que hay hombre cuerdo que proceda así?

—Ciertamente que no.

—Pero si supones que ese hombre es Dios al propio tiempo, que no sólo conoce el futuro, sino que es infinitamente poderoso para cumplir su palabra de resucitar al tercer día, ¿tendrías que todo esto y otras cosas es Jesús de Nazaret; y como Judas o, al contrario, podrías explicar sin dificultad sus acciones y sus palabras?

—En la hipótesis que haces de que este hombre es Dios, no tendría yo nada que objetar. Dios sabe lo que hace, y la naturaleza divina sería la explicación de su proceder.

—Pues este hombre que hace y dice tales cosas es Jesús de Nazaret; y como Judas no cree que es Dios, por eso toma su manera de proceder como una insensatez, ya que no hay hombre cuerdo que proceda de este modo.

—Dentro de la hipótesis, todo va bien; pero ¿se cumplirá lo que asegura? En esto está mi dificultad.

—La tendrías con justicia si no conocieras a Jesús –dijo Quarto–, si no hubieres visto sus innumerables milagros. Si no lo tuvieras por justo, y el hombre justo no engaña.

—Ya veremos, ya veremos si resucita –dije, dudando.

—Pues te aseguro –terminó Zaqueo– que aunque le veas resucitado, no creerás en Él.

—Tanto como eso, no. Procedo con sinceridad. ¿Qué me faltaría?

—Todos estos y otros argumentos les he repasado yo mil veces, y, sin embargo, dudaba –dijo Zaqueo–; pero el día en que Él vino a mi casa y me miró, se disiparon instantáneamente todas mis dudas. Lo que te falta es que Él te mire. Pídeselo, y te mirará. Entonces creerás sin dificultad alguna.

27
LOS TRES HERMANOS

La temperatura es sofocante, pues este año la lluvia ha sido muy escasa. Con el objeto de que mis hijos sufrieran menos, a indicación de Samuel, los he enviado con él y Quarto a la Quinta de Lázaro, en Betania. Yo, por la misma causa, por razón de negocios y para hacer un visita a Poncio Pilato, marché a Cesarea de Palestina, que está a la orilla del mar.

A mi vuelta, no pude menos de alegrarme de la resolución que había tomado con mis hijitos. Estaban encantados; Rafaelito era el preferido de Magdalena, y Raquel no se separaba de Marta. Cuando regresé, fui a visitarles, y tuve que permanecer allí, no sólo por las instancias de Lázaro y Samuel, sino porque las dos hermanas se opusieron decididamente a que marchara a la ciudad.

Magdalena ya había hecho las paces conmigo. Estaba guapísima, a pesar de vestir con gran sencillez, y su carácter, según me dijo Samuel, y yo puede observarlo personalmente, había cambiado mucho. Lo único que noté, que podía atribuirse a vanidad, aunque justificada, era el cuidado sumo que tenía con su larguísima y sedosa cabellera.

—No es vanidad –me dijo Samuel en una ocasión en que le hice notar este nimio cuidado–, es el amor al Maestro.

—¿Cuida así su cabellera por amor al Maestro? –dije, intrigado.

—¿No recuerdas que Magdalena, en una ocasión, después de ungir los pies de Jesús con esencia, se los enjugó con sus cabellos? Por eso se los perfuma. Quiere tener presente el perdón que entonces le otorgó el Rabboni, como siempre le llama ella.

Esta delicadeza del amor y gratitud de Magdalena me conmovió.

—Y ¿por qué no le sigue en compañía de las otras buenas mujeres?

—Por no dar pasto a las malas lenguas.
—Entendido.
—Por otra parte, no se puede separar fácilmente de su casa.
—¿Por qué?
—Ven conmigo y lo verás.

Nos dirigimos al preciosísimo chalet de Magdalena, donde la había visto yo por vez primera. Al llegar a la puerta lateral, Samuel, deteniéndome para que no entrara, me dijo
—Mira.

Magdalena estaba sentada en el banco de piedra bordando una tela riquísima y rodeada de niños pequeñitos que jugaban.
—¿Te acuerdas de las joyas que te dio a vender un día?
—¡No me he de acordar!
—Pues con su precio y con la renta de sus propiedades ha fundado Magdalena este asilo de niños pobres, desvalidos y enfermos, de los cuáles cuida personalmente con extraordinario cariño, como todo lo que ella hace por amor al Rabí.

Lo que más me conmovió fue ver a Rafaelito, mi hijo, rodeado de un grupo de niños mayorcitos a quienes estaba enseñando.
—¿Sabes lo que hace tu hijo? —me dijo Samuel—. Escucha.

Los chiquillos, guiados por mi hijo, repetían en esos momentos:
—Padre nuestro, que estás en el cielo...
—Les está enseñando a orar —prosiguió Samuel— del mismo modo que Jesús ha enseñado a sus discípulos.
—Y ¿qué es lo que borda Magdalena?
—Mira a la derecha. ¿Ves una borrica perfectamente bien cuidada?
—¿Es Claudia? —pregunté.
—Por tercera vez le ha cambiado el nombre. Después de Claudia, la llamó *Herodías,* y ahora, definitivamente, la llama *Balaam,* la cual tiene ya un graciosísimo pollino. Nadie le ha montado, y para él son las gualdrapas que, desde hace tiempo, está bordando mi sobrina. ¡Ideas de mujeres! Le tiene grandísimo cariño. Cada vez que viene el Señor a Betania —continuó Samuel— le trae aquí Magdalena, con lo cual el Maestro está encantado. Todos los chiquillos se le acercan; los acaricia, los bendice y cura a los que están enfermos. Después se sienta Magdalena a sus pies rodeada de muchachos, y allí escucha embelesada las enseñanzas de Jesús, sin preocuparse de las protestas de la buena Marta, quien se queja de que su hermana la deje sola preparar y servir la comida.

Hubiera querido entrar; pero Samuel me dijo
—Mejor la dejamos por ahora, y vamos a ver a Marta; con ella estará, sin duda, tu hijita Raquel, ayudándola a preparar la comida de estos pobrecitos.

Marchamos en dirección de la casa principal, y Marta, que desde la ventana de la cocina todo lo observaba, dijo a mi hija:

—Raquel, aquí viene tu papá.
No bien oyó esto la niña, cuando, dejando la masa que estaba preparando, con las manitas embadurnadas, salió corriendo a recibirme.
La tomé en mis brazos, y le di de besos.
—No te vayas a ensuciar —me dijo, riendo—; estaba preparando una torta para los niños pobres, y no tuve tiempo de lavarme las manos.
—Pues ve, si quieres, a terminar tu torta —le dije.
—¡No, no! —gritó Marta desde la ventana—. Aquí tengo a Sara que me ayuda. Ven a lavarte y vuelve con tu papá; hace muchos días que no le has visto, y tienes muchas cosas que contarle.
Mientras la niña hacía lo que Marta le indicaba, llegó Quarto acompañado de Lázaro. Notando a éste muy desmejorado, le pregunté por su salud.
—Desde hace tres días no me siento bien —me respondió—. Tengo un dolor de cabeza muy molesto; pero ya mejoraré. Lo que me importa ahora es tener noticias del Maestro.
Le di cuenta de lo que sabía y del peligro en que estaba Jesús en caer en manos de sus enemigos, por lo cual andaba con sus discípulos del otro lado del Jordán.
—¿Cómo te sientes, Lázaro? —gritó Marta desde la ventana.
—Estoy mejor —le respondió—, no te apures. Prepara una buena comida que aquí está rabí Ben Hered, a quien no has saludado.
—Al fin es de confianza, y sabe que estoy ocupada.
—¡Qué buena es esa mujer! —dijo Lázaro, refiriéndose a su hermana—. Es de lo más abnegada; nunca piensa en ella misma, sino en dar gusto y ayudar a los demás. Mis dos hermanas son completamente distintas. Magdalena es el tipo de la mujer ardorosa, de grandes pasiones; gracias al Rabí, que la ha cambiado, ahora es un encanto. A Magda se la conoce, desde luego; a Marta hay que tratarla para saber lo que vale. Lo más admirable en ella no es su hacendosidad, ni siquiera su abnegación; es lo inquebrantable de su fe. Es una mujer de una fe formidable. Es de las que podrían, según el Maestro, decir a un monte: «*Desarráigate de aquí, y precipítate al mar*, y la montaña la obedecería. Tiene una fe en Jesús como no creo que otro la tenga.
—Despacito, despacito —dijo Quarto, riendo—, que el Maestro dijo a Cayo Oppio, el centurión, que no había encontrado en Israel tanta fe como la suya.
—Si el Maestro lo dijo —repuso Lázaro, riendo—, seguramente así debe ser; pero a mí se me figura que cuando dijo eso fue antes de que encontrara a mi hermana. ¡Si vieras la fe con que ora! Tiene en Dios una confianza tan ciega, que no duda ni un momento en conseguir todo lo que pide.
Raquel, que ya había vuelto y estaba sentada sobre mis rodillas, al oír esta alabanza de su gran amiga, dijo:

II. YO SOY-27. LOS TRES HERMANOS

–A mí María me ha enseñado a orar como ella lo aprendió del Maestro. *«Pedid, y recibiréis»*, me está repitiendo todo el día; *«buscad, y hallaréis; llamad, y se os abrirá, porque todo el que pide recibe; el que busca, halla, y al que llama, se le abre».*

Dijo estas palabras mi hija con una seguridad tan grande, que comprendí que las llevaba ya profundamente grabadas en su corazón.

–¡Bien por la discípula! –dijo Quarto, encantado–. Y ¿qué otras cosas te ha enseñado tu maestra? Cuéntaselas a tu papá.

–Pues me contó Marta que una vez dijo el Rabí: *« Si alguno de vosotros tiene un amigo y va a buscarle muy de noche y le dice: Amigo, préstame tres panes, porque tengo otro amigo que acaba de llegar de viaje a mi casa, y no tengo qué darle; aunque desde dentro le responda: No me molestes, que la puerta está ya cerrada y mis criados están acostados como yo, y no puedo levantarme para dártelos. Si el otro porfía en llamar a la puerta, yo os aseguro que cuando no se levantare a dárselos por razón de amistad, al menos para librarse de la impertinencia, acabaría por levantarse y dárselos; porque todo el que pide, recibe, y al que llama, le abrirán».*

Yo estaba encantado, y Lázaro no lo estaba menos. Quarto, que debía estar al tanto de otras muchas cosas, dijo a mi hija:

–Ahora cuéntale el otro ejemplo.

–¿El de la viejecita? –preguntó Raquel.

–Sí, el de la viejecita impertinente; pero cuéntaselo bien contado.

–Pues había una vez –empezó Raquel– una viuda que era ya vieja, y tenía una hacienda cerca de un pueblo. Sembraba sus terrenitos y cosechaba sus habas y sus lentejas y sus verduras. Los del pueblo contiguo, que eran malos, viendo ya la cosecha en sazón, dijeron: «Vamos a quitarle sus terrenos a esa vieja». Y como lo pensaron, así lo hicieron, y no dejaron a la viejecita ni la casita de la hacienda donde ella vivía. *«Había en la ciudad un juez que no tenía temor de Dios ni respeto a hombre alguno».* Como la habían quitado su casita, *«vivía en la misma ciudad la viuda, la cual solía acudir al juez diciéndole: Hazme justicia de mis contrarios».* El malvado juez no le hacía caso; pero la viejecita iba todas las mañanas y le decía: *«Hazme justicia de mis contrarios».* El juez no se daba por entendido; y la viejecita volvía por la tarde, y le repetía la misma canción, y luego volvía al otro día, y lo mismo, y lo mismo. *«Por mucho tiempo resistió el juez hacerle justicia».* Y la viuda dale que dale. *«Al fin, dijo el juez para sí: Aunque yo no tema a Dios ni a los hombres, haré justicia a esta viuda para que me deje en paz, pues de lo contrario estará, viniendo continuamente a romperme la cabeza».*

–¿Y le hizo justicia? –le pregunté, sonriendo.

–¡Claro que sí! –respondió mi hija y el juez echó a los del pueblo, y devolvió a la viejecita su hacienda y su casita, *«pues todo el que pide, recibe, y al que llama, se le abrirá».*

—¡Bravo por Raquel! —dijimos todos a un tiempo.
—Pero ¿dijo el Maestro la historia como tú la has contado? —le pregunté.
—A mí me la enseñó Quarto así.
—Yo le añadí lo de la hacienda —dijo mi compañero— y alguna que otra cosa más; pero la moraleja es la misma: *«Pedid, y recibiréis»*.
—Y yo, por eso —repuso Raquel— todas, todas las noches pido...
Quarto le hizo una seña a mi hija, la cual, comprendiendo, terminó:
—Pido a Dios, que es mi Padre, que me dé lo que quiero, y seguro que me lo concederá.
—¡Raquel! Ven —gritó Marta— a ayudarme a llevar la comida a los pobres, que ya está, y esos niños deben tener mucha hambre.
Levantóse al punto mi hija, y, mirándome con cariño, me dijo:
—¿Vienes a ayudarnos a llevar la comida de los pobres, papá?
Me tomó de sorpresa aquella inusitada propuesta, y, la verdad, no estaba yo en plan de llevar de comer a aquellos desharrapados. Naturalmente, me vino un acceso de tos. Pero Quarto estaba al quite, y dijo:
—Ya lo hará otro día tu papá, pues ahora tiene que ir con Lázaro a ver unas burras que quiere comprarle.
Marchó mi hijita con Quarto y yo con Lázaro, el cual, reventando de risa, me condujo a los corrales. Yo estaba que se me podían tostar habas en el espinazo; pero haciendo de tripas corazón, y avergonzado en extremo, cogí media docena de burras, que maldita la falta que me hacían; se las pagué a Lázaro al contado, y le rogué las enviara a Jerusalén.

* * *

Después de comer me aguardaba otro soponcio. Magdalena me vino a contar lo de su asilo y de cuánto amaba el Maestro a los niños pobres. Cuando aquella mujer hablaba de la caridad, se le encendía el rostro y se ponía extraordinariamente bella; yo, en cambio, no sé si me encendía de vergüenza o si palidecía por la lucha interior con mi orgullo. Me había educado en Roma, y el trato con los pobres me repugnaba; y al sentir esa repugnancia, me acordaba de Judas...
Vino a complicar mi situación una conversación que tuve con mi hijito Rafael.
—No sabes, papá —me decía—, lo feliz que soy aquí. Yo me quiero quedar ayudándole a Magdalena. Figúrate que ha dicho el Rabí: *«Cualquiera que diere un vaso de agua a cualquiera de estos niños en mi nombre, os aseguro que no quedará sin recompensa»*.
Echando mano a la bolsa, saqué un taleguito de monedas de oro, y se lo di a mi hijo, diciendo:
—Toma ese dinero, y dáselo a Magdalena para sus pobres.

El niño me miró, y con sinceridad, que me partió de medio a medio, me dijo:
—No, papá, no hace falta. Magdalena tiene mucho oro también. Lo que ella me dice es que *yo, personalmente, sirva a los pobres* como si sirviera al Rabí; yo no le voy a dar esas monedas; creo que se enojará conmigo.

Quería marcharme. No podía soportar aquella situación, y estaba decidido a .que ninguno me impusiera su voluntad. No quería meterme con chiquillos harapientos, y mi resolución podía fracasar si seguía en Betania.

—Me voy —dije a Lázaro—; tengo mucho que escribir.
—¿Y te vas a llevar a los chicos?
—No, ellos se pueden quedar; pero yo me voy.
—Bien, entonces despídete de tus hijos y de mis hermanas.

Era lo debido y tuve que hacerlo; pero la lucha se prolongó, pues ni mis hijos ni las dos hermanas querían escuchar mis razones.

—Me voy, me voy —dije al fin con resolución.
—Mira, dómine —me dijo Quarto con sorna—, no es necesario que te vayas; no faltará quien lleve las burras...

Aquello fue una banderilla de fuego, y me quedé.

* * *

Pasé una tarde de las más desagradables de mi vida. Mi orgullo me dominaba, y me puse de un humor endiablado; opté por irme a mi cámara, y, echándome sobre unos almohadones, procuré conciliar el sueño. No podía dormir, ni era hora. Atardecía. Para colmo de desgracias, una nube de mosquitos me dio un furioso asalto; aquello era desesperante, pues no sólo me llené de ronchas, sino que vino a mi memoria lo que Jesús había dicho una vez a los fariseos: «*Coláis el mosquito, y os tragáis el camello*». Yo era un hipócrita también. Me las echaba de que quería seguir al Maestro, y cuando era necesario hacer un pequeñísimo sacrificio de mi orgullo me rebelaba.

—Dómine —dijo Quarto—, tus hijos ya se van a dormir; ¿quieres venir a bendecirlos?
—Por supuesto —respondí, calmándome.

Fuimos, y al llegar a la puerta, Quarto me detuvo. Estaban los niños terminando sus oraciones:

—*Domine, fact ut videat* (Señor, haz que él vea) —decía Rafaelito.
Y su hermanita añadió:
—*Respice eum, Domine* (Fíjate, Señor, en él).

* * *

Al día siguiente fui a repartir la comida a los niños pobres.

28
SIMÓN

Lázaro había empeorado, en vista de lo cual, de acuerdo con Samuel, mandé a Quarto a Jerusalén para que trajera a los doctores Ben Simeón y Ben Montanus. Con su actividad acostumbrada, a las pocas horas volvió, pero acompañado solamente de Ben Montanus.

–Por poco tengo que traer a Quidvideo; el médico más eminente de la guarnición de la Antonia –me dijo Quarto por saludo.

–¿Y por qué?

–Ya te lo dirá Ben Montanus.

Éste examinó detenidamente a Lázaro; aseguró que el caso era grave, aunque no desesperado, y recetó lo que le pareció oportuno; después dijo:

–Por una verdadera casualidad me encontró Quarto en Jerusalén.

–¿Por qué?

–Porque anoche llegué de Pella, en Perea.

–¿Y qué andabas haciendo por esos rumbos? –le preguntó Samuel.

–¿Conoces a Ben Calba? –respondió.

–¿Quién no conoce a ese fariseo? –repuso Samuel–. Uno de los hombres más ricos de Israel.

–Estaba yo durmiendo tranquilamente en mi casa de Jerusalén, el sábado pasado, cuando a eso de la madrugada me despertaron. A la puerta estaban tres hombres a caballo, y me rogaron, en nombre de Ben Calba, que fuera con ellos a su casa, pues el nieto de su amo se estaba muriendo. No dudé en seguirlos. A la salida de la ciudad nos juntamos con otro grupo en que iba el compañero Ben Simeón, también llamado para asistir al chico. En cuanto salimos al camino, cuando los criados nos rogaron ir al galope, pues el caso era urgentísimo y Pella dista unos cien kilómetros largos. Los enviados habían salido de Pella a las siete de la noche y a mata caballo habían llegado a Jerusalén a las dos de la madrugada.

–¿Y la jornada sabática? –interrogó sonriendo, Quarto.

–En caso urgente como éste –respondió con muy buen sentido Montanus–, creo que no obliga, puesto que *«el sábado ha sido hecho para el hombre y no el hombre para el sábado».*

–Estoy de acuerdo –repuso Quarto–. Si decía eso era por saber que Ben Calba es uno de los fariseos más estrictos en las triquiñuelas sabatinas.

Sonrió Ben Montanus y prosiguió:

–De trecho en trecho había relevos, y así llegamos a Pella a eso de las dos de la tarde del sábado. Encontramos al chico moribundo, a pesar de que ya le había hecho la respiración artificial alguno de los fariseos que acompañaban a Ben Calba y entiende algo de Medicina.

–¿Estaban allí Efraín, Zare y Herson? –preguntó mi compañero.

–Ellos fueron los que atendieron al chico. ¿De dónde los conoces?

–Esos mismos fueron los que se opusieron a que yo hiciera buches en sábado para curarme un dolor de muelas.

—Pero ¿qué le había pasado al niño? —inquirió Samuel.
—Ya sabes lo que son los muchachos —respondió Montanus—. Ben Calba tiene en Pella una hermosísima quinta, adonde va a pasar los meses de calor. Su nietecito consentido, Abel, no tiene arriba de ocho años; pero es en extremo travieso y mal educado. Había ya sonado el principio del sábado, cuando al muchacho se le ocurrió montarse en su borrico para dar un paseo. Se había hecho noche, y al volver Abel, el burro dio un mal paso, y niño y borrico cayeron al pozo de una noria que hay en el jardín. A los gritos del chico acudió su abuelo, quien pidió auxilio. Fueron por cuerdas y antorchas, lo cual les llevó algún tiempo. Al fin, con mil trabajos, bajó un hombre al pozo y sacaron al niño medio ahogado.
—¿Y al borrico? —preguntó Quarto.
—Lo sacaron también, aunque con muchísimos trabajos. Efraín y sus compañeros, como dije, suministraron al niño los primeros auxilios...
—¿En sábado?
—Pues claro: en sábado. Mas viendo que el niño se moría, Ben Calba mandó a sus mozos que vinieran hasta Jerusalén por Ben Simeón y por mí, encargando pusieran relevos en el camino, como indiqué. Felizmente, con aplicaciones calientes y otros remedios pudimos salvar al niño, pero ha quedado con un fuerte resfriado. Yo tuve que venirme, y Ben Simeón se quedó atendiéndolo. Creo que el chico sanará pronto —terminó Montanus.
Como Betania está muy cerca de Jerusalén, Ben Montanus no tuvo inconveniente en quedarse con nosotros para atender a Lázaro, tanto más que el calor había seguido arreciando, aun aquí. ¿Cómo estaría la ciudad?

* * *

Desde hacía tiempo deseaba yo comprar una casa de campo en Betania, que es uno de los principales centros de veraneo de los ricos de Jerusalén. Tanto por lo bonita como por estar contigua a la de Lázaro, me había fijado en una quinta que, al parecer, estaba desocupada.
Lázaro, después de las primeras curaciones ordenadas por Montanus, parecía estar mejor y se había quedado en un gran sillón que colocaron bajo la enramada del jardín. Marta, quien con solicitud maternal lo cuidaba, me hizo señas de que la acompañara, y para no despertar al enfermo nos sentamos a alguna distancia, donde podíamos platicar sin perderlo de vista.
—¿De quién es esa quinta tan bonita colindante con ésta? —le pregunté.
Una nube de tristeza oscureció el semblante de Marta, y respondió:
—Mía, o, por mejor decir, del pobre Simón, mi antiguo prometido, pues espero que todavía viva.
—¿Simón el leproso? —dije.
—Su nombre es Simón Ben David.

Yo no dije nada; pero adivinando ella mi curiosidad, como es tan abnegada, tan buena, tan deseosa de complacer siempre, añadió:
—Voy a contarte mi historia, pero tengo que ir a traer unos documentos; espérame.

Cuando regresó, me habló de esta manera:
—Siempre ha sido la mayor ambición de las doncellas de Israel la de contraer matrimonio, con la esperanza de poder contar en su descendencia con el Mesías. Al llegar a la pubertad no pensaba yo en otra cosa. Cuando hablaba con mi padre sobre esto, su rostro se iluminaba y me decía: «Tienes razón, hijita mía, tanto más cuanto que ya la época del cumplimiento de las profecías ha llegado. ¡Qué feliz sería yo si mi hijita fuera escogida para ser la madre del Salvador de Israel». Un día, como dos años después de la muerte de mi madre (tenía yo entonces dieciséis), llegó mi padre resplandeciente de alegría. «¿Conoces a nuestro vecino Simón? —me preguntó. Debí ponerme roja como una amapola; mi padre había adivinado mis pensamientos. Bajé los ojos y no le pude responder—. Pues bien, hija mía, hoy ha venido a verme, rogándome que le concediera tu mano; te quiere por esposa... He revisado su genealogía, y es de la familia de David». Llorando de gozo, me arrojé en el regazo de mi padre y no hubo necesidad de explicaciones. Dos semanas más tarde, con toda solemnidad, se celebraron los esponsales.

—¿Y siguió luego el matrimonio? —pregunté.
—Sucedió algo muy raro. Simón lo estuvo difiriendo, sin que mi padre ni yo pudiéramos explicar la tardanza. Yo sí notaba que Simón siempre traía las manos metidas dentro de las amplias mangas de su túnica. Pero no se me ocurrió darle importancia a esta costumbre. Tú sabes que el tiempo de los esponsales entre nosotros se prorroga en ocasiones por varios meses, y desde que los contrajimos ya habían transcurrido diez. Un día se presentó Simón, rogando a mi padre y a mí fuéramos con él a visitar la casa que me tenía preparada. Tú calcularás nuestra alegría —Marta, muy conmovida, se interrumpió, diciendo—: Deja que vea a Lázaro, no sea que se haya despertado —cuando volvió, dijo—: Sigue durmiendo y Sara lo observa desde la cocina; ven conmigo.

Atravesamos el jardín y, pasando por una puerta que comunica las dos quintas, entramos en la casa de Simón.

—Esta casa —prosiguió ella— está exactamente lo mismo que hace veinte años. No he querido que nadie la habite y he procurado cuidarla con todo esmero; está tal cual la dejó Simón en vísperas de nuestra boda.

La casa, en efecto, estaba perfectamente bien cuidada, alhajada con todo esmero y era primorosa. Lo más notable consistía en un gran salón-comedor, amueblado con riquísimos divanes para los comensales. Podía servir luego para una gran fiesta. Marta me fue enseñando todo. Desde una ventana me mostró un montó de maderos carbonizados, cubiertos por el polvo de los años.

—Y eso, ¿qué es? –pregunté.
—Ya te lo diré después. Ven ahora al pórtico. Nos despedíamos ya de Simón en este mismo lugar –prosiguió Marta–, cuando al bajar mi padre por estos escalones, resbaló y cayó. Simón y yo corrimos a levantarlo; no se había hecho daño, pero Simón había sacado las manos de las mangas, y yo, al ver las manchas azuladas y blancas que las cubrían, grité, espantada: «¡Leproso! ¡Leproso!...» Simón no las escondió y mi padre las vio también. Y sin decir palabra, abrazándome, marchamos a toda prisa a nuestra casa. No volví a ver a Simón.
—¿Pero Simón, sabiéndolo, se había atrevido...?
—No lo culpes –repuso Marta, mirándome con ternura–: es necesario que primero leas estos documentos –y, alargándomelos, marchó precipitadamente, diciendo–: Voy a ver a Lázaro, quizá haya despertado. Cuando leas esos papeles continuaré mi historia.

Atravesó la puerta de comunicación y yo la seguí, volviendo a sentarme en el lugar donde antes estábamos.

Tomé el primer pergamino y leí:

«Marta, perdóname; soy un infeliz que ha procedido ofuscado por el inmenso cariño que te profeso. Perdóname, perdóname.

Cuando te conocí, hace cinco años, eras una niña, y a pesar de esto me robaste el corazón. Nunca me atreví a hablarte, pero te fui viendo crecer, amándote cada día más. Al fin, hace un año, con toda lealtad y no teniendo noción de que estaba yo leproso, te pedí en matrimonio. Desde entonces, la enfermedad fue creciendo a pasos agigantados, y cuando me di de ello cuenta, consulté a los médicos más notables, tomando toda clase de medicinas, pero en vano. Este obstáculo no esperado hizo crecer más mi cariño. Perdóname.

Pasaban los meses, y la enfermedad al fin pareció haberse detenido. Así, por lo menos, me lo aseguraron los médicos de Jerusalén. Entonces, ciego, decidí llevar a tu padre y a ti para que vierais la casa que te había preparado... Lo demás, lo sabes.

Aunque con el corazón partido, doy gracias a Yahvé, que impidió de modo providencial unión tan monstruosa...

No me busques, no preguntes por mí, te lo ruego; sé que eres buena, inmensamente buena, y cumplirás mis deseos. Te pido de nuevo que me perdones. Además, te suplico que admitas esta casita y todas mis propiedades, por lo menos como administradora.

Yo ya no pertenezco a este mundo... ¡Estoy leproso! No te digo que me consideres como muerto, pues aún tengo esperanza, y si sano volveré a por ti. Cuida, pues *nuestra* casita...

Perdóname, perdóname y pide por mí.

Simón *el Leproso*.»

Los otros papeles eran documentos legalizados en que Simón cedía todas sus propiedades a Marta.

Al fin ésta volvió y, sentándose a mi lado, continuó:

Ya calcularás lo que mi padre sentiría. Yo, sin embargo, tenía esperanza, una gran esperanza. Habría pasado un mes de lo ocurrido, cuando una noche vimos que ardía la casa contigua. Nos asomamos; pero no era la casa, sino un cuarto de madera, cuyos escombros te enseñé. Allí vivió Simón desde el momento en que se persuadió de que estaba leproso. Al día siguiente, un esclavo trajo a mi padre estos papeles. Yo le pregunté por Simón, y me dijo que había desaparecido después de dar fuego a su pocilga. Un mes más tarde mi padre murió.

—¿Y tú has perdido la esperanza? ¿No lo has buscado?

—¿Cómo lo había de buscar —me respondió ingenuamente— si me suplicaba que no lo hiciera? Pero la esperanza no la he perdido. ¡Cómo la he de perder si todos los días le pido a Dios que lo sane!

Y al decir estas palabras sonreía Marta, llena de confianza.

—De suerte que si sanara Simón, ¿te casarías con él?

Marta, con candor admirable, respondió:

—¿Para qué?

—¿Cómo para qué? ¿No es tu prometido esposo?

—No niego que le quise en el alma; pero si decidí casarme con él fue con la esperanza de poder ser madre del Salvador de Israel, y eso ya es inútil.

—¿Por qué ya es inútil?

—Porque ya ha nacido, y está entre nosotros.

—¿Te refieres a Jesús?

—A Él, a cuyo servicio me he consagrado como esclava, ya que otra mujer inmensamente más digna ha tenido la dicha de ser su madre.

—¿De suerte que tú crees que Jesús de Nazaret es el Mesías?

Los ojos de Marta brillaron más que nunca con la luz de la fe, y con una convicción que me hizo estremecer, toda transformada, exclamó.

—Sí, he creído y creo que Jesús de Nazaret es *«el Cristo, el Hijo de Dios vivo que ha venido a este mundo».*

29
LA ENFERMEDAD

—Yo creo que es preciso tener una consulta —dijo Ben Montanus—; pues, no obstante los antídotos, profilácticos, sedativos, febrífugos, carminativos y eméticos que le hemos aplicado, la calentura persiste; ya hemos pasado el día séptimo, y la fiebre continúa. Por otra parte: *Quibus febricitantibus, in urinis, subsidentis fiunt crassiori frainae similes, longam infirmitatem significat,* ha dicho Hipócrates, y éste es el caso de nuestro enfermo Lázaro.

—¿Y a quién te parece que llamemos? —preguntó Samuel, afligido.

—Ciertamente, a Ben Simeón, quien ya debe haber regresado, y no me parece mal llamar también a Quidvideo, el facultativo de la guarnición romana; es un médico inteligente y estudioso.

Por supuesto que el encargado de la comisión fue Quarto, y se convino que la consulta tuviera lugar al día siguiente.

Después que Ben Simeón y Quidvideo escucharon atentamente a Ben Montanus, quien hizo una detallada descripción de todos los síntomas que había observado en el enfermo y les dio cuentas del tratamiento aplicado, los dos facultativos hicieron un minucioso examen del enfermo.

Notaron, desde luego, en la región abdominal un buen número de puntos rojizos, lo que hizo a Ben Simeón gesticular siniestramente; aquélla era, sin duda, una fiebre maligna.

—Puesto caso —dijo éste— que las medicinas aplicadas hasta ahora no han dado el resultado apetecido, opino por que las suprimamos. El cambio, estaría muy bien propinar al enfermo un catártico.

—Soy de la misma opinión —repuso Quidvideo—, y ya que el paciente se queja de fuerte dolor de cabeza, está indicado hacerle una sangría o aplicarle sanguijuelas en la vena vertical de la frente, según aquello: *Postica capitis parte dolenti, recta in fronte vena secta juvet.*

—De ningún modo —repusieron a un tiempo Simeón y Montanus—; nosotros no acostumbramos aplicar sangrías de ninguna especie. No estamos los israelitas por el derramamiento de sangre humana.

—Pues entonces, ¿qué remedio pensáis aplicar? —preguntó, picado, Quidvideo.

—Nosotros para estos casos —repuso Ben Simeón— usamos cataplasmas hechas con arañas, telarañas y sebo de carnero; se mezclan bien, y se coloca esta masa en dos ruedos de cebolla, cubriéndolo todo con hojas de malva. Éste es un gran sedativo de los paroxismos de las fiebres si se aplica a las sienes, ¿no es verdad, compañero?

Ben Montanus respondió:

—Yo he aplicado este remedio muchas veces, con magníficos resultados. Soy del parecer del compañero Ben Simeón.

—Otros remedios drásticos los dejaremos para más adelante, si no cede la fiebre —continuó éste.

—No hay que darle leche —dijo Ben Montanus—. *Lac dare captie dolentibus, malum. Malum vero etiam febricitantibus.*

—Yo opino que se le dé solamente agua mediada con vino —dijo Quidvideo— y ningún alimento sólido, pues: *Si quis febricitanti det cibum aegrotanti morbus fit.*

—De acuerdo —dijo Ben Simeón—, que solamente se le den algunos refrescos; pero alimento sólido, ninguno. *Cum morbus in vigore fuerit, tunc tenuissimo victu uti necesse est.*

—Ya que tú te vas a quedar observando al enfermo —dijo Quidvideo a Ben Montanus—, no te olvides de aquello: *Septimorum quartus et index* (el cuarto día es indicador del séptimo); *notandus vero undecimus* (fíjate en el undécimo, y no se te pase el decimoséptimo); *notandum rursus decimus septimus hic enim est quartus quidem a decimoquarto.*

Y con esto se dio por terminada la consulta.

—Me parece inteligente nuestro compañero, aunque sea romano —dijo Ben Simeón a Ben Montanus cuando aquél se había marchado—; conoce al dedillo los aforismos de Hipócrates.

—Los médicos del ejército suelen tener bastante práctica —repuso Montanus—, sobre todo en entablillar brazos y piernas y en curar heridas. Pero éste se ve que, además, es estudioso y sabe aplicar los aforismos de Hipócrates. Tiene el gran defecto de todos los paganos: es sanguinario.

—Lo bueno que el presente caso no lo requiere —dijo Simeón—, que si no, de seguro que nos aplica el aforismo *Quae medicamenta non sanant, ea ferrum sanat. Quae ferrum non sanat, ea ignis sanat. Quaeque vero ignis non sanat, ea insanabilia existemare oportet.* (Primero el medicamento, luego el cuchillo, después el cauterio, y si no resultan, sigue la muerte).

* * *

—¿Cómo dejaste al nieto de Ben Calba? —pregunté a Ben Simón.

—Ya está bien el chico. En un tris se muere ahogado. Después tuvo un ligero resfriado, que le pasó pronto. Yo me quedé en la quinta de Calba por una semana, y no sólo me alegré, porque allí el calor es menos sofocante, sino porque tuve ocasión de ver algo maravilloso.

—¿Algún nuevo milagro de Jesús de Nazaret? —preguntó Montanus.

—Uno y muy grande —le respondió.

—No sería mayor, en verdad, que el del ciego de nacimiento, que yo mismo presencié.

—No sería tan espectacular; pero no menos interesante desde el punto de vista científico, y por la lección que les dio Jesús a los fariseos que allí estaban reunidos.

—Cuéntanos, cuéntanos —dije, señalándole un asiento.

—El caso pasó precisamente el sábado siguiente al del accidente del nieto de Calba. Como ya el chico estaba bien, quiso el gran fariseo celebrar un banquete suntuosísimo con motivo de la curación del niño.

—¿Y Jesús de Nazaret?

—Supo Ben Calba que se hallaba en Perea, y mandó invitarle —prosiguió Simeón—. Como yo siempre procuro no estar ocioso, viendo a un pobre hombre que, envuelto en una raída capa, yacía a la entrada, le pregunté si estaba enfermo. No hizo más que descubrirse, y trató de levantarse, cuando me pude dar cuenta de que estaba abotagado. Tenía el vientre y las piernas enormemente hinchados. «Estoy hidrópico —dijo el infeliz—

hace más de un año, y cada día me siento peor. Ya no puedo andar sino arrastrándome». Le hice un examen detenido, y me persuadí de que era un caso típico de hidropesía discrásica. Varios de los fariseos invitados, y que habían llegado la víspera, se interesaron, al parecer, en el enfermo, y me hicieron varias preguntas. Lo que más parecía importarles era si la enfermedad de aquel infeliz era de fácil y rápida curación. «La enfermedad –les respondí– está sumamente avanzada, y, caso de que pudiera sanar, que no lo creo, tardaría no menos de un año y medio en reponerse». Mi respuesta pareció satisfacerles, y les vi hablando entre sí, mirando con insistencia hacia el camino por el cual debía venir el Maestro. Cuando vieron que se acercaba seguido de sus discípulos, poco antes de la comida, mandaron al enfermo que se arrastrara hasta cerca de la puerta por donde tenía que entrar Jesús. Hay que tener presente que era sábado. «*Los fariseos le estaban acechando. Y he aquí que se puso delante de Él el hombre hidrópico. Vuelto Jesús a los doctores de la ley y a los fariseos, les preguntó: ¿Es lícito curar en sábado?*» Esta inesperada pregunta los desconcertó por completo, pues todos sabían la historia del nieto de Calba, curado en sábado. Así, pues, «*ellos callaron*».

–Y Ben Calba, ¿qué dijo? –preguntó Quarto.

–¡Qué había de decir! Estaba de lo más turbado. «*Entonces, Jesús se acercó al hidrópico y con sólo tocarlo lo curó*». Yo, que estaba cerca y observaba al enfermo, estaba espantado. La hinchazón de las piernas y del vientre desapareció por completo; el enfermo se levantó y empezó a andar, lo que antes no podía. Lo examiné y lo di por sano. Entonces, Jesús «*lo despachó*».

–¡Eso es admirable! –exclamó Ben Montanus–. Su terapéutica es incomprensible; no usa de remedio alguno y sus curaciones son instantáneas.

–¿Y qué hizo Ben Calba? –insistió Quarto.

–Ben Calba y sus comensales estaban corridos, pues nunca creyeron que el Maestro era capaz de curar un caso desesperado como aquél. Me venían asustados, y uno me preguntó: «¿Pero tú crees que realmente está curado?» «Perfectamente –respondí–; ya lo examiné, como has visto». «*Entonces, Jesús, dirigiéndose a ellos, les dijo: ¿Quién de vosotros, si su asno o su buey cae en algún pozo, no lo salvará luego, aunque hoy sea día de sábado?*» La alusión era tan clara a lo que poco antes había pasado, que empezando por Calba «*no sabían qué responder*».

–Pues entonces, ¿qué hicieron? –dije.

–¿Recuerdas –respondió Ben Simeón–, en el caso de la mujer adúltera, cómo se fueron uno tras otro los acusadores?

–¡No he de recordar!

–Pues ahora pasó algo parecido; sólo que, en lugar de irse a sus casas, se fueron uno tras otro a la sala del convite, escogiendo los principales puestos en la mesa. Jesús lo notó, y dirigiéndose a mí, que me había quedado, dijo: «*Cuando fueres convidado no te pongas en el primer puesto, no sea que haya otro invitado de mayor distinción que tú, y sobreviniendo el que a ambos invitó, te diga: "Haz lugar a éste", y entonces, sonrojado, tengas que ponerte en el último...*»

En este momento, Ben Simeón fue interrumpido por la presencia de un esclavo, quien acercándose a Samuel, le dijo:

–Un forastero está a la puerta y desea hablarte con urgencia.

Al levantarse Samuel se deshizo la reunión, pues Ben Simeón dijo que tenía que volver a Jerusalén, como lo hizo, acompañado de Quarto.

Yo me quedé bajo el emparrado, esperando a Samuel.

Me llamó la atención que éste, en vez de introducir al forastero en la casa, lo llevara hacia la quinta cercana. Los vi atravesar la puerta del cercado y esperé largo rato. Al fin, Samuel apareció haciéndome señas. Cuando nos encontramos los tres, Samuel me dijo:

–Enséñale la quinta, que lo vea todo. Yo vuelvo pronto.

Hice al desconocido una profunda reverencia y él, con las manos dentro de las mangas, me saludó de la misma manera. En seguida, sin cruzar palabra, nos dirigimos a la quinta guiados por él. Entramos por la puerta lateral. Todo lo veía y lo examinaba con los ojos arrasados en lágrimas.

–Todo está igual –decía–, todo admirablemente cuidado.

Se asomó a una ventana, y viendo el montón de carbonizados escombros, exclamó:

–¡También los ha dejado intactos!

Entramos, por fin, en el salón del banquete.

–Todo igual –exclamó–; sin duda espera. ¡Todo preparado! ¡Bien pudiera ser mañana! ¡Hoy mismo!...

Salimos a la terraza, y entonces, deteniéndose donde se había detenido Marta, delante de dos escalones, exclamó:

–Aquí fue..., aquí la vi por última vez...

–¿Eres tú, acaso, Simón, el prometido de Marta? –exclamé, sin poder contenerme.

–Sí, soy yo Simón... Simón el leproso –dijo.

Instintivamente di un paso atrás.

–Nada temas –continuó–; yo soy Simón, pero ya no estoy leproso –y sacando las manos de las mangas me las mostró–. Él me ha curado...

Me acerqué... Entonces él, levantándose la túnica y mostrando el pie derecho me dijo:

–Mira, me faltan dos dedos, comidos por la terrible enfermedad. Lo restante de mi cuerpo está limpio, y mi carne como la de un niño.

Estaba yo espantado: era el segundo leproso que había visto curado milagrosamente por el Maestro.

–Se ve –continuó– que tú conoces parte de mi triste historia. Dime, ¿tú crees que Marta aún espera?

—Que te espera no hay la menor duda; así me lo ha asegurado ella. Desde que desapareciste, ni un solo día ha dejado de pedir a Dios que volvieras curado. Es una mujer admirable, tiene una fe maravillosa, ora con tanta confianza, que ella no ha tenido la menor duda de que tú, algún día, volverías sano...
—Así me lo acaba de asegurar también Samuel. De suerte que tú crees que... si me presento ya limpio... me admitiría.
—Eso ya es otra cosa —dije—. Hay una dificultad para vuestra unión.
—¡Cómo! ¿Se ha casado? —preguntó, inquieto.
—No; puedo asegurarte que Marta nunca pensó en casarse.
—Pues entonces, ¿cuál puede ser la dificultad?...
Me alegré muchísimo que Samuel llegara, el cual dijo:
—Simón... Lázaro está muy enfermo y Marta no quiere despegarse de su lado.
—Iré yo a verla...
—Me ha rogado que no hagas tal cosa. Dice que tomes posesión de tu casa, que ella por veinte años ha cuidado con tanto esmero.
—Pero si estoy enteramente curado; ya me presenté a los sacerdotes y tengo el documento de perfecta sanidad...
—No es por eso. No quiero que cobres esperanzas. Dice que ya te hablará a su tiempo.
—¿Estará quizá muy sorprendida por mi curación?
—No la conoces; tiene una fe maravillosa, y desde que desapareciste no ha dudado ni por un momento que sanarías. Cuando le dije que estabas aquí, aunque se enterneció, pues aún te quiere, no mostró la menor sorpresa: lo esperaba, me dijo.
—¿Entonces? No entiendo.
—Mira, Simón, desde hace tres años las cosas han cambiado...
Simón se puso pálido.
—No es eso, no es eso —repuso Samuel—. ¿Quién te curó?
—Jesús de Nazaret. Éramos diez. Le gritamos: *«Jesús, Maestro, ¡ten piedad de nosotros! Id, nos dijo, y mostraos al sacerdote. Y cuando íbamos por el camino quedamos curados».* Yo fui a cumplir su mandato, y aquí estoy sano y con mis papeles.
—¿Y tú crees que Jesús es el Mesías?
Titubeó algún tanto Simón, y luego dijo:
—Es un profeta, grande en obras y palabras...
—Pues Marta —concluyó Samuel— cree algo más que eso.
—¿Quién cree que es Él?
—*«El Mesías, el Hijo de Dios que ha venido a este mundo»*, y a cuyo servicio se ha consagrado.
Simón estaba pálido, y cayendo postrado, exclamó:
—*«Credo, Domine, adjuva incredulitatem meam».* (Creo, Señor, pero ayuda mi incredulidad).

30
EL MENSAJE

La familia de Ben Baltazar es una de las más conocidas y estimadas de Jerusalén, no sólo por su posición financiera, sino por su generosidad, su nobleza y lo simpático de los tres miembros que la componen. A esto se añade la respetabilidad de Samuel, tío de Lázaro, Marta y María.

María, la más joven (conocida por el poco favorable nombre de Magdalena), es, sin duda, la más atractiva, y aunque ahora haya cambiado de conducta, no por eso es menos admirada por el sexo fuerte. La historia de su arrepentimiento y su vida retirada de la sociedad la hacen mucho más interesante que en otros tiempos.

Marta, con la romántica historia de sus amores, es de todos estimada por su conducta intachable, admirada por su no desmentida fidelidad para Simón y sumamente apreciada, ¡quién lo creyera!, por los gastrónomos de Jerusalén: es una excelente cocinera y admirable en la preparación de refrescos. En la época de los calores, cuando los ricachos jerosolimitanos vienen a veranear a sus quintas de Betania, es sabido que nadie pasa por la casa de los Ben Baltazar sin ser obsequiados con un gran vaso de un refresco preparado por Marta con miel, jugo de dátiles e higos y sazonado con vino generoso.

Lázaro es no solamente querido por lo bondadoso de su carácter, sino sumamente apreciado por una cualidad rarísima: presta dinero sin rédito alguno y con plazos indefinidos. Se contenta, como otro Tobías, con el *chirófrago* o recibo donde consta el préstamo firmado por el deudor. Nunca extorsiona a nadie, y es en extremo generoso y caritativo con los pobres.

No es, pues, de extrañar que desde que se propagó la noticia de la gravedad del enfermo, la quinta de los Ben Baltazar haya estado asediada por toda clase de personas, quienes, con verdadero interés, vienen a enterarse de la salud del paciente.

Claudia Procla manda diariamente un mensajero, en nombre suyo y de Pilato. Anás, el ex sumo pontífice, hace otro tanto, y Caifás ha venido personalmente dos veces. En la última visita tuvo una conversación con los tres médicos, la cual por lo interesante, la transcribo, pues yo estuve presente.

–¿Crees tú –dijo Caifás a Ben Simeón– que no tiene remedio?

–Hemos hecho todo lo posible por salvarlo –respondió el aludido–; pero la fiebre pútrida que lo abrasa, si no hace crisis el vigésimo día, será funesta. *«Acutae febris in viginti diebus judicantur»*, dice Hipócrates.

–Por otra parte, el enfermo ha perdido la cabeza y tiene gran dificultad para respirar, lo que es mortal. *«Ubi febri non intermittente difficultas spirandi et delirium fit, lethale»* –dijo Ben Montanus.

–¿Y no le han aplicado el remedio del chivo negro? –preguntó Caifás.

—Hace media hora que, por prescripción de mis compañeros, se lo hemos aplicado —repuso Quidvideo—; aún tiene el enfermo metidos los pies en las abiertas entrañas del animal.
—Pero ¿es un chivo negro? —insistió el pontífice.
—Yo mismo le fui a escoger en los corrales —respondió Simeón—. No tiene ni una sola mancha blanca.
—¿Y le han puesto en el pecho pichones abiertos en canal? —añadió Caifás.
—Pichones, no —dijo Montanus—; pero le hemos puesto golondrinas, que son mucho más eficaces para llevarse la fiebre; tienen un vuelo más rápido.
—No dejen de hacerme saber cómo sigue.
Mandaré un mensajero esta misma tarde —terminó Caifás.
Y, después de tomar su gran vaso de refresco, limpiándose la boca con el dorso de la mano, se despidió.

* * *

Cuando los médicos fueron a retirar el chivo negro y las golondrinas, tanto aquél como éstas estaban enteramente corrompidos y exhalaban un hedor abominable. Sin embargo, Lázaro seguía peor. Cada vez la respiración se hacía más fatigosa y difícil; el corazón fallaba por momentos.
—Déjense de médicos y medicinas —dijo Magdalena a su tío—. Lo que hay que hacer es mandar llamar al Rabboni.
—Y ¿dónde estará ahora? —pregunté.
—Creo que Ben Simeón debe saberlo —repuso Quarto—; voy a preguntarle.
—Que vaya alguno a llamarle; pero presto, que si no mi hermano se muere.
—Dice Ben Simeón que debe estar del otro lado del Jordán —anunció Quarto.
—Pues anda, ve tú —añadió Marta.
—Pero pronto, pronto —dijo Magdalena, llorando.
—Y ¿qué le digo? —preguntó Quarto.
—Pues dile —respondió Samuel— que Lázaro está con una fiebre pútrida, y que los médicos ya le han desahuciado; que todos le rogamos que venga.
—Ese recado está muy largo —dijo Marta—. No hay necesidad de todo eso.
—Bueno, ¿qué digo?
Las dos hermanas, respondiendo a un tiempo, dijeron:
—Dile de nuestra parte: «*Señor, aquél a quien amas está enfermo*».
Las lágrimas me nublaron la vista cuando oí aquel mensaje. Quarto, igualmente conmovido, salió al punto, y, acompañado de dos sirvientes, marchó en busca de Jesús.

–¿Adónde va ése? –preguntó Isacar.
–Va a llamar a Jesús –respondió Samuel.
Cuando oyó esto el desmedrado fariseo, acercándose a otro fariseos que allí estaban, les comunicó la noticia, añadiendo:
–Apuesto doble contra sencillo a que no viene el carpintero. Tiene miedo.
–Yo creo que sí viene –repuso Nicodemo–. *«Jesús mira con afecto a Marta, a su hermana María y a Lázaro».*
–Pues con todo y el afecto, repito yo que no viene. Sabe muy bien que pesa sobre Él la excomunión, y tiene miedo.
Dicho lo cual, Isacar, por las dudas, fue a Jerusalén a comunicar la noticia a los príncipes de los sacerdotes para prevenirlos.
Aquella noche fue terrible. Lázaro se sofocaba, y yo veía, sin ser médico, que se moría.
–Aún puede venir la crisis –dijo Ben Simeón, tratando de consolar a Magdalena.
–Tú y todos los médicos no servís para nada –respondió ella–. Que venga el Rabboni, y Él le sana.
A media mañana llegó Quarto.
–No viene –me dijo.
–¿Cómo que no viene? –repuso Magdalena–. ¿Le diste nuestro recado?
–Se lo di.
–¿Y qué respondió? –preguntó Marta.
–*«Oyendo Jesús la noticia, dijo: Esta enfermedad no es mortal, sino que está ordenada para gloria de Dios, con el fin de que por ella el Hijo de Dios sea glorificado.»*
–Que vaya otro a decirle –insistió Magdalena– que la enfermedad sí es mortal.
–¿No decía yo –repuso Samuel– que había que decírselo?
–El Maestro sabe lo que dice –añadió Marta–, y la enfermedad de mi hermano será, sin duda, para glorificar al Hijo de Dios.
–Tú siempre espera que espera –le reconvino su hermana.
–Yo no he esperado en balde, aunque sean veinte años.
–¿Y si se muere mientras tanto?
–No sé lo que hará el Maestro; pero *«estoy convencida que Dios le concederá cualquier cosa que le pida».*
Al vigésimo día Lázaro entró en agonía. La nariz se le puso afilada y el estertor se acentuó notablemente.
–Se muere sin remedio –me dijo Quidvideo.
–Yo creo lo mismo –añadió Montanus–. ¿No has notado esos moscardones que vuelan por el cuarto del enfermo? He observado muchas veces que cuando alguno se está muriendo aparecen esas moscas. Parece que olfatean la muerte.

A la madrugada, estando presentes los diez de costumbre, y mientras Samuel recitaba el salmo «*Miserere mei, Deus, secundum magnam misericordiam tuam*», Lázaro, con el rostro amoratado por la asfixia, dio las últimas bocanadas, y expiró.

Cuando los tres médicos, después de examinarle, dieron testimonio de su muerte, Samuel, con las lágrimas en los ojos, recitó el Salmo 129: «*De profundis clamavi ad te, Domine*», en medio de los llantos y lamentos de Magdalena. Marta salió del cuarto para regresar pronto, trayendo un platito con cera derretida. Con todo cuidado cerró los ojos de su hermano y vertió sobre ellos la cera para sellárselos. En seguida le besó la frente, y, sin poder contenerse más, rompió a llorar, aunque sin las lamentaciones de su hermana. ¿Esperaría aún aquella mujer llena de fe?

–Si Él hubiera estado aquí –repetía, angustiada, Magdalena–, mi hermano no hubiera muerto. ¿Por qué no vino? ¿Por qué no vino?

–Ya vendrá –le decía Marta–, ya vendrá.

–Sí, vendrá cuando Lázaro esté enterrado. ¿Por qué no vino? Si Él hubiera estado aquí, Lázaro no hubiera muerto.

José de Arimatea, uno de los íntimos amigos de Lázaro, con la experiencia que tiene, presintiendo el funesto desenlace, había mandado llamar a Eusebio, el embalsamador más acreditado de Jerusalén, avisándole que trajese todo lo necesario. Así, pues, cuando los médicos pronunciaron muerto a Lázaro, y los diez testigos reglamentarios, que éramos Samuel, Nicodemo, José de Arimatea, Gamaliel, Anano, Ben Caifás, Isacar, el centurión Marcio, Ben Calba, Simón, Quarto y yo, dimos testimonio igualmente de la defunción de nuestro amigo, Eusebio entró en funciones. Presenciamos el embalsamamiento los sobredichos y otros visitantes.

Magdalena quería permanecer en la cámara mortuoria; pero Samuel, con todo cariño, le rogó que saliera. Marta y otras mujeres se quedaron para ayudar.

El embalsamamiento en Israel no se practica como en Egipto, donde, según leemos en el último capítulo del *Génesis,* un crecido número de médicos tardaron cuarenta días en embalsamar a Jacob; es mucho menos complicado. Después de lavar con vinagre aromático el cuerpo de Lázaro, taparle cuidadosamente las narices y oídos con tapones de lino empapados en bálsamo, cerrarle herméticamente la boca y aplicar unas bolsitas llenas de mira sobre los ojos, empezó Eusebio a envolver las piernas, los brazos y todo el cuerpo con anchas tiras de lino, igualmente embalsamadas. La cabeza quedó vendada por separado. Hecho esto, lió todo el cuerpo en un sudario, también con bálsamo, sujetando éste al cadáver por otra serie de tiras, hasta que quedó perfectamente envuelto.

Una vez hecho esto, colocaron el cuerpo sobre las angarillas en que debía ser conducido al sepulcro, dejándole en medio del cuarto escombrado de todo para que le pudieran ver los dolientes y las personas que venían a consolarlos.

El funeral, que se verificó por la tarde, fue de lo más concurrido.

Iban por delante las plañideras en número muy crecido, dando gritos de dolor, gimiendo y llorando. Seguía un grupo de hombres con burdos sacos, cubiertos de ceniza, que se golpeaban los pechos produciendo un ruido característico. Venían depués los flautistas pitando desconcertadamente y otro grupo de plañideros, que armaban un ruido infernal, imitando unos los aullidos del perro y otros graznando como el avestruz.

Me llamó la atención ver el próximo grupo de hombres; iban con la cabeza rapada y disciplinándose. Detrás veíamos los que portábamos las angarillas con el cadáver. Yo pasé un rato malísimo, no por el peso del muerto, sino por el hedor que ya despedía, mezclado con el olor del bálsamo y otros aromas.

Después venía Samuel, que presidía el duelo, con un crecido grupo de amigos de Lázaro; luego las dos hermanas, acompañadas de muchas mujeres, y al final la turbamulta de espectadores. Creo que el cortejo pasaba de mil.

Al llegar al sepulcro, cavado en la roca, a menos de un kilómetro de la casa, las escenas de dolor, real en unos y pagado en otros, llegaron a su colmo. Era un griterío infernal.

Entramos con el cadáver en el sepulcro, y lo depositamos sobre un banco de piedra destinado al efecto. En seguida se quemaron varias libras de incienso y mirra, quedando lleno de humo el sepulcro. Seis hombres dieron vuelta a una enorme piedra de forma circular, obstruyendo la entrada, dejando para el tercer día el sellarlo definitivamente.

Volvimos a casa, y empezó el duelo legal, que dura siete días. Magdalena estaba inconsolable, lloraba, gemía y gritaba:

—Si hubiera estado aquí, Lázaro no hubiera muerto. ¿Por qué no vino? ¿Por qué no vino?

Lo primero que se practicó fue la limpieza legal del cuarto del difunto. Marta arrojó fuera de la casa una buena cantidad de levadura, pues, según la creencia popular, en ella se ceba principalmente el ángel de la muerte.

Durante el duelo riguroso o *shiva,* los parientes ayunan comiendo «pan contaminado» y lentejas. En cambio, los visitantes son tratados a cuerpo de rey. Marta no se daba abasto preparando toda clase de platillos y su famoso refresco para los incontables amigos que venían «a consolarlas». Samuel se ocupaba en dar limosnas a los pobres que afluían como moscas, pues ésta es una de las prácticas prescritas durante el duelo.

—Ya llevan sacrificados treinta carneros —me dijo Quarto—. Ésta es una verdadera fiesta funeraria.

—Así es —respondí—; muchas familias se quedan en la miseria después del duelo legal, ya que tienen que alimentar a tanta gente; pero hay que hacerlo así, pues de lo contrario la gente murmura, y dice que el difunto no era hombre justo.

–Ya entiendo –repuso Quarto– estos fariseos juzgan de la santidad del difunto por lo abundante y bien preparado de los guisos de los parientes. Pues en el presente caso, dada la habilidad culinaria de Marta, han de decir que Lázaro era un gran santo.

Entre los visitantes tuve el gusto de ver a Jairo, que había venido con su hijita Elía llena de salud. Ésta era una de las mejores ayudantes de Marta. Una ocasión en que ésta, después de sus grandes labores, se había sentado a descansar y lloraba, vi que Elía le decía algo en secreto.

–Así es, hija mía –repuso Marta, brillándole los ojos por la esperanza–; pero no sé si se lo deberé pedir.

31
«¿CRES TÚ ESTO?»

–Durante tres días –decía Isacar– hay que visitar con frecuencia los sepulcros, pues el alma anda dando vueltas tratando de volver al cuerpo.

–¿De dónde has sacado esa idea tan curiosa? –le pregunté.

–No es idea mía, ni es nueva –respondióme el fariseo–, viene de muy antiguo. Se ve que los de la Dispersión andan muy atrasados.

–¿Y después del tercer día...? –le preguntó Quarto.

–Al tercer día, el alma abandona decididamente los alrededores del sepulcro, pues entonces entra definitivamente el ángel de la corrupción. Y cuando el alma percibe el hedor del cuerpo descompuesto, no lo puede tolerar, y se marcha para siempre.

–Yo creo –dije– que para estas horas ya debe ir muy lejos el alma de Lázaro, pues desde que le enterramos hedía su cuerpo espantosamente.

–Sea como sea, el tercer día es el definitivo –respondió Isacar–; por eso he venido hoy...

–Y creo que volverás mañana.

–Sí que volveré, para consolar a estas buenas hermanas, que están inconsolables, como yo también; lo he sentido mucho.

–Y ¿cuánto te había prestado Lázaro? –le preguntó Quarto, sonriendo–. Yo opino que quien le debe mucho, ha de sentir al difunto proporcionalmente.

–Ése no es negocio tuyo –respondió, airado, Isacar, y, sin decir más, nos volvió la espalda.

–Yo creo –añadió mi compañero– que este tipo viene a ver quién hereda al difunto.

–Y yo añado –dije– que debe venir también atraído, no por la corrupción del difunto, sino por el olorcillo de los guisos de Marta.

Sin duda, por esta creencia popular, el cuarto día vinieron muchos más visitantes que los días anteriores, y así me lo había anunciado Samuel, a quien comuniqué la opinión de Isacar.

–Es –me había dicho– una superstición popular muy vieja y arraigada. El día cuarto siempre es el más concurrido, pues la gente lo considera como definitivo, ya que el tercer día se sella el sepulcro.

En efecto, el tercer día se selló el sepulcro con toda solemnidad.

A esto atribuí yo también que, desde el amanecer del día cuarto, Magdalena, ya sin esperanza, estuviera más desconsolada que los días anteriores. Sentada en el suelo, velada la cabeza y con los pies descalzos, no hacía sino llorar y lamentarse. Marta, aunque igualmente descalza y cubierta con un velo, seguía trabajando en la cocina. Sabía que el día cuarto sería el más concurrido, como en realidad sucedió. No perdía, sin embargo, la esperanza de que viniera el Maestro.

Quarto, con su previsión acostumbrada, había dejado en compañía de Jesús a Esbón con instrucciones de adelantarse al Maestro si, al fin, se determinaba a venir.

Caía ya la tarde del cuarto día cuando llegó el criado con la buena nueva de que Jesús se acercaba.

–¿Y has averiguado por qué el Señor no ha venido antes? –le pregunté.

A lo cual Esbón respondió:

–«*Cuando Jesús oyó que Lázaro estaba enfermo, se quedó aún dos días en el mismo lugar. Después de pasados éstos, dijo a sus discípulos: Vamos otra vez a Judea*». Pedro, adelantándose, y con él «*los discípulos, le decían: Maestro, hace poco que los de Jerusalén querían apedrearte, y ¿quieres volver allá?*»

–¿Y qué le respondió el Maestro? –dije.

–Yo no entendí bien –repuso Esbón–; pero saqué en limpio que no había nada que temer si venían de día, y, en cambio, sí les podían hacer mal si venían de noche.

Isacar, que había escuchado la conversación, y sintiendo haber perdido su apuesta, dijo al grupo de fariseos que le rodeaban:

–A buenas horas viene el Profeta. Había anunciado que la enfermedad de Lázaro no era de muerte, y vemos cómo falló. Ahora viene no sé para qué; pues el ángel de la corrupción se apoderó ya del cuerpo del difunto, y el sepulcro está sellado.

–Querrá resucitarle –dijo, riendo, Anano, el hijo de Caifás, quien no creía en la resurrección.

–Buen trabajo le doy –añadió Ben Calba–; una cosa es un hidrópico y otra un muerto en corrupción.

–Lo que sé decir –prosiguió Isacar– es que si viene por aquí, sea de día o sea de noche, ya daremos cuenta de Él. Se me ocurre mandarle un recado a tu padre Caifás avisándole que el carpinterucho ya está en Judea. ¿Por qué no vas tú?

–Yo mejor me quedo a ver lo que ocurre, y entonces le contaré todo el cuento.

—¿Y no dijo más el Maestro? —pregunté a Esbón, recalcando el calificativo.
—Les dijo a sus discípulos: *«Nuestro amigo Lázaro duerme; mas voy a despertarle del sueño»* —continuó Esbón.
—Pues mal servicio le hubiera hecho despertándole, ya que dice el aforismo: «Deja dormir al enfermo, que es señal de mejoría» —dijo el escriba Ben Parta.
—Eso mismo le respondieron sus discípulos: *«Señor, si duerme, sanará»* —prosiguió el mensajero.
—Pues se volvió a equivocar de medio a medio —dijo, riendo, Isacar.
—No tanto —se apresuró a rectificar Esbón—, pues luego *«les dijo Jesús claramente: Lázaro ha muerto»*.
—Y ¿quién le llevó la noticia? —preguntó Anano.
—No sé yo cómo lo haya sabido el Rabboni —respondió el aludido—, pues ninguno llevó más noticias del enfermo que Quarto, y yo estuve con Jesús desde que aquél me dejó con instrucciones de quedarme allí hasta que viniera Él.
—Conjeturas, puras conjeturas; es avisado el carpinterucho —dijo Isacar inquieto y mirando al camino.
—¿Y no dijo más el Maestro? —le pregunté.
—Sí, añadió: *«Me alegro por vosotros de no haber estado allí a fin de que creáis»*. Y en seguida dijo a sus discípulos: *«Pero vamos a él»*, y se puso luego en camino. Sus discípulos, en especial Pedro, decían que aquello no estaba bien, pues le apedrearían, y todos eran de la misma opinión: *«Entonces, Tomás, por otro nombre Dídimo dijo a sus condiscípulos: Vamos también nosotros, y muramos con Él»*. Y le seguimos.
Como lo he indicado, esto pasaba el cuarto día de la muerte y sepelio de Lázaro, y había venido muchísima gente.
—Ahí viene ya —dijo un muchacho que llegó corriendo.
—Voy a avisarles —añadió Quarto.
«Marta, en cuanto oyó que Jesús venía, salió a recibirlo; pero María Magdalena se quedó en casa sentada». Tenía la pobrecita el corazón hecho pedazos, pues quería entrañablemente a Lázaro. Por otra parte, se me figura que estaba resentida con el Rabboni por no haber venido cuando le mandaron el recado. Acompañaba a Marta Elía, la hija de Jairo, y encontraron al Señor a la salida del pueblo.
«Entonces Marta dijo a Jesús: Señor, si hubieses estado aquí, mi hermano no hubiera muerto» —y luego, poniendo la mano sobre el hombro de Elía, añadió—: *«Bien que estoy persuadida de que ahora mismo te concederá Dios cualquier cosa que le pidieres»* —y al decir estas últimas palabras, sus ojos brillaron con un destello de esperanza, mientras nerviosamente abrazaba a Elía.
Jesús le dijo:
—*«Tu hermano resucitará.»*

Para entonces, Isacar y su grupo habían llegado, y aquél, oyendo las últimas palabras del Maestro, se sonrió burlonamente, diciendo:

—Este profetucho cree que nos viene a enseñar algo nuevo. Ya Job se le había adelantado varios siglos.

Marta, respondiendo a Jesús, le dijo:

—*«Bien sé que resucitará en la resurrección en el día postrero.»*

—Claro está —exclamó rabí Sadok—, ésa es la creencia de Israel.

—Menos de los saduceos —repuso, orgulloso, Anano—; nosotros no creemos en la resurrección, ni en el último día, ni ahora, ni nunca: eso es un imposible.

Se iba a entablar una discusión entre fariseos y saduceos sobre este punto, cuando todos callaron. Jesús, con una voz que llegaba hasta lo profundo del alma, dijo:

—*«Yo soy la resurrección y la vida; quien cree en Mí, aunque hubiere muerto, vivirá; y todo aquel que vive y cree en Mí, no morirá para siempre. ¿Crees tú esto?»*

Elía, la hija de Jairo, al oír aquellas palabras, mostrando en su semblante profundo agradecimiento, con toda devoción se arrodilló, y besó la orla de la vestidura del Maestro.

Marta, entonces, echando atrás el velo de luto que le había caído sobre los ojos, llena de entusiasmo exclamó:

—*«Sí, por cierto, Señor; yo he creído que Tú eres el Mesías, el Hijo de Dios, venido a este mundo.»*

Entonces, Jesús le dijo:

—Ve a llamar a tu hermana.

Y Él, cansado del camino, se sentó en espera de *«María, la que le había ungido los pies con ungüento y limpiándoselos con sus cabellos»*.

Las palabras del Maestro produjeron un efecto desconcertante entre el grupo de fariseos y saduceos a que me he referido.

—¿Cómo se atreve a decir este hombre —dijo, indignado, Ben Sadok— que el que crea en Él no morirá? ¿No murió nuestro padre Abrahán, no murieron Moisés y los profetas? Éste blasfema.

—Y decir que Él es la resurrección y la vida —añadió Anano—, cuando los muertos no resucitan. El que se muere, muerto se queda.

—Lo más serio del caso —dijo Isacar que esta buena de Marta no sólo reconoce a ese impostor como el Cristo, sino también por el Hijo de Dios— y al decir estas palabras lanzó una mirada de odio a Jesús.

—Cuídate, amigo —le dijo Quarto por lo bajo—, que esta buena de Marta es, sin duda, la principal heredera de su hermano. ¿Y quién sabe?

Estas oportunas palabras de Quarto hicieron que Isacar cambiara de conversación y se entablara una acalorada discusión entre los saduceos y fariseos presentes sobre la resurrección de los muertos.

Mientras tanto, Marta, acompañada de Elía, corría a llamar a su hermana. En el trayecto, Elía le decía:

—Verás cómo sí. Yo se lo leí en sus ojos.
Y en los de Marta brillaba más que nunca la esperanza sostenida por la fe.
Al llegar a la casa donde María permanecía sentada llorando, le dijo:
—María, ven.
—¿Qué quieres?
—Ven, te digo.
María rehusó levantarse, y entonces su hermana, en secreto, le dijo:
—«*El Maestro está aquí, y te llama.*»
Todo el sentimiento de María terminó con este recado. «*Y apenas oyó esto, se levantó apresuradamente y fue a encontrarle. Jesús no había entrado todavía en la aldea, sino que aún estaba en aquel mismo sitio en que Marta le había salido a recibir*».
Cuando María se levantó, sus hermosísimos pies desnudos quedaron al descubierto. Al verlos, uno de los antiguos admiradores de Magdalena dijo a sus compañeros:
—Mira qué pies.
María, sin darse por entendida, y sólo pensando en el Rabboni, empezó a correr con los pies descalzos, sin importarle las heridas que le hacían los desiguales guijarros del camino.
«*Los judíos que estaban con María en la casa, y la consolaban, viéndola levantarse de repente y salir fuera, la siguieron, diciendo: Ha de ir, sin duda, al sepulcro para llorar allí.*»
Jesús ya estaba en pie, «*y cuando María llegó a donde Él estaba, postrándose a sus pies*», y levantando hacía Él sus hermosísimos ojos llenos de lágrimas, díjole con ternura indescriptible:
—«*Señor, si hubieses estado aquí, no hubiera muerto el hermano de mi alma.*»
Escena tan conmovedora no pudo menos de sacar lágrimas a muchos de los circunstantes. Sin embargo, no todos lloraron. El grupo de fariseos y saduceos con quienes estaba Isacar, al ver a la hermosísima María, con los pies ensangrentados, hacer aquella súplica a Jesús, dirigieron a Éste una marcadísima mirada de odio, mientras algunos murmuraban por lo bajo:
—El que, según dicen, ha sanado a otros, ¿no pudo venir a sanar a Lázaro mientras estaba enfermo? ¡Farsante!
En aquellos momentos sucedió algo que me dejó perplejo, y que entonces no pude explicarme, si bien más tarde lo comprendí. «*Jesús, al verla llorar y llorar también a los judíos que con ella habían venido, se estremeció en su alma y se conturbó*».
Miró Jesús, de una parte, a los que lloraban, y de otra, a los que lanzaban miradas de odio. Aquéllos eran del número de sus amigos, éstos sus poderosos y mortales enemigos, que habían determinado darle la muerte. En las miradas de los últimos viose claramente un reto. Temían que algo

más extraordinario de lo que había obrado hasta entonces iba a hacer ahora el Maestro. Si lo hacía, ¿cuál sería irremisiblemente el resultado? La muerte, por una parte; mas por otra, se vería la gloria de Dios. Jesús bajó los ojos, llevóse la mano a la frente, y entonces fue cuando se estremeció y conturbó. Duró su actitud por algunos segundos; me pareció que movía los labios, y aunque nada percibí, estaba yo cierto que musitaba: *«No se haga mi voluntad, sino la tuya».* Después, ya perfectamente tranquilo, y, como quien ha tomado una resolución, dijo:

–«¿*Dónde le pusisteis?*»

–«*Ven, Señor –le dijeron–, y lo verás.*»

El Maestro estaba ya perfectamente tranquilo, si bien su admirable rostro mostraba profunda compasión. Y entonces vinieron a mi mente las palabras de Zaqueo: «Sus entrañas son de misericordia».

«*Y Jesús lloró».* Abundantes y quietas lágrimas corrían por sus mejillas.

Esta manifestación de amor y compasión fue tan inesperada y al propio tiempo tan comunicativa, era aquel llanto tan conmovedor, tan sublime, que, ¡quién lo creyera!, sus mismos enemigos ocultaron o volvieron los rostros para no traicionarse.

Cuando caminábamos hacia el sepulcro, oí que muchos decían, conmovidos: *«Mirad cómo le amaba».* Otros, en cambio, no pudiendo ni en esta ocasión solemnísima reprimir sus lenguas viperinas, decían: *«Pues Éste, que abrió los ojos al ciego de nacimiento, ¿no podía hacer que Lázaro no muriese?»*

Isacar, temiendo que algo muy grave iba a suceder, decía:

–Pantomima, pantomima; ya se le secaron las lágrimas.

Al llegar la multitud al sepulcro (que como he indicado estaba tallado en la roca y cuya entrada se encontraba cerrada por una enorme piedra circular), los llantos y las lamentaciones de las dos hermanas fueron secundados por los concurrentes. La escena era de lo más conmovedora, y Jesús, viendo aquello, *«conmovido de nuevo, lloró sollozando».*

32
«¡AQUÍ; FUERA!»

Betania está situada en la falda del monte Olivete, y sus casas se escalonan sobre la vertiente que viene a terminar cerca del camino de Jericó. A un lado de este camino está la tumba donde había sido enterrado Lázaro. Tallada ésta en la caliza roca, abre su entrada en medio de un terreno sinuoso en forma de anfiteatro.

Siendo la tarde del cuarto día, la concurrencia de próceres jerosolimitanos era muy numerosa. Añadíanse a éstos un buen número de soldados romanos y judíos ricos de las quintas vecinas. Por otra parte, habiendo circulado la noticia de la llegada del Maestro, la inmensa mayoría de los habitantes de Betania bajaron, encaminándose tras de Jesús y las dos hermanas, hacia el sepulcro. Había gran expectación por ver y oír lo que haría y diría el Profeta ante la tumba del amigo querido. En el pueblo, todos sabían que Jesús frecuentaba la casa de los tres hermanos.

Llegó Jesús con su blanco albornoz hasta cerca de la tumba, acompañado de Marta y María, mientras la multitud se esparcía en grupos por las diversas alturas del anfiteatro. La gente principal ocupábamos, naturalmente, el lugar de preferencias alrededor del Rabboni. En medio de gran silencio, dijo Jesús:

—«*Quitad la piedra.*»

Un murmullo general de desaprobación recibió aquellas palabras.

—Ya pasó el tercer día —añadió Isacar—, y la piedra está sellada.

—Eso es una irreverencia —dijo Ben Calba.

—Vamos a quedar todos legalmente impuros —murmuró Sadok—; el cuerpo está ya corrompido, ya hiede.

—Ya lo creo que hiede —dije yo—. Ya hedía desde hace cuatro días.

—¡Ya hiede! ¡Ya hiede! —empezaron a murmurar por todas partes.

Marta, entonces, dirigiéndose a Jesús, le dijo:

—«*Señor, ya huele mal, que es de cuatro días.*»

Entonces, volviéndose a ella Jesús, le dijo:

—«*¿No te he dicho que si creyeres verás la gloria de Dios?*»

Oyendo las palabras del Maestro, Tomás, Juan, Quarto y otros cinco fornidos mocetones se acercaron al sepulcro, quitaron los sellos y removieron la piedra. Una ola de fetidez y aromas se esparció al punto por el campo, lo que hizo a todos taparnos las narices. Naturalmente, los que estábamos más cerca sufrimos las peores consecuencias, y rabí Sadok, indignado y tapándose las narices se alejó precipitadamente. Todos hubiéramos hecho otro tanto, si la fuerza terrible de la curiosidad no nos hubiera detenido.

En el fondo de la negra boca del sepulcro pude ver claramente el cuerpo de Lázaro yacente sobre el banco de piedra en que le habíamos colocado. Tomás, a pesar del mal olor, se había quedado en la entrada misma de la tumba, y Juan Zebedeo le acompañaba.

De pronto se hizo un gran silencio, pues «*Jesús, levantando los ojos al cielo, dijo: ¡Oh Padre! Gracias te doy, porque me has oído. Bien es verdad que Yo sabía que siempre me oyes; pero por la gente que está en torno lo dije, para que crean que Tú me has enviado*».

Mientras decía estas palabras el Maestro, Marta le miraba con los ojos llenos de fe, y en los de Magdalena brillaba inmenso cariño.

—Y ¿a qué viene todo esto? —dijo Isacar.

«*Entonces, Jesús, con poderosa voz gritó: ¡Lázaro! ¡Aquí; fuera!*»

Todos quedamos sobrecogidos de temor; delante de nuestros ojos «*salió el difunto, ligados los pies y las manos con vendas, y el rostro envuelto en un sudario*».

La curiosidad, sin embargo, sobrepujó al terror, y todos, en lugar de huir despavoridos, nos quedamos donde estábamos para ver lo que sucedía. La voz de Jesús se dejó oír de nuevo, diciendo:
—«*Desatadle.*»
Los primeros que, obedeciendo al Maestro, se acercaron a Lázaro fueron Marta y Eusebio, el embalsamador. Aquélla trató de deshacer el vendaje de las manos, y éste, ante todo, le quitó el sudario del rostro, arrancándole violentamente los tapones de las narices y la boca para que pudiera respirar. En efecto, lo primero que hizo el resucitado fue aspirar ávidamente el aire tibio de la tarde. Después, con mayor cuidado, pero con mano diestra, separó la cera que le cubría los ojos. Mientras esto sucedía, Tomás y Quarto se habían unido para desligar los pies del resucitado.

Cuando éste, al sentirse desligado, empezó a hacer algunos movimientos, dando muestras de que realmente estaba vivo, Magdalena, que había permanecido al lado del Maestro, sin poderse contener, gritó:
—¡Lázaro, hermano de mi alma! —y esto diciendo, corrió hacia él y le cubrió de besos. Después, dejando a los que le desligaban proseguir su tarea, fue a arrodillarse a los pies de Jesús, y, llena de emoción, no pudo proferir más palabra que—: ¡Rabboni!...

Esta acción de María fue la señal para que todos los concurrentes, seguros ya de que no se trataba de un difunto sino de Lázaro resucitado y reconocio por su hermana, se precipitaron sobre el agraciado, queriendo verle de cerca y tratando de tocarlo para persuadirle de la verdad. Aquello fue una verdadera irrupción, y aunque Tomás, Quarto y, sobre todo, Judas, procuraban defenderle, casi le llevaron en vilo. Entonces se oyó que Jesús decía:
—«*Dejadle ir.*»
La turba obedeció, abriendo paso a Lázaro, quien por su propio pie fue hasta donde estaba Jesús, y, arrodillándose ante Él, lleno de gratitud, le dijo:
—Maestro, gracias, gracias.
Entonces Jesús, tomándole de las manos, le levantó y, entregándoselo a sus hermanas, repitió:
—«*¿No os había dicho que si creyereis veríais la gloria de Dios?*»
Ben Simeón, Ben Montanus y Quidvideo, que habían asistido a toda la escena, acercándose a Lázaro y a sus hermanas, les dijeron que era indispensable llevar al resucitado a casa para acabarle de quitar las vendas que aún quedaban adheridas a la piel.
—Necesita un baño caliente —dijo Quidvideo—, pues de otra suerte no se le podrán quitar las vendas sin arrancar la piel.
—Abran paso, abran paso —decía Judas, dando codazos a uno y otro lado—. El Maestro ha mandado que le dejen ir.
Y el resucitado, del brazo de sus dos hermanas, acompañado de la multitud, se dirigió a su morada.

En el camino pude oír las opiniones de los presentes, que las expresaban en voz alta.
—Éste es verdaderamente un Profeta —decían unos.
—Ha demostrado con este prodigio que Dios le ha enviado —añadían otros.
—Pero ¿estáis seguros de que éste es Lázaro, y no es otro que se le parece? —gritaba, accionando, Isacar—. Yo creo que no es Lázaro.
Al oír las palabras del fariseo, se volvió Lázaro, y con toda calma, pero con energía, le dijo:
—¿Qué no soy yo Lázaro? ¿No recuerdas, Isacar, el préstamo secreto que te hice hace un mes de cien siclos de plata?
Quarto soltó una estrepitosa carcajada, y dijo:
—¿Qué respondes a eso, amigo?
El fariseo, disimulando su turbación y apartándose del resucitado, se fue a reunir con sus compañeros. Pocos momentos después vi que éste, Ben Calba, Sadok, Anano y otros tomaban precipitadamente el camino de Jerusalén. Iban a contarles *a los fariseos las cosas que Jesús había hecho*.
En cambio, *muchos de los judíos que habían venido a visitar a María y Marta, y vieron lo que Jesús hizo, creyeron en Él*.
Todos los concurrentes, por lo general, estaban admirados y comentaban el suceso; pero quien metía más bulla era Judas. Estaba entusiasmado.
—¿Qué te parece el Maestro? —me dijo—. ¿Quién es capaz de hacer lo que Él hace? —y bajando la voz, añadió—: Ésta es la gran oportunidad. Muy cerca está la Pascua, y si quiere puede hacer su entrada triunfal en Jerusalén como Rey. Yo voy a excitar al pueblo, hay que hacerle un gran recibimiento. Todos deben gritar: *«Hosanna, bendito sea el que viene en nombre del Señor, el Rey de Israel»*.
—Pero ¿tú crees que a Él le guste eso? —dije.
—Ya basta de dudas. Gústele o no, mis compañeros y yo lo vamos a hacer, y así el Maestro tendrá que decidirse. Hay muchos forasteros, y mañana no habrá uno solo en Jerusalén que no sepa el milagro obrado hoy por el Maestro.
Como la conversación de este hombre me fuera desagradable, dándole un pretexto cualquiera, me aparté de él. Judas entonces se fue a reunir a Lázaro y sus hermanas, y como era conocido por uno de los apóstoles de Jesús, no tuvieron dificultad en admitirle en casa.
Mientras Marta preparaba el baño caliente, Judas, acercándose a Lázaro, empezó a hacerle mil preguntas sobre lo que había visto en la otra vida. Lázaro no respondía. Al fin, como le urgiera Judas con más insistencia sobre lo que había pasado en el otro mundo, Lázaro, con sorna, le respondió:
—Amigo, los muertos no hablan.
—Y Jesús, ¿dónde está? —pregunté a Quarto.

–Se ha marchado ya –me respondió–. Pedro insistía en que llegaba la noche, y no debía exponerse, pues estaban muy cerca de Jesuralén.

–Yo he notado –le decía Tomás– que varios de los fariseos que han presenciado el milagro están furiosos contra Ti; ¿no sería mejor que nos fuéramos? «*Y Jesús se ha retirado*», marchando «*a un territorio vecino al desierto, a la ciudad de Efraín, donde morará con sus discípulos*».

Judas se marchó de malísima gana, pues pensaba que ésta era una gran oportunidad para que el Maestro fuera proclamado Rey.

Había ya entrado la noche cuando Samuel y los tres médicos salieron de la cámara de Lázaro.

–Está perfectamente bien –dijo aquél–; es una cosa admirable. Lázaro se empeñaba en venir con nosotros; pero sus hermanas se han opuesto.

–Estarás todo lo bien que quieras –le dijo Magdalena–, pero ahora a la cama; ya mañana será otro día.

Y Lázaro no ha tenido otro remedio que obedecerla.

–La noche está hermosísima –dije–, y yo tengo grandes deseos de comentar los sucesos del día.

Salimos, pues, al jardín. Al poco rato llegó Jonadab, que venía de Jerusalén.

–¿Dónde está Lázaro? –me preguntó.

–En la cama, obligado por sus hermanas, aunque ya está perfectamente bien.

–Me alegro –dijo el patriarca–. Vengo de la ciudad, donde tuve noticia de todo. Los fariseos y saduceos están furiosos –y, hablándome en secreto, añadió–: Tratan de matar a Lázaro y hay que tener mucho cuidado. Me alegro que esta noche sus hermanas le cuiden, y sería bueno que, por unos días, cambie de residencia. Esos hombres son capaces de todo. ¿Y Jesús? –añadió.

–Me ha dicho Quarto que va camino de Efraín.

–Me parece muy bien; es una medida de prudencia. No tienes idea de la excitación que hay en todo Jerusalén. Unos en favor de Jesús y otros en su contra. Fueron tantos los testigos de la resurrección de Lázaro, que no hay rincón en la ciudad donde no haya varios que den testimonio del milagro. A mí me lo vino a contar Sidonio, el ciego de nacimiento, que estuvo presente.

–No me fijé en él; había tantísima gente.

–Pues ya sabes que este hombre no tiene pelos en la lengua, y les ha dicho muchas claridades a los que hablan en contra del Maestro. «Es el Hijo de Dios –les repetía–; yo creo en Él y nada me importa que me echen de la sinagoga. Él me abrió los ojos, y ahora resucitó a Lázaro, que ya hedía». Como es un buen testigo, lo ha propagado por todas partes, y la gente lo cree. Me temo que mañana tengáis infinidad de visitas para persuadirse del milagro. Hay que cuidar a Lázaro.

Quarto, que se había quedado en la casa, llegó en esos momentos, y, después de saludar a Jonadab, dijo sonriendo:

—¿Sabes, dómine, quién acaba de entrar en el cuarto de Lázaro?

—No lo sé —dije, alarmado—; pero no hay que dejar entrar a ninguno; nuestro amigo corre peligro.

—Pues ya entró —repuso, riendo—, y fue a saludar al resucitado.

—Pero ¿quién es? —pregunté, impaciente.

—La luna dómine, la luna.

En efecto, no hacía mucho que la luna había salido, y un rayo, entrando por la ventana de Lázaro, le había iluminado el rostro, como si también quisiera cerciorarse de la verdad del milagro, según nos aseguró mi compañero.

—¿Quién vendrá allí? —pregunté, mirando hacia el camino—. Ya no es hora de visitas.

Jonadab con su espléndida vista se fijó, y dijo:

—Es Nicodemo, acompañado de dos personas, que presumo son sus criados. Le gusta hacer visitas nocturnas. A veces me ha visitado en mi campamento muy entrada la noche.

—Es fácil que traiga noticias —dijo Quarto—, pues se marchó con el grupo de Isacar, luego de obrado el milagro.

En efecto, a poco desmontó Nicodemo de su magnífico asno, y, después que se persuadió de que los presentes éramos gente de confianza, dijo:

—¿Dónde está el Maestro?

—Camino del desierto —le respondí.

Exhaló Nicodemo un suspiro de alivio, y continuó:

—¡Bendito sea el Señor! ¡Cuánto me alegro de que se haya marchado! El Sanedrín acaba de decretar su muerte y venía a comunicárselo.

—¿Ha decretado su muerte? —dijo Quarto, indignado—. ¿Por qué?

—Por haber obrado el estupendo milagro de la resurrección de Lázaro.

—¿Qué clase de gente es ésta? ¿Quién los entiende? ¿Matar a un hombre porque hace beneficios? ¿De qué le acusan? —dijo mi compañero.

—Como visteis —prosiguió Nicodemo—, de aquí *fueron algunos fariseos y les contaron las cosas que Jesús había hecho*. En un principio no les quisieron dar crédito; pero llegaron otros saduceos que habían presenciado la resurrección de Lázaro y dieron de ella testimonio.

—¿Testimonio de la resurrección los saduceos, que no creen en ella?

—Eso es lo peor —continuó Nicodemo—, no lo pueden negar. Tienen —dijo— el testimonio de innumerables personas que lo presenciamos, y muchos de los principales judíos que estuvieron aquí esta tarde, *«y vieron lo que hizo Jesús, creyeron en Él»*.

—Pero, ¿de qué crimen le acusan? —pregunté.

—No tienen de qué acusarle —respondió—, saben que es inocente. Yo les repetí que en nuestra nación no se condena a nadie sin juzgarle, y se irritaron contra mí. Entonces *«juntaron consejo los pontífices y los fariseos, y dijeron: ¿Qué hacemos? Este hombre hace muchos milagros. Si le dejamos así todos creerán en Él»*. Ben Calba, furioso, exclamó: «Si dejamos que este hombre sea reconocido por el Mesías, tendremos que atenernos a las consecuencias. El advenimiento del Mesías no puede ser otra cosa que el establecimiento de la teocracia de Israel, arrojando al extranjero. Los romanos no soltarán la presa tan fácilmente, y nosotros no estamos ahora preparados para arrojarlos. Este hombre excita al pueblo, *«y vendrán los romanos y arruinará nuestra ciudad y nación»*.

–Los romanos –dijo Quarto– no somos tan estúpidos para alarmarnos por el establecimiento de un reino espiritual.

–Es que los pontífices ni creen en tal reino ni les importa. Lo único que ven es que Jesús está en su contra y el pueblo le sigue –repuso Nicodemo–. Cada día mis compañeros, los fariseos, pierden más autoridad, y los saduceos, con esto de la resurrección de Lázaro, han quedado en tremendo ridículo. A sus propios intereses llaman bien público, y para unirse unos con otros contra Jesús invocan los saduceos la intervención de Roma.

–Y ¿qué resolvieron al fin? –pregunté.

–Caifás, el sumo sacerdote, estaba impacientísimo, pues algunos, como yo, pedíamos que se juzgara al Maestro; entonces se levantó y dijo:

–Sois unos tontos, ya os lo he dicho yo. *«Vosotros no entendéis nada de esto ni reflexionáis que os conviene el que muera un solo hombre por bien del pueblo, y no perezca toda la nación»*.

–Pero si es inocente –dije.

–Precisamente porque es inocente debe morir –dijo solemnemente Jonadab–. Así se cumplirán las Escrituras; así lo dijo Jeremías (26, 15): *«Tened por cierto que si me quitáis la vida, derramaréis sangre inocente, y la haréis recaer sobre vosotros mismos, sobre esta ciudad y sobre sus habitantes, porque verdaderamente es el Señor el que me ha enviado»*. Hoy se ha cumplido lo que dijo David (salmo 93, 21): *«Andan los malvados a caza del Justo y condenan la sangre inocente»*. Y lo que profetizó Isaías (59, 7): *«Sus pies corren hacia la maldad y se apresuran a derramar sangre inocente»*.

–Verdaderamente –dijo Quarto–, no entiendo a esta gente. Matar a un hombre inocente porque hace beneficios, porque la gente le sigue, porque predica que *«hay que dar al César lo que es del César y a Dios lo que es de Dios»*, y decir que los romanos van a venir a destruirlos por eso, es una estupidez. Son unos insensatos; repito que no entiendo a esa gente.

–Pues como tú –terminó Jonadab– no los entendía tampoco Isaías, cuando, viendo proféticamente la muerte del Mesías, exclamó: *«¿Quién podrá entender esa generación?»* (53, 8).

33
EL JUSTO NO MIENTE

Estaba yo tranquilamente escribiendo estas *Memorias,* cuando Rafaelito entró en mi estudio, y me dijo:
—Papá, aquí está Ben Cardona, que desea saludarte.
—Que pase, hijo, que pase; ya sabes que es uno de mis buenos amigos.
Ben Cardona es uno de los más prominentes doctores de la ley. Como Samuel, de quien es gran amigo, no pertenece a ningún partido político, y es de aquellos que, de corazón, esperan la salvación de Israel.
Es relativamente joven; de barba negra, poblada y recia; de cutis cetrino, que revela un temperamento bilioso, y aunque raquítico de complexión, tiene más aguante que otros muy corpulentos. La configuración de su cráneo, con los frontales abultados, revela inteligencia, la cual brilla, especialmente en sus ojos negros y perspicaces. Su conversación es agradable e instructiva, pues es de ingenio vivo y muy versado en las sagradas letras. Es gran amigo de Juan Zebedeo, y, como éste, muy devoto y admirador del Maestro. Supuse, y no me engañé, que venía a hablarme de Jesús, si bien al principio no sabía yo adónde se dirigían sus preguntas. Después de los saludos acostumbrados, dijo:
—¿Crees tú que el hombre justo miente?
—Si es justo, no puede mentir; sin embargo, podrá engañarse.
—Claro, si habla de lo que no sabe. Pero si habla de lo que sabe, ¿darías crédito a su testimonio?
—Seguramente. Para creerlo no necesitaría de la autoridad de los dos testigos que requiere la ley.
—Supongamos que tú eres un hombre justo.
—Gracias por la suposición.
—Y que se discute de qué familia eres, dónde naciste, quiénes son tus padres, y yo te lo pregunto: ¿crees que tu testimonio sería válido, aun en juicio?
—Hombre, dado el supuesto, creo que sí, pues ninguno mejor que yo debe saber mi origen.
—Perfectamente. Y ¿qué piensas de Juan Bautista?
—Que era un coloso, un hombre extraordinario.
—¿Hubieras tú dado crédito a su testimonio sin necesidad de otros testigos, si, preguntándole quién era, te hubiera dicho que era el Cristo?
—Seguramente que sí; y precisamente porque era justo, no mintió, sino que dijo que no lo era. Y los fariseos, que le hicieron esa pregunta quedaron conformes. Sabían muy bien que el justo no miente, y Juan era un hombre justo.
—Y ¿qué te parece el Bautista en comparación de Jesús?
—Te responderé con las mismas palabras de Juan: *«No era digno de desatar la correa del calzado del Maestro».* Y como era justo, dijo la verdad. No hay comparación entre uno y otro.

—¿Luego tienes a Jesús por hombre justo?
—Por el justo entre los justos.
—Darías, pues, crédito a su testimonio si le preguntaras quién es y de dónde ha venido.
—No necesitaría más testimonio que el suyo. Tal fue la actitud del mismo Bautista cuando mandó preguntarle: «*¿Eres tú el que ha de venir, o esperamos a otro?*»
—Pues bien: Jesús asegura que es Hijo de Dios...
Rafaelito, que se había quedado en la cámara, sin que nadie se lo preguntara, se lanzó a responder, diciendo:
—Papá, el hombre justo no miente.
Las salidas de mis hijos me cortan, pues no sé qué responderles. Amostazado en esta ocasión, por estar presente Ben Cardona, le dije:
—Mira, niño, sería bueno que fueras a ver a Quarto.
Por mis negras desdichas. Quarto, acompañado de Raquel se presentó en aquellos momentos. Mientras tanto, mi mente apremiada había encontrado una respuesta, dije:
—Nada tiene eso de particular; todos somos hijos de Dios. ¿No nos ha enseñado el mismo Jesús a llamar a Dios Padre? «Padre nuestro, que estás en el cielo...»
—En que Jesús asegura que Él es Hijo unigénito de Dios, igual a Él —urgió Ben Cardona.
—Mira —le respondí—, tú sigue adelante, y ya te daré al fin mi opinión.
Cardona sonrió maliciosamente, y prosiguió:
—Pues los fariseos no quieren admitir su testimonio.
—El caso es muy grave —repuse.
—Es que Jesús no sólo da Él testimonio de Sí mismo, sino que lo da también de Él su Padre.
—¿Cómo es eso, cómo es eso?
—El otro día le dijeron los fariseos: «*Tú das testimonio de Ti mismo, y tu testimonio no es válido*».
—El caso es tan grave...
—Les respondió Jesús: «*Aunque Yo doy testimonio de Mí mismo, mi testimonio es digno de fe; porque Yo sé de dónde soy y adónde he venido*».
—Muy bien dicho —exclamó Quarto—. ¿Quién mejor que yo ha de saber que soy de Brundicio?
—«*Y vosotros* —continuó el Nazareno— *no sabéis de dónde vengo ni adónde voy*». Y luego continuó: «*Mi testimonio es verdadero, porque no soy Yo sólo el que lo da, sino el Padre, que me ha enviado*».
—¿Y dónde está el Padre? —pregunté.
—Esta misma pregunta le hicieron los fariseos, y Jesús les respondió:
—«*Ni me conocéis a Mí ni a mi Padre. Si me conocierais a Mí, no dejaríais de conocer a mi Padre.*»
—La verdad, no entiendo esto —repuse.

II. YO SOY-33. EL JUSTO NO MIENTE

—Sidonio, el ciego, no tuvo dificultad en creer que Jesús era el Hijo de Dios cuando el Maestro se lo dijo —interrumpió Quarto.
—Ni podía hacer otra cosa —dije—: le acababa de dar la vista.
—Pues eso les dijo el Maestro: *«Si no hago las obras de mi Padre, no me creáis; pero si las hago, cuando no queráis darme crédito a Mí, dádselo a mis obras, a fin de que me conozcáis y me creáis que el Padre está en Mí y Yo en mi Padre».*
—¿Ves, pues, cómo el Padre da testimonio de que Jesús es su Hijo?
—Está bien, pero el caso es tan grave... —repuse.
—Me parece que te pasa a ti lo que a los judíos, que le preguntaron: *«¿Hasta cuándo nos has de traer suspensos? Si Tú eres el Cristo (Hijo de Dios), dínoslo abiertamente. Respondióles Jesús: Os lo estoy diciendo y no lo creéis; las obras que Yo hago en nombre de mi Padre, ésas están dando testimonio de Mí. Mas vosotros no creéis, porque no sois de mis ovejas».*
—Hombre —repuse, intrigado—, yo procuro seguirle.
—Así será —prosiguió Ben Cardona—. Jesús les dio otra explicación: *«¿Por qué, pues, no entendéis mi lenguaje? Porque vosotros sois hijos del diablo».*
Quarto, viéndome acorralado, dijo:
—Voy a contaros una historia. Hace cosa de un año llegó de Roma un famosísimo escritor llamado Lupercio, hombre de gran talento. Sabía admirablemente el griego y el latín, pero no hablaba una palabra de arameo, y así no podía darse aquí a entender. Procuró aprender la lengua, y, pasados unos meses, estaba muy atrasado; hablaba algo, pero no entendía casi nada. Decía que hablaban muy aprisa. Un día que estaba yo con él en la plaza viendo jugar a unos chiquillos, que naturalmente, hablaban con toda soltura la lengua del país, me dijo: «Mira esos muchachos, qué bien hablan arameo; todos lo entienden a pesar de sus pocos años; y yo, por más que sudo, lo hablo muy mal y no entiendo nada». Esto es lo que les pasa a los fariseos, hablan el idioma del diablo, y no entienden el idioma de Dios: por eso no comprenden al Maestro —prosiguió Quarto. Y para no avergonzarme, añadió—: Nosotros, los viejos, con dificultad entendemos el lenguaje de Jesús; en cambio, mira a tus hijos —y dirigiéndose a ellos, les preguntó—: ¿Creéis que el Maestro es el Hijo de Dios?
—Ya lo creo —respondió el muchacho.
—Y yo —añadió la niña—, creo que el Rabí *«es el Hijo de Dios que ha venido a este mundo;* así me lo enseñó Marta.
Me conmoví en extremo oyendo aquello, y aunque en mi interior pedía a Dios que «me hiciera como aquellos niños», me hice fuerte, y dije:
—El asunto es tan serio...
—Pero, ¿qué me respondes a esto? —dijo Ben Cardona—. ¿Miente el hombre justo cuando habla de lo que sabe?

–Ya te dije que no.
–¿Crees tú que Jesús es hombre justo y que habla de lo que sabe?
–Ya te dije que sí.
–Pues si Él dice y afirma y confirma su testimonio asegurando que es el Hijo de Dios, ¿dirá la verdad o no?
–¡Hombre!...
–Sus mismos enemigos confiesan que es veraz y no miente. *«Maestro, le dijeron los fariseos, sabemos que eres veraz y que hablas y enseñas con sinceridad, ni te importa nadie, sino que enseñas con verdad»*. Si, pues, no miente y dice que Él es el Hijo de Dios, ¿lo crees o no?
–Lo que te respondo es que no es fácil dar, desde luego, una respuesta en negocio de tanta importancia. En todo lo que me has contado hay un misterio, sin duda; pero hay que pensarlo mucho. Su testimonio tiene que ser verdadero; pero te diré lo que me dijo Jonadab una vez: «Estos testimonios del Maestro son extraoficiales. Esos fariseos no tienen derecho a preguntarle oficialmente. El día en que el Sanedrín en pleno, encabezado por el sumo sacerdote, en nombre de Dios y bajo juramento, le pregunte oficialmente a Jesús si Él es el Hijo de Dios y Él responda afirmativamente, ese día me arrodillaré ante Él, y le diré: "Señor mío y Dios mío"».

* * *

Y con eso terminó nuestra plática, quedando yo sumamente desazonado. Mi conciencia me remordía; pero no podía creer aún.
Aquella noche no fui a ver a mis hijos a la hora de acostar, temiendo oír su oración por mí. Soy un cobarde; quiero creer, y no me atrevo.
Samuel, que me vio tan pensativo y contrariado, me dijo:
–Voy a enseñarte una oración muy sencilla; se la oí al padre de un infeliz endemoniado que no tenía fe suficiente, y le dijo a Jesús: *«Credo, Domine, adjuva incredulitatem meam»*. (Creo, Señor; pero ayuda mi incredulidad.)

34
EL VASO DE ALABASTRO

Desde la resurrección de Lázaro, su hermana María Magdalena ha estado alegre como un cascabel. No sólo está feliz por haber recobrado a su hermano queridísimo, sino porque Jesús le dio una muestra de finísimo cariño, obrando el mayor de sus milagros con el único hombre de la familia.

II. YO SOY-34. EL VASO DE ALABASTRO

Magdalena me hace la impresión de una niña mimada. Como el Maestro no está ahora aquí (pues cuando viene, ella no le deja un momento, sentándose a sus pies para escuchar sus palabras) para satisfacer su genio activo, le ha dado por cuidar y peinar con todo esmero su borrica *Balaam* y al pollino, que está graciosísimo. Ha terminado ya las riquísimas gualdrapas que ella misma ha bordado, y ahora está trabajando en los bozales. Mi hijito Rafael le acompaña, y como ayer quisiera montar el pollino, Magdalena dijo muy seria:

–Eso no, muchacho; no quiero que nadie lo monte.

Por otra parte, más que nunca peina y unge su hermosísima cabellera. Vanidad femenina que no está de acuerdo con lo sencillo de su indumentaria.

Marta sigue ocupadísima, acompañada siempre de mi hija Raquel, pues si durante la enfermedad y la muerte de Lázaro era muy grande el concurso de visitantes, desde que éste resucitó hay una verdadera avalancha de curiosos que vienen a cerciorarse de la verdad del milagro. Por otra parte, desde que tuvimos la noticia de lo que tramaban contra Lázaro los príncipes de los sacerdotes, Quarto se ha constituido en su guardián. No le deja solo, y, para reforzar la guardia, envió un recado a Cayo Oppio, que está en Jerusalén, rogándole le mandara media docena de soldados, quienes se turnan en la custodia del resucitado. Con este motivo, tuvimos la agradabilísima sorpresa de la visita del simpático y valiente centurión.

–He venido a Jerusalén con mi centuria –me dijo–, pues Pilato teme una sublevación. He cruzado Galilea y Samaría, y nunca he visto mayor número de peregrinos. Hay una excitación religiosa extraordinaria, y por todas partes no se oye hablar de otra cosa que de Jesús de Nazaret. La noticia de la curación del ciego de nacimiento, a quien todos los peregrinos conocen, ha llegado hasta Fenicia por lo menos, y no tienes idea de la sensación que ha causado, pues todos repiten que «nunca se ha oído que recobre la vista uno que no tiene ojos desde su nacimiento», y tienen razón. Y si a esto añades la estupenda noticia de la reciente resurrección de Lázaro, tú te podrás imaginar lo que ha crecido la fama del Maestro.

–¿Y el pueblo qué dice de Jesús?

–Unos le alaban y le defienden, y otros le atacan y le calumnian; pero todos, absolutamente todos, hablan de Él. La gran fiesta de la Pascua, que se aproxima, ha pasado a segundo término. La cuestión palpitante es si Jesús es el Mesías prometido, el Hijo de Dios, o es un impostor. Naturalmente, los escribas, fariseos, doctores de la ley, los herodianos y los príncipes de los sacerdotes, sus enemigos, le atacan con toda clase de calumnias; pero este mismo ataque es un gran anuncio para el maestro.

–Tienes sobrada razón, el ataque es siempre un reclamo.

–Y como le atacan con calumnias evidentes, sus defensores no tienen dificultad en deshacerlas. Manasés, el samaritano, que vino conmigo, con mucho sentido común me decía: «Todos admitimos que, tarde o temprano, ha de venir el Mesías, que es Hijo de Dios. Ya estamos en el tiempo en que ha de venir; así lo admiten los mismos doctores de la ley, pues nos encontramos al fin de las semanas de Daniel. Si no viene ahora no vendrá nunca, o saldrán falsas las profecías. Vuelve los ojos por todos lados, y dime: ¿quién entre los personajes que conoces podrá ser el Mesías: Anás, Caifás, Ben Calba, Isacar, Gamaliel?

–Ninguno tiene facha de Mesías –le respondí sonriendo.

–Lo mismo le dije yo –repuso el centurión–. «Por otra parte –continuó Manasés–, Juan Bautista, que sí tenía tamaño para algo parecido, confesó llanamente que él no era el Mesías. Además, dio testimonio de que Jesús era verdaderamente el Hijo de Dios. Jesús obra prodigios inauditos, tanto que la gente dice: *"¿Acaso el Mesías obrará más prodigios que Éste?"* ¿No dio la vista a Sidonio? ¿No acaba de resucitar a Lázaro? ¿Qué más pruebas quieren? Yo, por mi parte, estoy persuadido de que Jesús es el Taheb, el Hijo de Dios». Pues bien –añadió Cayo Oppio–: como éste, hablan muchos, y creo que tiene razón.

–¡Qué cosa tan curiosa –dije– que un samaritano hable de esa manera!

–Es que Manasés es honrado, como lo son muchos de sus calumniados compatriotas, y por Manasés habla el pueblo sencillo, el pueblo dispuesto a creer...

En estos momentos fuimos interrumpidos por la llegada de Simón *el leproso,* que venía de Jerusalén. Cayo le había conocido años atrás, y tenía noticia del principio de su historia. Después de haberle saludado y congratulado por su curación, Simón nos dijo:

–Vengo de Jerusalén, y las cosas se presentan muy mal para el Maestro. La resurrección de nuestro amigo ha sido un golpe mortal para los saduceos, los fariseos y los herodianos. Las multitudes que llegan para celebrar la Pascua, no hablan de otra cosa, y hay muchísimos que ya creen en Jesús. Pero lo que a ellos más enfurece es que mucha gente granada que presenció el milagro confiesan sin rebozo que creen en Él, y no tienen miedo de ser arrojados de la sinagoga. Sidonio anda por todos lados dando cuenta de su corazón, y proclama que cree en Jesús, y nada le importa que le hayan echado de la sinagoga.

–Este desprecio –dije– debe tenerlos muy excitados.

–Los tiene furiosos, y yo vine a aumentar su cólera.

–¿Por qué? –le pregunté.

–Friolera. Yo fui en mi tiempo un hombre muy conocido. Todos tuvieron noticia de mi enfermedad, y ahora que me ven curado, después de tantos años, no pueden negar el patente milagro. Por vez primera desde que sané, fui a presentarme al Sanedrín para darle cuenta de mi curación, y como allí hubiera varios sacerdotes ante quienes me presenté y dieron testimonio de que me había sometido a todas las formalidades impuestas por la ley, no tuvieron más remedio que admitir que yo había estado leproso y ya no lo estaba.

—¿Y para qué fuiste al Sanedrín? —pregunté.
—Voy a contaros la última parte de mi historia. Cuando me vi leproso, huí de mi casa, y, lleno de vergüenza, me fui a reunir con otros miserables que, como yo, tenían la misma enfermedad. Pasé con ellos muchos años, viendo cómo, poco a poco, iba empeorando, hasta que se me cayeron dos dedos de los pies. Un día supimos por otro leproso que había un hombre extraordinario que curaba la lepra y que venía por el camino de Galilea y Samaría, cerca del pueblo a cuyas afueras nos encontrábamos. Éramos diez leprosos, y «*al verle de lejos, alzamos la voz diciendo: Jesús, Maestro, ten misericordia. Y como Él nos vio dijo: Id, mostraos a los sacerdotes. Y aconteció que cuando íbamos quedamos limpios*».
—¿Y ni siquiera os tocó? —interrogué, admirado.
—Fue algo extraordinario. Desde luego, cesaron mis dolores, que eran muy agudos. Después noté que se cicatrizaban mis heridas y mi carne iba quedando limpia al caer unas como escamas. Lo que me pasó a mí sucedió también a los otros. Nos comenzamos a inspeccionar unos a otros, y estábamos admirados: «*Entonces uno de los compañeros, cuando se vio que estaba limpio, volvió, glorificando a Dios a grandes voces, y, derribándose sobre el rostro, a los pies de Jesús, le dio las gracias; y aquél era samaritano*».
—¿No decía yo que los samaritanos no son tan malos? —repuso Cayo—. ¿Y tú no le fuiste a dar las gracias?
—Yo he procurado reparar mi falta. Para no ir, desde luego, a darle las gracias, tuve una razón, ya que no una excusa. Durante veinte años no pensaba sino en el día feliz en que, curado, pudiera ir a reunirme con Marta. Como no podía hacer esto sin antes presentarme a los sacerdotes y obtener mi ejecutoria de limpieza, no pensé sino en el mandato del Maestro, y, una vez terminados mis requisitos legales, vine en busca de mi prometida.
—¿Y has hablado ya con ella? —preguntó Cayo.
—He perdido toda esperanza —respondió tristemente—. Pero tengo el consuelo y el orgullo que me ha dejado para servir al Maestro. Cuando le conté a ella y a su hermana lo que acabo de referiros, Magdalena me preguntó: «¿Y no le has dado las gracias al Rabí?» «Todavía no» —le respondí—. «Pues eres un ingrato» —dijo María, y me volvió la espalda—. «Aún es tiempo —observó Marta saliendo en mi defensa—. Se me ocurre que le invites a un gran convite en tu casa; yo lo prepararé todo, no tengas cuidado. Él será el invitado de honor, y asistirá también Lázaro, mi hermano». Acogí gustosísimo la idea —prosiguió Simón—. Me informé dónde estaba el Rabí, y fui a invitarle. Él, benignamente, aceptó, prometiéndome venir mañana. Entonces, con el objeto de dar todo el lustre posible al convite, fui hoy al Sanedrín a invitar a los más renombrados fariseos y saduceos.
—¿Y aceptaron? —le pregunté.
—Unos se rehusaron de plano; pero otros, los que nadan entre dos aguas, vendrán seguramente.

* * *

Desde que Marta supo que el Maestro había aceptado la invitación de Simón, empezó con grandísima actividad los preparativos.

Como ya he dicho, la casa de éste la había conservado Marta en estado perfecto. El magnífico triclinio que se abre sobre el gran pórtico está amueblado regiamente. No había más que hacer sino adornarlo con festones de frescas flores, llenar de aceite las innumerables lamparillas que cuelgan del techo y los intercolumnios y cubrir los divanes con las riquísimas telas de seda guardadas en las alacenas.

—Yo me encargaré de los músicos —dijo Jonadab—; tengo habilísimos tañedores de arpa y de salterio entre los de mi tribu, y las voces de mis muchachos son varoniles y sumamente agradables.

Y escogió para ellos una especie de tribuna que se levantaba en el fondo del comedor.

Quarto, acompañado de varios sirvientes, se encargó de las lamparillas, y yo tomé bajo mi protección el adorno floral. Marta, ya libre de estas cargas, se ocupó de lleno en la preparación de los manjares, acompañada de mi hijita y un ejército de criadas, pues el número de invitados pasaba de setenta.

—¿Has mandado traer rosas de Jericó? —me preguntó Magdalena.

—Precisamente ésa es la flor que he escogido, junto con el lirio del valle.

—Has acertado; esta última flor le gusta mucho al Rabboni. Cuando te traigan las flores, te ruego me dejes escoger las mejores, pues Rafaelito y yo nos vamos a encargar de adornar el diván del Rabboni.

Al día siguiente, muy de mañana, llegaron los floristas. Magdalena escogió unas rosas pequeñitas hermosísimas, y con todo cariño y gusto adornó el lugar del Maestro. Después de esto desapareció de la escena; lo restante no le importaba.

Estando yo muy ocupado en el arreglo floral, vino mi hijo a decirme:

—Papá, Magdalena te suplica que vayas a su habitación.

Cuando llegué a su cuarto quedé sorprendido del desorden que allí reinaba. Por doquiera se veían, tirados en el suelo, magníficos vestidos; Magdalena había vaciado su guardarropa en busca del más apropiado. Éste se encontraba cuidadosamente arreglado sobre un canapé; era de seda finísima color de perla.

—Hazme el favor —dijo—. ¿Cómo se abre este frasco?

Y me mostraba el magnífico vaso de alabastro, lleno de esencia hecha con la espiga del nardo, que tiempo atrás yo le había regalado.

—Mira —le dije, tomando el pesado vaso—, el tapón de oro es de tornillo; si le das vueltas así, la esencia sale por este tubito poco a poco. Si quieres que salgas más, le das otras vueltas al tornillo.

—Ya entendí –repuso–; pero no lo derrames. Gracias, puedes marcharte –y, sonriendo, añadió–: Tienes aún mucho que hacer.

* * *

El sol había desaparecido y las estrellas brillaban extraordinariamente; la noche estaba hermosísima. El triclinio estaba profundamente iluminado. Los convidados empezaron a llegar. Los criados les quitaban las sandalias y los lavaban los pies después de lo cual por ricas alfombras de Persia iban descalzos a sus lugares.

Jesús no había llegado aún; pero Judas y otros de sus compañeros se le habían adelantado, ocupando los asientos inmediatos a los divanes de honor.

Al fin llegó el Maestro. Simón personalmente, le quitó las sandalias y le lavó los pies, después de lo cual lo llevó al lugar de honor. Recostóse Simón a su diestra, estando Lázaro del otro lado. Quarto, sin ceremonia alguna, se colocó al lado de Lázaro. A la vera de Simón estaba Ben Calba, el más prominente de los fariseos.

Samuel, que hacía de arquitriclinio, fue colocando a los otros convidados, que, más respetuosos, no habían tomado asiento. Jonadab estaba con sus músicos y cantores, divididos en dos grupos.

Cuando terminó su tarea, Samuel se fue a sentar a mi lado.

Servían la mesa gran número de mujeres, entre las cuales había no pocas de las más respetables de la ciudad, que gustosas se habían ofrecido para obsequiar al Maestro. Dina, la samaritana, estaba encargada con otras varias de escanciar el vino. Marta, ayudada de mi hijita, servía personalmente al Señor.

Empezaron los recabitas a tañer sus arpas y salterios, alegrando el convite.

—¿Dónde está Magdalena? —pregunté por lo bajo a Samuel.

—No lo sé; pero esa criatura trama algo. Ha revuelto su vestuario y ha estado ungiendo su cabello.

—La vi también hablando con Jonadab; no sé qué asuntos traen.

Llegaba el convite a su fin, cuando los cantores entonaron el salmo 44: «*Hirviendo está mi pecho en sublimes pensamientos. Al rey consagro yo esta obra... Oh tú, el más bello entre los hijos de los hombres, derramada se ve la gracia en tus labios; por eso te bendijo Dios para siempre*».

En aquellos momentos apareció una figura cubierta con blanquísimo velo y seguida de un niño que llevaba el vaso de alabastro. Magdalena, pues era ella, arrojó el velo y quedó al descubierto. Vestía un traje perla, de elevado talle, cubriendo sus hombros un peplo del mismo color. No llevaba adorno alguno, y sus cabellos, con reflejos de oro, los traía recogidos con una cinta de seda blanca.

En aquellos momentos los cantores decían: «*Amaste la justicia y aborreciste la iniquidad; por eso te ungió, oh Dios, el Dios tuyo con el óleo de la alegría*».
Cuando se descubrió Magdalena, un «¡oh!» general resonó en la sala. Todos habíamos vuelto el rostro para admirarla.

Entonces, «*María tomó una libra de ungüento de nardo puro y de gran precio, y derramólo sobre los pies de Jesús y los ungió con sus cabellos*». Como el líquido salía poco a poco, María se levantó, y estrellando el cuello del vaso contra la columna, «*derramó el ungüento sobre la cabeza de Jesús, quedando así la casa llena de olor del ungüento*».

Todos estábamos sorprendidos y emocionados. De pronto se oyó la voz de Judas, que decía: «*¿A qué fin se ha echado a perder este ungüento? ¿Por qué no se ha vendido en trescientos denarios y se ha repartido el precio a los pobres? Y viendo esto los otros discípulos se indignaron y dijeron: ¿A qué este desperdicio?..., y refunfuñaban contra ella.*

Oyendo esto Jesús, les dijo: *¿Por qué dais pena a esta mujer? La obra que ha hecho conmigo es buena, pues a los pobres los tenéis siempre con vosotros y podréis hacerles bien cuando quisiereis; mas a Mí no me tendréis siempre. Ella ha hecho cuanto estaba en su mano: se ha anticipado a embalsamar mi cuerpo para la sepultura*».

Judas, por de pronto, se agachó disimuladamente y recogió el tapón de oro, que había quedado en el suelo. Quarto, que lo notó, dijo a Lázaro: «*Eso ha dicho Judas, no por el cuidado que tiene de los pobres, sino porque es ladrón, y teniendo la bolsa, guarda lo que en ella se echa*».

Jesús, entonces, dijo: «*En verdad os digo que dondequiera que fuere predicado este Evangelio, en todo el mundo, se contará también en memoria de ella lo que acaba de hacer*».

Samuel viendo la acción de su sobrina, me dijo:
—Hoy se ha cumplido la profecía de Daniel (9, 24): «*Y se cumplirá la visión y profecía, y será ungido el Santo de los Santos*».

Cuando terminó el banquete, Judas se acercó a Ben Calba y le dijo por lo bajo:
—Tengo algo muy importante que comunicarte.

35
HOSANNA

Durante la cena habían estado llegando peregrinos que venían, principalmente por el camino de Jericó, rumbo a Jerusalén. Sabiendo que Jesús estaba en casa de Simón, se detenían no sólo por ver a Jesús, el taumaturgo, sino a Lázaro, a quien Aquél había resucitado. Como el banquete terminó entrada la noche y no les fuera posible ver a Lázaro, pues Quarto lo puso a buen recaudo, acamparon en los alrededores de Betania, con el propósito de verlo al día siguiente.

Jesús, muy de mañana, según su costumbre, salió de la casa de los Baltazar, donde había pasado la noche, y subió al monte Olivete a orar.

Ya entrada la mañana, se le juntaron sus discípulos.

Como he dicho en otro lugar, Lázaro tenía cerca de Batfagué (que significa lugar de higos verdes) un corral donde guardaba gran número de asnos de la mejor raza de Palestina. Todos los días, Jefté, el criado de cofianza de Magdalena, cepillaba cuidadosamente a *Balaam,* la borrica y su pollino propiedad de la hermana de Lázaro, y los ataba a la puerta del corral en espera de que Magdalena le mandara llevarlos o ella misma viniera por los animales.

Sucedió, pues, que Jesús *«envió a dos de sus discípulos, diciéndoles: Id a ese lugar que tenéis enfrente, y al entrar en él hallaréis una asna atada y a su jumentillo con ella, en el cual hasta hoy nadie ha montado. Desatadlos y traédmelos; y si alguien os pregunta qué hacéis, por qué los desatáis, respondedle que el Señor los ha menester, y al instante os dejará traerlos acá».*

Magdalena, seguida de Rafaelito y un criado, salía en aquellos momentos, llevando, con el objeto de probarlas, las gualdrapas que cuidadosamente había bordado.

Los dos discípulos partieron a cumplir su cometido, *«y, en llegando, hallaron el asna y su pollino atados delante de la puerta, y los desataron».* Magdalena, que los vio, les empezó a gritar desde lejos: *«¿Qué hacéis? ¿Por qué desatáis ese pollino? A lo cual ellos respondieron: Porque lo ha menester el Señor».*

El rostro de Magdalena se llenó de júbilo. ¡No en balde había cuidado con tanto empeño aquellos animales! Su corazón le había dicho que alguna vez le necesitaría el Maestro. Los discípulos *«echaron sus mantos encima del pollino»,* y Magdalena le puso gozosísima las gualdrapas que había bordado; *«dejándolos ir, llevaron, pues, a Jesús el asna y el pollino y ayudaron al Maestro a montar».*

Lázaro, que había venido tras de su hermana, seguido de una inmensa multitud de peregrinos, tomó el bozal a la borrica, a la cual seguía dócilmente el jumentillo.

Los apóstoles, cayendo en cuenta que el Maestro iba a Jerusalén para entrar de aquel modo inusitado, pues nunca lo habían visto cabalgar en animal alguno, se llenaron de entusiasmo.

–¡Al fin, al fin! –empezó a gritar Judas, mientras arrancaba ramas de una palmera–. Al fin el Maestro va a hacer su entrada triunfal; ya era tiempo.

Enardecidos los apóstoles, siguiendo el ejemplo de Judas, empezaron unos a cortar ramos de olivo y otros de palmeras, encabezando la triunfal procesión. Lázaro, como dije, llevaba del cabestro la borrica, tras la cual venía Jesús montado en el pollino. Quarto estaba al lado de su protegido. Samuel y yo veníamos inmediatamente después, seguidos de la multitud, que por momentos crecía. Empezamos a subir al Olivete, bordeándolo por el camino más cómodo.

Llenas de entusiasmo las gentes, *«cortaban ramas de árboles y cubrían con ellas el camino por donde Jesús iba a pasar».*

Al fin llegamos a la cumbre. Jerusalén estaba ante nuestros ojos, y el templo brillaba a los rayos del sol con toda esplendidez de su grandeza.

«Entonces los discípulos, que eran muchos, transportados de entusiasmo, pusiéronse a cantar a grandes voces las alabanzas de Dios por todos los prodigios que habían presenciado.»

Sólo los que estábamos presentes pudimos apreciar aquel magnífico espectáculo. Yo mismo era uno de los que cantaba con más entusiasmo.

Entonces pasó una cosa tan natural como inesperada. Como la cumbre del Olivete está a unos treinta metros más alto que Jerusalén, los habitantes de la ciudad se pudieron dar cuenta de lo que ocurría en el Olivete, y como nuestros gritos de alegría eran tan estruendosos y sólo nos separaban de la población, en línea recta, unos setecientos metros, nuestras voces y cantos eran perfectamente escuchados desde la ciudad y el templo. Esto hizo que infinidad de peregrinos, atropellándose unos a otros, empezaran a salir de Jerusalén para engrosar la comitiva triunfal del Maestro. *«Y la inmensa muchedumbre que por la fiesta había acudido a Jerusalén, al saber que Jesús se acercaba a la ciudad, le salió al encuentro hasta la bajada del monte Olivete».*

Los vigías de la Antonia dieron luego parte a Pilato de lo que pasaba, y éste, alarmado, mandó al centurión Cayo Oppio que saliera al punto a encontrar la manifestación, con órdenes terminantes de reprimir cualquier desmán, pero sin provocar a la multitud; antes bien, portándose como escolta para defender al Maestro de un ataque por parte de sus enemigos.

–No quiero atropellos que puedan excitar al pueblo –le dijo el presidente–; procede con prudencia y hasta procura ponerte de parte del Nazareno.

Cayo Oppio, seguido de tres decurias, se encaminó a cumplir las órdenes recibidas, lleno de júbilo, y decidido a defender al Maestro, aun a costa de su vida; como segundo, venía Pancracio, a quien el Señor había curado.

Comenzamos a descender. Había llegado la manifestación a la mitad de la montaña, cuando se detuvo Jesús, y con él todos los que le seguíamos, mientras de la ciudad empezaban a llegar peregrinos. Jerusalén se presentaba a nuestra vista iluminada por los rayos del sol, radiante de grandeza. El Señor se quedó contemplando aquel magnífico panorama, y mientras en los rostros de todos se manifestaba alegría y entusiasmo, su faz se nubló, sus admirables ojos se llenaron de lágrimas, y, extendiendo hacia la ciudad y el templo sus manos cansadas de hacer beneficios y de perdonar, dijo:

—«*¡Oh, si conocieses también tú, siquiera en este día, más que se te ha dado, lo que pudiera traerte la paz!... Mas ahora está esto oculto a tus ojos.*»

Un profundo silencio reinaba entre todos; nuestras miradas estaban fijas en el Maestro. Aquel discurso nos causó una impresión de lo más extraño. No podíamos comprender a qué venían esas palabras cuando todo el pueblo le aclamaba con entusiasmo; por otra parte, fueron pronunciadas con un sentimiento tan profundo, con una ternura tan grande, que, como saetas, penetraron nuestros corazones, y, sin saber por qué, nos entristecimos profundamente.

—«*Jerusalén, Jerusalén* –dijo Jesús–, *que matas a los profetas y apedreas a los que a ti son enviados, cuántas veces quise recoger a tus hijos, como la gallina recoge a sus polluelos bajo sus alas, y tú no lo has querido*» y señalando al templo, que más que nunca se presentaba esplendoroso, añadió–: «*He aquí que vuestra casa va a quedar desierta*».

En aquellos momentos las miradas de todos se dirigieron al camino que baja por el lado Norte del templo; Cayo Oppio y sus decurias, montados a caballo, se dirigían al Olivete.

—¡Los romanos! ¡Los romanos! –decían muchos alarmadísimos–. Los romanos, que vienen, sin duda, a atacarnos.

Jesús los miró, y volviendo a fijar su vista en Jerusalén, continuó:

—«*Vendrán sobre ti unos días en que tus enemigos te cercarán con un muro, y te asediarán, y te estrecharán por todas partes. Y te arrasarán a ti y a tus hijos que estén en ti, y no dejarán de ti piedra sobre piedra, por cuanto has desconocido el tiempo en que has sido visitada* –y mirando la ciudad, derramó lágrimas sobre ella».

Los apóstoles no sabían qué pensar de todo esto, y Judas, impaciente, dijo:

—Es necesario continuar, no sea que esos incircuncisos vayan a estorbar la manifestación. ¡Adelante, adelante! –gritó.

Jesús miró a Judas tristemente, y me pareció que sus labios se movían musitando las palabras que poco antes había dicho de Jerusalén, y ahora iban dirigidas al de Kariot: «*¡Oh, si conocieses también tú, siquiera en este día, más que se te ha dado, lo que pudiera traerte la paz!*... Y, sin decir palabra, dejó que el pollino en que iba montado siguiera a su madre, que Lázaro llevaba del ronzal.

Judas, entonces, agitando un ramo de palmera, gritó con todas sus fuerzas:

—«*¡Hosanna al Hijo de David! ¡Bendito sea el que viene en nombre del Señor, el Rey de Israel!*»

Los apóstoles secundaron este grito, y la multitud siguió su ejemplo. Judas prosiguió, gritando:

—*«Bendito sea el reino de David, nuestro padre, que va a comenzar.»*
Y los apóstoles y la multitud prorrumpieron en atronadores gritos, diciendo:
—*«¡Hosanna al Hijo de David! Paz y gloria en lo más alto de los cielos.»*
Llegábamos al pie de la montaña, y los que salían de la ciudad, por Ofel, formando valla *«cortando ramas de árboles cubrían con ellas el camino por donde iba a pasar Jesús, mientras otros, en gran número, alfombraban el camino con sus vestidos»;* aquí se reunió con nosotros el centurión Cayo y su escolta.

Viendo el pueblo que los romanos venían en plan de paz, prosiguieron gritando:
—*«¡Hosanna al Hijo de David! Paz y gloria en lo más alto de los cielos.»*
Entre la multitud que había salido de Jerusalén había varios fariseos. Judas, reconociendo al centurión, gritó entonces con más fuerza:
—*«¡Hosanna! ¡Bendito sea el que viene en nombre del Señor, el Rey de Israel! ¡Bendito sea el reino de nuestro padre David, que va a empezar!»*
Y los apóstoles repetían, más y más entusiasmados, estos vítores.
–¡Qué imprudencia más grande! –dijo Ben Calba a sus compañeros–. Estos gritos nos van a comprometer con los romanos.
–Es una temeridad –añadió Anano–; hay que hacer callar a estos hombres.
Y empezó a sisear, tratando de imponerles silencio. Pero los discípulos seguían gritando con más fuerza:
—*«¡Hosanna al Rey de Israel!»*
«A todo esto algunos fariseos que iban metidos entre la masa dijeron a Jesús: Pero, Maestro, manda callar a tus discípulos. Respondióles Jesús: En verdad os digo que si ellos callan, hasta las piedras mismas gritarán». Y sus ojos se fijaban en los romanos.

Entonces Pancracio, lleno de entusiasmo, gritó:
–*Io, triumphe, terque quaterque.*
A lo que Quarto, Cayo y los soldados romanos respondieron con gran entusiasmo:
–*Io, triumphe, terque quaterque.*
Envalentonada con esto la multitud, prosiguió en sus vivas, gritando:
—*«¡Hosanna al Rey de Israel!»*
–Y ¿qué quiere decir hosanna? –preguntón Rafaelito a Samuel.
–Primitivamente significaba los ramos de olivo y palma con que se honraba a los triunfadores. Esta palabra quiere decir «sálvanos, pues»; pero ahora se ha convertido en nuestro grito de triunfo, como quien dice: ¡viva!
–¡Viva! ¡Viva! –gritaba mi hijo–. ¡Hosanna, hosanna al Rey de Israel!

II. YO SOY-35. HOSANNA

Al fin entramos en Jerusalén por el lado de Ofel, subiendo la importante manifestación a la ciudad alta, y de allí nos dirigimos al templo, entrando por el puente que desemboca en el pórtico Real. Al llegar a este puente, salieron batiendo sus palmas los niños que se educan en el templo y cantando:

—«*¡Hosanna al Hijo de David!*»

Esto puso aún más furiosos a los fariseos, y le dijeron al Señor: «*¿Oyes lo que dicen éstos? Y Jesús les respondió: Sí, por cierto, pues no habéis leído jamás lo que está escrito: De la boca de los infantes sacaste perfecta alabanza*».

«*Al entrar Jesús en Jerusalén, toda la ciudad se conmovió, y preguntaban: ¿Quién es Éste? Y la muchedumbre respondía: Ése es Jesús, el Profeta de Nazaret de Galilea. Y daban testimonio estas multitudes que le rodeaban de cuando había llamado a Lázaro del sepulcro y le había resucitado de entre los muertos.*»

—¿Qué te parece? ¿Resucitan los muertos o no?

Anano no respondió; pero hablando en particular con sus compañeros, dijo:

—«*¿Veis cómo nada adelantamos? He aquí que todo el mundo se va tras Él.*»

Y viendo «*los escribas y fariseos lo que acababa de hacer, se pusieron a deliberar la manera de quitarle la vida, porque le temían, viendo que todo el pueblo estaba maravillado de su doctrina y como suspendido de sus labios mientras hablaba*».

Jesús había desmontado y entrado en el templo. Judas tenía por seguro que aquí Jesús se declararía públicamente Rey, y otro tanto esperaban sus compañeros, los cuales hablaban de los lugares que ocuparían en el nuevo reino. Pero Jesús, en vez de hacer lo que sus discípulos deseaban, se puso a sanar a varios ciegos y cojos.

Judas estaba furioso, y, acercándose a mí, me dijo:

—No sé en qué piensa el Maestro, ya que no quiso declararse Rey en Jerusalén ni en el templo. ¿De qué sirve que el pueblo le aclame? Y ahora se dedica a sanar a esos estúpidos. Yo creo que está loco. Ningún hombre cuerdo procede de esta manera.

* * *

Caía la tarde, y la multitud, viendo que nada sucedía, se empezó a desbandar. La mayoría iba decepcionada; esperaban que entonces restituyera el reino de Israel, y Jesús no parecía preocuparse de esto.

«*Al acercarse la noche, habiendo Jesús observado por una y otra parte viendo que todos se habían marchado, se fue a Betania con los doce, y allí pernoctó.*»

Cuando llegamos a Betania, los apóstoles iban cabizbajos, y yo estaba perplejo. Viéndome así Samuel, me dijo:

–Hoy se ha cumplido lo que predijo el profeta: *«Salta de alegría, hija de Sión; lanza gritos de júbilo, hija de Jerusalén. He aquí que viene tu Rey. Es justo y protegido de Dios, sencillo y cabalgando sobre un pollino, hijo de una asna»* –y, sin decir más, me dejó sumido en mis meditaciones.

Me quedé hasta muy noche en el pórtico de la casa. De pronto vi una sombra que caminaba sigilosamente; pasó a mi lado sin darse cuenta de mi presencia; pero yo sí le pude reconocer: era Judas.

Tomó el camino de Jerusalén; ¿a qué iría a esas horas?

36
LA CONSPIRACIÓN

–¿Qué andará tramando Judas? –me preguntó Quarto al día siguiente.
–¿Por qué dices eso? –respondí.
–Porque le he visto llegar hoy muy de mañana por el camino de Jerusalén.
–Y yo le vi salir anoche muy tarde en dirección de la ciudad.
–Entonces no erraba yo pensando que había pasado, por lo menos, parte de la noche en Jerusalén –repuso Quarto, y continuó–: Yo he de averiguar lo que trae entre manos ese pajarraco.

Y por tres días desapareció mi amigo de la escena, ocupado, sin duda, en sus investigaciones.

Yo, por mi parte, puse especial atención no en la conducta de Judas para con el Maestro, sino en la de Éste con el de Kariot. Noté, desde luego, la insistencia con que Jesús miraba a Judas, y cómo éste, de modo constante, rehuía las miradas llenas de ternura del Señor.

Entre los peregrinos que habían venido para la Pascua había muchos excesivamente pobres. Andrés se me presentó, y me dijo:

–Mi buen rabí, tú eres rico, y los pobres que vienen peregrinando son muchos. ¿No podrías darnos alguna limosna para ellos? El Maestro te lo agradecería.

–Mi querido Andrés –le respondí–, ¿por qué no me lo habías dicho antes? Sabes que todo lo que tengo lo daría al Rabboni si lo necesita. Ven conmigo.

Le llevé a mi cuarto, y tomando una bolsa, añadí:

–Aquí tienes esto, son más de trescientos denarios de plata; tómalos, y entrégalos al Señor; que haga lo que le parezca conveniente con ellos.

Seguí a Andrés con la vista, y observé que se lo entregaba al Maestro. Contra lo que yo esperaba, vi que tomó la bolsa en sus manos, guardándola Él, mientras Andrés, por su mandato, iba a llamar a Judas. Éste llegó fingiendo una sonrisa, pero sin mirar al Maestro, el cual le entregó personalmente la bolsa, diciéndole que distribuyera esa cantidad entre los pobres, y que si necesitaba más se lo pidiera.

Judas tomó la bolsa, siempre rehuyendo la mirada de Jesús, y, con su sonrisa falsa, se alejó, mezclándose con los peregrinos.

* * *

Entre varias cosas que ha hecho y dicho el Maestro en estos días, voy a contar dos en que me fijé muy especialmente, por relacionarse, a su vez, con Judas. Este hombre, como lo había notado Jonadab, por sus cualidades y sus defectos, es la encarnación del pueblo judío, tiene todas las características malas de nuestro pueblo.

«*Sucedió que saliendo Jesús de Betania con sus discípulos para volver a Jerusalén sintió hambre; y como viese de lejos una higuera cubierta de hojas, se acercó para ver si encontraba en ella higos, aun cuando no era todavía tiempo de ellos.*»

Como he dicho, la región de Betfagué está cubierta de higueras, algunas de las cuales suelen dar fruto antes de tiempo, hacia fines de marzo, cuando aún no acaban de brotar las hojas. Por eso se llaman estos higos *dafour*, que quiere decir «maduros antes de tiempo». La época ordinaria para la cosecha de higos es junio.

«*Como Jesús nada encontró sino follaje, dijo a la higuera: que jamás nadie coma fruto de ti, y que jamás lo produzcas; lo cual oyeron maravillados los discípulos.*»

A mí también me llamó mucho la atención este proceder del Maestro. Pero al día siguiente no quedé menos sorprendido que los discípulos «*cuando, al pasar por aquel lugar, repararon que la higuera se había secado de raíz. Bien pronto se ha secado, dijeron. Y Pedro, acordándose de las palabras de Jesús, exclamó: Maestro, mira cómo la higuera que maldijiste está ya seca*».

Entonces pasó una escena para mí inolvidable.

«*Jesús, tomando la palabra, dijo*», con un acento de infinita ternura: «*Tened confianza en Dios*», y miraba a Judas con inmenso cariño. «*En verdad os digo que si tenéis fe y no andáis vacilando, no solamente haréis eso con la higuera, como Yo, sino que diréis a ese monte: arráncate y arrójate al mar, y así se hará*».

Dio el Señor unos pasos adelante, acercándose al de Kariot, y añadió: «*Por tanto, os aseguro que todas cuantas cosas pidiereis en la oración, tener fe en conseguirlas, y se os concederán*».

Todos estábamos emocionados, pues las palabras del Maestro fueron dichas en un tono conmovedor. Luego, fijando sus hermosísimos ojos en Judas, como si le pidiera perdón, añadió: «*Mas al poneros en oración, si tenéis algo contra alguno, perdonadle, para que vuestro Padre, que está en los cielos, os perdone también vuestros pecados: pues si no perdonáis vosotros, tampoco vuestro Padre celestial os lo perdonará*».

Yo esperaba que Judas dijera alguna palabra; pero permanecía sonriente, como si todo aquello no tuviera que ver con él. Entonces recordé sus palabras: «El judío jamás perdona». «Por otra parte –me dije–, ¿qué puede este hombre tener que perdonar al Maestro?»
Y Jesús, muy triste, prosiguió su camino.

* * *

El otro incidente que quiero referir pasó bajo el pórtico de Salomón, donde Jesús, a pesar de las excomuniones que sobre Él pesaban, seguía enseñando. Sus enemigos, con rabia sorda, discutían con permiso de quién, con qué autoridad, continuaba predicando, y en el mismo templo.

Hablando Jesús a una gran multitud, entre la que había buen número de escribas y fariseos, dijo:

–*«Cuando venga el Hijo del hombre en su gloria y todos los ángeles con Él, se sentará sobre su trono de gloria, y serán congregados delante de Él todas las gentes, y los apartará unos de otros, como el pastor aparta las ovejas de sus cabritos, pondrá las ovejas a la derecha y los cabritos a su izquierda.»*

Al decir Jesús estas palabras, por un movimiento espontáneo, una gran parte de los que escuchábamos nos movimos hacia la diestra del Maestro, como si quisiéramos ser de las ovejas; mientras los escribas y fariseos, cerca de los cuales estaba Judas, no hicieron movimiento alguno, quedando colocados a la izquierda. Jesús continuó:

–*«Entonces el Rey dirá a los que están a su derecha»* –y el Maestro nos miraba con gran ternura–: *«Venid, benditos de mi Padre, a tomar posesión del reino que os está preparado desde el principio del mundo. Porque tuve hambre, y me disteis de comer; tuve sed y me disteis de beber; estaba desnudo, y me vestisteis; enfermo, y me visitasteis. A lo cual respondieron los justos, diciendo: Señor, ¿cuándo te vimos hambriento y te dimos de comer, sediento y te dimos de beber? Y el Rey, en respuesta, les dirá: En verdad os digo: cada vez que eso hicisteis con alguno de estos pequeñitos, que son mis hermanos, conmigo lo hicisteis».*

Mientras los que estábamos del lado derecho nos sentíamos profundamente conmovidos, los del izquierdo sonreían despectivamente. Me fijé en Judas, y en su rostro noté un desprecio sumo por las palabras del Maestro. Pero bien pronto observé que muchos fruncían el entrecejo al oír a Jesús, el cual, cambiando su voz de suave en amenazadora, decía:

–*«Y a los que estén a la izquierda les dirá: Apartaos de Mí, malditos, al fuego eterno preparado para el diablo y sus ángeles. Porque tuve hambre, y no me disteis de comer; sed, y no me disteis de beber. ¿Y cuándo, Señor, preguntarán los malos, te vimos hambriento o sediento y no te atendimos? Cuando dejasteis de hacer eso con algunos de estos pequeñitos, conmigo dejasteis de hacerlo, les responderá.»*

La impresión que estas palabras causaron en el auditorio fue tremenda, y como si hubieran tocado a la desbandada, se marcharon los escribas y fariseos rechinando los dientes; mientras Jesús, con voz atronadora, terminaba:
—«*Y luego irán los malos al eterno suplicio* —y cambiando de tono— *y los justos a la vida eterna.*»

Era ya de noche cuando terminó Jesús, y, seguido de sus discípulos se dirigió hacia el huerto llamado Getsemaní, diciéndoles:
—«*Sabéis que después de dos días se celebrará la Pascua, y el Hijo del hombre será entregado para ser crucificado.*»

Iba yo cerca de Andrés, y como buscase a Judas y no le encontrara, le pregunté:
—¿Dónde está el de Kariot?
—No lo sé —me respondió—; sin duda ha ido a la ciudad para hacer algunas compras.
—Así será —dije; pero en mi interior sospeché que se había ido con el grupo de los de la izquierda.

* * *

Getsemaní, como dije en otro lugar, significa «molino de aceite». Es un huerto cercado donde crecen umbrosos olivos, y en el centro está el molino, propiedad de Lázaro. Acompañado de éste, seguí para Betania.
—Pero ¿estará seguro el Maestro en este lugar? ¿No correrá peligro? —pregunté a mi compañero.
—Como habrás notado —respondió Lázaro—, el valle del Cedrón, por otro nombre, de Josafat, está lleno de tumbas, y ningún habitante de Jerusalén se atreve a andar por estos lugares entrada la noche, pues dicen que se aparecen los muertos. El Señor gusta mucho de permanecer aquí acompañado de sus discípulos para orar; es un lugar en extremo quieto y silencioso.

Cuando llegamos a Betania, me quedé solo en el pórtico, pues la noche estaba muy agradable, y la luna, cerca del plenilunio, había ya salido. Tenía deseos de estar solo. Las palabras de Jesús me habían causado impresión profunda. Nunca había oído su voz más terrible que cuando pronunció aquella maldición contra los que no amaban a los pobres. Según lo que acababa yo de oír, el que no ama a los pobres no ama a Jesús, y Judas odiaba a los pobres. No sé por qué se me antojaba que todo aquel discurso del Maestro había sido principalmente dirigido al de Kariot, sin duda, para mover su endurecido corazón. Y ¿por qué había desaparecido Judas? No era, ciertamente hora de comprar nada; la explicación del bueno de Andrés no me satisfacía.

Pasada ya la medianoche, noté que un hombre se acercaba; pensé que fuera Nicodemo; pero me equivocaba: era Quarto.

—Muy malas noticias, dómine –dijo.
—¿Qué pasa?
—Durante estos días, mezclado con los soldados romanos, que entran y salen diariamente de los palacios de Anás y Caifás, que están contiguos, he visto y oído todo lo que estos viejos hacen y dicen. He escuchado muchas conversaciones de los escribas y fariseos, así como de los herodianos. No hacen sino hablar de Jesús; están furiosos contra Él.
—Entiendo sus iras, pues el Maestro no deja de atacarlos –dije.
—¡Que los ataca, caramba si los ataca! Ben Calba, ayudado por Isacar, he reunido en un gran pliego todas las cosas que les ha dicho, y yo he podido obtener una copia mediante algunos denarios –y diciendo esto, sacó Quarto un pergamino.
La luna, como dije, estaba muy brillante, y a su luz me leyó Quarto algunas frases, que, en verdad, me parecieron muy duras.
—Oye, dómine, y juzgarás –dijo Quarto–: «*En la cátedra de Moisés se sentaron los escribas y fariseos; haced lo que os dijeren, pero no hagáis conforme a sus obras; pues dicen y no hacen. Atan sobre los otros cargas pesadas; pero ellos ni con el dedo las quieren mover. ¡Ay de vosotros, escribas y fariseos hipócritas, que devoráis las casas de las viudas con vuestras prolongadas oraciones!...*»
—Es la verdad –interrumpí–; el otro día una pobre mujer viuda llamada Raspha, me contaba que por decir dos salmos sobre un hijo suyo enfermo, le había cobrado un fariseo nada menos que veinte denarios.
Quarto continuó leyendo:
—«*¡Ay de vosotros, guías de ciegos, que decía: todo el que jurare por el templo, a nada está obligado; mas el que jurare por el oro del templo, deudor es, y el que jurare por el altar, no queda obligado; mas el que jurare por la ofrenda que está sobre el altar, sí queda obligado!*»
—Muy buena manera de enseñar a sus clientes a no cumplir con sus juramentos –dije–. En cambio, les cobran por enseñarles estas distinciones, que los libran, según ellos, de los juramentos; pero, eso sí, les obligan a pagar cuando el juramento es por el oro del templo o la ofrenda del altar, de la que se apoderan.
—En fin –concluyó Quarto–, les dice raza de víboras y sepulcros blanqueados, con otros epítetos semejantes. Esto ha puesto furiosos a los fariseos, y más cuando añade que los publicanos y las rameras son mucho mejores que ellos.
—Y los sacerdotes, ¿qué dicen? –pregunté.
—Que hay que darle muerte, pues aseguran que destruirá el templo y no dejará piedra sobre piedra. Y tienen miedo que lo haga.
—¿De suerte que han determinado matar al Maestro?
—Esta misma noche –dijo mi compañero– «*los príncipes de los sacerdotes, los escribas y los ancianos del pueblo se juntaron en el patio del pontífice Caifás y deliberaron cómo prender a Jesús, por engaño, y matar-*

lo. Mas tenían miedo al pueblo y decían: no en el día de fiesta, porque no se suscite alboroto en el pueblo». Estaban en esto cuando llegó Ben Calba, acompañado de Judas. Nunca he visto más demudado a este hombre; sin duda Satanás se ha apoderado de él.

–¿Y qué hizo, qué dijo?

–Miraba por todos los lados con desconfianza, sin duda temiendo que alguno lo viera. Se acercó a los sumos sacerdotes y habló con los príncipes y los magistrados. No pude oír lo que les decía, pero gesticulaba como un energúmeno. Al fin, vi que los príncipes de los sacerdotes discutían entre sí; parecían muy contentos de lo que Judas les había dicho, y llamando a uno de los tesoreros del templo, dieron una orden en secreto. Al poco tiempo volvió trayendo un talego, que entregaron a Judas. Éste, con una mueca horrible, se despidió de aquellos hombres, quienes soltaron una carcajada. No he podido averiguar más; pero esa entrevista del de Kariot, de noche y con esos hombres, me da la impresión de que Judas es un traidor. ¿Para qué le dieron el dinero?

–Tienes razón –dije–; nada bueno presagia la conducta de ese tipo. Me imagino que decepcionado al ver que el Maestro no quiere proclamarse Rey, arruinando sus planes e ilusiones de tres años, le ha cobrado odio a muerte y quiere vengarse. Nada me extrañaría que Judas esté decidido a entregar a su Maestro, no ya por dinero, sino hasta por una copa.

37
LA CENA

Desde mi vuelta a Jerusalén tenía yo atado al pie de mi cama el primoroso corderito pascual regalo de Jonadab para el Señor. Ésta es una antiquísima costumbre que indica el cuidado que debe tenerse con la víctima con que ha de celebrarse la Pascua, y para recordar que así lo hicieron en Egipto nuestros padres.

Mis hijos eran los que tenían cuidado del borreguito: le daban de comer y lo limpiaban. Su vellón estaba más blanco que la nieve.

–Le he rogado al Maestro –me dijo Samuel– que se digne usar de mi casa para celebrar la Pascua, y Él ha aceptado mi oferta bondadosamente. Mis sobrinas vendrán para preparar todo lo necesario, y Quarto quiere ayudar en los preparativos, aunque no sea israelita.

–Dejaré entonces mi departamento –le dije–; lo hago con grandísimo gusto.

–La sala donde escribes –repuso– nos sirve de ordinario de cenáculo, pues está en el piso alto, bien ventilada y es muy amplia; allí prepararemos todo. Voy a sacar el magnífico cortinaje que usamos en esta ocasión, y prepararemos divanes para trece personas. Dejaremos al Rabí solo con sus doce apóstoles; quizá quiera hablarles en particular. Yo mismo les serviré.

—¿Y no podría ayudarte yo? –preguntó Rafaelito.
—Con mucho gusto, hijito –respondió el anciano, sonriendo–; el Señor ama mucho a los niños.
Empezaron los preparativos con todo empeño. Entre las columnas colgamos magníficas cortinas de damasco, color de vino. En la parte superior pusimos, rodeando el cuarto, un festón de ramas de olivo entrelazadas con cintas blancas, formando graciosas ondas. En el centro se colocó una gran lámpara de doce brazos, en cuyos extremos había candilejas de aceite de oliva perfumado. Los divanes, muy bajos, los colocamos en forma de U, quedando uno de tres asientos a la cabecera y dos de cinco cada uno a los lados. La parte central está reservada para la mesa móvil, en que se van sirviendo los distintos platos de la comida legal.
—Y las túnicas y los báculos, ¿dónde están? –preguntó Rafaelito.
—Antiguamente era la costumbre –respondió Samuel– revestirse de ese modo y comer de pie y con gran prisa las lechugas amargas y el cordero pascual, como quien está de viaje, en recuerdo de la salida de Egipto. Pero, desde la vuelta del cautiverio, esta práctica ha desaparecido y comemos recostados en divanes y sin las antiguas túnicas.
—¿Y por qué? –preguntó el niño.
—Porque en los tiempos actuales sólo los esclavos comen de pie; los hombres libres lo hacen recostados; y como nosotros somos un pueblo libre, seguimos esta última costumbre. Las antiguas prácticas han variado considerablemente.
Quarto entró cargando dos grandes vasijas.
—Ponlas aquí –le dijo Samuel–; después hay que llenarlas de agua. Que te dé Marta las toallas y el lebrillo grande y los colocas en esta mesita.
—¿Para qué son? –preguntó mi hijo.
—Es costumbre después de haber bebido la copa de vino, que los comensales se laven las manos y otra vez se las enjuaguen antes de comer el cordero.
Marta entró muy afanada, diciendo:
—Tío, ¿dónde está el vinagre para cocer la *charoseth*?; no lo encuentro. Ya pelé las manzanas y los higos y exprimí los limones, pero no encuentro el vinagre.
—Tú siempre tan solícita y afanosa –respondió el anciano, sonriendo–; tenemos tiempo suficiente. El vinagre especial para esto lo tengo en mi cuarto. Voy a dártelo.
—Mándamelo con Raquel –respondió Marta–, que yo voy a moler la canela y las otras especias. Como los hombres no tienen que cocinar, les parece todo muy sencillo; pero, eso sí, se quejan cuando los platos no están bien preparados.
—Y Magdalena, ¿no te ayuda? –preguntó el anciano.

—¡Parece que no la conoces! Yo ya ni le digo nada... —repuso Marta; y luego, cambiando de tono, añadió—: Para la cocina no sirve, pero tiene mucho gusto para adornar la mesa. Ya marchó con Rafaelito a comprar flores al mercado; quiere arreglar personalmente la mesa del Rabboni.

En aquellos momentos se presentó Dina, llevando un cántaro al hombro.

—¿Adónde vas? —preguntóle Quarto.

—Por agua a la fuente de Siloé —respondió la samaritana—. Es la más pura de todo Jerusalén.

—Me vas a permitir esta vez que yo vaya —repuso Quarto—. A mí me han encargado del agua y del vino.

—¡Pero si es para el Maestro! —replicó Dina en tono suplicante—. Y esto de acarrerar el agua es oficio de mujeres. No verás a ningún hombre con el cántaro al hombro. Sólo los aguadores de oficio la llevan en pellejos curtidos.

—Pues, a pesar de todo, te ruego me dejes llevar hoy ese cántaro, precisamente porque es para el Maestro. De otra suerte no me arriesgaría a que mis compatriotas, los romanos, se rieran de mí por hacer oficio propio de esclavos. ¿Me lo permites?

Dina, mirando admirada a Quarto, le entregó el cántaro si decir palabra, y éste, gozosísimo, marchó a cumplir su cometido.

* * *

Mientras tanto, Jesús, que estaba cerca de Betania, parecía no preocuparse por la preparación de la Pascua, siendo *«llegado el primer día de los panes ázimos, día en que la ley ordenaba inmolar el cordero pascual. Acercáronse, pues, a Él sus discípulos y le dijeron: ¿Dónde quieres que preparemos la cena de la Pascua?»*

Judas, de ordinario, era el encargado de estos asuntos; el Señor, sin embargo, *«envió a sus dos discípulos Pedro y Juan, diciéndoles: Id vosotros a preparar lo necesario. En llegando a la ciudad, encontraréis un hombre con un cántaro de agua; seguidle, y entrando en la casa donde él vaya, diréis al dueño de esa casa: El Maestro te envía a decir: Mi hora se acerca; voy a celebrar en esta tu casa la Pascua con mis discípulos. ¿Dónde está el aposento donde he de comerla? Entonces, él mismo os enseñara una sala alta, grande, adornada con tapices y lechos y ya aderezada de antemano. Preparad allí lo que fuera menester».*

Salieron gozosos los dos grandes amigos Pedro y Juan, y encaminándose a la ciudad por el lado de Ofel, se detuvieron ante las escaleras que dan acceso a la ciudad alta, en espera de que pasara el hombre indicado por el Maestro.

Muchas mujeres subían y bajaban llevando sus cántaros al hombro, como es costumbre. Sólo de cuando en cuando pasaba algún aguador car-

gando unos pellejos llenos de agua; pero como el Maestro les había dicho que el hombre debía llevar «un cántaro» no siguieron a ninguno de los aguadores.
 –Allí viene un hombre con un cántaro al hombro –dijo Juan a su compañero.
 –Parece romano –replicó Pedro.
 –Romano o judío –repuso Juan–, lleva un cántaro al hombro, y ése es nuestro hombre.
 Cuando estuvo cerca, Juan reconoció a Quarto y dijo a Pedro:
 –Ése es, sin duda, y debe ir a la casa de Samuel; sigámoslo.
 Quarto no se fijó en los dos apóstoles y subió los escalones, entrando en la ciudad y dirigiéndose a la casa de Samuel.
 –¿No se te hace raro ver a un romano acarreando agua? –dijo Pedro, mientras lo seguían.
 –No se me hace raro que ese romano sea Quarto. Ama mucho al Maestro; sin duda Samuel espera al Señor y Quarto debe tener de ello noticia. Sólo por amor al Maestro es creíble que un romano haga oficio de esclavo –repuso Juan.
 Al fin llegaron a la casa donde estábamos, y Pedro dio a Samuel con toda fidelidad el recabo del Señor.
 –Como veis –les dijo el anciano mostrándoles el cenáculo–, todo está aquí preparado; sólo resta que llevéis al templo el corderito, regalo de Jonadab, para ser inmolado según la ley; tomadlo, pues, y llevadlo luego.
 Cuando Magdalena, que ya había adornado el lugar del Rabboni, oyó el mensaje, corrió a mi cuarto acompañada de Rafaelito, desató cariñosamente al cordero y, poniéndole al cuello una cinta encarnada, lo tomó en sus brazos. El corderito no dio el menor balido.
 –Aquí lo tienes –dijo a Juan–; es inmaculado y tierno.
 Y dándole un beso, se lo entregó.
 –Mira –dijo Samuel a Pedro–, lleva a Leví este pergamino que he escrito rogándole lo inmole él mismo; es uno de los sacerdotes más buenos que he conocido. No entréis por donde los demás, sino por la puerta de la Oblación, que está al Sur del patio de los Sacerdotes; de otro modo tardarían mucho, y es necesario que lo sacrifiquen cuanto antes; debe haber muchísima gente.
 Cuando marcharon los apóstoles, Samuel me dijo:
 –Ven conmigo; voy a buscar las varas gruesas de granado que deben servir para sacar el cordero en cruz, según la costumbre.
 Acompañé a mi amigo a su aposento. En su armario, y cuidadosamente envueltas, tenía las varas, ambas terminadas en punta.
 –Estas varas las corté hace muchos años de un frondoso granado que hay en nuestra casa de Hebrón –dijo–. Bajo la sombra de este árbol iba a sentarse Myriam, la Madre de Jesús, cuando fue a visitar a Isabel, mi cuñada, la madre del Bautista. Le gustaba mucho ese árbol a María, y me encar-

gó le cortara unas ramas para usarlas cada año en la Pascua para asar el cordero. Yo corté cuatro, le di dos a ella, y me quedé con las otras dos, que son éstas. Las guardé, y no me volví a acordar de ellas hasta hace poco, cuando el Maestro tuvo a bien aceptar mi invitación de comer la Pascua en esta casa; las varas no han sido usadas.

Cuando algunas horas más tarde volvieron Pedro y Juan con el corderito ya inmolado, yo ayudé a Samuel a prepararlo para ser asado. Una de las varas entraba por la parte superior atravesando el animalito abierto en canal, y la otra, colocada transversalmente, le cruzaba el pecho. Ya en esta forma se lo llevó Marta.

Por encargo de ésta, Quarto había preparado en el jardín dos horquetas clavadas en tierra, sobre las cuales se colocó la vara mayor, que servía de asador. Después se encendió un gran fuego con pedazos de madera seca, y yo me encargué de darle vueltas al cordero para asarlo debidamente. Por supuesto que esta operación la dirigió Marta.

* * *

Todo estaba preparado, cuando llegó Jesús con los doce, ya puesto el sol. El primero en entrar en el cenáculo fue Judas, con pretexto de ver si todo estaba preparado; pero, en realidad, para sentarse en el primer lugar, a la derecha del Maestro.

Según supe, los apóstoles habían estado disputando sobre el lugar que debía ocupar cada uno, y los más ambiciosos eran Juan y Santiago, su hermano, pues querían sentarse uno a la derecha y otro a la izquierda del Maestro; pero Judas les ganó la mano. Juan, que esto vio, corrió a ocupar el lado izquierdo, y después de él, en el diván lateral, se sentó Pedro, ocupando los otros apóstoles los lugares restantes, según pudieron conseguirlos. Todos deseaban estar lo más cerca posible del Rabboni. Éste, sin decirles palabra entonces, ocupó el lugar principal, con Judas a la derecha y Juan a la izquierda, como llevo dicho.

Después de eso se corrieron las cortinas del cenáculo, quedando solos Jesús y los doce.

Lo que a continuación contaré lo supe por Samuel y mi hijo, quienes entraban y salían, sirviéndoles la cena.

* * *

—Figúrate, papá —me dijo Rafaelito—, que Judas tomó el primer lugar, y sus compañeros estaban muy enojados, pues todos querían sentarse al lado del Maestro, y se pusieron a discutir *«quién de ellos era el mayor»*.

—Y ¿qué les dijo Jesús? —le pregunté.

—Se puso muy serio, y les dijo: *«Los reyes de las naciones los tratan con imperio, y los que tienen autoridad sobre ellas son llamados benefi-*

ciarios. No habéis de ser así vosotros; antes bien, el que entre vosotros sea el mayor, condúzcase como si fuera el menor, y el que es príncipe y el que tiene la precedencia pórtese como el que sirve. Porque, ¿quién es mayor, el que está en la mesa o el que sirve? ¿No es claro que el que está en la mesa? Sin embargo, Yo estoy en medio de vosotros, como quien sirve». Entonces se levantó el Maestro, y, tomando el jarro con vino que yo tenía, se puso a servirles en las copas.

—Y ¿qué hizo después? —pregunté a mi hijo.

—Se sentó de nuevo, y, muy conmovido, dijo: *«En gran manera he deseado comer con vosotros esta Pascua antes de que padezca. Porque os digo que no comeré ésta de nuevo hasta que tenga su cumplimiento el reino de Dios. Vosotros sois los que habéis permanecido conmigo en mis tentaciones. Yo os preparo, pues, un reino, como mi Padre me lo preparó a Mí, para que comáis y bebáis en mi mesa en mi reino; y os sentaréis sobre tronos, juzgando a las doce tribus de Israel».*

—¿Y se tranquilizaron con eso los discípulos?

—Creo que sí, pues el Maestro tomó entonces su gran copa de vino rojo que mezcló con agua, y dijo: «Alabado seas, Señor, Dios nuestro y Rey del Universo, que creaste el fruto de la vid». Bebió Él un poquito dándosela a Judas, que estaba a su derecha, y añadió: *«Tomadla y repartidla entre vosotros, porque os digo que no beberé más del fruto de la vid hasta que venga el reino de Dios».*

—¿Y comieron después las hierbas amargas? —pregunté a mi hijo, sabiendo yo el orden de la cena pascual, pero deseoso de que el niño me contara sus impresiones.

—Entonces Samuel les acercó la mesa con la ensalada preparada por Marta: berros, escarola, achicoria, manrubio y perejil, rociados con vinagre y agua de sal. Yo vi cuando la estaba preparando, y sabe muy amarga.

—¿La probaste tú?

—Marta quiso que yo la probara, pues significa las amarguras de nuestros padres en Egipto. Junto estaba la *charoseth* para ensopar los panes ázimos.

—Y ¿a que no sabes de qué está hecha la *charoseth*?

—¡Cómo no! Vi también cuando Marta la preparó; tiene manzanas, jugo de limón, higos, pasas, pedacitos de almendra, todo mezclado con vinagre y canela. Tiene color de ladrillo, pues recuerda los que tuvieron que hacer nuestros padres en Egipto cuando el Faraón los puso a trabajar como esclavos.

—Y ¿cómo se hacen los panes ázimos?

—Con harina amasada con agua; es muy fácil, ¡hasta Raquel los hizo! Se extiende la masa muy delgadita y luego se ponen los panes en el rescoldo hasta que se tuestan.

—Y ¿qué hizo el Maestro?

—Recitó un salmo, respondiendo los discípulos, y dijo: «Alabado sea el Señor, que hace brotar el pan de la tierra». Luego partió los panes ázimos en pedacitos, y, mojándolos en la *charoseth*, todos empezaron a comerlos junto con las hierbas amargas. Después se lavaron las manos. Samuel llevaba el agua y la jofaina y yo la toalla, y bebieron la segunda copa de vino aguado.

Samuel, que había estado escuchando la relación de mi hijo con el cariño de un abuelo, prosiguió la descripción de esta manera:

—Iba yo a llevar la mesa con el cordero pascual para que lo comiesen según el ritual, cuando el Maestro me hizo señas de que esperara. Entonces pasó algo inusitado y sumamente conmovedor. Los discípulos habían estado disputando, como ha dicho Rafaelito, sobre quién era mayor. Pues bien: sin duda, para darles ejemplo, ya que les había dicho que Él estaba allí como siervo siendo el Maestro, *«se levantó de la mesa, quitóse los vestidos, y, tomando una toalla, se la ciñó. En seguida, echando agua en la jofaina, comenzó a lavar los pies de los discípulos y a enjugarlos con el lienzo que llevaba ceñido».*

—¡Como un esclavo! —interrumpí yo, asombrado—. ¿Y se dejaron lavar los pies esos hombres?

—Empezó el Señor por Judas que ocupaba el primer lugar.

—¿Y Judas se los dejó lavar? —dijo Quarto, que con nosotros estaba.

—No sólo se los dejó lavar, ni aun hizo la menor señal de protesta. Por el contrario, me pareció que sonreía al ver al Maestro a sus pies. En cambio, Jesús, mientras esto hacía, mostraba en su rostro la mayor ternura. Al terminar, aún arrodillado a los pies del de Kariot, le miró de modo indescriptible; pero Judas volvió los ojos...

—Como siempre —dije—. Judas constantemente rehúye la mirada del Señor.

—Después siguió con Juan, que ocupaba el segundo lugar. Éste hizo un movimiento de protesta; pero el Señor le miró cariñosamente, y como entendiera Juan que era la voluntad del Maestro hacer aquello, se dejó lavar los pies, mientras su rostro encendido manifestaba su vergüenza. Sólo obedeció por complacer al Rabí.

—Y Pedro, ¿se dejó lavar los pies? —preguntó Quarto.

—Viendo Pedro que él seguía, pues ocupaba el tercer lugar, se puso en pie, y, con tono resuelto, dijo: *«Señor, ¿Tú me lavas a mí los pies?»*

—Ya decía yo que ése no le dejaría —interrumpió Quarto.

—*«Jesús, respondiéndole, dijo: Lo que Yo hago no lo entiendes ahora; pero lo entenderás después».* Y como viese al Maestro decidido a lavarle los pies, dio Pedro tres pasos hacia la puerta, diciendo: *«A mí jamás me lavarás los pies». «Entonces Jesús le dijo: Si no te lavo los pies, no tendrás parte conmigo».* Oyendo esto Pedro, se acercó a su lugar, y, levantando las mangas de su túnica, exclamó: *«Señor, no solamente los pies, sino también las manos y la cabeza».* Estas últimas palabras causaron una impresión grandísima en los restantes; y, en medio de un silencio profundo, continuó el Maestro su tarea.

Estaba yo también muy conmovido, y, para disimular, pregunté a Samuel:
—Y ¿qué les dijo el Maestro?
—*«Cuando acabó de lavarles los pies, se puso de nuevo sus vestidos y, sentándose a la mesa, continuó: Vosotros me llamáis Maestro y Señor, y decís bien, porque lo soy. Pues si Yo, Señor y Maestro, os he lavado los pies, también vosotros debéis lavaros los pies unos a otros. Yo sé a quiénes he elegido; pero ha de cumplirse la Escritura. El que come mi pan levantará contra Mí su pie. Os lo digo ahora antes que suceda, para que cuando suceda creáis que Yo soy...»* Entonces me hizo el Señor señas para acercar el cordero pascual —continuó Samuel—, y, en medio de silencio embarazoso, empezó la cena.
—Y ¿por qué ese silencio embarazoso? —preguntó Quarto.
—Pues porque todos los presentes entendimos la alusión que acababa de hacer el Señor a la traición de Achitofel y de la que se queja David cuando dice en el salmo (40, 10): *«Lo que más es un hombre con quien vivía yo en dulce paz, de quien yo me fiaba, y que comía mi pan, han urdido contra mí una gran traición»*, esto fue lo que indicó al decir: *«El que come mi pan levantará su pie contra Mí»*.
—Y ¿a quién podría referirse? —pregunté a Samuel.
—Esta duda fue la que asaltó a todos y que se acrecentó cuando *«Jesús, habiéndose turbado en su espíritu, y mientras seguían comiendo, añadió: En verdad os digo que me ha de entregar uno de vosotros que come conmigo»*.
—Ése es Judas —dijo Quarto—, no puede ser otro sino él.
—Yo creo lo mismo —repuso Samuel—; pero los discípulos no las tenían todas consigo, y empezaron a preguntarle: *«Señor, ¿soy yo?* Jesús no le respondió entonces, sino que siguió comiendo, ejemplo que sus discípulos imitaron, y cuando todos a un tiempo estaban mojando en la salsa, les dijo de pronto el Maestro: *«Hay uno que pone la mano conmigo en el plato, y ése es el traidor»*.
—Y ¿qué hicieron los discípulos? —preguntó Quarto.
—Todos sacaron la mano del plato, y unos a otros empezaron a interrogarse —prosiguió Samuel—. Yo vi que Pedro hablaba con Juan, y que éste, a su vez, recostándose en el pecho del Señor, le decía algo al Maestro. Poco después, *«Jesús mojando el pan lo dio a Judas»*. Y como éste le preguntara, el último de todos: *«¿Acaso soy yo, Maestro?»* Jesús le dijo algo por lo bajo, y luego, alzando la voz, añadió, dirigiéndose al de Kariot: *«Lo que has de hacer, hazlo presto»*. Levantóse Judas al momento, y salió, mientras los discípulos al notarlo, se preguntaban: *«¿A qué irá?»* A lo cual Andrés respondió: *«A comprar lo que necesitamos para la fiesta, o a dar algo a los pobres»*.
—Siempre el bueno de Andrés —dije.
Quarto, sin embargo, frunciendo el entrecejo, dijo:

–Voy a seguir a Judas. Ya sé dónde le encontraré.
Y, envolviéndose en su clámide, salió precipitadamente.

UN CONTRATIEMPO

«Jerusalén.
Al editor del *Boston Graphic*.
Boston, Mass (U. S. A.)
Mi querido Bill: Respondo a su cablegrama de ayer, en que me urge le mande material. Tengo la pena de decirle que hemos sufrido un contratiempo que ya esperaba desde el principio.

El pergamino que corresponde, sin duda, a esta parte de las *Memorias,* no sólo está ininteligible, sino hecho pedazos, destrozados por la humedad y la polilla.

He decidido que este volumen destrozado debía estar en este lugar por alguna que otra frase aislada que hemos podido reconstruir en los jirones de pergaminos, por ejemplo: «Un nuevo mandamiento... que os améis. Señor, ¿adónde vas?» «Señor, he aquí dos espadas». «Voy a preparar un lugar para vosotros». «No os dejaré huérfanos». «... que enviará mi Padre, todo os lo enseñará y os recordará lo que os he dicho». Y así otros fragmentos pequeñísimos.

El reconstruir yo este capítulo, usando de los Evangelios, me pareció muy impropio.

Tenemos que resignarnos con este contratiempo. Gracias a Dios, aún quedan legibles varios volúmenes sumamente importantes.

Le envío, pues, lo que sigue, según hemos podido rehacer estos viejísimos y maltratados pergaminos.

Suyo como siempre,

MYLES.

El manuscrito prosigue así:»

38
LA TRAICIÓN

Aquella mañana, mientras me ocupaba de la decoración del cenáculo, llegaron a visitarme Jonadab, primero, y más tarde, Zaqueo.

–¿Estás enfermo? –pregunté al patriarca, viéndole descolorido y ojeroso.

–En mi ya larga vida –respondió el centenario recabita– nunca he padecido enfermedad alguna –y, mostrándome su dentadura añadió–: Como nuestro padre Moisés, tengo aún mis dientes completos y en per-

fecto estado; pero los sucesos que veo aproximarse no pueden menos de causarme una impresión profunda. Varias noches hace que no duermo.
—¿A qué sucesos te refieres? —le pregunté.
Sacando un rollo de pergaminos, me los entregó, diciendo:
—Si tú lees lo que estos volúmenes contienen, si los meditas y los entiendes, creo que tú también perderás el sueño. Son un resumen de las profecías mesiánicas, conservadas por tradición o encerradas en las Escrituras. Muchas se han cumplido ya; pero faltan por cumplirse las más importantes, las más dolorosas y las menos entendidas por Israel. Fíjate principalmente en las del último pliego. Yo no quiero estar estos días en la ciudad, ni permitiré que alguno de los míos se acerque a sus muros. No quiero que ningún recabita se haga solidario de las acciones de los príncipe de los sacerdotes.
—Me pareces pesimista —repuse.
—Escrudiña esas escrituras, y pensarás como yo, si la luz de lo alto te ilumina. Espero que el corderito pascual que te di para el Maestro estará en buenas manos.
—Lo acaban de llevar a inmolar al templo Juan y Pedro.
—Está bien. Yo voy ahora a ver a José de Arimatea para encargarle labre mi sepulcro no lejos de uno que acaba de terminar fuera de los muros de la ciudad. Mis días están contados, y, a ejemplo de mis mayores, he comprado un espacio de terreno contiguo al de José. Allí quiero ser enterrado.
Y triste, con la cabeza baja, se alejó el venerable anciano, dejándome muy pensativo.
Poco tiempo después, como indiqué, llegó Zaqueo.
—Vengo de ver a Pilato —me dijo—. Está muy preocupado, pues teme una insurrección, no se fía de la multitud de galileos que ha venido a esta Pascua; dice que son muy levantiscos.
—¿Teme que Jesús los soliviante?
—No, nada teme del Maestro, pero sí de los príncipes de los sacerdotes. Ha llegado a su noticia que quieren aprehender a Jesús, y cree que el pueblo le defenderá contra los sacerdotes. Hace pocos días, cuando el Rabí entró triunfante en Jerusalén, hizo ocupar todas las ventanas de la Antonia que dan al templo por soldados armados, con orden de disparar sus flechas a la primera señal de insurrección. Pero se convenció una vez más de que Jesús no pretende hacerse Rey. Me contó la respuesta que dio a los que le preguntaron si era lícito dar tributo al César.
—Ya lo sabía yo: *«Dad al César lo que es del César y a Dios lo que es de Dios»* —dije.
—Por otra parte, su esposa Claudia, que está en favor del Nazareno, le ha rogado que le respete, y Pilato está bien dispuesto en favor de Jesús. Pero venía a contarte mi entrevista con Dimas.
—¿El ladrón amarrador de gallos? —pregunté.

II. YO SOY-38. LA TRAICIÓN

—El mismo. Le encerraron en un calabozo con ventana al templo, y al oír predicar a Jesús se ha impresionado mucho. Pero ahora está muy triste porque desde el día de la entrada triunfal del Maestro le cambiaron de calabozo a uno con ventanilla al Pretorio.

—Aunque sólo por referencias conozco a ese hombre, me simpatiza mucho –dije.

—Es un corazón de oro–. Ya te conté que me había devuelto lo que me había robado. Pues ahora ha hecho un acto que me ha conmovido en extremo. Su mujer le había llevado al calabozo su gallo favorito, *Aléctor*, pensando que con esto se distraería. En efecto, se puso muy contento al principio; pero después, pensando que aquel gallo no le pertenecía, pues se lo había robado a Caifás, quiso restituirle. Yo estaba presente cuando, después de besarle con gran cariño, se lo dio a su esposa Tamar para que ella se lo entregara a Malco, el criado de confianza del pontífice.

Esta acción del bandido hizo que se me arrasaran los ojos en lágrimas, y dije:

—Ese hombre es digno de mejor suerte. Pero ¿es cierto que Caifás juega a los gallos?

—Él y su suegro, Anás, tienen su arena en el corralón que está entre los dos palacios.

—Recuerdo –añadí– haber visto una caballeriza entre la casa de Anás y la de Caifás, por la que se comunican.

—Pues allí juegan a los gallos, y allí ha puesto Malco a *Aléctor* en una jaula. Acabo de verlo...

En aquellos momentos llegó Lázaro.

—Vengo a ver a Samuel –dijo– para que trate de persuadir al Rabboni de no ir a pasar la noche a Getsemaní, como lo ha estado haciendo últimamente. Es cierto que el huerto está bien cercado y la puerta la custodia Marcos, el hijo de Obed, quien cuida del molino de aceite; pero me temo que no sea ésta seguridad suficiente; las cosas andan muy mal.

—¿Pero no me dijiste hace poco que de noche nadie se atreve a atravesar el valle, sembrado de sepulcros? –dije.

—Así es ordinariamente, y unos cuantos hombres no cruzan el valle de Josafat por miedo. Pero si se juntan muchos, aunque no las tengan todas consigo, creo que sí se atreverían a asaltar Getsemaní.

—¿Pero la cosa es tan seria que temes un asalto?

—Un asalto y a mano armada –respondió Lázaro–. No sabes lo furiosos que están los príncipes de los sacerdotes y con ellos los fariseos, herodianos, escribas y doctores de la ley. Así me lo ha contado Nicodemo, que estuvo a verme, y me rogó que hiciera lo posible para que el Maestro no vaya a Getsemaní.

—Mandaremos una veintena de hombres armados que le custodien si se empeña en ir al huerto –propuse.

—El Maestro no lo permitirá de ningún modo. Lo que conviene es que se oculte en un lugar distinto donde no haya ido hasta ahora, y, sobre todo, que lo ignore Judas.
—Pero ¿será posible? —dije, indignado.
—No te quepa la menor duda —respondió Lázaro—; el de Kariot es capaz de todo. Habla del Maestro con un odio feroz. Así me lo ha repetido Nicodemo...

* * *

—¿Qué andas haciendo aquí? —dijo una voz argentina, dirigiéndose a Lázaro—. ¿No quedamos en que no saldrías de Betania?
—María, no he podido menos de contrariar tu mandato; se trata del Rabboni.
—Siendo así, estás perdonado; pero cuando cumplas con tu cometido, te marchas a Betania, y presto —repuso Magdalena. Después, con el instinto de mujer, presintiendo algún peligro, mostrando zozobra en sus hermosísimos ojos, exclamó, suplicante—: Decidme, decidme la verdad: ¿corre peligro el Rabboni?
—No es nada, no te alarmes —respondió Lázaro—. He venido a ver si ya está todo preparado para la Pascua...
—Mentira, tú no has venido a eso. ¿No estábamos aquí nosotras para prepararlo todo? Dime, Lázaro, dime lo que hay...
—Si no hay nada, María; no te alarmes.
—Yo lo averiguaré. Y si vosotros los hombres no sabéis defenderle, yo le defenderé a costa de mi propia vida.
Y mirándonos con desprecio, se marchó.
—Vete, Lázaro —le dije—. Magdalena tiene razón; tú también corres peligro; vete, ya veremos nosotros lo que se puede hacer.
Cuando di cuenta de lo ocurrido a Samuel, éste, con los ojos arrasados en lágrimas, me dijo:
—Todo es inútil, el Maestro conoce ya la traición de Judas, y no dejará de ir a Getsemaní.
—Pero ¿piensa exponerse a la muerte, siendo tan fácil escapar, yéndose a Perea o a cualquier otra parte donde el Sanedrín no le pueda alcanzar?
—Repito que todo es inútil. El Maestro va a la muerte sabiéndolo perferctamente. Ya lo dijo Isaías: «*Fue ofrecido en sacrificio porque Él mismo lo quiso, y no abrió la boca. Conducido será a la muerte como la oveja al matadero, y guardara silencio sin abrir siquiera su boca, como el corderito que está mudo delante del que le trasquila*».
Quedé aplanado con esta respuesta; pero quedé aún más aturdido cuando en mi cuarto empecé a leer los pergaminos que me había entregado Jonadab. En esto, llegó la noche, y me convencí una vez más de que era cierto lo que me había dicho Samuel; el Maestro conocía al traidor, y, sin

dar la menor muestra de querer evitar el peligro, terminada la cena, *«salió Jesús con sus discípulos, y se dirigió al huerto de Getsemaní, lugar que conocía Judas, por tener costumbre Jesús de retirarse allí frecuentemente con sus discípulos».*

* * *

Me quedé en vela esperando a Quarto, leyendo y meditando los pergaminos que me diera Jonadab. Sería cosa de la medianoche, cuando llegó mi amigo, acompañado del joven Marcos, hijo de Obed, el custodio del huerto de Getsemaní. Venía Quarto demudado.

—¡Ya le aprehendieron! —dijo, jadeante—. Ese infame Judas le entregó, y le entregó con un beso...

—¿Cómo es eso? —dije, poniéndome en pie.

—Ésa fue la contraseña del malvado. Sabe que Santiago el menor se parece mucho al Maestro, y temió que Éste se le escapara, dejando al otro en su lugar. Por eso, Judas les había dicho: «*Aquel a quien yo besare, Ése es; prendedle y conducidle con cautela,* pues se puede escabullir o hacer bajar fuego del cielo; es muy peligroso».

—Siéntate, que estás agotado, y explícame lo que dices. ¿A quién le dijo eso Judas?

Quarto se sentó, y limpiando el sudor que le corría por la frente, continuó:

—Cuando salí de aquí, me fui directamente al palacio de Caifás, que dista unos cien pasos. Allí, tratando con Caifás, Anás y otros varios, estaba Judas, demudado y excitadísimo. «Ahora, o nunca, les decía el malvado. Ya el Nazareno tiene noticia de que se le busca, y si se nos escapa a Perea, no habrá quien le encuentre». «Pero ya ha empezado la Pascua —objetó Caifás—; es fácil que la multitud le defienda y haya una sublevación. Pilato entonces nos atacará, y estamos perdidos. ¿Qué dices, Anás?» —preguntó a su suegro—. Éste, con toda calma, llamó aparte a su yerno, y le dijo: «Me parece que el tal Judas tiene miedo, y si no seguimos su consejo, es fácil que él también se nos escape con el dinero del templo, y así perderemos uno y otro». «Ahora, o nunca —volvió a repetir el traidor—. Yo no me comprometo a entregarle sino esta noche. Sé dónde está, y es fácil que no sospeche que vamos a estas horas a prehenderle. Pedro y Simón Zelotes se han armado, y mañana será tarde; tendrán soliviantados a todos los peregrinos galileos», y el infame temblaba como un azogado. «Creo que Judas tiene razón —decidió Anás—. Hay que dar el golpe ahora. Mañana muy temprano, en las cuatrocientas sinagogas de Jerusalén se dará la señal convenida, anunciando la excomunión del Nazareno. Esto aterrará al pueblo; no creo que se insurreccione». Y volviéndose a Judas, le dijo: «¿Cuántos hombres necesitas?»

«Una legión, por lo menos; es un hombre muy peligroso». «Yo tengo más de un centenar de hombres —dijo Isacar—; y aunque sólo armados con palos y hachas, hacen bulto». «Yo necesito soldados valientes, y no gente que corra –repuso el traidor–; no sabéis lo que es atravesar el valle de Josafat de noche...» «Será bueno –añadió Anás, dirigiéndose a su yerno– que mandes una orden para que salga Malaquías con los soldados del templo, pues a estas horas no es prudente pedir guardias a Pilato». Caifás escribió unas palabras en un pergamino que entregó a Malco, su criado de confianza, encargándole en voz baja que no perdiera de vista a Judas. Malco, por mal nombre *Chemor,* que significa asno, y le dicen así por lo grande de sus orejas, seguido del traidor y otros criados, marchó en dirección al templo. La turba de Isacar, aumentada con los criados de otros ancianos que allí estaban, tomaron el camino de Ofel para reunirse con los soldados en el puente que cruza el Cedrón.

–¿Y fue con ellos Isacar?

–¡Qué había de ir el miedoso! Mandó en su lugar a uno de sus criados, encargándole mucha prudencia –dijo Quarto–. Yo seguí a Judas.

Al llegar al templo hubo dificultad en que nos abrieran los guardias; pero, en vista de la orden de Caifás, pudimos entrar. Malaquías se levantó de mala gana, y mandó a un centenar de soldados que le siguieran, soñolientos y llenos de miedo, pues Judas no cesaba de decir que el Nazareno era muy peligroso, y podía hacer llover fuego del cielo. Al llegar al puente, nos encontramos con la turba de Isacar, y, capitaneando Judas, nos dirigimos a Getsemaní. Ahora, Marcos, cuéntalo tú al rabí lo que sucedió.

–Nuestro amo Lázaro –dijo el joven– nos había encargado que tuviéramos mucho cuidado esta noche. Mi padre Obed está enfermo, y así yo tuve que hacer sus veces. Cuando llegó el Maestro le abrí por supuesto; pero noté que sólo iban once discípulos. Le pregunté a mi tío Pedro si esperaba al que faltaba. Primero me dijo que no abriera a nadie; pero después que habló con el Maestro, me dijo que si llegaba Judas le abriera.

–¿De modo que eres sobrino de Pedro? –le pregunté.

–Sí, rabí, y por cierto que mi tío venía muy valiente con su espada. El Maestro estaba muy triste, y les dijo a sus discípulos: *«Todos vosotros os habéis de escandalizar por mi causa esta noche; porque está escrito: Heriré al pastor, y las ovejas del rebaño se dispersarán. Pero después que haya resucitado iré antes que vosotros a Galilea. Entonces Pedro, tomando la palabra, dijo: Aunque todos se escandalizaren por tu causa, yo no me escandalizaré jamás. Jesús le dijo: En verdad te digo que esta noche antes que el gallo cante dos veces, tú me negarás tres. Pero él insistía más: Aunque sea necesario que yo muera contigo, no te negaré. Y lo mismo dijeron los otros discípulos».*

–Pedro, siempre presuntuoso –dije–. Y ¿qué pasó?

–Cerré la puerta, y la atranqué bien –prosiguió Marcos–. Yo me quería quedar allí cuidando; pero mi tío me dijo que me fuera a acostar, pues él iba a velar toda la noche. Le obedecí, y como hacía mucho calor, me desnudé y me envolví en la sábana.

—¿Y Pedro se quedó velando? —pregunté.
—Yo estaba muy dormido —continuó el joven—, cuando mi madre me despertó, diciendo: «Levántate, Marcos, que algo pasa. Mira cuánta gente viene con linternas». No tuve más tiempo para vestirme, y, envuelto en mi sábana, me fui a la puerta. El Maestro, mientras tanto, estaba despertando a sus discípulos, que se habían quedado dormidos. En esto llamaron a la puerta: «Ábreme, Marcos, soy Judas, y tengo que dar al Maestro un recado urgente». Como tenía orden de abrirle, lo hice; pero tras de Judas entró Malco y una caterva de gente. «Quedaos aquí —les dijo Judas—, no sea que se nos escape», y se dirigió adentro del huerto adonde estaba el Maestro, y *«acercándose a Él, le dijo: Dios te guarde, Maestro. Y le besó»*.
—¡Qué infame, qué miserable! —exclamé.
—*«Entonces, Jesús le dijo: Amigo, ¿a qué has venido? Judas, ¿con un beso entregas al Hijo del hombre?»* Mientras tanto, los que habían entrado, que eran muchos, se decían unos a otros, llenos de miedo: «¿Quién es? ¿Cuál de ésos es?» Pues como estaba oscuro, no vieron cuando le dio Judas el beso. Entonces el Maestro *«se adelantó, y dijo: ¿A quién buscáis?»*, pero con una voz tan terrible, que, asustados todos, retrocedieron y cayeron espantadísimos. Entonces mi tío Pedro y Simón Zelotes se les fueron encima, y mi tío *«hirió a Malco, el siervo del príncipe de los sacerdotes, cortándole la oreja derecha»*, que le quedó colgando. *«Envaina tu espada —le dijo el Señor—, porque todos los que hicieren uso de la espada, a espada morirán. ¿Acaso piensas que no puedo orar a mi Padre, y Él me daría ahora más de doce legiones de ángeles? Pues ¿cómo se cumplirán las Escrituras de que conviene así que suceda? ¿No he de beber el cáliz que me dio mi Padre? Y tocando la oreja del siervo, la sanó. De nuevo les preguntó Jesús*, pero no ya con voz terrible: *¿A quién buscáis? Y respondieron: A Jesús Nazareno. Ya os he dicho que Yo soy; si, pues, me buscáis a Mí, dejad ir a éstos. Entonces se acercaron y pusieron las manos en Él»*.
—¡Qué vileza! —exclamé.
—*«Entonces Jesús les dijo: Como a ladrón habéis salido a prenderme con espadas y palos. Habiendo estado con vosotros enseñando cada día en el templo, no extendisteis vuestra mano contra Mí ni me apresasteis, mas para que se cumplan las Escrituras de los profetas, ésta es vuestra hora y la potestad de las tinieblas»*.
—Y entonces —añadió Quarto—, *«la cohorte, el tribuno y los ministros de los judíos prendieron a Jesús y le ataron»*. Ahora le conducen a la casa de Anás, mientras los valientes *«discípulos, abandonándole, huyeron»*.
—Y a mí —dijo Marcos—, como le iba siguiendo, me quisieron detener; pero les dejé la sábana, y me escapé desnudo a mi casa. Allí mi madre me dio la túnica, y viendo que a Quarto no le habían hecho nada, me junté con él.
—Y ¿dónde está ahora Jesús? —pregunté a Quarto.
—Debe estar llegando a la casa de Anás, que queda aquí cerca.

–Vamos al punto –dije.
Y tomando mi manto, marchamos luego Quarto, Marcos y yo.

39
SIMÓN PEDRO

Como esperaba multitud de sucesos, no pudiendo yo estar en muchas partes al mismo tiempo, encargué a varios de mis amigos que me informaran de lo que sucedía. Zaqueo se prestó de buenísima gana, y he aquí lo que me dio escrito sobre Simón Pedro.

Hacía gran rato que había salido Judas acompañado de Malco y la escolta. Caifás estaba nerviosísimo, temiendo que a última hora ocurriera cualquier contratiempo. Quedó, pues, muy satisfecho cuando oyó la algazara de la gente que traía al Nazareno, y dio orden de que llevaran al preso delante de Anás, mientras él mandaba recabo a los principales miembros del Sanedrín, pues pensaba condenar aquella misma noche a Jesús, a pesar de ser esto no sólo ilegal, sino estar expresamente prohibido por la ley. También quería hablar de antemano con los testigos falsos que debían acusar al Maestro. Salió, pues, de la habitación de su suegro, y para llegar a su casa, que está próxima, tuvo que pasar por el cobertizo donde Malco había encerrado al gallo.

Con objeto de que se calentaran los soldados, no sólo había encendido un brasero de bronce en medio del atrio de Anás, sino que acaban de encender una gran luminaria bajo el cobertizo de la plaza de gallos. Esta luz servía también para alumbrar a la comitiva cuando pasara de la casa de Anás a la de su yerno. Al pasar Caifás por donde estaban las jaulas, ya contento de que Jesús no se le hubiera escapado, quiso dar una mirada a *Aléctor*. El gallo, en vez de hacerle fiestas, le tiró tan terrible picotazo, que si el pontífice no hubiera retirado prontamente la mano, le habría arrancado un buen pedazo.

Mientras tanto, llegaban los soldados que traían a Jesús preso. Anás, temiendo se introdujeran furtivamente algunos de los discípulos del Nazareno y trataran de salvarle, había dado orden a la portera de no dejar entrar sino a gente conocida.

Jesús, con los soldados que le seguían, penetró en la casa de Anás, y Malco repitió a la portera la orden del amo.

–¿Qué te ha pasado, que traes la blusa llena de sangre? –dijo la portera a Malco.

–No es nada –respondió éste–, un rasguño sin importancia. Cuida de que no entre ninguno que no conozcas, pues esos galileos están armados, y pueden hacer una barbaridad.

Y esto diciendo, se encaminó a la sala donde iba a ser Jesús interrogado por el suegro de Caifás.

La portera, que se llama Rahab, siguiendo estas órdenes, iba a cerrar la puerta, cuando oyó que alguno la llamaba de fuera:
—Rahab ábreme, que soy Juan Zebedeo.
—Pasa, Juanito —repuso la portera—, pasa, que tú eres conocido.

En efecto, Juan era muy conocido en la casa de Anás, porque cada semana solía traerle pescado del Tiberíades, del que mucho gustaba el viejo ex pontífice. Le abrió la puerta, y entró Juan; pero tras de él quiso introducirse Pedro.

—Afuera —dijo Rahab—, que el amo ha dado órdenes de que sólo entre gente conocida, pues es fácil que se metan algunos de los discípulos del Nazareno, y por la sangre que trae Malco en la blusa, deduzco que alguno de éstos le ha atacado.

—Mi compañero Simón —dijo Juan— es gente de paz; déjale pasar.
—Si tú sales responsable por tu compañero, le dejaré pasar —dijo la portera.

Pedro, que todo esto había oído, con gran disimulo, y aprovechándose de la oscuridad de la calle, dejó apoyada contra el muro la espada que llevaba, y entró: Temblaba Simón Pedro de miedo, temiendo ser reconocido como el que había dado el tajo a Malco, criado mimado de los pontífices; y así, dejando que Juan fuera a la sala donde habían llevado a Jesús, se quedó en el pasadizo que hay entre la puerta de la calle, *jauna,* o zaguán, y la puerta del atrio, *ostium,* o portón, en una prudente penumbra.

—Voy a ver lo que pasa allá dentro —dijo Rahab, la portera, a otra criada llamada Noemí—; tú ten cuidado de que no entre ninguno de los discípulos del Nazareno.

—Así lo haré —repuso Noemí.

Acercándose ésta al portón, y viendo a Pedro, temiendo fuera uno de los que no debían entrar, le dijo:

—*«¿No eres tú también discípulo de ese hombre?»*

Pedro, que tenía un miedo cerval de ser reconocido como el que había dado a Malco la cuchillada, respondió:

—*«Yo no lo soy.»*

Y tomando una actitud resuelta, muy contraria a la que en su interior sentía, se fue a colocar entre los del grupo que se calentaban al *mangal,* o brasero de bronce, y allí permaneció con el alma en un hilo de ser reconocido y acusado de homicidio frustrado.

Noemí, no satisfecha con la respuesta de Pedro, le siguió observando a la luz de las llamas, y al fin dijo:

—*«Pero tú eres también discípulo de Jesús de Nazaret»* —y, dirigiéndose a los circunstantes, añadió?: *«Estaba, ciertamente, con Él».*

Pedro, aterrado, al verse descubierto, dijo:

—*«Mujer, yo no le conozco, ni entiendo lo que dices.»*

Esta afirmación de la criada hizo que los otros se fijaran en Pedro, y uno de los que estaban más cerca exclamó:

—*«Sí, tú eres de ésos.»*

A lo cual Simón se apresuró a responder:

—*«Hombre, yo no soy...»*

En aquel momento, *Aléctor* cantó, si bien, como estaba en el otro patio, no se distinguió claramente el canto del gallo.

Pedro, temiendo que la cosa siguiera adelante, cautelosamente se separó de aquel grupo, y se fue al segundo patio, donde, en el corralón que servía de plaza de gallos, habían encendido una gran fogata.

En aquellos momentos, Rahab salía, y, encarándose con Pedro, dijo lo mismo que había dicho Noemí: *«Éste estaba con Jesús de Nazaret».* Y Pedro, más temeroso que nunca de ser reconocido, *«se puso a jurar con energía que no conocía a tal hombre».*

Con el objeto de tener de su parte a todos los soldados, Anás había mandado que les diesen vino para calentarse, pues la noche era fría. Pedro, más confiado de no volver a ser reconocido, se acercó al grupo de los que se calentaban bajo el cobertizo donde estaba el gallo. Los allí reunidos empezaron a pedir vino, diciendo en arameo:

—*Chamar, chamar* (que quiere decir vino, vino).

Pedro, no queriendo ser menos también, quiso pedir vino, Desgraciadamente, los galileos pronuncian mal esta palabra *chamar,* y, en lugar de decir como los demás, dijo:

—*Chemor, chemor* (que suena a asno, asno, y es el apodo de Malco).

Esto pasaba después de un buen rato que nadie se había fijado en Pedro; pero al oírle decir *chemor* en vez de *chamar,* uno de los que le oyeron dijo:

—*«Verdaderamente este hombre estaba con Él; es un galileo.»*

Oído lo cual, los concurrentes convinieron diciendo:

—*«De seguro que eres de ellos, pues eres galileo como Él.»*

—*«Hombre, no sé lo que quieres decir»* —dijo Pedro a uno de ellos, y a los restantes les respondió con imprecaciones y juramentos—: *«Yo no conozco a ese hombre de quien habláis».*

—¿Por qué lo niegas? —le dijo uno, riendo—. *«Tu hablar te descubre»;* eres galileo. ¿No has dicho *chemor* en vez de *chamar*?

Entonces un pariente de Malco y criado del sumo sacerdote repuso:

—*«¿Acaso no te vi yo con Él en el huerto?»*

Pedro sintió que se hundía al verse descubierto, y para despistarlos, echando maldiciones y perjurando, aseguró *«que no había conocido jamás a semejante hombre».*

El asunto habría terminado mal para Pedro, si en aquel momento no se hubiera escuchado un gran ruido. Era que los soldados llevaban preso a Jesús de la casa de Anás a la de Caifás, pasando por el corralón donde Pedro juraba.

Pasó Jesús atado como un malhechor, con el rostro ensangrentado aún por la bofetada que le había dado un criado de Anás, a pesar de lo cual, volviendo sus ojos a Pedro, «*le miró*».

En aquel momento *Aléctor,* el gallo de Dimas, volvió a cantar, y Pedro recordó lo que le había dicho hacía pocas horas el Maestro: «*Antes de que el gallo cante dos veces, tú me habrás negado tres*».

Los que estaban calentándose con Pedro, deseosos de ver lo que pasaba, siguieron a los soldados que custodiaban al Salvador.

Pedro se quedó solo. Su rostro, iluminado por los fulgores de la fogata, estaba pálido como la muerte. Temblaba de pies a cabeza. Al fin, tomada su resolución, se dirigió a la casa de Anás, casi desierta. Él mismo abrió el zaguán, y, dándole un puntapié a la espada que había dejado junto al muro, empezó a llorar a mares. A pocos pasos de allí estaba la casa de Juan, a la que se dirigió inconsciente. Llamó a la puerta y una mujer, Marta, salió a abrir.

—¿Dónde está su Madre? —inquirió Pedro, sollozando.

Y Marta, sin preguntarle nada, le llevó a los pies de María, la Madre de Jesús.

40
«YO SOY»

Mientras estas cosas pasaban, había yo entrado en la casa de Caifás que, como he dicho, está dentro del mismo cercado que la de Anás y separada únicamente por un corralón. A mi llegada me encontré con Nicodemo y José de Arimatea, quienes, alarmados por las noticias que les había llevado un criado, vinieron a enterarse de la suerte del Maestro y a ver lo que podían hacer por Él.

Aunque Caifás estaba satisfecho por la prisión de Jesús, llevada a cabo mediante la traición de Judas sin que el pueblo se hubiera alarmado, no las tenía todas consigo en lo tocante al juicio del Nazareno. Sobre esto discutía con los principales fariseos y saduceos que habían llegado y formaban parte del Sanedrín que debían condenar al Maestro.

Querían irremisiblemente condenar a muerte a Jesús, según lo había repetido Caifás: «*Conviene que muera un hombre por todo el pueblo*». Pero el Sanedrín, el Tribunal supremo de Israel, ya no tenía el *jus gladii,* pues los romanos le habían quitado el derecho de vida o muerte desde que Judea quedó reducida a provincia romana.

Refiriéndose a esto, me contó Nicodemo:

—Cuando hace pocos años Roma quitó a Israel el derecho de vida o muerte, hubo una conmoción general en todo el pueblo, y los miembros del Sanedrín nos cubrimos la cabeza de ceniza y nos vestimos de cilicio, diciendo: «Desgraciados de nosotros, porque el cetro ha sido arrebatado a

Judá». «*El cetro no saldrá de Judá ni el legislador de entre sus pies, hasta que venga Aquel que debe ser enviado*». Y todos sabemos que esta frase «ni el legislador de entre sus pies» significa la pérdida del *jus gladii* o derecho de dar muerte a los sentenciados.

–Pero el Sanedrín –objeté– aún conserva diversas facultades.

–Sí, por pura misericordia de los romanos –me respondió–. El Sanedrín aún funciona como Tribunal supremo entre nosotros en materias que conciernen a un falso profeta o al gran sacerdote; cuando se trata de establecer Tribunales inferiores o declarar si una villa es impía, para ser puesta en entredicho; pero ya no puede como antes intervenir en agrandar Jerusalén y sus barrios, o hacer allí cambios sustanciales, ni mucho menos declarar la guerra. Tiene poder de excomulgar, aprisionar y azotar; pero el derecho de pronunciar una sentencia de muerte, atributo principal de soberanía, ha dejado de tenerlo; somos un pueblo de esclavos, no un pueblo libre y soberano; somos una provincia romana.

–Y ¿de qué van a acusar al Nazareno? –preguntó Doras, uno de los ancianos más influyentes del Sanedrín.

–Pues de que quebranta el sábado –repuso rabí Sadok, uno de los más poderosos fariseos.

Caifás hizo un gesto de desprecio, y respondió:

–Aunque quebrantara todos los sábados del año, Pilato se reiría de nosotros si le acusáramos de eso.

–Pero en el *Éxodo* (31, 3) –objetó Sadok– se dice claramente: «*El que violare el sábado será castigado de muerte*».

–Eso ya no está en vigor, y repito: Pilato se reiría de nosotros.

–Pues entonces –dijo Ben Calba– hay que acusarle de que prohíbe dar tributo a César.

–Tampoco es suficiente esta acusación para condenarle a muerte –dijo Ben Parta, uno de los escribas más estimados del Sanedrín–. Nosotros necesitamos acusarle de blasfemia en nuestro Tribunal. Es el único crimen que actualmente se puede castigar con la muerte... si lo consienten los romanos. Soy de opinión que se le acuse de querer destruir el templo, lo cual es una blafemia.

–Tienes razón, Ben Parta –dijo un escriba de gigantesca estatura, llamado Abba Saúl, encargado de cuidar de los entierros–. Lo de la destrucción del templo es algo que a todos nos concierne.

–Ya he encargado a Malco –repuso Caifás– que busque testigos, quienes, bajo juramento, afirmen que le han oído decir: «Yo destruiré el templo, y en tres días lo reedificaré».

–No les va a dar resultado esta calumnia –me dijo por lo bajo José de Arimatea–. Acabo de oír las instrucciones que les ha dado ese imbécil de Malco a Ananías y Acasías. Al primero le ha ensayado para que diga: «*Yo puedo destruir el templo de Dios, y a los tres días reedificarle*», y al segundo: «*Yo destruiré este templo hecho por mano de hombres, y en tres días*

edificaré otro que no sea hecho con las manos». Esos testimonios no están coherentes, según la ley.
—¿Querrías explicarme la incoherencia? —le rogué.
—¿Recuerdas el caso de Daniel con Susana y los dos viejos? —preguntó.
—Perfectamente —respondí—; uno de los viejos dijo que había visto a Susana bajo un lentisco y el otro viejo bajo una encina.
—Lo que hizo que fueran condenados los viejos —prosiguió el de Arimatea—. Pues bien: la ley exige no sólo acuerdo, sino identidad de aserciones, hasta el punto de que un judío acusado de adorar las potencias del cielo no es condenable si uno de los testigos afirma que le ha visto adorar al sol y el otro dice que adoró la luna.
—Entiendo —dije—, y en el caso presente los testigos asesorados por Malco uno afirma: *«Puedo destruir el templo»*, y el otro *«Yo lo destruiré»*, lo que es diferente.
—Así es, y ya verás que no les da resultado a esos infames; quieren guardar las formas, y las formas los van a hundir —terminó José.
—Está bien eso del templo —prosiguió rabí Chanania, el vicario de los sacerdotes—; pero si el Nazareno se defiende, muy bien nos puede dar una respuesta desconcertante, como cuando lo del tributo al César.
—Ya estoy prevenido para eso —repuso Caifás—; yo mismo le preguntaré si es el Mesías.
—Pero el decir que uno es Mesías, esto es, enviado de Dios, no es blasfemia propiamente, pues enviados de Dios fueron Moisés y los profetas, y David y otros reyes fueron ungidos —objetó Ben Nacum, otro miembro del Sanedrín.
—Pues también estoy preparado para eso —respondió, sonriente, Caifás—. Todos sabemos, y el Nazareno también lo sabe perfectamente, que el único que tiene derecho de investigar en cuestiones que se relacionan con la religión es el Sanedrín, y más si está encabezado por el sumo pontífice.
—Ya lo vio claramente el carpinterucho —dijo Isacar— cuando enviamos a Juan Bautista una comisión para preguntarle si Él era Elías o el Mesías, y Juan tuvo que responder la verdad.
—Pues ahora no es una comisión, sino que será el Sanedrín en pleno, encabezado por mí —dijo Caifás—. Yo me levantaré y le diré como nuestro padre Abrahán a Eleizer: *«Pon tu mano sobre mi fémur»*. Y le preguntaré bajo juramento: *«¿Eres Tú el Cristo, el Hijo de Dios, el Bendito?»* El pueblo de Israel tiene derecho a saberlo. Si lo niega, le condenaremos por impostor...
—¿Y si lo afirma? —preguntó valientemente Nicodemo.
—Le condenaremos por blasfemo —respondió triunfante el pontífice.
—¿Y no ha demostrado Jesús —prosiguió, temblándole los labios por la indignación— que Él es el Mesías, Hijo de Dios? Sería blasfemo si no lo

fuera; pero como lo reconoció el Bautista, como lo confieso yo, Él es el Cristo, el Hijo de Dios, el Bendito.

Caifás estaba pálido de ira, y no sabiendo qué decir, exclamó:
—¿Y quién eres tú que así hablas delante del sumo pontífice?

Con dignidad suma y mirándolo con desprecio, respondió:
—Nicodemo Ben Gorión, doctor de la ley y uno de los hombres más ricos y honrados de Israel —y, dirigiéndose hacia la puerta, continuó—: Me marcho, pues jamás me mancharé con la sangre de este justo...

Reinaba profundo silencio; todos estaban sorprendidos e intimidados, y lo quedaron aún más cuando José de Arimatea, levantando la voz, añadió:
—Yo también me marcho; no cometeré jamás semejante crimen...

Después de él se levantó un anciano venerabilísimo: Gamaliel, y con el rostro encendido por la indignación, mirando a todos con sumo desprecio, sin decir palabra, se marchó igualmente.

Por unos momentos pareció que otros iban a seguir tan noble ejemplo; pero Caifás jugó su última carta, y, soltando una carcajada, dijo:
—En lugar de setenta y un jueces seremos sólo sesenta y ocho; mucho más que suficiente para condenarlo... ¿Os queréis vosotros ir también?

Isacar gritó entonces:
—Nosotros no te abandonaremos, y que la sangre del carpintero blasfemo caiga sobre nosotros y nuestros hijos.

Entonces todos respondieron:
—No te abandonaremos.

Caifás, dando las gracias con fingida sonrisa, añadió:
—Preparaos; pronto traerán al reo; ya está dispuesto aquí en mi casa un gran salón para el juicio. Voy a revestirme de los ornamentos sacerdotales.

—Pero ¿le vamos a juzgar de noche? Eso está prohibido —se atrevió a decir Simeón Hamispa, otro de los miembros de Sanedrín.

—El caso es extraordinario —respondió el pontífice—; esta noche será el primer juicio preparatorio, y mañana, al salir el sol, después del sacrificio matutino, será la sesión definitiva. Repito que el caso es extraordinario y hay que abreviar los trámites.

Si me quedé fue porque yo no formaba parte del Sanedrín y estaba, por otra parte, decidido a oír de boca de Jesús la confesión solemnísima de que Él era el *Hijo de Dios*.

Cuando salió Caifás, varios de los concurrentes, impresionados por el ejemplo de Nicodemo, José de Arimatea y Gamaliel, dieron muestras de querer marcharse, y así hubiera sucedido si Anás no entrara en aquellos momentos. Sin duda había encontrado en su camino a los mencionados personajes, y temiendo una desbandada que dejara el Sanedrín sin el debido *quorum,* con toda diplomacia empezó a hablar a los que habían dado muestras de querer retirarse. Éstos eran de los que habían presenciado la resurrección de Lázaro y habían creído en Jesús. Pero la autoridad del viejo ex pontífice era tan grande, que pudo detenerlos, sobre todo cuando oyeron que decía:

—Ese Nazareno es un insolente; me ha faltado al respeto hasta tal punto, que uno de mis criados, justamente indignado, le ha dado una bofetada para que callara. Vamos, el interrogatorio va a empezar.

Y como un pastor que arrea a su rebaño, los hizo entrar a todos en la sala del juicio.

La silla del sumo sacerdote, colocada en el centro, es muy ancha y acolchonada, con el objeto de que Caifás, según la antiquísima costumbre, pueda sentarse sobre ella con los pies cruzados. A uno y otro lado, en forma de semicírculo, sobre la alfombra, había grandes cojines, en los cuales, con las piernas igualmente cruzadas, se fueron sentando por orden: primero, los que pertenecían a la Cámara de los Sacerdotes; en segundo lugar, los de la Cámara de los Ancianos, y en seguida, los de la Cámara de los Escribas, siguiendo los saduceos y fariseos más jóvenes. Cuando estuvieron todos reunidos entró el sumo sacerdote, Caifás, revestido con sus ornamentos sacerdotales. Quarto, que estaba a mi lado, me preguntó:

—¿Son estas vestiduras magníficas que lleva el sumo sacerdote, de las que me has hablado, tejidas y bordadas por María de Nazaret?

Esta reflexión hizo fijarme en los ornamentos de Caifás, y un sentimiento de horror me estremeció.

—En efecto —respondí—; son los bordados por la Madre de Jesús, y la túnica inconsútil que lleva sobre sí ese hombre fue tejida también por ella. No me cabe la menor duda; las examiné muy bien cuando Débora me las enseñó. Son inconfundibles.

Cuando el sumo sacerdote se sentó, un profundo silencio reinó en la sala. Aquel tribunal, compuesto de los hombres más ancianos y nombrados de Israel, era imponentísimo.

Caifás volvió los ojos a uno y otro lado para cerciorarse de que el número de sanedritas era suficiente, no sólo para empezar el juicio, sino para tener la mayoría requerida por la ley para decretar la pena de muerte. Eran cuarenta y ocho los actualmente concurrentes, y para sentenciar legalmente bastaban veintitrés.

—El Sanedrín —dijo solemnemente Caifás— está suficientemente completo para empezar el juicio; que traigan al reo.

Cuando entró Jesús en medio de los esbirros, con el cabello en desorden y el rostro hinchado por la terrible bofetada que le diera el criado de Anás, la sangre se me subió a la cabeza por la indignación; y Quarto, terriblemente airado, hubiera protestado si yo no lo impidiera.

Reinaba profundo silencio, y estoy cierto que muchos de los jueces se sentían igualmente indignados al ver aquella vil irregularidad. Caifás, notando este sentimiento de los jueces, exclamó:

—Que vengan los testigos.

Contra lo que prescribe la ley, no venían los testigos uno a uno, sino que entraban juntos dos o más.

—Le hemos visto quebrantar el sábado –dijeron unos.

Y como el secretario del Sanedrín les preguntara el *cómo* y el *cuándo*, no sabían qué responder o se contradecían.

Luego entraron otros que le acusaban de sedicioso; pero, interrogados como los anteriores, volvían a contradecirse.

Molesto Caifás por esta burda farsa de testigos notoriamente falsos, dijo:

—¡Que entren Ananías y Acasías! –ordenó con voz colérica.

Estos infelices, amedrentados por el aspecto de los jueces, ante los cuales iban a declarar falsamente, atropelladamente dijeron:

—*«El ha dicho: Yo puedo destruir el templo de Dios, y a los tres días reedificarlo.»*

Y su compañero:

—*«Ha dicho: Yo destruiré este templo hecho por mano de hombres, y en tres días edificaré otro que no sea hecho con las manos.»*

Al oír estos inesperados testimonios, Caifás lanzó una mirada de ira a Malco, el instructor de los falsarios. Vio desde luego que aquellos dos testimonios no concordaban, cuando había esperado dar el gran golpe con lo que llamaba blasfemia de la destrucción del templo.

—¿Qué os parece? –preguntó a los sanedritas.

Aunque alguno de los más rabiosos, con Isacar, manifestaron estar conformes, la mayoría de los jueces protestó diciendo –como lo había previsto José de Arimatea– que *«los testimonios no eran concordes»*, y así nada probaban contra el acusado.

Jesús, mientras tanto, con el rostro hinchado, pero lleno de mansedumbre y majestad, miraba tranquilamente a sus infelices acusadores. Me pareció que sus labios murmuraban: *«No saben lo que hacen»*.

—¡Si hay otros testigos –gritó Caifás–, que pasen!

Y como nadie más se presentara, *«levantándose en medio, preguntó a Jesús, diciendo: ¿No respondes nada a lo que éstos te objetan? Mas Él callaba y nada respondió»*.

Estaba yo admirado del silencio del Maestro; pero a mi memoria vino el salmo 37: *«Los que buscaban un pretexto para quitarme la vida y que querían perderme, decían cosas vanas y falsas y no pensaban más que en tenderme redes. Pero he sido para ellos como un sordo que no oye y como un mundo que no abre la boca»*.

Siguió a esto un embarazoso silencio, en espera de que Jesús hablara; pero Él callaba. Y como esto se prorrogara, se oyeron varios murmullos entre los sanedritas, algunos de los cuales empezaban a inclinarse en favor del acusado. Caifás lo notó y, a una imperceptible seña de su suegro, Anás, se acercó aún más a Jesús y, con voz recia, pero temblona por el miedo, dijo:

—«*Te conjuro por el Dios viviente que nos digas si Tú eres el Cristo, el Hijo de Dios, el Bendito.*»

Y al decir esta última palabra bajó la cabeza con reverencia, lo que imitaron todos los presentes.

No sé el tiempo que transcurrió; pero en aquel momento, el más solemne que haya jamás presenciado el mundo, pude ver en mi imaginación, desde Adán hasta el Bautista, a todos los patriarcas, reyes y profetas de Israel como si estuvieran a nuestro alrededor, palpitantes de emoción para escuchar la respuesta del Nazareno, y en un rincón, pálido y anhelante a Satanás.

Jesús, volviendo el rostro, fue mirando con sus tranquilos ojos a todos los jueces. Después los fijó en el sumo sacerdote de Israel, y con voz llena de majestad le dijo:

—«*Yo soy.*»

Caifás se tambaleó y dio dos pasos atrás, y estoy seguro que no hubo uno en aquella sala que no temblara... El primero que se recobró fue el indómito Anás, quien dirigió una mirada a su yerno. Éste iba a hablar, pero Jesús, alzando su mano, le hizo señal de que esperara y dijo:

—«*En verdad os digo que, pasado esto, habéis de ver al Hijo del hombre, sentado a la diestra del poder de Dios, venir sobre las nubes del cielo.*»

La impresión que causaron en el auditorio las palabras de Jesús fue extraordinaria. Caifás vio que llevaba las de perder si no obraba rápidamente. Recobró los pasos que había perdido, y, llevándose las manos al pecho, contra lo expresamente prescrito por la ley a los pontífices, y con espanto de los presentes, «*rasgó sus vestiduras*», y, apartándose de Jesús como si estuviera maldito, gritó con toda la fuerza de sus pulmones:

—«*Ha blasfemado, ha blasfemado. ¿Qué más necesitamos de testigos? Vosotros habéis oído la blasfemia. ¿Qué os parece?*»

Levantóse Anás, y, con voz estentórea, gritó:

—«*Reo es de muerte.*»

La reacción se había operado, y, capitaneados por el viejo ex pontífice, respondieron todos, gritando:

—«*Reo es de muerte.*»

Y, pasando de las palabras a las obras, acercándose al Señor, «*comenzaron a escupirle el rostro*». Aquella villana acción me sublevó, y, sin poder contenerme, al ver que uno de aquellos príncipes, después de escupirle el rostro, le mesaba la barba, mofándose de Jesús, me arrojé sobre el sacerdote y le detuve.

El Señor me miró con agradecimiento, pero me pareció que sus labios se movían cual si quisiera decirme: «*¿Cómo se cumplirán entonces las Escrituras si así no sucede?*» Y a mi mente vinieron las palabras proféticas de Isaías (50, 6): «*Entregué mis espaldas a los que me azotaban, y mis mejillas a los que mesaban mi barba; no retiré mi rostro de los que me* *escarnecían y escupían*». Entonces retiré mi mano, y Jesús me volvió a mirar de modo indescriptible. Su mirada fue un rayo de luz que, súbitamente, abrió mis ojos, y, sin cuidarme de los concurrentes, me arrojé por el suelo, y, besando el ruedo de la vestidura de Jesús, exclamé:

–Señor mío y Dios mío.

41
EL PROGRAMA DEL DÍA

Comprendiendo que no debía intervenir en los designios de la Providencia, y no pudiendo seguir contemplando aquellas monstruosidades, me retiré a mi casa, encargando a Quarto que, sin entremeterse en nada, se quedara allí para ver lo que sucedía, y me diera cuenta.

Había pasado la medianoche cuando llegué a mi cuarto con el corazón hecho pedazos, pero con el entendimiento esclarecido; no me cabía ya la menor duda: «Jesús de Nazaret –repetía yo– es el Mesías prometido; es el Hijo de Dios. En Él se están cumpliendo las profecías, la más dolorosas, las más minuciosamente anunciadas, pero ininteligibles para el voluntariamente ciego pueblo de Israel». Y, al pensar en mi desgraciada nación, que iba a marcharse con el deicidio, perdiéndose de modo irremisible, cosa inaudita en mí, me solté a llorar. Veía de modo clarísimo que, así como en Jesús se estaban cumpliendo las palabras de los profetas, así se cumpliría en Israel la palabra de Jesús, Hijo de Dios. Y mi nación sería abandonada y dispersa, y el templo destruido y Jerusalén arrasada, pues la sangre del Inocente iba a caer sobre nosotros y sobre nuestros hijos...

* * *

Permanecí pidiendo a Dios perdón por mi incredulidad hasta que empezó a rayar la aurora. Entonces me asomé a mi ventana, y vi, con profundísima tristeza, elevarse tranquilo al cielo, como de costumbre, el humo del incienso del sacrificio matutino. Después me acerqué a mi mesa, y tomé en mis manos el último pliego de los que me diera Jonadab. En él estaban recopilados varios pasajes de Zacarías, de Daniel, de la *Sabiduría*, pero principalmente de los Salmos y de Isaías. Era la descripción profética, hecha muchos siglos atrás, de lo que debía verificarse hoy. La mano me temblaba al ir repasando aquellas profecías, que eran el programa del día.

En esto estaba yo, cuando un ruido me hizo asomarme de nuevo a la ventana, desde donde se domina gran parte de la ciudad. Hay en Jerusalén más de cuatrocientas sinagogas, y en todas las que pude distinguir vi que en sus azoteas había sacerdotes sonando las trompetas para atraer al pueblo y anunciar que el Gran Sanedrín había condenado a muerte, por blasfemo, a Jesús de Nazaret. Era la proclamación pública y solemne, no sólo de la excomunión, sino de la sentencia de muerte del Mesías, del Hijo de Dios. Y la palabra fatídica: «Anatema, anatema», se oía resonar por todas partes.

* * *

Quarto llegó desencajado, y con voz trémula, me dijo:
—Dómine, el Sanedrín en pleno le ha condenado a muerte, después que los soldados ebrios con el vino que les han estado dando, durante las horas de la noche, *«le escupían, y, cubriéndole el rostro, dándole de bofetadas, le decían: profetiza, Cristo, ¿quién es el que te ha herido? Y le decían otras muchas cosas blasfemándole e hiriéndole en el rostro».*
—¡Espantoso! —dije—. ¡Infames! Pero así está profetizado por Isaías —y mostrándole el pergamino de Jonadab, leí: *«No retiré mi rostro de los que me escarnecían y escupían».*
—Muy de mañana —prosiguió Quarto— le sacaron y le llevaron al *Gazith,* o sala de piedras cortadas, pues aseguraban aquellos viejos que solamente allí es válida la reunión del Sanedrín cuando se trata de juzgar un caso como el presente. Y uno de ellos citó estas palabras: «La pena capital no se puede pronunciar en cualquier lugar, sino solamente cuando se reúne el Sanedrín en la sala de las piedras cortadas».
—Así me lo ha dicho Nicodemo —dije.
—Esta sala está en el templo —prosiguió mi amigo—, es muy grande y tiene forma de media luna, como un anfiteatro. En el centro hay una plataforma de mármol con dos sillas anchas, para el *nasi,* que es Caifás, presidente del Tribunal, y otra para Anás, que es *abethin* o vicepresidente. Alrededor de uno y otro lado hay una banqueta muy baja llena de cojines donde se sentaron los restantes miembros del Sanedrín, setenta y uno en total; yo los conté.
—¿Cómo? —exclamé—. ¿Fueron también Nicodemo, José y Gamaliel?
—Por supuesto que no; José de Arimatea *«nunca había consentido en el designio y ejecución de ellos»,* y lo mismo los otros; pero fueron sustituidos por tres viejos. El Tribunal era verdaderamente imponente. No sólo estaban los jueces, sino una multitud de escribas, fariseos, doctores de la ley, herodianos, soldados romanos y gente del pueblo. En medio de esta concurrencia, solo, en el centro, estaba el Maestro, con la cara hinchada por los golpes y bañada en sangre la túnica, pero perfectamente tranquilo y majestuoso. Entonces le preguntaron: *«Si Tú eres el Cristo, dínoslo».*
—*«Si Yo os lo dijese, no lo creeríais, y si a mi vez os hago alguna pregunta no me responderéis ni me dejaréis libre. Mas después de esto el Hijo del hombre se sentará a la diestra del poder de Dios».*
—¿Pero no llevaron testigos en su contra? ¿No tuvo testigos de descargo según manda la ley? —pregunté.
—Absolutamente ninguno. Entonces, *«todos a una voz le preguntaron: ¿Luego Tú eres el Hijo de Dios? Y Jesús con majestad sobrehumana res-*

pondió: Yo soy, como vosotros lo decís, y todos exclamaron: ¿A qué buscar más testigos, cuando nosotros mismos lo hemos oído de su propia boca?»
 −¿Y le condenaron a muerte? −interrogué.
 −Bien se guardaron de hacerlo; había allí soldados y romanos, y éstos los harían denunciado por atribuirse facultades que no tenían.
 −Pues ¿qué hicieron? ¿Qué dijeron?
 −Se portaron de la manera más hipócrita. «Hay que llevarle al procurador Poncio Pilato −dijeron− para que él le condene, *«pues a nosotros nos está prohibido matar a nadie».*
 −¿Dijeron eso? −interrumpió Samuel−. ¡Desgraciados! Han confesado ellos mismos pública y oficialmente que la profecía de Jacob se ha cumplido. El *jus gladii* no está ya en manos de nuestro pueblo.
 −Es verdad −dijo Quarto−; pero eso no impidió que inmediatamente mandaran emisarios a todas las sinagogas de Jerusalén para que, desde aquel momento, se anunciara que Jesús había sido excomulgado y condenado a muerte. Al punto nombraron una comisión para que fuese a ver a Pilato, rogándole saliera afuera −por no contaminarse para comer la Pascua−, pues le iban a llevar un reo, suplicándole le juzgara. Mandaron sacar al reo, y mientras tanto se quedaron deliberando sobre las acusaciones que debían presentar delante de Pilato. Estaban en esto, cuando, con sorpresa de todos, entró Judas, descompuesto como nunca.
 −Yo le vi pasar, parecía un loco. Y ¿qué quería?
 −Ocupó el mismo sitio que poco antes había ocupado el Maestro, y con voz destemplada gritó: *«He pecado vendiendo la sangre del Justo».*
 −Y ¿qué dijeron?
 −*«¿A nosotros qué nos importa eso?»* «Allá tú». Entonces Judas arrojó el dinero en el templo, y, mesándose los cabellos, salió. Uno de los sacerdotes, el tesorero, levantándose, sin tocar las monedas con la mano, sino usando de su túnica, alzó las monedas, diciedo: *«No nos es lícito ponerlas en el tesoro del templo, puesto que son el precio de la sangre».* «Quizá convendría comprar con ellas el terreno de Jonatás, el alfarero, para enterrar a los extranjeros; pero ya vosotros lo decidiréis más tarde».
 −¿Dijo así? −exclamé, sorprendido−. Pues lee lo que profetizara Zacarías (11, 13): *«Entrégale al alfarero el precio en que me apreciaron. Tomé, pues, las treinta monedas de plata, y las eché en la casa del Señor para que se diesen al alfarero».*
 Quarto, aturdido, tomó el pergamino y leyó.
 −Esto es admirable y espantoso −dijo−. Todo está profetizado.
 −Quarto −repuse−, en este pergamino hay otras varias profecías que deben cumplirse hoy mismo. Tómalo y llévalo contigo, pues yo no puedo resistir tamaña prueba. Llévalo, sigue a Jesús y verás cómo se irán cumpliendo. Te entrego el programa del día.

42
CLAUDIA

—Acabo de estar con Pilato —me dijo Zaqueo.
—¿Ha condenado a Jesús?
—Creo que no le condenará al fin. Ahora ha enviado al Maestro con el tetrarca; no sé lo que hará este adúltero.
—Y ¿por qué le remitió a Herodes?
—Entre otras muchas acusaciones de los pontífices contra Jesús, dijeron: *«Anda alborotando al pueblo, enseñando en toda Judea, comenzando desde Galilea, y como Pilato entendiera que Jesús pertenecía a la jurisdicción de Herodes, le remitió al acusado, pues el tetrarca ha venido por estos días a Jerusalén».*
—¿Pero no están enemistados los dos?
—Así era; pero creo que con esta deferencia de Pilato se reconciliarán.
—¿Por qué dices que Pilato no condenará al Maestro?
—Pues sencillamente por la influencia de su mujer, Claudia Procla. Voy a contarte lo que pasó. Fui a ver a Pilato, de quien soy amigo, y le encontré sumamente excitado. «Figúrate —me dijo— que estos imbéciles sacerdotes me han metido en un enredo que, de religioso, lo están haciedo político». «¿Te refieres a Jesús de Nazaret? Claro está que yo lo sabía» —continuó Zaqueo pues precisamente por saber lo que pasaba había ido a verle–. . «Anoche —me dijo Poncio— me despertó el centurión Tarquinio para avisarme que los sumos sacerdotes habían enviado la guardia del templo para prender al Nazareno. Como en estas cuestiones religiosas yo no me entremeto, le dije que, mientras no me soliviantaran al pueblo, los dejara hacer; pero que tuviera mucho cuidado. Esta mañana, muy temprano, me enviaro una Comisión los pontífices, rogándome que les hiciera el favor de salir al atrio para juzgar a un criminal que me iban a traer. Tienen esos imbéciles la idea de que se contaminan entrando en la casa de un romano. Mandé decir que los trajeran, sabiedo que era Jesús un sujeto inofensivo, pero al que le tienen grandísima envidia». «Es pura envidia, como dices, y temor de que el pueblo se vaya detrás de Él» —confirmé–. «Creí que todo se reduciría a una acusación vulgar —continuó Pilato–, no podía imaginarme que el Nazareno fuera un criminal. Salí, pues, y les dije: *«¿Qué acusación traéis en contra de este hombre?»* Esos sacerdotes, a pesar de estar bajo el dominio de Roma, se creen dueños del mundo, y con gran petulancia me respondieron: *«Si Éste no fuera un malhechor, no te lo hubiéramos entregado».* Me ardió la respuesta, y levantándome, les dije: *«Tomadle, allá vosotros, y juzgadle conforme a vuestra ley».* ¡Infelices! Roma tolera su religión, pero les ha quitado el *jus gladii.* Pueden lanzar sus excomuniones, pero no les es lícito condenar a nadie a muerte. *«A nosotros no nos es lícito matar a nadie».*
—¿Dijeron eso? —exclamé.

–Así me lo dijo Pilato –respondió Zaqueo–, y así se lo oí yo gritar.
–¡Infelices ciegos! –añadí–. ¿No ven clarísimamente cumplida la profecía de Jacob? Ya no somos nación libre, sino un pueblo de esclavos. Pero continúa.

Zaqueo prosiguió:
–Pilato me dijo: «Figúrate que *"lo acusaron diciendo: A Éste le hemos hallado revolviendo la nación, y prohibiendo dar tributo al César, y diciendo que Él es el Cristo Rey"*. Bien sabía yo que eso era falsísimo, pues claramente les había dicho el Nazareno: *"dad al César lo que es del César"*; pero, para guardar las formas, hice que llevaran a Jesús adentro y le pregunté: *"¿Eres Tú el Rey de los judíos?"* El Nazareno, a pesar de la situación en que se encontraba, me respondió: *"¿Esto lo dices de ti mismo o es acusación que otros te han hecho de mí?"* La respuesta me sublevó. *"¿Soy acaso yo judío?* –dije–. *Tu nación y los pontífices te han entregado. ¿Qué has hecho?"* Entonces el pretendido reo, con un aire de verdadera majestad, me dijo: *"Mi reino no es de este mundo"*. Y luego, para convencerme de esta verdad, añadió: *"Si mi reino fuera de este mundo, sin duda combatirían por Mí mis parciales para que no fuera Yo entregado a los judíos"*. El argumento era aplastante; ni una sola voz se había levantado en favor del acusado. ¿Dónde podían estar sus parciales? No era, pues, este un Rey a quien Roma pudiera temer. Sin embargo, para cumplir con mi obligación, y con cierta curiosidad, te lo confieso, le pregunté: *"¿Luego Tú eres Rey?"* Entonces Jesús, con el rostro deformado por los golpes que le habían dado, pero con una dignidad de soberano, me respondió: *"Yo soy Rey, así como tú lo dices; para eso Yo nací y vine al mundo, para dar testimonio de la verdad"*, y aquel hombre no está loco, no, no lo está, y decía la verdad. Yo estaba perplejo, y para cortar de algún modo el interrogatorio, le dije: *"¿Qué cosa es la verdad?"* Y, sin esperar respuesta, me presenté *"a los judíos y a sus sacerdotes y les dije: Yo no hallo culpa alguna en este hombre"*. No tienes idea de la impresión que en aquellos desalmados causaron mis palabras –continuó Pilato–. Era de ver al gran sacerdote Caifás, revestido de las insignias de su cargo, yendo de un lugar a otro, hablando a gritos y excitando a todos contra el Nazareno, ejemplo que seguían sus paniaguados. Y ellos mismos, *"los príncipes de los sacerdotes y los ancianos, le seguían acusando de muchos delitos, y Jesús callaba"*».

–Se sigue cumpliendo la profecía de Isaías –exclamé–. «*Va a la muerte como va la oveja al matadero; guardará silencio sin siquiera abrir la boca, como el corderito que está mudo delante del que lo trasquila*». Pero prosigue.

Zaqueo continuó:
–«Entonces –me dijo Pilato– *"volví a interrogar de nuevo a Jesús, diciéndole: ¿No respondes nada? ¿No oyes cuántos testimonios aducen contra Ti? Mas Él no respondió ni una palabra"*. Yo estaba verdaderamente sorprendido y admirado. Nunca en mi larga carrera he visto a nin-

gún reo dejar de defenderse. *"Pero ellos porfiaban con más fuerza, gritando: Alborota al pueblo, enseñando en toda Judea, comenzando desde Galilea"*. Aquello fue una gran luz para mí. Herodes está en la ciudad y él tiene jurisdicción en Galilea; que lo lleven –dije– a su presencia y que él lo juzgue. Le escribí, pues, un atento recado y le remití al Nazareno. Y aquí me tienes en espera de la sentencia del tetrarca», terminó Pilato. Estando en esto, entró Claudia su mujer y arrojándose en sus brazos, le dijo: «¡Qué bueno, Poncio! ¡Qué bueno que no hayas condenado a Jesús!» «Tú siempre lo has defendido. Yo no lo he condenado, pero me temo que Herodes lo condene». «¿Y por qué lo ha de condenar si es inocente? –dijo Claudia–. ¿No has dicho tú que no has encontrado en Él causa alguna? Mira, Poncio, te voy a contar lo que anoche me pasó. Estaba yo dormida; sería pasada la medianoche cuando me desperté angustiadísima: había tenido una espantosa pesadilla. Vi a Jesús en medio de una turba de gente que lo abofeteaba. Él callaba, pero sus enemigos gritaban: "Reo es de muerte, pues se hace Hijo de Dios; ha blasfemado". Entonces vi que el cielo se abría y oí una voz que decía: *"Éste es mi Hijo muy amado, en quien me he complacido"*, y los enemigos gritaban: "Ha blasfemado". Luego vi una sombra tenebrosa que decía: "No dejes que lo crucifiquen, pues es un hombre justo; no dejes que tu marido lo condene a la muerte de cruz". En esos momentos desperté asustadísima. Al fin me calmé y me volví a dormir; pero hace un rato desperté oyendo los gritos de los judíos. Pregunté a Ana, mi nodriza, lo que era, y me dijo que querían crucificar al Maestro, pero que tú lo habías declarado inocente. Por eso te digo que me alegro muchísimo que no lo hayas condenado». Oyendo esto –concluyó Zaqueo–, vine luego a contarte lo que pasaba. Por eso te dije que no lo condenará Pilato.

—Es una situación espantosa —exclamé—, pues yo te digo que sí lo condenará Pilato a muerte, y a muerte de cruz.

—¿Por qué dices eso? —me preguntó el alcabalero.

—¿Crees —le respondí— que Jesús es el Mesías, el Hijo de Dios?

—Así lo creo firmemente —me respondió.

—Pues entonces es necesario que muera en la cruz. Oye lo que dice Isaías —y tomando un pergamino leí—: *«Después de sufrida la opresión y condena, fue levantado en alto»*, esto es, fue crucificado. Y Jesús mismo lo ha predicho repetidas veces: *«Cuando sea levantado en la tierra, todo lo atraeré a Mí».* Y el otro día, al llegar esta Pascua, había dicho a sus discípulos: *«He aquí que subimos a Jerusalén y se cumplirán todas las cosas que están escritas en los profetas acerca del Hijo del hombre; porque será entregado a los príncipes de los sacerdotes, a los escribas y ancianos y le condenarán a muerte, lo entregarán a los gentiles, y harán burla de Él, le escupirán, y azotarán, y le matarán...»* ¿No te parece terminante la profecía? ¿No ves cómo se ha cumplido, paso a paso? Ves, pues, que el Mesías es necesario que muera crucificado; *«pero al tercer día resucitaré»*, para así entrar en la gloria, ha dicho, y el Justo no miente.

–Tienes razón –dijo Zaqueo–; tienen que cumplirse en Él todas las profecías, pues Él es, y yo así lo creo, el Mesías, Hijo de Dios –y, levantándose, marchó diciendo–: Aunque se me rompa el corazón, voy a ser testigo del cumplimiento de las profecías. Ya te lo contaré.

* * *

Como una hora después llegó Justa, la pitonisa sirio-fenicia, diciendo que quería hablarme.
–Vengo –me dijo– de la torre Antonia, donde he estado con Claudia, la mujer de Pilato. Me llamó para consultarme acerca de un sueño que tuvo anoche.
–Lo conozco –respondí.
–¿Eres acaso adivino?
–Lo sé porque me lo acaba de contar mi amigo Zaqueo, quien ha estado con Claudia hace poco.
–Me ha mandado ella que venga a ti, pues está inconsolable y quiere oír tu opinión; te tienes por sabio, honrado y conocedor de tu pueblo.
–¿Qué ha pasado? Según me dijo Zaqueo, estaba muy contenta porque Pilato no hubiera condenado a Jesús.
–Pues ahora está tristísima porque, a pesar de sus ruegos, Pilato ha condenado a la cruz al Nazareno...
Aunque ya estaba prevenido para ese golpe, al oír la noticia sentí que las piernas me flaqueaban, y me tuve que reclinar contra la pared para no caer desvanecido. Al fin me repuse y, sentándome, le dije:
–Si has sido testigo de lo que ha pasado, te ruego que me cuentes lo sucedido.
Y poniendo mi cabeza entre mis manos, escuché su relato.
–Estaba Pilato más tranquilo, creyendo que Herodes tomaría la causa por su cuenta, cuando llegó el centurión Tarquinio, sirio-fenicio como yo, y el hombre más cruel que he conocido, a decir al presidente que *«no habiendo Herodes encontrado ninguna culpa en Jesús, se lo devolvía para que lo juzgara».* Pilato, excitadísimo, cuando llegó el Nazareno, vestido con una túnica blanca, *«convocó a los príncipes de los sacerdotes y a los magistrados del pueblo y les dijo: Me habéis presentado a este hombre como a seductor del pueblo, y he aquí que, preguntándole yo delante de vosotros, ninguna culpa he hallado en Él de cuantas le acusáis; pero ni aun Herodes, porque lo remitió a él, y estáis viendo que nada se le ha probado que merezca la muerte. Así, pues, le mandaré azotar y después le soltaré».*
–¿Y por qué lo manda azotar cuando es inocente? –exclamé, indignado; pero al punto recordé las palabras de Isaías: *«Entregué mis espaldas a los que me azotaban...»,* y bajando la cabeza, dije a Justa–: Prosigue, aunque me despedaces el corazón.

Y ella continuó:

—Pilato no sabía qué hacer, y uno de sus consejeros le dijo: «Ya que estos perros judíos están tan excitados, propónles que siguiendo la costumbre dejarás suelto a uno de dos criminales: Bar-Abbas o Jesús. Creo que preferirán sueltes a este último y no a Bar-Abbas, bandido, asesino y, por añadidura, samaritano».

—¿El salteador de caminos? —pregunté.

—Ese mismo que estaba preso *«por ladrón, sedicioso y por haber hecho una muerte en una revuelta»*. Pilatos se frotó las manos creyendo haber encontrado la solución, y saliendo fuera les dijo: *Es costumbre vuestra que os suelte un preso el día de Pascua. ¿A quién queréis que suelte, a Bar-Abbas o a Jesús, llamado el Cristo?»* Esta inesperada proposición desorientó por completo a los pontífices, pues la gente empezó a murmurar: «Que suelten a Jesús, que ningún mal nos ha hecho, y, en cambio, Bar-Abbas es un criminal peligroso».

—Claro está —dije—, es un bandido de marca. ¿Y pidieron que soltaran a Jesús?

—Estuvo a punto que así pasara; pero habías de ver a ese Caifás y a su suegro Anás con otros viejos, cómo se movían por todas partes, diciendo: «Pedid que suelten a Bar-Abbas». «Pero si es un samaritano», decían otros, a lo que los viejos respondían: «Pues el Nazareno es un samaritano endemoniado; tiene pacto con Belcebub». Y al fin, tanto hicieron los enemigos del Maestro, que habiéndoles preguntado de nuevo Pilato: *«¿A quién de los dos queréis que suelte?», empezaron a gritar los viejos:* «A Bar-Abbas», y entonces *«todo el pueblo dio voces a una diciendo: Quita a Éste y suéltanos a Bar-Abbas».*

—¡Será posible! —exclamé—. *«¿Quién podrá entender esta generación?* —y luego me vino a la memoria lo de Isaías: *«Ha sido confundido con los facinerosos»—*. Prosigue, prosigue —dije—. ¿En qué terminó?

—Pilato estaba pálido de rabia —continuó Justa—, *«porque no ignoraba que los príncipes de los sacerdotes, por envidia, le habían entregado».* Yo estaba con Claudia, y al oír esto ella, le mandó recado a Pilato, diciéndole: *«Nada tengas tú que ver con ese Justo, porque he padecido hoy en sueños mucho por su causa». «Pilato, queriendo soltar a Jesús, les habló de nuevo»,* y con una ironía feroz les dijo: *«¿Pues qué queréis que haga con el Rey de los judíos, con Jesús llamado Cristo?»* Esta pregunta desconcertó de nuevo a los príncipes, y, temiendo perder su demanda, Anás y Caifás, desgañitándose, gritaron: *«¡Crucifícale, crucifícale! Y todos respondieron: ¡Crucifícale!»*

El infeliz endemoniado, sin notarlo yo, se había acercado a nosotros, y escuchaba atentamente; y al oír que pedían que crucificaran a Jesús, echando espumarajos por la boca, lleno de rabia, gritó:

—¡Imbéciles, estúpidos! Están haciendo que se cumplan las profecías; pero yo me encargaré de ellos.

Buen susto me dio aquella imprecación inesperada; pero comprendí que aquel infeliz tenía razón, Justa, aunque también asustada, continuó:
—«*Entonces Pilato, viendo que nada adelantaba, sino que crecía más el alboroto, se lavó las manos delante del pueblo, diciendo: Soy inocente de la sangre de este Justo: allá lo veréis vosotros*». Entonces uno de los más furiosos gritó: «*Su sangre caiga sobre nosotros y sobre nuestros hijos*», y todo el pueblo dijo: «*Caiga su sangre sobre nosotros y sobre nuestros hijos*».
—¡Basta —le dije a Justa—, no prosigas! Esto es atroz.
—Comprendo lo que sufres, pues yo traigo el corazón desgarrado; pero tengo que continuar para cumplir el encargo de Claudia, si bien abreviaré lo más que pueda mi relato. Soltó Pilato a Bar-Abbas, y volviéndose al pueblo, insistió diciendo: «*¿Qué haré con Jesús, Rey de los judíos? ¡Crucifícale! ¡Crucifícale!, respondieron gritando. Pero ¿qué mal ha hecho?, preguntó otra vez. Y todos, redoblando sus gritos, voceando, decían: ¡Crucifícale!*» Claudia volvió a enviar otro recado a su marido en favor de Jesús: «*Pilato habló de nuevo, pues quería librarle; pero el clamor aumentaba por momentos en violencia: ¡Crucifícale! ¡Crucifícale!, vociferaban. Por tercera vez les dijo: ¿Qué mal ha hecho? Yo no hallo en Él delito que merezca la muerte; le mandaré azotar y le dejaré libre. Pero ellos, encarnizándose, seguían pidiendo a grandes voces que fuera crucificado, y su vociferación crecía cada vez más amenazadora*».
—Terminarás ya —exclamé, sintiéndome desfallecer.
—Pilato le mandó azotar. No tienes idea de la crueldad con que los soldados, medio borrachos, azuzados por mi compatriota Tarquinio, bien pagado por los príncipes de los sacerdotes, le trataron. Los sirio-fenicios odian y desprecian a los judíos, y Tarquinio hizo derroche de crueldad: le coronó de espinas, le puso por cetro una caña y le cubrió con un harapo color púrpura, después de haberle destrozado las espaldas y el pecho con innumerables azotes. En estas trazas sacó Pilato a Jesús, y creyendo se compadecería de Él el pueblo, dijo: «*He aquí que os lo saco para que conozcáis que no hallo en Él delito alguno. He aquí al hombre*». El pueblo se conmovió; aquella vista no era para menos. Y por eso, «*tan pronto como los pontífices y sus satélites le vieron, gritaron, diciendo: ¡Crucifícale! ¡Crucifícale!*» Pilato, entonces decidido, exclamó: «*Tomadle allá vosotros, crucificadle, que yo no encuentro delito en Él*».
—Y ¿qué hicieron esos infames? —pregunté.
—Caifás, Anás y un grupo de lo más granado entre los pontífices y los ancianos, se adelantaron y, mandando callar al pueblo, dijeron: «*Nosotros tenemos una ley, y según nuestra ley debe morir, puesto que se hace a sí mismo Hijo de Dios*».
—Debe morir —exclamé—, no porque se hace, sino porque es el Hijo de Dios; así está escrito en la ley y en los profetas.

—«*Pilato* —continuó Justa—, *al oír estas palabras, temió mucho más que antes; le hizo entrar de nuevo al Pretorio, y le preguntó: ¿De dónde eres Tú? ¿Quién es tu Padre?;* pero Jesús no le respondió.
—Ni tenía por qué responder —añadí—. ¿Qué tenía que ver con esto un incircunciso? Ya por dos veces delante del Tribunal de su pueblo, que tenía derecho para interrogarle, había dicho: «*Yo soy el Hijo de Dios*».

Justa continuó:
—Mientras Jesús estaba en el interior con Pilato, Anás, sonriendo, dijo a sus compañeros: «Ahora me toca a mí, vosotros seguid mi ejemplo; ganaremos, sin duda, la demanda». Cuando Pilato salió tratando con mayor empeño de librar a Jesús, se oyó clara la voz del viejo, que gritaba: «Si le sueltas no eres de los amigos del César». Pilato palideció y, para no mostrar su turbación, tuvo que sentarse. «*Entonces, los judíos, redoblando sus clamores, gritaron: Si sueltas a este hombre no eres amigo del César, pues cualquiera que se hace rey va contra el César*».
—¡Qué infame viejo! —dije—. Bien sabía que ganaría la demanda; pero ganándola, hizo que se cumplieran las profecías, quedando así probado que Jesús es el Hijo de Dios.
—A pesar de esto —siguió Justa—, Pilato, mostrando a Jesús coronado de espinas, con la clámide de púrpura sobre los llagados hombros y el cetro de caña en sus atadas manos, dijo al pueblo: «*He aquí a vuestro Rey: ¡Que muera!, gritaron. ¡Que muera! ¡Crucifícale!*» Entonces Pilato, en tono de burla y con sarcástica sonrisa, les dijo: «*¡Cómo! ¿He de crucificar a vuestro Rey?*» Los príncipes de los sacerdotes sintieron el rejonazo, el pueblo enmudeció, y Pilato pensó que había triunfado. Entonces Anás, con la voz trémula por la ira, gritó: «No tenemos más rey que a César». Y el pueblo, haciéndole coro, voceó: «*Nosotros no tenemos otro rey que el César*».
—*Peractum est* —dije—, se han degollado ellos mismos; el pueblo judío, como nación, ha dejado de existir: desde hoy somos romanos; el reino de Dios ha pasado a los gentiles.

Prosiguió la mujer:
—Entonces Pilato repitió: «*Inocente soy de la sangre de este Justo; allá vosotros lo veréis*». Y el pueblo a una gritó: «*Su sangre caiga sobre nosotros y sobre nuestros Hijos*». Voy a concluir —dijo Justa—; Pilato, desencajado, dirigiéndose a Jesús, dijo: *Ibis ad crucem* (Tú irás a la cruz) —y volviéndose al líctor añadió—: *I, lictor, expedi crucem* (Ve, líctor, prepara la cruz). Trémulo y pálido como un muerto, tambaleándose, subió al Pretorio, se sentó casi desfallecido, y tomando el cálamo, escribió: «*Jesús Nazareno, Rey de los judíos*». Y entregando el escrito al tribuno Tarquinio, le dijo: «Ésta es la sentencia que debe publicarse; haz que la escriban en latín, griego y hebreo, para que todos la entiendan, y como de costumbre, que se coloque sobre su cruz; así quedará humillado este envilecido pueblo; Roma ha mandado crucificar a su Rey».

Yo estaba desvanecido, mi emoción era indescriptible.

Entonces Justa terminó:

–Claudia me ha enviado a que te cuente todo, y manda preguntarte: ¿Crees tú que, realmente, el Nazareno es un Hijo de vuestro Dios?

–Creo –le respondí sin titubear– que Jesús de Nazaret es el Hijo de Dios.

43
TODO SE HA CUMPLIDO

Desde muy joven he tenido gran interés en la observación de los fenómenos celestes; me encantan las manifestaciones de la Naturaleza. Las tempestades, los truenos y los rayos, en vez de aterrorizarme, me electrizan, y el estudio de los astros ha sido una de mis ocupaciones favoritas en las noches claras de Palestina.

En uno de mis viajes a Grecia visité la famosísima torre de los Vientos. Es un edificio octogonal orientado debidamente. Tiene un gnomon, o reloj de sol, en cada uno de sus lados con el objeto de señalar la hora en todas las estaciones, por la mañana y por la tarde. Fue construido por el famoso sabio Andrónico de Cirrus, y es considerado como uno de los monumentos más notables y útiles de Grecia.

El pueblo le llama comúnmente el horologio de Andrónico.

Entusiasmado con esta obra científica, mandé labrar un gran bloque de mármol, enteramente igual a la torre, aunque de muy reducidas proporciones, con el objeto de tener un reloj de sol que, orientado debidamente, me señalara con exactitud las horas del día. Desde mi llegada a Jerusalén lo hice instalar en la azotea más alta de la casa de Samuel, quien lo visitaba con frecuencia. Pero como este aparato solamente funciona en días claros, traje conmigo cuatro grandes clepsidras, dos de agua y dos de arena, con capacidad para las veinticuatro horas del día, y otras más pequeñas, de una, tres y seis horas, respectivamente. Todos estos aparatos los instalé en un cuarto cercano al gnomon, y cuidaban de ellos dos siervos griegos que yo había traído con este objeto. Diariamente, cuando llegaba el sol al cenit, tenían cuidado de marcar el mediodía, poniendo las clepsidras a funcionar, de suerte que, por medio de ellas, teníamos, día y noche, la hora exacta.

Uno de mis entretenimientos, siempre que estoy en casa, es subir a la azotea cerca del mediodía para observar si coinciden las observaciones de mis griegos con las de los romanos de la Antonia. Tienen éstos la costumbre de que a las doce es repetida en todas las torres de las murallas ocupadas por la guarnición romana, para anunciar la hora del rancho.

Llevado de la costumbre, agobiado por mis pensamientos, subí a la azotea. El sol brillaba de modo extraordinario, y, dirigiendo mis ojos hacia la parte Noroeste de Jerusalén, distinguía con toda claridad un grupo muy numeroso de gente que se apiñaba alrededor de la pequeña eminencia llamada Gólgota, o lugar de la calavera. En este momento sonaron las trompetas de la Antonia, anunciando el mediodía. No sé lo que sentí al escuchar aquel toque marcial: me pareció que promulgaban la sentencia de muerte de mi pueblo, que había dejado de ser libre y soberano, acatando, por voluntad de sus pontífices, el yugo de Roma. Dirigí mis ojos al Calvario, que en línea recta dista menos de ochocientos metros, y con extrañeza vi que, en lugar de una cruz, estaban izando tres.

«¿Qué es esto? –me pregunté–. ¿A quiénes más irán a crucificar? ¿Será posible que le quieran vilipendiar hasta hacer morir con Él a verdaderos malhechores?»

Un viento fortísimo se levantó en aquellos momentos, y el cielo, claro hasta entonces, empezó a encapotarse.

«Voy –me dije–, aunque se me parta el alma, voy a presenciar la muerte del Hijo de Dios, el cumplimiento de las profecías y la condenación de mi pueblo.»

Bajé precipitadamente, y con gran rapidez crucé las desiertas calles de la ciudad; todo Jerusalén estaba en el templo o en el Calvario.

«¿Querrán estos infelices –pensaba yo en mi camino–, querrán ir a que, de una manera material, caiga sobre ellos la sangre del Hijo de Dios? No, yo no iré al pie de la cruz entre los que proclaman al César por su rey y reniegan de Cristo.»

Y me dirigí a la Antonia, pensando que allí estaría Quarto.

Los guardias, que me conocen, me dejaron entrar. Atravesé el gran patio, donde la soldadesca, alegremente, tomaba el rancho.

Pregunté por Quarto a un centurión, y me dijo que estaba en la azotea de la torre. Subí; pero fui detenido por un grupo de ancianos y sacerdotes, quienes, sin temor de contaminarse, habían entrado a ver a Pilato.

Llegué en los momentos en que el presidente salía a recibirlos.

–¿Qué más queréis? –les dijo, entre airado y burlesco–. Ya están crucificando a vuestro Rey.

–Hemos visto –dijo uno de los más ancianos pontífices– que *el rótulo, escrito en hebreo, griego y latín»*, que has mandado poner sobre la cruz, dice *«Jesús Nazareno, Rey de los judíos. No escribas Rey de los judíos, sino que este hombre pretende ser Rey de los judíos».*

Pilato los miró con sumo desprecio, y dijo:

–Roma no acostumbra atar al carro de sus emperadores a locos que se imaginan ser reyes, sino a reyes de verdad; salid de aquí –añadió, sonriendo–, no sea que nos contaminéis y no podáis comer la Pascua.

Y como aún se detuvieran, añadió con energía:

–*«Lo que he escrito, escrito está»*. Salid de aquí.

Yo me aparté horrorizado de aquellos miserables, que habían confesado públicamente «no tener otro rey sino al César». Subí a la azotea, desde donde se domina el Calvario, que está cerca.

Allí estaba Quarto con su pergamino en la mano, y junto a él, arrodillado, Zaqueo.

—¿A quiénes han crucificado con el Maestro? —pregunté a este último.

—A Dimas y Gestas, los dos forajidos —me respondió, mientras Quarto decía, señalando el pergamino:

—«*Fue confundido con los facinerosos*» (Isaías, 53).

Entretanto, unas nubes, más negras y espesas que si fueran de betún, habían ido oscureciendo el cielo. Me arrodillé, quedando entre Quarto y Zaqueo. De pronto, oí la voz de los ajusticiados, que, gritando, blasfemaban de Jesús.

—¿Pero Dimas también le insulta? —dije.

—Es que le han dado a beber vino mirrado, y está borracho —respondió Zaqueo.

Jesús, al oír aquellas blasfemias, levantando sus ojos al cielo, dijo:

—«*Padre, perdónalos; no saben lo que hacen.*»

Y mientras, Zaqueo me decía:

—Sus entrañas son de misericordia, tiene delirio por el perdón.

Quarto, leyendo el pergamino, añadió:

—«*Por esto da largas el Señor, para poder usar de su misericordia con vosotros y ensalzar su gloria con perdonarnos*» (Isaías, 30, 18). «*Perdona, Señor, perdona a tu pueblo, y no abandones al oprobio tu herencia, entregándola al demonio de las naciones, porque tendrán pretexto las gentes para decir: El Dios de ellos, ¿dónde está?*» (Joel 2, 17).

....
(Faltan varios renglones del manuscrito.)
....

—¿Qué hacen esos soldados? —pregunté a un romano que cerca estaba.

—La costumbre —respondió— permite a los que ajustician dividirse entre sí los bienes del ajusticiado.

Por eso, «*los soldados, una vez que le crucificaron, apoderándose de sus vestiduras, han hecho con ellas cuatro partes*».

—Pero se han puesto a jugarla a los dados —exclamé, indignado.

—«*Es que la túnica no tiene costura alguna, sino que de arriba abajo es de un solo tejido*» —me respondió—, y por eso han dicho entre sí: «*No la dividamos, sino que echemos suertes para ver a quién le toca*».

Me acordé entonces de María, su Madre; Ella la había tejido, como también la del sumo sacerdote.

—Esto entra en el programa del día —dijo Quarto, señalando el pasaje del salmo (21, 19): «*Repartieron entre sí mis vestiduras, y sobre mi túnica echaron suertes*».

Al oír esto, corrió por todo mi cuerpo un atroz escalofrío, y dije para mí:

«También este pequeño e ignominioso detalle está profetizado» —y viendo cerca de la cruz a María, su Madre, pensé—: «¡Lo que habrá sufrido con esto esa bendita mujer! Ni siquiera le dejan la túnica de su Hijo como recuerdo; Ella la tejió con sus manos. Una terrible espada debe estarle traspasando el corazón».

En aquellos momentos vi a Caifás, que con la túnica tejida también por María, y rasgada por él hipócritamente, se acercaba, a la cruz con varios ancianos, y, soltando una carcajada, gritó: *«¡Ea! Tú, que destruyes el templo de Dios y en tres días lo reedificas, sálvate a Ti mismo; si eres el Hijo de Dios, baja de la cruz».*

—¡Imbécil! —grité—. Precisamente porque es el Hijo de Dios no baja de la cruz; tiene que morir en la cruz; así está profetizado.

Le seguían insultando y burlándose de Él el pueblo, los príncipes de los sacerdotes, los escribas y los ancianos.

Caifás volvió a gritar:

—*«Ha salvado a otros, y no puede salvarse a sí mismo.»*

Anás, acercándose a su yerno, y dándole palmaditas en el hombro, con tono burlón añadió:

—*«Si es el Rey de Israel, que baje de la cruz, y creeremos en Él. Ha puesto su confianza en Dios; pues si Dios le ama, que le libre ahora, ya que Él mismo decía: Yo soy el Hijo de Dios.»*

—¡Qué infame y qué imbécil! —repetí—. Él es el Hijo de Dios, y *«Dios amó tanto al mundo, que nos dio a su Hijo».*

«Por causa de nuestras iniquidades fue Él llagado y despedazado por nuestras maldades; el castigo de que debía nacer nuestra paz, Dios lo descargó sobre Él, y con sus llagas fuimos nosotros curados.»

....

(Una página del manuscrito está ilegible.)

....

Habían pasado ya dos horas, cuando Gestas, en medio de terribles sufrimientos, le gritó:

—*«Si Tú eres el Cristo, sálvate a Ti mismo y sálvanos a nosotros.»*

Dimas, que se había quedado desmayado, oyendo estas palabras, levantó la cabeza y le replicó:

—*«¿Ni siquiera tú temes a Dios, padeciendo como estás el mismo suplicio? Nosotros, en verdad, justamente lo padecemos; pero Éste ningún mal ha hecho.»*

—¡Le reconozco! ¡Le reconozco! —exclamó Zaqueo—. Sólo la fuerza del vino pudo convertirle en blasfemo.

En aquellos momentos, la oscuridad, que había ido creciendo, desapareció por unos instantes, pues, abriéndose las nubes, dejaron pasar un rayo de sol, que iluminó vivísimamente a Jesús. Dimas se irguió en su cruz, y, fijándose en el letrero que sobre Jesús estaba, leyó: *«Jesús Nazareno, Rey de los judíos».* Sus ojos se le salían de las órbitas y sus morados labios repetían:

–Rey, Rey, Rey –entonces, dirigiéndose a Jesús, en tono suplicante y humillado, dijo–: *«Señor, acuérdate de mí cuando hayas llegado a tu reino».*

Estas palabras del facineroso, que contrastaban con las blasfemias de los judíos, hicieron callar a todos de sorpresa. Entonces, en medio del silencio, Jesús, mirando sonriente al bandido, con una voz llena de ternura, exclamó:

–*«En verdad te digo que hoy estarás conmigo en el Paraíso.»*

Al oír estas palabras Zaqueo, apretándome la mano, exclamó:

–Ama apasionadamente el arrepentimiento.

Quarto, profundamente conmovido, añadió:

–¡Qué gloria para este bandido! Él es el único que, ante todo Israel, sin respeto humano alguno, ha confesado que Jesús es el Cristo Rey cuyo reino está en los cielos, pues es el Hijo de Dios.

....

(Falta esta parte en el manuscrito.)

....

La oscuridad se hizo muchísimo más intensa. De pronto, se oyó la voz angustiada de Jesús, que decía:

–*«Dios mío, Dios mío, ¿por qué me has abandonado?»*

Estas palabras, pronunciadas en hebreo, tenían un tono de amargura infinita. Yo sentía despedazarse mi corazón. Quarto, acercándose a mi oído, exclamó:

–Está recitando el salmo (21) que empieza con esas palabras; aquí está: *«Yo soy gusano y no un hombre; el oprobio de los hombres y el desecho de la plebe. Todos los que me miran hacen mofa de Mí con palabras y con meneos de cabeza, diciendo: En el Señor esperaba que le liberte; sávele, ya que tanto le ama».*

Y como si los soldados, sin sospecharlo, quisieran cumplir las palabras del profeta, al oír que Jesús llamaba a Dios, Eli, Eli, en hebreo, creyendo que llamaba a Elías, dijeron:

–*«Vamos a ver si viene Elías a librarle.»*

Después, con una sangre fría que espantaba, Quarto añadió:

–Ya poco falta; las profecías se están concluyendo.

Entonces Jesús, con voz desfallecida, exclamó:

–*«Tengo sed.»*

–Esto faltaba –dijo Quarto.

«Había allí un vaso con vinagre, y uno de los soldados, empapando en vinagre una esponja y atándola a una caña, la aplicó a la boca de Jesús, mientras los otros le decían: Déjale, vamos a ver si Elías viene a librarle. Dejadme vosotros, replicó el que le ofrecía el vinagre, pues justamente lo hago para ver si Elías viene a librarle.»

–Oye el salmo (58, 22) –me dijo Quarto–: *«En medio de mi sed me dieron a beber vinagre».*

«Y cuando Jesús bebió el vinagre, dijo: Todo se ha cumplido.»

....

(Esta parte está ilegible.)

....

«Y de nuevo, Jesús, clamando con una gran voz, dijo: Padre, en tus manos encomiendo mi espíritu. Y diciendo esto, inclinada la cabeza, entregó su espíritu.»

En aquel momento sonaron las trompetas de los sacerdotes anunciando el solemnísimo sacrificio del cordero pascual; pero éste fue interrumpido súbitamente por un espantoso terremoto.

Ya no era necesario este sacrificio, figura del de la cruz; el verdadero Cordero de Dios había sido inmolado en el Calvario.

Ya lo había anunciado Malaquías, diciendo:

«Y ahora a vosotros, sacerdotes, se dirige mi intimación: si no quisiereis escuchar ni quisiereis asentar en vuestro corazón el dar gloria a mi nombre, dice el Señor de los ejércitos, Yo enviaré sobre vosotros la miseria, y maldeciré vuestras bendiciones, y echaré sobre ellas la maldición, puesto que vosotros no habéis hecho caso de Mí. Mirad que Yo os arrojaré a la cara la espaldilla de la víctima, y os tiraré al rostro el estiércol de vuestras solemnidades, y seréis hallados como Él». Y a la letra se cumplió eso durante la confusión causada por el espantoso terremoto. Y continúa el profeta: *«Aún habéis hecho más; habéis cubierto de lágrimas y de lamentos y de gemidos el altar del Señor; por manera que Yo no vuelvo ya mis ojos hacia ningún sacrificio vuestro; no recibiré de vuestras manos cosa alguna que pueda complacerme».*

Los sacrificios aceptables al Señor habían terminado para siempre. El templo no tenía ya razón de ser, ni el sacrificio judío tenía ya para qué existir. El pueblo de Israel, mi pueblo, sería disperso entre las naciones.

Las profecías concernientes a la muerte del Mesías, Hijo de Dios, se habían cumplido.

44
LOS FUNERALES

«La tierra se conmovió y tembló, los cimientos de los montes se estremecieron y se conmovieron» había profetizado el salmista (17, 8), y así pasó. Fue aquello una conmoción espantosa, tanto más aterradora cuanto la oscuridad se hizo completa, como si se hubiese *«levantado una gran humareda».* La Antonia se bamboleaba, y del reciento del templo se oían gritos de angustia, ya que todos corrían en medio de la oscuridad, tropezando y cayendo, en su empeño de huir de los edificios que amenazaban desplomarse.

Yo me arrojé de bruces, como lo había hecho en un terremoto que pasé en Sicilia. Creía que mi fin era llegado, y lo mismo debió pasar a todos los habitantes de la ciudad. La torre se seguía bamboleando, y se percibía un ruido aterrador, *«las peñas se hendían y se abrían los sepulcros»*.

Al fin cesó el terrible terremoto, pero la oscuridad duraba. Así lo había visto Amós con mirada profética (8, 3): *«Y sucederá aquel día, dice el Señor, que el sol se oscurecerá en medio del día, y haré que la tierra se cubra de tinieblas»*. Poco a poco fueron éstas disminuyendo, para mostrar el sol, en medio de las nubes, como una espantosa mancha de sangre. Entonces apareció el Calvario.

Jesús pendía de la cruz, con la cabeza inclinada, como cuando expiró. A sus pies, abrazada a la cruz, estaba Magdalena, y junto, María, la Madre del Señor, amparada por el fiel discípulo Juan. Echados de bruces estaban los soldados que le custodiaban. Abajo de la colina se veía un grupo de mujeres fieles *«que le habían seguido desde Galilea y habían subido con Él a Jerusalén»*. Más allá, aterrados y llenos de temor, *«los conocidos de Jesús, observando de lejos estas cosas»*. Los restantes de la multitud se dispersaba en distintas direcciones, *«dándose golpes de pecho»*.

«El centurión que estaba delante de la cruz viendo lo que había sucedido, y cómo había expirado con tan gran clamor», fue el primero en incorporarse, y, a pesar de ser pagano, sin temor ninguno, *«glorificó a Dios diciendo: En verdad que este hombre era el Hijo de Dios»*.

Al oír yo esta confesión de boca de un romano, me estremecí; era la condenación de mi pueblo, pues ninguno de los míos, a pesar de todo, se había atrevido a hacer declaración semejante, excepto el bandido Dimas, el primer súbdito de Cristo-Rey.

Mi confusión aumentó cuando, siguiendo el ejemplo de su jefe, oí a *«los soldados que le cuestodiaban exclamar también: Verdaderamente Éste era Hijo de Dios»*.

Quarto me dijo triunfante:

–Ya comienzan a cumplirse las profecías del Maestro: *«Cuando fuere levantado en algo* –había dicho– *todo lo atraeré a Mí»*. Y a los primeros que ha atraído son a los míos, los romanos; verdaderamente Él es el Hijo de Dios.

La primera reparación del deicidio se verificaba en el lugar mismo del crimen, y la daban los que, cumpliendo su obligación, *«le habían levantado en alto»*, y éstos eran los romanos.

....
(Falta media página del original.)
....

Samuel llegó jadeante.

–Yo no quise –me dijo, balbuceando por la emoción– asistir a la muerte del Maestro, y me fui al templo a postrarme delante del Señor. Allí estaba yo cuando acaeció el terremoto. Fue una confusión espantosa. Los sacerdotes que estaban sacrificando y tenían en sus manos las víctimas, en su terror, las arrojaron, y, tratando de correr, resbalaban en la sangre y el estiércol, pisándose unos a otros. Después, cuando volvió la luz, la escena fue aterradora. Las bases del Moria estaban quebrantadas; la puerta de Nicanor, cuyas hojas de bronce apenas pueden moverlas veinte hombres, se habían abierto solas. La entrada del santuario estaba obstruida por el derrumbamiento del inmenso dintel de mármol que tenía encima y *«el velo del templo»*, de jacinto, púrpura y escarlata, que oculta el *Sancta Sanctorum...*

—¿Se cayó también? —le pregunté.

—No se cayó; pero apareció *«roto de arriba abajo»*, y al mismo tiempo se oían voces misteriosas que decían: «Salgamos de aquí», con ruido de pasos que se alejaban por los atrios.

—Espantoso —exclamé.

—Eso no fue nada en comparación de lo que todos pudimos ver, estando rasgada la cortina... El Arca de la Alianza no estaba allí. Y los sacerdotes, aterrados, no por el deicidio, sino por sus consecuencias, se lamentaban, lloraban y gemían, diciendo: *Parce, Domine, parce populo tuo, ne in aeternum irascaris, Domine.*

Y al decir estas palabras, Samuel, que no había aún visto el Calvario, al mirarle de pronto, con ojos desencajados y cayendo en tierra, exclamó, en medio de sollozos:

—*«Perdona, Señor, perdona a tu pueblo, y no estés airado para siempre con nosotros.»*

Zaqueo, que hasta entonces había estado postrado, como hombre práctico que es, dijo:

—Es imposible que el cuerpo del Maestro permanezca en la cruz; el sol declina, y hay que darle conveniente sepultura. Voy a ver a José de Arimatea y a Nicodemo.

....

(Faltan varios párrafos, que están ilegibles.)

....

Según Zaqueo me contó más tarde, al bajar se encontró con una comisión de sacerdotes y ancianos, quienes, temiendo que la vista de Jesús crucificado fuera a causar en el pueblo judío la impresión que ya había causado a los soldados romanos, echándole la culpa al sábado, habían ido a ver a Pilato a *«suplicarle que para que los cuerpos no quedasen en la cruz el sábado, mandase que les quebrasen las piernas y los quitaran de allí».*

Poco rato después vi llegar al Calvario a otro centurión con cuatro soldados. Éstos, armados de pesadas mazas, *«quebraron las piernas de los dos ladrones»,* los cuales murieron poco después.

Los sucesos que acababa de presenciar me habían afectado tan profundamente, que, lejos de sentirme conmovido, estaba como insensible, casi embrutecido, mirando lo que pasaba como si nada me importara. No me afecté, pues, cuando «*los soldados, al llegar a Jesús, viéndole muerto, no le rompieron las piernas, sino que uno de ellos abrió su costado con una lanza*».

La lanzada fue tan fuerte, que, entrando el arma por el costado, atravesando el corazón, salió la punta por debajo de la axila izquierda. De no haber estado bien muerto el Maestro, semejante herida le hubiera rematado infaliblemente.

Según me contó Juan más tarde, al sacar la lanza de aquella profunda herida «*salió sangre y agua*».

Quarto seguía impávido con el pergamino en la mano:

—Como estaba mandado hacer con el cordero pascual en el *Éxodo* (12, 46): «*No le quebrantaréis hueso alguno*», así se ha cumplido —dijo—. Jesús, como lo testificó el Bautista, es «*el Cordero de Dios, que quita los pecados del mundo*» —y cuando vio que el soldado traspasaba el costado del Maestro, leyó este pasaje de Zacarías (12, 10)—: «*Yo soy el Señor Dios, a quien reconocerán en aquel que traspasaron. Y entonces llorarán sobre su víctima, como se llora sobre un hijo único*».

....
(Faltan varios renglones en el original.)
....

El sol iba declinando, y yo, en el estado de insensibilidad que he referido, bajé de la torre Antonia con el deseo de servir también en el sepelio del Maestro. Ni siquiera se me había ocurrido esto antes, cuando bajó Zaqueo.

Al salir de la fortaleza, me encontré con un grupo de sacerdotes, escribas y ancianos que discutían acaloradamente. Sobresalía entre ellos, por su gran estatura, Abba Saúl, cuyo oficio es el de cuidar del entierro de los muertos, a fin de que todo se ejecute conforme a la ley.

—Hay que enterrarlos —decía éste— antes de que aparezca la primera estrella, que indica el comienzo del Gran Sábado.

—¿Y en qué lugar? —preguntó Chanania, el vicario de los sacerdotes.

—Pues en una gran fosa que no está lejos del Calvario. En ella echaremos los cuerpos de los tres ajusticiados, junto con sus cruces, según está prescrito: «El crucificado debe enterrarse en una fosa junto con el instrumento de su suplicio». Voy a mandar a los enterradores para que bajen luego de las cruces a los infames. Pero antes hay que tener la autorización del presidente.

José de Arimatea, que llegaba acompañado de Zaqueo, al oír esto, dijo:

—Tú te podrás encargar de pedir la licencia para los dos ladrones y enterrarlos donde quieras, que yo mismo voy a pedir a Pilato el cuerpo de Jesús, y le enterraré en el sepulcro que había cavado para mí —y esto diciendo con gran valor, sin temor a sus compañeros, subió a ver a Pilato.

II. YO SOY-44. LOS FUNERALES

—¿De dónde le han salido los bríos a este amigo? —dijo rabí Sadok—. Desde anoche se muestra muy valiente, lo mismo que Nicodemo.

Zaqueo y yo le seguimos.

—¿Traes dinero suficiente para pagar la licencia? —le preguntó el alcabalero—. Si no, yo podré darte lo que necesites.

Traigo varias monedas de oro —respondió José.

Y, sin avergonzarse de mostrar interés por Jesús, pidió ser recibido por el presidente, y luego fue admitido.

Mientras Zaqueo y yo le esperábamos, una mujer se acercó a hablarme: era Ana, la nodriza judía de Claudia.

—¿Vienes, rabí —me dijo—, a pedir el cuerpo del Maestro?

—Acaba de entrar José de Arimatea a ver a Pilato con ese objeto —le respondí.

—¡Cuánto me alegro! —repuso—. Mi ama está inconsolable por lo que ha pasado. Tuvo con Pilato una escena muy triste. Se le arrodilló, pidiéndole la vida del Maestro. «Ya es tarde —le respondió él—. Esos imbéciles me han obligado a sentenciarle». «Pero ¿no has dicho que Jesús era inocente?» —dijo mi ama—. «Es inocente —le respondió él—; pero me han forzado a dar la sentencia. Si le suelto escriben a Tiberio contra mí y perderé mi puesto». «Yo hubiera ido a Caprea a contarle al emperador todo, y no hubiera pasado nada». «Es ya tarde; la sentencia está dada. Pero yo me lavé las manos, diciendo que era inocente de la sangre de ese Justo. Ya no hay remedio». Mi ama se echó a llorar, y Pilato me mandó llamar para que la llevara. Después —continuó Ana— quiso ella asomarse a la ventana para ver lo que pasaba. Traté de impedirlo, pero fue en vano. Le vimos cuando le crucificaron, y entonces mi ama se desmayó. Ahora está excitadísima, y me dijo que averiguara dónde le iban a enterrar, pues quiere pagar todos los gastos.

En aquellos momentos salió José de Arimatea.

—¿Cuánto te costó la licencia? —le preguntó Zaqueo.

—Nada —respondió— Cuando le dije a Pilato que ya había muerto el Maestro y le pedí su cuerpo, *«se admiró de que hubiese muerto tan pronto; y haciendo llamar al centurión, le preguntó si, efectivamente, había muerto, y habiéndole asegurado que había muerto»*, sin decir palabra escribió esta orden para que me lo entregaran. Cuando le pregunté cuánto era, me miró muy serio, y secamente me respondió: «No es nada; te lo doy». Y se marchó muy preocupado. Vamos ya —prosiguió José—, el tiempo urge. Vamos a comprar una sábana que le sirva de sudario. No hay tiempo para más; el Gran Sábado se acerca.

—Ves, pues —le dije a Ana—, que no tiene tu ama por qué afligirse.

—¿Vendrás a verla? Quiere hablar contigo —repuso la mujer.

—Vendré en otra ocasión: también yo quiero hablar con ella.

* * *

El gran bazar no queda lejos de la torre Antonia, y a él nos dirigimos.

—Dame una sábana ancha y de catorce pies de larga —dijo José a Jafet, el dálmata, dueño del bazar—. Pero ha de ser de lino grueso y de lo mejor.

—Te puedo arreglar —le contestó Jafet— un juego de sudarios completo.

—Por ahora dame la sábana que te he pedido —repuso, impaciente, José—, ya veremos después; no hay tiempo que perder; la noche se nos echa encima.

Al salir nos encontramos con Nicodemo. Venía seguido de tres criados que traían *«cien libras de una confección de mirra y áloe»* (como treinta y dos kilos). Otro traía unos braserillos especiales para quemar parte de aquel incienso dentro del sepulcro, *«según costumbre de los judíos»*. Viendo que José solamente llevaba una sábana, Nicodemo compró varios sudarios, y nos siguió camino del Calvario.

....

(El original está ilegible.)

....

A muy corta distancia del Calvario está un huerto propiedad de José de Arimatea. Había hecho cavar allí en la roca un sepulcro que destinaba para sí, pero que con todo cariño lo cedió para el Maestro. Nadie había sido enterrado en él. Cerca de la entrada de la gruta sepulcral hay una gran piedra, en la que con todo cuidado colocó José el cuerpo de Jesús para amortajarle provisionalmente, pues ya el sol había desaparecido, y el Gran Sábado iba a comenzar.

Mientras, con toda devoción y reverencia, él, Nicodemo y varias mujeres cumplían con el triste deber de amortajar al Señor, se acercó al de Arimatea Abba Saúl, quien, como he dicho, tiene por oficio cuidar del entierro de los muertos, a fin de que todo se ejecute conforme a la ley, y le dijo:

—¿Qué haces con el cuerpo de ese ajusticiado? Vengo cumpliendo mi oficio, a que sea arrojado a la misma fosa en la que hemos echado a sus compañeros.

José, sin dejar de ayudar a Nicodemo en su piadosa empresa, volviendo la cara al centurión, que estaba presente, le dijo:

—Muestra al rabí la orden del presidente romano; por ella verás, Ben Saúl, que el cuerpo de Jesús de Nazaret «me lo ha donado a mí», y puedo hacer con Él lo que me parezca.

Abba Saúl leyó la orden, y, rechinando los dientes, se iba a marchar corrido, cuando Quarto, deteniéndole, le dijo:

—Vosotros mismos habéis dicho que no tenéis otro rey sino el César; es necesario, pues, acatar las órdenes de sus representantes.

....

(Original ilegible.)

....

Jesús fue depositado en el sepulcro de José de Arimatea. Nicodemo personalmente puso dentro de la gruta sepulcral los braserillos con carbones encendidos, y echó sobre las brasas gran cantidad de los polvos de mirra y áloe que había traído. Al punto se llenó el sepulcro de humo oloroso, *«según costumbre de los judíos»*.

José de Arimatea, ayudado por tres de nosotros, hizo rodar la enorme piedra, que cubrió la entrada. No la selló, pues esto no se hacía hasta el día tercero, y quería volver, pasado el sábado, a ungir el cuerpo del Maestro.

No bien habíamos terminado, cuando la estrella de la tarde apareció en los cielos, y las trompetas de los sacerdotes anunciaron desde el templo que el Gran Sábado había comenzado.

Nos retiramos todos llenos de tristeza, ya de noche. Sólo permanecieron sentados a la puerta del sepulcro, derramando lágrimas, *«María, la Madre de Jesús, y María Magdalena»*.

45
MYRIAM

Cabizbajo y profundamente triste me retiraba, cuando José de Arimatea, tomándome del brazo, me dijo:

—Hay que andar por aquí con mucho cuidado, pues este lugar está lleno de serpientes que anidan entre las rocas. Al caer la tarde suelen salir, y hoy es probable que estén muy bravas por los trastornos que en sus guaridas ha causado el terremoto.

—¿Y hay aquí serpientes venenosas? —pregunté.

—En toda Palestina —me respondió— hay muchas especies de serpientes, varias de ellas muy venenosas. Aquí hay una llamada *Daboia Xantina* muy peligrosa, y tan grande, que puede ingerir un conejo. Rubén, el encargado de cuidar mi huerto, ha matado varias. Es una serpiente nocturna, y habita entre las rocas del Calvario. Toma este bastón, pues te servirá para defenderte en caso que nos ataque alguna.

Y encendiendo una linterna, guiándonos a Nicodemo y a mí, nos dirigimos a la ciudad.

* * *

Es muy duro creer en la resurrección en presencia de la muerte. Por otra parte, como el miedo es comunicativo, así es comunicativa la desconfianza.

Esto fue lo que me pasó cuando, cerrado con una gran piedra el sepulcro del Maestro, me dirigí a casa en compañía de Nicodemo y José de Arimatea; me contagiaron con sus temores.

—¡Todo ha concluido! —dijo, tristemente, el primero.

–¡Era un gran Profeta, poderoso en obras y palabras!; pero la muerte todo lo termina –añadió el segundo, exhalando un profundo suspiro.

Mientras amortajaban al Maestro, me fijé de modo especial en la herida que le había hecho la lanza. Entrando el arma por el pecho, le había salido bajo la axila izquierda, y era la herida tan ancha, que fácilmente se podía introducir por ella la mano. No quedaba la menor duda de su muerte: tenía el corazón traspasado. Delante de este hecho innegable, se me antojaba ridícula la palabra resurrección. Cierto que vino a mi mente la de Lázaro; pero entonces Jesús vivía; ahora Él estaba muerto y enterrado. ¿Cómo creer en su resurrección en presencia de su muerte? La fe que me había animado al ver cómo se iban cumpliendo las profecías, pareció desvanecerse al oír a mis compañeros, hombres tan respetables y amantes del Maestro, manifestar sin rebozo que habían perdido toda esperanza.

No hablamos más durante el camino, y, al fin, al despedirnos, los tres dijimos:

–Todo se ha concluido.

Al entrar en casa, los criados parecían mudos, agobiados por la tristeza. No se atrevieron a saludarme como de costumbre ni yo les dirigí la palabra. Subí a mis habitaciones, y, viéndome solo, ya no me contuve; me postré en el suelo, y di rienda suelta a mis reprimidas lágrimas, repitiendo: «Todo se ha concluido, todo ha terminado. ¡Adiós para siempre, querido Maestro; no te volveré a ver más!»

Después de un gran rato, me levanté, y encendí la luz. Me fijé en los pergaminos de mis *Memorias,* y tomando uno, me dije con tristeza:

«Trabajo inútil. ¡Todo ha concluido! ¿Para qué servirá ahora?»

Y estuve tentado de ponerles fuego; tanta era mi desilusión.

Me senté, y, llevado de la costumbre, tomé el cálamo para escribir; pero luego lo arrojé, repitiendo. «Trabajo inútil. ¡Todo ha concluido!»

Estaba yo sumido en mis reflexiones, cuando oí algo que de pronto me irritó, pero al punto me consolé. En el cuarto vecino oí a mis hijitos que hablaban y reían.

«Dichosos de ellos –me dije–, que no conocen la enormidad de la catástrofe. Feliz edad en que los mayores pesares, o no se comprenden, o pasan rápidamente, como las nubes que se lleva el viento».

La cortina se descorrió, y los dos niños se precipitaron en mis brazos. Fue un inmenso consuelo en mi tristeza abrazar y besar a aquellos inocentes.

–¿No te pasó nada, papá? –me dijo Raquel.

–Nosotros tuvimos un susto terrible –añadió Rafaelito–. Estaba oscuro, oscuro, y de repente sentimos que la casa se nos venía encima; yo iba a correr, pero Raquel, llorando, me rogó que no la dejara. Seguía la casa bamboleándose, y nos echamos al suelo; no podíamos hablar.

–Y oíamos ruidos espantosos –dijo ella–. Yo entonces me puse a decir: «Padre nuestro, que estás en el cielo... líbranos de mal...»

–Yo repetí lo mismo –añadió su hermano–, se nos quitó el miedo; nuestro Padre, que está en el cielo, nos libraría de todo mal, ya que se lo pedimos de todo corazón.

–Porque el Maestro repetía: «Llamad, y seréis oídos» –dijo Raquel.

–Después –continuó mi hijo– fue aclarando poco a poco, y el suelo ya no se movía; pero entró Juana, la criada, asustadísima, y llorando nos dijo: «Han crucificado al Maestro, y el cielo nos castiga». Y nos contó cómo habían tratado al Rabboni, azotándole, coronándole de espinas y haciéndole cargar una cruz muy pesada, en la que le clavaron.

–Yo me puse a llorar –dijo Raquel.

–Y yo no podía llorar –añadió mi hijo–, porque tenía mucha rabia contra los que hacían tales cosas al Maestro, tan bueno.

–Entonces llegó Marta –dijo Raquel–, y ella nos consoló, y me dijo: «¿Dónde has puesto las sandalias que hicimos para el Maestro?» «Aquí están –le respondí–; estoy muy triste porque ya no se las puede poner». Marta se rió, y me dijo: «No seas tonta, ya se las pondrá». «Pero si ya se murió –le dijo Rafael–. ¿Cómo se las va a poner?» Y ella nos dijo: «Se las pondrá cuando resucite, al tercer día. No lo dudéis: resucitará Él como resucitó a mi hermano». Por eso estoy muy contenta –terminó Raquel.

–Y yo también le quiero mucho –dijo Rafaelito–. ¡Qué gusto me va a dar cuando le vea otra vez, y qué contenta se va a poner Magdalena, que tanto le quiere!

Yo estaba espantado, no sólo de la sencilla y candorosa fe de mis hijitos, sino de la extraordinaria fe de Marta y de cómo se la había infundido.

–¿Y por qué cree Marta que Jesús ha de resucitar? –pregunté.

–Pues porque Él lo dijo –respondió Rafaelito.

–Y Él es el Hijo de Dios vivo que ha venido a este mundo –añadió Raquel.

–Y el Hijo de Dios no puede mentir –confirmó Rafaelito.

Aquello fue una revelación para mí, y exclamé, besando a mis hijitos: –*«Bienaventurados los limpios de corazón, porque ellos verán a Dios»* –y luego añadí para mí, reprochándome–: «Es la verdad, es la verdad». *«Si no os hacéis como niños no entraréis en el reino de los cielos».*

Y por aquel momento, mis dudas, mi desconfianza, mi tristeza desaparecieron. Y en mi mente vi a Jesús, en medio del Sanedrín, diciendo: *«Yo soy el Hijo de Dios».*

«Sí –repetí–, Él es el Hijo de Dios», y *«el cielo y la tierra faltarán, pero no faltarán sus palabras».* Y Él lo predijo repetidas veces: *«El Hijo del hombre ha de ser entregado en las manos de los gentiles, y le matarán, y resucitará al tercer día».*

Una ráfaga de viento apagó entonces mi lámpara. Por largo tiempo permanecí en silencio abrazando a mis hijitos. De pronto vi una luz que se acercaba; era una mujer que llevaba en la diestra un candil encendido y

con la izquierda defendía sus ojos de la luz para poder caminar; se me antojó la personificación de la fe.
—¡Marta, Marta! —exclamó mi hija, corriendo hacia ella—. El viento apagó nuestra luz.
—Y yo vengo a encenderla —respondió, y encendió mi lámpara. Después puso la suya sobre la mesa, y añadió—: Si se te apaga de nuevo, llámame; yo te la encenderé —y en seguida dijo—: ¡Pobre rabí! Debes haber sufrido mucho; se te echa de ver en el semblante. ¿No quisieras tomar algún alimento?

Hasta entonces no caí en la cuenta de que no había comido en todo el día, y, aunque me sentía débil, no tenía apetito; así, pues, le respondí:
—Marta, tú siempre tan solícita, pensando en los demás. ¿Acaso tú has comido?
—¿Cómo iba yo a comer? —repuso, sonriendo—, cuando todos sufríamos tanto viendo padecer al Rabboni? Vengo de ver a Myriam; tampoco Ella ha querido probar bocado. ¡Pobrecita! Es la que más ha sufrido. Myriam es el nombre que damos todos a María, la Madre del Maestro. Este nombre, según la raíz de que se deriva, significa Gran Señora o Mar de Amargura; y si hasta ahora le convenía el primer título, desde hoy, por sus sufrimientos, tiene derecho al segundo —por eso añadió Marta—: Verdaderamente es Myriam, como su nombre lo indica.

«¡Qué egoísta soy! —dije para mí—. No haberme preocupado de la Madre de Jesús como hubiera debido».
—Como ya lo sabes —continuó Marta—, Myriam fue educada en el templo con las vírgenes del Señor. Y si todo judío tiene grandísimo amor al templo y respeto acendrado a los sacerdotes y pontífices, las doncellas que se educan en el sagrado recinto tienen para el sumo sacerdote y el Sanedrín una veneración mucho más profunda aún. Y yo creo que en esto excedió Myriam a todas sus compañeras.
—Recuerdo —la interrumpí— que Débora, hablándome de Myriam, me dijo: «Nunca he visto ni devoción, ni estima, ni respeto mayor por el sumo sacerdote que el de María».
—Yo he hablado muchas veces con Myriam —prosiguió Marta—, y en una ocasión recuerdo que me dijo: «No sabes cuán grande es la reverencia, y respeto que me inspira el representante de Yahvé. Para mí no hay hombre más digno de entrar en el santo de los santos y consultar con Él, para conocer su voluntad suprema. Por eso tengo para mí que todo lo que el sumo sacerdote manda, es para nosotros la voluntad del Señor». Si tienes esto presente —añadió Marta— entenderás la profundidad de los sufrimientos de Myriam.

Esta reflexión tan oportuna me hizo ver de un golpe lo que debía haber pasado el día de hoy por el corazón de esa bendita mujer.
—Anoche —prosiguió Marta— estuvo aquí con nosotros Myriam, ayudando en todo para la celebración de la cena pascual. Terminada ésta, mar-

chó a casa de Juan, y Magdalena y yo la acompañamos, quedándonos con ella. Sin duda tenía algún presentimiento de lo que iba a pasar, pues vi que, en lugar de dormir, se arrodilló para orar. Las primeras noticias las tuvimos por Marcos, el muchacho que cuida el huerto de Getsemaní. Él nos contó cómo Judas había traicionado al Maestro, y lo que estaba pasando en casa de Caifás. Luego entró Simón Pedro hecho un mar de lágrimas, y, finalmente, llegó Juan a la madrugada trayendo la noticia de que el Sanedrín había condenado a Jesús por *blasfemo*. Calcula tú la impresión que estas inesperadas noticias produjeron en el corazón de Myriam; pero sobre todo reflexiona en lo que sufriría al oír que el sumo sacerdote –el representante de Dios en la tierra– y el Sanedrín en pleno, el más venerable tribunal de Israel, habían condenado unánimemente y por aclamación a su hijo Jesús como *blasfemo*.

Esta sencilla narración de Marta produjo en mí una impresión mayor que la que me causara el ver con mis propios ojos los sufrimientos, vilipendios y muerte del Maestro.

–Al amanecer –prosiguió Marta– oímos las trompetas, y la voz del sacerdote de la próxima sinagoga llegó claramente a nuestros oídos pronunciando el terrible «anatema».

Cada uno de estos detalles me hacía comprender más y más lo que debió padecer la Madre de Jesús.

–Y Myriam, ¿qué decía, qué hacía? –preguntéle.

–Oraba –me respondió–. Es una mujer admirable, de una fortaleza increíble. Arrodillada y con la cabeza entre sus manos, oraba constantemente, derramando copiosísimas lágrimas. De cuando en cuando salían de sus labios estas palabras: «Sumo sacerdote». «Blasfemo». Y al pronunciarlas, todo su cuerpo se estremecía por el sufrimiento. Y luego, levantando sus hermosísimos ojos al cielo, decía en voz alta: *«Hágase tu voluntad»*.

–¿Y Magdalena?

–Está como loca. Y cuando oyó que Caifás había condenado a Jesús por blasfemo, se irguió, y, amenazándolo con sus puños, decía: «Es un infame, lo conozco demasiado; yo le acusaré, conozco su infame vida y haré que todo Israel le desprecie...» Al oírla hablar así, Myriam, olvidándose de su pena, acariciaba a mi hermana diciéndole: «No hables así del sumo sacerdote, que es representante de Dios». Y, al decir estas palabras, la voz se le cortaba por los sollozos.

–¡Qué mujer más admirable! –exclamé–. ¿Y Simón Pedro?

–Yo le abrí la puerta y le conduje junto a Myriam. El pobre Simón sollozaba, y con profundísima humildad le contó su culpa. Gracias al cielo que Magdalena no lo oyó, que si no, allí mismo lo cachetea. Está furiosa contra los cobardes discípulos que abandonaron al Maestro.

–¿Y Judas no fue?

—Muchas veces me preguntó Myriam por él; y cada vez que se abría la puerta, volvía ella los ojos esperando que entrara el traidor. Estaba dispuesta a perdonarlo, como hizo con Pedro.

—¿Y asistió Myriam a la condenación de su Hijo por Pilato? Yo la vi en el Calvario.

—Sí —respondió Marta—, desde la casa de Verónica, que queda enfrente del Pretorio. Desde muy temprano nos fuimos allí, pues Magdalena salió y la seguimos. No te contaré lo que ya sabes. Sólo te diré que Myriam no veía en aquella multitud sino a dos personas: a su Hijo y al sumo sacerdote Caifás...

—¿Y se fijó en la vestimenta que llevaba?

—¡Cómo no se había de fijar! Eran los bordados por ella misma. Lo peor es que Magdalena, en uno de sus arranques, le dijo: «Te has fijado, Madre, en que ese hombre infame, no sólo lleva los vestidos que tú bordaste, sino que tiene rasgada la túnica inconsútil, obra de tus manos?...»

—¡Qué atrocidad! —exclamé.

—Pero si entonces debió sufrir Myriam lo indecible, creo que el golpe mortal lo recibió en el Calvario. Estaba Ella en pie cerca de la cruz, cuando llegó Caifás, acercándose a Jesús, con voz destemplada y burlona, gritó, para que todos lo oyeran: «*¡Ea! Tú, que destruyes el templo de Dios y en tres días lo reedificas, sálvate a Ti mismo; si eres el Hijo de Dios, baja de la cruz*». Y en aquel momento una ráfaga de viento hizo que varias gotas de sangre de Jesús cayeran sobre las vestiduras del sumo sacerdote.

Yo me cubrí los ojos al oír aquello.

—Myriam había quedado como anonadada viendo esto; pero tuvo que reclinarse en Juan para no caer, cuando oyó que su Hijo decía: «*Dios mío, Dios mío, ¿por qué me has abandonado?*» Parecía que no sólo el sumo sacerdote, sino su mismo Padre celestial le rechazaba.

Sentí que se me iba la cabeza, pues comprendí lo que aquello significaba.

—¡Pobre Madre! —dije sin ruborizarme de llorar—. Esto debió traspasar su corazón...

Samuel, que había entrado silenciosamente, al escuchar aquello, dijo, también llorando:

—Así se lo había profetizado el anciano Simeón, cuando, teniendo a Jesús Niño en sus brazos, y dirigiéndose a su Madre le dijo: «*Mira que este niño está puesto para la ruina y la resurrección de muchos en Israel y para señal de contradicción. Y a ti misma una espada te traspasará el alma, de suerte que sean revelados los pensamientos de muchos corazones*».

Yo ya no podía más, y así le dije:

—Basta, Marta, basta; no tengo fuerzas para más. Sólo deseo ir a verla; ojalá que pudiera consolarla. Bien merecido tiene el nombre de Myriam: Mar de Amargura.

46
EL GRAN SÁBADO

—Decididamente, dómine, tus príncipes de los sacerdotes son unos hipócritas de marca mayor —me dijo Quarto.

—¿Por qué lo dices ahora? —preguntéle, sonriendo—. ¿Te han impedido de nuevo curarte un dolor de muelas por ser hoy el Gran Sábado?

—Te voy a contar todo lo que han hecho hoy, que es el sábado de los sábados —me respondió—. Desde luego, si ya comieron cordero pascual, lo han comido perfectamente contaminados: por haber entrado varias veces en la casa de Pilato; por haber andando mucho más de una jornada sabática, pues han ido y venido y siguen yendo y viniendo, como pocas veces lo habrán hecho en su vida; pero sobre todo, por haber trabajado, hecho trabajar a otros y andado dentro de las sepulturas.

—Pues ¿qué ha pasado? Cuéntame.

—Ante todo, han pasado una noche malísima, no han dormido nada. Caifás está furioso porque el desgarrón de la cortina del templo, de arriba abajo, ha hecho patente que ya el Arca de la Alianza no está allí. Lo del desgarrón lo explica Anás, que es el más pillo de los dos, diciendo que, mientras ellos estaban fuera, aprovechándose de la oscuridad, los galileos discípulos de Jesús se metieron en el *Sancta Sanctorum* y rompieron la cortina...

—¿Y cargaron con el Arca también? —dije, riendo.

—Esto es lo que el pueblo dice que no es posible, pues hay nada menos que veinticuatro mil sacerdotes y diez mil levitas para cuidar el templo. ¿Cómo se les esfumaron los ladrones? ¿Para qué sirve la guardia del templo? ¿Dónde está el Arca? Y el pueblo murmura, y con justísima razón, sobre todo de Caifás.

—¿Y han vuelto a poner la cortina? —pregunté.

—Durante la noche muchos sacerdotes la estuvieron cosiendo, a pesar de ser el Gran Sábado; pero al tratar de colocarla, se les volvió a rasgar, y el *Sancta Sanctorum* sigue a la pública expectación. Me han dicho que lo único que hay allí es una gran piedra, sobre la cual debió colocarse antiguamente el Arca, y muchísimo polvo y humo, pues allí nadie entra a barrer ni a sacudir.

—Pero ¿por qué dices que anduvieron en las sepulturas?

—¡Friolera! Esto es lo que más les preocupa. Anás, Caifás y los otros creían que, muerto Jesús, se encargaría Abba Saúl de arrojar su cuerpo en la fosa común con los bandidos; pero se llevaron el gran chasco cuando José de Arimatea, con permiso expreso de Pilato, se posesionó del cuerpo del Maestro, y lo llevó a enterrar al cercano huerto que le pertenece.

—Ya vi que Saúl trató de reclamar a José.

—¿Y oíste lo que yo le dije? —añadió Quarto—. Esto les puso furiosos, pues creyeron que José lo había llevado a su huerto para hacerle desaparecer y decir que había resucitado.

—Cree el ladrón que todos son de su condición –repuse–. Esos infames no tienen escrúpulos para nada, y creen que el de Arimatea es como ellos. Ni por un momento le ha pasado a José llevar a cabo ese descabellado y sacrílego plan. Por otra parte, el buen hombre es de lo más miedoso, y está más descorazonado que ninguno.

—Así se lo dijo Ben Sadok a sus compañeros: «José no es hombre para robar un cadáver». Así lo comprendieron los presentes; pero como no les llega la camisa al cuerpo, pensaron que los discípulos podrían robarlo...

No pude menos de sonreírme al oír aquella suposición. ¿Los pobres y cobardes discípulos meterse a robar el cuerpo de Jesús? Eso es no conocerlos. Son tan miedosos, que andan escondidos llenos de temor, *propter metum judeorum,* por miedo a los judíos.

—Abba Saúl –continuó Quarto–, que es hombre práctico, les dijo anoche: «Hay que procurar evitar el robo, pues si propagan que Jesús resucitó, vamos a tener muchos disgustos. Propongo que mañana temprano vaya una comisión de los príncipes y los fariseos a ver a Pilato para que nos autorice a poner guardias junto al sepulcro, ya que aquello es propiedad privada de José, y que, además, nos permita sellar, desde luego, el sepulcro».

—¿Antes del tercer día? –dije–. Eso es contra la costumbre de todos respetada. Los sepulcros no se pueden sellar sino hasta el tercer día.

—Eso mismo le objetaron a Saúl varios fariseos –prosiguió Quarto–; pero él les dijo: «El caso es extraordinario, y hay que pasar sobre todo para que no nos llevemos más chascos. Yo cargo con la responsabilidad». Y con esto quedaron conformes.

—¿Y fueron a ver a Pilato? –pregunté.

—Esta mañana temprano, estando yo en la Antonia, llegó un grupo muy numeroso de sacerdotes, fariseos y ancianos pidiendo hablar con el procurador. Entonces me enteré de lo que habían tratado anoche, pues tengo buenos amigos entre esa canalla.

—Y ¿qué les dijo Pilato?

—Con gran humildad –prosiguió Quarto– se acercaron esos hipócritas, y le dijeron: «*Señor, nos hemos acordado de que aquel impostor, cuando aún vivía, dijo: Después de tres días resucitaré. Manda, pues, que se guarde el sepulcro hasta el tercer día, no sea que vayan sus discípulos y lo quiten furtivamente, y digan a la plebe: Ha resucitado de entre los muertos. Y este postrer engaño sería más pernicioso que el primero».* Pilato los miró con desprecio, y con sorna les dijo: «Pero tenía algunos secuaces vuestro Rey? Yo no vi que ninguno saliera en su defensa; muchísimo menos se van a atrever a violar un sepulcro. Todos saben la orden terminante del César». Y, dirigiéndose a un oficial que estaba de guardia, le mandó leer la orden.

—Ya la conozco –dije–; recuerdo haberla leído esculpida en mármol en un sepulcro de Nazaret. Creo que la copié; sí, aquí está. Dice así:

«Orden del César. Es mi voluntad que las tumbas y los monumentos erigidos en honor de los antepasados, los niños o los deudos, sean eternamente inviolados. Si alguno quedare convicto de haberlos destruido, o de cualquier otro modo removido los cuerpos que allí estaban, o de haberlos criminalmente trasladado, violado la sepultura de los muertos, mando que tal sea castigado con la pena capital como violador de sepulcros.»

–Después de leída –continuó Quarto–, Pilato les dijo: «Ya veis que el que viole el sepulcro tiene pena de muerte». Pero como ellos insistieran pidiendo guardias, de muy mal humor les respondió Pilato: *«Tenéis guardias, id vosotros y ponedla como os plazca».* Y volviéndoles las espaldas, salió.

–Y ¿qué hicieron esos imbéciles? –pregunté.

–Ante todo –respondió Quarto–, escogieron al sirio-fenicio Tarquinio para jefe de la guardia. Este centurión es el mismo que, bien sobornado por los sacerdotes, había azotado a Jesús de modo tan despiadado. Estaban seguros de que éste, que odia a losgalileos, no dejaría acercarse a ninguno de los discípulos a cien pasos del sepulcro. Cuando llegaron al huerto, Rubén, el jardinero, se quiso oponer a que entraran los sacerdotes; pero ante la presencia del centurión, no tuvo más remedio que dejarlos hacer.

–¿Y sellaron el sepulcro? –interrogué.

–Antes de sellarle –contestó mi amigo– le abrieron para cerciorarse de que estaba allí el cuerpo del Maestro, y entraron al sepulcro y tocaron el cuerpo de Jesús, y le examinaron detenidamente.

–¿Y no temieron contaminarse?

–Lo que les importaba no era eso, sino estar seguros de que no habían hurtado el cuerpo del Maestro. Muy tontos hubieran sido si no examinaran el sepulcro como lo hicieron. Antes de sellarlo tenían que estar ciertos de que el cuerpo de Jesús estaba allí. De lo contrario, todas sus precauciones eran inútiles. Después de esto pusieron la piedra a la entrada y la sellaron, tanto con el sello del templo como con el romano; esto lo hizo personalmente Tarquinio. Todo el que viole esa sepultura incurre en la pena de muerte, y así lo andan propalando los sacerdotes por todas partes para intimidar a los discípulos del Maestro.

–Trabajo inútil –exclamé–, porque los discípulos andan escondidos. Aquí nada menos tenemos ya varios en los sótanos. Los infelices sólo salen de noche para cenar juntos. ¿Y dejaron guardias?

–Por supuesto. *«Cerraron bien el sepulcro, sellaron la piedra y pusieron guardias».* Éstos se están relevando cada seis horas durante el día, y se relevarán cada tres por la noche. Los sumos sacerdotes les han prometido a los guardias, a más de buena cantidad de oro, darles vino abundante cuando hayan concluido su turno. Tarquinio ha jurado por los dioses infernales atravesar con su jabalina a cualquier galileo que se acerque. No hay cuidado de que robe nadie el cuerpo del Maestro.

—¿Y a las mujeres? –pregunté.
—También las han corrido; no las dejan que entren en el jardín.
....
(Faltan varios renglones en el manuscrito.)
....
—¿Sabes, rabí –me dijo Dina–, lo que le pasó anoche a Myriam?
—Hoy fui a saludarla; pero no me dijo nada. Todos sus sufrimientos los guarda en su corazón.
—Pues figúrate, rabí, después que pasaste tú con José y Nicodemo, quiso Myriam volver al Calvario para recoger la corona de espinas que pusieron a su Hijo, y que había quedado en poder de Marcos, mientras amortajaban al Maestro. Fue Myriam recorriendo los lugares donde había gotas de sangre de Jesús, llevando abrazada contra su pecho la corona. Ya había salido la luna, y varias mujeres la acompañábamos, cuando de pronto Juana gritó asustada: «¡Una serpiente!» Era una terrible *Daboia* ya las conozco bien; son muy venenosas. Todas corrimos asustadas, quedando sola Myriam, precisamente donde habían clavado la cruz. La serpiente se arrastraba hacia Ella silbando. Yo le arrojé una piedra; pero la serpiente seguía derecha hacia Myriam, la cual no se movió, abrazando la corona de espinas. Todas dimos un grito cuando vimos a la *Daboia* arrojarse contra Myriam; pero Ella, sin temor alguno, levantando el pie, le aplastó la cabeza. Entonces corrimos a su lado; nada le había pasado, y el animal estaba muerto. Temíamos que otras serpientes nos asaltaran; pero seguimos nuestro camino sin encontrar ninguna, y, llenas de susto, llegamos a casa. Myriam era la única que no se había alarmado, y seguí estrechando contra su pecho la corona de espinas.

Ese sencillo relato de la samaritana me dio mucho en qué pensar.

* * *

Pasado el mediodía llegó Quarto con un bulto sobre la cabeza.
—Quisiera –le dije– darte un encargo. Tienes allí esa bolsa con monedas de oro. Y como tú eres romano...
—Voy y vengo y salgo y entro sin temor de contaminarme, y ya cumplí con tus deseos.
—¿Cómo? –dije–. Ese bulto...
—Son las vestiduras del Maestro –repuso– que acabo de comprar a los sayones por unos cuantos sestercios.

Yo me arrodillé, y tomando el bulto, manchado de sangre, lo besé, y con toda reverencia lo puse sobre mi cabeza. Estaba yo en extremo conmovido. Reponiéndome, le dije:
—Esos vestidos no me partenecen...
—Claro que no. Son para su Madre –respondió Quarto–. Y he pensado que se los lleven tus hijitos.

—¿Y los clavos? —le pregunté.
—Esos no los he podido conseguir. Son propiedad romana, y, según la costumbre, han sido enterrados con la cruz en la misma fosa donde arrojaron las otras dos cruces —respondió mi amigo.

* * *

Como a media tarde volvió Quarto, diciendo:
—Malas noticias, dómine.
—¡Cómo! ¿Han cometido algún desacato con el cuerpo del Maestro?
—No te preocupes por eso. Está perfectamente custodiado. Tarquinio ha hecho punto de honra el no dejar que nadie se acerque al sepulcro, y al mismo Abba Saúl, que fue a ver cómo estaban las cosas, no le dejó entrar en el huerto. ¿Recuerdas la higuera que maldijo el Maestro y se secó de un día para otro?
—¡Cómo no!
—Pues ya ha dado fruto —repuso Quarto.
—Aún no es tiempo de higos —dije—, y, además, ¿no está seca?
—No son higos, sino el cuerpo de Judas; se ahorcó colgándose del árbol seco, y su carroña se está balanceando.
—¿Se suicidó?
—El infeliz *«se suicidó, echándose un lazo corredizo».*
Esta noticia me causó una impresión profundísima. Aquel desventurado es para mí la personificación del pueblo judío.
—¡Qué misterio más espantoso! Jesús hizo cuanto pudo para mover el endurecido corazón del de Kariot; pero éste *«no quiso conocer siquiera en ese día lo que pudiera traerle la paz».* Y lo mismo ha pasado a Israel. Y la sangre del Hijo de Dios ha comenzado a caer sobre mi pueblo, que no tiene otro rey sino al César.
Y mientras me cubría el rostro lleno de infinita amargura, llegó a mis oídos el son de las trompetas de los sacerdotes anunciando desde el abandonado templo el fin del Gran Sábado.

47
LA ÚLTIMA LUCHA

La noticia del suicidio de Judas me puso fuera de mí, no por la suerte de aquel infeliz, sino porque, como dije, me parecía la imagen de mi pueblo. No podía soportar la idea de que mi nación tuviera que desaparecer. Me sublevaba pensar que el templo más glorioso del mundo fuera reducido a escombros y Jerusalén arrasada; y, sin embargo, allí estaban las palabras del Nazareno: *«Días vendrán, Jerusalén, sobre ti, en que tus enemigos te cercarán con foso, y te pondrán cerco, y por todas partes te estre-*

charán y te echarán por tierra a ti y a tus hijos, que están dentro de ti y no dejarán en ti piedra sobre piedra, por cuanto no conociste el día de tu visitación». Mi alma de israelita me decía que aquella predicción no podía ser sino una locura, y, por consiguiente, Jesús era un loco... Me horrorice de mi deducción, pero me parecía lógica, y por más que recurría al argumento de las profecías cumplidas, y a su misma declaración solemnísima de ser el *Hijo de Dios,* la idea de la destrucción de mi pueblo me parecía un absurdo. «Israel no puede morir como nación –me decía a mí mismo– por grande que haya sido su crimen. Israel no morirá. En cambio, Jesús sí ha muerto y está ya sepultado. Y entre mi nación viva, aunque criminal, esclava del romano, y Jesús muerto, mi corazón hebreo me inclinaba a darle la razón a mi pueblo. ¿Por qué lo había de reconocer por el *Hijo de Dios?* Era un Profeta, el más grande de todos, sacrificado injustamente por miras políticas, pero al fin hombre mortal; era un crimen horrible, pero no un deicidio...

Mientras estas ideas resolvía en mi mente, entró José de Arimatea.

–Vengo –me dijo cabizbajo y triste– a pedirte informe sobre la Galia.

–¿Sobre la Galia? –le pregunté asombrado.

–Sí –respondió–, quiero marcharme de aquí cuanto antes; quiero irme lo más lejos que pueda de Palestina, y he escogido la Galia para mi voluntario destierro.

–¿Y por qué quieres irte de la tierra de nuestros padres?

–Estoy desilusionado. Yo creía que Jesús iba a restituir el reino de Israel a su antiguo esplendor, y he aquí que todo ha concluido.

–Pero ¿tú también estás persuadido de que Jesús, aunque fue un gran Profeta, no era el Hijo de Dios, el Mesías anunciado?

–Fue el más grande de los Profetas, poderoso en obras y palabras; pero nada más. Los pontífices han cometido una acción villana, una injusticia palpable condenando a muerte a un inocente. Pero Jesús ha muerto y queda sepultado, como nuestro padre Abrahán, Moisés o cualquiera de los profetas. Su misión ha terminado. Pasó haciendo bien y derramando beneficios; pero la muerte le atajó los pasos. Tenía yo en Él grandísimas esperanzas, pero todo ha concluido. Por otra parte, no quiero seguir viviendo en compañía de hombres tan infames como Anás y Caifás, y por eso deseo marchar de aquí lejos, muy lejos.

–Si tal es tu propósito –repuse–, creo que yo también te acompañaré. Tengo bienes cuantiosos fuera de Palestina, y lo único que aquí me retenía era la presencia del Maestro.

–¿De suerte que tú también estás desilusionado? Pensaba que me alentarías y veo que me das la razón. Me voy de aquí asqueado de mis compañeros. ¡Figúrate que andan contando que yo he planeado robar el cuerpo del Maestro para engañar al pueblo diciendo que ha resucitado de entre los muertos! Eso es una infamia. ¿Para qué había yo de perpetrar semejante profanación? Han puesto guardias ante su tumba como si yo

II. YO SOY-47. LA ÚLTIMA LUCHA

fuera un violador de sepulturas. ¡Infames! No quiero hablar más de este asunto, pues mi espíritu se subleva al encontrar tanta iniquidad entre los que me rodean. No quiero vivir más aquí. Cuando te vayas te acompañaré, lejos, muy lejos de este desgraciado país. Salgo, desde luego, para Arimatea; si tienes alguna noticia no dejes de avisarme.

Y sin decir más, se marchó con las lágrimas en los ojos.

«Esto es para volverse loco», me dije. Pero aún me esperaba otra desilusión.

Con la cabeza ardiendo en estos pensamientos, bajé al jardín. Al pasar por los sótanos vi en la oscuridad unos bultos que se movían.

—¿Quién va? —exclamé.

—Soy yo, rabí —dijo una voz conocida; eran Simón Pedro, el cual, acercándose a mí lleno de temor, me preguntó—. ¿Es cierto que los príncipes de los sacerdotes nos andan buscando para crucificarnos por violadores de sepulturas?

Casi estuve por reírme al ver el miedo de aquel infeliz, y le dije:

—Pero ¿qué sepultura han violado?

—No hemos violado ninguna, pero dicen que vamos a robar el cuerpo del Maestro para decir después que ha resucitado —respondió.

«Bueno hubiera estado el Maestro —pensé dentro de mí— si confiaba en que estos pobres hombres habían de robar su cuerpo para decir que había resucitado.»

—Es cierto que han puesto guardias al sepulcro —repuse—; pero no creo que piensen en ti ni en tus compañeros. Más fácil es que tengan temor de que lo haga el dueño del jardín.

—¡José de Arimatea! —dijo asustado Pedro—. Es un hombre justo y no creo que cometa tal profanación, que para nada serviría.

Mientras hablaba Simón se fueron acercando los discípulos, tanto o más temerosos que su famoso jefe. Todos estaban temblando de miedo.

—Mientras estéis aquí, sin salir —les dije para consolarlos—, no recaerán sospecha sobre vosotros.

—¿Y no podemos salir ahora que es de noche —dijo Mateo— para reunirnos con los peregrinos que están marchando a Galilea?

—¿Piensas volver a tu oficio de alcabalero? —le pregunté.

—¡Qué voy a hacer cuando todo ha terminado! —respondió.

—Esperábamos que iba a restituir el reino de Israel —añadió Natanael—; pero ha muerto y todo ha concluido.

Y por este estilo se fueron expresando los otros discípulos. Yo les aconsejé que no salieran por de pronto, pues era una imprudencia, y todos convinieron en que tenía razón.

Cuando salí al jardín, me dije: «¿Y éstas son las columnas sobre las que Jesús iba a fundar su Iglesia? ¡Pobre Maestro!... Todo ha concluido».

Después de un rato volví a mi habitación y me eché sobre el lecho, desesperado.

–¡Ilusiones, locuras –dije–, puras locuras!...
Debí pronunciar en alta voz estas palabras, pues Quarto, que había entrado, me preguntó:
–¿Qué locuras son éstas a que te refieres, dómine?
Me volví, medio asustado, y cuando me recobré, le dije:
–Las locuras del Nazareno... Decía que iba a fundar un reino, y ha muerto; añadía que iba a fundar su Iglesia sobre Simón Pedro, y este pobre está que se muere de miedo, como sus compañeros. ¿No son estas cosas de un loco?
Quarto se acercó a mí, y con una gran seguridad que me hizo estremecer, dijo:
–Serían locuras si Jesús de Nazaret fuera solamente un *hombre;* pero es el Hijo de Dios. ¿Has tratado tú alguna vez con un Hijo de Dios? ¿Crees que un Hijo de Dios ha de proceder como un hombre cualquiera? ¿No te parece que un Hijo de Dios tiene que obrar de modo distinto? Espera al tercer día y lo verás resucitado de entre los muertos, según lo prometió, y entonces fundará su Iglesia. Tal modo de proceder es propio solamente de Dios.
–¡Pero si está muerto! –dije.
–¡Claro que tenía que morir para resucitar; en eso está el chiste! –y, sin decir más salió.
Estos argumentos de sentido común de mi amigo resolvieron mi fe. Es verdad; el modo de obrar de un Dios tiene que parecernos locura, pues sus motivos tienen que estar mucho más altos que nuestra razón.
Y entonces volví a ver a Jesús delante del Sanedrín, diciendo: *«Yo soy el Hijo de Dios»;* y recordé de nuevo su promesa de resucitar al tercer día. «Sí, sí –me repetía a mí mismo–; esa manera de proceder no es la de un loco, sino la del Hijo de Dios..., si resucita».
La lucha que se entabló en mi entendimiento fue más terrible que nunca, y lleno de angustia mortal, exclamé con todas las fuerzas de mi alma:
–*«Credo, Domine, adjuva incredulitatem meam».* (Creo, Señor, pero ayuda mi incredulidad...)
–¿Qué te pasa, rabí? –me dijo Marta, entrando–. ¿Estás enfermo?
Me levanté, y tomando a Marta de la mano, le dije:
–¿Crees tú, Marta, que Jesús es el Hijo de Dios?
A lo cual me respondió con sencillez encantadora:
–*«Yo siempre he creído que Jesús es el Cristo, el Hijo de Dios vivo que ha venido al mundo.»*
–¿Y crees tú que ha de resucitar de entre los muertos?
–¡Por supuesto! *«Resucitará al tercer día»,* como lo dijo, ya que *«Él es la resurrección y la vida».*
–¡Pero ha muerto!
–¡Claro está! Para resucitar tenía que morir; pero, si creemos, *«veremos la gloria de Dios»* como pasó con mi hermano Lázaro, que ya hedía. Y esta muerte de Jesús *«es para gloria de Dios, a fin de que sea glorificado el Hijo de Dios por medio de ella».*

Aquella fe tan sencilla y tan firme fue una antorcha que iluminó mi oscurecido entendimiento. Entonces recordé la *mirada* que me dirigiera Jesús al salir del Sandrín, y recordé aquellas palabras: *«¿No ves que así conviene que se haga, para que se cumplan las Escrituras?»*

La luz de la fe me iluminó definitivamente, y desde aquel momento no ha vuelto a oscurecerse con la duda; y, sin humano respeto, me arrodillé en presencia de Marta y exclamé desde el fondo de mi corazón:

—¡Creo! ¡Creo! ¡Creo!

Mientras quedé postrado en tierra y deshecho en lágrimas, salió Marta, la cual volvió al cabo de un rato trayendo una taza.

—Toma, rabí —me dijo—, este cocimiento de flores de limonero; te hará mucho bien, pues *«aunque tu espíritu está pronto, la carne está flaca»*.

Lo tomé.

—Ahora —añadió— vete a dormir; estás agotado. Mañana es el *tercer día*.

Obediente «como un niño», me fui a mi lecho. La duda había desaparecido y mi alma estaba perfectamente tranquila. Tenía seguridad absoluta de que al día siguiente *resucitaría*.

Y con esta esperanza cierta me quedé dormido.

48
FRAGMENTOS[1]

Estando yo arrodillado contemplando la túnica inconsútil del Maestro, de blancura inmaculada, ahora teñida con las manchas rojas de su bendita sangre, entró Marta.

—¿Las vestiduras del Maestro? —me preguntó.

—Sí —le dije, levantándome—. Quarto las compró a los sayones por unos cuantos sestercios.

—¿Y te vas a quedar con ellas?

—Eso quisiera —respondí—. Hace tiempo he deseado tener una túnica bordada por Myriam; ahora la tengo, consagrada con la sangre de Jesús. Pero no me pertenece; es de Ella, y tan pronto como terminen un cofrecito de madera aromática de Arabia que he mandado hacer expresamente, se la enviaré a Myriam; la llevarán mis hijitos.

Los ojos de Marta se arrasaron de lágrimas, y dijo:

—Eres muy bueno, rabí. No le podías hacer mejor regalo; es un pensamiento muy delicado. ¿Quisieras ver la túnica que Myriam le ha tejido a Juan?

—¿Le ha bordado una túnica? ¡Ya lo creo que quiero verla!

---

[1] He reunido en este capítulo los fragmentos que he podido rehacer de varios pergaminos, en parte destruidos. Por eso notará el lector que no hay entre ellos un nexo o ilación completa. *«Nota del adaptador»*.

—Espérame y vuelvo; voy a rogar a Myriam que me la preste; todavía no la estrenó Juan.

Poco rato después volvió Marta trayendo la túnica, que desenvolvió, diciendo:

—Así como el Maestro solamente llevó durante su vida esa túnica blanquísima, que le distinguía de todos, Juan le rogó a Myriam le tejiera ésta de color escarlata. El pobrecillo agotó sus ahorros mandando traer el mejor material de Damasco, y como siempre ha sido muy cariñoso con Myriam, ésta hace tiempo que empezó a tejérsela. Ahora quiere dársela, ya que le ha adoptado por hijo.

—¿Cómo es eso? —pregunté.

—¿No supiste lo que pasó al pie de la cruz? «*Mirando Jesús a su Madre y en pie junto a Ella a Juan, el discípulo que Él amaba, le dijo a su Madre: Mujer, he ahí a tu hijo. Y a continuación le dijo a Juan: He ahí a tu Madre. Y desde aquel momento la consideró Juan como Madre suya, y se la llevó consigo a su casa*». Por eso está Myriam en casa de Juan, y Ella le tiene por hijo, y le va a regalar esta túnica escarlata como le dio a su Hijo Jesús esa blanquísima que allí tienes.

No sé lo que tiene la palabra sencilla de Marta; me conmueve profundamente. Marta tomó en sus manos la túnica escarlata para mostrármela.

Quedé admirado; era una túnica digna de un rey, y estoy seguro que ni el emperador Tiberio tiene una semejante.

—¿Y andará Juan con esa túnica? —pregunté.

—No ve la hora de ponérsela. Myriam se la hubiera dado ya; pero con todo lo que ha pasado, ni Ella se la ha dado, ni Juan ha tenido ánimo para pedírsela.

Cuando Marta salió llevándose la túnica escarlata, me dije:

«¡Cuánto más convendría esa túnica al Maestro; pero Él siempre prefirió la inmaculada! Ese color le encantaba y le distinguía de todos. Muchas veces noté que el Rabboni era en extremo limpio, cosa rara entre estos sucios habitantes de Palestina. Desde muy lejos le distinguía por su blanca vestidura; era en Él algo característico. Parecía siempre nueva por su inmaculada blancura. Yo no le concibo con una túnica de color, y creo que si se la hubiera puesto, muchísimos no le reconocerían».

* * *

Me han informado del descontento y desconcierto que reina entre los peregrinos que vinieron a celebrar la Pascua desde los últimos sucesos. La inmensa mayoría de los peregrinos tenían un gran respeto y estimación por Jesús de Nazaret. Le habían oído predicar en Galilea, y fueron testigos de sus innumerables prodigios. Le tenían como «el que había de venir»; y así, quedaron escandalizados al ver que los sumos sacerdotes le habían entregado a Pilato, obligándole a que le crucificara, cuando el mismo presidente le declaraba sin culpa.

Los enemigos de Jesús estaban principalmente en Jerusalén, y eran los que gritaban más, creyéndose superiores a los demás por ser habitantes de la Ciudad Santa. Los peregrinos habían asistido a la entrada triunfal del Rabboni, y nunca se imaginaron que terminara su carrera de modo tan trágico y tan injusto. A este sentimiento en favor de Jesús se añadieron los prodigios operados durante su crucifixión y muerte. Por otra parte, la rasgadura de la cortina del templo y la desaparición inesperada del Arca de la Alianza les causó extremo disgusto y decepción, pues juzgaban, y con razón, que todo aquello era una manifestación del cielo por la muerte ignominiosa del Justo, a quien tenían por el mayor de los Profetas.

Esto hizo que la inmensa mayoría quisieran apartarse lo más pronto posible de Jerusalén; y como no lo podían hacer durante el Gran Sábado, lo hicieron apenas terminó éste. Por esta razón determinó Pilato que, cosa inusitada, se dejaran abiertas las puertas de la ciudad toda la noche. Así, pues, estuvieron saliendo sin cesar los peregrinos desde que apareció la primera estrella el sábado por la tarde.

Otra cosa que les causó espanto fue la muerte de Judas. Los que acampaban en los alrededores de la ciudad le vieron colgado de la higuera seca, y fueron testigos de cómo, desprendiéndose súbitamente, cayó el cuerpo en la barranca, y se le salieron las entrañas.

* * *

La situación de los pontífices y fariseos era comprometida. Habían tomado todas las precauciones imaginables para que no se robara el cuerpo de Jesús. Una violación del sepulcro era imposible.

—Pero ¿y si resucita? —decían los fariseos, que creen en la resurrección.

—¡Qué ha de resucitar! —respondían los saduceos, que no creen en la resurrección de los muertos.

—También decían que no resucitaría a Lázaro —objetaban aquéllos—, y le resucitó.

Y se traían unos argumentos de lo más reprobables entre unos y otros.

Caifás, a pesar de ser saduceo, no las tenía todas consigo, y decía a su suegro:

—¿Y si ese seductor fuera resucitado como lo predijo? En bonita situación nos vamos a encontrar.

—No tengas cuidado —respondía Anás—; tenemos oro, y el oro es omnipotente. Dicen que el silencio es oro; será o no será cierto; pero lo que sí es indudable es que el silencio se compra con oro.

Caifás movía la cabeza, dudando; y con verdadera impaciencia esperaba el día tercero. Estaba preocupadísimo.

—No te preocupes, hijo mío —le había dicho Anás—, el pueblo es muy bruto y sumamente crédulo. Si les decimos a los guardias del sepulcro que afirmen se lo robaron los discípulos, caso de que resucitara, todos creerán en el robo.

—¿Y cómo nos las vamos a entender con Pilato en ese caso? Sabes que el romano nos tiene mala voluntad; y, desgraciadamente, no se deja cohechar.

—Pues le volvemos a amenazar con acusarle al emperador, y el inmaculado Pilato tiene mucha cola que le podemos pisar, y nos dejará en paz. Sobre todo, ¿a él qué le importa que resucite o no ese impostor?

—¿Y Herodes? —repuso Caifás—. Se trae un miedo atroz. Todavía no le sale del cuerpo la degollación del Bautista, y si se propaga que el Nazareno resucitó, de seguro que lo va a creer, y con él lo creerán los herodianos. Estamos fastidiados.

—Más fastidiados estaríamos —dijo Anás— si todavía viviera ese agitador. Por ahora, está muy quietecito en el sepulcro, y el sepulcro está muy bien cuidado; no lo roba nadie.

—Me han venido a contar que cuando tembló la tierra y se abrieron los sepulcros, *«muchos de los muertos se les aparecieron a varios»* —objetó Caifás.

—A mí también me lo vinieron a contar —respondió, riendo, Anás—; yo les respondí que tomaran un poco más de vino, y se les aparecería nuestro padre Adán. Mandé que les dieran de beber, y se fueron más contentos de lo que habían venido. Te repito: el pueblo es muy bruto y muy crédulo. Te aseguro que Jesús no resucita; pero en caso de que algo pase, ya nos las arreglaremos. Vete a dormir tranquilo. Mañana es el día tercero, y ya veremos. Por mi parte, me voy a acostar, que llevo varias noches de no pegar ojo, y estoy muy cansado.

Y Anás y Caifás se marcharon a acostar. Aquél durmió a pierna suelta, pero éste no pudo conciliar el sueño. Constantemente le parecía oír aquel grito: ¡Crucifícale! ¡Crucifícale!

* * *

Entre los romanos andaba alborotado el cotarro. Desde luego, Claudia había hecho saber a Pilato que ella no se quedaba a dormir una noche más en la torre Antonia, y se iba al palacio de los Asmoneos mientras salían de Jerusalén. Pilato mandó que se hiciera el cambio, del que se alegró, pues él mismo no estaba menos nervioso que su mujer. La vista continua del Pretorio le traía a la memoria lo del lavatorio, y no se sentía muy seguro de que el jabón hubiera quitado de sus manos la mancha de sangre de Jesús de Nazaret.

Todo el sábado se lo había pasado escribiendo el informe que tenía que rendir a Roma, y había echado a perder más de diez borradores. El

informe no le salía. Se paseaba inquieto en su cámara, y lo que más le preocupaba era aquello: «*Se ha hecho Hijo de Dios*».
«Y ¿por qué no había de ser Jesús Hijo de Dios? –se decía–. ¿No han tenido nuestros dioses la mar de hijos? Como Hércules fue hijo de Júpiter, ¿no pudo muy bien Jesús ser Hijo del Yahvé de estos imbéciles? Y si se quiere vengar Yahvé por la muerte de su hijo, bien lo podía pagar yo, aunque me haya lavado las manos. Al diablo estos imbéciles judíos, que me han metido en este enredo».
Y se volvía a sentar para escribir, y volvía a romper lo escrito.
La guarnición romana no estaba menos intranquila. El centurión que le vio morir les repetía: «*Sin duda, ese hombre era Hijo de Dios*». Y estaban cabizbajos y cariacontecidos, pues el temblor y las tinieblas los habían aterrorizado. Temían que el terremoto se volviera a repetir, y no se consideraban muy seguros dentro de la Antonia; se les podía caer encima o abrirse la tierra y tragárselos. Muchas eran las grietas que se habían abierto durante el terremoto, algunas de ellas muy profundas.
Para colmo de preocupaciones, los arúspides de la guarnición habían consultado las entrañas de las víctimas, y los presagios y augurios eran funestos.
Por esta razón, los soldados no veían la hora de marchar a Cesarea, lejos de la ciudad, donde habían pasado tantas cosas en tan poco tiempo.

* * *

Los apóstoles estaban más que nunca aterrados. Tomás ya se les habían separado, y andaba por su cuenta arreglando sus negocios para marcharse a Séforis, su tierra, y ya había mandado recado a su hermana gemela que le esperara, pues todo había concluido. Mateo, como se dijo, pensaba volver a su telonio, y Natanael se volvía a Caná. Simón Zelotes había hablado con José de Arimatea para que le nombrara de nuevo administrador de los viñedos de sus sobrinas, y los otros, encabezados por Pedro, planeaban volver a Galilea y seguir en su oficio de pescadores.
Sólo Juan estaba tranquilo al lado de Myriam, a quien cuidaba y mimaba como a su propia madre.
Magdalena estaba desesperada, y aguardaba con ansia el amanecer del tercer día para volver al sepulcro y ver por vez postrera el cuerpo exánime del Maestro querido.
Las otras mujeres, aunque sin usar de sus manos, por la obligación de la ley durante el sábado, no dejaban por eso de soltar sus lenguas, ya que hablar no estaba prohibido. Cada una daba su opinión, sin que quedaran acordes en sus conclusiones. Tan sólo estaban conformes en ir al sepulcro tan pronto como amaneciese, ya que la misma noche del sábado, cuando brillaron las estrellas, habrían salido a comprar lo necesario para embalsamar al Maestro, provisionalmente amortajado.

Myriam ya no lloraba, pero continuaba arrodillada en oración, fuera de los ratos en que tranquilizaba a la inconsolable Magdalena.

Quarto, como romano, no obligado a la guarda del sábado, había andado por todas partes a la caza de noticias.

Marta, tan pronto como terminó el descanso sabatino, se puso a cocinar, atendiendo a todos, siempre sonriendo. Su fe no la había abandonado.

49
ASÍ COMO LO DIJO

Desperté espantado. Toda la casa se cimbreaba...

«Otro temblor» –me dije.

No pretendí levantarme del lecho, sino que esperé los resultados. Al fin, la lámpara que cuelga del techo dejó de oscilar; y como estaba cansadísimo, me volví a dormir.

No sé el tiempo que pasó; pero de pronto me despertaron, no ya los vaivenes de un terremoto, sino las voces de mis hijitos.

–¡Papá! –me decía Rafaelito–. Despierta y levántate.

–¡Papá, ya resucitó! –añadió Raquel–. ¿No te levantas para verle?

Me desperecé, y les dije:

–¿Para qué me he de levantar?

–Para que le veas, papá –repuso mi hijo.

–¡Ya resucitó! –insistió Raquel–. Vamos a verle.

–No necesito verle para creer que ha resucitado –respondí–. Sé y creo que Él es el Hijo de Dios, y ya había profetizado que resucitaría; y hoy es tercer día... *«El cielo y la tierra pasarán, pero sus palabras no dejarán de cumplirse».*

–Pero ¿no te levantas? –añadió Raquel–. Aquí está Marta; dice que el Maestro ya se le apareció a Myriam.

No pude negarme a los ruegos de mi hija; y así me levanté, y salí a ver a Marta. La encontré rodeada de todos los de la casa, que escuchaban su relato.

–¿Sentiste el temblor? –me preguntó.

–Ya lo creo –respondí–; pero estaba demasiado cansado, y me volví a dormir.

–Nosotros también lo sentimos. Magdalena se había quedado dormida después de tanto llorar; se levantó asustada, y, sin que se lo pudiera estorbar, se salió de la casa, diciendo: «¿Qué habrá pasado? ¿Cómo me he dormido?» Y se fue hecha una loca. Aunque todavía era de noche –continuó Marta–, *«María la madre de Jacob, y Salomé, que habían comprado aromas para embalsamar a Jesús»,* viendo que Magdalena se iba, decían: «¿Cómo vamos a salir de la ciudad tan temprano? Las puertas están todavía cerradas». «Esta noche no se han cerrado las puertas –les informó

Dina– para dejar salir a todos los peregrinos. Han estado saliendo desde que acabó el Gran Sábado y siguen todavía saliendo, son muchísimos».
Recogieron «*los aromas preparados; se encaminaron al sepulcro, y se preguntaban: ¿Quién nos quitará la piedra que cierra la entrada al sepulcro?*» Pues ésta es muy grande, y apenas la pueden mover cuatro hombres. Y además está sellada y cuidado el sepulcro por una guarnición romana –añadí. Yo estaba muy preocupada por el ruido que hacían mis compañeras, pues Myriam, que no ha pegado los ojos las noches pasadas, se había quedado dormida, y temía la despertaran. Cuando marcharon, cerré la puerta de la calle, y fui a observar a Myriam, mirando por un resquicio. ¡Cuál no sería mi admiración al ver que el cuarto estaba lleno de luz, como si hubiera dentro, no una, sino mil lámparas! Abrí la puerta un poquito, y quedé más admirada con lo que vi. Estaba allí un hombre vestido con la túnica escarlata que Myriam había tejido para Juan, y pensé que era él. Pero luego comprendí que no podía ser, pues de su rostro y de todo su cuerpo salía esa luz que todo lo iluminaba. Llena de curiosidad, seguí observando. Myriam le tomó las manos, y, después de mirarlas con infinita ternura, le besó las llagas.

–¡Era el Maestro, papá! –dijo Raquel–. El Maestro resucitado, figúrate.

–Luego vi que Myriam se arrodillaba, le besaba los pies...

–Y le ponía las sandalias que le habíamos hecho –dijo mi hijita, la cual ya conocía la historia–. ¡Figúrate qué gusto tengo!

–Yo estaba conmovidísimo, no porque me llamara la atención en lo más mínimo la resurrección de Jesús, pues mi fe ya no vacilaba, sino por la ternura filial que Él mostraba en aparecer primero que a nadie a su Madre, que tanto había sufrido. Marta continuó:

–No tienes idea de la expresión de gozo del rostro de Myriam, iluminado por la luz que salía del Rabboni. Después se reclinó Ella en el pecho de su Hijo, y Éste la besó en la frente. Algo me pareció que decía Jesús, y Myriam, dejando de abrazarle, se arrodilló, extendiendo hacia Él los brazos, y mientras Éste, como si se esfumara, fue desapareciendo, Ella exclamó: «¡Hijo mío y Dios mío!»

Todos lloraban de emoción al oír aquel sencillo relato de Marta.

Ésta terminó:

–El cuarto quedó de nuevo con la poquísima luz que daba la lámpara que se queda encendida durante la noche. Yo me acerqué a Myriam, y Ella, levantándose, me abrazó, y, llorando de gozo, me dijo: «Así como lo había dicho, ha resucitado».

50
«¡MARÍA!»

–Aquí está el cofrecito –me dijo Quarto.
–¿Tan pronto? –repliqué.

—Todo el día de ayer ha estado trabajando Máximo, el cual, como no es judío, puede hacerlo en sábado. Yo salí poco después del terremoto, me dirigí a la puerta de Efraín, cerca de la cual tiene su ebanistería, y le encontré terminándolo. Mientras yo esperaba que le diera la última mano, vi llegar, aterrados, a los guardias del sepulcro, el cual, como sabes, está cerca de la ciudad.

—¿Y qué contaron?

—«Estábamos cumpliendo con nuestra guardia —dijeron—, *"cuando cerca del amanecer se sintió un violento terremoto. Un ángel del Señor bajó del cielo, y, acercándose a la piedra que cubre la entrada del sepulcro, la derribó, y se sentó encima de ella. Su semblante resplandecía como el relámbpago y su vetidura como la nieve"*. Con esto quedamos *"tan aterrados, que estábamos como muertos"*». Y luego añadían: «Ha resucitado Jesús de Nazaret».

—¿De modo que los guardias decían eso?

—«No nos cabe la menor duda de que ha resucitado —repetían—, pues no hay nada en el sepulcro, sino los paños con que le amortajaron, nadie se ha acercado al sepulcro, pues estábamos despiertos jugando a los dados cuando el ángel derribó la piedra. Allí está en el suelo, y pesa muchísimo.»

—¡Qué magnífico testimonio! —dije—. Y Tarquinio, ¿qué decía?

—Era el más asustado, pues él era el responsable delante de los príncipes de los sacerdotes. Uno de sus compañeros le sugirió que lo mejor era ir a dar cuenta de lo que había pasado; y, tomando este consejo, se dirigió a la casa de Caifás; pero ya la noticia de lo que habían visto corría de boca en boca, no sólo entre los de la guarnición, sino entre muchísimos peregrinos que salían en esos momentos por aquella puerta y oyeron el relato. Yo, tan pronto como me entregó Máximo el cofrecito, vine a darte la noticia. El Maestro —continuó Quarto, entusiasmado— cumplió su palabra: resucitó al tercer día, como lo había dicho.

—Así tenía que ser —repuse con seguridad absoluta—. Él es el Hijo de Dios.

Con todo cuidado envolví las vestiduras del Rabboni en un paño de riquísimo damasco, las coloqué en el cofre, y, llamando a mis hijos, nos dirigimos a la casa de Myriam.

La Madre de Jesús había sufrido una transformación completa. Su rostro estaba radiante de alegría, y nos recibió con la sonrisa en los labios. Mis hijitos le hicieron la entrega de aquel tesoro. Ella abrió el cofre, desenvolvió los vestidos, y, al cerciorarse de lo que era, los tomó en sus manos y los oprimió contra su pecho. De sus ojos bellísimos salieron dos gruesas lágrimas como dos perlas; eran lágrimas de gozo, no de dolor. Volvió a envolverlos en el damasco, y, colocando encima de ellos la corona de espinas, cerró el cofre. Después, a mis dos hijitos los llenó de caricias. A mí me dirigió una mirada de gratitud tan expresiva, que no la olvidaré jamás. Me sentí infinitamente retribuido por lo que había hecho.

Íbamos a marchar, cuando se abrió la puerta, y Magdalena, más hermosa que nunca, se precipitó en los brazos de Myriam, diciendo:
—Madre, ha resucitado y se me ha aparecido. Yo le he visto con mis propios ojos, le abrace los pies y se los llené de besos. Ha resucitado.
—Así lo había dicho —repuso Myriam, y, tomando entre sus manos la admirable cabeza de la antigua pecadora, de la que *«el Señor había arrojado siete demonios»*, mirándola con indecible cariño, en tono de amoroso reproche, le dijo—: Mujer de poca fe, ¿por qué habías dudado? —después de lo cual, la besó en la frente, añadiendo—: Siéntate aquí, y cuéntamelo todo, todo.

Myriam se sentó, y a sus pies se arrodilló María. ¡Qué cuadro más hermoso! La inocencia y el arrepentimiento.

Aquélla arregló con sus manos los desordenados y bellísimos cabellos de la pecadora, que contemplaba de hito en hito el rostro luminoso de la Madre de Jesús.

—Salí de aquí desolada y como loca —empezó Magdalena—, atravesé las oscuras calles de la cidudad. Llenas de peregrinos que salían de Jerusalén. Todavía era de noche cuando llegué al sepulcro, y a la luz de la luna vi a los guardias que, llenos de pavor, hablaban no sabiendo qué hacer. A mí nada me importaban ellos; pero al ver *«la piedra derribada y el sepulcro vacío, me volví afligidísima a decir a Simón Pedro y a Juan que se habían llevado al Señor del sepulcro y no sabía dónde lo habían puesto».*

Myriam sonrió y acarició a Magdalena, mientras sus labios se movían como si dijera: «Estaba conmigo».

—Viendo que esos hombres no sabían qué hacer ni se determinaban a nada, los dejé, y volví corriendo al sepulcro. Iba decidida a hablar con Rubén, el jardinero, que tenía obligación de saber adónde y quién se lo había llevado. Fui primero al sepulcro, y vi dos ángeles vestidos de blanco, sentados uno a la cabecera y otro a los pies del sitio en que estuvo colocado el cuerpo de Jesús. *«Mujer, ¿por qué lloras?»* —me preguntaron—. *«Porque se me han llevado de aquí a mi Señor* —les respondí—, *y no sé dónde le han puesto».* Y como no me respondieron, me levanté para buscar al hortelano. *«Volví la vista atrás, y vi a un hombre, que me dijo: Mujer, ¿por qué lloras? ¿A quién buscas?»* Yo no le había reconocido, y *«pensando que era el hortelano, le respondí: Señor, si tú te lo has llevado, dime dónde le has puesto, y yo le llevaré».* Para mí el Rabboni estaba muerto —y Magdalena, con grandísima humildad, añadió—: Soy una mujer de poca fe. *«Entonces, Él me dijo: ¡María!»* Era su voz, la voz inconfundible que me había dicho: *«Perdonados te son tus pecados».* ¿Cómo no lo había de reconocer? *«Entonces me lancé hacia Él, exclamando: ¡Rabboni! ¡Maestro mío»* Y me postré y le abracé sus pies, que me son tan queridos, y los bañé con mis lágrimas y los enjugué con mis cabellos.

Myriam miraba extasiada a la antigua pecadora, y nuevas lágrimas de consuelo corrieron por sus mejillas.

–Seguía yo abrazando sus pies; no quería soltarlos. Él entonces, tocándome la cabeza, me dijo: *«No me estreches»,* no ha terminado mi misión. *«Aún no he subido a mi Padre y a vuestro Padre, a mi Dios y a vuestro Dios».* Entonces le solté –prosiguió María–, y me puse a contemplarle: ¡el más hermoso entre los hijos de los hombres!, con su túnica escarlata y su blanquísimo albornoz, saliendo de toda su persona una luz vivísima, parecida a la de la aurora... Poco a poco se fue esfumando, y yo quedé con mis brazos extendidos hacia Él. Ya no pensé en otra cosa sino en cumplir con la misión que me había encargado: de decir a todos que ha resucitado; pero antes que a ninguno, quise venir a comunicarte la noticia a ti, Madre mía.

–Sí, hija mía –le dijo Myriam–, ve a cumplir tu misión: diles a todos que ha resucitado, como lo había predicho, y que tú le has visto.

Estando en esto, llegaron, *«sobrecogidas de pavor y alegría»,* tanto que apenas podían hablar, las otras mujeres que habían ido al sepulcro. Myriam las calmó, y entonces Salomé le dijo:

–*«Llegamos al sepulcro cuando salía el sol; miramos, y vimos la pidra, que era enorme, derribada. Entramos al sepulcro, y no encontrando el cuerpo del Señor, quedamos consternadas. Pero he aquí que a nuestro lado aparecieron dos personajes con vestidos resplandecientes, y, pasmadas, nos arrojamos hasta tocar con la frente el suelo. Entonces uno de los ángeles nos dijo: Bien sé que venís en busca de Jesús, que fue crucificado. ¿Por qué andáis buscando entre los muertos al que está vivo? Jesús no está aquí: resucitó como lo había predicho. Venid y mirad el lugar donde estaba sepultado el Señor, y acordaos de lo que os previno cuando aún estaba en Galilea: Conviene que el Hijo del hombre sea entregado en manos de los pecadores, que sea crucificado y al tercer día resucite. Ahora id pronto, y decid a sus discípulos, y especialmente a Pedro, que ha resucitado, y que irá delante de vosotros a Galilea, donde le veréis como os tiene dicho.»*

–Pues id a cumplir con vuestro cometido –les dijo, cariñosamente, Myriam–. Id, y anunciádselo a Pedro principalmente.

Como Pedro y Juan habían salido, y la mayor parte de los discípulos estaban escondidos en casa de Samuel, nos fuimos todos para ella.

La escena que presencié me entristeció algún tanto, y a no ser por lo firme de mi fe, hubiera dudado.

Las pobres mujeres contaron a los discípulos lo de la aparición de los ángeles y que el sepulcro estaba vacío, añadiendo que Jesús había resucitado. Ninguno de ellos las quisieron creer, y se burlaron de ellas, diciendo que todo eran visiones. Lo único cierto que sacaron del relato femenino fue que el cuerpo del Maestro no estaba en la sepultura, y les entró un miedo terrible de que los fueran a arrestar como violadores de sepulturas. Y los que deseaban marchar aquel mismo día, tuvieron por mejor quedarse escondidos. La que les habló con mayor energía fue Magdalena; pero tampoco le dieron crédito, por lo cual, después de decirles cosas muy duras, los dejó llamándolos cobardes.

Y así era la verdad. Todo se les iba en preguntar lo que decían los sacerdotes y en inventar excusas caso de ser llamados a declarar ante los Tribunales.

* * *

—Vengo de casa de Caifás —me dijo Quarto, que había ido a recoger noticias—. Si no enferma de ictericia este viejo, es porque tiene mucha correa.

—Pues ¿qué ha pasado?

—Salí de aquí bastante temprano, creyendo que Tarquinio y su escolta estarían ya en casa de Caifás; pero no era así. No se habían decidido a darle cuenta de lo que había pasado. Mientras tanto, empezaron a circular varias noticias; por todos lados llegaba gente, diciendo unos que Jesús había resucitado y asegurando otros que el cuerpo no estaba en el sepulcro. El temblor de la mañana les dio a los pontífices un saetazo descomunal. El pueblo decía que así como había temblado a la muerte de Jesús, la tierra también se había conmovido porque había resucitado. Además, muchos aseguraban que se les habían aparecido personas que hacía tiempo habían muerto, anunciándoles que Jesús había resucitado. «Habladurías del pueblo imbécil —decía Anás—; los muertos no resucitan». «Pero ¿no ves que todos los dicen? —replicaba Caifás—. ¿Qué pasará con Tarquinio; por qué no viene?» ¿Para qué ha de venir —respondía Anás—; nada tendrá que contar». Sin embargo, fueron tantos lo que llegaron a decirle que ya no había guardias en el sepulcro, que la piedra estaba derribada y que el sepulcro estaba vacío, que Caifás mandó a Malco para que averiguara la verdad. Éste llegó con la noticia de que era cierto que ya no había guardias en el sepulcro, y que, habiendo encontrado a Tarquinio, éste rehusaba presentarse». «Ve —le dijo Caifás, furioso—, ve a decirle a ese imbécil que se presente luego, y que si no yo haré que venga por la fuerza». «No le digas eso —repuso Anás—; dile que no tema nada, haya pasado lo que haya pasado, y dale a entender que aquí hay mucho oro...» Con esto, salió Malco, y al poco tiempo volvió con Tarquinio. A esas horas eran muchos los ancianos y sacerdotes que se habían reunido en casa de Caifás en busca de noticias. Cuando llegó Tarquinio, entramos todos a oír lo que decía —prosiguió Quarto—. Tarquinio, pues, delante de todos confesó la verdad; esto es, que estando ellos de guardia bien despiertos, cuando sucedió el terremoto, se apareció un ángel que derribó la piedra, y que el cuerpo de Jesús no estaba en el sepulcro. «¿Pues dónde está?» —preguntó Caifás—. «¡Qué sé yo! —respondió Tarquinio—. Lo que puedo asegurar es que no hemos dejado acercarse a nadie». «¿No lo robaría alguno?» —insistió el sumo pontífice—. «De seguro que no» —replicó enfáticamente el soldado—. «Y ¿dónde están los otros guardias?» –preguntó Anás–. «Afuera». «Pues que entren» –gritó Caifás–. Los soldados fueron interrogados, y respondieron del mismo modo, dando público testimonio de la resurrección de Jesús. Caifás estaba excitadísimo. «¿Y ahora qué vamos a hacer?» –preguntó a su suegro. Éste, con un desplante admirable, tomando una gran bolsa llena de monedas de oro, llamando a Tarquinio y a los otros guardias, les dijo, enseñándoles las monedas: *«Estando durmiendo vosotros, los discípulos del Nazareno vinieron de noche y hurtaron su cuerpo»*. ¿Lo entendéis? Y al decir esto, empezó a repartirles liberalmente varias monedas de oro. «¿Pero si lo sabe el presidente?» –interrumpió Tarquinio–. *«Si fuera oído por el presidente, nosotros le persuadiremos, y quedaréis a salvo»* –respondió Anás–. Eso es cosa mía, no tengas cuidado. Conque no olvides la lección: *«Mientras dormíamos por la noche, vinieron los discípulos, y robaron el cuerpo del Nazareno»*. Y mientras esto decía, les seguía repartiendo más monedas de oro. «Conque, ¡hala!, a esparcir la noticia, muchachos, y después podréis venir por el vino que os prometimos». Dicho lo cual, salieron los soldados, y, *«tomando el dinero, hicieron como estaban instruidos»*. Cuando marcharon, dijo Anás a su yerno: «No te preocupes más por este asunto. El pueblo es muy estúpido, y creerá lo que dicen los soldados, y verás cómo la idea perdura. ¿Quién va a creer que el Nazareno ha resucitado de entre los muertos? Mucho más verosímil es creer que robaron el cuerpo los discípulos, y nadie se atreverá a contradecir la noticia. No te preocupes, el pueblo es muy animal». Y ya andan contando la historia –terminó Quarto–, y la gente ha empezado a creerlo, y mucho me temo que los discípulos se vayan a persuadir de que ellos mismos lo robaron: tienen un miedo atroz.

Lo que sí pasó fue que cuando este rumor llegó a oídos de los discípulos, que estaban con nosotros, varios de ellos se fueron a ocultar bajo unos grandes montones de paja que había en las bodegas, y otros desaparecieron por completo. Sólo el hambre y la seguridad de que todas las puertas estaban cerradas, hizo que por la noche salieran de su escondites.

51
EL RETRATO

Rubén, el jardinero del huerto donde está el sepulcro, vino a verme de paso para Arimatea; iba a comunicar la noticia de lo ocurrido a José, y quiso preguntarme si deseaba mandarle algún recado.

–¿Pero has dejado el sepulcro sin que alguien le cuide? –le pregunté.

–No me hubiera atrevido –respondió–, a no ser por haber llegado Jonadab con buen número de recabitas. No puede tener mejor guardia el sepulcro.

—Siendo así –le dije–, vuela a darle la noticia a tu amo, y dile que le espero ansioso; pues yo quiero ir a visitar el sepulcro, pero en su compañía.

Y para que llegara más pronto, mandé que le prestaran a Rubén un magnífico caballo.

—Vengo de estar con Pilato –me dijo Zaqueo.

—Y ¿qué dice el flamante procurador? –repuse.

—Está que no le llega la camisa al cuerpo –me respondió el alcabalero–. Se llevó un susto fenomenal con el temblor de la mañana, pues fue tan fuerte, que derribó un gran estante que tiene Pilato en su cámara; al caer echó por tierra el aguamanil de mármol, pesadísimo, donde se lava las manos. Esto le causó una impresión extraordinaria. Por otra parte, no sé si sabes que padece de herpes, y desde el viernes acá se le han extendido por todo el brazo, y la mano derecha la tiene monstruosa.

—Y, naturalmente, él relaciona estas cosas con su lavatorio, ¿verdad?

—Así es, en efecto. Es sumamente supersticioso, y desde que oyó decir que Jesús se proclamaba Hijo de Dios, todo lo que le pasa lo atribuye a la ira de Yahvé por la muerte del Nazareno. Precisamente para hacerme algunas preguntas, me mandó llamar. «¿Crees tú –me dijo apenas entré a verle– que Jesús era Hijo de alguno de vuestros dioses?» «Nosotros no tenemos sino un solo Dios, y yo creo firmísimamente que Jesús es el Hijo de Dios» –le respondí–. «¿De modo que tú crees que Jesús vive?» «Creo sin dudar –le dije– que Jesús murió y fue sepultado; pero que hoy, que es el día tercero, resucitó, según lo había predicho». «En efecto –añadió muy pensativo–, los pontífices vinieron a decirme que así lo había dicho, y por eso me pidieron guardias para custodiar el sepulcro. Cayo Oppio, que esta madrugada estaba de guardia en la puerta de Efraín, me ha asegurado hace poco que él vio e interrogó a los guardias que estaban de turno esta mañana cuando venían despavoridos, después del terremoto, y le contaron que estando ellos despiertos sintieron el terremoto, y vieron un ángel que derribó la piedra, y que no hay en el sepulcro sino los lienzos con que amortajaron al Nazareno. El cuerpo de Jesús ha desaparecido, y nadie lo ha robado, pues juran que ninguno se acercó al sepulcro, y ellos estaban junto a la entrada». «No me cabe duda –le respondí– que ha resucitado». No he visto a Tarquinio –prosiguió Pilato–, pues se ha ido a dar cuenta de lo acaecido a los pontífices. Una cosa te puedo decir: Tarquinio es muy bruto, pero es fiel como un perro, y estoy seguro que no ha dejado que nadie se acerque al sepulcro. ¿Cómo, pues, ha desaparecido el cuerpo del Nazareno?» «Ya te lo dije; porque ha resucitado, según lo había predicho». Pilato se quedó muy pensativo, y añadió: «Yo creo también que su Padre, Yahvé, se lo ha de haber llevado al cielo, como cuentan que Júpiter se llevó al Empíreo a Hércules, su hijo. Si Jesús resucitó a Lázaro, como aseguran sus mismos enemigos, no veo dificultad en que Yahvé haya resucitado a su Hijo, por el cual ha hecho tantos prodigios. Claudia así me lo asegura también». Y

Pilato se paseaba de un lado a otro de su cámara, tratando de ocultar su deforme mano. Estando en esto, anunciaron que allí estaba Tarquinio. Le mandó entrar, y con el rostro encendido por la ira, Pilato le dijo: «¿Para qué demonios te mandé a cuidar el sepulcro? ¿Dónde está el cuerpo del Nazareno?» «Señor —respondió el soldado, temblando—, *mientras estábamos dormidos vinieron sus discípulos y robaron el cuerpo*». «¿Y no sabes la pena que la ordenanza impone al soldado que se duerme estando de guardia? ¿Os mandé allí para que os durmierais? Y, sobre todo, infeliz, ¿cómo pudisteis ver que eran los discípulos los que robaron el cuerpo, si estabais dormidos? Responde». Tarquinio temblaba, pues sabía lo que le esperaba, y no tenía qué responder ante aquel argumento. «Responde, infeliz —insistió Pilato— confiesa la verdad. ¿Cómo estando durmiendo puedes decir que fueron sus discípulos los que robaron el cuerpo del Nazareno? ¿Desde cuándo Roma admite el testimonio de testigos dormidos? Responde, y confiesa la verdad. No es esto lo que tú y los tuyos dijeron esta mañana al llegar a la puerta de Efraín; así me lo ha contado Cayo Oppio. Responde, y no mientas, si no quieres incurrir en mi ira. Responde». Viendo Tarquinio que no tenía más remedio que confesar la verdad, dijo: «Señor, como el sumo sacerdote Caifás fue quien nos puso de guardia por tu mandato, marché a contarle la verdad de lo que había sucedido. *«Al amanecer —le dije— sentimos un violento terremoto. Un ángel del Señor bajó del cielo, y, acercándose a la piedra, la derribó, y se sentó encima de ella. Su semblante resplandecía como el relámpago y su vestidura era como la nieve; y quedamos tan aterrados, que estábamos como muertos».* Ésta es la verdad, y te juro por todos los dioses que ninguno de sus discípulos ni otra persona alguna se ha acercado al sepulcro; he cumplido con mi deber, pero ¿quién puede oponerse a la voluntad de los dioses?» Pilato se quedó pensativo, y luego dijo: «Pues ¿cómo me decías hace poco que *«mientras dormías vinieron los discípulos y robaron el cuerpo?»* «Te voy a confesar la verdad, señor —respondió Tarquinio—. Cuando llegué al palacio del sumo pontífice Caifás, se habían reunido allí muchos de los notables entre los judíos. Me preguntaron lo que había pasado, y les dije la verdad: yo había cumplido con mi obligación; pero ¿cómo oponerme al poder de los dioses? Se quedaron aterrados, y reunidos en consejo, deliberaron lo que había que hacer, y uno de ellos, llamado Anás, nos dio dinero a mí y a mis compañeros con esta consigna: *«Decid que estando vosotros dormidos vinieron sus discípulos, y lo hurtaron; y si llega esto a oídos del gobernador, nosotros le aplacaremos y os libraremos de todo peligro».* Ésta es la verdad, y aquí está el oro que me dieron». «¿Conque esos infames dijeron esto? —repuso, airado, Pilato—. «¿Y no sabes, desgraciado, a lo que se expone el militar romano si se prueba que le han sobornado?» «Lo sé, señor —repuso con entereza Tarquinio—; pero ni a mí ni a los míos nos han sobornado para que faltáramos a nuestro deber dejando robar el cuerpo que custodiábamos o permitiendo que se acercara alguno al sepulcro.

Eso sería el cohecho reprobable y digno de justísimo castigo; tan sólo nos han dado dinero para que no dijéramos lo que había pasado, y eso es cosa distinta. No tenemos la obligación de contar a todos la verdad de lo ocurrido, sino a ti, representante del divino emperador, y te he dicho la verdad. Lo que ocurrió fue un caso de fuerza mayor, y ¿quién se podrá oponer a la voluntad de los dioses?» Pilato calló, y, después de pasearse de uno a otro lado, dijo: «Tienes razón, han comprado tu silencio a costa de tu honra, exponiéndote al castigo que merece la guardia que se duerme. Ya que has confesado la verdad, puedes irte. Pero te aconsejo que no seas tan bruto de decir que, mientras dormías, viste lo que pasaba». Cuando se marchó Tarquinio, me dijo Pilato: «Esos infames pontífices conocen la verdad, y quieren falsearla. Ahora sí creo que el Nazareno ha resucitado; sin duda, Yahvé, su Padre, se lo llevó al Empíreo, como Júpiter a Hércules... ¿Quién se puede oponer a la voluntad de los dioses?»...

Y, sin embargo –le dije a Zaqueo– ese Anás conoce bien la psicología del pueblo, y si hubieran estado aquí Ben Straus y Ben Renanus, creo que no dudarían del testimonio de los guardias durmientes; son muy brutos.

–¿Sabes –me dijo Zaqueo, riendo– lo que se me ocurre que podría decir ese par? Pues que, sin duda, se equivocaron de sepulcro los sacerdotes, y pusieron a cuidar a los soldados, no el sepulcro en que estaba el Nazareno, sino otro que estaba vacío.

–Son muy capaces esos borricos de afirmar lo que dices; sólo que la dificultad está en que en el huerto de Arimatea no hay sino un solo sepulcro.

–Y como nuestro pueblo ya anda dando crédito a lo del robo, atestiguado por durmientes, bien pueden los discípulos y admiradores de Ben Straus y Ben Renanus dar crédito a los del cambio de sepulcro –dijo Zaqueo.

Entonces recordé lo que les había dicho Jonadab a Ben Straus y a su eco, a propósito del milagro del ciego de nacimiento, que negaban: «Tenéis miedo al milagro que tratáis de explicar, sin conseguirlo, porque el milagro prueba la verdad que en vuestro corazón habéis determinado no creer».

* * *

Cuando llegó José de Arimatea estaba el anciano desconocido; venía radiante de gozo.

–Todo me lo ha contado Rubén, que fue testigo presencial: resucitó como lo había dicho. Mi fe, que había desaparecido ante la muerte, ha revivido ante su resurrección. ¡Cuánto desearía yo verle con mis propios ojos! –me dijo José por saludo.

Sonreí al oír aquel deseo del buen José, pues mi fe no necesitaba ver al Maestro de nuevo para creer que ha resucitado.

–Vamos en seguida –me dijo–, quiero recoger la sábana en que le envolvimos, pues espero que Jonadab y los suyos no habrán permitido a nadie entrar en el sepulcro.

Grande fue mi alegría al volver a ver al gran patriarca, quien había plantado su lanza, de la que pendía una banderola, a la entrada del huerto, en señal de que él estaba allí para custodiarlo. Varios recabitas armados hacían la guardia dentro del cercado de piedra que circunda la propiedad. Entonces me di cuenta de la dificultad que hubiera tenido cualquiera que hubiera pretendido robar el cuerpo del Maestro. El sepulcro no está en campo abierto, sino dentro del huerto, defendido por la cerca de piedra, la cual tiene una sola puerta. Una escolta de diez hombres, como la de Tarquinio, no tenía sino cerrar la puerta, y estacionarse a pocos pasos del sepulcro para que fuera imposible a ningún ladrón cometer el atentado, tanto más que la habitación del hortelano está a la entrada, y Rubén había estado allí todo el tiempo.

–Ha resucitado de entre los muertos como lo había predicho –nos dijo Jonadab por saludo–. Mi campamento está a menos de una jornada sabática, como podéis ver, y mis hombres vigilan toda la noche, rondando por los alrededores para que nadie nos robe el ganado. Cualquiera que hubiera tratado de apoderarse del cuerpo de Jesús le habrían sorprendido, y los míos no duermen cuando están de guardia. Tanto más, que la luna ha brillado estas noches hasta el amanecer.

–Cuánto me alegro –le dije– de que los tuyos puedan ser testigos si por casualidad los pontífices tuvieran la audacia de acusar a los discípulos de semejante crimen.

–Por otra parte –prosiguió el anciano–, estando seguro de que resucitaría al día tercero, no bien las estrellas me indicaron que era llegada la medianoche, yo mismo salí de mi tienda, y me acerqué al huerto; quería ser testigo de que el Hijo de Dios iba a cumplir su palabra.

–¿Y le viste resucitado? –preguntó, ansioso, José.

–Fui testigo del terremoto, y vi la luz brillantísima que salía del sepulcro –respondió Jonadab– poco antes de la aurora. Eso me bastó para creer, y, postrándome en tierra, adoré al Mesías resucitado. Después me acerqué al huerto, y oí lo que los soldados decían; estaban aterrados, y no sabían qué hacer. Satisfecho con esto, volví a mi campamento, y, mandando que se tocase el cuerno, reuní a los míos, y todos dimos gracias al Señor por habernos concedido ver lo que los patriarcas, reyes y profetas de Israel habían deseado ver y no habían visto.

Conmovido con la actitud del centenario patriarca, me acerqué a él y le estreché la mano. Los dos nos comprendimos. Y, sin más comentarios, los tres entramos al huerto y nos dirigimos al sepulcro.

Con gran respeto entramos en la cámara sepulcral, donde encontramos en el suelo las fajas, y, doblado cuidadosamente, en lugar aparte, el sudario. Yo levanté aquéllas, José tomó en sus manos la sábana, que era la misma que él había comprado en el bazar de Jafet, el dálmata, la tarde del viernes.

Después de permanecer buen rato inspeccionándolo todo, volvimos a salir con nuestro tesoro. Ya en plena luz, notamos que la *síndone* estaba húmeda todavía y llena de manchas. A indicación mía, la extendimos sobre la misma piedra en que Jesús había sido amortajado. Entonces fuimos testigos de algo admirable. En aquella sábana estaba clarísimamente impresa la efigie de Jesús. Quedamos mudos de admiración; al fin, Jonadab fue el primero en arrodillarse e inspeccionar la imagen portentosa. Seguimos su ejemplo José y yo.

La sábana, cuyo tejido en espiga anuncia su origen dálmata (yo soy experto en el conocimiento de toda clase de telas), tiene unos catorce pies de largo por cuatro de ancho. El cuerpo del Señor había sido colocado de modo que, doblada la sábana, quedase enteramente cubierto. Luego había sido ligado con las fajas y depositado en el sepulcro con esta mortaja provisional, para ungirle debidamente pasado el Gran Sábado.

En una mitad de la sábana estaba dibujado de manera admirable el frente del sagrado cuerpo, y en la otra mitad, la espalda. Tenía las manos cruzadas a lo largo, y en la izquierda se notaba con toda claridad la llaga abierta por uno de los clavos, que había atravesado poco más abajo de la muñeca, y en los pies se veían, asimismo, las llagas. El pecho estaba surcado por las señales de los azotes, y las mismas se distinguían en la espalda. La llaga causada por la lanza se veía abierta en el costado derecho.

Pero lo que más me impresionó fue el rostro admirable del Señor, en cuya frente se percibían las heridas que abrieron las espinas de la corona. Era el retrato de Cristo muerto, pero lleno de una vida enteramente diversa de la que pueda animar el semblante de un hombre.

No hablábamos ni palabra, tal era nuestra emoción y nuestra sorpresa. Aquel lienzo en que habían quedado retratados los sufrimientos de Jesús parecía hablarnos en su mutismo de la manera más elocuente.

Al cabo de buen rato, Jonadab, con las lágrimas en los ojos, exclamó:

–*«Era necesario que el Cristo padeciese, para así entrar en su gloria»*. Ésta es la efigie del Mesías como la viera Isaías: *«Varón de dolores»*, *«del Cordero de Dios, que quita los pecados del mundo»*.

–Sí –repuse, igualmente conmovido–, éste es el retrato del Hombre-Dois, quien, después de cumplir las profecías, cumplió lo que había prometido: *«resucitando al tercer día de entre los muertos»*[2].

52
MÁS PRUEBAS

–Ten paciencia, hija mía –decía Myriam a Magdalena–, ten paciencia, que ya abrirán los ojos.

---

[2] Esta sábana santa se conserva en la catedral de Turín, Italia. *(N. del T.)*

–Pero ¿cómo he de tener paciencia con esos rudos pescadores? *«Fui a darles la nueva a los discípulos, que no cesan de gemir y llorar* (parecen mujeres; es una vergüenza). *Les decía: He visto al Señor, y he aquí lo que me ha dicho: Subo a mi Padre y a vuestro Padre, a mi Dios y a vuestro Dios. En vano les aseguraba yo que Jesús vivía y que yo le había visto; los muy tercos no me creían. Poco después llegaron Juan, María de Santiago y las otras, y, llenas de gozo, les contaron a los discípulos y a los demás lo que habían visto. Y los apóstoles dijeron que todo era un desvarío, y no les dieron crédito alguno».* ¿Quién ha de tener paciencia con esos hombres? Son gente muy vulgar, y han contagiado al mismo Mateo, que es instruido; tampoco quiere creer que el Rabboni ha resucitado. A Natanael, que es un hombre decente e ilustrado, no le pude ver, pues me dijeron que se había ido a casa de Cleofás, su primo, que está medio reumático, y le han dicho que tome los baños de Emaús. Yo espero que éste sí creerá si yo le digo que ha resucitado; pero con los otros es tiempo perdido. Son gente muy vulgar.

–¿Y a Pedro le viste ya?–le preguntó Myriam.

–Se fue con Juanito desde temprano; no ha vuelto, y no he podido hablarle.

Estando en esto, llegó Juan radiante de alegría, y, arrojándose a los pies de Myriam, le dijo:

–¡Madre, Madre! Ha resucitado, como lo había dicho.

Y le besó las manos con efusión filial.

–Este muchacho sí que vale –exclamó Magdalena–. ¿Se te apareció a ti también?

–No le he visto con mis propios ojos –respondió–; pero su cuerpo no está en el sepulcro, y allí están las vendas y la sábana en que fue envuelto. Esto me ha bastado para creer.

–Pues a mí se me apareció –dijo Magdalena, llena de orgullo–. Como estaba vestido con una túnica de escarlata, no le reconocí de pronto; pero cuando dijo: *«María»*, le reconocí inmediatamente, y me arrojé a sus pies, estrechándolos y diciéndole: *«Rabboni».*

Juan estaba extasiado oyendo a Magdalena; pero cuando ésta dijo que Jesús iba vestido con una túnica escarlata, miró de soslayo al lugar donde debía estar la suya, y como no la viera allí se volvió, sonriendo a Myriam como expresión interrogativa. Ella, por toda respuesta, le acarició el cabello, mientras, placentera, sonreía.

–Está más hermoso que nunca –prosiguió Magdalena– con su túnica escarlata y su blanquísimo albornoz. De todo su cuerpo emana una luz maravillosa, que da a sus facciones un sello de espiritualidad admirable. Ha conservado las llagas, y yo le besé mil veces las de sus pies, hasta que me dijo que bastaba, pues aún no había subido a su Padre, y me mandó que dijera a todos vostoros: *«Subo a mi Padre y a vuestro Padre, a mi Dios y a vuestro Dios».*

—¿Y Pedro? —preguntó Myriam a Juan.
—Cuando Magdalena nos dijo lo que había ocurrido, yo quise marchar luego al sepulcro, y se lo dije a Pedro... Pero él tenía ciertos temores, no fueran a decir que nosotros habíamos robado el cuerpo del Maestro.
—¡Qué miedoso! —dijo Magdalena.
—¡Pobrecito! —repuso Myriam—. Está tan acongojado...
—Yo le dije —continuó Juan— que marchaba de todos modos, y eché a correr, y él se decidió al fin y se fue corriendo tras de mí. *«Yo llegué primero al sepulcro, y habiéndome inclinado vi los lienzos en el suelo, pero no entré. Llegó después Simón Pedro y entró en el sepulcro y vio los lienzos en el suelo y el sudario que habían puesto sobre la cabeza de Jesús, no junto con los demás lienzos, sino doblado y separado en otro lugar. Entonces entré yo también y vi y creí».*
—¿Y Pedro? —preguntó Magdalena.
—*«Se fue maravillado de lo que había sucedido»* —respondió Juan.
—Voy a buscarlo —dijo Magdalena—; yo le contaré lo que he visto y... acabará de maravillarse.
Toda esta escena me la contó Marta, que la presenció, y también la que sigue.

* * *

—Caía la tarde —me contaba Marta—, y Myriam, asomada a la ventana, contemplaba los últimos arreboles del crepúsculo, que derramaba sobre su hermosísimo rostro una rojiza luz. Estaba arrobada; sin duda pensaba en su Hijo resucitado y oraba por los pobres discípulos que, llenos de miedo, sólo pensaban en que los perseguían los judíos, y no habían querido dar crédito a las mujeres que les habían anunciado la resurrección. De cuando en cuanto se movían sus labios y parecían musitar el nombre de Pedro...
En esto se oyó la voz de Magdalena, que decía:
—Pasa, pasa; pasa y no seas cobarde. ¿No sabes que ella es nuestra Madre? Pasa. Pedro, pasa.
El pobre Simón al fin entró.
—Madre —dijo Magdalena a Myriam—, aquí te traigo a éste. Ya le conté lo que me dijo el Rabboni, y Salomé también le repitió el recado que para él le dio el Maestro. De todo se maravilla, pero nada más...
Pedro, sollozando, se abrazó a Myriam.
—Aquí te lo dejo —repuso Magdalena, saliendo.
—Ya había oscurecido —me contaba Marta— y entraba yo a darles luz, cuando el cuarto, como en la madrugada, se llenó de maravillosos resplandores; era otra vez el Maestro. Pedro se arrojó a sus pies. Entonces sonó la admirable voz de Jesús, que le decía: *«Yo rogué por ti a fin de que tu fe no pereciera, para que cuando te convirtieras confirmaras en ella a tus hermanos».*

Yo, entonces, cerré discretamente la puerta y los dejé solos... –terminó Marta.

* * *

–El pobre Cleofás –me contaba Natanael– está reumático; hay días que con dificultad puede mover el brazo izquierdo. Por eso pensé llevármelo a Emaús, donde hay una fuente termal muy recomendada para esta dolencia.
–En efecto –repuse–; Emaús significa «agua caliente».
–Allí tiene Rufo, el hijo de Simón de Cirene, una posada en la que suelen hospedarse los que van a tomar las aguas –continuó Natanael–. Yo deseaba, por otra parte, salir de Jerusalén, donde todo me recordaba al Maestro, ya difunto. Dista Emaús unas ocho millas de la ciudad; me había propuesto que llegáramos antes de que entrara la noche y permanecer allí tranquilos unos cuantos días. Estaba yo sumamente triste; todas mis ilusiones habían venido por tierra con la ignominiosa muerte del Maestro; y el bueno de Cleofás no está menos triste que yo. Yo había salido de la ciudad tratando de olvidarlo todo; pero lejos de hablar de algo diferente, después de largo silencio *«nos pusimos a hablar de las cosas que habían acaecido».* En una encrucijada se nos unió un caminante de noble continente y vistiendo una túnica roja, el cual, habiéndonos pedido venia para seguir en nuestra compañía, se puso a escuchar atentamente nuestra conversación. *«¿Qué cosas son ésas de que habláis, nos dijo, y por qué estáis tristes?»* Quedé muy sorprendido de aquella pregunta, y lo mismo pasó a mi compañero Cleofás, quien le dijo: *«¿De dónde vienes tú que no sabes lo que ha pasado estos días en Jerusalén?»* Pues ¿qué ha pasado?, nos preguntó cándidamente. «¿Cómo qué?» –le respondí, sorprendido–. *«La tragedia de Jesús de Nazaret, Profeta poderoso en obras y palabras a los ojos de Dios y de todo el pueblo, pero al cual los príncipes de los sacerdotes y nuestros jefes lo entregaron a Pilato para que fuese condenado a muerte, y al fin lo crucificaron».* *«Nosotros esperábamos que Él fuese el que había de liberar a Israel»* –dijo Cleofás–, pero murió como murieron nuestros padres. «Cierto que prometió que resucitaría al día tercero, *«y ya estamos en el tercer día de pasados estos acontecimientos* y no ha habido nada». *«Es verdad* –añadí– *que algunas de nuestras mujeres, al despuntar el día de hoy, fueron al sepulcro, y no habiendo hallado su cuerpo, volvieron diciendo que se les habían aparecido unos ángeles y les habían asegurado que Jesús vive, sobresaltándose con estas historias».* «Algunos de los nuestros –añadió Cleofás– han ido al sepulcro, y, aunque hallaron ser cierto lo que las mujeres decían, no han hallado a Jesús. Se nos quedó mirando el forastero, y, con grandísima autoridad, dijo: *«¡Oh insensatos y tardos de corazón para creer lo que anunciaron los profetas! ¿No sabíais que era necesario que el Cristo padeciera todas estas cosas y que entrara*

II. YO SOY-52. MÁS PRUEBAS

así en su gloria? Y empezando por Moisés y discurriendo por los profetas, nos fue interpretando los lugares de la Escritura que hablan del Mesías. En esto llegamos a Emaús –prosiguió Natanael– y el extranjero iba a seguir adelante; pero nosotros, encantados con su conversación, y como declinase el día, *«haciéndole vivas instancias, le dijimos: Quédate con nosotros, porque ya es tarde y va llegando la noche».* Accedió a nuestras instancias, y *«entramos».* Rufo nos recibió con su amabilidad acostumbrada, y señalando una mesa con tres asientos, puso desde luego delante de nosotros una hogaza de pan, tres vasos de cuerno, con un cántaro de vino, un queso, dátiles e higos secos. El desconocido, *«entonces, tomó el pan, lo bendijo, lo partió y nos lo dio»...* «¡Cómo! –dije al verlo partir el pan de la manera peculiar que tenía Jesús–. ¿Eres Tú Maestro?...» *«Nuestros ojos se abrieron y lo reconocimos».* ¡Él era, no nos cabía duda! Pero en aquel momento, esfumándose delante de nuestra vista, *«desapareció».* A nuestras exclamaciones acudió Rufo, y no quedó poco sorprendido de encontrar sólo dos comensales donde había dejado tres. «¿Dónde está vuestro compañero? –preguntó–. Todas las puertas están cerradas. ¿Cómo ha salido?» «¡Es el Maestro!», le respondí fuera de mí por el gozo. «Pero, ¿no había muerto?», repuso Rufo, asustado. «Murió –le dije–; pero ha resucitado de entre los muertos al tercer día, según lo había profetizado. Él es, no me cabe la menor duda, ¿verdad Cleofás? *«¿No es cierto que sentíamos abrasarse nuestro corazón mientras nos hablaba en el camino y nos explicaba las Escrituras?* Cleofás estaba tan conmovido y entusiasmado, que, levantándose de la mesa, me dijo: «Vamos al punto a Jerusalén, a contar lo que hemos visto con nuestros propios ojos»: Y en seguida regresamos a la ciudad, aunque ya era de noche –me dijo Natanael, terminando su relato.

–Dos testigos más –exclamé–; dos testigos que han estado hablando con el Maestro por más de una hora, caminando con Él y reconociéndole en *«el modo de partir el pan»,* modo peculiar del Señor.

* * *

–Tenía razón Anás cuando afirmaba que el pueblo es muy imbécil –me dijo Quarto–. Ya está pasando lo que él había previsto.
–Pues, ¿qué ha pasado? –pregunté.
–Estaba yo esta tarde en el mercado cuando vi un grupo de gente alrededor de un soldado que peroraba. Me acerqué y oí que estaba propalando la mentira forjada por los pontífices: *«Mientras nosotros dormíamos* –les decía– *vinieron sus discípulos y robaron el cuerpo».* «Claro que no resucitó –aseguraba uno de la secta de los saduceos–; los muertos no resucitan». Y la gente que los escuchaba repetía: «Claro que no pudo resucitar; los muertos no resucitan». Y se marchaban diciendo: «Era un gran Profeta, poderoso en obras y palabras; pero murió como murieron todos los pro-

fetas. No ha resucitado, sino que sus discípulos robaron el cuerpo mientras dormían los guardias...». Marchó el soldado, y reuniéndose a otro grupo continuó su propaganda con resultado semejante. Todos admitían que Jesús era un gran Profeta; pero quedaban persuadidos de que no había resucitado, basándose en el testimonio del soldado «dormido» –continuó Quarto.

–¿Y no había ninguno que afirmara lo contrario? –le pregunté.

–¿Quién lo ha de defender? Los discípulos, que no sólo están escondidos, sino que ellos mismos no creen –respondió Quarto.

–¿Y tú para qué estabas allí? –le reproché.

–Espérate, dómine, que no he concluido –repuso sonriendo–. Seguí al soldado, que marchó hacia otro grupo más numeroso y repitió su cuento con igual éxito. Ya iba a marcharse cuando, abriéndome paso, me acerqué al soldado y, tocándole en el hombro, le dije: «Oye, tú, amigo, tu historia es muy curiosa; ya te la he oído repetir varias veces. Se ve que tienes mucho empeño en andarla propagando. ¿Te ha pagado alguno para que hagas esta propaganda?» El soldado se pudo lívido, y a no ser yo romano como él, quizá se hubiera propasado; pero, fijándose en el desarrollo de mis músculos, no tuvo ánimo para decir otra cosa que: «Pues tú, romano como eres, ¿no das crédito a lo que afirma un soldado romano?» «Ahora, no», le dije. «¿Y por qué?» «Pues porque me suena a cuento». Se había reunido mucha más gente cuando notaron mi actitud, previendo que podía resolverse el asunto en un pleito. Yo estaba contentísimo, pues quería tener un gran auditorio para expresar mis ideas, y así proseguí: «¿Dices, hermano, que mientras dormías vinieron los discípulos y se llevaron el cuerpo del Nazareno?» Mi pregunta fue respondida por un «sí» muy débil. «¿Y para qué te había mandado Roma al sepulcro? ¿Para custodiarlo o para que te durmieras?» «Bien dicho, bien dicho», exclamaron algunos. «Yo creo –proseguí, en vista de que no me respondía el infeliz–, yo creo que si estabas dormido no pudiste ver nada; yo, por lo menos, no veo nada cuando estoy dormido. Y como confiesas que estabas dormido mientras estabas de guardia, tengo el testimonio de todos los presentes para acusarte delante del procurador, pues andas desacreditando al ejército de Roma». «Sí, sí –gritaron varios–; nosotros somos testigos que ha dicho que se durmió mientras estaba de guardia. Nuestros soldados judiós no se duermen cuando están de facción. ¡Acúsalo, acúsalo!...» El infeliz estaba lívido. «Ya ves –le dije– que tu historia trasciende a cuento desde lejos. Mejor es que te calles, hermano, y no sigas propalando que te dormiste estando de guardia, pues recuerda que al camarón que se duerme se lo lleva la corriente...». Una risa general acogió mis palabras, y el soldado, corrido, se marchó más que de prisa. Entonces me volví a los oyentes y les dije: «Yo soy romano, y, sin embargo, os aseguro que Jesús de Nazaret, crucificado por vuestros pontífices, murió y fue sepultado; pero hoy, que es el día tercero, *resucitó de entre los muertos,* como lo había predicho. Resucitó Él, como Él había resucitado a Lázaro». Y la gente me creyó.

53
A PUERTAS CERRADAS

La relación de Quarto me convenció de esta verdad: «De nada sirve que Jesús haya resucitado si no hay quien lo atestigüe». El hecho innegable de la resurrección lo están echando abajo, ya desde sus principios, «esos testigos durmientes». No hay entre los discípulos quien tenga valor para desmentirlo, atestiguando la verdad. Y, por otra parte, como lo notó mi amigo, ya que los mismos discípulos no creen en la resurrección del Maestro, no pueden atestiguarla.

* * *

Entre los apóstoles del Señor hay uno que siempre me ha llamado la atención, por lo comedido en sus palabras y por su amor a los pobres: Santiago, hijo de Alfeo, primo del Maestro.

Si la muerte de Jesús causó a todos los disípulos impresión profunda, creo que el que más lo sintió fue este Santiago, apellidado el Menor para distinguirle del otro apóstol del mismo nombre. Así me lo contó Marta, quien vino a verme para contarme lo siguiente:

–Figúrate –me dijo– que el pobre Santiago, desde el jueves por la noche, no ha probado bocado. No se junta con sus compañeros, sino que se ha metido en un rincón, donde no hace sino llorar la muerte de Jesús, su primo. Yo he ido varias veces a rogarle que tome algún alimento; pero lo rehúsa siempre cortésmente, diciendo que no tiene hambre. Magdalena, que lo quiere bien, por parecerse mucho al Maestro, fue a verlo para contarle que había resucitado.

–¿Y le dio crédito? –le pregunté.

–Yo creo que no –me respondió Marta–, pues aunque oyó a Magdalena con mucha atención y no la tachó de visionaria, como los otros, ha seguido muy triste en su rincón, sin probar bocado. Ya es muy tarde; voy a llamar a los otros para que vengan a cenar. ¿Quisieras ir tú a verlo para persudirlo de que coma algo?

–Con muchísimo gusto –le respondí.

Y levantándome fui en su busca. Me costó trabajo encontrarlo, porque se había ido hasta el fondo del jardín. Estaba postrado en el suelo, y pensé que lloraba. Acercándome, le dije:

–Santiago, ¿no vienes a tomar algún alimento? Hace días que no pruebas bocado, según me ha dicho Marta.

Había salido la luna, pues ya era tarde. Santiago se levantó y, con el rostro luminoso por la alegría, exclamó:

—Lo he llorado tres días por muerto; pero al fin lo he visto resucitado y glorioso. ¡Se me ha aparecido!...

* * *

Mientras esto pasaba, los otros apóstoles y algunos discípulos habían acudido a la llamada de Marta y Samuel para ir a cenar. Era tanto el temor que tenían a los judíos, que no bien entraron al cenáculo se pusieron a atrancar puertas y ventanas. Una pequeña lámpara fue la única luz que permitió su miedo.

Lo que sigue me lo contó Samuel, que los acompañaba:

—Estando así encerrados —me dijo— se oyeron golpes en la puerta. Apagaron la luz, y, si no hubiera sido por mí, nadie habría abierto a los que llamaban: eran Pedro y Juan. Les abrí y encendí la luz. «El Maestro se me ha aparecido lleno de gloria —les dijo Simón—. Yo le he visto con mis propios ojos y me ha mandado que os dé testimonio de su resurrección». En lugar de acoger con júbilo la noticia de Pedro, no le dieron más crédito que a las mujeres, y, como estaban hambrientos, se pusieron a cenar, dejando a Simón que les hablara mientras tanto. Nuevos golpes en la puerta. Era Santiago, que venía glorioso a comunicarles que se le había aparecido el Maestro. Oyeron su relato y siguieron cenando, después de atrancar la puerta. De repente se oyeron nuevos golpes. Se apagó la luz; fui a abrir. Eran Cleofás y Natanael, que venían de Emaús a contarles lo que les había ocurrido. Mateo, personalmente, fue a atrancar la puerta y yo encendí la lámpara. Juan se adelantó a los recién llegados y les dijo: «*El Señor ha resucitado realmente y se ha aparecido a Simón. Entonces ellos le contaron las cosas que les habían acontecido en el camino y cómo le habían conocido el partir el pan*». «Visiones y más visiones», dijo uno. «Yo no creo que haya resucitado», exclamaron varios. Y como si los testimonios de Pedro, Santiago, Cleofás y Natanael no valieran para nada, siguieron comiendo tranquilamente, y «*ni aun a ellos creyeron*». «*Entretanto que los discípulos que allí estaban juntos, con las puertas cerradas por miedo a los judíos, hablaban de otras cosas, de repente presentóse Jesús en medio de ellos y les dijo: La paz sea con vosotros*». El terror que se apoderó de los miedosísimos discípulos fue extraordinario. «*Estaban espantados y asombrados, pues pensaban que veían algún espíritu*». «*Yo soy, no temáis*», les dijo el Señor. Pero seguían espantados. Encendí varias luces —me dijo Samuel—; pero, a pesar de todo, seguían asustadísimos. Entonces Él les dijo: «*¿De qué os asustáis y por qué abrigáis en vuestro corazón tales temores? Mirad mis manos y mis pies y reconoced que soy Yo mismo; tocad y reconoced que un espíritu no tiene carne ni huesos, como veis que tengo Yo. Y diciendo esto, les mostraba las manos y los pies*». En aquellos momentos –continuó Samuel– terminé de encender las doce luces del gran candil que pendía del techo, quedando el Señor bañado de luz. Su admirable figura, circundada por un misterioso nimbo, tenía un no sé qué de espiritual que antes no habíamos notado en Él y que hacía a varios de los presentes mantenerse a respetuosa distancia... Creían ver, no a un hombre de carne y hueso, sino a un espíritu. Estaban atemorizados por una parte, pero por otra los invadía un gozo inmenso. ¡Habían vuelto a ver al Maestro, por tres días llorado como muerto! Pero no acababan de persuadirse de que Aquel a quien desde lejos, habían visto expirando en la cruz, cubierto de heridas y de sangre, fuera el mismo que estaba delante de ellos lleno de vida... *«Mirad mis manos y mis pies, que soy Yo mismo; palpad y ved que el espíritu no tiene carne ni hueso», como veis que tengo»* –repitió–. Andrés, el buenísimo de Andrés, fue el primero que se acercó a Jesús resucitado, se arrodilló ante Él, y, tomándole las llagadas manos, se las besó con intensa ternura. Mateo y Felipe siguieron el ejemplo de Andrés; pero Santiago el Mayor, Simón Zelotes y Tadeo, parientes del Señor aún dudaban. Volviéndose Jesús a Pedro, Juan, Santiago y Natanael, que estaban a su lado, y señalándolos, *«echó en cara a los restantes su incredulidad y dureza de corazón, porque no creyeron eltestimonio de los que ya le habían visto resucitado».* Aquéllos les habían dicho que habían visto al Maestro resucitado, y no les habían dado crédito, y ahora que Él estaba allí presente, ni a Él querían creer. Entonces Jesús, dirigiéndose a los incrédulos, les dijo: *«¿Tenéis algo que comer?»* Santiago el Mayor, Zelotes y Tadeo *«le presentaron entonces parte de un pez asado y un panal de miel, y comió delante de ellos».* Tenía Jesús un modo peculiar propio suyo no sólo de partir el pan, sino de dar parte a sus discípulos cuando estaba comiendo. Esto es bien sabido de todos. Por eso los de Emaús le habían conocido *«cuando partió el pan».* Pues bien –continuó Samuel–, cuando hubo terminado de comer a la vista de todos, *«tomando de lo que había sobrado, se lo dio»* a los que aún no creían. Aquella acción, al parecer insignificante, tuvo más fuerza para convencer a los discípulos de que era realmente el Mestro en carne y hueso a quien veían que todo lo anterior. Espontáneamente salió de los labios de los presentes esta exclamación: «Es el Maestro; es, sin duda, el Maestro, y *se alegraron los discípulos viendo al Señor,* cayendo todos de rodillas ante Él». *«Entonces les dijo Jesús otra vez: La paz sea con vosotros. Como me envió mi Padre, así también Yo os envío».* Todos estaban extasiados con los ojos fijos en el Rabboni, quien, glorioso, sonreía. *«Entonces, soplando sobre los presentes, dijo: Recibid el Espíritu Santo; a los que perdonéis los pecados, les son perdonados; a quienes se los retuviereis, les serán retenidos».* Y mientras le seguíamos contemplando llenos de emoción profundísima, Él, poco a poco, se fue esfumando, hasta que desapareció por completo, estando todas las puertas cerradas. Quedamos por buen rato como atónitos. Al fin nos levantamos. Estábamos reunidos, no sólo los apóstoles, excepto Tomás, sino varios de los discípulos, entre los que se contaban Matías y José, el justo. No pudiendo contener nuestro entusiasmo, nos abrazamos mutuamente, felicitándonos porque el Maestro había resucitado, y nosotros habíamos sido de ello testigos. Sin embargo –terminó Samuel–, cuando, después de un largo rato, tuvieron que retirarse los discípulos, de nuevo les entró el miedo, y aunque creían ya en la resurrección de Jesús, no los vi muy dispuestos a dar de ello público testimonio; temían a los judíos. En cambio, la patraña de que sus discípulos habían robado el cuerpo de Jesús seguía esparciéndose, sin encontrar quien la contradijera.

54
PILATO

Durante los días que siguieron, lejos de disminuir, fue aumentando el miedo de los discípulos. Estaban obsesionados con el delirio de la persecución.

Ya no quedaban peregrinos en la ciudad, y ésta había tomado su aspecto ordinario. Los antiguos amigos de Jesús habían marchado, pero quedaban sus enemigos jerosolimitanos, quienes seguían esparciendo, como indiqué, el cuento del robo del cuerpo de Jesús por los discípulos.

Esto era lo que los tenía aterrados, pues conocían el decreto del César, que castigaba con la muerte a los violadores de los sepulcros.

Lázaro se presentó de incógnito, y persuadió a Pedro y a los otros discípulos quesería mejor dejaran Jerusalén y se fueran con él a Betania, donde corrían menos riesgo de caer en manos de los pontífices, cuya jurisdicción, fuera de Jerusalén, era dudosa; les aconsejó como más prudente que salieran de la ciudad, porque si los pontífices los acusaban de violadores del sepulcro de Jesús, no sería difícil que el procurador volviera a lavarse las manos.

Esto hizo que, poco a poco y con grandes precauciones, los discípulos fueran saliendo con dirección a Betania.

* * *

Zaqueo me contó lo siguiente:
–Pilato me ha mandado llamar varias veces para consultarme sobre el informe que tiene que mandar a Roma con motivo del proceso de Jesús. Ha escrito sabe Dios cuántos borradores, y ninguno le satisface. Yo le aconsejé que dijera la verdad según él la entendía, y aquí tienes su último borrador, que he traído para saber tu opinión.
–Desde luego –le respondí–, creo que el consejo de decir la verdad, por lo menos según él la entiende, me parece excelente. Acuérdate de aquello: «La verdad os hará libres».

Zaqueo prosiguió diciendo:

—Empieza Pilato dando una breve idea de la situación política y religiosa de Judea cuando él se hizo cargo del gobierno. Da cuenta de la expectación de los judíos, quienes esperaban un Mesías que viniera a librarlos del dominio romano, y la impresión que causó la aparición de Juan Bautista, el cual fue degollado por Herodes.

—Me parece bien este *status quaestionis* —dije—, pues aunque Juan no tuvo mucho que hacer en Judea propiamente dicha, preparó, sin embargo, el camino a Jesús de Nazaret.

—Exactamente —prosiguió Zaqueo—. En seguida cuenta cómo apareció un hombre extraordinario llamado Jesús, quien se puso a predicar el advenimiento de un nuevo reino, que llamaba el reino de los cielos. Mientras esta predicación tenía lugar en Galilea, no le dio la menor importancia que la que en Roma se la hubiera dado a la aparición de un nuevo filósofo. Pero cuando Jesús empezó a venir a Jerusalén, con motivo de las fiestas a las cuales asiste un grandísimo número de peregrinos, procuró Pilato informarse más detenidamente de quién era aquel sujeto, qué doctrina predicaba y en qué consistía el reino a que se refería.

—Nada tengo que objetar a esta conducta —dije—, ésa era la obligación del gobernador. ¿Y qué sacó en limpio?

—Que Jesús era un sujeto extraordinario, el cual no sólo hacía muchos prodigios, en opinión del pueblo, sino que era muy valiente, tanto que Él solo había arrojado del templo a varios miles de vendedores, alegando que profanaban la casa de su Padre, Yahvé.

—Yo fui testigo de la paliza que les dio —dije—, y los vi dispersarse como conejos asustados.

—Explica después cómo esta acción le valió la mala voluntad de los sacerdotes, quienes desde entonces lo tenían fichado tachándole de perturbador de la paz pública.

—Ya veo cómo Pilato empieza a preparar el terreno, pero dentro de la verdad de los hechos.

—Cuenta en seguida cómo no sólo se echó encima a los sacerdotes por enemigos, sino también a los fariseos, a quienes maltrataba de palabra, haciéndoles perder mucho de su autoridad y popularidad ante las multitudes.

—También es cierto.

—Añade que, terminadas las fiestas, se volvía Jesús a Galilea, predicando una doctrina filosoficorreligiosa nueva, por lo cual le consideraba Pilato como un reformador. Pero esto no era del gusto ni de los escribas ni de los doctores de la ley, a quienes se echó también en su contra. Prosigue Pilato contando cómo cada vez que Jesús venía a Jerusalén tenía grandes discusiones con todos esos individuos, saliendo el Nazareno triunfante. Y como confirmaba su doctrina con prodigios, tenía a todo el pueblo de su parte, lo que hacía poner frenéticos a sus contrarios, de lo que nació que

éstos decidieran quitarle de en medio, habiendo tratado varias veces de matarle a pedradas.
—Hasta ahora va todo por buen camino.
—Da cuenta en seguida de dos grandes milagros obrados por Jesús: la curación de un ciego de nacimiento y la resurrección de un muerto que ya hedía. Esto determinó a sus enemigos, no sólo a excomulgarle, según usan ellos, sino a decretar su muerte definitivamente, alegando que *«era mejor que muriese un solo hombre, y no pereciese todo el pueblo»*.
—Palabras textuales de Caifás.
—Viendo que las multitudes tenían al Nazareno por «el que había de venir», según lo habían anunciado sus profetas, y que nada aprovechaban retardando sus propósitos, se valieron de un tal Judas, discípulo de Jesús, quien le entregó en manos de sus enemigos.
—Así pasó, en efecto.
—Se encontraban los judíos con la gravísima dificultad de que a ellos no les era lícito matar a nadie, pues Roma les ha quitado el *jus gladii;* y así, me trajeron a Jesús acusándole de muchos crímenes. «Yo averigüé —prosigue Pilato— que, aunque le acusaban de agitador y de que mandaba negar el tributo debido, no sólo había rehusado proclamarse Rey cuando andaba por el territorio de Filipo, sino que expresamente había dicho que debían pagar el tributo, *«dando al César lo que es del César».*
—Igualmente cierto.
—«Finalmente le acusaron de que se hacía Rey. Interrogué a Jesús sobre este punto, y me contestó que *"su reino no era de este mundo"*, que de ser así sus parciales le defenderían; y como nadie salía a defenderle, deduje que decía la verdad. Juzgué que no era de tener en cuenta esta acusación, ya que no defendía su llamado reino de los cielos con soldados ni de ninguna otra manera, y le declaré inocente.»
—Veremos cómo defiende su injusta sentencia —dije—, esto es lo más difícil.
—Fíjate cómo se las arregla —me dijo Zaqueo—. Prosigue Pilato dando cuenta de que más de un millón de peregrinos estaban entonces en Jerusalén, y de que los pontífices, con su innegable autoridad, los excitaban de modo extraordinario para que pidieran que fuera el Nazareno crucificado. El tumulto llegó a ser tan grande, que el negarles su petición hubiera causado un terrible motín. Oyendo el parecer del gran pontífice que *«era mejor que muriera un hombre que no perecieran muchos»*, estuvo indeciso sobre si debía acceder a la petición de la multitud enfurecida. Al fin se decidió a dar la sentencia de cruz cuando todos gritaron: *«Si lo sueltas, no eres amigo del César, porque todo el que se hace rey va en contra del César».* De haberlo dejado libre hubieran resultado dos males gravísimos: que se siguiera un terrible motín y que se sentara el precedente de que un representante del César dejara libre a un hombre que, según el sentir de las turbas, era un Rey que se oponía a la majestad del divino emperador.

—Y creo que por más injusta que haya sido la sentencia, ése fue realmente el juicio en que se basó Pilato para darla.

—Para confirmar lo prudente de esta medida —añade Pilato—, el resultado me ha dado la razón, pues la agitación innegable que por tres años ha perturbado Judea, por no decir nada de Galilea, ha terminado por completo con la muerte del Nazareno. Como no tiene partidarios que valgan la pena, no han hecho absolutamente nada para vengar la muerte de su Caudillo. La paz más completa reina en toda Palestina.

—Pilato se ve que tiene el criterio de que el éxito justifica los medios. Y ¿no dice nada de la resurrección del Maestro?

—¡Cómo que no! —repuso Zaqueo—. Aquí viene la parte más importante. «Cuando murió crucificado el Nazareno, se oscureció el sol y la tierra tembló —prosigue Pilato—. Yo no le di a esto mayor importancia; pero al poco rato vino una comisión encabezada por los más conspicuos de los sacerdotes, y me dijeron: *"Este embaucador, que se decía Hijo de Dios, ha dicho: resucitaré al tercer día. Danos guardias para custodiar el sepulcro, no sea que sus discípulos roben el cuerpo y digan que ha resucitado"*. ¿Por qué no me avisasteis antes que decía que era Hijo de un Dios? —les dije, enfurecido—. Muy bien puede ser cierto que lo sea. ¿No visteis las tinieblas y el temblor que se sintieron a su muerte? Como esa acusación no te debe importar, la callamos —me respondieron—. Y entonces les di guardias para que custodiaran el sepulcro».

—¿Conque no le habían dicho que era Hijo de Dios? ¡Hipócrita! —dije—. Muy bien que se lo repitieron, y buen susto que le dio esto.

—Alguna mentira había de decir para defenderse —repuso Zaqueo—; pero escucha lo que resultó: «Quedé yo muy preocupado con la idea de que el Nazareno podría ser el hijo de algún dios —prosigue Pilato—, y mandé a uno de los centuriones de más confianza con órdenes estrictas de que llevase veinte hombres inmediatamente y custodiaron el sepulcro, no dejaron acercarse a nadie. Pues bien, a la madrugada del día tercero se sintió un espantoso terremoto. Mandé llamar al centurión de guardia para informarme si algo había pasado. Vino éste y me contó que estando de facción sintieron un terremoto y vieron que bajó un ángel resplandeciendo que derribó la piedra sellada que cubría la entrada del sepulcro. Después, entrando en éste, ya no encontraron allí el cuerpo, sino únicamente los lienzos con que había sido amortajado. Mandé otro oficial que fuera a ver lo que pasaba, y me confirmó la noticia. Estoy cierto de que los veinte soldados habrían capturado a cualquier ladrón o ladrones que se hubieran atrevido a acercarse al huerto cercado donde está el sepulcro. El centurión de guardia me repetía: "Yo nada puedo, ni nadie, contra la voluntad de los dioses; no dudo que ha resucitado el Nazareno, que se decía ser hijo de un dios". En vista de este hecho, yo creo que Yahvé, el Dios de los judíos, se ha llevado al Empíreo al Nazareno, como se dice de Júpiter que se llevó a su hijo Hércules, después de que murió en el Etna».

–No es mala la comparación –dije riendo–; para un pagano me parece válida, aunque los dioses estén ya muy desacreditados en Roma.

–Pues todavía –añadió Zaqueo– prosigue Pilato su historia: «Supe después que los pontífices, al tener noticia de este hecho, andaban propalando que los discípulos del Nazareno habían robado el cuerpo mientras los guardias dormían, con descrédito del buen nombre de los soldados romanos. Llamé a los sacerdotes para que justificaran su conducta, y como les urgiera a que entregaran los ladrones para aplicarles la pena de muerte, según lo manda el César, y de lo contrario a ellos los castigaría como difamadores del ejército, me confesaron que ellos estaban persuadidos de que nadie había robado el cuerpo, pero que si dejaban que la gente sospechara que el Nazareno había resucitado, este error sería más dañoso que el primero. Los exhorté a que no siguieran propalando esa falsedad, pero ya había corrido la mentira entre el pueblo. Si hubieran faltado los guardias a su deber, durmiéndose, yo los hubiera castigado con toda severidad; pero ellos cumplieron con su obligación. El caso del Nazareno es uno de fuerza mayor. ¿Quién se puede oponer al poder de los dioses? Repito que si hubiera sospechado siquiera que era hijo de un dios, no lo hubiera condenado. A pesar de lo dicho, como todos creen que los discípulos del Nazareno robaron su cuerpo, he ordenado se hagan pesquisas por todas partes, y no se ha encontrado el cuerpo de Jesús. Ahora todo está tranquilo, y los tales discípulos, si queda alguno, que lo dudo, no han dado señales de vida. Esto prueba que el reino de Jesús no es de este mundo, y así Roma no tiene nada que temer». Y con esto termina el gobernador. ¿Qué te parece? –me preguntó Zaqueo.

–Que este testimonio de Pilato es valiosísimo, a pesar de las mentiras que encierra. El gobernador romano, en este documento, certifica sin quererlo que Jesús ha resucitado, según lo había dicho, y que, por consiguiente, es el Mesías Hijo de Dios.

55
EN CASA DE LOS BALTAZAR

De todos los encantos que trae la entrada de la primavera, para mí no hay ninguno más atractivo como la vuelta de los pájaros, que llenos de vida cantan sus endechas desde las enramadas. Y entre los lugares más alegres, en los alrededores de Jerusalén, no hay ninguno que tenga en esta época más atractivos que la simpática Betania.

La antigua casa de los Baltazar, situada en las faldas del Olivete, a sus ordinarios encantos añade ahora el de los recuerdos; es un nido de pasadas memorias, parte alegres, parte tristes, ya que el Maestro resucitado no está constantemente con nosotros, como en días no lejanos.

Desde el pórtico en el que estoy sentado veo el campo lleno de blancos lirios, tachonado aquí y allá por amarillas y rojas amapolas, anémonas, gladiolos y tulipanes silvestres, entre los cuales se yerguen airosas innumerables palmeras, mientras por los cercados trepan en apiñado tumulto encendidas y aromáticas rosas.

Había estado mirando por largo rato este panorama, encantado con el chirriar de los pajaritos que revoloteaban en todas direcciones, entremezclados con innumerables mariposas que libaban las flores, cuando llamó mi atención un grupo de tres hombres que, discurriendo por los senderos de la quinta de los Baltazar y sin aventurarse fuera del cercado, departían amigablemente. Eran Pedro, Juan y Santiago, su hermano. Me quedé contemplándolos, pensando en mi interior en los distintos caracteres de aquellos tres hombres, unidos por el común amor al Maestro.

Pedro, el impetuoso, el confiado, que en pocos momentos pasaba de los arranques del valor a las bajezas de la cobardía, parecía ahora cabizbajo. Hablaba poco, pues no debía estar muy seguro de sí mismo; me dio lástima. Lo animaba su gran amigo Juan, el discípulo a quien tanto amaba el Maestro. Es un muchacho lleno de ilusiones, de ardor juvenil, muy fiel y de imaginación apocalíptica. Declamaba con entusiasmo, señalando con frecuencia el cielo, de donde esperaba la ayuda. De cuando en cuando, acercándose a Pedro le daba golpecitos en el hombro, y hasta me pareció que le contaba algunos chistes para hacerlo reír.

En medio iba Santiago el Mayor, como si fuera el fiel de una balanza entre los dos amigos. De carácter serio, ambicioso y decidido, se veía que estaba lleno de esperanzas; pensaba, sin duda, que, en esta fase gloriosa de su vida, Jesús restauraría el reino de Israel, ya que había salido triunfante de la muerte.

Detrás de ellos venían Andrés y Felipe. Éste no parecía entusiasmado, ya que es de un carácter práctico y algún tanto prosaico, como buen hombre de negocios. Se me figuró que calculaba el pro y el contra de las consecuencias de la resurrección. Andrés, el simpático y sencillo pescador, lleno de confianza en el Maestro, parecía decirle que se dejara de historias, que esto era cuestión del Rabboni. Por su parte, indicaba que estaba dispuesto a todo lo que Él le mandara.

Simón Zelotes, rudo y decidido siempre por la acción directa, seguía en compañía de sus dos parientes, Santiago el Menor y Tadeo. Éste, inclinado a la paz y la concordia, parecía aconsejar a Simón la prudencia, mientras que Santiago, fortalecido con la aparición personal de Jesús, no tomaba parte en la conversación de sus compañeros. Me fijé en este último, y por un momento pensé que tenía delante al Maestro; tanto se le parecía su primo.

«¿Dónde estarán los otros?», me dije. Pronto los encontré en el pórtico interior de la casa. Sentados delante de una mesa llena de pergaminos estaban Samuel, Mateo y Natanael, Bar Tolomeo, esto es, hijo de Tolomeo.

Quarto, que estaba en pie a su lado, me dijo:
—Discuten la cuestión del cumplimiento de las profecías.

—Desde que Él abrió mis ojos —decía Natanael—, explicándonos las profecías en el camino de Emaús, he estado revolviendo las Escrituras para encontrar todas las que a Él se refieren. Afortunadamente, Mateo es experto en esta materia.

—Y ayudados con nuestro pergamino —añadió Quarto—, ya Leví, como buen contador, ha ido aprobando una a una todas las que yo tenía anotadas.

—Está muy bien la lista de Quarto —dijo Mateo—, y ya nos falta poco.

Los dejé que siguieran en su trabajo y fui a observar lo que hacían las mujeres.

Bajo un tupido emparrado estaba Myriam. Sentadas en semicírculo se encontraban las piadosas mujeres, ocupadas en hilar y tejer, mientras Myriam hablaba contándoles varios pasajes de la vida de Jesús cuando era Niño.

A uno y otro lado de la Madre del Maestro estaban el sobrino de Pedro, Marcos, que vive en Getsemaní, y Lucas. A este último lo conocí cuando la muerte de Lázaro. Había estudiado Medicina y me llamó la atención verlo discutir con los otros médicos, los cuales parecían tomar en cuenta sus opiniones. Noté que mientras Myriam hablaba, Lucas iba tomando notas de lo que decía.

Marta, como de costumbre, estaba en la cocina, acompañada de mi hijita Raquel.

—¿Dónde está Magdalena? —pregunté a mi hija.

—¡Dónde ha de estar! —me respondió, riendo—. En su chalet con mi hermano y los muchachos.

Me dirigí al cercado de rosas que circunda la habitación de Magdalena. Mientras llegaba recordé la vez primera que, en el mismo lugar, había yo visto a aquella bellísima mujer..., todavía pecadora, cuando con justísima razón me había llamado «híbrido». Me detuve ante la puerta del jardín. Todo estaba lo mismo que entonces; la fuente, en forma de cascada, surtía de agua la riquísima piscina de mármol. Vi a Magdalena en la glorieta sombreada por pequeñas palmas; pero no estaba sentada en el banco de piedra. Este lo había convertido en un altar, y lo tenía cubierto de rosas, lirios y violetas. Allí se había sentado el Rabboni, y no había permitido Magdalena que nadie volviera a ocuparlo. Estaba allí ella, no con la borrica, que la tenía amarrada a una palmera, sino con el borriquito sobre el cual había entrado Jesús triunfante en Jerusalén. Lo estaba peinando y limpiando con todo esmero, ayudada de mi hijo.

En el jardín, mientras tanto, jugaban unos cincuenta niños desharrapados, venidos del contiguo pueblo de Betania. Cuando Magdalena terminó su tarea, ató al pollino cerca de su madre, y, después de hacerle muchas caricias, se dirigió a los chiquillos:

—Vamos —les dijo, dando palmadas—, ya habéis jugado bastante. A sentarse.

Los niños obedecieron, y Magdalena, colocándose junto al banco-altar, después de arreglarse el larguísimo cabello, echándolo a la espalda, les dijo:

—Os voy a contar la historia de la pasión y muerte del Rabboni.

Y con voz hermosísima, llena de inflexiones encantadoras, con el acento conmovido, les habló de los sufrimientos del Maestro.

Yo no me conmuevo fácilmente; pero aquella mujer hablaba de tal manera, que las lágrimas acudieron a mis ojos. Nunca espero oír descripción más viva y tierna de la pasión del Señor. Los muchachos hacían pucheritos mientras ella les hablaba, llorando.

Al terminar, sacó de su pecho un relicario.

—Aquí tengo —les dijo— este finísimo pañuelo empapado en su sangre. Con él limpié sus ensangrentados pies —y lo besaba con ternura inmensa.

Los chiquillos, al ver esto, le pidieron se lo diera a besar, y ella, con el corazón palpitante, se lo dio a besar uno a uno.

Yo estaba conmovidísimo. Aquélla era la primera adoración pública de la sangre redentora, y los niños habían sido los escogidos.

¡Cuántos de estos inocentes —pensé— serán hijos de los infelices que gritaron: «*Que su sangre caiga sobre nosotros y sobre nuestros hijos*».

Terminada esta conmovedora escena, Magdalena guardó su relicario, y cambiando de tono, con una sonrisa que envidiarían los ángeles, prosiguió:

—Ahora, hijos míos, os voy a contar su resurrección; limpiad vuestras lágrimas.

Y de una manera indescriptible les contó cómo el Rabboni se le había aparecido, y ella se había abrazado a sus pies.

—Ésta —dije— sí atestigua la resurrección del Maestro, mientras los discípulos, pobres cobardes, no tienen ese valor.

Uno de los chiquillos habló, y dijo:

—Mi papá nos ha dicho que no resucitó, sino que sus discípulos robaron el cuerpo del Maestro mientras los guardias dormían.

Magdalena se puso pálida de indignación.

—¡Mentira —exclamó—. Ha resucitado, y yo le he visto —luego, recuperando su calma y acariciando al niño que había dicho aquello, le preguntó—: Cuando tú estás dormido, ¿ves lo que pasa a tu alrededor?

—No —repuso el chico—, no puedo ver nada, porque tengo los ojos cerrados y estoy dormido.

—Pues entonces dice: ¿cómo pudieron ver los guardias a los discípulos robar el cuerpo si estaban dormidos?

—Es una mentira —repuso el niño—: pero mi papá me lo contó.

—Pues tú pregúntale a tu papá si él ve cuando está dormido.

—Se lo voy a preguntar; eso no puede ser cierto.

–El Maestro ha resucitado –exclamó Rafaelito–, y sus enemigos quieren negarlo, contando mentiras.
–Y ¿por qué resucitó? –le preguntó Magdalena, encantada.
–Porque el Rabboni es el Hijo de Dios, y había prometido que resucitaría al tercer día.
Magdalena abrazó a mi hijo, y le llenó de besos; yo hubiera hecho otro tanto.
Entonces Magdalena les preguntó a los niños:
–¿Creéis todos vosotros que el Rabboni es el Hijo de Dios?
–Sí, sí, sí creemos –gritaron.
–¿Creéis que realmente murió en la cruz?
–Sí, creemos.
–¿Creéis que resucitó al tercer día, según lo había predicho?
–Sí, sí creemos –gritaron con entusiasmo todos.
Ya no aguardé más; aquella confesión de fe de los niños, quienes sin haberlo visto confesaban que Jesús había resucitado, me conmovió hasta el fondo del alma, y me dije:
«No hay duda, *de los niños es el reino de los cielos.*»

* * *

Ya el sol se había puesto, y los discípulos, temerosos, habían ido reuniéndose en la casa por miedo a los judíos, que ni siquiera se ocupaban de ellos. Se habían juntado en un salón, y discutían el asunto palpitante: la resurrección del Maestro.
–Yo no entiendo –dijo Felipe– cómo un muerto puede resucitar.
–Yo tampoco lo entiendo –repuso Juan–, pero el hecho es que los muertos resucitan; ahí tienes a Lázaro. Lo que no puede entender nuestro corto entendimiento, lo puede hacer el poder infinito de Dios, y el Maestro ha resucitado por ser el Hijo de Dios.
Calló Felipe; pero Simón Zelotes dijo:
–Yo vi hace ocho días, cuando se apareció el Maestro, algo muy extraño: de su cuerpo salían resplandores, y no me pude explicar cómo entró estando cerradas las puertas.
–Ésa es propiedad de los cuerpos gloriosos –respondió Natanael–; por eso el cuerpo glorioso del Rabboni resucitado es refulgente, y, como los espíritus, puede penetrar en cualquier lugar sin que le estorben puertas ni paredes.

* * *

–Aquí está Dídimo –anunció Quarto.
El gozo de todos los presentes fue grande al ver a su compañero a quien creían ya en Séforis.

II. YO SOY-55. EN CASA DE LOS BALTAZAR

Desde que conocí a Tomás, cuando iba yo a las bodas de Caná, me simpatizó mucho, y nos hicimos buenos amigos. Es un hombre rudo, de carácter viril, terco y que no cree sino lo que palpa. Cuando vio con sus propios ojos que el agua, que él mismo había echado en las ánforas, se había convertido en vino, creyó en Jesús, y se unió a los discípulos. El Maestro conoció perfectamente el valor de aquella alma noble y ruda, y le eligió entre los doce. Su adhesión a Jesús fue desde entonces sincera y valiente, como su carácter. Cuando el Maestro quiso ir a Betania a ver a Lázaro, a pesar de que le amenazaba la muerte, Tomás exhortó a los temerosos discípulos, diciéndoles: *«Vamos con Él y muramos con Él»*. Y arrastró a sus compañeros con el ejemplo.

Desgraciadamente, como el miedo es comunicativo, cuando fue preso Jesús y los discípulos huyeron, también Tomás se amedrentó y los siguió. Y después de la tragedia del Calvario, viendo que el Maestro había muerto, su fe en la prometida resurrección vaciló, y pensó, como todos pensamos entonces, que el asunto estaba acabado.

Desilusionado por completo, había venido a despedirse de sus compañeros, a quienes profesaba gran cariño.

–Vengo a despedirme –les dijo, entrando–. Mañana marcho para mi pueblo.

Andrés, su gran amigo, se le acercó, y le dijo:

–Pero, Tomás, ¿nos vas a abandonar, ahora que el Maestro ha vuelto entre nosotros resucitado?

–Aunque no soy saduceo –respondió–, no creo en que Jesús haya resucitado.

–Y ¿no me creerás a mí si te aseguro que se me apareció? –insistió Natanael.

–Aunque se te haya aparecido a ti; mientras a mí no se me aparezca, no creo.

–Pero, Tomás –arguyó Santiago el Menor–, a mí también se me apareció.

–Pues buen provecho te haga; yo no le he visto.

–Y a mí se me apareció igualmente –añadió Pedro, algo cortado.

–¿A ti? ¿Y después de aquello? No lo creo.

–*«Hemos visto al Señor, le dijeron los otros discípulos.»*

–Pues repito que mientras no se me aparezca a mí, no creo –replicó Tomas. Luego prosiguió: *«Si no veo yo en sus manos las hendiduras de los clavos y no meto en ellas mi dedo, y mi mano en la llaga de su costado, no creeré»*.

En estos momentos, temerosos los apóstoles de que alguien los oyera, se pusieron a cerrar las puertas y ventanas. Yo me quedé fuera y fui a sentarme bajo el pórtico. Samuel y Quarto me siguieron.

Pensaba en la terquedad de mi amigo Tomás, y daba gracias al cielo que mi fe ya no vacilara en lo más mínimo. Yo no había visto a Jesús, pero creía firmísimamente en su resurrección. Las pruebas de ella eran evidentes para mí.

La noche estaba oscura y brillaban las estrellas con brillo inusitado. La temperatura era tibia y las luciérnagas, en gran número, volaban por el jardín; me parecieron simbolizar la fe, que es *«como linterna que luce en lugar caliginoso».*

Samuel, que contemplaba el cielo, acercándose a mí en la oscuridad, me dijo:

—Así debió ser la noche en que Yahvé, no muy lejos de este sitio, sacando a nuestro padre Abrahán de su tienda, le dijo: *«Mira el cielo, y cuenta las estrellas, si puedes. Pues así será tu descendencia».* Y Yahvé ya ha cumplido su promesa.

—Sí —le respondí—. Israel es un pueblo numeroso.

—No me refiero a esa promesa únicamente —repuso Samuel—. ¿Recuerdas lo que prometió Yahvé a nuestro padre después que le obedeció en ir a sacrificar a su hijo Isaac?

Quarto, tomando la palabra, respondió:

—Entonces le prometió al Mesías redentor con estas palabras: *«Y en un descendiente tuyo serán benditas todas las naciones de la tierra, porque has obedecido a mi voz».*

—Y el Mesías prometido ha venido ya —continuó Samuel—, y le hemos visto triunfador de la muerte. Ahora se cumplirá la palabra del Señor, y los creyentes en Cristo, Hijo de Dios, descendiente de Abrahán, serán más numerosos que las estrellas del cielo, pues su reino se extenderá por todas las naciones de la tierra.

Aunque yo tenía seguridad absoluta de que la palabra del Señor se cumpliría, no veía de qué modo había esto de tener efecto, y me quedé largo rato pensativo.

De pronto noté que del salón donde estaban los discípulos salía una luz vivísima, a pesar de estar cerradas las puertas.

—¡Es el Maestro! —exclamó Samuel, entusiasmado—. Voy a verle.

Estuve tentado de seguirle, pero no me moví de mi asiento.

—Creo —dije— que ha resucitado. Si Él se digna aparecérseme, seré feliz; pero siento mucho más fortalecida mi fe creyendo en Él sin verle que viéndole con mis ojos.

* * *

Después de un buen rato volvió Samuel.

Venía conmovidísimo, y me abrazó diciendo:

—Te envidio, amigo; yo le he visto; pero te envidio, sin embargo.

—Envidio tu fe, porque tú, sin verle, has creído. Escucha. Corrí cuando vi la luz, pensando que el Maestro había aparecido de nuevo, y no me engañaba. Por un postigo lo observé todo. Los discípulos, en dos semicírculos, a uno y otro lado, parecían formar la humildísima corte de Cristo

Rey, quien, con su túnica escarlata y cercado de un nimbo parecido al arco iris, estaba en el lugar de honor. De Él emanaba esa luz maravillosa que vimos. Todo su cuerpo irradiaba claridad; pero de las llagas de sus manos y pies se desbordaban torrentes de luz, mientras su llagada frente estaba circundada por un halo de gloria. Tomás, el incrédulo Tomás, que había asegurado que no creería si no veía al Maestro y palpaba sus llagas, había quedado solo, en medio, delante de Jesús. *«La paz sea con vosotros»* –dijo el Señor con voz llena de armonía–. Y después, dirigiendo una sonrisa al incrédulo, le llamó: Tomás –le dijo–, *«he aquí mis manos»*. Tomás, deslumbrado y confuso, no se había atrevido a levantar los ojos; pero al oír aquella voz queridísima que con tanto cariño le llamaba, dio dos pasos adelante, y miró las manos llagadas del Maestro. *«Pon aquí tus dedos»* –añadió el Rabboni, y le extendía las manos–. Tomás no se movió; estaba ya convencido, pero también tremendamente avergonzado. El Señor le repetía las mismas palabras que él había proferido en su incredulidad. Insistió Jesús, y le dijo: *«Pon tu dedo aquí»*. No pudo resistirse el apóstol, y, obedeciendo, tomó las manos del Maestro y las cubrió de besos. Los ojos de Jesús brillaron con una mirada de ternura infinita, y como si tuviera delante de Sí no a unos cuantos discípulos, sino a todas las naciones que su Padre le había prometido dar, cuando dijo: *«Pídeme, y te daré todas las gentes, que son tu heredad»*. Y abriendo su túnica, le mostró la llaga del costado, mientras añadía: *«Alarga tu mano acá y ponla en mi costado»*. Y juntando la acción a la palabra, tomó Jesús la mano de Tomás y se la llevó a la llaga. Cuando hubo hecho esto, en tono de cariñoso reproche, dijo: *«Y no seas incrédulo, sino fiel»*. Tomás, entonces, dando unos pasos atrás, levantando al cielo sus manos y mirando a Jesús, con voz llena de profundísima convicción y respeto, al mismo tiempo que vibraba por el amor, exclamó: *«Señor mío»*. Y luego, postrándose, añadió: *«Y Dios mío»*. Todos los presentes, siguiendo el ejemplo de aquel incrédulo convertido –el primero de los discípulos en confesar la divinidad de Jesús, atestiguada por su resurrección–, se postraron, y le adoraron.

Samuel, después de una pausa, para reponerse de su emoción, añadió:

–Jesús se dirigió a Tomás, le hizo levantarse, y, poniendo su llagada mano sobre el hombro del apóstol, ya creyente, le dijo: *«Porque me has visto, Tomás, has creído»*. Y luego, con una mirada que parecía irse propagando, como si caminara a regiones más y más distantes, sin detenerse ya en los presentes, dijo: *«Bienaventurados los que no vieron y creyeron»*.

–Samuel, apretando mi mano entre las temblorosas suyas, profundamente conmovido, concluyó–: Sentí que la mirada del Maestro, en su camino hacia lejanos horizontes, se fijó primero en ti. Por eso te dije que envidiaba tu fe, pues tú, sin haber visto, has creído.

Y mientras yo, lleno de fe y profundamente emocionado, repetía: *«Bienaventurados los que no vieron y creyeron»,* innumerables luciérnagas hacían parpadear su luz en la oscuridad de la noche.

56
A GALILEA

Al día siguiente, los discípulos discutían lo que se debía hacer. Unos opinaban volver a Jerusalén, otros optaban por quedarse en Betania; pero la mayoría juzgó que lo indicado era marchar a Galilea.
—¿Qué dices tú, Pedro? —le preguntó Andrés.
Levantóse Pedro, y aunque un poco cortado, habló así:
—Creo que no hay motivo para esta discusión, ya que el ángel dijo a las mujeres: *«Ahora id en seguida, y decid a sus discípulos que ha resucitado, y que irá delante de vosotros a Galilea, donde le veréis como Él os lo tenía dicho»*. Lo que tenemos, pues, que hacer, desde luego, es marchar a Galilea; de allí somos, y aquí nada nos detiene ya.

Todos aprobaron lo que Pedro decía; empezaron, sin embargo, a discutir si debían marchar juntos o en grupos separados. Del primer modo podían llamar la atención; pero siendo muchos rechazarían más fácilmente una agresión. En el segundo caso podían pasar inadvertidos quizá; pero si los atacaban, ¿cómo se defenderían?

Quarto, que había estado escuchando la discusión, con su franqueza característica, les dijo:
—Yo ando por todo Jerusalén, trato con los pontífices, y desde hace una semana no hay quien se ocupe de vosotros; por otra parte, Pilato, como lo dijo Zaqueo, y los príncipes de los sacerdotes no pretenden perseguiros, pues saben muy bien que el robo del cuerpo del Maestro es una patraña inventada por ellos mismos. Además, si tomáis el camino del Jordán, pronto estaréis fuera de la jurisdicción del Sanedrín y del gobernador.

A todos parecieron sensatas las observaciones de Quarto, y decidieron marchar juntos por la ribera del Jordán.

Habían comenzado los preparativos de la marcha, cuando invadió a los discípulos un terror pánico; un grupo nutrido de jinetes se adelantaba hacia Betania por la parte Norte de la ciudad.
—¡Los romanos, los romanos! —gritó uno de los discípulos al divisar la caballería que se acercaba.

Y en cuanto oyeron esto sus compañeros, desaparecieron todos, como si hubieran soplado, yendo a ocultarse en los rincones más oscuros de la quinta.
—Pero si es Jonadab y sus recabitas —exclamó Quarto, riendo—. ¿A quién se le ocurre confundir los beduinos con la caballería romana? ¡Qué gente tan miedosa!

En efecto, era el gran patriarca, que venía a despedirse de nosotros, pues volvía con los suyos a sus aduares del desierto.

Fue necesario que las mujeres persuadieran a los discípulos de que nada había que temer, para que éstos, poco a poco, volvieran a aparecer con unas caras de susto de lo más cómicas.

De buena gana rió Jonadab cuando Quarto le contó que los miedosos discípulos habían confundido a los recabitas con los soldados romanos. Compadecido el patriarca, ofreció que él y los suyos los escoltarían hasta más allá de Jericó, que era el único trecho que podía presentar algún peligro.

—Nos vamos ahora al desierto —me dijo Jonadab—; pero volveremos para la fiesta de Pentecostés. Entonces no seremos unos cuantos, sino toda la tribu —añadió.

—¿Esperas algo? —le pregunté.

—Espero que se sigan cumpliendo las profecías.

—¿Quedan algunas por cumplir? —le preguntó Quarto.

—Sí —le respondió—, las del Maestro. Ahora, sin duda alguna, establecerá su reino.

—¿Crees —le preguntó Santiago el Mayor que ahora restituirá el reino de Israel?

—No he dicho nada del reino de Israel —repuso el anciano—; he dicho su reino, esto es, el reino de los cielos. El Supremo Pastor vendrá a juntar su disperso rebaño.

Esta respuesta del patriarca me empezó a dar alguna luz sobre lo futuro. Poco antes había tenido yo una conversación con Quarto, y le había dicho:

—Yo creo sin vacilar que Jesús es el Hijo de Dios y que ha resucitado, según lo predijo. En esto no tengo la menor duda. He visto que por tres años predicó que iba a establecer un reino. No lo estableció cuando vivía, y ahora que ha resucitado no veo cómo lo va a llevar a cabo. ¿Van a ser los fundadores de este reino, la Iglesia o lo que sea, este grupo de cobardes iletrados? ¿Va a ser Pedro, que le negó, la piedra fundamental de esa Iglesia? No me atrevo a decir que esto sea una locura, pero no puedo pensar que sea una cosa acertada; me parece un disparate. Pues entonces, ¿qué va a hacer? ¿Escogerá otros elementos que valgan la pena? Yo, en su lugar, no me valdría de esos rudos y cobardes discípulos.

—¿Pero sabes, ante todo —me preguntó Quarto—, en qué consistirá ese reino o Iglesia que Jesús ha prometido fundar?

—La verdad, no tengo la menor idea.

—¿Crees tú que Jesús es el Hijo de Dios?

—Ya te dije que sí, no tengo duda.

—Y ¿has tratado alguna vez con un Hijo de Dios?

—Hombre, no —repuse, sonriendo.

—Y ¿te crees tan inteligente que puedes penetrar las ideas, los planes de Dios?

—Ciertamente que no; no soy tan fatuo.

—¿Pues por qué te devanas los sesos? El tratar de comprender lo infinito, siendo uno limitado, es tanto como querer con una vasija desaguar el océano. Espera, ten paciencia, y, sin duda, verás cosas maravillosas; es la obra del Hijo de Dios, no de un hombre cualquiera.

Por eso, la idea de un Pastor supremo que viniera a recoger su rebaño, me pareció, si no aceptable del todo, algo tangible, ya que la idea de un reino temporal no había yo completamente desechado. Así, pues, rogué a Jonadab que siguiera exponiendo sus ideas.

—No son ideas mías —me dijo—, sino del profeta Ezequiel: *«Andaré en busca de las ovejas que se habían perdido* —dice—, *y recogeré las que habían sido abandonadas».* Y en otro lugar añade, refiriéndose claramente al Mesías: *«Y el siervo mío, Hijo de David, será el Rey suyo; y uno sólo será el Pastor de todos ellos; y observarán mi ley y guardarán mis preceptos, y los pondrán en obra».*

—Y ¿cómo aplicas esto al caso de Jesús? —le pregunté.

—En los anales de nuestra tribu —respondió— conservamos la historia de un pastor llamado Jesé. Salió cierta mañana con su pequeño rebaño, y, andando en busca de pastos, se extravió y le sorprendió la noche lejos del campamento. De pronto sobrevino una tempestad espantosa que duró tres días. Como Jesé había sido herido por un rayo y quedara sin sentido, las ovejas se dispersaron en varias direcciones. Vuelto en sí, ya tranquilo el cielo, Jesé se levantó, y fue en busca de sus desperdigadas ovejas. Habían sufrido mucho durante aquellos tres días, y estaban tan espantadas, que no acudían al silbido de su pastor, y al acercarse él a ellas huían de miedo. Jesé las fue recogiendo una a una, y, acariciándolas, las atraía. Al fin reunió a todas, excepto una, que había perecido. Alegre volvió Jesé al campamento, y, cosa notable, sus pocas ovejas se volvieron tan fecundas, que el rebaño de Jesé llegó a ser numerosísimo, el mayor de toda la tribu. Así ha pasado con Jesús y su rebaño, *«pequeñito, pero escogido».* Después de la terrible tempestad de su pasión y muerte, durante la cual, *«herido el pastor se dispersaron las ovejas»,* ha vuelto a ellas resucitado; pero están aún tan amedrentadas, que, con dificultad, reconocen el silbido de su pastor, y huyen temerosas. Pero Él, como buen Pastor, las acariciará y las irá recogiendo una a una, y al fin las reunirá a todas, menos la que se extravió para siempre. Y estas ovejas se volverán tan fecundas, que crecerá infinitamente el rebaño, hasta hacerse numeroso *«como las estrellas del cielo y las arenas del mar».* Y entrarán en este rebaño *«otras ovejas que no eran de este aprisco»,* y se formará con todas *«un solo rebaño con un solo Pastor»,* que será Jesús de Nazaret, el Hijo de David, Hijo de Dios, al cual dará su Padre *«todas las gentes, como su heredad».* Esto es lo que espero ver —terminó, conmovido, Johadab— antes de que la muerte cierre mis ojos para siempre; y como ya mis días están contados, creo que no tardará mucho. Por eso te dije que estaré de vuelta para la fiesta de Pentecostés con toda mi tribu, pues espero que los primeros corderos que nazcan de las ovejas del pequeño rebaño de Jesús sean los recabitas, los cuales *«observarán sus leyes y cumplirán sus preceptos»* como han cumplido religiosamente hasta hoy los que nos diera nuestro padre Recab.

Quarto estaba encantado con las palabras del anciano, y no lo estaba menos Marta, que, con un vaso de cuerno lleno de su famoso refresco, había venido para ofrecérselo al recién llegado. Una vez cumplido su cometido, dirigiéndose a Jonadab, se expresó así:

–Rabí Rafael cavila mucho, y con frecuencia le oigo decir: «¿Y ahora qué?» Quiere saber, desde luego, cuáles son los planes del Maestro, y yo le he dicho que hay que esperar, confiando en el Rabboni.

–Así es –repuse–; siempre he admirado tu confianza. Tu fe te ha dado fuerza para esperar, aunque sea por muchos años.

–Y no he esperado en balde. Por eso yo le repito a rabí Rafael lo que el Señor me dijo a mí: «*¿No te he dicho que si creyeres verás la gloria de Dios?*» –y haciendo una graciosa zalema, se alejó.

–¡Qué mujer tan notable! –dijo el patriarca–. Tiene sobradísima razón; hay que creer y esperar, como esperó y creyó nuestro padre Abrahán.

Quiero ser franco; estaba yo orgulloso de mi fe, considerándome superior a los discípulos. Ellos habían necesitado ver para creer, y yo había creído sin haber visto; no reflexionaba que si tal fe tenía yo, no era por mérito mío, sino por gracia especial que el cielo me otorgara cuando Jesús me miró. Pero al oír mencionar la fe de Abrahán, nuestro padre, que no sólo había creído sin ver, sino que había durado más de cuarenta años esperando contra toda esperanza, me sentí verdadero pigmeo delante de aquel coloso. Analicé entonces mis pensamientos, y vine a concluir que mi fe estaba todavía muy verde. Creía yo, es cierto, en la resurrección de Jesús; los testimonios que tenía a la vista eran irrecusables, y necesitaba ser yo muy tonto o muy mentecato si no me convencían; pero la prueba de la divinidad de Jesús, aunque admirablemente confirmada por su resurrección, quedaba incompleta si su palabra no se cumplía. Aún quedaba mucho por cumplir, y esto era lo que quería yo ver, de donde deduje que mi fe no era tan sólida como me había imaginado.

Habiendo prometido Jesús fundar un reino, me urgía verle fundado, y no veía cómo ni de qué manera iba su palabra a cumplirse. Y en lugar de bajar mi orgullosa cabeza y esperar, me devanaba los sesos –como dijo Marta– forjando hipótesis que no me satisfacían. Pensaba yo resolver el problema de la fundación del reino de los cielos como lo resolvería un hombre de limitado entendimiento, cuando la solución requería la sabiduría, la omnipotencia y el amor de un Dios.

Con toda sinceridad expuse a Quarto mis pensamientos, y él, con su gran sentido común, me repitió:

–Ya te he dicho, dómine, que no te rompas la cabeza; el Hijo de Dios tiene que proceder como Hijo de quien es, y no como nostros, pobres mortales. Tú no ves el futuro, que si lo vieras, serías también Hijo de Dios, y por mucho que te estime, no creo que le llegues al Bautista a los tobillos, y éste no le llegaba a Jesús ni a la correa del zapato.

El argumento era aplastante, y no pude menos de reírme, dando la razón a mi amigo. Y desde aquel momento, cuando me venía a la mente esta cuestión que me atormentaba: «¿Y ahora, qué?», bajando la cabeza humildemente me decía a mí mismo:
«*¿No te he dicho que si crees verás la gloria de Dios? El cielo y la tierra pasarán, pero su palabra no dejará de cumplirse*». Tengo, pues, que esperar como esperó nuestro padre Abrahán y creer como él creyó si quiero que mi fe me sea imputada, como la de él, a justicia. Pues así como nuestro padre Abrahán fue justificado, no por haber ofrecido sacrificio o practicado las observancias legales, sino por haber creído en el Mesías prometido, así yo alcanzaré la misericordia de Dios, no por mis grandiosas hipótesis (!!!), sino por mi fe humilde, con la cual sin ver cómo, cuándo ni de qué manera se establecerá el reino de Dios, crea que, a su tiempo y del modo que disponga Jesús, el Hijo de Dios, quedará establecido sobre la tierra».

Después de estas reflexiones, no me extrañó que los pobres discípulos anduviesen desorientados. Varias veces sorprendí en sus conversaciones que unos a otros se preguntaban como yo: «¿Y ahora, qué?», sin que ninguno diera solución razonable a esta pregunta.

* * *

Mientras se hacían los preparativos para la marcha (los hombres ya estaban listos, pero las mujeres no acababan de hacer bultos y bultitos), Jonadab, enseñando un pergamino, dijo a Samuel:

–¿Conoces esto?

Después de revisar el escrito, el anciano respondió:

–¡Ya lo creo! Es el famosísimo canto de mi hermano Zacarías, que improvisó cuando, al nacimiento de su hijo Juan Bautista, recobró el habla. Zacarías era un gran poeta. Conservo muchas de sus composiciones; pero ésta es, sin duda, la mejor.

–Por supuesto. Desde los tiempos de Isaías creo que no se ha escrito canto que supere a éste. Me lo escribió tu mismo hermano Zacarías de su puño y letra hace ya muchos años –repuso Jonadab–. Ya le pusimos notas; mis muchachos han estado ensayándolo, y se me ha ocurrido estrenarlo ahora, que vamos a acompañar a Myriam, la Madre del Señor; le quiero dar una agradable sorpresa. No digas nada.

Delante de la casa hay una gran explanada, donde se organizó la caravana. Montado en un magnífico caballo árabe, enteramente blanco, iba el portaestandarte del patriarca llevando enarbolado el pendón de la tribu. Seguían inmediatamente, de cinco en fondo, cincuenta recabitas montados en sus briosos corceles. Iban vestidos con túnicas de distintos colores, y cubiertas las barbudas testas con blancos albornoces, mientras portaban en la siniestra sus lanzas con banderolas rojas y amarillas.

Seguían el grupo de los discípulos a pie y con sus báculos para el camino, tras de los cuales venían las mujeres, montadas en borricos que les proporcionó Lázaro.

Magdalena no permitió que Myriam cabalgara sino en la borrica madre del pollino en que había entrado en Jerusalén, triunfante, Jesús. Juan llevaba del cabestro la borrica.

Formaban la retaguardia otros cincuenta recabitas, y detrás de todos, acompañado de su estado mayor de ancianos, venía el patriarca Jonadab.

Despedimos a los viajeros Samuel, Lázaro, Marta, Magdalena, Quarto, mis hijos y yo, que permanecimos en Betania. Cuando la caravana se puso en marcha, todos llevamos una agradabilísima sorpresa. Resonó, de repente, la magnífica voz de bajo de Jonadab, coreada por los recabitas de la retaguardia.

–«*Bentido sea el Señor Dios de Israel, porque ha visitado y redimido a su pueblo*» –cantaban aquellas varoniles voces, haciendo resonar las cercanas montañas.

–«*Y nos ha suscitado un poderoso salvador en la casa de David, su siervo*» –respondían los de la vanguardia.

–«*Según lo tenía anunciado por la boca de sus santos profetas, que han florecido en los siglos pasados*» –cantaba la retaguardia.

....
....

Todo el pueblo de Betania salió a ver lo que pasaba. Aquello era una cosa inaudita, y sobre las mismas murallas de la ciudad se veía gente que, atónita, escuchaba tan desacostumbrado canto.

Se fue alejando la caravana poco a poco, y ya para perderse de nuestra vista, en un recodo del camino, oímos los últimos versos.

–«*Por las entrañas misericordiosas de nuestro Dios, que ha hecho que ese sol naciente haya venido a visitarnos de lo alto.*»

Lejos, muy lejos, oímos que la vanguardia terminaba:

«*Para alumbrar a los que yacen en las tinieblas y en la sombra de la muerte, para enderezar nuestros pasos por el camino de la paz...*»

Y mientras el eco de las montañas repetía «Paz, paz», última palabra de aquel himno en honor del Mesías, Hijo de Dios, el humo del incienso del sacrificio vespertino se elevaba tranquilo al cielo desde el templo de la ciudad deicida.

57
DE VACACIONES

«Jerusalén.
Al editor del *Boston Graphic*.
Boston. Mass. (U.S.A.).

Mi querido Bill: Dos años llevo trabajando en la traducción y adaptación de estas ya famosísimas *Memorias,* y es justo que tenga mis vacaciones, ¿no le parece?

Ha sido un trabajo ímprobo el que me he echado a cuestas. Yo le quisiera ver a usted descifrando estos garabatos de letras griegas, hebreas o siríacas frecuentemente ilegibles. A veces hemos tenido que adivinar las palabras, pues varios pergaminos están casi deshechos. Y, después de leer el manuscrito, ha sido otro trabajo no menor el entender las abreviaturas. En muchas ocasiones, el texto no está en griego, sino en arameo o siríaco; está visto que Ben Hered dominaba esas lenguas. Yo no hubiera podido llevar a cabo la traducción si mis intérpretes griegos y judíos no me hubieran ayudado. Un pobre rabí judío se me puso malísimo de los ojos, pues con una lente ha tenido que estar trabajando horas y horas para descifrar los textos siríacos; he tenido que darle sus vacaciones y pagar a un oculista para que le cure.

En una palabra, todos estamos cansadísimos, y necesitamos nuestras vacaciones. Por eso he concluido la segunda parte de estas *Memorias* con el capítulo «A Galilea», que le remito.

Si usted lee con atención esta segunda parte, verá que, como la primera, forma un todo completo. En aquélla dejó Ben Hered asentado que Jesús de Nazaret era «el que había de venir», y en esta segunda queda convencido de que «el que había venido era el Hijo de Dios» anunciado por los profetas. La resurrección de Jesús, perfectamente comprobada, no le deja la menor duda de su divinidad. Y hay que tener en cuenta que Ben Hered no era un ignorante crédulo; era un filósofo sumamente ilustrado y sutil, que no se convencía sino después de ponderar los argumentos con verdadera inteligencia. Por otra parte, con toda sinceridad, nos da a conocer su vida libertina y desarreglada, lo que demuestra que no era ningún inocentón, sino un sujeto muy corrido, lo que se llama un hombre de mundo.

Una buena cualidad admite que tenía: estaba dispuesto a no cerrar los ojos a la verdad. No era de la escuela de Ben Renanus, que niega todo aquello que de antemano se ha determinado no admitir, aunque las pruebas sean concluyentes.

En los últimos capítulos nos da cuenta con todo candor de las terribles luchas que tuvo que librar antes de bajar la cabeza, a pesar de los irrefragables argumentos que le demostraban que Jesús era Hijo de Dios. Un racionalista de nuestra época no hubiera escudriñado con más empeño las pruebas acumuladas en favor de la divinidad del Maestro.

La muerte del Nazareno vino a oscurecer su fe, que ya estimaba firme; pero ante la comprobación indiscutible de la resurrección de Jesús, su fe renació vigorosa, hasta el punto de no querer cambiarla por la evidencia misma.

II. YO SOY-57. DE VACACIONES

Le queda el natural deseo de ver los hechos que responderán a su pregunta: «¿Y ahora, qué?» Ansía ver cumplidas las profecías de Jesús, ya que ha presenciado el cumplimiento de las de los profetas relativas al Maestro. Quiere ver la obra, sin tener la menor idea de cómo ha de efectuarse. El reino de los cielos es todavía un misterio para él, y más el modo de su establecimiento. Pero, creyente ya, espera resignado, aunque ansioso, la época no lejana en que la obra del Nazareno, comenzada por lo menos, venga a complementar el argumento indiscutible de la resurrección, demostrando de manera definitiva e irrecusable la divinidad del Hijo de María.

En la tercera parte de estas interesantísimas *Memorias* nos da cuenta de cómo los hechos respondieron a la pregunta que le obsesionaba: ¿«Y ahora, qué?»

Por lo que he podido ver, recorriendo a la ligera los restantes pergaminos, le puedo asegurar que esta última parte es quizá la más importante de todas. Ciertamente, es el complemento de la obra de Ben Hered.

Como usted lo puede ver, estas *Memorias* no son una vida de Cristo; son, como se lo escribí al principio, el resultado de una investigación que el rabí español, sin plan preconcebido, va haciendo de la personalidad, doctrina y hechos de Jesús de Nazaret. Por eso, no hay que esperar orden alguno cronológico; son unas *Memorias* sin orden especial, y nada más. Y si faltan algunos hechos muy principales de la vida del Maestro, es, o porque no tuvo de ellos conocimiento, o porque según su juicio, no venían al caso para la demostración de la verdad que él iba buscando.

Como, desgraciadamente, muchos pasajes están muy poco legibles, he completado lo que falta, siempre que el sentido lo requería, con el texto evangélico, que va en *caracteres distintos,* como ya lo hice notar anteriormente.

Y ya no escribo más, porque estoy muy fatigado. Ardo en deseos de salir de aquí y marchar a Suiza, donde espero pasar mis vacaciones. He recibido una invitación del abad de Einsiedelos para asistir a las fiestas del milenario de aquel monasterio, y le he prometido que iría.

Todos mis papeles quedan depositados en el Consulado americano de Jerusalén.

En espera de su contestación, me despido.

Suyo,

Myles.»

* * *

«*Boston Graphic*.
Boston. Mass. (U.S.A.)
Mr. Myles Connelly.
Einsiedelos (Suiza).

Querido Myles: Dispense no haya respondido antes su carta, pues quise hacerlo cuando pudiera enviarle debidamente encuadernado el primer ejemplar de la segunda parte. YO SOY, de las *Memorias* de Ben Hered, tan admirablemente adaptadas por usted. Cuando anunciamos en el *Boston Graphic* que ya iba a salir el segundo tomo, nos llovieron órdenes de todos lados para que les remitiéramos el libro cuanto antes. Ha habido varios clientes que nos enviaron veinticinco dólares por un solo ejemplar, con la condición de ser los primeros en recibirlos. Hay una demanda increíble; todos desean leer la segunda parte de las *Memorias*.

Le escribo ésta a Suiza (ya lo hago allí desde hace días), pues supongo que habrá recibido mi cable.

Por otra parte, mientras encuadernaban su libro tuve el gusto de oír verbalmente o recibir cartas criticando la obra. Hasta ahora todos son elogios. Por supuesto, que espero recibir también cartas de varios de aquellos a quienes la Escritura da el honorífico título de necios, ya que su número es infinito.

Voy a transcribirle algunos de los juicios que tengo a mano.

Dice una carta:

«La figura de Cristo pasa por las *Memorias* con un misterio y una luz que no son de este mundo. Su voz, su mirada, su ademán, conmueven de modo extraño. Estas *Memorias* tienen la característica de lo sublime».

Abro y leo otra: «La figura de Jonadab es encantadora. Los primeros capítulos en que se habla de este patriarca y la tribu de los recabitas, no pueden ser más atrayentes. Si empieza uno a leer hay que seguir adelante; el libro no se cae de las manos».

Dice otra: «El capítulo "Myriam", en que se cuentan los sufrimientos de la Virgen de modo tan nuevo y verosímil, me ha hecho derramar muchas lágrimas. Estoy horrorizada con la idea de que la túnica del sumo sacerdote, tejida por María, pudo muy bien ser manchada con la sangre de su Hijo crucificado».

Otra: «La escena de los niños rezando el Padrenuestro es admirable. Nunca había comprendido la enorme trascendencia de esta oración, y ahora entiendo por qué se dice en la misa *Audemus dicere,* nos atrevemos a decir: Padrenuestro».

Un médico escribe: «Yo he estado varias veces en Lourdes, y he presenciado algunas de las curaciones milagrosas. La curación de Sidonio, el ciego, está admirablemente descrita. No he podido menos de reírme al ver la terapéutica de mis compañeros del tiempo de Cristo; así debieron practicar la Medicina».

Una joven: «La romántica historia de Marta y Simón, el leproso, me ha encantado. ¡Qué figura tan noble la de Marta, la mujer llena de fe, cuya confianza en Jesús es ilimitada! Casi me gusta más que Magdalena, aunque al ver a ésta mostrando a los niños el pañuelo manchado con la sangre de Cristo, no pude reprimir las lágrimas».

Un profesor de la Universidad de Harvard me decía: «Hasta ayer era yo incrédulo; pero cuando terminé este libro admirable, no pude menos de exclamar con Ben Hered: ¡Creo, Señor!», pero ayuda mi incredulidad».

Siguen llegando cartas; pero quiero decirle algo de mis pobres impresiones.

Como usted sabe, soy casado, y tengo dos hijos: May y Jack, de ocho y diez años, respectivamente. Mi esposa, Margarita, es una mujer muy inteligente, hacendosa y buena; pero ni ella, ni mis hijos, ni yo tenemos religión ninguna. Aunque me esté mal el decirlo, yo soy honrado, trabajador y hombre de familia, la cual es todo para mí.

Si bien mi mujer y yo nos desvelamos para dar a nuestros hijos la mejor educación, sin perdonar gasto alguno, nunca nos ha preocupado la parte religiosa. Pero desde que cayó en manos de mis hijos el primer tomo de las *Memorias,* he notado en ellos un cambio notable. Cuando llegan de la escuela, y después que han concluido su *Home work,* en lugar de irse a jugar, como lo hacían antes, se sientan los dos juntos, y se ponen a leer las *Memorias.* Desde el principio les interesó mucho; pero al terminar el libro, en lugar de tomar otro, lo volvieron a leer con verdadero entusiasmo, y han seguido releyéndolo hasta el punto de que ya se saben de memoria muchos capítulos.

Como la segunda parte tardaba en publicarse, ya me acosaban pidiéndome que se imprimiera cuanto antes. Tanta fue su insistencia, que me vi obligado a darles las pruebas conforme iban saliendo de la imprenta, y ellos las devoraban.

Si la primera parte les gustaba, ahora están locos con la segunda. Los caracteres de Rafaelito y Raquel les encantan, y me han rogado que el curso entrante los mande a una escuela donde puedan aprender la *Historia Sagrada.* Han tomado gran cariño a Jesús de Nazaret, y, a instancias de ellos, he tenido que admitir en mi casa por primera vez una imagen religiosa: el cuadro de Hoffman *Cristo bendiciendo a los niños.*

Mi esposa también ha cambiado. Tiene su ejemplar propio, que a nadie presta; y en las noches, mientras yo trabajo en el periódico, ella me espera leyendo las *Memorias,* y, lo que es más, meditándolas.

Nunca le he hablado de esto, ni ella me ha hecho confidencias; pero noto en ella, como dije, un cambio notable.

Y ahora voy yo. Naturalmente, he tenido que leer varias veces las pruebas, que corrijo yo mismo; pero como esto no me satisface, y durante la semana no tengo tiempo, los domingos por la mañana, mientras mis hijos, tirados sobre la alfombra, se divierten leyendo la parte cómica de los periódicos, yo leo y releo las *Memorias.*

«Tengo que serle franco: estoy convencido de que Jesús de Nazaret es el Hijo de Dios prometido en los profetas; pero, a pesar de esta convicción de mi entendimiento, mi voluntad no se mueve a dar su beneplácito. Quiero creer, y se me resiste; no sé lo que me pasa. Y no es por falta de convencimiento; repito que mi mente está ya persuadida.

Veremos si después de leer la tercera parte de las *Memorias,* que todos deseamos salgan cuanto antes, me siento, al fin, movido a creer.

Tome sus vacaciones; es justo; pero no las alargue demasiado. No tiene idea del estado de ánimo en que me encuentro; quiero creer y no puedo. Mande, mande cuanto antes la última parte.

Suyo siempre,

BILL.

P.D.– Mi mujer le saluda y mis dos hijos quieren ponerle unas líneas. Aquí están:

Mr. Myles: Queremos conocerle. ¿Nos manda su retrato? ¿Cuándo termina la tercera parte de las *Memorias?* Mándelas muy pronto, y se lo agradeceremos mucho, mucho.

Le envían muchos x x x,

MAY Y JACK.»

LIBRO TERCERO

¿Y AHORA, QUÉ?

PRÓLOGO[1]

Omne tulit punctum qui miscuit utile dulce. *Pocas veces el viejo precepto de Horacio, que yo traduzco «el que verdaderamente acierta es el que mezcla lo útil con lo sabroso», ha tenido aplicación más evidente que en esta obra del P. Carlos M.ª de Heredia, S. J.,* MEMORIAS DE UN REPORTERO DE LOS TIEMPOS DE CRISTO, *cuyo tercer libro, bajo el prometedor título* ¿Y AHORA, QUÉ?, *tienes en tus manos, amigo lector.*

Porque no me podrás negar la utilidad absoluta para todo hombre, no digo ya para todo cristiano, del conocimiento de Jesucristo y de los principios de la Iglesia que Él fundó.

El número sin número de libros que sobre tal asunto se han escrito, y que pueden formar muy bien, ellos solos, una inmensa biblioteca, demuestra a las claras el interés de los que leen, y que proviene de la utilidad y provecho que obtienen de tan maravillosa historia.

Porque no se concibe cultura alguna de los hombres de la Era cristiana sin que se conozca, aunque sea a grandes rasgos, el origen de esta civilización de que ha vivido el mundo veinte siglos, y cuyos principios, como una fuente renovadora, transformaron al mundo antiguo, decrépito y cansado, en el que nada sonreía para la vida, en el que, sin esperanza y sin alegría, los paganos de aquellos remotos tiempos iban pesadamente caminando en este valle de lágrimas, oprimidos bajo el peso de todas las injusticias y todos los dolores, y suspirando algunos, al menos de entre ellos, por Aquel que había de aligerar su carga, y revelarles la verdad y solución de tantos enigmas como encontraban al paso.

Por eso, el Evangelio, aun en su necesaria concisión, a que las circunstancias obligaron a sus autores, es el libro más extraordinario e interesante de los tiempos que caen a ese lado de la cruz, aun sin tener en cuenta su inspiración divina, de la que no se puede nunca prescindir. Sólo tiene igual en aquellos de que es su continuación y conclusión que forman el Antiguo Testamento.

El encanto indiscutible del Evangelio, su utilidad y al mismo tiempo la concisión de sus detalles en la relación de la vida de Nuestro Señor y la

---

[1] Los libros que componen la obra MEMORIAS DE UN REPORTERO fueron saliendo a luz pública, en su primera edición, por separado y con intervalos de cierto tiempo. Razón de este prólogo del R. P. Cardoso, S.J., que con mucho gusto transcribimos por su interés. *(N. del E.).*

predicación de su doctrina, ha tentado en todos los siglos criatianos desde los mismos principios a los escritores para desarrollar y completar tan maravillosas relaciones. Desgraciadamente, no todo fue con buen espíritu, ni con extremo cuidadoso de conservar la ortodoxia. Ahí tenemos los famosos Evangelios apócrifos, novelones en los que casi siempre se mezclan absurdas herejías, y que tuvieron la osadía de presentar sus anónimos autores como continuación de los mismos Evangelios revelados, poniéndolos a la altura misma, en cuanto a su inspiración, de los sagrados libros que contienen la genuina y auténtica revelación cristiana.

La Iglesia, naturalmente, fue severa con ellos, y puso en guardia a los fieles contra esas fábulas absurdas, ridículas y falsamente históricas. Otros, sin llegar a los excesos de los apócrifos, forjaron numerosas novelas, en las que la verdadera historia sufre deformaciones completas, no sólo en la narración e interpretación de los hechos, sino en la presentación de los caracteres de los personajes que intervinieron en la epopeya sublime de la vida de Jesucristo y establecimiento de su Iglesia. Con un estilo brillante Renan escribió una vida de Jesús, que es un portento de impiedades y herejías, pero, sobre todo, una falsificación absurda de la historia auténtica. Racionalista y escéptico, niega la intervención y aun la existencia de lo sobrenatural, precisamente cuando todo es sobrenatural en la vida del Hombre-Dios. Para este impío autor no hay milagros posibles, no hay revelación de Dios a los hombres; la persona divina de Jesucristo aparece despojada de su principal carácter: la divinidad. Renan no tiene a Jesucristo por la segunda persona de la Trinidad Beatísima, sino únicamente como un hombre de extraordinarias cualidades y hermosura humana, en su persona y en sus sentimientos, en sus palabras y su obra. Igualmente para él, en el establecimiento de la Iglesia, no interviene para nada el Espíritu Santo, todo es obra de amores y ternuras humanas, meramente humanas, que le dan ocasión para poéticas y dulzonas descripciones, que llegan a hastiar como empalaga le mucha miel por rica que sea.

Y como Renan, otros muchos hicieron de la historia una novela, lo que no es lo mismo que hacer una novela basada en la Historia.

Nada de esto encontramos en la obra del padre Heredia. Sí, escribe una novela, pero tiene el cuidado de advertirlo en más de una ocasión, muy al contrario de los apócrifos, que su obra es eso, precisamente, «una novela». Pero es novela en aquellos episodios que narra ampliando o explicando los del Evangelio y los actos de los apóstoles, sin apartarse en el fondo del mismo ni un ápice de la historia evangélica. Al leer estos episodios, que la imaginación fecunda del autor forja alrededor del relato sagrado, los que hemos leído y meditado con veneración y atención ese relato estamos tentados de decir: sí, así debió de suceder, esto está de acuerdo perfecto con el carácter de los personajes descritos en el libro sagrado, y un personaje de tal carácter, con tal misión, con tales auxilios, en las circunstancias que lo rodean, en la manera de ser de los pueblos en que vivían, no debió proceder de otro modo en esta situación que forja el novelista, y que, por lo demás, es de tal naturaleza, que se encuentra repetida quizá muchas veces a lo largo de la historia humana.

Conocedor de la teología y todas las ciencias sagradas, lector asiduo de las interpreteciones de los exegetas y doctores de la Iglesia, nunca el P. Heredia se desliza a lo heterodoxo, nunca da como una opinión cierta lo que es indiscutible, ni mucho menos otorga los honores de la verdadera y auténtica de Cristo, a lucubraciones atrevidas y falsas de la herejía.

No hay en esta obra ni un solo error dogmático ni algo contra la moral y buenas costumbres; de ello nos certifican los censores eclesiásticos de la obra; pero tampoco jamás trata con menos reverencia de la debida a la sagrada persona de Jesucristo, a la Virgen purísima, a los apóstoles y demás amigos de Dios, santos que intervinieron en la fundación de la Iglesia. Ameniza, ciertamente, su relación prestando a veces a esos personajes algunas bromas o algunas cándidas proposiciones que serían probablemente frecuentes en aquellos humildes y cándidos pescadores y campesinos; pero en ellas sólo se descubre su inocencia, y su sencillez, no esa ridícula estupidez o esos errores fundamentales que se han permitido atribuirles algunos escritores, respaldándose malamente en algunas palabras del mismo Evangelio.

Pero lo más característico de esta obra es que tiene un verdadero carácter apologético. Como quien no quiere la cosa, hábilmente expone los argumentos y razones que fundan la credulidad de los hechos sobrenaturales, la intervención de Dios de una manera especial en la fundación y desarrollo de la Iglesia. El que lee esta obra tiene que quedar convencido de la verdad de la divinidad de la Iglesia, y esto sin que se le proponga tesis alguna a demostrar con el rigor de la dialéctica. La simple y sencilla narración de los hechos, las reflexiones naturales que los acompañan y que cualquiera puede hacer con un poco de juicio, pero que el amor se las da ya hechas, bastan como el mejor de los argumentos dialécticos. Al alcance de todos, esta argumentación sui generis debe producir los más saludables efectos.

Y a todo esto se añade el atractivo de la narración novelesca e imaginaria en que sobresale el autor. Por eso decía yo al comenzar estas líneas, que el precepto de Horacio se realiza aquí de una manara admirable.

El autor en toda su obra ha seguido el orden cronológico de la historia evangélica. En su primer libro nos exponía la esperanza del mundo en Aquel que había de venir, el Mesías, el Cristo esperado. En el segundo, la presencia ya en la tierra de Jesucristo Dios y Hombre que lleva a cabo la redención de la Humanidad, hasta su muerte de cruz y su resurrección gloriosa, y en este tercero, el establecimiento de la Iglesia en el mundo por los inspirados misioneros de Jesucristo, los apóstoles, y aun algunas de *las escenas encantadoras de la primitiva Iglesia. La obra es completa, abundante y provechosísima al lector.*

Ojalá que el atractivo novelesco con que el autor presenta la ya encantadora sagrada historia evangélica ponga en las manos de muchos no cristianos o verdaderamente infieles esta obra. Ella, sin duda, le llevará a la misma fuente, al Nuevo Testamento, y de su lectura quién sabe si Dios se valga como de una gracia para llevar a los extraviados al buen camino.

Ésa será la mejor recompensa del autor y su mayor gloria. Que, al fin y al cabo, conforme al lema de la Compañía de Jesús a que pertenece, todo lo encamina, como buen hijo de San Ignacio, A LA MAYOR GLORIA DE DIOS.

Joaquín Cardoso, S. J.

UNA CARTA DE MR. MYLES CONNELLY

«Jerusalén (Palestina).
Mr. W. Connor.
Boston Grapihc.
Boston, Mass. (U. S. A.).

Mi querido Bill: Le envío, por ahora, las páginas traducidas y adaptadas del manuscrito de Ben Hered que llegan hasta los días de Pentecostés, con las cuales pensaba yo que el famoso israelita hispano de la tribu de Benjamín terminaba sus *Memorias.*

Me alegro muchísimo que los dos primeros tomos de las MEMORIAS DE UN REPORTERO DE LOS TIEMPOS DE CRISTO –*El que ha de venir* y *Yo soy*– hayan tenido éxito extraordinario, como me cuenta en su última carta.

Este tomo, como verá, tiene una segunda parte: *Cien años después.* Son las últimas *Memorias* de Ben Hered escritas por aquel anciano venerable a los principios del segundo siglo de la Era cristiana.

Después de dejar sólidamente probada en el primero la *Mesianidad* de Cristo y en el segundo su *Divinidad,* termina el tercero y último dando cuenta de la propagación y organización de la Iglesia fundada por Cristo bajo la influencia admirable del Espíritu Santo. La existencia de la Iglesia es una prueba evidente de la divinidad de Cristo, su fundador.

Y aquí termino, carísimo Bill, pues aún me resta mucho que traducir y *adaptar.*
Suyo,

MYLES».

1
LA PÚRPURA DE TIRO

–¿Cuándo vendrá el abuelito? –me preguntó, cariñosa, mi hija Raquel.
Dejando de leer la epístola que en la mano tenía, le respondí:
–No vendrá...; pero iremos nosotros a visitarlo a Tolemaida.
–¿Y dónde está eso? –preguntó Rafaelito.
–Es un antiguo puerto frente al Carmelo –le respondí.
–¿Nos vamos a embarcar? –añadió mi hijo, entusiasmado.
–Mañana mismo saldremos para Joppe; allí nos espera uno de los barcos de abuelito, y navegaremos a lo largo de la costa de Palestina hasta doblar el cabo del Carmelo.
–¿Y vamos a subir al monte Carmelo, donde vivió el profeta Elías? –dijo Raquel.
–Es muy probable; la vista desde allí es espléndida.

Los dos niños se pusieron a saltar de gusto, no sólo por ir a conocer a su abuelito, de quien muchísimo les había yo hablado, sino con la ilusión de conocer el mar. Aunque ya habían cruzado el Mediterráneo, eran muy niños entonces y podía considerarse ésta como la primera vez que iban a embarcarse.

Benjamín Ben Bela es el nombre del venerabilísimo anciano padre de mi madre y, naturalmente, bisabuelo de mis hijos. A este israelita piadosísimo debió mi padre todo, y, por consiguiente, yo también. Idolatraba a mi madre, su hija única, y fue para su yerno no un suegro, sino un cariñosísimo padre, habiendo tenido por mí siempre verdadera debilidad. Hacía más de cinco años que no lo veía, si bien no dejaba de escribirle con toda regularidad; no hubiera perdonado mi silencio. Yo no sólo lo quiero de todo corazón, sino que le tengo respeto profundísimo; es un hombre de inteligencia privilegiada, y aunque de profesión comerciante, ha atesorado en su excepcional memoria un caudal grandísimo de los más variados conocimientos, a más del tesoro inestimable de su larguísima experiencia, pues cuenta en la actualidad ciento tres años.

De una salud de hierro, trabaja constantemente, a pesar de lo avanzado de su edad; su indomable carácter, acostumbrado a vencer las mayores dificultades, no lo deja estar ocioso ni un momento. Como antes indiqué, es profundamente piadoso y sumamente caritativo con los menesterosos. Tiene, a mi ver, un solo defecto: es en extremo ambicioso, lo que, añadido a sus extraordinarias cualidades como comerciante y a su larga vida, ha hecho de él no sólo el hombre más rico de Judá, sino de toda la Dispersión.

Es el armador más poderoso del Mediterráneo, contando sus buques por cientos. Posee muchos miles de camellos y bestias de carga, que incesantemente cruzan en numerosas caravanas los desiertos de Persia. Se internan sus dependientes en las apartadas regiones de la India, llegando hasta el Gran Katayo (China) y a las famosas y remotísimas islas de las Especias en busca de mercancías. Luego esparcen éstas sus buques por las costas del Mediterráneo, del mar Rojo y las de Ofir, de donde vuelven cargadas de oro.

A su avanzada edad era lo lógico que descansara ya de los negocios, y, sin embargo, sigue acrecentando más y más sus fabulosas riquezas, por lo cual lo he juzgado ambicioso.

Baste lo indicado para dar una idea del hombre a quien yo deseaba abrazar con todo cariño y a quien mis hijitos estaban ansiosos de conocer. Acababa yo de recibir carta suya, diciendo que nos esperaba en Tolemaida, donde tenía una de sus grandes factorías. Me urgía que marchase luego con mis hijos, para lo cual ponía a nuestra disposición una nave que nos esperaba en Joppe.

Al fin de la carta añadía algo que me hizo ruborizar.

«He leído –decía– la primera parte de tus *Memorias,* que me enviaste hace un año, y te ruego (palabra que él usa poco) que traigas contigo lo que hayas escrito, pues estoy interesado sobre manera. Tus renglones han hecho palpitar mi viejo corazón, y te confieso que más de una vez las lágrimas han surcado mis arrugadas mejillas. Tráeme, hijito mío muy querido, lo restante de tus *Memorias;* no sabes cuánto te lo agradeceré.»

Nadie antes de él había leído mis escritos, y estas sinceras palabras del hombre por mí tan estimado y respetado no pudieron menos de ruborizarme. Enrollé, pues, con gran cuidado mis pergaminos, y hechos los otros preparativos, acompañado de mis hijos y Quarto, salimos al día siguiente para la costa.

Es más para imaginada que para descrita la ruidosa alegría de los niños al encontrarse sobre la cubierta del trirreme *El Tritón,* fondeado en la rada de Joppe. Todo les llamaba la atención, y mientras Rafaelito asediaba a preguntas al capitán Marcio, mi hija, acompañada de Lucía, recorría los diversos departamentos de la lujosa embarcación. Hago aquí constar con agradecimiento que mi cariñoso y previsor abuelo había dispuesto se embarcara Lucía, joven y educada romana, con sus dos hijas Fulvia y Lucila, con el único objeto de servir en todo a mi Raquel.

La embarcación sólo esperaba nuestro arribo para partir, ya que la marea alta facilitaba las maniobras. Los remos empezaron, pues, a sumergirse en las tranquilas aguas con toda regularidad, dirigidos por el monótono golpear del inflexible martillo del capataz. Nuestra nave fue poco a poco alejándose de la costa, dejando atrás la colina en cuya ladera se recuesta Joppe con todo el esplendor de una ciudad oriental. Cuando el trirreme entró francamente en el mar, Marcio, que había llevado consigo a mi hijo al castillo de proa, desde donde dirige la embarcación, le dijo:

III. ¿Y AHORA, QUÉ?-1. LA PÚRPURA DE TIRO 571

–Joppe es una de las ciudades más antiguas del mundo. Algunos afirman que fue la patria de Noé y que aquí construyó el arca. Los hebreos la llamaron Yapho, que significa la bella, la donosa, de donde derivan el nombre de Yafa o Jafa que algunos le dan, si bien los griegos y romanos la llaman Joppe. Otros sostienen que deriva su nombre de Jafet...
–¿El segundo hijo de Noé? –preguntó mi hijo.
–Precisamente, y cuentan que aquí fue enterrado –respondió el capitán.
–¿Y esa gran roca que sale del agua? –insistió el niño.
–Ésa tiene una leyenda curiosa según los paganos. Cuentan que en esa roca estuvo atada Andrómeda para que fuera devorada por un enorme monstruo marino, pero la libró Perseo y se casó con ella.
La mención del monstruo marino debió traer a la memoria de mi hijo la historia de Jonás, pues preguntó al capitán:
–¿No fue aquí a donde vino el profeta Jonás cuando no quiso obedecer a Yahvé?
Sonrió el marino ante la erudición bíblica de mi hijo, y respondió:
–La leyenda de Andrómeda demuestra claramente que en aquella época había por estos mares monstruos enormes. En tiempo del edil romano M. Scauro se sabe que aquí se encontró el esqueleto de un monstruo marino de más de cuarenta pies, que fue trasladado y exhibido en Roma. No hay, pues, que extrañar que en la época de Jonás, quien aquí se embarcó como dices muy bien, hubiera un pez enorme que pudiera tragárselo. Joppe –prosiguió Marcio– fue una colonia fenicia en tiempo de los filisteos, y aquí llegaron con grandes balsas, enviadas por el rey de Tiro, Hiram, los cedros del Líbano destinados a las obras del templo de Salomón. Cinco siglos más tarde desembarcaron aquí los cargamentos de madera para la reedificación del templo de Zorobabel. Ahora después de muchas vicisitudes, ha disminuido; es un puerto secundario. Bajo el dominio de los romanos, Cesarea, adonde hoy llegaremos, la supera con mucho; es actualmente la residencia de Pilato.
En efecto; al caer la tarde, aunque pasando bastante lejos, para evitar los numerosos escollos de la costa, pudimos ver Cesarea y los numerosos barcos anclados en su puerto.

* * *

Había cesado el viento, y nuestro barco, a media velocidad, surcaba la mar tranquila propulsado por los remeros. Mis hijos, en extremo cansados, dormían desde hacía varias horas; pero yo, encantado con la placidez de la noche, tibia y perfectamente oscura si se exceptúa la luz de las estrellas, me había recostado en un cómodo diván sobre cubierta, entregado a mis meditaciones.

Muchas horas durante mi vida he pasado por las noches contemplando el firmamento, pero no recuerdo haber visto jamás un cielo más hermoso; las estrellas brillaban con una intensidad desusada, y su frecuente cintilar me daba la impresión de que desde su lejanía observaban curiosas nuestro planeta. Bastante retirados de la costa para que las bajas montañas de Judea no interrumpieran sensiblemente el círculo del horizonte, la bóveda celeste aparecía perfecta a mis ojos. No creo que a la luz del sol pueda presentarse en lugar ninguno una vista más bella e impresionante que la del cielo estrellado en una noche como ésta.

Por otra parte, mi estado de ánimo me hacía apreciar mucho más aquella vista encantadora y tranquila que me invitaba a olvidarme de la tierra y sus miserias para pensar en la grandeza de Dios, autor de la maravilla de los cielos.

Me sentía impresionado y lleno de admiración al volver la vista del uno al otro polo por aquel cielo tachonado de infinitos luceros, y me sorprendía de que la mayoría inmensa de los mortales no supieran apreciar aquella maravilla. «La fuerza de la costumbre –me dije– es la que hace que no nos impresione lo debido esta escena incomparable. Desde que nacemos estamos acostumbrados a mirar las estrellas, y por eso no sabemos apreciar su belleza».

Entonces me vino a la mente una hermosísima leyenda, que no puedo menos de dejar aquí consignada:

Dicen que Dios creó a Eva a la luz de la belleza propia de la juventud. Adán encontró cabe sí a su compañera. Cuando llegó la tarde de aquel día memorable, y antes que el sol se pusiese, hizo Adán que Eva se quedase dormida bajo los umbrosos árboles del Paraíso. Llegó la noche, una noche admirable en que las estrellas lucían con la belleza propia de la juventud. Adán, entonces, con todo cariño, despertó a Eva. Ésta, aún soñolienta, se restregó los ojos, y al encontrarse rodeada de oscuridad se llenó de temor creyendo había perdido la vista. Adán, al sentir los temblorosos brazos de su mujer que le abrazaba, sonreía. «Nada temas –le dijo cariñoso–. Cierra los ojos y ven conmigo». Eva, con toda docilidad, obedeció. Entonces su esposo, sacándola del umbroso bosque, la llevó a una eminencia desde donde se dominaba sin obstáculo alguno el firmamento. «Abre los ojos –le dijo –y mira...» Eva obedeció, y al contemplar los millones de luceros que parpadeando parecían contemplarla, fue presa de una emoción indecible. Volvía sus hermosísimos ojos a todas partes, y por todas veía infinidad de estrellas que brillaban con entusiasmo. Al fin, con la voz temblorosa por la emoción, dijo: «Nada hay más bello. Pero, Adán, ¿qué es esto? ¿Adónde se ha ido el sol?» «Éstos son los infinitos luminares que Yahvé creó con su palabra para que nos vigilasen mientras el sol se retira a descansar –respondió Adán–. Esto es la noche... Mañana saldrá de nuevo el astro del día y estas linternas se apagarán». Pero todavía esperaba a Eva otra sorpresa. Allá en el horizonte apareció un resplandor de plata. «¿Qué es eso?», pre-

III. ¿Y AHORA, QUÉ?-1. LA PÚRPURA DE TIRO

guntó la primera mujer. «Espera –respondió el primer hombre; y cuando poco después apareció el sonriente disco, Adán añadió–: Ésa es la luna, la señora de la noche». Eva, conmovidísima, se abrazó a su esposo y lo llenó de besos, y al mirar esta escena, Yahvé sonrió complacido: «lo que había creado era bueno...»

Al fin fondeó nuestra nave en las aguas de Tolemaida, y poco rato después mis hijos y yo abrazábamos al venerable patriarca de nuestra familia. No hace a mi propósito contar las escenas familiares de aquella deseada entrevista y las muchas cosas de que hablamos mi abuelo y yo; sólo consignaré al presente una interesantísima relación que sobre los fenicios nos hizo el anciano.

Nuestra conversación sobre este tópico la motivó una pregunta que a mi abuelo le hizo su bisnieto.

Estábamos sentados en un pórtico que da al mar contemplando la hermosísima bahía de Tolemaida, surcada por innumerables barcos, cuyas desplegadas velas, henchidas por el viento y convenientemente manejadas, los llevaban en todas direcciones, cuando mi hijo, fijándose en unos pequeños moluscos que izadas sus antenas membranosas a modo de pequeñas velas, navegaban tan bien o mejor que los barcos, dijo:

–¿Qué es eso, abuelito?

El anciano sonrió, complacido, y acariciando al pequeñuelo, respondió:

–Hace muchos siglos vivió en la estrecha región del Mediterráneo que se extiende entre la cadena de los montes del Líbano o Blancos y el mar, un pueblo maravilloso y providencial: los fenicios. Éstos fueron los grandes conquistadores del mundo, no por las armas, sino por el comercio, por su industria y su habilidad en la navegación. Estos animalitos que ves, fueron, según la tradición, los maestros que les enseñaron el uso de las velas, hasta entonces desconocido.

–¿Cómo se lo enseñaron? –inquirió Raquel.

–El nautilus, que así se llama ese molusco –respondió el anciano– tiene unos tentáculos o antenas cubiertos con una membrana. Cuando el animal quiere mudar de lugar, en vez de nadar saca esos tentáculos a modo de pequeñas velas, y variándolos de posición, impulsados por el viento, navega plácidamente, sirviéndole la concha en que se encuentra encerrado de cómoda embarcación.

–¿Y los imitaron los fenicios? –preguntó mi hijo.

–Ellos u otros anteriormente –repuso mi abuelo–; pero los fenicios fueron los que más que nadie se aprovecharon de ese descubrimiento. Atreviéndose con la mar en sus veleros buques, y aprovechando el viento se lanzaron los bravos fenicios a la conquista del mundo. Fueron el lazo de unión entre los pueblos más distantes, estableciendo las relaciones amistosas que estrecha el comercio. Tiro, Sidón, Berytan y Gobal eran los principales puertos de este marítimo pueblo.

—¿Y Tolemaida? –dije.

—También –me respondió–, sólo que entonces se llamaba Arko, pues el nombre que lleva actualmente es posterior y debido a uno de los Tolomeos. En tiempos de los Hiksos, en Egipto, fue cuando las ciudades fenicias, por circunstancias especiales, llegaron a su apogeo.

—¿Y qué cosas llevaban en sus naves? –preguntó mi hija.

—Aquí está lo admirable y providencial de ese pueblo, ahora desaparecido –dijo, radiante, el anciano.

Nuestra conversación fue interrumpida por la llegada de Quarto, quien venía seguido de un muchacho que traía una gran bandeja con ostras, limones y sal.

—Llegas con toda oportunidad –dijo mi abuelo–; vamos a tomar esas ostras frescas, sumamente sabrosas y nutritivas, y ellas me darán pie para seguir adelante mi relación. Estamos en el mes de marzo, como decís vosotros los romanos...

—Y como este mes tiene una *r*, aún se pueden comer las ostras sin peligro alguno –interrumpió Quarto.

—Me has quitado de los labios lo que iba a decir –repuso, riendo, el anciano.

Y sin añadir más, empezó él a darnos ejemplo comiendo las ostras con sal y gotas de limón. Yo no me hice de rogar; mi hijo siguió valiente nuestro ejemplo; pero, por más que Lucía le rogó, mi hija se abstuvo prudentemente de aquel plato, poco atractivo a la vista. Cuando terminó el almuerzo, rociado con vino de Italia, mi abuelo prosiguió de esta manera:

—Los fenicios fueron a los principios un pueblo esencialmente de pescadores, como buenos dependientes de Sidonio, hijo de Sanán; y Sidonio significa «pescador». El alimento de los habitantes de la costa no es solamente el pescado que cogen en sus redes, sino los moluscos, que, como estas ostras, se crían en las rocas de la playa. Cuenta, pues, la leyenda que un día llegó a su casa con toda la boca llena de sangre un muchacho muy travieso, a quien llamaban Achar, que significa ratón. La madre se asustó; pero su padre notó desde luego que el color era diferente, y limpiando la boca del niño con un lienzo blanco vio que éste tomaba un color púrpura muy hermoso. «¿Qué has comido?», preguntó el padre al chico. «Esto», respondió el interrogado, mostrándole un puñado de pequeños moluscos. Los examinó el padre, y notó que de la cabeza del animalillo salía una gotita de una materia amarillenta que cambiaba de color con la luz, tomando un tinte hermosísimo... Había descubierto la *púrpura*. Por recuerdo del niño llamaron desde entonces «achar» al molusco que producía aquel color, y como significa ratón, y ratón en latín se dice «mus», cuyo genitivo es...

—¡Muris! –gritó, triunfante, Rafaelito.

—Bien lo dices –repuso, sonriendo, el anciano–; de allí tomó nombre el molusco que produce la púrpura, y le llamaron «múrice». Pues bien;

este descubrimiento fue el que hizo ricos y famosos a los fenicios y el que los llevó hasta las más apartadas regiones del Mare Nostrum o Mediterráneo, haciéndoles cruzar las famosísimas «Columnas de Hércules».
 Estaba yo intrigado con la relación de mi abuelo. Éste lo notó y, sonriendo, me dijo:
 –Los fenicios supieron apreciar el valor de este descubrimiento. No había entonces materia colorante más hermosa, y debido al ingenio industrioso de aquel pueblo, la púrpura tomó los más variados matices. El secreto fue guardado religiosamente durante siglos por los fenicios, siendo los únicos en el mundo que sabían de dónde se sacaba la púrpura y la manera de elaborarla para que pudieran teñir las telas de lana y seda. Pero produciendo cada molusco tan sólo una gotita de aquella sustancia, se necesitaban muchos millones de animalitos para que el negocio fuera productivo. Consecuencia natural de esto fue que el múrice desapareció de las costas de Fenicia a los pocos años. ¿Qué hacer?...
 –Ir en busca de él donde lo había –repuse.
 –Eso hicieron los fenicios, recorriendo paso a paso toda la costa del Mediterráneo y de las numerosas islas en las que se encontraba. Pero no sólo eran grandes y atrevidos marinos, sino un pueblo fabril y comerciante. Trabajaban hábilmente los metales y fabricaban vasos, platos, jarros y toda clase de utensilios; adornos y joyas de oro, plata y bronce; su cristalería era estimadísima y sus telas eran muy buscadas.
 –¿Y es cierto que ellos descubrieron el vidrio e inventaron el alfabeto?
 –Hayan o no descubierto el vidrio e inventado el alfabeto –respondió–, lo cierto es que ellos difundieron por todo el Mediterráneo los objetos de cristal, y usando el alfabeto, principalmente para sus transacciones mercantiles, lo implantaron por donde iban. Como era natural, sus naves llevaban y traían, cambiando unas mercancías por otras; y como tanto para el negocio secreto del múrice como para la estabilidad de su comercio necesitaban establecer factorías y colonias, poblaron poco a poco las costas por ellos recorridas.
 –Ellos fundaron Cartago, la antigua enemiga de Roma –dijo Quarto.
 –Y también Gades (Cádiz), del otro lado de las Columnas de Hércules.
 –Y como para la fabricación del bronce –continuó el anciano– necesitaban del estaño, lo fueron a buscar hasta las costas de Albión (Inglaterra). Pero el más rico de sus productos, más valioso que el oro mismo, era la púrpura. Ellos supieron hacer pasar la maravillosa sustancia tintórea por todas las gradaciones, desde el delicado carmesí hasta la escarlata; de ella obtuvieron el color de la amatista, del rubí luminoso y el rojo oscuro. Pero no hicieron esto sólo; también descubrieron el secreto de la tintorería para que las telas de seda, lino y lana absorbieran uniformemente y conservaran sin debilitarse los colores por ellos fabricados. Por su ele-

vadísimo precio y hermosura, la tela de púrpura de Tiro llegó a ser atributo indispensable de la realeza; se empleaban sus géneros para los cortinajes, colgaduras y tapicería de los templos y los palacios. Y las clases privilegiadas adornaban sus vestiduras con franjas y ribetes más o menos anchos de púrpura de Tiro, según su rango.
—Pero para esto se necesitarían millones de múrices —dije.
—Por eso cuando se agotó en sus costas fueron los fenicios en busca del codiciado molusco hasta los confines del Mediterráneo, del mar Rojo, del golfo Pérsico y del mar Índico —me respondió—. Nunca animal alguno de la Creación desempeñó un papel tan importante, no sólo en la vida de los ricos y poderosos del mundo, sino en la fundación y prosperidad de factorías, pueblos y Estados tan poderosos como Cartago, la enemiga de Roma. El múrice, productor de la púrpura, dio vida al pueblo fenicio, y cuando aquél se agotó, éste fue decayendo hasta desaparecer, no sin dejar perfectamente cumplida su misión providencial.
—Y ¿cuál fue ésta? —inquirí, ansioso.
—La Providencia divina es uno de los atributos más grandiosos del Creador —respondió, enardecido, el anciano—. Escucha. Cuenta la leyenda que, habiéndose establecido los hijos de Sidonio en estas playas, un viejo y piadosísimo descendiente de Sem, llamado Jabin, que quiere decir el que entiende o vidente, estableció su morada en una de las rocas de la costa, donde llevaba una vida solitaria y contemplativa. Muy raras veces bajaba al poblado, y sólo para hablar de Dios al pueblo. Siendo ya viejo, bajó por última vez, y, reunidos los sidonios, les contó lo siguiente: «Cuando después del diluvio se empezaron a esparcir los hombres por toda la tierra, Yahvé señaló a cada uno de los futuros pueblos y naciones un ángel para que lo custodiase. Antes de mandarlos a su misión, Yahvé les dijo que pidiesen lo que quisiesen. Micael pidió un escudo y una espada para defender a los hebreos; el ángel de Azur, un arco; el de Persia, una lanza, y así todos los demás. Sólo quedaba Salmael (que quiere decir Dios pacífico), el cual dijo a Yahvé: «Tú eres, Señor, el Dios de los ejércitos, y los otros ángeles te han pedido armas para defender a sus custodiados; pero Tú, Señor, me has dado el nombre de Pacífico, ¿cómo, pues, te podré pedir arma alguna para la guerra? No te irrites, pues, conmigo si te pido algo que proporcione la paz a los sidonios (fenicios), a quienes debo proteger». Entonces el Hijo de Dios, que estaba presente, y por quien fueron hechas todas las cosas, dijo a Salmael: «Tu pueblo será pacífico; pero no por eso dejará de ser grande; se extenderá maravillosamente por mares y tierras, y abrirá el camino a otros que le seguirán. Toma estas conchas, y arrójalas en el mar cerca de la playa». Obedeció Salmael, y el múrice (que tal era el molusco) se propagó por las costas de todos los mares, y los sidonios, habiendo descubierto la púrpura, fueron por todo el mundo en busca del múrice, llegando a ser un pueblo poderoso y grande no por las armas, sino por el comercio. Después de esto, continuó Jabin, vi otros hombres que,

siguiendo las huellas de los sidonios, iban difundiendo por doquier el conocimiento de Yahvé, el Dios único. De pronto vi una roca de la que manaba sangre, en la cual se bañaban otros hombres que seguían los pasos de los anteriores, y recorrían y poblaban los ámbitos de la tierra... y ya no vi más», terminó Jabin.

Y Sabin murió, y fue enterrado en la roca donde viera aquella visión. Tal es la leyenda que oí contar hace muchos años, cuando yo era muy joven. Ahora, hijo mío, atiende el modo cómo esta visión se ha cumplido.

Mi abuelo había dicho para mí mucho más, sin duda, de lo que él creía, contándome la leyenda; pero pensando que quizá su explicación tomaría camino diferente, no quise interrumpirle. El viejo israelita había leído, por lo menos, parte de mi pensamiento, y, dirigiéndose a Quarto y a mí, sonriendo, dijo:

—Vosotros, que habéis viajado mucho, ¿queréis decirme qué os parecen las ciudades de Palestina?

La pregunta me desconcertó, y, no pudiendo ver adónde iba mi abuelo, dejé que Quarto respondiera; éste, pues, exclamó:

—Una solemnísima porquería.

—Pero, hombre, ¿y Jerusalén y el templo? —prorrumpí.

—Desde el punto de vista estratégico, Jerusalén vale, sin duda —repuso mi amigo—; hay, además, algunos edificios, casi todos edificados por los helenistas, que tienen algún valor; pero la ciudad, que es a lo que se refiere tu abuelo, es de lo más infecta, sucia y sin gracia alguna, si no es desde lejos, y esto merced al templo de Herodes, que es una verdadera maravilla. Pero las otras ciudades de Judea, Samaría y Galilea apenas si merecen el nombre de tales. Son un amontonamiento de «dados blancos» en situaciones más o menos pintorescas. Y como nos ha preguntado a nosotros, que hemos viajado, no me cabe duda de que desea nuestra opinión desde el punto de vista comparativo con otros países.

—Así es, así es —repuso, riendo, el anciano—. Tienes razón, Quarto.

—Pues desde este punto de vista, yo también —dije— estoy de acuerdo.

—Y si no fuera por los recuerdos históricos, nada tendrían que ver las poblaciones de Palestina. Son las propias de un pueblo muy atrasado. En modo alguno se pueden comparar con las de Asiria, de Egipto, Grecia y Roma.

—Pues si esto es ahora —dijo el anciano—, cuando los helenistas, como ha dicho muy bien Quarto, han hermoseado a Jerusalén y Tiberíades, figuraos lo que sería la tierra de Canán a la muerte del guerrero rey David. Israel era un pueblo de pastores y soldados. David y su antecesor, así como los jueces, habían pasado su tiempo guerreando; pero de la arquitectura y bellas artes no tenían sino una remota idea, y ninguna de lo que significa el *confort* de los pueblos civilizados, enriquecidos por el comercio y la industria.

Estaba yo verdaderamente intrigado, no sabiendo adónde iba mi abuelo. Éste prosiguió:

—El piadoso rey David, cuya pequeña ciudad aún conserva el nombre, como un barrio de Jerusalén, había siempre tenido en su mente, durante todas sus campañas, la edificación de un templo a Yahvé. El Arca Santa aún estaba guardada bajo una tienda, el Tabernáculo. Para la edificación de ese templo había acopiado, de los expolios de los vencidos, innumerables riquezas, que legó a su hijo Salomón con el expreso mandato de que lo construyera. Salomón, aunque nadando en oro, se encontró con un problema de arquitectura y arte para el que no estaba preparado el rudo pueblo israelita. Pero había viajado, y visto con sus propios ojos las maravillosas ciudades fenicias. Conocía personalmente a Hiram, rey de Tiro, el cual, como leemos en el libro de los *Reyes,* mandó a David artistas y materiales para la construcción de su palacio. Resolvió, pues, Salomón el problema de la edificación del templo, haciendo un pacto con Hiram, el cual le enviaría cedros del Líbano y artesanos hábiles, tanto en la construcción del edificio, como canteros, herreros, forjadores, plateros y tintoreros diestros en su oficio para teñir el lino con la famosa púrpura de Tiro.

—Todo esto se cuenta si mal no recuerdo —dije— en el capítulo 2 del libro de las *Crónicas* o *Paralipómenos,* como les llaman los griegos.

—En efecto, esto y otras muchas cosas leemos allí; pero no es mi intención tratar de la edificación del templo, sino del contacto de los israelitas con los fenicios por este motivo, contacto que fue providencial —dijo mi abuelo—. En aquella época, Fenicia había llegado a la plenitud de su grandeza, extendiendo sus factorías por todo el Mediterráneo, el mar Rojo y el Índico; recorrían sus caravanas el Asia Menor, y llegaban hasta el Báltico, mientras otras atravesaban Arabia, Persia y la India, como dije anteriormente. Las ciudades de Tiro y Sidón eran las más ricas del mundo. Figúrate lo admirados que quedarían nuestros pobres paisanos al salir de Israel y penetrar en aquellas ciudades; y sucedió lo que tenía que suceder: fascinados por la riqueza y el comercio de los fenicios, muchos israelitas, especialmente los de las tribus cercanas a Fenicia, siguieron a aquellos hombres prodigiosos. Allí tienes el principio de la dispersión de nuestros hermanos por todo el mundo conocido en seguimiento de los fenicios, sus maestros también en la navegación, como consta, tanto en el libro primero de Samuel como en el segundo de las *Crónicas.*

—Admirable, admirable —exclamé, recordando la visión de Jabin.

—¿Admirable dices? —interrumpió el anciano—. Pues yo añado providencial, porque el israelita, aunque llamado principalmente por el deseo del lucro cuando emigraba a las más lejanas regiones del Oriente, del Ocaso, del Septentrión y Mediodía, llevaba también como fuego sagrado el culto de Yahvé, el Dios único. Y cuando siglos más tarde, al desaparecer el múrice (sustituida la púrpura por otras tinturas) desaparecía el admirable y providencial pueblo fenicio, ya estaban fundados por todo el mundo pequeños núcleos hebreos, que bien pronto serían reforzados por otros de sus hermanos obligados a emigrar a consecuencia de las persecuciones.

III. ¿Y AHORA, QUÉ?-1. LA PÚRPURA DE TIRO

—¿Te refieres a la cautividad de Babilonia? —pregunté.
Tres han sido las grandes dispersiones de nuestro pueblo —respondió—. Como consta en el libro segundo de los *Reyes,* Salmanasar se llevó cautivos a los israelitas de nueve tribus hacia Hala y Habor, en las riberas del Gozan, mientras que las de Judá y Benjamín eran conducidas a Babilonia. Aquellos, al terminar el cautiverio, se esparcieron por la Media, Elam y Mesopotamia. Solamente la tribu de Judá y parte de la de Benjamín volvieron a Palestina. Éstos fueron los que, bajo la dirección de Zorobabel, reedificaron pobremente el Tabernáculo del Señor.
—Y las otras tribus, ¿qué hicieron? —inquirí.
—Pues se esparcieron por varios territorios, como he indicado; ninguna volvió a instalarse en la tierra prometida, que ya nada les prometía a no ser recuerdos. En cambio, en otras partes se hacían ricos recorriendo los más lejanos países como *buhoneros,* vendiendo toda clase de chucherías, cambiando y prestando dinero, arte este último en que el israelita ha superado a su maestro el fenicio.
—Y ¿cuáles fueron las otras dispersiones que has indicado?
—Una que podríamos llamar la dispersión siria, tuvo principio en tiempo de Seleuco Nicanor, fundador de Antioquía, el cual favoreció mucho a los emigrantes israelitas, concediéndoles privilegios políticos. Antíoco *el Grande* deportó más de dos mil familias hebreas a las provincias de Lydia y Frigia, de donde se esparcieron a Éfeso y Troas. La persecución de Antíoco Epífanes desperdigó muchos miles por el Asia Menor, llegando hasta Chipre y Rodas, por un lado, y por el otro, a Ponto, Ligia y Panfilia.
—Y las colonias de Hispania, ¿de cuándo datan? —preguntó Quarto.
—Datan del tiempo de Salomón —respondió solemnemente el anciano—. Aquel rey, rico y ambicioso, con el patrocinio de su aliado y suegro Hiram, rey de Tiro, formó una armada de embarcaciones tripuladas por hebreos, pero pilotadas por fenicios. Entonces se establecieron en Tarsis (que así llamaban a Hispania) las primeras colonias israelitas.
—¿Y nuestra familia? —pregunté.
—Como te he dicho, la tribu de Benjamín, a la que pertenecemos, volvió con la de Judá a Palestina; pero poco a poco ésta fue, en parte, emigrando, y en tiempo de Tolomeo Soler, cuando éste se llevó miles de cautivos a Alejandría (ésta es la dispersión egipcia), muchas familias, entre otras la de nuestros bisabuelos, emigraron a Hispania. En esta época se esparcieron los hebreos por Libia y Cirene, Creta, Cartago, Ebea, Argos, Etolia, Ática y otros distritos de Grecia.
—¿Y los judíos de Roma? —preguntó Quarto.
—Cuando Roma empezó a ser la señora del mundo, muchas familias hebreas se fueron a establecer allí, creciendo constantemente. En tiempos de Augusto pasaban de cuarenta mil los que habitaban en Roma propiamente dicha y ahora pasan de sesenta mil, con tendencia a aumentar.

—Es claro —dijo Quarto, riendo—, donde hay más dinero, allí hay más judíos.
—Pero donde va el hebreo —repuso con solemnidad el anciano—, allí es glorificado, honrado y dado a conocer el nombre del Señor. Y mientras la tribu de Judá espera a los pies del Tabernáculo la llegada del Mesías, que ha de salir de ella, las otras tribus esparcidas por el Universo miran sin cesar a Jerusalén, con la esperanza de ver brillar la estrella de Jacob, que anunciará la llegada del Deseado de las naciones. Y así, la Providencia divina, creando al insignificante múrice, de donde sale la púrpura, hizo que los fenicios colonizaran pacíficamente el mundo, siguiéndolos los hebreos, preparando éstos no sólo en Palestina, sino en el mundo entero, los caminos a los enviados del Señor.

2
LA JUNTA

—¡Cuántos camellos! —exclamó mi hijo al ver los que se hallaban reunidos en el gran *khan* que tiene mi abuelo al pie del Carmelo.
—Y cuántos burros! —añadió mi hija—. ¿Son todos del abuelito?
—Eso no es nada —replicó Silvio (el hombre de confianza del abuelo)—. Son sólo cuatro caravanas que han llegado de Damasco, Mesopotamia, Elam y la India; tu abuelito tiene cien veces más camellos, burros y bestias de transporte que los que están aquí, por no decir nada de los buques suyos que surcan todos los mares conocidos.
—¿Es tan rico el abuelito? —le preguntó Raquel.
—De eso no hay que hablar —respondió Silvio, llevando a los labios el dedo índice—. No le gusta al abuelito que se hable de eso; pero tú misma verás algo de sus riquezas cuando lleguemos a los grandes depósitos de mercancías.
—No diré nada —repuso mi hija, compungida.
—Pero ¿nos lo vas a enseñar? —preguntó Rafael.
—Por supuesto —dijo Silvio—, y por expreso mandato de tu abuelo. Quiere que tu padre y vosotros os deis cuenta de su obra.
—Y de esos buques anclados en la rada de Kaiffa, ¿cuáles son los de mi abuelo? —pregunté, a mi vez.
—Si exceptúas los barcos pescadores —respondió—, prácticamente todos le pertenecen.
—Son treinta y cinco —repuso Rafaelito, que los había estado contando.
—Pero ¿por qué llevan entonces banderas distintas? —interrogué.
—Porque tu abuelo es un hombre muy prudente; valiéndose de esta estratagema, ha evadido hasta ahora las asechanzas y la rapacidad de los emperadores romanos y las de los gobernadores de las provincias, que son aún más temibles.

—¿Quieres explicarte? –dije.
—Sus innumerables barcos tienen matrículas distintas. Esos que ves con las banderolas blancas, están matriculados en Chipre, y pertenecen a una Compañía chipriota llamada La Gaviota. Los de banderas amarillas están matriculados en Alejandría, y pertenecen a la Compañía Egipcia de Transportes. Los de flámulas azules y blancas tienen su matrícula en Seleucia, que es el puerto de Antioquía, y pertenecen a la Compañía Antioqueña de Navegación.
— Y ésos con bandera blanca y barras rojas? –pregunté.
—Vienen de tu tierra, de Hispania –respondió–; están matriculados en Barcino (Barcelona), y pertenecen a La Iberia, que es la verdadera matriz de las restantes.
—¿Y todas ellas son de mi abuelo? –preguntó mi hijo, asombrado.
—Oficialmente no son sino de las diversas Compañías; pero todas, aunque bajo diversos nombres, pertenecen a Benjamín Ben Bela –respondió, sonriendo.
—¿Y qué ha ganado con eso? –preguntó Quarto.
—Friolera –respondió el gerente–, que cuando a alguno de tus emperadores o de sus dignos representantes se le ocurra confiscar los bienes de La Gaviota, por ejemplo, se podrán incautar de algunos barcos; pero los restantes escaparán, legalmente, de su rapacidad, como ya ha sucedido. Cuando Seyano se apoderó de los buques matriculados en Putéoli, sólo se llevó una docena, y los restantes escaparon.
—Pero perdió los barcos –repuso Quarto.
—Claro, contra la rapacidad romana no se puede luchar sino con astucia. Perdió los buques el amo (que así llamaba siempre a mi abuelo), pero no perdió la carga, y eso es mucho.
—¿Cómo es eso? –inquirí.
—Porque la carga no es suya, sino de los comerciantes que le encargan el transporte. Ellos son los que pierden. El amo, en el mar, sólo transporta, nunca lleva mercancías por su cuenta.
—¿Y cómo hace para controlar las diversas Compañías? –le pregunté.
Quarto se había adelantado con los niños, deseosos de visitar los almacenes. Silvio, de propósito, retardó el paso para poder hablar a solas conmigo. Estando, pues, seguro de que nadie nos escuchaba, me dijo:
—Ante todo, ten presente que tu abuelo es armador; él construye los barcos en sus astilleros, diseminados por todas las costas. Es, pues, el único dueño de las embarcaciones. Por otra parte, todas las Compañías a las cuales alquila los barcos están formadas por israelitas de los más piadosos y honrados de entre nosotros. Éstos son los que, a su vez, enganchan las tripulaciones, contratan los cargos y estipulan las condiciones del transporte con los mercaderes.
—¿De modo que mi abuelo?...

—Nada le preocupa si las mercancías se deterioran o se pierden —respondió—; eso no es cuenta suya. Y, en la emergencia de que los buques naufraguen o sean decomisados, como en el caso de Seyano, sólo pierde la mitad del precio de los barcos, pues va a medias, en este caso, con las Compañías. Por otra parte, él es un banquero, que, con un rédito muy moderado, presta dinero a esas mismas Compañías cuando lo necesitan, lo cual es otra fuente de ingresos nada despreciable.

—¿Y con las caravanas?

—El caso es diverso. El amo es el dueño de todas las bestias de carga, que son los buques del desierto. Pero en los lugares de producción, él compra las mercancías por medio de sus agentes, y, al llegar a los puertos para embarcarlas, las vende a los mercaderes. Sólo corre el riesgo, muy relativo, de los azares de las caravanas, pues siendo éstas numerosas, bien organizadas y atravesando el desierto en época favorable, muy rara es la vez que los beduinos se atreven a atacarlas, pues saben que llevan las de perder. En el mar pasa otro tanto, ya que tiene estipulado con las Compañías que los buques navegan únicamente cuando los vientos son propicios y no en época de tormentas.

—Mi padre aprendió de su suegro a no arriesgarse en el mar, lo recuerdo mucho —dije.

—Es verdad que el amo toma todas las precauciones posibles en sus empresas. Su larga experiencia, de más de ochenta años en este tráfico, le ha enseñado muchísimo; pero si he de decirte lo que siento, el enorme éxito de su negociación lo debe a su inquebrantable fe y confianza en la ayuda de Dios. Es un hombre profundamente piadoso, y en todo lo que hace tiene un objeto grandioso, sus miras son muy elevadas. Pero de esto no debo yo hablarte; él lo hará a su tiempo.

En estas pláticas llegamos a los grandes cobertizos, donde se acumulan ordenadamente toda clase de mercancías, prontas a ser transportadas a los barcos anclados en la rada de Kaiffa, o cargadas sobre el jiboso lomo de los camellos y demás bestias de transporte.

En la puerta del cercado nos esperaban mis hijos, pues Quarto había marchado al departamento de joyas, perfumes y telas para recibir las que venían dirigidas a mí. Entramos, guiados por Silvio, en aquel laberinto, con indecible admiración de los niños y no pequeña sorpresa mía.

Lo primero que vimos fueron los innumerables sacos de trigo procedentes de la feracísima llanura de Esdrelón.

—Este trigo, así como esos cueros llenos de aceite, van consignados a Roma —dijo Silvio.

Seguimos adelante, hasta llegar al departamento de telas.

—Estos bultos contienen telas de lino procedentes de Egipto —prosiguió nuestro guía—. Estas otras son telas de algodón llamadas *karpas,* del nombre de la ciudad de la India que las elabora. Sirven principalmente para tiendas de campaña ligeras; mientras que esta tela burda hecha de cerda o de pelo de camello, que tejen los beduinos del desierto, se utiliza para las tiendas más resistentes y durables. Estas balas son de lana de carnero y éstas de pelo de cabra.

—¿Y esas cosas que apestan tanto —preguntó mi hija, tapándose la nariz.

—Son cueros curtidos de toros, y éstos más finos son de cabra —respondió Silvio—. Aquéllas son pieles de borrego, que sirven para el transporte de vino y aceite.

—Vámonos de aquí —insinuó Rafaelito—, si no Raquel se va a marear. Pasamos al departamento de vestidos, de los cuales muchos estaban a la vista como muestras.

—¿Camisas? —preguntó Raquel.

—Sí —respondió nuestro guía—, son camisas hechas en Panópolis, por otro nombre Chemis, la ciudad de los grandes tejedores. Estas largas son para los albañiles, marinos, pescadores y aguadores, principalmente. Estas más finas son de lino, para la gente rica.

—Pero no tienen abertura para meter la cabeza —observó la niña.

—En efecto —dijo Silvio, riendo—, esto quiere decir que son nuevas. Cada uno, cuando compra su camisa, le hace la abertura conveniente según el tamaño de su cabeza. Éstas son las túnicas que los griegos llaman *xiton;* son abiertas, con mangas, y se atan a la cintura con estas bandas que ves aquí.

—¡Qué bonitas! —dijo Raquel.

—Son una de las prendas de vestir que más se estiman. Las hay de diversos colores y más o menos anchas según el gusto y las posibilidades del consumidor. Estas que te han llamado la atención son de seda o sericón, vienen desde un pueblo de la India llamado Seres, de donde reciben el nombre. Sobre el nombre de este pueblo hay una leyenda muy curiosa. Cuentan que los habitantes del Gran Katayo (China) eran los únicos que fabricaban la seda, que procede de la baba de un gusano que se cría en la morera. Una princesa china llamada Seres se enamoró de un comerciante hindú, y se escapó con él, llevándose en la orla de sus vestidos huevecitos del gusano de seda, mientras él llevaba unas plantas de morera. Con muchas dificultades lograron llegar a la India, y allí empezaron a criar los gusanos, y como la princesa sabía cómo se trataban los capullos, empezaron a sacar la seda y a hilarla, por lo cual le dieron al pueblo el nombre de la princesa, y llamaron seda a la tela hilada por sus finas manos.

—¡Cómo me gustan esas historias! —dijo Rafael—. Se parece a la de la púrpura, que nos contó abuelito.

Seguimos adelante, y Silvio dijo, dirigiéndose a la niña:

—¿Sabes para qué son esas bandas blancas, azules y negras?

—¡Cómo no! —respondió Rafael—. Son para los turbantes.

—Yo lo sé también —repuso mi hija—. Se enredan en la cabeza, y luego se amarran con una cuerda para que no se caigan.

—Así es —dijo Silvio—, y se llama *kufieyh* (cofia), de la ciudad de Kufah, donde las tejen. Estos lienzos blancos, para resguardarnos del sol...
—Son los albornoces —dijo Raquel, triunfante.
—¿Y esos gorros rojos? —preguntó mi hijo.
—Se llaman *fas*, de la ciudad donde los hacen, en Persia. Éstas son...
—Sandalias —dijo la niña.
—Y éstas muy elegantes con cintas de colores las llaman los romanos *cothurnus* (coturno) —añadió el guía—. Ahora vas a ver algo que te va a interesar mucho, Raquel.

En efecto, habíamos llegado al departamento de bordados y encajes, donde encontramos a Quarto.

—Estos bordados a la aguja —prosiguió— están hechos en Damasco, donde se tejen las preciosísimas telas que llevan el nombre de aquella ciudad. Estas espadas están también hechas en Damasco: son las más resistentes y flexibles del mundo. Es un secreto que sólo conocen los forjadores de esa población.

El próximo departamento fue, sin embargo, el que más interesó a mi hija, a Lucía y a sus niñas, que la acompañaban.

—¿Espejos? —exclamó, entusiasmada, Fulvia.

—Son hechos de plata bruñida —respondió Silvio—, y sumamente estimados por las damas romanas, lo mismo que estos otros utensilios de tocador, como son estos peines de carey fabricados en Egipto. Los sacerdotes de Isis tienen muchos secretos para la fabricación de perfumes, que envasan en artísticos recipientes de marfil, alabastro, ónix y pórfido. Éstos contienen esencias de violeta, nardo, azahar, tomillo, orégano, jacinto, espliego, limón, cinamomo, romero y almendra.

—¿Como los que tú tienes, papá? —dijo Raquel.

—Éstos van para mi tienda en su mayor parte —anadí—, así como también este bálsamo de teberinto, el estoraque, gomas de Asia, mirra, incienso y esos aceites de sésamo, oliva y almendra. ¿No ves que tienen ya mi marca?

—¿Y esas barritas negras? —preguntó Lucila.

—Son de *stibium* (antimonio) —respondió nuestro guía—; sirven a las damas para teñirse de negro las cejas y pintarse las ojeras. Estos polvos que aquí ves en cajitas son carísimos, pues vienen de Persia, de la India y de la costa de África. Son hechos de una planta que los egipcios llaman *kehuna* (alheña). Las hojas de esta planta se muelen, y mezcladas con aceite oloroso de palmera, dan una tintura roja que sirve para teñir las uñas, la palma de la mano y las plantas de los pies de las mujeres. Con esta misma tintura, de tono anaranjado, se tiñen el pelo y la barba, y hasta las colas y las crines de los caballos.

—Con razón tiene la mujer de Pilato el pelo tan colorado —dijo, riendo, Raquel—. ¿Y con qué se pintan los labios?

—Con una sustancia llamada *fucus;* aquí la tienes, haz la prueba —le dijo Silvio, dándole una cajita.

Las mujeres, con su instinto femenino, no perdieron la oportunidad; empezando por Lucía, se pintaron labios y carrillos, con satisfacción de ellas y no poca risa nuestra.

—¿Y para pintarse de blanco? —preguntó Fulvia, cuyo atezado rostro necesitaba un retoque.

—Se usa del blanco de plomo, que tienes aquí; del gris, que está en estas cajitas —replicó Silvio—. Las mujeres ricas mezclan estos polvos con mantequilla y se lo untan, o bien lo aplican en seco. Las mujeres pobres usan de esta harina muy fina que tienes en estos saquitos.

—Y esto, ¿qué es? —inquirió Lucila.

—Son patas de una mosca muy grande que se cría en el desierto.

—¿Y para qué sirven?

—Para alargar las pestañas. Con una goma espesa se las pegan una a una, dando la impresión de que tienen las pestañas muy largas.

—Y estos frasquitos, ¿qué tienen? —inquirió Rafaelito.

—Ésta es una sustancia que sirve para depilar —dijo Silvio.

—¿Qué es eso de depilar? —preguntó mi hijo.

—Quiere decir que quitan el pelo superfluo de las señoras que, por ejemplo, tienen bigotes...

—Como madre Débora —exclamó mi hijita—. ¿No me das un frasquito para que se lo mande?...

—Ella no usa estas cosas —repuse, sin poder contener la risa—; pero puedes mandarle esto —añadí, dándole un pan de jabón de Siria.

—¿Y para qué sirve esto —preguntó mi hija.

Para lavar; es jabón hecho con un secreto que aún conservan los sirios. Según dicen, queman las algas marinas; luego, hierven las cenizas y mezclan esa lejía con aceite de palma o con sebo de cabra, de lo cual resulta este jabón, que es muy caro. Nuestros abuelos, como leemos en Jeremías y Malaquías, tenían como superfluo el usar esta sustancia, que hacían los fenicios con la hierba llamada *borith,* que es el nombre de una haya cuyas hojas calcinadas producen la misma sustancia que las algas marinas y que se llama *kalium.*

Quarto, que oyó mi explicación y que conocía bien el uso del jabón, se volvió a mí y dijo, riendo:

—Por supuesto que esto no tiene mercado entre los judíos de Palestina; no creo que tengan más noticia del jabón, sino la cita de Jeremías a que te refieres...

Pasamos en seguida al departamento de alfombras y tapices de Persia, y sin detenernos entramos en el de joyas, metales y piedras preciosas.

Guardado por varios hombres armados, pudieron ver mis hijos los depósitos de barras de plata de Hispania, de cobre de Arabia Petrea, de estaño de las islas Casitérides en Albión (Inglaterra), lingotes de oro del Sinaí y de oro de Ofir. Luego admiraron los ejemplares puestos a la vista de turquesas del Sinaí, zafiros, crisoberilos, rubíes, jades, esmeraldas, topacios, calcedonias, ágatas, granates, sardónix, amatistas; y serpentinas traídos de la remota India. Pero lo que más les llamó la atención fueron los diamantes de la India y África, y las perlas del golfo de Persia. Pasando por entre montones de colmillos de elefante llegamos a un cuartito, delante del cual había dos centinelas.

–¡Qué olor tan agradable! –exclamó Lucía–. ¿Hay aquí perfumes?

–Aquí está bien guardada la mercancía más valiosa: las *especias,* más caras que el mismo oro –repuso Silvio.

Los niños abrieron tamaños ojos al oír aquello. Uno de los guardianes abrió la puerta y pudimos ver regularmente amontonado un gran número de saquitos, de los cuales emanaba el aroma que notara Lucía.

–¿Y qué tienen estos saquitos? –preguntó mi hijo.

Silvio tomó uno de aquéllos, y poniéndolo en una balanza puso en el otro platillo dos manedas de oro.

–Como ves –dijo–, pesa dos onzas de oro; pues el que quiera comprar ese saquito tiene que pagar seis monedas de oro, es decir, tres veces más que su peso en oro; por eso os dije que estas especias son más caras que el oro.

–Pero ¿qué tienen? –insistió mi hijo.

Silvio abrió el saquito y sacó unos granos negros muy olorosos.

–Ésta es la *pimienta* –y abriendo otro saquito sacó unos granos largos, y añadió–: Éste es el *clavo.* Estas especias vienen de los confines del mundo: cuesta muchísimo trabajo conseguirlas, pues hay que atravesar tierras y mares antes de llegar a las *islas de las Especias,* donde se producen.

–¿Y para qué sirven? –preguntó Raquel.

–Para dar sabor a la comida –respondió nuestro guía–. Sólo los gastrónomos millonarios romanos pueden pagar tan elevado precio. Únicamente en sus opulentas mesas sirven manjares condimentados con las especias del Lejano Oriente...

En aquellos momentos llegó un siervo anunciando que mi abuelo me esperaba, pues la gran junta estaba ya reunida.

* * *

Era antiquísima costumbre de mi abuelo el congregar anualmente a los principales representantes de las diversas Compañías navieras que de él dependían, así como a sus principales agentes en todos los países, no sólo para que le rindieran cuentas, sino para estar en íntimo contacto con ellos, tratándolos personalmente. Cada cinco años la reunión tenía lugar en Palestina, con el objeto de que pudieran hacer una visita a la ciudad santa y templo de Jerusalén, pues, como me había dicho Silvio, los agentes de mi abuelo son israelitas devotos, y si hay entre ellos extranjeros, éstos pertenecen al número de los *prosélitos,*

III. ¿Y AHORA, QUÉ?-2. LA JUNTA

En esta ocasión, por razón especial, había querido mi abuelo que vinieran absolutamente todos sus agentes, corresponsales y jefes de las factorías hebreas dependientes de él, desde Lusitania hasta Scythia, desde Albión y Sarmacia hasta Arabia, Egipto, India, Persia y las costas del África meridional; esto es, de todas partes del mundo conocido hasta donde se extendía su comercio y su influencia. Por esta causa estaban tan bien provistos de toda clase de mercancías los grandes depósitos que acababa yo de visitar. Pues aquellos piadosos israelitas no por venir a visitar el templo se habían olvidado de sus intereses comerciales.

Ya mi abuelo me había indicado que desde hacía un año había mandado convocar esta magna junta, sin decirme por qué causa, ni yo se lo había preguntado. No me extrañó, pues, ver bajo el gran cobertizo donde debía celebrarse, reunidos más de quinientos hombres, venidos de los puntos más remotos y opuestos de la tierra, hablando todas las lenguas conocidas y luciendo los trajes típicos de los países de su procedencia.

Desde luego me fijé en que entre los trajes talares que dominaban por doquier se veían grupos de hombres con *bragas* o pantalones.

–Esos que ves con pantalones –me dijo Silvio, notando mi extrañeza– son los que en Roma llaman *bracatus,* y proceden tanto de las regiones remotas de Asia como del Norte. Unos vienen de Media, de Sarmacia, de Scythia y otros de Germania o de la Galia narbonense. Ésos con largas cabelleras rubias y espesas, que ves en aquel grupo, provienen de la Galia transalpina, que los latinos llaman *Galia comata.*

–Pero ésos no son hebreos –afirmé.

–Pero son *prosélitos de la Puerta* –respondió mi compañero–. Esos que ves con unos gorros como mitras vienen de Persia y de Mesopotamia.

–¿De Babilonia? –pregunté.

–Mi querido Rafael –me respondió–, Babilonia ya no existe. Desde la conquista de esa gran nación por Cyro, hace más de quinientos años, y después de la muerte de Nabonaid, Babilonia empezó a decaer rápidamente; aquella estupenda civilización, madre de tantas otras, no es ya sino un recuerdo.

–¿Y sus palacios y templos? –repliqué.

–Han desaparecido cubiertos por las arenas del desierto –dijo Silvio–. Hace dos años tuve que ir a *Shusham* (Susa), en Elam, y descendí en barca por el Éufrates. Naturalmente, tuve curiosidad de ver aquellas famosas ruinas; pero no logré ver sino montones de arenas, bajo los cuales se adivinaban los edificios de la inmensa ciudad. A la orilla del río encontré un miserable campamento de beduinos que ni siquiera se puede llamar un poblacho. Eso es lo que queda de la reina del Asur.

–Pero ¿hay allí, por lo menos, alguna colonia hebrea? –insistí.

–Parece que no conoces a los de nuestra raza. ¿Qué van a hacer allí, donde no hay nada? Cabe aquel famosísimo río, en los sauces de cuya orilla colgaban sus arpas cuando eran cautivos para llorar su destierro, no hay is-

raelitas ni para un remedio. Solamente, como dije, las errantes tribus de beduinos hacen en las riberas del Éufrates morada temporal para beber de aquellas turbias aguas y seguir su camino. Bajan al río como león del desierto.
Esta explicación me dejó meditabundo.
«¡Babilonia ya no existe! –me repetía–. La gran nación, conquistadora por excelencia, ha desaparecido. En cambio –pensé–, otra Babilonia ha surgido en el Occidente: *Roma*. Qué será de la ciudad de los Césares dentro de mil años?...»

–Esos que allí ves –prosiguió Silvio– con un traje corto y sin mangas, vienen de la tierra de los partos; esos otros, de Capadocia y Ponto.

–¿Y esos de gorros colorados con orejeras?

–Vienen de Frigia. Ese es su tocado característico. Junto están esos otros que proceden de Panfilia –añadió mi compañero.

–Los del tocado a la *misraim* –repuse– no tienes que decirme que proceden de Egipto; como esos otros de tez bronceada son libios, y los de más acá son cretenses. Los pueblos de las costas del Mediterráneo me son muy conocidos, así como aquellos del blanco albornoz: los árabes.

Me cansaría de ir enumerando las diversas nacionalidades allí representadas por sus diversos y variadísimos trajes y lenguas en que hablaban. Sin embargo, todos o casi todos tenían una cara enteramente hebrea, y su acento gangoso peculiar los hacía reconocibles, ya hablaran el griego, el persa o la lengua de los partos. La nariz aguileña y los ojos negros y vivos se veían por doquier. Fuera de unos pocos prosélitos, que tenían facciones diversas, todos eran hebreos de buena cepa.

Naturalmente, abundaban los trajes de corte griego y romano; pero lo que me llamó la atención en medio de aquel conjunto abigarrado, a más de los diversos gorros, turbantes y tocados, fue la diversidad del peinado de las barbas; pues, fuera de algunos rostros afeitados y netamente romanos, todos eran barbudos. Los persas y los medos llevaban ensortijadas las barbas en forma de solenoides paralelos; los egipcios, perfectamente teñidas de negro y de corte cuadrado; los árabes las tenían de color natural, en extremo largas y bien cuidadas; los del Asia Menor, por lo general, las usaban abiertas, mientras otros las llevaban cortas y recortadas en curva, estilo griego.

–No veo por aquí –dije a mi compañero –hebreos de Hispania.

–¿No te parece bastante –me respondió– ese que ves allí sentado, el amo de todos? –y señalaba a mi abuelo–. Y si falta algún buen ejemplar –añadió, sonriendo–, aquí estás tú. Pero el amo nos llama...

Guiado por Silvio, atravesé por en medio de aquella respetable concurrencia, si he de decir la verdad, algún tanto cortado, pues noté que todos los ojos se fijaban en mí.

–Siéntate a mi derecha –dijo mi abuelo cuando hube llegado a la plataforma donde él estaba.

Obedecí, naturalmente, sin replicar, aunque buenas ganas me vinieron de no hacerlo.

El venerable anciano levantó la mano, y con voz clara y vibrante, dijo:
—Ahora, hijos míos, sentaos y permaneced en silencio.

Sobre las esteras o alfombras que había en el suelo se sentaron, la mayoría con los pies cruzados, a la oriental, mientras otros se subían a los fardos de mercancías que abundaban, sin duda para ver mejor. Cuando todos se acomodaron y guardaron silencio, el anciano, dirigiéndose a mí, prosiguió:

—Todos estos que aquí ves, hombres respetables y respetados en los cuatro ángulos del mundo, son hijos míos, formados por mí desde su juventud. Todos han pasado a mi lado por lo menos diez años de su vida y aprendido bajo mi dirección, no sólo el manejo de los negocios, sino lo que es más, el respeto a Yahvé, cuyo nombre venerado llevan en el corazón y en los labios por dondequiera que van. En su gran mayoría pertenecen a la segunda generación, pues sus padres, mis primeros compañeros de labores, han pasado a recibir el premio de sus virtudes. Son, pues, gente joven, llenos de vigor corporal y de fervor religioso, dispuestos a cooperar en la obra del engrandecimiento de Israel, que ha de llevar a cabo el Deseado de las naciones, el que ha de venir —y la voz del anciano, nublada por la emoción, hizo que muchos de los ojos de aquellos varoniles rostros se humedecieran, mientras brillaban por el entusiasmo. Cambiando de tema, y dirigiéndose al auditorio, añadió—: La obra de mi vida está por terminar; pero vosotros la continuaréis, y aunque muero sin hijos, agradezco al cielo que me haya dado un nieto, el hijo de mi hija, que será mi sucesor con ventajas.

Yo no estaba solamente conmovido, sino verdaderamente cortado, pues no esperaba semejante presentación. El anciano continuó:

—No temáis que os abandone; mientras yo viva, seguiré siendo vuestro padre y vuestro guía, pero no vuestro amo. Para eso dejo desde hoy a mi nieto, quien secundado por vosotros, continuará, con espíritu doblado, la obra empezada por su abuelo. Hijos míos amadísimos, os presento a Rafael Ben Hered, de la tribu de Benjamín, mi único y universal heredero, a quien entrego todos mis bienes desde hoy, y os ruego que le reconozcáis como tal.

Todos estaban conmovidos hasta las lágrimas; pero acostumbrados a obedecer sin réplica las órdenes del patriarca, como un solo hombre, se pusieron en pie, y, levantando los brazos en alto, los volvieron a bajar en profunda zalema, mientras decían: «Amén, amén, amén».

3
EL PESCADOR DE PERLAS

Al salir de tan memorable conferencia, mi abuelo me dijo:
—Por la noche te espero en mi tienda, tengo mucho que hablarte y que preguntarte. Ahora necesito descansar.

Yo, por mi parte, estaba desconcertado, y aunque muchos deseaban hablar conmigo, les rogué esperaran a que mi abuelo me hubiera comunicado sus planes. Me dirigí a mi tienda, pues la vertiente oriental del Carmelo se había convertido en un verdadero campamento formado por las tiendas de los ricos dependientes de mi abuelo. Los empleados secundarios se habían hospedado en los diversos *khanes,* que ocupaban un gran espacio al otro lado del famoso torrente Cisón, que, a la izquierda de Kaiffa, desemboca en el mar. No pude, sin embargo, excusarme de recibir la visita de Penimim, joven atlético y simpático venido de Regma, en la costa del golfo de Persia, quien se presentó acompañado de Quarto; éste me dijo:

–No me riñas, dómine, porque te traigo esta visita; estoy seguro de que te agradará, no sólo por el extraordinario presente que te trae, sino por la interesantísima narración que te hará de sus aventuras. Es un pescador de perlas en el golfo Pérsico.

–Bien venido seas, hermano –respondí, saludándole–, dispuesto estoy a escucharte; pasa a mi tienda.

–Mi nuevo amo –repuso, haciéndome profunda zalema–, quiero ser el primero en saludarte, pues traigo conmigo un presente que augura la buena fortuna. Te ruego, pues, no te niegues a recibirme.

–Siéntate, hermano –repliqué, algún tanto cortado por el nuevo tratamiento–, aunque vinieras con las manos vacías te recibiría con igual agrado.

–Soy pescador de perlas –dijo– como mi nombre lo indica, pues Penimim significa perla, o margarita como dicen los griegos.

Y sacando un pequeño bulto, lo puso en mis manos.

A pesar de ser yo de muchos años atrás comerciante en joyas, puedo asegurar que nunca había visto perlas más hermosas y perfectas que las que me presentó Penimim. Eran tres, perfectamente esféricas y del tamaño de una avellana, siendo su color lo más notable. Una era blanca, con un oriente admirable; la segunda era rosada y la tercera era negra, de una belleza extraordinaria.

Satisfecho el pescador de la impresión que el regalo me había causado, añadió:

–Aunque el uso de los amuletos está rigurosamente prohibido a todo hijo de Abrahán, no así el de las piedras preciosas, como lo demuestra el *racional* que lleva sobre el pecho el sumo sacerdote en el ejercicio de sus funciones. Engarza, pues, estas tres perlas en cadena de oro, poniendo la rosada en el centro, y llévalas colgadas, siempre al pecho, que, al contacto de la piel, las perlas aumentan su oriente.

–Y ¿por qué has dicho que tu presente augura la buena fortuna? –le pregunté.

–Mi familia –respondió–, después de la cautividad de Babilonia, se estableció en Persia, y desde entonces mis antepasados se dedicaron al comercio de las perlas. No eran ellos mismos de ordinario los buzos que extraían las conchas de las profundidades, sino los que se aprovechaban de esta pesca. No faltaban, sin embargo, algunos que, atraídos por esta fascinadora ocupación, criados a la orilla del mar, y siendo excelentes nadadores, se dedicaran al buceo, más por placer que por especulación. Por eso yo, aunque estoy al frente de la negociación en Regma, me he dedicado desde niño al buceo.

–Y ¿cuánto tiempo puedes permanecer bajo el agua? –le interrumpí.

–Aunque el tiempo ordinario que suelen soportar los buzos es de unos noventa segundos, yo he logrado permanecer en lo profundo hasta seis minutos...

–¿Tanto? –dije–. Eso es un prodigio.

–Tú lo dices, es algo extraordinario, pero así es, y por esta razón me llaman el rey de los buzos, y me han dado el nombre que llevo.

–La perla o el pescador de perlas por excelencia –dijo Quarto.

–Pero continúa tu relación –dije, interesado.

–Los pescadores persas tienen muchas supersticiones, y también corren entre ellos hermosísimas leyendas. Cuentan que habiendo los grandes genios formado en la tierra diversas piedras preciosas, habían quedado tres genios marinos jovencitos sin poder hacer nada, y estaban por ello muy tristes. El mayor, llamado Badad, que quiere decir el Solitario, se bañaba una noche a la orilla del mar, cuando salió la luna, y le vio tan triste, que le preguntó la causa de su pena. Cuando le contó el motivo de su tristeza, la luna le dijo: «No te aflijas, toma cuantos rayos quieras de mi mano y escóndelos en esas ostras que se aferran a las rocas de las playas». Así lo hizo el Solitario, y al día siguiente, con sorpresa de unos pescadores, al abrir las valvas de algunas ostras para comerlas, encontraron las perlas. Por eso dicen los persas que las perlas blancas están hechas de los rayos de la luna.

–¿Y las rosadas? –preguntó Quarto.

–El segundo genio se llamaba Ethabaal, y era de carácter muy dominante (que eso quiere decir Ethabaal). Envidioso de la suerte de su hermano, se fue a bañar a la playa, esperó la salida de la luna; pero ésta nada le dijo, y continuó su camino por el Empíreo. El Dominante se quedó toda la noche en el mar, y al salir la aurora se quejó con ella. «Toma –le respondió la aurora– unos rayos de mi manto rosado, y métetelos en las ostras». Pero como la aurora dura muy poco, Ethabaal sólo pudo aprovecharse de dos o tres rayos, de lo que nacieron las perlas rosadas, que por esta causa son muy raras.

–Y ¿cómo salieron las perlas negras? –preguntó, impaciente, Quarto.

–El tercer genio se llamaba Salathi, que significa el Tostado, el Negro. Éste tuvo que esperar mucho tiempo; era una noche muy oscura y tempestuosa, cuando se bañaba en el mar, se le acercó la noche. «No estés triste –le dijo–, toma este pedacito de mi manto y métetelo en una ostra». Lo hizo así Salathi, y resultó una perla negra, cosa muy rara, maravillosa; pero de mal agüero si se usa sola. Mas cuando se pone junto a una perla blanca y otra rosada y se usan las tres, la buena fortuna es segura. Por eso te dije que pusieras las tres en tu collar –terminó Penimim.

–Lo haré con mucho gusto –respondí–. Y cuáles son esas maravillosas aventuras que me anunció Quarto?

–Nada de particular –repuso, sonriendo, el buzo–. Le he contado algo de lo mucho que he visto en las profundidades del mar.

–Cuenta, cuenta –le dije, interesadísimo.

–El mar en su superficie –continuó– es bello, muy bello, sobre todo en las costas; pero ni las vistas más hermosas y variadas de los valles, ríos y montañas que nos muestra la Naturaleza en la superficie de la tierra pueden compararse, ni de lejos, con las bellezas encantadoras de las profundidades del mar. Gracias a la gran práctica que he tenido en el buceo y a la cavidad aérea de mis pulmones, que me permiten permanecer, como dije, hasta seis minutos a más de cincuenta pies de profundidad, he podido contemplar grandes maravillas ocultas a la vista de los habitantes de la tierra.

Y para dar muestra de su poder pulmonar, empezó a resoplar como si fuera un fuelle de fragua. Luego continuó:

–Ante todo, lo primero que llama la atención al bajar a las profundidades es el silencio, la paz que allí reina; todo sonido, todo ruido, está excluido en el mundo submarino, en medio de una exuberancia de vida y de color maravillosos. Cuando contemplamos los bosques y los campos, el color dominante es el verde, tachonado aquí y allá con otros colores diversos, menos el rojo, con muy pocas excepciones. En cambio, bajo las aguas brillan todos los colores, dominando por doquier el rojo en todos sus matices. Los bosques de coral son algo indescriptible, una verdadera maravilla...

–¡Cuánto daría yo por ver ese mundo submarino! Pero continúa –dije.

–Sin duda Dios hizo el mar mucho mayor que la tierra, porque en él la vida es tan exuberante, el número de criaturas que lo habitan es tan superior al de los animales terrestres y la facultad procreativa de éstos es tan exigua en comparación con la de aquéllos, que, a pesar de la inmensidad de las profundidades y de la extensión del mar, éste se poblaría de vida hasta saturarse si no fueran los animales marinos de una voracidad insaciable...

–Por eso dicen que el pez grande se come al chico –interrumpió Quarto.

–Eso es verdad en general –repuso el pescador–; pero hay no pocos peces pequeños de unas tragaderas tan asombrosas, dotados de una cavidad abdominal tan elástica, que llegan a tragar peces de tamano tres veces mayor que el de ellos...

–Como las culebras terrestres –observé.

III. ¿Y AHORA, QUÉ?-3. EL PESCADOR DE PERLAS 593

—Entre nosotros, la vida es solamente en la superficie, pues las aves, las mariposas y los insectos que vuelan tienen el aire como vía, no como habitación, y son relativamente muy poco numerosos si se comparan con los que habitan en los mares. Estos, en cambio, no solamente están adheridos a las rocas, que descienden precipitadamente al abismo y a las montañas que se elevan debajo de la superficie, sino que manadas de millones se agitan constantemente, recorriendo las profundidades en todas direcciones, viviendo en el agua, que es no sólo su vía, sino su habitación. No se puede tener idea de cuán exuberante y multiforme es la vida si no se conoce el mundo submarino. Los peces en el agua viven, se mueven y procrean.

—Muchas veces he pensado en esto —dije–, pero nunca lo había comprendido como al escucharte. Prosigue, prosigue.

—No os imagináis lo bello, lo maravilloso que es el mar a pocos metros de profundidad, donde llegan, convertidos en lluvia de oro, los rayos del sol. Allí la luz se descompone en todos los colores del arco iris. Se refleja en los arborescentes corales rojos, negros, blancos, violetas y dorados, salpicados con pequeñas estrellas de coloración distinta que los asemeja a los almendros en flor. Pegados por doquier a las rocas se ven las madréporas, los pólipos, las estrellas marinas, como variadísimos arabescos de todos los colores, cual si fueran vivientes tapices de Persia; mientras las flexibles gorgonias habitadas por miríadas de seres vivientes, como plantas flexibles, se balancean al influjo de las tibias corrientes submarinas. Por doquier se arrastran innumerables moluscos, llevando consigo sus casas portátiles; las conchas, de las más variadas formas y colores, y las frágiles anémonas de policromos brazos se asientan sobre las rocas como macetas en aquel maravilloso jardín. En medio de estos bosques de plantas vivientes se agitan millonadas de peces nadando llenos de vida, mientras, en procesiones espectaculares, lucen impasibles sus esbeltas o extrañas formas, pintadas por la mano de Dios con los más variados colores. Y cuando, fatigado por la retención del aliento, que no por la contemplación de tanta maravilla, se levanta uno hacia la superficie, tropieza la vista con las hadas del océano, las medusas.

—Yo también las he visto —repuse— flotando cerca de la playa, y más de una vez he sentido el efecto de su veneno.

—Tienen que defenderse, no dejando que nadie se les acerque, pues los delicadísimos velos de su indumentaria opalina se rasgan al menor contacto —y el buzo, como si acabara de emerger del océano, se puso a respirar con fuerza, después de lo cual añadió—: Si no os ha cansado mi relato, os contaré lo que he visto en las profundidades adonde no llega la luz del sol.

—Continúa, continúa —exclamamos a un tiempo Quarto y yo—; tu relato nos fascina.

—Ante todo —prosiguió—, os describiré la vista que se desarrolla ante mis ojos antes de sumergirme en el abismo oscuro. Cuando uno se posa en la cima de una de las elevadísimas prominencias que se levantan desde lo profundo del mar, quedando a pocos pies bajo de la superficie donde, como dije, penetran los rayos del sol, el panorama que se domina es indescriptible. No sólo se ven las maravillas de la vida submarina, como llevo indicado, sino que, estando cerca de la costa se perciben los formidables cimientos sobre los cuales reposan nuestras praderas, nuestros bosques y nuestras montañas. Estos cimientos ciclópeos están horadados por innumerables cuevas, terminadas en gigantescos arcos sostenidos por macizos graníticos de fantásticas formas. Y éstas están adornadas con el incomparable follaje de las plantas marinas, combinadas con los corales, las madréporas, las esponjas, los pólipos, las gorgonias y otros innumerables seres de formas arborescentes, matizados con todos los colores del arco iris. La vista, aunque mil veces más hermosa, es semejante a la que se descubre desde la altura de nuestros montes. Pero todavía hay algo que hace a este paisaje submarino infinitamente más extraño. Colocados en la cima de la montaña terrestre cortada a pico, instintivamente nos retiramos del borde del terrible precipicio; no así en el mar, pues basta abrir los brazos y lanzarse en el líquido elemento para desafiar sin miedo alguno las más espantosas profundidades; el abismo oscuro, en vez de atraernos, parece impulsarnos hacia la superficie...

Quarto y yo estábamos extasiados ante aquella gráfica descripción que nos transportaba a aquel mundo desconocido y encantado.

—Provisto de un peso enorme para poder descender, se dirige uno nadando hacia las regiones donde acaba el dominio del sol; éste lucha por penetrar la masa inconmensurable; pero sus rayos van quedando vencidos. ¡La luz dorada se transforma en verde, luego en púrpura y, finalmente, en azul, que se va oscureciendo poco a poco, hasta convertirse en negra! Neptuno ha vencido a Apolo, como dirían los griegos.

—Pero entonces no se verá nada —objetó Quarto.

El pescador sonrió ante la objeción de mi amigo, y respondió:

—Y cuando se oculta el sol y la luna no sale, ¿nada se puede ver?

—A la tenue luz de las estrellas se pueden vislumbrar los objetos —repuso Quarto.

—Pues también en el profundo oscuro brillan las estrellas —dijo el buzo.

—¿Puede llegar la luz de unas estrellas a donde no pueden penetrar los rayos del sol? —pregunté, incrédulo.

—El profundo oscuro tiene sus estrellas propias, innumerables también, pero móviles y de diversos colores; los peces luminosos, los animales más fantásticos de toda la Creación. Bellos por su luz amarillenta, azul y roja, horrorosos por su forma, feroces por su voracidad. Por lo general, son pequeños, algunos muy pequeños. Unos tienen el serpentino cuerpo oscuro, y solamente llevan un penacho luminoso amarillo, azul y rojo en la punta de la larga y flexible cola. Otros son aplanados y de forma ovalada, luciendo en sus costados, a distancias simétricas, como botones de un vestido, pequeñitos faros de luz amarillenta y roja. Otros son solamente una cabeza sin cuerpo, semejante a una calavera en la que brillaran las órbitas y los salientes pómulos. Los hay perfectamente opacos, si se exceptúan las fauces, cuyos dientes brillan con atracción peligrosa. Otros, en fin, sin ser luminosos, cuando se sienten atacados, lanzan chorros de una sustancia fosforescente, que, extendiéndose en el agua a manera de nube, ciega al terrible adversario que trata de devorarlos...

En aquellos momentos llegó un mensajero anunciándome que me esperaba mi abuelo, dejando así interrumpida la narración de aquel buzo extraordinario que había descorrido ante nuestros ojos las maravillas enteramente desconocidas del mundo submarino.

4
TOMA Y LEE

Después de dar de nuevo las gracias a Peninim por su presente y de invitarle para reunirnos en otra ocasión, me dirigí a la tienda de mi abuelo, rogando a Quarto me llevara los rollos correspondientes a la segunda parte de mis *Memorias*.

—Muchos años hace, hijo mío —empezó mi abuelo— que había deseado que llegara el momento en que pudiera decirte lo que te voy a decir. Mi fin se acerca, y no quiero que me encuentre la muerte sin haberte comunicado enteramente mis planes, ya que eres mi único y universal dueño de todos los bienes; yo ya no poseo nada.

—Pero aún estás fuerte —objeté—, y no creo que tu fin esté próximo como indicas.

—Será así o no lo será, eso Dios lo sabe —repuso el anciano—; pero mi donación está hecha públicamente, y es necesario que te indique lo que debes hacer con los bienes que te he legado.

—En todo obedeceré tus órdenes —respondí, respetuoso.

—Lo sé, y por eso te he elegido, seguro de que me entenderás mejor que nadie. Nunca he dudado de tus aptitudes; pero desde que leí la primera parte de tus *Memorias* me confirmé en que Yahvé te había escogido para ser el ejecutor de mi voluntad postrera.

No viendo yo conexión entre la primera parte de mis *Memorias* y la aptitud para ejecutar satisfactoriamente la voluntad de mi abuelo, no pude menos de sonreírme. Notándolo el anciano, sonrió también, y continuó:

—Tuve una santa madre que no sólo infundió en mi alma desde la edad más tierna el temor de Dios, principio de toda sabiduría, sino que me transmitió igualmente la esperanza en el futuro Redentor de nuestro pueblo. Me encargó repetidas veces que si llegaba yo a vivir en la época del cumplimiento de las profecías, me dedicara en alma y cuerpo al servicio del futuro Rey, y estando ella en su lecho de muerte me hizo prometerle esto mismo bajo juramento.

Esta declaración me hizo vislumbrar la conexión entre mis *Memorias* y el testamento de mi abuelo, el cual continuó:

—Tú conoces la historia de mi vida como armador, comerciante y banquero, y, sin duda, habrás pensado que soy ambicioso, ya que aun a mis años no dejo de traficar, aumentando constantemente mis riquezas, mi influencia y mi poder. Soy, en efecto, ambicioso, muy ambicioso; pero mi ambición es poner todo cuanto tengo al servicio del Redentor de mi pueblo. Ésta ha sido la constante idea de toda mi vida, cumpliendo así la voluntad última de mi madre.

Y al decir esto, los ojos del anciano se arrasaron de lágrimas, y su mirada se dirigía al infinito, como si quisiera ver a su madre y decirle que había cumplido con su juramento. Luego prosiguió:

—Obsesionado con la idea común a todos nosotros de que el Redentor había de ser un rey, guerrero como David y sabio como Salomón, que libertaría nuestra nación, tracé mi plan para poder poner a su disposición numerosísimos camellos, asnos y caballos que sirvieran a los soldados del futuro rey y una flota poderosa que le llevara victorioso por todos los mares. Por eso me dediqué, desde hace muchos años, cuando Pompeyo tomó Jerusalén, a la realización de mis planes con el éxito que a nadie se le oculta. Pero no sólo adquiría barcos y camellos y acumulaba riquezas, sino que iba de nación en nación, de pueblo en pueblo, informándome de todo lo que podía ser útil para la colosal campaña que debería emprender el deseado Libertador de las naciones. Ochenta años llevo de constante observación y estudio por todo el mundo conocido, y voy a comunicarte primero mis impresiones para preguntarte después lo que piensas sobre ese hombre del que hablas en tus *Memorias,* y que es, sin duda alguna, el que había de venir.

Iba yo a responderle, pero me interrumpió, diciendo:

—Aún no te toca hablar. Es preciso que primero me escuches; óyeme atento. Contaba yo dieciocho años a la muerte de mi madre, cuando salí en uno de los barcos de mi padre a recorrer el mundo por mi cuenta, llevando un talento en dinero para negociar. Me embarqué en Barcino (Barcelona), recorriendo la costa de los ligures, del mar Tirreno, deteniéndome en Ostia para visitar Roma. Fui de allí a Sicilia, de donde pasé a Grecia, recorriendo después las costas del Asia Menor y Siria. Allí desembarqué, para visitar Jerusalén y el templo santo, que en aquella época era reducido y pobre, si se compara con el de ahora, levantado por Herodes, el idumeo. En Damasco me reuní con una gran caravana, visitando los principales centros comerciales de Armenia, Mesopotamia y Media.

—¿Estuviste en Babilonia? —le pregunté.

—Por pura curiosidad —respondió—. Visité las ruinas de aquella ciudad tan floreciente hace seis siglos, y hoy convertida en una serie de montículos cubiertos por la arena del desierto. Las grandes construciones de Asur eran de ladrillos cocidos al sol (adobe), adornadas con placas en las que hacían pintar los reyes la historia de sus hazañas. Hoy Babilonia no existe...

De nueve pensé en la desaparición de ese pueblo tan grande, y vino a mi mente Roma, la nueva Babilonia, conquistadora como la antigua, aunque edificada con piedra y mármoles. Mi abuelo prosiguió:

–Visité el país de los partos, y sin atreverme esta vez a seguir rumbo a las tierras en donde nace el sol, pasé a Carmania y de allí a Persia; atravesé el *Sinus Persicus* hasta las costas de Caldea, desde donde, recarriendo el desierto de Arabia con mil trabajos, llegué a Egipto, y allí me detuve algún tiempo. Me embarqué de nuevo en Alejandría, y, siguiendo la costa de Libia, navegué hasta Melita (Malta), Útica y las islas Gymesias (Baleares). Finalmente, arribé a Tarraco (Tarragona), donde encontré a mi padre, quien ya me consideraba muerto.

–Y ¿cuánto tiempo empleaste en ese viaje?

–Tres años. Volví a Hispania a los veintiuno; pero, en lugar de un talento que me había dado mi padre, le devolví cinco. Mi primer viaje había sido fructuoso, si bien lleno de peripecias y peligros. Aunque en este primer viaje alrededor del mundo lo que principalmente me había movido era el deseo de lucrar y de conocer tierras, no por eso dejé de aprender muchísimo con el trato de tan diversas naciones, observando las costumbres y modo de ser de los distintos pueblos que visitaba. Siempre he tenido avidez por instruirme; he sido muy curioso, y como tengo muy buena memoria, he ido grabando en ella tantas y tantas cosas como he visto en más de ochenta años, que, sin presunción, puedo decirte que en la época actual no hay ningún hombre que conozca el mundo como yo le conozco.

En otras ocasiones, mi abuelo me había narrado muchas de las peripecias de sus viajes; pero en la presente veía yo que iba, no a entretenerme, sino a darme una gran lección sacada de su excepcional y larguísima experiencia. Le escuché, pues, con toda atención.

–Como este primer viaje –prosiguió– he hecho innumerables, y cada vez iba yo aprendiendo cosas nuevas, modificando a veces mis juicios anteriores o confirmando más y más mis deducciones. Me ha gustado siempre oír las relaciones de los ancianos, y en ellas he aprendido de ordinario las grandes lecciones sacadas de su experiencia y la historia de hechos pasados, conservados por ellos tradicionalmente.

–Y ¿qué idea te has formado del mundo actual?

–A eso voy, hijo mío. Desde luego, te digo, pues sé que eres impaciente, que desde el punto de vista religioso y moral, el mundo actual es una cloaca inmensa en la cual vive tranquila multitud, acostumbrada a la hediondez y malos olores, como sucede a los que viven en los muladares. Hay, sin embargo, gente que, hastiada de esta inmundicia, está ansiosa por respirar el aire puro. Y desde el punto de vista político, te puedo asegurar que en todo el Imperio romano, que forma casi la totalidad del mundo conocido, la tan cacareada paz romana no es otra cosa que la imposición de la fuerza bruta; no hay nadie fuera de los romanos mismos, que son muy pocos, que no odie a Roma de corazón y no esté deseoso de que venga alguno que los libre de este pacífico e inaguantable yugo.

Por lo poco que conozco del mundo, al oír estas apreciaciones de mi abuelo quedé admirado de su claridad de ideas, y cómo en tan pocas palabras hacía el retrato exacto de la sociedad actual en todo el Imperio romano. Ansioso, pues, esperé que continuara.

–La historia del mundo, desde tiempo inmemorial, no es otra cosa que historia de guerras y de conquistas. Vienen los asirios, y se adueñan del mundo oriental, imponiendo a los pueblos conquistados sus leyes, sus costumbres, su religión y su idioma. Vienen los persas, y hacen lo mismo con los asirios, quedando aquéllos dueños de las conquistas de los últimos. Alejandro *el Macedonio* echa abajo a los anteriores, y las ideas griegas invaden el mundo. Últimamente llega el romano, y lo domina todo; el modo de ser de Roma, como gota de aceite, se extiende, imponiéndose por todas partes. En mi larga vida he aprendido muchos idiomas; pues te digo que si los persas de hace siete siglos oyeran hablar a los actuales, no les entenderían; tantas palabras tienen tomadas de los idiomas de los diversos conquistadores.

–A mí –le dije– me ha pasado en Roma misma no entender fácilmente a un sirio o un egipcio que hablaban el latín; lo hablan con los modismos propios de su idioma materno.

–Es verdad, y si oyes a un galo en su tierra hablar su propio idioma, verás que mezcla constantemente palabras latinas y griegas. Pues lo que pasa con el idioma pasa con las creencias religiosas. Toma la antigua religión de los asirios, y aunque éstos hayan desaparecido por completo, notarás en las actuales religiones de muchos pueblos las transformaciones de su Enil o Bel con el nombre de Baal. Mira las transformaciones del Osiris de los egipcios entre griegos y romanos.

–Y a la madre Cibeles de los frigios, adorada de Roma –añadí– y cantada por los poetas, así como la fenicia Astarté y el sirio Adonis, ya latinizados después de haber recibido su baño helénico.

–En Roma, tú bien lo sabes, hay en la actualidad templos edificados, no sólo a las divinidades griegas, sino a las de todos los pueblos bárbaros por ella conquistados. Y en todo el mundo romano, desde Hispania hasta los confines del Imperio con el país de los partos, se adora a los dioses latinos. En medio de esta promiscuidad de ídolos de todas especies y de los ritos absurdos que he observado en las naciones más diversas que he visitado, me he persuadido de que esta manifestación politeísta es una prueba de que en tiempos remotos existía en el hombre la idea de un Dios único.

–¿Cómo deduces eso? –le pregunté.

—Los dioses, por insignificantes que parezcan, son siempre para el hombre la representación de un poder superior. Y así como los enamorados cuentan que al ir por los bosques graban en la corteza de los árboles el nombre de su amada, a quien buscan y no encuentran, así el hombre escribe en esos ídolos el nombre de alguna cualidad de ese Dios, al cual, ofuscado por las pasiones, no ha podido encontrar. De allí que en Atenas se encuentre un lugar vacío dedicado «al Dios desconocido». A esta confusión general que existe en las creencias, añade ahora la hedionda maraña con que la idolatría enreda al mundo en lo tocante a la moral. Por todas partes he notado de modo palpable la perniciosa influencia que tiene en los hombres la deificación de los vicios más repugnantes y abominables. Y no hay moral en el mundo; el mundo actual es un mundo amoral, es decir, sin moral ninguna. Por eso te he dicho que la mejor imagen del estado actual del mundo es la de una cloaca inmensa, en que la gente vive sin darse ya cuenta de lo hediondo y corrompido de la sociedad en que habita.

—Pero hay quienes reprueban esa inmoralidad; allí tienes a los filósofos, por ejemplo —objeté.

—Los filósofos no tienen influencia, sino muy pequeña, en las masas, y a veces su moral casi es peor que la amoralidad del pueblo. Pero, gracias a Dios, hay hombres y mujeres de costumbres puras que no pueden ya resistir la hediondez que los rodea; por eso dije antes que he encontrado gente que, hastiada de esta inmundicia, está ansiosa de respirar el aire puro. Esto, por lo que hace al actual estado del mundo, con relación a la parte religiosa y moral, de la cual te volveré a hablar más adelante. Fíjate ahora en la situación política.

Cada vez estaba yo más interesado, y no quise interrumpir a mi abuelo, el cual continuó:

—Roma es la opresora del mundo, como lo son todas las naciones conquistadoras, y si deja libertad en el ejercicio de las diversas creencias, ésta queda eclipsada ante las exacciones, los tributos, las proscripciones y los crímenes sin nombre que cometen en sus provincias los representantes de Roma.

—Tienes sobrada razón —exclamé—, y si no, allí está Verres, denunciado ante el Senado romano por Cicerón.

—Y este disgusto lo he encontrado en todas partes; todos hablan mal de Roma en las provincias, aunque en voz baja, y desean librarse del yugo romano; pero lo que es más notable, este disgusto existe, quizá más fundado en la misma Roma, entre los mismos quírites vejados ahora por el infame Seyano, privado del cruel y sanguinario viejo Tiberio. Roma no ignora este disgusto y lo pretende acallar con juegos y pan. Pero en su soberbia, Roma ha cometido un error tremendo uniendo al disgusto político el religioso. Hay cierta libertad religiosa, como dije; pero desde la muerte de Augusto, viendo los romanos que el culto de los dioses del Imperio iba en decadencia, pues ya nadie creía en ellos, instituyeron el nuevo culto a Roma, personificada en los emperadores. Este culto lo están difundiendo por doquier los paniaguados de Roma. El culto de Augusto es actualmente la religión principal en las provincias, y, para no ir muy lejos, Herodes ha mandado construir cinco templos en su honor entre nosotros. Todavía aquel emperador tuvo simpatías. ¿Pero Tiberio? Y, sin ser profeta, te aseguro que a su muerte le deificará el Senado, y lo probable es que hagan lo mismo con sus sucesores, sea cual sea la conducta que observen.

–Y este culto a Roma –observé– tiene que ser sumamente odioso a todos los no romanos, que forman la inmensa mayoría del Imperio.

–Así es la verdad –dijo mi abuelo–. Ahora analiza los hechos que te voy a proponer. En medio de esta incredulidad religiosa, representada por los ídolos, en quienes ya nadie cree, todo lo que resta de religión en el mundo es la superstición. Las sibilas, los augures, las pitonisas, que se supone tienen facultades para predecir el porvenir o para penetrar en las tinieblas del más allá, son los verdaderos sacerdotes de la religión del pueblo, que hacen su agosto con la credulidad de la gente. Donde no hay una fe robusta, la superstición toma siempre su lugar. Y esta superstición es una manifestación palpable del deseo innato de nuestras almas inmortales por conocer nuestros futuros destinos. Con esto, creo haberte dado una idea general del estado del mundo actual, según lo he podido observar yo mismo, recorriéndolo en todas direcciones durante ochenta años.

–Yo me he formado con tu explicación una idea clara de esta situación, en todo conforme con las pocas observaciones que yo mismo he hecho en mis viajes.

–Pues bien: en medio de este caos religioso-moral, el Señor, en su admirable Providencia, esparció nueve de las doce tribus de Israel para que, como oasis en medio del desierto, pudieran los pueblos paganos beber las aguas vivas de la creencia en el Dios único.

–Admirable, admirable –repuse–. La púrpura guió a los fenicios en sus viajes, los fenicios guiaron a nuestros padres en la dispersión por el mundo, y éstos llevaron por doquier el conocimiento del verdadero Dios.

–Nuestro pueblo –prosiguió el anciano– no es un pueblo proselitista, pues así como es ambicioso de riquezas, es igualmente ambicioso en materia religiosa, ya que él quiere ser el único pueblo amado de Yahvé. Él es el pueblo escogido, y es celosísimo de este privilegio. Sin embargo, he podido observar un fenómeno muy curioso. A pesar de este exclusivismo religioso, cuando en los diversos puntos de la tierra por donde estamos esparcidos se reúnen nuestros hermanos el día del sábado en las sinagogas para orar y aprender la ley, los paganos, atraídos por el canto de los salmos, los he visto mil veces acercarse curiosos a espiar nuestras sencillas ceremonias.

–Me acuerdo –dije– de lo que pasaba en Calagurris cuando yo era niño y cantaba en la sinagoga. Al salir, mis compañeros paganos, niños como yo, me preguntaban lo que hacíamos, y sus madres rogaban a la mía siquiera admitir a sus hijos para que aprendieran a cantar. Mi padre no se negaba a concederles este favor, y cuando las mujeres oían la ley y entendían que nosotros adorábamos a un Dios único, se quedaban maravilladas de que no tuviéramos imágenes o ídolos a quien adorar, como ellos hacían. Y poco a poco, atraídas las mujeres por nuestro sencillo, y para ellas extraordinario culto, llevaban a la sinagoga a sus maridos, muchos de los cuales, recuerdo, se hicieron más tarde «prosélitos de la Puerta», renunciando a la idolatría.

—Éstos son —dijo mi abuelo— los caminos de Dios. El canto de los salmos acompañado por las cítaras y los salterios ha sido casi siempre el primer llamamiento de Yahvé para atraer a los gentiles a nuestra religión. Muchos de ellos se han hecho no sólo «prosélitos de la Puerta», sino que han llegado no pocos a circuncidarse para pertenecer a los «prosélitos de Justicia», entrando de lleno en nuestro pueblo.

—Admirable —repetí—, nada me extraña que los más lejanos pueblos del mundo hayan tenido por esta vía conocimiento del verdadero Dios y del futuro Mesías.

—A eso voy —me interrumpió el anciano—. Ochenta años de continuos viajes por todos los países me han dado a conocer una verdad espantosa: el mundo está dominado por la injusticia, y lo que llaman paz romana no es sino una viva representación de lo que había dicho el autor de la *Sabiduría* (14, 21-22): *«Los hombres, esclavos de la desgracia o de la tiranía, dieron a piedras y leños el nombre incomunicable de Dios; ni se contentaron con errar en el conocimiento de Dios, sino que viviendo sumamente combatidos por efecto de su ignorancia a un sinnúmero de muy grandes males, les dan el nombre de paz».*

—Ya lo anuncia también Jeremías (6, 14): *«Paz, paz, y tal paz que no existe»* —añadí.

—Y ¿cómo puede existir —prosiguió mi abuelo— si para que haya paz debe reinar la justicia, la misericordia y la verdad, como dice el Salmista? (84, 2). *«Se encontraron juntas la misericordia y la verdad, y se dieron ósculo la justicia y la paz».* Para el conquistador romano, la misericordia es un mito, y en infinidad de casos la justicia no es para el bárbaro, como nos llaman, sino para el quírite; mientras la verdad que debe hacernos libres está oculta a los ojos de los infieles. Éstos, que son la mayoría, están sedientos de justicia. Calcula lo que habrán sentido muchos al oír cantar a nuestros niños el salmo 71: *«Él hará justicia a los pobres del pueblo, salvando a sus hijos y humillando al opresor, y permanecerá como el sol y la luna, de generación en generación. Y florecerá en sus días la justicia y la abundancia de paz hasta que deje de existir la luna. Y dominará de un mar a otro, y desde el río hasta el extremo del orbe de la tierra. Le adorarán los reyes, y todas las naciones de la tierra le rendirán homenaje, porque librará al pobre del poderoso y al desvalido que no tiene quién le valga».*

—Pero ¿entienden los incircuncisos los salmos? —pregunté.

–Desde que hace muchos años nuestros libros santos fueron traducidos al griego en Alejandría, ése es el idioma que se usa en nuestras sinagogas de la Dispersión, como tú debes saberlo.
–No me refería –repuse– al idioma, sino a la significación de los salmos.
–Para explicarles lo que significa están los hijos de Israel –respondió el anciano con orgullo–. Y cuando los nuestros descubren a los infieles las promesas hechas por Yahvé a nuestro pueblo y les explican cómo, llegada la plenitud de los tiempos, ha de venir el Mesías a redimir a las naciones de sus opresores, haciendo reinar la justicia, el entusiasmo que se despierta en los iniciados es indescriptible. Todos esperan que el Deseado de las naciones los venga a librar del yugo insufrible de Roma.

Al oír estas palabras de mi abuelo, bajé tristemente la cabeza, pues pensé que también él esperaba un gran Rey conquistador al modo de los antiguos. Mi abuelo, que lo notó, dijo:
–Espera un poco a que te revele mis más íntimos pensamientos. Por muchos años, al trabajar, sin que nadie lo vislumbrara, por acumular riquezas y aumentar mi influencia para ayudar a su debido tiempo a la obra del futuro Mesías, no tenía en mi mente otra imagen que la de un Rey conquistador, al modo de los antiguos. Ésa era, y es, la idea dominante entre los míos. Me imaginaba un general que reunía en sí las cualidades bélicas y organizadas de Ciro, Alejandro y César; le veía seguido de lucidísimo e invencible ejército en cuyo lábaro iban escritas estas palabras: «Vine, vi y vencí». Le seguía en sus fáciles conquistas por todos los reinos del mundo, mientras los pueblos todos quedaban como escabel de sus pies, cumpliéndose así las palabras proféticas del Salmista referentes al Mesías (Sal 2, 7-8): «Tú eres mi Hijo; Yo te engendré hoy. Pídeme, y te daré las naciones en herencia tuya, y extenderé tu dominio hasta los extremos de la tierra». Salmo 109, 1; «Siéntate a mi diestra, mientras Yo pongo a tus enemigos por tarima de tus pies».
–¿Y nunca le imaginaste como Pastor? Según lo viera Ezequiel (34): ¿Y estableceré sobre mis ovejas un solo Pastor que las apaciente, esto es, el Hijo de David, mi siervo; Él mismo las apacentará y será su Pastor» –me atreví a insinuar.

Los ojos del anciano brillaron al verse entendido, y prosiguió:
–No una, sino mil veces, hijo mío, le he visto así en mis meditaciones. El mundo, me decía, está cansado de conquistadores y guerras; todos quieren paz y justicia, y un pastor es el apropiado para esto más que un general. El mundo necesita un rey de paz, y entonces me lo imaginaba como Salomón; pero tampoco me satisfacía. Bueno es el esplendor y la autoridad que dan la sabiduría y las riquezas; pero ¿y el pueblo, los oprimidos, y los pobres? Por más que hacía, no recordaba que Salomón se hubiera ocupado de éstos.
–Y éste es uno de los caracteres propios del Mesías, como lo anunció Isaías –dije.

—Y yo no podía concebir un Alejandro, ni un Ciro, ni menos un Tiberio, señores del mundo, ocupándose del bien de los pobres. ¿Cómo sería, pues, ese Mesías, de todos esperado? Establecería un reino por medio de conquistas, consiguiendo con esto que nuestro pueblo, ya señor del mundo, fuera tan odiado o más que Persia, Grecia y Roma? ¿Y para esto había de hacer Yahvé tantos preparativos, tantas promesas, por tantos siglos? Esta idea me parecía ridícula, tanto más cuanto que ya se acercaba el cumplimiento de las profecías, y no se veía en el horizonte de Judea ningún hombre grande, sino el cruel y sanguinario Herodes o los ridículos de sus descendientes, que, a sus vicios, añadían no ser judíos, sino idumeos. Éstas y otras muchas ideas han estado bullendo en mi mente por largos años, sin que encontrara yo respuesta a las cuestiones que se me presentaban.

—Yo he pasado también –dije– por lo mismo; pero al fin...

—No sabes, hijo mío, con cuánta ansia devoré la primera parte de tus *Memorias,* creyendo encontrar en ellas la solución que buscaba. Quedé perfectamente convencido al terminarlas de que Jesús de Nazaret es el que había de venir, el Anunciado en la ley y los profetas; pero aún me queda por saber si realmente Él es el Hijo de Dios, y qué clase de reino trata de fundar. Todo mi trabajo, todo cuanto poseo, es para Él, no ha sido otra la ambición de mi vida; pero ¿cómo pueden servirle mis riquezas, cómo ayudarle mi autoridad y mi influencia, si veo que desprecia aquéllas y llama bienaventurados a los pobres, de quienes dice que es «el reino de los cielos»? ¿Si se opone a que le proclamen Rey los mismos a quienes ha escogido como compañeros? Hijo mío, tú, que le has seguido de cerca; tú, que has escuchado sus palabras; tú, que has analizado sus acciones, dime, dime lo que de Él has sabido últimamente, que aquí estoy en todo lo que poseo para servirle.

—Mucho es lo que tendría que decirte, padre mío, mucho lo que necesitaría explicarte; una sola cosa te puedo asegurar, desde luego, sin vacilación alguna: Jesús de Nazaret es el Hijo de Dios.

—Vamos, no nos detengamos un instante –repuso el anciano, levantándose.

—Padre mío –le dije–, antes de marchar quiero rogarte una cosa.

—Di lo que quieras, lo cumpliré, pues sé que me entiendes.

—Antes de que marchemos, te ruego que leas la segunda parte de mis *Memorias,* pues espero que te darían mucha luz.

—Dámelas –repuso mi abuelo.

Entonces yo, tomando los rollos de mis apuntes, se los entregué, diciendo:

—Toma, lee, y pide a Dios que te ilumine.

—Lo haré, y, siguiendo el ejemplo de Quarto, diré: *Domine, fact ut videam.* (Señor, haz que yo vea.)

5
NUEVAS NOTICIAS

Mi abuelo dio orden terminante de que nadie le molestara en su tienda, donde estaba dedicado a leer la segunda parte de mis *Memorias,* habiendo dispuesto que a cualquier cosa que se ofreciera, recurrieran a mí, ya que desde aquel momento yo era su sucesor. Naturalmente, mis nuevos súbditos deseaban conocerme y hablarme de sus negocios, por lo cual estuve ocupadísimo aquellos días. Ni me hubiera yo vuelto a ocupar de los asuntos de los discípulos de Jesús, si la inopinada enfermedad de Rafaelito no me hubiera puesto en contacto de modo providencial con los gravísimos sucesos que estaban ocurriendo.

Sucedió, pues, que, habiendo enfermado mi hijo y no teniendo yo fe en ninguno de los curanderos mal llamados médicos que había en Tolemaida, a sugerencia de Quarto dispuse que fuera éste a Tiberíades en busca del médico Ben Montanus. Lo habíamos conocido en Betania, y, según noticias que Quarto tenía, debía encontrarse en la población citada.

Llegó Montanus, y después de recetar algunos remedios para mi hijo, que luego lo mejoraron, me dijo:

–Tengo importantísimas noticias que comunicarte a propósito de Jesús resucitado y de sus discípulos. ¿Tendrás tiempo de escucharme?

–¡Ya lo creo! –exclamé–. Dejo todos los negocios con tal de oír algo de Jesús. ¿Ha ocurrido algo nuevo? Ven a mi tienda para que nadie nos interrumpa.

–Han ocurrido sucesos importantísimos –empezó el médico–. Recuerdas que los apóstoles marcharon a Galilea, cumpliendo en esto el mandato del Señor?

–Ciertamente.

–Pues bien. Como estaban los pobres completamente desorientados, pensaron que era lo mejor volver al oficio de pescadores. Simón Pedro, que es el que hace cabeza a sus compañeros, y a Tomás y Natanael, aunque no son pescadores, pero le habían seguido, les dijo: *«Voy a pescar».* A lo que ellos respondieron: *«Vamos también nosotros».* Y en compañía de Juan, Santiago su hermano, Andrés y Felipe, *«subieron en una barca y esa noche nada pescaron».* Volvían muy desanimados a tierra, después de amanecer, cuando vieron en la ribera a un hombre...

–¿Era Jesús?

–El mismo; pero ellos no lo reconocieron. Les habló el desconocido, diciendo: *«Muchachos, ¿tenéis algo que comer? Y respondiéndole que no, Él les dijo: Echad la red a la derecha del barco y hallaréis...».*

–¿Y encontraron algo?

–La red se llenó con tan gran cantidad de peces, que no la podían sacar...

–Recuerdo que en otra ocasión les pasó algo semejante.

III. ¿Y AHORA, QUÉ?-5. NUEVAS NOTICIAS

–Juan debió de recordarlo también, y habiéndose además fijado en la voz del desconocido, lo reconoció al momento y dijo a Pedro: *«Es el Señor».* Ya conoces el carácter impetuoso de Pedro; cuando oyó que era el Señor, se ciñó su túnica, y a pesar de estar el barco muy cerca ya de tierra, no pudiendo esperar unos minutos más, se echó al mar. *«Cuando los restantes llegaron a tierra, vieron un buen fuego que ardía y sobre el cual estaba asando un pez y junto una hogaza de pan».*
Yo estaba excitadísimo esperando nuevas noticias del Maestro ya resucitado, y no quise interrumpir a Montanus. Éste prosiguió:
–*«Entonces Jesús les dijo: traed los peces que habéis cogido ahora. Simón Pedro trajo la red a tierra, llena de ciento cincuenta y tres grandes peces».* Y, cosa notable: a pesar de ser tantos y tan grandes los peces *«no se rompió la red».* Andrés, tomando uno de aquellos peces, lo puso sobre las brasas para asarlo también.
–Y esos hombres, ¿no hablaban, nada decían? –pregunté.
–Estaban como sobrecogidos de temor, y nada decían –continuó el médico–. En este silencio empezaron a comer, *«y ninguno de los que estaban comiendo se atrevía a preguntarle: ¿Quién eres Tú?, sabiendo que era el Señor».* Jesús los miraba sonriendo, conociendo lo que pensaban; pero queriéndoles dar una prueba clara de que Él era y no un fantasma, *«tomó el pan»* y, habiéndolo partido con su modo peculiar, *«se lo dio».*
–Cuando se apareció a los discípulos que iban a Emaús –interrumpí– hizo otro tanto...
–No bastando esto, y teniendo el Señor un modo peculiar de darles parte a sus discípulos cuando con ellos comía, *«hizo lo mismo con el pez»...*
–Parece increíble, pero esta manera de darles de comer fue lo que les convenció cuando hizo otro tanto la vez primera que se les apareció la noche de su resurrección. ¿Y no lo reconocieron entonces?
–No cabe duda de que esta prueba les hizo grandísima fuerza.
–En otra ocasión, cumpliendo el Maestro su promesa de que los vería en Galilea, estando los once en el monte Tabor, Jesús se les volvió a aparecer, y *«todos al verlo lo adoraron; sin embargo, algunos dudaban».*
–Pero ¿qué más pruebas quieren esos hombres? ¿Dudaba Pedro todavía? ¿Dudaba Juan? ¿Dudaba acaso Tomás?
–Ninguno de estos tres dudaban, y Tomás estaba furioso con los que andaban vacilando y les reñía diciendo: «Yo dudé en un principio; pero cuando puse mis dedos en las llagas de sus manos, cuando puse la mía en su costado, y vosotros fuisteis testigos de ello, me arrodillé y le dije: *«Señor mío y Dios mío».* Él es, no hay duda; ha resucitado según nos lo había dicho repetidas veces».
–¿Y qué hizo Jesús entonces?
–*«Se les acercó»* para que pudieran palparlo, y les habló así: *«Me ha sido dada toda potestad en el cielo y en la tierra. Id, pues, y enseñad a*

todas las gentes. Id por todo el mundo y predicad el Evangelio a toda criatura. Id y bautizadlos en el nombre del Padre y del Hijo y del Espíritu Santo, enseñándoles a guardar todas las cosas que Yo os he encomendado. Y he aquí que Yo estoy con vosotros hasta la consumación de los siglos, hasta el fin del mundo. El que creyere y fuere bautizado, será salvo; mas el que no creyere, será condenado».
—Y los apóstoles, ¿qué decían, qué hacían?
—Ni hacían ni decían nada. Entonces el Maestro continuó: *«Estas palabras son las que os hablé cuando estaba con vosotros, antes de mi resurrección; es necesario que se cumplan, todas las cosas que están escritas en la ley de Moisés, en los profetas y en los salmos acerca de Mí».*

Quarto, que a mi lado estaba escuchando y que había traído su famoso pergamino, exclamó:
—Aquí están escritas y señaladas una a una; todas se han cumplido a la letra de modo maravilloso.

Ben Montanus sonrió al oír hablar así a aquel pagano, y añadió:
—Tienes muchísima razón, amigo, y parece increíble que los paganos estén más dispuestos a creer que muchos de los hijos de Israel.

Yo bajé los ojos; el reproche era muy merecido, si bien, por mi parte, me podía contar entre los pocos que habían creído, y había creído sin ver. Recordé entonces las palabras del Señor a Tomás: *«Bienaventurados los que no vieron y creyeron»*, y di gracias al cielo...

Montanus prosiguió:
—*«Entonces el Señor les abrió el entendimiento para que entendiesen las Escrituras, y les dijo: Así estaba escrito, y así convenía que el Cristo padeciese y resucitase de entre los muertos al tercer día, y se predicase en su nombre penitencia y remisión de pecados a todas las naciones, comenzando en Jerusalén. Y vosotros sois testigos de estas cosas. Vosotros permaneced en la ciudad hasta que seáis revestidos con la virtud de lo alto. Porque Juan, en verdad, bautizaba con agua; mas vosotros seréis bautizados con el Espíritu Santo dentro de no muchos días...».*

Al oír esta relación de boca del médico, mi mente empezó a bullir de modo extraordinario. Yo me había estado preguntando con frecuencia: «¿Y ahora qué?», y ya empezaba a vislumbrar la respuesta a mi pregunta. No entendía aún lo que había, pero presentía que algo muy grandioso se estaba llevando a cabo en esos momentos...

Necesitaba recapacitar sobre la narración de Montanus. Veía claramente que la idea del Maestro, en la fundación de su reino, era una idea espiritual; había venido al mundo desde el Seno de su Padre a salvarlo de la ruina espiritual en que yacía. Venía a perdonar los pecados, y esta misión se la encomendaba ahora a sus discípulos: que predicasen *en su nombre* penitencia y remisión de los pecados a *todas las naciones*. Les mandaba que enseñasen a *todas las gentes* todas las cosas que Él les había enseñado, prometiéndoles su asistencia «hasta la consumación de los siglos». Era la empresa más grandiosa que imaginarse pudiera; era la obra de *un Dios hecho hombre,* la obra de Jesús de Nazaret. Ésta, pues, no debía durar un pequeño espacio de tiempo, ni debía circunscribirse a un solo pueblo; era una obra universal y perpetua, hasta la consumación de los siglos, y que debía extenderse a todas las gentes. Entonces me preguntaba: «¿Habrán entendido esto sus apóstoles?» Y volviéndome a Montanus, le dije:

—Y los apóstoles, ¿qué hacen, en qué piensan?

El médico respondió:

—Hacer, no hacen nada; pero pensar, sí te lo puedo decir: piensan en que si ahora será ya el tiempo en que el Maestro restituya a Israel su esplendor antiguo...

Di un puñetazo sobre la mesa que a mi lado tenía, y exclamé:

—Pero ¿será posible que *aún* piensen en esto? ¡Pobres hombres! ¿Y a éstos les está encomendada misión tan grandiosa? Me parece un solemnísimo disparate...

—Cálmate, dómine —me dijo Quarto—, cálmate, que tú piensas como hombre; pero esta obra no es de un hombre solamente, sino de un hombre que es al mismo tiempo Dios...

Quarto me dejaba sin respuesta otra vez con su famoso argumento. No sabía qué responderle. Claro que los planes de un Dios no pueden compararse a los de los hombres. Pero ya era tiempo que estos planes aparecieran. ¿Cuándo sería esto? La impaciencia me devoraba, estando persuadido de que los apóstoles no pensaban en este reino universal en beneficio de las almas, sino en la restauración de un reinecillo como el de Israel. Yo soy judío, muy judío; pero veía claramente que comparando la fundación de un reino espiritual universal y perpetuo, encomendada a nosotros los hijos de Abrahán, con la restauración de un reino temporal insignificante como el nuestro, la gloria de nuestro pueblo sería inmensamente mayor contribuyendo a la fundación del reino espiritual que a la glorificación insignificante del reino temporal. ¿Y para esto último Dios había mandado a su mismo Hijo? Esto no podía, no debía ser. Pero, ¿cómo iba a llevarse a cabo?... En fin, había que esperar, pero no en Tolemaida, sino en Jerusalén, de donde, como Cristo lo había dicho claramente, debía comenzar la propagación de este nuevo reino.

—¡A Jerusalén sin demora! —dije—. Hoy mismo me marcho y que los asuntos temporales se queden sin arreglar...

Acababa yo de pronunciar estas palabras en voz alta, cuando entró mi abuelo, trayendo en su mano los pergaminos correspondientes a la segunda parte de mis *Memorias.*

—¡Hijo mío —exclamó, enardecido—, has escrito algo verdaderamente colosal! ¡Dame un abrazo! Me he convencido, sin que tenga la menor duda, de que Jesús de Nazaret, el Mesías prometido, es el Hijo de Dios, y yo quiero verlo. Ha prometido, según apuntas, que Él vendrá resucitado a

Galilea, a ver a sus discípulos, y a Galilea hay que ir en seguida. No perdamos tiempo. Hay que ver lo que Él quiere hacer y ayudarle con todas nuestras fuerzas; para el establecimiento de su reino he trabajado ochenta años. Todos mis bienes los pondré a sus pies, son suyos. Vamos a Galilea.

–A Galilea, no –le respondí–; vamos a Jerusalén.

6
EL LAZO DE LA UNIÓN

No hacía media hora que habíamos llegado a las montañas de Nazaret, cuando las numerosas tiendas de nuestra gran caravana, armadas con prontitud, habían formado un verdadero pueblo o campamento de beduinos. Dada la desigualdad del terreno, no había simetría posible; pero, a pesar de esto, la gran tienda de mi abuelo, ante cuya puerta estaba clavada la lanza con su respectiva banderola, sobresalía en lo más encumbrado de la montaña. La noche calurosa, aunque no en demasía, invitaba a sentarse a la intemperie para contemplar el magnífico cielo tachonado de luceros. Mi abuelo había mandado reunir en un claro que había delante de su tienda a todos los jefes, sus antiguos dependientes.

Basándose en mis escritos, les hablaba con entusiasmo del que había de venir, y que ya era llegado, el cual no era otro que el Hijo de Dios.

Yo, por mi parte, agobiado con mis cavilaciones y acompañado de Quarto, después de frugal colación, me dirigí a otro campamento, apostado a unos dos kilómetros del nuestro.

Cuál no sería mi sorpresa cuando Quarto me dijo:

–Dómine, ¿sabes de quién debe ser esa gran tienda que se levanta allí?

–No la puedo distinguir claramente –respondí.

–Pues yo estoy casi seguro que es la de Jonadab.

–Pero Jonadab por aquí... ¿Ahora?

–Pues yo estoy seguro de que él está aquí, no me cabe duda.

En aquellos momentos se nos acercaba ladrando un enorme mastín.

–¡Argos! ¡Aquí! –gritó oportunamente Quarto.

El noble animal, al reconocer la voz de mi amigo, se acercó a nosotros moviendo la cola. Mi compañero empezó a hacerle caricias, y le dijo:

–¿Dónde está Jonadab, tu amo?

El perro, entendiendo la pregunta, se separó de nosotros, y, ladrando alegremente, corrió en dirección de la tienda del patriarca.

–En tu busca venía –dijo el venerable anciano cuando nos encontramos–. Llegué a Jerusalén, de vuelta del desierto, hace días. Pregunté por ti a Samuel, y me dijo que habías ido a encontrar a tu abuelo, Benjamín Ben Bela, a Tolemaida. Esperé dos días, y viendo que no llegabas, a pesar de los extraordinarios acontecimientos que se han estado desarrollando,

III. ¿Y AHORA, QUÉ?-6. EL LAZO DE LA UNIÓN

pensé que seguramente lo ignorabas. No creía que, sabiéndolo, pudieras estar en otra parte. Entonces me decidí a venir a llamarte, acompañado de algunos de los míos.

—Mi querido Jonadab —exclamé—, no sabes cuánto agradezco tu deferencia. En efecto, hasta hoy por la mañana ignoraba todo. Pero tan pronto como Ben Montanus me contó algo de lo que había pasado, me decidí a ir a Jerusalén. Mi abuelo quiso acompañarme, y todos sus dependientes le han seguido. Ése es su campamento. No hará dos horas que hemos llegado, y antes que despunte el alba seguiremos nuestro camino.

—Me alegro que así sea, pues urge que lleguemos a la ciudad antes del día de la fiesta de Pentecostés. Habiéndote encontrado, volveré contigo; aún hay tiempo.

—¿Quisieras ver a mi abuelo?

—Será más tarde; por ahora quiero mejor que hablemos aquí.

—¿Me permitirás que, antes de que tú me cuentes lo que tengas que decirme te hable yo? Mi cerebro está en terrible ebullición, y quiero que tú, con esa claridad de mente que Dios te ha dado, resuelvas mis dudas.

—Me parece muy bien; sentémonos a la puerta de mi tienda.

En efecto, así lo hicieron él, Quarto y Ben Montanus, que nos había acompañado; yo, sin embargo, me quedé en pie.

Estoy demasiado excitado para sentarme —dije, y en seguida continué—: Ben Montanus me empezó a contar que el Señor había aparecido a sus apóstoles a las orillas del lago, y después en otras ocasiones, en las cuales les ordenó, con la potestad omnímoda que Él ha recibido, que fueran por todo el mundo enseñando a todas las gentes las cosas que Él les había enseñado, y esto había de durar hasta la consumación de los siglos, y que Él estaría con ellos hasta el fin del mundo. Ellos, además, habían de ser sus testigos empezando por Jerusalén, siguiendo por todas las naciones. Les mandó también que, para hacer prosélitos, los bautizaran en el nombre del Padre, y del Hijo, y del Espíritu Santo. Éstos son los datos que tengo...

—Pero aún hay mucho más —interrumpió el médico.

—Sin duda debe ser así; pero yo quiero que tú, mi buen Jonadab, oigas mi raciocinio, y me des tu opinión sobre lo que pienso.

—Aún te faltan muchos datos —repuso el anciano—, como ha dicho Montanus; pero con todo gusto te escucho, reservándome para hablar cuando hayas terminado.

—Por tres años —proseguí— he venido estudiando a Jesús de Nazaret; he meditado sus enseñanzas, analizado su manera de proceder, discutido sus milagros, verificado una a una las profecías, viéndolas en Él cumplidas, y no una que otra, sino todas.

—Absolutamente todas —exclamó Quarto, mostrando su pergamino.

—Pues bien: antes de que tuviera lugar el más grandioso y espectacular de sus milagros, el de su resurrección, basándome en que Él así lo había profetizado, creí en su resurrección, verificando después con toda escrupulosidad la verdad de este hecho incontestable. Ahora bien: tanto basándome en mis noticias anteriores como en las que acabo de enunciar, he venido a concluir que el Hijo de Dios no vino a este mundo a fundar un reino como los que conocemos, que Él no es un conquistador de naciones como Alejandro o César, sino un Redentor de almas. Su reino no es de este mundo, como Él mismo afirmó, aunque en este mundo tenga que formarse. He desechado, pues, por completo la teoría que, desgraciadamente, tiene Israel de un reino temporal como la tienen los mismos discípulos del Nazareno.

–Hablas como un libro –exclamó Jonadab, brillándole los ojos–; así es, así es; pero prosigue.

–Jesús ha tenido siempre en su mente, según yo deduzco –proseguí–, la fundación de una gran organización de carácter esencialmente espiritual y religioso destinada a la salvación de las almas de todos los hombres, de todas las naciones de todos los tiempos. Una institución religiosa de carácter universal y perpetuo, en la que se enseñe su doctrina. Será, pues, esta institución esencialmente docente, universal y perpetua, llevando a las almas la paz por la remisión de los pecados. Una institución llamada a hacer brillar la justicia y la caridad.

Mi vanidad se sentía halagada al ver a mi venerable amigo y a mis compañeros asintiendo a lo que yo decía, sin interrumpirme, cosa notable y desusada en Quarto. Proseguí, pues, de este modo:

–Hasta aquí todo va bien; pero ahora empiezan mis dificultades. Esta organización, destinada a extenderse por todo el mundo conquistando almas hasta la consumación de los siglos, debe tener la forma de un reino: el reino de los cielos, como lo ha llamado siempre Jesús. Pues bien: si esta organización hubiera sido instituida tan sólo para llevar temporalmente a todos los pueblos actuales la noticia, la buena nueva, de que el Deseado de las naciones al fin había venido al mundo y luego se había ido al cielo, bien podía entenderse que la tal institución estuviera formada por una agrupación transitoria de hombres, de apóstoles, que llevaran dicha nueva por todo el mundo. Pero no siendo éste el caso, según llevo dicho, es indispensable que esta institución con una idea única, y que ha de perdurar para siempre mientras haya en el mundo hombres a quienes anunciar esta nueva y darles la paz por la remisión de los pecados, la justicia y la caridad, es de todo punto indispensable, digo, que tenga una cabeza, un rey...

Jonadab entonces, levantándose, exclamó:

–Un pastor, un pastor universal que apaciente las ovejas, esto es, las almas, las gobierne, las rija, las cure, las consuele, las conforte, busque a las extraviadas y las traiga al único redil, del único pastor, como lo había profetizado Ezequiel en el capítulo 34.

–Así, así –exclamé–; pero aquí viene mi dificultad. Mientras Jesús estaba en este mundo, Él era todo eso y mucho más; pero ¿ahora, qué?

III. ¿Y AHORA, QUÉ?-6. EL LAZO DE LA UNIÓN

¿Quién puede ser esa cabeza? ¿Ese lazo de unión que venga a reunir, a atar, a dar unidad a esa colosal institución perpetua? Lo natural es que esa cabeza salga de los discípulos de Jesús; no puede ser de otra suerte. Pero ¿quién de esos pobres hombres está capacitado para semejante puesto de rey universal, de pastor supremo de las almas? ¿Andrés, el bueno de Andrés? Seguramente no; es un rudo pescador, aunque excelente hombre. ¿Será el prosaico y calculador Felipe? No. ¿Tadeo o Santiago, el primo de Jesús? No. Son buena gente, pero nada más. ¿Santiago el Mayor, Juan, su hermano, o Simón Zelotes, que no piensan ni hablan sino de los lugares que han de ocupar en el reino. terrestre que imaginan? Ciertamente, no. ¿Mateo, el publicano? No; éste está bueno para hacer cuentas. ¿Bartolomé, por otro nombre Natanael? Aunque instruido, es un soñador, un israelita decente; pero no pasa de ahí. ¿Tomás, el incrédulo y testarudo? Quizá, pero sería un rey universal, un pastor muy mediocre...

—¿Y Pedro? —preguntó, sonriendo, Jonadab.

—Aunque ese pescador, rudo como su hermano, tuviera algunas cualidades, ¿iba a pensar Jesús en hacerle el pastor universal después de que le negó? Nunca, sería una barbaridad, y Pedro no tendría ni pizca de vergüenza si aceptara su candidatura. Pedro es el menos indicado.

Jonadab, sonriendo, exclamó:

—Pues ése es precisamente el elegido por Jesús de Nazaret, el Hijo de Dios; no te quepa la menor duda.

—¿Pero hablas en serio? —le pregunté.

—Nunca he hablado más en serio. Pedro es el elegido; Pedro es ya la cabeza, el lazo de unión que buscabas; es la piedra sobre la cual Jesús ha empezado a edificar su Iglesia; el jefe de esa institución universal y perpetua; el maestro universal; el supremo pastor del rebaño de Cristo.

Por un momento creí que el buen anciano deliraba. Lo que afirmaba con tal seguridad me parecía un disparate; más aún, una verdadera ridiculez.

Jonadab, por toda respuesta, me hizo la pregunta siguiente, que me desconcertó:

—¿Quisieras decirme quién era Moisés?

—¿Moisés? El gran legislador de Israel, el hombre elegido por Yahvé para libertar a nuestro pueblo.

—Pues bien —repuso el anciano—: ese gran legislador, ese caudillo, era un hombre que nada sabía de leyes, era un homicida prófugo, y, a más de eso, tartamudo, Y ¿sabes quién era Isaías?

—El profeta más grande de Israel —respondí—, hijo del profeta Amós.

—Estás mal informado —arguyó, sonriendo sarcásticamente—. Era hijo de Amoz, que nada tuvo de profeta, sino que era un soldadote muy forzudo. ¿Y sabes quién era Elías?

Yo, algún tanto picado, respondí secamente:

—No lo sé.

–Pues era un hombre del pueblo de origen desconocido –añadió–, nacido en Thisbe, un poblado miserable.
–Bueno –respondí–, ¿y qué tiene eso que ver con Simón Pedro?
–Mucho, muchísimo –dijo el anciano–, que Dios no anda buscando grandes hombres para sus empresas; antes de ordinario escoge a los necios para confundir a los sabios: a un Mardoqueo, para derrocar a Amán, y a los flacos, como David, para humillar a los fuertes como Goliat; no debes, pues, admirarte que Jesús...
–Siendo Dios –interrumpió Quarto– haya elegido a Pedro, el pescador inculto, el que tres veces le negó, para cabeza de su nueva organización.
–Porque no es el hombre el que hace la obra –prosiguió Jonadab–, sino el Espíritu de Dios, que lo dirige.
No teniendo qué responder, añadí:
–Quisieras, pues decirme, ¿cómo y cuándo ha sido Simón, el pescador, elegido por Jesús, el Hijo de Dios, para cabeza de su nueva organización? ¿Qué poderes le ha dado?
–Éstas son las noticias recientes que aún te falta saber; te las comunicaré en seguida; pero antes respóndeme. ¿Sabes lo que es un pastor?
No queriendo quedar corto, le respondí de esta manera:
–Tú ya has dado con toda claridad la descripción que me pides; es el que apacienta a sus ovejas, las gobierna, las rige, las cura, las consuela, las conforta, busca a las extraviadas y las trae al redil. Pero, si me lo permites, haré la aplicación al pastor espiritual de las almas.
Jonadab sonrió, y, con un asentimiento de cabeza, me dio el permiso que solicitaba. Así, pues, proseguí:
–El pastor espiritual de hombres debe ser el que apacienta la mente de éstos, enseñándoles, esto es, instruyéndoles en todas las cosas que se refieren al bien espiritual, en lo que deben creer y lo que deben obrar; en otras palabras: debe ser el maestro del dogma y de la moral. Además, debe, como rey, como caudillo, gobernarlos y regirlos; como médico, debe curarlos en sus necesidades espirituales, aplicándoles las medicinas apropiadas, y como padre, debe consolarlos en sus tristezas, confortarlos en sus dudas, y traer al redil a los que se hayan extraviado; en una palabra: debe ser maestro, juez, médico, director y, sobre todo, padre. Debe ser un pastor-rey, como tú lo eres entre los de tu tribu, a quienes amas con amor de padre.
El tostado rostro del patriarca se tiñó suavemente de carmín; mi merecido y sincero elogio le había conmovido y exclamó:
–Hijo mío, no sabes lo feliz que me haces al ver que me has comprendido. Pues bien: creo que puedo asegurarte que la idea de Jesús acerca del que debe ser la cabeza de esa institución que Él ha llamado el reino de los cielos, es la de un pastor universal, con todas las obligaciones, privilegios, prerrogativas y atribuciones que distinguen a un pastor; que sea al propio tiempo maestro, juez, médico, legislador y padre.

–¿Y dices que ya Jesús de Nazaret, el Mesías, el Hijo de Dios, con la omnímoda potestad que su Padre le ha dado, ha nombrado a Pedro, confiriéndole la dignidad de pastor universal?
–Así es. Y ahora escúchame. Dejando por un momento el nombre del agraciado por Jesús como su vicario en el reino de los cielos, quiero mencionar algunas ceremonias de las que se usan en la graduación de los que quieren adquirir el título de rabí y aplicar su significación. ¿Has visto tú alguna graduación?
–Ciertamente –respondí–, y ya la dejo consignada en la segunda parte de mis *Memorias*.
–Siendo así –continuó Jonadab–, sin dificultad recordarás la parte de la ceremonia en que se da al futuro rabí (después de haberle encargado que enseñara la ley) la facultad de juzgar al pueblo de Israel sentándose en la silla de Moisés.
–La tengo muy presente –respondí–, y aún recuerdo las palabras con que el jefe de los guardias entrega al presidente del Tribunal la enorme llave del templo, diciendo: «Autorizado por el sumo pontífice, y solamente para la presente ceremonia, pongo en tus manos la llave del templo del Señor, que es el símbolo de la autoridad y poder supremo».
–Perfectamente –interrumpió el patriarca–; luego la autoridad que recibe el nuevo rabí no es sino participada, pues el sumo pontífice es el único que tiene la autoridad y el poder supremo en el reino de Israel. Y ¿recuerdas las palabras con que les confiere este poder participado, mientras pone sobre los hombros del neófito la llave?
–Son las palabras de Isaías en el capítulo 22: *«Pongo sobre tus hombros la llave de la casa de David; y abrirás, y no habrá quien pueda cerrar; y cerrarás, y no habrá quien pueda abrir».*
–Perfectamente. Supongamos que tú has fundado un reino, y quieres dar a tu vicario todas tus facultades supremas usando de una ceremonia semejante, ¿qué le dirías?
Sonriendo ante esta hipótesis, respondí:
–Yo le diría: «A ti, Fulano de Tal, hijo de Mengano, te entrego las llaves de mi reino, y tú serás el único que pueda abrir y nadie podrá cerrar, y el único que podrá cerrar y no habrá quien pueda abrir».
–Magnífico –repuso el anciano–. Pero supongamos que tú te vas a Hispania y le dejas aquí como tu lugarteniente, en quien tienes entera confianza; ¿que añadirías?
–Pues «ten por seguro –le diría– que todo lo que tú hagas yo lo confirmaré, sea que abras o cierres, pues te doy todo mi poder».
–Has hablado con suma cordura. Pero supongamos aún que tú quieres que tu reino perdure; si muere tu lugarteniente, ¿qué harías?
–Comunicarle las mismas facultades, darles los mismos derechos, imponerles las mismas obligaciones, tanto al sucesor inmediato como a todos sus sucesores, ya que quiero que mi reino (y me sonreí, pensando en

la hipótesis de que yo era rey) subsista indefinidamente con mis mismas leyes, mis mismas ideas, con todo lo que yo hubiera encargado.

–De suerte –terminó Jonadab–, que le darías a él y a sus sucesores (que en el caso serían reyes absolutos) la facultad legislativa, la ejecutiva y la judicial, para que ellos, a medida que el reino creciera, pudieran comunicar a los gobernadores de las diversas provincias las facultades que les parecieren oportunas, entendiendo que toda la autoridad de éstos dimanaba de la del rey, a manera de lo que sucede cuando nuestro sumo pontífice concede la facultad de enseñar o juzgar al nuevo rabí.

–Estoy de acuerdo –respondí–; esto es de sentido común; así tiene que ser, y esto mismo es lo que vemos, sin ir más lejos, que sucede en el Imperio romano y en cualquier otro reino o imperio debidamente ordenado.

7
EL REY ELECTO

Estando acostumbrado a escribir mis *Memorias* por la noche, no me suponen trabajo las veladas; pero las madrugadas me son sumamente molestas. No bien había acabado de hablar respondiendo a Jonadab, cuando sonó un cuerno. El venerable patriarca, sin ceremonias, se puso en pie, y me dijo:

–Es la hora de la queda en mi campamento; mañana hablaremos cuanto quieras, y desde ahora te invito a venir conmigo en mi gran dromedario. Por el camino podremos hablar confortablemente, ya que este medio de transporte es silencioso, sobre todo cuando se desliza por las arenas del desierto. Hasta mañana, a las tres; aquí te espero.

Ante semejante lenguaje, no tuve sino que marchar a mi campamento, mucho menos riguroso en cuestión de disciplina, a pesar de lo cual, cuando llegué sólo estaban en pie, delante de los fuegos encendidos, los centinelas.

Claro que no pude dormirme como los demás, y cuando, finalmente, me cerró el sueño los ojos sólo fue para comenzar a soñar las cosas más disparatadas. Y sucedió que cuando estaba en lo más profundo de mi sueño fui despertado por Quarto, que me decía:

–Levántate, dómine, que Jonadab ya te espera. Ha mandado uno de los suyos para despertarnos.

Me levanté, pues, malhumorado, y aunque la madrugada estaba hermosísima y el aire templado, fui dando tumbos por las piedras del camino, pues no había más luz que la de las estrellas.

–Se ve que eres habitante de las ciudades, donde se vive más de noche que de día –me dijo el patriarca por saludo–. Pero ya te despabilarás en el camino. Llegaremos temprano a Siquem, de la que nos separan unos sesenta kilómetros. Los camellos son muy torpes en los caminos pedregosos; pero en las planicies, y sobre todo en el desierto, es una delicia caminar sobre estos animales.

Desgraciadamente, yo no estaba acostumbrado a caminar en estos «buques del desierto», como llaman justamente a los dromedarios, y cuando bajamos de las montañas de Nazaret a la llanura de Esdrelón el camello en que íbamos mano a mano el patriarca y yo empezó a trotar, no pude soportar el movimiento oscilatorio, y me dio un solemnísimo mareo.

Jonadab se reía al verme en aquel estado miserable y me decía:

—Ya te irás acostumbrando; arroja todo lo que te hace daño, que pronto llegaremos a Jezrael y allí tomarás un suculento desayuno.

En efecto; al llegar a esa población me bajé del camello, con grandísimo consuelo.

—Antes del desayuno, para tonificar tu estómago —me dijo Jonadab—, toma un vaso de este jugo de dátil; es muy confortable.

En efecto; me sentí mejor. Desgraciadamente, el desayuno consistió en un vaso de leche de camella... y esto me puso mucho peor; pero no queriendo dar mi brazo a torcer, volví a montar, y, claro, al poco rato dejé en el camino la leche de camella, haciendo la resolución firmísima de no volver a tomar en mi vida aquel alimento...

Al fin, a eso de las tres de la tarde llegamos a Siquem, donde cerca del histórico pozo de Jacob ya los hombres del patriarca, que nos habían precedido, habían armado la gran tienda. Nos íbamos a detener unas horas para proseguir el camino muy de mañana. Maltratado como estaba, adormecido con el jugo de dátil, eché una buena siesta. Serían las ocho de la noche cuando desperté, ya despejado y tranquilo. El buen anciano estaba a mi lado, y me dijo:

—¿Te sientes con ánimo para proseguir nuestra interrumpida conversación?

—Ya lo creo —le respondí—. Estoy a tu disposición. Esta noche ya no duermo, pues prefiero no tener que interrumpir mi sueño como esta mañana.

—De aquí a las diez de la noche, hora de la queda, tenemos tiempo suficiente. No tengas miedo al camello; ya verás cómo mañana no te mareas.

—Me marearé o no; pero yo no vuelvo a tomar leche de camella.

—Ya he ordenado —repuso el bondadoso patriarca— que lleven para ti leche de vaca; no tengas cuidado.

Quarto, que acababa de despertar, desperezándose, exclamó:

—¡La leche de camella, dómine, la leche de camella! No la vuelvo a tomar en todos los días de mi vida. Yo iba muy bien, sin marearme; pero después que tomé esa maldita leche, me puse fatal. ¡No la vuelvo a tomar!

No pude menos de reírme cordialmente; después de lo cual le dije:

–A mí me hizo el mismo efecto, pero mañana tomarás leche de vaca; así me lo acaba de prometer el patriarca.

Éste, que había salido a dar órdenes, volvió a entrar y nos dijo:

–Como gustéis. Os espero afuera de la tienda; la noche está bellísima; se parece a las del desierto.

Salimos, y nos recostamos Quarto y yo sobre el fresco pasto y sentado el patriarca sobre una gran piedra, empezó nuestra interesantísima conferencia.

–¿Recuerdas –dijo el anciano– lo que pasó la vez primera que el Maestro encontró a Simón, el hermano de Andrés?

–Lo tengo muy presente; lo supe por Juan, el cual me dijo: *«Juan Bautista estaba con dos de sus discípulos, y viendo a Jesús que venía a encontrarle, les dijo: Éste es aquel sobre el cual he visto descender el Espíritu en forma de paloma... Yo lo he visto, y por eso doy testimonio de que es Él el Hijo de Dios...»*

–¿Y qué hizo el Hijo de Dios? –preguntó Quarto.

–*«Los discípulos, al oír hablar así a Juan se fueron en pos de Jesús. Éste, viendo que le seguían, les preguntó: ¿A quién buscáis? Ellos le respondieron: Rabí, ¿dónde habitas? Y lo siguieron. Andrés, que era uno de los dos discípulos del Bautista que habían seguido a Jesús, encontrando a Simón, su hermano, le dijo: Hemos hallado al Mesías. Y lo llevó a Jesús. Y Jesús, fijos los ojos en él, le dijo: Tú eres Simón, hijo de Jonás; tú serás llamado Cefas, que quiere decir Pedro o piedra».*

–¡Magnífico! –exclamó el patriarca–. Desde que vio Jesús, el Hijo de Dios, a Simón, el hijo de Jonás, le pronosticó que su nombre sería cambiado y se llamaría Cefas, que quiere decir piedra; y el Hijo de Dios, en cuya divinidad tú y yo creemos ahora...

–Sabía lo que se decía –interrumpió Quarto–, pues yo también veo. Por algo se lo debió decir... Alguna mira especial tendría sobre él cuando lo apellidó *piedra* o Pedro. Esa mirada del Maestro, con los ojos fijos en Simón, algo muy profundo suponía. ¿Te acuerdas, dómine, cuando el Señor nos miró...?

Esta espontánea salida de aquel gentil me conmovió profundamente. ¡Cuántas veces me he acordado de las miradas del Maestro!... Jonadab, conmovido y admirado de la fe del romano, prosiguió:

–¿Recuerdas las innumerables pruebas de predilección que el Maestro dio a Simón Pedro durante los tres años de la predicación de Aquél?

–También las recuerdo –respondí–, y a la verdad, yo me maravillaba de esto; no me explicaba esa predilección por un sujeto tan rudo, tan impulsivo y desbaratado, aunque de muy buen corazón. Ni siquiera era pariente de Jesús, como Santiago el Menor, y que tanto se le parece. Predilección por este último me la hubiera explicado más fácilmente.

–¿Recuerdas lo que le respondió a la madre de Juan y Santiago cuando aquélla le pedía que se sentaran uno a la derecha y otro a la izquierda en su reino?

—También recuerdo que le respondió «... *el asiento a mi diestra o siniestra no me toca concederlo a vosotros, sino que será para aquellos a quienes lo ha destinado mi Padre».*

—Lo que evidentemente pedía aquella madre era que uno de sus hijos tuviera *el primer lugar* en el futuro reino, quedando el segundo lugar para el otro —arguyó Jonadab—. Y, sin embargo, a pesar de que el Maestro quería mucho a Santiago y a Juan, nada pudo obtener la peticionaria. *El primer lugar* estaba destinado al *elegido por el Padre*. Y este elegido era ni más ni menos que Simón, no Zelotes, sino Simón, el hijo de Jonás, a quien Él le había profetizado de antemano que sería llamado *Pedro, Piedra* o *Cefas,* que significa lo mismo. ¿Y recuerdas —prosiguió—, entre las muchas parábolas con que el Maestro, de una manera velada, proponía a sus oyentes la naturaleza, las cualidades que había de tener su reino, aquélla de la casa edificada sobre *piedra?*

—Seguramente: «*Era un hombre prudente que edificó su casa sobre piedra, y cayó el aguacero, y corrieron los ríos, y soplaron los vientos, y se echaron sobre aquella casa y no sucumbió porque estaba cimentada sobre piedra...; en cambio, la casa del hombre insensato que edificó sobre arena, cuando los elementos se le echaron encima, cayó y fue grande su ruina...»*

—Perfectamente —continuó—. ¿Y sabes lo que significa casa, además del edificio material que dicha palabra supone?

Pensé unos momentos, y luego respondí:

—Casa es sinónimo de familia; los de mi casa, decimos, significando a nuestros parientes y allegados...

—Así es, en efecto, y tratándose de un reino, decimos: la casa de David, la casa de Israel. De manera que cuando decía Isaías «*la llave de la casa de David*», significaba, como dicen los retóricos, metafóricamente, la potestad suprema del reino de David, y como las llaves sirven para abrir las puertas, también, metafóricamente, «las puertas de la casa de David» significan su reino.

—Estoy de acuerdo.

—Y tú que eres helenista, dinos lo que significa la palabra *iglesia.*

—*Ekklesia* significa asamblea, sociedad, junta, congregación —y por manifestar erudición añadí—: Viene del verbo *ekkaleo:* yo llamo, yo junto, yo congrego.

—De allí que el lugar donde se juntan las personas llamadas para una asamblea, o pertenecientes a una sociedad, se denomine Ecclesia, esto es, Iglesia. Y para que una Iglesia no la destruyan los elementos, que necesariamente la combatirán, debe estar edificada sobre *piedra.* ¿No es así?

—Así debe ser. Y un reino debe tener fundamentos inconmovibles para que no sea destruido y arrasado por los enemigos, que invariablemente, tarde o temprano, llegarán a combatirlo...

Jonadab llamó con su silbato de plata, y al punto se presentaron dos de sus hombres trayendo grandes torcidas de brea encendidas para alumbrarnos. Mientras tanto, el patriarca había entrado a su tienda saliendo poco después con un pergamino en las manos. Los de las teas, prontamente se colocaron a su lado, y el anciano, con solemnidad verdaderamente oriental, nos mandó que nos pusiéramos en pie, añadiendo:

–Este pergamino lo escribió Mateo a petición mía; en él se encuentra relatada una escena cuyo cumplimiento tendrá resonancia en todo el mundo, en todos los siglos. En estos breves renglones da noticia fidedigna de la elección de Simón, hijo de Jonás, para cabeza futura del reino de Cristo. *Éstas son las credenciales de Pedro.*

Y con solemnidad extraordinaria, nos leyó lo siguiente:

–«*Viniendo después Jesús y sus discípulos al territorio de Cesarea de Filipo, aconteció que estando Él orando en el camino, se hallaban con Él los discípulos, y les preguntó: ¿Quién dicen las gentes que es el Hijo del hombre? Y ellos respondieron; Unos que Juan Bautista, otros que Elías, otros que Jeremías, otros que algún profeta de los antiguos resucitado. Entonces les dijo Jesús: Y vosotros, ¿quién decís que soy? Tomó Simón Pedro la palabra, y dijo: Tú eres el Cristo, Hijo de Dios vivo. Y Jesús, respondiéndole, dijo: Bienaventurado eres, Simón, hijo de Jonás, porque no te ha revelado eso la carne ni la sangre, sino mi Padre, que está en los cielos. Y Yo también te digo que tú eres Cefas (Piedra o Pedro); y sobre esta piedra edificaré mi Iglesia; y las puertas del infierno no prevalecerán contra ella, y a ti te daré las llaves del reino de los cielos; y todo lo que atares en la tierra, atado será en los cielos: y todo lo que desatares en la tierra, será desatado en los cielos*».

Jonadab calló, y después de enrollar el pergamino, poniéndolo sobre su cabeza, dijo con toda solemnidad:

–Yo acato a Simón Pedro, el hijo de Jonás, como *rey electo* para *ser la primera piedra de la Iglesia de Cristo.*

–Y yo lo acato también –dijo Quarto, poniéndose de rodillas y besando el pergamino que le alargaba el patriarca.

Yo no sabía qué hacer ni qué decir, y notando mi irresolución, el gran patriarca de los recabitas se dirigió a su tienda a depositar el pergamino. Los que llevaban las teas las apagaron y quedé sumido en la oscuridad, sólo disminuida por el brillar de las estrellas...

–¿Y bien...? –me dijo Jonadab cuando salió de su tienda.

–Eso está bien; pero es solamente una promesa solemne, lo que se quiera, pero es sólo una promesa...

–Pero una promesa del Hijo de Dios –exclamó Quarto–, y antes pasarán los cielos y la tierra que deje de cumplirse una *promesa de Jesús de Nazaret, el Hijo de Dios vivo,* como lo confesó Simón, el hijo de Jonás.

Entonces, el patriarca intervino, diciendo:

–Entiendo tu actitud y me gusta que me arguyas. En efecto; es una promesa, y por eso dije antes de leer el pergamino que el documento con-

tenía la noticia fidedigna de la *elección* de Simón, el hijo de Jonás, para cabeza futura del reino de Cristo.
—Ésas fueron exactamente tus palabras —repuse, por decir algo.
Y añadí que yo *reconocía a Pedro como rey electo* para ser la *primera piedra de la nueva Iglesia.*
—Sí, pero esto fue *antes* de que Simón, el hijo de Jonás, *negara conocer a su Maestro.* ¿No tuvo efecto alguno esta negación en la determinación de Jesús para nombrar a Simón su primer Vicario?
—Si Jesús fuera solamente hombre —interrumpió Quarto— tendrías muchísima razón para dudar, y si le hubiera dado entonces las «llaves del reino de los cielos», de seguro que las pierde, como perdió la cabeza la noche que lo negó. Pero, dómine, ten presente que el que hizo la promesa *es también Dios que conoce lo futuro:*
—Dejemos para más adelante —añadió el patriarca— si Jesús confirmó o no a Simón, el hijo de Jonás, en la primera dignidad de su futuro reino. Por ahora veamos lo que esas credenciales nos dicen.
—Me parece muy bien —dije, dispuesto a discutir las credenciales.
—La diferencia esencial entre el Testamento Antiguo y este que podemos llamar Nuevo, en el que ha venido a cumplirse el anterior, está, si no me engaño, en el hecho innegable de que Jesús de Nazaret es el Prometido en la ley y los profetas, es el Hijo de Dios, igual a su Padre.
—Así lo creo con toda firmeza —repuse sin vacilar—. De lo que deduzco, por lo menos humanamente hablando, que el jefe de la nueva Iglesia deberá tener una fe inquebrantable en que Jesús es *el Hijo de Dios.*
—Vamos por buen camino —prosiguió el patriarca—. A esto añade que el primer lugar en el nuevo reino no era de la elección de Jesús, en cuanto hombre, sino de su Padre celestial.
—Así se lo dijo el mismo Jesús a la madre de los Zebedeos. Esa elección estaba reservada al Padre.
—Y una vez conocida esa elección, ¿a quién le pertenecía determinar las atribuciones, conferir los poderes que debería tener el elegido?
—Naturalmente a Jesús, el Hijo de Dios, fundador de la nueva Iglesia o reino de los cielos.
—De acuerdo —dijo sonriendo el anciano—. Eso supuesto, estudiaremos las credenciales. Jesús había estado *«orando»*; oraba a su Padre, y a mi entender debió decirle muy especialmente en aquella ocasión: «Padre mío, que estás en el cielo, que tu nombre sea glorificado; es ya tiempo que tu reino sea establecido en la tierra para que los hombres puedan cumplir tu voluntad en este mundo como se cumple en el cielo. A Ti te está reservada la elección del que ha de ser la cabeza de ese reino de los que en Mí creerán, de los que creerán que Yo soy tu Hijo unigénito, de los que creerán que Tú estás en Mí y Yo en Ti. Así como Tú me enviaste, Yo envío a mis discípulos para que establezcan mi Iglesia. Yo les he comunicado tu doctrina, y les mandaré que la prediquen a todas las gentes de todos los

tiempos. Yo ya no estaré más en este mundo, pero éstos se quedan. ¿No es ya tiempo de que se revele quién ha de tener «ese primer lugar en mi Iglesia a quien has elegido Tú para que sea el pastor de ese rebaño que me has dado?»

–Admirable, admirable –exclamé entusiasmado–; tenía que llegar el tiempo en que el Hijo diera a conocer al mundo la elección hecha por el Padre.

–Y el Hijo entendió que era llegada esa hora. Entonces preguntó a sus discípulos en qué opinión le tenían los hombres. Y todos empezaron a contar opiniones que habían oído. Pero Jesús quería, ante todo, que sus discípulos le dijeran de una manera solemne lo que ellos mismos pensaban de Él, y añadió: «*¿Y vosotros quién decís que Yo soy?»* Tú, que has tratado íntimamente a los apóstoles, dime, ¿creía alguno de ellos (antes de la resurrección) que Jesús era el Hijo de Dios vivo?

–Ninguno –respondí–. Creían a lo más que era el mayor de los profetas, pero en modo alguno que era el Hijo de Dios. Ni yo los podía culpar; yo tampoco creía.

–¿Qué pasó entonces? La carne y la sangre no les podía revelar quién era el Hijo del hombre, y todos callaron, menos Simón, el hijo de Jonás. Y habló Simón (mientras los otros estaban callados sin saber qué respuesta darían al querido Maestro), y dijo: *«Tú eres el Cristo, el Hijo de Dios vivo. Entonces Jesús le dijo: Bienaventurado eres, Simón, hijo de Jonás, porque eso no te lo ha revelado la carne ni la sangre, sino mi Padre, que está en los cielos».* La elección del Padre para el primero y supremo puesto en el reino de Cristo se había hecho pública. Simón, el hijo de Jonás, era el designado por el Padre celestial, el cual, por una revelación personal y especialísima, infundía de modo inamovible en Simón la fe en Cristo, el Mesías, el Hijo de Dios vivo. Fe que más tarde debería enseñar como supremo maestro.

–Tu raciocinio, fundado en los hechos, me parece admirable. Pero ¿y la negación de Pedro?

–Estamos ahora discutiendo solamente las credenciales –dijo, secamente, Jonadab–; lo demás vendrá después.

Ante esta justa observación, nada tuve que alegar, y callé.

–La designación del elegido del Padre había sido hecha con aquella revelación personal. ¿Qué le quedaba al Hijo por hacer?

–Señalarle las atribuciones, conferirle los poderes que debería tener como anteriormente indicaste –respondí.

–Pues eso hizo el Maestro, usando la metáfora de las llaves y la de la casa construida sobre piedra, cuando añadió: «Y Yo te digo ya que tú eres el elegido por el Padre. Yo, fundador de este reino. Yo, la piedra angular que ha de ser reprobada, pues debo morir según está profetizado. Yo, el Hijo de Dios vivo, te digo: *«Que tú eres Cefas (piedra), y sobre esta pie-*

dra edificaré mi Iglesia». Yo vuelvo al Padre, y tú te quedas en mi lugar, Tú eres la piedra, la roca sobre la cual gravitará todo el peso de mi Iglesia. Tú eres el elegido del Padre para tomar ese primer lugar y regir el nuevo reino, que deberá ser atacado por Satanás, el príncipe de este mundo y sus secuaces; pero nada temas, tú eres la roca sobre la cual esa Iglesia será edificada, y aunque vengan las tormentas, no será destruida, *«y las puertas del infierno no prevalecerán en contra de ella».* Y para que puedas regirla y gobernarla como rey absoluto, a ti *«te daré las llaves de los cielos. Y todo lo que atares sobre la tierra, será también atado en los cielos, y todo lo que desatares sobre la tierra, será también desatado en los cielos».* ¿Son éstas o no las credenciales de un gobernante supremo, con poderes ejecutivo, legislativo y judicial?»

–Ciertamente que sí –afirmé–. Las credenciales, dentro de su estilo metafórico, no pueden ser más claras –y ya perfectamente convencido, con toda humildad, poniéndome en pie y levantando las manos en alto en señal de juramento, exclamé–: Yo también reconozco a Simón Pedro como rey electo, como futura piedra fundamental sobre la cual se ha de edificar la Iglesia de Cristo, el Hijo de Dios.

8
EL PASTOR

Varios de los recabitas, preparándose para pasar la noche, habían encendido una gran fogata a poca distancia de la tienda del patriarca. Me llamó la atención que a esa hora se ocuparan en cambiar de lugar los camellos, llevándolos debajo de un cobertizo que allí cerca había, en lugar de dejarlos pasar la noche a la intemperie. También me sorprendió ver al anciano subir a una próxima eminencia, y, después de hinchar las narices, dar vuelta hacia los puntos cardinales.

–Los camellos –me dijo– sufren resignadamente las tempestades de arena del desierto, pero se ponen inquietos cuando se acerca una tempestad de agua. Mis muchachos debieron observar algo, y por eso los han puesto bajo mejor abrigo. El viento viene del Occidente, es decir, del mar; ya han empezado a subir algunas nubes, que van ocultando las estrellas en esa dirección, y antes de dos horas se cernirá sobre nosotros la tempestad.

Quedé sorprendido ante las facultades meteorológicas de Jonadab, sin que del todo me convencieran, pues no se percibía sensiblemente ráfaga alguna de viento.

–Si los pastores que vi esta tarde apacentando sus rebaños bajo aquellos árboles que no están lejos de aquí no los llevan a redil más abrigado que esa pobre majada, mucho me temo que pasen mal esta noche –prosiguió el anciano.

Unos minutos más tarde, los relámpagos en lejano horizonte, y poco después uno enorme que cruzó el cielo del Oriente al Occidente, me vinieron a convencer de que el viejo beduino tenía razón.

—Nosotros no tenemos nada que temer, pues mi tienda, mejor que la de Salomón, aunque no tan fastuosa, puede resistir, como ya ha sucedido, grandes aguaceros. Dormiremos mejor, pues el calor amainará.

En aquellos momentos se oyeron ladrar los perros. Eran los que acompañaban los rebaños de que había hablado Jonadab. Los pastores iban a poner sus ovejas a buen recaudo; los rebaños, compuestos de corderos y cabras, eran pequeños; el más numeroso apenas contaba veinte cabras, si bien escogidas. Conforme iban pasando a poca distancia de nuestra hoguera. Jonadab saludaba a los pastores y les hacía algunas preguntas, a las que ellos, sin detenerse demasiado, contestaban. Cuando pasó el quinto y último rebaño, el viejo pastor, acariciando su luenga barba, dijo:

—Vosotros, los que vivís en poblados, difícilmente tenéis idea de lo que es la vida del pastor, con sus responsabilidades, sus penas y sus alegrías. Solamente los que desde muy niños hemos apacentado los rebaños, podemos comprender en toda su extensión lo que es la vida nómada y solitaria de los pastores. Has leído el salmo 23, que empieza: «*El Señor es mi Pastor, nada me faltará*».

—Creo que sí lo he leído alguna vez; es un salmo muy corto; habla, si mal no recuerdo, de Yahvé como Pastor.

—Es pequeñito —repuso—, pero uno de los más hermosos y sentidos que escribió David, ya anciano, haciendo recuerdos de cuando él había sido pastor. Yo lo recito con frecuencia, y cada vez le encuentro más hermoso y más real.

—¿Quieres explicarme cómo lo interpretas?

—Mucho me agrada —dijo el viejo pastor, brillándole los ojos—. Pero debemos empezar por el principio, por la descripción del pastor mismo. ¿Te fijaste en la indumentaria de los que acaban de pasar? El pastor no lleva nada superfluo.

—Vi que todos, además del zurrón y de una bota, supongo para agua, llevaban una vara y un cayado, y colgando a la espalda unas cañas con agujeros.

Sonrió Jonadab al oír mi descripción, y prosiguió:

—Esas dos cañas con agujeros como las has descrito son la doble flauta con que el pastor entretiene sus largos ocios tocando, mientras apacienta su rebaño, como lo hacían los pastores de nuestro padre Abrahán, como lo hizo igualmente David.

—¿No tocaba el arpa? —pregunté.

—Con mucha habilidad; mas esto era cuando estaba en la casa de su padre, Jessé, en Belén; pero mientras apacentaba su rebaño tocaba la doble flauta. Como David, todos estos pastores llevan en el zurrón, además de queso, pan, dátiles y aceitunas, una honda y varias piedras escogidas en los arroyos. Son habilísimos en el uso de esta arma para larga distancia.

—Y con el cayado —anadí— se defenderán a corta distancia, sin duda.
—Contra los animales pequeños, y, en especial, contra las serpientes que por las rocas abundan, usan de su vara. El cayado les sirve más bien para apoyarse, y de una manera especialísima para golpear las rocas por la noche cuando van guiando su rebaño por lugares peligrosos. Al oír estos golpes, las tímidas ovejas se animan para seguir adelante, sabiendo que su pastor las guía y está con ellas. Además de esa bota de cuero para el agua, llevan también colgado un cuerno con aceite, con el que curan a las ovejas heridas. No tienes idea del cariño del pastor a sus ovejas, a las cuales conoce y llama por sus nombres, y ellas conocen su voz, sin confundirla con otra alguna. Cuando llegan al aprisco, el pastor, que siempre va delante de su rebaño, se coloca en la estrecha puerta, y, a una señal convenida, le abre el portero, quien no deja entrar a gente desconocida. Por eso, los ladrones trepan por las tapias. Cuando van entrando los rebaños, el pastor separa a los corderos de los cabritos, que se recogen en lugar aparte, pues estos animales son muy pendencieros y disturbarían a las pacíficas ovejas.

Aunque yo había visto varias veces estas cosas, estaba muy atento a la sencilla descripción del experimentado patriarca, el cual continuó:

—Con mucha frecuencia, el pastor, que va en busca de prados abundosos y frescos para su rebaño, pasa días sin volver al aprisco, durmiendo al aire libre cuando no hay tempestad, o recogiendo sus ovejas en las numerosas cuevas de las montañas. Cuando sale por la mañana, se dirige al lugar escogido, donde él sabe que la grama es abundante, y allí deja pastar su rebaño hasta que el sol calienta demasiado, y las ovejas, ya hartas y fatigadas por el calor, esconden sus cabezas unas bajo el vientre de las otras, para evitar los rayos del sol. Entonces, el pastor, tocando su flauta, se pone en movimiento, y, siguiéndole el rebaño, baja a la cañada próxima, donde corre un arroyuelo y hay agradable sombra. No permite que las fatigadas ovejas bajen, desde luego al agua, antes las hace sestear, y cuando ya se han refrescado, las lleva a un remanso poco profundo. Allí, sin peligro alguno para los corderitos, las abreva, y, después de saciada la sed, las deja descansar. Cuando el sol ha bajado algún tanto, lleva su rebaño del otro lado del arroyo, haciéndole pasar sobre un puente improvisado con piedras, unas tras otras, en línea recta. Antes de llegar a la cumbre de la montaña, donde van a pasar la noche, tienen que atravesar por pasajes oscuros y peligrosos, bajo las rocas. Las tímidas ovejas no se atreverían a seguir por aquellos sombríos vericuetos a no ser porque su pastor no sólo las va guiando, sino que dando con su cayado contra las rocas produce un ruido especial, que indica al rebaño que su pastor está allí para defenderlo de las serpientes con su vara.

Llegan ya oscurecido a la cueva donde el rebaño se recogerá durante la noche. El pastor, después de defender la entrada con maleza y ramas espinosas, enciende una fogata, pues no lejos de allí se oyen los aullidos de los chacales, los cuales, a no ser por la vigilancia del pastor, harían presa en los corderitos. Al calor del fuego saca el pastor de su morral su frugal cena y, cariñoso como es con sus ovejas, saca granos de sal que les da en su propia mano a los corderos mansos, que con sus cencerros le han ayudado a conducir el rebaño, por lo cual son justamente los preferidos. El pastor, habiendo terminado su cena, saca su bota llena de agua y bebe con ansia para aplacar la sed, y echando lo restante en el agujero de la roca, hace que las ovejas preferidas o las más necesitadas beban, pues lo restante del rebaño lo hace únicamente cada veinticuatro horas.

Es ya de noche, y el pastor, antes de entregarse al sueño junto a la hoguera, oyendo balar las ovejas, entra a la cueva y descubre que una de ellas está herida. Toma el cuerno donde lleva el aceite, y la unge y la cura. El rebaño entonces duerme tranquilo; las ovejas saben que su pastor vigila por ellas y al menor ruido sospechoso se despertará para alejar cualquier enemigo que se acerque...

Yo estaba encantado oyendo al patriarca, el cual, después de una pausa, prosiguió diciendo:

—Ahora escucha mi interpretación del cortísimo salmo 23. David, con su experiencia de pastor, habla considerándose como una de las ovejas de Yahvé, y empieza:

«El Señor es mi Pastor; nada me faltará».

Él me regirá, Él tendrá cuidado de mí, yo no tengo por qué apurarme; nada me faltará.

«En los lugares de abundosos pastos me ha hecho descansar».

Como el pastor hace descansar sus ovejas antes de llevarlas al abrevadero.

«Junto a las aguas tranquilas me pastoreará».

No me dejará que beba antes de estar refrescado, ni permitirá que me arriesgue donde las aguas son tumultuosas, sino que me llevará al remanso donde no hay peligro, y allí me dejará beber.

«Confortará mi alma».

Mi sed ha quedado saciada, me siento otro; me ha confortado.

Para que pueda atravesar el arroyo ha hecho el pastor, por su bondad, un paso recto de piedras sobre las cuales pasa el rebaño siguiéndole a él.

«Me guiará por las sendas rectas, por amor a su nombre».

Está oscureciendo; la vida está llena de peligros, pero Él me guía y nada tengo que temer.

«Aunque ande en valle de sombra de muerte, no temeré mal alguno».

Yo sé que Él está conmigo y va delante. Oigo que con su cayado golpea la roca para indicarme que allí está, y sé que lleva su vara para defenderme de las serpientes que pudieran herirme.

«Porque Tú estás conmigo; tu vara y tu cayado me infunden aliento».

Ha encendido la hoguera, no sólo para apartar los chacales que cerca aúllan, sino para calentar su aliento, que departe conmigo:

«Aderezarás mesa delante de mí, en presencia de mis angustiadores».

Estoy sediento; no hay cerca de aquí ni una fuente ni un arroyo. ¡Qué importa! Mi pastor está a mi lado. Él derrama el agua de su bota sobre el hueco de una peña para que yo beba, y el agua llena mi abrevadero hasta rebosar...

«Me siento herido. ¿Quién me curará?»

No tengo por qué afligirme; alli está mi pastor, y ungirá mis heridas con óleo:

«Ungiste mi cabeza con óleo».

Con tal pastor, ¿qué puedo temer, qué me puede faltar?:

«Ciertamente, el bien y la misericordia me seguirán todos los días de mi vida».

Seré feliz hasta que por fin vaya a descansar para siempre:

«Y en la casa de Yahvé moraré por largos días».

Y Jonadab calló... Su mirada parecía dirigirse a algo que veía muy lejos. Sus negros ojos brillaban con una luz extraña que no era el reflejo de las llamas de la fogata... Así permaneció por un rato, sin que me atreviera a interrumpir su arrobamiento. Al fin habló:

—Aunque creció en Nazaret, nació entre pastores. Uno de los sonidos que primero percibieron sus pequeños oídos fue el balar de las ovejas y de los corderillos; y, no lo dudo, mil veces debió de observar los numerosos rebaños que se apacentaban en los montes de Neftalí... Y más tarde, cuántas veces debieron resonar en sus oídos las palabras de Juan el Bautista: *el Cordero de Dios...*

Aunque Jonadab no había señalado el sujeto de sus pensamientos, no me cabía la menor duda que estaban fijos en Jesús... El Buen Pastor que había dado la vida por sus ovejas... El Cordero de Dios inmolado sobre el Calvario por los pecadores del mundo.

—Así es —dijo de pronto el patriarca, como si hubiera penetrado mis pensamientos—. «*Yo soy el Buen Pastor,* había dicho repetidas veces; *Yo soy la puerta del aprisco; el que por Mí entrare, será salvo, y entrará, y saldrá, y hallará pastos... Yo soy el Buen Pastor, y conozco mis ovejas, y las mías me conocen... También tengo Yo otras ovejas que no son de este redil; aquéllas también las debo recoger, y oirán mi voz, y habrá un solo rebaño y un solo pastor..*». Ya lo había dicho Ezequiel: «*Y despertaré sobre ellas un solo pastor, y él las apacentará*». Éste es el que tiene que unirlas, regirlas, gobernarlas, curarlas, en una palabra, apacentarlas... Y ese Pastor supremo y único de la grey de Cristo... *es Pedro.* Sí —prosiguió el patriarca con inusitada energía—. A Pedro, que se había dormido durante la noche de la Pasión..., lo *despertó* para que fuera ese *Pastor único,* que debería ser el Vicario de su *reino,* de su *Iglesia...*

—Pero ¿no negó conocer a Jesús? —me atreví a interrumpir.

—No una, sino tres veces, *por miedo,* no porque hubiera perdido aquella sublime fe, infundida por el Padre, que hizo a Simón reconocer y proclamar a Jesús de Nazaret *como el Hijo de Dios...* Estuvo su fe a punto de zozobrar; pero la omnipotente oración de Cristo a su Padre obtuvo que la fe del futuro supremo Pastor *no vacilara*. «*Simón, Simón, le había dicho el Maestro, mira que Satanás va tras de vosotros para zarandearos como a trigo; mas Yo he rogado por ti a fin de que tu fe no falle; y tú, cuando te hayas arrepentido* (de lo que vas a hacer), *confirma a tus hermanos en esa misma fe*». El Pastor había estado al lado de la oveja que estuvo a punto de desbarrancarse, y la había salvado.

—Como había dado la mano a Simón —añadí— cuando estaba pescando, y al ver a Jesús caminando sobre las aguas, turbados tanto Pedro como sus compañeros y llenos de miedo, empezaron a gritar: «¡Es un fantasma!» El Maestro, para tranquilizarlos, les dijo: «*Yo soy, no tengáis miedo*», oyendo lo cual Simón, exclamó: «*Señor, si Tú eres, mándame ir hacia Ti sobre las aguas*». El bondadosísimo Maestro, queriendo dar una lección al fogoso discípulo (y para mí prefigurando lo que más tarde iba a pasar), le dijo: «*Ven*», con lo cual, animado Pedro, «*bajó de la barca y empezó a caminar tambiém sobre el agua para llegar a Jesús. Pero viendo la fuerza del viento, le entró miedo, y empezando a hundirse* (a pesar de que como pescador sabía nadar) *dio voces, diciendo: ¡Señor, sálvame! Y al punto Jesús, extendiendo la mano y asiéndole, le dijo: Hombre de poca fe, ¿por qué has titubeado? Y luego que subieron sobre la barca, se calmó el viento*»...

Jonadab me miró cariñosamente, agradeciendo que le hubiera entendido.

—Pues bien, en ese mismo sitio sucedió la escena que voy a referirte —continuó el patriarca—, según me lo contó Juan, que fue testigo presencial y cuyo testimonio estoy cierto que es verdadero. Se les apareció el Maestro no hace muchos días en esa misma ribera. Para darles nuevo testimonio de su resurrección, la cual ellos tienen que testificar. Después de haber partido el pan y dándoles de comer de los peces que habían asado, y comido con ellos; cuando todos guardaban silencio sin atreverse a preguntarle quién era, pues sabían que era el Señor, pasó lo siguiente: Rompiendo Jesús aquel silencio embarazoso, ya que todos y en especial Simón estaban avergonzados de su conducta durante la noche de la Pasión, dirigiéndose a éste, le dijo: «*Simón, hijo de Jonás, ¿me quieres más que éstos?*» Simón, teniendo delante aquellas aguas donde había «empezado a hundirse» y recordando su culpa con humildad profundísima, no con la presunción antigua con que había afirmado: «*Aunque todos se escandalizaren, yo no me escandalizaré*», le respondió: «*Señor, Tú sabes que yo también te amo*», y bajó la cabeza. ¿Por qué el amabilísimo Jesús hizo esa distinción tan marcada, que podría parecer odiosa, diciéndole: ¿Me quieres más que éstos?...

—Sin duda debió tener una razón gravísima —respondí.

—Así era, en efecto —repuso Jonadab—. Iba ya el Maestro a entregar a Simón Pedro las llaves del reino de los cielos que le había prometido. Iba a darle la suprema potestad de su reino. «Éstos» eran la parte más escogida de ese reino, pero no la cabeza; ésta era Simón, el hijo de Jonás, la piedra fundamental sobre la cual iba a edificar su Iglesia. Así, pues, el Buen Pastor le dijo: *«Apacienta mis corderos»*. Como si dijera te nombro supremo pastor de mi rebaño. Apacienta, esto es, instruye a todos mis corderos; enséñales todas las cosas que Yo te he enseñado y las que te enseñará el Paráclito, que enviaré dentro de poco –el venerable pastor parecía inspirado y prosiguió–: Pero en un rebaño no hay sólo corderos grandes y crecidos, hay también corderitos a quienes hay que dirigir, que guiar, para que no se despeñen. Entonces Jesús, el Buen Pastor, continuó: *«Simón, hijo de Jonás, ¿me quieres?»* Ya no añadió más que «éstos», que eran los primeros corderos de su rebaño.

–¿Qué hizo Pedro –pregunté– al oír que otra vez le hacía el Rabí la misma pregunta?

–Sin duda se acordó de su segunda y vergonzosa negación, y con toda humildad, pero con más ardor, dijo, muy conmovido: *«Señor, Tú sabes que te amo»*. Y el Buen Pastor volvió a hacerle esta recomendación, a repetirle el mandato, a confirmarle en su jerarquía de pastor supremo, y le dijo: «Rige, gobierna, conduce mis corderitos». No terminó aquí el Hijo de Dios, sino que queriendo con más énfasis dar a entender delante de los otros discípulos que Simón Pedro era el designado por Él como supremo, universal y perpetuo pastor, no sólo de las ovejas que ya estaban en su redil, sino de las otras que aún pertenecían a otro rebaño, pero que había que atraerlas al suyo, reiteró su pregunta, aunque cambiando una palabra, y dijo: *¿Simón, hijo de Jonás, ¿me amas? ¿Me amas según dices?»*

–¡Pobre Pedro! –exclamé–. ¿Qué sentiría? Su tercera negación con juramentos debió presentársele con viveza.

–Así debió de pasar, sin duda. Pedro, ya escarmentado y arrepentido, no era el fatuo y petulante de otros días, sino humilde y desconfiado de sí mismo, por lo cual *«se entristeció de que le dijese por tercera vez ¿me amas? Y respondió: Señor, Tú sabes todas las cosas; Tú sabes que te amo»*. A mí me dice mi corazón que te amo, y Tú lo sabes; pero Tú sabes lo que yo ignoro, quizá mi soberbia me ciega; pero te pongo a Ti por testigo de mis sentimientos, ya que a Ti nada se oculta: ¡Tú sabes que te amo!

–Y ¿qué le dijo entonces el Maestro?

–Pedro ya había reparado delante de «éstos» su triple negación con una triple y pública confesión de su amor a Jesús para que nadie le pudiera más tarde echar en cara su caída. El Señor le quería para pastor universal de todo su rebaño, le había encomendado los corderos y los corderitos, y el Buen Pastor quiso confirmar a Simón Pedro en este cargo, y le dijo: *«Apacienta* (cuida, levanta, conforta, cura) *mis ovejas»*. Jesús, el Hijo de Dios, había cumplido su promesa, había dado a Pedro las llaves del reino de los cielos, le había constituido en pastor supremo, universal y perpetuo de su rebaño: la Iglesia.

Ante semejante relato, no pude menos de reconocer que el Maestro había, al fin, dado a Pedro la suprema potestad bajo la metáfora del pastor. Ya la respuesta a mi pregunta tantas veces repetida, ¿y ahora, qué?, empezaba a aclararse. El reino estaba constituido, ya tenía cabeza, Pedro; y los que en Jesús creían eran los miembros de esa Iglesia bajo la metáfora de ovejas, corderos y corderitos del rebaño. No tenía ya la menor duda. El Hijo de Dios, con la suprema potestad que le había dado su Padre, al cual iba, para de allí enviarles al Paráclito, había constituido a Simón Pedro pastor, cabeza y gobernante absoluto de su Iglesia. Tenía, pues, Pedro la autoridad triple de todo rey absoluto: la potestad legislativa, la ejecutiva y la judicial. Pedro, elegido por el Padre, ocuparía la primera silla para juzgar, regir y enseñar la doctrina que el Maestro les había enseñado. ¿Pero «sería Simón, el rudo pescador, capaz de desempeñar este cargo?»

Quarto, que me miraba con fijeza, penetrando en mis pensamientos, me dijo:

—Acuérdate, dómine, de que todo este negocio es el negocio de un Dios. Espera, y verás cómo el Hijo de Dios, que ha dado la suprema potestad a Pedro, sabrá ayudarle para que sepa usar de ella. Espera, y tu tan repetida pregunta ¿y ahora, qué? quedará aclarada por completo.

9
UN REGAÑO DE MI ABUELO

—Yo quiero conocer a Simón Pedro —me dijo mi abuelo, una vez que estuvimos instalados en Betania, en casa de Lázaro.

Es el caso que Quarto le había contado toda nuestra conversación con Jonadab. Mi abuelo, cuya vida había sido consagrada a preparar la ayuda que debía prestar al Mesías Redentor, enterado de que Éste ya había subido a los cielos y que había nombrado a Pedro su vicario y pastor supremo del nuevo rebaño, quería a todo trance conocerle. Deseaba arrodillarse ante él y poner a su disposición las inmensas riquezas que durante ochenta años había acumulado. Quería cumplir la promesa que había hecho a su moribunda madre de ayudar con todas sus fuerzas a la obra del Mesías.

A pesar de lo que he narrado, yo no las tenía todas conmigo. Conociendo como conocía a Simón, temí no fuera mi abuelo a quedar decepcionado al tratar con el rudo e impulsivo pescador. Así, pues, le dije, procurando dar tiempo al tiempo:

—Con todo gusto te presentaré a Mateo; tiene un gran conocimiento de las Escrituras...

—Yo quiero conocer a Simón Pedro —insistió el anciano.

—Natanael, Bar Tolomeo, es otro que te gustaría tratar. Es muy instruido, muy piadoso, un verdadero israelita en el cual no hay doblez.

III. ¿Y AHORA, QUÉ?-9. UN REGAÑO DE MI ABUELO

–Ya me lo presentarás más tarde –replicó–; pero antes que todo yo quiero conocer a Simón Pedro, y hablar con él...
–Juan Zebedeo, el discípulo amado del Maestro, es un joven muy simpático, tengo que presentártelo...,
–¿Quieres agotar mi paciencia? –repuso, ya irritado, mi abuelo–. ¿Qué diablo se te ha metido? Parece que tienes miedo de presentarme a Simón. ¿Por qué no quieres que le vea? ¿Qué tienes contra él? Habla.
–La verdad, querido abuelo, Simón es un rudo pescador...
El venerable anciano me miró sorprendido al principio, luego fijó en mí sus ojos centelleantes de indignación, y exclamó:
–Mequetrefe insignificante, filosofastro hinchado con tu vana ciencia pedante. ¿Crees tú que yo pienso que Tiberio es el hombre más inteligente del Imperio romano, donde hay tantos retóricos, filósofos y poetas que le superan como los cedros del Líbano a los enanos sicomoros? ¿Crees que pienso que Alejandro tenía un entendimiento más potente que el del sublime Estagirita? ¿Qué te has figurado? ¿Crees que yo soy tan estúpido que me considero el más ilustrado, el más sabio, el más brillante de los miles de hombres que militan bajo mis órdenes? Se ve que no sabes, se ve que no comprendes lo que es la autoridad. Simón podrá ser lo infeliz que gustes, lo rudo que quieras, y sus compañeros superarle con mucho en dones naturales; pero por grandes, por ilustrados que sean, ninguno de ellos tiene la autoridad de Pedro. Y no una autoridad cualquiera, como la de los potentados del mundo, sino una autoridad conferida por *Aquel a quien le ha sido concedido todo poder en el cielo y en la tierra,* Jesús de Nazaret, el Hijo unigénito de Dios. ¿Estás tú ya como esos infelices de Ben Straus, Ben Renanus y toda su recua? ¿Quién eres tú? ¿Quiénes esos otros presuntuosos como tú que porque tienen un poquito de memoria, una brizna de entendimiento o una ilustración somera, creen que no sólo pueden criticar, sino condenar los hechos de un hombre inmensamente mayor que ellos como hombre, e infinitamente superior, como Dios que es? ¿Estás tan hinchado que piensas que Jesús debió tomar tu parecer para designar al que había de ser su representante en la tierra? ¿Debió el Maestro preguntar a Ben Straus o Ben Renanus lo que tenía que hacer y cómo lo tenía que hacer?

Yo estaba asombrado, veía que el anciano tenía razón; pero me ardía más que nada que me comparara con esos individuos. No me atreví, sin embargo, a responder. Contra sus irrefragables argumentos, de sentido común, nada tenía que decir. La filípica hubiera pasado adelante si en aquellos momentos no hubiera entrado Samuel.

–Tú –le dijo mi abuelo por saludo–, tú me vas a llevar ahora mismo a conocer a Pedro.

–Con todo gusto te llevaría ahora mismo como deseas; pero Pedro no te recibiría...

–¿Se le ha subido tan pronto? –interrumpió Quarto.

—No se le ha subido nada —repuso Samuel muy sorprendido—, sino que, siguiendo el mandato del Señor, desde que Éste subió a los cielos, hace unos diez días, tanto él como los apóstoles y discípulos, junto con Myriam, la Madre de Jesús, y varias piadosas mujeres, no hacen otra cosa que estar orando. Esperan, como lo prometió el Maestro, que les enviaría al Espíritu Consolador, el cual los bautizaría con el bautismo de fuego comunicándoles sus dones. Por eso he dicho que Pedro, quien naturalmente hace cabeza, pues así lo dispuso el Señor, no te recibiría ahora. Como todos están en mi casa, yo me ocupo de lo que deben comer. Lo hacen al caer el sol, una vez al día; pero son muchos. Gracias a la bonísima de Marta, que es la que lo prepara todo, acompañada de Dina, la samaritana, y una mujer cananea, nos les ha faltado nada.

—¿Y quieres decirme —preguntó Quarto— qué oraciones dicen? ¿Entonan salmos?

—Es algo conmovedor —respondió Samuel—. Su modo de orar no es el de los sacerdotes en el templo. Oran según les enseñó el Maestro, de palabra y con el ejemplo.

—Pues ¿qué hacen? —interrogué.

—Pedro, con una voz clara y llena de unción, dice: «Padre nuestro, que estás en el cielo. Santificado sea tu nombre. Venga, venga a nosotros tu reino...». Y todos responden: «Venga a nosotros, venga a nosotros tu reino» con un fervor extraordinario. En seguida se oye la voz de Myriam, que añade: «Hágase tu voluntad, en la tierra como en el cielo. Cúmplase en nosotros según tu palabra».

—«¿Y no dicen más que eso? —preguntó mi abuelo.

—Siguen el ejemplo y el mandato expreso de Cristo, que les dijo que así debían orar, y lo que Él mismo hizo en el huerto repitiendo por tres horas mortales la misma oración. ¿Y qué mejor oración pudieran hacer? ¿Cuál de todos los salmos supera a oración tan sublime: «Venga a nosotros tu reino, y hágase tu voluntad, en la tierra como en el cielo»?

—Tienes sobrada razón —repuso mi abuelo—, tanto más que ahora están en espera de que ese reino sea establecido.

—Sólo un día han interrumpido esta oración...

—¿Y por qué causa? —interrogué.

—Por una muy grave —respondió Samuel—. Cristo había escogido doce apóstoles para sus principales testigos, y faltaba uno.

—El infeliz de Judas —dijo Quarto—, que se ahorcó, y, desprendiéndose su cuerpo, ya muerto, del árbol del que se había colgado, reventó, y quedaron esparcidas por el suelo sus entrañas; yo lo vi.

—Pues bien —prosiguió Samuel—: Pedro, consciente ya de la autoridad suprema que Jesús le confirió, y la cual reconocen sin disputa los demás apóstoles, *elevantándose en medio de los hermanos, que eran unos ciento veinte»*, les contó lo que tú, Quarto, acabas de indicar, esto es, la muerte desastrosa del traidor; después de lo cual, añadió: *«Porque escrito está en el libro de los Salmos: Sea hecha desierta su habitación, y no haya quien more en ella y tome otro su cargo»*, esto es, su lugar. Aquélla fue una sesión solemnísima; todos estaban atentos a la palabra de Pedro, el cual continuó: *«Conviene, pues, que de estos hombres que han estado en nuestra compañía todo el tiempo que Jesús, Señor nuestro, conversó con nosotros, empezando desde el bautismo de Juan hasta el día en que, apartándose de nosotros, subió al cielo, se elija uno que sea, como nosotros, testigo de su resurrección».*

—Esto, esto es lo que se necesita: mártires, es decir, testigos, quienes por todas partes, desde Jerusalén hasta los confines del mundo, den testimonio de la resurrección del Hijo de Dios —exclamó Quarto.

—Pedro, entonces, señaló a varios de los apóstoles para que recogieran los nombres de aquellos que eligieran los presentes, y, después de hecho el cómputo de los votos, resultó que quedaban con igual número José Bar Seba, por sobrenombre el Justo, y Matías...

—Yo hubiera escogido a Esteban; ése vale mucho —dije.

—Tú te callas —exclamó, indignado, mi abuelo—, mequetrefe. ¿Crees que se necesita en todo tu opinión? Prosigue, Samuel, y no le hagas caso. ¿Qué hizo Pedro? ¿Cómo resolvió el empate?

—Sabéis vosotros, sin duda, que en el *Levítico (16, 8)* se prescribe que para elegir la víctima que debe sacrificarse en determinadas circunstancias se echen suertes entre dos animales que se presentan, dejando al Señor la elección, y para esto se usan los dados. Como consta en el libro de *Josué (14, 2),* por este mismo medio. Canaán fue dividido entre las doce tribus, y en el libro primero de Samuel se narra que para elegir rey a Saúl se siguió igual procedimiento. Y de la misma manera, el Señor descubrió que Jonás era el culpable de la tempestad que hacía zozobrar el barco donde iba *(Jonás,* 1, 7). Pedro, entonces, mandando que se pusiesen en pie, levantando las manos al cielo, hizo esta súplica, que todos unánimes repitieron: *«Tú, Señor, que conoces los corazones de todos, muéstranos cuál escoges de estos dos para ocupar el puesto de este ministerio y apostolado, del cual cayó Judas por su prevaricación».* Y la voz de Pedro temblaba, mientras sus ojos se llenaban de lágrimas. Entonces Juan, viendo a su gran amigo Pedro tan conmovido, le dijo: «Aquí están dos de los soldados que asistieron a la crucifixión del Maestro y creyeron en Él, voy a preguntarles si tienen aquí aún los dados con que echaron suertes sobre la túnica del Señor». «Sí, ve —le dijo Pedro—, y que ellos sean los que echen los dados». Y así sucedió; pues *«echando suertes, ésta cayó sobre Matías, y fue agregado a los once apóstoles»,* con regocijo de los presentes. Y Pedro le hizo sentar en una silla vacante que estaba con las de los apóstoles.

—Bien por Pedro —exclamó Quarto—, ya verás, ya verás, dómine, que este rudo pescador nos va a dar una buena sorpresa.

—Es verdad —repuso Samuel—; si le vieras, no le conocerías: tan humilde, con sus ojos ribeteados de colorado por el continuo llorar. Desde aquello ha encanecido. Está muy venerable, y a todos infunde respeto.

En aquellos momentos entró mi hija Raquel diciendo:

–Ven, ven, papá, que ya llegó Marta, y nos ha contado unas cosas muy bonitas del Maestro.

–Tengo que verla pronto –dijo Samuel–; es preciso que, cuanto antes, prepare el «pan batido» y lo demás que es necesario para la celebración de la fiesta de Pentecostés.

–Tú, hija –dijo mi abuelo a Raquel–, vete con Marta; tu padre irá luego, tengo que hablarle. Tú, Quarto, puedes quedarte.

«¡Ahora sí que me va a caer el gran chubasco!» –dije para mí, y esperé resignado.

Afortunadamente, la cosa tomó otro sesgo, que de ningún modo esperaba. Mi abuelo empezó así, una vez que estuvimos solos los tres:

–Cuando te oí hablar hace un rato, mi primer movimiento fue de sorpresa. Tú, que has escrito lo que has escrito, y yo he leído con verdadero entusiasmo en la primera y segunda parte de tus *Memorias,* ¿tú mostrar ahora una psicología tan mezquina? Parece que nunca has tratado con hombres, y conocido por sus defectos las cualidades que esos mismos defectos suponen. Me irrité de veras; fuiste una desilusión para mí.

–¿Y se podrá saber por qué? –le pregunté.

–Lo vas a oír, y muy clarito. ¿Has tratado a Simón Pedro?

–Hace tres años que le conozco.

–¿Y qué opinión te has formado de él?

–Ya te lo indiqué: es impulsivo, impetuoso, franco, cobarde y, además, rudo e ignorante.

–Estoy de acuerdo. Y ¿crees que por esos defectos es el menos indicado para el cargo que Jesús le ha dado?

–Ya te dije que sí.

–Pues eres un mal psicólogo. Porque yo, sin haber estudiado lo que tú, pero con la enorme experiencia que he tenido en mi larguísima vida, he venido a una conclusión enteramente contraria con sólo el conocimiento que de Pedro he tenido leyendo tus magníficas *Memorias.*

No pude menos de sonreírme oyendo aquel inesperado elogio, mezclado con los epítetos con que poco antes me había agraciado.

–Pues te aseguro que Pedro es de madera de líderes. Precisamente su impetuosidad, su prontitud en el obrar, indican que tiene un gran carácter. César era así; por eso pasó el Rubicón; Alejandro era así, por eso cortó el nudo gordiano. Pedro, a pesar de todo, es un verdadero líder; estudia atentamente todos los pasajes de su vida desde que dejó las redes inmediatamente para seguir a Jesús, hasta que sacó la espada para cortar la cabeza de Malco, pues ésa fue su intención.

Sonreí al oír esto, y añadí:

–¿Por esa impetuosidad negó también al Maestro? Es un cobarde.

–Te engañas, hijo mío, no es cobarde; tuvo miedo entonces, lo que no es lo mismo. El cobarde es pusilánime, sin valor, sin espíritu, sin carácter, y Pedro tiene mucho, muchísimo carácter. El miedo es una perturbación angustiosa del ánimo por un peligro real o imaginario. Muchos hombres muy valientes han tenido sus ratos de miedo. La cobardía dice algo permanente: la falta de carácter; el miedo es algo transitorio. Pedro tuvo miedo cuando se vio rodeado de soldados que podían reconocerle como el agresor de Malco; temió que le pudieran prender, y por ese miedo hizo lo que hizo. Pero ese miedo se le quitará, y entonces lo verás. Para llevar a cabo una empresa como la que le ha encomendado el Maestro se necesita un hombre decidido, un hombre que no vacile, que sepa lo que hay que hacer y que lo haga, un hombre de verdadero carácter, y Pedro lo es.

–¿Y este ignorante y rudo (no puedes negar que lo es) va a ser el maestro universal de la Iglesia de Cristo?

–Desde luego puedo asegurarte que Pedro ha aprendido en este punto más, teniendo a Jesús por Maestro durante tres años, que tú en los largos años que pasaste estudiando en Roma. Y si a esto añades que el Señor le ha prometido enviarle un Maestro sublime que le enseñe toda la verdad, calculo que, por ese lado, no quedará falto.

–Creo que tienes razón –repuse–. Yo sólo he considerado las cosas desde el punto de vista puramente humano, y por eso me he expresado como lo hice, siguiendo mi criterio. Te doy en todo la razón.

–Hijo mío –dijo el anciano, conmovido–, estoy orgulloso de ti. Tus *Memorias* perdurarán por siglos, las he leído y meditado con todo detenimiento, y voy a decirte algo que te enorgullecerá. Tus *Memorias* han sido el instrumento de que la Providencia se ha valido para que yo crea que Jesús de Nazaret es el Hijo de Dios. Y digo el instrumento, porque en este asunto poco valen la carne y la sangre; es necesario que Dios ilumine nuestro entendimiento y mueva después nuestra voluntad para creer tan soberano misterio. Él, al fin, me iluminó, como yo se lo pedía con muchísima instancia desde que leí la primera parte de tus *Memorias,* donde vi a este pagano, Quarto, orando insistentemente y diciendo: *Domine, fact ut videam*. (Señor, haz que yo vea.) Y en los días felicísimos que pasé en mi tienda del Carmelo leyendo la segunda parte de tus *Memorias* con toda humildad, con toda insistencia clamaba al cielo para que me diera esa fe que tú allí manifiestas, para que pudiera yo ser contado entre los *«bienaventurados que no vieron y creyeron»*. Y el Señor se dignó escuchar mi súplica. Creo, hijo mío, creo, creo, creo.

10
LA RELACIÓN DE MARTA

–Vamos a ver a Marta –dijo mi abuelo; quiero conocerla. Por lo que tú cuentas de ella en la segunda parte de tus *Memorias,* se me ha hecho extraordinariamente simpática.

Encontramos a Marta en la cocina, amasando pan en una artesa.
—Mi abuelo quiere conocerte —le dije—, y esperamos que nos cuentes muchas cosas.
—Dispénsame —respondió ella, dirigiéndose a mi abuelo— que te reciba en esta facha, porque estaba preparando la masa del pan con levadura que debe llevar Pedro mañana al templo, según manda la ley. Ya me falta muy poco. Luego la dejaré cubierta en un lugar caliente para que suba, y entonces os contaré lo que gustéis. Mira, Dina —prosiguió, dirigiéndose a la samaritana—, trae el cántaro que está refrescándose en la fuente, y tú, Raquel, dales a todos de ese refresco. Aquí están los vasos de cuerno.
—Tenemos tiempo suficiente —repuso mi abuelo—; te esperaremos hasta que acabes, y gustaré de ese famoso refresco que tú preparas.
Marta, sabiendo que mi abuelo acababa de llegar, quedó sorprendida de que estuviera tan enterado de las habilidades de ella, y le miró interrogante como si le dijese: ¿quién te ha dicho eso?
Mi abuelo, comprendiendo su sorpresa, y sonriendo, le dijo:
—En este pergamino —y le mostraba la segunda parte de mis *Memorias* se cuenta que eres habilísima, tanto en la cocina como en preparar refrescos.
La sorpresa de Marta fue aún mayor al escuchar esa aclaración, y, sacando las manos llenas de masa, preguntó al anciano:
—¿Y quién ha escrito eso?
—Tu gran amigo y admirador Ben Hered, mi nieto. No solamente cuenta eso de ti, sino que narra toda tu historia y la grandísima fe que siempre has tenido en la divinidad del Maestro.
—Claro que sí —repuso ella con toda sencillez—; ¿por qué había de dudar? Yo siempre he creído que Jesús es el Hijo de Dios, que ha venido a este mundo, el cual, ahora resucitado, ha subido a los cielos... —y viendo que venía Dina con el cántaro, dijo a mi hija—: Anda, Raquel, repárteles los vasos; y tú, Dina, ve escanciando el refresco. Pero sería mejor que salierais a sentaros bajo el emparrado; allí estaréis más a gusto y con menos calor. Tú, Quarto, llévalos; yo iré tan pronto como termine.
—¡Qué mujer tan hacendosa, tan simpática y tan llena de fe! —me dijo mi abuelo cuando nos sentamos bajo el emparrado—. ¡Y qué excelente es este refresco! ¿De qué estará hecho?
—Marta —respondió mi hija —guarda el secreto; pero yo lo sé, y creo que te lo podré decir. Pone los higos secos en agua, y los deja en una vasija muy bien tapada por varios días. Luego le pone pasas, miel de abejas y un poquito de cinamomo. Después lo cuela todo en un cedazo y lo guarda en cueros de carnero muy bien tapados. Cuando lo va a usar vierte una cantidad en el cántaro, y lo pone a refrescar en la fuente.
Mi abuelo estaba encantado de oír a Raquel, y haciéndole una caricia, le dijo:
—Has salido muy buena discípula con semejante maestra. ¿Y te ha enseñado otros secretos?

—Algunos de cocina también los sé; pero ella dice que el mayor secreto que tiene es el amor al Rabboni, y me aconseja que le quiera mucho y que por todas partes diga que ha resucitado, pues muchos no creen en su resurrección, sino que dicen que robaron el cuerpo los discípulos.
—No importa eso —repuso mi abuelo—; cuéntanos las cosas que sabes, como nos ha dicho Raquel; pero antes te felicito por este refresco.
Marta, sin hacerse rogar, empezó de esta manera:
—Cuando vosotros os marchasteis a Tolemaida, nos quedamos aquí mi tío Samuel, Lázaro, Magdalena y yo muy tristes. Magdalena, con ese carácter tan fogoso que tiene, iba diariamente a Jerusalén, y a cuanto fariseo o sacerdote encontraba le decía que Jesús había resucitado, y se le había aparecido, y que era una grandísima mentira lo que andaban contando Anás y Caifás que los discípulos habían robado el cuerpo del Rabboni.
—¿Y no tenía miedo? —preguntó mi abuelo.
—Magdalena no sabe lo que es miedo, y menos cuando se trata del Rabboni. Como fue tan conocida, y como ella conoce bien a muchos de ellos, la tienen miedo; podía hablar demasiado. Así que la oían, y como son tan hipócritas, le daban la razón; pero apenas se apartaban de ella decían: «Es una loca; no hay que hacer caso». Y seguían propalando la conseja del robo atestiguada por soldados dormidos. Yo, por mi parte, a todos los que venían a ver a Lázaro, después de darles su refresquito, les decía: «Sí, mi hermano estuvo cuatro días muerto, bien muerto y sepultado, y el Rabboni le resucitó. Y el Rabboni, después de muerto en la cruz y enterrado, al tercer día resucitó, y se apareció a sus discípulos y a mí también». Yo no sé si todos me creerían; pero de mí no decían que estaba loca.
—Bendito sea el Señor —exclamó mi abuelo—, que, por lo menos, vosotras las mujeres seguís dando testimonio de la resurrección del Maestro.
—Dices bien —prosiguió Marta—; nosotras, las mujeres, pues las otras también hacen lo mismo sin miedo alguno. Así pasaron varios días, cuando se nos presentó Marcos, el hijo de Obed, que venía a ver a su padre enfermo, y nos contó que el Rabboni seguía apareciéndose a sus discípulos en Galilea, hablándoles constantemente del reino de los cielos. Tan pronto como Magdalena oyó esto, dijo que ella se iba a Galilea a ver al Rabboni; y, claro, tanto mi tío como mi hermano y yo, nos fuimos con ella.
—¿Y viste al Rabboni? —preguntó, ansioso, mi abuelo.
—Tuve esa dicha. Estábamos en el monte donde había enseñado las bienaventuranzas a más de quinientas personas. Se habían reunido a los apóstoles y los discípulos muchos de los que en Galilea habían recibido favores del Maestro o los había sanado de alguna enfermedad. Pedro, que nos había dirigido, estaba en una eminencia acompañado de los otros diez, cuando, de pronto, apareció en medio de ellos el Rabboni. Calculad la sorpresa que recibiríamos todos. Muchos no podían creer en lo que veían, y se acercaron lo más posible. El Señor sonreía viéndonos a nosotros, que

siempre habíamos creído en Él. Pedro y sus compañeros se postraron y le adoraron, como lo hicimos casi todos, pues algunos decían: «¡Es un fantasma!», y estaban colmados de temor. Entonces el Rabboni se acercó para que le pudieran ver los que aún dudaban, y con esa voz inconfundible, dirigiéndose a Pedro y a sus compañeros, les dijo: *«Me ha sido dada toda potestad en el cielo y en la tierra».* Y continuó: *«Id, pues, y enseñad a todas las gentes, bautizándolas en el nombre del Padre, y del Hijo y del Espíritu Santo, enseñándoles a guardar todas las cosas que Yo os he encomendado, y he aquí que estoy con vosotros todos los días hasta la consumación de los siglos».* Y dicho esto, poco a poco se fue como esfumando, y desapareció.

–¡Quién hubiera estado allí! –exclamó mi abuelo muy conmovido–. Pero prosigue.

–Pedro, radiante de felicidad y con voz firme, dijo: «Marchemos a Jerusalén». «¿Pero no ves –le objetaron algunos– que nos persiguen los príncipes de los sacerdotes?» «Yo voy a la ciudad» –respondió Pedro–. «Pues nosotros también iremos contigo» –exclamó, valientemente, Tomás–. Y se formó una caravana como de ciento veinte, que partimos con Pedro para Jerusalén, donde nos reunimos todos en casa de mi tío Samuel. Estando hace unos días todos reunidos en el cuarto de arriba, donde el Rabboni había celebrado la Pascua con sus discípulos, se apareció, y, después que hubo comido, dijo: *«Id por todo el mundo, y predicad el Evangelio a toda criatura. El que creyere y fuere bautizado, será salvo; mas el que no creyere será condenado. Éstas son las palabras que os hablé cuando todavía estaba con vosotros; porque es necesario que se cumplan todas las cosas que están escritas en la Ley de Moisés y en los profetas y en los salmos acerca de Mí.* Entonces les abrió el entendimiento para que entendieran las Escrituras, y añadió: *Así estaba escrito, y así convenía que el Cristo padeciese y resucitase de entre los muertos al tercer día, y se predicase en su nombre penitencia y remisión de pecados a todas las naciones, comenzando en Jerusalén. Y vosotros sois testigos de estas cosas...».*

–¿No ves en esto bien clara la respuesta a tu pregunta ¿y ahora, qué? –me dijo mi abuelo. Y, sin permitir que le respondiera, dijo a Marta–: Continúa, hija, continúa.

Marta dijo entonces:

–Y como hubiese no pocos entre los presentes que aún tenían miedo a los judíos, el Rabboni continuó: *«Vosotros permaneced en la ciudad hasta que seáis revestidos de la fuerza de lo alto, que Yo os enviaré el don que mi Padre os tiene prometido. Porque Juan, en verdad, bautizaba con agua, mas vosotros seréis bautizados en el Espíritu Santo dentro de pocos días».* El Rabboni se levantó entonces, diciendo a Simón Pedro: «Sígueme». Yendo Él por delante, se dirigió al monte Olivete...

—Como el pastor que guía a sus ovejas —dije, acordándome de Jonadab.

—Iba, pues, el Rabbioni delante hablando con Pedro, seguían los apóstoles y discípulos y luego nosotras, las mujeres. Y en el camino noté que Santiago, su hermano Juan, Simón Zelotes y los demás estaban discutiendo sobre si en esta época, quizá hoy mismo, establecería el Rabboni el reino que tenía prometido, puesto que ya se iba.

—¿Y discutían todavía eso? —le pregunté, admirado.

—No sólo lo discutían —respondió Marta—, sino que le preguntaron: *«Maestro, ¿es ahora cuando vas a restaurar el reino de Israel? Y Él les dijo: No toca a vosotros saber los tiempos o las razones que el Padre puso en su sola potestad»*. Los miró cariñosamente, y añadió, como si les dijera: lo que os importa es que *«recibiréis la virtud del Espíritu Santo, que vendrá sobre vosotros, y me serviréis de testigos en Jerusalén y en toda Judea, y en Samaría, y hasta lo último de la tierra»*.

Mientras Marta hablaba, se había acercado Dina, la samaritana, y la escuchaba con grandísima atención, y al oír que el Maestro había mandado a sus discípulos que dieran testimonio de Él en Samaría, Dina, llena de entusiasmo, exclamó:

—Ha llegado el tiempo en que los míos conozcan el don de Dios, que beban del agua que sacia la sed para siempre; ha llegado el tiempo en que el Padre sea adorado, no sólo en Jerusalén, sino también en Samaría; los míos, que tan persuadidos quedaron que Jesús era el Taheb (Mesías), serán los primeros adoradores del Padre en espíritu y en verdad. Yo iré y les anunciaré esta buena nueva como les anuncié la llegada del Mesías, y yo también daré testimonio de su resurrección.

—¿Quién es esa mujer? —me preguntó, mi abuelo.

—Dina, la samaritana —le respondí.

—Quiero hablarle más tarde —dijo el anciano—; por ahora continúa tú, Marta.

—Poco tengo ya que añadir —dijo ésta—. Había llegado el Rabboni a lo alto de la colina donde comienza Betania. Jesús se detuvo, y todos nosotros con Él. Entonces el Rabboni empezó por bendecir a Pedro, y en seguida a los demás. Se estaba despidiendo. De pronto, *«viéndolo todos, empezó a elevarse, hasta que una nube le quitó de nuestros ojos»* —al decir esto, los hemosísimos ojos de Marta se llenaron de lágrimas, que enjugó con la punta de su delantal, y luego añadió—: Él es el Hijo de Dios; muy justo era que volviera a su Padre después de haber sufrido tanto... Se ha ido, pero volverá; sí, volverá; así nos lo dijeron dos ángeles que aparecieron cuando seguíamos con la vista al Rabboni, envidiosos de la nube que le ocultaba a nuestros ojos: *«Varones de Galilea —dijeron—, ¿qué estáis mirando al cielo? Este mismo Jesús que ha subido de entre vosotros al cielo, así vendrá, como le habéis visto ir al cielo»*. Sí que volverá cuando haya visto a su Padre y cuando Éste determine. Y con esta seguridad, llenos de gozo volvimos a Jerusalén.

11
EL PAN CON LEVADURA

La ciudad de Jerusalén, aunque la mayor de Israel, es muy pequeña comparada con Antioquía, Alejandría o Roma. El número de sus habitantes en tiempos normales apenas llega a ochenta mil, y su recinto encierra menos de siete mil casas, infinidad de ellas miserables, amontonadas unas sobre otras en las desigualdades del terreno, separadas por calles en extremo estrechas, sin que haya una sola plaza propiamente dicha, ni mucho menos un parque. Sus grandes edificios, muy mezquinos si se comparan con los de Roma, son: el palacio de Herodes, el más amplio de todos; el de Agripa, el de los Asmoneos, el de Elisa y el de Berenice, y como una marca ignominiosa de la cultura grecorromana, un teatro, un xisto, un hipódromo y un pretorio, si bien este último está adjunto a la torre Antonia, la inexpugnable fortaleza, adyacente al templo.

Jerusalén es la ciudad santa por excelencia de Israel, y el templo o Tabernáculo de Yahvé el único lugar en el mundo donde pueden ofrecerse a Dios unos sacrificios rituales. Este enorme edificio, verdaderamente grandioso, es digno de consideración en la pequeña ciudad, fundada en tiempo de los jebuseos. La actual Jerusalén no es sino una dependencia del templo del Señor. Es el centro de la cultura hebrea, fundada exclusivamente en el estudio de la *Thorá,* esto es, de la Ley de Moisés, los profetas y los salmos.

No adorando Israel más que al Dios único, y celebrándose los cultos de Yahvé exclusivamente en el templo, no tiene nuestro pueblo necesidad de adoratorios como los pueblos paganos, cuyos dioses son innumerables. En cambio, tiene necesidad de instruirse, de embeberse en la ley y los profetas; tiene necesidad de lugares apropiados para la oración, y estos lugares son las sinagogas. No es, pues, de extrañar, que dentro de los muros de la Ciudad Santa, haya más de cuatrocientas sinagogas. En éstas se reúne el pueblo, por sectores y barrios, a orar en tiempos determinados y siempre que lo desean; además, va a escuchar la explicación de la ley todos los sábados y en las grandes fiestas, especialmente de la parasceve y Pentecostés. Durante la semana van a ellas diariamente los niños a aprender la ley; son verdaderas escuelas a las que todos tienen obligación de asistir. Las instrucciones después de leer el texto hebreo, son hechas en arameo, que es la lengua vulgar en Palestina, y es un dialecto formado del árabe, del hebreo y del caldeo. Este dialecto se empezó a hablar entre nosotros después de la cautividad de Babilonia. Cuando yo vine a Palestina tuve que aprenderlo, pues los israelitas de la Diáspora o Dispersión, esto es, los que vivimos fuera de Palestina, no lo entendemos.

Como en las grandes fiestas vienen innumerables israelitas de todas las partes del mundo, ha habido necesidad de dedicar varias de estas sinagogas para los extranjeros, explicándose en ellas la ley en la lengua o dialecto de cada grupo; de aquí la existencia de las sinagogas de los libertini, de los cirenaicos, de los alejandrinos y otras muchas por el estilo.

Mi abuelo, que, como he dicho, teniendo en Jerusalén sus reuniones quinquenales, quiso que los suyos, de tan distintas partes y tan diferentes idiomas y dialectos, estuviesen reunidos, y contribuyó a que se edificasen doce sinagogas en honor de las doce tribus en la parte alta de la ciudad. A ellas asisten de preferencia sus subordinados, mezclados con los otros israelitas que hablan el mismo idioma. Estas sinagogas están a muy corta distancia unas de otras y a pocos pasos de la casa de Samuel.

Tan pronto como llegamos, después de establecer el campamento cerca de los muros de la ciudad, todos los dependientes de mi abuelo marcharon a las sinagogas, según sus diferentes lenguas, y, olvidando sus negocios temporales, se dedicaron con toda piedad a la oración y al estudio de la ley, asistiendo, a sus tiempos, a las ceremonias rituales y sacrificios en el templo.

A la puesta del sol del sábado, las trompetas de los sacerdotes sonaron desde el templo, indicando a los fieles que la gran celebración de Pentecostés iba a comenzar. Tan pronto como las oyó Rafaelito, mi hijo, corrió a ver a Samuel para que le explicara las ceremonias propias de esta solemnidad y le instruyera en lo que debía hacer al ir al templo. Samuel tenía verdadera debilidad por mi hijo, viéndole tan piadoso, y con todo gusto le iba instruyendo de antemano en el origen y ritual de las ceremonias que celebraban en cada fiesta.

–La festividad que hoy empieza, y dura sólo un día, fue establecida para dar gracias a Yahvé al terminar la cosecha del trigo y de la cebada, y ofrecerle las primicias de los frutos recogidos –dijo el anciano.

–¿Como la de los Tabernáculos es para dar gracias a Yahvé por la recolección de la uva? –preguntó Rafaelito.

–Precisamente –respondió Samuel, sonriendo–, y como la fiesta de los Tabernáculos nos recuerda la época en que Israel vivía en tiendas durante su viaje por el desierto; así, esta de Pentecostés nos recuerda la promulgación de la ley por Moisés en el Sinaí. Nosotros la llamamos la fiesta de la cosecha o de los cincuenta días, por lo que los israelitas de la Dispersión, que ahora hablan griego en su generalidad, la llaman Pentecostés, que quiere decir quincuagésimo día.

–¿Y por qué es el quincuagésimo día? –preguntó Rafaelito.

–Es el quincuagésimo día desde la fiesta del «pan sin levadura», que celebramos al principio de la cosecha del trigo y de la avena. De suerte que el tiempo que dura esta cosecha, que suele ser, generalmente, de siete

semanas, tiene una fiesta al principio, la del «pan sin levadura», y otra, al fin, que es la más solemne, y se llama «de la cosecha», o bien de las «siete semanas», o de los cincuenta días, o Pentecostés.
  –«Y en qué parte de la *Thorá* se habla de esta fiesta?
  –En varias partes; pero principalmente en el capítulo 34, verso 22, del *Éxodo:* «*Y harás la fiesta de las semanas a los principios de la siega del trigo, y la fiesta de la cosecha al fin*». Pero donde se prescriben los sacrificios especiales que han de ofrecerse en esta solemnidad es en el capítulo 23 del *Levítico,* del verso 9 al 21: «*Y contaréis desde el siguiente día del sábado en que ofrecisteis el comer del pan sin levadura siete semanas cumplidas hasta el siguiente día del sábado séptimo, esto es, cincuenta días, en que ofreceréis la nueva ofrenda al Señor, pan, amasado con flor de harina, levadura y aceite cocido*». A más de esto, son ofrecidos por el sumo sacerdote siete corderos sin mancha de un año, un becerro y dos carneros en holocausto y un macho cabrío por expiación.
  –¿Y por qué no me dejó Marta comer hoy unos granos tostados del trigo nuevo? –preguntó mi hijo.
  –Pues porque eso está expresamente prohibido en el mismo capítulo: «*Ni comeréis pan* (hecho con la harina nueva) *ni grano tostado de las espigas frescas, hasta que hayáis ofrecido la ofrenda a vuestro Dios*». Por eso también llama el pueblo a esta fiesta de «las primicias».
  –Y esos panezotes que ha preparado Marta, ¿para qué son?
  –Están hechos con la harina de las nuevas espigas, cultivadas con todo cuidado en lugar aparte de las demás y en tierra, muy buena, pero que no ha sido abonada con estiércol. Esas espigas se muelen por separado, y esa harina es pasada por siete cedazos y tamices hasta que sale finísima. Después se añade un poco de aceite, sal, agua y levadura, como se prepara el pan ordinario que comemos en nuestras casas. Con esta masa se hacen en cada hogar dos tortas de setenta centímetros de largo, cuarenta de ancho y diez de altura, y se cuecen con cuidado muy especial, pues son las que se han de llevar al templo para ser ofrecidas mañana a primera hora.
  –Entonces, ¿ése era el trigo que vi que estaban segando aquí en la huerta?
  –Precisamente. ¿Y te fijaste en lo que hicieron?
  –Eran tres hombres que venían con sus hoces muy brillantes y un canasto cada uno.
  –Así me gusta, que te fijes. Pues esos tres hombres eran tres enviados del templo, encargados de hacer esta ceremonia. Cortan entonces trigo suficiente para llenar sus canastos, y se lo llevan al templo para que allí lo muelan y lo tamicen, y de esa harina ha hecho Marta esos grandes panes que has visto, pues nos mandaron diez litros, o dos *omers,* que es lo mismo. Yo voy a llevárselos a Pedro, para que él, como jefe de los apóstoles, lo presente a los sacerdotes. Tiene que estar allí después de medianoche, pues hoy el templo se abre a esas horas, para que haya tiempo de

III. ¿Y AHORA, QUÉ?-11. EL PAN CON LEVADURA

recibir las ofrendas. El sacrificio matutino debe ofrecerse a las cuatro de la mañana, ya que en este tiempo es la hora de la salida del sol.

−Y los que no tienen campo de trigo, ¿qué hacen? −preguntó acertadamente Rafaelito.

−Van al templo, y compran diez litros de esta harina especial, y vuelven a sus casas a preparar el pan.

−¿Y Raquel no podrá ir?

−Al patio de Israel, ciertamente, no, pues allí sólo podemos entrar hombres. Pero desde el patio de las Mujeres bien podrá ver la ceremonia. Hay que ir poco después de la medianoche para tomar lugar, pues son innumerables los que llevan sus ofrendas. Ya nos veremos en el templo.

Esta ceremonia de la ofrenda del pan con levadura hecho de la harina nueva es una de las más solemnes del año. Cada jefe de familia va con dos acompañantes, llevando cada uno una de las grandes tortas de pan con levadura, y se presentan en el templo después de medianoche. Hay que ir muy temprano para conseguir ser de los primeros, pues son muchísimos los peregrinos que toman parte en esta ceremonia. Se forman de tres en fondo (bajo la dirección de un sacerdote) grupos de sesenta personas, esto es, de veinte padres de familia con sus dos acompañantes. Entran y se colocan en fila delante de la balaustrada pequeña que separa el patio o corredor de Israel del patio de los Sacerdotes, donde está el altar. A esta. primera fila sigue una segunda, que se coloca inmediatamente detrás de la primera, y así hasta doce filas.

Después que el sumo sacerdote ofrece el sacrificio matutino y otros sacerdotes terminan los sacrificios rituales de este día, empieza la ofrenda del pan con levadura. Todos los jefes de familia de la primera fila, dirigidos por un sacerdote que está del otro lado de la balaustrada, y siguiendo en todo los movimientos de éste, toman la primera torta de pan, del que está a su derecha, y, después de hacer dos profundas inclinaciones al Este y al Oeste, levantan la torta en alto, dándole un movimiento especial, luego la bajan; en seguida la llevan a la izquierda y, finalmente, a la derecha; después de lo cual la entregan al sacerdote allí presente. En seguida se practica la misma ceremonia en el segundo pan. Tan pronto como termina ésta, bajo la dirección del sacerdote que ha acompañado la primera fila, todos los de ésta andan hacia atrás, dejando su lugar a los de la segunda fila para que ofrezcan su ofrenda. Inmediatamente los de la fila que ha terminado marchan cantando el *Hallel* o Aleluya hacia la puerta lateral del recinto del templo, dejando su lugar a la tercera fila, que pasa a ocupar el segundo lugar. Así sucesivamente, cada fila va presentando su doble ofrenda, dando lugar a las que siguen, que, como he dicho, son muy numerosas, pues suelen pasar de medio millón.

Tan pronto como apareció en el cielo la aurora, sonaron las trompetas de los sacerdotes, y, con solemnidad extraordinaria, Caifás ofreció el sacrificio matutino, e hizo la oblación solemne del pan con levadura, después de lo cual se retiró, dejando a los otros sacerdotes seguir ofreciendo los restantes sacrificios. Entonces empezó la ofrenda del pan, como llevo dicho.

Cuando nos tocó nuestro turno, mi abuelo, con suma dignidad, ofreció su ofrenda, tomando primero el pan que yo llevaba y luego el que llevaba mi hijito Rafael.

–¿Te has cansado mucho? –le pregunté al salir.

–Claro que me cansé un poquito –respondió el niño–; pero como llevaba el pan en su tablita sobre la cabeza no me cansé tanto.

En efecto, sobre una tablita se pone la torta, y luego se lleva sobre la cabeza, pues el tamaño y peso del pan, que no debe tocarse con las manos, no permite otra cosa.

La ceremonia había comenzado a las cuatro de la mañana, y nosotros salíamos a eso de las cinco y media.

Pedro, acompañado de Andrés y de Juan, fue el primero que hizo la oblación de su ofrenda, según supe después, marchando en seguida a casa de Samuel, donde con sus compañeros (que eran unos ciento veinte) se pusieron a orar juntos, en vez de dirigirse, como lo hicimos nosotros, a las diversas sinagogas, pues ellos estaban excomulgados.

Mi abuelo tenía mucha prisa en llegar a la sinagoga de alejandrinos, que está casi enfrente de la casa de Samuel, y es una de las más capaces; en ella se hacen las ceremonias en griego, y éstas empiezan a la hora de prima, esto es, a las seis de la mañana.

12
EN LAS SINAGOGAS

Cuando salimos, casi no había sino perros famélicos en las estrechísimas y tortuosas calles de Jerusalén. Pues los habitantes estaban o en el templo o en las sinagogas, y los que, como nosotros, andábamos por las calles a esas horas, íbamos en dirección de las sinagogas para asistir a la oración primera, a las seis de la mañana. Por el camino, mi hijo Rafael me dijo:

–Papá, tengo mucha hambre, y, sobre todo, mucha sed; ¿cuándo podré beber?

Mi abuelo que lo oyó, se volvió al niño con semblante serio, y le dijo:

–¿No te han enseñado que todos los israelitas en esta fiesta no pueden comer ni beber cosa alguna hasta pasada la hora sexta, esto es, a las doce del día? Por eso cenamos abundantemente a la puesta del sol de ayer, cuando termina el sábado y empieza el primer día de la semana. Vamos ahora a hacer la oración de prima, y cuando hayamos terminado, entonces podrás beber.

Acostúmbrate, desde niño, a guardar los preceptos de nuestros padres. No hay israelita piadoso que infrinja este precepto; es uno de los ayunos más respetados y estrictos el de la fiesta de hoy. Cuando volvamos a casa –añadió, suavizando la voz– podrás comer el pan amasado con la nueva harina y los granos del nuevo trigo tostado, que tanto agradan a los niños de tu edad.

Rafaelito bajó la cabeza muy contrito, y me dijo por lo bajo:
–Yo no lo sabía, papá. Rabí Samuel no me dijo nada de esto anoche. Pero ahora que lo sé, me aguantaré el hambre y la sed para agradar al Señor, ya que he tenido la dicha de entrar al templo con los hombres y presentarme delante del Tabernáculo.

En esto llegamos a la sinagoga de los alejandrinos, la cual es una de las que están muy cerca de la casa de Samuel.

Esta sinagoga era la principal del grupo de las doce que, como he dicho, habían sido construidas por mi abuelo. A ellas asistían sus numerosos subordinados, originarios de todas partes del mundo conocido: partos, medos, elamitas, de Mesopotamia, Capadocia, el Ponto, la Frigia, la Panfilia, de Egipto, de Cirene, de Creta y, finalmente, de Roma. Tienen lenguas y dialectos diversos, pertenecientes a cuatro grupos. Hablaban el *zend* los persas y los elamitas. Al grupo semítico pertenecen los de Mesopotamia, judíos y árabes. El latín, representado por los romanos, todos los que habitan en las principales provincias del Imperio, y, finalmente, el griego, hablado por la gran mayoría de los habitantes del Asia Menor y por los egipcios. En la de los alejandrinos se habla en griego.

Durante su permanencia en Jerusalén, mi abuelo y los suyos desempeñan *ad honorem* los cargos todos de las diversas sinagogas.

En la de los alejandrinos, a la que ahora me refiero, el archisinagogo era mi abuelo, al que acompañaban diez de sus principales empleados con el título de ancianos, los cuales, en lugares especiales, se sientan en una plataforma baja delante del *ebah* o *arca* adonde se guardan los rollos de las Escrituras. Para *chazzan,* o inspector, a cuyo cargo está el arca con los pergaminos, fue nombrado Agatodoro, de Alejandría. Para el cargo de *methurgeman,* o intérprete, fue elegido Ságaros, notable lingüista originario de Corinto. Carpóforo, de Antioquía, fue el señalado por mi abuelo como *sheliach tsibbur,* o representante del pueblo, cuya obligación es recitar las oraciones escogidas de diversas partes de la Escritura. Finalmente, para recaudadores de las limosnas fueron señalados Demetrio, de Acaya, y Maclovio, de Mitilene.

En las otras once sinagogas, los cargos habían sido igualmente repartidos entre los dependientes de mi abuelo.

Una vez que llegó éste, al cual yo acompañaba a título de *batlinim,* o anciano, se empezaron con toda solemnidad los ejercicios de la hora prima (las seis de la mañana), iniciándose con un coro de niños que cantaban el salmo 112: «*Alabad, niños, al Señor; dad loores a su nombre, el cual sea bendito ahora y siempre...».* Yo no pude menos de enternecerme al ver que Rafaelito se había unido al grupo, ya que él recitaba este salmo todas las noches y lo cantaba muy bien. Mi abuelo, que lo notó, me sonrió, complacido.

Terminado esto, se levantó Carpóforo, y, subiendo a la tribuna que está en el centro, cumpliendo con su cargo de *sheliach,* recitó la *shema,* que es una especie de profesión de fe sacada del *Deuteronomio* (6, 4, 9; 10, 18, 21) y de los *Números* (15, 37, 41): *«Oye, Israel: Adonai, nuestro Dios, Adonai es uno...».* Pues hay que tener presente que el nombre de Yahvé sólo puede pronunciarse en el templo por el sumo sacerdote...

En este momento *«se oyó un estruendo, como de un viento recio que corría».* Todos quedamos suspensos, pues aunque las ventanas estaban abiertas, no se sintió el menor soplo. Aquello era sumamente extraño.

–Voy a ver lo que sucede –dije a mi abuelo, y, obtenida su venia, salí al momento.

Debo hacer notar que Pedro y sus compañeros, en lugar de asistir en esta ocasión a una de las sinagogas de Jerusalén por estar excomulgados, se encontraban reunidos en el salón de arriba de la casa de Samuel, la cual está enfrente de la sinagoga de los alejandrinos. Cuál no sería mi sorpresa al notar que en las ventanas del piso superior se veía una luz brillantísima. Parecía que la casa de Samuel estaba ardiendo.

–Algo muy extraordinario, dómine –me dijo Quarto–, algo prodigioso está pasando. Acabo de subir, creyendo que había incendio y he visto un fenómeno que no puedo explicar. ¿Ves esa luz vivísima? Pues procede de unas llamas que Pedro y sus ciento veinte compañeros tienen sobre sus cabezas... y no se queman...

–Voy a ver lo que sucede –dije, sin querer dar crédito a lo de las llamas–. Eso es un incendio, y hay que ayudar a apagarlo.

Cuando llegué al cenáculo, donde estaban todos reunidos, quedé sobrecogido con una especie de pavor religioso. *«Estaban todos sentados, y esparcidas sobre las cabezas de cada uno unas como lenguas de fuego».* En el centro del grupo estaba Myriam, la Madre de Jesús. Su rostro, más hermoso que nunca, estaba iluminado, y su expresión era extática. A su vera, también sentadas, había un grupo de piadosas mujeres sobre cuyas cabezas ondeaban penachos luminosos con los colores del arco iris. Pedro y sus compañeros estaban transformados. Sus rostros irradiaban una luz indescriptible.

De pronto se levantó Pedro en medio de todos, y alzando la voz exclamó en latín, aunque con acento galileo: *«¿Por qué causa se han embravecido las gentes y los pueblos maquinan vanos proyectos? Se han coligado los reyes de la tierra y se han confabulado los príncipes contra el Señor y contra su Cristo...»*

La voz de Pedro vibraba de entusiasmo, y sus palabras estaban llenas de energía; pero no era sólo esto: las pronunciaba con fuerza tal, que pare-

III. ¿Y AHORA, QUÉ?-12. EN LAS SINAGOGAS 645

cían cada una dardos de fuego que penetraban hasta lo más profundo del corazón. Yo estaba enardecido hasta el punto que al principio ni me había fijado que Pedro estaba hablando en latín.

—*«Rompamos sus ataduras* –prosiguió– *y sacudamos lejos de nosotros su yugo...».*

Al escuchar esta frase, llena de tanta valentía, pensaba en el miedoso que había negado conocer a su Maestro.

—*«Mas yo he sido por Él constituido rey sobre Sión, su monte santo, para predicar su ley...»* Y luego, cambiando el sujeto, añadió–: *«A Él le dijo el Señor: Tú eres mi Hijo, Yo te he engendrado hoy. Pídeme y te daré en herencia las naciones, y extenderé tus dominios hasta los extremos de la tierra. Los regirás con cetro de hierro, y los desmenuzarás como un vaso de alfarero»* –y la voz de Pedro era tan entera, tan poderosa, que hacía estremecer las paredes. Luego, con una autoridad sobrehumana, concluyó–: *«Ahora, pues, oh reyes, entendedlo; tenedlo presente vosotros que juzgáis la tierra. Servid al Señor con temor..., abrazad su doctrina, no sea que al fin se irrite y perezcáis descarriados, cuando se inflame su ira»* –y cambiando de tono, con un sentimiento profundísimo, como quien ha experimentado lo que dice, terminó–: *«Bienaventurados aquellos que ponen en Él su confianza».*

Es imposible describir el efecto que en mí causaron aquellas valientes expresiones, terminadas con semejante epílogo. Pasó delante de mí la historia de aquel hombre, creado Pastor supremo del rebaño de Cristo, el cual le había dicho: *«Y tú, cuando te hayas convertido, confirma a tus hermanos».*

Entonces Pedro, haciendo una seña a los once, salió del recinto.

Yo los seguía. ¿Adónde irían? Al llegar a la calle se repartieron en distintas direcciones, y Andrés entró con paso seguro en la sinagoga de los alejandrinos. Llegamos en el momento en que Ságaros, el *methurgeman,* iba a interpretar, traduciendo del hebreo al griego, el salmo 135. Andrés, el bueno de Andrés, el humilde Andrés, sin el menor empacho, subió a la tribuna central, y quitando el pergamino de manos del intérprete, con una unción indescriptible, empezó en griego, aunque con acento galileo, a traducir sin tropiezo alguno el salmo: *«Alabad al Señor, porque es bueno, porque es eterna su misericordia. Alabad al Dios de los dioses, porque es eterna su misericordia. Alabad al único que obra grandes maravillas, porque es eterna su misericordia...»*

Y así prosiguió hasta el fin: *«Bendecid al Señor de los señores, porque es eterna su misericordia...»*

Cada vez que Andrés repetía: *«porque es eterna su misericordia»,* yo experimentaba una emoción extraordinaria; me sentía tan movido a amar a ese Dios tan bueno, tan extraordinariamente bueno, que estuve a punto de empezar a llorar. Y como yo estaban todos los presentes.

Mi abuelo, sin empacho alguno, repitiendo con Andrés: «*porque es eterna su misericordia*», al fin se deshizo en lágrimas.

Una vez que hubo terminado el salmo, Andrés, entregando al intérprete el pergamino, salió de la sinagoga.

—¿Quién es ese hombre tan admirable? —preguntó mi abuelo.

—Andrés —le respondí—, uno de los apóstoles del Señor.

—Sigámosle —añadió, levantándose de su asiento.

Y siguiendo a mi abuelo, salieron de la sinagoga todos los presentes. Después de aquella manifestación tan maravillosa, nadie pensó ya en terminar la ceremonia.

Al salir me encontré a Quarto. Su rostro estaba encendido, y con gran entusiasmo me dijo:

—He oído a Pedro orar en la sinagoga de los romanos. Tomó de las manos del intérprete el rollo de los salmos, y traduciéndolo del hebreo al latín con soltura extraordinaria, empezó el salmo 109: «*Dijo el Señor a mi Señor: Siéntate a mi diestra*». Su voz vibraba como un clarín, que parecía anunciar al mundo el triunfo del Mesías: *Donec ponam inimicos tuos scabellum pedum tuorum.* (Hasta que ponga a tus enemigos como escabel de tus pies.) Era tan encendido su acento, que cada palabra parecía una saeta de fuego. No te puedes imaginar, dómine, lo que ha hecho sentir a los presentes con sólo la recitación de ese salmo, sin añadir comentario alguno...

—Andrés ha producido en nosotros, con su oración, un efecto semejante. Pero, ¿dónde está Pedro?

—Ha entrado en el cenáculo, a donde han vuelto ya sus compañeros después de hacer otro tanto en diversas sinagogas, con admiración y conmoción profundísima de todos los presentes.

Las estrechas calles, que poco antes estaban desiertas, ahora se veían henchidas de gente. En todas las sinagogas adonde habían ido los apóstoles había pasado lo mismo. La conmoción había sido inaudita, y la sorpresa y perplejidad de los presentes, extraordinaria.

Juan había interpretado en árabe el salmo 46: «*Naciones todas, batid palmas; gritad alegres a Dios con voces de júbilo, porque es excelso el Señor y terrible, Rey grande sobre toda la tierra...*». Tomás, en persa, había interpretado el salmo 94: «*Venid, regocijémonos en el Señor, cantemos con júbilo las alabanzas de Dios Salvador nuestro...*». Bartolomé, en la lengua de los partos, el salmo 47: «*Grande Señor, y dignísimo de alabanza en la ciudad de nuestro Dios, en su monte santo*». Santiago, en la de los elemitas, el 116: «*Alabad al Señor, naciones todas; pueblos todos, cantad sus alabanzas...*». Y asimismo los restantes. Y la gente estaba llena de fervor religioso; pero al mismo tiempo estaban atónitas al ver que cada uno de ellos oía hablar a los apóstoles en su propia lengua. «*Y pasmados todos y maravillados se preguntaban unos a otros: ¿Por ventura estos que hablan no son galileos? Pues, ¿cómo es que los hemos oído hablar cada uno de nosotros en nuestra lengua nativa?»*

Los de la casa de Anás, que como en otra parte dije está muy cerca de la de Samuel, tanto por el ruido extraño que se había oído al principio, como por lo que ahora hacía tanta gente que hablaba llena de entusiasmo, se habían alborotado y salido a ver lo que pasaba.

Enterados del suceso, fueron a dar parte a Anás de lo que ocurría. Al principio no quiso creer la noticia: le parecía cosa ridícula que los rudos, ignorantes y miedosos discípulos del Nazareno, no sólo se atrevieran a entrar en las sinagogas, de donde estaban excluidos, sino que hablaran lenguas tan diversas. Pero fueron tantos los que acudieron con la noticia, y tan seguros parecían de lo que afirmaban, que salió en persona a ver lo que pasaba. En aquellos momentos salían Pedro y sus once compañeros rumbo al templo. Pedro, sin temor alguno, iba delante recitando en voz alta, en latín, el salmo 2: *«Quare fremuerunt gentes et populi meditati sunt inania»,* y sus compañeros, cada uno en lengua diversa, contestaban el siguiente versículo...

—¿Lo oyes? —dijo Malco a Anás. Óyelos hablando varias lenguas y sin temor alguno, ir por en medio de las calles recitando salmos.

El viejo ex pontífice frunció el entrecejo al principio; pero después, clínico como es, cambió de parecer, y tomando aquello a broma, dijo:

—*«Están borrachos»,* llenos de mosto, de vino nuevo, que es el que se sube más fácilmente, pues es muy fuerte...

Quarto, que oyó esto, se encaró con el viejo y le dijo:

—El borracho serás tú, que hueles a vino añejo que apestas...

—¿Y quién es este insolente —prorrumpió el viejo, lleno de cólera— que así habla al pontífice?...

—*Civis romanus sum* (soy un ciudadano romano), ex pontífice —replicó altivamente Quarto—. Un amigo del César *(amicus Caesaris).* ¿No te bastó soltar la mentira de que habían robado el cuerpo del Maestro, el cual, realmente, había resucitado, y ahora tratas de desacreditar a los discípulos diciendo que *«están ebrios con vino nuevo?...»* ¿No sabes que el vino nuevo se levanta después de la cosecha de la uva, dentro de cinco meses? «Y crees que estos piadosos varones, grandes observadores de los preceptos rituales, han bebido vino, nuevo o viejo, antes de pasada la hora nona? Y aunque hubieran bebido y estuvieran ebrios, ¿cuándo se ha visto que los borrachos hablen correctamente otras lenguas, cuando tar-ta-mu-de-an la suya propia?

Una risa general respondió a estas observaciones de Quarto, por lo que el ex pontífice tuvo por mejor retirarse a sus habitaciones.

Pero como Anás tenía la máxima de: «Calumnia, que algo queda», y conocía muy bien lo bruto que es el pueblo, había sembrado la idea, y muchos, burlándose de los apóstoles, por adular al ex pontífice, seguían propalando que estaban borrachos.

13
LA PROCLAMA DE PEDRO

Mi abuelo y Jonadab eran antiquísimos amigos, lo que no es de extrañar, pues se habían conocido desde muy jóvenes; pero lo que sí no dejó de sorprenderme de pronto fue que Quarto hubiera hecho grandes migas con los dos venerables ancianos. Sin embargo, pensando un poco me convencí de que esta triple amistad era de lo más natural, pues a pesar de la diferencia de edades eran tres almas limpias, piadosas y sinceras.

Mi abuelo representaba la parte mejor del pueblo de Israel; Jonadab era el representante de las antiguas tradiciones, conservadas entre las movedizas arenas del desierto, y Quarto encarnaba lo sano que había entre los paganos del imperio romano.

El otro día me los encontré juntos, leyendo unos pergaminos que Quarto había traído.

—¿De qué tratan esos volúmenes? —le pregunté.

—Éste lo conoces demasiado —me respondió, poniéndolo en mis manos.

—Ya lo creo que lo conozco; son las profecías relacionadas con la vida y muerte de Jesús de Nazaret, contenidas en la ley y los profetas, y estas marcas rojas, puestas por ti, indican el cumplimiento de cada una.

—Pues bien —continuó mi amigo—, en este otro pergamino tengo recopiladas, con ayuda de Mateo y Juan, las profecías, hechas por el Hijo de Dios. Unas se cumplieron ya durante su vida mortal; pero las otras están por cumplirse, y se cumplirán indefectiblemente, pues antes pasarán el cielo y la tierra que salga fallida ninguna de ellas. Estas marcadas con una línea verde se refieren a su crucifixión, a la defección de sus discípulos, a la negación de Pedro, a la traición de Judas y, últimamente, a su gloriosa resurrección. Como lo profetizó, así se cumplieron estas cosas, y ahora lo están recordando sus discípulos.

—A tu llegada —intervino mi abuelo—, Quarto nos estaba dando cuenta de la profecía de Cristo anunciando lo que hemos presenciado en estos días.

—Juan me contó —dijo Quarto— que en la noche de su pasión, el Maestro les dijo estas palabras: *«Yo rogaré al Padre, y os dará otro consuelo..., el Espíritu de verdad... Este consuelo, el Espíritu Santo que mi Padre enviará en mi nombre, os enseñará todo, y os recordará cuantas cosas os tengo dichas»* y vosotros aún no habéis comprendido. *«Cuando viniere el Espíritu de verdad que procede del Padre, Él dará testimonio de Mí, y vosotros también daréis testimonio de Mí, puesto que desde el principio de mi predicación habéis estado en mi compañía... Aún tengo otras muchas cosas que deciros; mas por ahora no podéis comprenderlas; mas cuando venga el Espíritu de verdad, Él os enseñará todas las verdades... y pronunciará las venideras».* Y poco tiempo antes de subir a los cielos

III. ¿Y AHORA, QUÉ?-13. LA PROCLAMA DE PEDRO

había añadido: «*Aguardad en Jerusalén la promesa del Padre que oísteis de mi boca... Vosotros seréis bautizados en el Espíritu Santo dentro de pocos días... Entonces recibiréis la virtud del Espíritu Santo, que vendrá sobre vosotros, y daréis testimonio de Mí en Jerusalén y en Judea, y en Samaría y hasta los confines de la tierra...*»

Jonadab, entonces, exclamó:

—Los testimonios de que Jesús de Nazaret es el Mesías, el Hijo de Dios, se van acumulando. Al salir Jesús del bautismo de Juan, el Padre dio testimonio de Él diciendo: «*Éste es mi Hijo muy querido, en quien tengo todas mis complacencias*». Repitió este testimonio en el monte Santo, delante de sus tres apóstoles preferidos: Pedro, Juan y Santiago, añadiendo: «*Éste es mi Hijo querido, escuchadle*». Y, finalmente, en el templo, delante de una gran multitud, después que Jesús había pedido al Padre que glorificara su nombre, se oyó del cielo esta voz: «*Lo he glorificado ya y lo glorificaré más todavía*». Los profetas habían dado testimonio de Él anunciando con siglos de anticipación su vida y su Pasión, confirmando el Padre este testimonio con los innumerables milagros que obró por Jesús; y el Espíritu Santo, que en forma de paloma había bajado sobre Él para que Juan Bautista lo reconociera, ese Espíritu prometido ha venido de modo espectacular a dar testimonio de Jesús cumpliendo esta profecía hecha por Él. Ha bajado del cielo ese Espíritu sobre los discípulos del Maestro de manera sensible y evidente. Ha indicado que si en el Sinaí, Yahvé promulgó la Ley Antigua, en medio de truenos y relámpagos por medio de Moisés, así ahora con el sonido del viento huracanado que oímos y esas lenguas de fuego sobre las cabezas de los discípulos que hemos visto, debía promulgarse el principio de la Ley Nueva. La ha promulgado el nuevo Moisés: Pedro, la piedra fundamental de la nueva Iglesia, instituida por Cristo, y contra la cual han de estrellarse las puertas del Infierno...

—Y a los testimonios a enumerar —interrumpió mi abuelo— hay que añadir otro testimonio más, contenido en la misma profecía de Jesús: el testimonio de sus discípulos: «*Y seréis mis testigos en Jerusalén, Judea y Samaría, y hasta los confines de la tierra*». Y esa profecía, tanto más difícil de verificarse, dada la timidez, la rudeza y la ignorancia de los apóstoles, hemos visto que ha empezado a cumplirse de modo maravilloso —y volviéndose hacia mí, con tono irónico añadió—: ¿Qué te parece el sermón que nos ha echado el miedoso Pedro, el rudo e ignorante pescador galileo?

—Con ayuda de ese Espíritu consolador —dije—, el Parálito, que a ruegos de Jesús ha enviado el Padre a sus discípulos, nada absolutamente me extraña. Él ha empezado no solamente a darles el conocimiento claro de las Escrituras: les ha hecho recordar las profecías del Maestro y les ha dado elocuencia maravillosa y persuasiva, sino que, lo que tengo por más admirable, les ha infundido un valor extraordinario para dar sin temor alguno testimonio de la resurrección de su Maestro delante de aquellos mismos de quienes, pocos días antes, huían despavoridos.

—¿No te dije –interrumpió Quarto– que Pedro nos iba a dar la sorpresa del siglo? ¡Qué valor, qué elocuencia, qué modo de expresarse!

—Fue, en efecto, una escena que jamás había esperado yo –dije a mis amigos.

Pedro, escoltado por los once, entró en el patio de los Gentiles y se dirigió al pórtico de Salomón, donde tantas veces Jesús había anunciado el reino de los cielos. Inmediatamente, enfrente de Pedro, se amontonaron multitud de habitantes de Judea y jerosolimitanos. Seguían luego en grupos perfectamente distinguibles por sus diversas indumentarias israelitas de la Dispersión, partos, medos, elamitas, frigios, egipcios, griegos y romanos. Detrás se veían grupos de herodianos, publicanos y, escalonados en las gradas del templo, un grupo nutridísimo de escribas, fariseos, saduceos, sacerdotes y levitas. Estaban todos sobrecogidos de temor por los rumores que habían corrido, esperando en qué pararía aquello.

Pedro, con valor extraordinario, pero sin altanería, con voz clara y sonora, dijo en arameo (lengua usada comúnmente por el pueblo jerosolimitano y de Judea) estas palabras: *«Varones de Judea y todos los que habitáis Jerusalén, sea esto notorio, y oíd con atención mis palabras».* Con una sonrisa sardónica les anunció que era la hora de tercia (las nueve de la mañana), y que los verdaderos israelitas estaban aún en ayunas. «Éstos –y señalaba a sus compañeros– no están embriagados». Y luego, con un conocimiento preciso de las Escrituras, hizo ver a su auditorio que el profeta Joel, ochocientos años atrás, había visto aquella escena y profetizado sobre ella, diciendo: *«Y acontecerá en los postreros días, dice el Señor, que Yo derramaré mi Espíritu sobre toda carne, y acontecerá que todo aquel que invocare el nombre del Señor será salvo».*

—Magnífico exordio –dijo mi abuelo, muy complacido de mi relato.

—Pero el fin de Pedro no era la defensa de los suyos contra tan estúpida calumnia, y, brillándole los ojos con luz extraordinaria, añadió, dirigiéndose a los presentes: *«Varones de Israel, escuchad estas palabras: Jesús Nazareno, a quien Dios señaló entre vosotros con virtudes y prodigios y señales, como vosotros también lo sabéis. A Éste, por determinado consejo y presciencia de Dios, que había determinado que padeciese y muriese, para así entrar en su gloria, fue traidoramente entregado y lo matasteis, crucificándole por manos de malvados».*

Un rayo no hubiera causado mayor efecto entre los escribas, fariseos y sacerdotes, a quienes, sin temor ninguno señalaba Pedro como autores del incalificable atentado. Los restantes estaban tamañitos, temiendo que Pedro fuera preso inmediatamente por los soldados del templo. Pedro esperó unos momentos, y prosiguió: *«A Éste, Dios le ha resucitado».* En seguida habló de cómo David, cuyo sepulcro está en Jerusalén, en visión profética había visto, al que Dios le había prometido nacería de él, triunfante del sepulcro y de la muerte. Le vio sublimado al cielo, diciéndole Yahvé: *«Siéntate a mi diestra, hasta que ponga a tus enemigos por esca-*

bel de tus pies». Añadiendo: *«A este Jesús, Dios le resucitó* –y señalando sin temor ninguno a sus compañeros, recalcó–: *de lo cual somos testigos todos nosotros».*

La multitud estaba asombrada de tanta osadía, y los sacerdotes, escribas y fariseos, pálidos de miedo al ver a Pedro tan extraordinariamente valeroso.

Después de unos momentos, y como heraldo que va a publicar un solemnísimo bando, concluyó: *«Por tanto, sepa con toda certeza toda la casa de Israel que Dios hizo Señor y Cristo a Jesús de Nazaret, a quien vosotros crucificasteis».*

–El Antiguo Testamento ha terminado –exclamó Jonadab–; el Mesías prometido ha venido, se han cumplido en Él todas las profecías, ha padecido, ha muerto, ha resucitado, y, triunfante, ha entrado en la gloria. Y este hecho fundamental de la nueva alianza ha sido solemnísimamente promulgado por Pedro, la piedra fundamental de la nueva Iglesia.

–Y para que la promulgación fuera completa –dije–, los otros apóstoles, tan pronto como Pedro terminó su discurso, dirigiéndose a los diversos grupos de israelitas de la Dispersión que se hallaban presentes, les repitieron en sus diversas lenguas la proclama de Pedro.

14
LOS NIÑOS

Aunque anteriormente conté el resumen de la proclama de Pedro, quiero ahora referir toda la escena como la contemplé en la mañana de Pentecostés, pues hecho tan trascendental debe ser relatado con los mayores detalles posibles.

Quarto y yo nos habíamos encaramado sobre un montón de grandes piedras, pues el templo no estaba aún terminado, y desde allí pudimos contemplar admirablemente todo lo que pasó en el atrio de los Gentiles aquel memorable día.

Como ya indiqué, Pedro estaba bajo el pórtico de Salomón, precisamente en el mismo lugar donde Jesús acostumbraba hablar a las multitudes. Desde donde estábamos se podía contemplar la abigarrada muchedumbre, compuesta de muchos miles de fieles, tanto jerosolimitanos, judíos y galileos, como de los israelitas de la Dispersión, venidos desde las más remotas partes del mundo conocido, y que hablaban las más diversas lenguas. Como ya dije, los apóstoles iban al frente de once grupos que hablaban lenguas diversas. En el idioma de ellos les dieron a conocer y explicaron la proclama de Pedro para que, por su medio, todos los hijos de la casa de Israel tuvieran conocimiento del fin de la antigua ley. Esto había sido oficialmente promulgado por aquel a quien Jesús, el Mesías prometido, había elegido su vicario. La proclama era corta, pero perfectamente clara: «*Por tanto, sepa certísimamente toda la casa de Israel que Dios hizo Señor y Cristo a este Jesús, a quien vosotros cricificasteis*».

Después de pronunciadas por Pedro estas solemnísimas palabras con una voz vibrante y llena de energía, mientras los otros apóstoles las traducían a sus diversos grupos, Pedro se sentó en espera del efecto que debían producir. Por algunos minutos quedaron todos como anonadados, guardando profundo silencio; pero bien pronto la reacción empezó. El inmenso atrio de los Gentiles parecía una colosal colmena, cuyo zumbido iba en aumento.

–Mira, mira –me dijo Quarto– cómo discuten y gesticulan tus paisanos; se ve que la noticia les ha hecho fuerza y se encuentran enteramente desorientados.

–Ya lo creo –dije–, todos esperaban que el Mesías fuera un Rey temporal que viniera a librar a Israel del odiado yugo de tus hermanos, y ahora ven que no hubo nada de eso; la noticia es para desconcertar a cualquiera.

–Y tanto más –repuso mi amigo–, cuanto que Pedro, con un valor extraordinario, les ha aclarado que ellos fueron los culpables del fracaso, diciéndoles: «*Ese Mesías enviado por Dios es Jesús, a quien vosotros crucificasteis*». Les ha echado un jarro de agua. Voy a bajar para enterarme de lo que dicen; mientras, tú obsérvalos.

Quarto bajó, y le vi que se mezclaba entre los grupos de los saduceos, fariseos y herodianos, que eran los que discutían más acaloradamente. Desde mi lugar pude observar cómo los apóstoles hablaban con sus diversos grupos, y noté, desde luego, que, en lugar de discutir, los escuchaban con gran atención y respeto. También pude ver a los discípulos que por la mañana habían estado en el cenáculo, haciendo otro tanto entre la multitud, aunque con desigual éxito.

Desde el principio me había fijado en el grupo de recabitas, quienes permanecían tranquilamente sentados en espera de lo que ordenara su gran patriarca, Jonadab. Éste conversaba con mi abuelo, y me pareció que aguardaba a que Pedro hablase para dar sus respectivas órdenes.

Otro grupo simpatiquísimo descubrí bajo el pórtico Real. Allí estaban Myriam, la Madre de Jesús, rodeada de varias mujeres y de muchos niños, entre los cuales reconocí a mis dos hijos, Rafael y Raquel. Ésta junto a Myriam y Marta, y aquél al lado de Magdalena, rodeada de chiquillos. Sin duda, eran los que ella había aleccionado en Betania, y había traído consigo. Noté que Myriam les dirigía la palabra quietamente, y los muchachos la escuchaban con extraordinaria atención.

Al fin regresó Cuarto lleno de noticias.

–Los recabitas son los más quietos –dijo–. Con su seriedad de beduinos y su respeto incondicional al patriarca, dejan que éste discuta, si hay algo que discutir, y ellos esperan solamente que hable para obedecer.

–Por otra parte –repuse–, los tiene ya muy bien instruidos. Jonadab hace años que ha estado observando todos los pasos de Jesús, y me consta que tiene ya escritos en delicados pergaminos todos los hechos, todas las palabras que ha podido recoger del Hijo del hombre. Son los recabitas, a mi juicio, los mejor preparados para entrar en la nueva Iglesia, de la cual Pedro es la piedra fundamental. ¿Y los empleados de mi abuelo?

—Tenían entre sí un guirigay endiablado, hablando en todas las lenguas conocidas. Pero como ya están bien adiestrados por tu abuelo, creo que lo que decían era esto: «¿Y ahora, qué? ¿Qué hay que hacer?» Por lo menos así lo entendí de los que hablan griego y latín. Los apóstoles les dijeron que esperaran lo que Pedro tenía aún que decir, y luego se aquietaron. Sobre todo cuando Juan les dirigió un maravilloso discurso.

—¿Qué les dijo? —le pregunté.

—El resumen es éste, pero voy a pedirle que lo escriba, y lo guardaré entre mis apuntes —respondió mi amigo—: «*Fue un hombre, Juan Bautista, enviado por Dios para dar testimonio de la luz, para que todos pudieran creer. La verdadera luz era Jesús, el Cristo, que vino a alumbrar al mundo. Pero el mundo no le conoció. Vino a su pueblo, y su pueblo le rechazó hasta elevarle en una cruz. Él ha ido al cielo, pero a nosotros, sus discípulos, nos dio potestad para admitir entre los hijos de Dios a todos los que creen en su Enviado. Y estos nuevos hijos no serán engendrados, como los israelitas, por la carne y la sangre, sino por el mismo Dios. Por eso, su Hijo se hizo carne y habitó entre nosotros; por eso murió crucificado, cumpliendo las profecías; pero luego resucitó, y nosotros vimos su gloria, como del Unigénito del Padre, lleno de gracia y de verdad, y de ella damos testimonio*». Y concluyó: «Esperad que termine Pedro, y haced lo que él os diga».

—¿Y la multitud qué dice? —repuse.

—Los discípulos andan entre ellos tratando de explicarles que ya el Mesías ha venido, y que Éste es Jesús a quien los pontífices, saduceos y fariseos pidieron a Pilato que le crucificara. Que ya el testamento que hizo Yahvé con nuestros padres se había terminado, puesto que Jesús ha venido cumpliendo todas las profecías que de Él se habían hecho. La gran mayoría al oír esto se compungía, y les decía: «Varones hermanos, ¿y ahora qué haremos?» Y los discípulos, como los apóstoles, les respondían: «Esperad a que Pedro os indique lo que debéis hacer».

—Y ese grupito —dije, señalando a los fariseos y saduceos—, ¿qué dice?

—Están que se los lleva el diablo. Han visto claramente que su influencia se les acaba, puesto que el Viejo Testamento ha concluido. Ellos no creen ni palabra de eso, es verdad; pero no pueden negar el hecho de que la mayoría del pueblo está dispuesta a creer que Jesús es el Cristo. Tienen un miedo atroz de que la multitud les tome cuentas por haberle crucificado. El envidioso Isacar, que tanto odió a Jesús durante su vida, decía a sus compañeros: «Hay que poner presos a esos hombres, en especial a ese imbécil de Pedro. ¿No están a nuestras órdenes los guardias del templo?» Pero Nicodemo, que estaba entre ellos, le dijo: «Tratad de poner preso a

Pedro, y los recabitas, que están bien armados, darán pronto cuenta de vuestros guardias». «Calla, imbécil adorador del asno crucificado» –gritó, furioso, Isacar–; «calla, traidor a las tradiciones de Israel».
–¿Y qué hizo Nicodemo? –le pregunté.
–Se rió de Isacar, y, acompañado de José de Arimatea, se separó del grupo, y se dirigió a donde está Pedro. Míralos, allí van por en medio de la multitud, que los conoce muy bien, y los detiene para preguntarles lo que hay que hacer.

En aquel momento se levantó Pedro, y la multitud, apenas vio que iba a hablar, guardó profundo silencio. Entonces el antiguo pescador dijo:

–Varones hermanos, preguntáis lo que debéis hacer, pues escuchad mis palabras: *«Arrepentíos, y cada uno de vosotros sea bautizado en el nombre de Jesucristo para la remisión de vuestros pecados, y recibiréis el don del Espíritu Santo»* –en seguida, con autoridad incontestable, prosiguió–: El Mesías prometido por los profetas ha venido, no para destruir la ley antigua, sino para darle perfecto cumplimiento. Él es la verdadera luz que alumbra este mundo, Él es el camino, la verdad, y sois bautizados con el bautismo por Él instituido. *«Para vosotros, los hijos de Israel, es la promesa, y para vuestros hijos, y para todos, no sólo los presentes, sino los que están lejos, y para cuantos llamare a Sí el Señor, Dios nuestro».*

Cuando Pedro pronunció aquellas palabras *«para vuestros hijos»*, vi que Myriam hablaba con los niños, y algo les decía. Por un buen espacio de tiempo, la multitud que momentos antes estaba preguntando ¿qué haremos?, quedó sin tomar decisión alguna, a pesar de las palabras de Pedro, que les indicaban el camino: *«Haceos bautizar en nombre de Cristo».* Nadie se atrevía a dar el primer paso. Aun mi abuelo y Jonadab permanecían inmóviles y mudos. Mas de pronto noté que el grupo de niños que estaba con Myriam (según averigüé después, por consejo de Ella), capitaneados por Rafaelito, se dirigió a donde estaba Pedro, atravesando por en medio de la multitud. Era de ver a aquellos chiquillos, desharrapados en su mayoría, abrirse paso por las buenas o por la fuerza hasta donde estaba el apóstol. Lo curioso fue que otros muchos niños de los que estaban en la multitud, adivinando, sin duda, lo que iban a hacer los otros de su edad, se separaban de sus padres y seguían a mi hijo. Todos estaban sorprendidos. Qué iban a hacer aquellos niños, muchos de ellos sucios y harapientos, llevando, sin embargo, en sus ojos el brillo de la inocencia? Nadie se había atrevido a dar el primer paso, y ellos, los bien amados de Jesús, iban a ser los líderes que debían enseñar a los mayores lo que tenían que hacer. Yo estaba conmovidísimo viendo que mi hijo era la cabeza de aquella turba. Cuando Pedro los vio llegar y le rodearon, en vez de rechazarlos, como en época no muy lejana había hecho, les abrió los brazos, y, repitiendo las palabras del Maestro, llenos los ojos de lágrimas, exclamó: *«Dejad a los niños que vengan a mí, y no se lo queráis impedir, porque de ellos es el reino de los cielos».* La multitud estaba suspensa, y aun los mismos fari-

seos permanecían sin decir palabra. Súbitamente, Rafaelito, tomando con gran confianza la encallecida mano del antiguo pescador, con voz que se oyó por todo el recinto, exclamó:
—Queremos ser bautizados en el nombre de Jesús, el Cristo.
Apenas sonaron estas palabras, cuando más de cien voces infantiles exclamaron, siguiendo el ejemplo de mi hijo:
—Queremos ser bautizados en el nombre de Jesús, el Cristo.
Fue indecible el efecto que aquellas palabras produjeron en la multitud. El ejemplo estaba dado, y los más viejos, empezando por mi abuelo y Jonadab, se acercaron a Pedro, exclamando:
—Nos arrepentimos de nuestros pecados, y queremos ser bautizados en el nombre de Jesús, el Cristo, para recibir el don del Espíritu Santo.
Pedro, emocionadísimo, abrazaba a mi hijo y a todos los niños que se le acercaban. Al fin, recuperándose algún tanto, con voz profundamente conmovida, exclamó:
—Seréis bautizados por mi mano, vosotros, niños, los primeros. No en vano dijo el Maestro que *«de vosotros es el reino de los cielos»,* esto es, la nueva Iglesia por Él fundada.
Mi abuelo, acercándose a Pedro, le preguntó:
—¿En dónde será el bautismo?
—En el Jordán —respondió el apóstol—, donde Jesús, el Cristo, fue bautizado por Juan.
—¡Al Jordán, al Jordán! —gritaron los chiquillos.
—¡Al Jordán, al Jordán! —prorrumpió la multitud de los que querían ser bautizados.

15
UN DÍA PERFECTO

La escena que acabo de narrar pasaba a las once de la mañana. La distancia de Jerusalén al Jordán es de unos cuarenta kilómetros por la vía de Jericó. De esta población a Jerusalén hay unos treinta de buen camino, y de allí al Jordán, unos diez, en parte llano, hasta llegar a los montes que hay que subir para bajar a la cuenca del Jordán, unas ocho horas a pie. ¿Cómo iban los niños a andar esa distancia? Pensaba yo en esto, cuando vi que los dos grandes patriarcas, mi abuelo y Jonadab, daban órdenes, éste a sus recabitas y aquél a sus empleados, que inmediatamente partieron en distintas direcciones. ¿Qué iban a hacer? Pedro, por su parte, se dirigió donde estaba Myriam y las mujeres para hablar con aquélla, después de haber cruzado pocas palabras con los dos ancianos. Estando en esto llegaron Nicodemo y José de Arimatea, y les vi hablando con mi abuelo y Jonadab, después de lo cual salieron del patio de los Gentiles.

Bajaba ya de mi atalaya para ver en lo que podía ayudar, cuando Quarto me salió al encuentro, diciéndome:

—Tu abuelo manda te diga que tú y yo prepararemos nuestros caballos para marchar luego hacia el Jordán. Voy, pues, por nuestros caballos, y tú ve a tu abuelo para recibir órdenes.

—Ya está todo arreglado para llevar inmediatamente a los niños y a las mujeres al Jordán —me dijo mi abuelo—. Jonadab ha mandado a sus recabitas que desmonten en el acto las tiendas y lleven todos los comestibles necesarios. Yo he hecho otro tanto con los míos. Nicodemo ha mandado que vayan sus recuas de asnos a esperarnos del otro lado del Cedrón, y allí también estarán mis hombres y los de Jonadab, antes de una hora, con sus caballos. Tú monta inmediatamente con Quarto como avanzada, acompañado de un centenar de recabitas para preparar a la orilla del Jordán todo lo necesario para el bautismo. Creo que serán unas tres mil personas entre hombres, mujeres y niños. Yo escoltaré a Myriam y las mujeres, y Jonadab, a Pedro y sus compañeros. Habrá cabalgaduras para todos los que quieran ser bautizados. Marcha, pues, y que luego claven mi tienda y la de Jonadab. Y no me pongas esa cara de bobo; despabílate un poco, pues necesitamos estar instalados todos a la orilla del Jordán antes de las cuatro de la tarde. Marcha aprisa.

Como vi que no se me permitía hacer preguntas, no tuve más remedio que salir del templo en busca de Quarto, el cual, cuando llegué a la casa de Samuel, tenía ya ensillados nuestros caballos. Inmediatamente nos dirigimos hacia el puente del Cedrón, que conduce al camino de Betania. ¡Cuál no sería mi sorpresa al ver que un centenar de recabitas, montados en sus magníficos caballos árabes, me esperaban, llevando una larga recua de grandes asnos cargados con tiendas de campaña y otros bagajes que contenían provisiones de boca en cantidad más que suficiente para alimentar por varios días a un ejército completo! Aquellos hombres, acostumbrados a viajar por el desierto y a levantar el campo a la primera orden del patriarca, estaban perfectamente listos, y sólo esperaban mi llegada para marchar. Hablaba yo con el jefe de este destacamento de recabitas, cuando empezaron a llegar, igualmente equipados y montados en caballos y camellos, varios dependientes de mi abuelo, y se pusieron luego a mis órdenes.

—Vamos, pues, dómine —dijo Quarto—, no hay tiempo que perder; los otros vendrán pronto en nuestro seguimiento.

Marchamos. Como las órdenes de los dos patriarcas eran que estuviéramos en el Jordán en el menor tiempo posible, y los asnos, así como los caballos, estaban acostumbrados a marchas forzadas, llegamos a Jericó antes de hora y media. En esta población tuve otra sorpresa: me encontré con Zaqueo y un numeroso grupo de publicanos que esperaban ir con nosotros al Jordán.

—Parece, dómine —me dijo Quarto—, que el fuego que ha brillado esta mañana en Jerusalén se ha metido en las venas de todos los hombres de buena voluntad, urgiéndoles para que se den prisa a recibir el bautismo.

En efecto, fuera de los impasibles recabitas, todos estaban llenos de extraordinario entusiasmo. Las palabras de Pedro habían producido un efecto maravilloso.

La parte llana del camino que nos separaba de las montañas de la cuenca del Jordán la hicimos rápidamente; pero tuvimos que aflojar el paso cuando empezamos a escalar los montes. Sin embargo, llegamos bien pronto a la ribera del Jordán. Entonces me puse al frente para escoger precisamente el lugar donde Jesús había sido bautizado por Juan.

Estábamos en plena primavera, y la vista no podía ser más hermosa, pues los montes estaban cubiertos de verdura, y los árboles de la orilla, cuajados de tupidas hojas. También yo me sentí lleno de actividad y, ayudado por el jefe de los recabitas, escogimos los dos lugares más importantes para plantar las tiendas de los patriarcas, colocando las otras en la falda de la montaña. Había brotado un pueblo en aquel desierto en menos de una hora.

Una vez hecho esto, y dejando los detalles en manos de los recabitas y los empleados de mi abuelo, me pareció conveniente regresar con Quarto para encontrar la caravana que, según mis cálculos, debía ya estar cerca de Jericó.

—Yo también voy a acompañaros —dijo Zaqueo.

Volvimos, pues, a subir y bajar la cordillera, y nos encontramos con la comitiva a la salida de Jericó.

Entonces pude contemplar a placer la grandiosa vista de la ciudad de las palmeras, llena de esos magníficos árboles, entre los que se mezclaban naranjos y limoneros, y cuajada de rosales por doquier.

Al frente de la caravana, montado en soberbio caballo árabe, iba Jonadab custodiando a Pedro y sus compañeros, quienes no quisieron admitir otra cabalgadura que grandes asnos de los corrales de Lázaro. De uno y otro lado venían los recabitas montados a caballo, flotando al aire sus blancos albornoces y llevando en la mano sus lanzas con banderolas.

En seguida venía, en blanquísima hacanea, Magdalena, seguida de sus chiquillos. Iban montados de dos en dos en borricos, proporcionados por Nicodemo, cantando salmos, que entonaba Magdalena con su bellísima voz.

Venía luego en un camello de grande alzada Myriam, llevando consigo a Marta y a mi hija Raquel.

Era tanta la prisa que todos tenían por llegar a recibir las aguas del bautismo, que como lo había deseado mi abuelo, a las cuatro de la tarde, divididos en grupos encabezados por los apóstoles y los discípulos, empezó la ceremonia del bautismo, no de Juan, sino del que había ordenado Jesús: «*En el nombre del Padre, y del Hijo, y del Espíritu Santo*».

Quarto y yo nos habíamos colocado en una prominencia desde la cual dominábamos una gran extensión del Jordán. En la parte más lejana y protegido por un espeso cañaveral, estaba el grupo de las mujeres, a cuyo frente se encontraba Myriam, la Madre de Jesús. Los apóstoles, con sus diversos grupos etnográficos, se habían escalonado para ir bautizándolos después de breve exhortación hecha en diversas lenguas.

Del otro lado de donde se había colocado Pedro, los discípulos habían formado varios grupos, de modo que los tres mil fieles que habían venido para recibir el bautismo quedaban perfectamente repartidos.

–Mira, dómine –me dijo Quarto–, el efecto del admirable Maestro que hoy ha venido a enseñar a los apóstoles y discípulos. Mira cómo todos, sin que nadie, aparentemente, les diga una palabra, obran de una manera uniforme.

–¿Qué Maestro es ése? –le pregunté, sin darme cuenta de la alusión.

–¿Cómo que qué Maestro? –repuso mi amigo–. Aquel que Cristo prometió a los suyos que vendría a enseñarles. El Espíritu Santo, que hoy descendió sobre el colegio apostólico.

Quedé algún rato corrido al ver que un pagano me daba lecciones, y con humildad le respondí:

–Tienes razón. Esa uniformidad en la acción es un indicio de la uniformidad de su espíritu.

En efecto, según me informé más adelante, tanto los apóstoles como los discípulos y las mujeres que habían recibido al Espíritu Santo aquella mañana, sin que nadie les dijera lo que tenían que hacer para bautizar a los nuevos adeptos, ganados por las palabras de Pedro, procedieron de modo idéntico al que tuvo éste al bautizar a los que le cayeron en suerte. Voy, pues, a referir únicamente lo que el apóstol hizo para dar una idea de qué ocurrió aquella tarde memorable en la ribera del Jordán.

Sobre la misma piedra en que el Bautista estaba cuando bautizó a Jesús, se había colocado Pedro. Desde aquella cátedra, el antiguo pescador, con dignidad y autoridad extraordinaria, como si no hubiera hecho otra cosa en su vida, dijo a los allí presentes:

–Varones de Israel, el Señor, Jesús, después de morir crucificado y de haber resucitado al tercer día, según lo había profetizado, apareció repetidas veces durante cuarenta días, hablándonos del reino de Dios. En una de estas ocasiones nos dijo estas textuales palabras: *«Me ha sido dada toda potestad en el cielo y en la tierra. Id, pues, y enseñad a todas las gentes, bautizándolas en el nombre del Padre, y del Hijo, y del Espíritu Santo; enseñándoles a guardar todas las cosas que yo os he encomendado. Y he aquí que Yo estoy con vosotros todos los días hasta el fin del mundo, y recibiréis la virtud del Espíritu Santo, que vendrá sobre vosotros, y seréis mis testigos en Jerusalén y en toda Judea y Samaría, y hasta lo último de la tierra».* Ha cumplido su palabra y, como habéis sido testigos, nos ha enviado el Espíritu consolador. Es, pues, necesario que nosotros cumplamos el mandato de Jesús, el Cristo, el Hijo de Dios bendito. Por eso hemos dado hoy públicamente testimonio de que Él es el Mesías, que fue crucificado y que resucitó al tercer día. Os exhortamos a

III. ¿Y AHORA, QUÉ?-15. UN DÍA PERFECTO 659

que os arrepintáis de vuestros pecados, para ser bautizados por nosotros en su nombre, y, según Él ordenó, para que también recibáis el Espíritu Santo. El grupo que estaba ante Pedro lo formaban primeramente los niños y en seguida los venerables Samuel y Jonadab, rodeados de los recabitas; mi abuelo, con sus principales servidores, a los que se agregaban Zaqueo y buen número de publicanos; Nicodemo, José de Arimatea, Lázaro, Simón, el leproso, y Sidonio, el ciego de nacimiento.

Cuando Pedro dejó de hablar, los niños, que habían estado escuchando con toda atención las palabras del apóstol, capitaneados por Rafaelito, entraron en el río, que allí es muy poco profundo, y rodearon al nuevo Vicario de Cristo, manifestando en sus caritas llenas de inocencia el deseo de ser bautizados. Entonces el apóstol, dirigiéndoles a ellos la palabra, les dijo:

–Hijitos míos, sin duda el Divino Espíritu os ha inspirado el acercaros los primeros para que seáis las primicias de esta Iglesia fundada por Jesús, quien tanto amaba a los niños. Venid a mí, que vuestro es el reino de los cielos. Pero decidme, ¿creéis en Dios Padre omnipotente, que creó el cielo y la tierra?

Los niños, siguiendo el ejemplo de mi hijito, gritaron al propio tiempo que elevaban sus manitas al cielo:

–*Sí creemos, sí creemos.*

–¿Y creéis –continuó Pedro– que Jesús es el Cristo, el Hijo de Dios que nació y padeció por nosotros?

–*Sí creemos, sí creemos* –respondieron.

–Y ¿creéis en el Divino Espíritu, el Espíritu Santo, a quien pronto recibiréis?

–*Sí creemos, sí creemos.*

–¿Queréis ser bautizados como lo ordenó Jesús, el Cristo?

–*Sí queremos, sí queremos* –gritaron los niños, acercándose más al apóstol. Éste, entonces, tomando un jarro y llenándolo de agua, mientras los niños permanecían dentro del Jordán, con voz llena de emoción, pero perfectamente clara, fue bautizando uno por uno a los niños, diciendo:

–*Yo te bautizo en el nombre del Padre y del Hijo y del Espíritu Santo...*

Apenas había acabado Pedro el bautismo del último niño, cuando imponiendo las manos sobre todo el grupo, dijo:

–Recibid al Espíritu Santo, y la virtud del Altísimo os preserve de todo pecado.

En aquel momento, sin que hubiese la menor señal de lluvia, se formó entre las nubes, a lo largo del Jordán, un admirable *arco iris,* como si cobijara bajo sus irradiaciones al grupo de los recién bautizados. Éstos, al propio tiempo, se sintieron llenos del Divino Espíritu, y con sus infantiles voces comenzaron acordes a cantar las alabanzas del Señor, cumpliéndose a la letra: «*De los labios de los niños has sacado alabanzas*».

16
AQUELLA NOCHE

—Ya que no me han de bautizar a mí, porque soy pagano —me dijo Quarto—, me voy a Jerusalén, donde ciertamente deben estar tramando algo los fariseos, pues los sucesos de hoy no pueden haberlos dejado muy tranquilos.

—Ya te llegará tu turno, mi buen amigo —le respondí—, y ciertamente que tú mejor que nadie, siendo romano, puedes hacer un gran bien a esta nueva comunidad enterándote de los planes de los enemigos del Hijo de Dios. Por ahora, este nuevo pueblo, pues así puede llamarse esta gran multitud, está a salvo, no sólo porque estamos fuera del radio de acción del Sanedrín, sino porque ellos saben que mientras estén con nosotros los recabitas de Jonadab, ni la misma guardia del templo podría causarnos daño, ni siquiera meterse en nuestros asuntos. Ve, pues, mi buen amigo, y, como te dije, no te entristezcas, pues a su debido tiempo, estoy seguro, recibirás tú el Santo Bautismo que hoy hemos recibido solamente los hijos de Israel. ¡Ojalá que muchos de nosotros tuviéramos la fe que tú tienes! Vete en paz.

* * *

La tienda de mi abuelo era no sólo la más suntuosa de aquel campamento a la orilla del Jordán, sino la más capaz, ya que en ella se solían reunir sus empleados para conferenciar y participar con el patriarca de su frugal comida.

Por disposición de Jonadab, sus recabitas se habían esparcido por todo el campamento llevando alimento para aquella multitud, que, como dije, pasaba de tres mil entre hombres, mujeres y niños.

En la gran tienda nos habíamos reunido, para cenar, Pedro y sus compañeros, los principales súbditos de mi abuelo, los más destacados de los recabitas y, además, Nicodemo, José de Arimatea, Zaqueo, Samuel y yo. Como la tienda dominaba todo el campamento, la vista era magnífica; por doquier se veían luminarias y los diversos grupos comiendo al calor de la lumbre en una noche tibia y hermosísima. Nosotros nos habíamos reunido a la puerta de la tienda de mi abuelo en espera de que éste nos indicara que entráramos a cenar, Juan y yo contemplábamos aquella vista singular, y al ver los grupos de los nuevos fieles comiendo, como he indicado, el apóstol amado de Jesús me dijo:

—¡Cómo me recuerda esta escena aquel milagro que obró el Maestro, multiplicando los panes y los peces para dar de comer a más de cinco mil hombres!...

—A mí también me ha venido a la memoria ese milagro y, por cierta asociación de ideas, también el de la conversión del agua en vino en las bodas de Caná.

III. ¿Y AHORA, QUÉ?-16. AQUELLA NOCHE

A Juan se le iluminó el rostro de una manera singular, y con inspirado acento prosiguió:

—En efecto; ese milagro, el de la multiplicación de los panes y el de la aparición de Jesús andando sobre las encrespadas olas del lago de Tiberíades, aquella misma noche, tenían entre sí una unión prodigiosa que nosotros entonces no pudimos ni vislumbrar y que ahora, ya iluminados por la luz del Divino Espíritu, se nos presenta con toda claridad, como lo vio el Maestro.

Al escuchar estas palabras de Juan, todos los del grupo nos sentamos a su alrededor en espera de que nos explicara lo que nos había indicado. Pedro, quien, como todos sus compañeros, estaba transformado, entendiendo la intención de su amigo, le dijo:

—Cuenta, cuenta, querido Juan, lo que nosotros entonces no comprendimos y que ahora iluminados vemos con toda claridad; cuéntalo a nuestros amigos, que te escuchan con toda atención.

Juan, entonces, prosiguió:

—Todas las acciones y palabras del Maestro estaban perfectamente unidas entre sí en el plan admirable que debía llevar a cabo siguiendo la voluntad de su Padre. Nosotros no comprendimos entonces ese plan; pero Él lo tenía constantemente delante de sus ojos divinos. En un día lejano debía llevar a cabo un prodigio inaudito, que no podía verse con los ojos corporales, sino con la de la fe. Para que los que habían de creer en Él tuviesen un motivo de credulidad en su palabra, obraba milagros: *«Si no me creéis a Mí,* dijo repetidas veces, *creed en mis obras».* Pues bien; ese prodigio, que sólo podría verse con los ojos de la fe, estaba íntimamente relacionado con el vino, con el pan y con las cualidades de su Cuerpo. Si podía convertir el agua en vino, si podía multiplicar ante nuestros ojos en innumerables unos cuantos panes, si podía a nuestra vista andar sobre las aguas y dominar con sólo su palabra la fuerza del viento, era sin duda porque *«le había sido dada toda potestad en el cielo y en la tierra».*

Pedro y sus compañeros, que ya entendían a lo que Juan se refería, estaban encantados con sus palabras, mientras nosotros, ignorantes de lo que se trataba, estábamos suspensos. Juan prosiguió:

—El efecto que esos milagros produjeron en los que los presenciamos fue muy distinto del que actualmente nos producen después de haber sido esclarecidas nuestras mentes por el Divino Espíritu. La conversión del agua en vino nos llamó de tal manera la atención, que varios de nosotros nos resolvimos a seguir a aquel hombre de poder maravilloso. La multiplicación de los panes, obrada ante nosotros ya habiendo sido escogidos por el Maestro, nos movió a tomar la determinación de proclamarlo Rey, pues estábamos persuadidos de que había venido a establecer un reino temporal. ¿Y qué mejor Rey que Él podía de modo tan sencillo dar de comer a sus súbditos?

—Recuerdo —interrumpí —que andabais todos tan enardecidos con la idea del reino, que poco faltó para que la llevarais a cabo, en contra de la voluntad del Maestro.

–En efecto –prosiguió Juan–; tuvo que obligarnos a partir, quedando Él para calmar a la multitud. Y fue necesaria una noche de zozobra en las encrespadas olas del lago, y el prodigio de verlo andar sobre las aguas y calmar con su palabra la tempestad, para que creyéramos, como dijo Job, *«que sólo Dios es aquel que extiende los cielos y camina sobre las aguas del mar»*, y nosotros entonces, adorándolo, nos arrojáramos a sus pies exclamando: *«Verdaderamente, Tú eres el Hijo de Dios»*.

–Estábamos ciegos –repuso Pedro– y quiso excitar en nosotros la fe en su Divinidad, en su poder infinito, y lo consiguió.

–Quería –continuó Juan– persuadirnos de que la obra de Dios fuese que creyéramos en Aquel a quien Él había enviado. Era indispensable la fe, y una fe firmísima, para poder creer el *Mysterium fidei* (el gran misterio de la fe), de que nos iba a hablar en seguida, y cuya exposición fue causa de que aquellos que carecían de esa fe se apartaran de Él escandalizados, sin quererlo seguir más.

–¿Y qué misterio es ése? –preguntó, intrigado, mi abuelo.

–Que Él era el pan de vida –respondió Juan– con el que habían de alimentarse los que en Él creyeran, según se había dicho en los Proverbios: *«Venid y comed el pan que Yo os doy y bebed el vino que os he preparado»*.

–El milagro de la multiplicación de los panes, que en la mente del Señor iba dirigido a confirmar nuestra fe en su omnipotencia para que pudiéramos, sin ver, creer en su palabra cuando Él lo estimara oportuno –dijo Pedro–, sólo sirvió, como muy bien lo ha indicado Juan, para que pensando en un reino temporal, nos animáramos a proclamarle Rey. Pero Él quería que, por lo menos, sus apóstoles llegáramos a tener esta fe ciega en Él, y por eso obró el milagro de andar sobre las aguas, dándonos a entender que su omnipotencia igualmente podía obrar prodigios en su propio cuerpo. Yo, animado de esa fe, le pedí que me mandara andar sobre las aguas, y así lo hice, hasta que vacilé, y empecé a hundirme. Pero cuando a su mandato vimos que al punto cesó el viento y se sosegó el mar, sobrecogidos y maravillados del prodigio, nos acercamos a Jesús, y haciendo en Él un acto de fe, le adoramos, diciendo: *«Verdaderamente, Tú eres el Hijo de Dios»*. Nuestra fe se robusteció estando nosotros ya dispuestos a creer por su palabra lo que nos anunciara; Él era la verdad infalible, el Unigénito del Padre, lleno de gracia y de verdad. Pero prosigue, Juan, prosigue.

–Al día siguiente –continuó Juan–, al verle llegar a Cafarnaún sin saber cómo había venido, la gente le preguntaba: «Maestro, ¿cuándo has venido? La mente del Maestro estaba muy distante de la mente material de las turbas; y así, les dijo: *«En verdad os digo que no me buscáis porque habéis visto los milagros que he obrado, sino porque comisteis de los panes hasta estar hartos. Procuraos no el alimento corruptible, sino el que ha de durar por toda la eternidad, que os será dado por el Hijo del hombre*. Entonces, varios de los que a su lado estábamos, le dijimos:

III. ¿Y AHORA, QUÉ?-16. AQUELLA NOCHE

«Señor, danos de ese pan». A lo cual Él nos respondió: *«Yo soy el pan de vida; nuestros padres comieron el maná en el desierto, y murieron. Yo soy el pan vivo que bajó del cielo. Quien comiere de este pan vivirá eternamente; y el pan que Yo he de dar es mi carne para que el mundo viva».*
Entonces mi abuelo preguntó a Juan:
—¿Cómo pudo darnos a comer su carne?
—Precisamente ésta era la pregunta que entonces hicieron muchos —prosiguió Juan—, a la cual el Maestro, con extraordinaria energía y con juramento, dijo: *«En verdad, en verdad os digo que si no comiereis la carne del Hijo del hombre y no bebiereis su sangre, no tendréis vida en vosotros. Mas el que come mi carne y bebe mi sangre tiene la vida eterna, y Yo le resucitaré en el último día. Porque mi carne es verdaderamente alimento y mi sangre es verdaderamente bebida».* Rodeaban en aquel momento al Maestro, a más de nosotros, muchos discípulos y un buen número de fariseos, los cuales, al oír estas palabras del Señor, que nada tenían de metafóricas, sino que significaban su propio cuerpo de carne y su misma sangre, hicieron un movimiento de horror, y, separándose del grupo, todos, menos nosotros (los apóstoles), se marcharon escandalizados, diciendo: «Dura es esta doctrina. ¿Quién la podrá tolerar?» Nosotros estábamos temerosos, si bien los prodigios que Jesús había hecho, multiplicando los panes, convirtiendo el agua en vino y andando sobre las embravecidas olas del lago, nos persuadían de su omnipotencia. Entonces el Maestro, viendo que muchos le abandonaban, dirigiéndose a los doce, preguntó: *«¿Por ventura también vosotros queréis marcharos?»* A lo cual, Pedro respondió con gran fe: *«Señor, adónde podremos ir? Tú tienes palabras de vida eterna, y nosotros hemos creído y conocido que Tú eres el Cristo, el Hijo de Dios».*
Al oír Pedro estas palabras, se cubrió el rostro con las manos, mientras de sus ojos salía un torrente de lágrimas.
Conmovido mi abuelo, como lo estábamos todos, no queriendo que se prolongase esta penosa situación, con solemnidad anunció:
—Hermanos, la frugal colación ya está en la tienda; pasad.
Entramos, y la cena empezó casi en silencio, pues Pedro seguía llorando, Juan se le acercó, y le dijo algunas palabras al oído; sonrió Pedro, asintiendo con la cabeza, y, enjugando sus lágrimas, habló:
—Indigno como soy, el más indigno de todos, debo cumplir con el mandato del Maestro, que puso en mí sus misericordiosos ojos.
Juan, que había salido acompañado de mi abuelo, entró trayendo dos tarteras con dos hogazas de pan, y las colocó delante de Pedro. En seguida entró mi abuelo trayendo un cáliz de cristal de Tiro y una jarra con vino, que igualmente colocó sobre la mesa. Al ver el vino Jonadab, frunció el entrecejo, pues pensó que, siendo invitado a la tienda de mi abuelo, no podía dejar de beber vino sin dar una explicación de su conducta; y así, casi cortado, el venerabilísimo anciano, dirigiéndose a mi abuelo, dijo:

−Dispensa, mi buen amigo, que por esta vez, aunque participe de tu hospitalidad, rehúse beber vino de tu copa, pues como bien sabes, desde hace siglos los recabitas nunca hemos llevado a nuestros labios bebida fermentada.

Al oír estas palabras, Pedro sonrió, y dijo:
−Hasta aquí hemos participado del manjar hospitalario de Benjamín Ben Bela; ahora soy yo, en nombre del Señor, el que os repartiré el pan del cielo que da la vida eterna, cumpliendo con el mandato de Jesús. El cual, en cumplimiento de la promesa que había hecho, y de la que os ha hablado Juan, la víspera de su Pasión, mientras cenábamos, tomando el pan dio gracias, lo bendijo y lo partió, y nos lo dio a sus discípulos, diciendo: «*Tomad y comed, éste es mi cuerpo, que por vosotros será entregado; haced esto en memoria de Mí*». Ahora yo, aunque indigno, en su nombre, bendigo estos panes, diciendo: *Tomad y comed, que éste es mi cuerpo entregado por vosotros,* y, uniendo la acción a sus palabras, Pedro partió el pan, y lo fue repartiendo entre los presentes, quienes con un recogimiento y devoción admirables, llenas sus almas de vivísima fe, fueron recibiendo y comiendo el pan venido del cielo. Después de un rato, tomando el cáliz lleno de vino generoso, añadió: «*Asimismo, el Maestro, tomando el cáliz, después que hubo cenado, dio gracias, y se lo dio, diciendo: Bebed de él todos, porque ésta es mi sangre del Nuevo Testamento, que será derramada por vosotros y por muchos para la remisión de los pecados. Haced esto en memoria de Mí*». Yo, pues −continuó Pedro−, con su autoridad, en su nombre y siguiendo su mandato, doy gracias, y os digo: *Bebed de él todos, porque ésta es mi sangre del Nuevo Testamento, que será derramada por vosotros y por muchos para la remisión de los pecados. Haced esto en memoria de Mí* −dichas estas palabras, volviéndose Pedro a Jonadab, le dijo−: ¡Oh tú, el más venerable y cumplido observador de las costumbres de los recabitas! ¿Rehúsas ahora beber de este cáliz, que es la sangre del Nuevo Testamento, derramada por el Hijo de Dios por nosotros y para la remisión de nuestros pecados?

El anciano patriarca, temblando de emoción, respondió:
−De este vino, que engendra vírgenes; de esta sangre derramada para redimirnos, será del único vino que Jonadab y sus recabitas podrán beber y beberán, y nos dará la vida eterna.

Y tomando en sus manos el cáliz, después de Pedro, con profundísima reverencia lo acercó a aquellos labios que jamás habían tocado bebida fermentada, según el juramento de sus mayores. En seguida, por su propia mano dio de beber a su primer lugarteniente, quien con la misma devoción tiñó sus labios con la sangre eucarística del Redentor.

Juan, mientras tanto, habiendo tomado el otro plato con la hogaza, se dirigió a la tienda donde estaba Myriam rodeada de varias mujeres y numerosos niños. Ya la Madre de Jesús les había explicado lo que era aquel pan divino. Todos se arrodillaron a la entrada del apóstol, quien, dando primero que a todos un trocito a Myriam, le dijo:

—Que el cuerpo de tu Hijo, que ahora recibes bajo la especie de pan, te custodie hasta la vida eterna.
Las piadosas mujeres recibieron también el pan del cielo con grandísima devoción.
Los chiquitines, niños y niñas, alzaban sus ojitos y extendían sus manecitas suplicantes. Juan, profundamente conmovido, les dio igualmente el pan celestial, y los niños, cruzando los bracitos sobre el pecho e inclinando las cabecitas, permanecieron por largo rato en la actitud devota, mientras Juan, al mirarlos así, exclamó:
—Bien lo dijo el Maestro: «*De los niños es el reino de los cielos*».

17
EL PLAN DE MI ABUELO

Mi abuelo, Jonadab y yo habíamos sido bautizados aquel venturoso día, y Pedro nos había impuesto las manos habiendo recibido de modo sensible el Divino Espíritu. Al día siguiente estábamos los tres reunidos a la puerta de la tienda de mi abuelo, cuando éste, tomando la palabra, me habló de esta manera:
—Ayer, hijo mío, fue para nosotros el día más venturoso de nuestra vida. Me siento enteramente transformado, y lo propio me ha dicho Jonadab. ¿Tú cómo ves ahora la vida?
—Enteramente distinta —le respondí—. Estoy decidido a hacer cuanto esté a mi alcance para trabajar en esta obra maravillosa del Maestro; más, aunque empiezo a vislumbrar la respuesta a mi constante interrogación de hace días, ¿ahora, qué?, todavía no puedo acabar de entender cuál es el camino que hay que seguir para llevar a venturoso fin los planes del Maestro.
Sonrió mi abuelo, y continuó diciendo:
—Era yo niño y me gustaban mucho las manzanas. Un día regalaron a mi padre un canasto de éstas que fuimos comiendo poco a poco. Naturalmente, llegó la última, que mi madre mondó para mí, reservando las semillas. «¿Cómo haré —pregunté a mi padre— para tener más manzanas?» «¿Ves —me dijo— estos granitos que tu madre ha guardado? Pues ésas son las semillas; si las siembras en tierra fértil, las riegas diariamente y las cultivas, llegará un día que haya crecido un árbol, que te dará manzanas tan exquisitas como éstas». En una maceta, mi madre me enseñó cómo debía sembrarlas, y cuidó que las regara a su tiempo. Yo venía diariamente a ver lo que sucedía, y estaba muy descorazonado, porque la tierra a los ocho días estaba, en apariencia, en el mismo estado que cuando sembrara las semillas. «Papá —dije—, no sale nada». «Espera, hijo, y no seas impaciente». Al fin, un día vi un punto verdecito que salía de la maceta. Hubiera yo querido que creciera con la rapidez de mis deseos; pero, naturalmente, la

planta siguió su ordinario crecimiento. Pasaron diez años; ya no había vuelto a ver el arbolito, que habían trasplantado, y que ya se había convertido en un árbol frondoso. Mi madre me llevó al jardín, y me dijo: «¿Te acuerdas, hijo, de aquellas semillas de manzana que sembraste hace años? Pues mira, ya se han convertido en este árbol, y toma por tu propia mano sus primeros frutos». Ahora te digo, como me dijo mi padre: espera, y no seas impaciente.

No pude menos de sonreírme con la gráfica comparación de mi abuelo, el cual prosiguió:

—¿Recuerdas las parábolas del Maestro comparando el reino de los cielos, es decir, su Iglesia, con el grano de mostaza?

—Seguramente —respondí—: *«Es semejante al grano de mostaza que sembró un hombre en su campo, el cual grano es, a la verdad, la más pequeña de todas las simientes; mas cuando ha crecido, es la mayor de todas las hortalizas, y se hace árbol al que vienen las aves del cielo, y hacen nidos en sus ramas».*

—Pues ahí tienes el caso. Jesús sembró el grano, pequeñísimo en apariencia. Había prometido que el Espíritu Consolador vendría a fecundar esta semilla, y hemos visto con nuestros ojos cómo ha cumplido Cristo su promesa, y cómo ese grano pequeñísimo hace poco ha crecido ya en varios miles de adeptos a la nueva Iglesia que ahora empieza. El pequeñísimo grano al principio se desarrolla tan lentamente, que es muy difícil notarlo, y solamente el primer brote verde que sobresale del suelo nos indica que empieza a crecer. Hemos visto ya ese brote. Pero hay que esperar mucho para que se haga árbol tan corpulento, que las aves del cielo vengan a formar en las ramas sus nidos.

—Yo desearía continuar mis *Memorias* —dije—; pero no sé qué hacer.

Mi abuelo sonrió complacido, y añadió:

—De eso quiero hablarte; ya he tratado el asunto con Jonadab. Debes continuar tus *Memorias,* que quedarían truncadas si después de demostrar en la primera parte que Jesús es el Mesías prometido en la ley y los profetas, y en la segunda que ese Mesías es nada menos que el Hijo de Dios, no hablaras de la obra que Éste vino a fundar, de su crecimiento, sus vicisitudes y sus triunfos, todo predicho por el Maestro. Jonadab y yo veremos el desarrollo de esa maravillosa semilla sembrada por Cristo y regada por el Divino Espíritu; pero tú, si Dios te concede una vida tan larga como la nuestra, tendrás la respuesta a la pregunta que hace tiempo estás haciendo: ¿Y ahora, qué?

Entusiasmado escuchaba las palabras de mi abuelo, y le pregunté:

—¿Qué es lo que debo hacer?

—Lo mismo que has hecho hasta ahora. Dime, cuando llegaste a Palestina, y teniendo noticia del Nazareno empezaste a seguirle, ¿tenías algún plan determinado?

—Ciertamente que no —le respondí.

—Pero te fuiste fijando en sus acciones, meditando sus palabras, comprobando cómo se iban en Él cumpliendo las profecías, ¿y qué sacaste en conclusión?

—Primeramente –le respondí– que Jesús era el Mesías prometido, el que había de venir. Más adelante, siguiendo el mismo procedimiento, vine a la conclusión de que ese Mesías era el Hijo de Dios bendito.

—¿Trataste de escribir una historia de la vida de Jesús?

—Ciertamente que no –le respondí enfáticamente.

—Pues de la misma manera, el consejo que Jonadab y yo te damos es que procedas así en la redacción de la última parte de tus *Memorias*.

—El plan me parece admirable; pero ya no es como antes, una persona, Jesús, el Hijo de Dios, a quien tuve que seguir por tres años. Ya no es un territorio reducido, como Judea. Donde ahora tendré que hacer observaciones es en toda la tierra, en todas las naciones conocidas, y esto no por algunos años, sino durante toda mi vida...

En aquellos momentos empezó a soplar un viento fuerte, que arrastraba infinidad de semillas voladoras procedentes de cardos de la llanura. Estas semillitas, a modo de paracaídas diminutos, coronados por blancos mechones, se iban esparciendo en todas direcciones, y mientras unas caían a poca distancia, otras, llevadas en alas del viento, se perdían a nuestra vista. Ante esta escena semejante, mi abuelo y Jonadab sonrieron, y este último dijo:

—Así va a ser dentro de poco el esparcimiento por el mundo de la semilla evangélica.

—Y tú –añadió mi abuelo–vas a tener que seguir esas semillas por donde quiera que vayan, y estudiar y anotar los frutos que producen entre todos los habitantes del mundo conocido.

—¿Y cómo me voy yo a ingeniar para seguir esas semillas esparcidas en tan diferentes partes del orbe? –le pregunté, sonriente.

—¿Recuerdas –me preguntó– el encargo que me hizo mi madre de que con todas mis fuerzas procurara ayudar a la obra del Mesías que había de venir?

—Me has contado tú mismo que con ese objeto allegaste las enormes riquezas que ahora posees.

—Poseía –rectificó mi abuelo–, y de las cuales tú eres el único y universal propietario. Esas riquezas que, en mi ignorancia, pensaba gastar en ayuda del establecimiento del reino temporal del Mesías, ahora serán empleadas por tu conducto en ayuda a la propagación del reino de Cristo que acaba de nacer. Sabes que tengo esparcidas por todo el litoral del *Mare Nostrum*, así como tierra adentro, tanto en Europa como en África y Asia, innumerables factorías, centros comerciales de gran importancia en ciudades y pueblos, de las que son regentes esos piadosos israelitas que me acompañan y ante los cuales te nombro mi heredero. Pues bien: esos hombres que, como nosotros, han recibido el bautismo y la infusión del Divino

Espíritu, dentro de poco marcharán cada uno a su destino, anunciando los primeros la buena nueva. Su palabra autorizada y fecundada por el Espíritu Santo, caerá en buena tierra, y verás cómo por todas partes surgirán centros que reconocerán a Jesús por el verdadero Mesías.

–No dudo –le interrumpí– que las cosas pasarán como indicas; pero ¿cómo voy a seguir el curso y desarrollo de esas innumerables sinagogas donde tus religiosos agentes prediquen la doctrina de Cristo?

–Voy a exponerte mi plan. No sólo anunciarán la buena nueva y procurarán hacer prosélitos, sino que del mismo modo que están obligados anualmente a rendirte cuenta de sus asuntos mercantiles, así estarán obligados a darte cuenta cada año de los progresos y vicisitudes de las comunidades en que radiquen. Te informarán de cuanto se relacione con estas nuevas plantas regadas por el Espíritu Divino. Para esto no procederán solos, sino que formarán a su alrededor grupos de personas inteligentes y piadosas que les den noticias, las cuales ellos, por escrito, te comunicarán. Y cada cinco años, cuando, según nuestra costumbre, se reúnan los principales de ellos en la Ciudad Santa, te darán razón de palabra, de lo acaecido en este tiempo.

–En una palabra –dije–: yo podré estar al tanto de todo lo que les pase a los fieles de Cristo del Oriente al Ocaso y desde el Septentrión al Mediodía.

–Ésa es la idea; con el objeto de que, pasados muchos años (Dios quiera concederte tantos como a mí), habiendo tú visto mucho con tus propios ojos y enterado de otras cosas por los relatos ajenos, te sea posible continuar tus *Memorias*. Pudiendo dar razón fundada de cómo se han cumplido las profecías del Hijo de Dios, y el grano de mostaza, la más pequeña de las semillas, ha llegado al fin a ser corpulento árbol donde hacen su nido las aves del cielo. Observa todo lo que puedas por ti mismo, y junta cuantos datos estén al alcance de los tuyos antes de escribir esta última parte de tus *Memorias,* quizá la más importante de todas, pues vendrá a demostrar de modo irrefutable la divinidad de Jesús de Nazaret. Con datos fehacientes probarás que la Iglesia fundada por Cristo es la misma de los apóstoles. Éstos la organizarán humanamente, y seguirá siendo la misma, a pesar de las borrascas que se levantarán contra ella, pues, según la palabra de Cristo, seguirán las persecuciones no por unos años, sino hasta la consumación de los siglos. Pero estará iluminada y fortalecida por el Divino Espíritu, y en ella Cristo permanecerá hasta su segunda venida sobre las nubes del cielo.

–Entiendo tu plan, mi querido abuelo –dije–. Esta organización informativa ideada por ti, como todas tus obras, dará, sin duda, grandes resultados. Los datos por ella recogidos durante muchos años me serán de preciosísima ayuda para la redacción de la última parte de mis *Memorias*. Dios me conceda buena salud y muchos años para que en los últimos de mi carrera mortal pueda dar cima a tan grandiosa empresa.

–A la cual yo –interrumpió Jonadab– quiero contribuir con mi granito de arena. Mi querido Ben Hered, ¿recuerdas nuestro campamento al pie del Sinaí?
–¡Cómo lo podré jamás olvidar! –respondí.
Pues bien –continuó el patriarca–: hay una meseta al pie de la montaña en la cual nace abundosa fuente, cuyas aguas fertilizan los árboles que nosotros hemos plantado allí. Es un verdadero oasis en el desierto. Pues bien: desde luego, voy, con mis recabitas, a poner manos a la obra material que he concebido. Edificaremos una extensa e inexpugnable fortaleza con habitaciones apropiadas para que tú, a su debido tiempo, vayas a escribir allí tus *Memorias* lejos de todo mundanal ruido.
–No sabes con qué gusto acepto tu oferta, y espero visitar esa nueva mansión tan pronto como esté concluida. Gracias, mil gracias por tu cariño.
Durante los días siguientes, mi abuelo reunía por la mañana a todos sus dependientes, dándoles consejos y direcciones, mientras que por la tarde eran cuidadosamente instruidos por Pedro.
Por fin llegó el día en que debían partir. Mi abuelo les exhortó por última vez, infundiéndoles su entusiasmo por la publicación de la buena nueva entre las gentes con quienes iban a vivir. Pedro, con lágrimas en los ojos, les dio su bendición.
Pocos minutos después, aquellos celosos israelitas, ya convertidos a la doctrina cristiana, airosos sobre sus veloces corceles, se despedían de nosotros. Al ver Jonadab aquel nuevo ejército que desplegaba al viento sus blancos albornoces mientras sus caballos corrían, lleno de emoción, exclamó:
–Ved allí a los portadores de la buena nueva, quienes, como las semillas del cardo, van a esparcir por el mundo la verdad evangélica.

18
CARTA MUY INTERESANTE

«Jerusalén.
Al editor del *Boston Graphic*. Boston. Mass. (U. S. A.)

Mi querido Bill: Antes de publicar esta última parte de las *Memorias* de Ben Hered, que intitulamos *Cien años después,* quiero contar, a manera de prólogo, algo verdaderamente novelesco: de cómo encontré la última y más interesante parte de estas *Memorias*.
Como le había contado en una de mis anteriores, de los pergaminos que encontré, los últimos estaban en un estado fatal, y tuvimos muchísimo trabajo para descifrarlos. Lo peor era que sólo llegaban hasta la narración del día de Pentecostés, quedando allí cortado el hilo de las *Memorias*.
Por varios párrafos sueltos que encontré entre los pergaminos, pude persuadirme de que aquéllos eran solamente una parte de lo escrito por

Ben Hered. ¿Recuerda usted que le recomendé que no hiciera público este contratiempo, porque tenía grandísima esperanza de encontrar el resto? Pues así ha sido; pero ha pasado mucho tiempo antes de que hubiera tenido la fortuna de encontrarlo.

Voy, pues, a darle noticia de esta encuesta, que bien hubiera podido el doctor Watson contar entre las famosas hazañas de Sherlok Holmes. Empiezo.

Con el deseo de encontrar nuevos documentos, marché al Sinaí. Fui recibido esta vez muy cordialmente, pues varios de los monjes habían sido curados de la diabetes con la hierba maravillosa *mosoquelite*. Desgraciadamente, mi buen amigo Atanasio me dio malas noticias. Por todo un año había recorrido los rincones del monasterio sin encontrar nada nuevo. Era inútil que yo emprendiera esa búsqueda. Quedé consternado; pero, convencido como estaba de que Ben Hered había terminado sus *Memorias,* no podía persuadirme de que no se encontraran en el lugar donde, por conjeturas, creía que Ben Hered había muerto y sido sepultado. Una noche se me ocurrió que no sería improbable que, a manera de los egipcios, en el lugar de la sepultura de Ben Hered se encontraran también, como un gran tesoro, depositados sus escritos. Esa idea me obsesionaba, y determiné dedicarme a buscar con todo sigilo el imaginado sepulcro. Había llevado conmigo mi perro *Troy,* sabueso admirable y sumamente inteligente. Me encomendé a Dios, y empecé a hacer mis excursiones, acompañado de *Troy,* con el pretexto de cazar liebres y conejos, que en gran número había visto en algunos prados alrededor de la montaña. Durante las lluvias nace en abundancia el musgo y el pasto, donde en tiempo de Jonadab, sin duda, apacentaban sus rebaños. Recorrí por varios días, muy de mañana, o a la caída de la tarde, las laderas del Sinaí sin encontrar el menor rastro del sepulcro. Entonces empecé mis excursiones por la montaña misma. Por los monjes supe que había muchas cuevas, que en los primeros siglos del cristianismo habían servido de morada a los anacoretas. En efecto, encontré numerosas cuevas, que, a pesar de los siglos, daban pruebas de haber sido algún tiempo habitadas; pero señales de sepulcros no encontré ninguna. Para no alargar demasiado esta carta, le diré que, al fin, di con una plazoleta elevada, donde crecía maleza. Registré cuidadosamente el muro granítico y tuve la suerte de encontrar una cueva en cuyo fondo había una entrada tapiada a cal y canto. Ayudado de mi zapapico, empecé a demoler el tabique, y, finalmente, encontré una gruta muy amplia de la cual salía un olor especial, aunque no desagradable. Acordándome de los peligros que habían corrido los descubridores de la tumba egipcia de Tu-tank-amen y otras similares, preferí dejar descubierta aquella abertura y regresar al día siguiente, como lo hice. El olor persistía; pero al fin me decidí, y entré con mi lámpara eléctrica. En el centro de la cueva se levantaba un cenotafio estilo egipcio, y en él descansaba un ataúd. Cautelosamente me acerqué, y con todo cuidado revisé la tapa por si tenía alguna inscripción. En efecto, con letras árabes, griegas y latinas, encontré grabado este nombre: «Jonadab». Mi gozo fue extraordinario al encontrar el sepulcro de aquel patriarca venerabilísimo. Con más precauciones aún, procuré abrir la tapa, y casi me desmayé, pues ese olor que había percibido antes salía del sarcófago con gran fuerza. Tuve que salir y respirar el aire libre por un buen rato, y volví de nuevo a mi investigación. Allí estaba la momia del patriarca, la cual tenía en la mano, a modo de cetro, un tubo de plomo. Lo tomé con gran cuidado, y salí de la cueva rumbo al monasterio, pues me sentía con un fuerte dolor de cabeza. Cuando me hube recobrado, abrí el tubo, en el cual encontré la reseña de la vida de Jonadab, el primer recabita cristiano, escrita en magnífico pergamino, en la cual se anotaba que, por razón de las circunstancias, no había podido ser enterrado en Jerusalén, según sus deseos. Aquello era un triunfo, pero no lo que yo buscaba. Proseguí mis investigaciones por varios lados de la montaña, sin ningún resultado. Al fin se me ocurrió una idea. Era muy probable que Ben Hered hubiera sido embalsamado como Jonadab; y si por tantos siglos había permanecido el olor de los ungüentos en el sarcófago de éste, ¿no podría haber permanecido también en el de Ben Hered? Fui de nuevo a la gruta, y, con toda reverencia, corté unos pedazos de las vendas de la momia del patriarca y me los llevé a casa. Al día siguiente di a oler aquellas vendas a mi perro *Troy,* el cual comenzó a husmear el aire, y me llevó sin la menor vacilación, claro, a la tumba de Jonadab. No me desanimé por eso, y, después de haberle hablado al perro diciéndole que no se trataba de aquella tumba, como si me entendiera, le llevé por lugares diversos de la montaña. Un día, después de mucho andar, oí que el perro ladraba contento. Estaba subido sobre un risco, y con no poco trabajo subí hasta el lugar donde me esperaba *Troy* moviendo la cola. Pero mi desengaño fue grande. En medio de la maleza había una especie de pozo, el cual no tenía aspecto alguno de sepulcro. Me senté a pensar, y me vino a la mente que quizá aquél fuera algún respiradero de otro sepulcro. Bajé con grandes esperanzas a una barranca llena de maleza, y fui reconociendo el muro. Otra cueva tapiada se me presentó al fin, y empecé luego mi trabajo. Apenas había practicado un agujero, cuando *Troy* empezó a ladrar y a hacerme caricias; había percibido el olor, aunque con menor intensidad que en la tumba de Jonadab. «Sin duda –pensé–, ésta tiene una ventilación en el pozo de arriba». Y así era, como lo comprobé más tarde. A pesar de los vivísimos deseos que tenía de entrar al momento, preferí dejar la operación para el día siguiente. Así lo hice, mi querido Bill, y ya puede calcular el gusto inmenso que tuve cuando me encontré que aquella tumba era, en efecto, la de Ben Hered. Tenía, como Jonadab, un tubo de plomo en la mano, y dentro encontré una breve reseña histórica de mi héroe firmada por Rafael Ben Hered II, esto es, Rafaelito. Pero no era eso lo que yo buscaba, sino las *Memorias.* Me fijé que bajo el sarcófago había una caja de cedro. Temblando, la saqué. Allí estaba la conclusión de las famosísimas

Memorias, escritas en excelente pergamino y admirablemente bien conservadas.

Pero no terminó aquí mi fortuna. Llevado por la fiebre de los descubrimientos, encontré otras tumbas semejantes a corta distancia. Eran las de Rafael Ben Hered II, luego la del tercero y, finalmente, la del cuarto de aquel nombre. Debajo de cada tumba se encontraban sendas cajas con manuscritos. Se ve que el hijo, nieto y biznieto del gran hombre habían seguido el ejemplo de su predecesor. Las *Memorias* que encontré de esta suerte, siguiendo el mismo plan de Ben Hered, llegaban hasta Constantino.

Éstas son, pues, las últimas *Memorias* de Ben Hered, que ahora le mando, mi querido Bill. Las de los hijos, aunque muy curiosas, no pienso publicarlas por ahora.

Sin embargo, espero dar a luz más adelante otro manuscrito de Ben Hered sobre Myriam. Es algo extraordinariamente interesante: la vida de la Madre del Redentor.

Doy gracias a la Providencia que puso en mis manos este nuevo tesoro.

Espero que la publicación de esta última y la más interesante parte de las *Memorias* tenga un éxito mucho mayor que las dos primeras.

Con recuerdos de May y Jack, queda suyo como siempre,

MYLES CONNOLLY.»

19
CIEN AÑOS DESPUÉS

Cuando hace cien años me trajo el gran patriarca Jonadab para ponerme en posesión de la amplísima fortaleza-castillo que para mí había edificado al pie de la montaña sagrada del Sinaí, nunca pensé que Dios me había de conceder tantos años de vida para que pudiese, según el consejo de mi abuelo, terminar de escribir mis *Memorias.*

En aquella época, esta fortaleza era un gran paralelogramo colocado sobre una meseta rodeada de muros y torres; una verdadera ciudad amurallada para poder defenderse en cualquier evento de las incursiones de los beduinos, los únicos que se hubiesen podido arriesgar en las inconmensurables y móviles arenas del desierto. Estaba colocada en la parte más abrigada de los cálidos vientos del simún, y una abundante fuente, nacida de la montaña, como la de Moisés, daba la vida a las plantas y árboles que formaban la futura huerta del castillo. Y digo futura, pues entonces sólo se veían pequeños arbustos trasplantados con todo cuidado que debían crecer con los años y darnos frutos y sombra en este oasis. Ahora estos árboles, ya centenarios, han adquirido proporciones gigantescas. Varios sembrados de hortalizas nos proporcionaron abundantes legumbres, y carne y leche los rebaños de carneros y cabras, así como de ganado bovino, que pace tranquilamente en las barrancas y quebradas de la montaña, donde el agua corre casi todo el año.

Mis habitaciones tienen ventanas a este huerto, que, con sus árboles, las defiende de las arenas del desierto. Aquí, gozando de una paz y tranquilidad admirables, mientras el mundo exterior se encuentra agitado, he podido, según la idea de Jonadab, dedicarme, después de cien años, a escribir mis *Memorias*. Cada cinco años, siguiendo la costumbre de mi abuelo, hemos tenido las reuniones de sus agentes (míos desde hace noventa años), recibiendo por este conducto toda clase de informes acerca de los progresos, persecuciones y vicisitudes por las cuales ha ido pasando la Iglesia de Cristo.

Ahora que ha pasado un siglo, me parece ver el crecimiento del grano de mostaza, la Iglesia de Dios, como quien desde la altura de una montaña ve el crecimiento de un pueblo que se ha formado a sus faldas.

Siguiendo el consejo de mi abuelo, no quiero escribir la historia de la Iglesia durante este período, dejando a otros ese trabajo. Voy a narrar, sin seguir orden cronológico, infinidad de hechos que tengo acumulados en mi archivo. En muchas ocasiones hablaré de mis propias observaciones y en otras haré referencia a las noticias que, regularmente, me han proporcionado mis agentes, esparcidos por todo el mundo conocido.

Tengo en mi archivo, cuidadosamente copiados, no sólo las noticias a que me he referido, sino el tesoro inmenso de los escritos de Mateo, Marcos, Lucas y Juan, así como las epístolas de Pedro, Pablo, Juan, Santiago y Judas Tadeo.

No he echado en saco roto varios evangelios que, sin tener la autoridad de los apostólicos, encierran noticias que, seleccionadas cuidadosamente, me serán de no poca ayuda.

También tengo copiados los escritos de Josefo Flavio, cuyo hijo ha sido mi compañero por largo tiempo, y los de otros autores judíos y latinos, como Philon, Cayo Cornelio Tácito, Paulino Suetonio y de no pocos escritores profanos de menor nota. Ni debo olvidar las *Actas de los mártires* de este primer siglo, que he coleccionado cuidadosamente.

Dios me ayude en esta obra colosal; espero, sin embargo, salir airoso, ya que su Providencia me ha dado salud, fuerzas y ayuda para semejante empresa.

Con este preámbulo, empezaré la última parte de mis *Memorias*.

20
LA CUESTIÓN CANDENTE

Algún tiempo después del día de Pentecostés (según narramos en el último capítulo de la parte anterior) fui al bazar de Eliezer, donde acostumbraban a reunirse a comentar las noticias del día grupos de fariseos, saduceos, herodianos y romanos. La primera vez que estuve en ese *chismográfico* lugar fui acompañado por Nicodemo. Allí oí la noticia de la existencia del Bautista, la que me inspiró deseos de conocer a aquel hombre maravilloso, dando así origen a mis *Memorias*.

Desde entonces, con motivo de mis relaciones comerciales con Eliezer, frecuentaba aquel lugar, donde detrás de una magnífica alfombra persa que colgaba del techo, formando un reducido apartamiento, pude muchas veces oír las opiniones de los diversos grupos sobre la predicación y prodigios de Jesús de Nazaret. En esta ocasión esperaba, no sin razón, escuchar algo muy interesante, como de hecho sucedió. Me acompañaba también Nicodemo. Y Quarto, unido al grupo romano, no dejó de tomar parte en las discusiones, venciendo a los de opinión contraria con sus magníficas salidas de sentido común. Voy, pues, a narrar lo que en diversas ocasiones pude oír sin ser sentido ni molestado.

La cuestión candente era la conducta de los apóstoles, los efectos que producía en la multitud y las consecuencias que de ella se podían esperar.

El grupo fariseo, acaudillado por el envidioso Isacar, estaba excitadísimo.

–Estos hombres –decían–, siendo unos patanes, siguen predicando las doctrinas del Nazareno, echando en cara a los sumos sacerdotes y a nosotros que lo condenamos a muerte de cruz, a pesar de lo cual afirman que Jesús resucitó, y después subió a los cielos.

–Y la multitud imbécil les cree –añadió Isacar–, cuando todos sabemos que su cuerpo fue robado por los discípulos de ese embaucador.

–¿Y quiénes son los testigos de ese robo? –interrumpió Quarto.

–¡Quiénes habían de ser –gritó Isacar– sino los soldados que custodiaban el sepulcro!

–Y si lo estaban custodiando, ¿cómo lo dejaron robar? –replicó, socarronamente, Quarto.

–Porque lo robaron los discípulos mientras los guardias dormían –repuso, algo cortado, Isacar.

–¡Ja, ja, ja! –exclamó Quarto–. *Dormientes testes adhibes*. Tus testigos estaban durmiendo. ¡Ja, ja, ja! Mira, Isacar, tu argumento está muy mal fundado, y es un argumento tontísimo. ¿No tienes otro mejor?

–El caso es –replicó el saduceo Jonatás– que todo el pueblo lo cree hasta el presente día.

–Que lo crea o no lo crea el pueblo –dijo Quarto–, nosotros, que no somos pueblo, queremos saber si el argumento fraguado por Anás y Caifás está o no fundado en la verdad. Desde el momento en que los testigos dormían, su testimonio no vale un sestercio. ¿Tienes, Jonatás, otro argumento mejor?

–Seguramente –exclamó el saduceo Josué Ben Sie–; su cuerpo no se ha podido encontrar, por más que se ha buscado.

III. ¿Y AHORA, QUÉ?-20. LA CUESTIÓN CANDENTE 675

—Luego —dijo Longinos, centurión romano que allí estaba— eso prueba que la policía de los sumos sacerdotes no vale para el caso. Por otra parte, hay una porción de personas responsables que aseguran haberle visto resucitado, y uno de esos testigos soy yo.

—Es que los muertos no resucitan —arguyó Simón Ben Camite, otro saduceo—; nunca he oído tal cosa.

—Alguna vez había de ser la primera —objetó, riendo, rabí Sadok, que pertenecía a la secta de los fariseos—. Los muertos resucitan, como lo cree todo Israel, y no veo dificultad en que Jesús haya resucitado.

—Resucitado o no, eso no es de lo que ahora tratamos —dijo Ismael Ben Eliza—; la cuestión es ahora que estos hombres que se dicen discípulos de Jesús, no sólo predican que resucitó, sino que Él era el verdadero Mesías.

—¿Y qué tiene que ver que lo predique Pedro y sus ignorantes compañeros? —insistió Isacar—. Su testimonio no vale nada, son unos ignorantes...

—¿Unos ignorantes —interrumpió Simeón Ben Gamaliel—, que dan este testimonio, exponiéndose a la muerte, y confirmando su dicho con grandes prodigios?

—¡Qué prodigios ni qué ojo de hacha! —gritó Isacar—. Son puras trampas, son unos embaucadores.

—No tanto como tú crees —intervino Simón, llamado *el Mago*—. Hacen cosas que yo, con ser mago, no puedo hacer, y ya ando buscando un medio de que Pedro me comunique ese maravilloso poder.

—Escucha, Isacar —interrumpió Sadok—, no podemos negar que esos hombres, ignorantes como tú dices, hablan tan diversas lenguas; los testigos de ese prodigio los hay por millares. Por otra parte, ¿cómo explicas que esos ignorantes y hace poco tan cobardes, hablen con una elocuencia arrebatadora y den muestras de conocer la ley y los profetas como ni tú mismo los conoces?

—A pesar de ser graduado por... la Universidad de Nazaret —dijo Quarto, provocando la hilaridad de los oyentes.

—Lo que dice rabí Sadok es muy cierto, y no lo podemos negar —dijo Jonatás—. Si no fuera así, no tendríamos por qué preocuparnos. Lo que trae muy preocupados a los sumos sacerdotes Anás y Caifás es lo que hay que hacer en estas circunstancias.

—Echarlos a la cárcel y guardarlos allí —dijo Isacar.

—Bien dicho —exclamó Quarto—; tú serás el señalado para echarles el guante. Nadie mejor que tú, tan valiente y atrevido; sólo que hay una pequeña dificultad: no sólo el pueblo los defiende, sino que Jonadab, el recabita, podría darte algún consejito... Trata de echarles mano.

—Ésa es la dificultad —observó Josué—, y por eso los sumos sacerdotes no se atreven a dar el paso obvio que tú, Isacar, propones.

—Hay que poner un remedio —dijo Jonatás—, y pronto. Solamente el día de Pentecostés fueron bautizados en el nombre del embaucador Jesús más de tres mil, y cada día aumenta el número de seguidores.

—Del asno crucificado —rugió Isacar.
—Asno o no asno —insistió Sadok–, los hechos hablan.
—Pues hay que buscar una solución —dijo Ismael Ben Phabi–, porque aunque siguen los secuaces de Pedro ofreciendo víctimas en el templo, he notado que su fervor disminuye. Hemos vendido muchos menos corderos que en años pasados.
—Malo está que disminuya el número de víctimas para los sacrificios —dijo el fariseo Abba Saúl–: lo peor es que nos quitan secuaces, y el pueblo, que antes nos seguía como corderos, ahora se aparta de nosotros.
—Ya me encargaré —dijo Longinos– de comunicar tu opinión al procurador Pilato.
—Eres un delator —gritó Isacar.
—Soy, sencillamente, un soldado romano —respondió Longinos.
Y esta pequeña observación hizo que los saduceos, acercándose al soldado, le dijeran:
—Ya sabes que nosotros somos fieles servidores de Roma, y no tenemos otro rey que César.
Mientras, los altivos fariseos, repasando sus filacterias, empezaron a marcharse indignados. Pero al salir los escuché, lo mismo que a los saduceos y escribas, murmurar: «¿Qué hacemos?» Y otros: «¿En qué va a parar todo esto?»
—En que este pueblo —dijo enérgicamente Quarto– tiene que desaparecer, y el reino de Dios, instituido por Cristo, pasará a nosotros, los gentiles, según se encuentra claramente anunciado en los profetas, y Jesús, el Cristo, lo ha predicho claramente. Él es el Hijo de Dios, y su palabra se cumplirá.
Y con esto terminó aquella sesión, de la que salí yo con el corazón amargado por las palabras de Quarto, que sonaron en mis oídos como terrible verdad. Mi pueblo, mi querido pueblo, ¿será rechazado por la dureza de su corazón?
Quarto, al verme triste, me dijo:
—Dómine, la opinión no es mía, Jesús lo profetizó, y si es el Hijo de Dios, su palabra se cumplirá infaliblemente. Apunta esto en tus *Memorias,* y recuerda que éstos fueron los que gritaron *«que su sangre caiga sobre nosotros y sobre nuestros hijos; no tenemos otro rey sino a César».*

21
UNA CITA

El centro *chismográfico* de Eliezer aquel día estaba alborotado. Los saduceos, en especial los sacerdotes, cabizbajos, escuchaban la noticia que llevaban sus enemigos los fariseos. Era el caso bastante escandaloso: Susana, la amante de Caifás, se le había escapado por segunda vez, y el viejo fauno estaba furioso.

Susana, Abigail y Magdalena habían sido siempre muy amigas y compañeras de aventuras. Abigail, como lo dejé consignado en otra parte, había sido encontrada en adulterio, y llevada ante Jesús para que decidiera si se la debía apedrear, según la ley de Moisés. El Maestro, dejando burlados a los hipócritas acusadores, la había librado del suplicio, concediéndole generoso perdón y exhortándola a no pecar más. Abigail, desde entonces, había cambiado de vida, y era una de las mujeres que habían sido bautizadas el día de Pentecostés.

De Magdalena, ya conocemos la historia, habiéndose convertido en uno de los primeros testigos de la resurrección del Maestro.

Susana había seguido su vida cortesana, hasta llegar a ser la favorita de Caifás, el sumo sacerdote. Durante mucho tiempo se había hecho sorda a las cariñosas amonestaciones de sus dos amigas para que dejara su vida alegre; pero el día de Pentecostés, al ver los prodigios que se operaban, deshecha en lágrimas, había ido a Myriam, y, algún tiempo después, había recibido el bautismo. Desgraciadamente, sus buenos propósitos no duraron mucho, y, atraída por los regalos y promesas de Caifás, hechos por medio de Malco, había regresado a su desarreglada vida. Esta historia era notoriamente conocida por los altos personajes de Jerusalén y también por el pueblo, que, no escandalizándose de que Herodes estuviera amancebado con su cuñada Herodías, no tenía por qué escandalizarse de tan pequeño enredo. Pero era el caso, y de eso se trataba aquella mañana en el bazar de Eliezer, que Susana se le había escapado de nuevo al viejo fauno, el cual, como llevo dicho, estaba furioso por el segundo chasco.

—¿Y adónde habrá ido a esconderse esa muchacha? —preguntó Ben Sodi.

—En casa de las otras rameras, Abigail y Magdalena —sugirió un viejo fariseo llamado Nachum.

—¡Cepos quedos! —gritó, indignado, el escriba Ben Baruc, joven valiente y caballeroso—. A mi prima Magdalena y a su honrada amiga Abigail no las insultarás tú, viejo verde. Acuérdate cuando fuiste avergonzado por el Maestro Jesús, tú, adúltero, cuando acusabas a Abigail, que ahora es modelo de mujeres honradas.

—¡Vaya con el nuevo Daniel! —repuso, pálido de ira, Nachum—. Yo diré lo que quiera.

—Eso si yo te lo permito —gritó el joven, remangándose su túnica.

—Y yo —interrumpió Quarto—, amigo Baruc, me asocio a tu parecer. De esas ahora honradas mujeres nadie habla mal en mi presencia.

—Dejemos a Abigail y a Magdalena —intervino Ben Porata—, que la cuestión era de Susana, cuya fama de notoria cortesana y amante de Caifás nadie puede poner en duda, hasta ahora, por lo menos.

Mientras pasaba esta escena desagradable se había detenido en el dintel de la tienda un anciano de luenga barba llamado Jonatás Ben Uziel, el cual, entrando, dijo:

–Ben Porata, has hablado cuerdamente en lo que has dicho hasta ahora. Vengo del templo y acabo de ser testigo de un acto público de sinceridad, de humildad y arrepentimiento de una mujer, la cual hasta hace poco merecía el título de cortesana y concubina de Caifás: Susana.

Todos callaron para oír las noticias que traía el anciano escriba.

–Terminada la oración litúrgica de la hora prima –continuó Jonatás–, Pedro se dirigía al pórtico de Salomón para hablar a la multitud que lo seguía, cuando se abrieron paso hasta él tres mujeres: Abigail, Magdalena y Susana. Ésta, con las manos atadas y descubierta la cabeza, con toda humildad, derramando copiosas lágrimas, se arrodilló ante Pedro. Entonces Abigail, dirigiéndole la palabra, dijo: «Pedro, en el mismo lugar que ahora ocupa Susana ante ti, me encontré yo, acusada de adulterio, delante del Maestro... y Él me perdonó, exhortándome a no pecar más...» «Y lo ha cumplido –interrumpió Magdalena–. Ahora Pedro, tú, a quien el Rabboni dio la facultad de atar y desatar, perdonando los pecados, ¿desatarás los de esta mujer arrepentida, como Jesús perdonó los míos?» Pedro, con lágrimas en los ojos, exclamó: «Como a mí me los perdonó», añadiendo: *«Y tú, ya convertido, confirma a tus hermanos».* Así ciertamente esta facultad que Él nos dio antes de subir a su Padre, diciendo: *«¡La paz sea con vosotros! Como me envió mi Padre, así también Yo os envío... Recibid el Espíritu Santo; a los que perdonareis los pecados, les serán perdonados; a quienes se los retuviereis, le serán retenidos».* «Yo, hija mía, estoy dispuesto a perdonarte si tú estás sinceramente arrepentida». «Pero yo he recaído –gimió Susana–; he caído dos veces». *«No sólo perdonarás siete veces,* me había dicho el Maestro, *sino hasta setenta veces siete»,* añadió conmovido, Pedro. ¿Estás arrepentida de tus culpas y no quieres pecar más?» Entonces Susana, poniéndose en pie para que todos la vieran, con voz vibrante de emoción, levantando al cielo sus atadas manos, dijo: «He sido una pecadora, concubina de... un hombre casado, como todos sabéis; pero fui regenerada por el agua del Bautismo; sin embargo de lo cual he reincidido en mi pecado, escandalizando a muchos. Merezco que me pongan al cuello una piedra de molino y me echen al mar... Pero fiada en la misericordia de Jesús, que murió por los pecadores, a ti, Pedro, señalado por Él como su Vicario, después de confesar mi culpa, te pido humildemente perdón...» Al decir estas palabras cayó arrodillada hecha un mar de lágrimas. Todos estaban conmovidos; aun yo mismo sentí que las lágrimas me nublaban la vista. Pedro tuvo que sobreponerse a su emoción, e inclinándose a la pecadora le desató las manos; después, bendiciéndola, exclamó: «Con la potestad recibida del Mesías, el Hijo de Dios, yo, Pedro, te perdono tus pecados en el nombre del Padre y del Hijo y del Espíritu Santo; pero no quieras pecar más... Vete en paz».

Aquí la voz de Jonatás se anubló por las lágrimas.

Por algunos momentos, todos quedamos en silencio, hasta que la agria voz de Isacar se hizo oír, gritando:

—¡Blasfemia, blasfemia! ¿Quién sino Dios es el único que puede perdonar los pecados? Este pescador inculto, como el carpintero, su Maestro, se quiere arrogar la facultad de perdonar los pecados, y a una adúltera... ¡Blasfemia, blasfemia! Hay que acusar a ese patán de blasfemia.

—Tienes razón, Isacar —gritó el fariseo Nachum—, tú acusarás a Pedro de blasfemia y yo le acusaré a ella de adulterio.

—¡Cepos quedos de nuevo! —gritó Ben Baruc—. No te olvides de Jezabel... tu... mujer...

—Perdonad —interrumpió un joven atlético rebosando salud—; yo me llamo Datán, hijo de Isaac de Damasco. Hará poco más de un año estaba paralítico, como lo puede testificar el médico Ben Messa, aquí presente. Mi enfermedad había sido causada por mis vicios.

—Era un caso desahuciado, incurable —interrumpió Ben Messa.

—Mi padre me llevó en una camilla, y levantando las tejas del cuarto donde estaba el Maestro, me descolgaron como un cuerpo inerte. Mi padre se arrodilló sin decir palabra, lleno de fe. Viendo Jesús la fe que tenían en Él, me dijo: *«Hijo, tus pecados te son perdonados»*. Allí estaba el señor Isacar, y con sus compañeros empezó a murmurar, como ahora lo ha hecho, y a decir que aquello era una blasfemia. Inmediatamente, conociendo Jesús lo que aquellos hombres pensaban dentro de sí, les dijo: *«¿Cómo pensáis en vuestros corazones esas cosas malas? ¿Qué cosa es más fácil, decir al paralítico: perdonados te son tus pecados, o decir: Levántate, toma tu camilla y anda?»*

—Entonces dije yo —añadió Ben Messa—: No lo cura; es más fácil decir: Perdonados te son tus pecados.

—Luego —prosiguió Datán— dijo Jesús: *«Pues para que sepáis que el Hijo del hombre tiene potestad en la tierra para perdonar los pecados, digo: Levántate, toma tu lecho y vete a tu casa...»* Y aquí me tienen bueno, sano y fuerte, como lo puede testificar Ben Messa.

—Así es la verdad —repuso el aludido.

—Ahora bien —dijo Datán—: puesto que Pedro, en nombre de Jesús, ha dicho que tiene facultad para perdonar los pecados, creo que lo más prudente es esperar a que Pedro pueda presentar sus credenciales, dar pruebas de que tiene facultad de perdonar los pecados, antes de acusarle de blasfemo.

La razón era tan obvia, que todos estuvieron de acuerdo. Nachum sugirió la idea de ir al templo a interrogar a Pedro personalmente. A propuesta de Datán, todos se dieron cita aquella tarde en el templo a la hora de nona.

22
LAS CREDENCIALES DE PEDRO

Llegué al templo antes de la hora de la cita, acompañado de Datán, Ben Messa y Quarto. Al entrar al atrio de los Gentiles nos encontramos con el infeliz Ozán, a quien los hombres llevaban en una parihuela para colocarlo en su lugar favorito, cerca de la puerta Hermosa, donde esperaba la salida de los fieles para pedirles limosna. Ben Messa lo saludó afablemente, y el pobre baldado respondió al saludo del médico con gran cariño.

Hace más de cuarenta años –me dijo Ben Messa– que asistió a la madre de este pobre, cuando lo dio a luz. Nunca creí que hubiera podido vivir, y menos por tanto tiempo. Mira sus piernas y pies –y al decir esto, Ben Messa tomaba las extremidades inferiores de aquel infeliz y las movía a todos lados, como si fueran de trapo; el enfermo reía, pues tenía insensibles los pies y las piernas–. ¡A ver! –dijo Ben Messa a los que lo llevaban–. Traten de ponerlo en pie –lo tomaron por las axilas como quien toma a un muñeco, y al levantarlo se le doblaron las piernas hasta las rodillas: le era imposible sostenerse–. Pónganlo de nuevo en su camilla –ordenó el médico, y, dándole una moneda, le puso la mano sobre la cabeza cariñosamente.

–¿Te llevan a la puerta Hermosa? –le pregunté.

–Allí es donde hace muchísimos años me acomodo; todos me conocen, se compadecen de mí y me dan limosna –respondió Ozán.

–¡Y pensar –dijo Messa– que su buena madre quiso que le pusieran de nombre Ozán, que quiere decir cabrito, con la esperanza de que el chiquitín se aliviara y pudiera brincar como ese animal! Nada hemos podido hacer, siquiera para mejorarle; menos mal que tiene las extremidades enteramente paralizadas e insensibles; como dos pedazos de trapo que le cuelgan de las rodillas.

–Lo he visto muchísimas veces –dije–. Siempre le doy limosna; me da gran compasión.

–Como nos pasa a todos los que le vemos –interrumpió Datan–; no hay hombre, mujer o niño qne haya venido alguna vez al templo que no conozca a este pobre baldado, tanto los de Judea y de Galilea como de la Dispersión. Es más conocido que el sumo sacerdote.

Conforme iban hacia la puerta Hermosa los que llevaban a Ozán, éste recibía limosnas de infinidad de fieles. Ozán es muy simpático y querido del pueblo, ya que hace muchísimos años que le conocen. Los cargadores, con el objeto de mover a misericordia a los que ven al baldado, hacen frecuentes paradas, durante las cuales, tomando las piernas flácidas del enfermo, las mueven en todas direcciones. Los niños se asustan a esta vista, y sus padres les animan a dar algunas monedas al bueno de Ozán.

Isacar y Nachum, sin embargo, fueron los únicos que no dieron limosna al desgraciado.

–Éste –dijo Isacar–, con el pretexto de sus piernas de trapo, saca un dineral cada día.

–Por eso no le doy ni un cornado –añadió Nachum.

Pedro y Juan, en esto, llegaron al templo. Iban a dirigirle las preguntas Isacar y Nachum, cuando Ozán, viendo a Pedro y Juan, extendió sus manos esperando que le diesen limosna.

III. ¿Y AHORA, QUÉ?-22. LAS CREDENCIALES DE PEDRO

Pedro, entonces, fijando los ojos en Ozán, le dijo:
—«Míranos».
Entonces Ozán, en espera de limosna, los miraba. Pedro prosiguió luego:
—«*No tengo oro ni plata, mas lo que tengo te doy: En el nombre de Jesucristo de Nazaret, levántate y anda; y tomándolo por la mano derecha lo levantó*».
—¡Se les va a caer! —exclamó Ben Messa—. No se puede sostener el infeliz.
La sorpresa que llevamos todos nosotros, y la inmensa multitud que presenciaba esto, fue extraordinaria, pues «*luego se le consolidaron las piernas y las plantas*», y dando un salto se puso en pie Ozán y anduvo...
—¡Milagro, milagro! —exclamaban los presentes al ver que, andando por sus propios pies, Ozán «*entró con Pedro y Juan al templo, saltando y alabando a Dios*».
Aquello fue un triunfo, pues todos conocíamos a Ozán, el que se sentaba en la puerta Hermosa, baldado de nacimiento. Y los chiquillos gritaban:
—¡El de las piernas de trapo ya camina y hasta salta!
Y la gente mayor estábamos llenos de asombro y espanto por lo que había acontecido.
Pedro y Juan, seguidos de Ozán, que brincaba como un cabrito, se dirigieron al pórtico de Salomón, seguidos de la multitud llena de asombro.
Datán, entusiasmado, acercándose a Isacar y Nachum, les dijo:
—¿Qué les parece, amigos? ¿Tiene Pedro credenciales?
—¡Y en qué forma! —gritó, entusiasmado, Quarto.
Isacar estaba más amarillo que de costumbre, y su compañero Nachun tartamudeaba de rabia.
—Vamos pronto —dijo Isacar a su compañero—. Vamos a dar cuenta a Caifás.
Y los dos, llenos de inquina, se separaron de la multitud, que se reía de ellos.
Datán estaba loco de gusto, y, tomando de las manos a Ozán, se puso a dar saltos con él, llevándolo por el gran patio de los Gentiles, seguidos de innumerables chiquillos que brincaban con ellos.
Mientras tanto, la gente mayor nos habíamos acercado a Pedro y Juan. Hombres y mujeres los mirábamos no sólo atónito, sino con marcada veneración. Viendo esto Pedro, habló de esta suerte:
—«*Varones israelitas, ¿por qué os maravilláis de esto? O ¿por qué ponéis los ojos en nosotros como si por nuestra virtud o potestad hubiéramos hecho andar a este hombre? El Dios de Abrahán y de Isaac y de Jacob, el Dios de nuestros padres, ha glorificado a su Hijo Jesús, al cual vosotros entregasteis y negasteis delante de Pilato cuando él lo juzgaba*

inocente (y al decir esto, le temblaba a Pedro la voz). *Mas vosotros renegasteis del Santo Justo y pedisteis que se os hiciese la gracia de la vida de un homicida. Disteis la muerte al autor de la vida, el cual Dios ha resucitado de entre los muertos, de lo que nosotros somos testigos. Su poder es el que, mediante la fe en su nombre, ha consolidado los pies a ese que vosotros visteis y conocisteis tullido, de modo que la fe, que de Él proviene, es la que ha causado esta perfecta curación delante de vosotros* (la voz de Pedro tembló como si se acordara de su negación y del encargo que le hiciera el Maestro): *Y tú, ya convertido, confirma a tus hermanos* –hizo una pausa y, con voz llena de conmiseración y ternura, continuó diciendo–: *Ahora, hermanos, yo bien sé que eso lo hicisteis por ignorancia, como vuestros jefes. Si bien Dios ha cumplido de esta suerte lo anunciado por la boca de todos los profetas, en orden a la Pasión de Cristo. Así que arrepentíos de vuestros pecados y haced penitencia para que os sean perdonados».*

Quarto, al oír estas palabras, viendo que Isacar y Nachum ya no estaban allí, dirigiéndose a Ben Porata le dijo:

–He aquí las credenciales de Pedro, el cual, no por su propio poder, sino en el nombre de Jesús, hizo que se consolidaran los pies del tullido..., y en ese mismo nombre, y con la *potestad de Él* recibida, perdonó los pecados a Susana....

–No me cabe duda –exclamó Ben Messa–: el que *en nombre de Jesucristo* pudo curar repentinamente a este tullido de nacimiento, en el *nombre del mismo Jesús*, quien le dio esa potestad, *puede también perdomar los pecados.*

–Las credenciales de Pedro –dije– están selladas con el sello del milagro.

23
CON EL SENADOR PUDENS

Voy a poner en este lugar una conversación que tuve muchos años más tarde con el senador romano, Pudens, uno de los primeros cristianos de la nobleza romana.

Paseábamos por los magníficos jardines de su quinta de Túsculo, hablando del cambio que estaba sufriendo la sociedad romana debido a la predicación del Evangelio.

Desearía, mi querido Ben Hered, que me contaras algo de la transformación que sufrió el pueblo de Jerusalén con motivo de la prodigiosa venida del Espíritu Santo y la predicación de Pedro, ya que tú fuiste testigo ocular de tan gran prodigio.

–Mi buen amigo –respondí–, desgraciadamente, el pueblo jerosolimitano fue el más reacio para admitir la doctrina de Cristo. La gran mayoría de los que en aquellos días se convirtieron eran o israelitas de la Dispersión, que se encontraban en Jerusalén con motivo de las fiestas, o bien gente del campo de Judea y Galilea; pero jerosolimitanos fueron muy pocos.

–¿Será posible? ¿Y cuál fue la causa? –preguntó.

–Voy a darte cuenta de lo que era la gente de la Ciudad Santa. En primer lugar, tenían a los fariseos, saduceos y herodianos, los grupos más poderosos e influyentes que siempre se habían mostrado enemigos de Jesús y los cuales se mostraron igualmente enemigos de sus discípulos. Entre ellos hubo poquísimos conversos, como Nicodemo, José de Arimatea, Gamaliel y algunos más. Entre nosotros, que todos tenemos el orgullo de descender de un solo tronco, Jacob, llamado Israel, y de sus doce hijos, que formaron las doce tribus, no hay propiamente clase media, sino solamente pobres y ricos. Los escribas, que son los eruditos de Israel, casi siempre estaban adscritos a alguno de los partidos que te he indicado; quedaba el pueblo. Los hombres pobres, en su inmensa mayoría, trabajaban en el templo, aún no terminado, como albañiles, canteros, carpinteros, y en otros edificios. El cuidado del culto en el templo estaba a cargo de los sacerdotes, y la parte material, en manos de los levitas. Entre sacerdotes y levitas pasaban de veinte mil.

–¡Qué número tan enorme! –exclamó Pudens.

–Pues antes de la cautividad pasaban de cincuenta mil: toda una tribu. Entre los trabajadores, todos de las tribus de Judá y Benjamín, no había uno que no pudiera dar cuenta de su ilustre abolengo, habiendo no pocos descendientes del mismo rey David. Como debes suponer, tanto las familias de los sacerdotes y levitas como la de los trabajadores del templo, estaban influidas por las ideas de sus jefes. Éstos vieron desde un principio que la nueva doctrina, si se propagaba, vendría a cambiar el estado presente. Los sacerdotes y levitas quedarían sin oficio y los trabajadores sin trabajo...

–Voy entendiendo. Era muy natural que les hicieran guerra a muerte a los predicadores, galileos despreciables, que estaban haciendo prosélitos por millares.

–Ahora bien: en tiempos normales, la población de Jerusalén no pasaba de setenta u ochenta mil almas, de las cuales casi una mitad vivía del templo directamente, y la otra mitad, formada por los vendedores de ganado, pastores y de otros oficios conectados con los sacrificios, vivía indirectamente también del templo. Puede decirse que la inmensa mayoría de los jerosolimitanos vivían del templo, fueran ricos o pobres. De aquí que los prejuicios de estos ciudadanos estuvieran contra la nueva doctrina. Sin embargo, los prodigios del día de Pentecostés y siguientes no pudieron menos de despertar en muchos jerosolimitanos el deseo de participar de aquellos dones prodigiosos, como le pasó en particular a un tal Simón, samaritano, llamado *el Mago,* quien tuvo la audacia de ofrecer dinero a Pedro a cambio de que le vendiera la facultad de obrar portentos. En cambio, las gentes del campo, que habían presenciado los milagros de Jesús y escuchado su doctrina, tenían menos dificultad en abrazar las enseñanzas de los apóstoles, a los cuales habían visto constantemente en compañía del Maestro. Mas recordaban no pocos aquellas palabras de Jesús: *«Bienaventurados los pobres de espíritu, porque de ellos es el reino de los cielos»*, y tenían muy presente el amor que había siempre mostrado a los pobres, a los desvalidos y a los enfermos.

Ya se ve cómo el Señor, a modo del sembrador, había sembrado la semilla.

–Pero como la semilla del sembrador: una cayó entre el polvo del camino, otra entra las espinas y otra en buena tierra. Esta parábola se realizó a la letra con la semilla cristiana. Era muy duro, aun para gente instruida en la ley, el admitir que aquel Jesús, el Hijo del carpintero, como le decían, fuera el Mesías prometido, habiendo acabado en una cruz, a pesar de que esta muerte ignominiosa se encontraba claramente profetizada.

–Por lo que a mí toca –dijo Pudens–, cuando oí lo de la muerte de Jesús, me pareció una locura; yo entonces era gentil.

–*«Locura para los gentiles, tropiezo para los judíos»*, como dice Pablo en su epístola a los Corintios (1, 28), de la que tengo copia. Se necesitaba para que la semilla fructificara que cayera el rocío del cielo, que se cumpliera la promesa-profecía de Jesús de enviar el Espíritu Consolador que había de enseñarnos toda verdad y darnos la ayuda de su gracia para creer.

–Tienes razón; se necesitaba un motivo de credulidad, algo de origen divino, que demostrara que la doctrina de Pedro era la de Cristo y el designado por Jesús para predicar la buena nueva y la remisión de los pecados.

–Entre la multitud de los que habían sido bautizados el día de Pentecostés –proseguí–, hubo no pocos que empezaron a fallar. Después del primer entusiasmo, viendo que no todos recibían los carismas o dones extraordinarios, se resentían, y como su fe flaqueaba, no tenían gran dificultad en creer la patraña, publicada constantemente por los enemigos, de que Jesús no había resucitado, sino que su cuerpo había sido robado y ocultado por esos mismos discípulos que ahora daban testimonio de su resurrección.

–Minando así –interrumpió Pudens– el dogma fundamental de la nueva doctrina.

–Tenían, pues, los apóstoles no sólo que dar testimonio de la resurrección de Jesucristo, sino dar pruebas de que ellos eran los señalados y autorizados por el Maestro para predicar su doctrina, y, en su nombre, bautizar y perdonar los pecados. También Magdalena y las otras mujeres dieron testimonio de la resurrección de Cristo, pero no por eso tenían ellas las facultades antedichas.

–Tienes muchísima razón. Se necesitaban pruebas para que los judíos, desde luego, pudieran creer razonablemente que la Iglesia que empezaban a propagar los apóstoles era indiscutiblemente la Iglesia cuya semilla Cristo había sembrado.

–No sabes cuánto me agrada oír hablar así a un antiguo gentil como tú, cuya fe en Cristo te llevará quizá un día a dar testimonio público del Crucificado –dije.

–Según lo he leído en *Los Hechos,* escritos por el médico Lucas, que tengo en mi biblioteca, Pedro obró, entre otras, una curación prodigiosa: la del baldado de la puerta Hermosa. ¿La presenciaste tú?

–Sí; yo tuve el privilegio de ser de los innumerables testigos que presenciaron la curación de Ozán (que significa cabrito), el tullido, viéndole brincar de gusto; y, a más de eso, oí el magnífico testimonio de Pedro: «*¿Por qué ponéis los ojos en nosotros, como si por nuestra virtud hubiéramos hecho andar a éste? Disteis la muerte al Autor de la vida, al cual Dios ha resucitado de entre los muertos, de lo que nosotros somos testigos*». Fíjate bien: «*Su poder* (el de Cristo), *mediante la fe en su nombre, ha consolidado los pies a ese que vosotros visteis tullido; de modo que la fe, que de Él proviene, es la que ha causado esta perfecta curación delante de todos vosotros*».

–Y este estupendo milagro, según he leído en *Los Hechos,* de Lucas, causó un efecto prodigioso en los que lo presenciaron, y, más de cinco mil hombres admitieron la fe de Cristo.

–Así fue, en efecto; la multitud quedó estupefacta de lo que había presenciado con sus propios ojos. Pero, además, hubo algo humano que también contribuyó a esta nueva conversión en masa.

–¿Qué elemento humano fue ése? –me preguntó Pudens.

–La busca de la salud –le respondí–. Pasaba esto durante la fiesta de los Tabernáculos, habiendo acudido muchos miles de peregrinos, según costumbre. La fama de las curaciones que hacían todos los apóstoles había atraído a Jerusalén muchísimos enfermos. Delante de este auditorio, en nombre de Jesús de Nazaret, obró Pedro la curación del tullido, verdaderamente espectacular. ¿Qué efecto te figuras produciría este prodigio entre los peregrinos enfermos?

–Que todos, viendo el poder del nombre de Cristo, quisieran acercarse a Pedro para que los curara –respondió Pudens.

–Así fue, en efecto, y del mismo modo que Cristo curaba los cuerpos para sanar las almas, el milagro obrado por medio de Pedro tuvo por efecto atraer a muchos a abrazar la doctrina de Cristo predicada por los apóstoles. Los caminos de Dios, iniciados por su Hijo Jesús, para la salvación del mundo.

–¿Pero se convirtieron y bautizaron cinco mil en un solo día?

–No fue en un solo día, sino en varios. Ese día se inició la conversión de muchos, y siguieron convirtiéndose los otros como consecuencia del milagro del tullido. Por otra parte, los apóstoles, dirigidos por Pedro, se guardaron muy bien de seguir recibiendo en masa a los que querían abrazar la nueva doctrina.

–¿Y por qué ese proceder? No obraba también sobre ellos el Espíritu Santo –me preguntó Pudens.
–Porque obraba también el espíritu de las tinieblas, luchando por destruir la naciente Iglesia.
–Me intriga esa idea. ¿Quieres explicármela?
–No creas, mi buen Pudens, que los tres mil bautizados en Pentecostés todos perseveraron. Por diversas razones que he indicado, no pocos volvieron atrás. ¿Crees que se habían de quedar cruzados de brazos todos aquellos, ricos y pobres, que vivían del templo cuando veían que esa multitud se les retiraba?
–Ciertamente que no.
–La lucha empezó desde entonces, como Cristo lo había profetizado. Los sacerdotes usaron un sistema facilísimo para quitar prosélitos a los apóstoles, sistema que perdura y perdurará para siempre en el mundo.
–¿Qué sistema es ése?
–Uno muy sencillo: levantarles a los conversos «la canasta», sitiarlos por hambre, quitándoles los empleos. Llamaban a los trabajadores en el templo, y les preguntaban: «¿Eres tú de los que siguen al Crucificado?» Y a los que respondían afirmativamente les decían: «Pues para que no tengas impedimento, desde hoy ya no te daremos trabajo; síguelos». Y, claro está, con este sistema de exclusión, muchos volvían atrás.
–Verdaderamente diabólicos –dijo Pudens.
–Por esta razón, Pedro dispuso que, uno a uno, fueran examinados los postulantes, se les advirtiera de las dificultades a que se exponían, y a los que, ya advertidos, permanecían firmes en seguirlos, los apóstoles los iban instruyendo en la doctrina de Cristo, y solamente después de largo tiempo los bautizaban. De aquí la costumbre, que aún perdura en la Iglesia, de bautizar a los catecúmenos durante la fiesta de Pascua cada año.

24
CENA DE FAMILIA

Voy a presentar ahora un cuadro de los primeros tiempos escrito por mí hace cien años.

La vida religiosa de los discípulos de Cristo poco se diferencia de la de los fieles israelitas. Durante el día se reúnen en el templo tomando parte en los ejercicios rituales: canto de los salmos y lectura de la ley. Pedro, sin embargo, situado bajo el pórtico de Salomón, en el mismo lugar donde Cristo predicaba, dirige al pueblo la palabra con gran valor y elocuencia, insistiendo en su testimonio: *Jesús, a quien vosotros crucificasteis, es el verdadero Mesías. Haced penitencia, y si queréis ser salvos, sed bautizados en nombre de Cristo y recibiréis al Espíritu Santo.* Estas palabras causan siempre en el auditorio efectos diversos.

Un día que asistíamos Samuel y yo a una de estas predicaciones, éste me dijo:
—Fíjate, Rafael: los habitantes de Jerusalén son los más reacios en aceptar la buena nueva, y entre ellos hay muchos que no sólo no la reciben, sino que, después de oír la predicación de Pedro, se van directamente a los sumos sacerdotes para contarles lo que ha dicho. En cambio, la gente del campo, de los pueblos de Galilea, son los que van, poco a poco, entrando en el nuevo redil.
—¿Y a qué atribuyes esa diferencia? —le pregunté.
—A que los jerosolimitanos están influidos por las doctrinas de los fariseos y saduceos, y, sobre todo, porque la gran mayoría de ellos estuvieron en la condenación de Jesús, y gritaron: *«Que su sangre caiga sobre nosotros y sobre nuestros hijos».* Sin embargo, muchos de sus hijos pequeños no siguen las huellas de sus padres, sino que casi siempre, acompañados de sus madres, van a visitar a Myriam.
Con razón he visto tantos niños en la casa de Juan, no sabiendo qué era lo que iban a hacer allí —repuse.
—Pues ven conmigo, y gozarás de una escena verdaderamente conmovedora. Myriam me ha pedido que le permita ir al huerto de mi casa con los niños, ya que cada día el número de éstos va en aumento. ¿Quieres venir?
—Con mucho gusto —le dije, y nos dirigimos a la casa del anciano.
Desde una de las ventanas del piso superior, sin ser visto, pude observar una escena verdaderamente consoladora. En el jardín vi una porción de chiquillos, los niños a un lado, y las niñas al otro; Myriam, sentada en un banco de piedra, les dirigía la palabra. Magdalena estaba del lado de los muchachos, y del de las niñas vi a otra joven.
—¿Quién es esa mujer que está con las niñas? Creo reconocerla —dije.
—¿Cómo no la has de conocer? Es Verónica, la sobrina de José de Arimatea.
Pues bien: estas dos mujeres eran las que vigilaban el orden, cada una de su lado. Era tal la atención con que estaban los niños escuchando las palabras de Myriam, que me pareció inútil la intervención de las que los vigilaban, y así se lo dije a Samuel.
—No creas —me dijo con tristeza—, fíjate bien. ¿Ves del lado de los niños a esos grandecitos y del de las niñas otro grupo de muchachas mayores? Pues cada día vienen varios de esa edad, y son los que dan no poco que hacer a las vigilantes. Magdalena los reprime con imperio; pero Verónica no puede con las suyas.
En aquellos momentos oí la voz argentina de Myriam, que con sencillez encantadora les contaba la historia del Niño Jesús, pasando después a narrarles algunas de las parábolas del Maestro, y terminando la plática con la historia de la pasión y muerte de Jesús. Todos lloraban cuando llegó Myriam al fin, excepto los muchachos y muchachas de los dos grupos mayores, que permanecían indiferentes. Luego les hizo Myriam algunas preguntas a los niños, que

respondían casi siempre de modo acertado. A éstos, Marta les repartía granos de trigo y habas tostadas en premio de su atención. Cuando terminó la instrucción, Magdalena hizo que sus muchachos mayores se acercaran a Myriam. Ésta les habló con tanta ternura, que dos o tres se mostraron conmovidos, mientras que los restantes sólo se ocupaban en pedir a Marta las habas tostadas, para luego marcharse, y otro tanto pasó con las muchachas mayores de Verónica. Esta conducta me trastornó. Samuel, notándolo, me dijo:

–No te aflijas demasiado; el Maestro ya lo había propuesto en aquella parábola de las dos mujeres que dan vueltas al molino: *«Una será escogida y la otra rechazada»*. Ven ahora –me dijo Samuel–, ya está cayendo el sol, y el sábado va a terminar; vamos a casa de Juan, donde habita Myriam, para asistir... –y bajando la voz, añadió–: a la fracción del pan.

En efecto, desde los primeros días de la Iglesia, era costumbre que, al terminar el sábado, a la caída del sol, y empezar el domingo, en grupos pequeños, entre los miembros principales de los convertidos, y con toda reserva, se celebrara, después de la cena ordinaria, la fracción del pan. Yo tenía gran gusto en ir a casa de Juan, donde Pedro celebraba la fracción del pan, a la que asistían varios hombres y también algunas mujeres. Tenía especial devoción en asistir a esta augusta ceremonia en casa de Juan, por estar allí Myriam. De ordinario, hasta aquel día, la ceremonia se había celebrado siguiendo en todo el modo con que Jesús lo hizo la víspera de su Pasión. Quiero decir en la misma mesa donde habían cenado. Pedro, tomando el pan, haciendo otro tanto con el cáliz. Aquella noche, sin embargo, hubo algo desusado. Marta me llamó aparte, y me dijo:

–¿Ves aquella mesita adornada con un magnífico mantel?

–¿Qué tiene de particular? –le respondí, sonriendo.

–Pues es idea de Myriam. Nos llamó a varias de nosotras, y nos dijo: «¿No os parece que la fracción del pan, en lugar de hacerla sobre la mesa común, la celebre Pedro en una mesita aparte?» Todos respondimos que así debía ser. «Pues bien –añadió Myriam–: vamos a bordar un mantelito, y lo pondremos en mesita aparte, sobre el cual colocaremos en una bandeja de plata los panes ázimos, y junto el gran cáliz lleno de vino generoso. ¿Qué os parece?» Todas estuvimos de acuerdo, y nos pusimos a trabajar, ayudando a Myriam. Hoy vamos a sorprender a Pedro, el cual celebrará la fracción del pan en la mesita ideada por Myriam, sobre el mantelito por Ella bordado.

Y así fue, en efecto. Pedro, gozosísimo con la idea de Myriam, con gran devoción hizo la fracción del pan sobre la mesita preparada por Ella.

Ahora que han pasado cien años, recuerdo con ternura aquel primer altar, ideado y adornado por la Madre de Jesús.

Y así terminó aquella cena familiar, modelo de otras que, respectivamente, celebraban entonces los apóstoles en varias casas de Jerusalén, y después de las cuales, ante grupos selectos, cumplían, todos los domingos, el mandato del Maestro: *«Haced esto en memoria de Mí»*.

—Ahora, después de un siglo, el sacrificio de la Víctima sin mancha, profetizado por Malaquías, se ofrece en todas partes del mundo conocido: «*Et in omni loco offertur nomini meo oblatio munda*» (Malaquías).

25
DIFICULTADES

—Pobre Pedro —dijo Quarto, entrando—; ya no sabe qué hacer, y lo mismo les pasa a sus compañeros.
—¿Los siguen persiguiendo los príncipes de los sacerdotes? —le pregunté.
—Peor que eso —respondió Quarto, sonriendo.
—Entonces, ¿les persigue el gobernador Pilato?
—Peor que eso... Están Pedro y sus compañeros perseguidos por las viudas.
—¿Por las viudas? —exclamé, azorado.
—Ni más ni menos, y voy a explicarte el caso. Como sabes muy bien, desde los principios Pedro ordenó dividir a los fieles en pequeñas comunidades en siete diversas partes de la ciudad.
En efecto, con el fin de ir instruyendo a los nuevos conversos, por disposición de Pedro se habían formado estos grupos en distintas casas, ofrecidas para este objeto por varios fieles ricos. A los setenta y dos discípulos de Jesús se iban uniendo hombres piadosos e instruidos en la ley, que deseaban hacerse propagadores de la doctrina de Cristo. Con objeto de que vivieran enteramente libres para dedicarse a esta obra, siguiendo el ejemplo de Bernabé, levita natural de Chipre, el cual, como tuviese una heredad, la vendió y trajo el precio y lo puso a los pies de los apóstoles, varios otros habían hecho lo mismo. De igual manera se habían formado grupos de mujeres, quienes, deseando instruirse, entregaban a los apóstoles sus haberes para que ellos los empleasen, tanto en el propio sustento de los donantes, como en beneficio de los pobres. De esto resultó que los apóstoles, teniendo que atender directamente a la sustentación de esas comunidades y en el reparto de limosnas a los pobres, casi no tuvieron tiempo para dedicarse a la oración y a la predicación del Evangelio.
—Sucedió, pues —continuó Quarto—, que en estas comunidades se han juntado así pobres jerosolimitanos como de los pueblos de Judea y Galilea y no pocos israelitas de la Dispersión. Para ayudar a los apóstoles en la distribución de la comida, ropa y dinero entre los pobres, se ofrecieron varios hombres, de esos que les gusta meterse en todo, no por espíritu de caridad y verdadero celo para ayudar a los apóstoles, sino por miras personales. Sucedió, pues, lo irremediable. Estos hombres favorecían a los suyos con detrimento de los israelitas de origen griego, menospreciando a las viudas de éstos en el ministerio cotidiano. Poco a poco comenzaron a tomar fuer-

zas las quejas y murmuraciones de uno y otro lado, haciendo al pobre Pedro y sus compañeros la vida imposible.
—Ya habían llegado a mis oídos estas quejas.
—Pues ya no son quejas, sino verdaderos motines —rectificó Quarto—; sobre todo, hoy hubo una trifulca cuando Pedro y los suyos empezaron a repartir ropa entre los menesterosos. Las mujeres los rodeaban y les arrebataban las piezas, diciendo cada una de ellas que era la más necesitada; pero el asunto llegó al colmo cuando empezó el reparto del dinero. Eran sólo monedas pequeñas; pero los chiquillos, siguiendo el ejemplo de sus madres, asediaban a los apóstoles como si fueran cachorros rabiosos.
—Ya le he dicho a Pedro que siga el consejo del suegro de Moisés: «*Te consumes con un trabajo vano. Nombra hombres sensatos que atiendan a las quejas, y tú no te metas más en esas disputas*». Lo que debía hacer Pedro es nombrar hombres verdaderamente religiosos, caritativos y justos que tomen ese ministerio.
Mientras estaba hablando yo llegó Juan todo sudoroso y fatigado.
—¿Qué tienes, Juan? —le pregunté.
—Vengo a pedirte ayuda, mi querido Ben Hered. Es fácil que sepas lo que pasa.
—De eso estábamos hablando Quarto y yo. ¿En qué puedo servirte?
—Pedro y nosotros hemos tratado del asunto. No es posible que sigamos así, descuidando nuestro ministerio por dedicarnos a la distribución de cosas temporales.
—Pues seguid el consejo de Jetro, el suegro de Moisés.
—Vamos a seguirlo —dijo Juan—. Hay que señalar siete hermanos de buena conducta, inteligentes y llenos del Espíritu Santo, que se dediquen a esta obra, dejándonos libres de esta carga temporal.
—Muy sabia resolución. ¿En qué os puedo ayudar?
—Pedro y nosotros hemos determinado que se haga una elección...
—¿Popular? —exclamé sin poder contener la risa—. Este remedio es peor que la enfermedad; van a elegir a los peores.
Juan se sonrió, y con gran modestia me dijo:
—Hemos formado una lista de siete, teniendo en cuenta que haya entre ellos tanto jerosolimitanos como de la Dispersión.
—Muy buena idea —dijo Quarto—, pues hay que elegirlos a todo trance.
—No, eso no —dijo, apurado, Juan.
—No te preocupes —dije—, saldrán elegidos sin que haya imposición.
Quarto soltó la carcajada; Juan no pudo menos que sonreír, y luego añadió:
—Es que hay una gran dificultad. ¿Qué hacemos con los hombres que nos han ayudado hasta ahora?
—Desayudado, querrás decir —interrumpió Quarto.
—Tienen ellos —prosiguió el apóstol— gran partido entre los suyos y...
—Ya te entendí, Juan; dile a Pedro de mi parte que no tenga cuidado.

III. ¿Y AHORA, QUÉ?-25. DIFICULTADES

Vosotros hacéis la proposición en general, y Quarto y yo nos encargaremos de que la elección sea perfectamente libre. ¿Cuándo vais a tener la junta?
—Creo que será mañana, pues aún falta avisar a las mujeres.
—Voto femenino —dije, riendo.
—Sí, porque no va a ser ni en el templo ni en la sinagoga, sino en una casa particular, y la dueña quiere también votar.
—Mira, Juan, dile a Pedro que pueden hacerla aquí; Samuel tendrá mucho gusto en prestarles la casa, y que sea dentro de una semana, pues Quarto y yo necesitamos preparar la elección. Vosotros no os meteréis en nada; la elección es un asunto meramente temporal. Después, a los elegidos por el voto popular, si los aprobais, les daréis el cargo que os parezca. Eso es harina de otro costal. Vete sin preocupación alguna, que nosotros arreglaremos todo. Pero quisiera conocer la lista de los candidatos que proponéis.
—Aquí la traigo —dijo Juan, sacando un pergamino y leyendo—: Esteban...
Magnífico —exclamé—, no hubieran podido escoger uno mejor; es un varón lleno de fe y del Espíritu Santo. Prosigue.
—Felipe...,
—También me parece muy bien; le conozco
—Prócoro, Nicanor, Timón y Pármeas —añadió Juan.
—No los conozco personalmente; pero puesto que los conocéis, no tengo qué decir.
—Y Nicolás, prosélito de Antioquía.
Quarto frunció el ceño, y dijo:
—¿A ése también?
Juan bajó la cabeza, y añadió:
—Hay muchos antioquenos...
—Bueno, bueno, Juan, no os preocupéis, y pedid a Dios que nos ayude.
—Me voy a darle parte a Pedro —repuso Juan—; pero antes...
—Dinos los nombres de esos hombres que tanto les han ayudado (?)
—dijo Quarto, adivinando de lo que se trataba.
—Es indispensable, pues, a esos hombres tan útiles (!) hay que tomarlos en cuenta —concluí.

* * *

Quarto y yo no perdimos un momento. Fuimos primero entrevistando uno por uno a los candidatos oficiales. Esteban me contestó:
—Yo, por mí, desearía dedicarme al ministerio de la predicación; pero si Pedro me quiere para servir las mesas, aquí estoy. ¿No lavó Jesús los pies a sus discípulos? Pues no ha de ser el discípulo más que el Maestro.
Felipe tuvo una respuesta análoga, y se prestó a servir en lo que se le dijera con todo gusto. Prócoro, Nicanor, Timón y Pármeas se mostraron igualmente dispuestos a servir en lo que Pedro ordenara.

Sólo Nicolás se hizo el remolón, y, con humildad fingida, después de creerse indigno de todo, aceptó.

Ahora que han pasado tantos años, veo con qué razón Quarto frunció el ceño al oír el nombre de Nicolás, el fundador de los herejes llamados nicolaítas, según dicen.

Los días que dediqué a ir entrevistando, así a los hombres útiles (?) como a otros muchos de la pequeña comunidad jerosolimitana, me pude formar idea de los elementos humanos que había ya en la Iglesia naciente.

Buen número de ellos eran del tipo de Bernabé, verdaderos israelitas en los que no había dolo. Hombres instruidos en la ley, de costumbres irreprochables, que habían entrado en el verdadero espíritu cristiano.

Otro grupo encontré de hombres que habían recibido «carismas» el día de Pentecostés. Los había de dos clases: unos, que con toda humildad reconocían el don de Dios y lo usaban para su gloria, y otros, que con esos dones, como si fueran suyos, estaban engreídos, menospreciando a los que no los habían recibido. En éstos vi desde entonces, y más tarde confirmé mi juicio, a los seudo místicos, que no pocos pesares habían de dar a la Iglesia de Dios.

Otro grupo encontré, entre los cuales se hallaban varios de los hombres útiles (?) que tanto habían dado que hacer. Eran en su mayoría fariseos, llenos de doblez e hipocresía. ¡Cuántas veces, pensando en ellos, me acordé de la repetida admonición de Jesús a sus discípulos: *«Guardaos del fermento de los fariseos»*. Fermento que tantas tribulaciones ha causado a la Iglesia.

Otro grupo numeroso era el de la gente del campo. Gente sencilla, pero fácilmente influenciable en uno u otro sentido. Eran los «corderos» de quienes había que cuidar para que no se despeñaran.

—¿Y las mujeres? —me dijo Quarto.

—Con ellas no me meto —respondía—. Lo mejor que podemos hacer es ir a ver a Myriam, y preguntarle su opinión.

Cada vez que tenía yo que tratar con Myriam, sentía por Ella un respeto, un cariño de hijo, una veneración profundísima. Le expuse el caso y Ella, sonriendo, me dijo:

—La mujer, mejor que nadie, va compenetrándose de las doctrinas del Maestro. Llevada por el amor, va donde se quiere. Jesús siempre mostró por la mujer singular predilección, que ella entiende y corresponde. La mujer que se está formando será la salvación de muchos. No temas por ellas, harán lo que Pedro, a quien ven en el lugar del Maestro, diga. Aman mucho al Maestro y enseñan a sus hijos a que le amen.

Quedé consoladísimo al escuchar de los labios de Myriam esta opinión de la nueva mujer, de la mujer cristiana. Bendita sea Myriam entre todas las mujeres que la imitan.

* * *

Al fin llegó el día de las elecciones.

Pedro, poniéndose en pie, con majestuosa voz y como quien habla con autoridad, dijo:

–«*Habiendo crecido el número de los discípulos, ha habido murmuración de los griegos contra los hebreos de que sus viudas eran menospreciadas en el ministerio cotidiano*». Así que, de acuerdo los doce, os hemos congregado para deciros que «*no es justo que nosotros dejemos la palabra de Dios, y sirvamos en las mesas. Buscad, pues, hermanos, siete varones de vosotros de buen testimonio, llenos del Espíritu Santo y de sabiduría, los cuales pongamos en esta obra, y nosotros nos dedicaremos a la oración y al misterio de la palabra*».

Una vez que Pedro hubo terminado, me levanté yo, y les dije:

–Varones hermanos, muy justa es la decisión de Pedro y sus compañeros. Para que en lo futuro no haya más discordias, toca a nosotros, según la voluntad de Pedro, elegir estos hombres sabios y llenos del Espíritu de Dios. Os propongo, pues, a los siguientes: Esteban...

Al oír este nombre tan conocido, todos dijeron:

–Amén.

Otro tanto pasó con el de Felipe. Los siguientes también fueron aprobados. Sólo hubo discrepancia cuando se mencionó a Nicolás, prosélito de Antioquía; pero, al fin, la mayoría lo aprobó.

Pedro y sus compañeros estaban contentísimos del resultado de aquella elección sin imposición y completamente libre.

Para terminar, Pedro se levantó, y, llamando a los siete por sus nombres, él y los once apóstoles, «*orando, les impusieron las manos*».

Cuando, pasado algún tiempo, Juan me preguntó:

–¿Qué había hecho yo para obtener el triunfo?

–Ése es un secreto de Quarto y mío –le respondí.

26
ANANÍAS Y SAFIRA

–¿Sabes, dómine, la gran noticia del día? –me dijo Quarto.

–¿La muerte repentina de Ananías y su mujer?

–La gente –prosiguió Quarto– está asustadísima no tanto por la muerte de los esposos, sino por el don extraordinario de Pedro de penetrar, inspirado por el Espíritu Santo, en lo más recóndito de la conciencia.

–Cuéntame lo que hayas averiguado, pues de seguro tú ya habrás hecho tus investigaciones, ¿verdad?

–Voy a contarte algo que hasta ahora no es del dominio público. Hace días me encontré con el médico Ben Messa, el cual venía de la casa de Ananías. «A este par de viejos glotones –me dijo– el día menos pensado les da una aplopejía. Tienen ambos el cuello muy corto, y comen una barbaridad». Ésta es la primera noticia de que el público no se ha dado cuenta. «Si a esta pareja —añadió Ben Messa— le dan un susto, no les arriendo la ganancia, pues un síncope está indicado».

—¿De suerte que, según eso, crees que Ananías y Safira murieron de un síncope? —le pregunté.

—Yo no digo que así sea; pero la muerte de ambos ha tenido que ser no una muerte violenta, sino una muerte natural, aunque repentina, pues de otra manera los sacerdotes no se hubieran tentado la ropa para acusar a Pedro de doble homicidio, y no lo han hecho, ni lo harán, pues fueron muchos los testigos que presenciaron el caso.

—Y Ben Messa podría testificar de ello, por lo que me dices,

—Así es, en efecto. Ben Messa está dispuesto a dar testimonio del temperamento enfermizo de los dos esposos. Ahora vas a oír algo muy especial que te explicará el caso. Apenas supe la noticia, antes que nadie, me fui a la casa de Ananías para tener una entrevista con Micol, la criada de confianza de los esposos, la cual, como sabes, ha recibido ya el bautismo. No pude menos de reírme de la astucia de Quarto.

—Y ¿qué te contó?

—La encontré afligidísima. «Figúrate —me dijo— que yo veo en esto un castigo de Dios». «¿Por qué? —le pregunté—. Si hay algo especial, no dudes en contármelo». « Bien sabes —continuó ella— que el levita de Chipre, José Bernabé, hace tiempo vendió una heredad, y trajo el precio y lo puso a los pies de los apóstoles». «Conozco muy bien a Bernabé —repuse—: sujeto honorabilísimo, uno de los discípulos predilectos de Gamaliel y gran amigo de Esteban. Naturalmente, conociendo su virtud y su saber, Pedro le ha dado un puesto elevado entre los mismos apóstoles, puesto que desempeña con gran provecho y edificación de todos». «Pues Safira interpretó el ascenso de Bernabé entre los apóstoles como si hubiera sido debido al dinero que les había dado». «¡Qué bajeza de mujer!» —exclamé, indignado—. «¡Qué ambición!», podrás decir mejor. Safira era sumamente ambiciosa, y quería que el bueno de Ananías ocupara un puesto muy elevado al lado de los apóstoles. Yo oí que le decía a su marido: «Oye, Ananías, si vendemos nuestro terreno y ponemos parte del precio a los pies de Pedro, verás cómo te coloca más alto que Bernabé; serás un gran personaje. La otra parte nos la guardamos, pues no vamos a comer de la mesa común como pordioseros». «Mira, hija —le respondió Ananías—, yo no tengo, ni con mucho, la capacidad de Bernabé, y, la verdad, no creo que Pedro, por dinero, me dé una posición elevada. No recuerdas lo que le respondió a Simón Mago cuando éste le ofrecía dinero a cambio de que le diera el poder de hacer descender al Espíritu Santo?» «Eso es cosa distinta —replicó Safira—; aquí se trata de un empleo. ¿No ves cómo nuestros sacerdotes dan dinero a Poncio Pilato para obtener el cargo de Pontífice? Y eso lo sabemos todos, y nadie dice nada». «Desde luego, habría entonces que vender nuestra posición» —dijo el viejo fariseo—. «No te apures —le respondió su mujer—, ya la vendí yo, y, mira, aquí tengo dos talegas de monedas de plata, que llevarás a

III. ¿Y AHORA, QUÉ?-26. ANANÍAS Y SAFIRA 695

Pedro, y aquí tengo esta otra taleguita con monedas de oro; hace muy poco bulto, y la esconderemos en este armario, debajo de los trastos viejos. Nadie la verá ni persona alguna en este mundo sabrá una palabra. Pasaremos como «pobres voluntarios» delante de Pedro, y por las noches, sin que nadie lo sepa, cenaremos como siempre». Ananías estaba admirado del talento de su esposa; todo lo había previsto. «¡Qué hipócritas!» –exclamé–. «Pues espera a que termine –dijo Micol–. Por varios días no los volví a oír hablar del asunto; pero una noche los espié; estaban ensayando lo que tenían que hacer. Safira había puesto un gran sitial, que representaba a Pedro. Ananías traía al hombro las dos talegas, haciendo como que pesaban mucho. Las puso a los pies del sillón, y dijo: «Pedro, a ti, como representante de Cristo, entrego el precio íntegro de nuestra propiedad. Mi mujer y yo queremos vivir en pobreza para seguir mejor el consejo del Maestro». Entonces Safira le dijo: «Figúrate qué cara va a poner Pedro cuando vea a un fariseo de tu talla a sus pies con sus dos talegas. Entonces te levantará del suelo, te dará el ósculo de paz y en seguida te preguntará por mí. Tú le dirás que vendré luego a ponerme a sus pies para dedicarme, pobre, al servicio de los pobres. Yo me haré esperar; llegando al fin con vestidos miserables, me arrodillaré a los pies del apóstol y besaré la orla de su vestido. Pedro me levantará, y yo, humildemente, me iré a reunir con las otras mujeres que se dedican al cuidado de los pobres. Después, mi viejecito, ya verás qué pronto subes a ocupar un lugar entre los apóstoles, como ha pasado con Bernabé, y tu mujer será estimada por una santa entre todos los miembros de la comunidad». ¡Qué par de hipócritas! –dijo Quarto.

–¿Y lo hicieron así? –pregunté.

–«Hoy salió Ananías con las dos talegas, y Safira se fue no sé adónde. Yo seguí de lejos al fariseo –continuó Micol–. Le vi presentarse ante Pedro y hacer toda la farsa que Safira le había ensayado, postrándose en tierra y poniendo las dos talegas a los pies del apóstol. Éste miró con gran severidad al fariseo, y, en lugar de levantarle y darle el ósculo de paz, le dijo: «*Ananías, ¿por qué has cedido a la tentación de Satanás, tratando de engañar al Espíritu Santo, diciendo que éste es el precio íntegro de la venta de tu heredad? Bien hubieras podido retenerla, sin que nadie te obligara a venderla, y vendida te hubieras podido quedar con todo el precio, sin que nadie te lo exigiera; tenías para ello derecho.* Pero por qué vienes a engañarnos diciendo que estas dos talegas son el precio completo de la venta? ¿*Por qué pusiste esto en tu corazón?*» –y luego, levantando la mano al cielo, Pedro dijo–: «*No has mentido a los hombres, sino a Dios*». «Y ¿qué hizo Ananías?» –pregunté a Micol. « ¡Qué había de hacer el infeliz al verse descubierto! Se levantó trémulo, y, dando una vuelta, como si estuviese ebrio, cayó al suelo, y de sus narices manó un raudal de sangre. Estaba muerto». «¿Y alguien dio testimonio de esta muerte?» «Sí –repuso Micol–, Ben Massa dijo que había muerto de un síncope, y Santiago, que allí estaba, exclamó: «Si Ben Massa lo dijo, así debe ser». Para no entrar en más complicaciones, mandaron llamar a los enterradores, quienes tomaron el cuerpo del desgraciado fariseo y lo llevaron a enterrar». «¿Y Safira?» –pregunté a Micol. «Salí corriendo a buscarla –me respondió–, pero no estaba en casa. La busqué durante tres horas por todas partes, sin encontrarla. Al fin regresé a casa de Pedro para ver lo que había pasado. En aquellos momentos, una mujer muy pobremente vestida se arrodillaba ante Pedro y le besaba la orla de su túnica. Era Safira. Allí estaban intactas las dos talegas. Entonces Pedro le dijo: «*Safira, dime, ¿vendisteis en este tanto la heredad?*» –y Pedro señalaba las talegas. Y ella, sonriendo, levantó los ojos a Pedro, y aseguró–: «Así, en estas dos talegas, ni más ni menos, la vendimos, y ahora ponemos el precio a tus pies». Pedro, frunciendo el ceño, dijo: «*¿Por qué tú y tu marido os concertasteis en mentir al Espíritu del Señor?*» Mira –dijo, señalando a la puerta–, *ahora llegan los que acaban de enterrar a tu marido, que expiró en este mismo lugar, y acaban de sepultarle, y te llevarán a ti*». Safira volvió aterrada los ojos, y, al ver a los enterradores, cayó a los pies de Pedro, y la infeliz expiró, y la sacaron luego para enterrarla». Y aquí tienes, dómine –terminó Quarto–, la historia de este caso como me la contó Micol; pero si en esto hubiere algún comentario, como me lo contaron te lo cuento.

Y el resultado de esta doble muerte fue que muchos fieles (quienes muy probablemente habían vendido sus bienes y entregádolos a los apostóles quizá con el deseo de ser tenidos y estimados por caritativos) tuvieron un grandísimo temor, viendo que no se podía engañar a Pedro, a quien el Espíritu Santo descubre hasta los más íntimos pensamientos e intenciones del corazón humano.

No fue tanto la súbita muerte de los dos esposos lo que llenó de gran temor a toda la Iglesia, sino el ver comprobado con ese hecho luctuoso la verdad de que el Espíritu Santo iluminaba y dirigía a Pedro y los suyos para que nadie pudiera engañarlos sin recibir el consiguiente castigo.

27
CONSECUENCIAS OPUESTAS

–¡Marta, han metido presos a Pedro y a Juan! –llegó diciendo Marcos.
–Pero ¿qué han podido hacer? –preguntó, asustada.
–Pues un milagro extraordinario. ¿Te acuerdas de Ozán, el tullido?
–¿El pobrecito que tenía las piernas como trapo y pedía limosna ante la puerta Hermosa?
–El mismo.
–¡Cómo no me voy a acordar de él si le he visto allí mendigando desde hace mil años! ¿Qué le pasó?
–Que Pedro le curó, y Ozán, que no podía tenerse en pie, anda brincando como un cabrito, dando gloria a Dios y proclamando por todas partes que Pedro le ha sanado.

—¿Y por eso pusieron presos a Pedro y Juan?
—Como sabes, los dos andan siempre juntos; Ozán les pidió limosna, y Pedro le dijo que no tenía oro ni plata, pero de lo que tenía le daba, y entonces, en el nombre de Jesús de Nazaret, le mandó que se levantara, y el tullido se puso en pie, y empezó a brincar, y allí lo tienes bueno y sano.
—¿Y por ese tan gran beneficio a un tullido los han puesto presos?
—Hay otro motivo por el cual Caifás está furoso y quiere vengarse.
—¿Por lo de Susana? —dijo Marta, bajando la voz—. No hables muy alto, que ella está aquí.
—Por eso —repuso Marcos—. Y sabes lo vengativo que es Caifás.
—Voy a decírselo a Myriam, pues hay que hacer algo por los pobrecitos; están sin comer desde el mediodía, y es fácil que en la cárcel no les den ni un bocado, ya que no tienen dinero con qué pagarles.

Tan pronto como Myriam supo la noticia, pensó como Marta: lo que había que hacer como primera providencia era llevar a los presos algo que comer y dos mantas para que, por la noche, se abrigaran. Y poniendo manos a la obra, Myriam en persona fue a sacar unos panecitos calientes del rescoldo, y en una canastita los puso con un poco de queso, higos y dátiles. Marta había quitado de su pobre lecho una manta, la última que tenía y Abigail le dio la suya, pues Marta no quiso en modo alguno admitir la que Myriam le ofrecía. Y así, tomando unas monedas de plata para dar a los carceleros, y acompañada de Marcos, se dirigió Marta a la cárcel para llevar la cena a los apóstoles.

* * *

Cuando Ozán, acompañado de Datán, marchó brincando seguido de la multitud, yo me fui con ellos a ver lo que pasaba. Quarto, sin embargo, se quedó al lado de Pedro y Juan, temiendo que algo les pudiera suceder. Y, en efecto, mientras Pedro seguía hablando a los que le rodeaban, se presentaron varios sacerdotes, el magistrado del templo y un grupo de saduceos, y, sin más ceremonia, ordenaron a Pedro y a Juan que los siguieran, y se los llevaron a la cárcel del templo.
—Figúrate, dómine, lo que yo sentiría viéndome impotente para rescatarlos de las manos de aquellos infames, pues entraron dentro del «chel», y yo, como gentil, no pude seguirlos. Pero no perdí mi tiempo, pues oí las conversaciones de varios fariseos, los cuales explicaban a su manera la causa del arresto de los dos apóstoles.
—Y ¿qué decían? —pregunté con curiosidad.
—Que «*los saduceos estaban resentidos de que enseñasen al pueblo y predicasen en la persona de Jesús la resurrección de los muertos*».
—Claro —dije—, como que los fariseos sí creen en la resurrección, mientras la niegan los saduceos, y este asunto siempre les trae en pleito a unos contra otros.

—Contaban —dijo Quarto— que Anás era de opinión que aún no era tiempo de tomar esta medida, pues el pueblo estaba del lado de Pedro, y podría suscitarse algún motín; pero Caifás, que estaba furioso, le dijo que él tomaba la responsabilidad sobre sus hombros, y así, dio orden de que los arrestaran.
—Y ¿por qué estaba tan furioso Caifás?
—Hombre, por lo de Susana. Me contaba uno de los fariseos que Anás le había dicho a su yerno: «Eso de Susana no vale la pena. Yo tengo treinta concubinas, y tú otras tantas. ¿De qué te apuras? Una más o menos, nada importa». «Sé —le respondió Caifás— que esa Susana se ha burlado de mí ya otra vez, y lo peor del caso es que se ha hecho prosélita de la doctrina del Nazareno que predica Pedro, lo que me da una rabia atroz. Yo he de acabar con esa secta». «Y yo también pienso lo mismo —replicó Anás—; pero todas las cosas hay que hacerlas a su tiempo. El pueblo, ahora que estamos en la fiesta de los Tabernáculos, está compuesto en su mayoría de forasteros que no tienen para nosotros el respeto y la dependencia de los jerosolimitanos, y fácilmente se pondrán al lado de esos patanes habladores llevados de la novedad. Deja que se vayan, y entonces, contando con los nuestros, podremos guardar a buen recaudo a los alborotadores. Al presente nos vamos a ver obligados a soltarlos por temor del pueblo, y quedaremos en ridículo. Además, acuérdate de que no hay cosa mejor para elevar el crédito de cualquier alborotador ante los ojos de las multitudes que encarcelarle. La encerrona, si no es más que eso, los hace héroes populares». Pero Caifás, furioso por el chasco de Susana, no reparó en las razones de su suegro, y los ha mandado encerrar.
—Yo creo —le dije a Quarto— que ese zorro viejo Anás tiene razón. Ya veremos mañana lo que sucede.
Al día siguiente vino Nicodemo a contarme lo ocurrido en la junta que habían tenido los príncipes de los sacerdotes, los ancianos y los escribas presididos por Anás, Caifás, Juan, Alejandro y los principales del linaje sacerdotal.
—Los pusieron —me contaba Nicodemo— a Pedro y a Juan en el banquillo de los acusados y les preguntaron: «¿Con qué potestad, o en nombre de quién, habéis hecho eso?» (refiriéndose a la curación del tullido). Si hubieras visto a Pedro cómo se creció para responder, lleno del Espíritu Santo, te hubieras quedado admirado, como a mí me pasó. Parecía un gigante. «*Príncipes del pueblo y ancianos de Israel* —dijo Pedro—, *pues que somos hoy demandados acerca del beneficio hecho a un hombre enfermo, de qué manera éste haya sido sanado* —levantando la voz como quien da un pregón, continuó—, *sea notorio a todos vosotros y a todo Israel que en el nombre de Jesucristo de Nazaret* —y señalando a Aná y a Caifás, añadió—, *al que vosotros crurificasteis y Dios lo resucitó de los muertos* (los saduceos estaban lívidos, los fariseos sonreían). *Por Él, este hombre que aquí está presente está sano. Jesús era la piedra reprobada que vosotros*

III. ¿Y AHORA, QUÉ?-27. CONSECUENCIAS OPUESTAS 699

desechasteis al edificar, y la cual ha venido a ser la principal del ángulo, y en ninguno hay salvación fuera de Él; porque no se ha, dado a los hombres debajo del cielo otro nombre por el cual podamos salvarnos». Pedro calló, y todos los jueces quedaron maravillados de que *«hombres ignorantes y sin letras,* como Pedro y Juan, *tuvieran el valor para hablar de esta suerte a los ancianos de Israel».* Por otra parte, Ozán, el tullido, acompañado de Datán, daba testimonio de su instantánea curación, lo que tenía a todos suspensos y sin poder decir nada en contra de los apóstoles. En estas apreturas, Anás mandó a todos los que no fueran del jurado que salieran para poder deliberar. Como yo era de los jueces –prosiguió Nicodemo–, permanecí en la sala. «¿Qué vamos a hacer con estos hombres?» –preguntó tartamudeando, Caifás–. Ben Porata se levantó, y dijo: «Es un hecho notorio a todo Jerusalén que el tullido, a quien todos conocemos, ha sido curado, y no lo podemos negar...» Y una voz incógnita exclamó: «Y los recabitas tienen sus tiendas alrededor de la ciudad...» Con lo que les entró un gran temor a los presentes. Entonces Anás, levantándose, dijo: «Todavía, para que no se siga divulgando esto entre el pueblo, amenacemos a estos patanes que no hablen de aquí en adelante en el nombre de Jesús –y mandando a los ujieres, dijo–: Que entren los acusados». Ya éstos presentes, Caifás, con voz temblorosa, dijo: *«Intimamos que en ninguna manera habléis ni enseñéis en el nombre de Jesús».* Entonces, Pedro y Juan acordes, respondieron: *«Juzgad, venerables ancianos, si es justo delante de Dios que obedezcamos a vosotros antes que a Dios; porque no podemos dejar de decir lo que hemos visto y oído».* Pedro y Juan callaron. «Podéis iros –dijo Anás–; pero cuidado con seguir hablando». Un ¡viva! atronador de la multitud fue la respuesta a la amenaza, y Pedro y Juan salieron en triunfo, acompañados por Ozán, que seguía brincando para dar testimonio de su curación. Fue una verdadera ovación la que hicieron a Pedro, que era la figura central; todos le aclamaban. Lo que causó tanto temor como rabia a los venerables jueces. Y Anás, volviéndose a su yerno, exclamó: «¿No te lo dije? Hemos hecho el papel más ridículo, y ahora Pedro es el héroe del día».

* * *

El efecto que el milagro del tullido causó en los sacerdotes y ancianos fue de gran temor, previendo la propagación de las nuevas ideas, y la prisión de Pedro, como lo había dicho Anás, fue un pedestal para la popularidad de aquél. Todos los israelitas que estaban entonces en Jerusalén y sus alrededores, con motivo de la fiesta de los Tabernáculos, como dije, hablaban maravillados del milagro del tullido, y, entusiasmados en favor de una doctrina cuyo corifeo había recibido tan grandes poderes, no murmuraban, sino que a voz en cuello criticaban a los sacerdotes y ancianos por una conducta tan injusta y cobarde. Los forasteros que fueron testigos del milagro estaban en favor de Pedro, y por todas partes publicaban sin embozo la admiración que les causaba el valor civil de aquel pescador ignorante que con tanta elocuencia había confundido a los sabios de Israel.

Fue este milagro el primero de una cadena de prodigios obrados por los apóstoles en el nombre de Jesucristo de Nazaret. Pedro se destacaba entre todos sus compañeros. La multitud de los que creían en el Señor aumentaba más cada día, así de hombres como de mujeres. Tenían tanta confianza en el poder de Pedro, *que echaban los enfermos por las calle, y los ponían en camas y lechos para que, viniendo Pedro, o, a lo menos, su sombra, tocase a alguno de ellos, y aun de las ciudades vecinas concurría multitud a Jerusalén, trayendo enfermos y atormentados de espíritus inmundos, los cuales todos eran curados.*

Estas curaciones maravillosas por sólo la sombra de Pedro dieron origen a un incidente medio chusco que terminó con la sincera conversión de uno de los más encarnizados enemigos de Jesús.

* * *

Quarto y Rafaelito llegaron riéndose tanto, que lloraban de pura risa.
–¿Qué os ha pasado? –dije–. ¿Por qué os reís tanto?
–Voy a contarte lo que ha pasado, dómine, y creo que tú te vas a reír también. ¿Recuerdas a Nachum, el fariseo, furibundo enemigo de Jesús y ahora también de Pedro?
–Claro que lo recuerdo con su pie vendado y su bastón.
–Exactamente; pues has de saber que padece de gota. El día que fue Pedro arrestado llegó hasta donde estaba Ozán, el tullido, y de allí no pudo pasar, pues, según me informó, eran tan fuertes los dolores que sentía en el dedo gordo del pie derecho, que hubo necesidad de que dos sirvientes del templo se lo llevaran a casa en una camilla.
–¿Y bien?
–Pues esta tarde estábamos Rafaelito y yo en el patio de los Gentiles esperando la llegada de Pedro, y sabiendo que éste dirige la palabra al pueblo desde el mismo lugar donde lo hacía Jesús, nos encaminamos al pórtico de Salomón. Allí, sentado en un banco, nos encontramos con Nachum...
–Que tenía su pata vendada –dijo, riendo, Rafaelito.
–No pata, sino pie –le corregí.
–Como sabes, Pedro está haciendo innumerables milagros, tanto que la gente trae a los enfermos y los colocan por donde ha de pesar, con el deseo de que la sombra de Pedro los toque y queden sanos.
–Yo he oído muchos de esos casos prodigiosos, muy conformes con la predicción del Maestro: *«En verdad os digo que el que cree en Mí, las obras que Yo hago él las hará también, y mayores que éstas hará».* De suerte, que no me maravillo que Pedro haga esas curaciones tan sólo al contacto de su propia sombra.

III. ¿Y AHORA, QUÉ?-27. CONSECUENCIAS OPUESTAS

–Pues bien, dómine, fiado, sin duda, en esa fama de Pedro, su gran enemigo el viejo Nachum pensó hacer la prueba, y, no queriendo seguramente mezclarse con la turba de enfermos, fue a sentarse en el banco colocado detrás del lugar donde Pedro solía predicar al pueblo. Llegó éste, y, sin fijar su atención en el fariseo, empezó su predicación, dando, como siempre, testimonio de la resurrección de Cristo, y asegurando al pueblo que las obras que él, Pedro, hacía eran en virtud del nombre de Jesús, en el cual debían creer si querían ser salvados.

Rafaelito tenía tantas ganas de hablar, que Quarto le dijo:

–Ahora tú cuéntale a tu padre lo que pasó después.

–Figúrate, papá, que el viejo cojo, aunque estaba sentado a espaldas de Pedro, la sombra de éste no le llegaba hasta donde tenía su pie, muy vendado. Y entonces, con mucho disimulo empezó a moverse en el banco, a estirar poco a poco el pie. Yo ya me moría de risa y Quarto también. Al fin logró el viejo poner su pie dentro de la sombra de Pedro...

–Y no bien hubo hecho esto, cuando notamos –interrumpió Quarto– que la cara de dolor que tenía momentos antes se fue transformando, pues debió de sentirse mejor. Empezó a sobarse la pierna; pero en cuanto la hubo sacado de la sombra de Pedro, dio nuevas muestras de que le dolía, e inmediatamente la volvió a la sombra. De donde ya no quiso volver a sacarla hasta que Pedro hubo acabado su sermón y se retiraba, seguido del fariseo, que iba detrás de él.

–Como su sombra –dije, riendo.

–Sin embargo, ya no cojeaba cuando Pedro se mezcló con la multitud, y vi que, con buen paso y sin usar de su bastón, Nachum se dirigió, no al Sanedrín, sino a su propia casa. Le hemos venido siguiendo, y comentando Rafaelito y yo lo del pie del gotoso fariseo, mortal enemigo de Pedro; por eso nos venimos riendo.

–Pues, aunque chusca la escena del pie gotoso –dije–, yo veo en esto algo providencial.

Y no me equivoqué. Casi un mes más tarde recibí un recado de Nachum, quien me rogaba fuese a su casa a verle. Me lo encontré en un diván, pero sin tener el pie vendado.

–Ben Hered –me dijo–, tú me inspiras confianza, y voy a pedirte consejo. Sabrás, probablemente que hace más de dos años padezco de gota; son unos dolores espantosos, y, por más médicos que he consultado, sólo he logrado que el mal haya ido peor cada día. El primer ataque de gota me vino en un día inolvidable para mí. Te voy a referir mi historia –por unos momentos se cubrió el rostro con las manos, y, al fin, haciendo un movimiento de resolución, me habló de esta manera–: Yo fui el que originó la idea de tentar a Cristo llevándole a Abigail, encontrada en adulterio, para que decidiera si se había de cumplir en ella la Ley de Moisés, apedreándola.

–Lo recuerdo muy bien.

—Pues entonces recordarás cómo Jesús empezó a escribir en el polvo del suelo mi nombre y el de la mujer de otro que conmigo habitaba; yo era de los primeros; no me atreví a tirar la primera piedra, y, lleno de rabia y de vergüenza, me retiré a mi morada jurando venganza contra el Nazareno. Yo fui de los que más gritaron: «¡Crucifícale! ¡Crucifícale!» Y, después de su muerte, volví a jurar venganza contra Pedro y los suyos. El mismo día de la acusación de Abigail, ahora que lo considero a otra luz, fue un día de gracia para mí. Cuando marchaba furioso, Jesús, que seguía escribiendo en el suelo, levantó sus ojos y me miró, y aquella mirada, que entonces creí yo que era de desprecio y burla, por lo cual me sublevaba, ahora veo que fue de infinita misericordia –y el anciano se echó a llorar–. Ahora me ha dado el golpe final, humillando mi soberbia, haciendo que fuera yo curado como cualquiera de la turba, no por el contacto de las manos, sino por la sombra de Pedro. Un mes he esperado para ver si la curación es definitiva, y lo es, estoy seguro; pero mientras meditaba yo en la curación de mi cuerpo, se obró la de mi alma. Su mirada la veo de infinita misericordia. Y ahora te pregunto: ¿qué debo hacer?

—Ve a Pedro –le dije, conmovido–; nada temas, que él también le negó; pero ahora, convertido, está confirmando a sus hermanos.

Y sin añadir palabra, marchamos, y el fariseo Nachum se arrojó a los pies de Pedro.

El milagro del tullido había tenido dos consecuencias opuestas: la conversión de innumerables a la fe de Cristo, en cuyo nombre Pedro obraba maravillas, y la primera chispa en la serie de persecuciones predichas por Cristo a su Iglesia. Como era natural, la primera persecución debía ser a la cabeza: Pedro.

Un siglo lleva de existencia esta Iglesia edificada sobre Pedro, y las puertas del infierno no han prevalecido contra ella ni prevalecerán.

28
NUEVO CHASCO

La popularidad de Pedro crecía diariamente, y con la de él, la de los otros apóstoles, pues todos obraban extraordinarios prodigios. Varios de los doce salían a predicar, bautizar y curar por las poblaciones de Judea, mientras Pedro y Juan, los dos grandes amigos, se ocupaban en ir organizando poco a poco la comunidad de Jerusalén.

Desde luego, Pedro empezó a tropezar con dificultades que había que resolver. De las más serias para que muchos hombres abrazaran la nueva doctrina, eran la poligamia y el divorcio. La primera no estaba prohibida y el segundo era legalmente admitido.

El adulterio sólo era considerado como tal cuando un hombre tenía relaciones con una mujer casada, y si él era casado, no era considerado como adúltero si tenía relaciones con una mujer libre. De aquí que tuvieran concubinas que servían en la casa, al modo de esclavas, entre los gentiles. Si eran israelitas, no podían ser esclavas de ordinario, sino en casos bien previstos por la ley.

Cuando algún israelita que tenía una o más concubinas quería recibir el bautismo, se le hacía saber que solamente se le podía conceder esta gracia si se separaba de aquellas mujeres, reteniendo únicamente su legítima esposa. Naturalmente, muchos que habían pedido el bautismo, al oír esta condición desistían de su propósito. Unos se retiraban tristes y otros indignados contra esa doctrina nueva, e iban a aumentar el número de los enemigos de los fieles de Cristo. ¿No constaba en los libros sagrados que el mismo rey David había tenido muchas concubinas, por no decir nada de las de Salomón?, argüían, enfadados; pero Pedro y sus compañeros no cejaban en este punto.

La cuestión del divorcio era otro obstáculo para la conversión de no pocos. Querían poder seguir usando, como israelitas, el privilegio que les había concedido expresamente Moisés, y que estaba en uso legal en todo el Imperio romano. ¿Por qué se les había de imponer a ellos esa restricción odiosa? Y muchos se negaban a admitir por esto la doctrina de Cristo.

La usura y la especulación estaban prohibidos por la ley a los israelitas entre sí, pero no con relación a los gentiles. Por lo menos, ésta era la interpretación corriente en Israel. De aquí las no pocas dificultades que surgían con los judíos dedicados a la especulación en el cambio de monedas o a la usura en los préstamos a los gentiles que pedían el bautismo.

Sobre este punto tuve largas conversaciones con Zaqueo y otros publicanos.

–Con frecuencia –me decía Zaqueo– es más difícil dimitir las concubinas que restituir lo mal apropiado. Yo, por la gracia del Maestro, pude hacer lo segundo y también lo primero, pues ya desde entonces retuve únicamente a la madre de mis hijos.

Esto por lo que toca a las costumbres, pues con relación a la fe, la dificultad era a veces muchísimo mayor. Que Jesús fuera el Mesías prometido, dados los milagros que hizo y muchos habían presenciado, no era un obstáculo tan grande. Habría sido en este caso Jesús un Profeta, quizá el mayor de todos; pero tener que admitir que Jesús, a quien ellos habían conocido como el Hijo del carpintero, fuera el Hijo de Dios, era para muchísimos un absurdo, una blasfemia. Tanto más, que este dogma incluía el de la Trinidad, que para los judíos sonaba a tres dioses, destruyendo, según ellos, el monoteísmo, dogma fundamental del pueblo de Israel. Y si a esto se añadía que Jesús había muerto en una cruz como malhechor, era algo que los sacaba de quicio.

Después de cien años, cuando medito en estas dificultades, que parecían insuperables, no puedo menos de ver en la cristianización de muchos israelitas, mis paisanos, la obra colosal de Pedro y los suyos, inspirados y ayudados por el Divino Espíritu. De otra suerte no se puede explicar que en un pueblo tan duro de cerviz como el nuestro hubiera tantos cristianos.

Estas dificultades que he resumido, no sólo eran materia de conversaciones entre los pontífices de Israel, sino que eran motivo de muy acaloradas discusiones en la escuela muy acreditada de Jerusalén, la de Gamaliel *el Viejo,* llamado el gran rabán, sucesor del famosísimo Hilliel, fundador de la escuela más liberal de las dos en que estaban divididos los fariseos de entonces.

Encuentro en mis notas este interesante pasaje que se refiere a una discusión que en aquella escuela presencié.

Nicodemo, pariente cercano y de la escuela de Gamaliel, un día me dijo:

–Sé que te interesa todo lo que se relacione con la doctrina del Maestro; ¿quisieras escuchar una discusión de esta clase; en la escuela de Gamaliel?

–Ciertamente –le respondí–; estaré encantado de saber lo que esos jóvenes fariseos dicen en contra nuestra, pues me supongo que todos nos serán contrarios.

–En eso te equivocas, mi querido Ben Hered, pues hay entre los discípulos de Gamaliel no solamente furibundos opositores de la doctrina de Jesús de Nazaret, sino ardientes defensores del Hijo de Dios. Hoy –continuó Nicodemo– creo que habrá una discusión entre los dos más famosos discípulos de Gamaliel: Esteban y Saulo de Tarso.

–A Esteban le conozco –le respondí–; es un joven de maravillosa elocuencia, que habla el griego con soltura y elegancia, perfectamente instruido en las Sagradas Escrituras, de una caridad eximia con los pobres; conoció al Maestro y escuchó muchas veces su palabra, y le ama con todo el ardor de su joven corazón. A ese Saulo de Tarso no le conozco.

–No es fácil que conozcas a este último, bastante joven todavía y educado en la escuela de Tarso. Es israelita de pura cepa, fariseo vehementísimo y, consiguientemente, nacionalista, aunque, a pesar de eso, es ciudadano romano. Hace poco que vino atraído por la fama de Gamaliel, y ha resultado, según me ha dicho éste, uno de sus más notables discípulos. Sobresale más por sus escritos que por su elocuencia.

Cuando entramos en la escuela de Gamaliel, iba a comenzar la disputa. Esteban empezó hablando con una elocuencia arrebatadora y una afluencia de citas de los libros santos verdaderamente admirable. Yo no pondré aquí esos textos, sino un breve resumen de su discurso.

–Habiendo Dios hablado muchas veces y de muchas maneras a nuestros padres en otro tiempo por los profetas, últimamente, en nuestros días, nos ha hablado por su propio Hijo, al cual constituyó heredero de todo por el cual hizo también los siglos. Este Hijo, siendo resplandor de la gloria y retrato de la sustancia del Padre, sustentalo todo con su poderosa palabra; después de habernos purificado de nuestros pecados, habiendo muerto y luego resucitado, está ahora sentado a la diestra de la majestad de Dios. Y este Hijo que tomó la vestidura de nuestra carne es Jesús de Nazaret, a quien nuestros pontífices crucificaron por medio de los gentiles.

III. ¿Y AHORA, QUÉ?-28. NUEVO CHASCO

–¿De modo –gritó Saulo– que tú crees que ese Nazareno es no sólo el Mesías prometido en la ley y los profetas, sino el Hijo de Dios bendito?
El rostro de Esteban estaba iluminado, y respondió con gran energía:
–Jesús de Nazaret es el verdadero Mesías, superior a todos los profetas, superior a Moisés, superior a los ángeles, puesto que es el Hijo de Dios, a quien Éste dijo: *«Tú eres mi Hijo, Yo te engendré desde los días de la eternidad; siéntate a mi diestra hasta que ponga a tus enemigos como escabel de tus pies».* Es el único en cuyo nombre está la salvación. La antigua ley ha terminado; la nueva empieza. Ya que *«a los suyos vino y los suyos no le recibieron, su reino pasará a los gentiles»*...
–¿A los gentiles? –gritó Saulo–. ¿A esos perros incircuncisos? ¿Qué decís a esta blasfemia?
Un grupo de oyentes se agitó, gritando:
–Blasfema, blasfema.
Mientras otros decían:
–Jesús de Nazaret es el Hijo de Dios, el único en cuyo nombre podemos ser salvos, y en cuyo nombre Pedro ha curado delante de nosotros al tullido de la puerta Hermosa.
Naturalmente, los dos bandos hubieran seguido muy adelante, si la voz autoritaria de Gamaliel no les hubiera impuesto silencio, diciendo:
–*«Hijos míos, cosas muy extrañas y maravillosas estamos presenciando en nuestros días; dejemos de oponernos a estas doctrinas, pues si son obra de los hombres se desvanecerán; mas si la obra es de Dios, no la podréis deshacer. Dejad las cosas en paz, no sea que nos estemos oponiendo a la voluntad de Dios y perezcamos».*
Saulo se levantó airado, diciendo:
–Esta obra no puede ser de Dios, yo la aniquilaré.
Y lanzando una mirada de desafío a su compañero Esteban, salió del recinto, dirigiéndose a la casa del sumo sacerdote Caifás.
Jerusalén había vuelto a su vida ordinaria habiendo marchado los peregrinos.
Pedro, sin hacer el menor caso de las amenazas, seguía diariamente predicando a Jesús, crucificado, muerto y resucitado, en cuyo nombre solamente puede encontrarse la salvación.
Y tanto en el templo como en las sinagogas y en las casas particulares, seguían Pedro y los otros apóstoles instruyendo a los nuevos fieles y organizando poco a poco la Iglesia de Cristo.
Saulo, enardecido por el celo de Israel, y queriendo acabar con la naciente Iglesia, se fue directamente a hablar con Caifás y a urgirle que pusiera en prisiones y castigara a esos innovadores, que estaban trastornando la vida religiosa de Jerusalén.
Por algún tiempo, Caifás, escarmentado con el fracaso anterior, no se quería decidir a dar un nuevo paso, a riesgo de llevarse otro chasco. Mas al fin, cediendo a la insistencia y celo de Saulo, llamó a muchos sacerdo-

tes y saduceos, y, tomando de ellos consejo, se decidió esta vez a poner en la cárcel a Pedro y sus compañeros. Como los apóstoles siempre iban al templo a hacer oración, no fue difícil a los guardias echar mano a los doce, y meterlos en la cárcel, uno por uno, para que el pueblo no se alborotase.

Como ellos no habían opuesto resistencia, muy pocos fueron los que se dieron cuenta de su aprisionamiento. Todos unidos en la cárcel, gozosos elevaron a Dios sus oraciones, según costumbre, y se pusieron a dormir tranquilamente.

Muy de madrugada, sin embargo, el ángel del Señor los despertó, y abriéndoles las puertas, les dijo:: «*Id al templo, y hablad al pueblo, enseñándole todas las cosas que el Maestro mostró*».

Caifás había pasado muy mala noche, y se levantó tarde; mandó convocar al Concilio para juzgar a los apóstoles, y ya entrada la mañana, se reunieron en consejo los sacerdotes y ancianos, a los cuales hablaba Saulo con gran celo para que castigaran a los alborotadores de Israel.

Mandó Caifás al capitán de los guardias del templo con un piquete de soldados para que trajesen a los reos, y Saulo les encargó que tuvieran cuidado no se les fueran a escapar. Gamaliel, que había sido también convocado, viendo a Saulo tan irritado, le dijo:

—Hijo mío, no te excites demasiado con este asunto, y ten presente lo que te dije: si es obra de los hombres, se desvanecerá, y si es de Dios, no la podremos deshacer.

Saulo, enfurruñado, se retiró diciendo para sí:

«Viejo chocho, siempre con su misma cantilena... Ya veremos si esto es de Dios», y siguió paseándose en espera de los reos.

En esto estaban, cuando llegó, demudado, el capitán de los guardias del templo, y, sin hacer caso de Saulo, que le preguntaba por los presos, se dirigió a Caifás, y temblando le dijo:

—«*He encontrado la cárcel cerrada con toda seguridad, y los guardias estaban delante de las puertas; mas cuando abrimos, nadie hallamos dentro...*»

—¿Cómo puede ser eso posible? —gritó Caifás—. Alguien debió abrirles las puertas... Pero, ¿y los guardias, qué hicieron?

—Allí estaban, y esta vez no se han dormido...

Caifás no pudo menos que recordar lo que había pasado cuando Jesús resucitó, y se puso de un humor negro. Al fin, recobrándose un poco, preguntó:

—¿Dónde están esos hombres? Si no están en la cárcel, hay que ir a buscarlos por todo Jerusalén hasta encontrarlos.

—Yo iré —dijo Saulo—. Manda que me den unos soldados...

Iba a marchar Saulo, cuando Ozán, el antiguo tullido, llegó saltando y le dijo a Caifás:

—«*He aquí que los varones que echasteis en la cárcel están en el templo, y enseñan al pueblo.*»

Anás, que había oído todo, le dijo a su yerno Caifás:
—Otro chasco, hijo mío, y éste es el segundo...
Lo cual puso de peor humor al sumo sacerdote, quien gritó:
—Que vayan a por ellos...
Anás añadió:
—Tráiganlos por las buenas, no creo que se resistirán, y si se resisten, mejor, déjenlos, no sea que el pueblo se alborote —y hablando al oído a Caifás, añadió—: Y no se te escapen por tercera vez.
Llegaron, en efecto, los doce apóstoles, sonrientes, y cuando fueron increpados por Caifás por haberlo desobedecido, le respondieron unánimes Pedro y sus compañeros:
—*«Es menester obedecer a Dios antes que a los hombres, y el Dios de nuestros padres resucitó a Jesús, al cual vosotros colgasteis de un madero.»*
No sabían qué hacer Caifás y los suyos, cuando Gamaliel, echándoles un discurso histórico, terminó con su muletilla, con rabia de Saulo:
—*«No os metáis con estos hombres y dejadlos libres; porque si esta obra es de los hombres, se desvanecerá; mas si es de Dios, no la podréis deshacer; y no sea que tal vez estéis resistiendo a Dios.»*
Todos menos Saulo opinaron que no había más remedio que dejarlos libres, Caifás, entonces, furioso, gritó:
—Los dejo libres; pero esta vez que los azoten para que se acuerden de mi mandato de no hablar de ese Hombre...
En efecto; los azotaron cruelmente a los doce, después de lo cual el pueblo los recibió en palmas. Y como si nada hubiera pasado, se fueron al templo a seguir predicando a Jesús de Nazaret, muy gozosos de haber sido encontrados dignos de padecer afrenta por el nombre de Jesús.
Saulo estaba furioso y decía a sus compañeros:
—Lo que yo no entiendo es cómo esos tramposos han salido de la cárcel con las puertas cerradas y estando alertas los guardias.
Ozán, que esto oyó, le dijo:
—¿No te parece que es más fácil salir de la cárcel con las puertas cerradas que curar a un tullido de nacimiento? Pues aquí me tienes; no te admires tanto por lo de la cárcel.
Y así pasó Caifás, furioso, su nuevo chasco.

29
LA PRIMERA CORONA

Había sabido que en la sinagoga de los silicianos tenían lugar acaloradísimas discusiones entre los fariseos más renombrados, furiosos enemigos de Cristo, y el más famoso de los oradores de la nueva ley, Esteban. Conocí a éste, como he contado, en la escuela de Gamaliel; pero ahora que las discusiones escolares habían salido al público, convirtiéndose en verdaderas luchas oratorias religiosopolíticas, tenía empeño en asistir a una de ellas.

Desde el momento que entré en la sinagoga y me fijé en la concurrencia, pude apreciar en los rostros de la mayoría el odio y la saña que bullía en sus corazones contra la doctrina de Cristo. El director de ese grupo era un fariseo bajo de estatura, Saulo de Tarso, a quien por lo torcido de sus piernas llamaban *el Zambo*. Lo había conocido también en la escuela de Gamaliel; allí era uno de tantos discípulos, pero ahora se había convertido en un temible *líder*. Gesticulaba como endemoniado ante su camarilla, regurgitando todo el veneno que contra Cristo encerraba en las entrañas. Esperaban ansiosos la llegada de Esteban, y, mientras, Saulo preparaba sagazmente a los suyos.

—Hay que dejarlo hablar —decía— para que nosotros podamos atestiguar en su contra delante del Sanedrín.

—Ese muchacho tiene miedo a la elocuencia de Esteban, y mejor que rebatirlo con argumentos, en lo que oye saldría derrotado, prefiere perderlo con maña, dejándolo hablar. Yo conozco al tal Saulo, pues varias veces me ha ido a visitar para atraerme a su partido —me dijo a media voz rabí Sadok, que estaba a mi lado.

De pronto se hizo un gran silencio en la asamblea; acababa de entrar Esteban, sin que nadie le acompañara, y en uno de los últimos bancos tomó asiento.

Entonces Saulo, dirigiéndose al príncipe de la sinagoga, y en secreto, le dijo algunas palabras. Éste se levantó, y con voz meliflua dijo a Esteban:

—Rabí, los más conspicuos ancianos de Israel y los grandes doctores de la ley, estamos dispuestos a oír tus palabras; sube, pues, a la cátedra de Moisés, que atentos te escuchamos.

Se levantó Esteban, joven de gallarda figura, de sedosa cabellera y barba negra como el ala del cuervo; de ojos admirablemente hermosos, soñadores y llenos de mansedumbre, sin asomo de orgullo ni de suficiencia, ascendió tranquilamente a la cátedra de Moisés.

—Mis venerables maestros —empezó diciendo—, si las palabras que voy a dirigiros tienen autoridad, no es ciertamente debida a mi propia ciencia y menos a mi experiencia, pues soy aún joven, sino a la *inspiración del Espíritu Santo* que las dirige... (Murmuraciones de desaprobación.) No debéis escandalizaros por lo que he dicho. ¿No ha inspirado el Espíritu Santo a otros hombres como yo? La obra es de Él y a Él desde un principio la atribuyo. Tres son las cosas que ha tenido en mayor estima y justísimamente Israel: la tierra que ahora pisamos, la ley que nos fue dada por Moisés y el templo. ¿No es verdad? Os ruego que respondáis. (Aprobación unánime de todos los doctores.) Pues bien —prosiguió Esteban—, nuestro pueblo fue escogido por Yahvé siglos antes de que, por medio de Josué, sucesor de Moisés, entraran nuestros padres en pacífica posesión de esta tierra. Y durante los años que los hijos del patriarca Jacob vivieron en Egipto y anduvieron por el desierto, ¿dejó por eso nuestro pueblo de ser el escogido? Respondedme... (Nuevas manifestaciones de aprobación.) Ahora bien, ¿cuántos siglos pasaron desde la elección de Abrahán hasta que, por ministerio de Moisés, Yahvé nos dio la ley? Muchos, ¿no es verdad? Y, sin embargo, la elección de nuestro pueblo ya existía en las promesas hechas a nuestros padres Abrahán, Isaac y Jacob, que fueron muy anteriores a la promulgación de la ley de Moisés. En tiempo de nuestro padre Abrahán, ¿existía el templo? Y en los de Isaac y Jacob, ¿existía? ¿Y en el desierto?

Saulo gritó:

—Estaba el Tabernáculo.

—Yo pregunto por el templo —respondió, sonriente, Esteban—. *Este templo,* por el que el pueblo judío tiene tanta veneración, ¿existía en el desierto, en la época de los jueces, en la del rey David? Y el edificado por Salomón, ¿es este mismo que contemplan nuestros ojos, edificado por Herodes? ¿Y por qué era grande el Tabernáculo? Me responderíais que por contener el Arca del Testamento. Y yo os pregunto: ¿Está en *este templo* el Arca del Testamento?

—Que calle, que no blasfeme —gritó Saulo, furioso.

—Es una sencilla pregunta —respondió Esteban, y tomando un volumen que contenía el libro segundo de los *Macabeos,* sin inmutarse, leyó estas palabras—: «*También se leía en esta escritura que el profeta Jeremías, por orden expresa que recibió de Dios, mandó llevar al Tabernáculo y el Arca kasta que llegó a aquel monte, al que subió Moisés, y desde donde vio la herencia de Dios; y habiendo llegado Jeremías, halló una nueva donde metió el Tabernáculo y el Arca y el altar del incienso, tapando la entrada. Que algunos de aquellos que lo seguían se acercaron para dejar notado este lugar; pero que no pudieron hallarlo. Sabiendo lo cual Jeremías, los reprendió y les dijo: Este lugar permanecerá ignorado hasta que Dios congregue otra vez a todo el pueblo y use con él de misericordia...*». (Voces de protesta.) Y ahora os pregunto —prosiguió Esteban—: ¿El Arca está en *este* templo que os es tan querido? No recordáis cuando hace unos años se rasgó el velo del *Sancta Sanctorum,* que todos pudimos ver que allí no había nada? (Gritos de protesta.) Gritad cuanto gustéis, pero responded a mi pregunta: ¿Dónde están las *doce tribu?* ¿Quizá en esta tierra que tanto amáis? No, por cierto, sino esparcidas por toda la tierra. Aquí sólo está en Judea parte de la tribu de Benjamín y la de Judá. Y es más: ¿hay en esta tierra solamente judíos? ¿No está llena de griegos y romanos? ¿No están en esta misma tierra los samaritanos? Y en Galilea, ¿no hay más paganos que judíos? Respondedme.

Ante la fuerza indiscutible de las razones de Esteban, no pocos de los doctores de la ley guardaron silencio. Entonces, Esteban prosiguió:

—Os ruego que escuchéis. Como vosotros soy *hebreo-hebreo,* como vosotros soy israelita y soy descendiente de Abrahán como vosotros.

Ahora os pregunto: ¿Somos un pueblo escogido porque Moisés en nombre de Yahvé nos dio la ley, o porque descendemos de Abrahán, a quien Yahvé hizo la promesa?... Sin duda responderéis que por ser descendientes de nuestro padre Abrahán, a quien Yahvé hizo la promesa, puesto que la ley la recibimos cuatrocientos años más tarde. «Y por qué mereció Abrahán que Yahvé le hiciera la promesa? Porque *creyó,* y su fe se le reputó por justicia, esto es, fue justificado porque creyó en la promesa; luego los que tienen esa fe, ésos son los benditos con el fiel Abrahán.

—Entonces —gritó Saulo—, ¿para qué nos fue dada la ley?

—La ley nos fue dada —respondió Esteban— para que, guardándola, nos hiciéramos dignos de que en nuestro pueblo se cumpliera la promesa. Se puso como freno a las transgresiones hasta que viniese el descendiente de Abrahán, en quien la promesa se había de cumplir. La ley no ha sido la que nos justificaba, si bien nos ayudaba, cumpliendo sus mandamientos a que la fe en el que había de venir nos abriera el camino de la justicia. Cumplido que fue el tiempo, Dios envió a su Hijo, formado de mujer y sujeto a la ley, para redimir a los que estábamos debajo de la ley, a fin de que recibiéramos la adopción de hijos de Dios... —y fijando el rostro iluminado como otro Moisés, dirigiéndose a los fariseos, los increpó, diciendo—: La ley, la ley, decís vosotros, fariseos hipócritas; vosotros, que habéis invalidado el mandamiento de Dios por vuestra tradición. Hipócritas, bien lo profetizó de vosotros Isaías: *«Este pueblo me honra con los labios, mas su corazón está lejos de mí».* Invalidáis el mandamiento de Dios para guardar vuestras tradiciones. Y a estas tradiciones las llamáis la ley.

Saulo estaba furioso; pero, fiel a su principio, excitaba a su camarilla a que dejaran «despotricar» a Esteban para poder ser testigos de sus blasfemias ante el Sanedrín... Por otra parte, la concurrencia, al ver radiante el rostro de Esteban, como el de Moisés, estaba como hipnotizada.

—¿De modo —exclamó Saulo—, que todo el que crea en el Mesías será salvo?

—Óyeme bien, Saulo —dijo Esteban—: todo el que crea en Jesús de Nazaret, el Hijo de Dios, está en camino de salud, pues sólo *en su nombre hay salvación.*

—¿De manera que, según esa teoría, también los paganos incircuncisos participarán de la promesa, hecha únicamente a los hijos de Abrahán? —preguntó sarcásticamente Saulo.

—Saulo, tenlo muy presente; para todo el que cree en Jesucristo, el Hijo de Dios, sea hebreo o griego, hombre o mujer, la vía de la salvación está abierta, pues ante Dios nada importa el ser circunciso o incircunciso: lo necesario es la fe que obra animada de la caridad.

—¿Y qué sucederá con el templo? —preguntó de nuevo.

—Escucha, Saulo: el tiempo ha llegado en que ni en el Garizín ni en Jerusalén se adorará al Dios verdadero, sino en todo el mundo, cuando los verdaderos adoradores adorarán al Padre en espíritu y en verdad.

—De modo que el templo ya está sobrando. Responde categóricamente.
—Oye las palabras del Maestro: *«Jerusalén, Jerusalén, que matas a los profetas y apedreas a los que a ti son enviados. ¿Cuántas veces quise recoger a tus hijos, como la gallina recoge a sus polluelos bajo las alas, y tú no has querido? He aquí que vuestra casa va a quedar desierta...»*
—No te pregunto eso —replicó Saulo —¿Qué pasará con el templo? Responde.
—Pues ya que quieres tener un pretexto para acusarme, oye la profecía del Hijo de Dios: *«Saliendo Jesús del templo, iba andando cuando se llegaron a Él sus discípulos, a fin de hacerle reparar en el edificio del templo. Él les dijo: ¿Veis esa gran edificación? Pues yo os digo de cierto que no quedará de ella piedra sobre piedra...»*
Sin dejarle concluir, Saulo gritó:
—¿Habéis oído la blasfemia? Va a destruir el templo, sin que quede de él piedra sobre piedra... ¡Ha blasfemado, ha blasfemado!...
Y los circunstantes gritaron:
—¡Ha blasfemado, ha blasfemado, contra Moisés y contra el templo!
Con esto se alborotó la plebe, y los escribas y los ancianos se echaron sobre Esteban y lo trajeron al Concilio.
Allí, Saulo a la cabeza, lo acusaron diciendo:
—Esteban asegura que Jesús de Nazaret ha de destruir el templo y mudar las tradiciones ordenadas por Moisés...
Entonces Caifás preguntó a Esteban:
—¿Esto es así?...
A lo cual Esteban, con el rostro resplandeciente como el de un ángel, habló de modo parecido al que había usado en la sinagoa, terminando su discurso con estas palabras:
—*«¡Hombres de dura cerviz y de corazón y oído incircuncisos! Vosotros resistís al Espíritu Santo; como vuestros padres, así sois vosotros. ¿A qué profeta no persiguieron vuestros padres? Ellos son los que mataron a los que pronunciaban la venida del Justo, que vosotros acabáis de entregar, y del cual habéis sido homicidas; vosotros que recibisteis la ley por ministerio de ángeles y no la habéis guardado...»*
No le dejaron terminar, pues *«al oír tales cosas, ardían en cólera sus corazones y crujían los dientes contra él».*
En aquel momento pasó algo extraordinario. El rostro de Esteban se iluminó de modo maravilloso, y mientras fijaba sus hermosísimos ojos en el cielo, exclamó:
—*«Estoy viendo ahora los cielos abiertos, y al Hijo del hombre sentado a la diestra de Dios.»*
Saulo, mientras tanto, había hablado con Caifás, diciéndole:
—No temas; el presidente romano está en Cesarea. Hay que sacarlo fuera de la ciudad y darle muerte a pedradas.
Asintió el pontífice, y Saulo gritó:

–Hay que sacarlo fuera para darle muerte *a pedradas,* como blasfemo. *Así lo manda la ley.*
Yo no vi más, pues me alejé indignado, sin poder hacer nada en favor de Esteban. Los que fueron testigos me contaron que, habiéndolo sacado fuera de la ciudad, los ejecutores, dejando sus mantos a los pies de Saulo, empezaron a apedrear a Esteban. Le dieron una pedrada en la cabeza, bañándolo en sangre. Entonces, éste se arrodilló, y, levantando sus manos al cielo, en medio de las pedradas que llovían, exclamó:
–*«Señor Jesús, recibe mi espíritu»* –y volviendo el rostro a donde con el cejo fruncido estaba Saulo, exclamó en voz alta–: *«Señor, no les tengas en cuenta este pecado...»*
Una terrible pedrada lo remató.
Allí quedó *Esteban, el primero que había sellado con su sangre, como testigo, la verdad de la divinidad de Cristo.*
No sin misterio había llevado en su corta pero gloriosa vida el nombre de *Esteban,* que quiere decir *Coronado.*

30
EL PANEGÍRICO

Tan pronto como me enteré de la sentencia del Concilio contra Esteban, fui a ver a Pedro, a darle cuenta de lo que pasaba. La noticia no le sorprendió; pero, sin decirme palabra, se postró en tierra orando. Era el momento supremo para Esteban, y Pedro oraba por él.
El primero que llegó a darnos noticia de la muerte de Esteban fue Quarto, quien dirigiéndose a Pedro le dijo:
–¡Ha muerto como un héroe! ¡Si hubieras visto su rostro resplandeciente, bañado en sangre, y cómo cayó perdonando a los que lo sacrificaban! Yo estaba dispuesto a defenderlo, pero Lucas me dijo: «No estorbes la obra de Dios», lo cual me contuvo. Una vez que había expirado Esteban, no pude contenerme, me puse al lado de su cuerpo y grité: «¡Desgraciados! Yo soy romano y os denunciaré delante del procurador por haber dado muerte a este inocente...» ¡Si hubieras visto, Pedro, cómo corrían esos cobardes!... Sólo Saulo no marchó y me dirigió un gesto terrible de odio y desafío.
Myriam entró; dirigiéndose a Pedro con el rostro iluminado por una luz celestial, le dijo:
–Acaba de llegar Marcos con la noticia, y le he dicho que, como el suceso tuvo lugar cerca de Getsemaní, sería conveniente que llevaran el cuerpo de Esteban a Betania, a casa de Marta y María. ¿Te parece bien?
–Lo que tú dispongas –respondió Pedro, besándole la mano.
–Ya Marta y sus compañeras han marchado a comprar los aromas para que lo embalsamen. ¿Te parece?
Pedro volvió a besarle las manos en señal de asentimiento.

Yo estaba conmovidísimo. ¡Pensar en que aquel cuerpo iba a ser preparado por las mismas manos de Myriam!

—Me marcho deprisa —dijo Ella—; tú quédate hasta que te den noticia de todo.

Así se hizo. Poco después llegó Lucas y dio cuenta a Pedro de lo que había ocurrido. Al oír la narración, el rostro de Pedro brillaba de alegría. Estaba tan emocionado, que no dijo palabra, y, siguiéndolo en silencio, nos encaminamos a Betania.

La escena que presencié fue sumamente conmovedora. Myriam, arrodillada ante el cuerpo de Esteban, después de besarle la llagada frente, iba con todo cuidado lavando sus heridas y depositando los ensangrentados paños en un cestillo especial. Después dejó que José de Arimatea y Nicodemo continuaran el embalsamamiento. Pero estuvo allí todo el tiempo, lo mismo que Juan y sus otros compañeros, quienes pasaron la noche en constante oración.

Voy a contar ahora lo que sucedió al día siguiente:

En la sala principal de la casa de Lázaro, sobre una mesa, habían colocado, por disposición de Pedro, el cuerpo embalsamado de Esteban.

A pesar de lo asustados que estaban los fieles, un buen número de ellos llegó a Betania para asistir al entierro de aquel joven, tan estimado y querido en toda la comunidad. Algunos, siguiendo la costumbre judía, empezaron a dar gritos y a lamentarse; pero Pedro, con un gesto autoritario, impuso a todos silencio. Por disposición suya, en una mesita pequeña, cubierta con el rico mantel bordado por Myriam, estaban los panes ázimos y el vino. Todos allí reunidos, se levantó Pedro y dijo:

—Hermanos, lejos de lamentarnos por la muerte de Esteban, debemos llenarnos de alegría al ver que en él empieza a cumplirse la palabra de Jesucristo: *Eritis mihi testes in Jerusalem.* (En Jerusalén daréis testimonio de Mí.) «*Mirad que os envío como ovejas en medio de lobos; por tanto, habéis de ser prudentes como serpientes y sencillos como palomas. Mas recataos de tales hombres, pues os delatarán ante los tribunales, y os azotarán en sus sinagogas, y seréis por mi causa conducidos ante los gobernadores para dar testimonio de Mí ante ellos. Cuando os hicieren comparecer, no os dé cuidado cómo o qué habéis de hablar; porque os será dado en aquella misma hora lo que hayáis de decir: puesto que no sois vosotros los que hablaréis entonces, sino el Espíritu de vuestro Padre, el cual hablará por vosotros. Seréis odiados de todos por causa de mi nombre, y os harán morir; pero quien perseverare hasta el fin, ése será salvo*». Esto es, hermanos míos, lo que acabamos de ver cumplido a la letra en *Esteban*. Éste *no tuvo miedo a los que matan el cuerpo.* Quería alcanzar la victoria de los *testigos, y* se presentó ante el Concilio sin miedo ni timidez. No temió la ira de los pontífices, ni se acobardó ante la audacia de los sacerdotes, ni le aterraron las palabras de los ancianos, ni le turbaron las amenazas de los escribas, ni enfriaron el ardor de su alma los gritos desaforados de la plebe; antes bien se apresuró a emprender la batalla por Cristo con ánimo generoso, porque él luchaba en la tierra y contemplaba lo que está en el cielo. Estaba lleno de fe y fortaleza, llevando, por disposición de Dios, *en su mismo nombre la corona de la victoria*. Se levantaron contra él los libertinos, los cirenenses, los alejandrinos y los que procedían de Cilicia y de Asia. La turba dirigió sus fuerzas *contra un solo soldado;* los hombres de cinco ciudades chocaron contra *un solo joven*. Se levantaron contra él, pero no podían resistir al Espíritu y Sabiduría, que hablaba por la boca de Esteban, el Espíritu de Dios. Entonces enviaron falsos testigos en su contra, enviaron hombres comprados, compraron la mentira con dinero contra el nuevo defensor de Jesús, el Hijo de Dios. Conmovieron a la plebe, y los ancianos y los escribas aprehendieron a Esteban. Trajeron la oveja al lobo, y lo presentaron ante un Concilio lleno de hipocresía y envidia, falto de justicia y de equidad. Le condenaron, y, sacándole fuera de la ciudad, le apedrearon, mientras él, arrodillado, decía, a imitación del Maestro: «Señor, Jesús, recibe mi espíritu». Se durmió en el Señor. Tiembla Satanás por haber perdido la victoria: se lamenta el autor del mal por haber quedado vencido por un hombre mortal. Coronemos a Esteban con flores de alabanzas, y cubrámosle con las rosas de sus loores, pues Dios le coronó con la corona de la victoria.

Todos estábamos emocionados con el elocuente discurso de Pedro, cuando éste, dirigiéndose a la mesita donde estaban los panes ázimos y el vino, ayudado por Juan, puso el mantel bordado por Myriam sobre el cuerpo de Esteban, colocando encima ambas cosas. Después, elevando los ojos al cielo, dio gracias y dijo:

–Recibe, ¡oh Padre Santo, Dios omnipotente y sempiterno!, esta hostia inmaculada, que yo, indigno siervo tuyo, te ofrezco a Ti, mi Dios vivo y verdadero, por los pecados del mundo, como lo hizo Jesucristo la noche antes de su Pasión, y por cuyo mandato, y en memoria de Él, te la ofrezco sobre los restos mortales de Esteban, *el primer testigo* que, por proclamar la divinidad de tu Hijo, ha dado su sangre y su vida.

Y tomando el pan, lo consagró y lo repartió entre los presentes, empezando por Myriam. E hizo otro tanto con el cáliz, del cual todos igualmente participamos.

Dio las gracias, y, poniéndose a la cabeza de la concurrencia que seguían al cuerpo embalsamado de Esteban, llevado en camilla por Juan, su hermano Santiago, Mateo y Tomás, empezó a salmodiar el himno de Zacarías: «Bendito sea el Señor Dios de Israel», al que, con gran solemnidad, respondían los asistentes.

Cuando regresamos del entierro, dije a Samuel:

–No me esperaba que Pedro hablara de modo tan elocuente y florido.

A lo cual el piadoso anciano me contestó:

–¿Crees que el Espíritu, que inspiró el *Cantar de los Cantares,* no puede también inspirar a Pedro?

Y con su respuesta quedé convencido y avergonzado.

31
DE VIAJE

Aunque mi buen amigo el escriba Ben Cardona se empeña en que ponga mis apuntes por orden cronológico, ya le he dicho repetidas veces que yo no estoy escribiendo ni una crónica ni una historia de la Iglesia de Cristo, sino mis *Memorias* durante los últimos cien años. No quiero ceñirme a orden alguno establecido, sino seguir mi propio plan sin estar obligado a emplear tiempo en averiguar si esto pasó antes o después de aquello. Que lo hagan los cronistas e historiadores; yo no lo soy. Y esto aclarado, paso adelante.

La última vez que mi abuelo vino a Palestina, llegó contentísimo cargado de rollos conteniendo los informes de sus empleados esparcidos por todo el mundo conocido. En ellos se daba cuenta de los progresos y vicisitudes de la naciente Iglesia en sus respectivas naciones.

—Aquí tienes —me dijo, entregándome los volúmenes— las primeras noticias fidedignas, para que puedas más tarde escribir tus *Memorias*. Ahora lo que más deseo es hablar con Pedro, para contarle cosas que han de interesarle.

Fuimos, pues, a verle.

—Vengo —le dijo mi abuelo— a traerte noticias de las conquistas que los fieles que tú has formado han ido haciendo por el mundo.

Pedro sonrió, y repuso:

—Me causa inmensa satisfacción y alegría tener noticias por un conducto como el tuyo. No me extraña que la semilla de la palabra de Dios comience a dar frutos de vida eterna.

Habiendo tenido noticia Juan y sus compañeros de la llegada de mi abuelo, entraron a saludarle, y Pedro les invitó a que oyeran las nuevas que traía, pues a todos interesaba sobre manera.

—Tres son las grandes ciudades del Imperio —empezó mi abuelo—: Antioquía, Alejandría y Roma, y en las tres los fieles de Cristo se multiplican de modo maravilloso.

—¿En Roma, en Roma? —exclamó Pedro, conmovido—. ¿En esa Babilonia, donde la maldad ha llegado a su colmo, donde el emperador ha hecho que adoren como dios a su caballo?

—Allí —repuso mi abuelo—, en esa Babilonia, como justamente has llamado a Roma; allí ya son muchos los israelitas que siguen a Cristo. En mi viaje me detuve a propósito en esas tres ciudades, y quedé admirado de ver el número de fieles que llenaban las sinagogas. Sin duda, habrás tenido noticias de esto por otros conductos; pero yo quiero contarte algo que llenará de gozo tu alma. ¿Sabes el medio de que se vale el cielo para ir atrayendo a nuestros hermanos israelitas a la fe de Cristo?

—Supongo —dijo Pedro— que esos buenos israelitas que vienen a visitar el templo en las grandes festividades, y que aquí escuchan la palabra de

Dios, serán el medio de que la Providencia se ha valido para extender por todas partes la divina semilla.
—En efecto, así es —dijo mi abuelo—. Éstos llevan la semilla; pero quienes la *propagan son los niños.*
—¿Los niños? —repuso Pedro, encantado—. Dios los bendiga. Pero explícate.
—Siguiendo la costumbre de nuestras sinagogas, los sábados se entonan salmos durante las reuniones. Los niños han sido escogidos principalmente por sus argentinas voces para cantar los salmos, después de los cuales cantan el «Padrenuestro»». Este canto atrae a muchos, en especial a otros niños. Son admitidos para formar parte de los coros, y los más puntuales también para asistir a la explicación de la buena nueva. Naturalmente, van a sus casas, y cuentan todo a sus madres; éstas, llevadas por sus hijitos, asisten a nuestras reuniones, y poco a poco son instruidos en la fe. A su vez, la mujer lleva al hombre, y así, sin gran ruido, paulatinamente, va aumentando el número de los que creen en Cristo Jesús.
—«De la boca de los niños sacaste alabanzas» —dijo Pedro—. De ellos es el reino de los cielos, y es natural que de ellos se haya valido la Providencia de Dios para que sean los heraldos que lo anuncien.
—Ya los campos están sembrados, la mies está madura —añadió mi abuelo—; sólo falta que vayáis los señalados por Dios a cosecharla. Los fieles de Cristo esperan que vayáis vosotros para irlos organizando.
—Tienes mucha razón —replicó Pedro—, y se hará lo que indicas a su debido tiempo. Por mandato del Maestro, hemos permanecido en Jerusalén, donde, antes que en parte alguna, debemos dar testimonio, y así lo hemos hecho, sin que esto impida que hagamos excursiones temporales fuera de la ciudad.
—Camo sabes —interrumpió Juan—, varias veces al año vienen peregrinaciones al templo, de las que nos aprovechamos para ir instruyendo en la fe de Cristo a los que lo solicitan. Los que vienen de fuera con la idea de bautizarse, ante todo *quieren ver a Pedro y tratar con él* y con los que fuimos escogidos apóstoles por el Maestro. Necesita, pues, Pedro, antes que todos, estar en Jerusalén, y así lo ha hecho hasta ahora.
—Entiendo vuestras razones —repuso mi abuelo—, sólo que ya las comunidades de Antioquía, Alejandría y Roma han crecido mucho, y los fieles tienen ansia *de conocer a Pedro personalmente,* así como a vosotros, que fuisteis elegidos por el Maestro. Yo, antes de morir, quiero ayudaros en esta empresa. No se trata de que el colegio apostólico cambie de residencia. Cuándo debéis esparciros por el mundo, es asunto vuestro. Sólo os propongo el siguiente plan. Como sabéis, tengo a mi disposición barcos para poder llevaros a donde os plazca. Yo salgo pronto para Hispania, y mi nieto tendrá que salir rumbo a Alejandría y Roma.

Yo me quedé como quien ve visiones al oír esto, pues mi abuelo nada me había comunicado; y así, esperé a que me explicara sus planes.

III. ¿Y AHORA, QUÉ?-31. DE VIAJE

–Por orden del emperador –continuó mi abuelo–, el barco más grande del mundo tiene que transportar del puerto de Canopus a Roma un colosal monolito de veinticinco metros de largo. Este obelisco será colocado en el circo del Vaticano. Ya ha sido transportado por el Nilo desde Heliópolis a Canopus. En este barco irá mi nieto para entregarlo al emperador.

No bien mi abuelo habló del obelisco, los ojos de Pedro brillaron de modo inexplicable; parecía mirar hacia lo por venir.

–Por otra parte –prosiguió mi abuelo–, yo tengo que ir a Hispania. ¿Por qué no han de venir dos de vosotros? De Joppe irá mi nieto a Alejandría y Canopus para hacerse cargo del barco. Yo saldré del mismo puerto para Hispania.

–Si a Pedro le parece –dijo Santiago, el hermano de Juan–, yo desearía ir a Hispania.

Esto fue dicho en un tono tan patético, que Pedro exclamó:

–Santiago, la Providencia divina cumple tus antiguos deseos y también los míos. Yo iré con Ben Hered a Alejandría y Roma, y tú, con Benjamín Ben Bela, irás a Hispania.

Lleno de gozo prosiguió mi abuelo:

–El tiempo es ahora ideal para emprender el viaje por el *Mare Nostrum*. Antes de dos meses, tú, Pedro, estarás de regreso en Antioquía, donde podrás detenerte si gustas. Y tú, Santiago, podrás regresar a Palestina cuando quieras; siempre habrá un barco a tu disposición.

–Para que no quede sin cabeza la Iglesia de Jerusalén –añadió Pedro–, Santiago (el Menor) queda nombrado obispo de Jerusalén. Y vosotros, hermanos (los otros apóstoles), unidos como siempre, continuaréis la obra de catequización de los peregrinos que vengan durante nuestra ausencia.

A la cual disposición de Pedro, todos asintieron gustosos.

* * *

Pedro, acompañado de Santiago Boanerjes, fue a ver a Myriam para darle la noticia.

Myriam, cuando Pedro le comunicó su decisión, se arrodilló ante él y le besó la mano, diciendo:

–Ve, Pedro, a esa nueva Babilonia, en donde algún día *darás testimomo de mi Hijo*. Yo espero tu regreso antes de dejar este mundo –y los ojos de Myriam brillaron llenos de felicidad al decir estas palabras. Después, volviéndose a Santiago, añadió –: Ve, hijo mío, ve a Hispania, y predica allí la buena nueva. Yo rogaré mucho a Dios para que te proteja. No te desanimes si, al principio, aquella gente se muestra indiferente, que tiempo vendrá en el que mi Hijo sea amado, y mucho, en esa región.

Pocos días después zarpábamos para nuestro destino.

En un magnífico barco íbamos Pedro, Quarto y yo, y en otro, Santiago con mi abuelo. Éste me había encargado que, no bien entregara el obelisco, dejando a Pedro con Quarto en Roma, marchara a Hispania, pues presentía que su fin estaba cercano, y quería que yo cerrara sus ojos. Luego regresaría yo a Roma, para acompañar a Pedro a Antioquía.

Desembarcamos en Alejandría, y Pedro se dirigió a la sinagoga principal, donde fue recibido con entusiasmo. Mientras tanto, yo marché a Canopus a ver si todo estaba dispuesto para el transporte del gigantesco monolito. Cuando avisé a Pedro, éste, sin pérdida de tiempo, se dirigió al barco. Quedó admirado de las proporciones colosales del obelisco, y, acercándose como a cosa sagrada, se arrodilló y lo besó. Todas las noches, durante el viaje, Pedro, en lugar de ir a descansar al camarote que le tenían preparado, prefería quedarse sobre cubierta. Allí, arrodillado junto al obelisco, pasaba largas horas orando y bañando al monolito con sus lágrimas, hasta que, vencido por el sueño, con la cabeza reclinada sobe la piedra, se quedaba dormido.

Al llegar a Melita, Quarto, por orden mía, tomó un barco ligero para llegar antes que nosotros a Roma.

Arribamos a Ostia; una multitud inmensa de gente cubría la playa, venían a ver el buque más grande del mundo, en el que íbamos. Allí encontramos a Quarto, acompañado de Cayo, en cuya casa de Roma debía aposentarse el apóstol. La despedida, por llamarse así, de Pedro al obelisco, fue en extremo conmovedora. Vertiendo abundantes lágrimas, lo besó, y, levantándose al fin exclamó en un tono profético:

–*Christus vincit, Christus regnat, Christus imperat.*

Y, sin fijarse en la multitud, acompañado de Quarto, Cayo y otros hermanos se dirigió a la ciudad de Roma.

A los pocos días tuve que embarcarme de nuevo rumbo a Hispania, según los deseos de mi abuelo. Sin el menor contratiempo, llegué a Barcino, donde Santiago me esperaba.

* * *

Desde luego, éste se dio maña para ir por las sinagogas de los judíos anunciando a Cristo. Pero como él hablaba en arameo y la gente no le comprendía, no le hacían caso. Se entristeció mucho el buen apóstol, que esperaba convertir a Cristo a los de Barcino

Mientras yo atendía a mi abuelo, que había enfermado gravemente, Santiago marchó a César-Augusta. Con grandes dificultades logró bautizar a sólo siete; de allí no pasó el fruto de su predicación, por el motivo antes dicho. Antes de regresar a Barcino tuvo un grandísimo consuelo.

–Dormía –según me contó Santiago– reclinado contra una columna, cuando, súbitamente, tuvo una aparición. Vio a Myriam que le miraba sonriendo, y le decía: «Yo he rogado mucho a Dios que te proteja. No te desanimes por el poco fruto hecho con tu predicación, que tiempo vendrá en que mi Hijo será amado, y mucho, en Hispania». Y la visión desapareció.

Cuando regresó a Barcino, mi abuelo estaba muy enfermo, aunque con su cabeza enteramente clara, y al ver a Santiago, le dijo:
—Quiero que hagas la fracción del pan para recibirlo antes de morir.

A lo cual el apóstol respondió:
—Voy, primero, a administrarte otro sacramento que nos legó el Maestro. Voy a ungirte con el óleo santo en nombre del Señor; ora con fe, y si te conviene, te aliviarás, y si tienes algunos pecados, te serán perdonados.

Y diciendo esto, imponiéndole las manos, Santiago, orando sobre él, le ungió con el óleo santo.

Hizo la fracción del pan, y lo dio a mi abuelo, el cual, con admirable fe lo recibió, bebiendo en seguida del cáliz consagrado.

Entonces mi abuelo me dijo:
—He sido uno de los hombres más ricos del mundo. Todo lo he dejado por Cristo y para Cristo. Muero más pobre que el más pobre, y te pido, de limosna, una sepultura.

Pocas horas más tarde, mientras Santiago oraba por él, mi abuelo expiró plácidamente. Tenía más de ciento veinte años, y fue sepultado junto a su esposa no lejos de la ciudad.

Después de hacer los arreglos necesarios, acompañado de Santiago, regresé a Roma en busca de Pedro.

Le encontré muy contento en casa de Cayo, en el Transtébere, acompañado de tres varones respetables, quienes, según Pedro me dijo, le habían ayudado con gran celo y prudencia a organizar a los fieles de Roma y sus alrededores. El más anciano era Lino, originario de la Toscana; Anacleto, o, como algunos cariñosamente le llamaban, Cleto, era de origen griego, y, finalmente, el romano Clemente. A estos tres les había impuesto Pedro las manos, encomendando a Clemente el cuidado de los fieles esparcidos en la Campania, a Cleto los de Etruria y a Lino los del Lacio y Roma.

Cuando estuve a solas con Quarto, éste me contó la impresión que a Pedro había causado la ciudad de los Césares.

Cayo, al llegar Pedro, ya tenía advertidos a muchos fieles de su visita. Se le hizo una recepción muy cordial y respetuosa en la sinagoga principal del Transtébere, barrio principalmente de judíos.

Les causó el apóstol magnífica impresión por su sencillez y caridad, y, sobre todo, por la convicción con que hablaba de la Pasión, muerte y resurrección del Maestro.

—Éste es un *verdadero testigo* —decían.

Y como su palabra era respaldada por el cielo (pues muchos enfermos curaron por su medio), la primera visita del vicario de Cristo a la ciudad de Roma ha dado abundantes frutos.

—¿Y le llevaste a visitar la ciudad? —pregunté a Quarto.

—De eso te iba a hablar —respondióme, sonriendo—. Como llegó Pedro directamente al Transtébere, no tenía idea de la ciudad, sino por aquel barrio inmundo. Un día, que accedió a mis instancias, le llevé al Janículo, para que desde allí pudiera contemplar a la señora del mundo. El panorama le causó profunda impresión, y estuvo contemplando la ciudad por largo tiempo. Al fin, exclamó: «La señora del mundo es verdaderamente grande. ¿Cómo será cuando Cristo reine aquí?» Desde esta colina se aprecia la grandeza material de Roma; es verdaderamente hermosa; pero, desgraciadamente, es una sentina, donde se reúnen todas las inmundicias morales de la Humanidad. Y alzando al cielo los ojos, con gran energía exclamó: «Cristo venció, Cristo impera. Cristo reina y reinará en esta nueva Babilonia». Descendimos por la vía Aurelia, y, pasando el puente Emilio, llegamos al Palatino. Fuera del grandísimo templo de Jerusalén y los raquíticos palacios de aquella ciudad, Pedro no había visto jamás edificios tan grandiosos; estaba admirado. Le fui mostrando el templo de Cástor y Pólux, la basílica Julia, el templo de Vesta, el de Julio César, y, pasando por el de Saturno, le llevé al de Júpiter Capitolio. Finalmente llegamos al Foro romano. Allí se agrupaban una multitud de lo más heterogénea. Unos daban noticias que los presentes, con ansia, escuchaban. Otros admiraban los muestrarios de las joyerías o de las tiendas de sedas, de bronces, de objetos de arte. Por las galerías del templo de Júpiter llegaban senadores y quírites, quienes se dirigían a las tribunas para escuchar a los oradores. Varias veces tuvimos que dejar libre el paso a las literas de los patricios, los «amigos del César», llevadas por hercúleos esclavos medio desnudos. De pronto nos detuvimos, pues un grupo de gente nos impedía el paso: estaban escuchando a un adivino que decían predecía el porvenir e interpretaba los sueños y augurios. Por varias partes se oían los sones producidos por músicos egipcios o griegos, con sus sistros y sus flautas. Soldados a pie o a caballo cruzaban el Foro para cuidar el orden, en las callejuelas contiguas se oían los gritos de los vendedores de flores, frutas, legumbres y carne asada... Pedro estaba aturdido, y no hacía sino repetirme:

—¡Esto es una Babilonia, una Babilonia!...

Al regresar a casa, Pedro me dijo:

—¡Qué Babilonia! ¡Qué variedad de hombres y mujeres de todas las razas, que hablan lenguas tan distintas, que visten de modo tan diverso!... Todos pensando en gozar de la vida, sin acordarse de que tienen un alma..., *un alma redimida por Cristo».*

Aquella noche la pasó postrado en oración, a imitación del Divino Maestro.

Poco tiempo después nos embarcamos, y como Pedro me indicó quería permanecer en Antioquía por un tiempo, lo dejé allí en casa de Ananías; yo regresé a Jerusalén.

32
LOS NOVIOS

—Mi querido Ben Hered —me dijo Jonadab—, ahora que tienes poco que hacer aquí, quiero que vayas tú y tus hijos al Sinaí. Verás qué bien ha quedado tu residencia. Es la mejor época del año en Arabia, y ahora está toda mi tribu acampada a los pies de la Sagrada Montaña.

—Con mucho gusto iré y llevaré a mis hijos; estarán encantados de pasar una temporada en tu compañía y la de tu tribu. Mucho les gusta montar a caballo, y es una magnífica ocasión para que aprendan con tan buenos maestros.

—Por otra parte —añadió Jonadab—, puedes ya empezar a revisar, poner en orden y tomar nota de los escritos que te han estado trayendo de todas partes tus dependientes... Además —dijo sonriendo el patriarca—, vengo a pedirte un favor.

—Lo que gustes —me apresuré a responderle—. ¿En qué puedo servirte?

—A mí precisamente, no; pero sí a mi nieto Jonadab III —aunque yo también me consideraría muy favorecido —y acariciándose la sedosa barba blanca, volvió a sonreír.

—A ti y a los tuyos estoy encantado en servir.

—Se trata —me dijo con gran solemnidad el patriarca— de tu hija Raquel.

Y poniéndose en pie hizo una profunda reverencia.

Claro que al instante junté en mi mente a Jonadab III y a Raquel, entendiendo de lo que se trataba; pero al ver al centenario anciano hacerme una zalema, yo, que difícilmente me corto, me sentí turbado, y al momento me puse también en pie. Jonadab permanecía inclinado ante mí.

—Siéntate, te lo ruego —le dije.

—No lo haré hasta que tú, sentado, hayas escuchado mi demanda.

No hubo más remedio; me senté, y, él, en pie, empezó así:

—Rabí Ben Hered, Jonadab, patriarca de los recabitas, te dirige una súplica. A nombre mío; de mi hijo, Jonadab II; de mi nieto, Jonadab III, y de todos los jefes de la tribu, te pregunto: ¿estás dispuesto a conceder la mano de tu hija Raquel (hizo una reverencia) al joven Jonadab III, una vez que te haya dado a conocer las condiciones de este enlace? —el patriarca calló, esperando respuesta.

Yo, entonces, con la mayor solemnidad posible, respondí:

—Venerable patriarca de los recabitas, dispuesto estoy a conceder la mano de mi hija Raquel (hice una reverencia) después de oír las condiciones que de antemano supongo serán perfectamente honorables.

—Gracias, rabí —respondió Jonadab—, por tu respuesta afirmativa. Las condiciones son éstas, aprobadas por todos los jefes de la tribu. Ante todo, sondearás el corazón de tu hija para saber si está libre aún, y no ligada a otro, aunque de una manera secreta. En seguida, si está libre, le darás a conocer el nombre y condición del que aspira a su mano, Jonadab III, futuro jefe de los recabitas. Sin hacerle presión alguna, si consiente en la alianza, le dirás que no habiendo vivido entre nosotros, ni conociendo nuestras costumbres, deseamos que permanezca en nuestra tribu, sin compromiso alguno, por espacio de seis meses, viviendo nuestra vida, al cuidado de mi esposa y de mi nuera, la madre de mi nieto. Si después de este tiempo ella está contenta, habiendo tratado a su futuro esposo, dará parte a los jefes, y, con toda solemnidad, se procederá a los esponsales, según los usos de la tribu.

Después, haciendo una profunda zalema y diciendo: «Esperamos tu respuesta», se retiró con toda solemnidad, siendo escoltado por los jefes de la tribu, que le esperaban a la puerta. Y yo estaba tan turbado, que ni me levanté de mi asiento.

–¡Caramba, dómine! Esto sí que es solemnidad, y muy justa y explicable. Eso de introducir una extranjera a la tribu para ser esposa de un futuro jefe es cosa muy seria –dijo Quarto, entrando–. Lo he oído todo, dispénsame.

–Vienes muy a tiempo. Dime, ¿qué debo hacer?

–Supongo que no dudarás ni un momento de la conveniencia de este enlace para tu hija.

–Claro que no. Pero ¿cómo me las voy a componer para sondear el corazón de mi hija? Si viviera su madre...

–No te entristezcas, dómine; lo pasado, pasado.

–Bueno; pero ¿qué hago?

–Espera un momento; yo te traeré la solución, mucho más fácil de lo que te imaginas.

Y Quarto salió del aposento.

La seriedad de Jonadab me había dejado trastornado; me sentía un chiquillo en presencia de aquel patriarca. Quarto entró y tras de él Marta.

–Mira, dómine, cuéntale todo a Marta, y ella hará el papel de madre para con tu hija.

Luego entendí el práctico plan de Quarto; sentí que un peso se me quitaba de encima, y, sin más preámbulos, conté a Marta lo ocurrido. Me oyó sonriendo, y cuando hube terminado, me dijo:

–Querido rabí, visiblemente te protege el cielo; Jonadab es un partido excelente para Raquel; sólo que el corazón de tu hija...

Fruncí el ceño y pregunté:

–¿Pertenece a...?

–No, rabí, no te asustes; pertenece desde hace tiempo al joven Jonadab.

–¿Será posible? ¿Mi hija ya enamorada de él?

–Sí, ella no lo sabe; pero yo sí. Es una niña completamente inocente, y no se da cuenta de que su corazón es ya de Jonadab. ¿No te has fijado que siempre que llegan del desierto los recabitas, el joven Jonadab nos trae algún regalo? Pues si vieras qué gusto le da a Raquel que Jonadab nos traiga esos regalitos. Y nada te digo del gusto que tiene él cuando los recibe tu hija. En fin, no hay ninguna dificultad por parte de tu hija –terminó, riendo, Marta.

–Voy entonces a dar la noticia al patriarca.

—No hagas semejante barbaridad —exclamó Quarto—. ¿No ves con qué seriedad trata el anciano este asunto? Le causaría muy mala impresión tu ligereza.
—Creo que tienes razón; y entonces, ¿qué debo hacer?
—Tardar por lo menos ocho días en dar la respuesta. Sal con tu hija al templo a orar, para que te vean los recabitas con ella. Háblale como si le preguntaras algo, o trataras de persuadirla. Por supuesto, que a Raquel no le digas ni palabra; la pobre chica se asustaría de tanta solemnidad. ¿No te asustaste tú?
—Tienes razón —dije, riendo—. Pero al fin tengo que preguntarle a mi hija.
—Dentro de una semana hacemos aquí la comedia. Marta nos ayudará, y tu hija, sin decir palabra, nos manifestará sus deseos.
Así se hizo. Varias veces procuré ser visto en público por los recabitas acompañado de Raquel, hablando muy serio con ella, Y al fin de la semana, Marta me trajo a mi hija, y delante de Quarto, como quien trata de algo sin importancia, me dijo:
—Rabí, es necesario que vayas pensando en casar a Raquel, ya es una mujercita.
Raquel se puso roja; pero yo, riendo, añadí:
—Creo, Marta, que tienes razón. ¿Pero a quién escogeremos para su marido? —dijo Quarto—. Necesita ser un joven muy guapo, muy varonil, muy simpático: así como Jonadab.
La pobrecita de Raquel hundió su rostro en el pecho de Marta, ruborizada.
Entonces yo, atrayéndola a mí, le dije:
—¿Te gustaría Jonadab, hija mía? A mí me agradaría mucho.
Mi hijita me cubrió de besos por toda respuesta.
—Pues figúrate —repuso Quarto —que Jonadab, el viejo, ha venido a ver a tu papá para pedirte en matrimonio para su nieto...
Raquel, abrazada a mí, se echó a llorar de alegría.
—¿Te gusta? —dijo Marta con grandísimo cariño—. ¿Verdad que sí? No seas tonta; dímelo a mí en secreto.
Y mi hija, poniendo sus rosados labios al oído de Marta, le dio la respuesta.
—Pues bien —dije yo—: voy a responder al patriarca, que ya hace muchos días espera, lo mismo que Jonadab el joven. Nos iremos al Sinaí; allí pasaremos una muy agradable temporada; tú irás conociendo las costumbres de los recabitas, y si te gustan, todo se arreglará. ¿Estás contenta?
Nuevos besos de mi hija, con lo cual esa parte quedó solucionada.
Marta abrazó a Raquel, y, sin pérdida de tiempo, le fueron a comunicar la noticia a Myriam. Ella acarició y besó a mi hija, aprobando el noviazgo y bendiciéndola, con lo cual quedó más alegre que una sonaja.

—Ahora te falta la otra parte —dijo, riendo, Quarto—: que le lleves la noticia a Jonadab.
—Me has adivinado el pensamiento —exclamé—. ¿Qué hago?
—Hoy mismo mandas a Jonadab un recado muy atento pidiéndole te reciba mañana en su tienda. La respuesta será afirmativa, por supuesto. Mañana, acompañado del venerable Samuel y de una ristra de criados, te dirigirás, vestido suntuosamente, a la tienda del patriarca. Los criados, y yo con ellos, nos quedaremos a la puerta. Solamente entraréis Samuel y tú.
—¿Y después?
—Allí te las arreglas —terminó Quarto, soltando una carcajada.
En efecto, así se hizo; pero yo pasé una noche de insomnio; temí ponerme en ridículo. A Dios gracias, todo salió muy bien; sólo que Quarto, cuando regresamos, y estuve solo con él, ya se moría de risa comentando mi solemnidad. Y dejo que el que esto lea se suponga todo como pasó.

* * *

Pocos días después salía de Jerusalén una caravana rumbo al desierto. Marta iba acompañando a mi hija, ambas en su soberbio dromedario. Los demás preferimos hacer el viaje a caballo, escoltados por los recabitas. El patriarca era feliz, por no decir nada del novio, que no se separaba del dromedario donde iban las dos mujeres, las únicas de la caravana.
Nuestra llegada al Sinaí fue verdaderamente triunfal, pues el patriarca había mandado aviso de nuestra llegada. Al bajar del dromedario Marta y Raquel, fueron recibidas por la esposa del patriarca y la madre del novio, escoltadas por todas las mujeres de la tribu, arrojando las doncellas un diluvio de flores sobre la presunta esposa del joven Jonadab.
Dos semanas después, ya Raquel estaba hecha una verdadera recabita, con gran sorpresa de Sara, la venerable esposa del patriarca, y con notable satisfacción de éste, quien me dijo:
—Mi querido rabí, tu hija es un primor. Se ha ganado ya el corazón de todas las muchachas de la tribu, la estimación de las casadas y el respeto y la admiración de los recabitas. Pero quien más la quiere, y hasta la consiente, es Noemí, su futura suegra.
—Me da gran gusto y satisfacción la conducta de mi hija, y espero que se haga digna de ser algún día la esposa del patriarca de los recabitas.
Por mi parte, estaba encantado entre aquellos hombres de costumbres tan puras, convertidos ya a la doctrina de Cristo. La tribu recabita, según mi parecer, era el tipo de lo que debía ser una verdadera comunidad cristiana.
Jonadab, desde los primeros días, había suplicado a Pedro le diera uno de los discípulos de más espíritu para tenerlo en la tribu, con el objeto de que los fuera instruyendo y formar entre los jóvenes recabitas algunos que merecieran ser dignos de que Pedro les impusiera las manos. Pedro, ins-

pirado por Dios, le había encomendado esta misión a Sylas, que había conocido a Cristo, y era hombre de espíritu verdaderamente apostólico. Entre los recabitas, Sylas había encontrado un campo admirablemente preparado para su misión. En la tribu, el espíritu farisaico era completamente desconocido, y desde el día en que los jefes y buen número de hombres habían recibido el bautismo, descendiendo sobre ellos el Espíritu Santo, se habían dedicado en alma y cuerpo al servicio de Cristo, dando ejemplo a todos el venerable patriarca.

La vez primera Jonadab me llevó al edificio central ocupado por la sinagoga, como en otra parte conté; quedé sorprendido al ver en un tablado, al fondo del salón, erigido un altar, sobre el cual se destacaba una gran cruz. Asistí a la oración de la tarde. Se cantaron los salmos, y al final un coro de niños entonó el *Padrenuestro*.

Cuando salimos de la sinagoga, ahora convertida en centro de reunión de los fieles, era ya de noche, y las estrellas brillaban en el densamente oscuro cielo del desierto. Jonadab, viendo lo impresionado que estaba yo, me dijo:

—Ven, y subamos a las estribaciones de la montaña santa para contemplar desde allí mejor el firmamento.

Le seguí sin decir palabra, hasta que nos sentamos sobre una roca; entonces me dijo:

—Rabí, no me canso de dar gracias al cielo, no sólo por haberme conservado la vida para conocer y oír al divino Maestro, sino por haber, con la ayuda de Dios y de Sylas, podido formar esta comunidad en donde todos son un corazón y un alma. Yo veo esto como un premio del cielo por la pureza de costumbres de los de mi tribu. Ya desde la vez primera que estuviste entre nosotros pudiste observar la morigerada conducta de los míos, quienes, siguiendo el mandato de nuestro padre Recab, jamás han gustado bebida fermentada. Pero ahora que participan del cáliz consagrado, la conducta de los recabitas es ejemplar —y la voz del patriarca temblaba por la emoción; yo no estaba menos conmovido. Y luego, cambiando de tono, continuó—: La elección de tu hija Raquel para esposa de mi nieto es otra bendición de Dios. Entre nosotros, el matrimonio ha sido siempre algo muy sagrado. En otras partes, las nupcias son ocasión de grandes comilonas, para que, al fin, el hombre, si se cansa de su mujer, le dé el libelo de repudio. Entre nosotros, por bondad del cielo, nunca ha existido ni la poligamia ni mucho menos el divorcio. Por eso, cuando Jesús, reprochando justamente su dureza a Israel, a propósito del divorcio, dijo: «*¿No habéis leído que Aquel que al principio creó el linaje humano creó un solo hombre y una sola mujer, y que se dijo: Por tanto, dejará el hombre a su padre y a su madre, y se unirá con su mujer, y serán los dos una carne? Lo que Dios, pues, ha unido, no lo separe el hombre. A causa de vuestra dureza, os permitió Moisés el repudio; mas al principio no fue así*», yo me llené de gozo, y di gracias al cielo por haber nacido en mi tribu. Ahora bien

—continuó—: quiero que el matrimonio entre tu hija y mi nieto, que será quizá el último que vean mis ojos, sea celebrado con extraordinaria pompa; quiero que sea un modelo de matrimonios entre fieles de Cristo. Pasados los seis meses, serán los esponsales, y dentro de un año, quiera el cielo conservarme la vida, será el matrimonio.

* * *

Así fue, en efecto. Antes de mi partida, a los seis meses, tuvieron lugar los esponsales delante de los venerables jefes de los recabitas, firmando todos el acta.

Yo tuve que marchar con Quarto y Marta a Jerusalén, dejando a mi hijita Raquel en las buenísimas manos de Sara y Noemí en espera de regresar cuando se cumpliera el año.

—¿Y Rafaelito? —me preguntó Quarto, sonriendo.
—Que venga con nosotros —respondí.

Pero cuando interrogué a mi hijito, me manifestó que, si se lo permitía, mejor se quedaría con Jonadab, pues éste le había tenido siempre mucho cariño, y estaba muy contento con la vida de la tribu; además, añadió, que así estaría también con su hermanita.

Yo no tuve qué objetar, y le di el permiso con gusto, y él quedó sumamente contento.

Cuando nos despedíamos, notando que Rafaelito estaba más contento de lo que la separación requería, Quarto, observándolo, me dijo:

—No hay que extrañarlo; es muy joven, lleno de vida; esta existencia nómada tiene para él grandes atractivos, y además —concluyó guiñándome un ojo—, creo que en la tribu hay otra nietecita del patriarca que...

Y los dos nos pusimos a reír, mientras espoleábamos nuestras cabalgaduras.

33
NUEVOS CRISTIANOS

Revisando mis apuntes y documentos encuentro que desde la curación de Ozán, el tullido de la puerta Hermosa, la fama de Pedro se había ido extendiendo, no sólo por Judea y lo restante de Palestina, sino que había cruzado los mares. La razón era muy sencilla, Ozán, el tullido, era conocido por todos los israelitas de la Diáspora, esto es, por los que vivían en el Imperio romano. Cuando venían en peregrinación a la Ciudad Santa, y se encontraban con que el antes tullido saltaba y brincaba perfectamente sano, admirados le preguntaban ¿cómo había sanado?, Ozán les contaba la historia de su curación. Naturalmente, todos querían conocer y tratar a Pedro, que había obrado, en el *nombre de Jesús,* aquel prodigio. Y si a esto se añade que Pedro seguía haciendo curaciones hasta con su sombra, era natural que el prestigio del apóstol creciera más y más. Estos israelitas, al regresar a sus casas, contaban los prodigios, y, en consecuencia, a los que sólo conocían a Pedro por estas referencias, les venían grandísimos deseos de tratarle personalmente. De aquí que el apóstol recibiera constantemente peticiones de todos los lugares donde había comunidades de fieles para que fuera a visitarlos. Las curaciones que, en nombre de Jesús, obraba Pedro, eran las credenciales con las que el cielo confirmaba la misión del vicario de Jesucristo. Pedro, pues, empezó a visitar en Judea diversas comunidades para confirmarlas en la fe que habían recibido y organizarlas.

En una de estas excursiones, Pedro se dirigió a la costa por el camino de Jerusalén a Jaffa, y se detuvo en Lydda. Era esta población, no lejana a Arimatea y a unos doce kilómetros al sudeste de Jaffa, un verdadero jardín de naranjos y limoneros. Acompañaba a Pedro en esta excursión José de Arimatea, que fue quien me refirió lo que pasó en Lydda.

–La recepción de Pedro en Lydda –me decía José– fue sumamente cordial. Pedro se dirigió a la sinagoga, y empezó su predicación con el fervor y convencimiento de siempre. «El fue *testigo* –decía la gente–, él conoció al Maestro, y, sin temor a nadie, predica su pasión, muerte y resurrección».

–¿Y le traían enfermos para que los curara? –pregunté a mi amigo.

–Ya lo debes suponer –respondióme–; el deseo de obtener la salud es un incentivo poderosísimo para acudir a quien nos pueda curar. Pedro hizo muchísimas curaciones; pero la que más impresionó a la gente fue la de un paralítico llamado Eneas. Hacía ocho años que aquel infeliz estaba clavado en su lecho. Los familiares del paralítico rogaron al apóstol fuera a visitarle; yo le acompañaba.

–¿Y fueron otros acompañándole?

–Una gran multitud. Eneas era un hombre querido, pues cuando sano hacía numerosas limosnas, y muchos le visitaban, agradecidos, cuando quedó paralítico. Entró Pedro al cuarto donde Eneas yacía en el lecho. El pobre enfermo miró suplicante al apóstol, y éste, con una autoridad sublime, le dijo: *«El Señor, Jesús, te cura, levántate y haz tu cama».*

–¿Y se levantó?

–Inmediatamente, y sin dificultad ninguna hizo él mismo su cama; después de lo cual, en compañía de Pedro, salió Eneas por la ciudad de Lydda, y siguió con el apóstol hasta Sarona, acompañados de una inmensa multitud, que aclamaba al enviado de Dios.

–Las credenciales de Pedro –exclamé–. Las profecías de Jesús, el Hijo de Dios, se siguen cumpliendo: *«Y harán obras mayores que ésta»*, había dicho Jesús, refiriéndose a sus enviados.

–Pues espera –dijo José–, que voy a contarte otro prodigio mayor. Estas creenciales, como tú muy bien las llamas, causaron su efecto, pues

tanto de Lydda como de Sarona vinieron muchos ansiosos de pedir el bautismo.
—¿Y los bautizaba Pedro?
—Le hubiera sido imposible atender a esto; venían con nosotros varios diáconos, que lo administraban. Pedro se dedicaba al ministerio de la palabra de día y al ejercicio de la oración por la noche, siguiendo el ejemplo del Maestro. ¿Has estado en Jaffa? —me preguntó José.
—Ya lo creo, muchas veces. Allí llegan varios de mis barcos trayendo mercancías. Suelo hospedarme en casa de una mujer sumamente caritativa, la que en una ocasión me dio varias de sus joyas para venderlas, y repartir el precio a los pobres. Es un verdadero apóstol; con su caridad ha traído numerosos fieles a la fe de Cristo.
—¿Se llamaba Tabita?
—No, creo que se llama Dorcas.
—Que es la traducción griega de su nombre hebreo, que significa gacela. Pues voy a contarte lo que con ella pasó. Como has dicho, era una mujer sumamente caritativa. Ella misma les hacía vestidos a las viudas pobres y se los repartía, juntamente con dinero, uniendo a esto la limosna espiritual de la palabra, enseñándoles a amar a Cristo Jesús.
—Dices que se llamaba; ¿acaso ya murió? Sería una gran pérdida para la comunidad de fieles de Jaffa.
—Los milagros obrados por Pedro, en especial el de Eneas, en Lydda, fueron publicados por toda la comarca, y Jaffa no está lejos. Sucedió, pues, que mientras Pedro estaba en Lydda, Tabita murió en Jaffa. Fue una desolación para las viudas que socorría. Estas, agradecidas, lavaron el cuerpo de Tabita; pero antes de enterrarle, le pusieron en la sala de la casa de ella para velarla. Los hermanos de la comunidad estaban muy tristes por la muerte de una mujer que tanto les ayudaba en la propagación de la buena nueva. Sabiendo que Pedro aún estaba en Lydda, después de la curación de Eneas, le enviaron un recado con dos de ellos, rogándole que no se detuviera y viniera a Jaffa, pues había muerto Tabita. Pedro marchó en seguida, y no pudo menos de conmoverse ante la manifestación de duelo que hacían las mujeres, a quienes la difunta socorría, enseñándole los vestidos que les regalara.
—¿Y la resucitó?
—Pedro, habiendo echado fuera a los dolientes, que armaban mucho ruido con sus lamentaciones, subió a la sala donde reposaba el cuerpo de Tabita. Se puso el apóstol en oración durante mucho tiempo, y, con el rostro iluminado y con voz llena de autoridad, dijo: *«Tabita, levántate. Ella abrió los ojos, y viendo a Pedro, se incorporó. Y él le dio la mano y levantóla. Abrió la puerta Pedro, y llamando a los que fuera estaban, les entregó a Tabita llena de vida».*
—Supongo que las famosas viudas armarían un gran escándalo de pura alegría —dije.

–Así fue. Y no era para menos. Naturalmente, después de esta nueva credencial, muchos de los de Jaffa creyeron en el Señor. Tabita entonces rogó al apóstol que permaneciera en la población para instruirlos y organizarlos, ofreciéndole su casa. Pedro le prometió se quedaría allí una temporada; pero no admitió la oferta de la casa. Escogió, en cambio, la de un pobre curtidor llamado Simón, que tenía su albergue a la orilla del mar y fuera de la población. Quería pasar allí las noches quietamente en oración, lo que podía hacer desde la azotea de la casita del curtidor, ante la cual se extendía la inmensidad del mar.

La sorpresa que me dio Quarto fue tan grata como inesperada. Llegó, abrazándome y diciéndome:

–¡Hermano! Ya soy tu hermano.

Le miré con extrañeza, y le dije:

–Hace mucho que te considero como a mi hermano, como a mi mejor amigo.

Quarto, entonces, bañados los ojos en lágrimas, añadió:

–Hermano mío, ya soy cristiano.

–¿Y quién te ha bautizado? –le pregunté, extrañado–. ¿Te has circuncidado?

–No, no me he circuncidado; el cielo ya ha abierto la puerta de la fe al mundo pagano. Pedro me ha bautizado.

Era una cosa tan extraña entonces pensar que al reino de los cielos, prometido exclusivamente a los hijos de Abrahán, pudieran admitirse a otros que no fueran circuncidados, que me quedé perplejo.

–Explícate –le dije.

–No me extraña tu sorpresa, pero así es, como te lo he dicho; el reino de los cielos ha abierto sus puertas a todos los que creen en Cristo, en quien se cumplió la promesa que Yahvé hiciera a Abrahán. Como lo mandó el Maestro: «*Id y predicad a todas las gentes*». Ya el Evangelio es predicado también a nosotros los que éramos gentiles.

–¿Cómo ha podido ser esto? Explícate.

–¿Conoces a Cayo Cornelio? –me dijo Quarto.

–¿El centurión de la compañía Itálica, que reside en Cesarea?

–El mismo. Aunque soldado romano, es un varón piadosísimo.

–Ya lo creo que le conozco –repuse–. Es, como dices, un varón de Dios, lleno de fe, a pesar de ser gentil, como su hijo Cayo Oppio, del cual recuerdo dijo el Maestro que, como la de Cayo, no había encontrado fe en Israel.

–Pues éste es astilla de aquel palo. Cornelio tiene una fe como la de su hijo Oppio. Desde que vio lo que había pasado, primero en el Calvario y después en Pentecostés, creía firmemente en la divinidad de Jesús, el Hijo de Dios. Pero sabiendo que los gentiles no éramos admitidos en el reino de Cristo, con toda humildad oraba pidiendo a Dios que hiciera una excepción, y le admitiera a él y los suyos en el reino, como había admiti-

do a Dimas, el ladrón. Había leído en Tobías que la oración, reforzada por la caridad, tenía una fuerza inmensa delante del Señor, y hacía muchas caridades a los pobres y oraba con grandísima humildad y confianza varias veces al día.
 Yo estaba confuso oyendo hablar de esta suerte a un gentil.
 –Había leído, en la traducción de los Setenta, no pocos de vuestros libros; sabía de memoria los salmos, que frecuentemente recitaba con gran fervor. Pero desde que yo se la enseñé, su oración preferida era el Padrenuestro, que yo aprendí de los labios de tus hijitos. No puedes imaginar la impresión que me hacía ver al valiente soldado romano postrado exclamando: «Padre, Padre, Padre nuestro, que estás en el cielo... Venga a nosotros *tu reino*...» Y su oración fue escuchada, y el *reino de los cielos vino a él, y por él a nosotros los gentiles también*.
 Estaba admirado al oír hablar a Quarto de aquel modo; él lo notó, y me dijo, sonriendo:
 –No te admires, que yo *también he recibido al Espíritu Santo*. Espera, y lo sabrás todo.

* * *

 –Estaba yo en la casa de Cornelio –prosiguió Quarto–, cuando de pronto salió de su habitación excitadísimo. «*Acabo de ver manifiestamente* –nos dijo– *a un ángel de Dios. Espantado al verle, le dije: ¿Qué deseas, Señor? Y él me respondió: Tus oraciones y tus limosnas han subido como el humo del incienso a la presencia de Dios. Envía a Jaffa a hombres de tu confianza, y haz venir a Simón Pedro, que mora en la casa de Simón, el curtidor, junto al mar, y él te dirá lo que te conviene hacer*». Llamando a dos criados y a un militar muy piadoso, les ordenó que fueran luego a Jaffa a cumplir el mandato del ángel. Cuando oí que se trataba de Simón Pedro, a quien tanto conozco, quise acompañar a los emisarios. Llegamos al día siguiente a Cesarea, y los comisionados preguntaron por Pedro, el cual bajó de la terraza, donde se hallaba, y dijo a los enviados: «*Yo soy el que buscáis. ¿En qué puedo serviros?*» Y ellos le dieron el mensaje de Cornelio. Pedro, fíjate, los hizo entrar, y los hospedó aquella noche, a pesar de ser ellos gentiles.
 –¿Pedro hospedando a gentiles –exclamé casi escandalizado– sin temor de contaminarse? No lo puedo creer.
 –Pues así fue, y el caso es que yo, también gentil, entré con ellos en la casa del curtidor. Como Pedro y yo somos amigos antiguos, me contó lo siguiente: «*Era cerca del mediodía, y sentí mucha hambre; como la comida aún no estuviera dispuesta, subí a la terraza a orar. De pronto me sobrevino un éxtasis; vi que el cielo se abría y descendía un lienzo muy grande sostenido por los cuatro extremos, en el cual había una porción de animales: cerdos, lagartos, escorpiones y otros inmundos. Entonces oí*

una voz que me decía: Pedro, levántate, pues yo estaba postrado, mata y come. Horrorizado, respondí: *Señor, yo nunca he comido ningún animal de los que la ley tiene por inmundos*. Entonces la voz, por segunda vez, me dijo: *Lo que Dios limpió, no llames tú inmundo*. Estaba yo perplejo, y por tres veces sucedió lo mismo, hasta que el lienzo fue recogido y subió al cielo». «¿Y qué puede significar eso?» –pregunté a Pedro–. «En eso estaba yo pensando y meditando –me respondió el apóstol–, cuando el Espíritu me dijo: *«He aquí que tres hombres te buscan; levántate, pues, y desciende, y no dudes en ir con ellos, porque Yo les he enviado»*.

–¿Y eran gentiles los enviados? –insistí.

–No lo dudes, tan gentiles como yo –me respondió Quarto, que prosiguió–: Al día siguiente, Pedro, acompañado de seis hermanos y siguiendo a los emisarios, se dirigió a Cesarea. Cornelio ya le esperaba rodeado de sus parientes y los amigos más íntimos, y al verlo el centurión romano se arrojó a los pies de Pedro y lo adoró.

–¿Un romano, un centurión, a los pies de un judío adorándole? –repuse, pasmado.

–Pues así fue, y lo peor es que todos los gentiles, que éramos muchos, seguimos el ejemplo del centurión romano.

–¿Y Pedro qué hizo?

–Muy conmovido, tomó a Cornelio y lo levantó diciendo: *«Levántate, que yo soy un hombre como tú»*. Y levantándose Cornelio, los seguimos hasta la sala principal de la casa.

–¿Y los hermanos israelitas que iban con Pedro, también entraron a la casa del pagano? –pregunté.

–¡Qué habían de entrar! Se quedaron fuera; eso sí, atisbando por las ventanas lo que pasaba dentro –me respondió Quarto, riendo, y prosiguió–: Pedro, en pie, *como quien tiene autoridad*, habló de esta suerte: *«No ignoráis que es cosa abominable para un judío trabar amistad con un gentil, y más entrar en su casa, quedando por esto inmundo y manchado; pero Dios me ha enseñado a no tener a ningún hombre por impuro o manchado. Por lo cual, luego que he sido llamado por ti, centurión gentil, he venido sin la menor duda. Y ahora te pregunto: ¿por qué motivo me has llamado?* A lo cual Cornelio respondió, contándole la aparición del ángel y lo que le había ordenado. Entonces Pedro, con el rostro iluminado, habló diciendo: Verdaderamente he conocido que Dios no tiene acepción de personas, sino que cualquiera de cualquier nación que sea, si le teme y obra bien, merece su agrado». En seguida –prosiguió Quarto– Pedro empezó a evangelizarnos a Cristo, y dio después un solemne testimonio, diciendo: «Y nosotros somos testigos de las cosas que hizo en Jerusalén y Judea; no obstante lo cual, le colgaron en un madero. Pero Dios le resucitó al tercer día, y dispuso que se dejase ver de los predestinados por Dios para ser testigos. Sí, apareció a nosotros, que bebimos y comimos con Él después de resucitado. Y nos mandó que predicáramos y diéramos* *al pueblo testimonio de que Él, Jesús, es el constituido por Dios como Juez de vivos y muertos. Del mismo modo testifican todos los profetas que cualquiera que crea en Él, reciba, en virtud de su nombre, la remisión de los pecados...»* En este momento pasó algo extraordinario, Se sintió como un viento fortísimo que soplaba dentro de la casa. y todos los que estábamos en ella, con mechones luminosos sobre las cabezas, *recibimos al Espíritu Santo,* quien derramó entre nosotros sus dones.

–¿Y qué decían a esto los israelitas que estaban fuera? –le pregunté.

–Se quedaron azorados, viendo con sus propios ojos el prodigio de Pentecostés, que acababa de repetir *sobre los gentiles incircuncisos.* Y entre sí disputaban, espantados. Entonces Pedro, saliendo a la puerta, les preguntó: *«¿Quién puede negar el agua del bautismo a los que, como nosotros, han recibido también al Espíritu Santo?»* Y sin réplica, mandó a los diáconos que le acompañaban que bautizaran a todos. Cornelio y yo fuimos exceptuados, recibiendo el bautismo de manos de Pedro.

–Quarto– le dije, entusiasmado y conmovido–. Recuerdas cuántas veces me he hecho esta pregunta. ¿*Y ahora, qué?* No se me olvida.

–Pues bien: el cielo sigue respondiendo. El grano de mostaza ha ido creciendo, y sus ramas comienzan a extenderse mucho más allá de Israel. El cielo sigue acreditando a Pedro con estas nuevas credenciales, dando a entender que *él es la roca sobre la cual Cristo ha edificado su Iglesia.* Pedro, como cabeza, ha abierto las puertas del reino de los cielos a los gentiles, ya que es él a quien le fueron dadas las llaves.

Y, abrazando a mi nuevo hermano, quedamos el judío y el gentil unidos en la misma fe en Cristo y Dios y en el mismo bautismo.

34
EMPIEZA LA DESUNIÓN

–No acabo de entender –me dijo Quarto– el empeño de que hemos de circuncidarnos que tienen tus paisanos que se dicen cristianos.

–¿Para ser ciudadano romano –le respondí– se necesitan algunos requisitos?

–Seguramente –replicó.

–Pues bien, para pertenecer al pueblo escogido, para ser ciudadano con privilegios concernientes desde el tiempo de Abrahán, Yahvé nos impuso la circuncisión. En el capítulo 17 del *Génesis* se da cuenta del pacto que hizo Yahvé con Abrahán, cuando le cambio el nombre por el de Abrahán, como padre que había de ser de muchas gentes. En premio de su fe, Yahvé le hizo la promesa de que de su descendencia nacería Aquel en el cual habían de ser benditas todas las naciones de la tierra. Iba, pues, a nacer de Abrahán un *pueblo escogido* que no debería confundirse con ningún otro. Así que Dios le dijo a Abrahán que, para guardar su pacto y la

III. ¿Y AHORA, QUÉ?-34. EMPIEZA LA DESUNIÓN 733

posteridad de Abrahán después de él, le ordenaba que: «*Todo varón de entre vosotros fuera circuncidado para que sea ésta la señal de alianza entre Mí (Yahvé) y vosotros*». Más aún, añadió Yahvé: «*Y el varón que no fuere circuncidado será raída su ánima del pueblo escogido, porque invalidó mi pacto*». y Abrahán era de noventa y nueve años cuando se circuncidó, y ese mismo día fueron circuncidados todos los varones de su casa.

—¿De manera —dijo Quarto— que para pertenecer al pueblo escogido es indispensable circuncidarse?

—Mientras esté en vigor la Ley de Moisés, así debe de ser; pero según lo que me acabas de contar de la visión de Pedro en Cesarea, comienzo a vislumbrar que ya mi pueblo no será el único escogido, sino que la bendición de ser hijos de Dios se extenderá a todos los que crean en Jesús, el Hijo de Dios, aunque sean gentiles como tú.

—Pues no te quepa duda —repuso Quarto— que así es, y Pedro no sólo lo ha proclamado, sino que, a pesar de la oposición de los que le habían acompañado, mandó que, sin haber sido circuncidados, todos los que creíamos en Cristo, el Hijo de Dios, fuéramos bautizados, ya que el Espíritu Santo había descendido sobre nosotros.

—Mucho temo —repuse— que, aunque así deba de ser, ya que *«Él vino a los suyos, y los suyos no le recibieron»*, esta determinación va a crear una terrible oposición, no sólo entre los judíos, sino aun entre los ya bautizados del pueblo de Israel.

—Entre los judíos, lo comprendo —replicó Quarto—; ¿pero también entre los ya bautizados?

—También —respondí—. Como tú sabes bien, los ciudadanos romanos son muy pocos en comparación de todos los sometidos a Roma. Figúrate que un emperador decretara que todos los sometidos a Roma, aun las naciones bárbaras, los esclavos fueran admitidos sin dificultad a la ciudadanía romana, ¿crees que semejante decreto no en contraría terrible oposición de los patricios, los quírites y aun del mismo pueblo romano? ¿Crees que el Senado, por corrompido que estuviera, dejaría pasar sin protesta una ley que igualara a los romanos con los bárbaros, con los esclavos?

—Esa ley, ciertamente, no pasaría, y el emperador que se atreviera a proponerla no tardaría en encontrar un Bruto que le suprimiera.

—Pues figúrate lo que sentiremos los hebreos de pura raza al ver que se abren de par en par las puertas del pueblo de Israel a los paganos, a los incircuncisos, a los animales inmundos, que eso son para nosotros los gentiles. ¿Qué sentiremos al pensar que la promesa hecha a los descendientes de Abrahán va a extenderse a todas las naciones? Tú sabes bien, mi querido Quarto, cuánto te quiero y estimo, pues te lo confesaré; cuando me contastes la revelación de Pedro en Cesarea, y cómo tú, mi amigo del alma, siendo pagano habías sido admitido al bautismo sin haber sido circuncidado, sentí que mi naturaleza de judío se sublevaba.

–Te comprendo –repuso mi amigo–; pero vosotros tuvisteis la culpa. Hasta el mismo día en que Jesús entró triunfante en Jerusalén, os propuso la paz, y tus hermanos gritaron: «*No queremos otro rey que a César*». Muy justo es que el Rey de la paz extienda su reino a los súbditos de César.

–Después que me contaste la visión de Pedro en Cesarea, y cómo él, con la autoridad innegable que Cristo le dio sobre su Iglesia, había abierto las puertas del reino de los cielos a los gentiles, me quedé meditando en esto, y recordé las palabras del Maestro al ver Jerusalén y el templo desde el Olivete: «*¡Ah, si tú reconocieras en este día lo que puede darte la paz! Mas ahora están cubiertos tus ojos. Porque vendrán días sobre ti en que tus enemigos te cercarán de trincheras, y te pondrán cerco, y te estrecharán por todas partes; y te derribarán en tierra y a tus hijos que están dentro de ti, y no dejarán de ti piedra sobre piedra, por cuanto no conociste el tiempo de tu visitación, al ver la ciudad lloró sobre ella*», juntamente me acordé de los gritos de los pontífices y del pueblo: «*¡Crucifícale! No queremos otro rey que el César*». Y al ver ya abiertas las puertas del reino a los gentiles, yo también lloré por mi pueblo, pues sé que se cumplirán las palabras del Maestro, y entonces Israel perderá, como nación, el derecho al reino. Una sola idea me consuela: muy grande debió ser el amor de Cristo a su pueblo, cuando, al pensar en su destrucción, lloró. Y las lágrimas del Hijo de Dios algún día lavarán el deicidio de Israel.

Estábamos en esto, cuando llegó Nicodemo.

–Querido Ben Hered –me dijo–, los apóstoles y los hermanos están escandalizadísimos de la conducta de Pedro en Cesarea. Santiago, como obispo de Jerusalén, es el que parece más preocupado, pues no entiende la conducta de Pedro. Juan le ha aconsejado esperar hasta que Pedro, a quien todos reconocemos como cabeza, venga a él y nos explique las razones que haya tenido para tratar con gentes que no están circuncidadas y comer con ellas.

–De eso precisamente hablábamos Quarto y yo –dije–. Sólo que no me había detenido, ni aun siquiera pensando, en esa niñería farisaica de no tratar ni comer con los que no son de nuestro pueblo.

–¿Y llamas a eso niñería? –preguntó, muy serio, Nicodemo.

–Lo llamo niñería, porque es solamente una de tantas disposiciones farisaicas que *no están en la Ley*. De ser así, el Maestro nunca hubiera permanecido dos días entre los samaritanos, ni hubiera ido a comer con publicanos y pecadores, ni entrado en casa del centurión pagano.

–Tienes razón –según Nicodemo–. Está prohibido por la Ley el que los de nuestro pueblo se casen con mujeres de los incircuncisos, para que así no se mezcle la sangre del pueblo escogido con la de los gentiles; pero lo de no tratar, y menos comer con ellos, es sólo una de las tradiciones farisaicas, pero no niñerías.

–Acuérdate –interrumpió Quarto– lo que a tus compañeros les dijo el Maestro: «*Bellamente hacéis vano el mandamiento de Dios por guardar vuestra tradición»*. Y creo –añadió con sorna– que eso de comer sin lavarse las manos, de lo que se quejaban los fariseos, será una porquería, pero no un precepto digno de Yahvé, a pesar de que conoce lo sucios que son tus paisanos.

Nicodemo quedó un tanto cortado con la salida de Quarto, y yo, entonces, proseguí:

–Mi buen Nicodemo, creo que esa historia de comer con los gentiles va a traer más de un quebradero de cabeza a los apóstoles, por ser una de las niñerías más arraigadas entre vosotros. Lo que podría excusar esa idea es el que los gentiles sirvieran a su mesa manjares prohibidos por la Ley; pero si los gentiles son vegetarianos o le ofrecen a uno pan, queso, vino y miel, no veo por qué no participar de su comida. Quarto come a mi mesa hace mucho tiempo. Lo que sí tiene mucha mayor trascendencia, a mi parecer, es que sean admitidos los gentiles al bautismo sin antes ser circuncidados.

–No había yo reflexionado en eso –repuso, modestamente, Nicodemo–, pues la acusación contra Pedro era: *«¿Por qué entraste a visitar gentes que no son circuncidadas y comiste con ellas?»* Pero, al fin, llegó Pedro, y les dio una lección muy bien dada con gran autoridad y al mismo tiempo con grandísima humildad.

–¿Qué les dijo?

–Pues nada; les contó sencillamente lo que había pasado, lo cual ya me lo contó Quarto, uno de los interesados.

–Terminó Pedro, diciendo: *«Y cuando comencé a hablar, descendió el Espíritu Santo sobre ellos, así como sobre nosotros al principio. Pues si Dios dio a aquellos la misma gracia que a nosotros, que creímos en el Señor Jesucristo, ¿quién era yo que pudiera estorbar la obra de Dios?»*

–El argumento es contundente –interrumpió Quarto–. Fue el mismo que Pedro usó en Cesarea, después de lo cual fuimos los incircuncisos bautizados.

–Lo mismo pasó aquí –terminó Nicodemo–; *pues cuando esto oyeron, no sólo callaron, sino que glorificaron a Dios, que también ha concedido penitencia a los gentiles para que puedan lograr la vida eterna.*

–Pero si callaron me parece que es porque no comprendieron la trascendencia de esta solemnísima proclamación de Pedro, y, sin duda, tomaron como una excepción a éstos sobre los cuales bajó ostensiblemente el Espíritu Santo, lo que es ya una concesión para *todos aquellos que creen en el Hijo de Dios* –dije.

–Ahora que haces esa reflexión –añadió Nicodemo–, veo que tienes mucha razón. Santiago el Menor quedó insistiendo en que no había que comer cosas sacrificadas a los ídolos, ni sangre, ni animales ahogados, pareciéndole esto algo indispensable...

–Y luego dicen que éstas no son niñerías –interrumpió Quarto–. De las cosas sacrificadas a los ídolos, muy bien está que no se participe; pero eso de no comer las gallinas porque les torcieron el pescuezo, ni comer morcilla...

–Mira, Quarto –le dije–, esas costumbres judías tú no las entiendes, y mejor es que no hables.

35
EL TEJEDOR DE TIENDAS

Había yo regresado al campamento de Jonadab, en el Sinaí, para asistir al matrimonio de mi hijita Raquel.

–Mi querido Ben Hered –me dijo el anciano patriarca–, deseo enseñarte algo verdaderamente extraordinario: la tienda en que habitarán los futuros esposos. Sin exageración, puedo decirte que ni el mismo rey Salomón tuvo una tan hermosa y bien acabada.

En efecto, cuando la vi, aún no terminada, y palpé el material de que estaba hecha, le di la razón a Jonadab. Era una tienda digna de un rey.

–Lo que más va a llamarte la atención es que este tejido no ha sido hecho por un recabita, sino por un extraño. Por ese hombre que ves allí sentado trabajando, cuyo nombre es Saulo.

Éste se levantó a saludarnos.

Relativamente joven, bajo de estatura y algo cargado de hombros, tenía una cabeza digna de atención. De cara ovalada, nariz aguileña, barba poblada, con una frente despejada y bajo sus pobladas cejas se veían brillar dos ojos negros, casi podría decirse chispeantes. Después de saludarnos, se dirigió de nuevo a su trabajo.

Sylas nos acompañaba.

–Por recomendación de Sylas –dijo el patriarca– le admití, y, ciertamente, no me he arrepentido. A más de diestro tejedor, como lo has visto, es un hombre admirable y extraño. Por más que he insistido, no ha querido recibir retribución de su excelente trabajo, sino la ordinaria comida, pues ni aun ha admitido un albergue en el campamento. Terminado su trabajo, y después de su frugal refección, va a nuestra *ecclesia,* pasa allí un gran rato orando; toma parte en nuestras oraciones, y ya de noche se dirige a la montaña, donde ha escogido una cueva por morada.

–¿Cómo dices que se llama? –pregunté al patriarca.

–Saulo de Tarso –me respondió Sylas, sonriendo.

–Saulo de Tarso aquí –dije, casi espantado–, ¿el mayor enemigo de los fieles de Cristo?

El buen Jonadab no estaba menos admirado que yo al oír aquel nombre tan temido de Jerusalén a Damasco.

–Si yo le admití –dijo el anciano– fue por recomendación expresa de Sylas.

III. ¿Y AHORA, QUÉ?-35. EL TEJEDOR DE TIENDAS

–Hace ya diez meses que trabaja con nosotros –repuso el aludido, sonriendo–, y creo que no habrás tenido motivo para arrepentirte, y menos lo tendrás cuando sepas la historia de este hombre extraordinario. Esta noche –continuó– voy a invitar a Saulo a que nos cuente su vida.

Y así se hizo en la tienda del patriarca, delante de un reducido número de oyentes entre los cuales estábamos Quarto y yo.

Cuando entró Saulo, los que estábamos allí nos levantamos para saludarle, a cuyo saludo respondió muy cortésmente, y, sin preámbulos, empezó así:

–Invitado por el venerable patriarca por conducto de mi carísimo Sylas a contarles mi historia, accedí gustoso. Me llamo Saulo de Tarso, lugar de mi nacimiento. Mi padre fue un rico tejedor de tiendas, y allí aprendí el oficio. Cuando Pompeyo estuvo en Tarso, mi padre le recibió en su casa, por lo cual Pompeyo, agradecido, le concedió la ciudadanía romana a él y a sus descendientes. Soy, pues, aunque hebreo de la tribu de Benjamín, ciudadano romano...

Al oír esto, Quarto no pudo menos de levantarse y apretar la mano de Saulo, diciendo:

–Yo también soy ciudadano romano.

–De niño –prosiguió Saulo– fui muy dado a los ejercicios de carrera y salto, debido a lo cual tengo esta deformidad que me mereció el nombre de Saulo, que, como sabéis, quiere, decir el que anda como ganso.

No pudimos menos de sonreír al oír esta llana explicación de su nombre, con lo cual ganó, desde luego, la voluntad de todos los presentes.

–Bien pronto mi padre, hebreo de pura sangre y ardentísimo partidario de la escuela farisaica, me mandó a una de ellas, donde me imbuí desde muy temprano en sus doctrinas. Era la secta de los defensores acérrimos de la Ley, de los verdaderos patriotas contra toda intromisión extranjera, enemiga de los saduceos, amigos de Roma –y sonriendo, miró a Quarto, que a su lado estaba–. Ya mayor, fui enviado a Jerusalén a cursar la escuela de Gamaliel, donde me encontré a un joven de extraordinarias prendas, igualmente amante de su patria, con quien hice, desde luego, muy buenas migas; se llamaba Esteban...

Al notar la cara de extrañeza que pusimos al oír este nombre, Saulo, en tono triste, añadió:

–Sí, éramos los mejores amigos, hasta que más tarde la diferencia de pareceres me separó a mí de él, hasta el punto de haber sancionado su muerte con mi presencia. He amado –prosiguió con exaltación– a mi patria, a mi religión y a los míos hasta el fanatismo. Cuando entendí que había nacido una nueva secta, que, creciendo rápidamente, amenazaba acabar con mi religión, la única que tenía por verdadera, si no se ponía coto a su crecimiento, marché de Tarso a Jerusalén. Lo que vi me llenó de tristeza, de indignación y de rencor contra los traidores a su pueblo y a su religión, que iban engrosando, día a día, las filas de los nazarenos. Cuando supe que Esteban, mi amigo, era uno de ellos, traté de persuadirle del error en que estaba. Pero él, con una fuerza sobrehumana, y fundándose en la Ley, destruía con extraordinaria facilidad todos mis argumentos. Entonces pensé que este hombre, que me había vencido a mí con tanta facilidad, era entre todos los demás el más terrible. ¿Iba yo a tolerar que la religión de Yahvé, la única verdadera, corriese peligro de ser destruida? Si no había otros que defendieran la causa del único verdadero Dios, allí estaba yo para defenderla aun a costa de mi vida. ¡Dichoso me juzgaba de morir por tanta causa! Entonces empecé la lucha. Discutí con Esteban en la escuela de Gamaliel y aquél, con una paz y un semblante de ángel y una erudición pasmosa de la Santa Escritura, hizo trizas todos mis argumentos, sin lograr convencerme. Ni él ni hombre alguno hubiera sido capaz de convencerme de que el templo, la morada de Yahvé, debía ser destruido, la Ley abrogada, mi nación dispersada, y, sobre todo, que la promesa hecha únicamente a Abrahán y a los de su estirpe había de pasar a los incircuncisos. Estas proposiciones para mí, hebreo de cepa, fariseo de convicción, eran verdaderas blasfemias, y la Ley, la Ley sacrosanta para nosotros, mandaba que el blasfemo muriera, fuera apedreado. Para mí, Esteban era un blasfemo, y merecía esa muerte. Los ancianos de Israel y el pueblo lo sentenciaron, y yo aprobé la sentencia, y fui testigo de su heroica muerte. Él moría por una verdad que yo estimaba por blasfemia. Mas antes de expirar, Esteban me miró cuando decía: «*Señor, no les imputes este pecado*». Y mi respuesta interior fue: «Todos los que, como tú, blasfeman diciendo que el Nazareno está a la diestra de Dios, sufrirán la misma suerte que tú; la Ley debe cumplirse». Y pensaba y meditaba en la actitud del profeta Elías mandando degollar a los sacerdotes de Baal, y pedía yo a Dios me diera como a Eliseo el espíritu doblado del profeta para que mi mano no temblara al destruir a los enemigos de mi Dios, mi Ley y mi pueblo. Todos los días iba al templo, y postrado ante el Señor, oraba por que me diera fuerza para acabar con sus enemigos, como lo hiciera el rey David. La muerte de Esteban, en lugar de calmar, enardeció mi celo, y respirando amenazas y muerte contra los discípulos del Nazareno, fui por la ciudad en busca de sus secuaces; entraba en las casas, y arrestando hombres y mujeres, los mandaba a las cárceles. Todos los que pudieron huyeron de esta persecución, hasta que pareció no haber ya más nazarenos en Jerusalén. Pero sabiendo que muchos habían ido a Damasco, demandé del príncipe de los sacerdotes letras a las sinagogas de Damasco, para que si hallase algunos hombres o mujeres de esa secta los trajese presos a Jerusalén. Estaba yo dispuesto a ir a las regiones más apartadas para extirpar a los enemigos de mi Dios, mi Ley y mi pueblo...

Yo estaba emocionadísimo con el discurso de aquel hombre, verdaderamente sincero. Por su boca hablaba mi raza...

–Éste era, en parte, el estado de mi espíritu cuando partí rumbo a Damasco, pues no podía apartar de mi mente los ojos y las palabras de aquel amigo cuya muerte yo había aprobado. Sus ojos me miraban, no con odio, sino con un amor inmenso, mientras sus labios parecían decirme: «Te perdono y pido al *Señor Jesús* no te sea imputado este pecado...» Por otra parte, las palabras de Gamaliel zumbaban en mis oídos: *«Mas si es de Dios no las podréis deshacer; no seáis tal vez hallados resistiendo a Dios...»* Estaba ya Damasco a la vista, y yo, apretando contra mi pecho las cartas que traía para prender a los nazarenos, dije: «Esta obra es contra Dios... no puede ser de Dios; y si no es de Dios, yo ayudaré a destruirla...» No bien había yo pronunciado estas palabras en mi corazón, pidiendo a Yahvé su ayuda..., *«cuando súbitamente me cercó un resplandor de luz del cielo, y, cayendo del caballo por tierra, oí una Voz»* como jamás había yo oído; era una Voz llena de amor, con cierto dejo de queja... Volviendo mis ojos hacia el cielo, le pregunté: *«¿Quién eres, Señor?»* Entonces *Él* me miró con ternura inmensa y dijo: *«Yo soy Jesús, a quien tú persigues».* Y luego, elevando su llagada mano en tono de amorosa advertencia, añadió: *«Recia cosa es para ti dar coces contra el aguijón».* Estaba yo temblando despavorido, y mirándolo con profunda humildad le respondí: *Señor, ¿qué quieres que haga?»* Al escuchar mi sincera respuesta, me sonrió y dijo: *«Levántate y entra en la ciudad, y se te dirá lo que debes hacer».* Y la visión desapareció, quedando para siempre grabada en mi mente. Me levanté, pero por más que abría los ojos no veía nada. Estaba ciego del cuerpo, como hasta aquel momento había estado ciego del alma. Los que me acompañaban habían oído la Voz..., pero no la habían visto como yo. Estaban atónitos y sin saber qué hacer al verme ciego. «Llevadme —les dije— a la ciudad». Y de la mano me condujeron a la casa de un cristiano llamado Judas, quien, al verme ciego, sin preguntar quién era yo, me recibió con gran caridad y me llevó a su propia cámara... «¿Qué quieres y en qué puedo servirte?», me preguntó. «Por amor del Señor Jesús —le respondí—, déjame solo, déjame orar». Por más que me rogó, durante tres días no quise tomar alimento alguno; y todo este tiempo no hice sino *orar,* pidiendo al Señor Jesús, a quien yo había en los suyos perseguido, perdonara mi ceguedad y mandara lo que debía hacer añadiendo: *«Domine, fact ut videam».* (Señor, haz que yo vea.) Pero no me refería a la vista corporal que había perdido, sino a la del alma. Tres días pasé en mi humilde y constante oración, cuando llamó a la puerta un hombre llamado Ananías. Se acercó a mí, y, poniendo cariñosamente sus manos sobre mi cabeza, me dijo: *«Saulo, hermano, el Señor me ha enviado, el Señor Jesús, el que tú viste en el camino por donde venías, a fin de que cobres vista y seas lleno del Espíritu Santo».* Me llevé las manos a los ojos, y cayendo unas como escamas empecé a ver de nuevo. Todo estaba cambiado para mí; era yo otro hombre, un hombre nuevo. Los que me rodeaban me veían aún con gran temor como al perseguidor implacable. Por algunos minutos permanecí en silencio. Después, arrodillándome ante Ananías, le tomé las manos y exclamé: *«Creo, creo* en el Señor Jesús, que me ha dado no sólo la vista

del cuerpo, sino la del alma: *creo que el Señor Jesús es el Mesías prometido, el Hijo de Dios...* Quiero ser bautizado...» Y con el agua que había en una jarra, vertiéndola sobre mi cabeza, Ananías dijo: «Pablo, yo te bautizo en el nombre del Padre y del Hijo y del Espíritu Santo».
Y Saulo o Pablo, sin decir más, salió de la tienda y marchó a su cueva en la montaña del Sinaí.

36
CONVERSANDO CON JONADAB

Desde aquella noche todos miramos a Pablo con grandísimo respeto; tanto más que poco a poco tuvimos noticias, por Sylas, de cómo el mismo Señor Jesús lo había escogido por «vaso de elección» para llevar su nombre a los gentiles.
–¿Cuándo piensas que sea el matrimonio? –pregunté a Jonadab.
–Como nuestros matrimonios –me respondió el patriarca– se hacen por la noche, según costumbre inmemorial, espero que la luna llegue a su plenitud.
Una noche de luna en el desierto es algo maravilloso, por la claridad de la atmósfera. Cada noche, Jonadab, Quarto y yo subíamos a la sagrada montaña a contemplar el empíreo tachonado de estrellas. Allí el patriarca nos daba cuenta de las costumbres de la tribu, que se remontaban a tiempos antiquísimos.
–El modelo de nuestros desposorios –me decía Jonadab– ha sido siempre el del joven Tobías. Por tres noches los recién casados oran fervorosamente a Yahvé, purificando así sus almas antes de unirse en el santo consorcio de los patriarcas. «*Escúchame, dijo el ángel Rafael al joven Tobías, que yo te enseñaré cuáles son aquellos sobre quienes tiene potestad el demonio. Los que al abrazar el matrimonio apartan de sí y de su mente a Dios, entregándose a su pasión como animales sin entendimiento, ésos son sobre quienes tiene potestad el demonio. Mas tú cuando hubieres entrado en el aposento de tu esposa, no te llegarás a ella en tres días, y no te ocuparás en otra cosa sino hacer oración en compañía de ella... Pasada la tercera noche, te juntarás con ella, en el temor del Señor, llevado más bien del deseo de tener hijos que de la concupiscencia, a fin de conseguir en los hijos la bendición propia del linaje de Abrahán*».
–Con razón –exclamó Quarto entusiasmado– tu tribu es un glorioso ejemplar, no sólo de costumbres puras, sino que sus miembros son magníficos tipos de hombres viriles, llenos de salud; tienen una mente sana en un cuerpo sano, y llegan a edad avanzada. Me he fijado en especial en los niños. No he visto chicos tan sanos, rollizos y bien desarrollados en ninguna parte de las muchas que he visitado.
Jonadab sonrió lleno de santo orgullo.

—¡Qué diferencia —dije yo— entre los niños de una tribu y los escuálidos y sucios de Jerusalén!...

—Y nuestras mujeres —añadió el patriarca—, a más de la pureza de sus almas, que es lo principal, cuando jovencitas son de una gracia corporal por muy pocas mujeres superada.

—Y las madres —interrumpí—, según me lo ha hecho observar Marta, que ha vivido entre ellas, son el verdadero tipo de la mujer fuerte de que nos hablan los *Proverbios*.

—Así es verdad, por lo general —repuso Jonadab, con la voz temblándole por la emoción—. Y esto es debido, a más de la especial Providencia de Dios sobre nuestra tribu, a nuestros castos connubios, a la exclusión absoluta de toda bebida embriagante y al cuidado especialísimo que tenemos los ancianos de separar de nosotros a los que son piedra de escándalo. Como por nuestra vida errante tenemos que ponernos en contacto con los habitantes de ciudades pervertidas, casi no hay vez que al regresar a nuestros aduares del desierto tengamos que expulsar de entre nosotros a dos o tres familias, cuyos jefes se han hecho indignos de ser llamados hijos de Recab.

—De suerte —preguntó Quarto—, ¿qué arrojáis de vuestra tribu tanto al hombre culpable como a la familia inocente?

—Con todo dolor de nuestro corazón —dijo el patriarca—, así hay que proceder. Pero no creas que los enviamos con las manos vacías. Después de una investigación sumamente escrupulosa y justa, habiendo dado al acusado toda clase de facilidades para defenderse, una vez que se le ha encontrado culpable de ebriedad, inmoralidad o robo, con toda cortesía se le invita a él y a su familia a separarse de la tribu. Con toda equidad se le dan todos los bienes que posee, consistentes en ganado principalmente, y se le entrega su tienda; y de un fondo destinado al efecto, se le da una suma respetable. Para que pueda por su cuenta seguir viviendo honradamente en otra parte, pero lejos de nosotros. El bien público de la tribu así lo exige, y bien sabe el cielo con cuánto dolor de nuestro corazón tenemos que proceder así, sin excepción alguna.

Y la voz del anciano se anubló por las lágrimas. Pues, como más tarde supe, así había tenido que proceder con uno de sus propios hijos.

—Esto que has dicho —interrumpí— me da una idea del honor que tú y tu tribu nos ha hecho al admitir a Raquel, mi hija, por esposa de uno de tus nietos, y a mi hijo Rafael por marido de una joven de tu propia familia...

—Por largos meses tuvimos juntas todos los ancianos de la tribu cuando mi nieto me manifestó su deseo de tomar a tu hija por esposa. Había dos caminos que seguir: o que mi nieto se separara por completo de la tribu para contraer el matrimonio por él deseado, o estudiar muy a fondo el carácter de tu hijita para ver si la podíamos admitir en nuestro seno. Gracias al cielo, con indecible consuelo nuestro, hemos tenido la honra de admitir a tu hijita en nuestra tribu. De tu hijo, a quien tanto he querido siempre, no fue tan difícil el asunto. Sabemos que tarde o temprano tendrá que dejar nuestra vida errante, llevando consigo a su familia con toda la aquiescencia de los nuestros, quienes no han tenido dificultad en dar en matrimonio a una de las jóvenes más completas de la tribu a un joven de las prendas de tu hijo, a quien el cielo bendiga.

–Bien comprendo –repuse– de cuánta mayor importancia es para vosotros el enlace de mi hija quien llegará a ser, Dios lo quiera, madre de un jefe de la tribu, que el de mi hijo...

–No te extrañe –añadió Jonadab– la comparación que voy a hacer, aunque en la proporción debida, pues sabes que somos los recabitas los que criamos los caballos mejores del mundo. De cuando en cuando hacemos cruzamientos con otras razas, pero tenemos cuidado extraordinario en la elección de las yeguas, pues si es cierto que la fuerza y el vigor del caballo viene del padre, la delicadeza, la esbeltez y la agilidad vienen de la madre.

No pude menos de sonreír viendo a dónde iba la comparación, sumamente propia en boca de un experto criador de caballos.

–Pues bien –prosiguió el patriarca–, si para el cruzamiento de nuestros caballos tenemos tanto cuidado, ¿no debemos tener un cuidado sumo cuando se trata de introducir a una mujer extranjera a formar parte de nuestra tribu?... La influencia de la mujer en la familia y en la sociedad es de consecuencias muy trascendentales. Desgraciadamente, la mujer ha sido en el mundo pagano, y aun en el pueblo escogido, considerada como *una cosa;* no se le ha dado el lugar que le corresponde de compañera, de ayuda del varón, como lo dijo el Señor en el Paraíso. Entre nosotros no ha sido así, como tú mismo lo has podido comprobar.

–En efecto –repuse–; la mujer recabita, como antes dije, es el tipo de la mujer fuerte de los *Proverbios.*

–Ahora bien –prosiguió el anciano con gran solemnidad–, el mundo actual se encuentra en un estado de transición, de verdadera revolución por lo que a la mujer toca. Cristo ha elevado de manera sublime a la mujer, antes o arrinconada o cubierta de fango. Cristo, el Hijo de Dios, no sólo ha abolido la poligamia, sino que ha cerrado las puertas al divorcio, restituyendo la unión del hombre y la mujer al estado primitivo. La mujer ya no es una sierva, una manceba; es la compañera del hombre con quien legítimamente se une mientras le dure la vida.

Después, con gran exaltación, continuó el anciano:

–Mirad a Cristo en sus relaciones con la mujer. Contra el uso común, deja que las mujeres le sigan y le sirvan. Vedlo en casa de Lázaro, sentado con Marta y María, platicando con ellas, comiendo en su compañía... Contempladlo en casa de Pedro, curando a su suegra y comiendo lo que ella le sirve. Miradlo enderezando a la infeliz encorvada en la sinagoga. Escuchadlo llamando «hija» a Verónica, a quien cura del flujo de sangre. Vedlo defendiendo a Magdalena en el banquete de Simón, y perdonándole los pecados. Pero, sobre todo, entusiasmados con su caballerosidad cuando alza del cieno a la adúltera, defendiéndola de sus hipócritas acusadores.

Quarto no pudo contenerse, y tomando la mano del anciano se la besó.

—Pero aún hay más. Ya resucitado, escoge a las mujeres, y, antes que a nadie, aun antes que a los apóstoles, se les aparece, encomendando a ellas el dar testimonio de su resurrección... Esta conducta del Maestro ya se siente profundamente en la nueva sociedad por Él fundada, pues sus apóstoles y discípulos van por el camino que Él les trazara. Ahora bien: mi querido Ben Hered, las mujeres de mi tribu, aunque de gran pureza de costumbres, nunca tuvieron la dicha de estar en contacto con el Maestro, a quien conocían por nuestras relaciones, pero desde lejos. Cuánto hubiera deseado traerlo a nuestros aduares para que ellas lo conocieran y Él bendijera a ellas y a sus hijos!... Pero no tuve esa dicha... Sin embargo, Él oyó mi oración de modo inesperado. Cuando mi nieto me dijo que amaba a tu hijita y me pedía licencia para unirse a ella en matrimonio, mi corazón se llenó de gozo. Yo conocía a Raquel. ¡Cuántas veces se había sentado a mis pies oyendo la historia de nuestra tribu! Conocía su inocencia, su inteligencia y su piedad. Pero esto era lo de menos: ella no sólo había conocido al Maestro, sino que Él la había enseñado a orar y, lo que es más, la había bendecido repetidas veces. Era la mujercita ideal para mi tribu. Ella nos haría amar al Maestro, ella nos contaría lo que había visto, lo que había oído de sus labios. Y a esto se añade que Raquel, a más de discípula predilecta de Marta, la mujer de la fe y de la confianza, era la preferida de Myriam, la Madre de Jesús, a cuyas plantas había aprendido a amarle, lo mismo que Rafaelito. ¿Qué más podía yo pedir al cielo para mi tribu?...

Y el anciano calló, pues la emoción no le permitía seguir hablando.

Yo no estaba menos conmovido, y al bajar de la montaña fui en busca de mi hijita y la llené de besos.

37
LA VÍSPERA

Si la celebración de un matrimonio había sido siempre entre los recabitas ocasión de grandísimos festejos, como se hacía en Israel, no debe llamar la atención que en el caso presente los preparativos fueran extraordinarios. Iba a contraer matrimonio un futuro jefe de la tribu, y para solemnizarlo iban a contraerlo también otras seis parejas descendientes de los grandes dignatarios, si así los podemos llamar, de los recabitas. Pero lo que de modo especial entusiasmaba a aquellos buenos hombres del desierto era que la novia del *futuro jefe* fuese extranjera, caso nunca anotado en los anales de la tribu. Además, la prometida era hija de uno de los más ricos e influyentes hebreos de la Dispersión (lo que digo sin falsa modestia, pues tal era mi posición al haber heredado los inmensos bienes de mi abuelo). Añadíase a esto que mi Raguel era tan querida, tan estimada de todos que aunque no fuera mi hija, aquel enlace hubiera sido apreciado como una verdadera honra para la tribu.

Pero aún había más. Se iba a celebrar con solemnidad, entre los recabitas, *el primer matrimonio cristiano.* Hasta entonces no se habían alterado entre ellos sus antiguas costumbres matrimoniales. Lo que había sido una solemnidad familiar y cívica, iba a tomar un nuevo carácter: iba a ser *un gran Sacramento,* presidido por Sylas en nombre de Pedro, el Vicario de Cristo. Esto se lo había dado a entender, con gran fervor y entusiasmo, el venerable patriarca, explicándoles cómo el Hijo de Dios había sublimado tanto la unión entre el hombre y la mujer, después de haberlo vuelto a su primitiva pureza.

En una de aquellas inolvidables noches que precedieron al matrimonio de mi hija, en las que bajo el cielo tachonado de luceros, sentados en una de las estribaciones de la sagrada montaña, platicábamos Quarto y yo con el venerable patriarca, éste nos dijo:

–Nuestras costumbres vienen de tiempo inmemorial y las cuidamos con extraordinario celo. No se hace entre nosotros mutación alguna, sino después de mucho tiempo de madura consideración y de haber pedido a Yahvé que nos ilumine. El paso que ha dado nuestra tribu para abrazar la doctrina del Maestro fue meditado durante tres años, y solamente cuando nos persuadimos de que Jesús de Nazaret era el anunciado por los profetas y de que era el *Hijo de Dios,* dejamos nuestras antiguas convicciones religiosas, no pudiendo cerrar los ojos a la verdadera luz. Por eso nos viste ir a recibir el Bautismo con un entusiasmo religioso del que sólo es capaz el hijo del desierto, y tuvimos la dicha de recibir al Espíritu Santo en recompensa de nuestra fe en Cristo.

Quarto y yo estábamos emocionadísimos. El anciano prosiguió:

–Siendo yo la cabeza de mi tribu, que ya había abrazado la doctrina del Salvador del mundo, me sentí obligado a instruirme cuanto más pudiera en sus enseñanzas, para lo cual pasé muchas largas horas a los pies de Pedro, el Vicario de Cristo. Quería beber el agua en la misma fuente, y Pedro, con esa sencillez y fervor que le caracteriza, me fue aleccionando como un maestro que instruye a un niño. De su boca aprendí cómo el Maestro, después de su resurrección, tanto a él como a los otros apóstoles, les había explicado todos los fundamentos de su doctrina, la cual, después de recibir al Espíritu Santo, que les prometió enviar, debían ellos enseñar por todo el mundo como expresamente se lo mandó.

–Yo también –dijo Quarto– he tenido la dicha de escuchar la palabra de Pedro después que fui bautizado y recibí al Espíritu Santo.

Jonadab continuó:

–Pedro me explicó cómo el Maestro había instituido siete sacramentos para que los fieles que siguieran sus enseñanzas pudieran conseguir la vida eterna. El Bautismo debía ser el primero que les abriría, perdonándoles todos sus pecados, las puertas de la Iglesia y más tarde las del reino de los cielos. La Confirmación, robusteciendo en la fe a los ya bautizados. «Pero como somos débiles y pecadores –me dijo el apóstol–, nos dio poder a nosotros y a nuestros sucesores para perdonar los pecados, diciendo: «*A los que perdonareis los pecados, les serán perdonados, y a los que se los retuviereis, le serán retenidos*». Y para los que ya van a abandonar este mundo, instituyó Cristo el sacramento de la Unción Extrema».

–Bien recuerdo que Santiago se lo administró a mi abuelo, ya moribundo –dije.

–«Y así como para la vida material tenemos necesidad de alimento corporal, así para la vida del alma –continuó Pedro– nos dio Cristo su propio Cuerpo como comida y su Sangre preciosa como bebida». Luego, enardecido, prosiguió: «Como era indispensable que para ejercer estas funciones hubiera legítimos ministros, instituyó Cristo un nuevo sacerdocio, un linaje escogido de representantes suyos, quienes, además de ofrecer el sacrificio predicho por Malaquías y perdonar los pecados, fueran por todas partes y hasta la consumación de los siglos enseñando y predicando la doctrina del que es la Verdadera Luz del mundo».

–Y del matrimonio, ¿nada te dijo Pedro? –preguntó Quarto.

–A eso voy –respondió el anciano–. «Todos esos sacramentos, insistió Pedro, que son los pilares sobre los cuales descansa el edificio espiritual de la Iglesia, *fueron instituidos por el mismo Cristo,* no por nosotros, para darnos abundante gracia por medio de signos sensibles. Pero a este edificio espiritual y social le faltaba algo. La familia de Abrahán y las de sus descendientes obtuvieron de Yahvé una bendición especial, porque de ellas, en la sucesión de los siglos, había de nacer el Salvador del mundo. ¿Cómo, pues, había Cristo de dejar sin una bendición especialísima a los redimidos con su sangre que iban a formar nuevas familias, en las cuales se perpetuaría la fe en su divinidad? Ya había arrancado de cuajo la poligamia declarando que el matrimonio era la unión entre el varón y una mujer, unión que sólo podía disolver la muerte de uno de los esposos. ¿Habría el Señor dejado indefensos a éstos contra los ataques de la concupiscencia? ¿Cómo podría justamente pedir que los padres educaran a sus hijos en las puras doctrinas por Él enseñadas, si no les hubiera dejado una poderosísima ayuda para que cumplieran sus obligaciones? Por eso, una de las primeras acciones del Maestro al empezar su vida pública fue santificar con su presencia las bodas en Caná de Galilea, obrando, allí el primero de sus milagros. El matrimonio, continuó diciéndome Pedro, como tú bien lo sabes, es la base de la familia, y la familia es la base de la sociedad. Si se quiere una familia pura y honrada, es necesario que los padres lo sean, y si se quiere una sociedad ordenada, es preciso que lo sean las familias. Por eso el Maestro elevó el contrato matrimonial, que antes era un negocio familiar y civil, a la dignidad: de sacramento, en el cual se da gracia especial a los esposos para vivir según las doctrinas de Cristo».

—Ya voy viendo —dije— la respuesta a mi pregunta ¿y ahora, qué?

—Cuando di cuenta a Pedro —prosiguió Jonadab— de que tu hija iba a contraer matrimonio con uno de mis nietos, los ojos del apóstol brillaron de júbilo, y exclamó: «Bendito sea Dios, que visiblemente protege a tu tribu, la cual siempre ha tenido en gran estima el matrimonio, aun antes de ser elevado por Cristo a la dignidad de sacramento. Raquel fue de las preferidas del Maestro, y Él repetidas veces la bendijo. Ella será un gran apóstol de Cristo entre los tuyos, y yo, como Vicario suyo, bendigo de corazón ese enlace. Vete en paz».

—Con gran razón —dijo Quarto— has dispuesto celebrar este primer matrimonio entre fieles de Cristo con tan gran solemnidad.

—Cuando se graba en la roca —prosiguió Jonadab— una palabra, esa palabra no se borra fácilmente, si no se desgasta la roca. Quiero que los míos, quienes, para guardar nuestras enseñanzas, tienen corazón de roca, queden para siempre impresionados con la grandeza y excelencia del matrimonio, elevado por Cristo a la dignidad de sacramento.

—¿No os habéis fijado —continuó el anciano— que Sylas va de casa en casa visitando a los míos?

—No me he fijado —respondí.

—Pues así es. Va hablando con hombres y mujeres, exhortándoles al arrepentimiento de sus pecados, y después que ellos, humildemente, los han confesado, prometiendo la enmienda, él los absuelve en nombre de Cristo, para que la víspera del matrimonio estén dispuestos a participar con la mejor preparación posible en la fracción del pan.

—Yo voy a ver a Sylas —dijo Quarto— ¿Quiéres, dómine, acompañarme?

—Ciertamente —respondí, sonriendo.

En efecto, la víspera del matrimonio fui testigo de una ceremonia que no esperaba. Frecuentemente había participado en otras partes de la fracción del pan; pero hasta entonces nunca había visto una ceremonia mejor preparada ni más solemne que la que presencié esa noche.

La gran sinagoga, o, mejor dicho, iglesia, que era la tienda más amplia del campamento, estaba adornada con muchísimas lámparas que, pendientes del techo, esparcían suave claridad. En el fondo se elevaba una plataforma, enfrente de la cual había una mesa, esto es, un altar, sobre el cual estaba colocado el pan ázimo y un gran cáliz lleno de vino. Las mujeres estaban sentadas en el suelo, velada la cabeza, a la parte izquierda del altar. A la derecha, en pie, estaban los hombres con la cabeza descubierta. A uno y otro lado del altar había dos mesas llenas de platillos de barro, sobre los cuales se veían unos tubitos delgados de caña.

En la plataforma, al frente, estaban Sylas, Paulo y varios jóvenes, a quienes Pedro había impuesto las manos; eran diáconos.

La ceremonia empezó con la recitación alternada del salmo 42: «*Júzgame Tú ¡oh Dios!, y toma en tus manos mi causa...*» En seguida los cantores a dos coros cantaron el salmo 5: «*Presta oídos, Señor, a mis palabras: escucha mis clamores...*» Después, con extrañeza mía, pero con autoridad de Sylas, Pablo tomó la palabra. No se puede decir que hablaba con elocuencia; pero lo hacía con tal espíritu, que cada una de sus palabras parecía una saeta encendida:

–Hermanos míos –dijo–, por mandato de Sylas, os dirijo la palabra en esta ocasión solemnísima. Todos vosotros estáis bien instruidos en lo que vais a hacer. Vais a recibir, según las palabras del Señor, *el pan que descendió del cielo,* no el pan ázimo que veis con los ojos del cuerpo, *«y el que comiere de este pan vivirá eternamente».* El cáliz de bendición, al cual bendecimos, es la comunión de la Sangre de Cristo, y vosotros, que nunca bebéis vino, en esta ocasión no participaréis del mosto que enerva, sino de la misma Sangre de Cristo, que por nosotros fue derramada. *Y el pan que partimos es la participación del Cuerpo de Cristo. Cuando os juntáis para cenar no es para celebrar la cena del Señor. Porque allí cada uno come de lo que ha llevado para cenar sin atención a los demás. Ahora no es así, y os diré lo que aprendí del Señor. El Señor, Jesús, la noche misma en que había de ser entregado traidoramente, tomó el pan, y, dando gracias, lo partió, y dijo: «Tomad y comed, éste es mi Cuerpo, que por vosotros será entregado; haced esto en memoria mía».* Y de la misma manera el cáliz, después de haber cenado, diciendo: «Éste es el cáliz del Nuevo Testamento, es mi Sangre; haced esto cuantas veces lo bebiereis en memoria de Mí». Pues todas las veces que comiereis este pan y bebiereis de este cáliz, anunciaréis la muerte del Senor hasta que venga. Debéis, pues, distinguir la cena ordinaria de esta cena, porque *cualquiera que comiere de este pan o bebiere el cáliz del Señor indignamente, será reo del Cuerpo y de la Sangre del Señor. Por tanto, debéis examinaros a vosotros mismos, y si nada tenéis en vuestra conciencia, comed de este pan y bebed de este cáliz; pues si lo coméis o bebéis indignamente, os tragaréis y beberéis vuestra condenación, no habiendo discernido el pan ordinario del Cuerpo y la Sangre del Señor.*

Al oír esto los asistentes, empezaron a recitar llenos de contrición el salmo 50: «*Ten piedad de mí, Dios mío...*»

Terminado, Sylas se levantó, y dijo:

–Habéis escuchado lo que os ha dicho Pablo, y sé que habéis hecho lo posible para participar debidamente de tan alto misterio. Yo, cumpliendo el mandato del Señor, voy a iniciar el himno de acción de gracias por tan gran beneficio.

Así se hizo.

–Oremos por nuestros hermanos –dijo Sylas– para que el Señor les dé su gracia por los méritos de Cristo –después de unos momentos, continuó–: Cumpliremos el mandato del Señor, pensando en su Pasión y muerte.

En seguida, tomando el pan, lo bendijo, y añadió:
—«*Éste es mi cuerpo, que será entregado por vosotros.*»
Dichas estas palabras, tomando el pan en sus manos, lo elevó, y todos bajaron la cabeza en adoración. Después tomó el gran cáliz, lo bendijo y pronunció estas palabras:
—«*Éste es el cáliz de mi sangre, por vosotros será derramada.*»
Y, después de elevarlo a la vista de los presentes, lo volvió a colocar sobre el altar.

—Ahora —prosiguió Sylas— cumplamos el mandato del Señor, que nos mandó orar de esta suerte: *Padre nuestro, que estás en el cielo...*
Y la comunidad lo repitió en voz alta.

Después se acercaron los diáconos llevanda varios platitos, en los cuales pusieron partes del pan consagrado. Los diáconos fueron entregando a los hombres y a las mujeres los platitos con el pan consagrado. Los hombres, estando en pie, y las mujeres, arrodilladas. Cuando Sylas consumió, todos, con extraordinaria devoción, hicieron lo mismo. En seguida los diáconos, habiendo dividido en dos copas el vino consagrado, se dirigieron, uno del lado de los hombres y otro del de las mujeres, y mientras les ofrecían el cáliz, los presentes iban introduciendo sus tubitos de caña y tomaban un sorbo del vino consagrado. Después, todos permanecieron en silencio hasta que Sylas en voz alta dio gracias; recitó un salmo, y, finalmente, elevando sus manos al cielo, bendijo a los presentes en el nombre del Padre, y del Hijo y del Espíritu Santo.

38
EL MATRIMONIO

No bien habíamos llegado a nuestras tiendas, después de aquella inolvidable ceremonia, cuando el cielo empezó a cubrirse de negras nubes, y se desató una terrible tempestad. Yo he presenciado ya varias en el Sinaí; pero me impresionó de modo especial esta última. La montaña parecía arder en llamas, surcada su cima por constantes relámpagos, mientras que los truenos se sucedían casi sin interrupción. No sé por qué se me antojó que el cielo parecía manifestar con esta revolución celeste que se daba cuenta de la revolución religiosa del Cristianismo, patentizada de modo especialísimo en la admirable tribu de los recabitas. Como antes lo indiqué, mi pregunta de varios años, ¿y ahora, qué?, la estaba viendo, respondía con hechos incontestables. La Iglesia fundada por Cristo estaba ya creciendo bajo el cuidado de los apóstoles, quienes ni un ápice se apartaban de las doctrinas del Maestro. Era el grano de mostaza sembrado por el Hijo de Dios y fecundado por el Espíritu Santo, que, brotando de la tierra, empezaba a convertirse no en un arbusto, sino que se iba desarrollando, para más tarde tomar las proporciones de gigantesco árbol.

El día amaneció hermosísimo. Los campos circunvecinos, humedecidos por la abundante lluvia de la noche anterior, daban la impresión de frescura y lozanía. Por todas partes, en el campamento recabita, se notaba extraordinaria actividad. En la gran avenida se veían hombres armando arcos de follaje que señalaban el trayecto de la comitiva nupcial, mientras en el interior de las tiendas, las mujeres se dedicaban, unas, a la preparación del banquete, y otras, como era natural, al cuidado del aderezo de las futuras esposas, el cual estaba a cargo de las matronas de la tribu. Ni las jovencitas se encontraban ociosas preparando sus propios vestidos. Todos en la tribu iban a estrenar, como lo requería festividad tan grandiosa. Los niños corrían de una parte a otra llevando recados, desempeñando pequeños encargos, o bien ayudando a los mayores en el decorado del campamento; pero todos estaban ocupados, menos yo, pues aun el mismo Quarto había dedicado su tiempo a servir a mi hijo Rafaelito. Yo hubiera querido hacer algo; pero por todos lados (sin duda por disposición del patriarca) encontraba oposición a que trabajara de algún modo. Me dediqué, pues, a ir de una parte a otra observándolo todo.

Lo principal del campamento eran las siete tiendas de los futuros esposos, colocadas en lugar prominente, una al lado de otra, ocupando el centro la de mi yerno. A la puerta de ésta flameaba nada menos que la banderola de Jonadab, que era la insignia más venerada de la tribu. En el interior de las siete tiendas estaban las mujeres arreglando hasta el último detalle.

Como la ceremonia se celebraría al aire libre, se había levantado un gran tablado para los novios y sus padrinos, arreglado de tal suerte, que los desposados pudieran ser vistos sin dificultad desde cualquier parte del campamento.

Jonadab andaba revisándolo todo, y otro tanto hacían varios de los más ancianos de la tribu. Jonadab, sin embargo, revelaba una nerviosidad inexplicable en aquel impasible hijo del desierto. Con frecuencia subía a una eminencia, y, resguardando los ojos los rayos del sol con una mano, observa inquieto los caminos. Debía de esperar algo.

Aunque entre los recabitas no era costumbre, me pareció indigno que yo dejara de hacer a los novios preciosos regalos. Para las novias no tuve dificultad, pues Quarto había traído al efecto magníficos aderezos, consistentes en diademas, collares, arracadas, brazaletes y pulseras para cada una de las desposadas, a más de riquísimos y variados perfumes. Cuando vio estos últimos el patriarca, se echó a reír, y me dijo:

–Dáselos, si quieres; pero ninguna los usará en su persona, no están acostumbradas a esto; más bien creo que verterán las esencias en la parte exterior de las tiendas, al aire libre.

Como, en efecto, sucedió.

En cuanto a los novios, no pude encontrar mejor regalo que magníficas espadas damasquinadas. También se rió Jonadab al verlas, y me dijo:

–Para nada les van a servir; somos gente de paz. Quizá las cuelguen en sus tiendas como trofeos.

De los regalos de mi hija, no quiero hablar, pues sólo uno merece especialísima mención. Marta, quien, por supuesto, estaba con nosotros al lado de Raquel, lo había traído con especial empeño; era el regalo de Myriam, la Madre del Señor. Por idea de Marta, y con la cooperación de su hermana, habían mandado hacer un magnífico relicario circundado de diamantes y rubíes pertenecientes a Magdalena. En este relicario, Myriam, con sus propias manos, había colocado una de las espinas de la corona de Jesús, y, con un cariñosísimo saludo, llevado por Marta, se lo había enviado a mi hija.

Viendo que Jonadab, contra su costumbre, seguía muy preocupado, me atreví a preguntarle, por si en algo le pudiera yo servir, qué le preocupaba. Afortunadamente en aquel momento divisó una nube de polvo por el camino del desierto, y, lleno el rostro de alegría, me respondió:

–Pronto lo sabrás.

En efecto, pocos momentos después llegaba un mensajero que portaba un rollo de pergamino: era una misiva de Pedro, apóstol, el Vicario de Cristo. Jonadab tomó con gran reverencia el escrito, lo besó y, después de ponerlo sobre su cabeza, haciéndome una seña, nos dirigimos a su tienda. Allí, en presencia de Sylas, de Quarto y mía, lo abrió, y me lo entregó para que lo leyera. El correo que lo había traído al patriarca dijo que aquel escrito era el regalo de boda del apóstol para los nuevo contrayentes y un recuerdo de él (Pedro) para toda la tribu. Aunque debía leerse durante la ceremonia matrimonial, por voluntad de Jonadab, que ardía en deseos de saber el contenido, lo leí. Decía así:

«Simón Pedro, siervo y apóstol de Jesucristo, a Jonadab, patriarca de los recabitas, que han creído como nosotros en la justicia de nuestro Dios y Salvador Jesucristo, gracia y paz.

Si, como sabéis, a todos los fieles de Cristo se les exhorta a que reverencien, honren y obedezcan a sus amos y señores, es aún más justo recomendar a vosotras, las esposas, que os portéis con vuestros esposos con una sumisión afectuosa y atenta es todo lo debido, para que con vuestra conducta mansa, humilde, cariñosa y obediente, los mováis a venerar la doctrina de Cristo a quien seguís.

Trabajad para que vuestros maridos os amen y estimen, no por los adornos y vestidos ostentosos, sino por vuestra virtud, veracidad, gracia y santidad de vuestro corazón. Estas virtudes internas las manifestaréis en las buenas obras de vuestra vida, que valen más, son más hermosas, provechosas y durables que los adornos corporales.

Con estas virtudes se adornaban, en tiempos pasados, aquellas santas mujeres que esperaban en Dios. Así lo hacía Sara con Abrahán, a quien llamaba su señor. De esas mujeres vosotras sois hijas; imitadlas, y

III. ¿Y AHORA, QUÉ?-38. EL MATRIMONIO   751

recibiréis el premio de vuestras virtudes.

Y vosotros, maridos, vivid con vuestras esposas en amistad fiel, honrándolas y tratándolas con la delicadeza y amor que corresponde a las que, como vosotros, son igualmente herederas de la vida eterna.

Permaneced todos unidos en un solo corazón amándoos fraternalmente, siendo misericordiosos, compasivos y amigables, no volviendo mal por mal, sino, antes por el contrario, bendiciendo a todos, sabiendo que vosotros sois llamados para participar de la bendición que os corresponde por herencia.

Igualmente vosotros, los mancebos, estad sujetos a vuestros mayores y sumisos unos a otros, revestidos de humildad, porque Dios resiste a los soberbios y da su gracia a los humildes.

Creced en la gracia de Nuestro Señor y Salvador Jesucristo.

Saludaos los unos a los otros con el ósculo de la caridad.

La paz sea con todos vosotros los que estáis en Jesucristo. Amén.»

—¡Qué carta más hermosa y apropiada, llena del verdadero espíritu de Cristo! —dijo Sylas.

—¡Y cuánto honra a nuestra tribu! —añadió el patriarca—. Desde hoy se leerá siempre en todos los futuros matrimonios recabitas.

Yo se la pedí para sacar una copia para mis Memorias, pues el original fue conservado en un tubo de madera finísima entre los sagrados escritos de la tribu.

* * *

Apenas apareció en el horizonte la estrella de la tarde, las trompetas de cuerno resonaron en todo el campamento. Yo había sido aleccionado en lo que tenía que hacer, y, vistiendo una túnica elegantísima, me dirigí a la tienda donde, acompañada de la esposa del patriarca, la madre del novio, y Marta, esperaba mi hijita Raquel, ataviada con el tradicional traje de las novias recabitas. Estaba bellísima; aquel traje lo llevaba con la gracia de una reina. Quarto, que me representaba en lo tocante a Rafaelito, se había vestido con el traje de los ancianos recabitas, que llevaba con garbo extraordinario; debía pedir, en mi nombre a mi futura nuera, que se llamaba Esther.

Estando yo al lado de mi hija, en un escudo colgado a la puerta de la tienda, sonaron tres golpes dados por el veneraba Jonadab. Las cortinas que cerraban la entrada fueron levantadas, y apareció el patriarca, acompañado de los más ancianos de la tribu, y, después de haberme hecho profundas zalemas, en su idioma me dirigió la frase tradicional:

—Ilustre Ben Hered, de la tribu de Benjamín, Jonadab, el patriarca de los recabitas, está a tus órdenes en espera de tu hija, que bondadosamente has dado en matrimonio a mi nieto Jonadab III. ¿Está la doncella dispuesta?

—Aquí la tienes, venerable Jonadab, patriarca de los recabitas, dispuesta con la vestidura nupcial de tus mayores. Pero ¿dónde están las doncellas que deben acompañarla?

Entonces aparecieron dos grupos de jovencitas, llevando lámparas encendidas.

—Aquí las tienes dispuestas —respondió Jonadab— a alumbrar el camino de nuestra reina para que no tropiecen sus pies.

Aquel título que el anciano patriarca dio con tanto cariño a mi hijita, casi me hizo llorar.

Me reprimí, y dándole la mano, salí con ella en medio de dos filas de jovencitas que nos alumbraban. Bajamos a una pequeña plazoleta, en la cual nos aguardaban las cabalgaduras. Las virgencitas, dejando colgadas sus lámparas en postes colocados al efecto, con gran agilidad y gracia montaron en sus blancas yeguas. Iba yo a dar estribo a Raquel; pero ella, mirándome sonriente, montó sola como las demás. Yo subí en mi magnífico caballo, que un niño tenía de la brida. Entonces nos dirigimos a un jardín rodeado de altas palmeras, que estaba al principio de una pista de más de cinco kilómetros de longitud.

De pronto, vimos brillar a lo lejos infinidad de luces: era la cabalgata de los novios que venían a buscar a sus futuras esposas. A todo correr, llegaron, y a la plateada luz de la luna y de innumerables antorchas, emprendimos la marcha nupcial alrededor del campamento, hasta llegar a la gran plataforma donde debía verificarse la ceremonia. Subieron los futuros esposos y sus padres, escoltadas las novias por jovencitas, quedando los demás en el plano inferior. Al llegar nos esperaban en la plataforma Jonadab, los ancianos de la tribu, Sylas y Pablo.

Los padres fuimos entregando nuestras hijas a sus novios con grandísima solemnidad, retirándonos después a la parte posterior de la plataforma. Jonadab, con voz profunda y emocionada, dio lectura a la carta de Pedro, que todos escucharon reverentemente.

Sylas, después, tomó la palabra, diciendo:

—Hijos míos en Jesucristo muy queridos. Vuestra tribu va a celebrar por primera vez con gran solemnidad el matrimonio de siete parejas según las enseñanzas de Cristo. El contrato matrimonial entre el hombre y la mujer, que hasta ahora era un asunto familiar y civil, verificado entre fieles de Cristo, va a adquirir, no solamente la pureza primitiva, sino que, elevado a la dignidad de sacramento, recibe una fuerza sobrenatural ratificando su indisolubilidad hasta la muerte, dando al propio tiempo a los contrayentes una gracia especialísima para sobrellevar las dificultades conyugales inherentes a nuestra naturaleza, debilitada por el pecado. Este gran sacramento da, además, a los padres una gracia especial para la educación de sus hijos. Ya oísteis los hermosísimos consejos de Pedro, el vicario de Cristo en la tierra, y ya que el cielo ha dispuesto que Pablo, el vaso escogido de Dios, esté entre nosotros, le he suplicado que os dirija la palabra antes de proceder a este contrato-sacramento, del cual nosotros somos solamente testigos delante de Dios y de la Iglesia.

Entonces Pablo se adelantó. Sus ojos, enrojecidos, pues padecía de la vista, brillaban de modo extraordinario, y aunque balbucía, algún tanto, sus palabras, admirablemente precisas, salían ardientes de su boca, como sale el hierro de la fragua. Empezo así:

—*La gracia y paz de Dios, nuestro Padre y Señor Jesucristo sean con vosotros.*

Doy gracias a mi Dios por la que Él os da en Cristo Jesús, el cual se dio a Sí mismo por nosotros para librarnos del mal de este siglo, conforme a la voluntad de Dios, nuestro Padre, al cual sea gloria por los siglos de los siglos.

Seguid siendo imitadores de Dios como hijos amados, y amadle con amor como Él mismo nos amó. Mirad, pues, cómo andáis avisadamente; no como necios, sino como prudentes.

Doy gracias al Señor de que vosotros no os embriagáis con el vino en el cual hay disolución, mas estáis llenos del Espíritu, cantando salmos y alabando al Señor en vuestros corazones.

Y ahora que vais a celebrar estos matrimonios, quiero daros a entender la grandeza de este Sacramento, por Cristo instituido.

En este Sacramento hay un gran misterio, pues significa la unión de Cristo con su Iglesia.

Ahora bien; así como Cristo es la cabeza de su místico cuerpo, la Iglesia a la cual amó y se sacrificó por ella para santificarla y limpiarla para que compareciera delante de Él llena de gloria, sin mancha ni arruga, sino santa e inmaculada; así vosotros, hombres, debéis amar a vuestras mujeres como a vuestros propios cuerpos; que quien ama a su mujer, a sí mismo se ama. Que ciertamente nadie aborreció a su propia carne, antes la sustenta y cuida. Amadlas y cuidadlas como Cristo lo hace con su Iglesia.

Por vuestra parte, mujeres, estad sujetas a vuestros maridos, que son vuestra cabeza, como Cristo es la cabeza de la Iglesia, que es su cuerpo místico, del cual Él mismo es Salvador.

Recordad lo que está escrito: que el hombre, por la mujer, dejará a su padre y a su madre, para ser los dos una misma carne. Así, pues, como la Iglesia está sujeta y ama a Cristo, así debéis estar sujetas y amar a vuestros maridos

No olvidéis que esta unión significa la de Cristo con su Iglesia.

Cada uno, pues, ame a su mujer, como Cristo amó a su Iglesia, y la mujer ame y respete a su marido como la Iglesia a Cristo.

La gracia de Dios sea con vosotros, que amáis a nuestro Señor Jesucristo con amor puro. Amén.

El efecto de estas palabras de Pablo, explicando la verdadera significación del matrimonio-sacramento, fue en todos los presentes profundo y durable; pues, como había dicho Jonadab, los recabitas tenían corazón de roca para conservar intactas las enseñanzas que aceptaban.

En seguida, Sylas, acercándose a mi hija y su novio, le preguntó si quería ser su esposa, y a éste si la aceptaba por compañera; pregunta que hizo sucesivamente a las otras parejas. Cuando todos habían respondido afirmativamente, Sylas, con voz solemne, dijo:

–Ante Dios y su Iglesia declaro que quedáis unidos en matrimonio, y yo en su nombre os bendigo. Daos ahora el ósculo de paz.

El anciano patriarca fue el primero que besó a su nueva hija después de haber entregado a su nieto un anillo, que éste colocó en el dedo anular de su esposa, a la cual besó en seguida, haciendo otro tanto las restantes parejas.

Siete escribas de la tribu, en siete actas que se guardaron en los archivos, dieron testimonio de que los matrimonios se habían verificado legalmente delante de Dios, de la Iglesia y de los ancianos de la tribu.

El magnífico coro de cantores de la tribu entonó el salmo 127: *«Bienaventurados los que temen al Señor y andan por sus caminos»*, repitiendo los resonadores desde la montaña, como un eco, las palabras de los cantores...

Después, llevando antorchas los hombres y las jovencitas sus lámparas, fueron los presentes acompañando a los recién casados hasta sus respectivas tiendas. Allí las esperaban las matronas (madres y abuelas). La madre dio el ósculo de paz a la nuera, y en seguida, dirigiéndose a su hijo, lo exhortó a la fidelidad conyugal, poniendo en el dedo anular del joven un anillo, y después de recordarle la costumbre de la tribu de orar por tres noches, dándole un beso de paz, se alejó, dejando abierta la cortina de la puerta principal de la tienda.

Al poco rato, en medio de un profundo silencio, Jonadab me dijo:

–Ven y verás cómo nuestros desposados siguen el ejemplo de Tobías.

Fuimos, en efecto, por las siete tiendas de los recién casados, y a todas las parejas, estando abiertas las cortinas, las vimos arrodilladas orando ante los lechos nupciales, bendecidos previamente por Sylas.

–Las cortinas de la puerta de cada tienda permanecen alzadas durante tres noches, y sólo a la cuarta se cierran cautelosamente –terminó el patriarca.

39
FIESTAS

–Entre nosotros –me dijo Jonadab–, las fiestas nupciales, que en Israel suelen durar siete días, las hemos siempre reducido a tres, pues nosotros no los empleamos en borracheras, sino en varoniles ejercicios al aire libre.

Mientras tanto, nuestras buenas esposas se afanan en preparar los banquetes diarios, lo que sería un trabajo demasiado duro si pasara de tres días.
 —Ya lo creo —dije, riendo—; lo que el borracho quiere es beber, mientras que el atleta lo que hace es devorar. Y, a propósito: ¿sabe Pablo de los ejercicios al aire libre?
 —Ya hemos hablado de eso, y él está encantado; le gustan mucho, pues dice que así se conserva el cuerpo sano y la mente sana.
 —¡Cuánto me alegro de conocer la opinión de Pablo sobre este punto!
 —Tú ya viste algunos de nuestros ejercicios, si mal no recuerdo, con motivo de la fiesta de Purim; pues ahora serán mejores.
 —Y yo —dijo Quarto, que con nosotros estaba— no sólo espero los juegos, sino la comilona; pues, por lo que Marta me ha dicho, y es voto en la materia, va a estar espléndida. Las cocineras tienen un programa distinto para cada día. ¡Figúrate, dómine!...
 —No descubras los secretos culinarios de los recabitas —repuso Jonadab, riendo—; lo que ellas quieren es darnos una verdadera sorpresa.
 —Y de seguro que nos la darán —añadí—, pues sin revelar secretos, he visto llegar cargamentos y cargamentos de Alejandría, que supongo con fundamento ser de comestibles.
 —Y Marta —dijo Quarto— les va a dar a los recabitas una agradabilísima sorpresa; ya está preparando en abundancia su famosísimo refresco de higos y dátiles y de otras cosas, que ella sabe y no revela a nadie, sin que esa bebida, para ser refrescante y tónica, tenga que fermentar.
 La noche anterior, como suele pasar en esta época en la región del Sinaí, había caído un torrencial aguacero. De la sagrada montaña descendían innumerables torrentes, cuya agua era cuidadosamente recogida por la tribu en grandes estanques. Al propio tiempo, las fuentes que brotaban al pie de los cerros aumentaban su caudal cristalino, de cuya agua se servían los recabitas para beber, conduciendo la restante por canales que atravesaban el campamento. En ellos se abrevaban los ganados, y las mujeres lavaban la ropa. Del agua para beber (según costumbre tan poética como inmemorial) se encargaban las jovencitas de la tribu, quienes la llevaban a las tiendas en grandes cántaros que graciosamente portaban al hombro, mientras alegres entonaban cantos familiares. Dos veces al día, cerca de la salida y la puesta del sol, iban a la fuente que mana al pie de la sagrada montaña. Por la tarde, los jóvenes las aguardaban para acompañarlas, corteses, hasta sus hogares.
 Apenas empezaba la aurora a rozar el horizonte, cuando Jonadab llegó a mi tienda para conducirme a lo que pudiéramos llamar tribuna de honor. La falda de la montaña se prestaba para esto. Habían cincelado varias hileras de asientos en la misma roca, en forma de anfiteatro.
 —Las carreras de caballos —me dijo el patriarca— las hacemos a la salida o la puesta del sol, para que nuestros magníficos animales no se fatiguen con el calor.

Las siete parejas de recién casados ocupaban, por supuesto, el lugar principal, quedando sentadas las jóvenes esposas sobre montones de paja, arreglados al efecto, pues ningún hombre, y menos los jóvenes, se habrían atrevido a sentarse sino en la desnuda roca. Un grupo de jovencitas se ocupaba en tejer coronas de flores silvestres, recogidas por las niñas en los frescos campos que rodeaban el campamento. Eran para los vencedores.

En estas carreras jugaban los jóvenes de la tribu, montando siempre a pelo. A un lado del tomador de tiempo había un muchacho con una trompa de cuerno y otro con un enorme tambor de cuero estirado en la boca del tronco hueco de un árbol. El director elevaba una banderola, y el muchacho del cuerno daba la señal de partida, mientras al tomador de tiempo, con una clepsidra (regalo mío), observaba el agua que iba goteando. Al son de la trompa salían airosos los corredores, y cuando la clepsidra se había agotado en su vaso superior, el director volvía a levantar la banderola y el muchacho del tambor redoblaba con toda fuerza. En aquel momento, los corredores daban la vuelta a sus bridones, corriendo a todo correr para ganar el premio. Todos en pie esperábamos el regreso de los centauros, pues tal parecían aquellos jóvenes, tan firmemente montados sobre sus cabalgaduras.

Seis fueron las carreras y otros tantos los vencedores que ganaron a sus compañeros por sólo media cabeza: tan iguales llegaban los corredores.

–Y Pablo, ¿dónde está? –pregunté a Quarto.

–Míralo allí, sobre aquella roca, desde donde mejor que nosotros domina toda la pista. Lo he estado observando, y da gusto ver con qué entusiasmo aplaude a los vencedores cuando los ve coronados de flores en señal de triunfo.

Estaba saliendo el sol cuando terminaron las carreras. Bajamos todos para el desayuno. A lo largo de la avenida principal vi un gran número de vacas, cuyas henchidas ubres ordeñaban las niñas de la tribu. Con aquella magnífica y espumeante leche nos desayunamos, servidos por jovencitas, de las cuales unas llevaban los vasos de cuerno que otras llenaban, mientras otro grupo nos repartía pan untado de miel, higos, dátiles secos y trozos de queso.

–Mira –me dijo Quarto–, mira a Pablo sobre su roca.

Levanté los ojos y vi que cuatro chiquillos le llevaban su desayuno.

De pronto sucedió algo inesperado para mí. Los perros de los pastores empezaron a ladrar furiosamente, las mujeres que estaban en las casas preparando la comida salieron a un tiempo y empezaron a lanzar gritos. Jonadab miró al cielo, y, acariciándose alegremente su larga barba, me dijo:

–El Señor nos bendice; alabada sea por siempre la Providencia.

Aún estaba hablando el patriarca, cuando todos, hombres, mujeres y niños, sin exceptuar los novios, corrieron en distintas direcciones, armados como por encanto de hondas, arcos y flechas. Unos trepaban a la montaña y otros tomaban posiciones estratégicas... Un muchacho trajo corriendo a Jonadab un gran arco y muchas flechas. Con habilidad impropia de sus años, el patriarca puso una flecha en su arco y miró al cielo. Seguí su mirada y vi un ángulo formado por unas aves que parecían dirigirse al campamento o, mejor dicho, a los grandes estanques y charcos de agua que la lluvia había formado. Toda la tribu estaba en guardia, pero nadie se atrevía a disparar, hasta que Jonadab, dando un grito especial, lanzó una flecha con extraordinaria precisión, pues ensartó a la codorniz (tales eran estas aves) que iba a la cabeza. Pocos segundos después el sol se oscureció, tal era el número de codornices que formaban aquella bandada, y se iban abatiendo poco a poco después que su guía había caído. Entonces salieron inumerables flechas de los arcos y piedras de las hondas, haciendo una terrible mortandad entre las codornices, que, cansadas de volar y asustadas por el repentino asalto, caían a centenares.

–Nosotros –me dijo Jonadab, sin dejar de disparar certeras flechas– no estábamos necesitados de alimentos como lo estaban nuestros padres en el desierto del Sur; pero el Señor, sin duda, nos ha mandado estas codornices para que le demos gracias, pues parece bendecir nuestra tribu con este presente.

–Mira, dómine, mira los perros cómo trabajan.

–En efecto, aquellos animales, que llevados de su instinto habían dado la señal de alarma, sin comer ninguna iban llevando al campamento las codornices que aquí y allá caían moribundas o agobiadas por el cansancio.

Estas pobrecitas y suculentas aves son migratorias y viajan ordinariamente de noche para que el sol no las sofoque, arribando a lugares como éste, donde hay agua y comida, para poner sus huevos, beber y tomar alimento. Tienen un grito especial: *furri, furri,* el cual percibió el fino oído de nuestros mastines antes que nosotros. Viajan con el viento, y seguramente, las mismas nubes que nos trajeron el agua las condujeron hasta nosotros. ¡Gracias sean dadas a la Providencia del Señor!

–¿Fue esto lo que pasó a los israelitas? –preguntó Quarto.

–Fue algo parecido, sólo con una principalísima diferencia: ni era el tiempo en que estas aves emigran, y el lugar donde se hallaban nuestros padres era en el interior de una península, donde ni el viento ni estas aves llegan; en eso estuvo el milagro, además de haber sido obrado tan a tiempo.

Todo lo restante de la mañana se dedicó a recoger codornices, las cuales, en opinión de las cocineras, estaban muy gordas, lo que más tarde pudimos comprobar.

Al llegar el sol al cenit, se nos sirvió la comida, compuesta de pan, por supuesto, y ensalada de varias hierbas, que servían de acompañamiento a un suculento plato de pescado salado traído desde Alejandría.

Por la noche comimos codornices asadas, con una salsa en la que la mostaza se dejaba sentir, avivando nuestro voraz apetito.

Por la tarde, cuando el calor arreciaba, Marta se dio gusto sirviendo en abundancia su famosísimo refresco, no embriagante, pero sí refrescante en extremo, que fue celebrado con gritos de júbilo y agradecimiento no sólo por los chiquillos, sino por todos, sin excluir a los venerables ancianos de la tribu. Marta estaba gozosísima, y de Raquel nada se diga al presenciar el triunfo de su madrina querida.

Después de la cena, a la luz de la luna, asistimos a las carreras de caballos, sólo que esta vez fueron con obstáculos.

–Estas carreras –me dijo Jonadab– solemos verificarlas, no en noches de luna, como ésta, sino en noches oscurísimas, con el objeto de acostumbrarnos a vencer obstáculos en la oscuridad, pues no pocas veces nos ha acaecido ser atacados por los beduinos ladrones a las altas horas de la noche.

–¿De suerte –preguntó Quarto– que ésos son bandidos nocturnos?

–De día no se atreverían a atacarnos; ya ves cómo usamos del arco y la flecha, así como de la honda. Por otra parte, nosotros podemos ver perfectamente en la oscuridad, aquellos hombres tenían una vista admirable.

Por lo que pude ver a la luz de la luna. En la pista se habían puesto grandes obstáculos para ser brincados, e infinidad de otros pequeños, piedras, agujeros, charcos, que debían salvar sin tropezar con ninguno.

–Los grandes obstáculos –me dijo el patriarca– no son difíciles de vencer; pero un hoyo pequeño, una piedra, si el caballo tropieza, puede ser causa de que se le disloque una pata, y caballo y jinete están perdidos.

–Tienes muchísima razón –dije–; éste es un verdadero ejercicio militar. A muchos romanos he visto perder las carreras en el circo por haber tropezado sus caballos con un obstáculo pequeño.

Terminadas las carreras, todos nos dirigimos a la iglesia para dar gracias a Dios, como ya conté en otra parte tratando de la fiesta de Purim.

Al finalizar el acto religioso de la noche, nos dirigimos todos en silencio a nuestras tiendas, no sin que Jonadab y otros seis ancianos de la tribu fueran a fijar, abiertas como la noche anterior, las cortinas de las tiendas de los recién casados. Y de nuevo el cielo nos mandó esa noche abundantísima lluvia.

40
PROSIGUEN LAS FIESTAS

La distribución de los juegos durante el segundo día de la fiesta, fue más o menos la misma, si bien las carreras de la mañana fueron más bien acrobáticas que otra cosa. Unos corrían en pie sobre el caballo; otros levantaban objetos del suelo, mientras iban en veloz carrera, otros practicaban juegos por el estilo; fuerza es decir que demostraron una grandísima agilidad.

Por la tarde tuvimos también carreras, pero éstas fueron en burros cabalgados por niños. Más de cuatro cayeron ignominiosamente cuando los animales respingaban, con gran hilaridad de los que los veíamos. Y después de cenar, antes de dar las gracias, el campamento se iluminó con fogatas, sobre las cuales brincaban los niños, no dejando los más torpes de chamuscarse.

La comida principal del día fue barbacoa con una salsa de lo más apetitosa.

Después de la oración acostumbrada, nos retiramos como la noche anterior, dejando los ancianos descorridas las cortinas de las tiendas de los jóvenes esposos, los cuales, a pesar de todo el cansancio del día, permanecieron buen rato en oración, como me consta.

El día tercero fue el más solemne. Las carreras fueron a la grecorromana. Los corredores ocupaban pequeños carros, guiando todos cuadrigas de velocísimos caballos. Aquellos jóvenes hubieran recibido sin la menor dificultad el premio en las carreras en Antioquía o en la misma Roma.

A esto siguó una carrera espectacular, en que tomaron parte las jóvenes de la tribu. No fueron carreras de caballos, sino de magníficos camellos. Llevaban éstos dos asientos a uno y otro lado, en el que se sentaron las muchachas que iban a apostar las carreras. Los pacíficos y estúpidos dromedarios estaban lujosamente enjaezados, sonando innumerables campanillas. Iban de seis en fondo los camellos, dirigidos exclusivamente por las jóvenes, que mostraron una habilidad sorprendente. Sin embargo, por si algo ocurría, iban dos hileras de jinetes de uno y otro lado. Eran jóvenes, caballeros en airosos corceles, que hacían escolta de honor a las jovencitas.

–Este ejercicio –me dijo Jonadab– es indispensable entre nosotros. Las mujeres, de ordinario, cabalgan en camellos, y ya nos hemos visto en la ocasión de dejarlas solas mientras nosotros perseguíamos a los enemigos. Ellas llevan siempre, en nuestros viajes, sus arcos y flechas para defenderse, y ya has visto cómo manejan esta arma nuestras mujeres.

–Ya las vi cuando las codornices, y me fijé qué certeros eran sus flechazos –dije.

La comida esta vez tuvo como plato de resistencia el asado al pastor, el plato favorito de la tribu. Era de ver, a lo largo de la avenida central, varios cientos de luminarias en las que se asaban cabritos, corderos y, naturalmente, tiernos y gordos becerritos.

–El *vitulum saginatum* –observó Quarto. Este plato iba acompañado de fuentes llenas de ensalada de lechuga, cebollas y varias hierbas de olor, a más de la indispensable salsa, ardiente por la mostaza.

Por la tarde, la escena cambió enteramente. Les tocó su parte tanto a los cantores como a los músicos de la tribu.

De los cantores y resonadores ya he hablado, pero no así de los músicos. Mientras unos soplaban la cornamusa (gaita) y otros la tibia (flauta), la tuba (corneta) y la *huggah* (organillo), compuesto de tubos de caña unidos y afinados con agua (la flauta de pan), los niños tocaban, unos el *tympanum* (tambora), otros los címbalos (platillos) y los titinábulos (campanillas). Las jovencitas tañían el arpa, la lira y el sistro.

Empezó, pues, el concierto, al que siguieron varios números de bailes, ejecutados por las jóvenes, que llevaban en sus manos sartas de flores.

—Así salieron bailando las jóvenes a recibir a la esposa de los cantares —me explicó el gran patriarca.

Siete doncellas llevaban siete coronas de flores, que entregaron a las madres de las nuevas esposas, cantando: *«Salid, ¡oh doncellas!, de Sión, y ved al rey Salomón con la corona con que le coronó su madre el día de su desposorio y el día del gozo de su corazón».*

Acto seguido, las madres, tomando en sus manos las coronas, las colocaron en las sienes de sus hijas. Así coronadas, entraron con sus esposos en la iglesia, seguidos de toda la tribu. Entonces, los cantores entonaron el salmo 127: *«Bienaventurado todo aquel que teme* a *Yahvé, que anda en sus caminos...»*, respondiendo el pueblo: *«Cuando comieres del trabajo de tus mano, bienaventurado eres, y tendrás todo bien».* A lo que los cantores respondieron: *«Tu mujer será como vid abundante a los lados de tu casa; tus hijos, como renuevos de olivos alrededor de tu mesa...»* Y el pueblo: *«He aquí que así será bendito el hombre que teme a Yahvé...»* Luego los cantores: *«Bendígate Yahvé desde Sión, y veas los bienes de Jerusalén todos los días de tu vida...»* Y, finalmente el pueblo: *«Y veas los hijos de tus hijos y la paz sobre Israel».* A lo que todos dijimos: *«Amén, amén, amén».*

Guiando el patriarca, acompañado de ancianos de la tribu, seguidos por los niño, llevando antorchas en las manos, la caravana nupcial se dirigió al lugar donde estaban las siete tiendas de los desposados mientras todo el pueblo cantaba el salmo de los hijos de Jonadab (70): *«En ti, Señor, tengo puesta toda mi esperanza; no sea yo para siempre confundido...»*

Cuando los nuevos desposados llegaron a las puertas de sus tiendas, los padres dieron a sus hijos el beso de paz, dejando que las parejas entraran en sus tiendas, cuyas cortinas fueron cerrando los respectivos esposos.

En el mayor silencio, nos retiramos todos a nuestros hogares.

* * *

Al día siguiente, el campamento recabita siguió su ordinaria rutina como si nada hubiera pasado. Por lo menos, así parecía exteriormente. Sin embargo, Quarto, quien, según su costumbre, se metía en todas partes, me comunicó que las familias tenían una duda que querían les fuese luego aclarada: ¿Eran sus matrimonios también sacramento? El bueno de Sylas era acosado, principalmente por las esposas, para que les respondiera.

III. ¿Y AHORA, QUÉ?-40. PROSIGUEN LAS FIESTAS

Aquél no quiso responderles, desde luego, sin consultar antes con Pablo. Con ese motivo, Jonadab, Sylas, Quarto y yo escalamos la montaña para hablar con Pablo.
La vista que se presentó a nuestros ojos fue muy desconsoladora. Encontramos a Pablo arrojado por el suelo víctima de terribles dolores y sacudidas nerviosas, a pesar de las cuales nos recibió con un rostro resignado y hasta sonriente, y nos dijo:
—El Señor en este desierto me ha hecho extraordinarios favores; aquí he oído palabras inefables, que no es lícito a un hombre el proferirlas. Podría gloriarme de esas revelaciones sin ser imprudente, porque diría la verdad. Pero me contengo, a fin de que nadie forme de mi persona un concepto superior a aquello que ve en mí o de mí oye. Y para que la grandeza de esas revelaciones no me envanezca, se me ha dado este aguijón en mi carne, que es como un ángel de Satanás para que me abofetee.
Y luego, aunque veíamos que sufría terriblemente, después de tomar aliento, prosiguió:
—Por tres veces pedí al Señor que me quitara esta espina; pero el Señor me respondió: «Bástate mi gracia, porque el poder mío brilla y consigue su fin por medio de la flaquezas».
Tratamos de darle alguna ayuda; pero él, cortésmente, la rehusó, diciendo:
—Yo siento satisfacción en mis enfermedades, pues cuando estoy débil, entonces, con la gracia del Señor, soy más fuerte. Con gusto me glorío en mi flaqueza, para que haga morada en mí el poder de Cristo. Pero vosotros —prosiguió Pablo—, no habéis venido a ser testigos de mi flaqueza; ¿qué deseáis, en qué puedo serviros?
Sylas, entonces, le expuso la duda de las buenas recabitas. Pablo sonrió placenteramente, y repuso:
—¡Qué gran tribu es la vuestra! El Señor Jesús, en quien creéis, os bendice. El matrimonio, desde el principio, fue un contrato entre el hombre y la mujer; los que ya están debidamente casados han hecho un contrato legítimo, el cual, al recibir ambos el bautismo, es elevado a representar la unión entre Cristo y su Iglesia; es ya un sacramento. Así, que no deben por esto inquietarse esas buenas esposas. Al recibir el bautismo los dos, han recibido igualmente la gracia para que su enlace tenga el privilegio de representar la unión de Cristo con su Iglesia. La unión de Cristo con su Iglesia no puede ser representada entre dos infieles, que no creen en Cristo. *Ahora bien, esto os lo digo yo, no el Señor: Si algún hermano tiene por mujer legítima a una infiel y ésta consiente en habitar con él (después de recibido el bautismo) quedando ella infiel, no la repudie. Y si alguna mujer fiel tiene por marido a un infiel, y éste consiente en habitar con ella, no abandone a su marido, porque un marido infiel es santificado por la mujer fiel; de lo contrario, vuestros hijos serán amancillados en vez de ser santos. Pero si el infiel se separa, sepárese en buena hora; porque en tal*

caso ni nuestro hermano ni nuestra hermana deben sujetarse a la servidumbre, pues Dios nos ha llamado a la paz.

No queriendo molestarle más, y ya resuelta la duda, Sylas, Jonadab y yo bajamos al campamento, pues Quarto, que amaba muchísimo a Pablo, se empeñó en quedarse con él, que Pablo agradeció cordialmente. Le gustaba mucho la hombría de bien de aquel pagano bautizado por Pedro, y gustaba de hacerle preguntas sobre Roma, los romanos, sus usos y costumbres.

Al llegar al campamento, las mujeres casadas se agruparon a nuestro alrededor, y Sylas, subiendo sobre una roca, les explicó lo que Pablo, el vaso escogido por Dios, le había dicho, con lo que todas quedaron conformes:

Cuando Quarto bajó, ya al anochecer, le dijo al patriarca:

–Pablo me ha indicado que ya que el primer matrimonio cristiano, solemne entre vosotros, lo habéis celebrado de un modo tan hermoso, ¿sería conveniente que mañana se festejaran vuestros matrimonios, ya cristianos, con un *vitulum saginatum*?

–No con uno –exclamó alegremente el patriarca–, sino con cincuenta o más.

–Pues entonces, todos los no casados, y aun los recién casados, es necesario que nos metamos a cocineros, dejando que vosotros, los viejos, os deis vuelo sin hacer nada, siendo los festejados.

Proposición que fue cariñosamente aprobada por Jonadab.

Esa noche, en son de vísperas, hubo grandes luminarias, y todos, inclusive yo, por no decir nada de Quarto, nos dedicamos a cocineros. Los pastores fueron a traer los cabritos y corderitos más tiernos, otros los becerritos, y la noche se pasó en el desorden más ordenado que he visto.

Los viejos jugaron carreras de caballos, dejando atrás a muchos de los jóvenes, y las matronas bailaron los antiguos bailes de la tribu.

Gracias a Marta, tuvimos unos magníficos platos de ensaladas, salsas de lo más apetitosas y magníficos refrescos.

Pablo, ya recuperado, desde su roca, presenció todas aquellas sencillas diversiones, y tomó parte también del *vitulum saginatum*, participando de la alegría sana común.

Por la noche le dijo a Quarto, que fue a preguntarle sus impresiones:

–Es una condición de la buena conciencia el estar alegres; y así, yo me he gozado al ver la sana alegría de estos nuevos fieles de Cristo; *que se alegren, que se alegren en el Señor* –y dirigiéndose a mí, que iba con Quarto, me dijo–: Estos buenos recabitas saben cómo practicar la virtud de la *eutrapelia*.

Con lo cual yo quedé sin entender. Y como Pablo viera mi cara de interrogación, me dijo, riendo:

–*Eutrapelia* es la virtud que nos enseña a usar debidamente de las diversiones y juegos que ayudan al desarrollo corporal y a la sana alegría del espíritu, de la manera debida sin que abusemos de ellos ni nos abstengamos farisaicamente de su debido uso.

41
EL HIJO PRÓDIGO

Me había llamado la atención que a pesar de las terribles tormentas nocturnas no se hubiera registrado ninguna desgracia en el campamento, cuando los rayos caían por todas partes. Hablando de esto con el patriarca, me respondió:

—Deja que lleguen las tormentas diurnas, que son espantosas. Cada año tenemos que lamentar muchas desgracias. Quiera Dios que esas nubes que se levantan en el horizonte no nos traigan una de esas tormentas.

En efecto, pocas horas después, y casi en seco, empezaron a caer rayos de modo aterrador. Con este motivo me acordé de la tempestad que debió desarrollarse allí mismo, cuando Moisés subió al Sinaí.

Pero otra cosa preocupaba a Jonadab, quien me dijo:

—Algo muy extraño ha estado pasando estas noches. Los pastores me traen a diario corderos muertos en los mismos apriscos.

—¿Por razón de las tempestades? —preguntéle.

—Mira, aquí vienen unos pastores.

Llegaron, en efecto, trayendo más de una docena de corderos degollados.

—Esto no es efecto del rayo —me dijo el anciano—, sino de los ladrones. Degüellan a los corderos con cuchillo; pero, en lugar de llevárselos, los dejan en el aprisco.

—¿Y los perros no ladran?

—Eso es lo más extraño —y el semblante de Jonadab se oscureció. ¿De quién sospecharía? Y, sin querer continuar la conversación, se alejó con la cabeza baja. Nunca le había visto así.

Pocos días después fui testigo de una escena sumamente dolorosa. Un grupo de recabitas traía a un hombre, sin duda el ladrón nocturno. Jonadab, con voz estentórea, gritó:

—Todas las mujeres a sus tiendas.

Y él, rodeado de los ancianos de la tribu, se sentó en el asiento especial donde se hacía justicia a los del campamento. Quarto y yo, por delicadeza, nos íbamos a retirar; pero el patriarca, con el rostro más afligido que he visto en mi vida, nos hizo seña de que permaneciéramos. Aquel tribunal era verdaderamente imponente. Todos los hombres de la tribu, incluidos los que llevaban al ladrón, estaban pálidos por la emoción, menos el reo. Venía vestido de pieles que estaban empapadas, pues como supe después, se había metido en el agua del estanque para ocultarse. Era un hombre como de treinta y cinco años, y cuando estaba ya cerca quedé sin aliento: era el vivo retrato de Jonadab. Así debió ser cuando tenía aquella edad, sólo que su rostro era de desafío.

Uno de los ancianos, tomando la palabra, con voz temblorosa, le preguntó:

–¿Eres tú el que ha estado degollando los corderos?

–Yo he sido –respondió con osadía–, y seguiré haciéndolo.

En aquel momento me di cuenta de que Sylas y Pablo estaban a mi espalda.

–Ancianos de la tribu de los recabitas, ¿qué castigo imponéis a ese hombre? –dijo Jonadab–. Responded teniendo la justicia ante vuestros ojos.

Los ancianos se levantaron, y uno de ellos, tomando la palabra, habló así:

–Ya Abdón fue expulsado de la tribu; nosotros no le hemos hecho mal alguno –y volviéndose al reo, le preguntó–: ¿Por qué nos haces daño?

–Porque os odio y estoy dispuesto a degollaros a todos vosotros, aunque me cueste la vida.

Jonadab temblaba mientras él sólo permanecía sentado, cubriéndose el rostro con las manos.

–¿No te arrepientes de lo que has dicho? –le interrogó otro anciano.

–No me arrepiento –respondió–; os mataré a todos, os aborrezco.

Jonadab se puso en pie, más pálido que la muerte, y dijo:

–Ancianos de la tribu, cumplid con vuestro deber haciendo justicia siguiendo nuestras leyes, mirando siempre al bien y la moralidad de la tribu.

Y después que hubo pronunciado estas terribles palabras (que significaban la muerte), Jonadab se dejó caer sobre su asiento sollozando.

Los ancianos se miraban unos a otros con las lágrimas en los ojos. Al fin, habló otro anciano que parecía aún más afectado que los restantes:

–Sabéis –dijo– que nuestras leyes, antes de ahora, mandaban castigar con la muerte a cualquier enemigo de la tribu; pero ya no somos la tribu de antes, *todos somos cristianos*...

–¡Cristianos, cristianos! Os odio, os aborrezco, y no me rebajo a pedir misericordia. Atreveos a tocarme un cabello; antes daré cuenta de muchos de vosotros, cristianos; prefiero las costumbres varoniles de nuestros antepasados, los verdaderos recabitas –y sacando debajo de su vestido de pieles una espada damasquinada (que había robado nada menos que a uno de los nuevos esposos), se puso en actitud decidida de agredir a los que a su lado estaban–. Os detesto –prosiguió– porque no seguís las costumbres de nuestros mayores, admitiendo en vuestro seno, para esposa de un futuro patriarca, a una extranjera. Juro por Yahvé que le daré a ella muerte con esta espada traída por otro extranjero...

–Eso sí que no –oí que Quarto decía, y en un abrir y cerrar de ojos, sin que nadie lo pudiera impedir, se lanzó sobre el culpable, que era nada menos que el hijo de Jonadab, expulsado de la tribu hacía un año, y con agilidad extraordinaria le desarmó. Luego dijo a los que custodiaban al preso–: Atadle.

Pero antes de que pudieran hacerlo, se escapó, y, montando en un caballo que encontró a mano, gritó: Ya volveré.

Mientras esto pasaba, la tempestad se había desatado; los rayos caían por todos lados, en seco. No habría avanzado el prófugo más de un kilómetro, cuando, a la vista de todos, cayó un rayo sobre el infeliz, que, junto con el caballo, rodó por el suelo.

–¡Le ha matado, le ha matado! –gritaron todos, horrorizados.

Y mientras el patriarca caía de rodillas, y lo mismo hacían los otros ancianos, con sorpresa de todos, vimos a Pablo montar en un caballo y dirigirse al lugar donde yacía el infeliz. Los mozos de la tribu hicieron otro tanto, siguiéndoles Quarto y yo. Cuando llegamos, ya Pablo tenía al joven en su regazo, y cubría con su capa la desnudez del prófugo. ¿Qué había pasado? El rayo había carbonizado las húmedas pieles de su vestido, matando al caballo, pero el infeliz estaba solamente privado.

–Ve –le dijo Pablo a Quarto– a decir al patriarca que su hijo vive, y regresa al punto trayendo agua. Que otros vayan a traerle una túnica nueva.

Pablo seguía acariciando al caído, mientras los jóvenes, desmontados de sus caballos, formaban un círculo alrededor.

Poco a poco fue Abdón, que así se llamaba, abriendo los ojos, y mirando en torno suyo, preguntó qué le había pasado. Pablo le mostró el caballo muerto y sus vestidos carbonizados, y con palabras como de una madre, le iba dando ánimo.

–Id y decid al patriarca que nadie venga, que yo le llevaré.

Y al punto, los jóvenes montaron a caballo para transmitir el mandato de Pablo, que fue religiosamente obedecido.

Después de que Pablo y yo registramos todo el cuerpo de Abdón para ver si tenía alguna herida, llegó Quarto con el agua, y Pablo le dio de beber, con lo que se sintió mejorado.

La tempestad había pasado, y las nubes hacían sombra, lo que disminuía los ardores del sol. Pablo y yo levantamos a Abdón, y le condujimos bajo una roca, donde los dejé solos. Así estuvieron más de tres horas.

Cuando Abdón, con su túnica nueva, se levantó para marchar al campamento en busca del perdón, era un hombre nuevo. Pablo le mostró los vestidos carbonizados por el rayo, y le dijo algunas palabras al oído. Abdón lloraba, estaba verdaderamente arrepentido.

Cuando llegamos al campamento, Jonadab y los ancianos nos esperaban.

Pablo, tomando la palabra, dijo:

–Venerable patriarca, ancianos de la tribu, aquí tenéis a Abdón arrepentido; es el hijo pródigo que vuelve a la casa de su padre a pedirle perdón. Yo conozco vuestra caridad y la fe que tenéis en el Señor, Jesús. Os ruego a todos, y en especial a ti, venerable patriarca, *por mi hijo,* Abdón, al cual te vuelvo a traer arrepentido; tú, pues, recíbele como a mis entrañas.

Estas palabras de Pablo fueron pronunciadas en un tono de convicción respecto al arrepentimiento de Abdón, que no dejaba duda de la conversación del proscrito. Pero, sobre todo, el haber llamado Pablo a Abdón su hijo, y el pedirle al patriarca le recibiera como a sus entrañas (de Pablo), produjo un efecto tan extraordinario, que todos los ancianos, conmovidos hasta el fondo del alma, permanecieron en silencio, mientras sus ojos se llenaban de lágrimas.

—Él, en su arrepentimiento, se ofrece como siervo, como esclavo; mas yo, antes de permitir esto, he decidido llevarle por compañero, como *mi hijo.* Pero antes, ¡oh gran patriarca!, te pido que le perdones y le recibas de nuevo como tu hijo. Así, que si me tienes en algo, recíbelo como a mí, y si en algo dañó a la tribu o debe algo, ponlo a mi cuenta.

Estas últimas palabras de Pablo fueron la chispa que prendió los corazones de los presentes. Un grito unánime salió de todos los labios de los recabitas pidiendo el perdón del proscrito. Pero aún hubo más. Las mujeres, no pudiendo quedarse en sus tiendas, habían salido, engrosando la multitud, que pedía perdón. Y sin que nadie lo pudiese evitar, la anciana esposa de Jonadab y madre de Abdón se lanzó a donde estaba su hijo; abrazándole y besándole, le cubrió con su propio cuerpo, como si le quisiera proteger de cualquier agresión.

El venerable patriarca lloraba como un niño; pero no queriendo sentar un precedente, de resolver el caso sin el consentimiento de los ancianos, dirigiéndose a éstos, con la voz ahogada por los sollozos, les dijo:

—A vosotros os toca resolver.

—¡Perdón! ¡Perdón! —exclamaron unánimemente los ancianos.

Entonces Jonadab, bajando de su asiento, se dirigió a su hijo, y le abrazó con inmensa ternura, mientras toda la tribu prorrumpía en gritos de júbilo desbordante.

Pablo mostraba en su semblante una alegría celestial, y, alzando la mano, hizo señal de que iba a hablar.

—Venerable patriarca, ancianos de la tribu admirable de los recabitas: Pocos días hace, leyendo vuestros anales, me encontré con un caso semejante al presente, en que uno de vuestros antiguos jefes, sin derramar una sola lágrima, condenó a muerte a su propio hijo por haber robado unos cuantos corderos, siendo esta sentencia aprobada unánimemente por los ancianos y por toda la tribu, sin que se levantara una sola voz en defensa del culpable, convicto y confeso. No me llamó la atención semejante comportamiento, en todo ajustado a vuestras antiguas costumbres, muy parecidas a las de los israelitas de tiempos pasados: Ojo por ojo y diente por diente. Entonces pensé: ¿qué haría la tribu, ya regenerada por la gracia de

Cristo, si pasara un caso análogo? ¿Se mostrarían los recabitas primero recabitas que fieles de Cristo? Cuando hace poco presencié las escenas que vosotros habéis visto, al mirar la firmeza de vuestro patriarca y de los ancianos, decididos a no hacer excepción alguna, pensé equivocadamente que la caridad de Cristo aún no había penetrado en vuestros corazones. Cuando vi a Abdón desafiando a toda la tribu, leí en su rostro que seguía siendo recabita antes de todo, y, en vez de despreciarle, le admiré, descubriendo en él un convencido que luchaba contra todos vosotros por haberos apartado de las costumbres de vuestros mayores, admitiendo a una extraña como esposa de uno de vuestros futuros jefes. Tuve entonces una sospecha, y al verle caído derribado por el rayo, no pude contenerme, y corrí en su auxilio, esperando que aún estuviera vivo, como sucedió. Cuando Abdón fue volviendo en sí, le hablé con todo cariño, y le conté mi propia historia, que algunos de vosotros conocéis. Le hablé de Cristo con todo el fervor de mi alma, y obtuve de él una franca confesión: que no había sido bautizado, el único en toda la tribu. Todos ignoraban este detalle. Le hablé, y le dije: «*Dura cosa es dar coces contra el aguijón*». Entonces, temblando, preguntó: «¿Qué es lo que debo hacer?» Yo le respondí: «Recibir el bautismo, que hasta ahora has rehusado». Y él, con toda humildad, me contestó: «Aquí hay agua. ¿Qué impide que lo reciba?» «¿Crees en Cristo? –le pregunté–. ¿Crees que es el Hijo de Dios?» Y él: «Creo, creo, creo» –repuso con toda firmeza y humildad–. Entonces vertí sobre él el agua en el nombre del Padre, y del Hijo, y del Espíritu Santo; por eso le he llamado y le seguiré llamando *mi hijo,* pues yo le engendré en Cristo. Su conversión se había obrado con toda sinceridad, y era uno de los nuestros. Pero vosotros, ¿cómo le recibiríais? No quise daros a conocer nuestro secreto, pues preferí ver ya si vuestros corazones estaban henchidos de la caridad de Cristo, y me llené de gozo al ver lo que mis ojos habían visto. Recabitas, sois verdaderos discípulos de Cristo, que vino a predicar y a enseñar al mundo la caridad y el perdón.

–Tienes mucha razón, Pablo –le dijo Jonadab–. Si esto hubiera pasado años atrás, no hubiera dudado en dar la sentencia fatal contra mi propio hijo rebelde. Pero desde que recibimos el bautismo, desde que oímos a Cristo diciendo: «*En eso conocerán todos que sois mis discípulos: si os amáis los unos a los otros*». Nuestros rudos sentimientos han cambiado por completo. Hacemos justicia, pero teniendo siempre presente la misericordia predicada por el Maestro. Y hoy, con toda verdad, la tribu recabita dirá humildemente al recitar la oración dominical: *Perdona nuestras ofensas, como también nosotros perdonamos a los que nos ofenden...*

Cuando todos se retiraron, Quarto, que había recogido los carbonizados restos del vestido de Abdón, me dijo:

–Pablo estaba tremendamente conmovido; este caso le recordaba toda su historia de cuando era perseguidor de los fieles de Cristo. Pues así como el rayo carbonizó los vestidos de Abdón, dejándole en vida para que se regenerara en Cristo, así Saulo, cayendo del caballo cerca de Damasco, a la vista del Maestro, ardió el judío para que quedara intacto el apóstol de Cristo.

42
DÍAS FELICES

Esta escena trae a mi memoria, después de cien años, los quince días que Pablo pasó con Pedro en Jerusalén después de que aquél dejó el campamento de los recabitas.

Casi todo lo que voy a referir lo debo a Quarto, quien desde entonces quedó tan aficionado al apóstol de las gentes, que le siguió a muchas partes. Y el apóstol le amó siempre de modo especial, y cuando, desde Corinto, dirigió su estupenda epístola a los romanos, sabiendo que allí Quarto era muy querido, y entonces le acompañaba, escribió estas palabras a los fieles de Roma: *«Os saluda Gayo, mi huésped, y toda la Iglesia. Os saluda Erasto, tesorero de la ciudad y el hermano Quarto».*

Pablo había estado con nosotros casi un año andando errante largo tiempo después de su conversión. Del Sinaí regresó a Damasco, y, finalmente, marchó a Jerusalén a *ver a Pedro, y estuvo con él quince días.*

—Viajábamos —me contaba Quarto— siempre de noche, para que Pablo no fuera reconocido, pues todavía, a pesar de haber transcurrido tres años, sus pasadas hazañas no se habían olvidado. Había yo mandado un mensajero a Pedro avisándole de nuestra llegada. Vivían en casa de Samuel entonces Pedro y Santiago (el Menor), vulgarmente conocido con el nombre del hermano del Señor, no sólo por ser su primo, sino por tener un grandísimo parecido con el Maestro. Debido a este parecido, tanto en las facciones como en la voz, Judas, que lo sabía, advirtió a los que iban a prender a Jesús que no lo hicieran hasta no haberles él (Judas) dado la señal, que era el beso de paz, pues podían confundirle con Santiago.

Aquella noche había una luna espléndida, y cuando llamé a la puerta, el mismo Samuel salió a recibirnos. Hice que Pablo se quedara con Samuel en un cuarto oscuro, mientras que yo iba a avisar a Pedro. En la cámara anterior a la de éste entraban de lleno los rayos de la luna, iluminando a un hombre que, de rodillas, oraba.

—A una señal mía —prosiguió Quarto—, Samuel introdujo a Pablo, mientras Pedro, en su cámara, separada por una cortina, esperaba al antiguo perseguidor. Cuando éste vio claramente a la luz de la luna el hombre que oraba, se acercó a él, y no pudo reprimir un grito, se acercó y gozoso:

—¿Eres Tú, Señor? —exclamó Pablo—. ¿Podrán mis ojos volver a verte? —y la voz de Pablo temblaba por la emoción.

El hombre que oraba se puso en pie, y, sonriendo, dijo:

—¡Saulo!

Aquella voz acabó de trastornar al recién llegado, y, cayendo de rodillas, dijo de nuevo:
—¿Eres Tú, Señor? —y tomando las manos que aquél le extendía, las besó.
Pero no bien lo había hecho, notando que no estaban traspasadas, soltándolas y poniéndose en pie, exclamó:
—No, Tú no eres el Maestro. Pero ¿quién eres que así te pareces a Él?
Samuel, entonces, entendiendo la equivocación de Pablo, le dijo:
—Es Santiago, ordinariamente llamado, por su parentesco y parecido, *el hermano del Señor*.
Yo entonces dije a Pedro:
—He aquí la prueba evidente de que el Señor en persona, no en visión, apareció a Saulo, el perseguidor, hoy Pablo, el vaso de elección. De otra manera no hubiera podido equivocarse, ya que Pablo jamás vio a Cristo en carne mortal.
Entonces, saliendo Pedro, se dirigió al antiguo perseguidor, y, abrazándole, le dio el ósculo de paz. Pero Pablo, desasiéndose de sus brazos, se arrodilló y besó las manos del Vicario de Cristo con verdadera emoción y respeto.
Los dejamos a los dos solos, y mientras Santiago volvía a arrodillarse para orar, Samuel y yo salimos de la estancia.
Ya muy entrada la noche, Samuel regresó a la cámara de Pedro, en donde encontró a Pablo sentado a sus pies.
—Creo —dijo el huésped— que es tiempo de que Pablo se retire a descansar. Mañana muy temprano esperan a los dos cabalgaduras para dirigirse a Betania, pues la ciudad es un lugar muy peligroso aún para Pablo. Hay muchos curiosos y no pocos malintencionados.
Cuando volvieron a pasar por la estancia de Santiago, éste permanecía en oración. Pablo le contempló con cariño, y sin distraerle, se fue a descansar.
Muy de mañana, en sendas cabalgaduras, como lo había ordenado Samuel, Pedro y Pablo salieron para Betania. Al apearse, Pedro dijo a Pablo:
—En Jerusalén no nos dejarían un momento en paz; aquí nadie nos molestará, y tengo muchas cosas de que hablarte.
—Y yo —repuso Pablo— también tengo mucho que contarte y consultarte.
Salió a recibirnos Lázaro para hacernos los honores de su quinta.
Pablo le miró con curiosidad y cariño, sabiendo que había sido uno de los amigos más queridos del Maestro, por cuyo amor había obrado el mayor de sus milagros, fuera de su propia resurrección. Marta, por supuesto, nos hizo un cariñoso recibimiento. Ya Pablo la había conocido en el campamento recabita, y la estimaba mucho. La mujer de la fe y la confianza solía llamarla.

Después que nos hubimos instalado, Pablo, muy cortésmente, preguntó por Magdalena; tenía positivos deseos de conocer a aquella mujer pecadora que tanto había amado al Rabboni, como ella le llamaba.

–Está en su chalet –respondió Lázaro– enseñando a los niños a amar al Maestro. Vamos a verla, pero no hay que distraerla.

En efecto, fuimos a su casita, y la vimos en el jardín rodeada de niños, a quienes hablaba del Maestro con aquel ardor de su corazón que tanto había amado.

Pablo quedó muy conmovido al ver aquel cuadro, y no se atrevió a interrumpirla. Pero Lázaro, entrando en el huerto, le dijo que Pedro había llegado. Inmediatamente, después de dar a los niños sus granos de trigo tostado, los despachó. Entonces, arreglando su hermosísima cabellera, en la que ya aparecían algunos hilos de plata, se adelantó para recibir a Pedro. Al llegar a éste, mirándole con gran cariño, se arrodilló, y respetuosamente, le besó la mano.

–Éste es Pablo –le dijo Lázaro por vía de presentación.

Magdalena le miró de arriba abajo, y, fijándose en su ruin figura, exclamó:

–¿Y tú eras el perseguidor del Rabboni? ¡Bah!

Pablo, mirando en los ojos a Magdalena, respondió:

–Sí, yo fui perseguidor de Cristo, porque no le conocía; pero desde el momento en que Él, misericordiosamente, se me apareció en Damasco, *si vivo, no soy el que vive, es Cristo quien vive en mí; y desde entonces, solamente me glorío en la crur de Nuestro Señor Jesucristo, por quien el mundo está crucificado para mí, como yo lo estoy para el mundo.*

Magdalena, con una expresiva sonrisa, y como si se encontrara con un antiguo compañero de armas, junto a quien había peleado las mismas batallas, y con esa franqueza que le era característica, por toda respuesta le extendió la mano a Pablo, el cual la estrechó entre las suyas.

Firmadas así las paces, Magdalena prosiguió:

–Hemos sabido que no sólo el Rabboni se te apareció en Damasco, como has dicho, sino que has *visto lo que el ojo nunca vio, el oído nunca oyó ni el espíritu humano pudo comprender.* Ahora vienes a ver a Pedro; él te mostrará lo que *el ojo vio, el oído oyó* y el espíritu humano, iluminado por el Espíritu Santo, ha empezado a comprender. Pedro también cayó: pero la *mirada del Maestro* le levantó, encargándole que, ya convertido, confirmara a sus hermanos. Pablo, has venido a beber el agua en la fuente.

Y sin decir más, se alejó la antigua pecadora, amiga del Rabboni.

Pablo la siguió con la vista, y exclamó:

–¡Mujer admirable! ¡Cuánto ha amado y ama al Maestro!

Pedro, que todo lo había escuchado, se sentía como un padre orgulloso de sus hijos, viendo juntos a aquellos dos grandes enamorados de Cristo.

III. ¿Y AHORA, QUÉ?-42. DÍAS FELICES

A la sombra de las palmeras del huerto de Magdalena, y sentados cerca del lugar que el Rabboni solía ocupar cuando venía a visitar a sus queridos amigos, Pedro y Pablo conversaron quince días, que aquél dedicó enteramente a éste. «Por fortuna mía –añadió Quarto–, fui admitido varias veces a los coloquios entre los dos apóstoles».

Pedro, con humildad y unción encantadoras, fue contando a Pablo todos los pasos de la vida del Maestro, desde que Éste, junto con Andrés y Juan, los había llamado al apostolado. Le hablaba de sus parábolas, de sus prédicas, de sus milagros, sin omitir detalle alguno.

Pablo, por su parte, como un hijo a su padre, le dio cuenta de su vida entera, sin ocultarle las revelaciones y favores que le había hecho el Señor.

De dos conversaciones quiero hacer aquí mención, pues me conmovieron en extremo. Una fue cuando Pedro contó a Pablo la historia de sus tres negaciones la noche de la Pasión, y cómo, a pesar de todo, el Maestro se había dignado aparecérsele personalmente después de resucitado y cómo le había encargado más tarde el cuidado de su rebaño, confirmando la promesa que le hiciera en Cesarea, donde le había prometido darle las *llaves del reino de los cielos*. Oído lo cual, Pablo, doblando la rodilla, besó las manos al antiguo pescador.

La otra fue sumamente emocionante para Pablo. Le contó Pedro detalladamente la visión del lienzo en Cesarea y el bautismo de los primeros paganos.

Pablo no se podía contener, y repetía:

–El reino de los cielos abierto a los gentiles –y, tomando las encallecidas manos de Pedro, las besó, diciendo–: Benditas sean estas manos que, con la suprema potestad de Cristo emanada, abrieron por vez primera y para siempre las puertas del reino de los cielos a todos los gentiles sin excepción.

Casi todas las noches, los dos apóstoles bajaban al huerto de Getsemaní, y allí, postrados por tres horas, permanecían en oración.

–¿Y durante este tiempo –pregunté a Quarto– no trató Pablo con los otros apóstoles?

–Durante estos quince días no trató con otro alguno de ellos. Más tarde habló con Santiago, el llamado «hermano del Señor», como a su tiempo te contaré –me respondió Quarto, el cual prosiguió:

–Cierta mañana me llamó la atención ver salir a Pedro y Samuel, acompañados de Pablo en traje de esclavo,

–Vamos –me dijo Samuel– a visitar la Vía Dolorosa; y para que Pablo no sea reconocido, va con ese traje. Pedro le irá dando cuenta de todos los pasos de la Pasión del Maestro, y terminaremos en el sepulcro, donde nos esperan Nicodemo y José de Arimatea.

Cuando por la tarde regresamos, noté que Pablo estaba profundamente impresionado.

—He recorrido –me dijo–, guiado por Pedro, paso por paso, toda la Vía Dolorosa –y después, cambiando la conversación, añadió–: Es admirable el respeto y veneración que los fieles tienen a Pedro; sin temor ninguno de los fariseos, se arrodillan delante de él para que los cure. Hasta con su sombra pude ver que muchos habían sanado.

—Ésas son las credenciales de Pedro –dije a Pablo–. Todos los fieles le reconocen como vicario de Cristo.

Otra mañana, y entonces yo los acompañé, Pedro le llevó al sepulcro de Esteban, donde Pedro oró postrado con grandísimo fervor y muchas lágrimas.

Por lo demás, Pedro dio cuenta a Pablo de todo, absolutamente de todo lo que el Maestro, durante los cuarenta días que se les apareció a los discípulos, les había dicho, mandándoles ir por todo el mundo enseñando su *doctrina y bautizando a los que creyeran* en el nombre del Padre, y del Hijo, y del Espíritu Santo.

Al terminar los quince días, Pedro tuvo que marchar a Samaría, y así, dándole el beso de paz, se despidieron aquellos dos hombres, no sin que Pablo llevara consigo la absoluta aprobación de la doctrina que a Pedro había manifestado y habiendo recibido de éste la bendición.

43
ENTREVISTAS

Quarto continuó su narración:

—Ya que he visto a Pedro y hablado con él durante quince días –me dijo Pablo–, quisiera ver a los otros apóstoles.

—Solamente se encuentra en Jerusalén –le respondí– Santiago, el llamado hermano del Señor, a quien ya viste la noche de tu llegada.

Recordando la impresión que Santiago le había hecho cuando le miró a la luz de la luna, gozoso, Pablo exclamó:

—Mucho desearía verle.

Pero el asunto no era tan fácil, ya que Santiago, nombrado por Pedro obispo de Jerusalén, tenía numerosos asuntos en qué ocuparse, y no le era fácil dedicar, como Pedro, largas horas para hablar con el antiguo perseguidor de Cristo, de quien desconfiaba todavía. Por otra parte, una gran multitud de fariseos estaba de ordinario en la residencia de Santiago, quien, lleno de celo por atraerles a Cristo, les dedicaba diariamente no pequeña parte de su tiempo.

Samuel, sin embargo, consiguió que una mañana temprano, en la casa de Verónica, Santiago y Pablo tuvieran una entrevista.

—¿Y asististe a ella? –pregunté a Quarto.

—¿Cómo quieres, dómine, que un incircunciso como yo, aunque bautizado por el mismo Pedro, pudiera ser tolerado por el austero Santiago?

Yo permanecí en la casa de enfrente, en espera de que terminara la entrevista. Con asombro mío, no habían pasado tres cuartos de hora, cuando vi a Santiago salir de casa de Verónica en compañía de Samuel. Hacía años que no veía yo a Santiago, fuera de la noche en que llegué con Pablo, y sólo le vi a la luz de la luna arrodillado orando. Al fijarme en él, a la luz del día, le encontré muy cambiado. Andaba con gran solemnidad, y si no hubiera yo sabido quién era, le hubiera podido confurdir con un fariseo. Esta sequedad ascética de Santiago hacía que, a pesar del innegable parecido corporal que tenía con el Maestro, no se le pudiera confundir con aquél en la plena luz del día.

Entré en casa de Verónica y me encontré a Pablo hablando con aquella mujer, a quien el Maestro había sanado. Escuchaba el apóstol atentamente la relación que le hacía Verónica de su curación, y cómo con una voz llena de cariño la había llamado hija. Igualmente le contó cómo desde el balcón de la casa de ella había Myriam presenciado el juicio y condenación del Señor por Pilato. Pablo no perdía oportunidad de oír hablar a testigos presenciales de la vida, pasión y muerte de Jesús.

—¿Y le viste después de resucitado? —preguntó Pablo a la mujer.

—Sí —dijo ella, radiante de gozo—; yo fui de las quinientas personas que le vieron y escucharon su voz.

Siguieron después hablando del Maestro, y Verónica le comunicó que había mandado hacer una estatua de Jesús para perpetuar, agradecida, la memoria del milagro de su curación. Pablo sonrió, y le dijo:

—Se ve que tú has vivido mucho tiempo entre paganos; a un judío jamás se le hubiera ocurrido semejante idea.

—Sí —respondió ella—, he vivido casi toda mi vida en Cesarea de Filipo, y fue un pagano quien me sugirió la idea.

—Como es imposible que las mujeres puedan guardar secretos —prosiguió Quarto, riendo—, Verónica, muy confidencialmente, contó a varias de sus amigas que Pablo, el antiguo perseguidor de los fieles de Cristo y a quien el Señor se le había aparecido recientemente en el camino de Damasco, iría al día siguiente a la casa de ella. Y, claro, aquellas mujeres, que habían seguido y tanto amaban al Maestro, no faltaron a la cita, lo cual dispuso el cielo, para que Pablo, no pudiendo ir por las calles de Jerusalén durante el día, permaneciera en casa de Verónica oyendo a aquellos testigos que habían conocido al Señor y le habían visto también resucitado.

La primera que habló con Pablo fue Dinan, la samaritana; con su genial desparpajo, llena de palpitante emoción, le contó su encuentro con el Maestro junto al pozo de Jacob.

—¿Y le viste después de resucitado? —interrogó Pablo.

—¡Cómo no le había de ver! —dijo ella—. Y le oí cuando mandó a sus apóstoles que predicaran en Samaría,

No podían faltar —prosiguió Quarto— las Marías, las tres que, después de servir al Maestro durante su vida, llenas de dolor fueron al sepulcro muy de mañana para ungir su cuerpo. Las tres a un tiempo hablaban y contaban cómo se les había aparecido y les había mandado que anunciaran su resurrección a los apóstoles, en especial a Pedro.

–¿Podré entrar yo, aunque sea pagana? –se oyó una voz que hacía esta pregunta desde la puerta.

Pablo púsose en pie e hizo entrar a la que así había hablado. Era Justa, la cananea, la siriofenicia. Su relato fue corto, y, cuando ella contó cómo había respondido al Maestro: «*Sí, Señor; pero aun los perrillos comen las migajas que caen de la mesa de sus amos*», Pablo, como si fuera un eco de la voz del Maestro, entusiasmado, exclamó: «*¡Oh mujer!, grande es tu fe*». Y luego, hablando consigo mismo, añadió: «Era una pagana».

Abigail se resistía a entrar; pero Verónica la hizo pasar delante de Pablo, y, viendo que la pobre mujer no se atrevía a pronunciar palabra, ésta le dijo:

–El Maestro te perdonó, y no has vuelto a pecar. Cuéntale tu historia –y mirando sonriente a Pablo–: Nada temas, él fue perdonado, a pesar de haber sido perseguidor de la Iglesia de Cristo. Pablo, Abigail fue la mujer adúltera a quien libró el Señor de sus acusaciones.

Abigail se arrodilló a los pies del antiguo perseguidor de Cristo, y, entre lágrimas, le contó su historia. Pablo tenía los ojos inyectados, llenos de lágrimas. Cuando la mujer terminó, el apóstol le preguntó:

–¿Y le viste resucitado?

–Sí –dijo ella, dando un suspiro–. Por vergüenza, me escondía entre quinientos que tuvimos la dicha de verle; pero me miró *como Él sólo sabía mirar;* era Él, sin duda, el que tiempo atrás me había perdonado.

–Yo quiero ver a Pablo; tengo derecho –gritó Sidonio (el ciego de nacimiento), entrando. Y sin más preámbulos, dijo a Pablo–: Mira, mira bien mis ojos. Éstos me los dio Él.

–¿Y le viste resucitado?

–¿Crees tú que después de haberme *dado estos ojos,* no se iba a dejar ver por mí antes de subir a su Padre?

–Y de la entrevista con Santiago, ¿te dijo algo Pablo? –pregunté a Quarto.

–Ya lo creo, dómine –me respondió–. Cuando por la noche regresábamos a Betania, me la contó, y aunque por la oscuridad no le podía ver claramente el rostro, noté que la voz de Pablo temblaba al referírmela. «Cuando entré a ver a Santiago –me dijo Pablo–, iba lleno de ilusión pensando que volvería a ver un retrato del Maestro. Pero no es lo mismo la luz de la luna que la del sol, y aunque algunos rasgos eran semejantes, la diferencia entre el rostro de Santiago y el Maestro era inmensa, sobre todo en los ojos; aquellos ojos que me miraron con ternura, con amor infinito, jamás se podrán, ni a mil leguas, comparar con los de Santiago. Tanto más, que, desde luego, noté que me miraba con recelo, por lo menos. Él debió notar al punto mi desilusión, pero no le hago el agravio de creer que se resintió por esto conmigo. Estaba ya prevenido de antemano, y yo, no queriendo entrar en discusión con él, le indiqué, desde luego, el objeto de mi visita, que era suplicarle me contara cómo el Señor a él, personalmente, se le había aparecido. Su ascético rostro se iluminó, y su mirada se suavizó notablemente. "Sí –me dijo, conmovido–, el Maestro con amor inmenso se me apareció cuando yo le lloraba inconsolablemente como muerto. Me habló con aquella voz inconfundible, y me extendió sus manos, permitiéndome que besase sus llagas –y la voz de Santiago sonaba con un timbre especial, producido por aquel recuerdo–. No fue ésta la única vez que le volví a ver –prosiguió Santiago–. Durante los cuarenta días después de su resurrección se nos apareció muchas veces, hablándonos del reino. Por último, le vieron mis ojos cuando subía a los cielos después de bendecirnos". Con esto hubiera terminado mi entrevista, si Santiago, después de un rato de silencio, no me hubiera hablado de esta suerte: "Una de las recomendaciones o mandatos del Señor fue: *Sed mis testigos en Jerusalén;* por eso hemos permanecido aquí antes de ir a dar testimonio de Él entre los hebreos de la Dispersión, esparcidos por todo el mundo. Y yo espero morir en Jerusalén, dando aquí testimonio de Él con mi sangre". Desde luego entendí que aquellas palabras, dar testimonio del Maestro entre los hebreos de la Dispersión, iban dirigidas a mí, como una amonestación, para no esparcir la buena nueva entre los incircuncisos. «Santiago es judío hasta la médula de sus huesos –continuó Pablo– y el amor a su pueblo le hace tratar de retardar la evangelización de los incircuncisos cuanto sea posible... Primero y ante todo es Israel. Y sentía vibrar todas las cuerdas de mi corazón al oír aquellas palabras que parecían ser eco de mis sentimientos antes de que el Señor me hubiera escogido para evangelizar a los *gentiles*. Entendía el estado de ánimo de Santiago, pero no pudiéndome contener, le dije: "Yo también pensaba como tú; pero sé a ciencia cierta que es la voluntad del Señor que los gentiles, los incircuncisos, sean *ya evangelizados*". "Puedes evangelizarlos en buena hora –me respondió Santiago– con tal que *guarden la ley.* Acuérdate de lo que nos enseñó el Maestro: *No penséis que he venido a abrogar la ley. No he venido a abrogarla, sino a cumplirla*". "Tienes razón –le respondí–, sólo que las palabras del Señor fueron: *no he venido a abrogar la ley o los profetas;* y profetizado está que el reino de Dios ha de pasar a los *gentiles,* como el mismo Señor afirmó: *Por tanto, os digo que el reino de Dios será quitado a vosotros y será dado a gente que haga los frutos de él.* Recuerda, Santiago, lo que dijo Isaías: *¿Qué más se podía hacer a mi viña que yo no haya hecho? ¿Cuánto he esperado yo a que llevase uvas y ha dado agraces. Os mostraré, pues, ahora lo que haré con mi viña: le quitaré su vasallo (la ley) y quedará para ser robada; derribaré su cerca, y quedará por ser hollada... Haré que quede desierta (Is. V, 4, 6)*". Santiago me miró con una mirada que al principio pensé que era de odio; pero no, no era de odio: era de terror y de un dolor muy grande. ¿Cómo admitir la reprobación de *nuestro pueblo* sin hacer todo lo posible para que conociese su error? Y Santiago, temblando y lleno de una aflicción inmensa, dio fin a la entrevista diciendo con un acento desgarrador: *"Parce, dómine, parce populo tuo, ne in aeternum irascaris"*.»

–Y Pablo –prosiguió Quarto– gemía, igualmente, exclamando: «*Perdona, Señor, perdona a tu pueblo y no pemanezcas airado contra él para siempre*».

Por un largo espacio de nuestro camino, Pablo siguió suspirando. Casi habíamos llegado a Betania, cuando el antiguo perseguidor sufrió un cambio. Se irguió, y con una voz llena de energía, exclamó: «*No tengo por qué gloriarme; porque me es impuesta esta necesidad, y ¡ay de mí si no anunciara el Evangelio...* a los gentiles!» Y entonces –añadió Quarto–, me pareció ver a Abdón herido por el rayo con sus vestiduras carbonizadas, representando a Saulo, caído en el suelo frente a Damasco, ardiendo su alma de judío para que quedara intacto el *apóstol de Cristo*...

Quarto y yo guardamos silencio por largo rato; después, continuó:

–Entonces pasó algo extraño; yo, el pagano incircunciso, estaba emocionado, y en cambio Pablo, el judío, había recobrado su ecuanimidad por completo.

Al llegar a Betania nos esperaba una escena que nos impresionó muchísimo, tanto a Pablo como a mí, pero de una manera muy diversa.

Marta salió a recibirnos; venía con ella una niña que ansiosamente esperaba la llegada de Pablo, a quien quería ver y hacerle una pregunta.

–Aquí tienes a esta niña –dijo Marta a Pablo–. Sus padres, hebreos de la Dispersión, viven en Thyatira y venden telas teñidas de púrpura. Como piadosos israelitas, suelen venir a adorar en Jerusalén y vender también sus telas. Esta niña, cuando era pequeñita, su madre se la presentó al Maestro para que la bendijera. El Señor manifestó por ella una gran predilección.

–Sí –interrumpió la chiquilla–, Jesús de Nazaret me quería mucho y yo le quería muchísimo, y lo lloré mucho cuando murió crucificado.

–Pero, ¿no supiste que resucitó? –le preguntó Pablo.

–¡Ya lo creo! –dijo la niña, sonriendo–. Y cuando se apareció a muchos, estaba yo allí con mi mamá; pero como era yo pequeñita, mi mamá me levantó en alto para que le viera, y Jesús me miró, y reconociéndome, desde lejos me bendijo.

Pablo estaba encantado con la niña.

–Bueno –le preguntó–, ¿y por qué me querías ver?

–Cuando Jesús subió al cielo llevaba sus manos llagadas, y como me han dicho que tú le has visto últimamente, quería preguntarte si ya no le dolerían sus heridas.

Esta salida de la niña nos enterneció a todos, pero de modo más especial a Pablo, y, poniendo su mano sobre la cabeza de la niña, le respondió, sonriendo:

—Ya sus llagas no le duelen; pero las conserva siempre como testimonio de lo que padeció por nosotros.
—¡Cuánto me alegro de que no le duelan ya! —repuso la niña.
—¿Y cómo te llamas? —le preguntó Pablo.
—Me llamo Lydia; mis padres venden telas de púrpura, y yo ya estoy aprendiendo a teñirlas.
Cuando Pablo oyó el nombre de Lydia y el oficio de sus padres, quedó suspenso y su mirada parecía dirigirse al futuro, mientras repetía:
«Lydia, Lydia, la vendedora de púrpura.»
Y poniéndole la mano en la cabeza, bendijo de modo especial a la niña.

44
MÁS ENTREVISTAS

—Quarto —me dijo Magdalena—, ¿asististe a la conferencia entre Santiago y Pablo?
—¿Cómo quieres que un incircunciso hubiera podido hacerlo?
Magdalena sonrió tristemente, y me dijo:
—Santiago es demasiado judío, y no ha comprendido aún toda la grandeza de la misión que el Señor reserva a Pablo; pero Pedro sí la ha comprendido, y está muy conmovido con la conducta de aquél, pues con gran sencillez le ha dado cuenta de todo. El humilde Pedro reconoce la superioridad intelectual de Pablo. Así es; pero Pedro *es la cabeza*.
—Eso es precisamente —dije, interrumpiendo a Quarto— lo que me decía mi abuelo: «Augusto no era mejor poeta que Virgilio, ni mejor orador que Cicerón; muchos de sus contemporáneos le fueron muy superiores; pero Augusto era la cabeza; así pasó con Pedro; él fue el escogido por el Maestro para piedra fundamental de su Iglesia, y los restantes serán lo que quieras; pero la piedra fundamental es Pedro, y el Maestro sabía lo que hacía. Pero continúa. ¿Qué más te dijo Magdalena?
Quarto prosiguió:
—He podido notar que Pablo está ansioso de hablar con aquellos que conocieron personalmente al Rabboni, y hay que darle todas las oportunidades posibles para que cumpla su justo deseo. Se me ocurre —dije a Magdalena— que un paseo por Galilea ayudaría a este propósito.
—Cuando tú vas, ya vengo yo —me respondió aquella extraordinaria mujer, sonriendo—. Ya he mandado enviados a muchas partes para que cuando tú y él lleguéis, lo encontréis todo preparado. Ya dije a Lázaro que os tenga dispuestas excelentes caballerías para que emprendáis la marcha. He sabido que en Jerusalén ha corrido el rumor de que el odiado Saulo está entre nosotros. Es mejor que por unos días se aleje; haré saber que se mar-

chó, y quedarán burlados esos hipócritas. Ya comuniqué a Pablo mi plan, y está conforme.
Así es que me dijo con ese tono que le caracteriza:
—Arréglate, y marcha cuanto antes.
Naturalmente, fuimos aquel mismo día.
El plan de Magdalena surtió un efecto admirable. Por todo el camino salían a nuestro encuentro hombres y mujeres que habían conocido al Maestro o habían recibido de Él algún favor. Pablo los oía atentamente, les hacía preguntas, insistiendo, en particular, en su conversación, con aquellos que habían visto al Señor resucitado, guardando en su admirable memoria hasta los más pequeños detalles.
—En una ocasión —me dijo Pablo— tengo entendido que el Maestro apareció a más de quinientos. Ya llevo entrevistados a muchos.
—Pero no podrás ver a todos —le respondí—, pues varios han muerto.
En Cafarnaúm encontramos un buen número de testigos presenciales, entre los que estaba la mujer de Chuza, quien también le vio resucitado, y la pobre suegra de Pedro, ya muy anciana. ¡Si vieras con qué entusiasmo hablaba del Maestro! Lo que le llamaba la atención era que el Señor hubiera escogido a su yerno, le decía a Pablo, para cabeza de la Iglesia. Dicen que lo está haciendo muy bien, y ha hecho muchos milagros. ¡Quién lo había de decir!
Pablo sonrió, y le dijo:
—Así es: Pedro es la cabeza. El Maestro mismo, aquí, en las playas de este lago, le confirmó la promesa que le había hecho en Cesarea, y el Señor sabía lo que hacía. Yo he hablado largo con tu yerno, y he quedado encantado de su humildad. Dios ensalza a los humildes.
Al salir de la antigua casa de Pedro, nos encontramos con una anciana, la cual, sin más ceremonia, dijo a Pablo:
—¡Cuánto quise a Jesús de Nazaret! Era tan bueno, tan rebueno, hacía tantos beneficios, que yo un día no me pude contener, y le grité: «Bienaventurado el vientre que te llevó y los pechos que te amamantaron». Y esos infames le dieron muerte.
—¿No sabes que resucitó? —le preguntó Pablo.
—Nada me extraña —repuso la mujer—; era tan bueno... Yo no le vi resucitado; pero Juan, un día que vino a ver a su madre, me contó que el Señor se le había aparecido, lo que me dio muchísimo gusto; era tan bueno...
Fuimos a visitar a la madre de Juan y Santiago en su casita junto al lago.
—Ya me mandó decir Magdalena que ibas a venir —dijo la anciana, dirigiéndose a Pablo—, y me encargó que te contara cuando fui a pedir a Jesús que les diera a mis hijos las dos mejores sillas de su reino, una a su derecha y otra a su izquierda. Mi marido, Zebedeo, me decía que no hiciera semejante cosa; pero ¿qué quieres? Yo, como madre, deseaba lo mejor para mis hijos, en especial para Juan, a quien Jesús quería mucho.

—¿Y qué te dijo el Señor? —le preguntó Pablo.
—Que quería mucho a mis hijos, pero que ese asunto no era de Él, sino de su Padre. Yo no entendí eso; pero Juan me lo ha explicado, y siendo así, nada tengo que decir. Esperaba, sin embargo, que su Padre celestial le diera la preferencia a Juan; pero me llevé chasco, pues, según me han dicho mis hijos, el Padre celestial le dio el primer lugar a Pedro. Yo quiero mucho a Pedro, y es el mejor amigo de mis hijos, en especial de Juan; pero, la verdad, Juan es mucho más listo que Pedro.

Pablo no pudo menos de sonreír.

La madre prosiguió:

—Tanto Santiago como Juan, me regañaron cuando les manifesté mi opinión, y Juan, dándome un beso, me dijo: «Madre, esto no es cuestión de ser más o menos listo. Te aseguro que el infeliz de Judas era el más avisado de los doce». «¿Pero no te prefería tanto el Maestro, que a ti te dijo quién era el que le había de entregar?» «Me lo dijo —me respondió Juan— porque se lo pregunté *en nombre de Pedro;* de otra suerte, creo que ni a mí me lo hubiera revelado. Pedro, madre, es *el escogido por el Padre;* es nuestra cabeza, él es la piedra fundamental sobre la cual el Maestro ha edificado su Iglesia, y el Espíritu Santo ha derramado sobre él gracia especialísima para que desempeñe su cargo». «Pero ¿a pesar de aquello?», insistí yo. «A pesar de aquello, madre; a pesar de aquello, le dio la suma potestad para que, *una vez convertido, confirmara a sus hermanos».*

Pablo, al oír esto, dijo:

—Y a mí también me ha confirmado; Pedro tiene la suprema potestad, como te lo ha dicho Juan.

—Ahora —nos dijo la esposa de Zebedeo— creo que querréis dar un paseíto por el lago; el día está muy bueno. Ya mandé a Miguel, uno de los pescadores más viejos, que apareje la nave de mis hijos, y os lleve. Os espero a cenar.

—¿Cuál es la nave de Pedro? —preguntó Pablo a Miguel.

—Esta que ves aquí encallada. Desde que el Maestro la ocupaba ordinariamente para predicar a las turbas y hacer viajes por el lago, por orden expresa de Andrés y de Pedro nadie la usa.

—¿Podría yo subir a ella? —inquirió Pablo.

—Sí —respondió el pescador—; tenemos orden de enseñártela. Pedro nos mandó un recado por conducto de María Magdalena, que habita en ese castillo —y con la rugosa mano nos indicaba Magdala, que no dista mucho de Carfarnaún.

Desde luego, nos llamó la atención lo bien cuidada que estaba la barca: parecía un museo. Miguel sonrió al notar nuestra sorpresa, y dijo:

—Por órdenes terminantes de Pedro, Andrés y Magdalena, estamos varios pescadores señalados para cuidar de que todo esté como cuando el Maestro la ocupaba.

—¿Y qué tiene que ver en esto Magdalena? —le pregunté.

–Mucho –respondió el viejo–; ella es la que cada mes, por lo menos, viene a revisarla, y en más de una ocasión nos ha echado buenos regaños por no haberla barrido y sacudido con todo esmero. Ese rollo de cable que ves allí servía al Maestro de cabezal cuando dormía, y Magdalena, cada vez que viene, se arrodilla delante de él, y lo besa con todo respeto. Este lugar marcado en la proa y cercado por cuerdas, era donde el Maestro predicaba. Magdalena también lo visita, besa el suelo y llora. Ella nos mandó que quitáramos el timón de su lugar; aquí está.

En efecto, en un rincón, también cercado con cuerdas, estaba el timón, sobre el cual se leía este letrero: «El timón de la barca de Pedro; nadie lo toque».

Pablo me miró, y dijo:
–En efecto, Pedro es el *timonel*.

Después de lo cual, Pablo se arrodilló delante del cable y lo besó; igualmente besó el suelo hollado por las plantas del Maestro. Después de esto, guiados por Miguel, nos dirigimos a la nave de Juan para dar un paseo por el lago.

Pablo estaba conmovido, y, con lágrimas en los ojos, me dijo:
–En esto se ve la mano de la mujer que mucho ha amado y sigue amando.

Miguel era uno de esos viejos pescadores a quienes les gusta narrar historias, y no fue necesario tirarle de la lengua para que nos dijera cuanto había visto y oído.

Nos habíamos apartado bastante de la orilla, cuando Miguel dijo a Pablo:
–Aquí fue donde, de noche, se nos apareció el Maestro andando sobre las aguas. Nos llevamos un buen susto creyendo que era un fantasma; pero su voz nos calmó luego. Aquí mismo fue donde Pedro le pidió permiso para ir a Él andando sobre las aguas. Al principio todo iba bien, y estábamos todos maravillados; pero poco después se empezó a hundir, gritando al Señor que le salvara, y el Señor le dio la mano, y los dos subieron al barco.

Llegados al medio del lago, nos contó Miguel cómo les había sorprendido una terrible tempestad, mientras el Señor dormía, reclinado en el cabezal.

–Pedro –nos dijo– fue a despertar al Maestro; ya nos hundíamos. El Señor se levantó, y mandó a los vientos que cesaran y a las olas que se calmaran. No lo creeréis, pero al momento cesó la tempestad, y el Señor nos reprendió por nuestra poca fe.

Un poco más adelante nos dijo:
–Aquí fue donde, después que habíamos tratado de pescar toda la noche, el Señor nos mandó que echáramos las redes. Simón Pedro respondió: «Hemos trabajado toda la noche, y nada hemos pescado; mas en tu palabra echaré la red». Lo hicimos, y al punto se llenaron tanto nuestras

redes, que tuvimos que llamar a las otras barcas para que nos ayudaran. Fue una pesca tan abundante como nunca habíamos visto. Entonces Pedro, cayendo a los pies del Señor, le dijo: «Apártate de mí, *porque soy un hombre pecador*». Todos estábamos sobrecogidos por el prodigio.

Regresábamos ya, y estando cerca de Cafarnaún, Miguel nos dijo:
—Todos estábamos muy tristes, pues esos malos hombres de Jerusalén habían crucificado al Maestro. Decían que había resucitado de entre los muertos; pero yo, la verdad, no lo creía; y le seguía llorando por muerto para siempre. Llegábamos a éste punto con las redes vacías, pues no habíamos pescado nada en toda la noche. De pronto vimos un hombre en la ribera, que nos gritaba: «¡Muchachos! ¿Tenéis algo que comer?» No teníamos nada, y le respondimos que no. Entonces Él nos dijo: *«Echad las redes a la derecha del barco, y hallaréis»*. Aquella voz me pareció conocida, pero creí que era Santiago el Menor, que tiene una voz semejante. Pedro, sin embargo, nos mandó que echáramos las redes, y no lo creeréis, pero se llenaron en un momento, tanto que no las podíamos sacar por la multitud de peces. Juan, viendo esto, le dijo a Pedro: «Es el Señor». Pedro se echó al agua para ganar la ribera más pronto. Todos estábamos espantados con la pesca, y saltamos a tierra. El desconocido había encendido lumbre, sobre la cual se asaba un pez. Entonces nos dijo: *«Traed de los peces que habéis sacado»*. Yo me quedé espantado; aquélla no era la voz de Santiago, sino la inconfundible del Maestro. Pedro y otros, pues yo no cesaba de mirar al desconocido, fueron por la red cargada de peces. Entonces Él nos dijo: «Poned unos en la lumbre, venid y comed». Y sacando un pan, lo partió «como solamente lo hacía el Maestro». Él era, Él era. Me miró, y aquella mirada inconfundible de sus ojos me hizo ver que Él era, Él era, ya resucitado. Y el bueno de Miguel se echó a llorar.
—¿Y te habló? —le preguntó Pablo.
—A mí no, no soy nadie; pero con Pedro, Tomás, Juan y Santiago su hermano, Natanael y otros dos más de sus discípulos, sí estuvo muy largo tiempo conversando. Yo oía su voz, su voz inconfundible: veía cómo les daba bocados, como lo hacía el Maestro únicamente, pues Él era, no había la menor duda. Sí, sí; yo tuve la dicha de verle resucitado. Él era, sus ojos le denunciaban sin la menor duda; Él, resucitado de entre los muertos.

45
EN MAGDALA

La mañana siguiente recibimos un mensajero de Magdalena, la cual nos invitaba a ir a su castillo, enviándonos cabalgaduras para marchar luego.
—¿Qué tramará esa admirable mujer? —dijo Pablo.

—Quiere darte todas las oportunidades para que trates con testigos presenciales de la vida, pasión, muerte y resurrección del Maestro, para que sepas «lo que el ojo vio y el oído oyó». Sin duda, te tiene allí otros testigos importantes.

Magdalena, con la soltura y pulcritud de una castellana, nos hizo los honores de su castillo. En una terraza que daba al lago, y que estaba sombreada por tupidas enredaderas, había colocado varios asientos, y nos invitó a ocuparlos. Poco después entró un simpático anciano, el cual descubría su nacionalidad por la indumentaria. Era, en efecto, Manasés, el buen samaritano. En su poético lenguaje, le contó a Pablo cómo el Maestro había evangelizado personalmente a los samaritanos, entre los que había permanecido tres días, y cómo la inmensa mayoría de ellos había creído en el Thaeb, sin que hubiera sido necesario que obrase milagro. Después, rogándonos que le siguiéramos, nos llevó a un extremo de la terraza, desde donde se descubría el monte en que el Maestro había dirigido a la multitud uno de sus más emocionantes discursos: el de las bienaventuranzas, al que Manasés había estado presente. El buen anciano lloraba cuando contó a Pablo esa escena; añadió:

—Su misericordia la alcancé yo con creces, pues, a pesar de ser samaritano, tuve la dicha de verle resucitado cuando se apareció a más de quinientos. Y ya hemos conseguido que vayan a Samaría Pedro y Juan para que recibamos el Espíritu Santo después de haber sido bautizados por Felipe.

—Samaritano, samaritano –repetía Pablo, cuando marchó Manasés–; y, sin embargo, el Señor se le apareció...

Un redoble de tambores y toques de cornetas distrajo nuestros pensamientos. Pocos momentos después apareció en la terraza un oficial romano de uniforme. Era centurión, el arrogante, varonil y simpático Cayo Oppio, a quien luego reconocí. Le acompañaba su ayudante.

—Pablo –le dije–, aquí tienes a este incircunciso, soldado romano...

—De quien el Rabboni afirmó que ninguno en Israel tenía más fe que él –dijo una voz que salía de detrás del emparrado.

Cayo explicó, sonriendo:

—Es Magdalena.

Con gran llaneza, quitándose el casco, que dejó suelta una hermosísima y revuelta cabellera rubia, se lo dio a su ayudante. Después, en un asiento que estaba delante del nuestro, se sentó, y poniendo la espada sobre sus desnudas rodillas, habló así:

—Magdalena me llamó, y me mandó trajera un piquete escogido de mi centuria, porque aquí estaba un perseguidor de Cristo.

—Es ése que tienes delante, sentado junto a Quarto –volvió a decir la femenina voz–. Pero ahora es Pablo, el elegido para llevar el nombre del Rabboni a los gentiles.

Cayo miró con curiosidad la raquítica figura que tenía delante; pero cuando se fijó en los ojos, conoció que tras aquellas pupilas negras se escondía un alma de gigante.

Pablo sonrió, y con llaneza le contó su historia, la que oyó el centurión con atención y admiración crecientes. Cuando hubo terminado, Pablo rogó al soldado que le contara la suya.

—¿Qué quieres que te cuente? —repuso Cayo con sencillez—. Soy un soldado romano que he llegado a centurión, como mi padre Cornelio.

—¿Eres tú hijo de Cornelio, el Centurión de Cesarea? —inquirió Pablo.

—El cielo me concedió ese gran favor; mi padre ha sido el primer gentil bautizado por el mismo Pedro.

—Conozco su historia; pero ahora deseo oír la tuya.

—Como soldado, he luchado en las Galias, y después contra los partos. Cuando, hará unos diez años, fui ascendido a centurión, me enviaron de guarnición a Cafarnaún por una providencia del cielo, pues allí tuve ocasión de oír hablar de Jesús de Nazaret.

Entonces le narró la entrevista con el Maestro cuando llegó a la casa de él para curar a su asistente.

—¿Y después no le volviste a ver? —le preguntó Pablo.

—Varias veces tuve la dicha de oírle predicar, cuando lo hacía desde la barca de Pedro, y más tarde tuve el privilegio de verle resucitado —y los grandes ojos del centurión se llenaron de lágrimas—. Sí —añadió—, le vi, y Él me reconoció en medio de una gran multitud, y me miró con mirada inolvidable. Más tarde, cuando supe que mi padre había sido bautizado por Pedro, fui a Cesarea inmediatamente, y el apóstol, que me conocía desde Cafarnaún, me bautizó a mí y a mi familia.

Dejé a Pablo y a Cayo conversando, y salí de la terraza. Cuál no sería mi sorpresa al encontrarme con Longinos, quien, al frente de su decuria, esperaba órdenes del centurión. Bien conocía yo a aquellos hombres, pues los había visto en el Calvario; fueron los que crucificaron a Cristo. Longinos, notando mi sorpresa, me dijo:

—¿Ves a esos mocetones, todos de más de un metro setenta de altura? Forman la decuria escogida de la centuria de Cayo Oppio. Son todos germanos de la Suabia, la Guttonia y la Marcomia. Nosotros vamos siempre a la vanguardia y recibimos los primeros choques del enemigo.

El tonillo un tanto altivo de Longinos, atribuyendo las victorias romanas a los mercenarios, me disgustó no poco a mí, romano hasta la médula, y, sonriendo irónicamente, dije:

—Sí, tú y tus germanos tuvisteis la *gran honra* de haber crucificado a Cristo.

Uno de aquellos gigantes de cabello rubio y ojos azules, dando un paso adelante, dijo:

—Como soldados obedientes, crucificamos a tres judíos condenados por el representante de Roma.

Longinos sonreía. En seguida otro de aquéllos, avanzando, exclamó:
—Nosotros, germanos, gustosos crucificamos tres judíos.
Siguió un tercero, que añadió:
—Con gusto crucificamos al Rey de los judíos, enemigo de Roma.
Iban los otros a hablar, cuando Longinos, en bastante buen latín, me dijo:
—Quarto, romano, escucha. Estos valientes, como yo, recibimos orden del procurador Pilato de crucificar a tres bandidos, siendo uno de ellos el que llamaban Rey de los judíos. Nuestra obligación era obedecer. Empezamos, pues, a amarrar a los dos primeros, y cuando íbamos a amarrar al tercero, cuya sentencia decía: *«Jesús Nazareno, Rey de los judíos»*, vino a nosotros un viejo con una mitra en la cabeza, y me gritó: «A Éste hay que clavarle en la cruz». «¿Y quién eres tú que vienes a dar órdenes a soldados romanos?» «Yo soy —me respondió el viejo— el sumo sacerdote Caifás». Yo —continuó Longinos— me encogí de hombros, y le dije: «Si quieres clavarle, trae clavos y quien lo clave; pues nosotros no haremos eso». En efecto, el viejo trajo a unos hombres con clavos y martillo, y ellos, nosotros no, le clavaron en la cruz, y ellos mismos la izaron. Nuestra obligacón era cuidar que nadie hiciera mal a aquellos infelices, y así lo hicimos. No pudimos impedir que el viejo barrigón y otros de su calaña insultaran, no a los dos bandidos, sino al que decían era su Rey. Según la costumbre, mis soldados se repartieron las vestiduras de los tres crucificados; pero viendo que la del Rey no tenía costura, les dije que echaran los dados para ver a quién tocaba en suerte. Después de esto, nos sentamos, quedando solamente dos, que se paseaban haciendo la guardia por turno. Tú viste cuántas cosas pasaron, Quarto, y oíste lo que el Rey habló desde la cruz. Al principio, mis muchachos no hacían caso, pues poco entendían; pero tanto repitieron esos viejos y sus amigos que el Rey era Hijo de Dios, que aquellas palabras se les grabaron, y entre sí empezaron a discutir mis muchachos de cuál Dios sería Hijo aquel crucificado, y cuando comenzamos a ver los prodigios que se sucedían y que la Madre del Rey estaba allí, al pie de la cruz, nuestros corazones se enternecieron. Entonces me acerqué a un hombre llamado Juan, que allí estaba, y le pregunté: «¿De qué Dios es Hijo este hombre?» Y Juan respondió: «Es Hijo del único Dios verdadero, el cual bajó del cielo y se hizo hombre por nuestro amor. Ésta es su Madre». «Pero ¿por qué le persiguen esos viejos?» —prosiguió Longinos—. Entonces Juan me explicó: *«Vino a los suyos, y los suyos no le recibieron; mas todos los que le reciban creyendo en Él, tenemos potestad para hacerlos hijos de Dios»*. En aquel momento, uno de los bandidos exclamó: *«Acuérdate de mí cuando estés en tu reino»*. Y el Rey le respondió: *«Hoy estarás conmigo en el Paraíso»*. Esto me hizo comprender que si un facineroso arrepentido podía ser admitido en el reino de Dios, ¿por qué no había yo de poder igualmente ser recibido? Y, pensando en esto, me fui a hablar con mis muchachos, y les expliqué en nuestro idioma lo que

Juan me había dicho. Así pasó largo rato. Juan nos veía y hablaba de nosotros con la Madre del Rey, quien, a pesar de su pena, nos miró con inmenso cariño. Vinieron los últimos momentos del Rey. La tierra tembló las rocas se partieron, las tinieblas nos cercaban y Él gritó con una voz que nos llegó al fondo del alma: *«Padre, en tus manos encomiendo mi espíritu»*, y expiró. Yo –prosiguió Longinos– estaba enfrente de la cruz, y sentí en mi alma algo inusitado que me impulsaba a creer, como me había dicho Juan; una luz iluminó mi entendimiento, y sentí en el corazón el deseo de creer. Viendo, pues, todo aquello, en presencia de los enemigos del Rey, con todo, valor grité: *«En verdad que este hombre era el Hijo de Dios»*. Y mis muchachos, que habían también sido iluminados como yo, gritaron: *«Verdaderamente, Éste era Hijo de Dios»*. Una vez muerto, nuestra guardia terminaba. Me fui a Pilato, y le avisé de la muerte del Rey de los judíos, y le dije que yo creía que era Hijo de Dios. Pilato se encogió de hombros, pero le vi palidecer. Nos relevó al punto de nuestro servicio, y, al regresar al cuartel, lo primero que hice fue enviar a Cayo Oppio, que estaba en Cesarea, uno de mis muchachos para que le contara todo. Cayo regresó al punto, y entonces él nos contó muchas cosas del Rey, Jesús de Nazaret, y escogió nuestra decuria como la preferida. Y un día nos llamó y dijo: «Muchachos, venid conmigo, que Jesús, a quien crucificasteis, y en el cual fuisteis los primeros en creer, ha resucitado. Vamos a verle para dar testimonio de Él».

Cayo Oppio salió, dando orden a Longinos y su decuria que entraran a hablar con Pablo.

Repitieron la misma relación, y cuando llegó Longinos a contar que él y los suyos habían dado testimonio de la divinidad de Cristo, todos los soldados exclamaron:

–*«Verdaderamente, Éste era el Hijo de Dios»*.

–Yo fui testigo –añadió Quarto–, de esta profesión de fe en la divinidad de Cristo hecha por los soldados romanos, y dije: «Ya comienzan a cumplirse las profecías del Maestro: *«Cuando fuere levantado en alto, todo lo atraeré a Mí»*, y los primeros que ha atraído son los míos, los romanos incircuncisos. «Verdaderamente, Él es el Hijo de Dios».

–Y éstos mismos, quienes sin conocer al Maestro –dijo Cayo–, le crucificaron cumpliendo su obligación, fueron los primeros que confesaron que Él era el Hijo de Dios, y más tarde le vieron resucitado, cuando estaban ellos en un grupo de quinientos. Cuando yo marché a Cesarea, a casa de mi padre Cornelio, llevé a esta decuria privilegiada para ser allí bautizada por Pedro. Somos –concluyó con orgullo Cayo Oppio– las primicias cristianas de la gentilidad.

Pablo tenía sus ojos inyectados llenos de lágrimas, y por largo rato fue hablando, uno por uno, con aquellos valientes, que, como él (Pablo), habían perseguido a Cristo antes de conocerle; pero cuando le conocieron dieron de Él, los primeros, público testimonio, y estaban decididos a dar testimonio de Él, aun a costa de su sangre, como lo dieron años más tarde.

46
EN JERUSALÉN

−¿Te acuerdas, dómine, de Nachum? −prosiguió Quarto.
−¡Cómo le he de olvidar! El fariseo gotoso que se curó cuando puso su pie dentro de la sombra de Pedro. Yo mismo le llevé al apóstol, y, convertido, fue por él bautizado.
−Precisamente, dómine; pero tal vez no sabes que tiene una magnífica quinta de un lado del Olivete. Pues bien: Magdalena le persuadió que invitara a Anás, Caifás y a otros saduceos de nota para que pasen en aquella quinta unos días de descanso.
−Pero ¿ha renunciado a la fe que recibió? −le pregunté.
−Nada de eso; es un fervoroso seguidor de Cristo, y Pablo trabó con él amistad muy íntima. Sólo que, como antiguamente Nicodemo, no se da a conocer públicamente como convertido a la nueva fe.
−¿Y para qué era esa invitación?
−Voy a explicártelo. Cuando regresamos a Jerusalén, un día Magdalena preguntó a Pablo: «¿Te atreverías a pasar como esclavo por amor de Cristo?» A lo que respondió: «Por ganar alguno para Cristo, estoy dispuesto a hacerme esclavo con los esclavos. ¿Qué deseas?» «No es precisamente para ganar a Cristo a ninguno, sino para que tú mismo oigas algo sobre Cristo, que mucho te interesará. He arreglado con Nachum que vayas a servir en su quinta como vil esclavo, durante los días en que en ella estarán Anás, Caifás y otros conspicuos saduceos». «Pero ¿no me reconocerá Caifás?» «Eso es lo que arriesgas −repuso Magdalena−; pero estoy segura de que no te reconocerá. Tú no eres ya el Saulo de otros tiempos; tienes una facha que, vestido de esclavo, no hay quien te conozca. Estoy segura de que delante de ti esos bandidos hablarán de muchas cosas tocantes al Rabboni, y palparás por ti mismo la degradación a que han llegado los que gritaron»: «*No tenemos otro rey que César*».
Pablo, entendiendo el propósito de Magdalena, aceptó su papel de esclavo, y, disfrazado convenientemente, marchó a cumplir su misión secreta.
Cuando, después de unos días, regresó Pablo, estaba desconocido, escuálido y ojeroso.
−He tenido −nos dijo− unos días, y, sobre todo, unas noches, horribles. Como muy bien habían previsto −añadió, dirigiéndose a Magdalena−, aquellos hombres no pueden olvidar la pasión y muerte del Maestro, sobre todo Caifás. Durante el día parecían no poder hablar de otra cosa, descubriendo sus más íntimos pensamientos y sus perversas intenciones. Odia-

III. ¿Y AHORA, QUÉ?-46. EN JERUSALÉN

ban al Señor, no porque preveían la ruina de nuestra religión y nuestro pueblo. La ley les importaba un ardite, no creían en ella; lo que les hizo obrar como obraron fue el temor de perder su poder y sus riquezas. Temían que vinieran los romanos y les quitaran su hacienda. Y ahora están persuadidos de que Pedro y los suyos van a llevar a cabo su descrédito delante del pueblo.

—¿Y Anás qué decía? —le pregunté a Pablo.

—Es un viejo cínico, que en nada cree, y se reía de los temores de sus amigos, en especial de su yerno, y les decía: «Si no pudo contra nosotros el Nazareno, menos podrán estos infelices pescadores. Comamos y bebamos, que mañana moriremos. Todo se arregla con dinero; para esto tenemos oro, mucho oro, y si necesitamos más, tenemos el oro del templo». Pero cuando quedé más horrorizado fue durante las noches que pasé al lado de Caifás, pues no quería dormir solo. Me tiraba en el suelo, no lejos del lecho del anciano pontífice, de quien yo había sido cómplice cuando la muerte de Esteban y la persecución de los fieles.

—Pero entonces no conocías a Cristo —dijo Magdalena—, y obrabas de buena fe.

Pablo agradeció con una mirada esas palabras de la antigua pecadora.

—Desde la primera noche fui testigo del inquieto sueño de Caifás; padecía pesadillas terribles, y despertaba gritando: «No, no sueño; yo le veo, le veo ahora como le vi en el Sanedrín cuando le pregunté si *Él era el Hijo de Dios bendito*, y Él respondió: *«Yo soy»*. Aquella respuesta me trastornó entonces y me trastorna ahora; luchaba yo contra el Hijo de Dios. «Sí, sí, Él era el Hijo de Dios bendito». Sus palabras eran la verdad. Luego gritaba: «No, no, no; era el Hijo del carpintero. Tuve que tomar vino —seguía Caifás—, mucho vino, para adquirir valor. Y al día siguiente le acusé de blasfemo, y pedí a Pilato que le condenara a muerte... El presidente decía que el Nazareno era inocente...; y así lo era, así lo era... No, no podía serlo, pues por Él íbamos a perderlo todo. Y cuando estaba en la cruz, le insulté cuanto pude, diciéndole: *Si eres el Hijo de Dios, baja de la cruz, y me mofaba de Él*. Que tu sangre caiga sobre mí y sobre mis hijos..., y el viento hizo que varias gotas de su sangre cayeran sobre mis vestidos sacerdotales... mi túnica está manchada con su sangre... Esclavo infeliz —me gritaba—, ¿no ves aquí su sangre? Y el desventurado me mostraba su túnica. Y para cobrar sueño, bebía vino, mucho vino.

—¡Qué horrible debió de ser eso! —exclamó Magdalena.

—Horroroso —repuso Pablo—. Pero la noche siguiente fue peor. Despertó, gritando: «*¡Crucifícale, crucifícale! Nosotros no tenemos otro rey que César; si le sueltas, no eres amigo del César...* Y Pilato cedió, y le azotaron y le coronaron de espinas... No, no, gritaba yo, Ése no es nuestro Rey, sino César. Y murió en la cruz; sí, murió, murió, y mandé que le atravesaran el costado con una lanza. Ya estaba muerto, no había duda...; pero el *tercer día* resucitó, así me lo aseguraron los soldados que custodiaban el sepulcro... No, no resucitó; pero por más que hicimos, no pudimos encontrar su cuerpo... Sí, sí, había resucitado, y apareció a muchos... Y ahora ese condenado Saulo, en quien había yo puesto toda mi confianza, anda diciendo que se le ha aparecido a él... Vino, vino, vino». Y el desgraciado bebió hasta quedar hecho una bota. Al día siguiente –terminó Pablo– Anás le dijo: «Ya me voy, no puedo dormir con tus gritos». Y, en efecto, ese día se marcharon todos, y yo salí de aquel infierno.

–¿Pero has aprendido mucho? –le preguntó Magdalena.

–Sí –repuso Pablo–, he oído lo que el oído oyó, y pude penetrar la perfidia de esos hombres. No aman a su pueblo; sólo se buscan a sí mismos. Crucificaron a Cristo, y ahora persiguen a sus discípulos porque temen perder el poder, la influencia y el oro. Pero es muy duro –terminó Pablo– *dar coces contra el aguijón.*

* * *

Un gran consuelo tuvo Pablo después de tan desagradables escenas, y fue la visita que le hizo su antiguo y venerado maestro Gamaliel, el noble fariseo que había defendido a los apóstoles delante del Sanedrín, diciéndoles: «*Y ahora os digo: dejaos de estos hombres, dejadlos en paz; porque si la obra que hacen es de los hombres, se desvanecerá; mas si es de Dios, no la podréis deshacer; no seáis tal vez hallados reos de resistir a Dios».*

–Dos largas horas estuvieron hablando, Gamaliel y Pablo, y aunque yo no asistí a esta conferencia –prosiguió Quarto–, bien te lo puedes imaginar, dómine. Al salir el anciano fariseo me dijo: «Este joven vale mucho, es sumamente sincero. Cuando perseguía a Cristo, lo hacía persuadido de que ése era su deber, creyendo con esto salvar a Israel. Pero desde que ha conocido a Jesús de Nazaret, el único fin de su vida la condensa en estas palabras: evangelizar a todas las naciones, y, ciertamente, lo hará. Vale mucho este hombre. Parece que el espíritu de Esteban ha descendido sobre Pablo duplicado, como el de Elías sobre Eliseo. Vale mucho, vale mucho».

* * *

–Ahora voy yo –dijo Magdalena a Pablo–. Tenemos que hablar largamente; vamos al jardín, testigo de las enseñanzas del Maestro.

Al entrar, llamó la atención de Pablo un borrico admirablemente bien cuidado, al que se dirigió Magdalena, y empezó a acariciarle.

–En éste –le dijo– montó el Rabboni el día de su entrada triunfal en Jerusalén. Nadie lo había montado antes ni lo ha montado después.

Y dándole de comer en su mano un poco de hierba, lo condujo a su establo.

—Siéntate aquí —le dijo Magdalena—, y yo me sentaré donde siempre me sentaba a los pies del Rabboni; éste era su asiento —y le mostraba uno cubierto de riquísimo brocado—. En él sólo se ha sentado Pedro.

Tampoco asistí a esa conferencia de los grandes amadores de Cristo. Lo cierto es que cuando Salió Pablo del jardín, le vi conmovidísimo, exclamando varias veces:

«¡Cuánto ha amado esta mujer! ¡Cuánto ha amado y ama al Maestro!»

Al otro día, siguiendo las instrucciones Magdalena, Pablo y yo nos dirigimos a Jerusalén, y nos apeamos a la puerta de la pobre casita de Juan. Marta nos recibió, y condujo a Pablo y a mí a la habitación de Myriam, la Madre del Señor.

Por tres días permaneció Pablo en aquella bendita casa, ocupando la habitación de Juan, pues éste no estaba en Jerusalén. Y allí, sentado como un niño a los pies de Myriam, oyó de aquellos labios toda la historia de la vida, pasión, muerte y resurrección del Salvador del mundo.

—¡Qué ojos, qué ojos! —exclamaba Pablo, refiriéndose a los de Myriam—. ¡Esos sí son los ojos del Maestro!

Iba ya a partir Pablo, cuando pude presenciar la despedida. Myriam, tomando una caja, la abrió, y le dijo:

—Pablo, cada vez que bebas del cáliz del Señor, pensando en su Pasión, usa esta copa —y le presentaba una de plata primorosamente labrada—. Un día —prosiguió Myriam— me vino a ver un alfarero llamado Jonatás, y, vaciando en mis manos un saquito, depositó en ellas treinta monedas. «Yo no puedo conservarlas —me dijo el alfarero—, son el precio de la *sangre de tu Hijo* con que pagaron mi terreno». Yo —prosiguió Myriam— no pude menos de derramar sobre ellas muchas, muchas lágrimas. Poco después, me dijo Magdalena: «Conozco un artífice muy hábil, ¿quieres darle estas monedas de plata para que haga un cáliz que sirva en la cena del Señor?» Gustosa se las entregué, y éste es el cáliz fundido con esas monedas. Pablo, consérvale siempre, y cuando vayas por el mundo predicando su Evangelio a los gentiles, úsalo en recuerdo de mi Hijo y de mí.

Y Magdalena, que allí estaba, añadió:

—En recuerdo del precio de la sangre del Rabboni y de las lágrimas que sobre esas monedas vertió Myriam, su Madre.

47
FELIPE

El puerto de Cesarea era uno de los lugares más frecuentados por Quarto y por mí.

Desde los primeros años de la predicación del Evangelio habíamos trabado amistad con Felipe, el diácono, y su familia, compuesta de Catharina, su esposa, y sus hijitas Herminia, Charitina, Irais y Eutychiana.

Quarto y Felipe eran muy amigos, pues éste no era como los judíos jerosolimitanos, intransigentes e hipócritas, sino franco, sincero y lleno de verdadero espíritu de Cristo. Como su familia vivía en Cesarea, y la iba a ver frecuentemente (pues de ordinario estaba en Jerusalén desempeñando sus funciones de diácono), estuvo presente cuando Pedro bautizó al centurión Cornelio y sus allegados. Desde entonces Felipe había comprendido cómo la revelación a Pedro y la conducta de éste bautizando a los incircuncisos que habían creído en Cristo era el principio de la conversión de los gentiles. Persuadido de esto, él fue el primero, como antes dije, que evangelizó a los samaritanos, quienes, aun circuncidados, no eran considerados como parte del pueblo escogido, antes eran rechazados y tratados como endemoniados.

Felipe no tenía escrúpulos ni en invitar a su casa a Quarto, ni en admitir las invitaciones que éste le hacía para que fuera a comer a su morada.

—Hoy vamos a tener un convidado, dómine —me dijo Quarto—. He estado personalmente en la cocina, para que Octavia, la cocinera, recientemente convertida, no fuera a torcerles el pescuezo a las gallinas. Yo mismo vi que las degollaba y escurría hasta la última gota de sangre, para que tú y nuestro huésped puedan comer sin escrúpulo alguno,

—¿Y quién es el invitado? ¿Se puede saber?

—Felipe, el diácono, que acaba de venir de Samaría, donde bautizó muchísimos, los cuales, de manos de Pedro y Juan, recibieron el Espíritu Santo para confirmarlos en la fe.

—Me alegro de ver a ese hombre verdaderamente apostólico. Quisiera presentarle a un etíope que hace poco conocí en Jerusalén. Fue a comprarme joyas y telas para llevar a su país, y tuve con él largas conversaciones.

—¿Te refieres al famoso eunuco de la reina de Candaces, en Etiopía?

—Precisamente. Se llama Abba-Salama, y es el ministro del tesoro de aquella famosísima reina, descendiente, según se dice, de la que vino a Jerusalén a visitar a Salomón. Me contaba que en Etiopía hay hebreos de la Dispersión. De ellos aprendió a adorar al Dios Único. Hubiera querido entrar en el número de los fieles del pueblo escogido; pero siendo eunuco, fue rechazado por aquéllos, quienes le mostraron el versículo 1 del capítulo 23 del *Deuteronomio,* en el cual se prohíbe que entren en la congregación los de esa clase. Con esperanza de que los judíos jerosolimitanos fueran menos severos con él, se propuso ir a adorar al templo. Desgraciadamente, encontró la misma dificultad, y entonces fue cuando me confió su trabajo.

—¿Y por qué no le remitiste a los apóstoles? —arguyó Quarto—. Mucho me arrepentí de no haber hecho lo que dices; y por eso, ahora que vea a Felipe, el cual no tiene escrúpulos para tratar con los incircuncisos, quería recomendárselo, pues, según entiendo, el tesorero de Candaces aún está en Jerusalén.

III. ¿Y AHORA, QUÉ?-47. FELIPE

—¡Pobrecillo! —dijo Quarto—. ¿Y no le dijiste algo que pudiera alentarle?

—Se me ocurrió darle un volumen de Isaías, donde el profeta trata de Etiopía, su tierra, en el capítulo 18. Ya se iba muy contento con este regalo, cuando le dije que en el capítulo 56 el profeta, refiriéndose a los de su clase, dice algunas cosas en favor de ellos.

—Algo es —dijo Quarto—: ¡Ojalá que ese pobre hombre, quien, a pesar de ser el ministro del tesoro de aquella reina, tiene deseos de conocer y abrazar la verdad; ojalá, digo, que aún esté en Jerusalén! Yo llevaré a Felipe, y estoy seguro de que con él todo se arreglará.

Estábamos aún hablando, cuando Felipe llamó a la puerta.

Felipe es uno de esos hombres cuya bondad aparece, desde luego; pero cuando empieza a hablar, la caridad en que abunda su corazón se derrama como bálsamo. Se le ve dispuesto a ayudar a todos en sus penas, en sus trabajos, en cualquiera dificultad que tengan. Su voz es armoniosa y de sus ojos salen, por decirlo así, rayos de simpatía, de cariño.

—Vienes muy a tiempo —le dijo Quarto.

—Me invitaste a comer contigo y Ben Hered a la hora tercia (las doce), y en estos momentos las trompetas de la sinagoga la están anunciando. He procurado toda mi vida ser puntual.

—No es a eso, mi querido Felipe, a lo que Quarto se refiere, sino a que el cielo te trae para llevar a cabo una obra que, probablemente, tendrá grandes consecuencias para la propagación del Evangelio en tierras remotas..., en Etiopía.

Al oír estas palabras, Felipe sonrió plácidamente, pero nada dijo.

—Estábamos hablando de ti en estos momentos con referencia al famoso eunuco de la reina de Candaces, que fue a visitarme en Jerusalén no hace mucho, y al cual regalé un volumen de la profecía de Isaías.

Felipe volvió a sonreír.

—Figúrate —añadió Quarto— que esos... fariseos no han querido admitirlo como prosélito de la Puerta por ser eunuco.

—Sin duda el Señor lo tenía destinado para admitirlo por la puerta de la fe en Cristo —insinuó Felipe.

—En eso mismo pensaba —añadió Quarto—, y para eso precisamente quería yo verte, pues sé que tú has bautizado a los samaritanos, tenidos como endemoniados por esos fariseos.

—¿Y qué pensabas que hiciera yo? —preguntó Felipe.

—Quería que hoy mismo fueras conmigo a Jerusalén para que él hablara contigo, seguro de que tú lo arreglarías todo.

Felipe volvió a sonreír, y añadió:

—Pues siento mucho decirte que para *ese asunto* no estoy dispuesto a ir a Jerusalén.

—¡Te desconozco! —exclamó Quarto— ¿Andas tú también con los escrúpulos de los judaizantes..., o les tienes miedo?

—¿Y si ya no está en Jerusalén? –añadió Felipe.

—Pues averiguaría yo –dijo Quarto con exaltación– el camino que ha tomado, y usando de las más veloces caballerías lo seguiríamos tú y yo. Eso no puede quedar así... ¡Pobre hombre..., abandonarlo porque es negro, porque es eunuco!... Eso no lo hubiera permitido el Maestro...

—Cuánto gusto me da oírte hablar así –interrumpió Felipe–, a ti que eres un gentil incircunciso...

—Pero bautizado y que he recibido al Espíritu Santo...

—Ya se conoce –continuó Felipe–, y ahora escucha la obra del Divino Espíritu con ese negro, con ese negro incircunciso. Yo había regresado de mi misión con los samaritanos y estaba muy cansado. De pronto el ángel del Señor me habló, diciendo. *«Felipe, levántate y ve hacia el Mediodía, al camino que desciende de Jerusalén a Gaza, el cual es desierto»*. Yo luego obedecí y me encaminé hacia Gaza.

—¿Y qué ibas a hacer al desierto? –preguntó Quarto.

—No lo sabía, ni lo pregunté. Si el Espíritu de Dios quería que en ese camino hiciera yo algo, Él me lo indicaría. Iba, pues, caminando, cuando a mi espalda sentí una gran polvareda, volví el rostro y vi un magnífico carro tirado por cuatro caballos. Iba, en él, sin duda, un príncipe, aunque negro... pues los arreos eran de personaje muy principal. El carruaje se detuvo de pronto, y el príncipe negro me dijo en griego: *«Hermano, si el camino que llevas es el de Gaza, te ruego que subas a mi carruaje;* yo con todo gusto te llevaré. El sol quema tu cabeza y la arena abrasa tus pies; te ruego que aceptes mi ofrecimiento». Entendiendo que ésta era la voluntad del Señor, subí al carro. «Ante todo –me dijo el negro–, noto que estás muy cansado y sediento, y no veo que traigas ni alforjas ni un calabacín para el agua; debes beber algo y tomar un pequeño refrigerio». Y diciendo y haciendo, sacó pan, queso, higos y dátiles, dándome a beber vino de Engadí, del que llevaba a su país. «Mientras tú comes, yo te diré quién soy, de dónde vengo y adónde voy. Me llamo Abba-Salama, soy etíope y, aunque eunuco, he llegado a ocupar en mi país el cargo de mayor importancia y confianza: soy el ministro del tesoro de la poderosa reina de Candaces».

—¿Será posible –exclamé– que fuera el mismo de quien te hablábamos en estos momentos?

—El mismo, que, aunque negro, tiene un alma blanca y hermosa y estaba deseosísimo de conocer la verdad para seguirla. El Señor me envió para que le sirviera de guía. Hay en Etiopía –continuó– hebreos de la Dispersión que nos enseñaron a adorar al Dios Único. Muchos fueron recibidos como prosélitos de la Puerta; pero a mí, por ser eunuco, me excluyeron. La reina, que me quiere mucho, al notar mi tristeza, me preguntó la causa. «No te preocupes, Salama –me dijo–, tengo pensado enviarte a Jerusalén para que me compres joyas y telas. Allí podrás tratar con los grandes dignatarios de los judíos, y creo que no tendrán dificultad en recibirte. Pero si encuentras alguna dificultad, mándame un propio y yo te enviaré cartas para ellos. Además –añadió–, me han llegado noticias de que un gran hombre llamado Jesús de Nazaret ha predicado una doctrina muy consoladora. Infórmate bien de todo, y cuando regreses veremos lo que se hace, según los informes que me traigas». Con esto marché muy animado para *adorar en Jerusalén;* pero tan pronto como supieron que yo era eunuco, los sacerdotes se portaron conmigo como los hebreos de Etiopía. Por fortuna, con motivo de la compra de joyas y telas, conocí a un hombre riquísimo llamado Ben Hered... el cual me regaló este volumen del profeta Isaías. Me encomendó leyera el capítulo 56, que dice: «*Ni diga el eunuco: He aquí que soy un árbol seco. Porque así dijo Yahvé a los eunucos que guardaren mis sábados, y escogieren lo que yo quiero, y abrazaren mi pacto: Yo les daré lugar en mi casa y dentro de mis muros..., y los llevaré al monte de mi santidad, y los recrearé en mi casa de oración; y sus holocaustos y sacrificios serán aceptados sobre mi altar; porque mi casa, casa de oración será llamada de todos los pueblos...*» «Al leer esto decidí marchar luego a Etiopía y pedirle a mi reina cartas para los sacerdotes de Jerusalén, con la seguridad de que, con esta recomendación y algunos ricos presentes, no quedaría yo burlado de nuevo, pues les leería este pasaje del gran profeta Isaías». «¿Has leído toda esa profecía?», pregunté al etíope. «Varias veces» –me respondió–. Precisamente estaba yo leyendo este pasaje: «*Como oveja a la muerte fue llevado; y como cordero mudo delante del que lo trasquila, así no abrió la boca. En su humillación, su juicio fue quitado; mas su generación, ¿quién la contará?, porque es quitada de la tierra su vida*». Entonces le pregunté yo –dijo Felipe–: «¿Entiendes lo que lees?» «¿Crees tú que yo soy de esa clase de peronas que piensan pueden entender las Escrituras sin que haya alguno que con la debida autoridad se las interprete? –me respondió el eunuo–. Tienes aquí, por ejemplo, *«¿De quien dice esto el profeta, de sí o de otro?* Veo por tu parte que pareces un rabí instruido. ¿Quisieras interpretarme este pasaje?» Entonce yo –prosiguió Felipe–, tomando ocasión de esta profecía, le narré en breve toda la historia del pueblo de Israel y cómo Yahvé había hecho a nuestro padre Abrahán la promesa de que, llegada la plenitud de los tiempos, de su descendencia nacería el Mesías, el Hijo de Dios, el Cordero que había de quitar los pecados del mundo. Venida que había sido predicha con varios siglos de anticipación por los profetas, siendo uno de los más notables Isaías... «¿Ya vino –me preguntó, emocionado– ese Mesías de quien hablas?» «Ya vino», le respondí. «¿Y dónde está, para que pueda yo ir a verlo, para invitarlo a ir a Etiopía? Mi reina, con todo nuestro pueblo, lo recibiría en triunfo». Yo, entonces –continuó Felipe–, le conté la vida del Maestro, y cómo se fueron cumpliendo en Él todas las profecías. Finalmente, refiriéndome al pasaje de Isaías, le conté su pasión y muerte, Cuando oyó esto el etíope quedó muy triste; pero cuando le di cuenta de la Resurrección del Señor y cómo había aparecido a sus discípulos, sus grandes ojos se llenaron de alegría, y me preguntó: «¿Tú lo viste también?» «También –le respondí– yo tuve la suerte de verlo». Entonces el príncipe tomó mis manos y las besó. «Pero antes de subir al cielo –continuó Felipe– nos mandó a sus apóstoles y discípulos que fuéramos por todo el mundo anunciando la buena nueva y admitiendo en su reino a los que en Él creyeran, bautizándolos en el nombre del Padre, y del Hijo, y del Espíritu Santo...» En aquel momento llegábamos a un oasis, en el cual manaba una fuente de agua purísima. Abba-Salama ordenó al auriga que detuviera el carruaje y me invitó a bajar. Entonces, con gran humildad, me preguntó «¿Podré yo también ser bautizado?» «Seguramente –le dije–, si crees de todo corazón...» «Yo seré el primero de los míos –exclamó– que reciba la fe de Cristo, y les daré noticia del Evangelio. Mi reina será la que dé el ejemplo. Según lo que dices, yo quiero ser bautizado aquí mismo. *Aquí hay agua. ¿Qué impide que lo sea?»* «Ya te dije que, si crees de todo corazón, bien puedo bautizarte». Los negros ojos del etíope brillaron de alegría, y, arrodillándose ante mí, exclamó: *«Creo que Jesucristo es el Hijo de Dios».* Entonces descendimos al agua y lo bauticé en el nombre del Padre, y del Hijo, y del Espíritu Santo... Y Felipe, conmovido, calló.

–¡Qué gran triunfo para los incircuncisos! –exclamó Quarto–. Ese hombre será, sin duda, el evangelizador de los suyos. ¿Por qué Felipe, no marchas luego a Etiopía?

–Yo había cumplido mi misión –repuso humildemente Felipe–, *«y el Espíritu que me había llevado al camino de Gaza me arrebató apenas habíamos salido del agua»*, y no volví a ver al nuevo discípulo de Cristo, negro, eunuco y además incircunciso..., *«y yo me encontré en Azoto»*. Con el corazón lleno de gozo seguí por varias poblaciones anunciando el Evangelio hasta que llegué a esta ciudad de Cesarea...

–¡Dios te bendiga –exclamó Quarto–, pues te ha escogido para la gran misión de evangelizar a los gentiles! ¡Dios te bendiga!... Y ahora es muy justo que celebremos ese gran triunfo de Felipe; vamos a comer la excelente comida que tengo preparada.

* * *

Ahora, después de cien años que escribo esto, siguiendo mis apuntes, me lleno de gozo pensando que el Señor no abandonó a los etíopes, sino les mandó para perfeccionar la obra del eunuco de Candaces al gran Mateo, el verdadero apóstol de Etiopía.

48
LOS CUEROS VIEJOS

–¿Te acuerdas, dómine –me dijo Quarto–, de aquello que dijo el Maestro de no echar el vino nuevo en cueros viejos, ni remendar un vestido viejo con un paño nuevo?

—Ya lo creo que me acuerdo –le respondí.
—Pues por no seguir ese consejo, la nueva Iglesia de Cristo se está viendo metida en muchos enredos.
—¿Quisieras explicarte un poco más?
—Con todo gusto, dómine. Ese buenísimo de Santiago Alfeo, con el deseo de convertir a los suyos a la doctrina de Cristo la está llenando de fariseos de los más recalcitrantes: verdaderos *cueros viejos,* que no pueden contener la nueva doctrina sin reventar. Se empeñan en que los nuevos creyentes han de guardar las anticuadas prescripciones de la ley de Moisés, so pena de no poder conseguir la vida eterna.
—Pero ¿no se decidió esto ya en el Concilio de Jerusalén?
—Nosotros, los gentiles convertidos, observamos cuidadosamente esas decisiones; pero los judaizantes, aunque aparentemente dicen aceptarlas, con hipocresía farisaica constantemente propagan que si los gentiles no guardan la ley no podrán entrar en el reino de Dios. Ahí están los gálatas metidos en ese enredo. Pablo ha tenido que escribirles una muy enérgica epístola para desengañarlos de las falsedades de los judaizantes.
—Pero no se puede decir que sea un acto malo practicar las ceremonias de nuestra ley.
—Malo no lo es, ciertamente, pues si lo fuera, Pablo, para quitar el escándalo faisaico, no hubiera circuncidado a Timoteo, hijo de una mujer hebrea...
—Es que vosotros, los gentiles –repliqué–, no tenéis idea de lo que es la ley para nosotros, los hebreos. Cuando el pueblo de Israel salió de Egipto era una horda de esclavos semibárbaros librados de la servidumbre de los faraones. Por cuarenta años vagó por el desierto sin tener un lugar propio donde habitar. Yahvé, por medio de Moisés, dio a aquella horda no sólo un territorio donde establecerse definitivamente y formar una nación, sino que le dio leyes que lo rigieran. Pero siendo la razón de existir de ese pueblo ser el escogido por Yahvé para que de él saliera el Mesías prometido a Abrahán y sus descendientes, lo principal para el pueblo era la ley, que si la guardaba, lo debía hacer menos inepto para que se realizara la promesa.

El Tabernáculo donde se encerraban las Tablas de la ley era el centro de la vida religioso-civil del pueblo israelita, y las ordenaciones litúrgicas para el culto de Dios único, así como las que se referían a la vida religiosa de nuestro pueblo, fueron siempre tenidas en gran estima por los sinceros adoradores de Yahvé.

Poco a poco se fueron, sobre esa base, formando nuestras costumbres religiosas y civiles, y desde el regreso del cautiverio y la reconstrucción del templo, esas costumbres, fueron con especial empeño guardadas y celadas, con un ardor religioso-patriótico superior al de cualquier otra nación del Universo. Por guardarlas, el verdadero israelita está dispuesto a derramar hasta la última gota de su sangre, como lo han visto en muchas ocasiones los romanos, y tú bien lo sabes.

—Efectivamente, a muchos de mis paisanos he oído hablar del heroísmo con que los de tu raza defienden sus creencias, sus tradiciones y sus costumbres.

—En eso solamente nos hacen justicia. Ahora considera lo que sentirán los fariseos, quienes se tienen como los legítimos defensores de la ley, al ver que los secuaces de la doctrina predicada por Cristo van aboliendo nuestras costumbres tradicionales. Para colmo, al abrir de par en par las puertas de la promesa a los gentiles, ven que resultan inútiles los tradicionales ritos del verdadero pueblo de Dios.

—Es verdad —me respondió Quarto—. Pero la culpa fue vuestra: «*A los suyos vino, y los suyos no le recibieron*», y prefieren tener por rey, no a Cristo, sino a César.

—Demasiado lo sé yo —le respondí—, y cada vez que pienso en la dureza de los míos y en su ceguedad, mientras mi corazón hebreo vierte sangre, doy gracias al cielo de que yo y mis familiares hayamos abierto los ojos a la única verdadera fe en Cristo, el Hijo de Dios. Pero eso no quita que algunos, menos favorecidos que nosotros, aún quieran y procuren por varios medios que no se borren del todo nuestras antiguas costumbres. Por eso entiendo perfectamente el celo del santo Santiago Alfeo y otros compañeros suyos, que creen en Cristo. Quisieran que la separación irremediable entre el judaísmo y el cristianismo se verificara poco a poco, y con el menor escándalo posible de los hijos de Israel.

—Lo comprendo —repuso mi amigo—, y a eso atribuyo que en el Concilio de Jerusalén se nos hubiera impuesto a los gentiles el no comer animales sofocados ni sangre, cosas para vosotros consideradas como odiosas y propias de gente inmunda. Yo, por mi parte, desde que tuve noticia de ese decreto, nunca he vuelto a comer lo que se nos ha prohibido, ni tolero que ningún gentil convertido falte a esa ordenación en mi presencia.

—Querido Quarto, te agradezco esa muestra de respeto para nuestras tradiciones.

—Sin embargo, con perdón tuyo y de los tuyos, te digo que este estado anfibio debe de terminar pronto, y mientras más pronto termine, más pronto florecerá el reino de Cristo.

Yo bajé tristemente la cabeza, y Quarto continuó:

—Entiendo, dómine, tu tristeza, como comprendí la de Pablo. Él es hebreo como tú, y más hebreo que tú, y era fariseo recalcitrante. Además, estaba persuadido de la grandeza y supremacía de Israel antes que el Señor se le apareciera y le diera la misión de predicar el Evangelio de la fe, lo mismo a los circuncisos que a los incircuncisos, sin distinción de personas.

El modo de hablar de Quarto me sorprendió, entendiendo lo cual, me dijo:

—Recuerda, dómine, que yo no solamente he creído en Cristo y sido bautizado, sino que también recibí el Espíritu Santo. Por otra parte, mi trato familiar, por muchos años, con Pablo me ha dado un conocimiento preciso de la misión del gran apóstol de los gentiles.

¡Cuántas veces he admirado y santamente envidiado la fe de Quarto! Él había orado desde un principio, diciendo: «*Señor, haz que yo vea*», y Dios le ha llenado de su luz. Mi amigo prosiguió:

—No sabes las persecuciones que Pablo ha pasado por cumplir su misión con los gentiles, a quienes decía: «*Estad firmes en la libertad con que Cristo os hizo libres y no volváis otra vez a ser presos en el yugo de la servidumbre. He aquí, yo, Pablo, os digo que si os circuncidareis, Cristo no os aprovechará, en nada. Nosotros, con el espíritu por la fe, aguardamos la esperanza de la justicia; porque en Cristo Jesús, ni la circuncisión vale algo ni la incircuncisión, sino la fe que obra por la caridad*». Por predicar este Evangelio, que el mismo Dios le había revelado, los judíos le azotaron con varas, le apedrearon y persiguieron para matarle. Querían a fuerza esos *cueros viejos* obligar a los gentiles a seguir los ritos de la ley, sin los cuales, según ellos, no se podía conseguir la vida eterna. Pablo con todo valor los rebatía diciendo que esos ritos de nada servirían a los que habían creído en Cristo, sino que eran cadenas que los ataban a la antigua servidumbre.

Ésta es, sin duda, la causa de las interminables disputas sobre si es necesario o no guardar los preceptos de la ley para obtener la salvación. Por otra parte, como los mismos apóstoles iban al templo y cumplían los ritos de la ley, muchos deducían que el guardar estos ritos era indispensable también en la nueva ley no sólo para los judíos, sino para los gentiles convertidos; y yo te digo en confianza que varias veces he pensado lo mismo.

Quarto me miró cariñosamente, y, poniéndome la mano en el hombro, dijo:

—¿Has visto alguna vez hacer un testamento?

—Muchísimas —le respondí, intrigado por la pregunta.

—Supongamos que tenemos aquí uno. El padre dispone que todos sus bienes pasen a su hijo. Igualmente dispone que yo, por ejemplo, sea su tutor, y me encargue no sólo de la administración de todos sus bienes, sino de educarle convenientemente. El hijo queda bajo mi tutela hasta los veintiún años, edad señalada por su padre para que entre el hasta entonces ahijado mío en plena posesión de su herencia. Mientras era menor de edad, aunque dueño de todo, el niño no podía disponer de nada; pero una vez llegado a la mayor edad, habiendo recibido su herencia, ¿qué papel hago yo? ¿Tendrá él obligación de seguir obedeciéndome?

—Ciertamente que no, pues ya es dueño de sus acciones y su herencia.

—Pero si, a pesar de todo, insisto en imponerle mi voluntad para que disponga de su legítima, según mi parecer, ¿qué debería hacer conmigo el heredero?

—Mandarte a la porra —dije yo, riendo.
—De acuerdo. Ahora te pregunto: el capital que le deja el padre, ¿lo hizo éste antes o después de que fuera yo tutor de su hijo?
—Seguramente que antes —le respondí.
—¿Y el hijo me debe a mí el ser el heredero, yo que fui su tutor?
—Se lo debe a su padre, y no a ti.
—Pues algo parecido ha pasado con Abrahán y su descendencia.
Al decir esto Quarto, se levantó, y tomando un gran rollo de pergamino, lo puso en mis manos, diciendo:
—Aquí tienes el libro del *Génesis,* donde se narra la historia de Abrahán; hazme el favor de leer lo que se dice en los primeros versículos del capítulo 12.
Desarrollando el volumen, leí:
—*«Y dijo el Señor a Abrahán: Sal de tu tierra y de la casa de tu padre, y ve a la tierra que te mostraré. Yo te haré cabeza de una gran nación y te bendeciré y ensalzaré tu nombre, y tú serás bendito. Y, bendeciré a los que te bendigan y maldeciré a los que te maldigan, y en ti serán benditas todas las naciones de la tierra».*
—¿Quieres decirme cómo interpretan los rabinos y doctores de la ley este pasaje?
—Todos, unánimemente, desde tiempo inmemorial, interpretan que en este pasaje Yahvé, habiendo segregado a Abrahán de su familia, le escogió para ser padre de un gran pueblo, y *le hizo la promesa: en ti serán benditas todas las naciones de la tierra;* esto es, de tus descendientes nacerá el Mesías, ya prometido en el Paraíso. Así lo ha entendido siempre nuestro pueblo.
—Ahora te pregunto: ¿estaba Abrahán circuncidado? ¿Existía entonces la ley?
—No —le respondí—. Abrahán, que cuando esto pasó tenía setenta y cinco años, fue circuncidado mucho después, cuando tenía noventa y nueve, como dice en el verso 24 del capítulo 17 de este mismo libro, si mi memoria no me engaña.
—En efecto, así es —repuso Quarto—; y como la ley fue promulgada por Moisés trescientos años más tarde, ésta no existía. ¿Estás conforme?
—Enteramente de acuerdo —le respondí.
—El pasaje que se lee en el capítulo 15 siempre me ha impresionado —dijo Quarto—. Era una de esas noches admirables en que brillan las estrellas con fulgor diamantino. Me parece ver al anciano patriarca dentro de su tienda, recostado en una gran piel, reclinada la cabeza sobre un cofre lleno de oro. A lo lejos se oía el balar de innumerables ovejas y cabritos, mientras el ganado bovino rumiaba pausadamente. De cuando en cuando se oían los ladridos de los fieles mastines, y los vigilantes gallos anunciaban con regularidad las vigilias de la noche. Yahvé había colmado de riquezas a aquel anciano, y, sin embargo, éste estaba triste, muy triste, a

pesar de que el Señor le había hablado, diciendo: «*No temas, Abrahán; Yo soy tu escudo y tu galardón será sobre manera grande*». ¿De qué le servían todas aquellas riquezas si no tenía sucesión y era ya muy viejo, lo mismo que su mujer? De ello, tristemente, se queja con el Señor, el cual al punto le respondió: «*No será tu heredero el hijo de tu sierva, sino otro hijo que saldrá de tus entrañas; ése es el que te ha de heredar*».

Quarto parecía tener el rostro iluminado al hacer la narración de lo que pasó en aquella noche memorable. Mi amigo prosiguió:

—No había señales de que el anciano patriarca pudiera tener un hijo; todo indicaba que moriría sin sucesión, puesto que su esposa era igualmente anciana y, además, estéril. De pronto, siente Abrahán que alguien le toca, y, tomándole de la mano, le saca fuera de la tienda; era el Señor, el cual le decía: «*Mira al cielo, y cuenta las estrellas, si puedes*». Abrahán vuelve sus ojos a todas partes del cielo, y ve a las sorprendidas estrellas que le miran ansiosas esperando su resolución. «Creerá o no creerá en la palabra de Yahvé? Humanamente hablando, no hay la menor esperanza de que llegue a tener un hijo, ¿cómo podría creer que iba a ser el progenitor de innumerables descendientes, y que de él, ya viejo y de su mujer vieja y estéril, nacería el *Deseado de las naciones*, como anteriormente se lo había ya prometido Yahvé? ¿Dudaría Abrahán? Ni por un solo instante. «*Abrahán creyó a Dios, y su fe le fue imputada a justicia*». Fue, pues, Abrahán justificado por su *fe en la promesa* mucho antes de haber sido circuncidado y tres siglos antes de haber sido la ley promulgada por Moisés. La justificación de Abrahán no tuvo que ver, pues, ni con la circuncisión ni con la ley. Fue justificado por su fe en la promesa de un futuro Redentor que nacería de su linaje. Esto es —terminó Quarto— lo que Pablo, iluminado por revelación divina, predica a voz en cuello, mientras que los *cueros viejos* se empeñan en persuadir a todos que sin la circuncisión y la observancia de lo que ellos llaman la ley (y son sus tradiciones farisaicas) nadie puede obtener la vida eterna.

—Entonces —le pregunté—, ¿de qué sirvieron la circuncisión y la ley?

—Acuérdate, dómine, del testamento y del heredero, comparación que no es mía, sino de Pablo. Para sus descendientes directos, a quienes, primero que a los otros, se hacía la promesa, el Señor mandó a Abrahán que se circuncidara, y éste, cuando tenía noventa y nueve años, se circuncidó, e hizo otro tanto con todos los de su casa. Distinguiéronse así con esta marca en su propia carne, los que desde entonces se llamaron por antonomasia *hijos de Abrahán*. La ley fue para Israel lo que el tutor y pedagogo para el heredero, mientras no llega a la edad señalada por el padre. Pero una vez que llega a esa edad, queda libre. Eso pasó con Israel cuando se cumplió la promesa y vino el Redentor. Los seguidores de Cristo, el Prometido, el Hijo de Dios, justificados por la fe que obra por la caridad, no necesitan ya del tutor, del pedagogo, sean éstos judíos o gentiles, pues, como lo repite Pablo, ante Dios no vale la circuncisión ni la incircucisión, sino la nueva doctrina.

—Creo que tienes razón —dije.

—Ya lo creo que tengo razón. Ése es el Evangelio directamente revelado por Cristo a Pablo, y con el cual estuvieron enteramente conformes Pedro, Santiago y Juan cuando aquél se lo propuso. Por eso, para mostrar su asentimiento, a Pablo y a Bernabé les dieron las manos en señal de conformidad las tres principales columnas de la Iglesia de Cristo. Doctrina a la cual se oponen esos *cueros viejos*. Hay que acabar con ellos.

49
SANTIAGO ALFEO

Santiago Alfeo, llamado el Menor, por ser de baja estatura, comparado con Santiago Zebedeo, hermano de Juan, era, como ya lo dije en otro lugar, llamado el hermano del Señor, tanto por ser su primo, como por tener con Él un gran parecido.

Yo le conocí desde cuando el Maestro vivía; pero durante los últimos años le había tratado más familiarmente, porque siendo el obispo de Jerusalén le había dado muchas limosnas para los fieles (no haciendo yo en esto gracia especial, ya que mi abuelo me había dejado su inmensa fortuna para ayudar, de cuantas maneras fuera posible, a la propagación del Evangelio).

Con este motivo, pude conocer a fondo su carácter y manera de pensar, y ahora quiero narrar mis impresiones para que se pueda entender su proceder en las diversas disputas que ocurrieron entre los fieles judaizantes acerca de la conducta que debía seguirse con los paganos que abrazaban la fe de Cristo.

Santiago era sumamente piadoso y fervoroso observante de la ley mosaica desde sus tiernos años. Era, además, amantísimo de su pueblo como lo había sido el Maestro, el cual, al ver con mirada profética la apostasía y dispersión de Israel, había llorado cuando anunciaba la destrucción de la ciudad y el templo.

Como yo soy israelita y amantísimo de mi pueblo, entendía perfectamente la pena que debía sufrir Santiago al pensar en esto, que era duro, muy duro, para nosotros que creíamos en Cristo, y sabíamos que su palabra tenía que cumplirse.

De aquí el deseo de que ese terrible castigo se dilatara lo más posible, y de que cuando se efectuara, como tenía que ser, quedara, por lo menos, algún recuerdo, algún pequeño lazo que uniera a los seguidores de Cristo con aquella ley dada por Yahvé a Moisés en el Sinaí.

Poco tiempo antes de su gloriosa muerte tuve con él varias pláticas, de que voy a hacer mención.

Siempre que entraba a visitarle y estaba solo, le encontraba postrado en oración pidiendo a Dios por Israel, como él me lo decía. De tanto estar hincado le habían salido unos enormes callos en las rodillas. En la ocasión a que me refiero, en la espinilla de una pierna vi que tenía una llaga, para curar la cual un médico fariseo, amigo suyo, le había puesto un enorme parche. Debía de sufrir dolores muy agudos, pues, contra su costumbre, no había podido arrodillarse para orar. Noté que el parche estaba un poco despegado en la parte superior.

    —Sí —me dijo, respondiendo a mi muda interrogación—, he tratado de despegarlo algún tanto, pues, lejos de curarme, este parche me produce terribles ardores; pero como tengo tanto vello en la pierna, al despegarlo me lo arranca, causándome una pena mayor.

    —Mi querido Santiago, voy a decirle a Quarto que venga a curarte; entiende bastante de estos asuntos.

    —Que venga él, que ya recibió el bautismo; pero que no pretenda traerme uno de esos médicos incircuncisos de los romanos.

    El bueno de Santiago había respirado por la herida, no de la pierna, sino del alma. La idea de que entraran los paganos a formar parte del reino de Dios sin estar de algún modo unidos a la ley mosaica, le causaba verdadera pena.

    —Pero —le dije—, ¿no ha quedado ya resuelta la cuestión de los paganos?

    —Tú sabes —me respondió— que el Señor manifestó a Pedro, en la visión de la Cesarea, su voluntad de que los paganos fueran admitidos al reino de Dios, y el Espíritu Santo descendió sobre los gentiles recién bautizados como había descendido sobre nosotros el día de Pentecostés. Podían, pues, y debían ser admitidos al bautismo. Así lo admitimos todos después de haber oído a Pedro, dándonos gran gusto que la promesa hecha a Israel se extendiera a todas las naciones del mundo. Pero ¿era necesario que los paganos fueran circuncidados primero para poder ser bautizados? ¿Era necesaria a los fieles la circuncisión para salvarse?

    —Recuerdo la disputa, y cómo los israelitas, fieles a Cristo en su mayoría, aseguraban que la circuncisión era indispensable —dije.

    —Dios había dispuesto que la Iglesia recibiera un refuerzo potentísimo en beneficio de los gentiles, y nos envió a Saulo de Tarso, hoy llamado Pablo, cuya maravillosa conversión te es conocida.

    —No sólo conozco su historia, sino que lo he tratado íntimamente, y aquí te traigo una copia de la carta que ha escrito a los romanos.

    —La conozco, y allí puedes ver otra copia. De esto ya hablaremos. Pues bien —prosiguió Santiago—, varios hermanos de Judea fueron a Antioquía, donde ya había muchos fieles a quienes llamaban cristianos. Aquéllos sostenían que si los paganos convertidos no se circuncidaban según la ley de Moisés, no podían ser salvos. Se originó una gran conmoción, pues Pablo y Bernabé se oponían fuertemente a esa opinión. Entonces determinaron que vinieran Pablo y Bernabé a Jerusalén, donde estábamos Pedro, Juan y yo. Del otro partido también vinieron para consultar el asunto con los apóstoles y los presbíteros que aquí residíamos en esa época. Los recibimos con caridad, y ya reunidos empezaron los de los partidos a proponer sus razones en pro y en contra. El tema de la discusión fue éste: *«Es indispensable a los gentiles para ser salvos que se circunciden y observen la ley de Moisés?*

–Recuerdo que Pablo me contó que la mayoría, al principio, estaba por la circuncisión obligatoria. Que otros insistían en que, además, se les había de mandar que observaran la ley de Moisés.

–Así era, en efecto. Pedro, que presidía, pues él era la cabeza, contó lo sucedido en Cesarea, añadiendo: *«Dios me ha enseñado a no tener ningún hombre por impuro ni manchado; que Dios no hace acepción de personas, sino que, de cualquier nación, el que teme y obra bien merece su agrado».* Además, antes de subir al cielo nos ordenó *«bautizar a todas las gentes en el nombre del Padre, y del Hijo, y del Espíritu, Santo»,* añadiendo: *«Todo el que creyere y se bautizare, será salvo».* Al oír esto Pablo se levantó y dijo: «Por la boca de Pedro habla el Maestro; lo que es necesario es la fe en Cristo para poder ser bautizado, pues ante Dios no vale ni la circuncisión ni el prepucio, sino la nueva criatura». Entonces me levanté yo –añadió Santiago– y dije: «Hermanos, este asunto en su primera parte está discutido. Hemos oído las razones de los que quieren hacer obligatoria la circuncisión y las de los que dicen que no es necesaria. Ahora debemos dedicarnos a la oración y al ayuno para que el Espíritu Santo nos ilumine». Pedro, entonces, dijo: «Pasemos tres días en oración y ayuno, como propone Santiago, pidiendo sus luces al Espíritu consolador, que nos debe enseñar toda la verdad según promesa del Maestro». Y así lo hicimos.

–¿Y la votación fue unánime? –pregunté a Santiago.

–No –me respondió–. De los que allí estábamos reunidos, todos votamos por que la circuncisión no era necesaria para salvarse, menos tres fariseos que insistieron en que sí lo era; pero la votación fue después. Quedaba aún otro asunto por resolver: *¿Debía mandárseles que observaran otras ceremonias de la ley de Moisés?* La discusión fue muy reñida; varios queríamos que algunas de las antiguas prácticas mosaicas siguieran en uso.

–¿Y dicen que tú eras uno de ellos? –le pregunté.

–Sí –me respondió con tristeza Santiago–; como te lo he indicado, los israelitas queríamos que quedara en la Nueva Ley, por lo menos, un pequeño recuerdo de la Antigua. Tú, como israelita, me comprenderás.

–Ya lo creo que te comprendo –le respondí.

–Que se abstuvieran de los manjares sacrificados a los ídolos era de todo punto necesario, pues esto era una participación en sus inmundos sacrificios; y así todos quedaron conformes. Por otra parte, el Señor, al abolir el divorcio, tolerado por Moisés, y suprimir en Israel la poligamia, quitaba justísimamente de nuestro pueblo dos abusos. ¿No sería justo que se avisase a los gentiles que se abstuvieran de la fornicación, gravísimo abuso, que era entre ello cosa ordinaria?

—Ciertamente —le respondí—; era algo muy justo.

—Eso mismo pareció a todos los presentes. Quedaba únicamente por discutir esta proposición: ¿Deberán dejar de comer animales sofocados y abstenerse de platos condimentados con la sangre de los animales, costumbre que viene desde los tiempos de Noé? Cuando yo hice esta proposición, algunos levantaron los hombros como si fuera cosa de poca importancia. Pablo, sin embargo, entendiendo mi mente, defendió mi proposición, diciendo: «Hermanos, Santiago tiene razón desde el punto de vista israelita. Si hay una costumbre universalmente practicada entre nosotros por lo que toca a los alimentos prohibidos por la ley de Moisés, es la de nunca tocar manjar condimentado con sangre, como hacen los gentiles comiendo lo que llaman morcillas. Igualmente, jamás se ha tolerado entre nosotros matar las aves de corral sofocándolas, sino degollándolas. ¿Por qué no imponer a los gentiles este pequeñísimo sacrificio, ya que nosotros tenemos que renunciar a todas las otras prácticas de nuestra antigua ley? Yo opino —terminó Pablo— que se incluya esta cláusula propuesta por Santiago». Yo —continuó éste— le di a Pablo las gracias por haberme entendido. Con esto terminó la discusión, pues quedaron decididas las cuestiones propuestas. Después de muy maduro examen, Pedro se levantó y dijo: «Hermanos míos, bien sabéis que tiempo hace fui yo escogido por Dios entre nosotros para que los gentiles oyesen de mi boca la palabra evangélica y creyesen. Y Dios, que penetra los corazones, dio testimonio de esto dándoles el Espíritu Santo del mismo modo que a nosotros, como antes he dicho. Ni ha hecho diferencia entre ellos y nosotros, habiendo purificado con la fe sus corazones. ¿Por qué, pues, oponerse a la voluntad de Dios con imponer sobre la cerviz de los gentiles un yugo que ni nosotros, israelitas, ni nuestros padres hemos podido soportar? Pues nosotros creemos salvarnos por la gracia de Nuestro Señor Jesucristo, así como ellos». Todos escuchamos con gran respeto y atención las palabras de Pedro, el cual añadió: «Para que veáis palpablemente cuántas maravillas y prodigios ha obrado Dios entre los gentiles, deseo que nuestros hermanos Bernabé y Pablo os den cuenta de su apostolado entre las gentes». Entonces —prosiguió Santiago— se levantó Bernabé y con sencillez nos contó cosas verdaderamente admirables de su predicación entre los gentiles. En seguida Pablo habló con esa energía maravillosa que Dios le ha dado, pues, sin ser elocuente y hasta algo tartamudo, sus palabras son como tizones que encienden los corazones de los que las escuchan. Una vez que había terminado, me levanté yo —continuó Santiago—, y tomando la palabra, dije: «Hermanos míos, escuchadme. Simón Pedro os ha manifestado de qué manera ha recomendado Dios mirar favorablemente a los gentiles, escogiendo entre ellos un pueblo consagrado a su nombre. Con él están conformes las palabras del profeta Amós: «*Después de estas cosas, Yo volveré y reedificaré el Tabernáculo de David, que fue arruinado, y restauraré sus ruinas y lo levantaré. Para que busquen al Señor los demás hombres y todas las naciones que han invocado mi nombre, dice el Señor*». Por lo cual –dije– yo juzgo con Pedro que no se inquiete en este punto de la circuncisión a los gentiles que se conviertan a Dios. *Juzgo, sin embargo, que se les escriba y exhorte también de palabra que se abstengan de la fornicación como cosa esencial entre los cristianos. Que no participen de los manjares que se han ofrecido a los ídolos, pues sería dar a entender que se toma parte en sus inmundicias. Finalmente, que no coman animales sofocados ni usen de su sangre como alimento. Por lo que toca a Moisés, ya lo honran los hebreos cada sábado en sus sinagogas, en las que se explica la ley.* Nosotros dediquémonos a honrar a Cristo». Una vez que había yo dicho esto –continuó Santiago–, se hizo la votación, primero por lo que tocaba a la circuncisión, con el resultado que te dije, y después, por partes, lo de la fornicación, los manjares sacrificados a los ídolos y, últimamente, lo de la sangre y animales sofocados, siendo en estos últimos puntos unánime la votación. Acordamos en seguida Pedro, nosotros los apóstoles y los presbíteros, con todos los fieles presentes, que Judas Bar Sabas y Sylas acompañaran a Pablo y Bernabé para ir a Antioquía, llevando a los cristianos de aquella ciudad la carta siguiente:

«*Los apóstoles y presbíteros y hermanos a nuestros hermanos convertidos de la gentilidad que están en Antioquía, Siria y Cilicia, salud.*

Por cuanto hemos sabido que algunos de los nuestros que fueron ahí sin minguna misión nuestra os han alarmado con discursos, desasosegando vuestras conciencias; habiéndonos congregado, hemos resuelto de común acuerdo escoger algunas personas y enviároslas con nuestros carísimos Bernabé y Pablo, que son sujetos que han expuesto sus vidas por el nombre de Nuestro Señor Jesucristo. Os enviamos, pues, a Judas y a Sylas, los cuales de palabra os dirán también lo mismo.

Y es que ha parecido al Espíritu Santo y a nosotros no imponeros otra carga fuera de éstas que son precisas, a saber:

Que os abstengáis de la fornicación, de manjares inmolados a los ídolos y de sangre y de animal sofocado; de las cuales cosas haréis bien en absteneros. Dios os guarde.»

–Y con esto –concluyó Santiago–, por parte de la Iglesia, la enojosa cuestión quedó terminada.

Quarto, que había venido para curar a Santiago, había escuchado nuestra conversación sin decir palabra. Después de terminada ésta, a insinuación mía, examinó la llagada pierna del apóstol, y dijo:

–Este parche, a mi parecer, no sólo te ha de estar haciendo sufrir mucho con terribles ardores, sino que impide la cicatrización de la herida, y es necesario quitarlo.

—Poco a poco —exclamó, angustiado, Santiago—, pues me arrancarías de otra suerte el vello y la piel.

Quarto, sin embargo, tomando el extremo superior del parche, dando un fuerte tirón, lo arrancó de una vez. Un terrible quejido salió de los labios de Santiago; pero Quarto, triunfante, le dijo:

—Ya todo ha pasado —y tirando lejos el parche, añadió—: Esta malhadada curación no volverá a molestarte.

Y, después de haber lavado cuidadosamente la llaga, la ungió con un aceite que traía preparado. Vendó después con toda delicadeza la pierna, lo que dejó a Santiago, muy consolado, y diciendo que durmiera, le colocó la pierna de suerte que no le impidiera el descanso. Nos retiramos.

Santiago Zebedeo, generalmente llamado el Mayor (para distinguirle de Santiago Alfeo, el Menor), en diversas ocasiones me había pedido informes sobre Hispania, de donde procedo. Parecía interesarse mucho sobre el carácter de los hispanos.

Ya en la calle, me dijo Quarto:

—Dómine, he oído la conversación que habéis tenido sobre los ritos de la ley; mucho he hablado yo de esto con Pablo, y creo que las tribulaciones que ha padecido la Iglesia desde su principio seguirán adelante mientras no se arranque de una vez el parche que tiene adherido.

—¿Y qué parche es ése? —le pregunté, sorprendido.

—El del «fermento de los fariseos», que se incuba en la sinagoga; hay que arrancar a éste de cuajo, como hice con el parche.

50
CUMPLIENDO UNA PROMESA

Desde los primeros días de mi llegada a Judea trabé estrecha amistad con la familia de los Zebedeos, de los cuales Santiago y Juan habían seguido al Maestro, siendo por Éste señaladamente preferidos. Por su carácter ardiente, el Señor los llamó Boanerjes, esto es, «hijos del trueno».

—Cuánto desearía —me dijo en una ocasión (después de la venida del Espíritu Santo)— ir a tu tierra a predicar el Evangelio. El carácter de tus paisanos, como me lo has descrito, me parece el de un pueblo sincero y noble. Estoy seguro de que la semilla evangélica caería allí en muy buena tierra.

—Yo creo lo mismo —repuse—, y a la hora que quieras puedes disponer de mis barcos para que te lleven.

Los ojos de Santiago brillaron por la esperanza de misionar, el primero, a la gente hispana; pero como los apóstoles, siguiendo el mandato del Maestro, habían permanecido en Jerusalén, los deseos de Santiago tuvieron que retardarse, hasta que yendo, Pedro a Roma, consiguió Santiago marchar conmigo a Hispania, como narré en otro lugar.

El tiempo que Santiago permaneció en Hispania fue corto, y el fruto de su celo, reducido. Hizo pocos prosélitos, entre los que se contaban: Torcuato, Tesifonte, Segundo, Indalecio, Cecilio, Esichio y Eufrasio, los cuales quedaron en Hispania cuando Santiago partió, viniendo con él otros dos que no quisieron separarse del apóstol, y eran Anastasio y Teodoro.

Los siete que quedaron en Hispania se repartieron por toda la península, evangelizándola gloriosamente.

Por mi conducto recibía Santiago noticias de las empresas apostólicas de sus siete discípulos. Había yo dado orden de que siempre que partiera alguno de mis buques de Hispania para Palestina, trajera cartas de allá para Santiago.

Cada vez que éste me encontraba, me preguntaba ansioso:

–¿Has recibido cartas de Hispania, de mi querida Hispania?

Y cuando las tenía y se las entregaba, el gozo de Santiago era indecible. Las leía con avidez, y luego marchaba a ver a Myriam, la Madre del Maestro, para enseñárselas.

–Ten buen ánimo, Santiago –le decía Ella–, que llegará un día en que el Evangelio será predicado en toda Hispania, y arraigará allí más que en otras partes.

Con lo cual Santiago salía muy consolado.

Una de las razones de los apóstoles para permanecer en Jerusalén era que allí podían ir evangelizando a los innumerables peregrinos de la Dispersión que venían regularmente a las grandes fiestas del templo. Santiago dedicó su celo a instruir a los peregrinos hispanos, de ordinario muy numerosos. De esta suerte iba enviando celosos israelitas convertidos de Hispania, que propagaban la doctrina evangélica al regresar a su país.

Desde tiempo inmemorial, las peregrinaciones de los hispanos que venían a «adorar en Jerusalén», no sólo eran muy numerosas, sino las más entusiastas, y, sobre todo, las que traían más ricos presentes para el templo. Casi siempre llegaban cantando salmos, armando una bulla notable. «Ya están ahí los hispanos», decía la gente al oír sus cantos, y como sabían que traían dinero y eran generosos, los recibían los jerosolimitanos, así como los sacerdotes, con grandes muestras de deferencia.

Estas peregrinaciones habían crecido últimamente, pues como yo tenía buques de que podía disponer, se los proporcionaba a mis paisanos con todo gusto y en condiciones muy favorables. Esto lo hacía, no por obtener ganancia alguna, sino para ayudar a la propagación del Evangelio en mi país.

Cada vez que iba a llegar una de estas peregrinaciones, hacía que se lo avisaran a Santiago, el cual iba a Cesarea o Hifa para recibirlas, y desde allí marchaban a Jerusalén.

Pero sucedió que, en los últimos tiempos, los peregrinos hispanos, en vez de dar sus ricos dones al templo, los entregaban a Santiago para que los distribuyera entre los pobres de la ciudad. Por otra parte, como los convertidos frecuentaban poco el templo, y se dedicaban a visitar los lugares santificados por la presencia del Señor, esto puso de malísimo humor, tanto a los sacerdotes, cuyas limosnas mermaban, como a los fariseos, que veían con malísimos ojos el extraordinario crecimiento de los fieles de Cristo.

Un día me vino a ver Quarto y me dijo:

–Tus paisanos, dómine, creo que le van a causar a Santiago un serio disgusto.

–Pero ¿por qué? –le pregunté, sorprendido.

–Pues porque las gruesas limosnas que solían entregar a los sacerdotes van disminuyendo cada vez más. Ahora se las entregan a Santiago para los pobres, lo cual disgusta muchísimo a los ambiciosos servidores del templo.

–¿Y no es cada uno dueño de hacer de su dinero lo que le plazca?

–No son de esa opinión los saduceos, pues no sólo disminuyen las limosnas, sino también los sacrificios. Antes, cuando llegaban tus paisanos, hacían una venta colosal de corderos, chivitos y terneros, y ahora esa venta ha disminuido considerablemente. No me extrañaría que hicieran algo contra el bonísimo de Santiago. Acuerdate, dómine, del lío que le armaron a Pablo y los suyos los plateros de Éfeso, capitaneados por Demetrio. Se quejaban no sólo de que ya no les compraban estatuitas de la diosa Diana, sino de que, según decían, y con verdad, el mismo templo de la diosa perdería su culto, así en Éfeso como en lo restante de Asia que ers evangelizada.

–Tienes razón –le dije–, el condenado dinero siempre. Yo le diré una palabra a Santiago; pero no veo lo que él puede hacer, tanto más que también Santiago Alfeo está muy agradecido a mis paisanos por sus limosnas.

En efecto, le hablé a Santiago Zebedeo, y él me respondió:

–Yo no les pido nada a tus generosos paisanos, ellos mismos hacen esa caridad voluntariamente, y no creo que tenga derecho para impedir o mermar esa buena obra –luego, mirándome con ternura, me dijo–: quiero pedirte un favor.

–Lo que gustes –le respondí–, con tal que esté en mi poder.

–¿Recuerdas –añadió– cuando mi madre le pidió al Maestro un puesto para mí y otro para Juan en su reino?

–Bien lo recuerdo.

–Entonces el Maestro le respondió no le pertenecía a Él dar esos puestos, eso era cosa de su Padre, y el primero se lo dio a Pedro. Sin embargo, añadió el Señor que tanto Juan como yo beberíamos el cáliz que Él había de beber, y seríamos bautizados con el bautismo con que Él había de ser bautizado. Yo creo que pronto se cumplirá en mí esa profecía, y seré bautizado, *el primero* de sus apóstoles con el bautismo de sangre con que Él fue bautizado. Espero dar testimonio de Cristo aquí en Jerusalén –y sus ojos se llenaron de lágrimas de consuelo–. Te ruego, pues, que cuando ha-

ya dado testimonio, lleves mi cuerpo a mi querida Hispania, hasta los últimos confines de esa tierra tan querida.
Íntimamente conmovido, le prometí ejecutar su deseo.
Tuve que salir de Jerusalén. Era el tiempo de Pascua cuando recibí un correo que me dio esta noticia:
–Los escribas, fariseos y sacerdotes, viendo los muchos prosélitos que Santiago Zebedeo hacía anunciando la resurrección del Maestro, pero, sobre todo, furiosos por ver que las limosnas del templo disminuían, fueron delante de Herodes, y acusaron a Santiago de blasfemo, pues anunciaba que Jesús de Nazaret era el Mesías prometido, el Hijo de Dios, y pedían se le diera muerte. Entonces, Herodes, queriendo complacerlos, mandó degollar a Santiago.
La noticia, sin sorprenderme, me causó gran pena. Sin embargo, dije:
–La profecía del Maestro se ha cumplido. Santiago ha ido al puesto que el Padre le tenía destinado, ha bebido el cáliz que bebió el Maestro y ha sido bautizado con su sangre, dando de Él testimonio en Jerusalén.
Algún tiempo después, habiendo regresado a la ciudad, fueron a verme Anastasio y Teodoro, los dos fieles discípulos de Santiago:
–Como bien sabes, nuestro maestro Santiago dio con su vida testimonio de la verdad de la divinidad de Jesús de Nazaret, según Él se lo había profetizado. Antes de morir se acordó de ti, y nos encargó que llevaras a cabo la súplica que te había hecho. A recordártela hemos venido.
–¿Y dónde está su cuerpo? –les pregunté.
–Después de ungirle le dimos sepultura, esperando que tú llegaras para transportarlo a Hispania.
–Venid a verme dentro de tres días. Todo lo tendré arreglado para entonces.
A los tres días fui con ellos y otros de mis empleados, y, en secreto, desenterramos los sagrados restos del apóstol Santiago Zebedeo, y los trasladé a Cesarea, donde ya nos esperaba una galera. Pero no quise que aquellas reliquias fueran en el mismo barco que nosotros, para lo cual había mandado preparar una nave pequeña que llevaríamos a remolque. Con el objeto de que ninguna cosa fuera en la nave más que el santo cuerpo, ordené que se lastrara con cemento romano y piedras. De esta manera, remolcando el barquito, hicimos el viaje; pasamos las columnas de Hércules, y, siguiendo la costa de Lusitania, llegamos hasta el extremo de la península hispana, hasta los fines de aquella tierra tan querida por Santiago. Allí encallamos la barca, y trasladamos los santos restos tierra adentro, dejándolos al cuidado de los dos fieles discípulos de Santiago, Anastasio y Teodoro.

* * *

Muchos años después volví a visitar aquellas santas reliquias. Encontré una pequeña ermita donde las guardaban, y, con gran consuelo, supe que de los confines más apartados de Hispania venían los fieles de Cristo a venerar los restos de su amigo querido. El primero de los apóstoles que había dado la vida en testimonio de la divinidad del Hijo de Dios.

51
RHODÉ

La casa de María, madre de Marcos era, el refugio de los cristianos en Jerusalén. Puede decirse que en esa casa se estableció la primera iglesia cristiana, separada de las sinagogas. Era muy espaciosa, y, consiguientemente, muy capaz para que en ella se pudieran reunir buen número de fieles.

Allí era donde Pedro residía de ordinario, ya que María era su prima, y Marcos, su sobrino, a quien amaba como si fuera su Hijo.

Sobrina de esta María era una jovencita sumamente vivaracha y simpática llamada Rhodé. Tendría entonces unos dieciocho años; era devotísima de Pedro, y por el valor personal de ella le habían encargado el cuidado de la puerta o zaguán de la casa, cargo que requería una persona de las cualidades de Rhodé en aquellos tiempos de persecución. Acababa Herodes de dar muerte a Santiago Zebedeo, y andaba buscando a Pedro para encarcelarle. Si Pedro hubiera seguido los consejos de Rhodé, no hubiera salido a la calle en aquellos días; pero salió Pedro, y los esbirros de Herodes le encontraron y le pusieron preso.

—Cuando recibimos la noticia de la prisión de Pedro, todos los fieles de Jerusalén quedamos consternados —me contaba Rhodé—. Estábamos seguros de que Herodes, para congraciarse con los judíos, daría muerte a Pedro, considerado como el jefe principal de los nuevos fieles. Cuando pusieron preso a Santiago Zebedeo, yo procuré hacerme amiga de los oficiales y soldados encargados de custodiar la cárcel del palacio de Herodes. Les regalaba dulces, fingiéndome vendedora de comestibles. Tan pronto como supe la prisión de Pedro, me dirigí a la cárcel. Con mi canastilla llena de higos y dátiles bañados en miel, llegué a la puerta de la cárcel, donde estaba un grupo de oficiales. Les ofrecí mi mercancía, y, claro, comieron, pero sin pagarme. Entonces le dije al jefe de ellos: «¿No me deja entrar, para vender mis higos y dátiles a los soldados y presos?» Se rió, y me respondió: «Es justo que vendas algo; ven conmigo». Pasamos por una gran puerta con reja y custodiada por soldados. Luego pasamos otra también con grandes rejas. Así llegamos a donde estaban los presos. Después que les vendí mis higos a esos infelices, me dijo el oficial: «Ahora te voy a enseñar los calabozos. Tenemos a un gran jefe, al jefe de los nazarenos, llamado Simón Pedro. Este hechicero se les ha escapado dos veces a los soldados del templo, que son unos bobos; pero esta vez no se nos escapará. Los soldados del rey Herodes sabemos cómo guardar a estos hechiceros» —y soltó la risa. Llegamos a un calabozo, también con su gran reja, delante de la cual había dos soldados de guardia. El carcelero vino, y con sus grandes llaves abrió la reja. «Mira –me dijo el oficial–, y como eres tan habladora, vas a contar por todas partes lo que has visto». «Ya lo creo –dije, riendo, prosiguió Rhodé–, como voy por todo Jerusalén con mis higos, les contaré esto, y así me comprarán mis mercancías». «Pues mira cómo tenemos los soldados herodianos sujeto a este amigo». Pedro me reconoció al instante; pero yo le guiñé un ojo para que no lo manifestara. Estaba Pedro, ¡pobrecito!, con las dos manos atadas a las de dos soldados que tenía, uno a la derecha y otro a la izquierda. El oficial, riendo, me dijo: «Dale de tus higos, a ver si puede comerlos, pero pónselos en la mano». Como los soldados tenían las manos de Pedro para abajo, no las pudo acercar a la boca, con grandes risotadas de los que lo veían. «¿No se los podré dar en la boca?» –dije–. «Sí –respondieron los guardias–, con tal que nos des a nosotros. Lo hice así, y le llené la boca con higos y dátiles. Mientras comían, y el oficial estaba hablando con otros, le dije a Pedro en arameo: «¿Quieres algo?» «Que pidan a Dios por mí, y que se haga su voluntad». Entonces puse unos dátiles en la boca de Pedro, y ya satisfecha, le dije al oficial: «Ahora iré por toda la ciudad a contar lo que he visto». «Muy bien –añadió–; pero dame antes otros higos, están muy buenos». Volvimos a salir por la puerta con grandes rejas y custodiadas por soldados. Al llegar a la calle, me dijo el oficial: «Anda, ve y cuenta por todas partes lo que has visto. Y que llegue a los oídos de los nazarenos que, pasadas las fiestas, le cortaremos la cabeza a este hechicero, y lo mismo haremos con Alfeo cuando le encontremos. Ya verá este jefe si son lo mismo los soldados del templo que los del rey Herodes; pero dame otros higos, que están muy buenos».

No pude menos de reír al oír el relato de Rhodé, y le dije:

–¿Qué hiciste después?

–Lo que había yo dicho –me respondió, riendo–. Me fui por todas partes avisando a los hermanos de la prisión de Pedro y encomendándoles que pidieran mucho a Dios por él para que hiciera su voluntad. Cuando llegué a casa, se lo conté a mi tía, a Marcos y a otros muchos que allí estaban. Los hombres movían la cabeza, y decían: «Ahora sí que va de veras; de ésta no escapa Pedro, como no escapó Santiago Zebedeo». Pero las mujeres, encabezadas por mi tía, decían: «Para Dios nada hay imposible». Ésta dio sus disposiciones, diciendo a cada uno por dónde había de escaparse, en caso de que vinieran los herodianos; después de lo cual, me dijo: «Tú, Rhodé, a la puerta; atranca bien, y no abras». Y todos nos vamos a cumplir el mandato del apóstol: nos pusimos a orar por él. Yo tenía gran confianza de que no matarían a Pedro, y le decía a Dios: «Señor, hágase tu voluntad; pero que tu voluntad sea que no maten a Pedro».

Tuve que sonreír al escuchar la oración, llena de fe, de la muchacha; ésta prosiguió:

–Yo me acurruqué junto a la puerta, pero pronto debí dormirme. Sería ya muy noche, pues la luna estaba muy alta, cuando: me desperté sobresaltada. Alguien había llamado suavemente a la puerta. Esperé un momento, y volvieron a llamar. ¿Quién va? –dije–. «Yo soy, Rhodé; ábreme, ábreme pronto». Quedé tan sorprendida, que enmudecí; era la voz de Pedro. ¿Quién va? –repetí–. «Yo soy, Pedro; ábreme pronto, Rhodé». Me llené de gozo; Pedro estaba libre, y, sin abrirle la puerta, corrí a dar la noticia a María, Marcos y los otros que estaban orando por Pedro. Cuando les dije que Pedro estaba llamando a la puerta muchos dijeron: «Esa muchacha está loca». «No estoy loca –les repetía–; es Pedro el que está llamando». «Quizá sea su ángel» –dijeron otros–. Mientras, Pedro seguía llamando. Entonces, mi tía dijo: «Marcos, ven conmigo, y veamos quién es». Los otros, muy asustados, se quedaron. Pedro seguía llamando, y ya no quedito. «¿Quién va?» –preguntó mi tía–. «Pedro; ábreme, María». Marcos, que se había encaramado sobre la barda, dijo: «Madre, ábrele; es Pedro, desde aquí le estoy viendo». Entonces quité las trancas, y Pedro entró.

–¿Y los de dentro qué hicieron? –pregunté a Rhodé.

–Unos gritaban espantados, otros de alegría, y nos acercábamos a Pedro, y le tocábamos para cerciorarnos de que no era una visión. «Es Pedro, es Pedro» –decíamos–. Entonces, Pedro nos hizo seña de que callásemos, y nos contó lo siguiente: «Después de haberme encomendado a Dios, como los dos guardias a los que estaba encadenado se habían tendido en el suelo para dormir, yo tuve que hacer otro tanto, y me quedé profundamente dormido. De pronto sentí que alguien me tocaba, y vi una luz resplandeciente que lo iluminaba todo. *Oí una voz que me decía: "Pedro, levántate presto"*. Y vi que las cadenas habían caído de mis manos, mientras mis guardias seguían durmiendo. Entonces el ángel me dijo: *"Cíñete y átate las sandalias"*. Lo cual hice al punto. *"Ahora no olvides tu capa, échatela encima y sígueme"*, prosiguió la voz. Obedecí, y seguí al ángel, pensando que estaba yo soñando o viendo una visión. Y pasamos la primera y la segunda guardia, y llegamos a la puerta de hierro que conduce a la ciudad. Y la puerta se abrió por sí sola, y salimos a la calle. Luego el ángel se apartó de mí. Entonces caí en la cuenta de que aquello no era una visión, sino una realidad, y dije: *Ahora entiendo verdaderamente que el Señor ha enviado su ángel y me ha libertado de la mano de Herodes y de todo el pueblo de los judíos que esperaban mi muerte*. Pensé –prosiguió Pedro– que lo más seguro era venir a esta casa, y, en llegando, empecé a llamar a la puerta. Ahora lo que urge es que se dé aviso a Santiago y a los hermanos. Yo partiré acompañado de Marcos». Y, en efecto –dijo Rhodé–, muy temprano salieron los dos rumbo a Cesarea, en donde se embarcó Pedro para Antioquía.

Y con esto, Rhodé iba a dar fin a su interesante relación, cuando le dije:

–Espera, y cuéntame lo que pasó al día siguiente cuando los famosos soldados herodianos se dieron cuenta de la desaparición de Pedro.

–A la mañana siguiente, muy temprano, marché con mi canasta de higos y dátiles a ver lo que había pasado. Era un alboroto terrible. El oficial de guardia culpaba a los soldados; pero éstos le enseñaban cómo tenían las cadenas aún alrededor de sus brazos, mientras que la parte que debía atar las manos de Pedro estaban sin abrir. «Nosotros –decían los pobres soldados– permanecimos en nuestro puesto, y esta mañana al abrir las puertas, nos encontramos en el calabozo, pero el preso había desaparecido». Los guardias de las puertas decían lo mismo. Las puertas estaban cerradas, y ellos no se habían dormido, cumpliendo su deber. El oficial estaba como loco. Hubo necesidad de avisar al rey Herodes, que pasó un terrible ridículo. Él mismo fue a inspeccionar la cárcel, habló con los guardias, y se convenció de la verdad de los hechos. Sin embargo, para que alguno pagara por aquello, mandó matar a los guardias y al pobre oficial. Cuando me retiraba con mis higos, oí que unos soldados del templo decían: «¡Bravo por los soldados herodianos! A ellos no se les escapa el preso, y el preso estará ya muy lejos de la jurisdicción de Herodes».

52
ANTIOQUÍA

Roma, Alejandría y Antioquía son las tres grandes ciudades del Imperio. Roma es el centro; Alejandría, un gran depósito del comercio del *Mare Nostrum* o Mediterráneo, y Antioquía es el mayor lazo de unión entre el Oriente y el Occidente. Esta antiquísima ciudad, establecida a uno y otro lado del navegable río Orontes, hospeda en sus numerosos muelles naves de todos los puertos del Mediterráneo, que descansan un poco para volver a ser cargadas con las mercancías sobre sus dorsos gibosos los camellos.

Roma gasta, Alejandría provee, pero es Antioquía la que sirve de manantial, tanto a Alejandría como a la capital del mundo.

Según la comparación de Filóstrato: «El romano bebe del agua que acumula Alejandría, mientras que Antioquía es el acueducto que derrama el agua dentro de esa fuente».

De ahí las características de cada uno de esos grandes centros del Imperio romano. Una paralización del movimiento de Antioquía produciría un terrible trastorno, tanto en Alejandría como en Roma.

La corriente humana que pasa por Antioquía puede compararse a la de un caudaloso río que, cruzando por campos, villas y ciudades, lleva en sí el lodo y la inmundicia que recoge en todas ellas. Ese lodo humano se deposita primeramente en Antioquía, lo que hace de esta población cosmopolita lo más corrompido del Imperio. Pero así como por el caudaloso

III. ¿Y AHORA, QUÉ?-52. ANTIOQUÍA   813

Nilo pasa una corriente de agua revuelta, y al retirarse deja el *humus* o tierra vegetal, donde nace potente la semilla que en es tierra se siembra, así pasa en Antioquía con la corriente humana. Esta comparación explicará, en parte, el extraordinario florecimiento de la semilla evangélica en esa corrompida metrópoli.

Para entender la razón de este paralelismo, podemos imaginar que en la revuelta corriente del río hay una parte de lodo que, ya cansado de tanto rodar, para no seguir adelante, se queda en el fondo, mientras pasa sobre él la turbulenta avenida. Cuando las aguas decrecen, este barro sale a la luz del sol. Si nadie lo aprovecha, se seca, formando caminos que se convierten en polvo al paso de las caravanas. Pero si hay algún agricultor inteligente que conozca el valor de aquel *humus,* no bien pasa la corriente, siembra en él la semilla que, fecundada por los rayos del sol, da abundantísima cosecha.

Mientras los apóstoles, por mandato del Señor, martillaban por dar forma cristiana a los jerosolimitanos (llenos de prevenciones, inflamados por un nacionalismo obstaculizador, constantemente fomentado por los fariseos) no faltaron fervorosos israelitas de la Dispersión, en especial de Cirene y Chipre, quienes, después de haber sido instruidos por los apóstoles, marcharon a Antioquía y anunciaron la buena nueva con inesperado éxito.

Bernabé, natural de Chipre y hombre bonísimo, fue uno de los primeros que quedó sorprendido al ver cómo la semilla del Evangelio daba ciento por uno en Antioquía, con lo cual, entusiasmado, marchó a Tarso en busca de Pablo, sabiendo que el Señor había escogido al antiguo perseguidor para ser el apóstol de los gentiles.

Pablo supo por revelación divina la misión para la cual el Señor le había escogido. Pero igualmente sabía que no debía lanzarse a la conversión de los gentiles hasta que Dios, por conducto de Pedro, le indicara que ya era tiempo de emprenderla. Pablo sabía que su misión la había recibido directamente del Señor, y no de alguno de los otros apóstoles; pero el desempeño de esta misión no estaba en sus manos llevarlo a cabo, sino cuando, inspirada por el Espíritu, la Iglesia se lo dijera.

De este asunto iba yo hablando con Pablo, mientras nuestra nave se encaminaba a la desembocadura del Orontes para llegar a Antioquía.

Pablo, juntamente con Bernabé, había llevado a Jerusalén abundantes limosnas para los fieles pobres, según les había rogado Santiago Alfeo tiempo atrás, y, terminada su misión, ambos regresaban a Antioquía, acompañados de Juan Marcos.

–Cuando voy a Jerusalén –me decía Pablo–, parece que espiritualmente me ahogo en esa atmósfera farisaica. En cambio, al llegar a poblaciones de gentiles, la atmósfera cambia enteramente. Es verdad que predomina el elemento corrompido pagano; pero por lo que toca a los hebreos de la Dispersión, se les encuentra libres de muchas prevenciones farisaicas, y son de un criterio mucho más amplio que los jerosolimitamos. Aquí, en Antioquía, como los hemos visto Bernabé y yo, para el trabajador evangélico, la mies madura es ya abundantísima; sólo falta segarla.

–Esto me recuerda –repuse– lo que dijo el Maestro a sus discípulos en la semipagana Samaría: *«Alzad vuestros ojos y mirad las regiones, porque ya están blancas para la siega».*

Pablo alzó los ojos al cielo, y, lleno de fervor, exclamó:

–¿Cuándo, Señor, cuándo?

Juan Marcos, que nunca había estado en Antioquía, era todo ojos para contemplar aquella ciudad llena de movimiento y de vida comercial. Esto se podía descubrir al ver a uno y otro lado del hermoso río, cientos de naves grandes y pequeñas que cargaban y descargaban sus mercancías.

Nuestra nave era una de las mayores que surcaban las aguas del Orontes, y fue saludada por numerosos barcos con flámulas blancas, en las que estaba bordada una X roja.

–¿Por qué nos saludan? –me preguntó Marcos–. ¿Es ésa la costumbre?

Yo no pude menos de sonreír, y sentí cierto orgullo cuando le respondí:

–Esas naves saludan a Cristo, cuya inicial viene ondeando sobre la gran bandera blanca que llevamos en la popa.

–¿Son tuyas esas naves? –me preguntó Pablo.

–Son algunas de las muchísimas que heredé de mi abuelo para el servicio de la obra de *Xristo;* por eso llevan la X en sus banderolas.

Pablo me miró cariñosamente, y me dijo:

–En una de esas naves, algún día, partiremos, llevados por el viento del Espíritu Santo, para evangelizar a los gentiles.

Al doblar un recodo del río apareció la ciudad. A uno y otro lado del Orontes se veían numerosos muelles. Era aquello un verdadero bosque de mástiles y blancas velas; detrás de las embarcaciones se distinguían los enormes muros de Antioquía. Toda la ciudad se descubrió a nuestros ojos un poco después, situada en una llanura que se extiende entre las cordilleras del monte Casio y las del Anmus. Más lejanas se veían las montañas negras, de las cuales desciende un famoso acueducto por el que vienen las aguas a numerosas fuentes que refrescan y embellecen la población.

–¿Y aquellos árboles que allí se distinguen? –preguntó Marcos.

–Son parte del bosque de Dafne, el centro más grande de prostitución del Imperio.

Marcos bajó los ojos y juntó sus manos, sin duda pidiendo al cielo que le librara de influencias paganas. Pronto distrajo su devoción una vista grandiosa: coronando las murallas se veían innumerables torres.

–¿Son torreones para defensa de la ciudad?

–Estamos en paz desde hace tiempo –le respondí–, y esos torreones se han convertido en depósitos de agua para las fuentes de la ciudad, y pasan de cuatrocientos. Ése, mucho más grande, es el de la ciudadela, en donde siempre hay una guarnición romana; una legión entera. De este otro lado del río se levanta el templo de Júpiter, abajo puedes ver el palacio del legado de Siria, que es otra fortaleza. Sobre aquel puente, al que pronto llegaremos, pasa el camino que va a Seleucia, el puerto marítimo de Antioquía.

Bien pronto atracamos a un amplio muelle, donde nos esperaba Quarto. Hubiera querido que Pablo viniera con nosotros; pero él optó por irse con Simón Niger, que había venido a recibirle, y Bernabé y Juan Marcos se fueron a casa de unos parientes.

—Cuánto me alegro, dómine —me dijo Quarto—, que haya venido Pablo. Pedro con otros varios hermanos de los más venerables, instruidos y prácticos, están trabajando, están *leitourgounton,* esto es, formando la liturgia.

—¿Dices que están formando la liturgia?

—Pedro me ha contado que mientras estuvieron los apóstoles reunidos en Jerusalén, a más de ir instruyendo a los que querían abrazar la ley de Cristo, por largo tiempo se ocuparon en discutir la organización de la nueva Iglesia. No bastaba que fueran enseñando, según lo mandó el Maestro; se requería organizar a los fieles. Los apóstoles encomendaron a Pedro que él, como cabeza, a su debido tiempo promulgara lo establecido. Esta promulgación en Jerusalén hubiera tenido muchos opositores que no podían soportar novedades, como ellos llamaban a todo lo que no fuera conforme con la antigua ley.

—Bastante hicieron en promulgar el decreto del Concilio de Jerusalén, el cual, a pesar de todo, sigue siendo rebatido hipócritamente por los judaizantes, quienes insisten en que todos se circunciden y guarden los preceptos mosaicos.

—Por eso creo que Pedro, muy prudentemente, ha esperado salir definitivamente de Jerusalén para llevar a cabo esta obra de organización, y aquí, en Antioquía, ha tenido ya varias juntas con hombres muy santos, entre los que hay no sólo doctores, sino profetas iluminados por el divino Espíritu.

—¿Y quiénes son esos hombres?

—Los más principales son Simón Niger, a quien tú conoces de antiguo. Es aquel Simón de Cirene que fue nuestro guía cuando visitamos el templo, y el que ayudó a llevar la cruz al Señor.

—Pero me parece un hombre sin letras.

—Y dale con tus viejas ideas. ¿Crees tú que esta obra de la Iglesia es obra de hombres? Buenos estaríamos si así fuera teniendo por cabeza al pescador Pedro y otros semejantes a él como apóstoles. Ésta es obra de Dios, del Hijo que la fundó y del Espíritu Santo, que la fecunda, ilumina y dirige.

—Tienes sobrada razón. Nunca me olvidaré del cambio de Pedro, el que negó al Maestro, y Pedro después de recibir al Espíritu Santo. ¿Y quiénes son los otros?

–Otro que tú también conociste: Manahén...
–¿Será posible? ¿El colactáneo de Herodes?
–Ese mismo. Su gemelo, por decir así, pues tanto él como Herodes fueron criados y amamantados por la madre de Manahén. Con ellos pasó lo que dijo una vez el Maestro: *«Uno será aceptado y el otro será abandonado»*. El negocio es de Dios, no te admires.
–¿Y los otros?
–Queda un hombre venerabilísimo, también de Cirene, llamado Lucio, a los cuales se unirán ahora Bernabé y el antiguo perseguidor, Pablo. A éstos se agregan otros hermanos sumamente prudentes y fervorosos. Y este grupo principal tiene por secretario, llamémosle así, a un paisano tuyo, a un legionense.
–Y ¿quién es él?
–Miguel Darío, al cual tendrás que dar muchos papiros o pergaminos; es un escriba de los más adiestrados y conocedores de las Santas Escrituras.

Tan pronto como terminé algunos asuntos importantes de mi comercio, Quarto y yo marchamos a ver a Pedro.

Como Pedro me conoce de antaño y, por otra parte, sin hacer yo gracia en eso, había dado a Pablo y Bernabé abundantes limosnas para los jerosolimitanos, siguiendo en ello las instrucciones de mi abuelo, era yo tenido por gran bienhechor de la Iglesia naciente. Fui admitido con Quarto a la reunión, aunque sin tener voz ni voto. Era ese negocio exclusivo de Pedro y los ancianos allí reunidos. Constantemente Pedro estaba pidiendo oraciones a todos los fieles para que a él y a los suyos los iluminara el Espíritu Santo en asuntos de tanta importancia.

Pedro, como la cabeza, dirigió la palabra a los allí reunidos, y dijo:

–Ahora que los apóstoles escogidos por el Maestro hemos comenzado a dispersarnos por todo el mundo, nos ha parecido, movidos por el Espíritu Santo, dar ciertas reglas que unifiquen nuestra manera de proceder, no sólo en la predicación de la doctrina de la buena nueva, sino en la administración de los sacramentos, instituidos por Nuestro Señor Jesucristo, el cual, durante los cuarenta días que entre nosotros permaneció después de su resurrección, nos instruyó sobre lo que debíamos hacer en la propagación de la Iglesia por Él fundada. Ésta ha sido, como a todos es notorio, guiada e iluminada por el Espíritu Santo, que el Maestro nos envió, para que nos enseñara toda verdad.

Los allí reunidos escuchábamos con toda atención las palabras de Pedro, el cual hablaba con verdadera autoridad.

–Como el primer sacramento que abre a los catecúmenos las puertas de la Iglesia es el bautismo, nos ha parecido que antes de administrarlo, según se ha venido practicando desde el principio, se exija a los que quieran recibirle, después de haber sido instruidos debidamente, esta profesión de fe –dijo Pedro.

Y en seguida, con gran solemnidad, leyó en un pergamino que le dio Miguel Darío:
—¿Crees en Dios Padre Todopoderoso, creador del cielo y de la tierra? ¿Crees en Jesucristo, su Hijo único, que, nacido de María virgen por obra del Espíritu Santo, se hizo carne, padeció por nosotros, y, después de morir crucificado, resucitó al tercer día, según Él lo había profetizado; que subió a los cielos, donde está sentado a la diestra de Dios, su Padre, y ha de venir a juzgar a los vivos y a los muertos?
¿Crees en el Espíritu Santo consolador, que nos fue enviado para iluminarnos y enseñarnos toda verdad?
¿Crees en la vida eterna?
¿Crees que los pecados se nos perdona por los méritos de Cristo?
¿Te arrepientes de tus pecados?»
Después de un espacio de tiempo, añadió:
—¿Tenéis algo que notar?
Pablo se levantó, y dijo:
—Ésa es la fórmula con que desde el principio han sido los catecúmenos interrogados antes de recibir el bautismo, como dice Pedro. Pero ahora que la Iglesia se va propagando por todas partes, entre judíos e infieles, creo se debería añadir: ¿Crees en esta Iglesia universal, de la cual es Cristo la cabeza y nosotros somos sus miembros?
Pablo calló.
Pedro se levantó, y dijo:
—Nos parece muy bien lo que Pablo propone. Pero antes de promulgar esta fórmula, es necesario que pidamos al Espíritu Divino que nos ilumine. Y para esto ayunaremos y oraremos durante tres días.
A lo cual todos los presentes dijimos: «Amén».
En efecto, después de tres días de constante oración, habiendo ayunado, Pedro nos reunió, y con su autoridad, recibida de lo alto, dio por bueno aquel credo, aquella fórmula, aquella profesión de fe que, por más de cien años, se ha venido proponiendo a los catecúmenos antes de bautizarlos.

53
LOS ELEGIDOS

—¿No te parece, dómine —me dijo Quarto—, que aquí se siente menos la influencia de los fariseos?
—En efecto —le respondí—, creo que desde Antioquía podrán Pedro y los suyos proceder con mayor libertad. Aquí Pedro no sólo es la cabeza, como siempre lo ha sido, sino que, además, es el obispo de Antioquía, mientras que en Jerusalén...
—Está Santiago, obispo de aquella metrópoli. Cierto que entre Pedro y Santiago hay unanimidad de ideas; pero por los que rodean a Santiago,

quien tiene una autoridad innegable, esa unidad no puede manifestarse allí como aquí se manifiesta.

–¿No te parece admirable la actitud de Pedro frente a Pablo? Hasta ahora Pablo ha sido un presbítero, que, con celo innegable y con éxito innegable también, acompañado de Bernabé, ha trabajado en Antioquía, pero como un presbítero, y nada más, y aunque Dios tenga elegido a Pablo para grandes cosas, él, a su vez, da muestras inequívocas de su disciplina y obediencia a la autoridad suprema de Pedro. Es el Espíritu Santo que los anima y dirige –añadió Quarto–, no hay duda, pues, dadas las dote naturales de Pablo, si no le dirigiera el Espíritu Santo, ya hubiera saltado y marchado por su cuenta a la conversión de los gentiles, vocación para la cual ha sido elegido, no por Pedro, sino por el mismo Cristo.

–En efecto –repuse–, durante nuestro viaje, Pablo y yo hemos hablado largamente, y siempre le he visto perfectamente sumiso. Espera el tiempo en que el Divino Espíritu ilumine a la Iglesia, y, con su sanción, sea enviado a cumplir su misión, momento que Pablo ha esperado largos años.

–Es la obra de Dios, no cabe duda, dómine, y sólo el Espíritu Santo es capaz, perdóname, dómine, de triunfar de la testarudez de tus paisanos. En los años que todos los apóstoles han estado reunidos en Jerusalén no han podido hacer el fruto que aquí los presbíteros han hecho en poco tiempo; me refiero a los jerosolimitanos, y no a los peregrinos de la Dispersión que van anualmente a la Ciudad Santa, los cuales han sido catequizados por los apóstoles.

–Te comprendo –repuse–; los apóstoles desde Jerusalén han evangelizado el mundo entero por medio de los prosélitos que allí constantemente hacían entre los peregrinos que venían cada año al templo. El mandato del Maestro de evangelizar primeramente a Jerusalén y Judea los detenía en la ciudad; pero una vez que hicieron cuanto pudieron para reducir al Evangelio a los de Jerusalén y Judea, salieron, empezando por Samaría, a la evangelización personal de las demás naciones, fijándose naturalmente primero en los hebreos de la Dispersión.

–Ahora, de lo que se trata es –dijo Quarto– de la organización de la Iglesia, la cual debe ser hecha personalmente por los apóstoles, siguiendo en todo las enseñanzas del Maestro. Cristo sembró, el Espíritu Santo está fecundando; pero el trabajo de organización es de los elegidos por Cristo para ello, de sus apóstoles; de Pedro, que es la piedra fundamental sobre la cual está edificada la Iglesia. Es, pues, indispensable que Pedro, quien ya tenía el asunto tratado muy detalladamente con los otros apóstoles, venga a poner en práctica esta organización, lo cual demuestra una vez más que Pedro es la cabeza.

–Yo creo que Cristo, al subir a los cielos, dejó el trabajo de la extensión de su reino encomendado a los apóstoles y a sus sucesores; de otra manera no les hubiera mandado predicar su Evangelio a todas las gentes.

−Ni les hubiera prometido −añadió Quarto− *estar con ellos hasta la consumación de los siglos*. Si hubiera sido un negocio puramente transitorio, esa promesa saldría sobrando; no, el asunto es *hasta la consumación de los siglos*, y la palabra de Cristo se ha cumplido, se cumple y se seguirá cumpliendo.

Invitados de nuevo por Pedro, Quarto y yo seguimos asistiendo a las sesiones, bien puedo llamar litúrgicas, que prosiguieron su curso.

Cuando al segundo sacramento, la Confirmación, quedó determinado que se administrara por el obispo a los bautizados para confirmarlos en la fe, y, después de invocar al Espíritu Santo, los ungiera con el óleo consagrado.

−Hermanos −dijo en seguida Pedro−, bien sabéis que el Señor, Jesús, después de resucitado, habiéndonos dado la paz, dijo: *«Como me envió el Padre, así también Yo os envío, y soplando sobre nosotros, añadió: Recibid el Espíritu Santo; a los que perdonareis los pecados, les serán perdonados; a quienes se los retuviereis, les serán retenidos»*. Somos, pues, enviados de Cristo, como Él lo fue de su Padre, con el fin de perdonar los pecados o de retenerlos a nuestro juicio. Es, pues, necesario que, en la administración de este sacramento, el que quiera recibir el perdón, primero confiese sus pecados, se los perdonemos, y si no lo está, se los retengamos. Esto lo haremos como ministros de Cristo, en cuyo nombre y autoridad perdonaremos los pecados diciendo: «Yo te perdono, en el nombre del Padre, y del Hijo, y del Espíritu Santo». Pedro añadió: La siguiente nota es de Santiago: «Hay otro sacramento, por el Señor instituido, en beneficio de los enfermos del alma y del cuerpo: el sacramento del Óleo. *Si alguno está enfermo entre vosotros, llame a los presbíteros de la Iglesia para que oren por él, ungiéndole con el óleo, en el nombre del Señor. Y la oración de la fe dará salud al paciente, y el Señor hará que se levante; y si hubiere hecho pecados, le serán perdonados»*.

Después de esto se levantó Pablo, y preguntó:

−¿Y el gran sacramento del matrimonio?

Pedro respondió:

−Como bien sabéis, el matrimonio es un contrato entre el hombre y la mujer, contrato que dura toda la vida de los contrayentes, sin que el divorcio sea permitido, como lo dijo el Señor. En ese contrato-sacramento nosotros somos los testigos delante de Dios y de la Iglesia, y debemos bendecir a los esposos en el nombre del Padre, y del Hijo, y del Espíritu Santo.

Las sesiones siguieron por muchos días. En ellas se trataron puntos tocantes, no sólo a la doctrina y la liturgia, sino a la organización jerárquica de la naciente Iglesia, ya extendida en casi todas las grandes poblaciones del Imperio en las que se encontraban colonias de hebreos de la Dispersión.

No trataré de ellas por ahora, pues quiero dar cuenta de un evento de grandísima importancia para la Iglesia que tuvo lugar algunos días después de terminadas las sesiones a que me he referido.

Por orden expresa de Pedro, se avisó a todos los cristianos de Antioquía y poblaciones cercanas que en sus oraciones rogaran a Dios por un asunto de gravísima importancia para la Iglesia. En particular se les exhortaba a que pidieran insistentemente al Espíritu Santo sus luces, ya que Él es el dador de las gracias y la lumbre de los corazones. No se anunciaba de qué se trataba, y esta incertidumbre hizo que los fieles pidieran al Divino Espíritu su ayuda con inusitado fervor. Tanto más, que vimos a Pedro y sus compañeros entregados a un ayuno rigurosísimo a pan y agua durante nueve días. Pedro y sus compañeros se reunían para orar en casa de Simón Niger, el cual me contó lo que voy a referir.

–Estábamos en el séptimo día de nuestro ayuno y oración ferventísima y constante, reunidos en la sala de la casa, cuando de pronto entendimos que el Espíritu Santo nos decía: «*Apartadme a Bernabé y a Saulo para la obra a la cual los he llamado*». Todos nos sentimos llenos de un fervor extraordinario, viendo con claridad la voluntad del cielo de que Bernabé y Pablo fueran enviados a la conversión de los gentiles. Con gran gozo nos abrazamos unos a otros, dándonos el ósculo de paz y felicitando a los dos elegidos por el Espíritu Santo. Sin embargo, Pedro nos dijo que aún siguiéramos orando y ayunando en acción de gracias por tan señalado favor.

Hasta aquí Simón Niger.

Al décimo día, Pedro, con el rostro lleno de alegría, mandó a Miguel Darío que invitara a los fieles para una reunión extraordinaria que debía tener lugar antes de la salida del sol en la amplia morada de Manahén. La noticia se esparció como relámpago, sin que hubiera sido necesario que Miguel Darío y sus ayudantes Ignacio y Rafael hubieran hecho por escrito esta invitación, como se proponían. Las mujeres y los niños esparcieron la noticia, dando por supuesto que el Espíritu Santo ya había escuchado la oración de Pedro, aunque sin saber aún de qué se trataba. Algo grande, muy grande, esperábamos todos llenos de expectación.

Aún no aparecía el sol en el horizonte cuando los grandes pórticos de la casa de Manahén estaban atestados de cristianos. En el fondo se veía el altar sobre el cual Pedro, siguiendo los ritos ya establecidos, consagró el pan y el vino. Hecho esto, Pedro, Simón Niger y Manahén impusieron las manos a Bernabé y a Pablo, elevándolos a la plenitud del sacerdocio.

Terminada esta imponente ceremonia, Pedro dirigió una breve alocución a Bernabé, en la cual alabó su piedad y desprendimiento al dejar sus cuantiosos bienes para los pobres de Jerusalén. Después ensalzó la misión para la cual había sido escogido por el Espíritu Santo en compañía de Pablo; últimamente, dirigiéndose a éste, prosiguió:

–El Dios Todopoderoso, por su misericordia infinita, segregó a nuestro padre Abrahán para hacerle progenitor de un gran pueblo. Cuando él era un pagano incircunciso, le hizo por vez primera la promesa que de su descendencia saldría *Aquel en el cual serían benditas todas las familias de la tierra*. Andando el tiempo, en aquella noche gloriosa, cuando nuestro padre se quejaba con Yahvé de no tener sucesión, el Señor le sacó fuera de la tienda, y, enseñándole los infinitos luceros del firmamento, le prometió que así había de ser su simiente, esto es, que la promesa, a su tiempo, se extendería a todos los pueblos que cobija el estrellado cielo. Y Abrahán aún no estaba circuncidado ni Yahvé había dado la ley. Y si, más tarde, mandó el Señor a Abrahán que se circuncidara cuando tenía noventa y nueve años, fue para señalar de esta suerte al pueblo del cual había de nacer el Deseado de todas las naciones de la tierra. Y si, tres siglos después, impuso el Señor la ley a Israel, fue para circuncidarlo en un cerco, de un vallado, para que aquel rebaño ciego no se desparramara, no para que aquella ley perdurara después de cumplida la promesa, como lo profetizó Isaías (5, 5): «*Pues ahora os diré claramente lo que voy a hacer con mi viña: le quitaré su cerca* (la ley), *y será talada; derribaré su tapia, y será hollada*».

La voz se le anudó a Pedro en la garganta, y tanto Pablo como los israelitas, que comprendimos esa terrible alusión, prorrumpimos en sollozos.

Habiéndose serenado, prosiguió Pedro:

–Por algún tiempo, antes de la venida del Espíritu Santo, estuvimos persuadidos de que la promesa era sólo para Israel y los prosélitos; pero el Señor tuvo a bien revelarme en Joppe que Él no es aceptador de personas, y que lo que Él limpió nadie puede llamarlo inmundo, abriendo así por mi medio el Señor la puerta del Evangelio a los gentiles; y el Espíritu Santo lo confirmó en Cesarea descendiendo sobre Cornelio y los suyos. ¿Cómo podía alguno impedir el bautismo a los que habían recibido el Espíritu Santo como nosotros? Pero como era justo y misericordioso, el Maestro nos mandó que evangelizáramos primero en Jerusalén; luego, en Judea y Samaría, según lo hemos hecho hasta ahora. Y hoy, el mismo Señor que nos eligió a nosotros para evangelizar a los circuncisos; hoy, Pablo, te abre a ti de par en par la puerta para la evangelización de los gentiles.

Quarto y varios paganos convertidos, que estaban presentes, prorrumpieron en gritos de alegría.

–¿Cómo no has de ir, hermano –prosiguió Pedro–, a evangelizar a los gentiles, cuando los primeros, que, guiados por una estrella, vinieron en busca del nacido Rey y le ofrecieron presentes eran de la gentilidad; cuando el mismo Maestro evangelizó personalmente a los samaritanos? Tú, Pablo, has aguardado por varios años este momento y, como te consta, el Espíritu Santo nos ha ordenado que a ti y a Bernabé os *apartemos para la obra colosal de la conversión de los gentiles*. ¿Qué puedo yo objetar cuando el mismo Espíritu Santo lo ordena? Id, marchad a los pueblos y ciudades de los gentiles a evangelizar a Cristo. Yo terminaré como el anciano Simeón: «*Ahora despide, Señor, a tu siervo en paz, según tu promesa; porque han visto mis ojos la salvación tuya, la cual has aparejado en prese-*

cia de todos los pueblos; luz que ilumine a los gentiles y para la gloria de Israel, tu pueblo...»

En aquel momento, un rayo del naciente sol vino a iluminar a Pedro y Pablo, que se dieron el ósculo de paz.

* * *

–¿No te parece, dómine, otro Pentecostés? –me dijo Quarto.

–En efecto, así lo creo. Desde la venida del Espíritu Santo no sé que haya habido en la Iglesia, si no fuere en Cesarea, algo semejante a lo que acabamos de presenciar.

–Pero esto no puede terminar así –continuó mi amigo–. Yo, presintiendo algo muy extraordinario (ya han ayunado bastante), he preparado, pues, un magnífico ágape, con el que despediremos a los dos apóstoles de los gentiles. Ya se lo anuncié a Pedro, a Pablo y a otros hermanos, y han aceptado gustosamente.

El ágape fue verdaderamente fraternal y sustancioso, pues mi amigo no había olvidado el indispensable becerro gordo, de fama evangélica, y además los tibicines, esto es, los músicos, que alegraron el convite.

Al día siguiente, por la mañana, en uno de mis buques, subieron Pablo y Bernabé, rumbo a Seleucia, donde debían de nuevo embarcarse para Chipre. Los acompañábamos Quarto y yo.

Pedro y muchísimos hermanos fueron a despedirlos al muelle, y aquél, con los ojos llenos de lágrimas, los bendijo.

Cuando llegamos a Seleucia y se reembarcaron los dos apóstoles, Quarto exclamó:

–¿Dos para convertir el mundo?... ¡Pero qué dos! Pronto oiremos de sus triunfos y sus persecuciones, pues, desgraciadamente, y perdóname, dómine, no faltan en la Dispersión algunos *fariseíllos*.

54
TODOS HIJOS

Mientras Pablo y Bernabé, acompañados de Marcos, habían marchado a su primera gira apostólica, Pedro hizo también la suya por el Ponto, Galacia, Capadocia, Asia y Bitinia. Aquéllos iban a evangelizar principalmente a los gentiles, sin olvidarse de los hebreos dispersos, mientras Pedro iba a evangelizar a los hebreos dispersos sin olvidarse de los gentiles. De esta suerte, Pedro organizó las principales iglesias cristianas de las regiones que llevo indicadas.

Pedro regresó de su gira antes que Pablo. Naturalmente, los antioqueños recibieron a su obispo con grandísimo júbilo. Todos querían de algún modo festejar a Pedro, y de aquí que lo invitaran pobres y ricos a comer

con ellos, y Pedro aceptaba estas invitaciones con su acostumbrada benevolencia.
Como Pedro y yo éramos amigos antiguos, un día hablando con él me hizo varias confidencias.
—Cuando el Maestro me repitió por tres veces que *«cuidara de sus corderos y de sus ovejas»*, yo no entendía la inmensa responsabilidad que ponía sobre mis espaldas. Pero cuando vino el Espíritu Santo empecé a comprenderla, y cada día que pasa la comprendo más. Solamente la soporto porque sé que *«todo lo puedo en Aquel que me conforta»*, y Él prometió *«estar con nosotros hasta la consumación de los siglos»*.
—Realmente —repuse—, es una carga enorme la que tienes sobre tus hombros.
—Como tú eres hebreo, me comprenderás —prosiguió Pedro—. La conversión de los nuestros al cristianismo es muchísimo más difícil y delicada que la de los gentiles...
—¿Cómo así? —le pregunté.
—Te pondré una comparación que aclarará mi idea. Suponte dos escultores a los cuales se les ha encomendado hacer dos estatuas según un modelo. A uno le dan un bloque de mármol y al otro de granito. ¿Quién tendrá más dificultad en llevar a cabo su obra?
—Ciertamente, el que tiene que tallar en granito.
—Muy bien —prosiguió Pedro—, y si al que talla en mármol le dan un bloque informe y al que talla en granito le dan una deforme estatua a medio hacer, ¿quién de los dos tendrá mayor dificultad en imitar el modelo?
—El que talla en granito la estatua deforme a medio hacer.
—Pues ése es el caso. Los nuestros son la estatua deforme de granito a medio tallar, y los gentiles son el bloque informe de mármol. Y si el dueño de la estatua de granito recomienda al escultor que la talle con todo empeño, con todo cariño, y al otro lo deja que talle el mármol según instrucciones generales, ¿quién de los dos deberá tener mayor cuidado al labrar la estatua?
—El que labra en granito; te comprendo.
—Más de ocho años, por mandato del Maestro, quien amaba mucho a su pueblo por ser el elegido, hemos estado en Jerusalén tratando de cincelar en los corazones graníticos de los nuestros, sobre la estatua deforme de la ley, la imagen de Cristo. Por otra parte, al aceptar la doctrina de Cristo los gentiles, ¿qué pierden?
—Propiamente no pierden nada de valor —respondí.
—Y nosotros los hebreos, ¿qué perdemos al abrazar la misma doctrina?
—Perdemos nuestra tradición, nuestra historia, quizá nuestra patria —respondí con exaltación.
—¿No te parece justo que a los nuestros se les trate con un poquito de indulgencia?

—Eso mismo he oído decir a Santiago Alfeo.
—Pues bien; yo, sobre cuyos débiles hombros gravita el doble peso de la conversión, tanto de los nuestros como de los gentiles, ¿seré culpable porque en algo transija con los míos?
—Con tal que no sea en algo esencial tocante a la doctrina de Cristo, no veo que sea eso reprensible. Sin embargo, y permíteme que te diga que a mí, a pesar de ser hebreo, no me parece bien que se hagan distinciones que hieran a los gentiles, pues tanto ellos como nosotros somos hijos del mismo Padre que está en los cielos, que no es aceptador de personas...

En aquellos momentos entró Quarto, y nuestra conversación quedó incompleta.

—¡Ha llegado Pablo! —nos anunció, lleno de alegría.
—Voy a verle —dijo Pedro, levantándose—. He tenido noticias de sus triunfos y de sus sufrimientos; quiero luego darle el ósculo de paz.

Cuando Pedro marchó, Quarto, que reventaba por hablar, me dijo:
—Pablo ha triunfado en toda la línea sólo que sus triunfos han sido mezclados con palos y pedradas, venidos, por supuesto.
—¿De mis paisanos? —pregunté, sonriendo.
—De tus paisanas, las mujeres, y mujeres ricas, que es lo peor.
—¿Cómo está eso? —interrogué, sonriendo.
—Según me ha contado Bernabé, en Antioquía de Pisidia habían tenido un gran éxito entre los gentiles de la población; pero tus paisanitos no lo pudieron tolerar, pues claramente los dijo Pablo que, puesto que ellos no querían recibir la doctrina de Cristo, se iba del lado de los gentiles. Y entonces fue cuando las mujeres ricas entraron en acción y echaron fuera de la ciudad a Pablo y Bernabé. Pero Pablo las mandó al diablo.
—¿Cómo?
—Les hizo la injuria que a eso equivale, sacudió contra ellos el polvo de sus pies, y se marchó a Iconio. Y allí les fue peor, pues por iniciativa de tus paisanos, los apedrearon. Pero Pablo no se acobardó, y se marchó a Listria.
—¿Y allí los apedrearon también?
—Al principio, al contrario, los buenos infieles, al ver que Pablo había curado a un cojo de nacimiento, se quedaron tan espantados, que pensaron que Bernabé, que es el más grandote, era Júpiter en persona, y Pablo, como es menudo, decidieron que era Mercurio. Y ahí tienes al sacerdote de Júpiter que salió a las puertas de la ciudad con dos toros llenos de guirnaldas para sacrificarlos en honor de Júpiter y Mercurio.
—Ya me imagino las caras que habrán puesto al verse tratados como dioses, en especial ese escrupuloso de Bernabé.
—Pues según éste me contó, tuvieron mucho trabajo para persuadirlos de que no eran dioses, sino hombres mortales como ellos.
—¿Y en qué terminó el asunto?

—Pues tus paisanos se metieron, y el pueblo, que es muy tornadizo, acabó, incitándolos ellos, por apedrear a Pablo hasta que le creyeron muerto, y echaron su cuerpo fuera de la ciudad.
—¿Pero no le mataron?
—Si te digo que aquí está, aporreado y todo, pero vivo y sano. Hay que darle un gran banquete con el *vitulum saginatum,* por supuesto; les voy a llevar a mi casa y a invitar a muchos de la gentilidad, muy buenas personas, sin agravios de los presentes, para que coman con nosotros; y, por supuesto, invitaremos a Pedro.

* * *

Pero el hacer que Pedro fuera a comer con los gentiles convertidos no era tan sencillo como Quarto imaginaba. Pasaron varios días, y el ágape de Quarto no había tenido efecto. Preguntándole lo que pasaba, dijo:
—No sé qué mosca le ha picado a Pedro. Se ha marchado de la casa de Manahén, adonde estaba, y se ha ido a vivir con los parientes de Bernabé. Por otra parte, como sabes, le he invitado a nuestro ágape, y, después de varias excusas, se ha negado rotundamente a comer conmigo.
Luego entendí de lo que se trataba, pues unos fariseos de Jerusalén, que decían venir en nombre de Santiago Alfeo, me habían dicho que la noticia de que Pedro comía con los gentiles bautizados había llegado a la Ciudad Santa y había causado escándalo a todos; que ellos, comisionados por los principales fariseos jerosolimitanos, habían venido a reclamarle a Pedro, por su irregular conducta, como decía Santiago.
Desde luego, no tragué lo de Santiago, pues me constaba que pensaba como Pedro; pero entendí la tirada de aquellos hipócritas, que tomaban el nombre de Santiago para decidir a Pedro en favor de sus ideas. Así, pues, dije a Quarto:
—Y Pablo, ¿sabe esa historia?
—Debe saberla, pues creo que tanto Manahén como Lucio, que son incircuncisos, le han de haber hablado. Yo he querido ver a Pablo para recordarle lo de nuestro ágape; pero Manahén, en cuya casa mora, me ha dicho que hace tres días está ayunando y en oración, para que el Espíritu Santo le ilumine en un asunto de mucha importancia.
—Quisiera ir a verle; creo que, según lo que dices, ya habrá terminado su ayuno.
Fuimos, en efecto, y encontramos a Pablo en el momento en que salía con Manahén y Lucio para ir a ver a Pedro en la casa de los parientes de Bernabé. Pablo apenas nos habló, pues iba recogido orando, y cuando Quarto le invitó a comer, respondió:
—Deja que termine un asunto grave, y espero que Pedro también irá con nosotros.

Cuando llegamos a casa encontramos a Pedro hablando con «los enviados de Santiago» (?), todos fariseos de Jerusalén, Bernabé también estaba con ellos, y cuando Pablo le vio, le dijo a Manahén:
—Esos hombres ya habrán convencido al bueno de Bernabé.
Cuando Pablo entró, Pedro se puso en pie, y aquél le dijo:
—Tú permanece en tu puesto, yo te hablaré a ti en pie, pues tengo algo que decirte.
Los hipócritas fariseos, entonces, exclamaron a coro:
—Nos retiramos.
—De ningún modo —repuso Pablo—, deseo que oigáis lo que tengo que decir.
—Pedro —continuó Pablo—, estando tú en Joppe, en casa de un curtidor, el Señor te hizo ver en visión simbólica cuadrúpedos y reptiles y aves por tres veces, mandándote que mataras y comieras, a lo cual respondiste: «Señor, no; porque ninguna cosa común e inmunda he comido jamás». Y la voz te dijo: «Lo que Dios limpió, no lo llames inmundo». Y cuando llegaron los enviados de Cornelio, el centurión gentil incircunciso, el Espíritu Santo te mandó ir con ellos sin dudar, y a los que se escandalizaban porque entrabas en casa de un gentil, les dijiste: «Vosotros sabéis que es abominable a un varón judío llegarse a un extranjero; pero a mí, Dios me enseñó a no llamar profano o inmundo a ningún hombre». Y añadiste delante de Cornelio: «En verdad, alcanzo que Dios no es *aceptador de personas»*. Y aún estabas hablando, cuando el Espíritu Santo, para confirmar lo que hacías, bajó sobre todos los que te escuchaban. Y permaneciste en casa del incircunciso, y comiste su pan. De esta suerte, tú, Pedro, nuestra cabeza, abriste a los gentiles las puertas del reino de Dios, ¿no es así?
Pedro asintió con una ligera inclinación de cabeza.
Pablo prosiguió:
—Ahora bien: teniendo presente que Antioquía no es Jerusalén, y que la mayoría de los cristianos de esta ciudad han sido gentiles, no sólo no es razonable, sino que es reprensible, el hacer creer a estos nuevos cristianos que hay que judaizar para alcanzar la salud. Cuando viniste a Antioquía siendo invitado por los gentiles conversos, aceptabas sus ágapes; pero desde que llegaron éstos (y señalaba a los fariseos) diciendo que vienen de parte de Santiago Alfeo, te has retraído y apartado de los incircuncisos por temor a éstos. Y lo peor es que con este fingimiento se han conformado los demás judíos, tanto que el mismo Bernabé, aquí presente, se dejó llevar a este fingimiento. Pues el rehusar comer con los gentiles conversos equivalía a dar a entender que no eran verdaderos discípulos de Cristo. De aquí que muchos gentiles conversos anden desasosegados, pensando ser necesario seguir la ley para salvarse. Cefas, yo he venido delante de ti, porque tú eres la piedra sobre la cual Cristo ha edificado su Iglesia. He venido a ti, porque a ti, y no a Santiago, le dijo el Maestro: *«Apacienta mis corderos, apacienta mis ovejas»*. Yo, que he recibido el apostolado, no de San-

tiago ni de ti, sino del mismo que nos escogió a los tres, hubiera podido resolver este asunto si tú y yo fuéramos iguales en autoridad. Somos iguales en la vocación al apostolado, pero no en autoridad, pues repito tú eres la piedra fundamental, tú el supremo pastor. Es, pues, necesario que los aquí presentes oigan la resolución de tu boca.

Pedro, poniéndose en pie, solemnemente dijo:

—Dios no es aceptador de personas; así, el judío como el griego, el hombre o la mujer que han creído en Cristo están en camino de salvación.

Entonces Pablo, dirigiéndose a los jeresolimitanos, añadió:

—Id y decid a los que os han enviado, sea Santiago o quien sea, que ni Pablo, tan apóstol como él, ni Cefas, desde que salió de Jerusalén, seguimos los ritos de la ley, sino que vivimos la misma vida de los gentiles que creen en Cristo, ante el cual no vale ni la circuncisión ni la incircuncisión, sino la fe que justifica por la caridad.

—Y para que todo escándalo quede suprimido —terminó Pedro, hoy Pablo, Bernabé y yo iremos a participar del pan del incircunciso Quarto, acompañados de los incircuncisos cristianos Manahén y Lucio.

Tuve que contener a Quarto, que iba a armar un alboroto de puro gusto. Mientras tanto los jerosolimitanos pasaban y repasaban sus filacterias como si hubiesen escuchado una blasfemia. Y, sin añadir palabra, Pedro, Pablo y Bernabé, con Manahén y Lucio, guiados por Quarto, nos dirigimos a la casa de éste para participar del banquete. No se volvió a tratar del asunto; Pedro había hablado, y todo estaba concluido.

El ágape preparado por mi amigo fue magnífico, reinando en él verdadera alegría y caridad cristiana. Quarto no paraba un momento, y tuvo que salir a la puerta de la calle, pues una multitud de gentiles cristianos habían acudido a cerciorarse si era verdad que Pedro había ido a comer en casa de un gentil. Como no faltaban mujeres envidiosas siempre, cerca de Quarto estaba una, que dijo:

—De seguro que Pedro vino a comer aquí porque éstos son ricos.

Lo cual, oído por Quarto, con toda naturalidad respondió:

—Si Pedro en estos últimos días no ha ido a comer a varias casas donde le habían invitado, es *porque estaba de dieta*.

Respuesta que luego cundió y fue creída por los presentes. Así que al salir Pedro, una niña muy pobrecita se le acercó, y, tomándole cariñosamente la mano, le dijo:

—Ahora que ya no estás de dieta, ¿cuándo vienes a comer con nosotros?

Pedro no pudo menos de sonreír, y, acariciando a la niña, respondió:

—Mañana iré, sin falta.

—Ya lo ves —dijo la madre de la niña, dándole un codazo a la envidiosa— cómo también come con los pobres.

Cuando llegamos a la casa de Bernabé, nos encontramos a los fariseos jerosolimitanos «sacudiendo contra nosotros el polvo de sus sandalias».

Quarto, a quien no se le pasaba nada, me dijo:
—Mira cómo nos la están echando —y volviéndose a ellos, con toda seriedad, les preguntó—: ¿Queréis un plumerito? —después añadió—: Id muy limpitos a Jerusalén, y, decid a los que lo quieran oír que, en Antioquía, todos los convertidos a Cristo son hijos de Dios, el cual *no tiene entenados* —no contento con esto, Quarto, con un tono sarcástico que chamuscaba, añadió—: Y no os olvidéis de darles a los de Jerusalén este otro recado: Ya se les acabó el negocio. La supremacía que queréis ejercer sobre la Iglesia de Cristo, no tiene ya en qué fundarse, pues *Pedro está aquí, y donde está Pedro está la cabeza.* Buen viaje, y saludos a los conocidos.

55
RUMBO A EUROPA

Cuando los jerosolimitanos tuvieron conocimiento de lo acaecido en Antioquía, su escándalo llegó a lo sumo. Pero no por eso se dieron por vencidos, y, temiendo que la arrolladora influencia de Pablo siguiera haciéndose sentir en las sinagogas asiáticas de la Dispersión, meditaron un plan digno de la hipocresía farisaica.

Así como desde Jerusalén habían los apóstoles, por medio de los prosélitos cristianos, dado a conocer el Evangelio entre los hebreos de la Dispersión, así ellos empezaron una campaña por medio de falsos hermanos, quien, partiendo de la Ciudad Santa, iban siguiendo los pasos a Pablo, con el fin de deshacer su obra evangélica.

Por supuesto, que estos falsos hermanos tomaban el nombre de Santiago Alfeo para persuadir, primero a los hebreos y luego a los gentiles convertidos, a no seguir el Evangelio de Pablo, que, según ellos, era contrario al predicado por los otros apóstoles. «Nada tenían en contra del bautismo en nombre de Jesús —decían—; pero era indispensable seguir la ley mosaica para ser salvos». Y como en aquellos días Pedro había ya marchado a Roma, les pareció tener el campo libre en la región más poblada de Asia (Asia Menor), donde por la predicación de Pablo y Bernabé, había muchísimos cristianos, tanto hebreos como gentiles. Y en Antioquía empezaron su obra.

—Con razón, dómine, el Maestro llamaba a los fariseos hijos del diablo.

—¿Qué nueva hazaña tienes que contarme? —repuse.

—¿Recuerdas cómo Juan Marcos, por temor de los ladrones, los malos caminos y otras incomodidades que sobrellevaron Pablo y Bernabé en su primer viaje, en llegando a Pergo los abandonó, y se volvió a Antioquía?

—Lo recuerdo; es Marcos demasiado joven para no intimidarse por esos contratiempos. Y ¿qué con eso?

–Pues bien: cuando Pablo preparaba su segundo viaje, le dijo a Bernabé que contaba con él como la vez pasada, aunque tuvieran que correr peligros mayores. Bernabé le respondió que estaba dispuesto. Cuando supieron esta decisión unos jerosolimitanos que estaban en Antioquía, con el objeto de distanciar a los dos apóstoles, persuadieron a Bernabé que era necesario llevara consigo a Juan Marcos para que le sirviese.

No veo que hubiera nada de extraño en esa propuesta. Pues ellos sabían muy bien que Pablo no admitiría a Juan Marcos por compañero para que otra vez los abandonara como la pasada; en lo cual Pablo tenía sobrada razón. Y así pasó. Bernabé le dijo a Pablo que iría gustoso con él siempre que los acompañara Juan Marcos (idea que le habían sugerido a Bernabé los jerosolimitanos). «¿Llevar con nosotros a ese muchacho para que nos abandone cuando le parezca? De ningún modo» –repuso Pablo–. «Pues si no va con nosotros mi sobrino, yo no voy contigo». «Pero, Bernabé –arguyó Pablo–, no recuerdas la que nos hizo la vez pasada?» Por más que Pablo trató de persuadir a Bernabé, éste, con resolución, dijo a Pablo: «Si Juan Marcos no va con nosotros, yo, decididamente, no marcho contigo; búscate otro compañero». Así consiguieron los fariseos dividir a los dos grandes apóstoles; pero Pablo, entonces, escogió por compañero a Sylas, que es, como él, ciudadano romano. De esta suerte, tus paisanos lograron lo que deseaban. Syla, por otra parte, era muy amigo de Pedro, y le fue de gran ayuda a Pablo; Bernabé y su sobrino se fueron al terruño, esto es, a Chipre. Y así, marcháronse los dos apóstoles de los gentiles a evangelizar por rumbos distintos.

–Ésos son los caminos de la Providencia –dije a mi amigo–. Sin el continuo freno de Bernabé (quien, inocentemente y con toda buena fe, se hacía eco de las ideas de los jerosolimitanos) pudo Pablo con todo su vigor emprender la conquista de los gentiles, llegando hasta Europa por vez primera.

* * *

Entre mis numerosos agentes, tengo uno llamado Melas, encargado de mis asunto en la parte oriental de Grecia. Me venía a ver cada año, y en una ocasión me contó lo siguiente:

–Estando en Troas, llegó a nuestras oficinas marítimas un hombre bajo de estatura con los ojos inyectados, el cual venía acompañado de otros dos hombres y un jovencito. Me preguntó si yo era agente del rabí Ben Hered, y como le respondiese afirmativamente, sacó un pergamino que puso en mis manos. Era tu orden para que se le ayudara en lo que necesitara sin cargo alguno. Éste se llamaba Pablo, y sus conpañeros, Sylas, Lucas y Timoteo.

–¿Y le diste la ayuda que te pidieron?

Claro que sí. Inmediatamente me puse a sus órdenes. Pablo me dijo: «Deseamos atravesar el mar Egeo para ir a Macedonia lo más pronto posible». «Tengo un buen barco —respondíle— que saldrá para la costa griega dentro de pocos días; si te conviene, puedo llevarte a ti y a tus compañeros con todo gusto». «Yo deseaba partir mañana mismo, pues el Espíritu quiere que yo vaya a evangelizar a Macedonia» —repuso Pablo—. «Como las órdenes que tengo del rabí Ben Hered son de cumplir tu voluntad, según reza ese documento, procuraré activar mi partida, y si gustas —añadí— tú y tus compañeros podéis ir inmediatamente al barco, para que no tengáis que aposentaros en Troas». Pablo aceptó; yo en persona los conduje al barco, donde los dejé convenientemente acomodados, y bajé a Troas para activar la partida. Dios me ayudó, y aquella misma noche, al regresar a la embarcación, le dije a Pablo que al día siguiente, con la marea alta de la mañana, levaríamos anclas rumbo a Samotracia y Neápolis, de donde podían dirigirse por tierra a Filipos y Tesalónica.

—Querido Melas, agradezco mucho tu actividad en acceder a los deseos del gran apóstol.

—¡Qué hombre tan admirable es Pablo! —prosiguió Melas—. Aquella noche pasé con él y sus compañeros sobre cubierta tres horas de conversación, en la que Pablo hizo el gasto, narrándome cómo habían atravesado por tierra toda el Asia Menor, partiendo de Siria, cruzando la Cilicia y llegando a Derbe. En Listria me contó que había encontrado al joven Timoteo.

—¿Hizo todo ese trayecto por tierra?

Por tierra y a pie, kyrie, pasando muchos peligros. Pero se ve que Pablo, aunque aparentemente de condición raquítica, tiene mucho nervio, y es que le anima el Espíritu de Dios, que le va guiando y fortaleciendo en su empresa evangélica.

—¿Y le dijiste que tú eres cristiano de antaño?

—Seguramente, le dije que había sido, bautizado en Antioquía y recibido el Espíritu Santo de manos de Manahén. A Pablo le brillaron los ojos cuando entendió que yo era gentil convertido. Entonces se explayó y empezó a hablarme de los deseos que ardían en su pecho de ir a anunciar a Cristo en Macedonia, desde donde esperaba propagar el Evangelio por Europa.

—¡Qué corazón tan grande el de Pablo! —exclamé—. ¿Y cómo le recibieron en Filipos?

—Ya te lo diré, kyrie; pero antes te contaré lo que me dijo Pablo aquella noche: «*El Espíritu que me va guiando me prohibió fuera a Galacia y Bitinia. Pero aquí, en Troas, de noche, en un sueño, un varón macedonio se me presentó rogándome y diciéndome: Pasa a Macedonia, y ayúdanos*». Al día siguiente busqué un barco para ir a Macedonia, pero no lo encontré, hasta que averigüé que estaba aquí un agente del rabí Ben Hered, y fui en tu busca. Cuando partimos —prosiguió Melas—, habías de ver a

Pablo en la proa con la vista fija en las lejanas costas con su larga cabellera agitada por el viento. Y cuando al fin llegamos a Neápolis, Pablo se arrodilló en la arena de la costa y besó el suelo. No quiso detenerse, y al día siguiente partimos para Filipos, la primera población de Macedonia.
 —¿De modo que seguiste con Pablo? —le pregunté a Melas.
 —Como tú bien sabes —me respondió—, yo atiendo tus negocios en Tesalónica, y lo natural era que siguiera con Pablo; pero no fue sólo por tu recomendación, sino porque aquel hombre, en el poco tiempo que le había tratado, me había ganado el corazón.
 —Como, sin duda, ganaría los de los buenos y cultos filipenses —añadí.
 —Vaya si se los ganó, y en qué forma.
 Voy a contarte, kyrie, algo verdaderamente conmovedor...
 En aquellos momentos entró Quarto, el cual, como gerente general de mis negocios, conocía de antaño a Melas, a quien saludó cariñosamente.
 —Me estaba contando Melas —le dije— el viaje de Pablo a Macedonia.
 —Bendito sea Dios —dijo mi amigo—, que ya salió de estos bárbaros asiáticos; tú eres de Hispania, y ya va Pablo a donde debe ir, a Europa, para llegar, finalmente, a Roma. Allí está ya Pedro desde hace tiempo; pero si Pablo le da una mano, no creo le venga mal. Prosigue tu historia, Melas.
 —Te decía —prosiguió éste —que tan pronto como llegamos a Filipos, Pablo me preguntó dónde estaba la sinagoga.
 —Y dale con la sinagoga —interrumpió Quarto—. ¿Quería, por ventura, más palos?
 —Yo le dije —repuso Melas— que en Filipos no había sinagoga...
 —¡Bien por los filipenses! Se ve que son gente decente —exclamó Quarto.
 —Era un sábado, y Pablo me preguntó: «¿Pero aquí no hay gente que haga oración, que aprenda las Escrituras; son todos gentiles?» «Hay un grupo de mujeres —le respondí— que los sábados salen de la ciudad, y junto al río se sientan, y hablan de cosas de Dios, dirigidas por una joven muy rica y muy piadosa llamada Lydia». No bien oyó Pablo el nombre de Lydia, su rostro se iluminó, y con gran empeño me preguntó: «¿Lydia es de una familia que vende púrpura?» «¿La conoces? —preguntó Melas—. Sus padres tenían ese negocio; pero ahora ella es la que tiene la tienda más elegante de la ciudad, y vende telas ricas, en especial de púrpura». «Sin duda —añadió Pablo— es la misma que yo, hace años, conocí de niña en Jerusalén; la misma a quien el Maestro bendijo varias veces cuando Él se iba al cielo. ¡Cuánto gusto me daría verla!» «Pues, sin duda, la vamos a encontrar junto al río» —le respondí—, continuó Melas. En efecto, salimos de la población por la puerta que da al río, y allí vimos un grupo de mujeres sentadas en la ribera escuchando atentamente a una joven que, en pie, les hablaba con entusiasmo. Nos acercamos, y, sentándonos también, escuchamos lo que Lydia decía. Les hablaba de Jesús de Nazaret, a quien ella había conocido de muy niña; contaba cómo había predicado en Judea, y

sus enemigos le habían crucificado. «Pero tuve la dicha de verle resucitado –exclamó Lydia–, y cuando iba a subir al cielo me miró y me bendijo». Cuando hubo terminado su narración, Pablo se levantó, y, dirigiéndose a Lydia, le preguntó: «¿Eres tú, Lydia, de una familia de tintoreros en púrpura que conocí hace años en Jerusalén?» Lydia miró atentamente a su interlocutor, y, llena de alegría, arrodillándose, le besó las manos, mientras añadía: «Yo soy Lydia, a quien tú también bendijiste un día cuando era niña». Y, volviéndose a sus compañeras, les dijo: «Éste es Pablo, al cual yo vi en sueños una noche; él, ciertamente, nos va a ayudar». Y, en efecto, tomando Pablo la palabra, les anunció a Cristo. Y después de varias reuniones, Pablo bautizó a Lydia y sus compañeras a la orilla del río, vertiendo sobre sus cabezas agua con una concha.

Quarto y yo estábamos encantados escuchando a Melas, quien prosiguió:

–Aquellas mujeres, y Lydia a la cabeza, fueron los primeros frutos de la predicación de Pablo en Macedonia. Lydia estaba gozosísima, y Pablo la veía como a una hijita querida. Confiando Lydia en esto, le rogó que él y sus compañeros fueran a aposentarse en su casa. «Mira, rabí –le decía Lydia–, mi casa es muy grande, y puede servir de iglesia, ya que aquí no hay sinagoga. Ven a verla, y creo aceptarás mi invitación».

–¿Y aceptó Pablo? –pregunté a Melas.

–Fuimos, pues yo también estaba con ellos, Pablo y sus compañeros. Nos quedamos sorprendidos de lo que aquella piadosa mujer había hecho en pocos días. Había convertido su gran casa en una iglesia muy amplia, junto a la cual había una vivienda dedicada a Pablo y sus acompañantes. «Aquí tienes tu casa –dijo Lydia a Pablo con inimitable gracia– y aquí tienes la iglesia. Yo viviré en esa otra vivienda, y os podré atender y prepararos la comida. ¿Aceptas mi invitación?» Pablo miró con cariño de padre a aquella extraordinaria mujer. Sin responderle directamente, entró en la casita que les había preparado Lydia, siguiendo la inspiración de Dios, que había abierto el corazón de aquella mujer para que estuviera atenta a la palabra de Pablo.

–¿Y no había allí fariseos? –insinuó Quarto.

–¿Fari, qué? –preguntó Melas–. ¿Qué animales son ésos? No, la casa estaba sumamente limpia.

No pudimos menos de reír a la cándida respuesta del macedonio, que no sabía lo que eran fariseos y los había confundido con otros insectos. Habiendo yo explicado a Melas lo que eran los fariseos, prosiguió su narración, diciendo:

–No, no había allí fariseos; pero había una endemoniada que nos dio que hacer. Todo iba admirablemente bien, cuando una muchacha que tenía espíritu de pitón, empezó a seguir a Pablo y sus compañeros, diciendo: *«Estos hombres son siervos del Dios alto, los cuales os comunican el camino de la salvación, haciendo esto por muchos días».*

—Bastante buena pitonisa —interrumpió Quarto.
—Pues no le pareció así a Pablo —continuó Melas, y volviéndose a la chica, dijo al espíritu: *«Te mando, en el nombre de Jesucristo, que salgas de ella».* Y el espíritu salió al momento. Los amos de aquella pobre chica, que se servían de sus oráculos para ganar dinero, se enfurecieron al ver que la ganancia se les iba, y acusando a Pablo y Sylas delante del magistrado, dieron con ambos en la cárcel, diciendo que alborotaban, la ciudad predicando ritos que no les era lícito recibir a los romanos.

Hice seña a Quarto de que no protestara, y Melas continuó:
—El caso fue que azotaron a Pablo y Sylas, y, para evitar enredos, el carcelero los metió en el fondo de una mazmorra.
—¿Y no hubo quien los defendiera? —preguntó, indignado, Quarto.
—Pablo y Sylas se pusieron a cantar gozosos en su encierro, a pesar de tener los pies bien apretados en el cepo. Lydia se fue a ver al magistrado para que no se cometiera esa injusticia, y el magistrado le dijo que al día siguiente atendería aquel negocio.
—¿Y les hizo justicia? —insistió Quarto, impaciente.
—Se la hizo el cielo —repuso Melas—, pues a medianoche sobrevino un temblor espantoso que abrió las puertas de la cárcel. El pobre carcelero, asustadísimo, se quería matar con la espada, pensando que los presos se le habían escapado, cuando oyó la voz de Pablo que le decía: *«No te hagas ningún daño, que estamos aquí».* El carcelero, con una candileja, fue a verlos, y, lleno de compunción, les dijo: *«Señores, ¿qué debo hacer para ser salvo?»* Y Pablo le respondió: *«Cree en el Señor, Jesucristo, y serás salvo tú y tu casa».* Y el carcelero, aquella misma noche, los sacó de la prisión, y los llevó a su casa y les lavó las heridas de los azotes, y les dio de cenar.
—¿Y el magistrado qué hizo? ¿Se cruzó de brazos? —insistió Quarto.
—Desde luego, sin juzgarlos, mandó que los soltaran; pero Pablo no dejó el asunto así, sino que mandó decir al magistrado: *«¿Azotados públicamente sin ser condenados? Siendo ciudadanos romanos, nos meten en la cárcel? ¿Y ahora nos echan fuera encubiertamente? No saldremos sin que vengan ellos y nos saquen».*
—Bien por Pablo, mi compatriota —exclamó Quarto—; bien por él, que sabe hacer respetar sus derechos del ciudadano romano.
—Y el magistrado se llenó de temor al oír esto, y fue en persona a ver a los presos, y les rogó salieran de la cárcel y les suplicó también saliesen de la ciudad cuando mejor les pareciese —terminó Melas.
—¿Y salieron? —le pregunté yo.
—Se fueron a casa de Lydia, quien curó sus llagas y los retuvo varios días, durante los cuales los nuevos cristianos, que fueron confirmados en la fe, y siguiendo el valiente ejemplo de Pablo y Sylas, procuraron darles muchas muestras de cariño. Y cuando al fin se marcharon, todos lloraban dándoles presentes para el camino. Pablo estaba conmovidísimo, y les lla-

maba sus hijitos muy queridos, a quienes amaba en las entrañas de Jesucristo. Así fundó Pablo, en Filipos, la primera iglesia de Macedonia, establecida en casa de Lydia, la tintorera.

56
BASTA DE JERUSALÉN

–Ya se lo había predicho Agabo –me dijo Quarto.
–¿Qué le había predicho?
–Estábamos en Cesarea, en casa de Felipe, cuando llegó Pablo, como siempre, triunfante por sus conquistas evangélicas entre los gentiles, pero bien apaleado y apedreado por las intrigas de estos condenados fariseos de Jerusalén, que se hacen pasar por hermanos y van poniendo, doquiera, asechanzas a Pablo.
–Y lo peor es –añadí –que yo, sin quererlo, he tenido parte en esta persecución de los falsos hermanos.
–Sólo eso faltaba –exclamó Quarto–. ¿Cómo fue eso?
–Estando yo en Antioquía, vinieron a mi, con cartas y recomendaciones de los jerosolimitanos, tres fariseos. Me rogaron muy humildemente que les diera pasaje gratis a bordo de mis buques, pues ellos, que admiraban «extraordinariamente» a Pablo, querían irlo a encontrar a Tesalónica, en donde el apóstol, decían, había convertido a la doctrina evangélica a muchos de la gentilidad. «Pablo es un hombre admirable» –decían a coro los...
–Rehipócritas fariseos. ¿Y tú creíste y les diste pase libre?
–Así fue, desgraciadamente; pues, como más tarde me contó Melas, le armaron una terrible persecución, y, fingiéndose fervorosos admiradores de Pablo, le iban siguiendo por doquier.
–Con tu pase libre; buena la hiciste, dómine –repuso Quarto, riendo–. Pero iba a contarte lo de Agabo.
–¿Agabo el profeta, el que profetizó una gran hambre?
–El mismo. Pues como Pablo llegara a hospedarse en casa de Felipe, se encontró allí con Agabo, y éste, quitándole a Pablo el cinto, le ató con él los pies y las manos, añadiendo estas palabras: *«Esto dice el Espíritu Santo: Así atarán los judíos, en Jerusalén, al varón cuyo es este cinto, y le entregarán en manos de los gentiles».*
–¿Y, a pesar de esta simbólica profecía, marchó Pablo a Jerusalén?
–Nos cerró la boca, diciendo: *«No lloréis ni os aflijáis por mí, porque yo no sólo estoy presto a ser atado, sino a morir en Jerusalén por el nombre de Cristo».* A lo que respondimos: *«Hágase la voluntad del Señor».*
–¿Y subiste con Pablo a Jerusalén?
–Por supuesto, ¿cómo le iba a dejar solo sabiendo que corría allí más peligro que en cualquier otra parte? –repuso Quarto, el cual continuó–:

III. ¿Y AHORA, QUÉ?-56. BASTA DE JERUSALÉN

Fuimos a parar a la casa de un antiguo discípulo llamado Cyprio. Nos recibieron los verdaderos hermanos de muy buena voluntad; pero apenas llegamos a la casa del santo Santiago Alfeo, nos encontramos con los ancianos y los fariseos más hipócritas, los «falsos hermanos».
—¿Y Pablo se acobardó?
—¡Qué se iba a acobardar! Por Cristo estaba decidido a todo. Sabiendo muy bien la clase de auditorio que tenía, les contó con gran desenfado y por menudo su apostolado entre los gentiles, quienes en gran número habían abrazado la fe de Cristo. Los sinceros, con Santiago, se alegraron sobre manera y glorificaron a Dios.
—¿Y los otros?
—Con mucha hipocresía le dijeron: *«Si tú has convertido a los gentiles, mira, hermano, ¿cuántos millares de judíos hay aquí que han creído?»* Y una voz anónima añadió: *«Y todos son celadores de la ley»*. La chispa había encendido la hoguera.
—¿Por qué?
—¿Cómo por qué? —dijo mi amigo—. Inmediatamente saltaron varios, y dijeron: «Esos celadores de la ley han sido informados de que tú enseñas a apartarse de Moisés a todos los judíos que están entre los gentiles, diciéndoles que no han de circuncidar a sus hijos ni practicar las ceremonias de la ley, según nosotros acostumbramos. ¿En qué quedamos?»
—¿Y Pablo qué respondió?
—Ya para entonces esos hermanos (?) habían mandado sus agentes para alborotar al pueblo, diciendo que el notorio Pablo de Tarso estaba ya a tiro en Jerusalén. Y para intimidar a Pablo, con gran hipocresía añadieron: *«La multitud se reunirá con toda certeza, porque oirán que has venido».*
—Verdaderamente son hipócritas —repuse, indignado—. Pero Pablo, ¿qué respondió?
—Pablo callaba. Yo veía que una terrible lucha se agitaba en su pecho. Notando esto los fariseos, le dijeron: «¿Por qué no haces lo que te decimos? *Tenemos aquí cuatro hombres, que tienen voto de nazarenos, como tú. Llévalos contigo al templo, purifícate con ellos, y caritativamente paga lo que sea el costo de las víctimas y la rapada del cabello, como tú tendrás que hacer. De esta manera entenderán todos que es falso lo que se atribuye, viendo que públicamente tú guardas también la ley».*
—¿Y Pablo qué hacía, qué dijo?
—Pablo callaba. Entonces Santiago Alfeo, temiendo alguna salida de Pablo en favor de los gentiles, se adelantó, diciendo: *«Por supuesto, lo de la circuncisión y la guarda de la ley es únicamente para los hebreos hijos de Abrahán, pues, por lo que toca a los gentiles, bien sabes que hemos escrito y acordado que no guarden nada de eso; solamente que se abstengan de lo que fuere sacrificado a los ídolos, y de sangre y de ahogado, y de fornicación».*
—¿Querrás decirme lo que dijo Pablo?

—Ten paciencia, dómine, ya te contaré todo. De pronto vi salir a cuatro hombres todos peludos, y que en varios años no se habían bañado. Ya se los tenían preparaditos a Pablo para que le acompañaran en la rapada, y lo que es mucho más decente, en los baños y abluciones legales, todo, por supuesto, a costillas de Pablo.

—¿Y tú te adelantaste a cubrir las expensas?

—Por supuesto, pero tuve que usar de tercera persona para que compraran los corderitos, los borregos y los cabritos necesarios para los sacrificios de los cinco rapadas, así como para pagar a los peluqueros, que fueron los que más cobraron, y no los culpo; ¡tamañas melenas!

—¿Y por qué tuviste que usar de tercera persona?

—Pues porque Pablo, que era el *pagano,* quiero decir, el que tenía que pagar todas las expensas, no hubiera permitido que se le diera dinero. Pero cuando vio que ya todo estaba arreglado con anterioridad, tuvo que dejar las cosas como estaban.

—Me parece que obraste muy sensatamente, conociendo la manera de pensar de Pablo en cuestión de dinero.

—Como debes suponer, yo, como gentil, no pude entrar más allá del chel, y así, no tuve oportunidad de observar lo que pasó en aquellos días, en que Pablo y sus forzados compañeros hicieron sus ejercicios piadosos siguiendo la ley, entre los cuales, muy sensatamente, estaba la ceremonia del baño.

—Querrás decir abluciones —corregí.

—Pero cuando al fin de los días asignados por la ley me dirigí al patio de los Gentiles para recibir a Pablo, quedó asombrado al presenciar terrible motín con gritos frenéticos y mueras. Me acerqué a ver qué pasaba, reconocí a tus tres fariseos predilectos, los del Asia, que habían venido a Jerusalén y alborotaban al pueblo para que le echaran mano.

—¿A quién?

—Pues a un infeliz que estaba rapado, con la cabeza como rodilla, las barbas raídas, a quien daban de golpes pidiendo su muerte. Pregunté quién era ese infeliz, y con gran sorpresa mía supe que era...

—Pablo, claro, rapado en cumplimiento de la ley.

—Luego que lo supe, viendo que me era imposible atravesar por en medio de la multitud, marché corriendo a la Antonia a dar parte al tribuno para que fuera a salvar a Pablo, pues querían matarle. Salió inmediatamente con varios soldados, y quitó a nuestro amigo de las garras de la multitud. El pueblo, excitado, siguió a los soldados hasta las gradas de la fortaleza, desde donde Pablo, con consentimiento del tribuno, dirigió en hebreo la palabra a la multitud.

—¿Y qué les dijo?

—Como yo no sé hebreo, no lo entendí; pero por lo que me dijeron, colegí que les habló de su vida como perseguidor y de su conversión, hasta que llegó al punto de decirles que «Dios le había escogido para evangelizar a los gentiles». Entonces se armó la gran bronca, arrojando al aire vestidos, polvo, piedras y no sé qué más, mientras gritaban: *«¡Quita de la tierra a tal hombre, porque no conviene que viva!»* Entre los gritos escuché estas palabras, salidas de los fariseos que habían estado en Tesalónica en otro motín en contra de Pablo: *«Éste hace contra los decretos de César, diciendo que hay otro Rey, Jesús».*

Estas palabras me conmovieron profundamente, recordando las que allí mismo años atrás habían pronunciado los sumos sacerdotes: *«No tenemos otro rey que al César. Crucifícale, y que su sangre caiga sobre nosotros y sobre nuestros hijos».*

–No te aflijas, dómine, que esta vez vino Roma a salvar a Pablo.

–¿Cómo así?

–Le habían atado con correas para azotarle, cuando Pablo dijo al centurión que estaba presente: *«¿Os es lícito azotar a un ciudadano romano sin ser condenado?»* Y asustado el centurión, corrió a dar noticia de esto al tribuno. Éste se atemorizó, y, llamando a Pablo, le preguntó: *«¿Eres ciudadano romano?»* «*Lo soy* –respondió Pablo–, *y de nacimiento».* «Pues a mí, la ciudadanía romana –repuso el tribuno– me costó una gran suma de dinero».

–¡Qué venalidad! –exclamé.

Y Quarto, riendo, me respondió:

–En todas partes se cuecen habas. El resultado fue que, temeroso el tribuno de que algo le fueran a hacer tus paisanos a un ciudadano romano por nacimiento, le mandó finalmente con muy buena escolta a Cesarea con una carta que Claudio Lisias, así se llamaba el tribuno, le escribió al excelentísimo gobernador Félix, saliendo por este camino de mayores enredos, pues tus paisanitos se pusieron muy tercos. Cuarenta y uno de ellos se habían juramentado de no comer hasta matar a Pablo; pero con esta treta de Lisia, los cuarenta y uno tuvieron que tomar, al fin, algún alimento, ¡ja, ja, ja!, pues no mataron a Pablo.

–Recuerdo –dije– que Pablo estuvo más de dos años en Cesarea.

–Pero siempre bajo la protección de Roma –me respondió con orgullo Quarto–. Allí le pasaron muchas cosas a Pablo en ese tiempo. Pronunció muchos discursos, dando siempre testimonio de Cristo resucitado de entre los muertos, hasta que, al fin, el gobernador, Festo, queriendo agradar a los judíos, dijo a Pablo: *«¿Quieres subir a Jerusalén, y allí ser juzgado de estas cosas delante de mí?»*

–¿Qué respondió Pablo?

–Se acogió a la ley, no a la tuya, sino a la ley romana, pues le respondió: *«Ante el tribunal del César estoy donde conviene que yo sea juzgado. A los judíos no les he hecho ninguna injuria, como tú sabes bien; mas si nada hay de las cosas de que éstos me acusan, nadie puede entregarme a ellos. Al César apelo»* –y Quarto me miró satisfecho, diciendo–: Ésa es la ley romana.

—¿Y qué pasó?
—Pues qué había de pasar; que Pablo, finalmente, fue enviado a Roma para dar testimonio de Cristo Rey delante del propio César, el rey vuestro.
—No te entristezas, dómine —continuó mi amigo—. Voy a contarte la conversación que aquella noche tuve con Pablo. Había ido a felicitarle por haberse públicamente proclamado ciudadano romano. Pablo me miró sonriendo, y dijo: «Los inescrutables caminos de la Providencia. Dios dispuso que naciera yo ciudadano romano, de otra suerte, jamás lo hubiera sido. El Maestro mandó a sus apóstoles que dieran de Él testimonio en Jerusalén, Judea, Samaría y hasta los confines de la tierra. Tanto Pedro como Juan y sus diez compañeros, dieron testimonio de Jesús en Jerusalén, siendo por esta causa encarcelados y azotados. Pedro como cabeza, dio testimonio de Jesús de manera especial, habiendo sido encarcelado para entregarle al pueblo; pero el ángel del Señor le libró de sus cadenas; tenía que dar testimonio de Cristo en Roma misma, donde está desde hace años. Y ahora al abortivo ciudadano romano le toca ir delante del César a Roma para dar allí testimonio de Cristo. Cuando Pablo me dijo estas palabras, no pude menos, y, arrodillándome, le besé las manos. Pablo continuó: «Estando yo encarcelado en la Antonia, cuando los míos pedían mi muerte a Lisias, por la noche se me presentó el Señor, y me dijo: *«Confía, Pablo, que como has dado testimonio de Mí en Jerusalén, así es menester que des testimonio de Mí en Roma».* Por eso estoy lleno de gozo con estas benditas cadenas». «Pablo, le dije —continuó Quarto—, *basta ya de Jerusalén,* de las intrigas y perfidias de los enemigos hipócritas de Cristo. Basta ya de Jerusalén; y ahora a dar testimonio del Hijo de Dios, no delante del areópago, como hiciste en Atenas, sino delante del mismo César, señor del mundo. A Roma, Pablo, a Roma, que allí te espera Pedro, para que ambos, ante los judíos, los gentiles y en la misma casa del César, deis los dos testimonio de Cristo».

57
PLATICANDO CON MIS NIETOS

Tengo ya tantos nietos, bisnietos y tataranietos, que, a punto fijo, no sé cuántos son. Me llaman abuelito, aunque sea yo su tatarabuelo. Todos, aunque estén en las partes más distantes del mundo, vienen cada año para pasar conmigo aquí, en el Sinaí, la fiesta de Navidad de nuestro divino Salvador.

Entre mis descendientes tengo dos huérfanos preferidos, uno por el lado de mi hijo, y se llama Esteban, y otra por parte de mi hija, y se llama Leticia. Tienen, respectivamente, once años él y ocho ella. Ambos sumamente inteligentes, dóciles y piadosos. Son ya cristianos de la nueva generación, que nada tiene que ver con la antigua. Nacieron, como sus padres, en la religión cristiana, y en ella han sido educados.

En esta época del año, en que las tardes del Sinaí son hermosísimas, sentado yo bajo un frondoso emperrado cubierto de flores, después de haber dormido un rato de siesta, los chicuelos se me acercan callandito. Ella me trae un vaso lleno del famoso refresco de Marta, cuya receta se conserva entre nosotros de generación en generación, y él un gran plato de dátiles e higos secos, para que tome mi merienda, de la cual ellos también participan.

Después les tomo sus lecciones. Van aprendiendo de memoria los Santos Evangelios escritos por Mateo, Marcos y Lucas. Yo se los voy explicando y haciéndoles preguntas, a las que, de ordinario, responden muy acertadamente.

Terminada esta primera parte, los dos a coro me dicen:

—Abuelo, cuéntanos algo de lo mucho que has visto.

Por supuesto, que ya les he contado todo lo que tengo escrito en mis *Memorias* sobre nuestro divino Salvador, pasajes que aquellas privilegiadas almas van atesorando en su memoria, y, lo que es más, en su corazón.

Una tarde me dijo Leticia:

—Cuéntanos algo de lo que hicieron los apóstoles cuando se esparcieron por el mundo.

Después de un rato de silencio para recoger mis recuerdos, les dije:

—Para que entendáis lo grandioso de la obra de los apóstoles, es necesario que conozcáis los lugares por donde ellos fueron y donde, finalmente, dieron sus vidas en testimonio de la fe que predicaban.

—¿Quieres, abuelito —me dijo Leticia—, que traigamos nuestros mapas?

—Es lo mejor que podéis hacer —le respondí— para que entendáis lo que os tengo que decir.

Y los dos niños marcharon a traer sus mapas. Hay que saber que les había hecho copiar los que yo tengo, y ellos los habían calcado con bastante exactitud. Una vez que los trajeron, les dije:

—Extended el mapa del Imperio romano, que comprende casi todo el mundo conocido. Vamos a ver —les pregunté—. Primeramente decidme, ¿en dónde estamos?

Los dos niños, sin vacilar, me señalaron la península del Sinaí.

Leticia añadió:

—La península del Sinaí está entre el mar Rojo y el desierto de Pharán.

—Que está en la Arabia Pétrea —explicó Esteban.

—Muy bien —repuse—; si de aquí vamos con una caravana hacia Palestina, ¿por dónde tendremos que pasar?

—Por Idumea —dijo Esteban—; de allí marchamos hasta Gaza, que está a la orilla del mar, y siguiendo por Ascalón, Azoto y Joppe, podremos subir a Jerusalén.

Al oír este sagrado nombre, mis ojos se llenaron de lágrimas, pues Jerusalén no es ya sino un montón de escombros. Me repuse, y añadí:

—Allí, por mandato del Maestro, permanecieron todos los apóstoles por largos años evangelizando a los hebreos de la Dispersión, que iban varias veces al año a adorar en el templo. De allí salieron infinidad de fieles que, esparciéndose por todas partes del mundo conocido, difundieron por doquier la buena nueva, el Evangelio.

—¿De modo —preguntó Leticia—, que no fueron los apóstoles los primeros que, fuera de Jerusalén, predicaron el Evangelio?

—Fueron los fieles instruidos por ellos los que llevaron la fe fuera de Jerusalén, donde los habían catequizado los apóstoles.

—¿Y por qué no salieron pronto los apóstoles a predicar? —preguntó Esteban.

—Porque el Señor les había mandado que primero dieran de Él testimonio en Jerusalén. Esto es, que allí hicieran cuanto pudieran por convertir a los jerosolimitanos.

—¿Pero eran tantos los de Jerusalén que tardaron los apóstoles tanto tiempo en convertirlos? —preguntó Leticia.

—Eran pocos —le respondí— en comparación de los innumerables que habían de convertirse de la gentilidad; pero, desgraciadamente, eran muy tardos en creer, y un gran número de ellos jamás se convirtieron, antes hicieron la guerra tenazmente a la Iglesia de Jesucristo.

—¿Pero eran tan duros que no creían? —dijo la niña.

—Si no creyeron al mismo Señor cuando les predicaba, ¿iban a creer a los apóstoles? —preguntó Esteban.

—Así es la verdad —dije, suspirando—; eran de corazón muy duro y, además, muchos de ellos habían gritado: «*¡Crucifícale! ¡Crucifícale! Que su sangre caiga sobre nosotros y sobre nuestros hijos. No queremos a Jesús por Rey; no tenemos otro rey que al César*». Y la sangre del Salvador cayó sobre ellos, y Jerusalén fue destruida, según lo había profetizado Jesús con las lágrimas en los ojos, y mi pueblo fue esparcido por el mundo, siendo muchos de ellos hechos esclavos de los romanos, ya que quisieron tener por rey al César y no a Cristo.

—Pero ya no hables de eso, abuelito —me dijo Leticia, besándome en la frente—. Sigue preguntándonos.

Comprendiendo la delicadeza de aquella criatura, que me veía afligido por la desgracia de mi pueblo, acedí a su deseo, y les pregunté:

—Y si seguimos hacia el Norte, saliendo de Judea, ¿en dónde entraremos?

En Samaría —respondieron los dos niños.

—Pues bien —dije—: Nuestro Señor, que no había evangelizado más que a los hebreos, hizo con los samaritanos una excepción, y durante tres días permaneció entre ellos hablándoles del reino de Dios, y los samaritanos fueron mucho más dóciles que los judíos, pues en ese corto tiempo, y sin que el Maestro hiciera milagro alguno, muchísimos samaritanos creyeron

en Él. Y si seguimos la costa hacia el Norte –les pregunté–, ¿adónde llegaríamos?
—A Tiro y Sidón –respondió Esteban.
—Muy bien; esa región se llama Fenicia, y hacia el Oeste empieza el territorio de Siria, donde está Damasco.
—¿Dónde se convirtió Pablo? –me preguntó la niña.
—Precisamente; y siguiendo al Norte, llegaremos a Antioquía...
—Que está en la ribera del río Orontes, y donde crecieron tanto los discípulos de Nuestro Señor, que los llamaron allí por vez primera cristianos para distinguirlos de los judíos –les dije.
—¿Y cómo se llamaban antes los cristianos? –me preguntó Leticia.
—Generalmente los llamaban nazarenos –le respondí–. Pero más comúnmente los confundían con los judíos, pensando que el cristianismo era sólo una nueva secta de la Antigua Ley. Vamos ahora –añadí– a tomar un buque y a recorrer la costa, saliendo de Seleucia, que es el puerto marítimo de Antioquía. Navegando hacia el Occidente por la costa, ¿adónde llegaremos primeramente?
Los dos niños consultaron sus mapas, y Esteban dijo:
—A Cilicia.
Mientras ella decía:
—A Tarso.
—Ambos tenéis razón –dije–. Esteban da el nombre de la región, y Leticia el de una ciudad muy importante de esa región llamada Tarso, donde nació Saulo, más tarde apellidado Pablo.
—Después sigue la Panfilia –añadió Esteban–, donde está Perga.
—Luego siguen Lycia y la Caria –dijo Leticia.
—Dando vuelta –añadí–, vamos a desembarcar en Éfeso...
—¿Dónde por un tiempo vivió Myriam con Juan? –preguntó la niña.
—Precisamente –dije–; a los de Éfeso les escribió Pablo una magnífica epístola y otra a los de Colosas, que está cerca.
—Si seguimos tierra adentro –repuso Esteban, marcando el camino con su dedito–, llegaremos a la Pisidia, donde está otra Antioquía...
—¿Dónde apalearon a Pablo? –dijo ella.
—En una de tantas partes donde le apalearon –respondí, sonriendo–. ¿Y Derbe dónde queda?
—En la Capadocia; y en la Lycaonia está Iconio –dijo él.
—Y al Norte está Galacia, y más arriba la Bitinia y la Paflagonia –añadió ella– y junto está el Ponto, a orilla de un mar...
—Llamado el Ponto Euxinio, a cuyo Oeste está la Cólquida, y al Norte el nebuloso país de los eslavos, y al Oeste, el país de los partos –dije.
—¿Y más allá? –preguntaron los dos niños.
—Por los informes que me han dado mis agentes –respondí–, más allá está la Cytia, luego la India, luego la Sérica y después la tierra donde nace el sol.

—¡Qué grande es el mundo! –dijeron los niños.
—Y eso que nada hemos dicho aún de la Armenia, la Persia y la Mesopotamia.
—¿Dónde están el Tigris, el Éufrates, alrededor del Paraíso? –preguntó ella.
—Así lo leemos en el libro del *Génesis;* pero ahora ya nadie sabe dónde está el Paraíso.
—¡Qué lástima! –interrumpió Esteban–. Yo quería ir a ver el árbol del que comió nuestra madre Eva, quien fue la causa de nuestras desgracias –añadió, mirando maliciosamente a su primita.
—La que tuvo la culpa fue la serpiente –dijo la niña–, y el bobo de Adán, que se dejó engañar.
—Haya paz –interrumpí, viendo que la discusión iba a seguir–. Cierto –añadí– que fue una desgracia esa culpa; pero, ¡oh feliz culpa!, que mereció tener tal y tan grande Redentor, al cual vieron mis ojos. ¡Oh inestimable exceso del amor de Dios, nuestro Padre, quien, para redimir al esclavo, no dudó entregar a su Hijo a la muerte de cruz! Y los míos, su pueblo, gritaron; «¡Crucifícale! ¡Crucifícale!»

58
SALVE, OH CRUZ PRECIOSA

A pesar de que tengo diez años más que Moisés cuando murió (y contaba entonces ciento veinte), mis ojos no se han nublado, ni he perdido el vigor y conservo toda mi dentadura, como el gran legislador; sin embargo, en ciertos momentos me siento muy inclinado a llorar, lo que antes nunca me había acaecido. A veces recuerdos tristes se apoderan de mi mente, y, sin poderlo remediar, las lágrimas se acumulan en mis ojos.

Al terminar de hablar con mis nietos me vino uno de esos momentos. Los niños, no queriendo, sin duda, turbar mis recuerdos, se marcharon callandito, dejándome solo. No sé el tiempo que permanecí sumido en mis remembranzas; mas súbitamente volví en mí al escuchar gritos de Leticia. Al pie de una palmera vi a la niña arrodillada junto a Esteban, tendido en el suelo. No pude menos de levantarme, y marchar a dar auxilio al niño, pensando se había caído de la palmera a la cual había subido para cortar un ramo de dátiles, que vi a su lado. Mas tan pronto como llegué donde estaban los niños, éstos rompieron a reír, y Leticia exclamó:

—No ha sido nada, abuelito; Esteban está bien.

Y éste añadió, levantándose:

—Aquí tienes, abuelito, un racimo de dátiles maduros, que te gustan mucho.

—Me habéis dado un buen susto –exclamé, tomando el racimo.

—Todo fue —interrumpió el niño— causado por los gritos de esta hija de Eva.
Con esto regresé a mi asiento, y los niños y yo nos pusimos a comer dátiles, que estaban muy buenos. Terminada nuestra segunda merienda, la hija de Eva me dijo, sonriendo:
—Ahora ya estás tranquilo, abuelito; sigue contándonos la historia de los apóstoles.
De lo cual deduje que todo había sido planeado entre los dos niños para apartarme de mis tristes recuerdos. ¡Qué buenos son mis hijitos! Ya sonriente, continué contándoles la historia del apóstol mío queridísimo, del bueno, del bonísimo Andrés, verdadera imitación del Maestro, manso y de corazón humilde.
—¿Recordáis lo que os conté de una discusión que presencié entre Pedro, Felipe y Juan sobre lo que debía hacer el futuro Rey que esperaba Israel para que lo librara de Roma?
—Pedro —repuso Leticia— decía que había que comprar muchas espadas, y que él ya tenía dos para empezar a armar a los galileos.
—Y Felipe afirmaba que lo necesario era que el futuro Rey tuviera mucho dinero, como Salomón —añadió el niño.
—Y Juan aseguraba que eso no era necesario, pues bastaba que el Rey mandara bajar del cielo muchas legiones de ángeles que en un momento acabarían con los enemigos.
—Pues entonces recordaréis que Andrés me dijo que él no tenía otra idea sino hacer lo que le mandaran. Si se necesitaba tomar la espada, él la empuñaría; si era necesario dinero, estaba dispuesto a vender todo lo que tenía para dárselo al futuro Rey, y que si venían muchas legiones de ángeles a ayudarle, tanto mejor.
—Nos acordamos muy bien —dijeron los niños.
—Esa sencilla disposición de Andrés de obedecer a lo que se le mandara, aunque fuera necesario perder sus bienes y su vida por el triunfo del Rey, es lo que caracteriza a ese hombre, admirable en medio de su sencillez. No tenía los arrebatos de Pedro, ni la inspiración de Juan para escribir. Andrés es el tipo del cristiano sencillo. Nunca escribió nada, que yo sepa; pero trabajó con ardor incansable en el ministerio de la palabra, dando testimonio de Cristo, no sólo en Jerusalén, donde, como los demás, fue encarcelado y apaleado, sino en las regiones más apartadas de la tierra.
—Recuerdo que nos contaste —dijo el niño— que te fue a visitar a Betania cuando regresó de evangelizar a unos hombres barbudos que viven muy lejos, más allá del mar...
—El Ponto Euxino —añadió Leticia—, y se llaman eslavos.
—Decís muy bien, hijos míos. Andrés, a pie, marchó a evangelizar a los partos, a los escitas y a los eslavos, después de haber recorrido Mesopotamia y Capadocia. En Sínope de Paflagonia fue terriblemente perse-

guido, encarcelado y apaleado hasta que le dejaron por muerto. Todas estas hazañas de Andrés no las supe por él, pues era muy humilde, sino por Sergio, su compañero inseparable.

—¿Era Sergio ese anciano barbudo que vino a visitarte una vez? —me preguntó Esteban.

—Ese mismo, hijo mío. Sergio, uno de los esclavos que estuvieron presentes el día de Pentecostés con otros de los muchos dependientes de mi abuelo. Entonces Sergio era joven, y cuando supo más tarde que los apóstoles iban a dispersarse para evangelizar el mundo, me pidió ir de compañero de Andrés, a quien mucho quería. Y por más de veinte años le acompañó a pie en sus apostólicas tareas. Él me contaba cuánto quería la gente a Andrés, por su bondad y cómo había convertido al Evangelio a muchos infieles de todos esos países.

—Pero —interrumpió Esteban— ¿cómo se entendía con gentes que hablaban tantas lenguas diferentes?

—El don de lenguas —respondí— continuó ayudándole en su predicación por esos países tan diversos. Voy ahora a contaros algo muy hermoso de la vida de Andrés, que él mismo, con gran humildad, me contó, pues me tenía mucha confianza.

—Cuéntanos, abuelito.

—En una ocasión, me contó Andrés el Maestro nos dijo: *«El que no toma su cruz y me sigue, no es digno de Mí»*. Me quedé espantado, pero reflexioné. El Maestro lo ha dicho, y aunque yo no lo entienda, estoy dispuesto a tomar mi cruz y seguirle a donde vaya. Así se lo dije privadamente al Señor, el cual sonrió y me dijo: «Andrés, ama mucho la cruz, y sígueme; esto no lo entiendes ahora, pero lo entenderás algún día». Sucedió —prosiguió Andrés— que, después de haberle prometido el Señor a Pedro, en Cesarea de Filipo, darle las llaves del reino de los cielos, comenzó el Maestro a declararnos que convenía que Él muriera y fuera crucificado. Pedro se entristeció, y le dijo: *«Señor, ten compasión de Ti, y no dejes que esto acontezca»*. A lo cual el Señor le respondió: *«Apártate de Mí, Satanás, porque no entiendes lo que es de Dios»*. Entonces hablé a mi hermano, y le dije: ¿No ves que dice el Maestro que *«el que no toma su cruz y le sigue no es digno de Él»*. Pero Pedro, a pesar del regaño, se quedó con la idea de defender al Maestro, caso de que quisieran aprehenderle para crucificarle, y siempre llevaba consigo sus dos espadas. Y recordarás que sacó una en el huerto y cortó la oreja a Malco». «Bien lo recuerdo, Andrés —le respondí—, y el Señor le mandó que envainara la espada». «Y el Señor añadió: *«¿Acaso piensas, Pedro, que no puedo ahora orar a mi Padre y Él me daría doce legiones de ángeles?»* Cuando oí lo de los ángeles, me acordé de lo que había dicho una vez Juan, y dije para mí: Si el Maestro no quiere la ayuda de los ángeles, menos querrá la mía, y es porque quiere morir en la cruz, como varias veces nos lo ha dicho. No tengo, pues, que hacer otra cosa sino cumplir su voluntad, por lo cual no me opuse a que se lo llevaran preso. Estaba dispuesto a dar mi vida por Él; pero no quería hacer nada contra su voluntad». «Hiciste muy bien –dije–. Pero ¿por qué huiste?» «Lo que hice –me respondió muy humildemente Andrés– fue seguir a Pedro para que, con sus espadas, no fuera a hacer algo que desagradara al Maestro. Cuando Juan entró en casa de Anás, yo le decía a mi hermano que esperáramos afuera». «Si tú tienes miedo –me respondió Pedro, quédate aquí afuera; yo entro». «Pero, por lo menos –le dije–, deja fuera las espadas. Yo, Ben Hered, no tenía miedo; estaba dispuesto a todo; lo que temía era desagradar al Maestro». «Y tenías mucha razón. Ya ves lo que a Pedro le pasó por echárselas de valiente». «Figúrate –continuó Andrés– lo que sentí al ver de pronto a Pedro salir de casa de Anás y darle una patada a sus dos espadas. Le pregunté lo que pasaba, y él, echándose en mis brazos, no hacía sino llorar». «Hiciste muy bien en ampararle –dije a Andrés–; mucho lo necesitaba Pedro en esos momentos». «Cuando entre lágrimas me contó brevemente lo que había pasado, pensé que lo mejor era llevarle a la casa de Juan, donde estaba Myriam. Así lo hice, y la buena de Marta le recibió a la puerta, y le llevó con la Madre del Señor. Mucho me alegré que hubiera sido Marta, y no Magdalena, la que recibiera a mi pobre hermano, pues de haber sido ésta...» «Le hubiera hecho, sin duda, un *caluroso recibimiento*» –añadí, sonriendo–. «Desde aquel momento me quedé vigilando las dos casas, la de Juan, donde estaba mi hermano, y la de Anás y Caifás, donde estaba el Maestro. Yo quería hacer algo por Él; pero desde el momento en que mandó a Pedro envainar la espada y dijo que no quería pedir a su Padre doce legiones de ángeles, quedé persuadido de que no debía en modo alguno hacer nada que obstruyese el cumplimiento de las profecías». «Y tenías sobrada razón; yo pensé lo mismo cuando vi que le mesaban la barba y le escupían el rostro los miembros del Sanedrín. Hubiera tomado su defensa; pero comprendí que el Señor no quería, pues deseaba cumplir la voluntad de su Padre». «Cuando oí que le condenaban a muerte de cruz y oí la sentencia *Ibit ad crucem,* sentí que se me partía el corazón, y al mismo tiempo empecé a entender que yo debía también tomar mi cruz y seguirle; pero aún no era tiempo; y aún espero que llegue». Los ojos de Andrés al decir estas palabras, le brillaban, expresando una ternura, un amor inmenso. «¿Y asististe a la crucifixión?» –le pregunté–. «Le seguí desde lejos en el camino del Calvario, y cuando oí que buscaban algún hombre que le ayudara a llevar la cruz, me ofrecí; pero escogieron a Simón Cireneo; yo no era digno de semejante honra. Desde lejos asistí a la escena del Calvario, y mi corazón se llenó de ternura al ver a Myriam llorando apoyada en la cruz de su Hijo. Y cuando descendieron el santo cuerpo de la cruz, yo ayudé a José y a Nicodemo, y en un momento, cuando nadie lo notaba, sacando mi cuchillo, corté un pedacito de la cruz, en el lugar sobre el cual Myriam se había reclinado, y estaba teñido por la sangre del Hijo y bañado por las lágrimas de la Madre». Profundamente conmovido, pregunté a Andrés: «¿Y conservas ese pedazo de la cruz?» «Le conservo desde entonces, y jamás me separo de él», y sacando de su pecho un relicario, me lo enseñó; contenía una crucecita formada con dos astillas de la santa cruz. Luego añadió Andrés: «Este relicario tan rico lo mandó hacer Magdalena, y me lo regaló, pues yo le había prometido dos pedacitos, de los cuales ella formó también una cruz». Besé aquel relicario con piadosa envidia. Andrés, notándolo, me dijo: «Querido Ben Hered, yo sé que algún día he de morir en una cruz, para dar así, con mi vida, testimonio de la divinidad del Maestro. No sé ni dónde ni cuándo; pero sé que será algún día, y quizá no esté muy lejano. Como tú has sido tan bueno conmigo y con tus limosnas has ayudado a los fieles que yo he bautizado, te prometo encargar a persona de confianza que, después de mi muerte, me quite del pecho este relicario y te lo entregue a ti». Conmovidísimo, besé las manos del apóstol, dándole las gracias. Andrés prosiguió: «Cuando nos separamos los apóstoles para ir a predicar el Evangelio, llevando sobre mi pecho este tesoro, me sentí como un gigante. A los nuestros, los judíos, con pena inmensa de mi corazón, no les podía hablar de la cruz, pues era para ellos de gravísimo escándalo, ¡cómo iban a admitir a un Rey crucificado!; y así, mejor no les mencionaba la cruz». «Pero entre los gentiles no encontraste dificultad en hablarles de la cruz, cuando para ellos es una locura, según dice Pablo». «Y Pablo dice muy bien –respondió Andrés–; es una locura. Iba yo predicando el Evangelio por las apartadísimas regiones de la India, cuando me encontré con un hindú que traía en la mano una piedra deforme que cuidaba con grandísimo empeño, por lo cual todos lo jugaban loco; cuidar así una piedra sin valor. Pero más tarde comprendí su locura, pues habiendo tallado aquella piedra, había encontrado un hermosísimo diamante, cuya posesión le traía loco de gusto. El había descubierto el valor de aquella piedra informe, pues sabía que en su seno se encontraba un diamante». Eso es lo que les ha pasado a los paganos con la cruz, pues cuando, con la ayuda del Espíritu Divino, les descubrí el diamante que encerraba, se volvían locos con la «locura de la cruz». En aquellos momentos, el rudo pescador se agitaba a mi vista. «Si vieras, mi buen amigo –continuó Andrés–, el efecto increíble de la predicación del Evangelio a los paganos, esto es, de los pagos, gente del campo, en las regiones donde casi no se conoce el nombre de Roma. No bien en sus inmensos bosques, en las extensísimas planicies, o al pie de montañas inaccesibles, donde aquellos pueblos tienen su morada, les predicaba el Evangelio, venían ansiosos a recibir el bautismo. Después le imponía las manos y sobre ellos descendía el Espíritu Santo. Una vez así fortificados en la fe, les hablaba del misterio de la cruz. Entonces el entusiasmo era indescriptible. Yendo yo delante con una gran cruz, la colocaba en el lugar más elevado de las poblaciones, y en varias ocasiones llegamos a escalar la cima de elevadísimas montañas para plantar allí el signo de nuestra redención. Cuando atravesaba los inmensos bosques, iba marcando mi camino grabando en la corteza de los árboles el signo de la cruz, ante el cual huían espantados los espíritus infernales». Andrés estaba enardecido mientras así hablaba; luego continuó: «Ahora mi sueño dorado es ir a Roma, donde está Pedro, nuestra cabeza, para que conozca, no mis triunfos, sino los triunfos de la cruz».

—¿Y llegó a ir a Roma Andrés? —me preguntaron mis nietecitos, quienes, sin pestañear, habían escuchado esta narración.

—No, hijitos míos, no llegó a Roma. Iba camino de la capital del Imperio, cuando en Acaya, que está en Grecia, llegó el tiempo que el cielo había señalado para el fin de la gloriosa carrera de este apóstol de la cruz.

—¿Y murió crucificado? —me preguntaron los niños.

—Ya os lo voy a contar. Pero necesito tener aquí un documento. Id a mi biblioteca, y en un estante sobre el cual se lee «Apóstoles», encontraréis un volumen que va marcado con el nombre de Andrés; traédmelo.

Los niños, que conocían a palmo mi biblioteca, me lo trajeron luego, y abriéndole en el lugar que deseaba, dije a mis nietos:

—En la ciudad de Patrás, en Acaya, como os he dicho, predicando Andrés con fervor extraordinario el Evangelio, el procónsul de aquel lugar le mandó prender, prohibiéndole que predicara a Jesús crucificado, instigado para esto por varios judíos muy ricos de la población. Como Andrés dijera que él tenía que obedecer primero a Dios que a los hombres, el procónsul ordenó que le azotaran cruelísimamente, mandándole después que ofreciera incienso a los ídolos, prometiéndole si lo hacía darle libertad. Andrés, con la sonrisa en los labios, a pesar de estar chorreando sangre de sus heridas, le dijo que prefería morir antes que negar a Cristo incensando los ídolos. Por varios días se continuó la lucha; el procónsul ofrecía a Andrés la libertad si incensaba a los ídolos, y Andrés se negaba, exclamando: «Si es necesario daré testimonio de la divinidad del Hijo de Dios con mi vida; jamás ofreceré incienso a los ídolos». Entonces, el procónsul, Egea, mandó a un centurión diciendo: *Ibit ad crucem* (Que sea crucificado). Tan pronto como Andrés oyó esta sentencia (lo sé por testimonio de los presentes, como se dice en este volumen), el rostro del apóstol se llenó de alegría, parecía extático. Cuando trajeron la cruz, formada por dos grandes troncos de árbol unidos en forma de equis, Andrés corrió a bendecirla.

Tomando entonces el volumen, dándoselo a Leticia, le dijo que leyera.

—La niña leyó:

—«Tan pronto como Andrés vio la cruz sobre la cual debía morir, corrió hacia ella, y, arrodillado, empezó a besarla, exclamando: «Salve, cruz preciosa, que fuiste santificada por los ensangrentados miembros del Salvador. Salve, cruz preciosa, por tan largos años deseada, con tanto cariño amada, constantemente buscada, y al fin hallada por el alma que tan ardientemente te deseaba. Cruz bendita, sácame de esta vida y restitúyeme a mi Maestro, para que, por tu medio, me reciba el que por tu medio me redimió». Y esto diciendo, extendió sus brazos para ser atado a la cruz. Allí permaneció durante dos días y dos noches predicando, dando testimonio de Cristo hasta que, exhausto de fuerzas, inclinó la cabeza y entregó su espíritu al Señor en medio del llanto de los fieles, que le rodeaban. Entonces, una piadosa matrona llamada Maximila, acercándose al cuerpo inanimado del apóstol, con gran reverencia le quitó del cuello el relicario, que guardó, y en seguida varios piadosos fieles bajaron de la cruz el cuerpo de Andrés para darle sepultura. La piadosa Maximila, en cumplimiento de la voluntad de Andrés, llevando consigo el relicario, fue en busca del rabí Ben Hered, y se lo entregó. Después puso en sus manos un pergamino en que estaban escritas las últimas palabras del glorioso testigo de Cristo, Andrés de Betzaida».

Con esto terminó Leticia, y, sacando de mi pecho el relicario con la cruz formada por dos astillas de la del Salvador, se la di a besar a mis nietecitos.

59
«ID POR TODO EL MUNDO»

Cuando después de más de cien años refresco mis recuerdos revisando mis apuntes, veo cómo los apóstoles cumplieron el mandato del Maestro, predicando por todas partes el Evangelio. Ahora ya entiendo con toda claridad, al contemplar la Iglesia de Cristo esparcida por los cuatro ángulos del mundo, cómo este hecho innegable responde a la pregunta que tantas veces me hiciera yo hace un siglo: ¿y ahora, qué?

Tengo ante mí un mapa del orbe, que comprende desde las remotas tierras que se extienden más allá de las Columnas de Hércules, entre Hispania y la Mauritania, por donde las olas del mar desconocido se precipitan en el *Mare Nostrum,* y desde Palestina hasta las tierras de los partos. Mientras que por el Septentrión se dibujan las selvas de la Galia y Germania, por el Mediodía se ven las costas de Libia y de Egipto.

Siguiendo mis apuntes, me encuentro con Santiago Zebedeo predicando el Evangelio en mi querida tierra Hispania, que fue también fecundada por la palabra de Pablo, el apóstol de los gentiles. Sigo a éste en su carrera apostólica por las Galias, después de haber fundado innumerables cristiandades en Grecia y en las principales ciudades del Asia Menor, la región más poblada del mundo conocido.

Mientras Santiago Alfeo permanece en Jerusalén hasta dar allí con su vida, testimonio de Cristo.

Simón Zelotes desciende a Egipto, y evangeliza Persia y Mesopotamia, y Tadeo recorre Arabia y Idumea.

Felipe va hacia el Norte, y en las heladas regiones de los escitas evangeliza a Cristo, muriendo crucificado en Hierápolis de Frigia.

El simpático Andrés, como dije en otra parte, predica también a los escitas, en Tracia, y viene a morir crucificado en Patrás de la Acaya.

Mateo y Matías dan testimonio del Maestro en Etiopía, mientras Bartolomé recorre Armenia y la India.

Pero el que marchó aún más lejos de todos, hacia las tierras donde nace el sol, fue el valiente Tomás, quien, después de evangelizar a los partos, los medos y los persas, se internó en la India, yendo a morir asaeteado en la isla de Maliapor, ya en los confines del mundo.

Siendo el Asia Menor la parte más importante y poblada, como he dicho, fue, además, evangelizada por Juan y por Pedro. Éste, después de haber puesto su cátedra en Antioquía, marchó a Roma, donde se estableció definitivamente, y en donde, junto con Pablo, dio testimonio de Cristo, muriendo, según lo narraré en otro lugar.

No hay palabras con que expresar cómo estos hombres, que antes de la venida del Espíritu Santo se andaban ocultando por temor a los judíos, pudieron marchar por todo el mundo predicando a todos la perseguida fe de Cristo sin reparar lo más mínimo en sus propias vidas, que, con todo valor, ofrendaron en testimonio del Crucificado. Desarmados e indefensos, retaron, no a los judíos, sino a todo el poder del Imperio romano, y, sin alarde alguno de fuerza material, hicieron temblar a aquel Gobierno que había conquistado el mundo. Era que no temían a los que podían matar el cuerpo, pero no el alma. Sabían que por la cruz y los tormentos se iban a unir para siempre al que por la cruz los había redimido. Creían firmísimamente en la divinidad de Jesús, y, deseosos de propagar esta creencia, con todo valor delante de la sinagoga, de los presidentes y de los reyes, dieron todos ellos testimonio, cumpliendo así lo que el Maestro había profetizado.

Bien me lo había repetido Quarto: «Ésta no es obra de los hombres, sino la obra de Dios».

Como anteriormente llevo dicho, durante la recopilación de mis *Memorias* tenía dos inseparables compañeros y ayudantes: mis nietecitos Esteban y Leticia. Cuando terminé de escribir lo anterior, quise que mientras Leticia leía lo que yo había escrito, Esteban, sobre su mapa, fuera recorriendo los diversos lugares evangelizados por los apóstoles. Al concluir, Esteban me preguntó, admirado:

—¿Y cuánto tiempo duraron los apóstoles en ese trabajo?

—Fuera de los años que todos pasaron juntos en Jerusalén —le respondí—, el que vivió más largo tiempo, si se exceptúa a Juan, fue Tomás, quien, como acabas de ver, llegó hasta las regiones más apartadas del Oriente, habiendo empleado en predicación tan extendida catorce años, a lo más. Todos, excepto Juan, dieron testimonio de Cristo varios años antes de la destrucción de Jerusalén. Cristo les había dicho: *«Seréis mis testigos en Jerusalén, Judea, Samaría y hasta los confines de le tierra».* Lo que hicieron, pues, primeramente fue evangelizar a los jerosolimitanos y a los hebreos de la Dispersión que anualmente acudían en peregrinación de todas partes del mundo. Desgraciadamente, no todos los peregrinos aceptaron el Evangelio, y todavía fueron muchos menos los jerosolimitanos que recibieron el bautismo y perseveraron hasta el fin en la fe de Cristo.

–¿Hubo entonces –me preguntó Leticia– muchos que se apartaron de la Iglesia después de recibido el bautismo?

–Muchos –le respondí con tristeza– renegaron de la fe recibida y otros empezaron a formar sectas disidentes, que son los herejes, de los cuales os hablaré en otra ocasión. Los apóstoles, ante todo, instruían a los que llamamos catecúmenos en el misterio de la Encarnación del Hijo de Dios. Los paganos tenían poca dificultad en admitir que Dios hubiera tenido un Hijo; pero para los hebreos, fieles creyentes en el Dios único, era esa doctrina un verdadero escándalo.

–Nosotros no tenemos dificultad en creer en Dios Padre, Dios Hijo y Dios Espíritu Santo –repuso Esteban.

–Es que vosotros, ya nacidos en el cristianismo, tenéis desde el bautismo el don inestimable de la fe.

–¿Y no hacían más que eso los apóstoles? –preguntó la niña.

–No, hijita mía –le respondí–. Constantemente tenían entre sí juntas, en las cuales trataban de la formación de la nueva liturgia, de la administración de los sacramentos, de la organización jerárquica de la Iglesia, de la instrucción de los fieles en los dogmas fundamentales del cristianismo y de muchas otras cosas necesarias para que, al esparcirse por el mundo, pudieran tener todos unidad en la manera de proceder en las cosas esenciales.

–Y durante los años que estuvieron los apóstoles en Jerusalén, ¿no hubo quien llevara fuera de Judea la noticia de que el Mesías ya había venido al mundo? –preguntó Leticia.

–Muchos miles –le respondí– llevaron por doquier esa noticia desde Hispania hasta más allá de donde habitan los partos.

En aquellos momentos un fuerte viento se levantó, llevando numerosas semillas del cardo volador. Unas seguían adelante, mientras otras cayeron a nuestros pies.

–¿De dónde vienen esas bolitas con alas? –preguntóme Leticia.

–Vienen de muy lejos acarreadas por el viento, que las lleva por todas partes. Esas bolitas son semillas, y esas plumitas, que son las que las sostienen en el aire, les sirven de alas, como las han llamado.

Por unos momentos quedé en silencio, mientras mis nietos perseguían las voladoras semillas. Al fin regresaron a mi lado, y tomando ocasión de este suceso, les referí la hermosísima parábola del Maestro: El sembrador. Les conté cómo unas semillas habían caído en el polvo del camino, otras entre las espinas y las restantes en buena tierra. Las primeras no nacieron, las otras fueron ahogadas por las espinas y las últimas brotaron dando mejor fruto, según la bondad de la tierra en que habían caído.

Y callé, mientras mis nietos pensaban tratando de averiguar la aplicación de la parábola. Leticia fue la primera que habló:
—Abuelito —dijo—, ¿así como esas semillas voladoras van por todas partes, así fue la palabra de Dios esparcida por todo el mundo?
—Así fue; pero dime, ¿qué viento la llevaba?
Esteban se adelantó diciendo:
—El viento que se hizo sentir sobre los apóstoles el día de Pentecostés.
—¡Sí! —gritó entusiasmada Leticia—, ¡el viento del Espíritu Santo!
Yo estaba encantado con aquellas dos criaturas tan piadosas y tan inteligentes; así que proseguí:
—Si la semilla cae en el desierto, ¿qué le pasará?
—Morirá sobre la arena —respondió Esteban.
—Pero si cae en un oasis del desierto, yo creo que brotará —dijo la niña.
—¿Y por qué?
—Porque hay tierra buena —dijo Leticia.
—Y porque hay además agua; allí llueve —añadió Esteban.
—De manera —proseguí— que para que la semilla fructifique se necesita buena tierra y el rocío del cielo; estoy de acuerdo. Pero, ¿no se necesita algo más?
Los niños se miraron, y, después de unos momentos, ambos respondieron:
—Que alguno la cuide.
—Muy bien dicho: que alguno la cuide; para que crezca la planta y para que no se desarrolle silvestre, se necesita cultivarla. Bueno —añadí—, eso es si se trata de una sola planta; pero si se trata de muchas para formar un jardín, una huerta, ¿qué más se necesita?
—Que haya un hortelano —dijo Esteban.
—Y también un jardinero —completó Leticia.
—¿Y qué es lo que hacen los jardineros y los hortelanos si tienen que atender una gran huerta, un gran jardín?
Los chicos permanecieron un rato pensativos, y Esteban dijo;
—Yo creo que deben poner en un lugar las lechugas, en otro los rábanos...
—En otro las rosas —interrumpió Leticia.
—Es decir, *ordenar,* poner cada planta en donde debe estar, en la tierra que más le conviene, formando así bellísimos jardines y huertas. Y si en lugar de una sola huerta, de un solo jardín, hay que establecer muchos en distintas partes, en diversos climas, para explotar en una sola gran compañía las frutas, las legumbres y las flores, ¿qué habría que hacer?
—Dividir —dijo el niño— en secciones o en provincias los hortelanos y los jardineros, como están divididos tus empleados, abuelito, según nos has contado, formando una gran compañía.
—Como el Imperio romano —dijo la niña—, como tú nos has enseñado, que está dividido en varias provincias que obedecen al emperador.

—Muy bien, muy bien —exclamé, entusiasmado—. Ahora, vamos a ver cómo aplican estas ideas a la Iglesia de Cristo. Ante todo, ¿quién fue el Sembrador que salió a sembrar la semilla?
—El Maestro, Jesús de Nazaret —respondió Esteban.
—El Mesías, el Hijo de Dios —explicó Leticia.
—Que bajó de lo alto para enseñarnos el camino del cielo. Él vino a sembrar la semilla de su celestial doctrina. ¿Y cuál fue la tierra en que cayó esta semilla?
—Los hombres y las mujeres que le oyeron predicar —dijo Esteban.
—En unos la semilla, como en los fariseos, no brotó, y en otros sí, como en los apóstoles —dijo Leticia—; éstos eran los oasis del desierto.
—La lluvia fue el Espíritu Santo —añadió el niño.
—El Espíritu Santo —corrigió Leticia— fue el viento que vino a llevar la semilla por todo el mundo.
—Los dos tenéis razón —repuse—; el Divino Espíritu no sólo fertilizó en los corazones de los creyentes la fe sembrada por Cristo, sino que los impulsó a llevar la buena nueva por todas partes. Eran los nuevos fieles como las semillas voladoras, que caían por doquier llevando la buena, nueva, floreciendo en unas ocasiones y faltando en otras. Por todas partes del mundo había pequeños oasis en medio del desierto de la gentilidad, en que nacían y florecían las semillas, pero necesitaban de hortelanos y jardineros que las cultivasen. ¿Quiénes fueron esos hombres?
—Los apóstoles —me interrumpieron ambos niños—; ellos fueron a *organizar* las huertas y los jardines en donde había fructificado la semilla.
—Así fue, en efecto —dije—. Salieron no sólo a predicar con mayor eficacia la Divina Palabra, sino a *organizar* a los fieles ya esparcidos por todo el mundo.

60
HACIENDO RECUERDOS

Hace muchos años, una tarde en la que acababa yo de recibir la noticia de la muerte de Tomás Dídimo, entró Quarto en mi aposento. Le di el pergamino en que venía la relación.
—Sólo queda uno —exclamó mi amigo—, Juan, el discípulo amado, pues los demás han dado ya *testimonio del Maestro* en los lugares más apartados de la tierra.
Para los viejos, pocas cosas hay tan agradables y al mismo tiempo tan tristes como hacer recuerdos. Quarto se sentó frente a mí, permaneciendo ambos en silencio por largo rato.
—¿Te acuerdas de la primera vez en que encontramos a Dídimo? —preguntó mi amigo.

–Parece que lo estoy viendo –respondí– cuando iba con Natanael, camino de Nazaret, para asistir más tarde a las bodas de Simón Zelotes, en Caná.

–Y desde entonces recuerdo que te simpatizó mucho por su llaneza y porque no era ningún crédulo, sino que gustaba más de saber las cosas por propia experiencia que por el testimonio ajeno.

–¡Qué diferencia de caracteres entre Tomás y Andrés! Nosotros, que conocimos a los doce desde antes que fueran elegidos por el Maestro, podemos apreciar muy bien esas diferencias de caracteres, que al venir el Espíritu Santo, como las cuerdas de un arpa, fueron puestas en tono sin variar el valor de cada uno de ellos.

–Era indispensable esa gran variedad de caracteres –añadió Quarto– (como es necesaria la variedad de notas para producir un agradable son) para que en la nueva Iglesia resultara esa armonía admirable que ahora vemos. Si todos hubieran tenido el mismo carácter, la misma educación, la misma manera de ver las cosas, hubiera resultado algo muy monótono, como en un arpa en que todas las cuerdas produjeran la misma nota. En cambio, todos esos distintos caracteres fueron admirablemente unificados, fueron entonados sin perder, antes elevando, las virtudes y dotes naturales de cada uno. Ésa fue la obra admirable del Espíritu Santo, ya que todos, al salir del cenáculo el día de Pentecostés, eran una sola alma, un solo corazón.

Esta observación de mi amigo nos llevó, naturalmente, a tratar de analizar el carácter peculiar de los apóstoles. Aquí, sin embargo, sólo haré mención de Mateo y Tomás, pues de los otros o ya he hablado en estas *Memorias* o tendré más tarde ocasión de tratar de ellos.

–Mateo –dijo Quarto– conservó siempre su carácter de hombre de negocios, de alcabalero rico, por no llamarlo publicano. Era, naturalmente, un sujeto muy ilustrado y un hombre de mundo.

–Que era ilustrado, no lo dudo –repuse–; ahí está su Evangelio. Pero, ¿de dónde sacas que era hombre de mundo?

–Desde luego era rico y, naturalmente, ocupaba un puesto distinguido en el mundo –repuso Quarto–; la prueba es que dio un gran banquete a Cristo, al que asistieron muchos ricos publicanos.

–Tienes razón, y un hombre de mundo tenía que influir en el grupo apostólico. Desde luego –apunté– era una prueba de que también los ricos pueden entrar al cielo y ocupar un lugar muy alto.

–Siendo por otra parte Mateo –prosiguió Quarto– un hombre muy versado en las Sagradas Escrituras, el fue en el Colegio Apostólico un poderoso representante de la tradición; era el consultor nato de los apóstoles en lo que se refería a las profecías mesiánicas.

–En efecto –dije–; así lo demuestra muy claramente en su Evangelio, que parece una conexión entre el Nuevo y el Antiguo Testamento, al cual hace constantemente referencia, añadiendo: *«para que se cumpliera lo que había dicho el profeta».*

—Pero cuando lo debías de haber visto —dijo Quarto— fue en su misión de Etiopía, ante la reina de Candace, jornada en que, como recordarás, yo lo acompañé. Iba llamado por la reina a persuasión de su eunuco Abba-Salama.

—Y habiéndole ofrecido yo muchos y valiosos regalos para la reina, Mateo, con toda cortesía, los rehusó diciendo que le llevaba uno más valioso. Era un ejemplar del Evangelio escrito por él en hebreo y que había hecho traducir al griego, lengua que leían corrientemente los dignatarios de la corte de aquella ilustre reina, descendiente de la llamada de Saba, la cual no sólo por su belleza, sino por su cultura, atrajo las miradas y admiración del gran rey de Israel, Salomón.

—Ahora recuerdo que cuando Felipe trató con el famoso eunuco, éste le hablaba correctamente en griego, en la cual lengua estaba el volumen que yo le regalé y que contenía la profecía de Isaías.

—Pues bien; habías de ver la dignidad con que desempeñó Mateo su cometido de embajador de Cristo ante aquella reina y toda su corte. Vestido con una túnica pobre, pero muy limpia, no llevaba bolsa ni alforjas e iba descalzo. Únicamente portaba un gran pergamino enrollado, que era el Evangelio por él escrito. En el magnífico salón del palacio, la reina, bajo solio, rodeada de su corte y de los hombres más notables de Etiopía, con solemnidad inusitada, recibió al embajador de Cristo. Acompañado del maestro de ceremonias y del eunuco de la reina. Mateo se adelantó hacia el trono. Iba a doblar la rodilla, cuando la reina se lo impidió adelantándose hacia Mateo, el cual besó la mano y puso en las de ella el pergamino. Entonces le rogó al apóstol que hablara: «Muy poderosa y muy noble reina de Etiopía: Mateo, apóstol, viene a traer a ti y a los tuyos la Buena Nueva como embajador del Rey de reyes, Jesús de Nazaret, el Hijo de Dios que se hizo hombre, naciendo de una Virgen, por obra del Espíritu Santo, en el tiempo y el lugar anunciado muchos siglos antes por los profetas. Siendo Señor y Dueño de todo, se hizo pobre, y como pobre quiso nacer en un pesebre. Pobre vivió; tan pobre, que pudo decir con verdad: *«Las zorras tienen sus cuevas y las aves del cielo nidos; mas el Hijo del hombre no tiene dónde recostar su cabeza».* En seguida Mateo —prosiguió Quarto— les expuso de modo admirable el sermón de la Montaña, terminando con aquello: *«Bienaventurados los pobres de espíritu, porque de ellos es el reino de los cielos»,* y de cierto os digo: *«más fácil es que pase un camello por el ojo de una aguja que entrar un rico en el reino de Dios».*

—¿Es posible que así haya comenzado Mateo su misión a la reina y a sus opulentos cortesanos?

—Así fue —respondió, sonriendo, Quarto—. La sorpresa de los asistentes fue extraordinaria, pues todo se esperaba menos eso. Mateo prosiguió: «El reino de los cielos es, según lo repitió Cristo, de los niños y de los pobres... ¿Qué harán, pues, los ricos? ¿Quién de ellos podrá ser salvo?

Nada temáis, ¡oh poderosa e inmensamente rica soberana! Ni vosotros ricos y poderosos...» Y en seguida les contó la historia de Zaqueo, añadiendo: «Vosotros podéis entrar también en el reino de Dios, como Zaqueo, por medio de la justicia y de la caridad...» Y con gran solemnidad concluyó: «Mis hermanos van por el mundo evangelizando a los pobres; pero yo, el último de todos ellos, que fui también rico, vengo a evangelizar en nombre del Rey de reyes, Cristo, a los ricos etíopes, empezando por su poderosa y rica soberana... Nada temáis, pues para Dios nada hay imposible».

–¿Y cuál fue el efecto de tan extraño sermón?

–No tan extraño, ya que Cristo empezó el sermón del Monte también de esa manera y lo concluyó con una terrible invectiva contra los ricos –respondió mi amigo–. El caso fue que tanto la reina como todos los poderosos y ricos de su corte recibieron el bautismo después que Mateo los adoctrinó con todo cuidado durante varios meses, ayudado por Matías.

–¿Y los pobres? –pregunté.

–A todos aquellos negritos, al notar el cambio de la gente rica para con ellos, viendo su caridad, no hubo dificultad en inducirlos a que abrazaran una doctrina que así había transformado a los de arriba.

–Pero ¿cómo fue entonces que mataran allí a Mateo?

–Yo ya no estaba en Etiopía –me respondió–; pero voy a contarte el fin de Mateo, según me lo narró Matías. Mateo, el rico alcabalero, al que bien podemos llamar el apóstol de los ricos, se dedicó con toda su alma a esta empresa, para lograr la cual se necesitaba de la omnipotencia de Dios, según testimonio de Cristo. Hacer buenos cristianos a los ricos es cosa ardua.

Y Quarto me miraba con ironía al decir esto, pues sabía lo que a mí me había costado aceptar la doctrina del Maestro.

–La reina fue la primera en someterse gustosa al yugo evangélico, tomando muy a pecho la práctica de la justicia y caridad cristiana. Naturalmente, procuró que su hija Ifigenia, que debería sucederla en el trono, entrara de lleno en la práctica de las virtudes evangélicas, y Mateo se dedicó a formarla con especial empeño. Ifigenia, que era una negrita de lo más inteligente, bella y, sobre todo, buena, enfermó gravemente y estuvo a punto de morir. Viéndola Mateo en este trance, le propuso que, puesto que ya se iba de este mundo, consagrara su virginidad a Cristo, Rey de reyes, quien la coronaría en el cielo. La jovencita aceptó la idea con todo gusto, haciendo en manos de Mateo voto de perpetua virginidad. No bien lo había hecho, cuando se apoderó de ella un profundo sueño, que le duró varias horas y del cual despertó buena y sana, con grandísimo consuelo de la reina su madre. Pero, pasados algunos meses, la reina murió. Debía sucederla en el trono su hija Ifigenia, y, en su defecto, Itarco, hermano de la difunta. Como era natural, Itarco pretendió casarse con su sobrina, para así afianzar la corona. Cuando le habló de esto a Ifigenia, ella le respondió:

«Desposarme contigo no puedo, pues estoy ya desposada con el Rey de reyes; pero gustosa te cedo todos mis derechos al trono». Nada contento quedó de esta solución el ambicioso Itarco, y atribuyendo la culpa de esta negativa a Mateo, viendo que no podía persuadirlo para que indujera a Ifigenia al casamiento, un día en que el apóstol celebraba los sagrados misterios, él mismo atravesó a Mateo con una lanza. Fue tanta la pena de Ifigenia al saber la muerte del apóstol, que aquel mismo día falleció, sin duda de un ataque al corazón, y sus últimas palabras fueron: «Dejo mi corona terrestre a Cristo, Rey de reyes». De lo que resultó que cada soberano de Etiopía, desde entonces, lleve el título de Rey de reyes...

Después que tomé nota de todos estos datos proporcionados por Quarto, para añadirlos a mis *Memorias,* mi buen amigo prosiguió:

—Si Mateo puede llamarse el evangelizador de los ricos, Tomás fue el apóstol de los incrédulos.

—Dado su carácter —repuse—, creo que ninguno otro del Colegio Apostólico pudo más apropiadamente dedicarse a ese ministerio, pues como dice el refrán: «No hay peor astilla que la del propio palo». Los que como yo fuimos incrédulos, sabemos mejor que otros las dificultades que hay que vencer para recibir la doctrina evangélica y tener mayor caridad y paciencia con los que dudan.

—Aunque lo que voy a decir lo sabes tan bien como yo —prosiguió mi amigo—, ya que estamos haciendo recuerdos, quiero darte a conocer mis abservaciones de muchos años con relación a esos hombres escogidos por el Maestro para predicar su doctrina y establecer y organizar por todo el mundo la Iglesia por Él fundada.

—Bien sabes que te escucho con el mayor placer —dije.

—En el decurso de tantos años, muchas veces he oído repetir contra los apóstoles la acusación que hicieron los fariseos y saduceos a Pedro y Juan de ser *hombres sin letras e ignorantes.*

—Es que ellos entendían por hombres sabios y letrados los que habían cursado para recibir el título de rabí —dije—. Y ciertamente que ninguno de los apóstoles recibió ese grado, no por su ineptitud, sino por mandato expreso del Maestro, cuando les dijo: «*Vosotros no queráis ser llamados rabí*», pues, entre nosotros, Mateo muy bien hubiera podido aspirar a ese título.

—No sabían todos los intríngulis y distingos de los fariseos, que habían deformado la ley; pero, en cambio, sabían ésta de memoria, así como los profetas —dijo Quarto.

—En nuestras sinagogas se enseña a los niños con todo cuidado la *Thorá* y se les explica cada sábado —añadí—, y todos los apóstoles estaban en ella muy versados, no siendo en modo alguno ignorantes sin letras, sino en el sentido de los fariseos.

—El Espíritu Santo —añadió Quarto— no les vino a enseñar las Escrituras, que sabían, sino a *dárselas a entender, abriéndoles los ojos para que se dieran cuenta de su contenido,* lo que los fariseos y los doctores de la ley ignoraban. No eran letrados como tú, que eres tan versado en la filosofía pagana; eran sencillos, pero no ignorantes de lo que debían saber. El Maestro los eligió no para que predicaran las doctrinas de Aristóteles, o Platón, sino *su doctrina,* ya que Él les había enseñado y el Espíritu Santo les aclaró, y para que *dieran testimonio* de su vida, pasión, muerte y resurrección a todas las gentes.

–Tienes razón –repuse–; lo que el Maestro pretendió al elegir sus discípulos fue tener hombres *«sencillos como la paloma y prudentes como la serpiente»;* hombres mansos y humildes de corazón; dóciles como niños; que creyeran en Él; que fueran capaces de llegar con el auxilio divino a no temer a los que matan el cuerpo, mas no pueden matar el alma para así dar de Él testimonio delante de las sinagogas, de los presidentes y de los reyes. En otras palabras: dóciles para escuchar su doctrina e iluminados por el Divino Espíritu para poderla enseñar a todas las gentes, sin temor alguno, dando *testimonio* de la verdad de su resurrección, aunque fuera a costa de su propia vida, como lo hicieron.

–No necesitaba el Maestro de hombres doctos en la filosofía pagana, ni mucho menos en las intrincadas y necias tradiciones farisaicas; necesitaba de almas bien dispuestas para recibir la divina semilla sin peligro de que fuera sofocada por las espinas. Pero esto no quiere decir que hubiera buscado gente crédula a quien llevar tras sí sin dificultad ninguna –añadió Quarto–. Quería testigos, y los apóstoles todos eran de un tipo tal, que su *testimonio tenía que ser admitido como verdadero* delante de cualquier tribunal honrado y justo.

–En efecto –dije–, cuando Pedro, después de la curación del cojo de nacimiento, exclamó: *«Matasteis al autor de la vida, al cual Dios ha resucitado de entre los muertos, de lo cual somos testigos»,* su continente era tal, que todos decían en su interior: *«Este hombre dice la verdad».*

–Y nosotros bien sabemos –continuó Quarto– lo que costó a los apóstoles llegar a persuadirse que Jesús, a quien habían visto muerto, había realmente resucitado. ¡Cómo se burlaron de Magdalena y las otras Marías cuando ellas daban testimonio de la resurrección del Maestro! ¡Cuántas veces tuvo Él que presentárseles y hablarles, comer con ellos, para que se persuadieran de que no era un espíritu, sino que era de carne y hueso; que había resucitado!

–Y así tenía que ser –añadí –; estaban elegidos para ser los primordiales testigos de vista de la resurrección, y para esto tenían que estar absolutamente persuadidos de esa verdad, y tenían que estar persuadidos, no por revelación divina, sino por el testimonio de los sentidos.

–Por eso fue tan valiosa para comprobar absolutamente la resurrección del Maestro, y, consiguientemente su divinidad, la actitud incrédula de Tomás, que, al fin, con su sangre, ha dado testimonio de la verdad que comprobó delante de sus compañeros, introduciendo su mano en la llaga del costado del Maestro resucitado –dijo Quarto.

–Y según me dicen en esta carta, dio un testimonio glorioso allá en los últimos confines del Universo, en donde nace el sol. «Yo le vi crucificado –decía Tomás a sus verdugos–. Esta mano penetró en su abierto costado, y de esto doy y daré testimonio, aunque me cueste la vida. Él es mi Señor y mi Dios». Y extendiendo los brazos, dejó su pecho abierto para ser atravesado por las saetas.

–Así se cumplió la resolución que había tomado Tomás cuando sus compañeros temían seguir al Maestro a Jerusalén, donde hacía poco le habían querido apedrear: *«Vamos también nosotros para morir con Él»*. –y tomando Quarto el pergamino donde venía la noticia del martirio de nuestro antiguo amigo, besó el rollo después de haberlo colocado sobre la cabeza.

61
CRÍA CUERVOS...

–Ya tienes aquí copias de tu epístola a los creyentes israelitas de las doce tribus, esparcidos por todo el mundo –dije a Santiago Alfeo–. Merced a la diligencia y cuidado de Miguel Darío, Ignacio Ben Markus y Rafael Ben Alivad, puedes enviar copias auténticas a las principales iglesias de la Cristiandad.

–No sabes cuánto te agradezco esta fineza, tanto de tu parte como de los buenos escribas, a quienes cuando los vea daré personalmente las gracias –dijo Santiago Alfeo, el apóstol y obispo de Jerusalén–. ¿Y tú ya has leído mi epístola?

–Ciertamente, y con gran detenimiento; he tenido que ir descifrando muchas palabras un poquitín difíciles, pues tu caligrafía es un tanto deficiente.

–Como tú eres de los nuestros y de entera confianza, te voy a decir una de las razones que me ha movido a escribir esta epístola a los hebreos creyentes de las doce tribus.

–Sabes que cuentas con mi discreción –repuse.

–Recordarás que el Maestro, al subir al cielo nos dijo estas palabras: *«Me seréis testigos en Jerusalén y en toda Judea, y Samaría y hasta lo último de la tierra»*. Todos los apóstoles hemos dado testimonio del Maestro en Jerusalén, y mis compañeros han dado también testimonio en Judea, Samaría y siguen dando testimonio de Él hasta lo último de la tierra.

–Y tú no has salido de Jerusalén.

–Así es, y de aquí mi escrúpulo. Yo no podía salir de Jerusalén, pues es la parte de la Iglesia encomendada especialísimamente a mi cuidado.

—En efecto, tú eres el primer obispo de Jerusalén.
—Ésa fue una de las razones que me movieron a permanecer en la Ciudad Santa. Pero hay otra razón que me imposibilita físicamente a salir de aquí —y me enseñaba sus monstruosas rodillas (como las de un camello), hinchadas de tanto estar arrodillado orando por su pueblo—. Mira —prosiguió, tratando penosamente de levantarse—, apenas puedo dar unos cuantos pasos con grandes dolores.
—En efecto —dije—, no estás para moverte fuera de tu casa, cuanto más para ir por el mundo.
—Así me lo dijo también Pedro poco antes de ser encarcelado por Herodes. Y cuando el ángel del Señor le libró de sus cadenas, me mandó recado que me ocultara y permaneciera aquí. Pues bien, ¿cómo voy a dar testimonio del Maestro fuera de Jerusalén, cuando no puedo salir de aquí?
En aquel momento entró Quarto.
—¿Cómo sigue mi buen amigo? —le preguntó.
—Ya lo ves, con estas rodillas hinchadas.
—Apenas podrás andar dificultosamente. Deja que te las examine —y siguiendo la obra a la palabra, se puso a examinar las hinchadas rodillas del apóstol—. Esto anda mal —prosiguió Quarto—. Todos tenemos en las rodillas una bolsita de un líquido que sirve para facilitar el movimiento de la articulación de la pierna, y en tus dos rodillas esa bolsita se ha roto, se han hinchado los tejidos, y por eso tienes ese color blanco en la articulación.
—Me estaba hablando Alfeo —dije— de salir de Jerusalén para ir a predicar la fe por el mundo.
—Pues en estas circunstancias es imposible. Cada día te pondrás peor, hasta que no puedas andar del todo; y si quieres marcharte por esos mundos de Dios, creo que ni en burro llegarías más allá de Betania; el dolor sería insufrible.
Santiago sonrió, y dijo:
—Me alegro que tú, que eres experto en Medicina, tengas esa opinión.
—Precisamente le decía yo a Santiago que no le era fácil salir fuera de Jerusalén a predicar el Evangelio, como lo han hecho los otros apóstoles.
—Insisto —repuso Quarto— en que a estas alturas no te es posible salir de Jerusalén, y lo siento muy de veras; tu lugar ahora es fuera de esta ciudad.
—¿Pero no ves que Santiago es obispo de Jerusalén?
—Pedro era obispo de Antioquía, y marchó a Roma.
—¿Y por qué dices que debo salir de esta santa ciudad? —le preguntó.
—Un paseíto sería oportuno. Hace muchísimos años que estás trabajando con esos hipócritas fariseos para convertirlos al Evangelio, y estás criando cuervos que un día te sacarán los ojos. De todos modos —añadió por vía de consuelo—, debe ser la voluntad del Señor que permanezcas aquí, y que, con tu tocayo Zebedeo, des en Jerusalén testimonio del

Salvador, pues esta enfermedad no te deja abandonar tu obispado, aunque quieras.

—Me das un gran consuelo —repuso Santiago—. Pero yo debo hacer algo que muestre mi voluntad de dar testimonio del Maestro fuera de Jerusalén.

—Y por eso —añadí— has escrito esta carta a los fieles cristianos de las doce tribus. Carta admirable, en que das normas de cómo deben vivir los que han recibido la fe de Cristo, para que su fe no muera, sino que se vivifique por medio de las buenas obras.

—Esta epístola —dijo humildemente Santiago— ha sido inspirada por el Divino Espíritu; yo he sido sólo amanuense.

—Ya la leí toda —prosiguió Quarto—, y he ayudado un poquito a copiarla.

—Como sabes —dijo el apóstol—, vienen aquí a la Ciudad Santa de todas partes del mundo fieles cristianos de la circuncisión, y me han contado que *muchos de los nuevos cristianos ricos oprimen a los pobres y no pagan a los obreros su debido salario; otros se han vuelto indiferentes, y hasta descreídos, y, sobre todo, que languidece la caridad, y ya no oran.*

—Verdad es lo que dices; pero, mi buen Santiago —dijo Quarto—, muchas de las cosas que te cuentan son chismes de los fariseos, tus protegidos, que son el fermento del que hay que precaverse, según mandato expreso del Señor. No hay que generalizar demasiado, pues parecería que los cristianos de todas partes están ya relajados. Pablo no deja pasar nada cuando sabe que hay abusos; pero les escribe cartas particulares reprendiéndoles, como hace con los gálatas, con los tesalonicenses. De todos modos, tu carta es un admirable documento de la vida cristiana para que los que siguen a Cristo sepan lo que deben hacer y lo que deben evitar. Te felicito.

—Y, a propósito de las cartas de Pablo —dije—; quisiera hacer una declaración.

—Ya sé dónde vas, dómine, y permíteme que yo hable primero. Estando Pablo en Corinto, yo le acompañaba cuando escribió su magistral epístola a los romanos, y tuve oportunidad de sacar de ella varias copias auténticas, una de las cuales siempre llevo conmigo.

—Cuánto me alegro —dijo Santiago, sonriendo.

—Cuando Pablo escribía su epístola a los romanos, trataba de refutar las enseñansas de los judíos, según los cuales el hombre pecador puede hacerse grato a Dios por medio del cumplimiento de las obras de la ley mosaica. Yahvé, según tus paisanos, les había dado la ley en el Sinaí, para que ellos, cumpliendo esa ley, se justificaran delante de Dios, y ellos creían deber a sí mismos la justificación, por lo cual tenían derecho a exigir la recompensa en estricta justicia, pues habían cumplido la ley. Yahvé debería tener anotadas las buenas obras de ellos, practicadas por sus propios esfuerzos y darles en justicia su recompensa. Ésta era la doctrina que Pablo con todo vigor combatía. ¿Estás de acuerdo?

—Ya lo creo —exclamó Santiago—. Si las obras de la ley nos justificaran, la Redención hubiera sido inútil. Pablo tenía toda la razón. Continúa.
—Pablo afirmaba que no podemos obtener la justificación con buenas obras hechas por nuestro propio esfuerzo solamente. Nuestra justificación debe obrarse por un libre don de Dios, actuando su gracia. Él es quien nos renueva y justifica, y el único camino para nuestra justificación es la fe en Jesucristo, el Hijo de Dios, quien nos ha merecido esta gracia. De aquí que Pablo insistiera en que la fe es la que nos justifica.
—La fe sobrenatural, por supuesto —añadió Santiago—, pues la fe natural la tienen los demonios, creen en Dios y se estremecen.
—Y la fe que acepta toda la revelación divina hecha por Cristo, y que de ningún modo consiste en la creencia de que somos justificados por el solo hecho de confiar en que se nos perdonan los pecados por los méritos del Redentor, sin otra obra alguna. Pablo ya lo dice claro cuando escribe: *«Nosotros, por el Espíritu, esperamos ser justificados por la fe que obra por la caridad».*
—Y decía muy bien —añadió Santiago—, pues la fe sin obras es muerta; la fe se perfecciona por las obras. El hombre es justificado por las obras, y no solamente por la fe. Pues así como el cuerpo sin el espíritu está muerto, así también la fe sin obras muerta está. La fe es el primer paso que debe dar el hombre para alcanzar la transformación interior que le une a Cristo; pero para que esta unión perdure, se necesitan las buenas obras, la caridad, sin la cual, como dice Pablo, *la misma fe, que traslada los montes, de nada vale.*
—Cuánto me alegro de ver que entre tu manera de pensar y la de Pablo no hay discrepancia. Según entiendo —dijo Quarto—, Pablo habla de la fe que nos abre las puertas de la justificación, y tú dices que, para que esa primera justificación perdure, son indispensables las buenas obras, pues de otra suerte la fe moriría.
—¿Podrías ahora —prosiguió Santiago— leerme el versículo 28 del capítulo 3 de la epístola auténtica de Pablo a los romanos, que nos has dicho tú mismo copiaste?
—Con todo gusto —respondió Quarto, sacando el ejemplar y leyendo—: *«Por conclusión sacamos que por la fe se justifica el hombre sin las obras de la ley».*
—Muy bien —repuso Santiago—; ahora hazme el favor de leer ese mismo versículo en esta otra copia que me trajeron.
Quarto leyó:
—¿Porque, en conclusión, sacamos que por la fe *sola* se justifica el hombre...». ¿Quién te ha traído esta copia interpolada? —exclamó, indignado, Quarto.
—Un germano que se llama Martín —respondió Santiago—. Desde que leí ese pasaje dije: Eso no lo pudo escribir Pablo; es imposible.
En efecto, la palabra *sola,* que cambia todo el sentido, había sido interpolada.

—Y ese Martín —continuó Santiago— anda diciendo que Pablo escribió eso. De lo que Martín deduce, y así lo enseña, que si la fe sola justifica, sin necesidad de las buenas obras, se puede pecar lo que se quiera, sin temor a la condenación eterna, pues basta *confiar* que, por los méritos de Cristo, se nos han perdonado los pecados para ser salvos.

—Pablo jamás ha dicho semejante cosa —gritó, indignado, Quarto—. Si tal hubiera sido su doctrina, ¿cómo hubiera podido reprender a los corintios por injustos, fornicarios, idólatras, adúlteros, afeminados, ladrones, borrachos y maldicientes? Ellos le hubieran contestado: «Según tu doctrina, ¿qué importa todo eso, si con sólo *confiar firmemente* que se nos perdonan los pecados por méritos de Cristo *ya somos salvos*? No hay que guardar *ley alguna,* puesto que la fe *sola* justifica; las obras no son necesarias».

—Desgraciadamente, algunos de los convertidos han hecho suyas las ideas de Martín, y mal interpretando las palabras de Pablo, en vez de santificarse más y más cada día, por la práctica de las buenas obras; no siendo éstas, según ellos, necesarias, se están hundiendo en toda clase de pecados, perdiendo la gracia que recibieron en el bautismo y algunos quizá el don inestimable de la fe. Por eso, yo en mi epístola a todos los fieles de la circuncisión los amonesto a la práctica de las buenas obras, sin las cuales la fe tiene que morir. Y no me refiero a las obras de la ley mosaica, sino a la práctica de los mandamientos de Dios y de las virtudes por Cristo enseñadas —concluyó Santiago.

—Ahí vienen unos «cuervos» —dijo Quarto —; yo me escapo.

Y salió del aposento de Santiago.

A los pocos momentos se oyó una voz gangosa que decía:

—¿Se puede pasar a la morada del hombre santo de Jerusalén?

—Por supuesto —respondó Santiago.

Entraron los tres fariseos más connotados de la Ciudad Santa haciendo profundas reverencias.

—Pasad, pasad, y seáis bien venidos al aposento de este humilde siervo del Señor —dijo Santiago, cuyas palabras vibraban con el timbre de la verdadera humildad.

Ben Nathan, el más autorizado entre ellos, dijo al verme:

—Esperamos no interrumpirte.

—De ningún modo —repuse—, pues había venido a visitar a nuestro querido enfermo; ya me retiro.

Y, después de despedirme cariñosamente de Santiago, salí del aposento.

—Has dejado al bueno de Santiago en manos de esos hipócritas fariseos, que son unos verdaderos cuervos, y mucho me temo que, tarde o temprano, le saquen los ojos al apóstol —dijo Quarto.

—¿Pero no han recibido ya el bautismo?

—El de Juan y el de Jesús, y están dispuestos a recibir otros bautismos si son necesarios para sus fines. Ésos son de los que llama Pablo «falsos hermanos». Aparentemente siguen a Cristo; pero en su corazón son más judíos que el gran sacerdote Ananías, que es de lo peorcito entre los príncipes de su pueblo.
—¿Cómo se llaman los otros dos? —le pregunté.
—Uno es un tal Ben Jacob y el otro un Ben Semeí. Cada vez que veo a uno de estos «hermanos» (?) me acuerdo de la parábola del Maestro: «Éstos son de los que dan gracias a Dios por ser justos (justificados por las obras de la ley), porque no son ladrones, ni adúlteros, como los publicanos, y ayunan *dos veces en la semana* y pagan los diezmos hasta el comino. Pero, a pesar de todo, *las obras de la ley no los justificaron*. En cambio, el pobre publicano que se arrepentía de sus pecados salió justificado».
—Bueno —interrumpí—, ya que tenemos que marcharnos hoy mismo para Cesarea, es necesario que dejemos alguno de nuestra confianza que le cuide.
—¿Te parece bien Abdón, bautizado por Pablo?
En efecto, dejé a Abdón, muy recomendado que, con todo empeño y caridad, cuidara del apóstol enfermo.

* * *

A los quince días llegó Abdón a Cesarea, todo demudado.
—Traigo muy malas noticias —dijo—. Esos fariseos han matado a Santiago.
—¿Cómo es eso? —exclamamos los dos.
—Bien sabes —me dijo Abdón— que el procurador de Judea ha muerto hace poco, y mientras llega su sucesor, Ananías se cree con poderes ilimitados. Juntó un gran consejo para poner asechanzas al bueno de Santiago, a quien todo Jerusalén veneraba llamándole el justo. Esos fariseos que estuvieron hablando con Santiago indujeron a éste a ir al templo. Yo le llevé cargado. Una vez allí, le dijeron: «El pueblo toma a Jesús por Mesías; a ti te toca desvanecer ese error, puesto que todos están prontos a creer lo que tú digas». Le rogaron que subiera a una de las azoteas del templo para que pudiera oírle la muchedumbre. Yo le subí cargado. Apenas apareció Santiago, el pueblo, que le quería mucho por su bondad y por las abundantes limosnas que hacía a los pobres, empezó a aclamarlo. Ben Nathan hizo la señal para que el pueblo callase, y gritó: «¡Oh Santiago, hombre justo, de quien debemos creerlo todo!; habla al pueblo, y dile lo que debe pensar». Santiago, con voz estentórea, dijo: «Jesús, el Hijo del hombre, es el verdadero Mesías; fue crucificado, resucitó al tercer día, y yo con mis ojos le vi; ahora está sentado a la diestra de la majestad de Dios, como su Hijo que es, y ha de venir sobre las nubes del cielo a juzgar al Universo». Todos los fieles cristianos que esto escucharon gritaron a una: «Gloria al Hijo de David! Honor y gloria a Jesús, el Mesías, el Hijo de Dios!»

—¡Qué chasco debieron llevarse los fariseos! —interrumpió Quarto.
—Se quedaron al principio sin saber qué hacer, y decían: «¿Qué hemos hecho?» Pocos momentos después, sin que yo lo pudiera evitar, los fariseos se arremolinaron alrededor de Santiago y le empujaron, haciéndole caer de lo alto. Yo volé en su socorro. Había caído, pero no estaba muerto, y, haciendo un esfuerzo, se arrodilló, y mientras los fariseos gritaban «Ha blasfemado, hay que apedrearle», Santiago, alzando sus brazes al cielo, exclamó: «Señor, Jesús, perdónalos, porque no saben lo que hacen». Cuando llegué, ya estaban arrojando sobre él una lluvia de piedras. Entonces yo grité: «¿Qué hacéis? Deteneos; el justo ruega por vosotros, ¿y tratáis de matarle?» En aquel momento, un batanero con enorme maza descargó terrible golpe sobre la cabeza del santo, y le remató.

— ¿Y nadie salió a defenderle? —pregunté.
—Se armó un tumulto atroz. Los fariseos huyeron, lo mismo que sus partidarios. Yo le di un palo al batanero con su propia clava, y echó a correr, siguiéndole otros muchos, pues, a mi ejemplo, los cristianos se mostraron decididos a defender al santo; pero éste había muerto. Yo levanté su santo cuerpo, y le puse en lugar seguro, y, sin que ninguno de esos cobardes se atreviera contra nosotros, le llevamos a enterrar.

—Santiago Alfeo —dije—, el llamado hermano del Señor, con su propia vida ha dado testimonio del Maestro en Jerusalén, como lo había hecho el gran Santiago, hijo del Zebedeo.

—Y ahora el pueblo —terminó Abdón— está temeroso de que el cielo tome venganza por la muerte de aquel santo.

—Gloriosa muerte —dije—; un testimonio más de la divinidad del Hijo de Dios.

—Es verdad —dijo Quarto—, es un gran testimonio. Pero le pasó a Santiago lo que yo había dicho: «Cría cuervos, y te sacarán los ojos».

62
LA DISPERSIÓN

Uno de los hombres más notables que he tratado entre los propagadores del Evangelio era Felipe, el diácono, de quien ya hablé en otro lugar.

Hace muchísimos años tuve con él una larga conversación, de la cual tomé nota para ponerla en el lugar que me pareciera en mis *Memorias*. Voy, pues, a reproducirla.

Felipe tenía cuatro hijas dotadas con el *carisma,* o don gratuito de profecía. A propósito de éste y otros *carismas,* Felipe se expresó así:

—Como Yahvé, al promulgar la ley en el Sinaí, quiso dar al indómito pueblo hebreo una prueba sensible que acreditara a sus ojos la misión de Moisés, sabemos que la sagrada montaña parecía arder, tantos eran los truenos y rayos que atronaban el sereno cielo; así, al promulgar la nueva ley, por intermedio de Pedro, el día de Pentecostés, Jerusalén quedó asombrada al oír aquel viento que soplaba y al ver sobre las cabezas de los que estábamos reunidos en el cenáculo unas lenguas de fuego.

–Lo recuerdo muy bien –dije–; pero lo que más llamó la atención fue oír que aquellos hombres, sin letras según el vulgo, empezaron a promulgar la Buena Nueva en muchas lenguas distintas.

–Éste fue el primer *carisma,* o don gratuito del Divino Espíritu, que llamó la atención de los habitantes de la ciudad –dijo Felipe–. Fue un pronóstico de lo que iba a tener lugar de aquel día en adelante, según ya lo había anunciado muchos años atrás el profeta Joel (2, 28). Y también el Maestro cuando dijo: *«En mi nombre echarán fuera demonios, hablarán nuevas lenguas; sobre los enfermos pondrán sus manos y sanarán».*

–Así pasó, desde luego, pues Pedro y Juan, en nombre de Jesús, sanaron al cojo de nacimiento, y tanto ellos como los otros apóstoles siguieron haciendo prodigios para confirmar la verdad que predicaban –añadí.

–Y yo mismo, el último de todos, obré muchos milagros, de lo cual son testigos los samaritanos –dijo humildemente Felipe, quien prosiguió–: Pero a más de estos dones que fueron principalmente para dar testimonio de nuestra misión, como has dicho, el Divino Espíritu derramó entonces a manos llenas, y sigue derramando según es necesario, otros dones sobre los apóstoles y sus discípulos: el don de enseñar, el de discernimiento de espíritus, los de prudencia y ciencia y el necesarísimo don de gobierno, para organizar y dirigir debidamente la nueva Iglesia. Los apóstoles –continuó Felipe– fueron los destinados por Cristo para organizar la Iglesia. Debían usar de sus dones naturales; pero éstos eran insuficientes para obra tan grande. Necesitaban de una ayuda especialísima, y aquí entró de manera notoria la inspiración del Divino Espíritu, que había sido enviado para darles a conocer toda verdad y valor para predicarla.

–Tienes mucha razón –dije–, como se dejó ver en el Concilio de Jerusalén sobre la cuestión de la circuncisión y la guarda de otras ceremonias legales, que concluyó con aquel decreto que los allí reunidos enviaron a Antioquía, diciendo: *«Ha parecido bien al Espíritu Santo y a nosotros».*

–Yo –repuso Felipe– asistí constantemente a las reuniones de los apóstoles, discípulos y ancianos en Jerusalén, en las que se trataron muchas otras cuestiones disciplinarias y rituales, en las que todos exponíamos nuestro parecer. Entonces se veían lucir de modo clarísimo en Pedro, que decía la última palabra, sus dones sobrenaturales de ciencia, prudencia y gobierno. Sin la intervención del Divino Espíritu con sus dones y sus luces, aquellas juntas hubieran tenido mal fin, pues entre los allí reunidos había no pocos, desgraciadamente, que aunque estaban con nosotros, no eran de los nuestros.

Quarto, que había estado escuchando nuestra conversación, intervino diciendo.

—No sé cuántas veces te he dicho, dómine, que este negocio de la fundación de la Iglesia no es obra de hombres, sino de Dios. Si la Iglesia hubiera sido obra de hombres, éstos lo habrían echado todo a perder. Y por eso ha durado y durará siempre, como repetía Gamaliel: *«Si esto es obra de los hombres, se desvanecerá; pero si es de Dios, perdurará».*
—No hay duda que esta obra es divina —añadí.
—Yo, que estaba constantemente en las reuniones, como he dicho —prosiguió Felipe—, tuve ocasión de presenciar las innumerables disputas que a cada rato se suscitaban. Había entre nosotros muchos hombres venerables por su edad, llamados ancianos, casi todos convertidos por Santiago Alfeo, quienes, aunque bautizados, no habían penetrado en el espíritu de Cristo. Querían a todo trance que la nueva Iglesia fuera una continuación de la sinagoga, y como eran hombres de gran autoridad y propugnaban una doctrina muy en consonancia con las ideas de los judíos, tenían un buen número de secuaces.
—Pero ¿no estaban allí los apóstoles? —preguntó, indignado, Quarto—. ¿Por qué no echaron fuera de la comunidad a esos hombres?
—Se ve que tú no eres hebreo —dijo, sonriendo, Felipe—. Allí estaban, los apóstoles se *portaron como debían*. Pedro, de manera muy prudente, había dirigido las discusiones sobre puntos que *podían* y *debían ser* resueltos por la autoridad apostólica de que estaban revestidos él y sus compañeros. Pero no permitía en modo alguno que se discutieran asuntos dogmáticos y morales perfectamente definidos en la doctrina y enseñanzas del Maestro. Los seudocristianos, resentidos, habían notado que el jefe del Colegio Apostólico no había permitido esas discusiones. Para las judíos era de interés principalísimo se discutieran los dogmas, pues de la admisión o deyección de ellos dependía la completa separación entre la sinagoga y la nueva Iglesia. Tales eran el misterio de la Trinidad, la Encarnación del Hijo de Dios y la Resurrección de Cristo, que confirmaba su divinidad. Viendo, pues, que las discusiones tocaban a su fin, con gran astucia e hipocresía farisaica, uno de los más connotados, rabí Elías, se levantó y propuso que *«para no alarmar las conciencias de los recién convertidos y para hacer prosélitos con mayor facilidad, se hablara de Cristo únicamente como el Mesías prometido en la ley y los profetas, pero que no se tocara el punto de su Divinidad como Hijo de Dios».* No bien había iniciado la idea, cuando Juan, con el rostro encendido por la indignación, se levantó exclamando: *«Ocultar hipócritamente el dogma fundamental del cristianismo, que Jesús de Nazaret es el Hijo de Dios, y que en prueba de esto su Padre lo resucitó de entre los muertos, ¡jamás, jamás! Lo confesaremos todos y será la principal de nuestras enseñanzas, y daremos de esto testimonio a costa de nuestra vida».* Se levantó en seguida su hermano Santiago Zebedeo, y con elocuencia y valor extraordinario defendió el misterio de la Divinidad de Cristo, concluyendo que los que quisieran ocultar por falsa prudencia esta verdad fundamental, fueran segregados de la

III. ¿Y AHORA, QUÉ?-62. LA DISPERSIÓN 867

nueva Iglesia, que no era una continuación de la sinagoga. Tomás tomó la palabra: *«No publicar delante de todo el mundo que Jesús resucitó de entre los muertos, cuando nosotros lo vimos muerto y resucitado, cuando yo puse mi mano en la llaga de su costado, sería una infamia».* Los otros apóstoles, unánimes, se levantaron y exclamaron: *«Sea anatema todo el que quiera ocultar la verdad de la Divinidad de Jesús, el Hijo de Dios».*
–Y Pedro, ¿qué decía? –prorrumpió Quarto.
–Pedro, que había permanecido sentado y en cuyo rostro se notaba la indignación por aquel hipócrita subterfugio, se puso en pie, y alzando la mano hizo callar a todos y dijo: «Sepa ciertamente toda la casa de Israel que Jesús, que fue crucificado, es no sólo el Mesías prometido en la ley y los profetas, sino el Hijo de Dios bendito, que resucitó de entre los muertos, y nosotros somos de ello *testigos.* Y todo el que lo negare o quisiera ocultar por falsa prudencia, sea *anatema».* Aquella misma noche –prosiguió Felipe–, Pedro reunió a todos los apóstoles, y después de haber celebrado «la fracción del pan», les habló de esta manera: «Hermanos, una persecución cruel nos amenaza. Los falsos hermanos, en estos momentos están tramando el exterminio de la naciente Iglesia de Cristo, para lo cual se proponen acabar con todos y cada uno de los discípulos del Maestro, el Hijo de Dios; pero no prevalecerán. Ya hemos dado *testimonio de Él* en Jerusalén y Samaría; ahora es llegado el momento de dar *el testimonio* hasta los últimos confines de la tierra. Predicaremos la *doctrina por Él enseñada,* sin cambiar ni añadir nada en lo que se refiera a estas enseñanzas que nos ha esclarecido el Divino Espíritu. En las juntas que hemos tenido hemos quedado de acuerdo en las cosas esenciales tocantes a la organización de la Iglesia, y estos puntos por nosotros determinados bajo la dirección del Espíritu Santo serán llamados de *institución apostólica.* En todo lo restante, según los lugares y tiempos, atendiendo a las necesidades de los fieles, la Iglesia ya establecida podrá determinar lo más conveniente. Estos puntos serán, no de autoridad divina ni apostólica, sino de autoridad eclesiástica. ¿Estáis conformes?» A lo cual todos dijeron: *«Amén».* «Ahora os consulto: ¿Es conveniente que algunos de nosotros aún permanezcamos en Jerusalén? Yo creo que Santiago Alfeo debe permanecer, puesto que es el obispo de Jerusalén. ¿Os parece?» «Amén», dijeron los presentes. «Yo desearía, además, que otro permaneciera conmigo, y he escogido a Santiago Zebedeo». «Con mucho gusto», dijo éste. «Pero tú –interrumpió Juan–, ¿vas también a permanecer aquí?» «Sí –respondió Pedro–. Mi lugar es el del peligro, y si el Señor me quiere en otra parte, Él se encargará de manifestármelo». «Puesto que así te parece –dijo Mateo–, haz lo que el Señor te inspira». «Y todos los demás –concluyó Tomás– iremos a dar testimonio y a morir por Él en las regiones más apartadas de la tierra». Todos manifestaron su conformidad. Entonces, Andrés dijo: «Puesto que tú eres nuestra cabeza, la piedra sobre la cual el Maestro fundó su Iglesia, me arrodillo delante de ti y te pido tu bendición». Todos

se arrodillaron y Pedro, levantando sus manos, los bendijo, mientras añadía: «Como Él nos dijo, yo, el último de todos, os repito: Id y predicad el Evangelio a toda criatura, bautizando en el nombre del Padre, y del Hijo, y del Espíritu Santo». Después de haberse dado todos el ósculo de paz, se separaron. A la mañana siguiente, muy temprano, por distintas puertas de la ciudad, los nueve apóstoles salieron para siempre de Jerusalén... Iban a conquistar el mundo para Cristo, dando de *Él testimonio con su sangre.*

* * *

Como ya lo he narrado, los fariseos hermanos levantaron una tremenda tempestad. A los pocos días, Herodes logró meter en la cárcel a Santiago Zebedeo, y, para agradar a los judíos, le dio muerte. Más adelante, Pedro fue preso, pero el ángel del Señor lo libró de sus cadenas y marchó a Antioquía.

Mucho más tarde, como dije, Santiago Alfeo dio también *testimonio de Cristo* en Jerusalén. Los otros apóstoles, en las regiones más apartadas de la tierra, dieron igualmente *testimonio de Cristo.*

Y así, yo afirmo ahora, después de cien años, que *«la Iglesia de los apóstoles fue la de Cristo.* La Iglesia nuestra actual *es la Iglesia de los apóstoles,* y lo seguirá siendo hasta el fin del mundo... *Es, pues, nuestra Iglesia la verdadera Iglesia de Cristo».*

* * *

Ya he puesto en general los trabajos de los apóstoles; ahora quiero, aunque a grandes rasgos, indicar el papel que hizo Myriam, Madre del Maestro, en la Iglesia de Dios.

63
AGABO

Desde tiempo inmemorial vivían en las cuevas del monte Carmelo cenobitas que se dedicaban al estudio e interpretación de las Santas Escrituras, en especial de las profecías. Y eran llamados «hijos de los profetas»». Afirmaban que su origen venía del profeta Elías, el cual, para honrar a la «futura Madre del Mesías», los había fundado. Entre ellos habitaba un profeta legítimo, llamado Agabo, quien profetizó la plaga de hambre que tuvo lugar en tiempo de Claudio. Asimismo, como lo dejé consignado en otro lugar, había profetizado simbólicamente a Pablo las persecuciones de que sería objeto si iba a Jerusalén, como en efecto sucedió.

A Agabo lo conocía de tiempo atrás, y en una ocasión que fui a Haiffa ascendí al Carmelo para visitar a mi antiguo amigo. Cuál no sería mi sorpresa al ver casi a un ciento de aquellos cenobitas arrodillados al aire libre con el rostro vuelto al Poniente, es decir, hacia el mar, cantando salmos. Pero no fue esto lo que me sorprendió, sino que al final los oí cantar el *Magníficat,* es decir, el canto de Myriam cuando fue saludada por Isabel, su prima. Terminado este canto, por tres veces repitieron: «Salve, Myriam, llena eres de gracia, el Señor es contigo, bendita tú eres entre todas las mujeres y bendito es el fruto de tu vientre, Jesús». Después de esto, en silencio, los cenobitas se dirigieron a sus cuevas. Aquella breve oración dirigida a Myriam, la Madre del Salvador, la cual ya había muerto y subido al cielo, me llenó de ternura. Las palabras estaban tomadas de la salutación que el arcángel Gabriel había dirigido a Myriam y de las de Isabel.

Agabo era en aquella época el cenobiarca, y me invitó a participar de su frugal colación, consistente en verduras hervidas, pan y un vaso de leche de cabra. Era mi propósito conversar con aquel hombre venerable, quien había conocido y tratado a Myriam desde niña, y a quien amó siempre con singular ternura y respeto.

–Después de la oración de la tarde –me dijo–, nos retiramos a tomar nuestra colación, para volver a reunirnos a cantar las alabanzas del Señor al despuntar el alba. Podemos, pues, hablar largamente; me sospecho que tu visita es interesada.

–Así es, en efecto –repuse–; quiero que me cuentes lo que sepas de Myriam, pues creo que nadie como tú me podrá dar los datos que ansío para mis *Memorias.*

–Ni podías haber escogido tópico de conversación que sea más de mi agrado. Escúchame: Nací en Séforis, que no dista mucho de Nazaret, y pertenezco a la tribu de Benjamín. Teniendo yo seis años, mi padre, dueño de grandes viñedos en Caná y Nazaret, determinó establecerse en esta última población. Con este motivo, mis padres trabaron amistad íntima con Joaquín y Ana, pues eran de las personas más decentes de aquella mal afamada población. Queriendo mi padre que yo, desde niño, aprendiera un oficio, como es costumbre entre nosotros, me puso de aprendiz en la carpintería de José Ben Helí, que era también persona muy decente, aunque pobre, y descendiente de la familia de David.

–He oído siempre hablar muy bien de José.

–Yo le quise mucho, y él a mí también. Un día, los de Nazaret parecían estar de fiesta. A Joaquín y Ana les había nacido una hija, de la cual, por ser sus padres ya muy viejos, se presagiaba haber nacido para grandes cosas. De aquí el gozo del poblacho de Nazaret, del cual se decía que nada bueno había salido.

–Recuerdo haberle oído esto a Natanael.

–Cuando supe la noticia, quise ir a ver a la niña, y tuve la dicha de ser el primer niño que le dio un beso en sus piececitos. Desde aquel momento no pasaba día que no fuera yo a casa de Joaquín y Ana para ver a la niña, a la cual pusieron el nombre de Myriam. De entonces data mi cariño y respeto por la que, andando el tiempo, llegaría a ser Madre del Salvador.

—No me extraña que, después de muerta Ella, te hayas consagrado a honrarla.

—Desde la cumbre de este promontorio donde estamos, Elías oró al Señor pidiéndole que terminara la sequía y mandara lluvia en abundancia; y después de seis veces de haber mandado a su criado a inspeccionar el horizonte, éste le respondió que veía una pequeña nube como del tamaño de una mano que subía del mar. Pues esa nube era una figura de la futura Madre del Salvador, porque de aquella nube, que fue creciendo, descendió la lluvia abundantísima que refrigeró la sedienta tierra. Era la nube de que hablaba Isaías (5, 8) cuando dijo: «*Cielos, enviad el rocío de lo alto, las nubes lluevan al Justo, ábrase la tierra y germine el Salvador*». Por eso nosotros hemos escogido este bendito lugar para honrar a la Madre de Dios. Cuando hablo de esa mujer bendita, siento como si un celestial rocío refrescase mi alma. La veo niña jugando y riendo a la puerta de la casa de sus padres; la veo ir al taller de José, su primo, quien la recibía con extraordinario cariño, y yo, que allí trabajaba como aprendiz le daba dátiles e higos secos, que Ella recibía siempre agradecida. Cuando Ana, su madre, tenía que salir, no queriendo dejar sola a la niñita, se la encargaba a José, diciéndole: «Aquí te dejo a Myriam para que me la cuides; contigo está segura». Y Myriam, quien desde muy pequeña había aprendido a tejer, se sentaba a la puerta del taller de José para hacer su tarea. José la miraba como quien mira a su hermanita, mientras labraba la madera.

—¿Qué edad tendría entonces Myriam?

—Tenía apenas cinco años. Cuando llegaba su madre, Myriam le ofrecía de los dátiles e higos, y se despedía de nosotros con inimitable sonrisa, dándole a José las gracias por haberla cuidado, y a mí, que entonces tenía nueve años, por los higos que le había regalado.

—¿Y a qué edad perdió a sus padres?

—Murieron con un solo mes de diferencia, cuando Myriam tenía siete años. Nunca me podré olvidar de las lágrimas de aquella niña; a pesar de su corta edad, entendía lo irreparable de la pérdida; sin embargo, su llanto estaba mezclado con algo que daba a entender una resignación perfecta con la voluntad divina. Ya desde entonces era Myriam la criatura más equilibrada que he conocido; era verdaderamente ecuánime, sin desviarse a ningún extremo, lo que hacía de Ella un ser verdaderamente singular, sin singularidad ninguna.

—Ésa fue la impresión que Myriam me dejó al verla por vez primera la víspera de las bodas de Caná.

—Cuando sus padres enfermaron, la trajeron del templo. Había que ver con qué cuidado, con qué cariño les servía, los curaba y los consolaba y estuvo a su lado hasta cerrarles los ojos.

—¿Y con quién se quedó Myriam?

—Cuando Joaquín, su padre, se sintió gravemente enfermo, hiza llamar a Zacarías, primo de Ana, su esposa, y a Simeón, el más querido de sus amigos, y les habló así: «Siento que pronto iré a reunirme con mis mayores, y creo que Ana no tardará en seguirme. A vosotros dos quiero confiar el cuidado de Myriam. Desearía que regrese al templo con las otras vírgenes bajo el cuidado de Débora. Cuando Myriam llegue a la edad núbil de los quince años, os ruego a los dos le busquéis esposo de la casa de David, que sea digno de esa angelical criatura», y las lágrimas corrían de sus ojos hilo a hilo.

—¿Y su madre les hizo algunos encargos?

—Muchos fueron los que les hizo tocante a su hijita; pero con quien habló más largo fue con Isabel, la esposa de Zacarías. A ella le dio su opinión acerca del futuro esposo de Myriam. «Hay que contar ante todo con la voluntad de mi hija —dijo Ana a Isabel—; pero sin hacerle presión alguna, yo escogería para Ella a José por esposo. Él la adora, y siempre la ha visto como si fuera su hermanita, y me consta que Myriam le quiere mucho. Quiera el Señor que tal sea su voluntad. Isabel, te dejo a mi hijita; tú harás mis veces con Ella, y así moriré tranquila».

—Creo que la dejaron en buenas manos.

—Así fue, en efecto. La llevaron de nuevo al templo, donde la recibieron con gran cariño, pues desde el primer momento se había granjeado Myriam el amor de sus superioras y compañeras. ¿Conociste a Ana, la profetisa?

—Sí, y no cesaba de hacer elogios de Myriam.

—Pues bien: ella me decía: «Escucha, Agabo; en los años que Myriam vivió con nosotras en el templo, no hubo una, de más de cien mujeres que con ella habitamos, que no sintiera un verdadero cariño por Myriam, sin que ni una sola de ellas le hubiera tenido envidia».

No pude menos que sonreír al escuchar esta oportuna observación de la profetisa. Vivir entre mujeres y no suscitar envidias, teniendo Myriam las cualidades que tenía, era algo único; verdaderamente era singular, sin singularidad alguna.

—Ella —prosiguió Agabo— era, según me decía Ana, la alegría de aquella comunidad, era el consuelo de todas las que tenía alguna aflicción; Ella les ayudaba en sus labores, y como era tan diestra, hacía que lucieran los trabajos de las otras, como si los hubiera terminado. Cuando en las horas de recreo y esparcimiento solían cantar, Myriam las acompañaba tocando el salterio, en lo que era habilísima, y cuando le rogaban que cantara, sin hacerse de rogar, con su suavísima voz entonaba las canciones que le pedían. «Cuando salían de paseo —prosiguió Ana—, había que ver a Myriam cortando flores y haciendo coronas para sus compañeras. Pero cuando Myriam se excedía, sin singularizarse, era cuando se trataba de los enfermos y de los pobres. Entonces parecía más alegre que nunca, siendo una enfermera exquisita, prudente y abnegada. Y al tratar con los pobres que

acudían al templo a pedir limosna, los atendía, pareciendo que a Ella le hacían favor en recibir la limosna que les presentaba».
–Y en los ejercicios piadosos, ¿se singularizaba?
–¡Myriam singularizarse! –me respondió casi irritado Agabo–. ¿Tú crees que era una de esas beatas que tornan los ojos en blanco, llenas de amor celestial? Myriam, según me contaba Débora, ocupaba en las tribunas el lugar que se le designaba, sin andarse escondiendo por rincones para estar más recogida. Su actitud era la más natural y sin afectación, la de profunda devoción. *Omnis gloria filiae regis ab intus* (En el interior estaba la principal hermosura de la hija del rey) –me decía Débora–. Esta descripción de Myriam como mujer perfectamente equilibrada me llenaba de devoción hacia la Madre del Maestro, y con lo que luego –añadió Agabo– acabó de rebosar mi corazón de amor hacia Ella. ¿Sabes cuáles eran las virtudes características de Myriam, según me lo aseguraba Ana, quien tan íntimamente la había tratado?
–¿Su pureza virginal? –dije.
–La mansedumbre y la humildad –me respondió enfáticamente Agabo–. Era mansa y de corazón humilde. Éstas eran las virtudes que se desbordaban hacia el exterior de Ella que, desde la eternidad, había sido escogida para ser Madre de Aquel que era «*manso y humilde de corazón*».

Esta admirable declaración de Agabo me dejó encantado. Era Myriam la mujer perfectamente equilibrada, de la cual se desbordaban, sin ostentación al exterior, la mansedumbre y la humildad.

Después de un rato, Agabo prosiguió:

–Voy a contarte una escena inolvidable, en la que esas virtudes de Myriam brillaron con luz celestial. Había Myriam cumplido los quince años y estaba bellísima, rebosando salud, sin que su juventud y lozanía produjeran en los que la miraban otra impresión que la que causa una niña llena de inocencia y candor. La había llevado a la casa de sus padres en Nazaret, donde vivían con ella María Cleofás y una criada llamada Tamar. Esta mujer, que había servido en el templo y que amaba entrañablemente a Myriam, al salir ésta del sagrado recinto, había querido ir con Ella para servirla. Un día llegaron a Nazaret Zacarías y Simeón, convocando al punto un consejo de familia, con el objeto de decidir de la suerte futura de la hija de Joaquín y Ana. Reunido el grupo, Myriam fue llamada para consultar su voluntad, según lo habían dispuesto los padres de Ella expresamente. «Myriam –le dijo Zacarías–, como sabes, Simeón y yo somos tus tutores por voluntad de tus padres. Estos antes de morir nos encargaron que cuando hubieras llegado a la edad núbil, consultando tu voluntad, te diéramos un esposo que a ti fuera agradable». Al oír estas palabras. Myriam, sin la menor muestra de nerviosismo y sonriente, respondió: «Siendo vosotros los representantes de mis padres, dispuesta estoy a escuchar vuestras palabras». «Como bien sabes, la costumbre nuestra es que las jóvenes de tu edad contraigan matrimonio. ¿Estás dispuesta a seguir esta costumbre?» «Yo estoy dispuesta a hacer en todo la voluntad del Señor, a quien deseo servir». «Sabiendo que ésta sería tu respuesta –continuó Zacarías–, tanto Simeón como yo te vamos a declarar la que fue en este punto la voluntad de tus padres. Joaquín nos encargó que te buscásemos un esposo digno de ti entre los descendientes de la casa de David, y tu madre, Ana, nos encargó que si tal era tu voluntad, ese esposo fuera tu primo José». Al oír este nombre, una sonrisa angelical iluminó el rostro de Myriam. Zacarías preguntó entonces: «¿Es tu voluntad libre recibir a José, tu primo, por esposo?» «Siendo ésta la voluntad del Señor, por mis padres y por vosotros manifestada, estoy dispuesta». Varios de los pretendientes a la mano de Myriam que habían asistido a la reunión de familia con la esperanza de ser los elegidos, cabizbajos se marcharon, quedando solamente José. Entonces Simeón, dirigiéndose a él, le preguntó: «Puesto que Myriam te acepta por marido, ¿estás, tú, José dispuesto a recibir a Myriam por esposa?» Por toda respuesta, el bueno, el bonísimo y humilde José, se arrodilló y besó la orla del vestido de Myriam, la cual se apresuró a decirle que se levantara. «Como yo –concluyó Zacarías– tengo que ir a Jerusalén para entrar en funciones dentro de pocos días, ya que las partes están conformes, me parece que se proceda a la formalidad de los esponsales». En efecto, así se hizo según la antigua costumbre. Terminados éstos, Zacarías añadió: «Myriam, desde ahora quedas encomendada al cuidado de María Cleofás, y tú, José, cuando hayan pasado los seis meses de término, espero que irás a mi casa, en Hebrón, donde se celebrará el matrimonio, pues yo soy el principal tutor de Myriam».

–¿Y ésta qué hacía, qué decía? –pregunté.

–Sonreía y con gracia inimitable recibía las felicitaciones de sus parientes, dando al fin a José el ósculo de paz.

Yo estaba emocionado con esta descripción, en la que brillaba la ecuanimidad de Myriam, la cual había procedido en todo con la mayor naturalidad. Se la veía persuadida de que en el asunto de su matrimonio cumplía la voluntad del Señor.

64
SALE LA LUNA

El sol acercábase al horizonte. Desde la cumbre del Carmelo se gozaba de una vista encantadora; grandes nubes de tintes rojizos, atravesadas por haces de rayos solares, se reflejaban en las tranquilas aguas del *Mare Nostrum* (Mediterráneo), que se extendía a nuestros pies. Una vez que el sol desapareció bañándose en un mar de oro, prosiguió Agabo de esta manera:

–La vida de Myriam en Nazaret durante los seis meses que transcurrieron desde los esponsales con José, siguió el curso ordinario. Se dedicaba Ella, ayudada por la fiel e inteligente Tamar, al desempeño de sus ocupaciones domésticas, que interrumpían regando muchos tiestos de flores que adornaban al frente de su casita, limpia y bien cuidada en extremo. Tenía, además, tres cabritas, que la criada ordeñaba a la salida del sol. Por otra parte, desde que regresó a la casa paterna, una nube de blancas palomas venían diariamente a alegrar a Myriam, a la cual, mientras les arrojaba migas de pan, rodeaban por todas partes, mostrándose ansiosas de recibir su comida de manos de la doncella. Myriam, cuando había terminado sus quehaceres, se dedicaba a visitar a los enfermos del lugar, a los cuales, a más del alivio que les proporcionaba con sus palabras, llevaba alimentos por Ella preparados. Antes de tomar el suyo, solían acudir numerosos pobres, a quienes igualmente socorría y consolaba.

–Debió de ser muy querida en el pueblo –dije.

–Ya lo creo –repuso Agabo–, no te puedes imaginar lo que todos la querían, en especial los niños, que eran sus preferidos, según me contaba mi madre. Has de saber que en aquella época, habiendo muerto mi padre, tenía que salir yo de Nazaret frecuentemente para atender al negocio del vino de las viñas que había heredado. Al regresar en una de estas ocasiones, mi madre me dijo: «No sé qué le pasa a Myriam». «¿Está enferma?» –pregunté, alarmado–. «¡Ca!, no –respondió mi madre–; esa niña tiene una salud perfecta». «Pues entonces, ¿qué le pasa?» «Es que hace como una semana que apenas sale de su casita, y aunque no ha desatendido a los enfermos, sus visitas son muy cortas, luego se retira». «Pues ahora tengo que darle una noticia –dije a mi madre– que espero, no sólo hará que salga de su casita, sino también del pueblo». Se alarmó mi madre con mis palabras, y, ansiosa, me preguntó lo que pasaba. «Tranquilízate, madre –le dije–, es una noticia que le va a causar a Myriam gran alegría. Has de saber que Isabel, la esposa de Zacarías, está encinta». «Imposible –exclamó mi madre–; Isabel pasa de los setenta». «Pues la noticia es perfectamente cierta, yo acabo de ver a Isabel, la cual, por cierto, se ha recluido en sus habitaciones». «Y hará muy bien –añadió mi madre–; ¡La gente es tan chismosa! Gracias a Dios que está en Hebrón; que si hubiera estado en Nazaret, lo que se hubieran reído de ella los de aquí. ¿Y se lo vas a decir a Myriam?» «Seguramente, madre; a Ella le dará un gusto extraordinario. Por otra parte, ya han pasado casi tres meses desde los esponsales de Myriam, se acerca el tiempo de su matrimono con José, matrimonio que deberá verificarse en Hebrón, y al cual yo no debo faltar». «Y, a propósito, ¿cómo sigue Zacarías?» –me preguntó mi madre–. «Pues mudo y sordo como una tapia desde que le pasó, hace seis meses, una cosa extraordinaria en el templo». «¿Y le diste la noticia a Myriam? ¿Qué dijo?» «Le dio gran susto, aunque no pareció sorprenderse, pues me dijo: "Para Dios nada hay imposible"». «¿Y marchó a ver a Isabel?» «Yo le dije que fuera a visitarla, y Myriam me respondió que aunque mucho deseaba verla y felicitarla, el viaje dependía de María Cleofás y de José, su prometido esposo».

III. ¿Y AHORA, QUÉ?-64. SALE LA LUNA

Viendo yo –prosiguió Agabo– que Myriam no diría palabra, le conté el caso a María Cleofás y luego a José, el cual se quedó sorprendido, pues Isabel ya era muy vieja; pero cuando le dije que Myriam me había dicho que para Dios no hay nada imposible, luego creyó y dio su consentimiento, y él mismo fue a ver a Cleofás, y los dos decidieron que Myriam fuera a Hebrón acompañándola Tamar, y encargándome a mí que las llevara, a lo que accedí gustosísimo. «Por otra parte –añadió José–, el tiempo de nuestro matrimonio se acerca. Yo me quedo a trabajar y hacer mis ahorritos, y antes de tres meses iré para la boda; lo que siento es que Zacarías esté mudo, pero no importa, Simeón hará sus veces». Y con esto, Myriam, después de liar en un bulto los vestidos que su madre Ana había usado el día de su boda con Joaquín y hacer otros preparativos, acompañándola Tamar, yo y dos criados, marchamos a Belén, a la casa de Phanuel, pariente de Myriam, para que de allí se dirigiera a Hebrón a la de Zacarías. En Belén se nos reunió un pastor llamado David, que Isabel había enviado para que nos guiara.
 –¿Y fuiste con ella hasta Hebrón?
 –Ciertamente –me respondió–, y ahora te voy a contar algo que pasó cuando salíamos de Nazaret. Notando que Myriam miraba complacida los campos llenos de lirios, le rogué que nos detuviéramos para cortarle algunos. Mientras yo hacía eso, apareció en el cielo una parvada de palomas, que vinieron a posarse junto a Myriam. «Mis queridas palomitas –dijo Ella–; pobrecitas, sin duda, nadie os ha dado hoy de comer. ¿Habéis venido a buscarme?» Y aquellos animalitos, como si hubieran entendido, empezaron a arrullar, rodeando a Myriam por todas partes. «Tamar –dijo Myriam–, dame un puñado de trigo, que las palomitas deben tener hambre». La criada obedeció luego, y Myriam, bajando de su cabalgadura, tomando en sus bellísimas manos el trigo, dejó que las palomas fueran a picar los granos, mientras ella les hablaba cariñosamente, como era su costumbre en Nazaret. Cuando todas las palomas hubieron comido, Myriam les dijo: «Ya podéis marcharos». Pero las palomas, arrullando y haciendo la rueda, permanecían alrededor de Myriam. «¡Ah! –exclamó Ella–. Es que tienen sed. Agabo, por favor, un poco de agua en la concha». Yo, al instante, hice lo que Ella me mandaba; había que ver cómo venían a beber del agua de la concha que Myriam tenía en las manos. «Ahora sí –dijo Ella–, ya podéis marcharos». Y las palomas levantaron el vuelo.
 La descripción que hizo Agabo de Myriam cuando daba de comer y beber a sus palomas me tenía embelesado. Aquél prosiguió:
 –Al llegar a Hebrón, mandé a David, el pastor, que fuera a anunciar nuestra llegada. La casa de Zacarías está sobre una pequeña colina, al pie de la cual nos apeamos. Bajo el emparrado que adorna la entrada de la casa estaba la anciana Isabel, quien se disponía a bajar para recibir a su prima, pero ésta le dijo: «Espera, no bajes, que puedes hacerte daño; yo subiré en seguida». Myriam, abrazando a su prima, la saludó, a lo cual siguió una

escena que presenciamos solamente Tamar y yo. No bien Isabel oyó la salutación de Myriam, cuando el rostro de la anciana se llenó de una luz celestial, y en alta voz exclamó: «*Bendita tú eres entre las mujeres, y bendito es el fruto de tu vientre*». Y, arrodillándose delante de su prima, prosiguió Isabel: «*¿Y de dónde a mí tanto bien que la Madre de mi Señor venga a visitarme?*» Myriam rogó a la anciana que se levantara; pero ésta, arrodillada, prosiguió: «*Pues lo mismo fue llegar a mis oídos la voz de tu salutación, que dar la criatura saltos de júbilo en mi vientre. ¡Oh bienaventurada tú, que has creído! Porque se cumplirán sin falta las cosas que te han sido dichas de parte del Señor*». Myriam volvió a rogar a su prima que se levantara, y cuando ésta, ayudada por Ella y Tamar, se puso en pie, todo el delicado cuerpo de Myriam resplandeció, y su rostro se llenó de una luz celestial, brillando como dos luceros sus bellísimos ojos, Levantando entonces sus manos, exclamó: «*Proclama mi alma la grandeza del Señor, se alegra mi espíritu en Dios, mi salvador; porque ha mirado la humillación de su esclava. Desde ahora me felicitarán todas las generaciones, porque el Poderoso ha hecho obras grandes por mí: su nombre es santo, y su misericordia llega a sus fieles de generación en generación. Él hace proezas con su brazo: dispersa a los soberbios de corazón, derriba del trono a los poderosos y enlatece a los humildes, a los hambrientos los colma de bienes y a los ricos los despide vacíos. Auxilia a Israel, su siervo, acordándose de la misericordia —como lo había prometido a nuestros padres— en favor de Abrahán y su descendencia por siempre*». Tamar y yo habíamos caído de rodillas, mientras Isabel, embelesada, escuchaba las palabras de su prima. Cuando ésta terminó de hablar, el resplandor que la había circuncidado se fue esfumando poco a poco, y nos encontramos de nuevo con la Myriam de todos los días, llena de mansedumbre y humildad, que ayudaba a la anciana a sentarse y nos rogaba que nos pusiéramos en pie.

Estaba yo tan embelesado, que no quise interrumpir la narración de Agabo.

—Después de esto —prosiguió Agabo—, con la mayor naturalidad del mundo, como si nada hubiera sucedido, Myriam preguntó a su prima por la salud de Zacarías, y la anciana le contó lo acaecido en el templo a su marido, el cual había quedado sordo y mudo. Yo me iba a marchar; pero Isabel no lo quiso permitir de ningún modo, y Myriam apoyó la idea diciéndome que tenía algo que contar a su prima, y deseaba que yo lo oyera. Por supuesto, las palabras de Myriam fueron un mandato para mí. Tengo que decirte que, después de aprender con José el oficio de carpintero, cuando tenía yo catorce años, mi padre me mandó a la escuela de los escribas del templo para que me instruyera en la ley y llegara un día a ser rabí. Permanecí allí cuatro años; pero habiendo muerto mi padre, tuve que hacerme cargo de mi herencia. Durante el tiempo que permanecí en la escuela de los escribas me hice muy amigo de un joven llamado Baruc.

—Mucho le conocí –dije–, y asistí a su graduación como rabí. Por cierto que defendió de manera brillantísima la tesis de que «era llegado el tiempo del cumplimiento de la profecía de Daniel, por la cual ya decía haber nacido el Libertador de Israel».

—Pues bien: desde joven se dedicó a estudiar especialmente la profecía de Daniel y la de Isaías, y yo con él mucho estudié esta última, así como todas las que se relacionaban con el Mesías, y especialmente con su futura Madre. Con esta explicación podrás entender el efecto que me causaron tanto las palabras de Isabel como las que Myriam acababa de proferir. Ésta, con quien había yo hablado de las profecías durante nuestro viaje, con su clarísimo entendimiento, comprendió que el sagrado velo se había rasgado ante mis ojos, y por eso, sin duda, y por su grandísima bondad, quiso que yo fuera testigo de lo que iba a revelar a su prima.

Yo, que hasta aquel momento nada sabía de lo que relataba Agabo, escuchaba sus palabras con expectación creciente. Agabo, pues, prosiguió:

—Sentadas bajo el emparrado Myriam e Isabel, yo en pie con profundo respeto y Tamar arrodillada cerca de su ama, escuchamos sin respirar las palabras de aquella mujer bendita entre todas, que con su naturalidad y candor acostumbrados empezó así: «Bendice al Señor del cielo y glorifícale delante de todos los vivientes, porque ha hecho brillar sobre ésta su esclava su misericordia infinita. Porque así como es bueno tener oculto el secreto confiado por el rey, es cosa muy loable el publicar y celebrar las obras de Dios; y ya que el mismo Señor se ha dignado revelarte a ti, Isabel, ese secreto que tú, inspirada por Él, has hecho público (y nos miraba a Tamar y a mí), no veo por qué, conociendo tu discreción, no he de contar, llena de gozo, las cosas grandes y maravillosas que ha hecho en mí Aquel que es todopoderoso y cuyo nombre es Santo. Hace cerca de un mes desperté llena de un gozo inefable, y no pudiendo contenerlo en mi corazón, empecé a cantar aquellas palabras de Isaías: *«Cielos, enviad el rocío de lo alto, y las nubes lluevan al Justo; ábrase la tierra y germine al Salvador».* Fui a abrir la ventana para mirar al cielo, que empezaba a teñirse con los rosados tonos de la aurora. De pronto vi a mi lado un ser lleno de luz que, postrándose delante de mí, decía: *«Dios, te salve, ¡oh llena de gracia!; el Señor es contigo; bendita tú eres entre todas las mujeres.* Yo quedé sorprendida con aquella salutación, y me puse a considerar lo que significaría, permaneciendo sin responder por largo rato. Entonces el ángel del Señor me dijo: ¡Oh, Myriam! No temas, porque has hallado gracia ante los ojos de Dios. Levanté los ojos, y miré al ángel. Sábete, continuó, que has de concebir en tu seno, y darás a luz un Hijo, a quien pondrás por nombre Jesús. Éste será grande, y será llamado Hijo del Altísimo, al cual el Señor Dios dará el trono de su padre David, y reinará en la casa de Jacob eternamente, y su reino no tendrá fin. Entonces respondí al ángel: ¿Cómo ha de ser esto, pues yo no conozco varón? El ángel en respuesta,* *me dijo: El Espíritu Santo descenderá sobre ti, y la virtud del Altísimo te cubrirá con su sombra, por lo cual lo santo que de ti nacerá será llamado Hijo de Dios. Y ahí tienes a Isabel, tu parienta, que también ha concebido un hijo en su vejez; la que se llamaba estéril, hoy cuenta ya el sexto mes, porque nada es imposible para Dios. Entonces yo le respondí: He aquí la esclava del Señor; hágase en mí según su palabra».* Y dicho esto, el ángel partió. ¿No os parece justo –concluyó Myriam– que mi espíritu se regocije en Dios, el Salvador mío, pues poniendo los ojos en la bajeza de su esclava, hará que la aclamen bienaventurada todas las edades? Tú, querida prima, has sido la primera, después del ángel, en llamarme bendita entre las mujeres y yo jamás me cansaré de dar gracias porque hizo en mí el Todopoderoso cosas tan admirables». Así terminó Myriam su narración con sencillez y candor –dijo Agabo–, considerándome feliz por haber oído de los labios de aquella mujer bendita la genuina historia del principio de nuestra redención. ¿Te parece extraño que, después de lo que te he contado, me haya yo dedicado con todas mis fuerzas a honrar a Myriam, la Madre del Salvador?

–Sobrada razón tienes en dedicarte a propagar su culto –dije– y en hacer que las generaciones venideras sigan pregonándola Bienaventurada.

En aquellos momentos, la luna se levantaba radiante tras de las montañas de Moab.

65
JOSÉ

La atmósfera estaba tibia y la noche tan apacible, que, aunque no hubiéramos estado Agabo y yo engolfados en conversación tan del agrado de nuestros corazones, sólo por gozar de aquel ambiente tranquilo hubiéramos permanecido allí varias horas mirando el mar, donde la luna rielaba.

–Lo que voy a contarte –prosiguió Agabo– tiene una parte muy tierna y triste; pero no quiero adelantar la relación de los sucesos. Después de la escena que acabo de narrar, tuve que regresar a Nazaret, dejando a Myriam con su prima, atendida cariñosamente por la inteligente Tamar.

–¿Y le contaste a José algo de lo acaecido?

–De ningún modo –repuso Agabo, resentido por mi indiscreta pregunta–; era un secreto que, en su bondad, nos había confiado la llena de gracia, la bendita entre las mujeres, y ciertamente, José hubiera sido el último a quien se le hubiera revelado. No debía ser ningún instrumento humano el que se lo había de dar a conocer.

Yo me quedé cortado, y no dije palabra.

–Cuando llegué a Nazaret con el corazón rebosando respetuoso amor a aquella bendita mujer, y queriendo hacer algo para mostrarle mi vasallaje, rogué a mi madre que, de acuerdo con Cleofás, fuera, desde luego, arreglando la casita donde debía habitar Myriam cuando regresase, ya casada con José. Y mi madre con todo empeño puso manos a la obra, sufragando yo los gastos sin que José lo notara. Antes de dos meses, la morada de Myriam estaba hecha una tacita de plata. Sin embargo, el cuarto donde el ángel la había saludado quedó intacto. «Creo que ese cuarto –había yo dicho a mi madre– no necesita reforma alguna; por otra parte, tiene muchos recuerdos para Myriam; allí nació ella y allí murieron sus padres». «Tienes razón, hijo –respondió mi madre–, ese cuarto hay que dejarlo como estás». Por aquellos días José recibió un mensaje urgente de Isabel, lo que hizo que se decidiera a marchar luego a Hebrón, rogándome le acompañara. Yo, que conocía el secreto, comprendí luego la urgencia de Isabel, pues Myriam estaba en el tercer mes de su embarazo. Al día siguiente, muy de madrugada, emprendimos el viaje, sin que los habitantes de Nazaret se dieran cuenta de nuestra partida.

–¿Iría contento José?

–Como unas castañuelas iba de alegre, y solamente sentía no poder hacer más por aquella virgencita, a quien tanto amaba y reverenciaba en su noble corazón. «Llevo aquí –me decía José, señalando una mula– los vestidos nupciales de mis abuelos, que, aunque muy viejos, están como nuevos. Myriam, cuando celebramos los esponsales, me los pidió para repasarlos, y quedaron muy vistosos». Como los dos amábamos tanto a Myriam, durante todo el camino no hablamos sino de Ella. José, que me había conocido desde chico y mucho me quería, me abrió su corazón con el candor y humildad que le eran característicos. «Cuando me avisaron Zacarías y Simeón que se trataba de dar esposo a Myriam, y que yo, como primo suyo, debía estar presente a la junta de familia, se apoderó de mi alma una especie de temor. ¿Quién sería el escogido para su esposo? Con toda verdad te digo que ni por la mente me pasó que me escogieran a mí; nunca me había considerado digno de aquella virginal jovencita a quien yo había amado y reverenciado tanto desde niña. La consideraba como un ser superior, un ángel en carne humana, destinada para algo fuera de lo ordinario, tanto que cuando pensaba que el Redentor de Israel había de nacer de mujer, no me podía imaginar que ésta pudiera ser más perfecta, más agraciada que Myriam». Como yo estaba ya en el secreto –prosiguió Agabo–, al oír a José explicarse de aquella manera, veía palpablemente la Providencia divina que le había destinado para esposo de Ella. Queriendo sondear más su corazón, le pregunté: «Y por qué sentiste ese temor?» El bonísimo y humilde José no se atrevía a responderme; pero yo, que conocía a los otros pretendientes de Myriam, sonriendo maliciosamente, le dije: «¿Los otros no te parecían dignos?» «La verdad –respondió–, yo hubiera querido para Ella un príncipe, un hombre justo que supiera apreciar aquel tesoro». «¿Y no lo encontrabas?» «A la verdad, no» –me respondió con todo candor. Y tratando de acorralarle, para sondear más su corazón, le pregunté: «¿Qué sentiste cuando Zacarías dijo a Myriam que tú eras el escogido?». José se llenó de rubor, y, haciendo un esfuerzo, me respondió: «Cuando vi que Myriam, al oír mi nombre, pareció alegrarse y me miró con cariño, me sentí lleno de valor para ser siempre el protector de aquella niña privilegiada, a quien ningún hombre debería acercarse sino de rodillas; por eso me postré ante Ella, y besé la orla de su vestido. Al escuchar esa valiente y nobilísima respuesta del carpintero de Nazaret, mirándole con profundo respeto, dije para mí: «Es infinitamente sabia la Providencia divina; este menestral, descendiente de David, ha sido el único en comprender que Myriam estaba llamada para algo extraordinario, sin que pudiera darse cuenta exacta de lo que era ese algo. Entendiendo, sin embargo, que necesitaba protección aquella virginal criatura, él se sentía con ánimo para protegerla y cuidarla, como un centinela protege y cuida a su señora, a su reina. Y José, como si se hiciera eco de mis pensamientos, terminó: «Con el derecho de esposo de Myriam, yo seré siempre su esclavo. Ella es y será mi Reina».

Oyendo este relato de Agabo, me atreví a preguntar:

—¿Y José no tendría entonces noticia del misterio?

—Al oír hablar así a José, tuve el mismo pensamiento que tú; pero por nuestras conversaciones posteriores, llegué a convencerme de que nada sabía —me respondió Agabo—. Al fin llegamos a Hebrón, y como había enviado anteriormente a un criado para que anunciara nuestra llegada, Myriam nos esperaha bajo el emparrado. José, apenas llegó, se arrojó a los pies de Myriam, y besó la orla de su vestido; pero la doncella hizo luego que se levantara, le llevó a saludar a Isabel, quien, con artificio muy femenino, empezó a hacer a José preguntas para ver si se había dado cuenta del embarazo de Myriam; pero dedujo que no había notado nada. Una acción sumamente natural vino a descubrirle el estado de su prometida, la cual, por otra parte, no trataba de ocultarlo, procediendo, como de costumbre, con toda naturalidad. Empezamos, como era razonable, a platicar de los preparativos para el matrimonio. Delante del emparrado estaban nuestras tres bestias esperando que las descargáramos. José se dirigió a la que traía sus bultos, yo a la que traía los míos, y Myriam, tan hacendosa como siempre, fue a descargar la de en medio. Pero en cuanto la vio Tamar, gritó desde lejos: «No, niña, por Dios, no hagas esfuerzos; en el estado en que te encuentras te va a hacer daño; espérame, ya voy, no hagas esfuerzos». Yo —prosiguió Agabo— miré a Isabel, ella a José y a Myriam. Al principio creyó José que se trataba de otra enfermedad, y miró a la doncellita fijamente, y la verdad apareció entonces ante sus ojos. El bueno de José palideció repentinamente; se le puso el rostro cadavérico; permaneció inmóvil por unos minutos, y, al fin, haciendo un esfuerzo sobrehumano, tomando el cabestro de la mula, se dirigió al establo sin decir palabra. Al ver esto Myriam, elevó sus manos y sus ojos al cielo, y después, bajando la cabeza, exclamó: «Hágase tu voluntad». Isabel se levantó penosamente, y fue a abrazar a su prima, la cual, llena de pena por lo que estaba pasando José, escondiendo su rostro virginal en el regazo de la anciana, se puso a llorar. «¿Por qué no lo dices tú?» –propuso Isabel–. Entonces Myriam, mirándola, le preguntó: «¿Quién te lo dijo a ti; acaso fui yo?» «Fue el Divino Espíritu» –respondió la anciana–. «Pues a Él le toca decírselo a José, como se lo he pedido de todo corazón. Pobrecito, lo que estará sufriendo». «Yo tuve la culpa de todo» –gimió Tamar, de rodillas ante su ama–. «No, hija mía –le respondió ésta–, tú solamente has sido un instrumento de la Providencia divina; no has tenido culpa alguna; levántate, hija mía, y ten buen ánimo. El Señor todo lo arreglará». Mientras tanto –continuó Agabo–, yo había seguido a José. Éste llegó al establo, como un autómata, ató la mula, y luego, arrojando el aparejo al suelo, se postró sobre él y se puso a llorar. «No es posible –repetía–, no es posible; y, sin embargo... ¿Qué hago, Señor, qué hago?» Myriam, pensando siempre en los demás, había hecho que Isabel se acostara, y Ella se sentó junto a su lecho, orando y llorando. «Pobrecito José –repetía–. Señor, Tú todo lo puedes; pero hágase tu voluntad». Tamar estaba afligidísima por lo que creía culpa suya, y pensando que su ama necesitaba tomar algo, le preparó hojas de naranjo, y se las llevó, rogándole que las tomara. Myriam no quiso rehusar de esta atención de Tamar, pero le dijo: «Trae otra onza, pues Isabel lo necesita más». Y Ella misma se la sirvió a su prima. «Yo –continuó Agabo–, no queriendo dejar solo a José, me fui al establo, y allí tendido en el suelo pasé la noche. Debí dormir profundamente; cuando desperté, alguien me tocaba. Era José con el rostro resplandeciente de alegría, quien, al propio tiempo, me decía: «He sido un insensato, un loco; quiero verla, arrojarme a sus pies y pedirle perdón. ¿Me acompañas? ¿Se habrá levantado ya?» Pues era apenas el alba. Aunque todo lo entendí claramente, no dije una palabra. Mientras llegábamos a la casa, José me contó: «Esta noche vi en sueños al ángel del Señor, el cual me dijo: *"No tengas recelo en recibir a Myriam, tu esposa, porque lo que se ha engendrado en su vientre es obra del Espíritu Santo"*. «Y yo, necio de mí, que había pensado abandonarla. Quiero pedirla perdón». Myriam, que había pasado peor noche que José, ya le esperaba, sonriente, bajo el emparrado. José se arrojó a sus pies, diciéndole: «Mi niña, mi Reina, ¿me perdonas?» Myriam, dulcemente, puso su mano virginal en la boca, y le obligó a ponerse en pie, suplicándole que no hablase ni una palabra más del asunto. «¿Pero no se lo podré contar a Isabel?» –preguntó, compungido, José–. «Como gustes» –le respondió Ella, sonriendo. Y la buena anciana, saliéndole al encuentro, le rogó que le contara todo.

–¿Y no me lo cuentas a mí? –pregunté a Agabo.

Este rió de mi curiosidad, y en pocas palabras me dijo lo que le había pasado.

–La sorpresa que tuvo el bueno de José –dijo Agabo– al enterarse que Myriam estaba encinta, te la puedes figurar. Luchaba en su mente, por una parte, la opinión altísima que tenía de Ella, y, por otra, la evidencia del hecho. Culparla, no se atrevía, no podía creer nada malo de Ella. ¿La recibiría así por esposa? No sabía qué hacer, y al fin decidió marcharse al día siguiente, dejándola. Pero el ángel del Señor, en sueños, le reveló el hecho de la encarnación del Verbo por obra del Espíritu Santo, y le dijo que no temiera tomarla por esposa, anunciándole que, a su tiempo, Myriam daría a luz un Hijo, al que pondrían por nombre Jesús, pues sería el Salvador de su pueblo, librándole de los pecados. Myriam, para distraer a José de sus pensamientos tristes, le dijo que era preciso forzar el matrimonio, para lo cual no había dificultad, pues todo estaba preparado. Y en la casa de Zacarías, haciendo Simeón las veces de padre de Myriam, se verificó solemnemente el matrimonio, al que se siguió, como de costumbre, un gran banquete, para lo cual, yo, Agabo, proporcioné abundante y excelente vino.

66
LA ESTRELLA

—¿Estaba Myriam con Isabel cuando nació Juan?

—Mucho lo deseaba Ella; pero Isabel le dijo: «Es preciso que, cuanto antes, regreses a Nazaret para que aquella gente no note más de lo necesario. Y, pensando en esto –añadió la anciana–, con mis propias manos te he hecho esta túnica para que la uses allí; es preciso cuidarse de las chismosas». «Dices muy bien –respondióle Myriam–, pues aunque sé que Dios vela por mí de modo especial, sin embargo, yo debo tener cuidado para que el "secreto del Rey" no sea mal interpretado». Y, en efecto, la modestia y prudencia de Myriam, por quien Dios velaba de modo especialísimo, produjeron el efecto deseado –dijo Agabo.

—Pero cuando llegó su tiempo a Myriam, ¿algún ángel le dijo en sueños a José que debía salir de Nazaret?

—En esa ocasión no fue un ángel –respondió, sonriendo, Agabo–, sino los enviados del César, que promulgaron el empadronamiento de todo los habitantes de Palestina, cada cual en el lugar de su origen. Y así, sin que a nadie le llamara la atención, José y María, acompañándolos Tamar, marcharon a Belén, lugar de origen del primero, como descendiente de la familia de David.

—Según me contaron unos pastores, Jesús nació en una cueva dedicada a establo. ¿Cómo fue que José llevó a Myriam a aquel lugar, en vez de encontrarle abrigo en una de las casas de Belén?

—Desde luego, porque no encontró lugar en el *khan*, o posada pública, por haber muchísima gente; pero principalmente porque Myriam le había dicho que quería estar sola, y cuando José le indicó que había una amplia cueva, aunque incómoda, donde podía encontrar la soledad que Ella deseaba, Myriam recibió la noticia con verdadera alegría. Por eso la llevó al establo.

—Se ve —dije— que Myriam, en cuanto estaba de su parte, quería guardar «el secreto del Rey».

—Así era —prosiguió Agabo—; pero el Rey lo fue descubriendo poco a poco, y a quien debía ser descubierto, según su admirable Providencia. Dios fue quien, primero que nadie, se lo reveló a Isabel, luego a José, y cuando la soledad y la oscuridad de la noche reinaba en la gruta de Belén, se lo reveló a los pastores.

—Me llama la atención —añadí— que estuvieran los pastores en campo raso, en vez de estar con sus rebaños en los apriscos, en especial en noche tan fría, como me han contado.

—Aquellos pastores eran nómadas, verdaderos hombres del desierto, quienes diariamente cambian de lugar en busca de nuevos pastos. No eran betlemitas, habitantes de la población, sino pastores errantes, como he dicho, los cuales al día siguiente marcharían a otros lugares con sus rebaños. De esta suerte, «el secreto del Rey» se esparcería entre las gentes sencillas del campo, hombres de buena voluntad, a quienes iba dirigido el mensaje angélico. Después de haber nacido el Salvador en la oscuridad, sin que nadie se hubiera dado cuenta, quiso el cielo revelar «el secreto del Rey», y envió, no un ángel, sino una turba angélica, a los humildes pastores, anunciándoles que había nacido el Deseado, y estaba en un establo envuelto en pañales. Y cuando los pastores dieron estas noticias a Myriam, Ella, fiel a su conducta, en lugar de publicar la noticia por doquier, *«guardaba todas aquellas palabras en su corazón».*

—¡Qué admirable conducta la de Myriam!

—Pues espera —prosiguió Agabo—; consecuente con sus principios, Myriam quiso que, sin ruido, sin notoriedad alguna, su Hijo fuera circuncidado según la ley. Y, pasados los cuarenta días, Ella se sometió gustosa a la ley, que no le obligaba, y fue a purificarse y a presentar a su Hijo en el templo y a rescatarle, por ser su primogénito. Pero el Rey quiso de nuevo que el secreto fuera revelado, y así, el Espíritu Santo llevó a Simeón al templo, dando respuesta a sus fervorosas plegarias, y entonó el anciano aquel bellísimo canto que no te es desconocido: *«Ahora, Señor, puedes dejar a tu siervo irse en paz, según tu palabra».* Y, no conforme con esto el Señor, también le reveló el secreto a la profetisa Ana. Pero el pueblo tenía oídos y no oía, y ojos y no veía, y Myriam guardaba el secreto de su corazón.

—Y se volvieron José y Myriam a Nazaret.

—Mucho tiempo había de pasar antes que regresaran —me contestó Agabo—, pues el Rey iba a descubrir el secreto a otros reyes, sin que Myriam hablara una sola palabra de las maravillas que de su Hijo se decían. Desde luego, José, muy prudentemente, no pensó regresar a Nazaret, pues esto hubiera podido dar pábulo a las chismosas para interpretar mal el

«secreto del Rey». Así, pues, José se fue a vivir a una casita situada a la orilla de la población de Belén.
-¿Y allí los visitaron los Magos?
-Voy a contarte cómo pasó ese notabilísimo suceso. Un día todo Jerusalén se alborotó con la llegada de ostentosa caravana encabezada por tres príncipes orientales, montados en gigantescos y blancos dromedarios. Los criados de estos príncipes, en nombre de sus señores, preguntaban: *«¿En dónde está el Rey de los judíos, que ha nacido?»* Nadie sabía darles razón. Se dirigieron entonces los Magos, que así los llamaba el pueblo, al palacio del rey, y suponiendo que él mejor que nadie lo sabría, le preguntaron: *«¿Dónde está el Rey de los judíos que ha nacido?»* Herodes turbóse terriblemente; pero, ocultando su turbación y muy cortésmente, les preguntó quién les había dado aquella noticia, a lo cual respondieron ellos: *«Vimos su estrella en el Oriente, y hemos venido a adorarle».* Herodes quedó algún tanto tranquilo viendo que no había sido dada la extraordinaria noticia por alguno de sus envidiosos y arteros enemigos, que trataran de fraguar una revolución para elevar al trono a un nuevo rey. La sinceridad de los Magos le aseguró de esto; pero como era muy supersticioso, se turbó temiendo a un rey anunciado de modo tan maravilloso a tres poderosos príncipes orientales, quienes podrían aliarse con él. Inmediatamente envió esbirros a que averiguaran por todo Jerusalén si alguien había visto una estrella extraordinaria las noches anteriores. Por otra parte, aunque Idumeo sabía muy bien que Balaam había predicho que cuando viniera «el que había de venir», aparecería la *estrella de Jacob.* Como esta cuestión de los Magos era de orden exegético, y solamente podrían responderla los príncipes de los sacerdotes y los escribas del pueblo, los convocó, y preguntóles: *«¿Dónde había de nacer el Mesías?»* Sin la menor duda, y todos unánimes, presentaron al rey el rollo de la profecía de Miqueas, y en el capítulo 5 le mostraron el versículo 2, que decía: *«Y tú, Belén, tierra de Judá, de ninguna manera eres la menor entre las principales de Judá, porque de ti ha de salir el Caudillo que regirá mi pueblo de Israel».* Pero -objetó Herodes- hay varios pueblos llamados Belén. ¿De cuál de ellos se trata? «¿De Belén Efratá, es decir, de Belén de Judea» -le respondieron-. «Podéis marcharos» -repuso Herodes-. Y dirigiéndose a la habitación en que estaban los Magos, les dijo: «He consultado a los letrados de Israel, y todos están conformes en que el Mesías, cuya estrella decís haber visto, nacerá en Belén de Judea, que sólo dista de aquí dos horas de camino a pie». Se alegraron en extremo los Magos, y se disponían a marchar, cuando Herodes les dijo: «No tenéis prisa, pues si la estrella que decís haber sido vuestro guía os ha de conducir al preciso lugar de Belén, donde se encuentra el Mesías recién nacido, tenéis que esperar la noche para poderla ver». Parecióles muy razonable la razón del rey, por lo cual, invitados por él, aceptaron el banquete que les ofreció.
-¿Y qué motivo tenía Herodes para detenerlos?

III. ¿Y AHORA, QUÉ?-66. LA ESTRELLA

—Una razón muy poderosa de la tortuosa política de aquel bandido coronado —me respondió Agabo—. La llegada de los Magos conmovió a todo Jerusalén; había, pues, que quitar de la escena a aquellos príncipes orientales para evitar que los agitadores se valieran de un motivo religioso, el más potente de todos para levantar al pueblo judío. Haciéndoles marchar de noche, muy poca gente se daría cuenta de su salida, y al día siguiente se esparcería la noticia de que no había habido estrella de ninguna clase, pues nadie la había visto; por consiguiente, la razón de los Magos había sido una ilusión y nada más. El Mesías no había nacido aún. Por otra parte, pensó Herodes que aquellos sencillos príncipes le servirían, mejor que nadie, de espías, caso de que hubiera realmente nacido el Mesías. Ellos le encontrarían, y le darían razón precisa de dónde se encontraba. Por eso, en una sesión secreta con los Magos, les dijo: «Yo, después de vosotros, quiero ser el *primero en ir a adorarle* y ponerme a su disposición con todos mis súbditos como lo merece el Mesías prometido. Pero esto requiere mucho secreto, como bien comprenderéis. Id a Belén, y preguntad con diligencia por el Niño, que a vosotros se dará a conocer, ya que os ha enviado el cielo una estrella para indicaros el camino. Acampad esta noche en las afueras de Belén para que nadie se perturbe. Mandad en seguida a vuestro intérprete para que él, con maña, dé con la casa donde vive el Niño, y después que lo hallareis, *hacédmelo saber para que yo también vaya a adorarlo.*

—Ya veo la razón —dije.

—Pero le pasó a Herodes lo que había dicho Jeremías: *«Tu arrogancia te engañó y la soberbia de tu corazón..., y aunque alces como águila tu nido, de allí te haré descender, dice el Señor»* (Jr 49, 16). Los buenos Magos, siguiendo los consejos del rey, salieron de noche... Pero no bien dejaron la ciudad, cuando con regocijo inmenso vieron aparecer la estrella, invisible para los habitantes de Jerusalén. Llenos de gozo, apresuraron el paso de sus poderosas cabalgaduras, y antes de una hora estaban en las cercanías de Belén, viendo que la estrella se detenía precisamente sobre la casa donde habitaba el Niño Rey. Plantaron inmediatamente sus tiendas en el campo y enviaron sin dilación al intérprete a preguntar, en la casa sobre la cual se había detenido la estrella, si allí habitaba el que había nacido Rey de los judíos. Mientras tanto, cambiaron sus vestidos por los más ricos que llevaban y prepararon los presentes que habían de ofrecer al Niño Rey.

—¿Y qué pasó cuando el intérprete hizo la pregunta?

—Ya estaban todos dormidos. Tamar, al oír que tocaban, se levantó y fue a ver lo que ocurría, preguntando quién era el que tan a deshora llamaba. Con gran sorpresa oyó que le decían: «¿Es aquí donde habita el que ha nacido Rey de los judíos?» «¿Y quién lo busca?», preguntó la criada. A lo que el intérprete contestó: «Son tres príncipes, que han visto su estrella en el Oriente y han venido a adorarle».

—¿Y la estrella seguía sobre la casa?

–Seguramente –respondió Agabo–, llenándola de esplendorosa luz; pero no era visible en Jerusalén, donde Herodes la buscaba desde la azotea de su palacio, riendo de la candidez de los Magos. Tamar despertó a José y le pasó el recado. A su vez, José despertó a Myriam y le dijo lo que pasaba. Ella, sonriendo y pensando en su corazón que el cielo quería revelar el «secreto» a aquellos reyes, dijo a José que los admitiera, y tomando al Niño Rey en su regazo, esperó la llegada de los Magos. Éstos, con sus vestiduras reales, entraron en la casita iluminada por la estrella, y viendo al Niño con su Madre, Myriam, postrándose, le adoraron. Por medio del intérprete le dijeron quiénes eran y cómo la estrella los había guiado, y abriendo sus tesoros le ofrecieron sus dones: *oro, incienso* y *mirra*. Después de lo cual besaron el piececito del Niño Rey, prometiendo regresar al día siguiente, pues era ya muy noche; con lo cual, haciendo profundas zalemas, se retiraron gozosísimos a sus tiendas. Por largo rato departieron entre sí de la dicha que habían tenido, haciendo propósito de ir a Jerusalén para dar cuenta a Herodes de lo ocurrido. Después de esto, felices, se entregaron al sueño; pero no bien se habían dormido, cuando en sueños *fueron, por revelación, avisados de que no volviesen a Herodes*. Despertaron los tres y cayendo en cuenta de la trampa del villano rey, levantaron al punto sus tiendas en la oscuridad de la noche, y, sin entrar en Jerusalén, *volvieron a su tierra por otro camino*. Mientras tanto –continuó Agabo–, José y María, gozosísimos de ver cómo iba el cielo descubriendo «el secreto del Rey», se quedaron dormidos. Poco después de corto rato, cuando ya los Magos habían levantado sus tiendas, el ángel del Señor apareció en sueños a José y le dijo: «*Levántate, y toma al Niño y a su Madre y huye a Egipto, y estate allí hasta que yo te lo diga, porque Herodes buscará al Niño para matarlo*». Se despertó José, contó a Myriam lo que el ángel le había dicho, y sin pérdida de tiempo, ayudado por Tamar, recogieron lo indispensable y Myriam se dispuso a marchar. «¿Y qué hacemos con estos dones que trajeron los Magos?» –preguntó José a Myriam–. «Dame –respondió ella– el incienso y la mirra; yo los guardaré». Y mientras los acomodaba en un bulto, recordó las palabras que Simeón le había dicho: *«y una espada traspasará tu alma, para que sean manifestados los pensamientos de muchos corazones»*, y estrechando Myriam contra su corazón el bulto de la mirra, se ofreció al Señor diciendo: *«He aquí la esclava del Señor; hágase en mí según tu palabra»*. Después, tomando al Niño en sus brazos, siguiendo a José y Tamar, subió al asno que aquél le tenía aparejado, y sin decir palabra marchó a Egipto.

67
NAZARET

El tiempo se iba deslizando sin sentirlo, pues tanto Agabo como yo no nos cansábamos de hablar de Myriam.

III. ¿Y AHORA, QUÉ?-67. NAZARET 887

–Voy ahora a referirte su vida en Nazaret durante los años de la niñez y adolescencia de Jesús.

–Te agradezco me hables de esa época de la vida de Myriam, pues me es enteramente desconocida, si bien supongo que sería una vida sumamente tranquila, dado que aquella familia era ejemplar de todas las virtudes.

Agabo sonrió al oír mi opinión, y dijo:

–Así piensan muchos; pero yo, que fui testigo presencial de los sucesos de aquella época, puedo decirte que en esos años Myriam llevó una vida de familia, teniendo que ejercitar la paciencia, la mansedumbre y no sé cuántas otras virtudes más.

Al mirar mi cara de asombro, Agabo sonrió. –Cuando el Padre decretó que el Hijo se hiciera hombre, también decretó darle a su Hijo una Madre, de la cual Aquél había de nacer, según la carne, por obra del Espíritu Santo. Myriam, pues, en el plan divino fue ante todo Madre, y no madre de cualquier hijo, sino Madre del Hijo de Dios. Tuvo, pues, el Padre que hacer una criatura supereminentemente dotada de todas las cualidades físicas, morales, espirituales y sobrenaturales que se requieren para que fuese una Madre perfecta. Bien podemos aplicar a Myriam las palabras del Sabio: *«Sapientia aedificavit sibi domum»* (la sabiduría edificó para sí una morada). Cuando Dios creó a la mujer –prosiguió mi amigo– la dotó de las cualidades propias para engendrar y educar a sus hijos. Toda mujer normal las tiene para poder cumplirlas, y van dirigidas a un triple fin: la concepción y procreación de su hijo; el sostenimiento del niño en lo que toca a casa, vestido y sustento; el cuidado en lo que se refiere a su vida en la lucha contra las enfermedades, esto es, el cuidado de su salud corporal; finalmente, la educación y perfeccionamiento espiritual del alma del niño. En una palabra, la madre es el instrumento destinado por la Providencia para el desarrollo corporal y la educación espiritual de su progenie.

–Estoy conforme del todo –le respondí–. No me cabe la menor duda que el futuro de un hijo depende principalísimamente de la primera educación recibida de su madre.

–Pues si a la primera mujer, Eva, dotó el Señor de todas estas cualidades, ¿en qué grado se las concedería a Myriam, a más de las gracias sobrenaturales que requería la maternidad especialísima para que había sido escogida desde los días de la eternidad?

–Ciertamente, debieron ser excepcionales.

–En efecto; si tú hubieras tratado a Myriam como yo la traté, te hubieras persuadido de que aquélla era una mujer excepcional, precisamente porque procedía con tal naturalidad, con tal sencillez, que a los ojos del vulgo no revelaba el inmenso tesoro de virtudes y dones de que estaba adornada *la llena de gracia,* como lo había declarado el ángel. Ella hacía todo lo posible por tener oculto el *«secreto del Rey»,* dejando que Éste lo fuera revelando según los planes de su admirable Providencia. De aquí que

Jesús fuera de todos conocido como *el hijo del carpintero*. Cuando Myriam y José regresaron de Egipto, volvieron a habitar en su antigua casita de Nazaret, donde Jesús, como hijo ejemplar, estaba a ellos sujeto. Pero algo, dispuesto por la Providencia de Dios, vino a turbar la calma, la regularidad de aquella familia admirable. María Cleofás, hija de Nathan, había casado con Alfeo, hermano de José, y de aquel matrimonio habían nacido Maria Salomé, Santiago, José o Joses, Judas y Simón.

–¿Los llamados hermanos de Jesús?

–Espera, y ya te explicaré por qué los llamaban así. Poco tiempo después del regreso de Egipto enfermó gravemente Alfeo. Comprendiendo que iba a morir, suplicó a José que adoptase a sus hijos, y José, de acuerdo con Myriam, a la muerte de Alfeo se hizo cargo de los hombres, pues María Cleofás, que era una buena mujer, pero sin energía para educar a aquellos cuatro diablillos, marchó con su hija Salomé, que había casado con Zebedeo y fue madre de Santiago y Juan. De manera que desde aquel momento Myriam se hizo cargo de la educación de los cuatro hombres, y José, ayudado por Jesús, tuvo que trabajar para sostener la numerosa y difícil familia.

–Ya veo por qué a los primos de Jesús los llamaban sus *hermanos*.

–Y ahora viene algo admirable. Myriam estaba dotada de todas las cualidades para ser una madre excepcional, como te dije. Pero muchas de esas cualidades hubieran quedado inactivas si Myriam solamente hubiera tenido que cuidar de su hijo Jesús, el Hijo de Dios, lleno de todas las virtudes, teniendo, por otra parte, un esposo tan ejemplar como José.

–En efecto –añadí–; aquella familia, por decirlo así, hubiera presentado un cuadro sin sombras.

–Has acertado. Era preciso que así como para realzar más tarde las virtudes heroicas de Myriam fue conveniente que las manifestara en el sufrimiento durante la Pasión y muerte de su Hijo, así, para mostrar sus virtudes y cualidades excepcionales de madre, tuviera Myriam que luchar con la crianza y educación de aquellos pobres huérfanos, de caracteres los más diversos y reacios, como suelen ser los «hijos de viudas». Y con esto, para que esa familia llamada a ser modelo de las futuras familias cristianas no sólo estuviera iluminada con las virtudes del Hijo de Dios, las de su Madre Myriam y las de José, sino que quedara realzada con las sombras de los defectos de aquellos huérfanos, resultando de este modo, como bien has dicho, no un cuadro sin sombras, sino más realzada por éstas. Un cuadro no solamente divino, sino poderosamente humano y, por consiguiente, mucho más imitable para las familias que habían de formar el cuerpo místico de Cristo, del cual Myriam debía ser también Madre.

Yo estaba encantado con la narración de Agabo.

–Lo primero que hizo Myriam cuando María Cleofás le entregó a sus hijos fue recibirlos con amor inmenso, adoptarlos como si fueran suyos.

—Como nos adoptó –dije yo, conmovido–, en la persona de Juan, al pie de la cruz.

—Sí –prosiguió Agabo–, entonces comenzó Myriam a ejercer las funciones de Madre del cuerpo místico de Cristo. Pero en aquellos días a que me refiero ahora, aún ese cuerpo no existía, y Myriam lo que hizo fue ejercitar las funciones naturales de una madre con aquellos pobres huérfanos, bien difíciles de educar. Desde luego, Myriam, con todo cariño, empezó a tratar de darse cuenta de las buenas y malas cualidades de los cuatro chicos para poder irlos formando según el carácter de cada uno.

—¿Cómo supiste todo esto?

—Ya te he dicho que la casa de mi madre estaba muy cerca de la de Myriam, y ella, como yo cuando regresaba a Nazaret, íbamos observando lo que pasaba y cambiábamos impresiones. «Mira –me decía mi madre–, Santiago, que es el mayor de los hermanos, es muy inclinado a la piedad, pero sumamente flojo para el trabajo». Habías de ver cómo con cariño, pero con firmeza, le hace que trabaje, y cuando, por andar en sus ejercicios piadosos, descuida el trabajo, Myriam le reprende y le castiga.

—¿Y en dónde trabaja?

—En la carpintería de José; pero como éste era tan bondadoso, Santiago y los otros chicos le daban mucha guerra. «El más travieso de todos es Simón», me decía mi madre. Y a propósito de esto me contó una travesura que éste le quiso hacer al bueno de José, pero no le salió el cuento.

—Cuéntame –repuse yo, intrigado.

—«Como sabes –me refería mi madre–, las sierras que usan nuestros carpinteros suelen tener los dientes afilados de un solo lado. Un día, José encargó a Simón que afilase los dientes de su sierra en un solo sentido, y éste, queriendo hacer una jugarreta, se los afiló en los dos sentidos, pensando que con esto no cortaría la sierra. Cuando se la entregó a José, los otros chicos, que estaban en el secreto, se pusieron a atisbar cómo funcionaba la sierra cuando José la usara. Éste, sin darse cuenta, tomó el instrumento y empezó a aserrar una tabla. Cuál no sería la sorpresa del buen carpintero cuando observó que la sierra no sólo cortaba en un sentido como de ordinario, sino que cortaba tanto al entrar como al salir. No volvía en sí de su sorpresa, mientras los chicos estaban aún más admirados. Al fin, José tomó la sierra y notó que los dientes tenían dos filos. Los muchachos corrieron asustados; uno de ellos, Judas, que era el más chismoso, fue con el cuento a Myriam, acusando a su hermano, para no ser él castigado. José, muy gozoso, fue a contarle a Myriam lo acaecido, y ésta, que ya sabía la historia, no pudo menos de sonreír, explicando a su esposo lo que había pasado».

—¿Y le celebró la gracia a Simón?

—Todo lo contrario: se puso muy seria con el chico y le reprendió, dándole a entender su culpa, y le castigó por tres días sin darle dátiles, que mucho gustaban a Simón.

—¿Y al chismoso?
—También le reprendió, pues una de las cosas que más desagradaban a Myriam eran los chismes. Tanto más que Judas, según se averiguó, había sido el de la idea.
—¡Qué buen ejemplo para las madres consentidoras que celebran las travesuras de sus hijos! –dije.
—«Habías de ver –me decía mi madre– el cuidado que Myriam tiene en que sus hijos, pues no los llamaba de otro modo, anden limpios, y cómo ella misma los enseña a lavarse y a cuidar de su ropa. Un día, estando yo presente, noté que Myriam estaba muy seria con Santiago. Procuré enterarme de lo que pasaba, y supe que le había dicho una mentira. No tienes idea de lo que era el rostro de Myriam serio, ella que siempre estaba sonriente. ¡Lo que ha tenido que luchar con los chicos para quitarles lo mentiroso, así como lo envidioso! Pero con severidad y cariño ha llegado a corregirlos de aquellos malos hábitos», terminó mi madre.
—Ahora voy viendo aquel magnífico cuadro –dije–, y cómo en él resaltan las virtudes y cualidades de Myriam con la sombra de los defectos ajenos que ella no toleraba y que con prudencia, pero firmemente, iba corrigiendo.
—Cuando enfermaban –prosiguió Agabo–, había que ver con qué cariño, con qué esmero los cuidaba. Ciertos días les hacía que dieran limosna a los pobres, dando ella ejemplo, con lo cual todos salieron muy caritativos. Pero lo que había que ver era cómo los sábados, muy limpitos, los enviaba a la sinagoga para que aprendieran la ley, y cómo al regresar, ella misma les hacía preguntas para ver lo que habían aprendido, y les explicaba los pasajes de Moisés y los profetas con unción admirable. Así fue formando Myriam, poco a poco y con paciencia y cariño grandísimo, el corazón de aquellos niños, «sus hijos», y cómo crecieron hombres todos de provecho, pues Santiago, Judas, Tadeo y Simón llegaron a formar parte del Colegio Apostólico.
—¿Y José? –le pregunté.
—Ése era el más pequeño y lo pudo formar Myriam a su gusto. Era el que más tarde llamaban «el Justo»; casó y sus descendientes aún viven.
—¿Fue el señalado con Matías para sustituir a Judas?
—Ese mismo, y como había sido formado por Myriam, así formó una familia ejemplar. No todos –terminó Agabo– habían de ser sacerdotes. Cada cual en su vocación dio más tarde «testimonio de Cristo, *su hermano*», pues todos murieron mártires.

68
MAESTRA

—Como te he hecho notar en nuestra ya larga conversación –dijo Agabo–, Myriam, desde que tuvo conocimiento por medio del ángel de haber sido elegida para Madre de Dios, observó una conducta de la mayor reserva. Si habló en el caso de Isabel, fue porque el Espíritu Santo ya había revelado a la anciana madre del Bautista tan soberano misterio. Toda su vida fue la Virgen prudentísima, que guardaba en su corazón lo que se relacionaba con la paternidad divina de Jesús, sin dar exteriormente señales de la parte que a Ella le correspondía en la obra de la Redención.

–En efecto –repuse–; mucho he admirado ese silencio, esa conducta tan discreta de Myriam.

–Cuando Jesús, según el plan divino, empezó a darse a conocer, no ya como Hijo del hombre (esto es, Hijo de Myriam), sino afirmando que Dios era su Padre, Myriam siguió en su prudente reserva, permaneciendo ordinariamente recluida en su casita de Nazaret, o en Jerusalén en la de Juan, sin llamar la atención de nadie. Salió Myriam de su oscuridad, no para enorgullecerse de ser la Madre de Dios, sino para aparecer ante el público como la dolorosa madre de un «malhechor crucificado». Voy –prosiguió Agabo– a referirte algo que me contó Juan. Cuando Jesús fue elevado en la cruz, se acercaron a ella Magdalena y Juan, quien acompañaba a Myriam. Al ver Jesús a su Madre y al discípulo querido, dijo: *«Mujer, he ahí a tu hijo»*. Y mirando a Juan, añadió: *«He ahí a tu madre»*. Entonces, Myriam, en medio de su dolor, abrazó con gran ternura a Juan, y al aceptarlo por hijo, abrazó en su seno de Madre a los que redimía en la cruz el Hijo de Dios.

Yo estaba conmovidísimo. Agabo prosiguió:

–Jesús clama: *«Padre, perdónalos, porque no saben lo que hacen»*, y Myriam, con toda generosidad, a pesar de su pena, les perdona también; pero no sólo les perdona, sino que intercede con el Padre por aquellos mismos que blasfemaban contra el Hijo de sus entrañas. Y la oración intercesora de Myriam tiene efecto inmediato. La madre de Dimas se acerca a Ella y le pide que interceda por su hijo, crucificado a la diestra de Jesús. Myriam sabe que por aquel bandido también está derramando Cristo su sangre redentora; se acerca a la cruz, y besando los ensangrentados miembros de Jesús, con lágrimas, intercede por el criminal hijo de aquella afligida madre. Jesús, entonces, siente el doloroso beso materno, y conociendo su petición, levanta los moribundos ojos y mira a Dimas. Éste siente la caricia de aquella mirada, su alma se llena de luz, y dirigiendo la vista hacia la cruz de Cristo, de quien había blasfemado, ve con toda claridad el rótulo que le remata: *Jesús Nazareno, Rey de los judíos*. Queda fascinado a la vista de la palabra *Rey,* los ojos parecen saltarse de sus órbitas, mientras su alma, esclarecida por la gracia, entiende lo que aquella palabra significa, y de todo corazón exclama: *«Señor, acuérdate de mí cuando estés en tu reino»*. Myriam levanta sus ojos llenos de lágrimas, y mira a su Hijo, intercediendo por el bandido. Jesús, en su agonía, casi sonríe, y mirando con amor inmenso al criminal que le reconoce por Rey cuando los pontífices se burlan de su reino, con voz vibrante por la misericordia, le responde: «*En verdad te digo que hoy estarás conmigo en el Paraíso*». Primero en ser redimido por la sangre fresca del Salvador y por la intercesión y las lágrimas de Myriam, quien desde entonces empezó a ejercer las funciones que había aceptado, de Madre del cuerpo místico de Jesús, su Hijo, el Hijo de Dios.

Por largo rato guardamos silencio.

—La conducta de Myriam después de la resurrección de su Hijo y de la venida del Espíritu Santo en Pentecostés hasta el día en que Ella plácidamente durmió en el Señor —prosiguió Agabo—, fue de gran delicadeza y modestia y al propio tiempo de una eficacia extraordinaria en la formación y crecimiento del cuerpo místico de Cristo, del cual había aceptado ser Madre. ¿Conociste a Eunice, la madre de Timoteo? —me preguntó Agabo.

—Mucho la conocí en Listria —le respondí—, así como a la anciana Loide, abuela de Timoteo.

—¿Y las oíste alguna vez hablar de Timoteo?

—Ya lo creo, infinidad de veces. La madre, Eunice, estaba anchísima y con mucha justicia de que Dios le hubiera dado un hijo como Timoteo, tan querido del apóstol Pablo. Y de la abuelita, Loide, nada digo; no hacía sino hablar del niño, al cual ella había formado en la piedad. «Mira —me decía— lo bueno que es Dios con nosotros (con Eunice y con ella); ha escogido a Timoteo para servirle en el altar como sacerdote, y, más aún, le ha elevado a la sublime dignidad de obispo. Eunice está gloriosa por tener un hijo obispo, y yo, su abuelita, no ceso de darle gracias a Dios por tan señalado favor».

—¿Y cómo juzgas la conducta de esas dos mujeres?

—Como la más natural y justa del mundo —respondí—. ¡Qué orgulloso hubiera yo estado si mi hijo Rafaelito hubiera sido sacerdote, y más si hubiera sido nombrado obispo!

Agabo sonrió, y preguntóme:

—¿Has oído decir alguna vez que Myriam durante toda su vida se hubiera gloriado de ser la Madre de Jesús, el Hijo de Dios?

—Si exceptuamos —le contesté— la gloriosa respuesta que Myriam dio a su prima Isabel, en la cual decía que «*su espíritu se alegraba en Dios, su Salvador, por haber puesto los ojos en la humildad de su esclava*», no sé que alguna vez Myriam se hubiera glorificado, ni aun dado a entender, que Ella era la Madre del Hijo de Dios.

—Cuando le encontró en el templo disputando con los doctores —interrumpió Agabo— Myriam, con toda delicadeza y prudencia, le hizo esta pregunta: «*Hijo, ¿por qué lo has hecho así con nosotros?* (refiriéndose a José). *Mira que tu padre y yo te andábamos buscando afligidos*». Y cuando Jesús tuvo a bien hacer mención de filiación divina, diciendo: «*¿No sabéis que en lo de mi Padre me conviene a Mí estar?*», Myriam, en vez de hablar y comentar esta respuesta de su Hijo, Ella *su Madre, guardaba todas estas cosas en su corazón*. Pues bien: ésta fue, indefectiblemente, la conducta de Myriam durante su vida entera; se gloriaba, sí, de ser la *esclava del Señor,* que escuchaba atentamente su palabra para cumplirla. De aquí que, a pesar del papel importantísimo que Myriam desempeñó en el crecimiento de la Iglesia, el cuerpo místico de Cristo apenas si se hiciera de Ella mención; muchos ni la conocían.

–¿Y cuál fue ese papel importantísimo que desempeñó Myriam en la Iglesia naciente?

–Dejó que los apóstoles, regidos por el Divino Espíritu, organizaran la Iglesia, establecieran la liturgia, deslindaran la Iglesia de la sinagoga, regularizaran la administración de los sacramentos, encauzaran la predicación del Evangelio y la enseñanza de la doctrina de Cristo y rebatieran las nacientes herejías. Myriam no se mezcló en nada de lo que no le correspondía, sin que por eso se negara a dar un consejo a los apóstoles cuando éstos, como hijos, se lo pedían.

–¿Cómo, pues, ejerció Myriam el papel de Madre en la Iglesia naciente?

–Ya te lo explicaré más adelante. Como recordarás, iban a Jerusalén peregrinos de todas partes durante las grandes fiestas. Pues bien: mientras los apóstoles y discípulos se dedicaban a la instrucción de la gente grande, Myriam se dedicaba a instruir a los niños y jovencitos. Sin ínfulas de ninguna clase y acompañada de otras piadosas mujeres, Myriam, como una de ellas, les hablaba a los niños de Jesús, *el Hijo de Dios.* Y, una vez que los tenía bien instruidos, los llevaba a los apóstoles para que los bautizaran.

–Verdaderamente –exclamé–, Myriam durante su vida mortal desempeñó con toda eficacia el papel de Maestra del cuerpo místico de Cristo, cuyos escogidos miembros son los niños.

–Pero lo admirable fue que desempeñó su papel con tanta modestia, que los niños solamente caían en la cuenta de quién había sido su Maestra cuando sus padres u otras personas mayores se lo descubrían.

–¡Qué encantadora y delicada es la figura de Myriam como tú me la presentas!

–Como era Ella, en realidad –dijo enfáticamente Agabo–. Más adelante te contaré la influencia de la conducta de Myriam con relación a varias mujeres, quienes con el pretexto de ser letradas, metieron no poca bulla y enredos en la Iglesia. Y cómo la admirable conducta de Myriam, la Madre del Redentor, fue el modelo que se les propuso para enseñarles el compartamiento que debían de seguir y cuál era el papel de la mujer en la Iglesia de Cristo.

69
LLEGA QUARTO

A la mañana siguiente, cuando Agabo y yo tomábamos nuestro frugal desayuno inesperadamente se nos presentó Quarto, quien llevaba un bulto que colocó sobre la mesa.

—No he podido resistir a la tentación de subir al Carmelo para hablar con Agabo y contigo y enseñaros dos cosas primorosas que llevo en esta bolsa.

Y esto diciendo, puso ante nuestros ojos un bellísimo espejo de plata bruñida rodeada de diamantes y un frasco de cristal de roca que contenía el perfume más costoso del Oriente.

He tenido en mis manos infinidad de joyas hermosísimas y de gran valor; pero nunca había visto ni un espejo tan brillante y artísticamente decorado ni un vaso transparente de cristal de roca tan primorosamente tallado como los que nos mostraba Quarto. No me extrañó, pues, que Agabo se los quedase mirando extasiado. Pero notando que su éxtasis se prolongaba demasiado, me fijé en su rostro: estaba transformado, parecía que una luz celestial le iluminaba. De pronto, tomando en la mano el espejo, le volvió hacia el sol, que se elevaba radiante.

—*Sapientia aedificavit sibi domum* —exclamó con voz vibrante por la inspiración—. (La Sabiduría eterna edificó para sí una morada). Desde la eternidad, esa morada fue modelada a imagen de la Sabiduría infinita. Y así, cuando el Verbo se hizo carne y habitó entre nosotros, la Madre, Myriam, fue imagen del Hijo que daba a luz, y no el Hijo imagen de la Madre, como de ordinario sucede. Ella era el espejo, en el que, con las limitaciones de lo finito, se reflejó el sol de justicia, de modo semejante a como en este espejo se refleja la imagen del sol.

Quarto y yo estábamos extasiados al oír aquella admirable comparación—. Desde el momento en que Myriam dio su consentimiento y el Verbo se hizo carne, aquel espejo comenzó a reflejar al que llevaba en sus purísimas entrañas —prosiguió Agabo, mientras variando la posición del espejo que en la mano tenía, la luz del sol iba iluminando las oscuras rocas que nos rodeaban—. ¿Veis —continuó— cómo la imagen del sol se refleja en esas toscas piedras? Pues de un modo semejante, por medio de Myriam, se ha ido reflejando de modo sobrenatural y escondido, en las almas de los regenerados por las aguas bautismales, la imagen de Cristo, cuando Éste ya había subido a los cielos. Y así como Ella había dado a luz al Verbo, ahora ilumina a los que deben ser imágenes de Cristo para formar su cuerpo místico, la Iglesia.

—¡Qué explicación tan admirable! —exclamamos.

—Pero aún hay más —dijo, sonriendo, el profeta, y destapaba el hermosísimo frasco que contenía la esencia—. ¿Tienes —preguntó a mi amigo— más esencia de la misma que contiene este frasco?

Por toda respuesta, Quarto le presentó otro vaso.

—Ahora —le mandó Agabo— echa esa esencia en este frasco.

—Pero si ya está lleno —objetó aquél—, y se va a derramar.

—No importa —respondió—, deja que se derrame.

Quarto obedeció, y la esencia empezó a derramarse, esparciendo al instante suavísimo aroma.

Agabo, tomando en su mano el rebosante frasco, exclamó, inspirado:
—Myriam es este frasco. Cuando el ángel la saludó, la llamó llena de gracia. Y cuando, al pie de la cruz, su Hijo la nombró Madre del cuerpo místico, la gracia que Él nos había merecido cayendo a torrentes de su corazón, hizo que el vaso, ya lleno de Myriam, empezase a derramarse para que participaran, por conducto de aquella privilegiada mujer, todos los que el Hijo acababa de redimir.

Entusiasmado, exclamé:
—Sin duda, tú, como profeta inspirado, nos has pintado con este símil la *economía sobrenatural de la gracia por medición de María*.

—La *economía sobrematural de la gracia* has dicho —continuó Agabo, sonriente—, y ésa es la verdadera palabra, pues economía quiere decir la administración recta y prudente de los bienes. En este caso, los bienes sobrenaturales que el Salvador puso en manos del espejo de la justicia misericordiosa, de Ella, que es el vaso de la divina gracia...

—Ella —interrumpió Quarto— es, en verdad, la ecónoma, la distribuidora de la gracia que Jesucristo nos ha merecido.

Agabo, complacido, añadió:
—Y Myriam aceptó aquel cargo con toda humildad, ya que siempre se había considerado la *esclava del Señor,* a quien tocaba el cuidado y administración de los bienes que su Senor le daba a la naciente Iglesia.

En aquel momento noté que de las cuevas empezaban a salir los eremitas, atraídos por el suave aroma que por todas partes se iba difundiendo, lo cual observado por Quarto, exclamó:
—Tu símil es maravilloso; mira cómo ese perfume ha atraído a tus campañeros.

—Así —concluyó Agabo—, el perfume de la divina gracia que rebosa del vaso pleno de Myriam se ha esparcido ocultamente, y se seguirá esparciendo por todo el mundo, atrayendo a todos los redimidos por Cristo.

—Con razón —dije— se ha llamado y se seguirá llamando a Myriam *Madre del cuerpo místico de Cristo, la Iglesia.*

* * *

Por largo rato quedamos en silencio meditando en aquella admirable *economía sobrenatural,* tan sencillamente ilustrada por el inspirado profeta.

—Eso que has dicho de lo que pasa en el orden oculto y sobrenatural —comentélo he visto, lo he escuchado yo en el natural cuando Myriam, con admirable sencillez, catequizaba a los niños, de los cuales es el reino de los cielos. Les hablaba de Cristo, de su vida, pasión, muerte y resurrección, para que le conociesen, y, conociéndole, le amasen, y, amándole, le siguiesen, observando lo que Él, con su ejemplo y su palabra, había enseñado.

—Lo que acabas de decir, dómine —interrumpió Quarto—, me recuerda un incidente que presencié en Éfeso. Como recordaréis, Myriam fue acompañando a Juan a aquella ciudad.

—Recuerdo —insinuó Agabo— que en aquellos primeros días ya existía la lucha entre los judíos y los cristianos, propagando aquéllos de una manera u otra que Cristo no era Dios, y Juan había ido al Asia para confirmar en la fe a los fieles de las iglesias de Éfeso, Esmirna, Pérgamo, Tiatira, Sardis, Filadelfia y Laodicea, donde las herejías habían empezado a tomar incremento.

—Pues bien —repuso Quarto—: el incidente a que me refiero demuestra el modo que tuvo Myriam de combatir esas herejías.

—Supongo —dije— que Myriam no se pondría a discutir con los que negaban la divinidad de su Hijo.

—Claro que no —dijo Quarto, riendo—. Su sistema era encender la luz para que desaparecieran las tinieblas; hablar de Cristo, contar su vida, pasión, muerte y resurreción, con un espíritu, o más bien con un amor tan grande, que los obstinados o extraviados no podían menos de ver que aquella admirable mujer decía verdad. Os voy a dar la prueba.

—Cuenta, cuenta —dijo Agabo—, que todo lo que se refiere a Myriam, la Madre del Salvador y Madre nuestra, tiene para mí un interés extraordinario.

Quarto empezó así su relación:

—Desde nuestra llegaba a Éfeso, Myriam, Juan y yo nos habíamos aposentado en la casa de Tichico, hermano muy amado de todos y fiel ministro del Señor. La casa era amplia y bajo el pórtico, Myriam reunía a los niños para catequizarlos. Cuando hablaba a éstos lo hacía de una manera tan sencilla, tan adecuada a la capacidad de sus oyentes, que los niños estaban pendientes de sus labios, bebiendo aquella celestial doctrina. Por la tarde cambiaba el auditorio. Eran jovencitas, muchas de ellas casaderas, a quienes Myriam, sin cambiar de tema, pues siempre era Cristo, les hablaba como convenía a su edad y a sus deberes. Tanto antes de sus pláticas como al terminarlas, Myriam, acompañando Ella en el salterio, entonaba salmos en que tomaba parte el auditorio. Una tarde, estando yo a la puerta de la casa para que no entraran personas inconvenientes, vi que, montadas en sus asnos, llegaban tres jóvenes, ya mayores de edad. Tras de ellas venía otro asno cargado de varios bultos, los cuales, como supe más tarde, eran pergaminos y papiros en que ellas habían escrito las lecciones que habían recibido de una famosa escuela de Hiliópolis, cerca de Alejandría.

—¿De suerte —interrumpió Agabo, sonriendo— que eran letradas?

—Y en qué forma —prosiguió mi amigo—. Cuando les pregunté lo que deseaban, me respondió la mayor y más inteligente de ellas con un tono de suficiencia, que a poco me hace reír: «Venimos a ver a Juan para discutir con él la cuestión del logos».

—¿Dijeron eso? —exclamé, riendo.

–Ni más ni menos. Yo entonces pensé para mis adentros: No cabe duda que la ciencia infla.
Agabo y yo no pudimos contener la risa.
–Desgraciadamente –les respondí–, Juan no está en casa, pero no tardará en llegar.
Si sois cristianas, como supongo, podréis pasar. «Ya lo creo que somos cristianas, y de las más instruidas en nuestra santa religión –dijeron las tres a un tiempo–. ¿Ves esos pergaminos que traemos en ese cuadrúpedo? –exclamó la de menos edad–. En ellos constan las discusiones que hemos sostenido con los sabios más renombrados de Alejandría». «Y por eso –añadió la de en medio– hemos venido hasta Éfeso para discutir personalmente con Juan la cuestión del logos; de la que tú quizá apenas si tendrás noticia; en Alejandría es tema muy debatido». Yo bajé humildemente la cabeza, y añadí: «Aquí también tenemos cátedra; si bien no creo que traten esta cuestión. Ahora mismo está hablando a varias jóvenes una esclava; podéis pasar, si os parece». «¿Una esclava dando cátedra? –exclamaron las tres a un tiempo–, será curioso; vamos a oír qué dice una esclava». Y entraron, dejando atadas a la entrada sus cabalgaduras. Myriam estaba con un grupo de jovencitas sentadas en el suelo alrededor de Ella. Habían acabado de cantar un salmo, acompañándolas Myriam en el salterio. Las recién llegadas iban acercándose discretamente. Myriam empezó contándoles cómo Jesús había dicho: *«Aprended de Mí, que soy manso y humilde de corazón»*. Les explicó lo que eso quiere decir y cómo Cristo, por esa humildad de corazón, amaba tanto a los niños. Las tres se habían reunido al grupo, extasiadas con lo que oían, sin poder explicarse cómo una esclava hablaba de Cristo y su doctrina tan maravillosamente. Poco después terminó la sesión con el canto acostumbrado. Las jóvenes estaban transformadas en su corazón. No pudiendo contenerse la mayor, preguntó a una de las muchachas quién era aquella mujer. «¿No le conoces? –le respondió, admirada–. Es Myriam». «¿Myriam?» «Sí –les dijo, más sorprendida aún–; es Myriam, la Madre de Jesús, nuestro Redentor». Por unos momentos quedaron las tres como petrificadas, tanta fue su sorpresa. De pronto, movidas por el mismo impulso, se arrojaron a los pies de Myriam, quien las acarició. Cuando pasó su excitación, la mayor, tomando las manos de Myriam, le preguntó: «¿Eres tú la Madre de nuestro Redentor?» A lo que Ella, con humildad profundísima, respondió: *«Yo soy la esclava del Señor»*. Y como si quisiera distraerlas, les dijo: «Vosotras acabáis de llegar, y, sin duda, necesitáis alimento». Y levantándose, condujo a las aún aturdidas jóvenes a una pieza, donde Ella misma les sirvió de comer y les dio de beber vino generoso, que las reanimó. «Ahora –díjoles al terminar– espero que seréis nuestros huéspedes. Aquí tenéis en este cuarto camas pobres y humildes para las tres. Quedaos aquí; voy a llevar vuestras cabalgaduras, que veo allá afuera». Y, diciendo y haciendo, salió Myriam, desató las borricas y las llevó al corral. Mientras esto hacía Myriam, la mayor

de las jóvenes desataba la burra que traía los pergaminos, y sin que se lo pudiese nadie impedir, les prendió fuego. Al notarlo Myriam, preguntó lo que era. Entonces la que los había quemado se lo explicó. «Hacéis mal —dijo Myriam— en quemar esos pergaminos; la ciencia no es mala; lo que es malo es que la ciencia nos enorgullezca. La ciencia humilde es muy necesaria y agradable a Dios; lo malo, repito, es la ciencia que nos ensoberbece». Y desde aquel día, aquellas tres jóvenes, ya humildes, fueron las que más trabajaron al lado de Myriam para enseñar a otros la doctrina de Cristo, tratando con todo empeño en imitarla en su amor a Jesús para ir formando en los corazones de otros verdaderas imágenes de Cristo, que fue siempre manso y de corazón humilde.

—No cabe duda —concluyó Agabo—, ése es el verdadero espíritu de la esclava del Señor, quien durante su vida mortal formó muchas almas a imagen de Cristo, y ahora desde el cielo, como el vaso de la divina gracia, sigue derramándola de modo admirable en el alma de los redimidos por Cristo, como Madre que es del cuerpo místico de su Hijo, la Iglesia.

70
LA TERCERA DIMENSIÓN

Entre las muchas propiedades que me había legado mi abuelo, tenía una hermosa quinta en Ancio, a algunos kilómetros de la magnífica de Nerón, donde solía venir el emperador a escribir versos y a respirar las brisas del mar para aliviar su divina garganta.

Una tarde en que algunos de mis nietos, gozosos, se sumergían en las tranquilas aguas del *Mare Tirreneum,* sentado yo en el pórtico de mi residencia, tuve una agradabilísima sorpresa.

—Aquí te traigo —dijo Quarto— unos antiguos amigos que mucho desean verte. Venía acompañado del senador Pudens, padre de Prudencia, y uno de los más conspicuos miembros de la comunidad cristiana de Roma. Tras él venía mi queridísimo amigo Zaqueo.

Después de la cordial acogida que procuré dispensarles, empezamos a platicar del Maestro y su reino, ya extendido por todo el mundo. Estábamos en esto cuando uno de mis nietos, que salía del mar, llegó a nosotros quejándose de que una medusa, al querer atraparla, le había rociado con su veneno. Traía el niño todo el brazo hinchado.

—Ya te pasará la inflamación —le dije—. No hay que tocar a esas hadas del mar, pues, para defenderse, Dios les ha dado esa terrible arma, su veneno.

Este incidente hizo que Zaqueo diera un nuevo giro a nuestra conversación.

—¿Te acuerdas —me dijo— de aquella plática que tuvimos una vez en la que te decía que la ley de la gracia era como las profundidades del mar?

—No sólo lo recuerdo, sino que esa interesantísima conversación ya la dejo escrita en mis *Memorias*.

—Entonces —prosiguió Zaqueo— te decía, si mal no recuerdo, que aunque Yahvé nos había dado la ley, nuestros maestros, los doctores, los escribas y, especialmente, los fariseos, no habían profundizado, por lo general, lo que es la vida del alma, sino que se habían quedado en la superficie. Por eso estiman tanto los formalismos exteriores, en los cuales ponen lo principal de la religión. Limpian por fuera el vaso, y por dentro son sepulcros llenos de corrupción. Jesús vino a mostrarnos las profundidades del mar de la vida del alma, la práctica de las virtudes internas. Vino a fundar un reino espiritual donde los próceres son, no los que están apegados a los bienes que roe la polilla o los roban los ladrones, ni los hipócritas que ejercitan la parte exterior de las virtudes, sino los que, sin apariencias ni vanidades, son verdaderamente misericordiosos, son mansos y humildes, tienen hambre y sed de justicia, son pacíficos, padecen y, sobre todo, tienen un corazón limpio, los niños y los pobres. Los fariseos practican la religión en dos dimensiones, superficialmente; Jesús nos enseñó las profundidades del mar de la gracia: la religión en tres dimensiones.

Pudens escuchaba interesado las palabras de Zaqueo. Iba yo a hablar, cuando Quarto tomó la palabra:

—¿No recuerdas, dómine, cuando Penimim, el famoso pescador de perlas, nos hizo aquella admirable descripción de la vida submarina?

—¿Cómo no lo he de recordar? Pero prosigue.

—Cuando oí esa descripción, pensé que era la vida submarina un símil admirable de la gracia; mientras la vida superficial en la tierra podía compararse a la religión, también superficial, de los fariseos.

—Es verdad como lo ha indicado Zaqueo; Cristo vino a enseñarnos las bellezas desconocidas de la gracia.

Entonces mostré a los presentes las tres bellísimas perlas engarzadas en cadena de oro que antes mencioné. Pudens y Zaqueo, que no las conocían, las admiraron.

—Estas tres magníficas perlas me las regaló Penimim mientras nos contaba la leyenda de los pescadores del golfo de Persia sobre el origen de las perlas.

—¿Qué leyenda es ésa? —me preguntó, curioso, Pudens.

Se la conté (como ya la dejo consignada en otro lugar), y, al terminar, añadí: —Estas tres perlas, junto con las que nos contó Penimim sobre las maravillas de las profundidades del mar, me hicieron pensar mucho. Según la leyenda, las perlas blancas nacieron de rayos de luna, las rosadas del manto de la aurora y las negras de un jirón de la noche. Tres zonas podemos distinguir: la de la superficie de la tierra, la de las profundidades del mar hasta donde penetran los rayos del sol y se encuentran los peces fosforescentes de luz bella, aunque de formas espantables. Zonas simbolizadas por las tres perlas, la blanca, la rosada y la negra. La primera zona,

en dos dimensiones se puede comparar a la época anterior a la venida de Cristo; la segunda, a la ley de gracia...
—Y la tercera? –preguntó, curioso, Pudens.
—Ya os la explicaré más adelante.
—Te comprendo –dijo Zaqueo–. La primera época es la de la esperanza, iluminada por la luz de la luna.
—Así es –repuse–, de esperanza; por eso en la superficie el color dominante en bosques y praderas es el verde. Los que entonces vivían estaban en una semioscuridad, atenuada por la luz de la luna que refleja la del sol. Nuestro pueblo, aunque iluminado por la ley mosaica, era carnal y de dura cerviz. Las nubes de la ignorancia, desgraciadamente, oscurecían la mente del pueblo escogido. Y aunque vinieron los profetas como estrellas fugaces, el pueblo respondía apedreándolos o dándoles la muerte. Es cierto que nunca faltaron entre nosotros almas escogidas que observaran devotamente la ley, pero vivían una vida de temor. Los rayos del Sinaí los hacía estremecerse.
—Y, en los últimos tiempos, los fariseos tenían por ley mezquinas formalidades –dijo Quarto.
Era necesario –exclamó Zaqueo, enardecido– que viniera el Sol de justicia a disipar esas tinieblas.
—Entonces de los rayos de la aurora surgió la perla rosada –añadió Quarto, triunfante.
—Y como en las profundidades del mar a donde llegan los rayos del sol brillan todos los colores del iris, así en la ley de gracia empezaron a brillar todas las virtudes...
—Dominando el rojo –exclamó Zaqueo–, que simboliza caridad.
—Como en el mundo submarino reina la paz, así brilló en el mundo la verdadera paz –añadí–. Y la perla rosada, por la sangre del Redentor, apareció en aquellas profundidades hasta entonces ocultas a la mayoría de los mortales. Y como la vida animal es inmensamente más fecunda en el mar que en la tierra, así la vida espiritual de la ley de gracia es inmensamente superior a la vida espiritual de la antigua ley. De todas partes mis agentes me traen noticias de nuevas cristiandades, en las que los hermanos tienen un mismo corazón y una misma alma.
—El mundo está sufriendo un cambio –repuso Pudens– de lo más extraordinario, como lo puedo comprobar en mí mismo.
—Como lo puedo comprobar yo, que de usurero me transformó Cristo en amante de la justicia –dijo Zaqueo.
—Como me transformó a mí –añadió noblemente Quarto–. Como transformó a la mujer adúltera, a la Magdalena y al bandido que le aclamó en la cruz.
—Como me transformó a mí también después de tanto dudar. Como transformó a Pablo, cuyas entrañas de fariseo le llevaron a perseguir a tantos, y no dudó en aprobar la muerte de su condiscípulo Esteban. Transformación maravillosa en el apóstol de la caridad.

Cuando Pudens oyó estas palabras, dijo:
—Permitidme que os cuente cuál fue el último golpe que recibió mi dureza de romano para abrazar la ley de Cristo. Vosotros, sin duda, sabéis lo duro que es un romano, especialmente de la nobleza. Yo estaba inclinado a recibir la ley de Cristo; pero pensar que tendría que llamar hermano a un esclavo me sublevaba. Pensar que el cristiano tenía que tratar con gente tan baja y desigual en su escala social, fue una rémora que me hizo por algún tiempo posponer el bautismo. Pues siendo honrado, como pienso, no podía cometer una hipocresía tratando de engañar a Pedro, mi catequista. Si me lo permitís, os contaré cómo el ejemplo de Pablo, el de las entrañas de granito, hasta aprobar la muerte de su amigo, ya transformado en Cristo, me decidió finalmente a recibir el bautismo con toda sinceridad.
—Cuenta, que atentos te escuchamos.

71
ONÉSIMO

—Pablo —nos dijo el senador Pudens— estaba preso en Roma; pero habíamos conseguido que, en lugar de tenerle en una de las cárceles de la ciudad, ya que aún no se le había juzgado, estuviera en una casa privada que le habíamos proporcionado. Había siempre guardias que le vigilaban y estaba encadenado, pero gozaba de cierta libertad de acción; podía recibir a sus amigos y escribir cartas. Un día —prosiguió Pudens— noté que un infeliz, con trazas de esclavo huido, llamó a la puerta, mientras yo conversaba con Pablo. Salí para ver lo que quería, y viendo que estaba demacrado y exhausto, por primera providencia ordené a uno de mis esclavos que le diera de comer y beber.

Al oír estas palabras del gran senador romano, los ojos se me llenaron de lágrimas pensando en la transformación que había sufrido en su manera de pensar aquel hombre riquísimo que había sido, cuando joven, uno de los favoritos del César.

—Llamóme la atención —prosiguió Pudens— que aquel pobre hombre hubiera suplicado le admitieran para servir a Pablo.

—¿Era algún cristiano? —le pregunté.

No, era un pagano y, ciertamente, un esclavo, pues llevaba en el brazo la señal indeleble de su condición marcada a fuego. Pablo le hablaba con mucha familiaridad, y el esclavo iba cada día cobrando más amor a su bienhechor.

—¿Y Pablo trató de catequizarlo?

—Lo primero que hizo el apóstol fue tratarlo con grandísima caridad y hablarle del amor de Cristo para con los pobres y desvalidos. Varias veces le repetía las palabras del Maestro: «*Venid a Mí todos los que estéis atribulados, que Yo os aliviaré*». El infeliz, al oír esa promesa, se soltaba llorando.

—Sin duda —repuse— debería ser un esclavo prófugo, y temería que le devolvieran a su amo.
—Has adivinado, y esto fue lo que hizo Pablo.
—¿Pablo capaz de entregar a un esclavo prófugo? Me parece imposible.
—Pues te repito que eso fue lo que hizo el gran apóstol. Escucha la historia de Onésimo, que así se llamaba el esclavo prófugo.
—Con la mayor atención te escucho.
—Un día, Pablo, conociendo que aquel infeliz tenía algo que le impedía pedir el bautismo, le llamó cerca de sí, le hizo sentar a sus pies y le habló de esta suerte: «Hijo mío, tú tienes algo en tu corazón, por lo que temes hablar. Ves cómo te he admitido a servirme y te estoy muy agradecido por los cuidados que conmigo has tenido. Yo quisiera que si tienes algo que te atormente, me lo confíes». El esclavo se arrojó llorando a los pies encadenados de Pablo, y exclamó: «Yo desearía ser bautizado; pero soy un gran criminal, no merezco el perdón». «¿Qué cosa tan grave has hecho? —le preguntó, sonriente, el apóstol— que no pueda borrar la sangre de Cristo?» «Soy —gimió— un esclavo prófugo de mi amo a quien robé; no puedo pagar la deuda, y mi amo me dará la muerte si llega a encontrarme». «Si tienes esa deuda —respondió Pablo—, yo te prometo pagarla, y haré cuanto pueda para que tu amo te perdone. Pero, dime: «¿Quién es tu amo? ¿De dónde te has escapado?» Entonces respondió el esclavo: «¿Recuerdas la casa de Filemón, el tejedor de tiendas de Colosas? «Recuerdas cuántas veces les predicaste el Evangelio a sus esclavos? Pues yo, Onésimo, era uno de ellos». Al oír Pablo el nombre de Filemón, para él tan querido, levantó las manos al cielo, dando gracias a Dios, porque de manera tan inesperada le permitía poder cumplir la doble promesa que acababa de hacer a Onésimo. Sin embargo, no descubrió luego su secreto, y dijo al esclavo: «¿Cómo escapaste de Colosas y has venido a Roma?» «Señor —dijo Onésimo—, yo pertenezco a una familia frigia en las Galias; pero, desgraciadamente, en una guerra fui hecho esclavo por los romanos, fui vendido a diferentes amos, y, finalmente, caí en manos de Filemón, el cual, antes de tu llegada, era muy cruel con nosotros, y llegó a marcarme con el hierro candente, pues aunque hábil como tejedor, era yo uno de los más levantiscos. Te oí predicar el Evangelio, y en mi corazón llegué a pensar en hacerme cristiano. Pero no podía sobrellevar la pesadísima carga que me agobiaba. Saliste de Colosas hace ya siete años, que han sido para mí una lucha atroz. Al fin, desesperado, robé a Filemón, mi amo, y huí para siempre de aquel lugar odiado, esperando llegar un día a unirme con los míos en las Galias. Más de un año he tardado en recorrer el camino de Colosas a Roma, sufriendo hambre y todas las inclemencias del tiempo y de la miseria. Llegué al fin a Roma, y habiéndome juntado con otros esclavos, me contaron que estaba aquí Pablo el apóstol, lleno de caridad para todos los infelices. Así, un día, cubierto de andrajos, llamé a tu puerta. Ésa es mi historia».

—¿Y qué hizo Pablo? —pregunté a Pudens.
—Lo abrazó y estrechó contra su corazón y le volvió a repetir la oferta que anteriormente le había hecho. El pobre Onésimo temblaba a la sola idea de regresar a la casa de su amo. Pablo le fue convenciendo poco a poco que así debía ser, y cuando ya estuvo resignado, el apóstol le administró el bautismo.
—¿Y regresó Onésimo? —le pregunté.
—Sí, pero con una carta de la cual el mismo esclavo fue el portador. Yo —prosiguió Pudens— era aún gentil o, más bien dicho, catecúmeno, pues Pedro, por espacio de un año, me había ido instruyendo en las cosas de nuestra santa fe. En aquellos días tuve que emprender un viaje a Éfeso, y Pablo me rogó que Onésimo se juntara con mis esclavos para hacer el viaje, ya que Colosas poco dista de Éfeso. Accedí gustoso, y tuve la satisfacción de presenciar la entrevista de Onésimo, el esclavo cristiano, con su amo el cristiano Filemón.
—¿Cómo le recibió Filemón? —pregunté.
—Hablaba yo con Filemón y le daba cuenta de la salud y las tribulaciones de Pablo. Él, su esposa, Appia, y el hijo de ambos, Archippo, escuchaban ávidamente las noticias de aquel a quien llamaban padre, pues los había engendrado en Cristo. Me manifestaban que estaban dispuestos a hacer por él lo que fuera necesario para dulcificar sus prisiones. En esto entró un esclavo diciendo que el prófugo Onésimo estaba a la puerta.
—¿Y qué hizo Filemón? —insistí.
—Toda la sangre se le subió al rostro, y un rayo de ira brilló en sus ojos. «Que lo lleven al ergástulo, que le den tormento», gritó, enfurecido. «No digas eso, Filemón —le suplicó Appia—; recuerda que eres cristiano». «Pero él es un perro infiel, un prófugo, un ladrón...». «Trae —dijo tranquilamente Appia— una carta de Pablo». «¿De Pablo?» —exclamó Filemón—. «Salgamos a recibir la misiva de nuestro padre en Cristo». Onésimo estaba arrodillado, levantando en alto la carta de Pablo. A uno y otro lado del amo estaban su esposa y su hijo; yo estaba detrás de ellos sonriendo, pues conocía el contenido de la carta. Sin embargo, por un momento dudé, pues la ira de Filemón era grande. «Esclavo infiel, prófugo y ladrón, ¿qué deseas?» Onésimo, por toda respuesta, le alargó el pergamino. Filemón rompió pronto los sellos. «Es la letra de Pablo», dijo Appia. Filemón, un tanto calmado, empezó a leer *Te saluda Pablo* —dijo a su esposa—; *a ti también, hijo mío, y a todos los cristianos de esta casa, y nos desea la paz del Señor.* Sí —dijo Filemón—, todo lo bueno que tenemos lo hemos recibido de Dios por medio de Pablo..., y, sin embargo, dice que *me ruega,* cuando sabe bien que puede mandar. Y *me ruega por su hijo Onésimo,* al cual él, Pablo ha *engendrado en la cárcel* —y volviéndose al esclavo, le preguntó—: ¿Eres ya cristiano?» «Sí —respondió Onésimo— y el mismo apóstol me regeneró en Cristo». Appia, al oír esto, se adelantó a levantar al esclavo, ayudada de Archippo, y ambos lo pusieron en los abiertos brazos de Filemón. «Sí, sí

–exclamó, prosiguiendo la lectura–, como a sus *propias entrañas*. Sí, te recibiré como hubiera recibido al mismo apóstol, que a todos nos engendró en Cristo. *Que si algo me debes, dice que se lo carga a su cuenta..., que él me pagará*. Sí que haré todo y mucho más, a ser posible, y ojalá que Pablo regresara entre nosotros –y después terminó–: *Que la gracia de nuestro Señor Jesucristo sea con nosotros y con nuestro espíritu»*. Filemón volvió a abrazar al esclavo prófugo, y terminó diciendo de todo corazón: *«Perdónanos, Señor, nuestras ofensas como también nosotros perdonamos a los que nos ofenden»*.

Yo estaba emocionadísimo: la verdadera caridad de Cristo, esto es, su obra. Entonces Pudens terminó diciendo:

–Al regresar a Roma pedí a Pedro, mi catequista, que me administrara el bautismo inmediatamente.

72
LA PERLA NEGRA

Cuando Pudens terminó su narración, todos estábamos conmovidos. Zaqueo fue el primero en hablar.

–No cabe duda que el fuego que Cristo trajo al mundo, en el que quería que todo ardiera, es el fuego de la caridad. Con la predicación del Evangelio, este fuego se ha ido extendiendo por todas partes, avivado por el Divino Espíritu, que lo atizó el día de Pentecostés.

–Los prodigios obrados ese gran día superaron con mucho a los obrados cuando Moisés proclamó la ley del Sinaí –dije–. Éstos anunciaban la proclamación de la ley mosaica, y aquéllos anunciaban que esa ley había ya terminado y que la nueva ley, la ley de gracia, iba a invadir el mundo.

–Eran estos prodigios las *credenciales* que habían de acreditar la doctrina de Cristo, predicada por sus apóstoles y discípulos –dijo Zaqueo–. Y así pasó a la letra, y de ello fuimos testigos. La doctrina de Cristo, fecundada por la gracia del Espíritu Divino y sus admirables dones, empezó, desde luego, a dar sazonados frutos de virtudes –añadió Zaqueo.

–Desgraciadamente –interrumpí–, se cumplió también lo que el Maestro había indicado en la parábola del sembrador: *«Vino el malo y sembró la cizaña»*. Este malo fue personificado por Simón Mago, quien, con dinero, quiso comprar a Pedro la facultad de hacer prodigios. Y no pudiendo conseguir sus deseos, se dedicó a propagar por medios engañosos que él era el enviado de Dios, diciendo que tenía revelaciones.

–Y así empezó a cumplirse la profecía del Maestro –dijo Quarto, leyendo su pergamino–: *«Guardaos de los falsos profetas que vienen a vosotros con vestidos de ovejas, mas por dentro son lobos rapaces»*.

–Desgraciadamente –observé–, andando el tiempo, de entre los mismos cristianos han salido mujeres que, diciendo tenían dones sobrenaturales, han empezado a engañar a los incautos con falsas revelaciones.

–Son –dijo Zaqueo– inspiradas por el malo, convertido en ángel de luz.

–Así es la verdad –añadí–, y esto me da pie para mencionar la perla negra. Según lo que contaba Pinimim y ya os he narrado, cuando la luz del sol se pierde en las profundidades del océano, empieza una zona de oscuridad en la cual, sin embargo, hay alguna luz debida a los peces fosforescentes. Éstos tienen formas horripilantes de ordinario, que son atenuadas por la luz que de ellos irradia, luz que les sirve para atraer su presa. Esto pasa a las ilusas que, no conformes con gozar de la luz de Cristo, presumen tener visiones y revelaciones. Lo que ellas creen que es el ángel de luz, es el malo, el cual con su brillo las engaña.

–Admirable comparación –dijo Zaqueo–, y de allí nacen esas revelaciones falsas, que nos dan por auténticas y que muchos hombres sencillos o tontos toman como verdaderas.

–De allí han nacido también los Evangelios apócrifos, llenos de errores, pero los incautos piensan que son revelaciones divinas.

–¿Conoces a Mardoqueo Ben Judá? –me preguntó intempestivamente Pudens.

–¿El gran bibliopola de Roma?

–Y del mundo entero –añadió el senador romano.

–Tiene en Alejandría innumerables escribientes que copian libros y folletos en varios idiomas. Una vez terminadas las copias, se las envían a Roma, y Mardoqueo las reparte por todo el mundo. Es una casa editorial como no hay otra.

–Lo sé por experiencia. Conociendo mi afición a la lectura, y sabiendo que pago bien y al contado, me envía mensualmente sus principales publicaciones. Acabo de recibir, nada menos, los Evangelios de Mateo, Marcos y Lucas. Yo ya los tenía desde hace tiempo, pero me gusta ver la edición de este judío, gran enemigo de los cristianos, para compararlos y ver si se ha atrevido a interpolarlos o cambiarlos.

–Pues bien –dijo Pudens–; yo soy su cliente desde hace mucho tiempo. Cuando empecé a darme cuenta de la religión cristiana, que entonces confundía con la judía, me fui a casa de Mardoqueo y le pedí me vendiera los libros que tuviera sobre el judaísmo. Alegróse el librero, y mostrándome un gran número de volúmenes, me dijo: «Allí tienes nada menos que la traducción griega de nuestra *Thorá,* hecha hace años por setenta de los más eruditos rabís hebreos. Léelos detenidamente, y después te daré otros libros que te interesarán. Éstos –añadió Mardoqueo– son nuestros libros revelados por Yahvé a Moisés y los profetas».

–¿Y leíste todos esos libros? –le pregunté.

–Todos, empezando desde el *Génesis*. Por supuesto, que infinidad de pasajes no llegué a comprenderlos. Cuando los terminé, volví a mi amigo y le pedí más. Él me dijo: «Has leído la verdadera y única revelación hecha por Yahvé a su pueblo escogido; la única revelación unánimemente admitida por los grandes maestros de Israel, tenlo presente, la «única verdadera». Ahora –añadió– ven conmigo a la trastienda para que hablemos sin testigos. Aquí tengo marcados –me dijo Mardoqueo– todos esos libros que llamamos apócrifos, es decir, que contienen los secretos escondidos que Yahvé quiere que se conserven ocultos; por eso los llamamos apócrifos». «¿Pero –interrogué a Mardoqueo– Yahvé ha revelado también cosas secretas, como claman los sacerdotes de otras religiones y dan el nombre de doctrinas esotéricas, esto es, solamente para los iniciados?» Mardoqueo respondióme sonriendo: «Así es, solamente para los bobos iniciados, pues son una sarta de mentiras inventadas por gente lista para embaucar a los crédulos, dándoles (o vendiéndoles) como revelaciones ocultas y secretas lo que no son sino cuentos y leyendas por ellos inventados. Pero a ti, como hombre inteligente, no quiero engañarte, con la única condición de que guardes reserva sobre esto que te he dicho. De otra suerte mermarían nuestras ventas». Sin obligarme al sigilo, le prometí que sería discreto.

–¿Y qué libro te vendió? –preguntó Quarto.

Pudens repuso, sonriendo:

–Un libro llamado el *Evangelio,* de Noé, en que cuenta lo que Yahvé le reveló (?) de la formación del mundo y lo que había de suceder en épocas posteriores.

–¿Y te dio el libro de Enoch? –preguntó Zaqueo.

–Ya lo creo, pues es uno de los más principales. Cuenta una serie de leyendas y de mentiras, buenas para entretener a los niños.

–Y a los tontos –añadí–, bien le conozco.

–Luego me dio el evangelio llamado *La asunción de Moisés* y segundo de *Los secretos,* de Enoch.

–¿Y te dio el *Apocalipsis,* de Baruch –le pregunté.

–Por supuesto, y el *Libro de los jubileos,* y el *Pequeño Génesis* y el *Testamento de los doce patriarcas,* y el de la *Ascensión de Isaías* y otros muchos. Cuando le hube pagado, riendo, me dijo Mardoqueo: «Ya que tú eres uno de los iniciados, te revelo que todos ésos son cuentos, entrelazados con relaciones bíblicas, lo que hace que los bobos den mayor fe a las mentiras inventadas en nombre de personas tan respetables como Noé, Enoch, Isaías y los doce patriarcas. Hay en este mundo –terminó Mardoqueo– muchos ilusos y, sobre todo, muchos tontos que con facilidad dan crédito a patrañas, teniéndose por elegidos, puesto que participan de los secretos ocultos revelados por Yahvé.

–Bien dice el Espíritu Santo –añadí– que es infinito el número de los necios.

–Desgraciadamente –repuso Zaqueo–, como ya indicaste, varios de nuestros hermanos siguen con la antigua costumbre de escribir por su cuenta libros de revelaciones sobre la vida de nuestro Salvador. Allí tienes protoevangelio de Santiago, que aunque basado en el verdadero Evangelio, le aumenta con leyendas y otros elementos pueriles y fantásticos.

–Y el famoso *Evangelio de la infancia,* que es una compilación del libro de José Caifás y del Evangelio de Tomás y el de Gamaliel –dijo Pudens–, que si fueran considerados como novelas, no habría dificultad en admitirlos; pero los hacen pasar por revelaciones divinas, lo que es una verdadera aberración. Y estas revelaciones (!) han dado pie a que los herejes también escriban evangelios, en los cuales infiltran sus errores, en especial que Jesús no es el Hijo de Dios, que es a donde van a parar las herejías.

–Y muchas personas honorables dan crédito a semejantes historias como si fueran revelación divina –terminé–. Éste es el mal de querer profundizar en el mar del espíritu, a donde no llegan los rayos del Sol de la gracia, sino que nadan los horripilantes peces fosforescentes que atraen a los incautos con su luz, y donde se crían, según me contaba Penimim, las perlas negras.

73
EL BIBLIOPOLA

Pocos meses después de la muerte de Pedro y Pablo, tuve en Sicilia una de las reuniones quinquenales con mis dependientes. En los últimos cinco años habían ocurrido tantas cosas notables con relación a la Iglesia, que me ocupé un mes en hablar con ellos y coleccionar sus numerosos y variados informes.

La primera persecución general a toda la Iglesia tuvo lugar después del incendio de Roma, que Nerón atribuía a los cristianos. Persecución que, habiendo empezado en Roma, se había extendido con mayor o menor fuerza por todo el Imperio, y que había culminado en el glorioso martirio de los dos grandes apóstoles.

Estábamos reunidos en una hermosa casa de campo, en las afueras de Palermo, donde gozábamos de perfecta tranquilidad, a pesar de la excitación reinante contra los cristianos. Nos sentíamos, pues, al abrigo de todo espionaje peligroso. Cuál no sería nuestra sorpresa cuando uno de mis esclavos vino a anunciar que un venerable anciano llamado Mardoqueo Ben Judá estaba a la puerta y solicitaba hablarnos. Mandé a mis compañeros que inmediatamente se dispersaran por la casa, el jardín y el huerto, para que el temible visitante no nos encontrara reunidos. Tomadas estas disposiciones, di orden para que fuera admitido. Mardoqueo Ben Judá era el jefe de los Sabios de Sión, asociación secreta creada por él para luchar por todos los medios posibles contra la Iglesia de Cristo. Había sido educado en la escuela de los fariseos como Esteban y Pablo, y como este último era acérrimo defensor de la ley, tomada ésta como base principal de la nacionalidad judía. Era un exaltadísimo patriota, no porque hablara mucho, sino porque secretamente trabajaba, con profunda inteligencia y astucia, para defender a Israel de su ruina, que veían próxima si se dejara crecer el cristianismo. De aquí que, usando cuantos medios encontraba, hiciera la guerra a los cristianos, persiguiéndolos, como Pablo, y tratando de acabar con ellos y con sus jefes. Por eso había fundado la famosa junta de los Sabios de Sión, de la que formaban parte los hombres más notables y poderosos de Israel, sea que vivieran en Palestina o se encontrasen dispersos por el mundo pagano. A ellos atribuían los cristianos las persecuciones de que eran víctimas, y siendo Mardoqueo el fundador y director de aquella formidable asociación, nada de extraño tenía que su solo nombre causara temor, como en otro tiempo el de Saulo de Tarso.

Mardoqueo Ben Judá era, como ya dije antes, el bibliopola o librero más notable de Roma, y, por consiguiente, de todo el Imperio romano. Los intelectuales de todos los países tenían relaciones con él. Era la librería de Mardoqueo la editorial de más reputación en el Imperio. Sus publicaciones en griego y latín se encontraban en todas las grandes ciudades y aun en los pueblos secundarios. En todos ellos tenía agentes israelitas que se ocupaban de vender los libros publicados por él. Compraba también a precios irrisorios manuscritos antiguos, que revendía a precios muy elevados. De aquí que yo en muchas ocasiones le hubiera tratado personalmente de tiempo atrás. Pero ¿qué venía a hacer a Sicilia? ¿Por qué deseaba hablarme? Vendría a espiar nuestra comunidad cristiana para luego delatarla? Me puse, pues, en guardia, pero le recibí cortésmente como a conocido que era. Cuando entró, sin embargo, dudé si era el famoso Mardoqueo, o bien otro del mismo nombre, pues le noté sumamente cambiado. El rabí orgulloso y altivo, prendado de sus conocimientos, sus riquezas y su poder que yo había conocido, se me presentó con un aspecto tan humilde, que le tuve por hipócrita. Sin embargo, le traté con toda cordialidad sin manifestar mis sospechas.

–Mi querido Ben Hered –me dijo–, sabía que estabas en una junta, y ahora te encuentro solo. No me extraña, pues mi maldecida fama es suficiente para ahuyentar a cualquier cristiano, como pasaba con Saulo. Yo, como Saulo buscó a Ananías, así vengo en busca tuya, pues sé que tú me darás la mano. Por eso he venido desde Roma.

Aunque no muy seguro de la sinceridad del visitante, con el mejor tono que pude respondí:

–Si en algo puedo servir para la salvación de tu alma, dispuesto estoy a hacerlo.

Entonces él sacó un rollo, que puso en mis manos. Lo abrí; era una carta de Quarto, en la que me decía que, por consejo de él, Mardoqueo, ya verdaderamente en camino del arrepentimiento, iba a contarme su historia y pedirme consejo. Que él, Quarto, salía por fiador de la sinceridad de Mardoqueo. Estas líneas me pusieron enteramente a favor de aquel nuevo Saulo, y le estreché entre mis brazos, diciéndole:

—Mardoqueo, ¿en qué puedo servirte?
—En efecto —me interrumpió—, ese nombre me conviene ahora más que nunca, pues quiere decir contrito amará, y amargo, muy amargo, es mi arrepentimiento; un fardo enorme de crímenes pesa sobre mis hombros.
Estaba tan conmovido, que por un rato guardamos silencio.
—Voy a contarte mi historia —dijo— como Lucas narra la de Saulo; primero cuenta sus faltas y luego su contrición. No quiero que, conociendo primero mi arrepentimiento, disminuya en tu estimación la gravedad de mis crímenes.
—Cuéntame lo que gustes, que esta carta de Quarto es para mí la credencial de tu sinceridad.
—Pues bien: has de saber que yo he sido el que instigó a Nerón a incendiar Roma para después echarles la culpa a los cristianos, y así conseguir que fueran condenados a los más espantosos suplicios, y que, valiéndome de la sociedad de los Sabios de Sión, los fieles de Cristo fueran perseguidos.
Le miré alarmado. Él, sonriendo tristemente, prosiguió:
—Ni estoy loco, como pareces creer, ni lo que he dicho es una invención fantástica; es la pura verdad, aunque parezca algo increíble. No por disculparme sino para manifestarte la verdad como es, quiero que sepas que así como Saulo persiguió de buena fe a los discípulos de Cristo, del mismo modo yo empecé hace muchos años esta persecución, por estar persuadido de que la secta de los nazarenos iba a causar un profundo cisma en Israel. Pero yo no seguí el camino de Saulo persiguiendo abiertamente a los cristianos, sino de manera oculta, con un plan bien estudiado y valiéndome de todos los medios de que yo, o los míos, podíamos echar mano, usando del dolo y de nuestra influencia suprema: el oro. Desde luego, por medio de las numerosas publicaciones que salían de la pluma de mis amanuenses, empecé a esparcir calumnias y embustes contra los cristianos. Esos libros y folletos iban por todas las ciudades del Imperio, y aun más allá. Por medio de estas publicaciones calumniosas, los sabios e ilustrados primero y los ignorantes después, se llegaron a persuadir de que la secta de los nazarenos era algo abominable. Eran, como tú bien lo sabes, declarados enemigos del género humano, que cometían los crímenes más execrables.
—¿De manera que esa propaganda era dirigida por ti?
—Por mí, ayudado de los Sabios de Sión, encadenados secretamente por todo el Imperio romano. Nosotros fuimos los organizadores de esa liga judía en contra de los discípulos de Cristo, que subsiste potente.
—Pero ¿qué hiciste para incitar a Nerón a incendiar Roma?
—¿Te acuerdas de aquel otro Mardoqueo que entregó a su sobrina Esther al rey Asuero?
—¡Cómo no he de conocer esa famosa historia!
—Pues yo hice, por diversos medios, que llegara Popea, judía por parte de su madre, a ocupar, respecto a Nerón, el lugar de Esther con Asuero.

Popea era bellísima, tipo netamente judío. Tenía un cutis blanquísimo heredado de su padre. Un día, Popea, aun joven, vino a mí para consultarme qué haría para evitar que su cutis se llenara de pecas. «No te preocupes –le dije–; yo te daré un admirable remedio».

–¿Y tú fuiste el que proporcionó las cien borricas?

–Cien borricas, y todas blancas, sin mancha alguna. Me costó mucho el encontrarlas; pero cuando las tuve, le dije a Popea: «Aquí tienes el remedio infalible. Si te bañas en la leche recién ordeñada de estas borricas, después de que yo haya dicho sobre la leche unas palabras cabalísticas que nadie sabe más que yo, ten por seguro que tu carne saldrá del baño más tierna y blanca que la de un niño».

–¿Y con esa treta la tuviste en tu mano?

–Así pasó, en efecto. Desde aquel momento, Popea hizo cuanto yo le decía. Por otra parte, también tenía en mi poder a Tigelino. Por medio de mis hermanos, los hebreos, había establecido en todo el Imperio un magnífico servicio de inteligencia, esto es, una policía secreta que me proporcionaba datos sobre las conspiraciones contra el emperador y otros asuntos semejantes. Gracias a lo cual obtuve secretos sobre la conducta miserable de Tigelino, y eso él lo sabía.

–Ya veo tu táctica –dije.

–Ahora tengo que hacer historia. Como sabes, yo colecciono pergaminos antiguos curiosísimos. Entre ellos tenía unos magníficos planos del famoso arquitecto Vitrubio hechos por él a petición de Augusto para edificar una nueva Roma. Además, un antiquísimo manuscrito de cierto poeta griego desconocido, en el que, con valentísimos y sonoros versos, cantaba el incendio de Troya.

–Tenías dos armas, ya veo, para persuadir a Nerón que incendiara Roma.

–Ahora aquí entras tú –dijo Mardoqueo.

–¿Yo? –exclamé, intrigado.

–Sí, tú y tus barcos. «Recuerdas que en día no lejano vino a ti un cristiano llamado Anastasio?

–Lo recuerdo. Me vino a pedir barcos en que transportar para Roma grandes cantidades de betún del mar Muerto. Yo le di las mayores facilidades, pues me aseguró que era un gran negocio para ayudar a los hermanos. Iban a embetunar techos de las barracas que rodean al Circo Máximo, los cuales, cuando llovía, se calaban lastimosamente. Me pareció buena la idea, y le proporcioné los barcos que me pedía.

–Y así fue cómo Anastasio contribuyó al incendio.

–No me dirás que Anastasio se prestó a tus intrigas.

–Claro que no. Él no sabía ni maliciaba nada. Bajo mis órdenes, aunque indirectamente, empezó a embetunar a muy bajo precio los techos de las innumerables barracas de Roma, los de las principales villas de los augustanos y hasta los de algunos templos paganos. Era un buen negocio, y se empleaban en este oficio muchísimos cristianos. De esta suerte, tú también contribuiste al incendio de la capital del orbe. Y allí tienes los elementos principales que entraron en el satánico plan.

—¿Y cómo lo llevaste a cabo?

—Muy sencillamente. Por medio de Tigelino, llegaron a manos de Nerón los planos de Vitrubio para reedificar la urbe. Esto despertó en aquel ambicioso de gloria la idea de edificar una nueva Roma. Naturalmente, veía que para esto era necesario destruir. Las infelices barracas nada le importaban, pero las villas y las ricas mansiones de los augustanos no veía con qué pretexto destruirlas. Aquí tienes el primer paso en la mente de Nerón.

—¿Y cuál fue el segundo?

—El manuscrito del poeta ignorado sobre el incendio de Troya. Por insinuación mía, se lo presentó Popea, quien le contó que el infeliz que se lo había vendido había muerto. Con esto, el secreto quedaba entre Popea y Nerón. Tigelino, por su parte, sin tener noticias de los versos, incitaba a Nerón a que autorizara el incendio de las barracas. Finalmente, consintió, con la condición de que le avisara cuando el incendio estuviera en su apogeo, pues él se iba a Ancio.

—¿A componer sus versos?

—Naturalmente, tenía que aprendérselos de memoria; para eso Popea le leía y releía los versos del poeta desconocido hasta que se los recitaba Nerón sin falta alguna. Y como éste tenía muy buena memoria, en dos semanas, por las noches, sin que nadie lo supiera, se los aprendió. Entonces empezó la tarea de adaptarlos al incendio de Roma. Cuando todo estaba concluido, y ya dispuesto a improvisar su elegía, dio orden a Tigelino de que prendiera las barracas.

—Pero no fueron solamente las barracas las que se incendiaron —dije.

—Fue la mayoría de los barrios de Roma —respondió Mardoqueo—; pero esto no fue directamente culpa de Nerón ni de Tigelino.

—¿Pues de quién fue?

—De Eolo —me respondió.

—¿Cómo es eso?

—Empezó a soplar un viento muy fuerte, que cambiaba frecuentemente de dirección, lo que hizo que el incendio se esparciera por casi toda la ciudad, a excepción de algunos cuarteles apartados, adonde no habían llegado los embetunadores, y del Transtíber, separado por el río. El incendio duró seis días y siete noches.

—¿Y Nerón?

—Terminaba sus versos en Ancio. Avisado al tercer día por Tigelino, llegó a las afueras de la ciudad, quedando espantado de los progresos del incendio, que no esperaba. Pero preocupado, ante todo, por sus versos, subió, acompañado de los augustanos, a una alta tribuna que Tigelino había hecho construir en lo más elevado del monte Vaticano.

—¿Donde está el obelisco que, por mandato de Claudio, yo traje a Roma hace unos años?
—Allí precisamente. Cuando Nerón se repuso de la impresión que le había causado el incendio, no esperado por su extensión, rodeado de sus igualmente asustados augustanos, cuyas villas estaban ardiendo, tomando su lira empezó a recitar sus versos...
—Querrás decir los del ignoto poeta griego.
—Adaptados por él. Y era tan buena la composición recitada con sentimiento, que los augustanos se conmovieron de veras. Hasta Petronio le dijo: «César, has estado divino; algunos de tus versos queman, otros esparcen humo y otros hacen ver los sufrimientos de los que arden en las llamas». Y, hablándole al oído, añadió: «Algunos versos no constan». A lo que Nerón, alarmado, le dijo: «Es esto sólo una improvisación; pero ven conmigo, a nadie lo digas, y los corregiremos». De esta suerte –terminó Mardoqueo– se llevó a cabo el incendio de la ciudad.
—Pero los cristianos, ¿cómo fueron inculpados por lo que no habían hecho?
—Estoy muy cansado –respondió Mardoqueo–. Quiero tomar un poco de alimento, y después te contaré cómo llevé a cabo mi plan.

74
NARRACIÓN DE MARDOQUEO

Después que hubo descansado, Mardoqueo prosiguió:
—Supongo que tus agentes te habrán escrito del incendio de la urbe, que duró por espacio de seis días con sus noches.
—Tengo –le respondí– más de una docena de cartas en que me describen los horrores de aquel nunca visto incendio.
—Pues todo lo que te cuenten es poco, comparado con la realidad. La primera noche cuando a los resplandores del incendio del Circo Máximo despertaron los romanos, los que vivían en las colinas no atacadas por el fuego, subían a los tejados para contemplarlo. Pero bien pronto se levantó un viento huracanado que empezó a esparcirlo por los cuarteles cercanos. El amanecer fue terrible para muchísimos, pues el incendio se seguía propagando en alas del viento. Era de ver las multitudes que, llevando a cuestas los enseres familiares más indispensables, huían del fuego hacia el lugar que creían más seguro, y, no bien habían llegado, el fuego, siguiéndolos, les hacía huir de nuevo a otra parte. Era una situación aterradora, pues mientras unos huían, bandadas de gente maleante se metían en las casas para ver lo que robaban.
—¿Y Nerón?
—Había marchado a Ancio, encargando a Tigelino que repartiera con profusión pan, vino y aceitunas, y que abriera para todos los jardines en donde se pudieran librar de las llamas.

—Me narran que el sol se oscureció, pareciendo, a través de las nubes de humo, como una mancha de sangre que aterraba a la multitud.

—Viendo esta señal en el cielo, mientras los paganos la atribuían a los dioses infernales, los cristianos clamaban que aquello era el fin del mundo anunciado por Cristo, quien pronto aparecería sobre las nubes del cielo para juzgar a los hombres, y con gritos desaforados pedían misericordia. Así pasaron seis días espantosos, al fin de los cuales se pudo ver a la señora del mundo casi reducida a escombros. De los catorce barrios de Roma, tres habían sido completamente destruidos, cinco estaban en ruinas y los dos restantes sumamente averiados —dijo Mardoqueo—. Multitudes enormes acampaban al aire libre en los jardines y otros lugares que el fuego no había tocado, y el Transtíber, donde moraban nuestros hermanos y muchos cristianos, se había salvado, lo que llamó, desde luego, la atención.

—¿Y comenzaron a atribuir el incendio a los cristianos?

—A los judíos. Pues, como indiqué, eran los que en mayor número vivían en el Transtíber, lo que me puso en terrible conflicto. Entonces hice correr el rumor de que el culpable era Nerón. La noticia cundió con más velocidad que el fuego, y por todas partes se oían gritos de: «Matricida, incendiario, *Barbas de Bronce,* infame...» Tigelino, al saber esto, envió un correo a Nerón, el cual, como era muy cobarde, se atemorizó, e hizo llamar a Tigelino, inculpándole del desastre.

—¿Y cómo se las hubo el jefe de los pretorianos?

—Diciendo que él solamente había cumplido las órdenes de incendiar las barracas, y que el viento había terminado la obra. Esta salida aquietó un tanto al César, pues se persuadió de que él no había tenido la culpa, echándola a los dioses, que habían desatado los vientos. Pero esta explicación no satisfacía al pueblo, tanto más que hacía que se siguiera propagando la idea de que el incendiario había sido Nerón para construir una nueva ciudad que llevara su nombre. Tigelino vino a verme excitadísimo. Nerón le acusaba de incendiario, cuando él solamente había cumplido las órdenes del César. «No tienes por qué afligirte —le dije con toda tranquilidad—; ni tú ni el emperador habéis sido los incendiarios». «¿Pues entonces quién fue?» —preguntóme, intrigado—. «¿No has oído hablar —le respodí con toda calma— de una secta infame llamada de los cristianos?» «¿Los enemigos del género humano, que cometen toda clase de crímenes?» «Ésos precisamente —repuse—. ¿No te acuerdas de unos hombres que, a bajísimo precio, estuvieron embetunando los techos de las barracas alrededor del Circo Máximo?» «¿Que embetunaron también los techos de mi quinta y los de muchos augustanos?» «Pues ésos fueron los que, con premeditación, prepararon el incendio». «¿Y ésos eran cristianos?» «¿Conoces a Anastasio?» —insinué—. «Sí —respondióme el jefe de los pretorianos—, y sé que es cristiano». «¿Y toda su gran cuadrilla de embetunadores son cristianos como él?». «Sin duda, ellos fueron los incendiarios enemigos del género humano; voy a decírselo a Nerón». «Espera un poco

–dije–. ¿No llegó a tu noticia lo que, en medio del fuego gritaban los cristianos?» «Sí; decían que había llegado el fin. Que Cristo vendría sobre las nubes del cielo, cumpliendo su promesa. Ellos son, ellos son; voy a ver al emperador». «Todavía no; yo tengo que ir a Ancio antes que tú». «¿A decírselo a Nerón?» «No, yo no le diré nada; voy a hablar con Popea, y cuando tú lleves a Nerón las noticias que te he dado, te daré otras aún más extraordinarias».

–¿Y qué le dijiste a Popea? –pregunté.

–La calumnia más infame, pero la más efectiva para persuadir a Nerón de que los inofensivos y virtuosos cristianos eran los incendiarios.

Por muy largo tiempo aquel infeliz no pudo hablar. Al fin se decidió, y continuó su relato.

–Salí al punto para Ancio llevando un buen número de pergamios. Uno de éstos lo puse en manos de Popea, dándole mis instrucciones.

Estaba yo intrigadísimo, sin saber qué pensar. Mardoqueo continuó:

–Nerón estaba como loco, pues constantemente le llegaban correos diciendo que los motines de Roma crecían y que gritos subversivos se oían por todos lados. En este estado de excitación, entró en la cámara de Popea, y la encontró tranquilamente leyendo el pergamino que yo le había dado. Irritado con esta calma, por poco la maltrata; pera ésta fue hacia él, y le llenó de abrazos y besos, diciendo: «Nerón, el triunfo será tuyo» –y le enseñó el volumen. Nerón al principio no comprendió el significado de lo que leía, hasta que Popea le dijo: Los incendiarios de Roma son los cristianos, como claramente lo dice Lucas, citando estas palabras de Cristo: *«Yo he venido a poner fuego en la tierra; ¿y qué he de querer sino que arda?»* (Lucas, 12, 49). «Ellos son, ellos son –exclamó, gozoso, Nerón– los enemigos del género humano; ellos son. A las fieras, a los tormentos más atroces con los cristianos».

–¡Qué atrocidad! –no pude menos de exclamar.

–¡Qué atrocidad, qué infamia la mía! –dijo Mardoqueo–. Las palabras de Cristo, que se refieren al fuego de la caridad, hice que las interpretara Nerón en contra de los inocentes cristianos, que predicaban esa virtud, amándose los unos a los otros, como Jesús había enseñado. Cristo, que había prohibido a sus discípulos hacer bajar fuego del cielo para consumir a los samaritanos, como ellos pedían, según lo dice el mismo Lucas (capítulo 9, 5): *«No sabéis a qué espíritu perteneceis. El Hijo del Hombre no ha venido a perder a los hombres, sino a salvarlos».* A Cristo, lleno de amor, le había convertido mi perversidad en incendiario de Roma.

Después de un rato añadió:

–El golpe estaba dado, y cuando llegó Tigelino con sus noticias, encontró a Nerón, que, lleno de alegría, le mostraba el texto de Lucas, exclamando: «¡A las fieras los cristianos! Los más espantosos tormentos para los enemigos del género humano». Y la furia de Nerón fue espantosa, pues con su voluble carácter llegó a persuadirse de que él nada había tenido que ver con el incendio de Roma, siendo los únicos culpables los cristianos, enemigos jurados del género humano, teniendo él la obligación, ante los dioses, de acabar con aquellos infames. Así había culminado mi plan, secundado por todos los judíos que habitaban en Roma, pues antes de partir para Ancio había aleccionado a los míos que propagaran la calumnia, mostrando a todos las palabras de Cristo, según las relataba Lucas. Mi desgraciado pueblo, guiado por mí y por los Sabios de Sión, había llevado a cabo esta infamia, estando, por otra parte, persuadido de que el verdadero incendiario era Nerón. Y entonces se desató la furiosa persecución contra los cristianos, que llevó a los más espantosos y crueles tormentos a muchos millares de ellos. La calumnia contra aquellos piadosos e inocentes fue fraguados por mí y llevada a cabo por los míos.

Y Mardoqueo, presa de atroces remordimientos, se arrojó sollozando en mis brazos. Su contrición era verdadera. Cristo, que había venido a salvar a las ovejas descarriadas de Israel, ¿no tendría misericordia de aquel arrepentido, como la había tenido con Pablo?

75
TESTIGOS ARDIENTES

–No es necesario que continúes tu dolorosa narración –dije a Mardoqueo–, pues aquí tengo relatos auténticos de lo que pasó en esos días. Si prefieres, los iré leyendo, y tú podrás añadir lo que te pareciere.

–Gracias –repuso–; pero yo quiero desahogar mi conciencia contándote todos mis crímenes. Entonces tomé uno de los pergaminos, y leí:

–«El terror que se apoderó de nuestros hermanos (los cristianos) cuando, en lugar de que vieran llegar a Cristo sobre las nubes del cielo, oyeron los aullidos de la plebe, que gritaba, «los cristianos, a las fieras; muerte a los enemigos del género humano, los incendiarios de Roma; los cristianos, a las fieras», fue espantoso. Al principio no querían dar crédito a lo que oían; pero cuando los judíos, llevando en sus manos el Evangelio de Lucas, les enseñaban las palabras de Cristo: *«Fuego he venido a traer a la tierra; ¿y qué quiero sino que arda?,* su turbación fue indecible...».

–Es verdad –exclamó Mardoqueo–, yo lo había preparado todo; copias de Lucas había repartido a mis hermanos para que se las enseñasen a los inocentes e inofensivos cristianos.

–«... pero pronto se convencieron de que aquellos gritos tenían fundamento en el decreto de Nerón. Y como hasta entonces no habían tenido reparo en ocultar sus creencias y eran bien conocidos como cristianos, los judíos los señalaban a los pretoriano, quienes, sin piedad, los echaban a las cárceles, que bien pronto estuvieron llenas».

–Yo, desde luego, conseguí de Tigelino, que nada podía negarme, que los cristianos de origen judío fueran puestos en lugares aparte, y entonces continué mi satánica obra. Mandé a nuestros rabís que, con una orden de Tigelino, fueran a visitarlos y a ofrecerles la libertad a cambio de la apostasía, y un gran número renegaron de Cristo.

–De modo –pregunté horrorizado– que iban al suplicio no por incendiarios, sino por cristianos.

–Así fue, en efecto. Todo el que renunciaba a Cristo era puesto en libertad. Los preparativos para los próximos juegos empezaron al punto, quedando listo en pocos días el Circo de Nerón sobre el Vaticano.

–¿Donde está el obelisco de Claudio?

Mardoqueo me miró extrañado, y me preguntó:

–¿Por qué te llama la atención el obelisco?

–Porque desde que Pedro se instaló definitivamente en Roma, todas las noches iba a orar, apoyando su cabeza en aquel monolito, como me lo dicen en esta carta. Desde que lo traje de Egipto en un gran barco, Pedro, que venía conmigo, pasaba las noches orando sobre aquella piedra, y antes de desembarcar pasó largo rato derramando lágrimas sobre el monolito, y como si de él se despidiese, le abrazó y le bendijo.

–Eso lo sabía yo también, estando seguro de que, si quería echarle mano a Pedro, allí le encontraría orando, como sucedió. Cuando llegó el primer día de los juegos, el circo estaba de bote en bote, y la plebe echaba vivas a Nerón, gritando en seguida: «Los cristianos, a las fieras; los cristianos, a las fieras». Salió una larga procesión de cristianos, ancianos, jóvenes y niños. Dieron vuelta al circo entre los gritos de la multitud. Entonces se abrieron las puertas, y salieron más de trescientos perros de raza británica y escocesa de una ferocidad extrema, que se lanzaron sobre los indefensos cristianos, mordiéndolos rabiosos. Cuando ya cansados los perros se fueron retirando del grupo de cristianos ensangrentados, éstos, con todo respeto, fueron recogiendo los cuerpos de los muertos, y, colocándolos en el centro de un círculo que formaron, se pusieron de rodillas. Después, levantando las manos al cielo, exclamaron: «Por Cristo, por Cristo». Entonces la multitud, asombrada, se dio cuenta de que los que habían muerto despedazados eran niños menores de diez años.

Mardoqueo sollozaba, y yo, no menos conmovido, exclamé:

–Las primicias de la cristiandad de Roma. Los niños, *«de los cuales es el reino de los cielos»*.

–Se hizo un gran silencio en el circo, y se oyó una vibrante voz de mujer que gritaba: «Los incendiarios de Roma». La situación era crítica, y Tigelino ordenó que inmediatamente soltaran a los leones. Éstos, incitados con el olor de la sangre fresca, abalanzándose a los cristianos ya heridos, los acabaron en pocos minutos. Entonces sucedió algo inesperado: el más grande y fuerte de los leones, tomando en sus fauces el cuerpo de un niño menor de siete años, empezó a dar vueltas delante del auditorio como si dijera: un incendiario de Roma. Hubo que interrumpir la función, mandando Nerón, asustado, que se repartiese a la multitud una gran cantidad de vino.

* * *

Por varios días Mardoqueo estuvo delirando, presa de la fiebre. Cuando recobró los sentidos advirtió que los cristianos que estaban conmigo le atendíamos con todo cuidado y cariño, cual si fuese uno de los nuestros. Estas atenciones de la caridad cristiana hicieron profunda impresión en el alma de hierro del israelita. Durante su convalecencia, sin hablarle una palabra de lo pasado, procuré entretenerle contándole mis viajes. Él, entendiendo lo que yo pretendía, también me contó historias interesantes e instructivas. Mardoqueo no sólo tenía una memoria privilegiada y una vastísima erudición, sino grandísimo talento.

Una tarde en que estábamos reunidos con Mardoqueo muchos cristianos escuchando sus relatos, de súbito, como si continuase su interrumpida narración, nos dijo:

–Aquella misma noche fui a la prisión donde estaban los judíos cristianos, y, llamando uno por uno, les fui hablando de esta manera: «Ya viste con tus propios ojos lo que te aguarda si persistes confesando a Cristo (pues había yo hecho que todos ellos estuviesen presentes en el circo). Aquí tengo pergaminos firmados por Tigelino para que cualquiera que renuncie a Cristo quede inmediatamente libre. Dos puertas tiene esta cámara: por una saldrás libre si renuncias a Cristo, y por otra volvería a la prisión si continúas llamándote cristiano. Escoge. A más de esto, tengo aquí una bolsa con monedas de oro que te entregaré si te decides a seguir la religión de Yahvé».

–¿Y qué pasó? –exclamaron varios de los oyentes.

–De todos los prisioneros, que serían unos cincuenta, sólo doce prefirieron el oro, y los doce eran muy ricos. Los que prefirieron morir por Cristo eran pobres.

–¿Y ningún rico...?

–Sólo dos, gustosos y radiantes, entraron por la puerta de las prisiones: Abrahán Ben Judá y su hijo Isaac, dándome una gloriosa lección.

–Abrahán Ben Judá, uno de los judíos más ricos de Roma?

–El mismo. Él y su hijo fueron los últimos en entrar. Cuando les hice la proposición de seguir la religión de Yahvé, Abrahán, que era ya un viejo muy venerable, respondió: «Mardoqueo, tú mejor que muchos, sabes que el Mesías que había de venir estaba anunciado por los profetas. Pues bien: ese Mesías, en el que se cumplieron las profecías, ya vino, y es Jesús de Nazaret, el Hijo de Dios». «No te he llamado para discutir» –grité–. «Ni yo ni mi hijo venimos a discutir contigo; pero tenemos derecho a hablar. Tú muy bien sabes que ni mi hijo ni yo hemos tomado la menor parte en el incendio de Roma, y ahora, contradiciéndote, nos propones la libertad si renunciamos a Cristo; no se nos condena, pues, por incendiarios, sino por cristianos». ¿Queréis callar? –dije–. «Tengo que seguir hablando –me respondió el anciano–. Tú oíste a Gamaliel, quien repetía frecuentemente:

«Si ésta no es obra de Dios, pronto terminará; pero si es obra de Dios, permanecerá. No os estéis oponiendo a la voluntad del Altísimo». Mardoqueo, tú ves cómo la obra de Jesús de Nazaret ha perdurado, y perdurará; *es cosa dura dar coces contra el aguijón*». «¿Has terminado?» «Mi hijo y yo vamos libremente al suplicio por atestiguar este hecho: *Jesús es el Mesías prometido en la ley y los profetas, el cual murió en la cruz, según estaba predicho, y al tercer día resucitó, de lo que soy testigo. Su resurrección es la prueba de su divinidad, y, consecuentemente, la doctrina por Él predicada, es divina*. Por atestiguar este hecho y por esta doctrina estamos dispuestos mi hijo y yo a ir a la muerte más ignomniosa. Ésta es mi respuesta. Ahora, hijo mío, habla tú». «Mardoqueo –me dijo Isaac–, yo no vi a Cristo resucitado; pero el testimonio de mi padre y de otros muchos que lo vieron y lo han atestiguado con su sangre, me basta. Yo también creo en Jesucristo, que es, no sólo el Mesías prometido, sino el Hijo de Dios, y por esta creencia estoy dispuesto a dar mi vida, esperando ser de aquellos bienaventurados que no vieron y creyeron. Cristo dijo que el reino de los cielos es de los pobres; los ricos tenemos que hacernos violencia y comprar el cielo con nuestras riquezas. Mi padre y yo estamos dispuestos a comprarlo no sólo renunciando a nuestros grandes haberes, sino con nuestra propia sangre». Entonces, tomando Isaac la gran bolsa de oro que yo les había ofrecido, la arrojó por el suelo, y, sin decir más, padre e hijo entraron por la puerta de las prisiones.

Por largo rato Mardoqueo y yo permanecimos en silencio. Él, llorando y yo meditando en lo que acababa de oír. El glorioso testimonio de aquel israelita que había conocido a Cristo y le había visto resucitado, y el de su hijo, que ni había conocido a Cristo ni le había visto resucitado, pero que creía firmemente en Él, tanto por el testimonio de su padre, como por el de otros muchos que, habiendo sido testigos de la resurrección del Salvador, habían testimoniado este hecho dando sus vidas, pudiendo salvarlas con sólo negar a Cristo. Pero había algo que me intrigaba más: ¿por qué los ricos habían apostatado?

Mardoqueo, que me observaba, como si hubiera penetrado mi pensamiento, dijo:

—Porque es, a veces, mucho menos difícil dar la vida que entregar los bienes. Eso era lo que me admiraba tanto en Abrahán Ben Judá y en su hijo. Ambos eran riquísimos, como sabes. Abrahán era ya muy entrado en años; pero su hijo estaba en el vigor de la vida, y ambos tenían numerosa sucesión, que dejaban en la miseria, pues, por decreto del César, debían ser confiscados los bienes de los cristianos.

—Bien decía el Salvador que *«es más fácil que un camello entre por el ojo de la aguja que un rico se salve»*; pero hay ricos que también entran al cielo –exclamé.

* * *

Días después, Mardoqueo me contó:
—Nerón estaba furioso por el grito de aquella mujer en el circo, y decidió que les tocase su turno a las mujeres. Entonces sucedió lo que te voy a contar y yo presencié. Había mandado escoger las jóvenes más bellas y encerrarlas en una sola cárcel. Entre ellas había una casada, hermosísima. Estando en la prisión, le llegó la hora de dar a luz, y empezó a gritar por los dolores del alumbramiento. Uno de los feroces guardias le dijo: «Gritas ahora, ¿cómo gritarás cuando te estén despedazando las fieras?» A lo cual la joven madre respondió: «Ahora sufro yo; pero entre los dientes de los leones Cristo sufrirá por mí».
—¡Qué respuesta tan admirable!
—Aquella heroína dio a luz un niño en la cárcel. Sus parientes, queriendo salvar a la joven, le quitaron a su hijo. Cuando ella, ansiosa, le pedía para abrazarlo y besarle, le decían: «Te lo entregaremos si reniegas de Cristo».
—¡Qué escena tan dolorosa! ¿Y renegó de Cristo?
—Tú no sabes el valor sobrenatural que tienen esos cristianos ante los suplicios y la muerte. La madre se puso a llorar, levantando sus manos al cielo y clamando: «¡Por Cristo, por Cristo!» Conmovidos con esta escena, al fin le entregaron el niño. Ella por largo rato le abrazó contra su pecho y le llenó de besos; y al fin, con el rostro iluminado por una luz celestial, entregó a su hijo, diciendo: «Cristo, por quien muero, le protegerá, y yo velaré por él desde el cielo». En aquellos momentos se oyó una voz que ordenaba a las mujeres prepararse para ir al circo. «Vamos —exclamó la heroica, levantándose penosamente ayudada por sus compañeras—. Les entregaron vestidos de bacantes, ordenándoles se los pusieran. Entonces, ellas arrojaron al suelo los lujuriosos vestidos, y dijeron: «Jamás nos pondremos esos vestidos». La joven madre, tomando la palabra, dijo al oficial romano: «Hemos venido aquí libremente. Una sola palabra nos libraría del suplicio. Por Cristo entregamos nuestras vidas como cristianos, no como bacantes. No tenéis derecho a lo que ordenáis injustamente, y no obedeceremos. No hemos venido aquí para discutir de disfraces. Moriremos con nuestros propios vestidos, como cristianos que somos, que es de lo que se nos acusa».
—Y ¿qué pasó entonces? —pregunté.
—Que al fin la injusticia reconoció la justicia, y las jóvenes salieron al circo con sus propios vestidos. Al verlas, el lujurioso Nerón lanzó rugidos de rabia, y dio orden de que se les atara a caballos cerriles, que, al sentir su carga, se escapaban dando saltos, mientras las jóvenes, levantando sus inocentes manos al cielo, decían: «¡Por Cristo, por Cristo!» Como era natural, varias empezaron a caer al suelo, pisoteadas por los indómitos brutos, en medio de los gritos de los espectadores. Al fin cayó también al suelo la joven madre, quedando algún tanto descubierta. Ella, aunque desconcertada por la caída y llena de dolores, notando cómo estaba, haciendo

un gran esfuerzo, compuso modestamente su vestido, y después, en un arranque sublimemente femenino, sintiendo que su hermosísima cabellera estaba alborotada, empezó a tejerse una gran trenza. Lo cual notado, le preguntaron por qué hacía aquello, a lo que la joven respondió: «Porque no quiero aparecer ante Cristo como una bacante, sino como una mujer cristiana». Nerón, vencido, mandó que luego degollaran a todas. Y como a uno de los romanos al poner la daga al cuello de la bellísima doncella le temblara la mano, la joven, colocando el arma en su cuello, dijo: «Aquí». Y diciendo «por Cristo» por última vez, cayó en la arena bañada en su propia sangre. La mujer cristiana había triunfado del más poderoso de los soberanos del mundo.

–¡Qué admirables ejemplos de fortaleza cristiana! –exclamé, conmovido.

–Aún tengo algo más que contarte –prosiguió Mardoqueo–. Por varios días se interrumpieron los juegos, con pretexto del mal tiempo, mientras Nerón preparaba un espectáculo con que pensaba contentar a la multitud y aterrar a los cristianos. De uno y otro lado de una calzada de sus jardines mandó clavar grandes estacas y cruces, en las que habían de ser atados los cristianos. Las cruces eran para los hombres y las estacas para las mujeres. Una vez atados muy ligeramente, se rodeaban los postes de sarmientos secos, que prenden fácilmente, y de buena cantidad de leña, cuidando de dejar en todos una callecita para que los que se arrepintieran pudieran escapar del suplicio sin ser molestados. Llegada la noche, y colocadas las víctimas en sus puestos, Nerón mandó abrir los jardines para que entrase el populacho. Se encendieron a un tiempo los sarmientos, levantando llamas multitud de piras, en cuyo centro estaban los cristianos. No bien prendió el fuego, se oyó un solemnísimo canto entonado por los sentenciados a las llamas. Un canto a Cristo, en que los *testigos ardientes* le ofrecían libremente sus vidas. Nerón, que en aquellos momentos salía en su cuadriga, quedóse asustado al oír el canto, y mandó a sus esbirros que gritaran: «Éstos son los incendiarios de Roma». Pero el pueblo, admirado de la constancia de aquellos héroes, no les hacía eco.

–¿Y apostataron algunos? –le pregunté.

–Varios se aprovecharon de la salida que tenían delante; pero la gran mayoría permaneció firme en medio de las llamas clamando siempre hasta que expiraban achicharrados: «¡Por Cristo, por Cristo!» Dieron así una prueba de que libremente, en medio del fuego, testimoniaban el hecho de que Cristo era Dios, como lo había probado con su resurrección, esperando de la vida eterna a trueque de la temporal. Y de la muerte de estos testigos ardientes resultó que, en vez de disminuir el número de cristianos, empezaron a multiplicarse más rápidamente que nunca. Y yo, desde aquel día, viendo fallida mi obra de años, me decía: «No es posible dejar de creer el hecho testificado por hombres y mujeres, que se dejan degollar y quemar vivos por confesarlo. Tiene que ser cierto: Cristo resucitó, y es, por consiguiente, el Hijo de Dios». Y, sin embargo, por más que esté convencido, mi entendimiento, mi voluntad judía se niega a aceptar ese hecho tan admirable y heroicamente testificado –terminó Mardoqueo.

–Es que no basta convencer el entendimiento; es necesaria la gracia que renueva la voluntad –dije–, y ésta se consigue pidiéndole humildemente. No dejes de pedírsela a Dios, diciendo: *Domine, fac ut videam.* (Señor, haz que yo vea).

76
LOS DOS GRANDES TESTIGOS

Mientras permaneció entre nosotros Mardoqueo tuvimos muchas e interesantes pláticas sobre los que murieron en aquellos días dando testimonio de Cristo, esto es, de su resurrección, y, consecuentemente, de su divinidad. De todas estas pláticas, escojo sólo una, por ser la más importante.

Como le preguntara a Mardoqueo si se había hecho una lista de los nombres de aquellas víctimas cristianas, me respondió:

–Ni me importaba el nombre, ni aunque lo hubieran dado conocería yo a esa gente. En cambio, mandé que se clasificaran los sentenciados por su rango, su estado, su profesión, y aquí tienes esta larguísima lista que demuestra que el cristianismo en Roma se había extendido rápidamente por todas las clases sociales. Empezaré por la clase ínfima: los esclavos. Como bien sabes, por esclavos entendemos una clase en la que hay desde hombres de gran cultura hasta los más cerriles. Como lo verás por esta clasificación, que empieza por los negros u hombres de otras razas, que sirven para cargar las literas de sus amos, y va subiendo hasta amanuenses, pedagogos, letrados que hablaban varios idiomas y maestros de los hijos de sus señores. Es una verdadera escala desde lo ínfimo hasta lo más elevado. Pues bien: estos infelices, que son como muebles que se venden a precios diversos, según su calidad, son muy numerosos en esta lista.

–Es natural, pues, aunque en el cuerpo eran esclavos de sus amos, por el cristianismo sentían que sus almas habían conseguido la libertad de los hijos de Dios, prometida por Cristo, quien, a trueque de esta vida temporal, les prometía la eterna, resucitando, como Él, en el novísimo día –exclamé.

–Esta otra clase es la más numerosa –añadió Mardoqueo, mostrándome largos pergaminos–: los *humiliores,* la gente del pueblo, que, aunque de condición libre, vivían en la pobreza, y a veces en la miseria. Había obreros de todas clases, carpinteros, herreros, albañiles, vendedores ambulantes, gente del mercado. Iban al circo alegres, muchos de ellos acompañados de sus mujeres y de sus hijos; familias enteras, y no pocos niños.

—Los niños y los pobres, de quienes es el Reino de los cielos. ¿Y apostataron mucho? —pregunté.

—Hubo defecciones, pero relativamente pocas. De las mujeres de esta clase, ni una sola negó a Cristo. Entre los cristianos de la clase media, propietarios, mercaderes, dueños de pequeños almacenes, sí hubo defecciones, como puedes verlo en este pergamino. Los marcados con rojo prefirieron conservar sus bienes temporales, y negaron a Cristo.

—¿Y había ricos entre los cristianos? —pregunté.

—Eran más numerosas de lo que se piensa; sólo que éstos, por expreso mandato de Nerón, no fueron llevados al circo, pues temía que la multitud, al reconocerlos, se negara a creer que fueran incendiarios de sus propias villas. Los había hasta de la casa del César, algunos de ellos convertidos por Pedro y Pablo. Permanecieron encerrados en las cárceles, y no pocos hombres, no pudiendo soportar las privaciones, pidieron salir libres. Las mujeres nobles, aunque pocas, fueron las más firmes en la confesión de Cristo.

—La mujer cristiana es admirable —exclamé—. Ella paga magníficamente a Cristo el haberla levantado del lado en que yacía antes de la redención.

—Aún me queda otra lista, que es la más pequeña, pero la más extraña.

—¿Quiénes están en ella inscritos? —interrogué.

—Los soldados —respondió Mardoqueo—. Cuando tuvieron noticia del decreto de Nerón los cristianos, un número muy considerable de ellos entregaron sus armas. Asustado Tigelino al tener esta noticia, prohibió terminantemente que siguiera esa deserción; pero era tarde, pues cuarenta de ellos habían ya marchado al circo, entregándose como cristianos. Hubo que dejarlos salir a la arena casi desnudos, ordenándoles que lucharan con los gladiadores. Pero uno de ellos, de estatura gigantesca, respondió, en nombre de sus compañeros: «No hemos venido a luchar como gladiadores; somos soldados romanos. Hemos luchado por Roma, como lo atestiguan nuestras heridas, y ahora venimos a luchar por Cristo». Y con paso marcial entraron en la arena, entonando con sus varoniles voces un himno en honor de Cristo. En vista de que se negaban a luchar, todos fueron decapitados.

—Ya desde el tiempo del Bautista —dije— fueron a él los soldados en busca del reino de Dios. Y el centurión Cayo Oppio oyó de Cristo aquel elogio: *«No he encontrado tanta fe en Israel»*. Y su padre, otro centurión, con su familia y sus hombres, fue el primer pagano que abrazó la fe de Cristo, recibiendo de manos de Pedro el bautismo en Cesarea cuando bajó sobre ellos el Espíritu Santo.

* * *

Después de un rato de silencio, Mardoqueo prosiguió:
—Me has preguntado los nombres de los que mueren en el circo, y yo no te los he podido dar. Voy a darte ahora, sin embargo, dos nombres que valen por muchos: Pedro y Pablo.
—¿Fuiste testigo de su muerte?
—Fui testigo de los últimos días de los dos, y vi morir a Pablo, pues como fueron ejecutados en lugares distintos, no pude asistir a la ejecución de ambos. Yo estaba hastiado de sangre, y, por otra parte, satisfecho de haber acabado con los cristianos de Roma. Nerón, corrido por la constancia de tus correligionarios, huyó a Grecia a cantar sus versos, a competir en las carreras y otros juegos del circo, dejando encargado a Tigelino que activase la reconstrucción de Roma, según los planos de Vitrubio. Pero antes de edificar, era necesario limpiar el terreno. Más de un año tardaron miles de hombres en quitar los escombros de la destruida urbe.
—Ya lo creo. Diez kilómetros cuadrados de ruinas no son fáciles de descombrar.
—Durante ese tiempo, la persecución amainó, no sólo porque yo no la aticé, sino porque ya no había cristianos que perseguir. Sus antiguas sinagogas o iglesias estaban vacías. No se sabía que tuvieran juntas religiosas como antes. Quizá los pocos que quedaban habían salido fuera de la urbe; el hecho fue que no se veían cristianos por parte alguna.
Yo, sabiendo lo que había ocurrido, sonreí. Mardoqueo, también sonriendo, continuó:
—Casi dos años habían pasado, cuando un día llegó a mí, rabí Joaquín, uno de los más acérrimos defensores de Israel, y me dijo: «Nos estamos durmiendo sobre nuestros laureles. Nos figuramos que ya no hay nazarenos, y éstos se están multiplicando como conejos». «Pero ¿dónde están, que no los veo?» «En todas partes, en la urbe y en la campiña romana –respondióme–. Ya no se muestran en público; pero tienen sus conciliábulos de noche en cuevas subterráneas, que llaman catacumbas; hay que perseguirlos hasta exterminarlos; el decreto de Nerón está vigente». Yo, que no daba entero crédito a las palabras de mi amigo y que estaba cansado de sangre, le respondí: «No soy cazador de comadrejas; ve tú, si quieres».
—En efecto –interrumpí a Mardoqueo–, los cristianos habían buscado asilo fuera de la urbe en la campiña; los que permanecían en la ciudad tenían sus reuniones en las catacumbas, y, como te dijo rabí Joaquín, cada día eran más y más numerosos; la sangre de los testigos es semilla de cristianos.
—Cuando Joaquín vio mi indiferencia, sonriendo maliciosamente, añadió: «Quizá te interesará saber que los sostenedores de los nazarenos en Roma y sus cercanías son un pescador galileo y tu antiguo amigo y compañero Saulo de Tarso, a quien ahora llaman Pablo. «¿Saulo está aquí? ¿El tránsfuga, el traidor a su pueblo? No se me escapará. Busca tú a los otros,

que yo me encargo de estos dos». Y, lleno de ira y saña contra Pablo, juré perderlo, así como a Pedro, pues era también judío.

—¿Prendiste a Pedro en el circo de Nerón?

—Como estás bien informado, voy a hacer lo más corta posible ésta para mi penosísima narración. Estaba yo con mis satélites escondido entre las gradas del inmenso circo; sabía que Pedro iba a orar al pie del gran obelisco que forma la espina del anfiteatro. Era la noche del plenilunio, y la luna brillaba espléndida en el cielo. Poco a poco, por diversas puertas, y muy cautelosamente, fueron entrando los cristianos admitidos por los guardias, que pensé estaban sobornados.

—Eran también soldados cristianos —dije orgulloso.

—Así lo averigüé más tarde. Pedro, colocado junto al obelisco, dominaba el numeroso auditorio. Se arrodilló, oró por todo un buen rato, y en seguida, después de besar el obelisco, empezó a hablar. Como hacía un poco de viento y variaba frecuentemente, yo no seguí todo el discurso. Así, pues, te referiré lo que pude escuchar: «*Bendito sea el Dios y Padre de Nuestro Señor Jesucristo* —dijo Pedro—, *que por su gran misericordia nos ha regenerado con una viva esperanza de la vida eterna mediante la resurrección de Jesucristo de entre los muertos, para alcanzar algún día una herencia incorruptible; y pues que invocáis como Padre a Aquel que, sin acepción de personas, juzga según el mérito de cada cual, habéis de proceder con temor de ofenderle durante el tiempo de nuestra peregrinación... Por lo que, depuesta toda malicia y todo engaño y fingimiento, como niños recién nacidos, apeteced la leche del espíritu... Vosotros sois el linaje escogido, gente sana, pueblo de conquista, para publicar las grandezas de Aquel que os sacó de las tinieblas a su luz admirable... Pero, sobre todo, mantened constante la caridad entre vosotros. Que cuando se dejará ver el Príncipe de los pastores, Jesucristo, recibiréis una corona inmarcesible de gloria... Estad en vela, porque vuestro enemigo, como león rugiente, anda a vuestro rededor buscando a quién devorar... Estando cierto de que presto saldré de esta vida, según me lo ha significado ya Nuestro Señor Jesucristo...*». Yo estaba agitadísimo, y, deseoso de terminar aquella escena, salí con mis esbirros, y me lancé al lugar donde Pedro predicaba. Mi irrupción inesperada causó gran confusión en los cristianos, que huyeron, dejando a Pedro rodeado de unas cuantas mujeres. «¿Eres tú Pedro, el pescador galileo?» —le pregunté—. «Sí —me respondió con gran calma—. Yo soy Simón Pedro, el último siervo de Jesucristo. Y si me buscas a mí, deja ir a éstos». Salí, pues, con Pedro encadenado, y le llevé a la cárcel Mamertina para que no se escapara, como en otras ocasiones.

—Al escuchar las palabras de Pedro que acabas de mencionar, me parecía estar leyendo su primera epístola —dije.

—Así es, en efecto; lo comprobé después leyendo esa carta —repuso Mardoqueo—. Al llegar a la cárcel Mamertina entregué a Pedro a segurísimos carceleros, Proceso y Martiniano, diciéndoles: «Éste es el jefe de los cristianos, el cual se ha escapado dos veces de las cárceles de Jerusalén. Hay que tener con él muchísimo cuidado. Lo bajan al Tuliano hasta el fondo y allí lo encadenan contra la roca. Aquí tienen por primer abono estas bolsas con monedas de oro para cada uno». «No tengas cuidado, rabí –me dijeron los carceleros–; del Tuliano nadie puede escaparse».

Volví a sonreír, y le pregunté:

–¿Y se escapó Pedro?

–Hubiera podido salir del mismo Tuliano sin que ningún ángel lo sacara, pues en los meses que allí estuvo preso convirtió a sus carceleros Proceso y Martiniano y a otros muchos, quienes, por condescendencia de éstos, entraban a ver al preso, y con el agua que manó del fondo de la prisión, allí mismo los bautizó. Si hubiera querido, Pedro hubiera podido salir libre en aquel momento; pero él se negó constantemente a las ofertas que le hacían, diciendo: «Yo quiero morir libremente por dar testimonio de Cristo, que murió en la cruz y a quien vi resucitado, como lo había predicho».

–¿Y cuándo pusiste preso a Pablo?

Fue más difícil, pues por más que mis agentes y yo lo buscábamos, durante meses, no lo pudimos encontrar.

–Por aquellos días estaba en Hispania –dije.

–Pero, al fin, pude echarle mano en una quinta cerca de Roma. Estaba rodeado de fieles cuando llegué, y al verme, cambiando su discurso, les dijo: «*Voy a prisión a modo de malhechor; mas la palabra de Dios no está presa. Varios consejos os he dado; ahora quiero amonestaros que, ante todas las cosas, se hagan rogativas, oraciones y peticiones por todos los hombres, empezando por el emperador, y por todos los que están en eminencia.* Y no os extrañéis de esto, que tal fue el mandato de Cristo: *Perdonad a vuestros enemigos y orad por los que os persiguen y calumnian.* Yo voy a la muerte libremente, no por incendiario de Roma, pues entonces no estaba yo aquí. Voy a dar *testimonio* de Cristo resucitado, que se me apareció en el camino de Damasco. Si en estos momentos renunciase a Cristo, saldría libre. ¿No es verdad, Mardoqueo? Pero con la gracia del que me redimió, lo confesaré y daré hasta el *fin testimonio de Él*». Y en seguida, dirigiéndose a mí, dijo: «Yo, como tú, fui perseguidor de Cristo, creyendo agradar a Dios; pero desde que lo vi en el camino de Damasco y me abrió los ojos, ya no vivo en mí, sino Cristo es el que vive en mí. Mi querido y antiguo amigo, recuerda lo que nos repetía nuestro maestro Gamaliel: *"Si esta obra es de los hombres, pasará; pero si es de Dios, permanecerá"*. Y ha permanecido. Recuerda que es muy duro dar coces contra el aguijón...». Y con una mirada muy tierna me extendió la mano, que yo no pude menos de aceptar. De allí fue llevado al Tuliano.

–De la muerte de Pedro, que, como has dicho, no presenciaste, tengo aquí una relación auténtica –y tomando un pergamino, leí: «Cuando Pedro salió de la cárcel para morir, una comisión de judíos del Transtíber se acercó al pretor y le dijo: "Como éste ha vivido muchos años en el Transtíber, os rogamos que allí expíe su crimen". El oficial romano contestó: "Llevadlo vosotros a vuestro barrio y que allí muera crucificado. A éste –señalando a Pablo– lo llevaré a las Aguas Salvias para ser decapitado, pues es ciudadano romano". Al llegar cerca del circo de Nerón, en el Vaticano, los judíos gritaron: "Crucifícalo, crucifícalo, pero con la cabeza abajo, para más ignominias". Al oír estas palabras, Pedro sonrió, pues tal era su deseo. Luego lo desnudaron, y el anciano pronunció esta profecía del Maestro, que iba a cumplirse: *"Cuando eras mozo, te ceñías e ibas donde querías; mas cuando seas viejo, extenderás tus manos y otro te ceñirá"*. Y extendiendo sus manos se dejó atar a la cruz. Ya cabeza abajo, cuando la sangre afluía a su rostro, exclamó, dirigiéndose a los que lo miraban: *"Creed en la gracia y conocimiento de Nuestro Señor Jesucristo. A Él sea gloria ahora hasta el día de la eternidad"*. Y como le viniese una hemorragia de sangre por la boca, dejó de hablar; al poco tiempo expiró dando *testimonio de Cristo»*.

—Ahora escucha también cómo Pablo murió, dando también *testimonio de Cristo*. Un decurión, con sus hombres, condujo a Pablo hasta las Aguas Salvias, seguido de una gran multitud de curiosos y de fieles. Cuando llegamos al lugar de la ejecución, llamó mi atención ver dos riquísimas literas. De una de ellas salía la nobilísima matrona Plautilla, de la familia Flavia, acompañada de su bella e inocente hija Domitila, y de la otra dos jovencitos, pajes de Plautilla, llamados Nereo y Aquileo. El decurión dio la señal de alto, y Pablo se dirigió al sitio que le designaron. Con las manos atadas a la espalda, permaneciendo en pie, dijo: «*Estando para ser ofrecido*, por cristiano, pues no pude ser incendiario de Roma, puesto que entonces estaba en Hispania; ya que mi partida está cerca, os digo: *"En mi lucha por propagar la religión de Cristo, en quien creo y confieso como Hijo de Dios, he combatido con valor, y al concluir mi carrera doy gracias a mi Señor Jesucristo de que le he sido fiel"*. Luego, a los que le rodeaban, como una bendición final, añadió: «*La gracia de Nuestro Señor Jesucristo, y la caridad de Dios Padre, y la participación del Espíritu Santo, sea con todos vosotros*». Después de lo cual, dirigiéndome una mirada de grandísima ternura, se arrodilló. El decurión, queriendo cumplir la formalidad de vendarle los ojos antes de decapitarle, gritó: «¿No tienen un trapo para vendarlo?» Al oír esto, la graciosísima Flavia Domitila, a una señal de su madre, corrió a donde Pablo esperaba la muerte y entregó a uno de los soldados un delicado pañuelo de finísima seda, con el que el mílite vendó a Pablo, cuya cabeza, segregada del tronco, rodó dando varios saltos por la inclinada colina. Los pajes Nereo y Aquileo corrieron a recoger la venerable cabeza, mientras Plautilla y su hija trataban de envolver en sábanas de lino el ensangrentado cuerpo del apóstol. Pero como no pudieran cumplir debidamente su cometido, tres de los soldados de la decuria se apresuraron a ayudarlas. «¿Qué hacéis?», gritó el decurión a los soldados. «Somos también cristianos –respondieron–. Después que terminemos de ayudar a esta noble matrona, podéis disponer de nosotros». Y, en efecto, los nobles soldados romanos fueron degollados... Allí mismo, ante los ensangrentados restos de Pablo, juré a Yahvé no perseguir más a los cristianos –añadió Mardoqueo–. Los ojos de mi antiguo compañero, a quien yo había entregado a la muerte, me perseguían día y noche. Marché al campo, huyendo de los míos y de Roma. Felizmente, me encontré a Quarto, quien tuvo compasión de mí, aunque es romano, y me aconsejó venir a verte. En estos días que he estado contigo y los tuyos he orado y llorado mucho, y cuando creía haber encontrado la paz, he aquí que llega a mis manos esta carta... –¿De quién es? –le pregunté.

–¿Eres tú israelita?

–Y de la tribu de Benjamín.

–Pues entonces entenderás mi situación. Lee ese pergamino.

Cuando terminé la carta, bajé tristemente la cabeza. En ella daban cuenta a Mardoqueo de la situación de Jerusalén. Mientras los diversos partidos entre nuestros hermanos, los israelitas, se disputaban insensatamente el poder, los ejércitos romanos, acaudillados por Vespasiano, se iban acercando victoriosos a la Ciudad Santa, con peligro inminente de que cayera ésta en manos de los incircuncisos.

–¿Conoces las palabras del Nazareno en que anuncia la destrucción de la ciudad y el templo? –me preguntó.

–Constantemente las tengo en mi memoria.

–Pues, como ves, nuestros imbéciles hermanos, con sus continuas disensiones, están ayudando a que salga profeta Jesús de Nazaret. Que vuestra religión crezca por todo el mundo, ya no me importa; pero que quede íntegra la ciudad y el templo, centro de nuestra religión y de nuestra nacionalidad. Mi lugar es ahora Palestina, en donde lucharé hasta lo último por mi religión y por mi patria. Todos mis bienes, toda mi influencia, todo lo que tengo, mi misma vida, lo dedicaré a esta empresa. Tengo que marchar inmediatamente.

Y como lo dijo, lo llevó a efecto. Cuando lo vi partir, dije tristemente:

–La profecía de Cristo se cumplirá... a pesar de todo.

77
ANTIGUOS CONOCIDOS

Desde la muerte de mi abuelo, hace más de cien años, mis empleados, esparcidos en todo el mundo, no han dejado de acudir cada quinquenio a las reuniones financiero-religiosas en que me daban cuenta, así del progreso de los negocios como, principalmente, de las vicisitudes de la cristiandad en diversas regiones.

Pocos de mis empleados, que hace un siglo eran jóvenes como yo, han sobrevivido hasta ahora, habiendo sido sustituidos por sus hijos, nietos o parientes cercanos. Este larguísimo trato ha hecho que los considere como miembros de mi familia, tanto más que los lazos de la religión nos han unido íntimamente. En estas reuniones, después del arreglo de los negocios temporales, dedicamos la mayor parte del tiempo a los asuntos de la Iglesia, que sobre todos nos interesan.

Al principio solían tener lugar estas conferencias en Jerusalén; pero más adelante decidí ir cambiando el punto de reunión a diversas ciudades de Asia, África o Europa, en las que la cristiandad había tenido mayor arraigo. Y desde la destrucción de Jerusalén, la Ciudad Santa, Palestina dejó de tener para nosotros el interés de antaño. Los recuerdos de nuestro pueblo, esparcido por el mundo, sólo nos causaban tristeza, si bien a nosotros los cristianos nos confirmaban en la verdad las profecías de Cristo, que se habían cumplido de modo tan terrible como preciso.

A estas reuniones asistían mis empleados y los personajes más connotados de la Iglesia. No pocas veces nos acompañaron varios apóstoles, mientras vivieron, y más tarde hombres de la talla de Ignacio de Antioquía, Clemente Romano, Policarpo de Esmirna y otros por el estilo.

En una de estas conferencias que tuvimos en Massilia (Marsella), en la Galia, me informaba Arausio, uno de los más viejos cristianos de aquella región, del cuidado sumo que había de tener, sobre todo con los judíos conversos, en darle a conocer el misterio de la Eucaristía.

–Si Pablo dice que *«la cruz es necedad para los gentiles y escándalo para los judíos»*, aún es mayor el escándalo de estos últimos cuando se les propone el misterio de la fracción del Pan.

–Les pasó esto mismo –repuse– a mis paisanos cuando el Maestro les prometió que les daría su Carne en comida y su Sangre en bebida. Escandalizados, se apartaron de Él para siempre...

–Entre los gentiles –prosiguió Arausio–, una vez que reciben de buena fe la doctrina de Cristo, reconociéndolo como Hijo de Dios, no sólo no se extrañan de lo grande de este misterio, sino que los enciende más y más en el amor de Cristo, quien, después de dar su vida por nuestros pecados en la cruz, quiso permanecer perpetuamente entre nosotros, oculto en el Sacramento.

En aquellos momentos me anunciaron que un viejo amigo quería saludarme. Cuál no sería mi sorpresa al encontrarme con Lázaro, el hermano de Marta y María, a quien el Maestro había resucitado. Después de las primeras efusiones de cariño, lo hice entrara a nuestra reunión. Tan luego como se presentó Lázaro, Arausio y otros galos que allí estaban se adelantaron a saludarlo, y poniéndose de rodillas, le besaron la mano.

–Nuestro obispo –dijo Arausio por vía de explicación.

En efecto; Lázaro, años atrás, había sido enviado por Pedro para evangelizar las Galias. Su misión había sido fructuosa, y sus feligreses lo veneraban extraordinariamente.

—No quiero interrumpirlos —dijo Lázaro—, pues sé que tratan de los negocios de la cristiandad...

—Llegas muy a tiempo —repuse—, y muchísimo desearíamos oír tu parecer, ya que tratamos del efecto que entre los nuevos cristianos suele producir la revelación del inefable misterio de la fracción del Pan.

—Aquí —empezó Lázaro—, como en toda la Iglesia, hemos procurado guardar la disciplina del arcano, pues no es justo *«echar las margaritas a los cerdos»,* como dijo el Maestro. Esta misma reserva, en lo que toca a tan soberano misterio, nos ha acarreado aquí, como en otras partes, no pocas persecuciones basadas en infames calumnias.

—¿Os acusan también aquí —le pregunté— de sacrificar niños y beberles la sangre?

—De ese y de otros crímenes nefandos —respondió Lázaro—, que causan no poca impresión tanto entre los gentiles como entre los catecúmenos que aún no tienen conocimiento del misterio eucarístico. No pocos se han apartado de nosotros horrorizados, tachándonos de infanticidas y de antropófagos. Pero aún hay más. Cuando se les inicia y nos oyen afirmar que el pan y el vino, después de consagrados, son real y verdaderamente el Cuerpo y la Sangre de Cristo, un buen número se aparta de nosotros, tratándonos de locos, diciendo que no son ellos tan imbéciles para creer semejante patraña. «Todavía —dicen— si esto no fuera sino un símbolo, algo alegórico, no habría dificultad en admitirlo; pero que ésa sea una realidad, es una insensatez, una locura...»

—Y, sin embargo —exclamé con exaltación—, es *una realidad,* como lo creyeron los apóstoles, como lo proclamó Pablo en sus Epístolas, como la Iglesia toda lo ha creído desde el principio, de lo cual somos testigos.

Lázaro sonrió, aprobando mis palabras, y añadiendo:

—Bien has dicho: *somos testigos* de que así ha sido desde el principio. De no haber sido ésa la fe de la Iglesia desde el principio, ¿qué dificultad hubiera habido en proclamar la fracción del Pan como un símbolo? «¿Por qué habíamos de guardar esa reserva? Nadie nos hubiera entonces calumniado de antropófagos ni siquiera de locos o ilusos.

—Esa misma calumnia —añadí—, que tan fácilmente hubiéramos podido rebatir, es la mejor prueba de nuestra fe, *de la fe de la Iglesia desde el principio.*

—Ahora —prosiguió Lázaro—, oye atentamente lo que te voy a decir. Cuando Dios, por mediación de Pedro, me envió a esta bendita tierra de las Galias, encontré ya muchos judíos que habían abrazado la doctrina de Cristo.

—Desde los días de Pentecostés, hubo no pocos israelitas piadosos de la Dispersión que trajeron a estas partes la buena nueva; uno de ellos es nuestro querido Arausio, aquí presente. Predicaban que ya la promesa hecha a nuestros padres se había cumplido en Jesús de Nazaret, el Mesías prometido. Predicaban que había que arrepentirse de los pecados y recibir el bautismo, como lo ordenó Jesús, si querían ser salvos.

–Ésas eran las palabras –interrumpió Arausio– del mismo Pedro en aquel día inolvidable en que los bautizados recibimos el Espíritu Santo.

–Los israelitas piadosos no tenían dificultad en aceptar ese bautismo, y lo recibían de manos de los que habían venido de Jerusalén; pero como ves, eso no era suficiente. Debían ser instruidos con las verdades predicadas por Cristo, para lo cual, los apóstoles, durante varios años, permanecieron en la Ciudad Santa instruyendo a muchos e imponiéndoles las manos, facultándolos para predicar el Evangelio del Hijo de Dios, que se había hecho hombre y había muerto en una cruz, después de lo cual, según lo había predicho, había resucitado de entre los muertos.

–Entonces –interrumpió Arausio– empezaron las dificultades. Los que habían admitido a Cristo como el mayor de los profetas, se negaban a reconocerlo como el Hijo de Dios, cuya muerte en la cruz era para ellos un escándalo. Volví yo a Jerusalén a dar parte de todo a Pedro. Éste me animó, y entonces fue cuando nos dio por maestro y obispo a Lázaro.

–En efecto –dijo Lázaro–; Pedro me llamó, y después de instruirme en muchas cosas, *junto con Juan y Tomás, me impuso las manos.* «Ve, Lázaro –me dijo–, tú que conociste al Señor, y ya que tanto te quiso y te devolvió la vida, ve a darlo a conocer en las Galias; *da testimonio* de lo que viste y oíste, y si es necesario, *da la vida en testimonio de la verdad que predicas».* Entonces, después de pasar una temporada en Chipre, vine a esta bendita tierra.

–¿Y tus hermanas? –le pregunté.

–Vinieron conmigo; ya las verás y sabrás lo mucho que han trabajado por extender entre estos buenos galos el amor al Maestro.

–Ya me imagino lo que esas dos admirables mujeres habrán hecho; pero prosigue.

–Uno de los consejos de Pedro, y en el que mucho insistió: «Acuérdate que *de los niños y de los pobres es el reino de los cielos;* infunde en ellos el amor al Maestro, y tus palabras no caerán en tierra estéril. Sobre todo, cuando estén capaces haz que se alimenten con el Pan de vida. Muchas fueron las dificultades que tuve al principio, especialmente con los de la circuncisión.

–Nuestros hermanos –interrumpió Arausio– le suscitaron dificultades y levantaron contra él terribles persecuciones.

–Pobrecillos –prosiguió Lázaro–, estaban ciegos, y, desgraciadamente, muchos siguen en su ceguedad. Pero Pedro me había dado cuenta de la visión que tuvo en Cesarea acerca de los gentiles, y, animado con una carta que Pablo me escribió, me resolví a atraer a los gentiles a Cristo, obra en la cual me alentaron y ayudaron extraordinariamente mis hermanas y este bueno de Arausio.

–Había muchos gentiles en esta ciudad que estaban deseosísimos de conocer la nueva doctrina –dijo Arausio–. Se los fuimos trayendo a nuestro obispo, y él con la gran caridad que le caracteriza, los atrajo a Cristo...

—Empezando por los niños y los pobres —añadió Lázaro—. Y ahora, Rafael, escucha lo más admirable y consolador. Mis dos hermanas se encargaron de los niños; tú ya las conoces. Con gran paciencia, les infundían amor al Rabboni, como siempre le llama Magdalena. Un día, no lo olvidaré, me trajeron una docena de niños y otra de niñas, y me dijeron: «Háblales, hermano; pregúntales si conocen y aman al Rabboni, y ellos te dirán lo que piden en premio de sus adelantos». Uno por uno fui hablando con aquellas bellísimas criaturas, y quedé admirado de lo bien que conocían la vida, pasión, muerte y resurrección del Hijo de Dios. Cuando hube terminado el examen y estaba yo perfectamente satisfecho, quiso Magdalena que cantaran. Entonaron algunos salmos con sus voces angelicales. Creí que habían terminado, cuando Magdalena, sonriendo, me indicó que aún sabían otros cantos. Cuál no sería mi admiración al oírlos entonar el *Padrenuestro*. Pero no terminó con esto mi sorpresa; para concluir, entonaron, guiados por mis dos hermanas, el canto de Myriam, el *Magníficat*. No pude más, y me solté llorando.

Yo estaba conmovido, e igualmente lo estaban todos mis empleados, que habían escuchado el relato. Para disimular mi emoción, le interrumpí:

—¿Y cuál fue el premio que te pidieron? —le dije.

—Los chiquillos se arrodillaron ante mí, y exclamaron: «Queremos recibir la fracción del Pan». ¿Pero sabéis lo que vais a recibir?» —les pregunté. Y ellos a una voz respondieron: *«El Cuerpo y la Sangre del Cordero de Dios, que quita los pecados del mundo».*

—¿Y qué hiciste?

—¿Qué había de hacer? —dijo Lázaro, emocionado—. Lo que mis hermanas habían preparado. Aquella tarde, después de una breve cena preparada por Marta en un altar arreglado por Magdalena, hice la fracción del Pan, y lo repartí entre aquellos angelitos, repitiendo para mí: *«Verdaderamente, de los niños es el reino de los cielos».*

—Ahora escucha —interrumpió Arausio—: esa fracción del Pan fue la que dio verdadero nacimiento a la Iglesia de Marsella. La fe de los niños se comunicó a sus madres, quienes, preparadas por Marta y María, fueron a suplicar a nuestro obispo las admitiera a la fracción del Pan.

—Y desde aquel día, los gentiles de las Galias empezaron a venir pidiendo ser instruidos en la doctrina de Cristo, para recibir el Pan celestial, mientras, desgraciadamente, los israelitas redoblaron sus ataques contra la Iglesia gala; pero no han prevalecido ni prevalecerán —concluyó Lázaro.

78
LAS DOS HERMANAS

Lázaro había mandado aviso a sus hermanas que estaba yo en Marsella. Fácilmente se puede adivinar el gusto que así ellas como yo tuvimos al volvernos a ver. Marta se había convertido en una anciana de lo más simpática, a quien los años no habían encorvado, llena de actividad; seguía siendo la mujer hacendosa, desinteresada y llena de fe de antaño. Me hizo infinidad de preguntas sobre mis hijos y los hijos de Raquel.

–Si ves a mis nietos –le dije–, te quedarías asombrada, pues ya están casados, y me han dado varios bisnietos. Rafael igualmente ha tenido una numerosa prole, y se han dedicado al servicio de Dios tres de ellos.

–¿Y Raquel, no ha tenido hijos consagrados a Dios?

–Tiene –respondíle– a su hijo mayor, futuro patriarca de los recabitas, el cual ha sido consagrado obispo de la tribu por Pablo.

Los ojos de Marta se llenaron de lágrimas, y añadió:

–¡Qué feliz mi querida Raquel, que ha tenido un hijo sacerdote! Dios la bendiga.

En esto llegó Magdalena. Con el larguísimo cabello enteramente blanco, y aunque su cuerpo había enflaquecido, se conservaba esbelta; su rostro permanecía aún lleno de vida, que emanaba del fuego de sus hermosísimos ojos; su porte de reina lo conservaba intacto. No había en ella nada de orgullo ni vana suficiencia; no se le notaba deseo de sobresalir, y, sin embargo, por un hechizo indefinible, me sentí ante aquella anciana no menos confuso que la vez primera que la vi llena de vida, de hermosura y de desprecio hacia los hombres en su casa de Betania, cuando me había llamado híbrido.

Notando, sin duda, mi turbación, sonrió, y, atrayéndome a sí, me dio en la mejilla el beso de paz de los cristianos.

–No sabes –me dijo por saludo– el gusto que he tenido al recibir la noticia de que estabas entre nosotros, y acudí presurosa a la llamada de Lázaro. ¡Cuántos recuerdos, al verte, han revivido en mi memoria!

Con tan cariñoso recibimiento desapareció mi turbación momentánea, y durante el tiempo que permanecí en Marsella tuve con aquella mujer extraordinaria larguísimos coloquios que encendieron en mi alma, de modo suavísimo, el amor al Rabboni en que rebosaba su corazón.

Parece increíble, pero Magdalena mejor que nadie puso ante mis ojos la obra del Rabboni.

–El reino de los cielos –dijo– es de los niños y de los pobres; los demás tienen que ganarlo con violencia, haciéndose como niños para poder entrar en él.

–Y ¿por qué –le pregunté– crees que el Maestro promulgó que el reino era de los niños y de los pobres?

–*«Fuego he venido a traer a la tierra; ¿y qué quiero sino que arda?»,* dijo el Rabboni, y ese fuego no es otro que el fuego del amor, de la caridad. ¿Quiénes son, en este mundo, sino los niños, los que aman con mayor sinceridad? ¿Quiénes sino los pobres los que practican con más desinterés la caridad? El reino de Cristo es el reino del amor. *«En esto conocerán que sois mis discípulos, si tuviereis amor los unos a los otros».* Y ese fuego que trajo el Rabboni ha encontrado en los pobres la materia mejor preparada para arder, y en los niños el mejor elemento para propagarlo —y al decir esto, los ojos admirables de aquella mujer que tanto había amado parecían lanzar chispas capaces de incendiar cuanto tocaban—. Nuestro pueblo —prosiguió— ha sido siempre un pueblo de cerviz dura, de un corazón aún más duro, para el cual el becerro de oro ha tenido siempre una atracción irresistible. A la llegada del Rabboni, nuetro pueblo (aunque había entre nosotros israelitas en los cuales no había dolo) estaba supeditado por un grupo de incrédulos, los saduceos, y otro de redomados hipócritas, los fariseos.

—Recuerdo muy bien tus palabras —le dije— cuando nos vimos por vez primera. «Yo fui educada, me dijiste, en la religión de mis padres, y era profundamente piadosa; creía con toda mi alma en la redención de Israel. Pero cuando vi que ese grupo de saduceos, formados por las familias sacerdotales, destinado a aplacar a Yahvé ofreciéndole sacrificios, era una pandilla de incrédulos y viciosos, en extremo corrompidos y amigos de la pagana Roma, tuve mi primera y perdurable desilusión. Cuando traté a los fariseos, encontré que, aunque se llamaban creyentes y enemigos políticos de Roma, eran una cáfila de hipócritas que ponían su religión en fórmulas ridículas».

—Me alegro que lo recuerdes —prosiguió ella—, y en los directores de Israel no había, por lo general, ni una chispa de verdadero amor, de caridad verdadera; todo era egoísmo, ambición, hipocresía. Y al ver que el Rabboni con el amor, con la caridad, con el desinterés, iba atrayendo a sí a los pobres, a los desvalidos, a los enfermos, a los atribulados, a quienes decía: «*Venid a Mí, que yo os aliviaré*», llenos de envidia y saña, juraron perderle, como le perdieron, perdiendo también a nuestro desgraciado pueblo.

—Tienes sobrada razón —exclamé—, y el reino de los cielos pasó a los gentiles, ya que Él había venido a los suyos, y los suyos no le habían recibido, y no querían tener otro rey que a César.

—Yo he amado indeciblemente a mi pueblo —prosiguió Magdalena—, como el Rabboni lo había amado, y por eso, siguiendo el ejemplo de Pedro y los demás apóstoles, permanecí con Lázaro y Marta, haciendo lo posible por llevar al conocimiento del Rabboni cuando menos a los niños y a los pobres. Pero nuestro trabajo era insignificante. Vino la persecución que siguió al sacrificio de Esteban, y tuvimos que emigrar, y el Rabboni se me apareció y me dijo: «María, tú, que fuiste la primera en creer y anunciar por mandato mío que había Yo resucitado, ve con tus hermanos a las Galias, y allí encontrarás, entre los gentiles, almas generosas que abrazarán de corazón la buena nueva. Allí el fuego del amor, que vine a traer a la tierra, encontrará materia dispuesta para propagarse». Y así ha sucedido.

—Algo de esto me ha dicho Lázaro.

—Como sabes —prosiguió Magdalena—, los primeros lugares de reunión de los cristianos eran el templo, las sinagogas y algunas casas particulares, donde, con toda prudencia, se practicaba la fracción del Pan.

Cuando los fieles se fueron esparciendo por el mundo, las sinagogas de los judíos seguían siendo nuestros lugares de reunión, mientras ellos nos toleraron, creyendo que los cristianos éramos una rama del judaísmo. Cuando vino la separación inevitable entre judíos y cristianos, fue necesario, o usar de casas particulares para nuestras reuniones, o levantar sinagogas, que empezaron a llamarse iglesias, lugares que se dedicaban a la oración, el canto de los salmos y la instrucción de los catecúmenos, pues la fracción del Pan se seguía practicando secretamente.

–Eso mismo he observado en otras partes.

–Como es natural –prosiguió Magdalena–, las iglesias eran una reproducción de las sinagogas, pues de ningún modo convenía hacer cambios esenciales, por no llamar la atención, mientras la persecución rugía a nuestro alrededor. Los judíos y sus sinagogas habían sido tolerados por los romanos, y nuestras iglesias semejaban a las de aquéllos, excepto en que ya no había las tribunas con celosías destinadas a las mujeres; nosotras, aunque separadas de los hombres, asistíamos con ellos a los ejercicios comunes.

–Esta costumbre ya se ha establecido en todas las otras iglesias –dije–, pues, como lo proclamó el apóstol Pablo, no hay delante de Dios distinción de hombres y mujeres, judíos o paganos.

–Y ¿cómo había de existir esa exclusión cuando el Rabboni distinguió tanto a la mujer? ¿No fue mujer Myriam, su Madre, y a nosotros no nos trató con caridad tan grande? ¿Cómo se condujo el Rabboni con Dina, la samaritana; con Abigail, la adúltera, y conmigo?

Y de los ojos de aquella mujer corrían dos hilos de lágrimas, de arrepentimiento y de amor.

–Y Él ya lo había dicho: *«Todo aquel que hiciere la voluntad de mi Padre, que está en los cielos, ése es mi hermano y hermana y Madre».*

–Nosotros estuvimos con Myriam cuando descendió sobre los apóstoles el Espíritu Santo –interrumpió Magdalena con orgullo, y continuó–: Nuestras iglesias son, pues, exteriormente parecidas a las sinagogas. Solamente que en la tribuna dedicada para los que explican la ley, junto con los rollos que contienen los libros de los profetas y Moisés, están ahora los Evangelios de Mateo, Marcos y Lucas, así como las epístolas de Pedro, Pablo y de los otros apóstoles. Aquí, en Marsella –prosiguió Magdalena, sonriendo–, Lázaro ha introducido algunas pequeñas modificaciones, como ahora verás.

Y diciéndome que la acompañara, nos dirigimos al Foro de Marsella, donde se hallan los grandes templos paganos. El principal de todos es el erigido en honor de Diana.

–Este gran templo –me dijo Magdalena–, dedicado a Diana, un día los cristianos marselleses lo consagrarán a Myriam, la Madre del Rabboni, el Hijo de Dios. Por ahora ven, y verás la primera iglesia critiana de las Galias a Ella consagrada.

–¿A quién? –le pregunté, sorprendido.

–A Myriam, la Madre de Dios –me respondió.
En una calle angosta se levantaba una construcción en todo parecida a una sinagoga. Entramos. El edificio, bastante capaz, era un paralelogramo en cuyo fondo se levantaba una plataforma circundada por una barandilla, en cuyo centro había, al parecer, una mesa. Saliónos a recibir Maximino, el coadjutor de Lázaro, a quien antes había yo conocido.
–Este hombre justo –me dijo Magdalena– te enseñará lo que hay en esta plataforma –pero como yo me fijara en las decoraciones de los muros, Magdalena añadió–: Esta pintura representa a Jonás saliendo de la boca de la ballena; esta otra, a Daniel en el foso de los leones; la de aquel lado, a los niños en el horno de Babilonia; y, finalmente, ésta el Buen Pastor. Y, como ves, estos cuadros están circundados por un marco formado por vid entrelazada con espigas de trigo.
–Pero, ¿a esta sinagoga vienen los judíos?
Maximino, que había notado mi sorpresa, añadió:
–Tenemos otra sinagoga enteramente dedicada a los cristianos de la circuncisión, los cuales van disminuyendo cada día, y al frente de la cual está Arausio. En esa sinagoga no hay decoración alguna. Y ahora –prosiguió– ven a que te enseñe lo que hay en la plataforma.
Subimos por una escalerilla colocada a un lado. En forma de semicírculo, en la parte posterior, había varias sillas, en cuyo centro se encontraba una más elevada.
–Estas sillas –me dijo Maximino– son para los presbíteros, cuando entonan, a las horas señaladas, las alabanzas de Dios. Y esa que está en el centro es donde se sienta Lázaro, nuestro obispo. Desde esta mesa, nuestro obispo dirige la palabra a los fieles, reunidos abajo, y donde, con gran secreto y delante de los cristianos de reconocida fe, celebra Lázaro los sagrados misterios. Ahora mira lo que hay debajo de esta mesa, que no es otra cosa que el altar –y abriendo la puertecita de una cómoda me enseñó las pequeñas urnas–. En ésta –me dijo– están algunas reliquias de Esteban el protomártir cristiano, y en esta otra hay reliquias de Tecla, la primera mujer que vertió su sangre por confesar a Cristo. Estas reliquias las consiguió Marta, la cual ha sido quien construyó esta iglesia, la primera en las Galias dedicada a la Madre de Dios, Myriam.
Y al decir esto, abría dos puertecillas que se encontraban tras de la silla central de Lázaro. ¡Cuál no sería mi sorpresa al ver una pintura que representaba una mujer que tenía en sus brazos a un niño!
–¿La reconoces? –me preguntó, sonriendo.
–Ciertamente –dije, conmovido–; es un retrato de Myriam con su Hijito en los brazos... ¿Quién le pintó?
–Marta suplicó a Myriam, mientras vivía, que se dejara retratar por Lucas, y éste es el autor. Antes de partir de Palestina estuvo terminado, y ella, con gran secreto, lo trajo a Marsella. Mira lo que dice este letrero que está encima del cuadro: «*A Dios óptimo máximo, en honor de Myriam, la*

Madre del Redentor». Así –continuó Maximino–, cuando tuvimos noticia del felicísimo tránsito de Myriam, Marta se propuso construir esta iglesia y dedicarla a Ella, sólo que para evitar el escándalo de los de la circuncisión, caso de que entraran en esta sinagoga, la tenemos oculta aquí.

Yo estaba conmovido; pero aún me esperaba otra sorpresa. Una vez que habíamos terminado la visita al presbiterio, bajé acompañado de Maximino. Entonces los niños empezaron a cantar. Primero, unos salmos, y luego, el *Padrenuestro,* terminando con el *Magnificat...* Yo estaba conmovidísimo, y Magdalena sonreía, lo mismo que Marta, al ver la impresión que había recibido con aquella manifestación del cristianismo en las Galias.

79
LAS CATACUMBAS

Cada año, cuando se acercaba el aniversario del nacimiento del Salvador, mi morada en el Sinaí, de ordinario muy tranquila, cambiaba completamente de aspecto. Empezaban a llegar mis hijos, nietos, tataranietos..., lo cual me llenaba de alegría, aunque durante ese tiempo tenía que interrumpir la compilación de mis *Memorias,* a lo cual había dedicado los últimos años de mi larga vida.

Llegaban las familias de mis descendientes cargadas de regalos, de frutas, comestibles, y hasta animales raros, de los diversos países de donde provenían, que eran de todas las partes del mundo. Querían mostrarme su cariño y que no se olvidaban del viejo patriarca. Yo, en medio de aquella multitud, que en la ocasión a que me refiero pasaba de ciento cincuenta, me sentía feliz por verlos sanos en el cuerpo y, sobre todo, buenos y fervientes cristianos. Tuve un gran consuelo que me hizo derramar lágrimas: entre mis descendientes habían muerto seis por confesar la fe en Cristo.

Entre mis descendientes por parte de mi hija Raquel, ya difunta, había una muchacha de unos treinta y seis años, madre de no sé cuántos hijos, que siempre me había manifestado grandísimo cariño. Me solía escribir dándome noticias de Roma, donde residía. Se había casado con un gallardo oficial romano de la familia de los Cornelios, descendientes del famoso centurión de Cesarea, el primer gentil que había abrazado la fe de Cristo, siendo bautizado por Pedro, como llevo consignado. Esta joven se llamaba Cecilia. Era el tipo de la nueva mujer cristiana por lo virtuosa, siendo, además, muy inteligente e ilustrada; hablaba el griego, el latín, y había aprendido el arameo para platicar conmigo en esa lengua, que, aunque no era la mía, le tenía yo gran afecto por haber sido la lengua que hablaba nuestro Divino Salvador.

Yo esperaba su llegada con verdadero alborozo, pues sabía que me traería noticias de los cristianos de Roma, el nuevo centro de toda la cristiandad desde que Pedro fijó en ella su sede. Por otra parte, las persecuciones que allí sufrían los cristianos me hacían esperar que, en esta ocasión, me contaría algo muy interesante, y no me engañaba.

Quarto, que vivía en Roma con Cecilia, nunca faltaba a estas reuniones de familia, a la cual podemos decir que de antiguo pertenecía. Una tarde, mientras yo descansaba del bullicio de los chicos, entró Quarto en mi biblioteca y me dijo:

–Dómine, aquí te traigo a esta criatura, que te va a comunicar algo muy interesante –y tras de él entró Cecilia.

–Siéntate aquí –le dije.

–No, abuelito, aquí a tus pies, como lo he hecho desde niña.

–Yo los dejo –repuso Quarto–; me voy con los muchachos, que esperan les cuente cosas que han pasado desde los lejanos días del gran patriarca de los recabitas.

–Así se forma la tradición –dije–; ya que muchas cosas no están escritas, es necesario que nosotros los viejos, que hemos visto mucho durante nuestra vida, se las contemos a los niños y jóvenes para que ellos se las transmitan a sus descendientes. Lo que no han dejado consignado los pocos apóstoles que han escrito, es necesario se conserve por tradición, de padres a hijos. Ve y cuéntales a los niños las cosas que sabes y has atesorado en tu memoria.

Quarto marchó.

–Ahora, tú, hija, cuéntame las cosas interesantes que traes en esos pergaminos.

–Lo que traigo, abuelito, son unos planos para que atiendas lo que voy a contarte.

–A ver –le dije–, ¿de dónde son esos planos?

–Como tú mismo me has contado varias veces, los israelitas siempre han tenido gran horror a la cremación de los cadáveres, queriendo que sus muertos sean enterrados en sepulcros cavados en la roca.

–Y esta aversión a quemar los muertos es aún mucho mayor entre los cristianos, quienes queremos ser enterrados como lo fue el Maestro.

–Muy bien, abuelito. Pues, por esta razón, los israelitas que han vivido en Roma desde hace muchos años, empezaron a excavar en la toba que se encuentra bajo el suelo de la campiña, fuera de la urbe, cámaras mortuorias, unidas por galerías subterráneas.

Yo, que había estado en ellas varias veces y que había contribuido para que se hicieran esas excavaciones, no quise dar muestra de que las conocía, encantado con la descripción de Cecilia.

–Pues otro tanto hemos hecho ya los cristianos: bajo la vía Ardeatina, en el área de Domitila; bajo la vía Salaria, en terrenos de Priscila; bajo la vía Appia, en una gran propiedad de la nobilísima Lucila, y bajo la vía Ostiense, el ya famoso cementerio Ostriano, en un inmenso campo de

Commodila. Mira, abuelito, éstos son los planos de lo que hasta ahora se lleva acabado.

Con todo detenimiento fui siguiendo en los planos la explicación de mi encantadora nieta... o chozna.

—Para entrar en esos cementerios subterráneos hay que bajar por unas escaleras hechas en la toba. Sigue mi dedo. Ésta es la escalera; luego hay una galería de dos metros de ancho por cuatro de altura. En esta galería, de uno y otro lado, hay huecos horizontales donde se entierran los cadáveres, tapiando el sepulcro con grandes losas de mármol, o bien con ladrillos y cemento.

—El cemento romano —interrumpí— es mucho más barato que el mármol, y de mucha duración.

—A estos huecos donde se entierran los muertos los llamamos *locus* o *lóculus*...

—Como si dijéramos «la casa» o «la casita», porque nosotros, que esperamos la «resurrección de la carne», pensamos en la muerte como en un sueño.

—Y por eso —agregó ella—, en las inscripciones ponemos: «Aquí duermes». «Aquí descansa en paz esperando la resurrección». Y en otras: «Vive en el Señor, porque Él es la resurrección y la vida».

—Mientras los paganos, cuyos muertos incinerados están en los columbrarios o palomares, no tienen esperanza de volverlos a ver jamás, pues no creen, como nosotros, en la inmortalidad del alma y en la resurrección, cuyo protopito es la «resurrección de Cristo».

—Ahora, abuelito, llegamos a estos cuadritos: los cubículos o cuartitos. Son unas salitas colocadas a uno y otro lado de las galerías; en éstos hay sepulcros más suntuosos, que llamamos *arcosolia*. Excavados en tres de las paredes del cuartito están estos sepulcros coronados por un arco, en el fondo del cual se pone la inscripción o una pintura alegórica, como el Buen Pastor, la resurrección de Lázaro, y en la parte baja un sarcófago o simplemente la sepultura.

—¿Y esta sala más grande? —le pregunté.

—Aquí es donde, por razón de las persecuciones, en días señalados, nos reunimos los cristianos para la celebración de los divinos misterios...

—Ya me había contado Mardoqueo que los cristianos se escondían como topos en madrigueras subterráneas...

—¿Te vino a ver por fin Mardoqueo? Ya me había dicho Quarto que le había dado una carta para ti. ¿Y se bautizó?

—No, hijita mía, aún no ha llegado la hora... Se marchó a Judea para tratar de evitar la ruina de nuestro pueblo.

—No se ponga triste, mi viejecito; no piense en eso, que voy a contarle algo de nuestras reuniones en las catacumbas, que es como ahora llaman a nuestros cementerios subterráneos.

—Cuéntame, hija; te escucho con toda atención.

—Tú no sabes, abuelito, lo que es la persecución; tú estabas aquí muy tranquilo escribiendo tus *Memorias,* mientras nosotros nos encontrábamos en una terrible angustia. Como mi marido, siendo militar, supo con anticipación el decreto que iba a dar el César, vino a nuestra casa, cerca del campo de Marte, que había sido respetado por el fuego, y me dijo: «Cecilia, inmediatamente tienes que salir de Roma y marchar a Tívoli. Ni nuestros hijos ni tú estáis aquí seguros. Harán una gran redada de cristianos, y Mardoqueo sabe perfectamente que eres cristiano». «¿Pero cómo voy a dejarte? —dije, angustiada—. Tigelino sabe también que tú eres cristiano». «Nada temas; yo soy soldado, y tengo que cumplir con mi obligación; por otra parte, podré ayudar a muchos de nuestros hermanos». «Pero ¿si te denuncian a ti?» «¡Tontuela! —exclamó, riendo y abrazándome—. ¿Qué he de hacer entonces sino confesar la fe y morir por Cristo? ¡Por Cristo, que tanto amó mi abuelo!»

—¡Cuánto me alegró —exclamé— que el cielo te haya dado un Cornelio por esposo!

—Yo tenía una amiga íntima de la infancia, que entonces era pagana. «Mira, Cecilia, me decía, no temas; basta que digas que no eres cristiana, y tú y tus hijitos nada padeceréis. Y si quieres, yo ofreceré incienso a Júpiter Capitolino en tu nombre; yo soy pagana». Abuelito, abuelito, no sabes lo que sufrí en esos momentos. Ya mi valiente esposo había marchado; mis hijitos, asustados, se acogían a mí sin darse exacta cuenta de lo que pasaba. Levantaba mis manos al cielo pidiendo ayuda. Entonces una de mis esclavas, Lucrecia, que era cristiana, me dijo: «Ama, vete con tus hijitos a Tívoli, como te ha mandado tu esposo; yo me quedaré aquí, y si Cristo me juzga digna, daré de Él testimonio. No sigas los consejos de esa pagana; obedece a tu esposo, y si en Tívoli te hacen presionera, tú y tus hijos tendréis la gloria de dar testimonio de Cristo». Estas plabras me dieron valor, y marché con mis hijos, obedeciendo a mi marido.

—¿Y Lucrecia murió?

—Sí, fue mártir de Cristo, puesto que dio testimonio de Él.

—En efecto, mártir en griego quiere decir testigo —expliqué.

—Dios no quería que yo alcanzara la corona de los mártires —dijo tristemente Cecilia—; pero pude ayudar a muchos cristianos. Pasó la fuerza de la persecución, y volvimos a Roma. Los fieles estaban desperdigados, como ovejas sin pastor. No podían ya reunirse en los lugares de costumbre sin exponerse a caer en manos de los perseguidores. Entonces a Lucila se le ocurrió que podíamos reunirnos en el Ostriano. Se lo comunicó a Pedro, y él aprobó la idea. Durante el día, los cristianos estaban en sus casas o en sus ocupaciones, sin que nadie se fijase en ellos; pero ciertos días se les anunciaba la hora y el lugar en que podían reunirse para oír a Pedro.

—¿Y asistían muchos?

—En las primeras reuniones había poquísimos hombres, pero las mujeres éramos numerosas. Poco a poco fue aumentando la concurrencia, pues

la palabra de Pedro era sumamente alentadora. Así pasaron unos meses. Al fin llegó a Pedro su hora; el Señor se lo había revelado, como él nos contó. La última fracción del Pan, celebrada por Pedro en el Ostriano fue algo muy conmovedor.
—Cuéntame —le dije.
—Nos habíamos reunido en la sala más amplia de esa catacumba, que estaba completamente llena de hombres y mujeres que esperaban la llegada del apóstol. Delante, con sus velos blancos en la cabeza, estaban las jovencitas que habían consagrado su virginidad a Cristo. De un lado estábamos las mujeres con las cabezas veladas; del otro los hombres. Sobre una plataforma que estaba al fondo, se había colocado un magnífico sarcófago de granito que contenía restos de los mártires de Nerón. Estaba cubierto con un paño de brocado, regalo de la piadosa Lucía, y como a servir de altar, se habían puesto allí una bandeja de plata con los panes ázimos y un gran cáliz con vino. Por largo rato esperamos en silencio la llegada de Pedro. A fin, por una de las galerías laterales, vimos aparecer a Higinio, el jefe de los *fossores* o excavadores, y sus compañeros, quienes, con candilejas de aceite en las manos, alumbraban el camino al apóstol. Pedro, sobre su túnica ordinaria ceñida por una cuerda, llevaba un largo manto que se quitó al llegar al altar, y Lino le puso al cuello larga estola, cuyo extremo derecho, dando vuelta sobre el hombro izquierdo, le caía a la espalda.
—Lo que sois vosotras, las mujeres; en todo os fijáis.
—¿No nos habíamos de fijar, sobre todo presintiendo que aquella ceremonia sería la última que Pedro, el vicario de Cristo, iba a celebrar ante su perseguida grey?
—Tienes razón, hija; prosigue.
—Pedro, estando en pie tras el sarcófago-altar, elevó al cielo sus encanecidas manos en oración. La cabeza del apóstol, en la semioscuridad de la catacumba, parecía rodeada de un nimbo; era su cabello ya enteramente blanco. Sus ojos, inyectados por tanto llorar, tenían una expresión admirable, llenos de amor al Maestro y a las ovejas que Él le había confiado. Pero no se enternezca mi viejecito —me dijo Cecilia—, si no ya no te sigo contando.
—Cuenta, hija, cuenta.
—Higinio se acercó a Lino, y éste habló con el apóstol, quien nos dijo: «El enemigo anda como león rugiente, tratando de despedazar su presa. Los perseguidores están cerca y hay que abreviar la ceremonia». Y después de hacer oblación del pan y del vino, derramando copiosas lágrimas, pronunció en voz alta las palabras, según lo había mandado el Maestro. En seguida recitó la oración del Padrenuestro, y habiendo consumido, los diáconos llevaron a los asistentes pedacitos del pan consagrado, que recibimos, las mujeres arrodilladas y los hombres en pie, todos en nuestros respectivos platitos, que llevábamos al efecto. Luego, dividiendo el vino en

dos grandes cálices, fueron los diáconos acercándose a cada uno, y nosotros, introduciendo en ellos nuestros tubitos de caña, fuimos absorbiendo un poquito del vino consagrado, como sabes, abuelito, que es la costumbre. Pedro se disponía a marchar, después de haber dado gracias, cuando Higinio volvió a entrar trayendo la noticia de que el peligro había pasado y podíamos estar tranquilos. «Hijos míos, hay que aprovechar estos momentos –dijo Pedro–, pues yo quiero ir a orar en el circo de Nerón, junto al Obelisco que ha sido ya testigo de la heroica confesión y muerte de nuestros mártires». Bajo la dirección y vigilancia de los *fossores*, encabezados por Higinio, se ordenó la salida por aquellas estrechas, largas y oscuras galerías. Iba primero un grupo de exploradores, al que seguía el de las virgencitas, con velos blancos en la cabeza y candilejas de aceite en las manos. Veníamos en seguida las mujeres, tocadas de negro y con nuestras candilejas. Los hombres nos seguían, viniendo luego Pedro y sus familiares, escoltados al final por otros *fossores,* que vigilaban la retaguardia. De pronto, en aquellos subterráneos corredores se oyó la vibrante voz de Pedro, que clamaba, conmovido; *«Kyrie eleison. Christe eleison. Kyrie eleison».* Al principio nos sobrecogimos emocionados; pero al oír que Pedro exclamaba con voz conmovida: *«Christe, audinos»,* como de un solo pecho angustiado salió de todos los labios ese mismo grito de súplica: «Cristo, óyenos». El apóstol continuó: *«Christe, exaudi nos».* Y todos repetíamos aquella súplica. Pedro, entonces, como si quisiera hacer pública confesión de aquella fe por la que iba libremente a morir, exclamó: *«Pater de coelis, Deus».* Y nosotros, llorando, respondíamos: *«Miserere nobis».* *«Fili, Redemptor mundi, Deus»* –dijo Pedro–. Y nosotros: *«Miserere, miserere nobis».* Era tanta la emoción del apóstol al oír nuestra respuesta, que pasó un poco de tiempo, mientras la marcha seguía por las galerías de la catacumba, antes que de nuevo alzara su voz diciendo: *«Spíritus Sancte, Deus».* Y nosotros: *«Miserere nobis».* Pedro, tomando aliento, dijo con profundísima devoción: *«Sancta Trinitas, unus Deus».* A lo que respondimos igualmente conmovidos: *«Miserere, miserere nobis».* Finalmente, con una voz llena de confianza, el apóstol, sollozando, dijo: *«Sancta Dei Genetrix, Mater Christi, Regina martyrum».* A lo que, envueltos en un sollozo inmenso, respondimos: *«Ora, ora pro nobis».*

Y aquí tuvo Cecilia que terminar su narración, pues yo estaba hecho un mar de lágrimas.

80
REGALOS

–Mis hijos y yo –dijo Cecilia –venimos a traerte unos regalos que enriquecerán tu biblioteca.

–Cualquier libro que me traigáis, con gusto lo recibiré para aumentarla –respondí.
–Pues con éstos –repuso Cecilia–, no sólo la aumentarás, sino que la enriquecerás. Volúmenes como éstos no creo los tengas –dijo ella, sonriendo.
–Veamos lo que son; me picas la curiosidad.
El mayor de los hijos de Cecilia, que se llamaba Cornelio, como su padre, y era un guapo mozo de veinte años, se adelantó trayendo dos volúmenes.
–Abuelito, aquí tienes los Evangelios de Mateo y de Marcos.
–Mucho te los agradezco, si bien ya los tengo.
–Pero abuelito –dijo el joven, sonriendo–, como éstos no tienes; mira esta firma.
Yo leí:
«Copia auténtica del Evangelio de Mateo, traducido fielmente al griego del arameo, y transcrito por la piadosa Cecilia para su abuelito Rafael Ben Hered, de lo cual doy testimonio.

LINO.»

Conmovidísimo, besé el manuscrito, y, después de ponerlo sobre mi cabeza, exclamé:
–Hijito mío, cierto que aunque tengo dos ejemplares de este Evangelio, en arameo y en griego, ninguno está autorizado por la firma de nuestro pontífice Lino, ni copiado por mi queridísima hijita Cecilia. Gracias, muchísimas gracias. ¿Y este otro?
–Es una copia del Evangelio de Marcos, autorizado con su propia firma, y copiado también por mi madre.
Por toda respuesta, abracé y besé al hijo y a la madre.
–Abuelito, hazle a Cornelio algunas preguntas para ver si sabe lo que te ha traído –dijo ella.
–¿Cuándo y para qué escribió Mateo su Evangelio?
–Lo escribió en arameo veinticinco años después de la muerte de nuestro Salvador, en especial para los judíos convertidos. Su principal objeto es probar a los judíos que Jesús es verdaderamente el Mesías, puesto que en Él se han cumplido todas las profecías mesiánicas del Antiguo Testamento. Por eso cita constantemente a los profetas. Narra la genealogía de Nuestro Señor, probando que era de la casa de David, y le presenta como Legislador, como Profeta y como Rey. Éste es el Evangelio del reino de los cielos.
–¡Admirable! –dije–. Así es. Mateo es el evangelista del Rey, del Mesías prometido. Y ¿qué tienes que decirme del de Marcos?
–Marcos lo escribió en Roma, bajo la dirección de Pedro, a ruego de los cristianos convertidos del paganismo, para demostrarles que Jesús era el Hijo de Dios encarnado, el Conquistador de la Humanidad y de Satán y

sus secuaces, en especial de los fariseos. Y poniendo de relieve la incredulidad de los apóstoles, prueba la verdad de la resurrección de Cristo, dogma fundamental de nuestra fe. Termina refiriéndose a la misión que el Maestro había confiado a sus apóstoles y discípulos de bautizar a los que en Él creyeren, y predicar su doctrina por todas partes, haciendo milagros para confirmarla –concluyó Cornelio.

–Yo no hubiera hecho una síntesis más precisa, y, sobre todo, tan corta, de estos dos Evangelios, como la que tú has hecho –dije, abrazando a mi nieto–; Dios te bendiga; de nuevo a ti y a tu madre os doy las gracias y mis felicitaciones. Así, hija mía, hay que instruir a los hijos, que conozcan a nuestro Salvador, para que, conociéndole, le amen, y amándole, le sigan, si es preciso, hasta dar su vida por Él, que es nuestro Redentor y nuestro Rey.

–Y ahora Andrés (que así se llamaba el tercero de los hijos varones de Cecilia) te trae otros dos volúmenes –dijo ella.

Andrés era entonces un chiquillo de doce años, sumamente inteligente, franco y en extremo simpático, a más de profundamente piadoso.

–Abuelito –me dijo con gran desenfado–, aquí tienes las obras de Lucas, el médico de Pablo, y gran amigo del ilustre Teófilo, a quien dedica su Evangelio, y también este otro volumen intitulado *Hechos de los apóstoles*. Me han contado que Teófilo, gentil de origen griego, había sido convertido al cristianismo por Lucas; pero sea lo que fuere de esto, lo cierto es que Teófilo era un hombre rico. Este Evangelio se puede llamar el Evangelio para los ricos. Porque aunque el reino de los cielos sea de los niños y pobres, nosotros, los ricos, podemos comprarlo con nuestras riquezas, y, haciéndonos violencia, entrar por el ojo de una de las agujas.

No esperaba este exordio, y por poco me río; pero el chiquillo me dijo:

–No te rías, abuelito, fíjate en estas tres parábolas, que únicamente se encuentran en el Evangelio de Lucas; la del rico insensato, en el capítulo 12, del versículo 15 al 21. Lee aquí –y me señaló el pasaje.

Yo no tuve más remedio que leer, y al terminar, el niño prosiguió:

–Mira lo que decía el rico: «*Alma mía, muchos bienes tienes almacenados para muchos años; repósate, come, bebe y pásalo bien. Y le dijo Dios: ¡Insensato! Esta misma noche han de exigir de ti la entrega de tu alma*». ¿Crees, abuelito, que esto no ha sido escrito para los ricos?

Claro que sí –le respondí.

–Pues ahora lee la segunda parábola –y abrió el capítulo 19, verso 12. Era la parábola de los diez talentos.

–Fíjate, abuelito, que el protagonista de esta parábola era «*un hombre de ilustre nacimiento que iba a ser rey nada menos*», y termina diciendo «*al que parece que tiene se le ha de quitar su dinero*».

Iba yo a hacer alguna rectificación; pero el niño dijo:

–Espera, abuelito; lee el capítulo 16, empezando en el verso 19.

Era la parábola del rico Epulón y del mendigo Lázaro.

—¿Y crees, abuelito, que esta terrible parábola no la puso Lucas para enseñar a los ricos cómo deben portarse con los pobres?
Yo estaba asombrado; era una lección para mí.

El niño continuó:
—Lucas escribió su Evangelio, siguiendo lo que Pablo predicaba, para demostrar principalmente a los gentiles que Cristo era Dios, y al propio tiempo enseñar a los ricos cómo debían conducirse para poder entrar por el «ojo de una de las agujas», como hacen en Jerusalén con los camellos; cuesta mucho trabajo que pasen por el agujero, pero al fin algunos pasan.

Yo estaba con la cabeza baja sin saber qué hacer, cuando oí la franca risa de Quarto. Claro, él había preparado al niño.

—Dómine —me dijo, abrazándome—, no te aflijas, que esto no es contigo. Las inmensas riquezas que has repartido entre los pobres cristianos de todo el mundo creo que te harían pasar por el ojo de no sé cuántas agujas.

—Pero esas riquezas me las dejó mi abuelo para los pobres.

—Es verdad, Dómine; pero también has repartido de las tuyas propias, y has hecho algo que muy pocos herederos hacen: cumplir fielmente la voluntad del testador.

Entonces Andrés se echó a mi cuello, y besándome, dijo:
—¿Verdad, abuelito, que no estás enojado conmigo?
Claro que no, hijito mío, antes muy agradecido; Dios te bendiga.

Cecilia, que con Quarto había tramado toda esta escena, riendo, se me acercó, y me llenó de besos, diciendo:

—Esto no es contigo, abuelito tú eres un rico ejemplar, como Cristo los quiere. Y cuando te vayas al cielo te recibirán infinidad de pobres, enfermos y afligidos a quienes has ayudado. Y el Rey te dirá: *«Ven a Mí, bendito de mi Padre, porque tuve hambre, y me diste de comer; estaba desnudo, y me vestiste; enfermo, y me visitaste; en la cárcel, y me consolaste. Entra a poseer el reino que mi Padre te tiene preparado».*

No sé cómo habría terminado esta escena si no se abrieran las puertas y entrara la multitud de mis descendientes, que venían a traerme regalos. La mayor parte consistía en cosas de comer. Carnes adobadas muy variadas y de árboles frutales. Bulbos en diversas formas. Semillas de verduras de plantas raras y hermosas, y macetas con bellísimas flores. Objetos de arte de los más variados y piedras preciosas, algunas de gran valor. Pero lo que hubo en más abundancia fueron aves y animales: unos eran domésticos, de razas escogidas, que podían aclimatarse y reproducirse y multitud de aves y pájaros rarísimos.

Ninguno debe sorprenderse de esta variedad de regalos, pues mis descendientes, cuyos jefes de familia eran ordinariamente también mis empleados, estaban esparcidos por todo el mundo conocido, y hacían viajes constantemente, tanto por mar como por tierra.

Yo estaba muy mortificado porque hubieran llevado aquellos animales a mi biblioteca, pues, como irracionales, no se podían portar con la corrección debida. Pero, en fin, no se podía hacer otra cosa.

La colección más brillante fue la de aves rarísimas. Magníficos pavos reales de la India, pájaros africanos de bellísimo plumaje policromo. Con motivo de estos regalos, voy a contar un caso cómico y al mismo tiempo muy conmovedor.

Estaba yo al fin de la sala en una gran silla sobre una plataforma, y delante de mí los que me obsequiaban. De pronto oí a mi espalda una voz gangosa que decía: «Abuelito, buenos días». Volví la cara, y no encontré a nadie. Poco rato después se repitió el saludo, sin que pudiera dar con el que hablaba. Tenía yo vuelta la cara a la parte de atrás, cuando oí una carcajada general. Detrás de mi «trono» habían puesto la jaula de un perico, al que habían enseñado a darme los buenos días. Yo, que he viajado por África, conozco los pericos, y así entendí luego lo que pasaba.

Lo conmovedor vino en seguida. Sin que yo supiera nada, Quarto había traído de Roma a una antigua sirvienta negra, a la cual, con tres de sus hijitos pequeños, había yo salvado muchos años atrás, en África, de la garra de los cazadores de esclavos. Pues bien: esta pobre mujer, acompañada de sus tres hijos ya casados y con familia, se fueron presentando y arrodillándose, me besaron los pies, sin que yo pudiera impedirlo. Cada uno me traía una jaula con un perico domesticado, originario del país de ellos. Hacía muchos años que yo no la había visto, y sabiendo la negra Afra que Quarto iba a venir a verme, le pidió que la trajera con sus hijos, para darme las gracias, por lo que ella decía era un gran beneficio, y yo sólo consideraba como un deber de humanidad no haber dejado que la tomaran cautiva para venderla con sus hijos. Hizo tantas demostraciones de gratitud y cariño, que yo no sabía qué hacer. Quarto, como siempre, vino a completar el cuadro.

–Dómine, como gerente general tuyo, he viajado por todo el mundo, y donde me encuentro un pobre que hayas favorecido, y son legión, sólo escucho bendiciones para ti y muestras de agradecimiento. Esta mujer es un ejemplo. Tus caridades se extienden por todo el orbe, y hubiera sido imposible traer a la milésima parte de los que querían venir a verte y darte las gracias por los beneficios que les has hecho. Los pobres son siempre los más agradecidos, y aquí tienes este ejemplo. Ella, con toda paciencia, ha enseñado a ese perico a darte los buenos días.

–Y todos éstos también saben hablar –añadió la negra Afra.

Y a un tiempo, aquellos animales, con sus voces gangosas, gritaron: «Abuelito, muchas gracias; Dios te bendiga».

81
LAS GEMELAS

–¡Todo el mundo fuera! –gritó Quarto–. Ya habéis entregado vuestros presentes al abuelito, y es necesario limpiar la biblioteca. Afuera, y vamos a preparar lo que os dije.

Con esto quedó la biblioteca vacía, aunque en un estado lamentable.
—Nosotros —dijo Cecilia, que con sus hijos eran los únicos que se habían quedado—, nosotros vamos a arreglarte la biblioteca.

Y, en efecto, en menos de media hora dejaron el amplio recinto, si no enteramente limpio, por lo menos presentable.

Mientras tanto, yo me había refugiado en un rinconcito, acompañado de Lucrecia, la hija más pequeña de Cecilia, que tenía unos siete años.
—¿Con que te llamas Lucrecia? —le dije.
—Sí, abuelito; Lucrecia era mi nana, hasta que murió mártir en el circo. Yo la quería mucho, y desde entonces mi mamá me llama Lucrecia.
—Qué bien ha hecho tu madre —dije—; así se perpetúa la memoria de los que murieron por Cristo, dando de Él testimonio: los mártires.
—Mi mamá —prosiguió la niña, tan vivaracha como su hermanito Andrés —quería que te trajera de regalo las epístolas de Pablo; pero yo no quise...
—¿Y por qué no quieres a Pablo? —le pregunté, intrigado.
—Porque dice que las mujeres no hemos de hablar en la iglesia, y yo siempre estoy hablando...
—Ésa es una razón muy femenina. ¿Qué me traes?
—Dos epístolas de Pedro, firmadas por él. Me quiso mucho, y yo también a él, y lloré cuando esos hombres malos, que le buscaban como leones rugientes, le crucificaron.
—Y ¿quién te dijo lo del león rugiente?
—Así lo dice Pedro en su primera epístola, que es ésta.

Y me entregaba el pergamino, señalando el versículo 8 del capítulo 5, en que, efectivamente, dice: «*Sed sobrios, y velad, porque vuestro adversario, el diablo, cual león rugiente, anda alrededor buscando a quién devorar*».
—¿Y qué más dice Pedro en estas cartas?
—Muchas cosas —me respondió la niña—; no como Pablo, que dice muchas cosas difíciles de entender.
—Y ¿de dónde sacas eso? —le pregunté, riendo.
—Lo dice aquí Pedro.

Y con gran soltura me enseñaba el verso 16 de la segunda epístola de Pedro, donde dice: «*...como nuestro amado hermano Pablo, os escribió según la sabiduría que se le ha dado; como lo hace casi en todas sus epístolas, hablando en ellas de estos mismos asuntos, en los cuales hay algunos difíciles de entender, cuyo sentido los indoctos e inconstantes tuercen, como también las otras escrituras, para su perdición*».
—Tienes razón —dije—; los herejes usan tergiversadas o interpoladas las cartas de Pablo. Bueno —añadí—. Y ¿dónde escribió Pedro sus cartas?
—En Babilonia —respondió la niña sin titubear.
—¿Cómo puede ser eso, si Babilonia ya no existe? Hace más de dos siglos que desapareció.

—Es que Pedro llama Babilonia a Roma –repuso la niña–. Dice Quarto que cada vez que Pedro tiene que ir por el Foro y oye los gritos de los vendedores, las voces de los que declaman en «los rostros» y tanta multitud de gente, se tapa los oídos, y dice: «¡Qué Babilonia, qué Babilonia!» Roma es por ese y otros motivos una Babilonia.

—Y ¿a quién escribió Pedro sus cartas?

—A los cristianos de todo el mundo, a los extranjeros esparcidos en el Ponto, Galacia, Capadocia, en Asia y en Bitinia; así lo dice al principio. Por eso sus cartas las llaman católicas.

—Y ¿qué es eso de católicas? –le pregunté.

—Para todo el mundo en general, que eso quiere decir, de *kata-olos*.

—¿Pero hablas también griego?

—Lo mismo que el latín –respondió la niña–. Lucrecia, mi nana, era de origen griego; todos mis hermanos hablan también griego, y mi mamá nos habla en griego, y mi papá en latín.

Durante esta conversación, Cecilia no nos perdía de vista, sonriendo al ver lo bien que la niña respondía.

—¿Qué te parece mi hija? –me preguntó, dejando la escoba.

—Un primor de criatura, y muy bien adiestrada.

—Así es, abuelito. Y ¿te parece bien?

—¡Magnífico! Sigue formando a esa niña en la piedad, que es buena para todo, e instruyéndola en sus deberes de cristiana y de mujer, y será con el tiempo y la gracia de Dios una mujer de gran provecho. Ven, hijita –dije a la niña, que se acercó sonriente–, mereces que tu abuelito te dé un beso. Dios te bendiga. Bueno –le dije–, ¿y los otros regalos?

Entonces se adelantó Lucio, el segundo de los hijos varones de Cecilia. Tenía unos dieciséis años. De porte modesto, parecía tímido; pero tan luego como empezó a hablar, reveló su carácter prudente y mesurado.

—Abuelito –me dijo–, traigo aquí las epístolas de Santiago el Menor y la de Tadeo, ambas escritas para confirmar a los fieles en la fe contra los errores ya corrientes en su época. Santiago Alfeo es el defensor glorioso de las buenas obras, sin las cuales la fe es muerta.

—Es, además, el apóstol del sacramento de la Extremaunción –añadí.

—Y ahora –prosiguió Lucio–, aquí tienes catorce volúmenes.

—¿Las cartas de Pablo? –pregunté; alborozado.

—Y todas ellas autorizadas con su firma.

—En efecto –repuse–; ésta es la letra clara y grande de Pablo.

—Cuando estaba en la cárcel Mamertina, yo mismo le llevé los volúmenes, y al saber que eran para ti, me dijo: «Dile a Rafael Ben Hered, tu abuelito, como le llamas, que Pablo reconoce y estima su obra caritativa para con los fieles de la verdadera Iglesia de Cristo; que Él le bendiga». Ésta –añadió el joven–, la más interesante de sus epístolas, aunque no la primera, fue escrita por el apóstol en Corinto.

—Estando yo presente –dijo Quarto–. Por eso me cita Pablo al final con el cariñoso nombre de «el hermano Quarto».

—Ésta es —prosiguió Lucio— la epístola de «la virtud de la gracia que nos mereció Cristo», de la cual trata en la primera parte, exhortando en la segunda a la práctica de las obras de esta gracia.

Como Quarto me vio conmovido, habló de esta suerte:

—Pablo deseaba ardientemente ir a tu tierra, Hispania, en cuyo camino se proponía detenerse en Roma. Conociendo esto los «falsos hermanos», enemigos del apóstol, propagaron en la urbe muchas historias para desacreditarle delante de los romanos convertidos. Entre otras cosas, decían que Pablo era de una figura insignificante, zambo, con los ojillos inyectados y que le daban ataques. Pablo, que oyó esto, sonrió, y por varios días se puso en oración, pidiendo al Espíritu Santo que le iluminara. Entonces escribió esta maravillosa epístola a los romanos, y cuando al fin llegó a Roma, mis paisanos, que ya le conocían por sus escritos, le recibieron en triunfo. La última de sus grandes epístolas la escribió Pablo a sus hermanos los hebreos. Sabiendo que muchos le odiaban, y no queriendo que su nombre fuera causa de que despreciaran lo que escribía, ocultó su nombre, y no la empezó como solía: *«Pablo, siervo de Jesucristo, llamado apóstol...* —dijo el joven—. Estas otras epístolas, que tú conoces perfectamente, son: las dos a los Corintios, en la primera de las cuales habla admirablemente del sacramento del Matrimonio. La escrita a los gálatas, en la que vindica con gran entereza su autoridad apostólica y su doctrina. La que envió a los efesios, exhortándolos a la unión. La muy cariñosa a los cristianos de Filipos. A los colosenses les recuerda la supereminente dignidad de hijos de Dios. En las dos a los cristianos de Tesalónica les habla del advenimiento de Cristo, que no era inminente como algunos pretendían. Y la bellísima epístola a Filemón, recomendando al esclavo Onésimo, escrito en que Pablo muestra toda la grandeza de su corazón.

—De ésta me dio cuenta Pudens, como lo tengo ya consignado —dije—; es la epístola del verdadero amor, de la caridad cristiana.

A una señal de Quarto, Cecilia entró acompañada de sus dos bellísimas hijas mayores, de dieciocho años, que traían unos cofrecitos de oro adornados con piedras preciosas.

—Aquí tienes, abuelito —dijo Cecilia—, a mis hijas gemelas, Inés y Ágata, que te traen sus presentes; creo serán de tu agrado.

Iban ataviadas las dos con adornos y vestidos idénticos, y a no ser porque Inés llevaba recogido el cabello con un lazo azul y Ágata con uno rosa, no las pudiera distinguir.

—¡Qué bellos nombres! —dije—. Inés, la corderita, y Agata, la noble. ¿Qué me traéis en esos cofrecitos tan ricos?

Por toda respuesta, las gemelas se arrodillaron ante mí, y abrieron los cofres. En el interior de la tapa de cada uno venía un pergamino. En el primero se leía: «Esponja empapada en la sangre de Pedro el apóstol, vicario de Cristo», y en seguida venía la firma de Lino. En el segundo, también firmado por Lino, se leía: «Esponja empapada en la sangre de Pablo, el apóstol de los gentiles». Las manos me temblaron de emoción al recibir aquellas reliquias.

—Yo misma —dijo Cecilia— empapé esta esponja en la sangre que salió de la boca de Pedro, al estar crucificado cabeza abajo. Y esta otra la empapó Domitila en la sangre de Pablo cuando le cortaron la cabeza.

Se puede imaginar mi emoción. Pero allí estaba Quarto al quite, y dijo:

—Debes tener presente, dómine, que a Pedro no le cortaron la cabeza; pero a Pablo, sí.

—Claro —respondí—, porque era ciudadano romano, y no le podían crucificar.

—Pues en mi opinión —añadió Quarto, sonriendo—, creo que eso lo permitió el cielo para que no se fuera a creer que la Iglesia tenía dos cabezas, sino una sola; pues aunque Pablo tuviera las más grandes dotes, a él no le había dicho el Maestro: *«Tú eres Pedro, y sobre esta piedra edificaré mi Iglesia»,* como se lo dijo a Pedro.

—Claro —dijo la niña Lucrecia—, Pedro era la cabeza, y ahora la cabeza es Lino, no Pablo.

—No le perdonas a Pablo que haya dicho que en la iglesia no hablen las mujeres. Pero has dicho la verdad; Pedro era la cabeza, el vicario de Cristo, y ahora lo es Lino, y sus legítimos sucesores seguirán siendo vicarios de Cristo.

Terminada esta escena, las gemelas se retiraron.

—Ahora, abuelito, pregúntales lo que van a ser de grandes.

—A ver, tú, Cornelio, ¿qué piensas ser?

—Yo, soldado, como mi padre, soldado romano; pero, ante todo, soldado de Cristo.

—Ven, y estréchame la mano; no sabes cuánto amo a los soldados, desde que vi que los primeros gentiles que creyeron en Cristo fueron el decurión y los soldados de decuria, los mismos que le habían crucificado. Sé, tú, hijo mío, un gran soldado de Cristo.

—Y tú, Lucio, ¿qué piensas ser?

—Yo —respondió modestamente el joven, bajando los ojos— espero que, cuando sea mayor, Lino me imponga las manos.

—Ojalá que Dios cumpla tus nobles aspiraciones. Grande consuelo sería para mí cuando esté yo en el lecho de muerte que uno de mis descendientes, haciendo la fracción del Pan, me diera, como viático para la eternidad, el Cuerpo y la Sangre de Cristo.

—Si Dios concede mis deseos —dijo modestamente Lucio— y sé a tiempo tu estado, ten por cierto que no sólo haré la fracción del Pan, sino que te ungiré con el óleo de los enfermos.

—Ahora, abuelito, pregúntale a Andrés.

—Yo —dijo el niño antes de que le preguntara— quiero ser muy rico, y espero que tú me dejarás una gran herencia.

—Y ¿para qué quieres ser rico?
—Pues para tener mucho, mucho dinero como tú.
—Y ¿para qué quieres ese dinero? —interrumpió su madre.

El niño pareció cortado, y, contra su costumbre, se negaba a hablar, hasta que, a instancia de ella, exclamó:

—Para dárselo todo a los pobres, y poder, sin nada, seguir a Cristo.

Y el niño, como si hubiera dicho algo que le avergonzara, escondió la rubia cabeza en el seno materno.

Más tarde, ella me contó que Andrés era un niño que amaba mucho a los pobres; que todo lo que tenía lo daba, no pudiendo ver gente desnuda ni hambrienta. Se quitaba su ropa para vestirlos y el bocado de la boca para alimentarlos.

—Y ¿pedirás mucho por tu rico abuelo? —le pregunté.

El niño, por toda respuesta, se arrancó de los brazos de su madre, y me dio no sé cuántos besos.

—Y tú, Lucrecia —pregunté a la niña—, ¿qué piensas hacer?

—Yo —me respondió con toda entereza —estarme con mi mamá— y se puso a abrazarla.

Mientras eso hacía la niña, su madre me miró, y alzando los ojos al cielo, me dio a entender que algún día aquella angelical criatura se consagraría al Señor, entrando en el número de las vírgenes de blanco velo.

—¿Y esas gemelas, adónde se han ido? —pregunté.

La respuesta no se hizo esperar. Llegaron las dos bellísimas jóvenes, pero no venían solas. Las acompañaban dos apuestos soldados romanos de graduación. Supuse que serían otros de mis innumerables descendientes, y al fin de cuentas, no me engañaba Inés, la reconocí por el lazo azul, se adelantó, dando la mano al joven que la acompañaba, y dijo:

—Abuelito, te presento a mi esposo Cayo Flavio.

—Y yo —añadió Ágata, la del lazo rosa— te presento, abuelito, a mi esposo Marco Antonio.

—Hace unos meses —insinuó Cecilia— los casó Lino, nuestro pontífice, en Roma, en la catacumba del Ostriano.

Yo siempre he tenido una idea elevadísima del sacramento del Matrimonio, y, además, una predilección especial por los militares. Así, pues, al ver a mis graciosas nietas unidas por el sacramento a dos soldados romanos de graduación, como lo indicaba el uniforme, tuve grandísimo consuelo, y dije:

—Dadme vuestras manos, valientes soldados de Cristo y de Roma; troncos, con vuestras esposas, de una nueva, vigorosa y valiente familia. El matrimonio cristiano, hijitos míos, es el fundamento de la familia cristiana, que es la base de esa nueva sociedad que está invadiendo el mundo. Grande, inmensamente grande es el sacerdocio establecido por Cristo para consagrar el pan y perdonar los pecados. Pero si no hubiera matrimonios cristianos, si no hubiera madres cristianas, ¿de dónde saldrían los sacerdo-

tes? Que Dios os conceda largos años para ver a vuestros hijos llenos de vida y de fe.
Quarto hizo notar:
—Si estas parejas van a gozar de los largos años de vida que Dios te ha concedido, van a ver a los hijos de sus hijos hasta la quinta generación.

* * *

No se crea, por lo que llevo narrado, que la familia de Cecilia era una excepción; todo lo contrario; por un favor especial del cielo, la mayoría de mis descendientes eran buenos cristianos; sin embargo, había también algunos casos tristes como el que voy a contar.

Un día vino a verme Magdalena, una de mis nietas más queridas. Al principio no pude reconocerla; había envejecido, y su cabello, antes negro, estaba completamente blanco. Tras ella entró Quarto.

La pobre Magdalena se arrojó a mis pies sollozando. Al fin, cuando pudo hablar, me dijo:

Abuelito, ¿te acuerdas del dinero que te pedí con tanta insistencia para mis dos hijos?

—No lo he olvidado —repuse, frunciendo el ceño.

—No bien se vieron ricos —prosiguió ella—, dejaron las prácticas de nuestra religión, y cuando llegó la persecución, los dos apostataron. Sin embargo, uno de ellos ha vuelto al redil, y ahora se encuentra haciendo penitencia pública entre los *lapsos;* el otro tuvo mal fin.

«*Estarán dos en el campo: el uno será tomado, y el otro será dejado*» (Mateo, 25, 40) —dije para mí, recordando las palabras del Maestro.

—Bueno —intervino Quarto—, cuéntale de tus hijas.

—Las tres, abuelito, se han consagrado entre las vírgenes del Señor —añadió Magdalena.

—La mujer cristiana —exclamé—. Esas inocentes criaturas se sacrifican y oran por nosotros los hombres pecadores; que el cielo las bendiga.

* * *

Inés, Ágata y Cecilia, su madre, se habían quedado conmigo, y algún tiempo después las gemelas dieron a luz, una, un niño, y la otra, una niña.

Cuando vi esos dos angelitos cristianos en cuyas venas corría sangre romana y sangre hebrea, di gracias al cielo. Y tan pronto como las madres estuvieron sanas, les dije:

—Ahora tú, Cecilia, y tus dos hijas, a unirse con sus maridos; no hay que abandonarlos. Dios las bendiga.

82
«JUDEA CAPTA»

En los muchos años que llevaba de habitar en la falda del Sinaí, nunca había visto una tempestad más espantosa que la de aquella noche. Los relámpagos se sucedían sin interrupción, y los truenos se multiplicaban, estrellándose contra la roca de la sagrada montaña, mientras las nubes arrojaban sobre la sedienta arena un verdadero diluvio. Pero la tempestad moral que se había desencadenado en mi alma era mucho más terrible.

Josefo Ben Josefo, hijo del tránsfuga historiador Flavio Josefo, había llegado aquella tarde trayéndome un gran número de volúmenes que contenían una copia de *La guerra de los judíos,* que años más tarde publicaría su autor, el bajo judío adulador del entonces general en jefe del ejército romano y más tarde emperador Tito, hijo de Vespasiano.

Durante toda esa guerra, tan desastrosa como providencial, había yo estado recibiendo mensajes, tanto del lado romano como del judío, en que me daban cuenta de lo que iba pasando, haciéndoseme pedazos el corazón con su lectura.

Como ya lo dije repetidas veces, he sido y soy, como hebreo de la tribu de Benjamín, amantísimo de mi pueblo. Por otra parte, desde que creí en Cristo, soy profundamente cristiano. Casi no había día que no recordara, con profunda tristeza, como patriota, y con seguridad de creyente, la terrible profecía de Cristo sobre la ciudad y el templo, temiendo vivir y verla cumplida. Pedí al cielo morir antes que ver a mi nación destruida y a mis hermanos sojuzgados y dispersos por el mundo.

Ésta es la profecía de Cristo: «*Habiéndose llegado los discípulos de Jesús para mostrarle las construcciones del templo, le dijo uno de ellos: Mira, Maestro, qué piedras y qué construcción. Él le respondió: ¿Veis todas esas grandes construcciones? En verdad os digo: De todo esto que veis, días vendrán en que no quedará piedra sobre piedra*».

El templo, el centro de la religión de mi pueblo, destruido, era para mí algo tan espantoso, que sólo el alma de un israelita puede concebirlo; por otra parte, la palabra de Cristo debía de cumplirse.

«*Y cuando viereis a Jerusalén cercada de ejércitos, sabed que entonces su destrucción ha llegado. Cuando viereis la abominación de la desolación predicha por el profeta Daniel, huid a los montes. Porque habrá angustia sobre la tierra e ira en este pueblo. Y caerán el filo de la espada y serán llevados cautivos a todas las naciomes. Y Jerusalén será hollada de las gentes; serán aquellos días de tribulación, cual nunca la hubo desde el principio.*»

Y todo pasó exactamente como Jesús lo había profetizado.

El joven Josefo, que había presenciado, al lado de su padre, el cumplimiento de esta profecía, había abierto los ojos a la luz del Evangelio, y,

lleno de un celo que me hacía temblar, en medio de la tempestad que afuera rugía, empezó a hablar de esta manera:
—Cristo lo había dicho: *«Todo reino dividido en sí mismo será destruido»*. Mientras los romanos iban conquistando Judea, los nuestros, en vez de unirse contra el enemigo común, peleaban entre sí, divididos en tres fracciones: una, la que ocupa la ciudad, estaba encabezada por Simón Ben Gioras; la de Juan de Gishala y sus sicarios era dueña del templo, mientras Eleazar se estableció detrás de la muralla que circundaba el templo, alimentando a los suyos con las inmensas provisiones acumuladas por los sacerdotes. Si hubieran estado unidos los tres partidos, allí habrían tenido con qué alimentarse para un largo sitio; pero no hacían sino matarse unos a otros, cometiendo crímenes sin nombre e incendiando las provisiones de los contrarios. Las legiones romanas se iban acercando paso a paso, dejando que nuestros hermanos se destruyeran entre sí y acabaran con gente, armas y alimentos.

Yo mejor escuchaba los truenos de la tempestad que la pavorosa relación de Josefo.

—El 1 de julio (del año 69), Vespasiano era proclamado emperador de Alejandría, y Tito, su hijo, se dirigía a Jerusalén al frente de cuatro legiones: la Macedónica, la Fretense, la Fulminante y la Apolinar. Mientras los defensores de Jerusalén se destruian unos a otros, Jesús, hijo de Hanán, seguía gritando lastimeramente: «¡Ay de Jerusalén!, como lo había estado haciendo durante siete años. Un cometa semejante a una espada apareció en el cielo, y las nubes tomaban formas fantásticas, que aterraban al pueblo. Acercándose las fiestas de la Pascua, afluían a Jerusalén infinidad de peregrinos, atraídos por las palabras de los profetas falsos que predecían una espectacular intervención de Yahvé a favor de su pueblo contra los romanos. Una luz resplandeciente inundó el ámbito del templo en medio de la noche. La enorme puerta del santuario se abrió sola, mientras los sacerdotes oían una gran voz que decía: «Salgamos de aquí».

—La abominación de la desolación había penetrado en el Santuario —dije—, y los ángeles del Señor se retiraban del lugar santo.

Con su pergamino en la mano, Josefo prosiguió:
—«El 10 de abril (del año 70) Tito estableció su campamento frente a la torre Psefina. A fines de este mes, las legiones franqueaban la primera muralla del Norte. El 5 de julio, Tito atacó, y tomó y arrasó la fortaleza Antonia. Mientras tanto, había *circundado la ciudad con un muro*. A todos se dejaba entrar, pero nadie podía salir. El hambre empezó a diezmar a los que estaban en Jerusalén, y la peste siguió al hambre. El 17 de julio el sacrificio perpetuo terminó; no había ni víctimas ni sacrificadores...».

Yo temblaba de pies a cabeza oyendo aquel relato.

—«El 12 de julio, Tito comenzó los ataques al templo. El 28, los romanos arrasaban la galería que da al Norte —prosiguió Josefo—. El 8 de agosto pusieron fuego a las puertas, con estupor indecible de los sitiados. El 6

de septiembre, desde Ofel hasta Siloé, la ciudad fue sistemáticamente destruida. Finalmente, un soldado que arrojó una tea encendida puso fuego al Santuario de Yahvé».
—Ya no prosigas —dije, suplicante, a Josefo—. La profecía de Cristo se había cumplido.
—Perdona, Rafael —repuso Josefo—; pero tengo todavía algo que decir. Jesús de Nazaret claramente había profetizado; *«Vendrán días sobre ti (Jerusalén) en que tus enemigos te cercarán con foso y te pondrán cerco, y por todas partes te estrecharán, y te echarán por tierra a ti y a tus hijos que estarán dentro de ti, y no dejarán en ti piedra sobre piedra».*
—Lo sé, lo sé; no prosigas.
—Y así sucedió —continuó Josefo sin escuchar mi súplica. *«Y caerán al filo de la espada, y serán llevados cautivos a todas las naciones».* Mira cómo se ha cumplido esta otra parte —y leyendo su pergamino—: «Tito arrastraba tras sí tropas de prisioneros judíos, y el 24 de octubre, aniversario del nacimiento de su hermano Domiciano, en Paneas, perecieron en los juegos del circo o en las llamas más de dos mil quinientos de nuestros hermanos. Y otros tantos sacrificó el 19 de noviembre, aniversario del natalicio de Vespasiano. Y en Antioquía encontró a los judíos acusados de incendiarios, y para castigarlos con un castigo moral peor, regaló Tito a la ciudad dos de los querubines del Santuario, que fueron colocados en una de las puertas de Antioquía, que se llama ahora puerta de los Querubines...»
—¡Qué atrocidad, qué profanación! —exclamé.
—Pero aún hay más. Tito regresó a Jerusalén, hizo registrar los subterráneos y alcantarillas de la ciudad para inmolar a los infelices que allí se habían escondido. Fueron encontrados Ben Gioras y Simón, los que se rindieron, y fueron llevados en el cortejo triunfal de los vencedores. También encontraron aquí los romanos innumerables riquezas. «En junio (año 71) presencié en Roma la entrada de los emperadores, seguidos de noventa mil prisioneros judíos para ser vendidos como esclavos. Los personajes más encumbrados de Judá, llevaban sobre sus hombros los despojos del templo; el enorme candelabro de oro de siete brazos, la mesa de oro de los panes de la proposición...»
Le pedía que callara; pero él continuó:
—Estando con mi padre, como él lo ha dejado escrito, yo oí a Tito que decía: «Esta victoria no es mía; yo he sido sólo el instrumento de un Dios airado para destruir Jerusalén. El incendio del *Sancta Sanctorum* se llevó a cabo contra mi expreso mandato». Ya voy a terminar —dijo Josefo—. «Para celebrar este triunfo sobre nuestra nación, se ha construido un soberbio arco de Triunfo; en alto relieve está perpetuada nuestra derrota. Y como si esto fuera poco, se mandaron acuñar medallas representando a Judea vencida».
Diciendo esto, puso en mis manos una de ellas, que llevaba esta inscripción: «Judea capta».

83
EN LA ISLA DE CRETA

Cuando viajaba por el *Mare Nostrum* (Mediterráneo) de Egipto a Palestina para Italia, me detenía siempre en la famosa isla de Creta, tanto para renovar el agua y provisiones, como para asuntos mercantiles, y últimamente también de orden religioso.

Creta es una isla de poco más de doscientos kilómetros de largo, por treinta en la parte más ancha y siete en la más angosta. Es un verdadero espinazo de montañas, y una de ellas es de más de dos mil metros de altura. Está la isla orientada de Este a Oeste en su longitud, y tiene, tanto en la parte Norte como al Sur, muchas radas y bahías pequeñas y algunos puertos, lo que es gran ventaja para los buques que navegan por esas aguas, muy peligrosas en tiempo de invierno por las fuertes tempestades. Con frecuencia hay naufragios, y la isla es un buen asilo para los pobres náufragos.

Los de la isla de Creta, cuyos originarios pobladores dicen que eran fenicios, son actualmente una mezcla de griegos, que en un tiempo la conquistaron; de romanos, sus actuales dominadores; de judíos de la Dispersión y de una población advenediza, por causa de los naufragios, así como de la flotante de marinos de todo el *Mare Nostrum,* que continuamente llegan a sus costas para comerciar y renovar sus provisiones.

Está colocada al Sur de Grecia, y es un magnífico punto de escala entre Asia Menor, África y Europa. La principal bahía, la más segura contra los vientos, se llama Buenos Puertos. Allí desembarqué en la ocasión a que ahora me refiero.

Pablo, cuando era conducido preso a Roma, pasó por Creta, y encontró allí a varios israelitas que se llamaban cristianos. Habían llevado la noticia del Evangelio los cretenses que estuvieron en Jerusalén cuando la venida del Espíritu Santo, el día de Pentecostés. Entre ellos estaban varies de mis empleados, los cuales, con buen celo, habían anunciado a sus paisanos la venida del Mesías.

En esta isla hay más de noventa ciudades, tanto en las montañas como en la costa, y en todas ellas había ya cristianos; pero como debe suponerse, estaban desorganizados, como ovejas sin pastor. Pablo, acompañado de Tito, joven pagano bautizado por él, emprendió la evangelización y organización de aquella numerosa grey. Como él tuviera que seguir su viaje a Roma, dejó a Tito ordenado obispo de aquella nueva cristiandad, dándole de palabra instrucciones de cómo debía portarse. No contento con esto, le escribió desde Roma una corta pero preciosísima epístola dándole detalladas instrucciones de cómo debía proceder para organizar aquella diócesis tan difícil.

Iba yo, pues, a ver a Tito por si algo le pudiera servir.

Grande fue la alegría del buen Tito cuando me vio, y tuvo el consuelo de poder hablarme largamente y explayarse conmigo. Ya nos conocíamos; varias veces me oyó hablar con Pablo, y supo que yo daba limosnas.

–Me acuerdo muy bien –me dijo Tito –cuando tú en Antioquía le diste a Pablo abundantes limosnas para llevar a los pobres de la Ciudad Santa.
–Sí –le respondí–. Pablo, siendo israelita, sabía muy bien de qué pie cojeamos en cuestión de dineros. Llevaba esas limosnas primeramente para socorrer a nuestros desvalidos hermanos; pero no se le ocultaba que, teniéndole muchos mala voluntad como sabes, si hubiera llegado con las manos vacías quizá ni le hubieran recibido. Pablo era sumamente desprendido en cuestión de dinero; no era como los «falsos hermanos», los cuales no piensan como el rey David, que decía: *«Dilexi mandata tua super aurum et topazion».*

–Tienes razón, amigo –me dijo Tito–; Pablo me repetía que el que eligiera yo para obispo *«no debía ser codicioso de torpes ganancias».*

No me dejó que parara en el *diversorio,* o posada de la ciudad, sino que me llevó a su para-okia, o casa parroquial, que estaba junto a la iglesia (que esto significa parroquia, casa o habitación junto a otra).

–Pablo me había aconsejado que habitara junto a la iglesia para que estuviera siempre dispuesto a atender a los fieles cuyas almas están a mi cargo. Por eso nos llaman «curas de almas» a los que estamos dedicados a cuidar de ellas.

Como yo insistiera en marchar a la posada para no darle molestias, me dijo:

–Ten entendido, Rafael, que una de las virtudes que debe tener el obispo (y el cura de almas) es el ser hospitalario.

Marché, pues, a su casita, humilde, pero sumamente limpia, y fui recibido por Eunice, una anciana, que pasaba de los sesenta seguramente y era bastante fea, aunque muy buena persona, como lo pude observar durante mi estancia. La casita estaba muy ordenada, y todos los que en ella servían, perfectamente disciplinados; se notaba, desde luego, que Tito sabía mandar en su casa.

Habiendo él notado que yo me fijaba en estas cosas, me dijo:

–Todo lo que ves es ordenanza de Pablo, quien dice que *el obispo gobierne bien su casa.*

–Recuerdo yo habérselo oído decir a Pablo, y dar la razón: *porque el que no sabe gobernar su casa, ¿cómo cuidará de la Igle*sia *de Dios?* –añadí–.

La anciana Eunice me recibió con todo el ceremonial, quitándome las sandalias y dándome aguapiés, después de lo cual nos sirvió una bebida refrescante que tenía un poquito de vino generoso.

–Pablo, que es tan comprensivo, tan lleno de caridad –me dijo Tito–, le escribió a Timoteo cariñosamente: *«No bebas de aquí adelante agua sola, sino usa un poco de vino por causa del estómago y de tus continuas enfermedades».*

–Y él también –interrumpió Eunice– anda muy mal del estómago (refiriéndose a Tito), por más que le preparo los alimentos con todo cuidado, como me lo recomendó el mismo apóstol cuando marchó.

III. ¿Y AHORA, QUÉ?-83. EN LA ISLA DE CRETA

Esta sencilla observación me dio a entender el cuidado que Pablo tenía de la salud de los que se dedicaban a los trabajos apostólicos, quienes quería que trabajasen mucho, para lo cual necesitaban estar sanos.

Cierta noche, en medio de una tempestad desatada, habiendo tomado una cena sencilla, pero cuidadosamente preparada por Eunice, Tito me hablaba de los asuntos de la iglesia que le estaba confiada.

—En esta isla —empezó— hay, como sabes, más de noventa poblaciones, todas puestas bajo mi cuidado.

—Pero es imposible que tú solo puedas atenderlas.

—Lo mismo me dijo Pablo: «*Por eso te dejo en Creta para que organices a los fieles, para lo cual es necesario que elijas presbíteros y les impongas las manos, poniéndolos al frente de las diversas villas*». Pero aquí empiezan mis dificultades, pues los que han de ejercer este cargo deben ser, si casados (como son aquí todos los ancianos), *hombres de conducta intachable, que no se hayan casado sino una sola vez, y cuyos hijos no han de tener fama de disolutos ni pendencieros*. Porque, me decía Pablo, y así me lo escribió en esta carta: «*El que tenga cuidado de instruir a los fieles y vigilarlos* (al cual se da el nombre de obispo) *puesto que es dispensador de los dones de Dios, no debe tener sobre su conciencia crimen ninguno; no debe ser soberbio, ni iracundo, ni amante del vino, ni pendenciero, ni codicioso de torpes ganancias*».

—Ya veo tu dificultad —dije—. Como lo testifica tu paisano Epiménides, los cretenses «son mentirosos, malas bestias y vientres perezosos», con otros vicios que no se pueden nombrar. En pocas palabras, son un pueblo pagano muy corrompido. Mis hermanos los hebreos tienen otros defectos que los hacen inelegibles para la alta dignidad de obispo.

—Y como añade Pablo, que *el obispo debe ser hospedador, amador de lo bueno, templado, justo, santo y continente*, yo, pues, me encontraba en este aprieto como tú has comprendido —repuso Tito.

—Aquí tiene que entrar de lleno el Espíritu Santo a derramar su gracia sobre este pueblo. Pero no te apures, que he visto otros peores, los cuales, oída la predicación del Evangelio, han aceptado gustosos la doctrina de Cristo. La Iglesia, mi querido Tito, no es obra de hombres; si así fuera, todo habría acabado ya hace tiempo. Es la obra del Hijo de Dios, de Jesucristo, Hijo de Myriam. Él vino y sembró, y para que esa semilla creciera y diera fruto, nos envió al Espíritu Santo. Ánimo, y recuerda lo que decía tu maestro: *Pablo sembró, Apolo regó, pero Dios es el que da el incremento*. Yo he viajado por todo el mundo observando los frutos de ese Divino Espíritu. Los he palpado, y más que todo entre los gentiles como tú; pues, desgraciadamente, mis hermanos son los que más han resistido a la obra de la gracia. Ellos fueron los elegidos para ir sembrando por todo el mundo; pero la gran respuesta a la llamada de Cristo ha sido de los gentiles, a los cuales, por nuestra culpa, ha pasado el reino de los cielos.

Tito me escuchaba atento.

—Ten buen ánimo, trabaja confiado que todo lo podrás en Aquel que te conforta. Cuando Cristo subió a los cielos, me preguntaba yo: «¿y ahora, qué?» No me podía persuadir que los pobres y cobardes apóstoles pudieran hacer nada de provecho. Y nada hubieran hecho si no hubiera venido el Espíritu Consolador, que procede del Padre y nos lo envió el Hijo. El crecimiento y desarrollo sobrenatural de la obra de Cristo es obra del Espíritu Santo.

—No sabes el consuelo que me das —dijo, animado, Tito—. Tienes sobrada razón. Así hablaba Pablo, el antiguo perseguidor: *¿Quién es Pablo? ¿Quién es Apolo? Ministros por los cuales habéis creído, y eso según lo que a cada uno ha concedido el Señor. Así que ni el que planta es algo, ni el que riega, sino Dios, que da el incremento. Nosotros somos coadjutores de Dios, y vosotros labranza de Dios; sois el edificio de Dios fabricado por nuestras manos.* Y así es la verdad. ¿De qué sirve que plantemos y reguemos? Si el sol no calienta la semilla, se pudriría. Y ese sol es el Espíritu Santo.

—Yo soy viejo, créeme; he visto mucho del mundo, y cada vez que pienso en el cambio que está sufriendo la sociedad por la aceptación de la doctrina de Cristo y la gracia del Espíritu Santo que Él nos mereció, y veo, como en tu caso, las dificultades con que tropiezan los sembradores, digo: «Ven, Espíritu Santo, y envía desde el cielo un rayo de tu luz. Ven, dador de las gracias: ven, lumbre de los corazones. Sin tu ayuda nada hay en el hombre. Lava lo que está manchado, riega lo que es árido, cura lo que está enfermo. Doblega lo que es rígido, calienta lo que está frío, dirige lo que está extraviado...».

En aquel momento entró Tadeo, empapado por la lluvia, y dijo a Tito:

—Un bajel acaba de encallar en la costa, y se oyen gritos pidiendo ayuda.

Tito no esperó más, e iba a salir sin nada encima, cuando Eunice le dijo:

—Por lo menos lleva un abrigo para defenderte de la lluvia.

—No tengo ninguno —respondió el joven.

—Aquí está la capa que Pablo dejó olvidada —repuso Eunice, y se la echó a Tito sobre los hombros.

—Hay que socorrer a esos infelices; trae cuerdas y salvavidas, Tadeo.

Y sin más palabras, se lanzó en medio de la tempestuosa noche.

84
LOS NÁUFRAGOS

Durante toda la noche, Tito no descansó; por mi parte, di orden a los hombres de mi galera que ayudaran a salvar a los náufragos y mandé que trajeran mantas en abundancia con qué abrigarlos. Tito, por supuesto, cedió su pobre cama a uno de ellos, y yo también hice otro tanto. Eunice se encargó de las mujeres.

Ya avanzada la noche, cuando aquellos infelices estaban durmiendo, obligué a Tito a que se fuera a acostar, aunque él se oponía; yo me envolví en mi manta, y me tiré en el suelo. Por la mañana temprano fui a ver cómo estaban los náufragos, y los encontré durmiendo. No fueron en balde los cuidados de Eunice, que, para calentarlos interiormente, les había dado vino, y no aguado.

Al llegar a ver al que ocupaba mi lecho, hombre de gran barba y de fisonomía respetable, me quedé sorprendido cuando oí que me llamaba por mi nombre.

—¿Se te ofrece algo? —le pregunté.

—¿No me conoces?

Aquella cara, ciertamente, no me era extraña; pero no lograba dar con quien me hablaba. Notando mi perplejidad, me dijo, sonriendo:

—¿No te acuerdas de Miguel Darío?

—¿Cómo tú, el antiguo secretario de Pedro y ahora obispo de Heliópolis?

—El mismo. Iba yo camino de Roma para ver al sucesor de Pedro, a Lino, el vicario de Cristo, cuando nos asaltó terrible tempestad cerca de la costa de esta isla; nuestro bajel encalló, y anoche nos salvaron la vida sin duda tú y tus compañeros; mil gracias, y que el Señor os bendiga.

Entonces me acerqué a él, y le besé la mano, diciéndole:

—Debes la vida a Tito, el querido discípulo de Pablo y actualmente obispo de Creta.

—Le conozco —dijo—. Estaba con Pablo en Antioquía. ¡Cuánto deseaba encontrar a este obispo modelo!

—Ciertamente que lo es —repuse—, y ya tendrás tiempo de hablar con él. En estos momentos creo que estará dormido, pues ha trabajado toda la noche...

Me equivocaba; Tito estaba ya en la estancia.

Inútil es describir el encuentro de estos dos grandes discípulos de los apóstoles: Miguel Darío, de Pedro, y Tito, de Pablo.

* * *

—Estaba yo hablando con Rafael —dijo Tito, dirigiéndose a Miguel—, cuando nos dieron la noticia del naufragio. Ahora que la divina Providencia te ha traído, deseo hablar con los dos para contaros lo que, ayudado del Espíritu Santo, he podido hacer, y pediros consejo.

—Yo soy el que debería pedírtelo —dijo humildemente Miguel—, y ya lo haré a su tiempo.

—Lo primero que me ordenó Pablo, de palabra y después por escrito, en esta epístola que me mandó desde Roma, fue que pusiese presbíteros en todas las villas.

—Ya me habían indicado la dificultad en que te encontrabas, dados los malos precedentes de los cretenses –dije.
—Pero el Espíritu Santo vino en mi ayuda y por tu conducto –añadió Tito, sonriendo.
—¿Cómo es eso? –le pregunté.
—Tú muy bien sabes que tienes en esta isla muchos dependientes. Pues bien: cuando estuvo Pablo aquí vinieron a verle. El trató largamente con ellos, y quedó tan satisfecho, que me dijo: «Tito, aquí tienes ya el fundamento de esta cristiandad. Habla con ellos como lo he hecho yo, y cuando estés satisfecho de su conducta y espíritu, imponles las manos, pues éstos *son amantes de la hospitalidad, dulces, sobrios, justos, religiosos, continentes, adictos a las verdades de la fe, según se las han enseñado, a fin de que sean capaces de instruir a otros en la sana doctrina y argüir a los que contradicen».*
—Parece –interrumpió Miguel– que estoy oyendo a Pedro cuando me hablaba de las cualidades que había de tener el obispo.
—Es que ambos –dije– estaban formados en la misma escuela, teniendo por maestro al Espíritu Santo.
—Hice, pues, lo que Pablo me ordenaba; les impuse las manos, y los repartí por las diversas villas de esta isla después de darles los mismos consejos que a mí me había dado Pablo.
—Yo hice lo mismo –añadió Miguel–, siguiendo los consejos de Pedro. «Nosotros –me repetía Pablo– somos los *coadjutores de Dios; los fieles son el campo que Dios cultiva por nuestro medio; son el edificio que Dios fabrica por nuestras manos.* Tenemos que trabajar, y trabajar mucho, en el ministerio de la palabra, pidiendo insistentemente al Divino Espíritu, en la oración, que nos ayude, *porque la fe prociene del oír, y el oír depende de la predicación de la palabra de Cristo».* Así, pues, me dediqué al ministerio de la palabra: a predicar el Evangelio. Pero mi auditorio era reducido. Estos pobres cretenses estaban muy distraidos con sus liviandades.
—¿Y qué hiciste? –preguntó Miguel.
—Estaba yo un día orando fervorosamente al Espíritu Santo que me inspirara lo que debía hacer, cuando de pronto oí en la plaza un canto marcial. Salí a ver lo que era, y me encontré con un nutrido grupo de jóvenes y niños, quienes, después de haber terminado los ejercicios militares acostumbrados, marchaban cantando un himno patriótico. Es de saber que, desde los tiempos de Licurgo, cuyo sepulcro está en esta ciudad, los niños y los jóvenes reciben diariamente instrucción militar, y se entregan a juegos varoniles al aire libre (deportes). Como los cretenses son muy aficionados al canto y tienen muy buen oído, terminados los ejercicios, cantan, guiándolos buenos maestros, acompañados con instrumentos músicos. La idea me vino como una inspiración. Mandé llamar a las madres de los pocos fieles de mi parroquia, y les supliqué que me enviasen a sus hijos pequeños. Una vez reunidos, les enseñé a cantar salmos, que luego apren-

dieron. Los junté regularmente todas las tardes, y no bien los otros niños pobres oyeron aquella música desusada, empezaron a venir a la iglesia pidiendo ser admitidos. En pocos días tuve numerosos niños concurrentes. Les hablaba de Cristo, les explicaba su doctrina, y al poco tiempo las madres venían con ellos; cantaban también, y en seguida oían mi plática. No tardaron en acudir los hombres, llevados por sus hijos, y así empezó a esparcirse entre ellos el Evangelio.

—¡Los niños, siempre los niños!, no cabe duda, *de ellos es el reino de los cielos* —dije.

—¡Qué modo tan sencillo y práctico! —añadió Miguel.

—Antes de unos meses, no me daba abasto; mi auditorio iba creciendo considerablemente. Tuve, pues, que repartirlos en grupos, siguiendo las instrucciones de Pablo. El primer grupo era de hombres, a los cuales exhortaba que fueran *sobrios, honestos, prudentes y puros en la fe, en la caridad y en la paciencia*. Salían de ordinario decididos a mudar de vida, y pedían el bautismo.

—¿Y cuál era el segundo grupo? —preguntó Miguel, sonriendo.

—El de las viejas, según las llama Pablo. A éstas les decía que *no fueran chismosas, ni calumniadoras, ni amantes de mucho vino; antes fueran temperantes, fieles en todo y que dieran a sus hijas buenos consejos y mejores ejemplos*. El tercer grupo era de las jóvenes. A éstas les hablaba como hermanas, con toda honestidad, aconsejándolas *que amasen a sus esposos y cuidasen a sus hijos; que fuesen prudentes, castas, sobrias, cuidadosas de sus cosas, apacibles y sujetas a sus maridos, para que no dieran ocasión con su conducta a que se hablara mal del Evangelio*. Los jóvenes formaban el cuarto grupo —prosiguió Tito—. Según el mandato del apóstol, los exhortaba a *que fueran sobrios, y que en todas las cosas se mostraran dechados de buenas obras, en la pureza de costumbres y en su doctrina irreprensibles, para que los contrarios se confundieran, no teniendo mal alguno que decir de ellos*.

—Lo mismo exactamente he hecho yo en mi distrito (diócesis), siguiendo los avisos de Pedro —dijo, triunfante, Miguel.

He recorrido toda la cristiandad, y con inmenso consuelo he observado una maravillosa uniformidad, así en la doctrina como en la organización de las iglesias. Hay pequeñas variantes en lo accidental de la liturgia, según los diversos países; pero en lo restante son uno. Una misma fe, un mismo bautismo, los mismos sacramentos, así en Asia como en África y Europa, hasta mi patria, Hispania, en los confines del mundo: *Finis Terrae*.

—Podemos decir con Pablo —añadió Miguel—: *¿Quién no ha oído la predicación del Evangelio? Su voz ha resonado por toda la tierra, y se han oído sus palabras hasta las extremidades del mundo*.

Tito permanecía con la carta que le escribiera Pablo en la mano y dijo:

—Si me lo permitís, desearía hablaros del quinto grupo, que, según la orden expresa de Pablo, tengo establecido.

Miguel abrió los ojos sorprendido, y preguntó:
—¿Un quinto grupo?
—Son —prosiguió Tito— los que viven sujetos a otros, como los esclavos, los sirvientes. Me manda Pablo que *«los amoneste para que obedezcan las órdenes de sus señores, príncipes y potestades, y que estén dispuestos a toda obra buena, que no digan mal de nadie, que no sean pendencieros, sino modestos, tratando a todos con dulzura».*
—Pero ¿te dice Pablo eso en la carta que te escribió? —objetó Miguel.
—En esta parte precisamente habla en general a los que están sujetos «a príncipes y potestades» —repuso, sonriendo, Tito—; pero más adelante y en esta otra epístola que escribió a Timoteo, hace el apóstol clara referencia a los esclavos, diciendo: *Todos los que están bajo el yugo de la servidumbre...* Y a éstos, que son los más desventurados, hay que animarlos y exhortarlos a que consideren a sus amos como *dignos de todo respeto, y a los que tienen amos cristianos, que no le han de tener menos respeto porque sean sus hermanos en Cristo, antes deben servirles mejor, precisamente porque son cristianos, y amarlos como participantes de este gran beneficio.* ¿No te parece, Miguel, que de éstos hay que hacer un grupo aparte?
—Tienes razón, Tito —dijo, pensativo, Miguel.
—Pablo me decía que con aquellos pobres que sufren bajo la servidumbre, aunque no sean esclavos propiamente dicho, había que tener especial cuidado. «Y entre ellos —me repetía— encontrarás el terreno mejor preparado para sembrar la doctrina de Cristo; son los más agradecidos, precisamente porque son humildes. Hay que hacerlos limpios de corazón para que vean a Dios». A ellos me he dedicado de una manera especial —terminó Tito—, y entre ellos están los más fervientes cristianos de mi distrito (diócesis).

* * *

Nuestro viaje a través de la isla de Creta fue una visita pastoral que a Miguel y a mí nos dejó encantados. Tito era un verdadero obispo según el corazón de Pablo o, mejor, según el corazón de Cristo.

Visitamos las noventa parroquias ya organizadas por los discípulos del apóstol. Todas cortadas por el patrón de la de Lasea, que era la sede de Tito, y ya vimos cómo la tenía organizada. No se crea, sin embargo, que no tenía Tito dificultades; las tenía, como apuntaré.

Cuando llegamos a Prenice pude presenciar una escena que me dio idea de las molestias que causaban al joven obispo los israelitas convertidos y otros malos cristianos.

Noté que el presbítero encargado de aquella iglesia hablaba acaloradamente con Tito. Éste mandó que al día siguiente se reunieran en la iglesia todos los hombres. Miguel y yo, aunque en lugar privado, asistimos al sermón.

Empezó con gran mansedumbre a hablarles de sus deberes como cristianos. Poco a poco fue hablando con mayor brío. Al fin les dijo con toda entereza:

—*Hay entre vosotros lobos con piel de oveja, desobedientes, charlatanes, embuidores, mayormente de los circuncisos, a quienes es menester tapar la boca. Trastornan familias enteras, enseñando lo que no está conforme con el Evangelio... Porque hay entre nosotros hombres que, no pudiendo sufrir la sana doctrina, tienen comezón de oír cosas nuevas, y recurren a los doctores en la ley para que aprueben sus desordenados deseos. Los verdaderos seguidores de Cristo deben huir de esas contiendas de palabras, que sólo sirven para pervertir los que las escuchan. Tenéis que evitar, por tanto, los profanos y vanos discursos de los seductores que contribuyen mucho a la impiedad y cuya palabra cunde como gangrena.* (Y citó varios nombres de esos corruptores que se habían descarriado de la verdad y habían pervertido la fe de varios). *Ni os extrañéis de esto* —continuó—, *porque en una casa grande no sólo hay vasos de oro y plata, sino también de madera y de barro, y unos son para usos decentes y otros para usos viles y bajos...*

—¡Qué bien habla ese joven! –dije.

—¡Qué bien cumple con su obligación de pastor! —añadió Miguel.

En otra ciudad se dirigió Tito a las mujeres:

—«*¿Quiero que las mujeres oren también en la iglesia, pero con trajes decentes, ataviándose con recato y modestia, y no vengan con los cabellos rizados y ensortijados con oro y perlas o costosos adornos. Debéis ataviaros con buenas obras como mujeres que hacen profesión de piedad. Debéis escuchar las instrucciones con entera sumisión. Pues os hago saber que no permito a la mujer hacer de doctrina en la iglesia, y en su casa no debe tomar autoridad sobre su marido. La mujer cristiana se salvará por medio de la buena crianza de sus hijos; ellos serán su corona. Dios la premiará si persevera en la fe, en la caridad y en santa y arreglada vida...*»

Cuando después de estos sermones le dije que quizá había estado demasiado duro, el joven obispo me respondió:

—¿Has leído las epístolas de Pablo a Timoteo? Pues yo no hago sino usar sus palabras, a veces literalmente.

Con lo cual, yo no tuve nada que objetar.

* * *

Antes de que Miguel Darío y yo marcháramos para Roma, Tito pidió humildemente a Miguel que quisiera ordenar presbíteros a seis jóvenes que él, Tito, había ido preparando para tan alto ministerio con extraordinario cuidado, a la cual petición accedió gustoso Miguel Darío.

Yo he tenido la fortuna de asistir a la ordenación de sacerdotes, tanto en Roma como en Antioquía, Éfeso y Alejandría. No era, pues, esta ceremonia nueva para mí. Sin embargo, cada vez que la presencio me causa gran impresión.

Reunidos en la pequeña iglesia, Miguel Darío estaba en la sede, cerca del altar. Cuando los seis ordenandos estuvieron presentes, con gran solemnidad Miguel preguntó a Tito:

−¿Sabes si estos candidatos son dignos de recibir el orden sacerdotal, instituido por Cristo Nuestro Señor?

A lo cual, Tito, con voz firme, respondió:

−Cuanto la humana fragilidad permite conocer, sé y testifico que son dignos de tan alto ministerio.

Después de un pequeño y sentidísimo discurso de Miguel Darío y varias oraciones, el oficiante ungió con el óleo santo las manos de los ordenandos. En seguida les fue entregando a cada uno un cáliz con vino y un platito con pan ázimo, mientras les daba la potestad sublime de celebrar la fracción del Pan. El oficiante, hecha la fracción del Pan, lo distribuyó a los nuevos sacerdotes. Finalmente, imponiendo a cada uno las manos, y habiendo soplado sobre ellos, dijo: *Recibid el Espíritu Santo; a los que perdonéis los pecados, les serán perdonados, y a los que se los retengáis, les serán retenidos.*

El Espíritu Santo continuaba la obra que empezara en Pentecostés, y aquellos jóvenes, habiendo recibido legítimamente el Sacramento del Orden instituido por Cristo, irían por doquier a predicar su doctrina ofrecer a Dios el sacrificio incruento y perdonar los pecados...

85
FIN DE MARDOQUEO

Hace varios años, Quarto se me presentó con seriedad desacostumbrada y me dijo:

−Dómine, hasta ahora he sido el gerente general de tus negocios. Hoy vengo a proponerte que me transfieras la propiedad de los bienes de tu abuelo y de los tuyos. La situación de tu pueblo cada vez empeora, y no me parece lejano el día en que mis hermanos, los romanos, se fijen demasiado en tus inmensas riquezas. Estando éstas a mi nombre con años de anticipación, es fácil que se escapen de las garras de nuestras águilas siendo yo ciudadano romano. Ya, desde hace tiempo, me doy ínfulas de ser yo el dueño de tus riquezas y de las de tu abuelo. Hay, sin embargo, que proceder legalmente al cambio, ahora que la atmósfera está tranquila. ¿Qué te parece la idea?

III. ¿Y AHORA, QUÉ?-85. FIN DE MARDOQUEO

Conociendo la nobleza y buen sentido de Quarto, le respondí:
—¿No sería mejor que te las entregara de verdad? Me quitaría una tremenda responsabilidad.
—No, eso sería una cobardía de tu parte. A ti te nombró tu abuelo heredero de sus bienes y el ejecutor de sus planes. El día en que los romanos caigan en cuenta de que es un hebreo el dueño de tantas riquezas, no le vuelves a ver ni el polvo. Yo seré el dueño legal, pero tú continuarás siendo el ejecutor de los grandiosos y cristianos planes de tu abuelo.

Se hizo todo como Quarto me lo propuso. De suerte que cuando vino, a la caída de Jerusalén, la dispersión de mi pueblo y la confiscación de los bienes de todos los israelitas, yo no tuve dificultad alguna. La perspicacia de Quarto lo había salvado todo.

Me sorprendió, pues, un mensaje de mi amigo en que me decía:
«Dómine, tu presencia en Roma es indispensable. Uno de *mis buques* más veloces te espera en Alejandría. Deja tus *Memorias* y ven. Para tu consuelo te digo que si vienes, como espero, podrás escribir un capítulo muy interesante, *Quarto*».

Salí, pues, inmediatamente para Roma.

En vez de desembarcar en Ostia, el bajel ancló en Ancio, donde me esperaba Cecilia con todos sus hijos, ya muy crecidos, y me llevaron a mi antigua quinta, de la que hablé en otro lugar.

—¿Y Quarto? —pregunté.
—Ya vendrá, abuelito. Ahora descansa del viaje.

Y me hicieron descansar por una semana, sin que Quarto apareciera. Al fin llegó.

—¿Para qué me querías con tanta urgencia?
—Ya lo verás, dómine. Ven conmigo; te voy a llevar al ergástulo para que veas los esclavos que he comprado.
—Te desconozco —le dije—. ¡Comprar esclavos y, sobre todo, ponerlos en el ergástulo! ¿Qué han hecho esos infelices?
—Soy romano —me respondió—. Y estos esclavos son los únicos que pude comprar de los noventa mil prisioneros que siguieron los carros triunfales de los emperadores Vespasiano y Tito, el vencedor de Jerusalén.
—¿De manera —pregunté— que son judíos?
—De los que cayeron defendiendo el templo.
—¿Y qué quieres que haga? —dije, enfadado.
—Que los visites en sus prisiones, y les des la libertad tú mismo. Recuerda la palabra del Maestro: *«Estuve en prisión y me visitasteis»*.

Al momento entendí el noble y cristiano plan de Quarto. Llegamos al ergástulo. Habría unos doscientos jóvenes de formas atléticas medio desnudos y encadenados. Me estremecí al verlos; pero mi impresión fue mayor cuando a la voz de Quarto, que decía: «El amo», aquellos infelices, arrastrando sus cadenas, se postraron delante de mí.

Al punto les hablé en arameo, y les dije que venía en nombre de Cristo a darles la libertad; sin pérdida de tiempo, ayudado de los hijos varones de Cecilia, empezamos a quitarles los grillos. No intento describir las demostraciones de gratitud de los pobrecitos míos hermanos.

Ese día les sirvieron una abundante comida, y, ayudado de mis nietos, les entregué el testimonio de su manumisión, y los vestimos a todos.

Días después, la escena fue más tierna. Cincuenta jovencitas hebreas, hechas prisioneras en Judea y compradas por Quarto a precios extraordinarios, fueron manumitidas por mí, ayudado de Cecilia y sus hijas.

Andrés, mi nieto, que ya era un muchacho como de quince años, me dijo, riendo:

—¿No es verdad, abuelito, que es muy hermoso ser cristiano rico?

Yo me sentía feliz, y no sabía cómo agradecer a Quarto lo que, con mi dinero, había hecho por mis pobres paisanos, esclavos por defender a su patria y al templo.

El resultado fue que todos los hombres, menos dos, se hicieron cristianos. Las jovencitas, todas sin excepción, recibieron el bautismo.

—¿Ves, dómine, los efectos de la caridad enseñada por Cristo? Si todos los ricos fueran como tú, no sé lo que pasaría en el mundo.

* * *

Después de algunos días marchamos a Roma.

—¿Estás, dómine, preparado para una grandísima sorpresa? —me preguntó Quarto.

—Si es como las anteriores, seguramente.

—Aquí tienes otro esclavo —repuso Quarto, dando la mano a un anciano que se postró delante de mí.

—Quienquiera que seas —dije—, levántate, y sabe que, desde este momento, ya no eres esclavo. Siéntate aquí a mi lado. En qué puedo servirte?

El anciano, de blanquísima barba, obedeció, y me miró, sonriendo.

Por largo rato le miré, y, al fin, exclamé:

—¡Mardoqueo! ¿Será posible?

Quarto, sonriendo, se retiró.

—Has envejecido veinte años desde la última vez que te vi.

—Me dejaste rico y potentado, y hoy me ves sin un denario y esclavo, además.

—Ya te dije que no eras esclavo, y si necesitas algo, lo que tengo es tuyo.

—¿Sabes que yo soy de la tribu de Judá?

—Desde el momento en que te llamas Mardoqueo Ben Judá no puedo dudarlo.

—¿Y sabes que pertenezco a la familia de David, cuyo origen es Belén?

—No lo sabía, ni lo dudo.
—Pues sabes, además, que mi madre era parienta de José de Nazaret y de Myriam, su esposa.
—¿Y conociste a Jesús, el Hijo de Myriam?
—Nunca le conocí, pero a Myriam, sí, y me quiso mucho cuando yo era niño.
—Cuenta —le dije, sin querer interrumpirle.
—En cierta ocasión, mientras mi madre hablaba con José, Myriam, acariciándome, me dijo: «Mardoqueo, el Señor te ha llenado de dones, pero tú eres inclinado a la soberbia». Mi madre así me lo repetía, y yo me erguía furioso. Sin embargo, cuando Myriam me lo dijo, no sentí rencor contra Ella, sino muchísimo cariño. «Mardoqueo —prosiguió Ella—, recuerda siempre que *el Señor hizo alarde del poder de su brazo deshaciendo las miras del corazón de los soberbios. Derribó a los poderosos de su trono y ensalzó a los humildes. Colmó de bienes a los hambrientos, y a los ricos los dejó vacíos. La misericordia de Aquel que es poderoso y cuyo nombre es santo se derrama de generación en generación sobre los que le temen.* Mardoqueo, no olvides esto nunca». Y besándome en la frente, se despidió de mí. Tenía yo entonces seis años. Tú me conociste en el esplendor de mi grandeza y de mi vida orgullosa; había marchado por el camino de los soberbios, olvidando las palabras de Myriam. No me interrumpas, te lo suplica humildemente este esclavo.

Tuve que dejarle hablar.

—Fui a Jerusalén con la seguridad de que con mi elocuencia, y ayudado del oro que henchía mis arcas, reduciría a la unidad a mis hermanos que peleaban entre sí, en vez de unirse y luchar contra el romano. Todo fue en vano. Tú ya conoces la tristísima historia de la destrucción de la ciudad y el templo, profetizada por Jesús, el Hijo de Myriam. Yo caí prisionero, y fui traído a Roma para servir, llevando sobre mis hombros el candelabro de oro de siete brazos en la entrada triunfal de los vencedores de mi pueblo, Vespasiano y Tito. Después fui vendido como esclavo. No necesito decirte lo que sufrí durante todo el viaje de Palestina a Roma y lo que sentí al verme otra vez en la urbe que había sido testigo de mi gloria, de mis ocultas iniquidades, y donde por causa mía habían sufrido muerte tantos inocentes cristianos. Al pasar el cortejo imperial, la plebe se burlaba de nosotros, y de mí en particular. Sólo hubo para mí una mirada misericordiosa, la de Quarto, quien, con su influencia y tu oro, logró comprarme como esclavo. Aquí me tienes.

Y sin que lo pudiese yo impedir, se arrodilló delante de mí y me besó las manos.

Mardoqueo continuó:

—Desde ese día fui tu esclavo, y viví con los tuyos: Cornelio, Cecilia y sus hijos, pero no como esclavo, sino como de la familia. En especial, Andrés y Lucrecia eran mi consuelo y alegría. Una noche tuve un sueño.

Vi a Myriam como la recordaba dándome los consejos que he dicho, sólo que estaba rodeada de un resplandor de gloria. «Myriam –exclamé–, se ha cumplido en mí lo que dijiste; estoy aquí derribado de mi solio y sin cosa alguna; soy tu esclavo. Myriam –añadí–, ¿eres tú la Madre de Jesús, Hijo de Dios? Díselo a este pobre esclavo». Ella, sonriendo, respondió: «*Yo soy la esclava del Señor, que ha obrado en mí cosas grandes y maravillosas, y cuyo nombre es santo*». Entonces vino a mis labios el salmo 105, y exclamé: «*Creí a Dios; por eso hablé, aunque me vi reducido al mayor abatimiento. Mas ¿cómo podré corresponder al Señor por todo el bien que me ha hecho? Cumpliré al Señor mis votos en presencia de todo el pueblo. ¡Oh Señor!*, siervo tuyo soy –y mirando a Myriam, añadí–: *e hijo de tu esclava*». Myriam se inclinó y me quitó mis cadenas. Con lo cual desapareció el sueño. Ahora –prosiguió Mardoqueo– quiero cumplir mis votos al Señor delante de todo el pueblo: en el circo, al pie del obelisco en donde puse prisionero a Pedro.

Yo hubiera querido quitarle desde luego las cadenas; pero él se opuso.

La salud de Mardoqueo declinaba visiblemente. Así, pues, siguiendo sus deseos, una hermosísima noche de luna, mi familia, otros muchos cristianos, Quarto y yo acompañamos a Mardoqueo al circo de Nerón.

En medio de los rugidos de las fieras, que estaban en sus vivarios, Mardoqueo habló a los presentes, y les contó su trágica historia. La vida se le escapaba por momentos. Por deseo de él le subimos junto al obelisco, testigo mudo de la confesión gloriosa de tantos mártires. Entonces el anciano, cuyos blancos cabellos le formaban un nimbo, dijo:

Creo que Jesús de Nazaret, Hijo de Myriam, es verdaderamente el Hijo de Dios.

En aquel punto le quité yo las cadenas, y al propio tiempo Quarto, vertiendo el agua sobre la cabeza del judío, decía:

–Mardoqueo, yo te bautizo en el nombre del Padre, y del Hijo, y del Espíritu Santo.

Después de unos momentos de impresionante silencio, Mardoqueo, abrazando y besando el obelisco, como lo hiciera Pedro, y pronunciando sus mismas palabras, exclamó moribundo:

–Cristo venció. Cristo impera. Cristo reina y reinará.

Y Mardoqueo, el gran perseguidor de los cristianos, convertido por la intercesión de Myriam, la Madre de Dios, durmió en el Señor.

86
LA INSPIRACIÓN

Lo que voy a narrar pasó años más tarde de lo que llevo contando en capítulos anteriores.

Platicaba con mis nietos preferidos Esteban y Leticia, y les contaba cómo se había cumplido a la letra la profecía de Cristo sobre la destrucción de Jerusalén.
—¿Y qué es un profeta? —preguntóme la niña.
—En griego, *profetes* quiere decir el que habla por otro o en nombre de otro —respondíle.
—Y los profetas —interrumpió Esteban— hablaban en nombre de Dios y decían: Esto dice el Señor Dios, ¿verdad, abuelito?
—Me gusta mucho que recordéis las lecciones que os voy dando; así es, hijo mío; los profetas hablaban en nombre de Dios. Dios había hablado a Abrahán, y le hizo una promesa...
—Que de su descendencia nacería el Mesías —respondieron los dos niños.
—Exactamente, y esa descendencia formaría el pueblo escogido. Pero esa descendencia, al salir de Egipto, era una horda indisciplinada que necesitaba de un legislador, de un caudillo que la llevara a la tierra que Dios había prometido a Abrahán para sus descendientes, y entonces el Señor habló...
—A Moisés, que dio la ley —dijeron ambos.
—Pero andando el tiempo, este pueblo carnal y duro de cerviz, con frecuencia se apartaba de la ley, y, lo que es más abominable, se entregaba a la idolatría. Para recordar al pueblo escogido sus obligaciones, para profetizarle las desgracias que le sobrevendrían por su mala conducta, si no se enmendaba; para dirigirle por el verdadero camino, Dios escogió hombres de todas clases de la sociedad, a quienes inspiraba lo que debían decir y predicar al pueblo. Para esto, hijita, hablaba Yahvé a los profetas. Pero no era esta misión inmediata la única que les había encomendado Dios, sino otra de trascendencia mucho mayor para el pueblo escogido. El ir anunciando poco a poco al futuro Mesías, dónde nacería, de qué familia, en qué tiempo y cuáles debían ser las señales características para que pudieran seguramente reconocerle cuando viniera.
—Y como esas cosas eran futuras —dijo, triunfante, Esteban—, y sólo Dios sabe lo que ha de pasar, se las decía a los profetas, para que ellos se las dijeran, en su nombre, al pueblo.
No hay que extrañar ésta y otras salidas de mis nietos, pues yo les había contado muchas cosas, y los había ido instruyendo con tanto cuidado, que ellos, no sólo me respondían de ordinario acertadamente, sino hasta se me adelantaban en ocasiones.
—¿Y esas profecías sobre el Mesías son las que Quarto había ido escribiendo en su pergamino? —preguntó la niña.
—Sí, hija mía. Quarto, ayudado por Mateo, fue reuniendo esas profecías, que se llaman mesiánicas, porque anuncian al Mesías.
—Y conforme se iban cumpliendo, las iba marcando con una señal, ¡verdad, abuelito!

—Sí, hijo mío, y todas se cumplieron a la letra, demostrando, no solamente que Jesús era el Mesías prometido, sino también el Hijo de Dios...
—Porque resucitó al tercer día de entre los muertos —dijo ella.
—Como Él mismo lo había profetizado —añadió el niño.
—Moisés —continué—, inspirado por Dios, le dio al pueblo la ley; pero esa ley necesitaba ser completada, perfeccionada y suavizada, pues era muy dura. Era un cerco para que los hebreos no nos saliésemos fuera.
—¿Y eso fue lo que hizo Nuestro Señor? —preguntó ella.
—Así lo dijo el Maestro —repuse—: *«No penséis que Yo he venido a abrogar la ley ni los profetas; no he venido a desvivirla, sino a darle cumplimiento».*
Cambiando de tema, pregunté a Esteban:
—¿Tu pedagogo te ha explicado ya lo que es la tragedia griega?
El niño, desorientado al principio, se repuso, y dijo de memoria esta definición:
—Tragedia es la representación de un drama o acción extraordinaria y heroica en que intervienen altos personajes, y que tiene un desenlace grandioso, al cual se llega como por una escalera *(climax),* escalón por escalón.
No pude menos de sonreír, pues buena o mala, esa definición podía servir para mi intento.
—Muy bien —le dije—; veo que no olvidas las lecciones que te dan. Hijos míos —proseguí, entusiasmado—, la historia de la revelación divina puede decirse que es el más grandioso drama del mundo. Empieza en el Paraíso, y, pasando por Noé, llega a Abrahán, uno de los más altos personajes de esta historia, pues, como he dicho, Dios le hizo la gran promesa: la venida del Mesías, cuyo desenvolvimiento en los siglos es el argumento de este drama.
Los niños estaban atentísimos.
—La revelación divina se ensancha en Moisés, el más grande de los profetas de la antigua ley. A su tiempo llegan otros actores en este drama: Isaías, el profeta evangelista, como se le puede llamar por sus admirables predicciones sobre el Mesías futuro; Daniel, quien con seguridad anuncia el tiempo de la aparición del Hijo del hombre, y Miqueas, que no sólo señala con dedo seguro a Belén de Judá como el lugar donde ha de nacer, sino que declara inspirado que ese Dominador, el Mesías, es nada menos que el Hijo de Dios, puesto que *«fue engendrado desde el principio, desde los días de la eternidad».*
Los ojos de mis nietecitos brillaban llenos de admiración y entusiasmo.
—Pasaron los siglos, que para Dios son como un momento. Llegó el último acto del gran drama, y el Señor envió a un hombre, profeta y más que profeta, al precursor Juan Bautista. «Sí, hijitos míos, Juan, el Bautista, fue el que figuró inspirado por Dios en el prólogo de este drama sublime,

III. ¿Y AHORA, QUÉ?-86. LA INSPIRACIÓN

diciendo: *«Yo no soy el Cristo, ni Elías ni profeta; yo soy la voz que clama en el desierto; ensanchad el camino del Señor, como lo tiene profetizado Isaías. El que ha de venir después de mí es más que yo, y no soy digno de desatar la correa de su calzado».* Ese hombre enviado por Dios, hijos míos, vino a *dar testimonio del Verbo del Padre, el Hijo de Dios, que era la luz verdadera que alumbra al mundo.* Los profetas eran como estrellas fugaces que iban revelando a Israel algo de los misterios de la divinidad; Jesús, el Hijo de Dios, era la Verdad misma que venía a revelarse al mundo.

—¿Y no le creyeron? —preguntó la niña.

—*«Vino a los suyos, y los suyos no le recibieron».* No querían la luz que les indicaba la vía de la salvación, a pesar de que Jesús les reveló los secretos del Padre y les enseñó el camino por donde se podía llegar a Él. Sus propios discípulos no entendían muchas de las cosas que Él les decía, y para que la revelación fuera no sólo completa, sino entendida por los hombres, Jesús dijo a sus discípulos que *«Él tenía que volver a su Padre, y enviarles al Espíritu Consolador, el cual les aclararía las ideas y les enseñaría toda la verdad».* Así, hijos míos, no hablando ya Dios por los profetas, sino por su Hijo unigénito, se completó la revelación divina, iniciada antes de los tiempos de Moisés y los profetas.

Después de un rato de silencio, pregunté a mis nietos:

—¿Nuestro divino Salvador dejó algunos escritos?

—Él, no —respondió prontamente Esteban—; pero los apóstoles, sí. —Él escribió en la arena cuando acusaban a una pobre mujer —dijo Leticia.

—Los dos tenéis razón; pero yo pregunté si Cristo nos había dejado algunos escritos suyos, como Moisés, por ejemplo.

—Y Esteban respondió muy bien —repuso cariñosamente la niña, por lo cual yo la alabé, pues no era envidiosa.

—Ahora vamos a ver si sabéis responderme. ¿Qué mandato les dio el Maestro resucitado a sus apóstoles?

—*«Que fueran bautizando por todo el mundo y predicando el Evangelio»* —dijo la niña.

Esteban añadió:

—*«Que instruyeran a todas las naciones y les enseñaran a observar todas las cosas que Él les había mandado».*

—Los dos habéis respondido muy bien. Además de bautizar en el nombre del Padre, y del Hijo, y del Espíritu Santo, les mandó, no sólo que predicaran, sino que enseñaran. Debían ser predicadores, y, sobre todo, maestros. ¿Qué hacía Cristo cuando hablaba a las turbas?

La niña respondió:

—Les predicaba.

—¿Y cuando hablaba con sus discípulos?

—Les enseñaba —repuso Esteban.

—¿Y les mandó que escribieran?

—No —respondieron los dos.
—No lo mandó, pero tampoco lo prohibió —dije—. Como muy bien lo entendieron los apóstoles, pues según el mandato del Maestro, se dedicaron al ministerio de la palabra. La enseñanza oral es mucho más eficaz.
—Yo —dijo Esteban— a veces no entiendo la lección escrita en el pergamino hasta que viene el pedagogo, y de palabra me lo explica.
Sonreí al ver lo bien que aquellos niños entendían. La niña, al verme sonreír adivinando la causa, dijo:
—Es que tú nos explicas muy clarito; por eso te entendemos, abuelito.
Esa observación de Leticia me dejó muy complacido. Continué, pues, y les pregunté:
—¿Escribieron algo los apóstoles?
Los dos niños, como impulsados por un resorte, se levantaron y corrieron a uno de los estantes, donde tenía yo los libros sagrados.
—Una, dos, tres..., catorce epístolas —dijo Esteban— escribió Pablo.
—Pedro, dos; Santiago, una, y Judas Tadeo, otra —añadió la niña.
—Y esos tres volúmenes, ¿de quién son?
—Éste —dijo el niño— es el Evangelio de Mateo, que era apóstol; pero estos dos son de Marcos y Lucas, que no fueron apóstoles.
—Tienes razón —dije—. Yo os preguntaba por los escritos de los apóstoles. Marcos fue discípulo del Señor, y Lucas, por lo menos, discípulo de Pablo. Además, Marcos lo fue también de Pedro, por lo cual se puede decir, en cierto modo, que el Evangelio de Marcos es de Pedro, y el de Lucas, de Pablo. ¿Y cuándo escribió Mateo su Evangelio?
—Aquí lo dice, abuelito —dijo la niña, tomando el volumen—, veinticinco años después de la resurrección del Maestro.
—Y estos otros dos —añadió Esteban— fueron escritos poco antes de la muerte de los apóstoles Pedro y Pablo.
—La primera carta de Pablo a los corintios dice aquí que fue escrita veintiséis años después de la muerte de Nuestro Señor —dijo Leticia.
—Está muy bien; las otras epístolas son de fecha posterior. De suerte —les dije— que, por lo menos, durante veinticinco años no hubo en la Iglesia ni uno sólo de esos libros que llamamos inspirados. ¿Cómo se las arreglarían los que predicaban el Evangelio?
—Practicando el ministerio de la palabra, según se lo había mandado el Maestro —respondió orgullosamente el niño.
—Así fue, en efecto, y aun hoy día, en muchísimos lugares esos libros inspirados son apenas conocidos. Su lectura se va esparciendo muy lentamente, por la dificultad de hacer copias. Pero el ministerio de la palabra se ha extendido sin interrupción por todo el mundo. A ver tú, Esteban, lee el final del Evangelio de Marcos.
El niño leyó:
—*«Y sus discípulos fueron, y predicaron por todas partes, cooperando el Señor, y confirmando su doctrina con los milagros que la acompañaban».*

III. ¿Y AHORA, QUÉ?-86. LA INSPIRACIÓN

–Fijaos en que no dice sus apóstoles, sino sus discípulos, y añade que fueron predicando, y esa predicación (el ministerio de la palabra) fue confirmada con milagros. En lo cual daba a entender el cielo que aquellos discípulos predicaban la verdadera doctrina de Cristo, la palabra de Dios.
–Entonces –dijo Esteban–, ¿para qué escribieron los Evangelios?
–Muy bien preguntado. Desde luego, te cito lo que dice Lucas al principio de su Evangelio: «*Ya que muchos han emprendido ordenar la narración de los sucesos que se han cumplido entre nosotros, me pareció también a mí escribirlos por su orden*». Esto es, había muchos que, sin vocación divina, se habían metido a escribir por su cuenta Evangelios.
–¿Cómo los apócrifos que tienes en ese estante? –preguntó la niña.
–También ésos, hijita. Pero, sin duda, se refiere Lucas a otros escritores de buena voluntad, no herejes precisamente, que, como he dicho, por su propia cuenta y sin vocación divina se metían a evangelistas. Lo natural y lo sobrenatural fue lo que pasó; que los apóstoles mismos fueran los que escribieran, según las necesidades de la Iglesia, esos Evangelios, inspirados por el Espíritu Santo. Pues, como ya dije, el Evangelio de Marcos se puede llamar de Pedro, y el de Lucas, el de Pablo. Era muy conveniente que las palabras y los hechos de Cristo (por lo menos algunos) quedaran certificados por testimonio escrito de aquellos que los habían visto u oído personalmente, o como dice Lucas: «*Referidos por aquellos mismos que desde un principio habían sido testigos de vista y ministros de la palabra evangélica, después de haberse informado de todo exactamente desde sus orígenes*».
–Como se cuenta de los reyes que tenían sus cronistas? –preguntó el niño.
–Algo parecido, pero con una diferencia muy grande, pues nuestros cronistas evangélicos estuvieron inspirados por el Espíritu Santo cuando escribían.
–¿Y cómo los inspiraba el Espíritu Santo? –me preguntaron los dos.
Yo me rasqué la nuca, luego me acaricié la barba, y, al fin, riendo, les dije:
–No sabéis, hijos míos, en qué berenjenal me metéis con esa pregunta. ¿Qué es lo que estoy haciendo aquí todos los días? –les pregunté.
–Escribiendo tus *Memorias* –respondieron ambos.
–¿Y de dónde saco el material para escribirlas?
–De ese montón de pergaminos que tienes sobre la mesa –dijo el niño.
–¿Y los copio todos como están?
–Vas escogiendo lo que mejor te parece, pues no podrías poner tanta cosa como tienes en esos volúmenes –volvió a responder Esteban.
–¿Y después qué hago?
–Escribes en ese borrador y tachas y corriges hasta que ya estás contento, y lo pasas en limpio en tus pergaminos –dijo Leticia.
–¿Y si yo te dijera, Esteban, continúa mis *Memorias*?

—¡Huy!, qué barbaridad, yo no podría hacer nada si tú no me ayudaras.
—Muy bien. ¿Cómo te ayudaría?
—Diciéndome los párrafos que tendría que escoger de tanto pergamino, y después estando sobre mí cuando escribiera, para que no fuera yo a poner alguna falta.

«Ya tengo una comparación, aunque sea muy imperfecta» —dije para mí.

—Pero ¿cómo los inspiró el Espíritu Santo? —insistió Esteban.

—Mira, hijo —le respondí—, todavía no soy secretario de Dios para poder darte razón de cómo fue, en realidad, esta inspiración; pero por lo que se me alcanza, y sirviéndome del símil, de cómo bajo mi dirección escribirías tú mis *Memorias,* creo lo siguiente: Mateo, como vivió con Cristo durante los tres años de su vida pública, debió de conocer por sí mismo los hechos y las palabras de Cristo que relata en sus Evangelios. De los innumerables milagros y parábolas, por ejemplo, sólo tomó algunos que venían mejor para su propósito de probar que Jesús de Nazaret era el Mesías. En esta elección procedió, sin duda, con una ayuda especialísima del Divino Espíritu, el cual le iluminó también constantemente para que no pudiera errar en nada de lo que escribía, dejando que Mateo escribiera con su propio estilo y según sus conocimientos de la lengua. Y lo mismo diría de los otros evangelistas y de los apóstoles que escribieron epístolas, las cuales desde un principio ha tenido la Iglesia como inspiradas por el Espíritu Santo.

87
JUAN

—Te traigo, dómine, una noticia triste —dijo Quarto—. Juan, el último de los apóstoles de Cristo ha muerto en mis brazos en la ciudad de Éfeso.

Esta noticia nos dio ocasión de que tuviéramos muchísimas añoranzas.

—Cuánto me acuerdo —empecé— del día en que le conocí hace tanto tiempo en Cafarnaún. Tendría él entonces dieciocho años. Era un joven vigoroso, muy simpático, quemado al sol del lago. Lleno de entusiasmo por el Mesías esperado, al que entonces no conocía. Era uno de los discípulos más ardientes del Bautista, a quien, con justicia, admiraba. Pero al oírle decir que el que venía en pos de él era mucho mayor que él y que no se consideraba digno de desatarle la correa del calzado, el alma del joven pescador se llenó de deseos de conocerle y ponerse a sus órdenes. Y cuando el Bautista se lo mostró, diciendo: *«He aquí al Cordero de Dios»,* inmediatamente le fue a ver, y le preguntó dónde moraba.

Quarto añadió:

—Desde que le empecé a tratar, simpatizamos mutuamente. Era muy varonil y al mismo tiempo de un corazón de oro; pero lo que más me atrajo fue su sinceridad y su amor a la verdad. Aborrecía la hipocresía, la doblez y la mentira con odio implacable.

No pude menos de sonreír al escuchar estas palabras de mi amigo (que a él le retrataban también de cuerpo entero), y añadí:

—Tengo para mí que estas cualidades de Juanito hicieron que el Maestro le amara de modo especial; y cuando él conoció que Jesús era el camino, la verdad y la vida, su corazón quedó para siempre unido al corazón de Cristo.

—Has adivinado mi pensamiento; el varonil corazón del Maestro no podía tener simpatías por un joven de esos que se mueren con deliquios de amor.

—Cristo, no sin razón, llamó a él y a su hermano Santiago «hijos del trueno», valientes y denodados, para pelear por la verdad y dar de ella testimonio, sin temor a tempestad alguna.

—¡Si le vieras —añadió Quarto— cómo en su ancianidad peleaba contra la mentira y cómo anatematizaba a los que negaban a Cristo! Era de admirar cómo en un corazón tan lleno de caridad y de amor a los redimidos por Cristo se uniera tanto ardor contra los que negaban la verdad. Había en Éfeso dos clases de herejes: unos, que decían que Jesús había nacido como los demás hombres, y otros, que afirmaban que el Maestro solamente había tenido un cuerpo aéreo, y no de carne. Un día Juan me decía: «¿Cómo pueden esos mentirosos decir que Jesús no tenía cuerpo de carne, cuando nosotros le hemos palpado con nuestras propias manos, y damos de ello testimonio, y nuestro testimonio es verdadero? Ésos tienen el espíritu del anticristo, son engañadores. *«Salieron de nosotros, mas no eran de nosotros, sino que son hijos del diablo, mentiroso desde el principio».*

—Y según documentos que aquí tengo —repuse—, Juan dio testimonio en Roma, siendo sumergido en una caldera de aceite hirviendo, de la que salió ileso, lo cual, viendo sus verdugos, le desterraron a la isla de Patmos.

—Y, a pesar de las persecuciones, el venerable anciano seguía predicando a Cristo y exhortando a los fieles a que se amasen unos a otros. Éste era su tema favorito, y no se le caía de los labios. *«Hijos míos* —repetía—, *no nos amemos de palabra y de lengua, sino de obra y de verdad».* Y luego, con una ternura indecible, añadía: *«Hijos míos, os digo estas cosas para que no pequéis; y si hubiereis pecado, abogado tenemos ante el Padre, a Jesucristo; pues tanto amor tuvo el Padre al mundo, que envió a su Hijo».*

—¿Y esas admirables enseñanzas del último de los apóstoles no ha habido alguno que las escribiera?

Entonces Quarto, sonriendo, me entregó cinco pergaminos, diciendo:

—Juan, moribundo, me dijo: «Lleva mis escritos a Ben Hered, y dale las gracias por los beneficios que, con sus riquezas, ha hecho por largos años a los pobres de Cristo de todo el mundo.

Los recibí de rodillas, y los puse sobre mi cabeza.
–Estos dos pequeños son las epístolas de Juan a una dama egregia y la otra a su gran amigo Gaio. Esta otra epístola es un escrito admirable, en donde encontrarás retratada el alma «del hijo del trueno», anatematizando a los enemigos de la verdad, mientras su corazón, semejante al de Cristo, se derrama lleno de amor para el Maestro y para los que le aman y creen en Él. ¿Sabías que Juan era también profeta?
–Hombre, no.
–Pues aquí tienes su *Apocalipsis,* que contiene profecías, para mí ininteligibles, de lo que ha de pasar en el mundo en los últimos días.
–Ya sabes, mi querido Quarto, que las verdaderas profecías son oscuras, sobre todo si son simbólicas, y solamente aparecen con toda claridad cuando se ven cumplidas. Se pueden comparar a las velas que tejen las arañas entre las matas; esas telas apenas parecen visibles durante el calor del día; pero al amanecer, cuando el rocío las llena de brillantes gotitas, hasta los hilos más pequeños resaltan.
–¿Te dije que Juan había muerto?
–Fue lo primero que me dijiste –repuse, pensando que la memoria de mi amigo fallaba.
–Pues me rectifico –dijo, sonriendo Quarto–, Juan ni ha muerto ni morirá; vivirá para siempre su espíritu lleno de verdadera luz en este su último escrito, su testamento, libro admirable entre los inspirados por el Espíritu Santo.
Y puso en mis manos el Evangelio de Juan.
Quarto, con el rostro iluminado, prosiguió:
–El Evangelio de Juan es el Evangelio de la verdad, la verdad que nos trajo Cristo. El Evangelio de Cristo que nos vino a enseñar a adorar a su Padre en espíritu y en Verdad. El Evangelio de Cristo, que odiaba la mentira, alma del demonio, homicida desde el principio, en el cual no hay ni vestigio de verdad. El Evangelio del espíritu de verdad que procede del Padre, y que Cristo, después de haberlo prometido, envió a sus discípulos para que les enseñara toda verdad, y ellos, más tarde, dieran testimonio de la verdad. Es el Evangelio de la verdad que nos hará libres.
–Y a nadie –interrumpí– pudo escoger mejor el Espíritu Santo para dar testimonio de la verdad que a aquel que, desde el principio, había oído la voz del que es la verdad, que lo había visto con sus propios ojos, que lo había contemplado; a quien con sus manos había palpado, y en cuyo pecho se había reclinado; Juan era, sin duda, el escogido desde el principio para dar testimonio escrito de Aquel lleno de gracia y de verdad.
–Escucha –prosiguió Quarto, leyendo– cómo termina su Evangelio: *«Éste es aquel discípulo que da testimonio de estas cosas, y las ha escrito, y sabemos que su testimonio es verdadero».* Y ahora oye su testimonio: *«En el principio era el Verbo, y el Verbo estaba en Dios, y el Verbo era Dios. El Verbo se hizo carne y habitó en medio de nosotros; y nosotros*

hemos visto su gloria como del unigénito del Padre, lleno de gracia y de verdad».

88
LA VERÓNICA

—¿Qué son esas pinturas? —preguntó Esteban a Quarto.
—He traído a tu abuelito copias de algunas de las pinturas que adornan las catacumbas.
—¿Las catacumbas —preguntó Leticia— son esos subterráneos donde se esconden los cristianos?
—Sí, hija mía —respondió Quarto—, se esconden allí porque los cementerios, y eso son las catacumbas, son los únicos lugares respetados por los perseguidores, y allí pueden, con relativa seguridad, oír la predicación de la palabra de Dios y asistir a la celebración de los divinos misterios. No habitan en ellas los fieles, pues, como dije, son lugares donde se entierran los muertos.
—¡Qué miedo! —exclamó la niña.
—Pues si vieras, hija, que niñas de tu edad van a ellas sin miedo; van llenas de fe al lugar donde reposan los que duermen en el Señor, y esperan el día de la resurrección.
Esteban, que había estado mirando las pinturas, al oír las últimas palabras de Quarto, exclamó:
—Aquí está pintado Jonás, primero cuando se lo traga un gran pez, y luego cuando lo vomita. ¿No significa esto la resurrección, como Nuestro Señor se lo dijo a los que le pedían un milagro?
—Has interpretado perfectamente este símbolo que se encuentra pintado en las catacumbas. ¿No es muy consoladora la idea de la resurrección, precisamente allí donde están los que duermen esperándola? Bueno —dijo Quarto a los niños—, llevaos esos dibujos y estudiarlos; yo os llamaré para que me los expliquéis.
Cuando marcharon los niños, Quarto me dijo:
—A pesar de haberte educado en Roma y viajado tanto, se ve a la legua que eres israelita recalcitrante.
—¿Por qué dices eso? Soy hebreo de raza, y no puedo ni quiero negarlo. Estabas poniendo una cara tan larga cuando mostraba a tus nietos esos dibujos, como si esas imágenes se te hubieran indigestado.
—La verdad, cuando recuerdo las palabras del capítulo 20 del *Éxodo* —repuse.
—Las sé yo de memoria: *«No harás para ti imagen de escultura ni figura alguna de las cosas que hay arriba en el cielo ni abajo en la tierra ni debajo de la tierra».* Yahvé sabía muy bien que hablaba a un pueblo carnal, imbuido en ideas idólatras, como lo demostraron, comenzando por el

inepto Aarón, cuando fundieron el becerro de oro y le ofrecieron sacrificios, diciendo: «*Éstos son tus dioses, ¡oh Israel!, que te sacaron de la tierra de Egipto*». ¿Pudo haber mayor prueba de las dos dimensiones de tu pueblo?

Yo bajé los ojos, y callé.

—Si Yahvé no les da el precepto tonante de no hacer esculturas ni figuras, tus estultos hermanos no sólo hubieran adorado al sol, sino a las cebollas y los escarabajos, como lo hacían los egipcios. Era, pues, necesario este precepto; a pesar del cual, tu pueblo apostató de Yahvé con frecuencia.

—Pero últimamente ya no había idolatría en Israel –repliqué–, y el pueblo se enfureció al ver las águilas romanas en los muros del templo.

—Él hizo muy bien –dijo Quarto–, era una irreverencia, o, si quieres, una profanación. Pero, a pesar del precepto, ¿no tenía el Arca un par de querubines con caras de hombre? Lo malo no estaba en que hicieran imágenes, sino en que las adoraban como si fueran dioses y les rindieran culto.

—Es verdad; pero para quitarles esa ocasión prohibió Yahvé el esculpir imágenes de cualquier clase –dije.

—Para un pueblo de dos dimensiones, como el tuyo, me parece admirable; pues repito si se les pone en la ocasión son muy capaces de adorar cebollas como si fueran dioses, sobre todo si son de oro, como el becerro. Pero para el nuevo pueblo de Cristo, de tres dimensiones, ya es otra cosa.

Viendo Quarto que yo estaba con la cabeza baja, añadió:

—Mira, dómine, había, a mi entender, otra razón muy poderosa para esa prohibición, aun para el pueblo de tres dimensiones. ¿Cómo hubiera Israel podido representar al Dios uno que adoraba?

—De ningún modo. La Divinidad no puede representarse con imagen ninguna.

—Dices muy bien. Pero cuando el Hijo de Dios se hizo carne y habitó entre nosotros, ¿se podía ya representar de algún modo al Verbo encarnado?

—Tienes razón; la imagen de Cristo sería perfectamente apropiada. La Divinidad no puede ser representada en modo alguno; pero el Hijo de Dios hecho carne, sí.

—Por otra parte, el pueblo cristiano, que ha empezado a pintar en las paredes de las catacumbas las imágenes del Buen Pastor, no las adora, si bien las venera y las reverencia. La imagen de Cristo, que venera, le indica lo que ha de adorar. Si los cristianos adoraran las imágenes de Cristo, serían idólatras como los paganos.

—Ni más ni menos.

—Mira –prosiguió Quarto– dónde han empezado a nacer esas imágenes simbólicas. En las catacumbas; en esos lugares donde, al riego de las lágrimas, la fe ha producido la flor consoladora de la esperanza. Allí, la fe, junto a los despojos mortales de los que lloran, dice: «Solamente duerme;

algún día despertará». Y entonces el cristiano, lleno de esperanza, pone sobre el sepulcro el símbolo de Jonás, saliendo del vientre del pez, que representa a Cristo resucitado, como tan bien ha explicado Esteban.

En esto llegaron los niños con los dibujos.

−¿Cuál de todos esos dibujos os ha gustado más? −les preguntó Quarto.

A lo que los dos respondieron:

−El pastor que lleva cargando la ovejita.

−¿Y por qué os gusta?

Porque representa a Nuestro Señor cargando la oveja perdida −dijo el niño.

−Es el Buen Pastor −añadió la niña−, como abuelito nos ha contado.

−¿De suerte que ese dibujo os despertó la idea del Buen Pastor?

−Claro que sí −dijo Esteban−. Para qué habían de poner allí el retrato de un pastor cualquiera?

−Así es, en efecto, hijos míos −dijo Quarto−. ¿Y os gustaría ver un retrato de Nuestro Señor?

−¿Cómo no? −gritaron los niños.

−Voy entonces a contaros una historia. Había una mujer, llamada Verónica, a la que Nuestro Señor curó de una enfermedad. Pues cuando el Maestro iba cargando la cruz, coronado de espinas y el rostro ensangrentado y sudoroso, Verónica, compadecida, se acercó a Él, y le enjugó el rostro con un lienzo blanco. El Señor se lo agradeció, y cuando Verónica llegó con el lienzo ensangrentado a su casa, se quedó admirada y profundamente enternecida; en el lienzo estaba claramente retratada la faz de Jesús coronado de espinas. Ese lienzo se lo llevó a Myriam, la Madre de Jesús, la cual lo besó y lo bañó con sus lágrimas. Cuando Verónica murió, lo legó a Juan, y éste me lo entregó a mí antes de morir, con encargo de que lo llevara a Roma al sucesor de Pedro, el vicario de Cristo. Yo lo voy a llevar; pero antes quise que tú, dómine, le vieras. Aquí está.

Y extendiendo el lienzo, le puso ante nosotros.

89
EXÁMENES Y PREMIOS

Como dejo dicho, Esteban y Leticia vivían conmigo. El niño estudiaba con un profesor de origen griego, y la niña la tenía al cuidado de una liberta, griega también. Los dos niños recibían clases, apropiadas a su sexo, de Argos y Sofía, que así se llamaban los maestros, mientras yo me encargaba de su educación cristiana.

Con motivo de la visita de Quarto, quise que los niños dieran un examen delante de él, lo que mi amigo aceptó, con la condición de que él los examinaría, a lo que accedí con gusto.

Aquí solamente narraré el examen de mis discípulos; Quarto era el sinodal y yo el auditorio.
Dirigiéndose a Esteban, le preguntó:
—¿Qué diferencia hay entre los judíos y los cristianos?
—Todos creemos en un Dios creador del cielo y de la tierra; pero nosotros creemos, además, que el Hijo de Dios se hizo carne por obra del Espíritu Santo, y nació de Myriam, siempre virgen. Ellos le rechazaron y le dieron muerte en una cruz, y nosotros le adoramos como al Mesías prometido en la ley y los profetas, el Redentor del mundo —respondió el niño sin titubear.
—¿Y cómo pudieron conocer los judíos que Jesús, el Hijo de Myriam, era el Mesías prometido?
—Porque en Él se fueron cumpliendo las profecías que hablaban del lugar donde debía nacer, del tiempo en que había de aparecer, de lo que había de sufrir. Eso tú lo sabes muy bien, pues tienes todas las profecías escritas, y las fuiste marcando según se iban cumpliendo.
—¿Y quién te dijo eso? —preguntó Quarto, riendo.
Entonces la niña, sin poderse contener, dijo:
Abuelito nos ha ido leyendo y explicándonos sus *Memorias,* en que demuestra muy clarito que Jesús de Nazaret es el que había de venir, y ya había venido, y allí sales tú con tu pergamino.
—Muy bien —prosiguió mi amigo—. Pero ese Mesías, ese que había de venir y ya vino, ¿quién era? ¿Un ángel, un profeta?
—Era el Hijo de Dios —repuso el niño.
—Abuelito tardó mucho en creerlo; pero cuando oyó a Jesús diciendo en el Sanedrín que Él era el Hijo de Dios bendito, respondiendo al sumo sacerdote, empezó a creer —dijo ella.
—Pero después de que crucificaron a Nuestro Señor y le vio muerto, dudó de nuevo, hasta que Dios le iluminó, y creyó —añadió Esteban.
—Y creyó tanto, que cuando el Maestro resucitó ni se quería levantar —añadió la niña—, pues ya estaba seguro de que resucitaría.
—Con lo cual —afirmó el niño— Jesús probó que no sólo era el Mesías prometido, sino el Hijo de Dios bendito.
—¿Y qué pasó después?
—Que por cuarenta días, el Maestro estuvo apareciendo, ya resucitado, a los apóstoles, discípulos y a otros muchísimos; pero los apóstoles al principio no acababan de creer, hasta que el Maestro comió con ellos...
—Y Tomás puso su dedo en las llagas del Maestro, dando testimonio de que era Jesús resucitado, su Señor y su Dios —interrumpió Leticia.
—¿Y qué más?
—Que el Señor se fue al cielo delante de muchos, y los apóstoles, llenos de miedo, se andaban escondiendo por temor a los judíos...
—Y abuelito decía ¿y ahora, qué?, pues no veía en qué pararía todo, y tú le decías que aquello no era la obra de un hombre, sino del Hijo de Dios, y abuelito no sabía qué pensar —dijo la niña.

III. ¿Y AHORA, QUÉ?-89. EXÁMENES Y PREMIOS

–Pero cuando vino el Espíritu Santo, Pedro y sus compañeros salieron con gran valor a dar testimonio de la resurrección del Maestro, sin temor a los escribas y fariseos, que los encarcelaron y azotaron...
 –Y más tarde todos los apóstoles dieron testimonio del hecho de la resurrección del Maestro en Judea, Samaría y en toda la tierra, derramando su sangre por sostener esta verdad –dijo Leticia.
 –Y buenos tontos hubieran sido en dar su vida por atestiguar una mentira –añadió Esteban.
 En seguida le hizo a Quarto esta pregunta:
 –¿Conociste a Alejandro Magno?
 –Hombre, no –respondió, riendo–; soy viejo, pero no tanto.
 –¿Y crees que fue conquistador?
 –Seguramente.
 –Pero si no le conociste, ¿cómo crees eso?
 –Porque los que le conocieron lo atestiguan.
 –Pues yo –exclamó, exaltado, el niño– no conocí a Cristo, pero creo que resucitó por el testimonio de los que le conocieron y vieron resucitado y dieron su vida por dar testimonio de este hecho. Y los que te han contado las empresas de Alejandro no dieron la vida por él.
 –Bien, Esteban, muy bien –dijo Quarto, estrechando la mano del niño–. Y ahora dime: ¿qué hicieron los apóstoles a más de dar testimonio de la resurrección de Cristo?
 –Cumplir la misión que les encomendara el Maestro; predicar y enseñar por todo el mundo la doctrina que Él les había enseñado y el Espíritu Santo les había aclarado, organizando la Iglesia de Cristo.
 –Ésta –añadió Leticia –es la respuesta a la pregunta que abuelito se hacía al principio: «¿y ahora, qué?», cuando tú le decías que esperara. Que aquello no era la obra de un hombre, sino de Dios.
 –Así es –dijo Quarto, abrazando a los niños–; la Iglesia no es obra de un hombre, sino del Hombre Dios, como muy bien has dicho.
 –Y como decía Gamaliel: «Si esto es obra de hombres, pronto terminará; pero si es de Dios, perdurará». Ha durado –añadió Esteban con la certeza de la fe–, y durará para siempre.
 –Dómine –dijo Quarto, abrazándome–, debes estar muy satisfecho, pues en estos niños has visto el primer fruto de tus *Memorias*. Si andando el tiempo salieran a luz, y los padres de familia se las explicaran a sus hijos, como tú lo has hecho con éstos, ayudados de la gracia divina, la fe en Cristo se afianzaría en el corazón de muchos niños, de quienes es el reino de los cielos.
 Yo estaba conmovidísimo con el sincero elogio de Quarto. Éste, viendo lo bien preparado de aquellas almas inocentes, ya no en forma de examen, sino de animado diálogo, prosiguió hablando con mis nietos.
 –Con las *Memorias* del abuelito tan bien aprendidas y comprendidas, los considero doctores de la ley, y así, voy a proponerles algunas dificul-

tades que tengo para que me las resuelvan –dijo Quarto a mis nietos–. Está muy bien lo que han dicho. Cristo, por tres años, enseñó a los apóstoles su doctrina, y el Espíritu Santo completó la obra, esclareciéndoles la mente e infundiéndoles sus dones para que propagaran el Evangelio; pero ya murieron los apóstoles.

–Pero el Espíritu Santo no ha muerto –gritó, triunfante, Esteban.

No pude menos de reír al ver la cara que puso Quarto con la inesperada y exactísima salida de mi nieto.

–Hijo mío, has dicho una verdad como un templo; pero quisiera que explicaras qué tiene que ver que el Espíritu Santo no haya muerto con la...

–¿La Iglesia? –interrumpió el niño.

–Sí con la Iglesia.

–¿Has visto nuestro jardín? –le preguntó a Quarto.

–Y está muy bien cuidado –respondió éste.

–Pues lo plantó Nicéforo, que ya se murió; pero lo sigue cuidando Abel bajo la dirección de abuelito; así pasa en la Iglesia, pues como nos ha dicho abuelito que dice Pablo: *«Uno, planta; el otro, riega; pero es Dios el que da el incremento».*

Quarto no volvía de su asombro, y añadió:

–Según tu magnífica comparación, la Iglesia es el jardín, los que plantan y riegan son ahora...

–Los sucesores de los apóstoles –dijo la niña.

–Pero es Dios –repitió el niño– el que da el incremento, y mientras Dios no se muera lo seguirá dando hasta el fin del mundo.

–¿Y de dónde sacas eso?

–De que Cristo dijo a sus apóstoles que estaría con ellos hasta la consumación de los siglos, y como los apóstoles no habían de vivir hasta entonces, ¿con quién estaría Cristo hasta el fin del mundo?

–Tu lógica, hijo mío, es contundente, y la palabra de Cristo jamás fallará. Los apóstoles, entonces, siguiendo la inspiración del Espíritu Santo, que ilustraba sus mentes, fueron propagando la doctrina que el mismo Cristo les había enseñado, y para que esta doctrina pudiera seguir siendo enseñada en todo el mundo y hasta la consumación de los siglos, fundaron la Iglesia.

Los dos niños gritaron:

–Eso no es cierto; la Iglesia la fundó Nuestro Señor, y no los apóstoles.

–Tenéis muchísima razón. Los apóstoles fueron los escogidos por el Maestro para continuar, propagar y organizar su obra en todo el mundo bajo la inspiración del Espíritu Santo. ¿Recordáis alguna parábola del Maestro que se aplique a esto?

–La del grano de mostaza –respondieron.

–Magnífico –dijo Quarto–, y aquella semilla pequeñísima ha ido creciendo hasta hacerse un árbol, cuyas ramas se extienden por todo el mundo.

—¿Y dejó el Maestro a sus discípulos algunas reglas escritas sobre lo que debían hacer?
—No —respondió el niño—, no les hubieran servido.
—¿Cómo está eso? —preguntó Quarto.
—Si no entendían lo que les decía Nuestro Señor de palabra, menos entenderían por escrito —repuso el niño, y por eso les envió al Espíritu Santo, para que Él les enseñara toda verdad, y entonces los apóstoles entendieron lo que de palabra les había enseñado Nuestro Señor.
—Perfectamente —dijo Quarto, entusiasmado—. ¿Y los apóstoles hicieron lo mismo?
—Se dedicaron al ministerio de la palabra principalmente; pero...
—Los evangelistas pusieron por escrito muchas cosas —interrumpió la niña—, y otros escribieron epístolas.
—¿Y todo lo que les había enseñado el Maestro está escrito allí?
—Ayer nos leía abuelito lo que dice Juan, que no bastarían muchos volúmenes para contener todas las cosas que hizo y dijo Nuestro Señor.
—¿De suerte que a más de lo escrito por los apóstoles y evangelistas, hay muchas cosas que dijo el Maestro?
—Mi abuelito —dijo la niña— no ha escrito todas las cosas que ha visto; pero él nos las cuenta de palabra.
—¿Y cuando tú seas grande se las contarás a tus hijos?
—Y ellos —repuso con aplomo la niña— se las contarán a mis nietos.
—Eso es —dijo Esteban— lo que dicen que se llama la tradición.
—Perfectamente —repuso Quarto—. A más de la palabra de Dios escrita, hay otras muchas cosas enseñadas por Cristo que se conservan por tradición. Por muchos años no hubo ningún libro escrito por los apóstoles.
—El primero —dijo el niño— es el Evangelio de Mateo, que escribió veinticinco años después de la muerte de Nuestro Señor, y dice abuelito que ahora hay muchos lugares donde no se conocen todos los escritos de los apóstoles, porque hay que copiarlos, y eso cuesta mucho trabajo.
—Pero en todas partes, de palabra, se predica y enseña la doctrina del Maestro. Para que sus enseñanzas orales no se pierdan, hay en la Iglesia hombres muy sabio y santos, como Ignacio de Antioquía, Policarpo y otros que fueron discípulos de los apóstoles, y ellos han ido recopilando todas esas tradiciones.
—Pero también —objetó Esteban— otros, como los herejes, han escrito sus libros y esos Evangelios apócrifos, como dice abuelito. ¿Cómo se puede saber quién tiene razón?
—Tu pregunta es muy justa, Esteban. Si la Iglesia de los apóstoles ha de conservar íntegra y sin cambios la doctrina de Cristo, es necesario que esas tradiciones sean declaradas auténticas por alguno que tenga de Cristo autoridad para ello. ¿No os ha contado abuelito que los obispos se reúnen algunas veces y discuten ese punto?

—Sí —dijo la niña—: dice abuelito que como en Jerusalén se reunieron los apóstoles para discutir no sé qué cosas, así lo están haciendo varios obispos, que se reúnen en concilios.

—Y deben hacerlo —interrumpió Esteban—, porque obispo (viene de *episkopos*) quiere decir atalaya, el que observa, el que vigila contra el enemigo.

—Bien por tus conocimientos en griego —dijo Quarto, riendo—. En efecto, es una de las obligaciones del obispo vigilar por la pureza de la fe. Pero no todos los obispos siguen la doctrina de Cristo, sino que algunos la cambian. Qué habría que hacer para que esa doctrina permanezca intacta?

Los niños se quedaron mirando a Quarto sin saber qué responder.

Entonces él continuó:

—¿A quién le dijo Cristo que era la piedra sobre la cual edificaría su Iglesia?

—A Pedro —respondieron los dos.

—Pero Pedro ya murió.

—Pero el Espíritu Santo no se ha muerto —repitió Esteban.

—¿A quién debe el Espíritu Santo inspirar para que no yerre en lo que toca a la verdadera doctrina de Cristo, ahora que ya los apóstoles murieron?

—Al sucesor de Pedro —respondió prontamente Esteban.

—En efecto, al vicario de Cristo, al supremo maestro sucesor de Pedro, le toca definirla. Y cuando los obispos, reunidos en concilio, discuten lo que es doctrina evangélica contra los herejes, el vicario de Cristo dice la última palabra. El Espíritu Santo no le dejará que yerre en esa materia. No porque le haga revelación alguna, sino porque el Espíritu de verdad no permitirá que se altere la doctrina de Cristo que nos han transmitido y han conservado intacta los apóstoles de palabra o por escrito.

—Y así, hijos míos, la Iglesia en que ahora vivimos es la Iglesia propagada por los apóstoles, y la Iglesia de los apóstoles fue la misma Iglesia de Cristo; luego la Iglesia en que vivimos...

—Es la verdadera Iglesia de Cristo —respondieron los niños.

Y con esto terminó nuestra conferencia. Dados los premios, siguió un gran banquete que les había preparado para que hubiera, no sólo de *rore coeli,* sino también de *pinguedine terrae.*

90
¿Y AHORA, QUÉ?

La última junta con mis dependientes me recordó la que cien años antes tuvimos cuando mi abuelo me nombró su universal heredero.

Quarto había arreglado que vinieran al Sinaí representantes de todas partes del mundo. Puede decirse que, con sus tiendas, formaban un gran pueblo, pues pasaban de mil acampados en la falda de la sagrada montaña, como tiempo atrás hacían los recabitas.

De acuerdo con Quarto, había determinado nombrar mi universal heredero a mi hijo Rafael, a quien llamaré Ben Hered II, que ya pasaba de los ochenta años.

Los bienes legados por mi abuelo se habían multiplicado, a pesar de haber repartido durante un siglo grandes cantidades entre los fieles de la cristiandad, según había sido la voluntad del testador. Quarto había sido un magnífico y honrado administrador, y a él, después de Dios, se debía aquella prosperidad.

Antes de hacer la absoluta renunciación de mis bienes, fui hablando con cada uno de mis empleados. Todos eran cristianos, en su inmensa mayoría de origen pagano, pues el número de los de la circuncisión había disminuido extraordinariamente. El reino de Dios, según la profecía de Cristo, había pasado a los gentiles, con pena muy grande de mi corazón hebreo.

Por otra parte, al ver el fervor de estos cristianos de la nueva generación tuve grandísimo consuelo. Entre mis dependientes había un gran número que, sin haber conocido a Cristo, habían dado de Él testimonio condenados por su fe a los abrumadores trabajos de las galeras o de las minas. Otros habían sufrido diversos tormentos. Con todo respeto me arrodillé ante varios de ellos, besando sus mutilados miembros.

Durante esta época, la Iglesia pasaba por un período de tranquilidad transitoria, aunque se preveía que la tempestad no tardaría en desatarse de nuevo.

En esta colonia de cristianos de todas partes tenía ante mis ojos, en compendio, la respuesta a mi pregunta de antaño: ¿y ahora, qué? Allí estaba la prueba de lo que había crecido la Iglesia (el grano de mostaza) fundada por Cristo, propagada y organizada por los apóstoles y sus sucesores, iluminados y animados por el Espíritu Santo. La obra era de Dios, y como había durado un siglo, perduraría para siempre, extendiéndose por todo el mundo.

Con lo que yo por mí mismo había visto en mis innumerables viajes, lo que Quarto con su experiencia me había contado y con el testimonio de aquellos hombres venidos de todas partes, puedo decir que la religión de Cristo, propagada y organizada por los apóstoles y ahora continuada por sus sucesores, estaba establecida definitivamente. La misma fe, los mismos sacramentos, la misma organización jerárquica existía ya dondequiera que se encontrara un grupo de cristianos. Es verdad que en la liturgia había algunas variedades secundarias; pero lo esencial era lo mismo, así en Hispania, Galia, Italia, Grecia, Asia y África, como en las regiones remotas de Persia, Mesopotamia, entre los escitas y los partos.

La palabra de Cristo, el Hijo de Dios, se había cumplido. En todas partes, los cristianos habían sido perseguidos. Pero estas persecuciones servían como una poda. Los miembros podridos o inútiles eran por ellas separados. Lo más peligroso eran las persecuciones internas, nacidas de los cristianos disidentes: las herejías. Pero allí estaban los celosos pastores que, vigilantes, no cesaban de indicar a las ovejas la presencia de los lobos.

Desde la destrucción de Jerusalén, la sinagoga había perdido su antiguo poder, y la Iglesia de Cristo estaba separada definitivamente de ella, aunque los judíos seguían persiguiéndola, diseminados como estaban por todo el mundo. Eran un fermento muy peligroso, y había que estar prevenido en contra de él.

La respuesta a mi antigua pregunta, ¿y ahora, qué? estaba, pues, patente.

* * *

Parecerá increíble, pero la decisión que había tomado de nombrar a Ben Hered II mi universal heredero la iba yo retardando. Pensaba que, una vez hecho testamento en vida, mi heredero quizá se olvidaría de mí, como había visto pasaba a veces con los que habían hecho el gran disparate de repartir en vida sus bienes entre los herederos. Pero el tiempo apremiaba, y yo no podía volverme atrás.

Quarto, que entendía el estado de mi ánimo, me veía de reojo, y se sonreía socarronamente, lo que me enfadaba.

Al fin un día me levanté, pensando: «Al mal paso, darle prisa». Reuní a mis dependientes, y en bien pocas palabras hice la presentación de mi hijo, y le entregué el documento de mi donación. Moralmente yo había muerto, y me quedaba sin un denario.

Procuré que lo más pronto posible se marcharan mis antiguos empleados, con Ben Hered II a la cabeza. Cuando vi al último de ellos perderse entre nubes de polvo del desierto, me encerré en mi cámara de pésimo humor.

Pasé tres días sin hablar con nadie, contra mi costumbre. Quarto ya no sonreía, pero tampoco me hablaba, como lo hubiera yo deseado, para reñir con él por la parte que había tomado en mi descabellada decisión.

Estaba yo acostumbrado a que diariamente llegaran correos de todas partes del mundo trayéndome noticias, pidiendo limosnas, esperando mis órdenes, y ahora nadie venía, prueba de que ya no me necesitaban. No sabiendo qué hacer, me puse a escribir una larguísima carta a Jacob Ben Jacob, un judío de toda mi confianza. En mi carta le contaba la barbaridad que había hecho, y le daba detallada cuenta de los asuntos, añadiendo que había dado instrucciones a Ben Hered II para que nada hiciera sin consultarle. Pasé escribiendo esta carta más de diez días sin dirigirle la palabra a Quarto, el cual parecía muy tranquilo, entretenido con mis nietecitos.

Argos, que había quedado como administrador de mi propia casa, determinó me mandaran a mi cámara los alimentos, deferencia que me había irritado; yo, yo, yo limosnero en mi propia casa.

Al fin vi llegar a uno de mis antiguos correos; salí a recibirle; pero me dijo que el mensaje no era para mí, sino para Argos, el administrador.

–Bueno –le dije–, tengo un mensaje importantísimo para Ben Jacob, y se lo entregarás en su propia mano –le di la carta, y como si fuera algo indiferente para mí le pregunté–: Y Ben Hered II, ¿no te ha dicho nada para mí?

–Ni él ni ninguno de los otros que dejé en Alejandría –me respondió con toda sencillez.

Otros días de reclusión en mi cámara. Nadie se acordaba ya de mí.

Hay que saber que Ben Jacob no había venido a la junta y se había quedado en Alejandría, pretextando que estaba enfermo y no podía soportar el camino del desierto. A los diez días, pues, llegó el correo con la contestación de Jacob. El único que se acordaba. Me puse contento, y abrí el pergamino. Me agradecía muchísimo los datos que le había enviado. Me comunicaba que ya estaba en estrechas relaciones con mi hijo, y que los dos salían al día siguiente para Roma.

Siguiendo el ejemplo de mi abuelo, había entregado a mi hijo todo el oro que tenía en mis arcas. Yo materialmente no tenía un denario, y así, no pude, según mi costumbre, darle su propina al mensajero. Este recuerdo de mi abuelo me hizo pensar mucho.

Quarto y mis nietos solían, por las tardes, sentarse a la sombra de un árbol que estaba cerca de mi ventana. Tuve curiosidad de oír lo que platicaban, y escuché:

–El abuelo del abuelito –les decía Quarto– también hizo renuncia de todos sus bienes, y nunca se mostró arrepentido. Se había hecho pobre por Cristo para poder seguirle.

–No como el joven al cual le dijo Nuestro Señor que lo dejara todo y le siguiera, y el joven se puso muy triste, y no siguió a Cristo –dijo Esteban.

–El Maestro –prosiguió Quarto– no manda que se deje todo para seguirle; pero lo aconseja. Los apóstoles lo dejaron todo, y así pudieron seguirle muy de cerca. Yo he repartido lo que tenía para seguirle, y estoy muy contento. Me siento mucho más cerca del Maestro, que se hizo pobre para darnos ejemplo.

Aquella conversación fue para mí un rayo de luz. Yo no sabía que Quarto hubiera renunciado a sus bienes, y él estaba muy contento; me decidí a hablarle al día siguiente.

Me hice el encontradizo, y como si nada hubiera pasado, le dije:

–¿Con que tú has repartido todos tus bienes? Supongo que se los dejarías a tus sobrinos.

–¡Qué barbaridad! –me respondió–. Los sobrinos son una de las mayores calamidades conocidas. Bien dice el refrán que «A quien Dios no le da hijos, el diablo le da sobrinos», y en verdad que un don del diablo no ha de ser cosa buena. Estas tías ricas pierden el juicio con los sobrinos; en vida se privan de muchas cosas por los sobrinos, y cuando mueren ni se vuelven a acordar de ellas los sobrinos. Los hijos son otra cosa.

Una nube de tristeza debió cruzar mi frente, pues pensaba que mi hijo me había olvidado, y muy pronto.

Quarto lo entendió, y me dijo:

–Tu hijo se acuerda constantemente de ti; lee esta carta que me escribió.

La leí ansioso. No se cansaba de recomendar a Quarto que me cuidara con todo empeño, que me consintiera, que nada me faltara.

–Y en la carta que le escribió a Argos le hacía las mismas recomendaciones.

–¿Pero a mí por qué no me ha escrito?

–Porque yo le hice prometer que no te escribiría. Quería que te persuadieses de que todos se habían olvidado de ti, ya que no tenías oro que dar.

–Y conseguiste tu empeño. He pasado unos días amarguísimos.

–Sabía muy bien que eres hebreo de pura sangre, y que, por consiguiente, en lo más recóndito de tu corazón había un altar para el becerro de oro, sin que te dieras cuenta. Mientras poseías el oro, haciendo con él muchas obras buenas, creías que ya no adorabas al becerro; pero en el momento en que te faltara el oro, pensé reaccionarías, como has reaccionado. Has estado como loco por la falta que te hacía tu oculto ídolo.

–Tienes muchísima razón. Pero cuéntame. ¿Cuándo y cómo hiciste la renuncia de tus bienes?

–Cuando vi que el Señor, en su misericordia, se los había quitado a Mardoqueo, para darle, en cambio, la vida eterna. Entonces dije: Tengo que comprar el cielo con mis riquezas, y se las daré voluntariamente a Cristo en sus pobres, no a mis sobrinos. Mardoqueo, tan ilustrado, tan lleno de dones naturales, fue infeliz mientras el apego al oro le dominaba. Cuando ya no tuvo ese estorbo, fue feliz, aun siendo esclavo encadenado. Me lo repetía: «No está el estorbo en los bienes de este mundo, sino en el apego a ellos». Tú, dómine, has sido hasta ahora de los ricos generosos y hasta manirrotos que derraman el oro sin contarlo, pero que en su corazón están apegados a él. Por eso, cuando te faltó, sentiste el enorme hueco que te dejaba. Tu abuelo, a pesar de ser hebreo como tú, no tuvo ese apego al oro, como lo manifestó cuando en vida te hizo su heredero, permaneciendo él muy tranquilo. Era pobre de espíritu y riquísimo en bienes terrenales.

–Bendito sea Dios, que, aunque tarde, he conocido esta verdad.

–Y la verdad te ha hecho libre.

Después sonrió, y, mirándome al pecho, dijo:

–¿Y esas perlas?

Me las arranqué en el acto, e iba a pisarlas, cuando mi amigo me atajó:

–Son de tu hijo, guárdaselas. No las pises como si fueran tuyas –y tomándolas en su mano, me preguntó–. ¿Recuerdas lo que estas perlas significan?
–Las famosas tres dimensiones –respondí.
–En tus *Memorias* –prosiguió Quarto– demuestras que la obra de Cristo (que tú no veías cómo había de hacerse por hombres que juzgabas ineptos) surgió potente desde el momento en que descendió sobre ellos el Espíritu Santo. Cuentas cómo sus sucesores, guiados por el Maestro, han continuado y organizado esta sociedad que se extiende por todo el mundo, y que llamamos la Iglesia. Muestras cómo se han ido cumpliendo las profecías de Cristo, culminando entre ellas las de las persecuciones internas y externas y la de la destrucción de Jerusalén, pasando a nosotros, los gentiles, el reino de los cielos. Con lo cual das respuesta a tu antigua pregunta, ¿y ahora, qué?
–Has hecho una breve síntesis de lo que llevo escrito en este mi volumen tercero, con lo cual he demostrado el origen divino de la Iglesia en que ahora vivimos. No queda duda de que la Iglesia actual es la misma que la Iglesia de los apóstoles, y la Iglesia de los apóstoles fue la misma Iglesia fundada por Cristo. Es el grano de mostaza que, sembrado, germinó y ha ido creciendo hasta desarrollarse en este árbol inmenso, cuyas ramas llegan del Oriente al Occidente y desde el Septentrión al Mediodía. No es un árbol distinto, es el mismo nacido de pequeñísima simiente.
–Has expuesto con toda sinceridad cómo el testimonio del hecho de la resurrección de Cristo (fundamento de la fe de la Iglesia), dado por los que vieron y derramaron su sangre para confirmarlo, ha sido para los que han venido después firmísimo criterio, que los ha movido a creer en la verdad de la resurrección de Cristo, hasta el punto de dar la propia vida como testimonio de su fe.
–Si vieras, Quarto –repuse–, lo que me llama particularmente la atención de los que no vieron y creyeron, pero dieron testimonio, es un hecho notabilísimo; estuvieron conformes en perder sus bienes terrenales, lo cual, siendo una prueba en extremo difícil, demuestra la sinceridad de su testimonio.
–Has respirado por la herida –me dijo Quarto, sonriendo–, pero has dicho una grandísima verdad. En ocasiones es más difícil resignarse a perder los bienes que a perder la vida. Y si no, dime con sinceridad: si cuando eras inmensamente rico te hubieran dicho: tienes dos caminos para dar testimonio de Cristo, o perdiendo todos tus bienes, o perdiendo la vida, quedando tus bienes intactos para tus descendientes, ¿qué hubieras hecho?
Quedé pensativo por algún tiempo, y al fin, honestamente, respondí:
–Quizá hubiera ofrecido mejor mi vida.
–Y ahora que te has desprendido de corazón de los bienes terrenos, aunque todavía fueras dueño de todo, ¿qué hubieras respondido?
–Hubiera dado por Cristo mis bienes y mi vida.

–Es que ahora estás de lleno dentro de la tercera dimensión, y el Espíritu Santo reina, por la gracia, en tu corazón. Ésa es la maravilla de la Iglesia regida por el Divino Espíritu. Las almas de los verdaderos cristianos han dejado de vivir en las dos dimensiones en que vivían los fariseos, que practicaban y enseñaban las virtudes superficiales. Los cristianos de todas razas si lo son en verdad, practican a conciencia la caridad, según Cristo la enseñó. Son humildes, son limpios de corazón, son mansos y son pobres de espíritu. Ésta es la transformación maravillosa que está sufriendo el mundo al practicar la doctrina de Cristo, enseñada y propagada por los apóstoles y sus sucesores. La Iglesia es el reino del Espíritu Santo, que derrama sus dones sobre todos los miembros del cuerpo místico de Cristo.

Quarto estaba transformado al hablar. Luego continuó:

–La Iglesia fundada por Cristo sobre Pedro, a pesar de las persecuciones que seguirán en adelante, a pesar de las herejías salidas de campos enemigos y aun sus miembros degenerados, se extenderá por toda la tierra, y como la profetizó el Maestro a Pedro: *«Las puertas del infierno no prevalecerán contra ella»*. ¿Qué más pruebas quieres del origen divino de la Iglesia? La existencia misma de la Iglesia es una prueba evidente de la divinidad de Cristo, su fundador. Bien decía Gamaliel: «Si es obra de los hombres, perecerá; pero si es obra de Dios, perdurará para siempre».

* * *

Desde aquel día, nuestra vida, me refiero a Quarto y a mis nietecitos, fue sumamente tranquila y feliz. Yo ya no esperaba ansioso los correos como antes. Cuando alguno llegaba, era Quarto quien le recibía; ya no tenía nada que me preocupara, y seguía escribiendo mis *Memorias*.

–Dómine –me dijo Quarto–, la obra de tu abuelo ya está en otras manos; ahora escribe y revisa tus *Memorias;* éstas son la verdadera obra de tu vida.

–¿Crees que tienen alguna importancia?

–Muy grande –me respondió–. Yo espero que, andando el tiempo, serán publicadas, y harán gran bien a muchos. No faltarán quienes las critiquen o quizá se rían de ellas, *porque no las entienden*. En cambio, para los que tienen fe en Cristo les serán de sumo provecho. Éstos entenderán que, aunque solamente son una historia, sin tener en modo alguno la autoridad de los Evangelios, inspirados por el Espíritu Santo, tienen su valor humano por lo que relatas y por los razonamientos que haces, fundados en la verdad.

Animado, pues, con estas palabras de Quarto, me dediqué con todo empeño, ayudado por él, a la revisión de mis *Memorias*. Ésta era nuestra principal ocupación. Ni desatendía la educación cristiana de mis nietecitos, que habían hecho cada uno su copia; casi se las sabían de memoria.

III. ¿Y AHORA, QUÉ?-90. ¿Y AHORA, QUÉ?

Un día escribía tranquilamente, cuando oí los gritos alegres de mis nietos; había llegado un correo. No me interesé en lo más mínimo, y seguí escribiendo. Después de largo rato, entró Quarto.
—Te traigo noticias— me dijo.
Dejé mi cálamo a un lado, y me dispuse a escucharle.
—Desgraciadamente son malas —continuó Quarto—. Ha empezado otra persecución.
—La profecía del Maestro se sigue cumpliendo; pero el Espíritu Santo no dejará de infundir en los fieles el don de fortaleza para poder sobrellevar los tormentos y la muerte.
—Es que ahora no se trata de soportar tormentos; la persecución es muchísimo peor. El emperador y sus representantes en las provincias confiscan los bienes de los que son acusados de cristianos si perseveran en la confesión de la fe.
—¿Y qué ha pasado? ¿Son muchas las apostasías? —repuse, afligido.
—Desgraciadamente, sí. El mayor de esos apóstatas y delator de los tuyos es...
—¿Mi hijo?
—No, él se ha portado como hijo tuyo y valeroso cristiano. Está en la cárcel.
—Pero ¿quién es el delator?
—Jacob Ben Jacob, el hombre de tu confianza.
—A quien escribí con toda sinceridad, pensando que era un verdadero cristiano.
—Un verdadero israelita judío, de lo más hipócrita que he conocido. Dio detallada cuenta al emperador de las riquezas de tu hijo, y avisó a todas las provincias por medio de tus propios agentes judíos que delataran a los tuyos, como lo tenía muy de antiguo preparado. La corporación mundial fundada por tu abuelo y extendida por ti ha desaparecido hecha pedazos. Esos bienes inmensos son ahora propiedad del emperador, de sus representantes, y, lo más triste, de tus propios agentes israelitas que se decían cristianos. Todos, menos doce de ellos, renegaron de Cristo, prefiriendo adorar al becerro de oro, y se convirtieron en delatores.
—¿Y los que no son israelitas?
—También ha habido entre ellos bastantes que apostataron, si bien la mayoría permaneció firme en la fe. De la noche a la mañana se vieron éstos y sus familias en la miseria, bastándoles adorar a los dioses para quedar libres y ricos.

Aquellas revelaciones de Quarto fueron para mí penosísimas. Veía mi obra de un siglo reducida a la nada; era la obra del hombre. Pero lo que ahora más me dolía era la apostasía de mis dependientes judíos; la apostasía de mi pueblo continuaba.
—¿Y Cecilia y sus hijos? —le pregunté.
—Todos resignadamente en la miseria, y los hombres en la cárcel, confesando a Cristo.

No quise tener más noticias; me imaginaba la ruina espiritual de muchos debida a su apego a los bienes terrenos. Luego pensaba en mí mismo, y daba gracias al cielo que ya de mi corazón había desaparecido por completo el apego al oro.

No quiero escribir lo que sufrí moralmente, pues siguieron llegando noticias de nuevas apostasías de personas que parecían firmísimas en su fe. Gracias a Dios, también recibíamos noticias de hechos heroicos de cristianos de todas partes donde esta infame persecución proseguía. Y hago notar que en varios casos los que permanecían firmes en la confesión de la fe eran gentes de quienes yo había dudado.

Me di casi con furia a la recopilación de mis *Memorias,* ayudado siempre por Quarto. Pasaron los días, y en una ocasión me dijo:

—¿Te has fijado de qué modo tan poco humano se portó Cristo para establecer su Iglesia?

—¿Poco humano? ¿Qué quieres decir?

—Que no fue humano, sino divino, propio de un Hombre-Dios. Nace pobre, pudiendo haber nacido rico. Se oculta por treinta años, pudiendo haber llamado la atención desde su niñez haciendo milagros o hablando como habló delante de los doctores del templo. Sale, por fin, a predicar humildemente, pudiendo haberse aprovechado desde luego, del testimonio que de Él daba un hombre de la talla del Bautista. Predicaba un reino, pero habla de él en parábolas que ni sus discípulos entienden. Escoge como auditorio a los pobres, y dice, con enojo de los ricos y letrados, que de ellos, de los pobres, es el reino de los cielos. Más adelante cambia de conducta, y habla con toda claridad diciendo que Dios es su Padre, que Él ha bajado del cielo, que Él es el camino, la verdad y la vida. Sus discípulos no entienden lo del reino que va a fundar, y persisten en creer que es un reino temporal hasta momentos antes de que Él subiera a su Padre.

—Tienes razón —añadí—, y ese reino lo iba a fundar *después de morir crucificado.* Sus discípulos se escandalizan, y Él insiste en que tiene que morir en la cruz para luego resucitar.

—Pero que se tiene que ir al cielo con su Padre después de que haya resucitado, y entonces fundaría su reino. ¿No te parece que ese modo de hablar es el de un loco?

—Tienes razón; sólo un hombre loco puede afirmar que va a fundar un reino después de muerto.

—Pero como Él era un Hombre-Dios, sabía muy bien que así lo haría, y cuando subió al cielo les envió el Espíritu Santo, como se lo había prometido. Y entonces vino el cambio estupendo. Entonces empecé yo a ver la respuesta a mi pregunta ¿y ahora, qué?

—Y aquellos hombres, que tú tildabas de inútiles para la obra del reino de los cielos, sufren un transformación maravillosa, y se lanzan sin temor alguno a dar testimonio de que Jesús crucificado había resucitado, y era no sólo el Mesías prometido, sino el Hijo de Dios bendito, como Él lo había declarado al pontífice que le interrogaba.

—Y muestran sus credenciales obrando milagros y hablando, sin tener estudios, de manera admirable. Y el mundo escucha y abraza la doctrina del Crucificado, que es escándalo para muchos. A pesar de lo cual, su doctrina, predicada primero por los apóstoles y después por sus discípulos, se extiende fuera de Jerusalén, de Judea, y, siguiendo por Samaría, se difunde por el mundo entero, como lo estamos viendo.

—Y, a pesar de las persecuciones predichas por el Maestro, la fe en Él cada vez se arraiga más en el alma de los innumerables creyentes por obra del Espíritu Santo. Sí —continuó Quarto, enardecido—, la propagación, el crecimiento y desarrollo de la Iglesia fundada por Cristo es la obra admirable del Espíritu Santo que el Hijo nos envió para que nos enseñara toda verdad. ¿No te parece algo sobrehumano que el mundo entero se arrodille ante Cristo crucificado? ¿Se ha visto jamás mayor locura que la locura de la cruz?

Un criado entró a avisarnos que había llegado correo de Roma.

Quarto salió a recibirle, y tardó largo rato en regresar. Yo estaba impaciente por tener noticias de los míos, sobre todo de Cecilia y sus hijos.

—Buenas noticias, dómine —entró diciendo Quarto—. ¿Sabes quién ha llegado? Pues es Lucio, el hijo de Cecilia, que ya es todo un hombre, y el sumo pontífice le impuso las manos; es sacerdote.

Recordé entonces la promesa que años atrás me había hecho de venir a acompañarme en mis últimos días, y me alegré sobre manera al verle entrar acompañado de su hermanito Andrés.

Después de haberme informado de la familia, Lucio me dijo:

—Abuelito, aquí te traemos este regalo de parte de nuestra madre. Ella está, como todos nosotros, muy pobre, pero muy alegre de poder sufrir algo para dar testimonio de nuestra fe en Cristo. Quarto, cuando era rico, le hizo este regalo; pero nuestra madre pensó enviártelo como el mejor de todos los recuerdos.

Y esto diciendo, abrió el estuche que traía.

Al principio no caí en la cuenta. Era una escultura; nunca había visto otra semejante.

—Dómine —me dijo Quarto—, fíjate bien; es una imagen de Cristo crucificado, la primera en la Iglesia de Dios. La mandé tallar a un gran escultor cristiano, y se la regalé a Cecilia.

Yo, que, como hebreo, me horrorizaba de ver imágenes esculpidas, me quedé largo rato sin responder mirándola. La fui examinando, al principio con curiosidad; después Dios me fue iluminando, y al fin comprendí lo que representaba.

No había notado que Quarto y mis nietos estaban arrodillados. Sin darme cuenta de lo que hacía, tomé el crucifijo en mis manos. Poco a poco se me fueron doblando las rodillas, y entonces hice lo que jamás había hecho, lo que pensaba que no haría nunca, arrodillarme ante una imagen esculpida. Derramando un mar de lágrimas de ternura y de compasión, besé los llagados pies de la imagen, y adorando en espíritu lo que representaba, a Jesús pendiente de la cruz moribundo, estreché el crucifijo contra mi corazón, mientras Quarto, con solemnidad, exclamaba:

—Cristo venció, Cristo impera, Cristo reina y reinará.

Fin de las *Memorias* de Rafael Ben Hered.

91
CARTAS Y TELEGRAMAS

«Jerusalén (Palestina).

Mi querido Bill: Con el capítulo que le mando ¿Y AHORA, QUÉ?, doy por terminado el tercero y último tomo de las MEMORIAS DE UN REPORTERO DE LOS TIEMPOS DE CRISTO escritas al fin del primer siglo de nuestra era por el israelita hispano Rafael Ben Hered, de la tribu de Benjamín.

He trabajado por más de seis años en la traducción y adaptación de esas famosísimas *Memorias*. Creo que merezco un buen descanso.

Tan pronto como termine de empaquetar los valiosísimos pergaminos que contienen las *Memorias* y los deposite en el Consulado de los Estados Unidos en esta ciudad, haré mis maletas y marcharé a Italia, si usted no dispone otra cosa.

Suyo como siempre,

MYLES.»

«Boston. Mass. (U. S. A.).

Querido Myles: Recibí su carta y el último capítulo de las *Memorias* con gran alegría por ver, al fin, terminada esta obra monumental y al propio tiempo con verdadera tristeza. Ya no podremos seguir recreándonos con la admirable obra de Ben Hered, que se ha hecho tan simpático a los lectores, no sólo de los Estados Unidos, sino de todo el continente americano, de Europa y Australia. No puede imaginarse el número de admiradores que ha tenido y sigue teniendo su magnífica adaptación; le felicito de veras, pues en estos últimos años no recuerdo que ningún libro del tema que en las *Memorias* se desarrolla haya sido tan leído y más favorablemente comentado.

Claro que merece usted un prolongado descanso. Sabe que tiene carta blanca para sus gastos.

Como supongo que se detendrá en Roma varias semanas, espero darle una sorpresa.

Mi esposa y mis hijos le saludan cariñosamente.

BILL.»

III. ¿Y AHORA, QUÉ?-EPÍLOGO. ¿QUIÉN ES BEN HERED?

«Telegrama.
Myles Connolly.
Gran Hotel del Quirinal. Roma (Italia).
Nos embarcamos hoy para Inglaterra, y pronto nos veremos en Roma. Favor buscarnos alojamiento.

BILL.»

Por parecerme de interés para los lectores el gusto de volver a ver, después de seis años, a mi buen amigo y conocer a mistress Connor y a sus dos hijos, May y Jack, mis grandes admiradores. Por parecerme de interés para los lectores, añado este epílogo contando lo que nos pasó en Roma, y más tarde al regresar a Boston.

EPÍLOGO
¿QUIÉN ES BEN HERED?

A la mañana siguiente de haber llegado a Roma, me estaba afeitando cuando un *bellboy* llamó a la puerta, y anunció que un sacerdote me buscaba. Cuál no sería mi sorpresa cuando vi que entraba el P. Carlos M.ª Heredia.

El P. Carlos es uno de mis profesores más queridos.

—¡Myles! —exclamó—. Anoche me contó una familia sudamericana, que está en este hotel, que había llegado míster Myles Connolly, el traductor y adaptador de las famosísimas MEMORIAS DE UN REPORTERO DE LOS TIEMPOS DE CRISTO. Figúrate mi sorpresa y mi gusto. No pude menos de venir hoy para saludarte.

—Cuánto se lo agradezco, Padre. Yo no tenía idea de que estaba usted en Roma. Dios me lo ha traído providencialmente. Tenemos muchísimo que hablar.

—Pero sigue afeitándote.

Hicimos la mar de recuerdos de cuando yo empezaba mi carrera de reportero y le fui a entrevistar sobre la cuestión, entonces candente del espiritismo. En fin, recordamos con añoranza a antiguos conocidos. En sus ratos libres me acompañaba, y recorrimos los principales edificios de Roma, sin dejar yo de la mano el *Baedeker*.

Algunos días después charlábamos en el *hall* del hotel, cuando el *bellboy* anunció que un oficial del Vaticano me esperaba con una carta. El buen padre no pudo menos de reír al ver mi sorpresa.

—¿Quién me conoce en el Vaticano? —exclamé.

—Vamos —me dijo—, y ten dispuesta una moneda de oro de veinte liras para el mensajero.

Éste me entregó un sobre, que abrí ansioso. Se me anunciaba que S. S. el Papa Pío XII me recibiría en audiencia al día siguiente por la tarde. Casi me caí de espaldas, y con mano temblorosa di la propina al mensajero.

El P. Carlos, con sus influencias, me había conseguido audiencia privada con el Papa, una de las más grandes ilusiones de mi vida.

–Pero, Padre, no tengo traje de etiqueta.

–Nada importa; tomemos un auto, y en pocos minutos estaremos en una de las mejores sastrerías de Roma. Allí te arreglarán un traje hoy mismo, pues supongo que tendrás bastante dinero.

–Carta blanca para lo que se me ocurra.

En efecto, aquella misma noche me probé mi traje irreprochable de etiqueta.

No pude dormir de emoción. Lo que más me afligía era no tener a mano un ejemplar de las *Memorias* para presentárselo a Su Santidad.

Una audiencia por la tarde no es cosa frecuente. Su Santidad recibe generalmente por la mañana a los peregrinos. Era, pues, un privilegio.

Llegamos anticipadamente al Vaticano. Estaba yo tan nervioso, que ni me fijé en los oficiales, vestidos de rojo, que nos recibieron. Uno de ellos, vestido de negro, nos introdujo a la antecámara, donde nos recibió un monseñor. Éste me informó del ceremonial que debe guardarse, y a la hora exacta me introdujo en el estudio privado de Su Santidad. El P. Carlos se quedó en la antecámara.

Yo no sé cómo haría las genuflexiones de ritual; lo que sí recuerdo es que, sin saber cómo, me encontré arrodillado ante Pío XII, teniéndole asida la mano, que cubría yo de besos.

Esta escena pasaba a los tres meses de haber sido el cardenal Pacelli ascendido al solio pontificio.

El Santo Padre, que conoce muy bien la fe de los de raza irlandesa, no se mostró sorprendido de mi conducta. Estaba yo a los pies del sucesor de Pedro, del vicario de Cristo.

Sonriente, me saludó, diciendo:

–¿Con que tú eres el traductor y adaptador de las *Memorias* de Ben Hered?

Esta pregunta tan cariñosa me hizo volver en mí. Y me desaté hablándole con entera confianza.

Me hizo infinidad de preguntas sobre las *Memorias,* pues las conocía, lo que me dio aún más ánimo para hablarle.

Nuestra conversación duraba ya más de una hora.

Cuando al final le descubrí el *secreto de Ben Hered,* sonriente, el Santo Padre me preguntó:

–¿Y no ha venido contigo?

Al principio quedé sin saber qué decir; y el Papa, notándolo, añadió:

–La audiencia era para ti y para él.

Entonces caí en la cuenta, y respondí:

–Santísimo Padre, se ha quedado aguardando en la antecámara.

–Que pase en seguida. Y llamando al monseñor de guardia, le dio orden de que entrara el P. Carlos María.

III. ¿Y AHORA, QUÉ?-EPÍLOGO. ¿QUIÉN ES BEN HERED?

Entró éste, y con toda devoción fue a arrodillarse ante Su Santidad.
–Padre Heredia –le dijo el Papa–, hemos estado hablando largamente con Myles. Ya nos contó el secreto de tus famosas *Memorias,* y hemos querido bendecirte de una manera especial: Mi querido hijo Ben Hered, la obra será leída por muchos, y hará un gran bien. Os bendecimos de todo corazón.

Atardecía; de pronto sonaron las campanadas del *Angelus.* Como era tiempo pascual, el Papa se puso en pie y empezó a rezar, respondiendo nosotros.
–*Regina coeli laetare.*
–*Alleluia.*
–*Quia quem meruisti portare.*
–*Alleluia.*
–*Resurrexit sicut dixit.*
–*Alleluia.*
–*Gaude et laetare, Virgo Maria.*
–*Alleluia.*
–*Quia surrexit, Dominus vere.*
–*Alleluia.*

En seguida, el Sumo Pontífice, poniendo su mano sobre la cabeza del P. Heredia, añadió:
–Aun en el siglo veinte hay mártires como en los primeros siglos: los mártires mejicanos. Recemos tres Avemarías a la *Madonna* de Guadalupe por Méjico...

Y así terminó nuestra audiencia con el vicario de Cristo, Pío XII.

BILL Y SU FAMILIA

Cuando fui a recibir a la estación a Bill, a su esposa y sus hijos, lo primero que dijeron después de los saludos fue:
–¿Cuándo podremos ver al Papa?
–Yo –interrumpió Bill –traigo más de una docena de cartas de recomendación para Su Santidad.
–No creo que sean necesarias. Su Santidad le encargó al P. Heredia que tan pronto como llegara usted con su familia le mandara avisar para señalar la audiencia.
–¿Pero el Papa se acuerda de mí? –preguntó Bill, asombrado.
–Recuerda perfectamente cuando le saludó en Washington con otros periodistas.

Bill estaba visiblemente emocionado.
La audiencia tuvo lugar algunos días después, a las once de la mañana.
Los acompañaba yo.
–Santísimo Padre –dije–, presento a Su Santidad a míster William Connor, editor del *Boston Graphic,* a su esposa y a sus hijos.

Los hijos y la señora besaron arrodillados el anillo del Papa. Pero cuando llegó su turno a Bill, no dejó el Papa que se arrodillara, y le estrechó la mano, que Bill, emocionadísimo, se empeñó en besar.

–Tenemos positivo gusto, míster Connor, en volverle a ver –dijo el Papa–; le conocimos durante nuestra visita a los Estados Unidos. Además, hemos leído detenidamente las MEMORIAS DE UN REPORTERO DE LOS TIEMPOS DE CRISTO, y en ellas aparece usted como editor.

–Santísimo Padre –repuso Bill casi temblando–, tengo el honor de presentarle los tres tomos de las *Memorias,* que le suplico acepte en testimonio de respeto.

Y puso en manos del Papa la obra, magníficamente encuadernada en raso blanco, con las armas del Pontífice realzadas en oro. El Santo Padre tomó los libros, los hojeó y dijo:

–Mucho os agradecemos este magnífico presente. Este libro hará gran bien, y esperamos sea traducido en varias lenguas.

En seguida le hizo el Pontífice preguntas sobre los Estados Unidos, la Prensa y otros temas, a las que Bill respondía con mucha soltura.

La niña estaba nerviosísima; quería hablar cuanto antes con Su Santidad. Notándolo el Papa, le dijo:

–Vamos a ver, May, ¿qué es lo que tienes que decirme?

La niña se levantó, y, acercándose al Papa, le dijo:

–¿Recuerda Su Santidad el encargo que le hice cuando le vi en Washington?

–No lo hemos olvidado –y tomando su breviario de sobre la mesa, sacó una hojita en la que estaba pegado un ramito de «no me olvides»–. ¿Lo reconoces?

Hay que saber que May, el día que vio al entonces cardenal Pacelli, yendo ella con Bill, le había dado esa florecilla disecada, bajo la cual la niña había escrito: «No se olvide su eminencia de pedir mucho a la Santísima Virgen por mi papá.–*May Connor».*

Se puede imaginar la sorpresa y el gusto de la niña, quien, tomando la mano del Papa, la cubrió de besos...

–Tú, Jack –dijo el Papa, dirigiéndose al niño–, ¿qué tienes que decirnos?

Con gran soltura, el muchacho se acercó y dijo:

–Santísimo Padre, en nombre de nuestra familia os entrego este pequeño obsequio.

Era una cartera con un cheque por 5.000 dólares.

–Os lo agradezco mucho, pero Nosotros no lo necesitamos...

–Pero –repuso el niño–, Su Santidad necesita tener dinero para socorrer a muchos pobres...

Los ojos del Pontífice se arrasaron de lágrimas, y llamando al monseñor de guardia, le ordenó:

–Monseñor, que hoy mismo sea entregado este cheque al Orfelinato de San José.

Luego, poniendo sus manos sobre las cabezas de ambos niños y mirándome a mí (sin duda como aprobación de lo que tantas veces se repite en las *Memorias*), añadió:

—No cabe duda, «de los niños y de los pobres es el reino de los cielos»...

—Y vos, señora, ¿tenéis algo que decirnos? —repuso el Papa, dirigiéndose a mistress Connor.

—Santísimo Padre —respondió la dama—, es un pequeñísimo obsequio que tal vez pueda ser útil a Su Santidad.

Era una magnífica pluma estilográfica.

El Papa abrió el estuche y probó la pluma sobre un papel.

—No cabe duda —dijo—, es un regalo muy útil, y podemos estrenarlo escribiendo algo.

Había notado el Papa que la señora traía un rollo: era un retrato de Su Santidad.

—Dádnoslo, señora; estrenaremos la pluma.

Y el Papa escribió una dedicatoria, añadiendo la bendición papal para la hora de la muerte.

Parecía que la audiencia terminaba. El Papa, sin embargo, dirigiéndose a Bill, que estaba emocionadísimo, le dijo:

—Míster Connor, ¿aceptaríais de nuestras manos un recuerdo piadoso?

Por toda respuesta, Bill se arrodilló ante el Papa sin poder hablar.

—Es —dijo el Sumo Pontífice— una medalla de la Santísima Virgen, bajo su advocación de *La Milagrosa*.

Y abriendo la cadenilla de oro que sostenía la medalla del mismo metal, se la paso a Bill alrededor del cuello

—Ninguna condecoración en el mundo —dijo Bill— apreciaré más que este recuerdo de Su Santidad. Después de imponer la mano para bendecir rosarios y medallas que llevaban la señora Connor, y yo también, nos dio el Papa su bendición.

Cuando salimos, el Papa me hizo señas de que me quedara, y me preguntó:

—El padre Heredia, «el buen Ben Hered», ¿no vino?

—No, Santísimo Padre, estaba ocupado en el Colegio Pío Latino.

—Le darás entonces esta medalla en nuestro nombre, diciéndole que *bendecimos otra vez a él y su obra*... Y si algo le sucede a míster Connor, no dejes de darnos cuenta de ello...

ITINERARIO DE LOS APÓSTOLES
EN LA EVANGELIZACIÓN DEL MUNDO

Téngase presente que la parte más poblada en aquella época era el Asia *Menor* (ahora Turquía). Los apóstoles recorrieron inmensas distancias, principalmente a pie, y también por mar cuando se podía.

Los *doce apóstoles* permanecieron por ocho años en Jerusalén, evangelizando también Judea. Después, por espacio a lo sumo de quince años, *evangelizaron lo restante del mundo*.

He aquí las principales regiones que evangelizaron:

Pedro: Samaría, Antioquía (Asia Menor), Ponto, Galacia, Bitinia y Roma.

Andrés: Tracia, Partos, Escitas, Eslavos, Ponto, Paflogonia y Acaya.

Juan: Samaría, Éfeso, Esmirna, Pérgamo, Tiatira, Sardes, Filadelfia, Laodicea y Roma.

Mateo: Grecia, Egipto, Persia, Macedonia y Etiopía.

Tomás: Medos, Persas, Idumea, Mesopotamia, India y Meliapor.

Santiago Alfeo: Solamente Jerusalén.

Santiago Zebedeo: España.

Felipe: Escitas, Tartaria y Frigia.

Bartolomé: Armenia, Alejandría y la India.

Simón: Egipto, Mesopotamia y Mauritania.

Tadeo: Libia, Arabia, Idumea y Persia.

Matías: Etiopía.

Pablo: Antioquía, Chipre, Creta, Cilicia, Éfeso, Colosas, Filipos, Atenas, Tesalónica, Corinto, Galacia, Macedonia, Grecia, Malta, España, las Galias y Roma (con otras provincias de Asia Menor).

EL OBELISCO

–A ver, Myles, ¿qué le parece ese artículo que he escrito para el *Boston Graphic?* –dijo Bill, entregándome unos papeles.

No pude menos de sonreírme cuando empecé a leer: *«Aunque yo no soy creyente...»;* pero, a pesar de todo, había escrito Bill un magnífico elogio del Vicario de Cristo y sucesor de San Pedro.

Contaba su entrevista con el Papa Pío XII como si Su Santidad lo hubiera recibido a él únicamente. Narraba las preguntas que les había hecho, en especial sobre el *Boston Graphic.* En fin, aprovechaba los menores detalles para hacer sumamente amena y encomiástica su «entrevista» con el Papa.

Terminaba diciendo que Su Santidad «lo había condecorado» imponiéndole una medalla de oro... Pero no explicaba qué clase de medalla era aquélla.

–Muy bien, Bill –le dije cuando acabé de leer su artículo–, va a ser sensacional, sobre todo si publica en colores el retrato de Su Santidad.

–¡Cómo se me olvidó haber llevado un retrato para que me lo firmara Su Santidad! –exclamó Bill, consternado.

III. ¿Y AHORA, QUÉ?-EPÍLOGO. ¿QUIÉN ES BEN HERED?

–Pues el Papa ha sido «tan caballero» que me envió, para entregárselo a usted, este retrato con su firma, dedicado a míster William Connor, editor del *Boston Graphic*.

* * *

Poco antes de que Bill dejara Roma, me entregó otro artículo, en el que había estado trabajando varios días, yendo a documentarse a la Biblioteca Vaticana acompañado de monseñor Castillo y Piña.

Cuando terminé de leerlo no pude menos de decir:

–¡Magnífico, Bill! Venga esa mano. Es algo escrito con el cerebro y con el corazón.

–Se lo agradezco, Myles; así es, lo he escrito con el corazón.

El artículo se titulaba «El testigo mudo». Era la historia del obelisco que se yergue en la plaza de San Pedro, ante la inmensa basílica.

Después de hablar sobre los obeliscos egipcios de modo muy erudito, trataba del obelisco llevado a Roma en tiempos de Claudio. Contaba la impresión «profética» que causó a Pedro la vista de aquel monolito, que debía colocarse en el lugar donde se erigió, más tarde, el circo de Nerón. Narraba, en una descripción llena de vida, cómo aquel obelisco presenció estólido las atrocidades de que fueron victimas los testigos, los mártires cristianos. Presentaba a Pedro despidiéndose de aquel testigo mudo antes de ser crucificado. Contaba la conversión y bautismo de Mardoqueo a los pies del monolito. Narraba brevemente las persecuciones de los cristianos durante tres siglos, y lo hacía resplandecer glorioso al triunfo de la Iglesia en tiempo de Constantino.

Finalmente terminaba su artículo con estas palabras:

–«Estaba yo en la plaza de San Pedro poco antes de la aurora contemplando el magnífico obelisco. El cielo, al Oriente, se empezó a teñirse de rosa. Entonces me sentí lleno de una emoción extraña. La cruz que se encuentra sobre el obelisco empezó a iluminarse, y me pareció que el monolito era un gigantesco brazo que la enarbolaba. Las doscientas ochenta y cuatro columnas que forman los pórticos que le rodean se transformaron ante mis ojos en seres fantásticos, y las ciento noventa y dos estatuas que los rematan se llenaron de vida. Escuché una voz misteriosa que exclamaba: «He aquí la cruz del Señor». La voz continuó: «Venció el león de la tribu de Judá». Entonces las animadas estatuas clamaron: «Cristo vence, Cristo impera, Cristo reina», y las fantásticas figuras, en que se habían convertido las columnas, en un grito sublime terminaron: «Y reinará».

En aquel momento sonaban las campanas de San Pedro anunciando el *Angelus*, y los primeros rayos del sol naciente iluminaron la cruz.

Cuando estrechaba yo la mano de mi amigo Bill, me fijé en su cara detenidamente, y vi en ella todos los rasgos del israelita. Era judío, y su verdadero nombre era Judá Ben Judá, como yo de antiguo sabía.

EL DÍA DE GRACIAS

Era el jueves último de noviembre, y, según la costumbre, por decreto del presidente, se dedicaba ese día a dar gracias a Dios por los beneficios recibidos.

Habían pasado varios meses desde nuestra llegada a Boston. Bill, aunque ocupadísimo con las noticias de la guerra entre Inglaterra y Alemania, declarada a principios de septiembre, parecía preocupado con ideas de otra índole.

–Bueno, Bill –le dije–, ¿vamos hoy al gran partido de fútbol entre el Boston College y el Annápolis?

–Hay muchísimo que hacer –me respondió, distraído–. Por otra, parte, mis hijos y mi mujer se han ido a Albany, a celebrar el día con la abuelita.

–Pues entonces, después del trabajo, me lo llevo a casa a comer.

–Bueno –repuso, sonriente, mi amigo.

–¡Madre –grité al abrir la puerta de mi casa–, mister Connor viene a comer con nosotros!

Cuánto me alegro –respondió ella desde la cocina–. Que sea bien venido.

Mientras llegaba la hora de sentarnos a la mesa, Bill y yo nos pusimos a fumar y a hablar del próximo partido. A pesar de que le interesaba esta conversación, parecía estar distraído. Nos sentamoa a la mesa.

–Buenas tardes, míster Connor –dijo mi madre, mientras ponía sobre la mesa un magnífico *turkey* (pavo) relleno y asado al horno–. ¿Cómo están las señoras y los niños?

–Muy bien; hoy se fueron con la abuelita a pasar el día.

–Tanto mejor –dijo mi madre, mientras trinchaba el pavo–; hoy, por fin, comerá usted con nosotros, como tantas veces nos lo había prometido.

Hubo un muy largo rato de silencio, pues Bill y yo estábamos hambrientos, y el pavo, estaba exquisito.

Después de la comida, mi madre se acercó a Bill, y le dijo:

–Mister Connor, usted tiene algo que le preocupa.

–Sí, señora, tengo una preocupación muy grande.

Entonces mi madre, poniéndole cariñosamente la mano sobre el hombro, le dijo:

–¿Por qué no hace la experiencia y ora? Pídale a la Santísima Virgen que le ayude.

Bill le respondió:

–Seguiré su consejo, muchas gracias.

Y mientras esto decía, apretaba instintivamente contra su pecho la medalla milagrosa que le regalara el Papa.

Marchamos en el coche de Bill.

El partido fue reñidísimo. Bill, si bien es cierto que atendía a las jugadas con ojo experto, en los momentos de descanso permanecía calla-

do sin hacer comentarios. Como yo conjeturaba lo que le pasaba, le dejé en paz.
Finalmente terminó el juego. Fue un triunfo para el Boston College: uno a cero a nuestro favor. Todo Boston vitoreaba a mi colegio.
–Vámonos, Myles –me dijo Bill, abotonándose su abrigo, pues empezaba a nevar.
Marchamos. En el camino, Bill, que dirigía su auto, no habló palabra. Al llegar a mi casa no quiso subir, diciendo que tenía un asunto importante.
Yo subí la escalera, gritando:
–¡Madre, el triunfo ha sido nuestro! Uno a cero a nuestro favor.
Encontré a mi madre vestida para salir.
–Me alegro muchísimo del triunfo. Pero ¿dónde está míster Connor?
–No quiso subir; dijo que tenía un asunto importante.
–Mira, Myles, vamos a la iglesia a dar gracias, y a pedir mucho a la Virgen Santísima por tu amigo.
No tuve qué responder, y bajé con mi madre del brazo. Nevaba. Nos dirigimos a la próxima iglesia.
Al llegar, vimos varios coches.
–Madre –dije–, aquí está el auto de Bill.
–Tanto mejor, habrá también venido a dar gracias.
–Pero si él es judío.
–Pero Dios es Padre de todos.
Se oían los acordes del órgano en la iglesia superior.
–Nosotros vamos mejor a la cripta –dijo mi madre–. Allí podremos orar en silencio por ese hombre.
Entramos. Casi no había luz: solamente la lámpara del Santísimo brillaba junto al altar. Nos arrodillamos en los primeros bancos, y mi madre se puso con todo fervor a rezar el rosario a la Madre de Misericordia por mi amigo. Yo, arrodillado y poniendo la cabeza entre las manos, me puse a orar con todo el fervor que pude por Bill.
Poco a poco mis ojos se fueron acostumbrando a la penumbra, y distinguí un hombre que estaba arrodillado junto al comulgatorio. Seguí orando y diciendo a Nuestro Señor: «Dale luz para que vea, Señor; él es, como Tú, de la tribu de Judá». Mi madre seguía rezando fervorosamente a la Virgen Santísima.
De pronto vi que el hombre se levantaba, abría la barandilla del comulgatorio y subía al altar.
–Madre –dije–, sabe Dios quién será ese hombre que está junto al sagrario.
Nos acercamos sigilosamente, y nos arrodillamos ante el comulgatorio. El hombre tenía la cabeza reclinada sobre el altar mismo. De pronto oí un gemido. Subí al altar. Allí estaba Bill arrodillado, gimiendo y apretando contra su pecho la medalla milagrosa. Al verme, exclamó:

–Venció el león de la tribu de Judá –y luego, tocando el Tabernáculo con sus crispados dedos, dijo–: Creo, creo, creo. Cristo vive, Cristo ha vencido, Cristo impera, Cristo reina y reinará.

Y Bill, el judío Ben Judá, cayó en mis brazos exclamando:

–Cristo ha triunfado. Creo, creo. Él es el Hijo de Dios.

Cristo había vencido.

LA LEYENDA MARIANA
del Padre Carlos M.ª de Heredia, S. J.

Algunas ediciones de **MEMORIAS DE UN REPORTERO DE LOS TIEMPOS DE CRISTO** han añadido al final la famosísima **«LEYENDA MARIANA»**, del mismo célebre autor, Padre Heredia.

Como en esta edición hemos optado por presentar una letra más legible y se ha pasado de las mil páginas,

LA «LEYENDA MARIANA»
SE EDITA EN UN TOMO DE EDIBESA APARTE

Para quienes han disfrutado leyendo las *«Memorias de un reportero...»,* hay una segunda parte, centrada en la Madre, **Myriam**, del mismo estilo que las *«Memorias»:* fidelidad absoluta a los datos evangélicos, adornados con la creación de un ambiente, tan bien logrado según la tradición judía y cristiana, en el que Myriam y los personajes que la rodean se mueven como seguramente se movieron en su día. ¡*No se lo pierda*!

ÍNDICE

Páginas

Introducción 5

LIBRO PRIMERO
EL QUE HA DE VENIR

1. En las oficinas del «Boston Graphic» 9
2. Principio del manuscrito 14
3. Treinta años atrás 19
4. En el mercado 24
5. A la orilla del Jordán 29
6. La entrevista 35
7. El lago 40
8. Cafarnaún 45
9. El Bautismo 50
10. Cumpleaños de Anás 55
11. Algo de política 60
12. Arimatea 65
13. Caná 71
14. Herodes 75
15. Herodías 81
16. Betania 86
17. Samaría 97
18. Endor 103
19. El gemelo 109
20. Las bodas 115
21. El templo 126
22. En la cama 134
23. Chuza 139
24. Cefas 144
25. La vendedora de higos 150
26. Quarto 155
27. De viaje 161
28. Empieza la lucha 167
29. Epilépticos 173

                                                              Páginas

30. El diablo 176
31. Bienaventurados 180
32. Su mirada 184
33. La cuestión del sábado 191
34. La tempestad 197
35. Curaciones 202
36. Maqueronte 206
37. Una gira 211
38. El número trece 215
39. La mujer 221
40. Efervescencia política 225
41. Un banquete 230
42. Entusiasmo 235
43. Samuel 241
44. Cartas y recortes 247

LIBRO SEGUNDO
Yo soy

 1. Una hierba maravillosa 255
 2. Manuscrito divino 261
 3. Los recabitas 267
 4. Sinaí 272
 5. Purim 277
 6. Despedida 283
 7. Una sorpresa 291
 8. Discusiones 296
 9. Gallos y caballos 301
10. Sus manos 306
11. Una carta 311
12. Confesión 315
13. Nuevos escribas 321
14. Graduación 327
15. Están verdes 334
16. Intereses heridos 340
17. Tabernáculos 345
18. Ceremonias 351
19. Fin de fiesta 356

ÍNDICE

Páginas

20. Luz	361
21. Sidonio	367
22. Investigaciones	372
23. Zaqueo	379
24. La visita	383
25. Tramas políticas	390
26. Una hipótesis	397
27. Los tres hermanos	402
28. Simón	408
29. La enfermedad	412
30. El mensaje	418
31. «¿Crees tú esto?»	423
32. «¡Aquí; fuera!»	428
33. El justo no miente	435
34. El vaso de alabastro	438
35. Hosanna	444
36. La conspiración	450
37. La cena	455
38. La traición	463
39. Simón Pedro	470
40. «Yo soy»	473
41. El programa del día	480
42. Claudia	483
43. Todo se ha cumplido	490
44. Los funerales	495
45. Myriam	501
46. El gran sábado	507
47. La última lucha	511
48. Fragmentos	515
49. Así como lo dijo	520
50. «¡María!»	521
51. El retrato	526
52. Más pruebas	531
53. A puertas cerradas	537
54. Pilato	540
55. En casa de los Baltazar	544
56. A Galilea	552
57. De vacaciones	557

Páginas

LIBRO TERCERO
¿Y AHORA, QUÉ?

Prólogo	565
1. La púrpura de tiro	569
2. La junta	580
3. El pescador de perlas	589
4. Toma y lee	595
5. Nuevas noticias	604
6. El lazo de la unión	608
7. El rey electo	614
8. El pastor	621
9. Un regaño de mi abuelo	628
10. La relación de Marta	633
11. El pan con levadura	638
12. En las sinagogas	642
13. La proclama de Pedro	648
14. Los niños	651
15. Un día perfecto	655
16. Aquella noche	660
17. El plan de mi abuelo	665
18. Carta muy interesante	669
19. Cien años después	672
20. La cuestión candente	673
21. Una cita	676
22. Las credenciales de Pedro	679
23. Con el senador Pudens	682
24. Cena de familia	686
25. Dificultades	689
26. Ananías y Safira	693
27. Consecuencias opuestas	696
28. Nuevo chasco	702
29. La primera corona	707
30. El panegírico	712
31. De viaje	715
32. Los novios	720
33. Nuevos cristianos	726
34. Empieza la desunión	732
35. El tejedor de tiendas	736
36. Conversando con Jonadab	740
37. La víspera	743

	Páginas
38. El matrimonio	748
39. Fiestas	754
40. Prosiguen las fiestas	758
41. El hijo pródigo	763
42. Días felices	768
43. Entrevistas	772
44. Más entrevistas	777
45. En Magdala	781
46. En Jerusalén	786
47. Felipe	789
48. Los cuervos viejos	794
49. Santiago Alfeo	800
50. Cumpliendo una promesa	805
51. Rhodé	809
52. Antioquía	812
53. Los elegidos	817
54. Todos hijos	822
55. Rumbo a Europa	828
56. Basta de Jerusalén	834
57. Platicando con mis nietos	838
58. ¡Salve, oh cruz preciosa!	842
59. «Id por todo el mundo»	848
60. Haciendo recuerdos	852
61. Cría cuervos...	858
62. La dispersión	864
63. Agabo	868
64. Sale la luna	873
65. José	878
66. La estrella	882
67. Nazaret	886
68. Maestra	890
69. Llega Quarto	893
70. La tercera dimensión	898
71. Onésimo	901
72. La perla negra	904
73. El bibliopola	907
74. Narración de Mardoqueo	912
75. Testigos ardientes	915
76. Los dos grandes testigos	921
77. Antiguos conocidos	927
78. Las dos hermanas	931

Páginas

79. Las catacumbas	936
80. Regalos	941
81. Las gemelas	945
82. «Judea Capta»	952
83. En la isla de Creta	955
84. Los náufragos	958
85. Fin de Mardoqueo	964
86. La inspiración	968
87. Juan	974
88. La Verónica	977
89. Exámenes y premios	979
90. ¿Y ahora, qué?	984
91. Cartas y telegramas	994
Epílogo	995

LA LEYENDA MARIANA
del Padre Carlos M.ª de Heredia, S. J.

Algunas ediciones de **MEMORIAS DE UN REPORTERO DE LOS TIEMPOS DE CRISTO** han añadido al final la famosísima **«LEYENDA MARIANA»,** del mismo célebre autor, Padre Heredia.

Como en esta edición hemos optado por presentar una letra más legible y se ha pasado de las mil páginas,

LA «LEYENDA MARIANA»
SE EDITA EN UN TOMO DE EDIBESA APARTE

Para quienes han disfrutado leyendo las *«Memorias de un reportero...»,* hay una segunda parte, centrada en la Madre, **Myriam,** del mismo estilo que las *«Memorias»:* fidelidad absoluta a los datos evangélicos, adornados con la creación de un ambiente, tan bien logrado según la tradición judía y cristiana, en el que Myriam y los personajes que la rodean se mueven como seguramente se movieron en su día. ¡*No se lo pierda!*

FONDO EDITORIAL EDIBESA · 2006

- **Benedicto XVI/Ratzinger habla de Juan Pablo II/Wojtyla.** La opinión más autorizada, los dos Papas del siglo XXI en un mismo libro, con espléndidas fotos. 112 págs., 13,75 € (*).
- **Juan Pablo II y los grandes de la tierra.** Una obra excepcional, en la que 125 personajes mundiales (reyes, jefes de Estado o de gobierno, líderes políticos y religiosos, hablan del personaje de nuestro tiempo: Juan Pablo II. 255 págs. a todo color, gran formato. 28,75 €.

DICCIONARIOS EDIBESA

- **Diccionario social de los Padres de la Iglesia.** La impresionante doctrina social de los Santos Padres, en un diccionario, por Restituto Sierra Bravo, 420 págs., 17,50 €.
- **Diccionario doctrinal de San Agustín**, por Pedro J. Lasanta y Rafael del Olmo, O.S.A. 960 págs., 29,50 €.
- **Diccionario teológico de Santo Tomás.** Textos selectos y ordenados de la *Suma de Teología*, por José A. Martínez Puche, O.P. 892 págs., 28,75 €.
- **Diccionario de espiritualidad de Santa Teresita.** La doctrina espiritual de Santa Teresa del Niño Jesús, en un millar de textos, por Vicente Martínez-Blat, O.C.D. 365 págs., 11,50 €.
- **Diccionario teológico-espiritual de San Juan de Ávila**, preparado por Pedro J. Lasanta. 551 págs., 15 €.
- **Diccionario social y moral de Juan Pablo II.** Pedro J. Lasanta. Enseñanzas del Papa, sobre política, trabajo, familia, vida humana, valores, en 2.210 textos. 734 págs., 23,50 €.
- **Diccionario de teología y espiritualidad de Juan Pablo II.** Por Pedro J. Lasanta. La doctrina teológico-espiritual del Papa en 1.268 págs. con 5.000 textos, 32 €.
- **Diccionario de Pablo VI.** El rico magisterio del Papa del Vaticano II, por Pedro J. Lasanta. 870 págs., 32 €.
- **Diccionario de valores. Juan Pablo II a los jóvenes del mundo**, por Ricardo Cuadrado Tapia. 524 págs., 9,80 €.
- **Enciclopedia de la Virgen.** Todo sobre María, por José A. Martínez Puche, O.P., Rafael del Olmo, O.S.A, e Ignacio H. de la Mota. 1.950 págs., 59,50 €.

COLECCIONES

1.ª NUEVO AÑO CRISTIANO

12 tomos, uno por mes, dirigido por José A. Martínez Puche: liturgia, santoral actualizado (santos, beatos, venerables, siervos de Dios), jornadas eclesiales.
1. **Enero** (5.ª ed). 633 págs., 20,25 €.*(cartoné: 22,25 €)*.
2. **Febrero** (4.ª ed.). 489 págs., 15,65 €.*(cartoné: 17,65 €)*.
3. **Marzo** (4.ª ed.). 422 págs., 13,50 €.*(cartoné: 15,50 €)*.
4. **Abril** (4.ª ed.). 446 págs., 14,00 €.*(cartoné: 16,00 €)*.
5. **Mayo** (4.ª ed.). 590 págs., 18,50 €.*(cartoné: 20,50 €)*.
6. **Junio** (4.ª ed.). 559 págs., 17,50 €.*(cartoné: 19,50 €)*.

---

* Los precios incluyen el IVA.

7. **Julio** (4.ª ed.). 671 págs., 21,00 €. *(cartoné: 23,00 €)*.
8. **Agosto**. (4.ª ed.). 748 págs., 23,75 €.*(cartoné: 25,75 €)*.
9. **Septiembre** (4.ª ed.). 640 págs., 20,45 €.*(cartoné: 22,45€)*.
10. **Octubre** (5.ª ed.). 654 págs., 20,30 €.*(cartoné: 22,75 €)*.
11. **Noviembre** (4.ª ed.). 564 págs., 18,25 € *(cartoné: 20,25 €)*.
12. **Diciembre** (4.ª ed.). 598 págs., 20,25 € *(cartoné: 22,25 €)*.

* **Precio de la colección: en rústica, 210** € *(no 223,90)*; **en cartoné: 230** € *(no 247,60)*.

2.ª DOCE VIDAS DE JESÚS

1. **Vida de Jesucristo según el Evangelio** (2.ª ed.), del P. LAGRANGE, O.P. Obra capital entre las grandes Vidas de Jesús. XII + 545 págs., 17,45 €.
2. **La más antigua Vida de Jesús. Diatessaron de Taciano** (2.ª ed.). Los 4 Evangelios, en un solo relato en el siglo II. 259 págs., 10,50 €.
3. **Vida de Cristo** (2.ª ed.), de FRAY LUIS DE GRANADA. Profundidad, claridad, unción y la elegancia del Siglo de Oro. 370 págs., 13,25 €.
4. **Jesucristo** (2.ª ed.), de L. DE GRANDMAISON, S.J. Erudición, belleza literaria, grandes intuiciones. 638 págs., 21 €.
5. **Vida de Jesús según los Evangelios sinópticos** (2.ª ed.), de JOSÉ SALGUERO, O.P. Una obra de nuestros días. 356 págs., 13,85 €.
6. **Nuestro Señor Jesucristo según los Evangelios** (2.ª ed.), de L.-Cl. FILLION. Quizá «la Vida de Jesús más completa que se ha escrito». 447 págs., 14,45 €.
7. **Memorias de un reportero de los tiempos de Cristo**, del P. CARLOS M.ª DE HEREDIA, S.J. Fiel al Evangelio, se lee como una novela. 1.010 págs., 23,45 €.
8. **Vida de Nuestro Señor Jesucristo** (2.ª ed.), del P. REMIGIO VILARIÑO, S.J. La más popular en España en el siglo XX. 645 págs., 21 €.
9. **La vida de Jesús, en el país y pueblo de Israel** (2.ª ed.), de F. M. WILLAM. Seriedad del sabio sacerdote alemán, piedad, elegancia. 493 págs., 17,45 €.
10. **Vida de Jesús** de FRANÇOIS MAURIAC. Joya literaria del novelista francés, Académico y Premio Nobel. 224 págs., 10,50 €.
11. **Historia de Cristo** (2.ª ed.), de GIOVANNI PAPINI. Obra cumbre de Papini, el convertido deslumbrado por Jesús. 383 págs., 14,45 €.
12. **Vida de Jesucristo** (2.ª ed.), de GIUSEPPE RICCIOTTI. Para conocer con claridad todo sobre la vida del Señor. 590 págs., 19,25 €.

* **Precio especial de las 12 Vidas de Jesús: 179** € *(no 196,50 €)*.

3.ª BIBLIOTECA MARIANA

Para saber todo sobre la Virgen: doctrina, espiritualidad, historia, devoción:
1. **María, en la Biblia y en los Padres de la Iglesia** (2.ª ed.). J. R. Flecha, Klemens Stock, S.J., J. A. Martínez Puche, O.P., ofrecen lo mejor que la Biblia y los Padres dicen de la Virgen. 391 págs. 13,25 €.
2. **Documentos Pontificios Marianos** (2.ª ed.). Selección de los documentos de los Papas y Concilios, del año 268 al 2002. 467 págs., 16,50 €.
3. **San Bernardo y San Alberto hablan de María** (2.ª ed.). Las *Homilías Marianas* de San Bernardo, y una selección del *Marial* de San Alberto Magno. 321 págs., 11,30 €.

Libros 3

4. **San Luis M.ª G. de Montfort y San Alfonso hablan de María** (2.ª ed.). *Tratado de la verdadera devoción a la Santísima Virgen* y *El Secreto de María*, de Montfort, y *Las Glorias de María* (Salve Regina y Virtudes de María) de San Alfonso M.ª de Ligorio. 490 págs., 17,25 €.
5. **Antología Mariana. 100 autores hablan de María** (2.ª ed.). Selección de textos de 100 autores, cristianos y no cristianos: una sinfonía de 100 voces de todas las generaciones que proclaman dichosa a la Virgen. 421 págs., 14,90 €.
6. **María, en la literatura y en el arte** (2.ª ed.). Vida de María, de Fray Luis de Granada. Un centenar de poetas y de artistas honran a la Virgen: *a todo color*. 369 págs., 19,50 €.
7. **Año Mariano. María, en la liturgia y en la piedad** (2.ª ed.). Cada día con María, por José A. Martínez Puche, O.P. 599 págs., 23,50 €.
8. **María, Madre de la Hispanidad** (2.ª ed.). Vírgenes Patronas de España y de América. 635 págs. + 80 color. 24,50 €.
9-12. **Enciclopedia de la Virgen.** Por J. A. Martínez Puche, Ignacio H. de la Mota, Rafael del Olmo ofrecen, por orden alfabético casi todo sobre la Virgen: doctrina y devoción, historia y leyenda, fiestas y advocaciones, personajes, países, poblaciones, patronazgos marianos. 1.950 págs., 59,50 €.

* Precio especial de toda la colección: 179 €.

4.ª DOCUMENTOS Y TEXTOS

Doce libros bellamente encuadernados con lo mejor del Magisterio de la Iglesia desde el Vaticano II, Santos Padres, San Agustín y Santo Tomás.

1. **Encíclicas de Juan Pablo II** (5.ª ed.). Las 14 Encíclicas. Prácticos índices, 1.875 págs., 42,50 €.
2. **Diccionario social y moral de Juan Pablo II,** por Pedro J. Lasanta. 2.210 textos. 734 págs. 23,50 €.
3. **Diccionario de teología y espiritualidad de Juan Pablo II,** por Pedro J. Lasanta. 5.000 textos, 1.268 págs., 32 €.
4. **Encíclicas de Pablo VI.** Y la exhortación apostólica «Evangelii nuntiandi». 450 págs., 22,50 €.
5. **Diccionario de Pablo VI,** por Pedro J. Lasanta. 870 págs., 32 €.
6. **Encíclicas del Beato Juan XXIII.** Y mensajes a España y Latinoamérica. 648 págs., 21 €.
7-8. **Documentos sinodales.** Las siete Exhortaciones Apostólicas (Pablo VI y Juan Pablo II) y textos del Sínodo de los Obispos. Dos tomos. 1.720 págs., 46,50 €.
9. **Cardenal Rouco.** Magisterio del arzobispo de Madrid y Presidente de la Conferencia Episcopal. 1.450 págs., 33 €.
10. **Diccionario social de los Padres de la Iglesia.** La impresionante doctrina social de los Santos Padres, por R. Sierra Bravo. 420 págs., 17,50 €
11. **Diccionario doctrinal de San Agustín,** por Pedro J. Lasanta y Rafael del Olmo, O.S.A. 960 págs., 29,50 €.
12. **Diccionario Teológico de Santo Tomás,** por José A. Martínez Puche, O.P. Textos de la «Suma» por orden alfabético. 892 págs., 28,75 €.

* Precio especial de toda la colección: **245** € (La suma de los precios de los 12 es de 328,75 €).

5.ª DOCE MAESTROS DEL ARTE CRISTIANO

• **12 libros a todo color, con la trayectoria vital y artística y sus mejores obras, de: FRAY ANGÉLICO, RAFAEL, BELLINI, BOTICELLI, CARAVAGGIO, GHIRLANDAIO, GIOTTO, LEONARDO DA VINCI, MANTEGNA, MIGUEL ÁNGEL, TIZIANO y FILIPPO LIPPI.**
Con la garantía de Scala, de Florencia. Cada libro: 12 €. Los 12, 120 € (no 144).

6.ª OBRAS DE JOSÉ LUIS MARTÍN DESCALZO

* **María de Nazaret** (2.ª ed.). Comentarios y poemas marianos. 140 págs., 7,85 €.
* **Yo amo a la Iglesia** (2.ª ed.). La Iglesia y sus miembros. 290 págs., 11,75 €.
* **Días grandes de Jesús,** (Navidad, Semana Santa, Pascua...). 300 págs., 11,75 €.
* **Para mí la vida es Cristo** (2.ª ed.). La vida cristiana, hoy. 299 págs., 11,75 €.
* **Relatos de un cura joven.** Folletos del joven Martín Descalzo: **1.** Al filo de la Palabra, de tema bíblico. 196 págs. **2.** Cristianos para nuestro tiempo, sobre los estados de la vida cristiana. 204 págs. Cada libro: 9 €.
* Precio especial de la colección: **49 €** *(no 61 €).*

1. LA BIBLIA, PALABRA DE DIOS

* **NUEVA BIBLIA DE JERUSALÉN.** Uno de los mayores logros editoriales bíblicos de todos los tiempos, realizada por los dominicos de la École Biblique de Jerusalén, en edición especial de Desclée para Edibesa. 1.895 págs., 23,20 €.
* **EVANGELIO 2006.** Texto evangélico de la misa diaria y oración, calendario litúrgico, santoral, oraciones y vida cristiana. 374 págs., 1,75 €.
* **EVANGELIO 2006, EN LETRA GRANDE.** Contenido del anterior. 3 €.
* **El Evangelio.** Textos de los Cuatro Evangelios para cada día del año. 186 págs., 1 €. ¡Un millón y medio de ejemplares! (En cartoné, 3 €).
* **El Evangelio. Con «oraciones y vida cristiana».** Textos de los Cuatro Evangelios para cada día del año. 218 págs., 1,25 €.
* **El Evangelio. Recuerdo de la Primera Comunión.** Texto evangélico diario, oraciones y vida cristiana. 218 págs., 1,25 €.
* **El Evangelio. Recuerdo de la Confirmación.** Texto evangélico diario, oraciones y vida cristiana. 218 págs., 1,25 €.
* **Evangelio para cada día (y Vocabulario evangélico popular).** Los Evangelios a lo largo del año, con abundantes índices y santoral. 326 págs., 5,75 €.
* **L'Evangeli de cada dia.** Evangelio para cada día, en catalán, con reflexión diaria, por José A. Martínez Puche, O.P. 2 tomos, 12 €.
* **Evangelio para nuestros mayores** (3.ª ed.), por José A. Martínez Puche, O.P, en letra grande, con reflexión diaria, encuadernado, a dos colores. 500 págs., 13,25 €.
* **El Evangelio en crucigramas**, por Lucía Caram, O.P.: crucigramas, sopas de letras, test, ejercicios, etc. 614 págs., 15 €.
* **Ejercicios y pasatiempos de «El Evangelio en crucigramas».** 310 págs., con todos los ejercicios. 2.ª ed. 310 págs., 3,75 €.
* **La infancia de Jesús en pasatiempos.** Por Rosa Mac Mahón. 141 págs., 11 €.
* **El Evangelio de Jesús.** Difusión e influencia, siglos I-XXI, por César I. de la Mota., 317 págs., 15,75 €.
* **Introducción al estudio de los Salmos.** Por Jesús García Trapiello. 190 págs., 12 €.
* **Evangelio según San Juan.** Introducción y comentario, por José Luis Espinel. 284 págs., 14,50 €.
* **El Pentateuco.** Historia y sentido, por Ángel García Santos. 292 págs., 15 €.
* **Claves para leer los Evangelios Sinópticos.** Por Gerardo Sánchez Mielgo. 280 págs., 14 €.
* **El otro Evangelio. Relectura de las Cartas Apostólicas**, por R. de Andrés. 372 págs., 11,50 €.

Libros

* **Tu Palabra me da vida. 1.000 pensamientos de la Biblia** (2.ª ed.), por Julio Sainz Torres, CMF. Antología bíblica en mil puntos. 240 págs., 4 €.
* **Personajes bíblicos del Antiguo Testamento.** Una visión sugestiva y ejemplar, por M.ª Benedicta Baiber. 415 págs., 14,50 €.
* **La Biblia, comentada por ella misma**, por Jesús Cantera Ortiz de Urbina. Comenta la Biblia a base especialmente de los textos paralelos más explícitos, con la Tradición y el Magisterio a la vista. Obra maestra. 363 págs., 11,50 €.
* **NUEVO TESTAMENTO, COMENTADO E ILUSTRADO.** Trad. Luis Alonso Schökel, S.J. 618 págs., a todo color. ¡Sólo 16 €!
* **AUDIOVISUAL: «EL EVANGELIO EN LOS MISTERIOS DEL ROSARIO». 216 diapositivas** (16 para cada Misterio), **3 casetes** explicativos, **1 folleto** con el guión. En un estuche: 45 €.

2. DIOS, TRINIDAD, JESUCRISTO

• TRINIDAD, PADRE, ESPÍRITU SANTO

* **Para encontrar a Dios**, por Martín Gelabert, O.P. Madurez humana y vida teologal. 288 págs., 15 €.
* **Dios mío, ¿quién eres?** Respuestas desde la fe, por Jesús Álvarez Maestro, O.A.R. 311 págs., 11,25 €.
* **Padre, Hijo y Espíritu Santo.** Encíclicas de Juan Pablo II sobre Dios, Padre-Hijo Espíritu Santo. 432 págs., 5,50 €.
* **Misterio trinitario.** Dios, silencio y cercanía, por Sebastián Fuster. 298 págs., 15 €.
* **A la sombra de la Trinidad.** Una espiritualidad para el siglo XXI, por Antonia M. Mora, T.M. 119 págs., 5,15 €.
* **Más que Padre. El Dios de todos los días** (2.ª ed.). 500 textos sobre Dios Padre para los 365 días del año, por Rafael de Andrés, S.J. 386 págs. 11,50 €.
* **Dios Padre. Vocabulario de Juan Pablo II.** Enseñanzas del Papa sobre el Padre, y la «Dives in misericordia», con índices. 230 págs., 3 €.
* **Dios Padre, Iglesia y misión.** Por José Luis Irízar. 270 págs., 9 €.
* **Amor y misericordia de Dios nuestro Padre.** Por Pedro J. Lasanta, según Juan Pablo II. 170 págs., 5,15 €.
* **Padre mío y Padre vuestro** (2.ª ed.). 12 catequesis, por Sebastián Fuster, O.P. 125 págs., 3,25 €.
* **El Espíritu Santo.** 12 catequesis, por Sebastián Fuster, O.P. 120 págs., 3 €.
* **El Espíritu que ungió a Jesús**, por Armando Bandera, O.P. La teología del Espíritu Santo. 374 págs., 17,45 €.
* **Espíritu Santo, Iglesia y misión**, por José Luis Irízar. 320 págs., 9 €.
* **Al Dios desconocido.** Oraciones al Espíritu Santo, por Rafael de Andrés, S.J. 267 págs., 9,50 €.
* **Tratado del Amor de Dios**, la obra cumbre de San Francisco de Sales. 774 págs., 9,75 €.
* **Odas de la Santísima Trinidad**, por Vassula Ryden. 48 págs., 4,50 €.

JESUCRISTO

Ver al principio de este Fondo: Colección «DOCE VIDAS DE JESÚS» (pág. 2)
* **JESÚS DE NAZARET.** El gran libro de Albert Hari, con espléndidos dibujos y fotos a color, para que los niños del siglo XXI descubran al mejor amigo, Jesús. 227 págs., 18 €.
* **Navidad 2000.** (224 págs.,) y **Redención 2000.** (228 págs.,) 2 libros: veinte siglos de doctrina, espiritualidad, poesía y arte sobre el *Nacimiento e infancia de Jesús* y la *Redención*, por José A. Martínez Puche, O.P. Poemas y de cuadros a todo color, edición de lujo. 23,50 € cada libro.

* **Jesucristo, revelación del misterio del hombre.** Ensayo de antropología teológica. Por Martín Gelabert, O.P. 266 págs., 13,50 €.
* **Dios escribe y se escribe con trazo humano.** Esbozo de cristología fundamental. Por Vicente Botella Cubells, O.P. 226 págs., 13 €.
* **La Cristíada,** de fray Diego de Hojeda, O.P. Edición de lujo, con 32 láminas a todo color de la vida de Cristo. 528 páginas, con dibujos originales. 41 €.
* **Jesús, siempre y más** (2.ª ed.). Rafael de Andrés, S.J., ofrece 1.000 opiniones de autores de todo tiempo y nación, sobre Cristo. 525 págs., 11, 50 €.
* **Jesús, cara a cara. 100 entrevistas con Cristo** (2.ª ed.), por Rafael de Andrés, S.J. Para llegar a Cristo y saber lo que piensa. 302 págs., 11,50 €.
* **Jesús, el dinero y los negocios.** Un libro luminoso sobre un tema capital, por J. Salvador y Conde, O.P. 256 págs., 10,50 €.
* **El lado humano de Jesús de Nazaret,** un tema apasionante, por J. Salvador y Conde, O.P. Láminas color. 415 págs., 10,50 €.
* **Jesús. He aquí el Hombre.** Semblanzas de Jesús, por Maximiliano G. Cordero, O.P. Cómo era Jesús: su alma, su cuerpo, psicología, actitudes. 220 págs., 8,75 €.
* **Memorias de Jesús,** por Francisco de Mier, C.P. Jesús habla con los personajes de la Biblia: sus raíces, sus encuentros, sus memorias. 426 págs., 15 €.
* **Memorias de María, memorias de Juan,** por Samuel Valero: la vida de Jesús, contada por la Madre y el Discípulo. 252 págs., 11,45 €.
* **La extraña historia de un tal Jesús.** El Evangelio en lenguaje actual, por Vicente García, S.J. 256 págs., 9 €.
* **El poema de Jesús. El Evangelio en verso,** por María Teresa Reyero, clarisa. 357 págs., con láminas en color. 11,45 €.
* **El Evangelio de los Hebreos,** una vida de Jesús, por Pseudo Leví Hispano. 276 págs., 8,50 €.
* **Con Cristo al tercer milenio,** por Rafael Palmero, obispo. 221 págs., 9 €.
* **Imitación de Cristo, por Tomás de Kempis** (2.ª ed.). La traducción española clásica de fray Luis de Granada. Bellamente encuadernado. 491 págs., 9 €.
* **Emaús.** Era necesaria la Pasión y Glorificación de Cristo, por Ignacio Domínguez. 156 págs., 5,75 €.
* **Infancia de Jesús, en pasatiempos,** por Rosa Mac Mahón. Crucigramas, sopas de letras, rompecabezas..., para que los más jóvenes conozcan los misterios de la infancia de Jesús. 142 págs., 11 €.
* **MI CRISTO ROTO,** del P. Ramón Cué, S.J. Texto de sus famosas conferencias. 161 págs., 4,50 €. (Disponible en casetes, CD y vídeo).
* **MI CRISTO ROTO, DE CASA EN CASA,** del P. Ramón Cué, S.J. Segunda parte de «Mi Cristo Roto», con los sabrosos diálogos con Cristo. 5,50 €.
* **LA SÁBANA SANTA DE TURÍN: su autenticidad,** por el P. Jorge Loring, S.J. 253 págs., 9,50 €.

JESÚS-EUCARISTÍA

* **QUÉDATE CON NOSOTROS,** carta apostólica de Juan Pablo II para el "Año de la Eucaristía" (5.ª ed.), 32 págs., 1,25 €.
* **ECCLESIA DE EUCHARISTIA,** encíclica eucarística de Juan Pablo II. 79 págs., 2,50 €.
* **EL SACRAMENTO DE LA REDENCIÓN,** instrucción vaticana "Redemptionis Sacramentum", 70 págs., 2,50 €.
* **EUCARISTÍA. Misterio, vida y fraternidad,** por Mons. Rafael Palmero, obispo de Palencia. 123 págs., 5,50 €.
* **LA EUCARISTÍA EN EL NUEVO TESTAMENTO,** por José L. Espinel, O.P. "Una obra que honra a la exégesis española". 304 págs., 15 €.

Libros

- **JESÚS EN LA EUCARISTÍA, ¿Comprendéis lo que he hecho con vosotros?**, por Alberto J. González Chaves: biblia, teología, celebración. 377 págs., 12,50 €.
- **DE LA EUCARISTÍA A LA TRINIDAD**, por Vincent M.ª Bernadot, O.P. Un clásico de la espiritualidad. (2ª ed.), 227 págs., 5,15 €.
- **TU CUERPO Y SANGRE, SEÑOR. Homilías y meditaciones eucarísticas**, por Gonzalo Aparicio, Pbro. 480 págs., 10,50 €.
- **LA EUCARISTÍA, la mejor escuela de oración, santidad y apostolado**, por Gonzalo Aparicio, Pbro., 322 págs., 8,50 €.
- **CELEBRAR LA EUCARISTÍA, en espíritu y en verdad**, por Gonzalo Aparicio, Pbro. La misa, paso a paso. 352 págs., 8,75 €.
- **PARA TRATAR DE AMISTAD CON JESÚS-EUCARISTÍA**, por Gonzalo Aparicio. Oración y adoración eucarísticas, 240 págs., 6,25 €.
- **VIVENCIAS DE EUCARISTÍA. 10 celebraciones eucarísticas vivas, fuera de la misa**, por Ricardo Cuadrado Tapia. 101 págs., 3,50 €.
- **EUCARISTÍA Y TRINIDAD para el siglo XXI** (2.ª ed.). Doce catequesis de Sebastián Fuster, O.P. Excelente síntesis. 179 págs., 3,75 €.
- **EUCARISTÍA.** Palabras para una síntesis histórica, por Ignacio Domínguez. 144 págs., 5,50 €.
- **CATECISMO POPULAR DE LA EUCARISTÍA**, por Diego Muñoz, S.J. 10 temas eucarísticos en 100 preguntas y respuestas. 94 págs., 2,75 €.
- **SEDIENTA DE EUCARISTÍA**, por M. Teresa M.ª Ortega, O.P. (2.ª ed.), 96 págs., 5,25 €.
- **SAN TARSICIO, MÁRTIR DE LA EUCARISTÍA**, por Ignacio Domínguez, Pbro. 120 págs., 5,25 €.
- **VIDA DE SANTA MARÍA MICAELA DEL SANTÍSIMO SACRAMENTO. La Santa de la Eucaristía**, por Alberto J. González Chaves, Pbro. 308 págs., 13,50 €.

3. LA VIRGEN MARÍA. ROSARIO

Ver al principio de este FONDO EDITORIAL: BIBLIOTECA MARIANA (pág. 2).

* **EL LIBRO DE LA INMACULADA**, por José A. Martínez Puche, O.P. Doctrina, historia, dogma, poesía y arte (color) sobre la Inmaculada Concepción. 208 págs., 10,25 €.
* **CATECISMO POPULAR DE MARÍA, MADRE INMACULADA**, por Diego Muñoz, S.J. Síntesis sencilla de doctrina y piedad marianas. 108 págs., 2,75 €.
* **MARIAM DE JUDÁ. Vida de María**, por Jaime Colomina Torner (9.ª ed.). Deliciosa lectura: con gran respeto a la verdad, presenta una biografía novelada con estilo ágil y apasionante. 278 págs., 11,50 €.
* **María, la Madre del Señor, en el Nuevo Testamento**, por Klemens Stock, S.J. La auténtica figura de María. 180 págs., 9 €.
* **La Iglesia habla de María.** 50 años de documentos marianos pontificios. Índices detallados. 500 págs., 5,75 €.
* **Vida de María, de Fray Luis de Granada.** 109 págs., 5.50 €.
* **El Avemaría.** Estudio bíblico, teológico y espiritual, por Luis López de las Heras, O.P. 82 págs., 5,25 €.
* **La belleza de María.** Ensayo de teología estética, por Miguel Iribertegui. 454 págs., 19,23 €.
* **La leyenda mariana**, por Carlos M.ª de Heredia, S.J. Igual estilo que *Memorias de un reportero de los tiempos de Cristo.* 273 págs.,11,45 €.
* **El Año Mariano.** Cada día con María, por José A. Martínez Puche, O.P. 599 págs., 17,50 €.
* **El alma de la Legión de María.** Delfín Castañón, O.P. Carisma y actualidad. 110 págs., 5,25 €.
* **Nueve días con la Virgen del Carmen.** 10 formularios, con textos marianos de Juan Pablo II, por Gregorio Cortázar. 344 págs., 6,75 €.

* **Adorar con María,** por Marie-Benoîte Angot. María, modelo de la oración perfecta. 145 págs., 5,25 €.
* **Mes de mayo con María. Confidencias con la Madre,** de Pedro J. Agudo, Pbro. 31 encuentros entrañables con la Madre. 203 págs., 5,75 €.
* **María. Un itinerario dogmático,** por Dominique Cerbelaud. 384 págs., 19 €.

EL ROSARIO

* **EL LIBRO DEL ROSARIO,** por José A. Martínez Puche, O.P. Origen, historia, doctrina pontificia, práctica y diccionario. 303 págs., 12,50 €.
* **La Virgen del Rosario y Santo Domingo, en el arte,** por Domingo Iturgaiz, O.P. 143 páginas, láminas color, cartoné. 11,50 €.
* **El Rosario, oración de un corazón en vela.** Por Emilio Cárdenas, marianista, conversa con un joven que no rezaba el rosario. 130 págs., 5,25 €.
* **El Rosario de Juan Pablo II** (7.ª ed.), por José A. Martínez Puche, O.P. 48 págs., color, 1,50 €.
* **El Rosario meditado** (6.ª ed.). Una invocación para cada Avemaría, por Pascual Meseguer, O.P. 48 págs., color, 1,25 €.
* **Rosario bíblico,** por Salvador Muñoz Iglesias. 178 págs., 5 €.
* **El Rosario de María,** hoja desplegable, color, 0,10 €.
* **El Rosario de la Virgen.** Hojita plastificada con los 20 Misterios y letanías. 0,07 €.

4. SANTOS, CRISTIANOS EJEMPLARES

* **NUEVO AÑO CRISTIANO.** La obra más completa y actual del santoral en español, con 1.000 biografías de santos, beatos, venerables y siervos de Dios. 12 tomos, 200 €; en cartoné, 220 €.
* **LOS SANTOS. Un amigo para cada día. El Año Cristiano de los niños,** por Miguel A. Requena, O.P. 130 imágenes a color. 400 págs., 22,50 €.
* **San Antonio de Padua. Vida, doctrina, devoción,** por Luis Pérez Simón, O.F.M. Con grabados color. 169 págs., 9,25 €.
* **Véante mis ojos. Santa Teresa para el hombre de hoy,** por el Cardenal Marcelo González Martín. Fotos color, cartoné, 246 págs., 10,75 €.
* **Teresa de Jesús, la Santa, la Madre, la Maestra,** por Julio Rouco, O.C.D. 251 págs., 11,45 €.
* **Vida de madre Teresa de Jesús, fundadora de las Descalzas y Descalzos Carmelitas,** por el P. Francisco de Ribera, S.J. Primera y completa biografía. 677 págs., 21,30 €.
* **El padre Pío. La madre Teresa,** por Francesco di Raimondo, colaborador médico de ambos. 214 págs., fotos color, 10,50 €.
* **Madre Teresa de Calcuta.** Librito ameno en color, para que todos la conozcan. 30 págs., 1,50 €.
* **Papa Pablo VI,** profeta de la Evangelización. 121 testimonios de obispos de América. 317 págs., 12,25 €.
* **Ángelo. Testimonio de fe de un joven con cáncer.** Por Domenico Mondrone, S.J., con prólogo del padre Mario Pezzi. A los 13 años moría santamente de cáncer «Angiolino», dando testimonio de su fe en Jesucristo. 175 págs., 7,50 €.
* **San Francisco de Sales.** Biografía, mensaje de Juan Pablo II. 91 págs., 2 €.
* **San Pablo cuenta su vida.** Su persona, vida y cartas, por Luis López de las Heras, O.P. 84 págs., 5,25 €.
* **Pablo, predicador del Evangelio.** Anuncio de salvación y gracia, por Miguel de Burgos. 370 págs., 19 €.
* **Santo Domingo y su Orden,** por el P. Lacordaire. La «Vida de Santo Domingo» y otros escritos. 217 págs., 9 €.
* **Santo Domingo de Guzmán en la iconografía española,** por Domingo Iturgáiz. 486 págs., 27,25 €.

Libros

* **San Martín de Porres,** por fray Salvador Velasco. 9.ª edición. 390 págs., 7,75 €.
* **San Pedro de Alcántara** (1499-1999). Vida y mensaje, por Baldomero J. Duque. 104 págs., 3 €.
* **Confesiones,** de San Agustín. Edición reducida, extractada. 130 págs., 2,50 €.
* **Santa Mónica cuenta su vida.** Por Francisco Javier Elía, con datos tomados de la historia y de las «Confesiones» de su hijo Agustín, ha elaborado 59 Cartas, en las que Mónica relata su vida, sus sentimientos, su fe. 256 págs., 9,50 €.
* **Santo Tomás de Aquino,** por Raimondo Spiazzi, O.P. Una vida documentada y amena, de un hombre bueno, inteligente, verdaderamente grande. 420 págs., 16,50 €.
* **Tomás de Aquino, el santo, el maestro.** Por Abelardo Lobato y J. A. Martínez Puche, O.P. 147 págs., 3,75 €.
* **Catalina de Siena, doctora de la Iglesia: vida y enseñanzas.** Por J. Salvador y Conde, O.P. Doctrina por orden alfabético. 376 págs., 9 €.
* **Ignacio de Loyola.** Tras el rastro de Jesús, por William Hevett. Guía del CD y casetes «Ignacio de Loyola». 223 págs., 7,75 €.
* **Vida del P. Maestro Juan de Ávila,** por Fray Luis de Granada, 173 págs., 5,75 €.
* **Santa Margarita María y el Corazón de Dios.** Vida y mensaje de Sta. Margarita M.ª Alacoque, confidente y mensajera del Corazón de Jesús. 78 págs., 2,75 €. (Grabado en 2 CD's y 2 casetes).
* **Misioneros santos.** 4 libros, por José Luis Irízar, a 7,50 € cada uno: **1. Era apostólica y martirial. Siglos I-III.** 235 págs. **2. Siglos IV-X.** 228 págs. **3. Del siglo X a 1942,** 282 págs. **4. De 1942 al siglo XXI,** 363 págs.
* **Si tú le dejas... Vida de la M. Maravillas de Jesús,** por las Carmelitas Descalzas del Cerro de los Ángeles y de la Aldehuela. 549 págs., con ilustraciones. 13,25 €.
* **Los frutos de la siembra de Madre Maravillas,** por Baldomero Jiménez Duque. 14 carmelitas ejemplares, hijas de Sta. Maravillas de Jesús, 116 págs., con láminas. 5,25 €.
* **Maravillas. Nombre y vida.** Cantos a Santa Maravillas. 223 págs., 7,75 €.
* **Sor Teresita del Niño Jesús, O.P.:** alegría en el sufrimiento y la entrega, por Lorenzo Galmés. 120 págs. Láminas color. 5,25 €.
* **Teresita del Niño Jesús, monja dominica,** por Jesús López Medel y Lorenzo Galmés. Interesante biografía y ejemplar semblanza espiritual. 230 págs., 7,75 €.
* **Madre Pilar, mujer de visión,** por M.ª Teresa Sancho, O.P. 207 págs., 6,75 €.
* **El Padre Cadete.** Carmelita ermitaño en un alcornoque de las Batuecas, por Dámaso de la Presentación y Matías del Niño Jesús. 240 págs., 10,50 €.
* **Unidas hasta la muerte.** José Luis Gutiérrez García traza el perfil de las siete salesas mártires en 1936. 320 págs., con láminas en color. 13,75 €.
* **Mártires, testigos que nos comprometen,** por José Luis Irízar. Los 2.000 misioneros martirizados en los últimos 50 años. 491 págs., 11,45 €.
* **Balduino. De profesión: Rey de los Belgas,** por José M.ª Salaverri, S.M. Biografía de un rey, cristiano ejemplar. 176 págs., 9 €.
* **Cuando el amor es entrega.** Vida de la M. M.ª Amparo del S. C. de Jesús, clarisa de Cantalapiedra, por Paloma Tena Revillas. 276 págs., 10,50 €.
* **Cristina de la Cruz Arteaga y Falguera,** la gran escritora y ejemplar jerónima, por Crescencio Palomo, O.P. 64 págs., 3.90 €.
* **Práxedes Fernández,** esposa y madre asturiana, camino de los altares, por Jesús M.ª R. Arias. 37 págs., 1,50 €.
* **Ventana a la mujer. María Eugenia Milleret, pionera de la promoción femenina,** fundadora de las Religiosas de la Asunción, por Martina López, R.A. 143 págs., 5 €.

* **Don Marcelo, "amigo fuerte de Dios"**, por Alberto J. González Chaves. Espléndida biografía y semblanza del gran arzobispo de Toledo y cardenal primado Marcelo González Martín. 334 págs., 14 €.
* **SANTA TERESITA:** 5 libros fundamentales, preparados por el gran especialista **Vicente Martínez-Blat, O.C.D.:**
  1. **Santa Teresita, día a día.** Biografía actual y documentada. 215 págs., 9,50 €.
  2. **Obras selectas de Teresa de Lisieux, Doctora de la Iglesia.** La «Historia de un alma», y antología de escritos, más un *glosario doctrinal*. 645 págs., 16,50 €.
  3. **Diccionario de espiritualidad de Santa Teresita.** Un millar de textos antológicos, por orden alfabético. 365 págs., 11,50 €.
  4. **Historia póstuma de Santa Teresa de Lisieux.** Las más bellas páginas que han escrito sobre ella los más famosos literatos, mujeres, papas, santos, teólogos, filósofos, artistas... 365 págs, 11,50 €.
  5. **HISTORIA DE UN ALMA.** Texto íntegro y notas:
     – **Tamaño normal**, 260 págs., 4,75 €.
     – **Edición de bolsillo**, 333 págs., 2,50 €.

CÓMICS: VIDAS DE SANTOS

Deliciosos cómics de Pilarín Bayés, guión de Miguel A. Requena, O.P., a 5,75 €.
* **Santo Domingo de Guzmán,** * **San Vicente Ferrer,** * **El santo de la escoba** (San Martín de Porres), * **Santa Gema,** * **Francisco y Jacinta, los pastorcitos de Fátima.**
* **El buen Papa Juan** (Beato Juan XXIII), * **San Josemaría Escrivá** (ed. castellana y catalana).

5. IGLESIA. LOS SACRAMENTOS

* **Juan Pablo II y los grandes de la tierra,** por Tommaso Stenico. Una obra excepcional, en la que 125 personajes mundiales (reyes, jefes de estado o de gobierno, líderes políticos y religiosos no católicos, hablan del personaje de nuestro tiempo: Juan Pablo II. Edición de lujo a todo color. 255 págs., 28,75 €.
* **Eclesiología,** por Claudio García Extremeño, O.P. La Teología sobre la Iglesia. 348 págs., 17,50 €.
* **El ministerio en la Iglesia,** por Jesús Espeja, O.P. La misión actual de los pastores de la Iglesia. 226 págs., 13,50 €.
* **Ésta es tu Iglesia,** por Jesús Álvarez Maestro, O.A.R. Exposición sencilla sobre lo que es la Iglesia. 243 págs., 9 €.
* **Hemos roto la cruz,** Jesús Álvarez Maestro, O.A.R. Manual de ecumenismo para el pueblo cristiano. 228 págs., 9 €.
* **El Vaticano II en el reto del tercer milenio,** por Vicente Botella, O.P. El camino de la Iglesia actual, al estilo del Concilio. 276 págs., 14,50 €.
* **La vida religiosa,** por José J. Fernández Castaño, O.P. La misión de los religiosos hoy. 181 págs., 10,50 €.
* **Religiosos para la Nueva Evangelización,** por Pedro J. Lasanta. Papel de los consagrados en la reevangelización del mundo actual. 304 págs., 11,45 €.
* **Guía de las Cartujas de España,** por Luis Doeijo. Historia, vida, actualidad. Fotos color. 248 págs., 8,50 €.
* **La Parroquia y el Camino Neocatecumenal** (2.ª ed.), por Jesús Higueras, párroco de La Paloma, Madrid. 144 págs., 7,75 €.
* **Hacia la Parroquia del Tercer Milenio,** por Jesús Higueras. La parroquia, «comunidad de comunidades». 220 págs., 5,75 €.
* **Testigos del Espíritu** (2.ª ed.), por Manuel M.ª Bru. Los nuevos líderes y sus movimientos: Kiko Argüello, Chiara Lubich, etc. Fotos color. 350 págs., 15 €.

Libros 11

* **A las fuentes de la sacramentología cristiana,** por Pedro Fernández, O.P. Los sacramentos, doctrina y práctica. 363 págs., 21 €.
* **Los sacramentos de la Iglesia, a tu alcance,** por Pedro J. Lasanta. Exposición sencilla. 181 págs., 9 €.
* **La alegría del perdón,** por Julio Atienza y Pedro J. Lasanta. Veinte siglos de amor de Dios en el sacramento de la penitencia. 290 págs., 11,45 €.
* **El sacramento de la Penitencia,** por Pedro Fernández, O.P. Teología del pecado y de su perdón sacramental. 352 págs., 18,50 €.
* **Arte de confesión,** de Ramón Llull. Vida y obra sobre moral y confesión del escritor mallorquín del siglo XIII. 97 págs., 3,15 €.
* **Mi querida Iglesia, santa y pecadora,** por Marino Purroy Remón. Amor a la Iglesia, santísima en su Cabeza y débil y pecadora en sus miembros. El pecado y su posible parte positiva. 160 págs., 4,50 €.

6. FORMACIÓN CATÓLICA

* **PARA SALVARTE,** del P. Jorge Loring, S.J.: ¡55 ediciones con más de un millón de ejemplares! La enciclopedia católica del siglo XXI: de la eternidad de Dios y la creación a la clonación y el genoma humano. 778 págs., 14 €.
* **Síntesis de la moral católica,** por los dominicos de Bolonia. 170 págs., 4,50 €.
* **Compendio de teología moral.** Moral católica para el siglo XXI, por Gerardo Cappelluti, O.P. Gran éxito de la Editorial del Vaticano. 201 págs., 5,50 €.
* **Compendio del nuevo catecismo,** con notas pastorales y ejemplos. Por Juan A. Flores, arzobispo de Santiago, República Dominicana. 510 págs., 10,75 €.
* **Enseñanzas del nuevo Catecismo,** por Mons. Juan A. Flores. 222 págs., 4, 75 €.
* **Vive tu fe ¡El Catecismo en crucigramas!** (3.ª ed.). Un método actual y atractivo, para aprender el Catecismo. Fichas, crucigramas, sopas de letras, tests, etc., por Lucía Caram 388 págs., 13,25 €.
* **El Evangelio en crucigramas,** por Lucía Caram: crucigramas, sopas de letras, test, ejercicios, etc. 614 págs., 15 €.
* **Infancia de Jesús en pasatiempos,** por Rosa Mac Mahón. Crucigramas, sopas de letras, rompecabezas..., para que los más jóvenes conozcan los misterios de la infancia de Jesús. 142 págs., 11 €.
* **Ser cristiano en un mundo hostil,** por Vittorio Messori. El famoso periodista ante el cristianismo actual, desde la perspectiva del siglo XIX, con F. Faà de Bruno. 198 págs., 10,50 €.
* **Para comprender mejor la fe.** Introducción a la teología. Por Jesús Espeja. 178 págs., 9 €.
* **Teología Fundamental.** Dar razón de la fe. Por Felicísimo Martínez, O.P. 280 págs., 13,50 €.
* **El Credo,** por Santo Tomás de Aquino. Trad. por Manuel Ortega . 84 págs., 5,25 €.
* **El Padrenuestro (y Avemaría) de Santo Tomás.** Trad. M. Ortega. 107 págs., 5,25 €.
* **Testigos del Espíritu** (2.ª ed.). Los nuevos líderes y sus movimientos: Kiko Argüello, Chiara Lubich, Giussani, A. Riccardi, etc. 350 págs., láminas color. 15 €.
* **La Tierra del Maestro. Guía y espiritualidad de los Santos Lugares** (2.ª ed.), por Francisco M. López-Melús. Láminas color. 313 págs., 10,50 €.
* **Religiosidad popular. Teología y pastoral,** por Mons. Carlos Amigo, arzobispo de Sevilla, y Ángel Gómez Guillén. 284 págs.,10,50 €.
* **En camino.** Una pastoral para el mundo obrero. Por Miguel Cisteró. 443 págs., 15 €.
* **Antología poética religiosa** (3.ª ed.), por Manuel J. Núñez. 253 págs., 5,75 €.
* **Mil pensamientos para vivir mejor.** Antología de frases y citas, por Ángel Rodríguez Vilagrán. 219 págs., 5,15 €.

* **La conciencia, a examen**, por Ignacio Domínguez. Con gran sentido pastoral y práctico, en «prosa rimada»: la conciencia, el examen sobre lo esencial de la vida cristiana. 208 págs., 6,50 €.
* **La gracia. Teología y vida**, por José Antonio Sayés, Pbro. 406 págs., 17,50 €.
* **Europa, identidad y misión.** Aportaciones de Juan Pablo II, por Bienvenido Gazapo y Elia Cambón. 408 págs., 17,50 €.
* **¿Nos salvaremos todos? ¿Se condenará alguno? Gratuidad de la salvación**, por Vicente Borragán. Respuestas de esperanza. 209 págs., 8,75 €.
* **Milenarismos**, por Sebastián Fuster, O.P. El cristianismo en la encrucijada entre dos milenios. 244 págs., 11,45 €.
* **Los años de la provocación**, por Manuel M.ª Bru. Los grandes acontecimientos del principio de siglo y milenio (2001-2005), bajo el prisma cristiano, en la COPE. 471 págs., 19,75 €.
* **Mis personajes al trasluz**, por Mario Alcudia. Primero en la COPE y ahora en libro, testimonios de fe vivida: presencia de la Iglesia en nuestro mundo, en 163 páginas llenas de vida. 7,50 €.
* **¿VERDAD O FICCIÓN? Respuestas a «El Código da Vinci».** Especialistas cristianos responden a las ficciones y falsedades de la tristemente famosa novela. 216 págs., 8,25 €.

7. ESPIRITUALIDAD CRISTIANA

Ver secciones 2 de este Fondo (JESUCRISTO: EUCARISTÍA) y 3 (MARÍA).
* **LOS CINCO MINUTOS DE DIOS** (32.ª ed.), por Alfonso Milagro, claretiano. Un pensamiento bíblico y una sugestiva *reflexión para cada día*. 404 págs., 8 €.
* **Silencios en alta voz**, por Andrés Barriales. *Reflexión para cada día* del año, emitidas en la Cadena Cope. 398 págs., 8,75 €.
* **Las Bienaventuranzas, eclosión de amor,** de Francisco M.ª López-Melús. Obra de plenitud doctrinal y espiritual, sobre la esencia de la vida cristiana. 580 págs., 15,50 €.
* **LA IMITACIÓN DE CRISTO (Kempis)** (2.ª ed.). Trad. de Fr. Luis de Granada, cartoné. 491 págs., 9 €.
* **Guía de la vida interior.** Josep Otón Catalán, un seglar, maestro de espíritu. 231 págs., 7,75 €.
* **A la sombra de la Trinidad**, una espiritualidad para el siglo XXI, por Antonia M. Mora, T.M. 119 págs., 3,50 €.
* **Orando entre llamas.** Experiencia de oración, de Teresa M.ª Ortega, O.P. 172 págs., 7,25 €.
* **Trigo de su era. 1.738 pensamientos desde la vivencia de la fe**, de M. Teresa M.ª Ortega, O.P. Lo mejor de sus fecundos escritos. 424 págs., 10,75 €.
* **Corazón vivo. El Corazón de Cristo, fuente de vida**, de Francisco Cerro. 30 reflexiones para un mes junto al Corazón de Dios. 77 págs., láminas color. 5,50 €.
* **El martirio de Cristo y de los cristianos**. Los cristianos, llamados a seguir a Jesús, el Mártir, el Testigo fiel, por José M. Iraburu. 152 págs., 4,25 €.
* **Síntesis de espiritualidad católica** (6.ª ed.), por José Rivera y José M. Iraburu. El libro ideal para quienes quieren caminar por la senda del Evangelio de Jesús. 444 págs., 9 €.
* **Hágase en mí.** Comentario espiritual a Mateo, en 24 charlas, por Chus Villarroel, O.P. 311 págs. y un CD con 54 charlas. 11,25 €.
* **Vivencias de gratuidad. Dios me salva**, por Chus Villaroel, O.P. 366 págs., 10 €.
* **La fuerza de ser hijos de Dios**, por Ignacio Domínguez. 124 págs., 5,25 €.
* **Los ejercicios espirituales de San Ignacio de Loyola.** Comentario y textos afines. Por Darío López Tejada, S.J. 1.075 págs., 29,50 €.
* **En las fuentes de la alegría, con San Francisco de Sales,** de F. Vidal. Antología de textos «salesianos» que invitan al gozo en el Señor. 494 páginas, 9,50 €.

Libros

* **Inquietudes y vivencias de un seglar.** Antología espiritual de Emilio Pérez, abogado. Amplia experiencia en altos cargos eclesiales. 126 págs., 975 ptas. 5,86 €.
* **Para encontrar a Dios.** Vida teologal, por Martín Gelabert, O.P. 295 págs, 15 €.
* **Sugerencias sacerdotales,** por Baldomero J. Duque. 190 págs., 5,15 €.
* **Sobre la marcha** (4.ª ed.). Confesiones de un **tetrapléjico que ama la vida,** por Luis de Moya. 212 págs., 11,50 €. Grabado en 6 casetes, con libro: 27 €. Vídeo: 17 €.
* «**CAMINOS DE SANTIDAD**», 6 libros, para ayudar a seguir a Jesucristo, en cualquier estado de vida, a cualquier edad. Por Rafael M.ª y Justo López Melús. Cada libro: 9 €, La colección de 6: 45 €: **I. Decálogos que dirigen.** 396 págs., **II. Semillas que dan vida.** 366 págs., **III. Destellos que iluminan.** 336 págs., **IV. Bienaventuranzas que bendicen.** 336 págs., **V. Ejemplos que edifican.** 384 págs., **VI. El reto de la santidad: Debo, puedo, y quiero ser santo.** 264 págs.
* **LA VERDADERA VIDA EN DIOS, encuentros con Jesús,** por VASSULA RYDÉN. 12 tomos. Editados los tomos 1.º (364 págs., 12,5 €), 2.º (334 págs., 12,15 €. Ed. rústica para América: 5,50 €) y 12.º (220 págs., 10,50 €).
* **Odas de la Santísima Trinidad,** extracto de "La Verdadera Vida en Dios", por Vassula Rydén. 63 págs. 4,50 €.
* **Guía para los encuentros de oración,** de "La Verdadera Vida de Dios", por Vassula Rydén. 86 págs., 3 €.
* **Incondicionalidad.** Apuntes para días de retiro con Jesús en el desierto, por Mons. **Damián Iguacen.** 572 págs., 15,50 €.
* **Proceso de maduración personal. Madurez cristiana y vida consagrada,** por Evelio José Ferreras, O.P., maestro de formación humana y religiosa. 277 págs. 9,75 €.
* **El seguimiento de Jesús en la vida consagrada,** por Evelio José Ferreras, O.P. Las líneas maestras del seguimiento de Cristo, desde la Palabra de Dios hasta el magisterio actual. 271 págs., 9,75 €.
* **EL APOSTOLADO DE LA ORACIÓN. Ascuas o cenizas.** El padre Diego Muñoz, S.J., en 66 preguntas y respuestas, expone lo que es el Apostolado de la Oración, con anexos del padre Kolvenbach, Prepósito General S.J. y del padre Rafael de Andrés. 146 págs., 2,50 €.
* **Mi querida Iglesia, santa y pecadora,** por Marino Purroy Remón. Cristo es la Cabeza santísima de la Iglesia, y los demás miembros somos pecadores, llamados a la continua conversión. 164 págs., 4,50 €.
* **Relatos de un peregrino ruso,** el gran libro, de autor anónimo, que refleja admirablemente la espiritualidad oriental, la "oración del corazón". 125 págs., 5 €.

• *Espiritualidad de los Padres de la Iglesia. 9 libros de divulgación patrística, de unas 125 páginas. Precio: 5 €.*

* **La Virgen María.** Textos de los Santos Padres sobre la Madre de Dios.
* **El Bautismo.** Textos de los Santos Padres sobre el sacramento del Bautismo.
* **El tiempo de Cuaresma.** Textos de los Santos Padres sobre la Cuaresma en los primeros siglos.
* **Felices los pobres.** Textos de los Santos Padres sobre la verdadera pobreza según el Evangelio.
* **El misterio de Navidad.** Textos de los Santos Padres sobre la celebración del Nacimiento de Jesús.
* **La conversión.** Textos de los Santos Padres sobre la importancia y necesidad de la continua conversión a Cristo.
* **La unidad de la Iglesia.** Textos de los Santos Padres sobre la unidad de los cristianos.
* **Dios y el César.** Textos de los Santos Padres sobre las relaciones Iglesia-Estado en los primeros siglos cristianos.
* **La oración.** Textos de los Padres de la Iglesia sobre la necesidad y las cualidades de la oración cristiana.

8. PARA LA FAMILIA, JÓVENES, MAYORES

* **LA FAMILIA CRISTIANA, IGLESIA DOMÉSTICA,** por Atilano Alaiz, C.M.F. Visión panorámica de la familia, cuando Cristo está presente. 350 págs., 11,50 €.
* **EL MATRIMONIO EN CRISTO,** por José M.ª Iraburu. Sólo el matrimonio cristiano podrá salvar a la sociedad. 144 págs., 4,25 €.
* **Amor y vida. Acerca del matrimonio cristiano.** Por Florencio García Muñoz. 304 págs., 11,45 €.
* **Familia, vida y sociedad.** Textos sociales católicos, por Manuel-Jesús Núñez. 346 págs., 11,75 €.
* **Escuela de Padres en casa** (3.ª ed.), por Nieves Martínez. Educación desde la familia y el diálogo. 212 págs., 7,25 €.
* **Quince cartas a un padre preocupado** (3.ª ed.). Venancio L. Agudo aporta soluciones los problemas de la formación de los hijos, 150 págs., 5,25 €.
* **Divorcio, aborto, natalidad y educación: Cuatro batallas ¿perdidas?,** por Luis Riesgo. 219 págs., 9 €.
* **Cuatro batallas ¿perdidas?: divorcio, aborto, educación, natalidad.** Luis Riesgo habla claro. 87 págs., 3 €.
* **El amor humano. Su sentido y su alcance.** Por A. López Quintás. Curso de ética basado en el amor. 256 págs., 9 €. Grabado en 12 casetes, con libro: 47 €.
* **Hombres de Dios,** por Jesús Álvarez, O.A.R. La familia cristiana, origen de las vocaciones sacerdotales y consagradas. 157 págs., 6 €.
* **Los Santos, un amigo para cada día. El Año Cristiano de los niños,** por Miguel Ángel Requena, O.P. Libro necesario para que los niños encuentren a sus líderes y modelos en los santos. 420 págs. 130 reproducciones color. 22,50 €.
* **Diccionario de valores. Juan Pablo II a los jóvenes del mundo,** por Ricardo Cuadrado Tapia. 524 págs., 9,80 €.
* **Vida en plenitud. Orar en la tercera edad**, por Moisés Prieto Pérez. El libro de las personas mayores. 320 págs., 9, 50 €.

9. DOCUMENTOS DE LA IGLESIA

LIBROS

* **CONCILIO VATICANO II. DOCUMENTOS.** A los 40 años del Concilio, esta edición ofrece sus documentos: Constituciones, Decretos, Declaraciones y Mensajes del Concilio Vaticano II, además de los discursos de apertura y clausura de las distintas sesiones conciliares. 583 págs., 14,50 €.
* **Encíclicas de Juan Pablo II** (5.ª ed.). Prácticos índices, 1.875 págs., 42,50 €.
* **Diccionario social y moral de Juan Pablo II,** por Pedro J. Lasanta. 2.210 textos. 734 págs., 23,50 €.
* **Diccionario de teología y espiritualidad de Juan Pablo II,** por Pedro J. Lasanta. 5.000 textos, 1.268 págs., 32 €.

Pedidos a: EDIBESA. Madre de Dios, 35 bis. 28016 Madrid
Tel.: 91 345 19 92 - Fax: 91 350 50 99
E-mail: edibesa@planalfa.es
www.edibesa.com